目 次

FOCUS

1. 経済指標

<表 1-1> 国内主要経済指標 － 通貨金融 ---------- 1	<表 3-8> 南北経済協力事業（者）承認現況 -------- 44
<表 1-2> 国内主要経済指標 － 証券及び金融 ------ 7	<表 3-9> 南北往来者数現況 ----------------------- 45
<表 1-3> 国内主要経済指標 － 物価 ---------------- 8	<表 3-10> 南北往来車両数現況 ------------------- 45
<表 1-4> 国内主要経済指標 － 国際収支 ----------- 9	<表 3-11> 南北往来船舶数現況 ------------------- 45
<表 1-5> 国内主要経済指標 － 為替レート -------- 10	<表 3-12> 南北往来航空機数現況 ---------------- 45
<表 1-6> 国内主要経済指標 － 産業 --------------- 11	<表 3-13> 開城工業団地入居企業数および生産額現況 ------ 45
<表 1-7> 国内主要経済指標 － 雇用と賃金 ------- 12	
<表 1-8> 国内主要経済指標 － 国民勘定 --------- 13	<表 3-14> 開城工業団地勤労者数現況 ----------- 46
<表 1-9> 国内主要経済指標 － 企業経営分析 ----- 15	<表 3-15> 開城工業団地訪問現況 ---------------- 46
<表 1-10> 米国の経済指標 ----------------------- 17	<表 3-16> 開城工業団地入居企業現況 ----------- 46
<表 1-11> 中国の経済指標 ----------------------- 19	<表 3-17> 年度別開城工業団地生産現況 -------- 46
<表 1-12> 日本の経済指標 ----------------------- 20	<表 3-18> 開城工業団地勤労者数現況 ----------- 47
<表 1-13> ユーロ圏の経済指標 ------------------- 21	<表 3-19> 年度別開城工業団地滞在人員現況 --- 47
<表 1-14> ドイツの経済指標 --------------------- 22	<表 3-20> 年度別開城工業団地訪問者数現況 --- 48
<表 1-15> イギリスの経済指標 ------------------- 23	<表 3-21> 年度別開城工業団地訪問車両数現況 --- 48
<表 1-16> 台湾の経済指標 ----------------------- 24	
<表 1-17> フランスの経済指標 ------------------- 25	1 章 1 次産業
<表 1-18> シンガポールの経済指標 --------------- 26	1. 農業
<表 1-19> 北朝鮮の経済指標 --------------------- 27	<表 1-1> 食料作物生産量推移 ------------------- 51
2. 貿易動向	<表 1-2> 米穀栽培面積及び生産量推移 ----------- 51
<表 2-1> 年度別輸出入実績 ---------------------- 28	<表 1-3> 地域別米穀栽培面積及び生産実績(2012) 52
<表 2-2> 大陸別輸出入実績推移 ------------------ 28	<表 1-4> 麦類栽培面積と生産量推移 ------------- 52
<表 2-3> 2013 年主要製品別輸出実績 ------------- 29	<表 1-5> 豆栽培面積及び生産量推移 ------------- 52
<表 2-4> 2013 年主要製品別輸入実績 ------------- 30	<表 1-6> さつまいも栽培面積及び生産量推移 --- 53
<表 2-5> 年度別 FTA 貿易統計実績 --------------- 31	<表 1-7> ジャガイモ栽培面積及び生産量推移 ----- 53
<表 2-6> 年度別韓－チリ FTA 貿易統計実績 ------- 31	<表 1-8> とうもろこし栽培面積及び生産量推移 -- 53
<表 2-7> 年度別韓－シンガポール FTA 貿易統計実績 ----------- 31	<表 1-9> さつまいも生産, 買上及び用途別使用実績推移 ---------- 53
<表 2-8> 年度別韓－EFTA FTA 貿易統計実績 ----- 31	<表 1-10> 豆生産, 買上及び用途別消費実績推移 - 54
<表 2-9> 年度別韓－アセアン FTA 貿易統計実績 --- 32	<表 1-11> とうもろこし生産, 買上及び用途別消費実績推移 ---------- 54
<表 2-10> 年度別韓－ペルーFTA 貿易統計実績 --- 32	<表 1-12> 全穀物需給実績推移 ------------------- 55
<表 2-11> 年度別韓－インド FTA 貿易統計実績 --- 32	<表 1-13> 全穀物自給率推移 --------------------- 55
<表 2-12> 年度別韓－EU FTA 貿易統計実績 ------- 32	<表 1-14> 穀物 1 人当り年間消費量推移 --------- 56
<表 2-13> 2013 年 10 大輸出品目実績推移 -------- 33	<表 1-15> 野菜類生産量推移 --------------------- 56
<表 2-14> 2013 年 10 大輸入品目実績推移 -------- 33	<表 1-16> 野菜類 1 人当り年間消費量 ----------- 56
<表 2-15> 2013 年 10 大輸出国実績推移 --------- 34	<表 1-17> 唐辛子需給実績推移 ------------------- 57
<表 2-16> 2012 年 10 大輸入国実績推移 --------- 34	<表 1-18> ニンニク需給実績推移 ----------------- 57
<表 2-17> 2012 年 10 大貿易収支黒字実績現況 --- 35	<表 1-19> 玉葱需給実績推移 --------------------- 57
<表 2-18> 2012 年 10 大貿易収支赤字実績現況 --- 35	<表 1-20> 施設野菜栽培現況推移 ---------------- 58
<表 2-19> 2012 年 10 大貿易収支黒字品目実績現況 ---------- 36	<表 1-21> 果実類栽培面積及び生産量推移 ------- 58
	<表 1-22> 果実類 1 人当たり年間消費量推移 ---- 58
<表 2-20> 2012 年 10 大貿易収支赤字品目実績現況 ---------- 36	<表 1-23> 果実類輸出実績推移 ------------------- 59
<表 2-21> 主要品目別輸出実績 ------------------- 37	<表 1-24> 果実類買上実績推移 ------------------- 59
<表 2-22> 主要品目別輸入実績 ------------------- 38	<表 1-25> 油脂作物生産量推移 ------------------- 59
<表 2-23> 主要地域別輸出実績 ------------------- 39	<表 1-26> 胡麻需給実績推移 --------------------- 60
<表 2-24> 主要地域別輸入実績 ------------------- 39	<表 1-27> 落花生需給実績推移 ------------------- 60
<表 2-25> 主要国別貿易収支現況 ---------------- 40	<表 1-28> 人参栽培面積および生産量推移 ------- 60
3. 南北経済協力事業	<表 1-29> 市道別人参栽培現況(2012) ------------ 61
<表 3-1> 年度別南北貿易額現況 ------------------ 41	<表 1-30> 品目別人参輸出実績推移 -------------- 61
<表 3-2> 年度別南北貿易件数現況 ---------------- 41	<表 1-31> キノコ栽培面積及び生産量推移 ------- 62
<表 3-3> 年度別南北貿易品目数現況 -------------- 41	<表 1-32> キノコ類輸出実績 --------------------- 62
<表 3-4> 2013 年製品別南北交易品搬出実績 ------ 42	<表 1-33> 茶葉栽培面積及び生産実績推移 ------- 62
<表 3-5> 2013 年製品別南北交易品搬入実績 ------ 43	<表 1-34> 花卉生産農家および栽培面積推移 ---- 63
<表 3-6> 類型別南北貿易額現況(最近 5 年間) ----- 44	<表 1-35> 花卉生産および消費実績推移 --------- 63
<表 3-7> 南北観光協力事業現況-金剛山観光客 --- 44	<表 1-36> 花卉輸出実績推移 --------------------- 63

<表 1-37> 花卉輸入実績推移 ------ 64	<表 1-4> 一次エネルギー 消費(構成比) ------ 92
<表 1-38> 蚕業栽培現況推移 ------ 64	<表 1-5> 一次エネルギー供給構造 ------ 93
2. 畜産業	<表 1-6> エネルギー輸入額推移 ------ 93
<表 2-1> 家畜飼育数および戸数推移 ------ 65	<表 1-7> エネルギー輸入物量推移 ------ 94
<表 2-2> 家畜別・飼育規模別戸数推移 ------ 65	<表 1-8> エネルギー輸入出実績 ------ 94
<表 2-3> その他の家畜飼育現況推移 ------ 66	<表 1-9> 最終エネルギー消費推移 ------ 95
<表 2-4> 種畜別輸入現況推移 ------ 66	<表 1-10> 最終エネルギー 消費(熱量) ------ 95
<表 2-5> 畜産物需給実績推移 ------ 67	<表 1-11> 最終エネルギー 消費(構成比) ------ 96
<表 2-6> 牛肉需給実績推移 ------ 67	<表 1-12> 部門別最終エネルギー消費 ------ 96
<表 2-7> 牛乳生産及び消費推移 ------ 68	<表 1-13> 年度別再生可能エネルギー生産量推移 97
<表 2-8> 原乳需給推移(原乳基準) ------ 68	<表 1-14> 年度別再生可能エネルギー発電量 ------ 98
<表 2-9> 乳製品輸入実績推移 ------ 68	<表 1-15> 再生可能エネルギー販売量推移(発電) 100
<表 2-10> 乳製品別生産及び消費実績推移 ------ 69	2. 石油
<表 2-11> 飼料需給実績推移 ------ 69	<表 2-1> 石油製品需給推移 ------ 102
<表 2-12> 配合飼料生産実績推移 ------ 70	<表 2-2> 製品別石油製品生産推移 ------ 102
<表 2-13> 飼料穀物使用実績推移 ------ 70	<表 2-3> 製品別石油製品国内消費量推移 ------ 103
3. 林業	<表 2-4> 石油製品消費推移-軽油 ------ 103
<表 3-1> 主要林産物輸出実績推移 ------ 71	<表 2-5> 石油製品消費推移-ナフサ ------ 104
<表 3-2> 林産物生産実績推移 ------ 72	<表 2-6> 石油製品消費推移-灯油 ------ 104
<表 3-3> 主要林産物輸入実績推移 ------ 73	<表 2-7> 石油製品消費推移-ガソリン ------ 104
<表 3-4> 年度別木材供給量(原木)推移 ------ 73	<表 2-8> 石油製品消費推移-重油 ------ 105
<表 3-5> 年度別木材需要量(原木)推移 ------ 74	<表 2-9> 石油製品消費推移-LPG ------ 105
<表 3-6> 用途別国産原木供給実績推移 ------ 74	<表 2-10> 製品別石油類輸出量推移 ------ 106
4. 水産業	<表 2-11> 製品別石油類輸入量推移 ------ 106
<表 4-1> トン数別漁船保有漁家数推移 ------ 75	<表 2-12> 原油輸入推移 ------ 107
<表 4-2> 漁業形態別漁業生産金額推移 ------ 75	<表 2-13> 原油処理実績推移 ------ 107
<表 4-3> 漁業形態別漁業生産量推移 ------ 75	3. 電力
<表 4-4> 品種別漁業生産量推移 ------ 76	<表 3-1> 電力需給推移 ------ 108
<表 4-5> 品種別海草類生産推移(一般海面) ------ 76	<表 3-2> エネルギー源別発電電力量推移 ------ 108
<表 4-6> 品種別貝類生産推移(一般海面 ------ 76	<表 3-3> 前年同期比発電量増減率 ------ 109
<表 4-7> 品種別甲殻類生産推移(一般海面) ------ 77	<表 3-4> 発電用燃料消費量推移 ------ 109
<表 4-8> 品種別軟体動物生産推移(一般海面) ------ 77	<表 3-5> 火力発電所熱効率推移 ------ 110
<表 4-9> 品種別魚類生産推移(一般海面) ------ 77	<表 3-6> 発電設備推移 ------ 111
<表 4-10> その他水産動物生産推移(一般海面)--- 78	<表 3-7> 送電設備推移 ------ 111
<表 4-11> 品種別海藻類生産推移(浅海養殖) ------ 79	<表 3-8> 変電設備推移 ------ 112
<表 4-12> 品種別貝類生産推移(浅海養殖) ------ 79	<表 3-9> 配電設備推移 ------ 112
<表 4-13> 品種別魚類生産推移(浅海養殖) ------ 79	<表 3-10> 電力販売量推移 ------ 113
<表 4-14> 品種別甲殻類生産推移(浅海養殖) ------ 80	<表 3-11> 用途別電力販売量推移 ------ 113
<表 4-15> その他水産動物生産推移(浅海養殖) ------ 80	<表 3-12> 電力損失量推移 ------ 114
<表 4-16> 品種別魚類生産推移(遠洋漁業) ------ 80	<表 3-13> 発電源別電力取引実績推移 ------ 114
<表 4-17> 品種別甲殻類生産推移(遠洋漁業) ------ 81	4. ガス
<表 4-18> 品種別軟体動物生産推移(遠洋漁業) ------ 81	<表 4-1> 部門別都市ガス消費推移 ------ 115
<表 4-19> 品種別貝類生産推移(内水面漁業) ------ 81	<表 4-2> 年度別市道別家庭用都市ガス販売率推移 ------ 116
<表 4-20> 品種別魚類生産推移(内水面漁業) ------ 82	<表 4-3> 用途別都市ガス消費量推移 ------ 116
<表 4-21> 品種別甲殻類生産推移(内水面漁業) ------ 82	<表 4-4> 用途別都市ガス需要口数 ------ 117
<表 4-22> 主要国別水産物輸入出推移 ------ 82	<表 4-5> 天然ガス需給推移 ------ 117
<表 4-23> 年度別品目別水産品加工実績 ------ 83	<表 4-6> 天然ガス生産設備と配管 ------ 117
<表 4-24> 品目別燻製品加工実績 ------ 83	<表 4-7> 国別天然ガス輸入推移 ------ 118
<表 4-25> 品目別冷凍品加工実績 ------ 84	3章 鉄・非鉄金属産業
<表 4-26> 品目別缶詰品加工実績 ------ 85	1. 鉄鋼産業
<表 4-27> 品目別焼乾品加工実績 ------ 85	<表 1-1> 粗鋼生産量推移 ------ 121
<表 4-28> 品目別塩乾品加工実績 ------ 85	<表 1-2> 転炉生産量推移 ------ 121
<表 4-29> 品目別煮沸品加工実績 ------ 85	<表 1-3> 電気炉生産量推移 ------ 121
<表 4-30> 品目別海藻製品加工実績 ------ 86	<表 1-4> 形鋼生産量推移 ------ 121
<表 4-31> 品目別寒天加工実績 ------ 86	<表 1-5> H形鋼生産量推移 ------ 122
<表 4-32> 品目別調味加工品加工実績 ------ 86	<表 1-6> H形鋼出荷/在庫量推移 (2012年) ------ 122
<表 4-33> 品目別魚油分加工実績 ------ 86	<表 1-7> 棒鋼生産量推移 ------ 122
<表 4-34> 品目別塩蔵品加工実績 ------ 86	<表 1-8> 特殊鋼棒鋼出荷/在庫推移(2012年) --- 123
<表 4-35> 品目別塩辛品加工実績 ------ 87	<表 1-9> 鉄筋生産量推移 ------ 123
<表 4-36> 市道別水産物加工実績現況 ------ 87	<表 1-10> 鉄筋出荷/在庫量推移(2012年) ------ 124
	<表 1-11> 線材生産量推移 ------ 124
2章 エネルギー・電力・ガス産業	<表 1-12> 線材出荷/在庫量推移(2012年) ------ 125
1. エネルギー	<表 1-13> 重厚板生産量推移 ------ 125
<表 1-1> 主要エネルギー指標 ------ 91	<表 1-14> 重厚板出荷/在庫量推移(2012年) ------ 126
<表 1-2> 一次エネルギー供給(物量) ------ 91	<表 1-15> 熱間圧延鋼板生産量推移 ------ 126
<表 1-3> 一次エネルギー消費(熱量) ------ 92	

目次

<表 1-16> 熱間圧延鋼板出荷/在庫量推移(2012年) 127
<表 1-17> 冷間圧延鋼板生産量推移 127
<表 1-18> 冷延鋼板(STS 除外) 出荷/在庫量推移 (2012 年) 128
<表 1-19> 溶融亜鉛メッキ鋼板生産量推移 128
<表 1-20> 溶融亜鉛メッキ鋼板出荷/在庫量推移 (2012 年) 129
<表 1-21> 電気亜鉛メッキ鋼板生産量推移 129
<表 1-22> 電気亜鉛メッキ鋼板出荷/在庫量推移 (2012 年) 130
<表 1-23> カラー鋼板生産量推移 130
<表 1-24> カラー鋼板出荷/在庫量推移(2012 年) 131
<表 1-25> 錫メッキ鋼板生産量推移 131
<表 1-26> 鋼管生産量推移 131
<表 1-27> 鋼管出荷/在庫量推移(2012 年) 132
<表 1-28> 鉄鋼材出荷/在庫量推移(2012 年) 132
<表 1-29> 鉄鋼材類輸出動向 133
<表 1-30> 鉄鋼材類輸入動向 133
<表 1-31> 鉄鋼材類貿易収支動向 133

2. 非鉄金属
<表 2-1> 非鉄金属輸出入実績推移 134
<表 2-2> 品目別非鉄金属輸出実績推移 135
<表 2-3> 品目別非鉄金属輸入実績推移 139
<表 2-4> 国別非鉄金属輸出推移 143
<表 2-5> 国別非鉄金属輸入推移 144
<表 2-6> 電気銅需給実績推移 145
<表 2-7> 鉛塊需給実績推移 145
<表 2-8> 亜鉛塊需給実績推移 145
<表 2-9> アルミ塊需給実績推移 146
<表 2-10> ニッケル塊需給実績推移 146
<表 2-11> 錫塊需給実績推移 147
<表 2-12> アルミ板需給実績推移 147
<表 2-13> アルミ箔需給実績推移 147
<表 2-14> アルミ押出(サッシ)需給実績推移 147
<表 2-15> 銅・銅合金板需給実績推移 148
<表 2-16> 銅管需給実績推移 148
<表 2-17> 銅棒需給実績推移 148
<表 2-18> 銅線需給実績推移 148
<表 2-19> 塊+加工製品需給実績推移 149
<表 2-20> 全塊需給実績推移 149
<表 2-21> 全加工製品需給実績推移 149
<表 2-22> 全銅加工製品需給実績推移 149
<表 2-23> 全アルミ加工製品需給実績推移 150

4 章 輸送機械
1. 自動車
1) 自動車登録現況
<表 1-1> 年度別自動車登録現況 153
<表 1-2> 市道別自動車登録現況 154
<表 1-3> 燃料別自動車登録台数推移 155
<表 1-4> 用途別自動車登録台数推移 155
<表 1-5> 登録内容別登録台数推移 156
<表 1-6> 年度別自家用自動車増減動向 156
<表 1-7> 排気量別乗用車登録現況 157
<表 1-8> 年度別二輪自動車用途申告現況 158
<表 1-9> 年度別輸入自動車登録現況 158
<表 1-10> 自動車 1 台当たり人口数 159
<表 1-11> 年度別自動車差押登録現況(2012 年基準) 160
<表 1-12> 自動車管理事業体現況 161
<表 1-13> 中古自動車登録現況 162
<表 1-14> 地域別自動車抹消登録現況 163
<表 1-15> 年度別自動車リコール現況 163

2) 自動車産業
<表 2-1> 韓国自動車生産台数現況 164
<表 2-2> 韓国自動車販売台数現況 165

<表 2-3> メーカー別・モデル別生産・内需・輸出 166
<表 2-4> モデル別乗用車国内販売順位(2013 年年間基準) 177
<表 2-5> 会社別自動車国内販売台数 177
<表 2-6> 会社別自動車輸出台数 178
<表 2-7> 現代自動車海外生産実績推移 178
<表 2-8> KIA 自動車海外生産実績推移 179
<表 2-9> 年度別・メーカー別自動車 KD(ノックダウン)輸出実績推移 179
<表 2-10> メーカー別・年度別自動車販売実績推移 180
<表 2-11> メーカー別自動車販売額推移 181
<表 2-12> 品目別・年度別自動車輸出台数推移 181
<表 2-13> モデル別乗用車輸出順位 (2013 年年間基準) 181
<表 2-14> 年度別・地域別自動車輸出販売(台数)推移 182
<表 2-15> 年度別・地域別自動車輸出販売(金額)推移 182
<表 2-16> ブランド別輸入自動車新規登録数推移 183

3) 自動車部品産業
<表 3-1> 企業規模別企業数推移 184
<表 3-2> 従業員規模別部品企業現況 184
<表 3-3> 地域別部品企業現況 185
<表 3-4> 納品先別部品企業推移 185
<表 3-5> 地域別自動車部品売上実績推移 186
<表 3-6> 部品企業納品実績現況 186
<表 3-7> 親企業部品購入実績 186
<表 3-8> 親企業売上額比部品購入額比重 187
<表 3-9> 地域別自動車部品輸出額推移 187
<表 3-10> 地域別自動車部品輸入額推移 188

4) 二輪車・モーターサイクル
<表 4-1> 二輪車用途別登録現況 189
<表 4-2> 二輪車申告現況(2013 年 12 月基準) 190

5) 交通事故統計
<表 5-1> 年度別交通事故推移 192
<表 5-2> 地域別交通事故現況 193
<表 5-3> 月別交通事故推移 194
<表 5-4> 加害車種別交通事故推移 195
<表 5-5> 車種別交通事故発生件数推移 196
<表 5-6> 昼夜別交通事故推移 196
<表 5-7> 法規違反別交通事故発生件数推移 197
<表 5-8> 道路形状別交通事故推移 198
<表 5-9> 時間帯別交通事故推移 199
<表 5-10> 曜日別交通事故推移 200
<表 5-11> 加害者運転免許取得経過年数別交通事故推移 201
<表 5-12> 道路種類別交通事故推移 202
<表 5-13> 気象状況別交通事故推移 202
<表 5-14> 道路幅別交通事故推移 203

6. 鉄道車両
<表 6-1> 鉄道輸送実績推移(1) 204
<表 6-2> 鉄道輸送実績推移(2) 204
<表 6-3> 鉄道車両保有推移 205
<表 6-4> 使用年数別鉄道車両保有現況(1) 205
<表 6-5> 使用年数別鉄道車両保有現況(2) 206
<表 6-6> 高速鉄道車両保有推移 206
<表 6-7> ディーゼル機関車両保有推移 206
<表 6-8> ディーゼル動車車両保有推移 206
<表 6-9> 電気機関車車両保有推移 207
<表 6-10> 電気動車車両保有推移 207
<表 6-11> クレーン車両保有推移 207
<表 6-12> 客車保有推移 207
<表 6-13> 貨車保有推移 208

<表 6-14> 都市鉄道現況 -------------------------------- 208	<表 2-5> 機種別工作機械受注現況 -------------------236
<表 6-15> 都市鉄道輸送実績現況 -------------------- 209	<表 2-6> 工作機械生産現況 -------------------------237
<表 6-16> 都市鉄道投資現況(2012 年) -------------- 209	<表 2-7> 工作機械出荷現況 -------------------------237
<表 6-17> 都市鉄道建設現況 -------------------------- 210	<表 2-8> 機種別工作機械輸出現況 -------------------238
<表 6-18> 都市鉄道運営現況 -------------------------- 211	<表 2-9> 地域別工作機械輸出現況 -------------------239

7. 航空・宇宙産業
<表 7-1> 航空宇宙産業需給動向------------------------ 212	<表 2-10> 機種別工作機械輸入現況 -------------------240
<表 7-2> 事業別航空宇宙産業生産現況 ---------------- 212	<表 2-11> 地域別工作機械輸入現況(2013 年)--------241

3. 農業用機械
<表 7-3> 航空宇宙産業需要引渡(生産)現況 ---- 213	<表 3-1> 年度別主要農業機械台数推移-------------242
<表 7-4> 品目別航空宇宙産業引渡(生産)現況 ---- 213	<表 3-2> 主要農業機械機種別供給及び資金支援-243
<表 7-5> 国別航空宇宙産業輸出(生産)現況 ------- 213	<表 3-3> 稲作の農作業機械化率 ---------------------243

4. 建設・鉱山機械
<表 7-6> 地域別航空宇宙産業生産現況 ------------- 214	<表 4-1> 市道別・用途別建設機械登録現況--------244
<表 7-7> 航空宇宙分野輸出及び輸入現況 --------- 214	<表 4-2> 年度別建設機械登録現況 -------------------245
<表 7-8> 受注・引渡・残高推移-------------------- 214	<表 4-3> 機種別・用途別建設機械登録現況 --------246
<表 7-9> 航空宇宙投資額推移 ------------------------ 215	<表 4-4> 市道別・機種別建設機械登録現況(2012) --247
<表 7-10> 航空宇宙産業雇用現況 ------------------- 215	<表 4-5> 建設機械事業者現況(2012) -----------------249

8. 造船・造船機資材工業

5. 繊維機械
<表 8-1> 韓国造船所数推移-------------------------- 216	<表 5-1> 品目別繊維機械輸出入推移 -------------250
<表 8-2> 会社別設備現況 ------------------------------ 216	<表 5-2> 品目別繊維機械貿易収支推移 -------------251
<表 8-3> 造船産業需給予測 -------------------------- 217	<表 5-3> 地域別繊維機械輸出入推移 ---------------251
<表 8-4> 船種別韓国造船機資材国産化率及び搭載率 -- 217	<表 5-4> 地域別紡糸, 延伸, 生地, 切断機輸出入推移---252
<表 8-5> 世界造船市場変化推移 -------------------- 218	<表 5-5> 地域別カード糸, 合糸, 撚糸, 巻糸, 整経機輸出入推移 ---252
<表 8-6> 世界新造船受注量・建造量・受注残量 218	<表 5-6> 地域別繊維機械輸出入推移 ---------------252
<表 8-7> 韓国造船会社受注量推移 ------------------ 218	<表 5-7> 地域別編織機, 横編機, 刺繍機輸出入推移 ---253
<表 8-8> 韓国造船会社建造量推移 ------------------ 219	<表 5-8>地域別ドビー, ジャカード, 補助機械輸出入推移---253
<表 8-9> 年度別造船業輸出実績推移 --------------- 219	<表 5-9> 地域別不織布製造機械類輸出入推移 ---253
<表 8-10> 船種別韓国造船会社建造量 ------------- 219	<表 5-10> 地域別洗濯機 10 kg 以上輸出入推移 ---254
<表 8-11> 主要品目別輸出額現況 ------------------- 220	<表 5-11> 地域別巻取, 切断, 染色, 乾燥機輸出入推移---254
<表 8-12> 造船産業貿易収支推移 ------------------- 220	<表 5-12> 地域別縫製機輸出入推移 -----------------254
<表 8-13> 船種別韓国造船会社受注量 ------------- 220	<表 5-13> 地域別皮革・履物加工機輸出入推移 ---255
<表 8-14> 船種別韓国造船会社受注残量 ---------- 221	<表 5-14> 地域別紡績用ボビン・重合機(重合)機輸出入推移---255
<表 8-15> 四半期別韓国造船会社受注残量推移 --- 221	

6. 製造用ロボット産業
1) 製造用ロボット生産
<表 8-16> 世界造船産業の建造量予測と設備過剰率推定 -- 221	<表 6-1> 製造用ロボット生産現況 -----------------256

2) ロボット部品及び部分品生産
<表 8-17> 船種別建造量基準世界市場現況及び予測 -- 222	<表 6-2> ロボット部品及び部分品生産動向-------258

3) ロボットシステム生産
<表 8-18> 船種別韓国建造予測 ----------------------- 222	<表 6-3> ロボットシステム生産現況 ---------------260

4) 製造用ロボット出荷
<表 8-19> 世界の主要造船所現況 -------------------- 223	<表 6-4> 製造用ロボット出荷現況 -----------------261
<表 8-20> 世界の建造能力 --------------------------- 224	<表 6-5> 用途別製造用ロボット出荷現況 ---------263

5) ロボット部品及び部分品出荷

5章 機械工業
1. 機械産業概況
<表 1-1> 主要機械産業関連指標動向 -------------- 227	<表 6-6> 年度別ロボット部品及び部分品出荷現況 ---264
<表 1-2> 機械産業生産・出荷・在庫動向 --------- 227	<表 6-7> 用途別ロボット部品及び部分品出荷現況 ---266
<表 1-3> 機械産業(造船を除く)生産・出荷・在庫動向 -- 227	

6) ロボットシステム出荷
<表 1-4> 機械産業輸出入動向------------------------ 227	<表 6-8> ロボットシステム出荷現況 ----------------268
<表 1-5> 機械産業(造船を除く)輸出入動向 -------- 228	<表 6-9> 用途別ロボットシステム出荷現況-------269
<表 1-6> 業種別設備投資指数推移------------------- 228	

7) ロボット産業輸入
<表 1-7> 業種別機械産業生産動向------------------- 228	<表 6-10> ロボット単品及び部品輸入現況(2012) 270
<表 1-8> 業種別機械産業出荷動向------------------- 229	

8) ロボット産業輸出
<表 1-9> 業種別在庫動向 ------------------------------ 229	<表 6-11> ロボット単品及び部品輸出現況 --------280
<表 1-10> 機種別機械産業生産増減率--------------- 229	
<表 1-11> 機種別機械産業出荷増減率--------------- 230	
<表 1-12> 機種別機械産業在庫増減率--------------- 230	

6章 ITC・電子・放送・コンテンツ・医療機器・ロボット

1. IT産業総括
1) 概要

<表 1-13> 機械産業輸出入動向 --------------------- 231	
<表 1-14> 機種別機械産業輸出増減率--------------- 232	
<表 1-15> 機種別機械産業輸入増減率--------------- 232	
<表 1-16> 地域別機械産業輸出入動向--------------- 233	
<表 1-17> 地域別機械産業(造船除外)輸出入動向 234	

2. 工作機械
<表 2-1> 工作機械需給推移 -------------------------- 235	
<表 2-2> 切削機械需給推移 -------------------------- 235	
<表 2-3> 成形機械需給推移 -------------------------- 235	
<表 2-4> 需要業種別工作機械受注現況 ------------- 236	

表番号	タイトル	ページ
<表 1-1>	年度別・業種別 ICT 企業数	291
<表 1-2>	年度別 ICT 生産額	292
<表 1-3>	年度別 ICT 内需額	293
<表 1-4>	年度別 ICT 輸出額	294
<表 1-5>	年度別 ICT 輸入額	294
<表 1-6>	年度別 ICT 貿易収支	294
<表 1-7>	年度別有線通信サービス売上額	295
<表 1-8>	年度別無線通信サービス売上額	297
<表 1-9>	年度別回線設備賃貸再販および通信サービス募集,仲介サービス売上額	298
<表 1-10>	年度別付加通信サービス売上額	299
<表 1-11>	年度別通信機器生産額	300
<表 1-12>	年度別通信機器輸出額	302
<表 1-13>	年度別通信機器輸入額	304
<表 1-14>	年度別放送機器生産額	306
<表 1-15>	年度別放送機器輸出額	308
<表 1-16>	年度別放送機器輸入額	309
<表 1-17>	年度別情報機器生産額	310
<表 1-18>	年度別情報機器輸出額	311
<表 1-19>	年度別情報機器輸入額	313
<表 1-20>	年度別部品生産額	315
<表 1-21>	年度別部品輸出額	317
<表 1-22>	年度別部品輸入額	319
<表 1-23>	年度別情報通信アプリケーション基盤機器生産額	321
<表 1-24>	年度別情報通信アプリケーション基盤機器輸出額	323
<表 1-25>	年度別情報通信アプリケーション基盤機器輸入額	325
<表 1-26>	年度別ソフトウェアおよびデジタルコンテンツ生産額	327
<表 1-27>	年度別ソフトウェアおよびデジタルコンテンツ輸出額	328

2) ICT 産業輸出入実績

表番号	タイトル	ページ
<表 1-28>	全産業および ICT 輸出入現況(2013 年)	329
<表 1-29>	品目別輸出実績	329
<表 1-30>	地域別輸出実績	329
<表 1-31>	全輸出および 5 大 ICT 品目輸出額および比率(2013 年)	329
<表 1-32>	主要国別・品目別 ICT 産業輸出額(2013 年)	330
<表 1-33>	主要国別・品目別 ICT 産業輸入額(2013 年)	330
<表 1-34>	ICT 産業および全産業輸出入動向	330
<表 1-35>	月別携帯電話(部分品含む)輸出額推移(2013 年)	331
<表 1-36>	全輸出額及び ICT 5 大品目輸出額(2013 年)	331
<表 1-37>	半導体輸出額推移	332
<表 1-38>	ディスプレイ輸出額推移	333
<表 1-39>	D-TV (部分品含む) 輸出額推移	333
<表 1-40>	コンピュータおよび周辺機器輸出額推移	334
<表 1-41>	中国(香港含む)輸出額推移	335
<表 1-42>	米国輸出額推移	335
<表 1-43>	EU 輸出額推移	335
<表 1-44>	日本輸出額推移	336
<表 1-45>	主要国別・品目別 ICT 産業輸入額(2013 年)	336
<表 1-46>	ICT 貿易収支	336
<表 1-47>	主要品目別貿易収支	336
<表 1-48>	主要国別貿易収支	336
<表 1-49>	年度別全産業/ICT 産業輸出入実績推移	337
<表 1-50>	主要品目別 ICT 輸出額実績	338
<表 1-51>	主要品目別 ICT 輸入額実績	339
<表 1-52>	主要品目別 ICT 貿易収支	340
<表 1-53>	主要地域別 ICT 輸出額実績	341
<表 1-54>	主要地域別 ICT 輸入額実績	342
<表 1-55>	主要地域別 ICT 貿易収支実績	343

2. 製品別主要 IT 部品市場
1) 半導体

表番号	タイトル	ページ
<表 2-1>	半導体生産額/占有率推移	344
<表 2-2>	メモリ生産額および占有率推移	344
<表 2-3>	システム半導体生産額および占有率推移	345
<表 2-4>	光個別素子生産額および占有率推移	345
<表 2-5>	半導体素子市場占有率	345
<表 2-6>	世界半導体市場規模	346
<表 2-8>	国別半導体市場占有率	346
<表 2-7>	韓国の半導体世界市場占有率	346
<表 2-9>	半導体機器・素材国産化率	346
<表 2-10>	半導体輸出入額推移	347
<表 2-11>	世界主要半導体企業現況	347
<表 2-12>	世界半導体市場規模及び展望(売上額基準)	348

2) ディスプレイ

表番号	タイトル	ページ
<表 2-13>	フラットパネルディスプレイ世界市場規模および展望	349
<表 2-14>	次世代ディスプレイ市場展望(2012~2016 年)	349
<表 2-15>	国別ディスプレイ市場占有率	349
<表 2-16>	3D 全方向製品群世界市場規模	350
<表 2-17>	応用分野別世界 3D ディスプレイ売上高推移	350
<表 2-18>	世界 3DTV 普及展望	350
<表 2-19>	韓国ディスプレイ産業動向	351
<表 2-20>	ディスプレイ国内生産額推移	351
<表 2-21>	ディスプレイ輸出額推移	352
<表 2-22>	サムスンのディスプレイ事業実績現況	352
<表 2-23>	サムスンのディスプレイ世界市場占有率	352
<表 2-24>	LCD 分野知的財産権登録現況(2013年)	353
<表 2-25>	OLED 分野知的財産権登録現況(2013 年)	355
<表 2-26>	Flexible 分野知的財産権登録現況(2013 年)	357
<表 2-27>	3D 分野知的財産権登録現況(2013 年)	359
<表 2-28>	LG のディスプレイ売上額実績現況	360
<表 2-29>	LG の大型ディスプレイパネル(9"以上)世界市場占有率	360

3) タッチスクリーン

表番号	タイトル	ページ
<表 2-30>	タッチスクリーンパネル市場展望(金額)	361
<表 2-31>	タッチスクリーンパネル市場展望(数量)	361
<表 2-32>	世界タッチパネル市場規模展望(数量)	361
<表 2-33>	世界タッチパネル市場規模展望(金額)	361
<表 2-34>	静電容量方式タッチパネル世界市場規模推移	361
<表 2-35>	用途別タッチパネル市場展望	362
<表 2-36>	タッチパネル採用率展望	362
<表 2-37>	タッチパネル構成部材世界市場	362
<表 2-38>	電極基板に使用される ITO フィルム (web/dry 方式)および強化ガラスの市場推移	362
<表 2-39>	化学強化ガラス市場規模予測	363
<表 2-40>	国別化学強化基板ガラス輸出推移	363
<表 2-41>	国別化学強化基板ガラス輸入推移	363
<表 2-42>	化学強化基板ガラス輸入推移	364
<表 2-43>	主要品目別日中韓台技術水準分析	364

<表 2-44> 主要タッチ企業事業領域現況 364
4) スマートフォン / タブレット PC
(1) スマートフォン
<表 2-45> 世界スマートフォン市場規模推移および展望 365
<表 2-46> 西ヨーロッパのスマートフォン市場規模推移および展望 365
<表 2-47> 北米のスマートフォン市場規模推移および展望 366
<表 2-48> アジア/太平洋のスマートフォン市場規模推移および展望 366
<表 2-49> 東ヨーローッパのスマートフォン市場規模推移および展望 366
<表 2-50> 南米のスマートフォン市場規模推移および展望 367
<表 2-51> 中東/アフリカのスマートフォン市場規模推移および展望 367
<表 2-52> サムスン電子スマートフォン出荷量推移および展望(世界市場) 367
<表 2-53> アップルスマートフォン出荷量推移および展望(世界市場) 368
<表 2-54> LG電子スマートフォン出荷量推移および展望(世界市場) 368
<表 2-55> 韓国移動電話サービスおよびスマートフォン加入者現況 368
<表 2-56> 韓国スマートフォン加入者数(累積)--- 369
<表 2-57> 倹約フォン加入者数 369
<表 2-58> 主要倹約フォン事業者料金・商品現況(3G) 369
<表 2-59> 種類別携帯電話占有率(2012年対比2013年) 370
<表 2-60> 主要媒体別利用時間変化(全体回答者基準) 370
<表 2-61> スマートフォン利用行動占有率動向 -- 370
<表 2-62> メディア同時利用5大媒体(2013, 同時利用者基準平均利用時間) 370
(2) タブレットPC
<表 2-63> 企業別全世界最終消費者のタブレット購入数(2013) 371
<表 2-64> OS別全世界最終消費者タブレット購入数(2013) 371
<表 2-65> 全世界タブレット市場企業用/消費者用比率展望(2013~2018年) 371
<表 2-66> 韓国タブレットPC加入者数 372
5) スマートTV
<表 2-67> 世界スマートTV出荷量展望 373
<表 2-68> 主要国別スマートTV普及率 373
<表 2-69> 会社別米国におけるスマートTV占有率
<表 2-70> 方式別TVのインターネット接続比率 373
<表 2-71> TV経由OTT動画サービス利用方法選好度 374
<表 2-72> 韓国スマートTV利用世帯数展望 374
<表 2-73> 韓国スマートTV市場規模および占有率
<表 2-74> 韓国スマートTV広告および商取引市場展望 374
<表 2-75> 韓国有料放送会社のスマートセットトップボックス開発事例 375
6) コンピュータ
<表 2-76> 世界PC出荷量展望 376
<表 2-77> 種類別PC出荷量展望 376
<表 2-78> 種類別PC平均販売価格(ASP)展望 ---- 376
<表 2-79> PC市場占有率現況(2011) 377
<表 2-80> 国別韓国のコンピュータおよび周辺機器輸出順位 377
<表 2-81> 国別韓国のコンピュータおよび周辺機器輸入推移 377
7) 自動車用ブラックボックス及びナビゲーション
(1) 自動車用ブラックボックス
<表 2-82> 韓国自動車用ブラックボックス装着率調査結果(総合) 378
<表 2-83> 韓国自動車用ブラックボックス装着率調査結果(地域別) 378
<表 2-84> 韓国自動車用ブラックボックス普及台数および普及率推移 378
<表 2-85> 国別自動車用ブラックボックス輸出推移(HS 8543.70-9090) 379
<表 2-86> 国別自動車用ブラックボックス輸入推移(HS 8543.70-9090) 380
<表 2-87> 主要企業別自動車用ブラックボックス市場占有率 381
(2) ナビゲーション
<表 2-88> 世界ナビゲーション/ PND / DA 市場規模展望 382
<表 2-89> 韓国ナビゲーション(After Market)市場推移 382
<表 2-90> 年度別ナビゲーション新製品発売モデル数 382
3. 通信・インターネット産業
1) 事物インターネット(IoT, M2M)
<表 3-1> 世界および韓国の事物インターネット市場 383
<表 3-2> 部門別世界事物インターネット市場現況および展望 383
<表 3-3> 分野別韓国事物インターネット潜在市場規模および成長展望 384
<表 3-4> 通信社別韓国M2Mサービス現況 384
<表 3-5> 韓国M2M加入者数 385
<表 3-6> 韓国M2M/IoT特許出願動向 385
<表 3-7> 主要国別M2M/IoT特許出願動向 385
2) 周波数
<表 3-8> 無線局現況 386
<表 3-9> 許可・届出対象無線局現況 386
<表 3-10> 移動通信用周波数利用現況(2013. 12.)- 387
<表 3-11> 事業者別周波数所有現況(2013. 12.) ---- 388
<表 3-12> 許可擬制無線局現況 389
3) トラフィック
<表 3-13> 無線通信技術方式別トラフィック現況 390
<表 3-14> 移動電話端末機トラフィック現況 ----- 390
<表 3-15> 多量利用者(ヘビーユーザー)別トラフィック現況(2013) 391
<表 3-16> 無制限/一般料金プランのトラフィック現況(3G/4G) 391
<表 3-17> コンテンツ種類別トラフィック現況 -- 392
<表 3-18> 世界トラフィック展望(2015) 393
<表 3-19> 機器別使用者およびモバイルデータトラフィック増加率 393
4) 通信サービス
<表 3-20> 無線通信サービス加入者現況 394
<表 3-21> 通信社提供サービス(技術方式)別移動通信加入者数 394
<表 3-22> MNO/MVNO別移動電話加入者数 395
<表 3-23> MNO/MVNO別前払料金プラン加入者数 395
<表 3-24> 韓国スマートフォン加入者数 395
<表 3-25> 韓国タブレットPC加入者数 396
<表 3-26> 無線インターネット加入者(=端末機普及台数)現況(総合) 396
<表 3-27> 無線インターネット加入者(=端末機 普及台数)現況(WEB方式) 396

<表 3-28>	無線インターネット加入者(=端末機普及台数)現況(Only WAP/ME 方式) ------ 396
<表 3-29>	韓国 M2M 加入者数 ------ 397
<表 3-30>	韓国 M2M サービス潜在需要 ------ 397
<表 3-31>	韓国 事物インテリジェント通信(M2M)サービス市場展望 ------ 397
<表 3-32>	世界事物インテリジェント通信(M2M)の市場規模および展望 ------ 397
<表 3-33>	技術方式別超高速インターネットサービス加入者現況 ------ 398
<表 3-34>	有線通信サービス加入者現況 ------ 399
<表 3-35>	市内電話加入者現況 ------ 399
<表 3-36>	インターネット電話加入者現況 ------ 399
<表 3-37>	超高速インターネット加入者現況 ------ 399

5) インターネット金融・電子商取引

<表 3-38>	金融機関インターネットバンキング登録顧客数 ------ 400
<表 3-39>	インターネットバンキングサービス利用実績(日平均基準) ------ 400
<表 3-40>	モバイルバンキングサービス利用実績(日平均基準) ------ 401
<表 3-41>	インターネットバンキング中モバイルバンキングの比率(日平均基準) ------ 401
<表 3-42>	モバイルバンキング登録顧客数 ------ 401
<表 3-43>	金融サービス提供チャンネル別業務処理比率(入手金・資金為替取引基準) ------ 402
<表 3-44>	金融サービス提供チャンネル別業務処理比率(照会サービス 1) 基準) ------ 402
<表 3-45>	年度別電子商取引現況 ------ 402
<表 3-46>	部門別取引内訳 ------ 403
<表 3-47>	年間サイバーショッピング総取引額 ------ 403
<表 3-48>	主要商品群取引額 ------ 403
<表 3-49>	サイバーショッピング(B2C など)の小売販売額における比率推移 ------ 404
<表 3-50>	企業間電子商取引(B2B) ------ 404
<表 3-51>	取引主導別電子商取引 ------ 404
<表 3-52>	業種別企業間(B2B)電子商取引内訳 ------ 404
<表 3-53>	企業・政府間電子商取引 ------ 405
<表 3-54>	サイバーショッピング取引額動向 ------ 405
<表 3-55>	取扱商品範囲および運営形態別取引額動向 ------ 405
<表 3-56>	決済手段および配送手段別構成比動向 ------ 406

6) クラウド

<表 3-57>	サービス種類別世界クラウド市場規模および展望 ------ 407
<表 3-58>	プラットフォーム別主要事業者および世界市場占有率現況 ------ 407
<表 3-59>	製品別クラウディングコンピュータサービス収益展望 ------ 407
<表 3-60>	サービス種類別韓国クラウド市場規模および展望 ------ 407
<表 3-61>	国別 LTE 導入現況 ------ 408
<表 3-62>	韓国主要 SW 分野における世界企業の市場占有率現況 ------ 409
<表 3-63>	モバイルクラウドアプリケーション分野世界市場規模 ------ 409
<表 3-64>	モバイルクラウド アプリケーション分野韓国市場規模 ------ 409

4. 放送産業

<表 4-1>	年度別放送産業総括 ------ 410
<表 4-2>	事業体別・従事者別放送産業平均売上額および平均売上額現況(2012) ------ 410
<表 4-3>	業種別・年度別放送産業事業体数現況 ------ 411
<表 4-4>	業種別・年度別放送産業売上額現況 ------ 411
<表 4-5>	業種別放送産業売上額構成内訳現況(2012) ------ 412
<表 4-6>	業種別地上波放送および地上波 DMB 売上額現況 ------ 414
<表 4-7>	総合有線放送および中継有線放送業種別売上額現況 ------ 414
<表 4-8>	業種別一般衛星放送および衛星 DMB 売上額現況 ------ 415
<表 4-9>	業種別放送チャンネル使用事業売上額現況 ------ 415
<表 4-10>	放送映像独立制作会社売上額構成内訳推移 ------ 416
<表 4-11>	事業形態別放送映像独立制作会社売上額現況 ------ 416
<表 4-12>	媒体別放送産業輸出額現況 ------ 417
<表 4-13>	媒体別放送産業輸入額現況 ------ 417
<表 4-14>	放送産業輸出および輸入額現況 ------ 417
<表 4-15>	地域別・年度別放送産業輸出額現況 ------ 418
<表 4-16>	地域別・年度別放送産業輸入額現況 ------ 419
<表 4-17>	ジャンル別放送産業輸出額現況 ------ 420
<表 4-18>	ジャンル別放送産業輸入額現況 ------ 420

5. SW・コンテンツ産業

1) ソフトウェア産業

<表 5-1>	年度別ソフトウェア生産額推移 ------ 421
<表 5-2>	企業規模別ソフトウェア生産額推移 ------ 422
<表 5-3>	地域別ソフトウェア輸出額推移 ------ 422
<表 5-4>	発注元種類別ソフトウェア輸出額推移 ------ 422
<表 5-5>	年度別ソフトウェア輸出額推移 ------ 423
<表 5-6>	ソフトウェア企業数推移 ------ 423
<表 5-7>	世界 SW 市場対比韓国 SW 市場比率 ------ 424
<表 5-8>	世界 DBMS 市場規模(20112-2016) ------ 424
<表 5-9>	世界 Security SW 市場規模(2011-2016) ------ 424
<表 5-10>	世界 ERP 市場規模(2011-2016) ------ 424
<表 5-11>	世界 CRM 市場規模(2011-2016) ------ 424
<表 5-12>	世界 SCM 市場規模(2011-2016) ------ 424
<表 5-13>	世界 BI 及び分析 SW 市場規模(2011-2016) ------ 425
<表 5-14>	世界クラウド SW 市場規模(2011-2016) ------ 425
<表 5-15>	世界エンベデッド SW 市場規模(2009-2015) ------ 425
<表 5-16>	韓国エンベデッド SW 市場規模(2009-2015) ------ 425
<表 5-17>	産業別韓国エンベデッド SW 付加価値(2012) ------ 425
<表 5-18>	世界 SCM 市場規模(2010-2015) ------ 426
<表 5-19>	世界 Security SW 市場規模 ------ 426

2) コンテンツ産業

(1) 音楽産業

<表 5-20>	業種別音楽産業売上額現況 ------ 427
<表 5-21>	年度別音楽産業総括 ------ 427
<表 5-22>	ジャンル音楽公演業売上額推移 ------ 428
<表 5-23>	事業形態別・業種別音楽産業売上額現況(2012) ------ 428
<表 5-24>	事業形態別年度別音楽産業売上額現況 ------ 429
<表 5-25>	音楽産業輸出入額推移 ------ 429
<表 5-26>	地域別音楽産業輸出額現況 ------ 429
<表 5-27>	地域別音楽産業輸入額現況 ------ 429
<表 5-28>	音楽産業海外進出形態 ------ 429

(2) ゲーム産業

<表 5-29>	年度別ゲーム産業総括 ------ 430
<表 5-30>	2012年 ゲーム産業事業体別平均売上額および従事者別平均売上額現況 ------ 430
<表 5-31>	ゲーム産業業種別年度別事業体現況 ------ 430
<表 5-32>	年度別・事業体別・従事者別ゲーム産業平均売上額推移 ------ 431
<表 5-33>	業種別ゲーム産業売上額現況 ------ 431
<表 5-34>	事業形態別・業種別ゲーム産業売上額現況

<表 5-35> オンラインゲーム売上規模および増減率推移 -------- 432
<表 5-36> ビデオゲーム売上規模および増減率推移 -------- 432
<表 5-37> モバイルゲーム売上規模および増減率推移 -------- 432
<表 5-38> ゲーム産業の海外輸出方法 --------------- 433
<表 5-39> ゲーム産業輸出入額推移 ---------------- 433
<表 5-40> 地域別ゲーム産業輸出額現況 ----------- 433
<表 5-41> 地域別ゲーム産業輸入額現況 ----------- 433
(3) 映画産業
<表 5-42> 年度別映画産業総括 ---------------- 434
<表 5-43> 2012 年映画産業事業体別平均売上額および従事者別平均売上額現況 -------- 434
<表 5-44> 業種別映画産業売上額現況 --------------- 435
<表 5-45> 映画産業輸出入額推移 ------------------ 435
<表 5-46> 地域別映画産業輸出額現況 --------------- 436
<表 5-47> 映画産業地域別輸入額現況 --------------- 436
(4) アニメーション産業
<表 5-48> 年度別アニメーション産業総括 --------- 437
<表 5-49> 事業体別・従事者別アニメーション産業平均売上額現況(2012) ----------- 437
<表 5-50> 業種別アニメーション産業売上額現況 ----------- 438
<表 5-51> 事業形態別・年度別アニメーション産業売上額推移 ----------- 438
<表 5-52> 媒体別アニメーション産業総売上額現況(2012) ----------- 439
<表 5-53> 媒体別・年度別アニメーション産業総売上額推移 ----------- 439
<表 5-54> 制作方式別アニメーション産業売上額現況(2012) ----------- 439
<表 5-55> 制作方式別・年度別アニメーション産業売上額推移 ----------- 440
<表 5-56> アニメーション産業コンテンツ制作費用推移 ----------- 440
<表 5-57> アニメーション産業輸出入額推移 ----- 440
<表 5-58> アニメーション産業創作と下請制作輸出額推移 ----------- 440
<表 5-59> 地域別・年度別アニメーション産業輸出額推移 ----------- 441
<表 5-60> 地域別・年度別アニメーション産業輸入額推移 ----------- 441
<表 5-61> アニメーション産業海外輸出方式 ----- 441
<表 5-62> アニメーション産業海外進出形態 ----- 441
(5) キャラクター産業
<表 5-63> 年度別キャラクター産業総括 ----------- 442
<表 5-64> 業種別キャラクター産業売上額現況 -- 442
<表 5-65> 事業形態別業種別キャラクター産業売上額現況(2012) ----------- 442
<表 5-66> 事業形態別・年度別キャラクター産業売上額推移 ----------- 443
<表 5-67> キャラクター産業輸出入額推移 -------- 443
<表 5-68> 地域別キャラクター産業輸出額推移-- 443
<表 5-69> 地域別キャラクター産業輸入額推移 -- 443
<表 5-70> キャラクター産業海外輸出方式 --------- 444
<表 5-71> キャラクター商品流通経路 ------------- 444
(6) コンテンツソリューション産業
<表 5-72> 年度別コンテンツソリューション産業総括 ----------- 445
<表 5-73> 事業形態別・年度別コンテンツソリューション産業売上額推移 ----------- 445
<表 5-74> 業種別コンテンツソリューション産業売上額現況 ----------- 445
<表 5-75> 事業形態別・業種別コンテンツソリューション産業売上額現況(2012) ----------- 446
<表 5-76> コンテンツソリューション産業輸出入額推移 ----------- 446
<表 5-77> 地域別コンテンツソリューション産業輸出額推移 ----------- 446
<表 5-78> 地域別コンテンツソリューション産業輸入額推移 ----------- 447

6. 医療機器産業
<表 6-1> 韓国医療機器市場動向 --------------- 448
<表 6-2> 年度別韓国全産業対比医療機器産業比率 ----------- 448
<表 6-3> 年度別医療機器生産現況 --------------- 448
<表 6-4> 年度別医療機器生産実績推移 --------- 449
<表 6-5> 年度別医療機器輸出実績推移 --------- 449
<表 6-6> 年度別輸入実績推移 --------------- 449
<表 6-7> 医療機器産業規模別企業数および生産額推移 ----------- 450
<表 6-8> 医療機器生産上位5大品目現況(2012)-- 450
<表 6-9> 医療機器生産上位5大企業現況(2012) -- 450
<表 6-10> 産業等級別医療機器生産現況 ----------- 450
<表 6-11> 品目群別医療機器産業生産額推移 ----- 451
<表 6-12> 医療機器産業輸出入現況 --------------- 452
<表 6-13> 医療機器輸出額規模別輸出現況 -------- 452
<表 6-14> 規模別医療機器輸入額現況 --------------- 453
<表 6-15> 等級別医療機器産業輸出現況 --------- 453
<表 6-16> 等級別医療機器輸出額現況 ------------- 453
<表 6-17> 医療機器輸出上位5大品目現況(2012) 453
<表 6-18> 医療機器輸出上位5大企業現況(2012) 454
<表 6-19> 年度別医療機器輸入推移 --------------- 454
<表 6-20> 医療機器輸入上位5大品目現況(2012) 454
<表 6-21> 医療機器輸入上位5大企業現況(2012) 454
<表 6-22> 品目分類別輸入実績推移 --------------- 455
<表 6-23> 等級別生産実績推移 --------------- 455
<表 6-24> 等級別輸出実績現況 --------------- 456
<表 6-25> 等級別輸入実績現況 --------------- 456
<表 6-26> 品目数別生産実績現況 --------------- 457
<表 6-27> 品目数別輸出実績現況 --------------- 457
<表 6-28> 品目数別輸入実績現況 --------------- 458
<表 6-29> 国別医療機器産業輸出推移 --------------- 458
<表 6-30> 国別医療機器産業輸入推移 --------------- 459
<表 6-31> 品目群別医療機器産業輸出現況 -------- 459
<表 6-32> 品目群別医療機器産業輸入現況 -------- 460
<表 6-33> 医療機器産業国別市場規模推移 -------- 461
<表 6-34> 地域別医療機器産業市場規模推移 ----- 462

7. 知能型サービスロボット産業
1) 生産
<表 7-1> 専門サービス用ロボット生産現況 -------- 463
<表 7-2> 個人サービス用ロボット生産現況 -------- 465
<表 7-3> ロボット部品および部品品生産現況 ----- 466
<表 7-4> ロボットシステム生産現況 ---------------- 468
<表 7-5> ロボットエンベデッド生産現況 ---------- 469
<表 7-6> ロボットサービス生産現況 ---------------- 470
2) 出荷
<表 7-7> 専門サービス用ロボット出荷現況 -------- 473
<表 7-8> 用途別専門サービス用ロボット出荷現況 ----------- 475
<表 7-9> 個人サービス用ロボット出荷現況 -------- 477
<表 7-10> 用途別個人サービス用ロボット出荷現況 ----------- 478
<表 7-11> ロボットエンベデッド出荷現況 --------- 479
<表 7-12> 用途別ロボットエンベデッド出荷現況 ----------- 480
<表 7-13> ロボットサービス出荷現況 -------------- 481
<表 7-14> 用途別ロボットサービス出荷現況 ----- 484
3) 国内ロボット産業輸入
<表 7-15> ロボット単体および部品輸入現況(2012)

4) 韓国ロボット産業輸出 ------- 487
<表 7-16> ロボット単体および部品輸出現況(2012) ------- 498

7章 石油化学工業
1. 石油化学総括
<表 1-1> 部門別石油化学製品需給実績推移 ------ 507
<表 1-2> 石油化学製品生産能力推移 ------- 508
<表 1-3> 基礎油分輸出推移 ------- 509
<表 1-4> 基礎油分輸入推移 ------- 509
<表 1-5> 中間原料輸出推移 ------- 509
<表 1-6> 中間原料輸入推移 ------- 510
<表 1-7> 合成樹脂輸出推移 ------- 510
<表 1-8> 合成術輸入推移 ------- 511
<表 1-9> 合成ゴム輸出推移 ------- 511
<表 1-10> 合成ゴム輸入推移 ------- 511
<表 1-11> 合繊原料輸出推移 ------- 512
<表 1-12> 合繊原料輸入推移 ------- 512
<表 1-13> その他石油化学製品輸出推移 ------- 512
<表 1-14> その他石油化学製品輸入推移 ------- 513
<表 1-15> 石油化学製品輸出入実績(エチレン換算)推移 ------- 513
<表 1-16> 分野別石油化学製品輸出推移 ------- 514
<表 1-17> 分野別石油化学製品輸入推移 ------- 514
<表 1-18> 会社別石油化学施設能力現況(2012)--- 515
<表 1-19> ナフサ(原料)需給推移 ------- 522
<表 1-20> ナフサ及び原油価格推移 ------- 522

2. 基礎油分
<表 2-1> エチレン需給推移 ------- 523
<表 2-2> 用途別エチレン出荷比率推移 ------- 523
<表 2-3> 会社別エチレン生産能力推移 ------- 523
<表 2-4> プロピレン需給推移 ------- 524
<表 2-5> 用途別プロピレン出荷比率推移 ------- 524
<表 2-6> 会社別プロピレン生産能力推移 ------- 524
<表 2-7> ブタジエンの需給推移 ------- 525
<表 2-8> 用途別ブタジエン出荷比率推移 ------- 525
<表 2-9> 会社別ブタジエン生産能力推移 ------- 525
<表 2-10> ベンゼンの需給推移 ------- 526
<表 2-11> 用途別ベンゼンの出荷比率推移 ------- 526
<表 2-12> 会社別ベンゼンの生産能力推移 ------- 526
<表 2-13> トルエンの需給推移 ------- 527
<表 2-14> 用途別トルエン出荷比率推移 ------- 527
<表 2-15> 会社別トルエン生産能力推移 ------- 527
<表 2-16> キシレン需給実績推移 ------- 528
<表 2-17> 用途別キシレン出荷比率推移 ------- 528
<表 2-18> 会社別キシレンの生産能力推移 ------- 528

3. 中間原料
<表 3-1> SM 需給実績推移 ------- 529
<表 3-2> 用途別 SM 出荷比率推移 ------- 529
<表 3-3> 会社別 SM 生産能力推移 ------- 529
<表 3-4> PX の需給推移 ------- 530
<表 3-5> 用途別 PX 出荷比率推移 ------- 530
<表 3-6> 会社別 PX 生産能力推移 ------- 530
<表 3-7> OX 需給推移 ------- 530
<表 3-8> Cyclohexane 需給推移 ------- 531
<表 3-9> Ethylene dichloride 需給推移 ------- 531
<表 3-10> Vinylchloride Monomer 需給推移 ------- 531

4. 合成樹脂
<表 4-1> LDPE(Total)需給推移 ------- 532
<表 4-2> 用途別 LDPE(Total)販売比率推移 ------- 532
<表 4-3> 会社別 LDPE(Total)生産能力推移 ------- 532
<表 4-4> LLDPE 需給推移 ------- 533
<表 4-5> 用途別 LLDPE 販売比率推移 ------- 533
<表 4-6> 会社別 LLDPE 生産能力推移 ------- 533
<表 4-7> EVA の需給推移 ------- 534
<表 4-8> 用途別 EVA 販売比率推移 ------- 534
<表 4-9> HDPE 需給実績推移 ------- 534
<表 4-10> 用途別 HDPE 販売比率推移 ------- 534
<表 4-11> 会社別 HDPE 生産能力推移 ------- 535
<表 4-12> PP 需給実績推移 ------- 535
<表 4-13> 用途別 PP 販売比率推移 ------- 535
<表 4-14> 会社別 PP 生産能力推移 ------- 536
<表 4-15> PS 需給実績推移 ------- 536
<表 4-16> 用途別 PS 販売比率推移 ------- 536
<表 4-17> 会社別 PS/EPS 生産能力推移 ------- 536
<表 4-18> EPS 需給実績推移 ------- 537
<表 4-19> 用途別 EPS 販売比率推移 ------- 537
<表 4-20> ABS 需給実績推移 ------- 537
<表 4-21> 用途別 ABS 販売比率推移 ------- 537
<表 4-22> 会社別 ABS 生産能力推移 ------- 538
<表 4-23> PVC 需給実績推移 ------- 538
<表 4-24> 用途別 PVC 販売比率推移 ------- 538
<表 4-25> 会社別 PVC 生産能力推移 ------- 538

5. 合繊原料
<表 5-1> TPA 需給実績推移 ------- 539
<表 5-2> 用途別 TPA 出荷比率推移 ------- 539
<表 5-3> 会社別 TPA 生産能力推移 ------- 539
<表 5-4> EG 需給実績推移 ------- 540
<表 5-5> 用途別 EG 出荷比率推移 ------- 540
<表 5-6> 会社別 EG 生産能力推移 ------- 540
<表 5-7> AN 需給推移 ------- 540
<表 5-8> 用途別 AN 出荷比率推移 ------- 541
<表 5-9> 会社別 AN 生産能力推移 ------- 541
<表 5-10> CPLM 需給推移 ------- 541
<表 5-11> 用途別 CPLM 出荷比率推移 ------- 541
<表 5-12> DMT 需給推移 ------- 542
<表 5-13> 用途別 DMT 出荷比率推移 ------- 542

6. 合成ゴム
<表 6-1> SBR 需給推移 ------- 543
<表 6-2> 用途別 SBR 出荷比率推移 ------- 543
<表 6-3> 会社別 SBR 生産能力推移 ------- 543
<表 6-4> BR 需給推移 ------- 543
<表 6-5> 用途別 BR 販売比率推移 ------- 544
<表 6-6> 会社別 BR 生産能力推移 ------- 544

7. その他化成品
<表 7-1> 酢酸需給推移 ------- 545
<表 7-2> 用途別酢酸出荷比率推移 ------- 545
<表 7-3> 会社別酢酸生産能力推移 ------- 545
<表 7-4> カーボンブラック需給推移 ------- 545
<表 7-5> 用途別カーボンブラック出荷比率推移 - 546
<表 7-6> 会社別カーボンブラック生産能力推移 - 546
<表 7-7> PA 需給推移 ------- 546
<表 7-8> 用途別 PA 出荷比率推移 ------- 546
<表 7-9> 会社別 PA 生産能力推移 ------- 547
<表 7-10> MA 需給推移 ------- 547
<表 7-11> 用途別 MA 出荷比率推移 ------- 547
<表 7-12> 会社別 MA 生産能力推移 ------- 547
<表 7-13> フェノール需給推移 ------- 548
<表 7-14> 用途別フェノール出荷比率推移 ------- 548
<表 7-15> 会社別フェノール生産能力推移 ------- 548
<表 7-16> アセトン需給推移 ------- 548
<表 7-17> 用途別アセトン出荷比率推移 ------- 549
<表 7-18> 会社別アセトン生産能力推移 ------- 549
<表 7-19> オクタノール需給推移 ------- 549
<表 7-20> 会社別オクタノール生産能力推移 ------- 549
<表 7-21> ブタノール需給推移 ------- 550
<表 7-22> 会社別ブタノール生産能力推移 ------- 550
<表 7-23> アセトアルデヒド需給推移 ------- 550
<表 7-24> エチルアセテート需給推移 ------- 550

8章 精密化学工業

1. 化粧品
- <表1-1> 国内総生産額対比化粧品産業総生産額比率 553
- <表1-2> 韓国化粧品市場規模 553
- <表1-3> 化粧品産業市場現況 553
- <表1-4> 化粧品製造業者と生産業者数推移 554
- <表1-4> 化粧品製造業者と生産業者数推移 554
- <表1-5> 類型別化粧品生産実績 554
- <表1-6> 年度別機能性化粧品生産推移 554
- <表1-7> 年度別基礎化粧用品類生産推移 555
- <表1-8> 年度別頭髪用製品類生産推移 555
- <表1-9> 年度別色調化粧用(旧メイクアップ)製品類生産推移 556
- <表1-10> 年度別人体洗浄用製品類生産推移 556
- <表1-11> 年度別目化粧用製品類生産推移 556
- <表1-12> 年度別剃毛用製品類生産推移 557
- <表1-13> 年度別乳幼児用(旧子供用)製品類生産推移 557
- <表1-14> 年度別手足の爪用(旧マニキュア用)製品類生産推移 557
- <表1-15> 年度別芳香用製品類生産推移 558
- <表1-16> 年度別頭髪染色用(旧染毛用)製品類生産推移 558
- <表1-17> 年度別浴用製品類生産推移 558
- <表1-18> 年度別体臭防止用製品類生産推移 558
- <表1-19> 品目別化粧品製造販売業者売上現況(2012) 559
- <表1-20> 化粧品製造販売業者の機能性化粧品売上額(2012) 559
- <表1-21> 年度別化粧品輸出入実績推移 559
- <表1-22> 化粧品主要輸出国推移 560
- <表1-23> 化粧品主要輸入国推移 560
- <表1-24> 主要貿易国現況(2012) 560
- <表1-25> 化粧品原料主要輸入国現況 561
- <表1-26> 化粧品主要業者の売上額と増加率推移 561
- <表1-27> 国別化粧品輸出額推移 561
- <表1-28> 国別化粧品輸入額推移 562
- <表1-29> 韓国の対主要国化粧品輸出入推移(HSコード基準) 563
- <表1-30> 類型別対世界化粧品輸出入現況(HSコード基準) 563
- <表1-31> 類型別対EU(27カ国)化粧品輸出入現況(HSコード基準) 564
- <表1-32> 対ASEAN化粧品類型別輸出入現況(HSコード基準) 564
- <表1-33> 類型別対アメリカ化粧品輸出入現況(HSコード基準) 564
- <表1-34> 類型別対中国化粧品輸出入現況(HSコード基準) 565
- <表1-35> 類型別対日本化粧品輸出入現況(HSコード基準) 565
- <表1-36> 類型別対フランス化粧品輸出入現況(HSコード基準) 566
- <表1-37> 類型別対香港化粧品輸出入現況(HSコード基準) 566
- <表1-38> 類型別対タイ化粧品輸出入現況(HSコード基準) 566
- <表1-39> 類型別対台湾化粧品輸出入現況(HSコード基準) 567
- <表1-40> 類型別対シンガポール化粧品輸出入現況(HSコード基準) 567
- <表1-41> 類型別対マレーシア化粧品輸出入現況(HSコード基準) 567
- <表1-42> 類型別対ロシア連邦化粧品輸出入現況(HSコード基準) 568
- <表1-43> 地域別化粧品市場規模 568
- <表1-44> 国別化粧品市場規模推移 569
- <表1-45> 品目群別化粧品市場規模 569
- <表1-46> グローバル化粧品企業売上額(2012) 570

2. 医薬品
- <表2-1> 医薬品産業市場現況 571
- <表2-2> 分類別医薬品産業生産実績 571
- <表2-3> GDP対比医薬品産業国内生産実績推移 571
- <表2-4> 一般/専門医薬品(完成)生産実績推移 571
- <表2-5> 薬効小分類別完成医薬品生産実績推移 572
- <表2-6> 薬効中分類別完成医薬品生産実績推移 577
- <表2-7> 完製医薬品(一般/専門)品目数推移 578
- <表2-8> 年度別主要薬用作物生産実績推移 578
- <表2-9> 品目別漢方薬材生産実績推移 578
- <表2-10> 品目別漢方薬材輸入推移 579
- <表2-11> 医薬品産業輸出入推移 579
- <表2-12> 国別医薬品産業輸出現況 580
- <表2-13> 国別医薬品産業輸入現況 585
- <表2-14> 品目群別医薬品産業輸出額推移 587
- <表2-15> 品目群別医薬品産業輸入額推移 587
- <表2-16> 地域別医薬品産業世界市場規模 587
- <表2-17> 国別製薬産業市場規模及び予測 588
- <表2-18> 世帯当り月平均家計収支における医薬品及び消耗品支出推移 589

3. 農薬・肥料
- <表3-1> 用途別農薬生産・出荷推移 590
- <表3-2> ha当り農薬使用量推移 590
- <表3-3> 主要農薬の農協買取価格推移 590
- <表3-4> 化学肥料生産量と消費量 591
- <表3-5> 農業用肥料需給推移 591
- <表3-6> 化学肥料販売量推移 591
- <表3-7> 肥料輸出入実績 592

4. バイオ
- <表4-1> バイオ産業需給推移(2010~2012) 593
- <表4-2> 分野別バイオ産業生産現況(2012) 593
- <表4-3> 分野別バイオ産業内需現況(2012) 593
- <表4-4> バイオ産業生産および内需推移(2008~2012) 594
- <表4-5> 分野別バイオ産業需給推移(2007~2011) 594
- <表4-6> 主要バイオ製品国内販売規模(2012) 595
- <表4-7> 2008年~2012年バイオ産業国内販売実績推移 595
- <表4-8> バイオ産業国内販売推移(2008~2012) 595
- <表4-9> 主要バイオ産業製品輸出現況実績(2011~2012) 596
- <表4-10> バイオ産業輸出額推移(2008年~2012年) 596
- <表4-11> 分野別バイオ産業輸出額推移(2008~2012) 597
- <表4-12> 主要バイオ産業製品輸入額(2012) 597
- <表4-13> バイオ産業輸入額推移(2008~2012) 598
- <表4-14> 分野別バイオ産業輸入額推移(2008~2012) 598

9章 繊維・衣類・雑貨

1. 繊維産業総括
- <表1-1> 品目別繊維類輸出入推移 601
- <表1-2> 月別繊維類輸出入実績(2012) 601
- <表1-3> 品目別繊維類輸出現況 602
- <表1-4> 品目別繊維類輸入現況 603
- <表1-5> 国別繊維類輸出現況 604
- <表1-6> 国別繊維類輸入現況 605
- <表1-7> 織物類輸出現況 606
- <表1-8> 織物類輸入現況 607

2. 綿紡績工業
- <表2-1> 綿紡織設備現況 608

<表 2-2> 綿紡織生産現況	608
<表 2-3> 綿紡織生産設備推移	608
<表 2-4> 国別原綿輸入推移	609
<表 2-5> 国別再生繊維短繊維輸入推移	610
<表 2-6> 国別綿糸輸出推移	611
<表 2-7> 国別綿糸輸入推移	612
<表 2-8> 国別・品目別綿糸輸出推移(2012)	613
<表 2-9> 国別・品目別綿糸輸入推移(2012)	615
<表 2-10> 国別再生短繊維紡績糸輸出推移	617
<表 2-11> 国別再生短繊維紡績糸輸入推移	617
<表 2-12> 国別綿織物輸出推移	618
<表 2-13> 国別綿織物輸入推移	618
<表 2-14> 国別綿ニット輸出推移	619
<表 2-15> 国別綿ニット輸入推移	619
<表 2-16> 国別綿ニット衣類輸出推移	620
<表 2-17> 国別綿ニット衣類輸入推移	620
<表 2-18> 国別綿織物衣類輸出推移(HS 62 関税免除のもの)	621
<表 2-19> 国別綿織物衣類輸入推移(HS 62 関税免除のもの)	621

3. 化学繊維

<表 3-1> 会社別化繊生産能力推移	622
<表 3-2> 品目別化繊生産推移	622
<表 3-3> Acrylic SF 需給推移	623
<表 3-4> Nylon Filament 需給推移	623
<表 3-5> Polyester Filament 需給推移	624
<表 3-6> Polyeseter Staple Fiber 需給推移	624
<表 3-7> Chemical Fiber Total 需給推移	624
<表 3-8> 品目別化繊類輸出推移	625
<表 3-9> 品目別 Acrylic 輸出推移	625
<表 3-10> 品目別 Nylon 輸出推移	625
<表 3-11> 品目別 Polyester 輸出推移	626
<表 3-12> 品目別 Synthetic Fiber 輸出推移	627
<表 3-13> 品目別 Rayon 輸出推移	627
<表 3-14> 品目別 Cellulosic Fiber 輸出推移	628
<表 3-15> 品目別 Chemical Fiber 輸出推移	629
<表 3-16> 品目別化繊輸入推移	629
<表 3-17> 品目別 Nylon 輸入推移	630
<表 3-18> 品目別 Polyester 輸入推移	630
<表 3-19> 品目別 Synthetic Fiber 輸入推移	631
<表 3-20> 品目別 Rayon 輸入推移	632
<表 3-21> 品目別 Cellulosic Fiber 輸入推移	632
<表 3-22> 品目別 Chemical Fiber 輸入推移	633
<表 3-23> Spandex の輸出入推移	634
<表 3-24> 国別化繊類輸出推移	634
<表 3-25> 国別 Nylon Filament 輸出推移	635
<表 3-26> 国別 Polyester Filament 輸出推移	636
<表 3-27> 国別 Polyester POY/FDY/DTY 輸出推移	637
<表 3-28> 国別 Acrylic Staple Fiber 輸出推移	638
<表 3-29> 国別 Polyester Staple Fiber 輸出推移	639
<表 3-30> 国別化繊類輸入推移	640
<表 3-31> 国別 Nylon Filament 輸入推移	641
<表 3-32> 国別 Polyester Filament 輸入推移	642
<表 3-33> 国別 Polyester POY/FDY/DTY 輸入推移	643
<表 3-34> 国別 Acrylic Staple Fiber 輸入推移	643
<表 3-35> 国別 Polyester Staple Fiber 輸入推移	644

10 章 食品産業

1. 製粉・澱粉・澱粉糖

<表 1-1> 1 人当りの小麦粉消費量	647
<表 1-2> 原産国別小麦輸入実績推移	647
<表 1-3> 澱粉糖産業のトウモロコシ輸入量	647
<表 1-4> 原料トウモロコシ使用量と玉粉・澱粉生産量	647
<表 1-5> 用途別コーンスターチ使用量推移	648
<表 1-6> 産地別輸入トウモロコシ購入実績推移	648
<表 1-7> 韓国の対中国澱粉糖輸入動向	648
<表 1-8> 種類別澱粉輸出実績推移	648
<表 1-9> 国別韓国のトウモロコシ澱粉輸出実績推移	649

2. 製糖・食用油脂

<表 2-1> 韓国製糖生産会社現況	650
<表 2-2> 砂糖小売市場規模	650
<表 2-3> 原糖輸入量推移	650
<表 2-4> 産地別原糖購買実績	650
<表 2-5> 種類別砂糖生産現況	651
<表 2-6> 韓国の油用種子輸入量	651
<表 2-7> 食用油脂輸入量	651
<表 2-8> メーカー別食用牛脂売上実績推移	651
<表 2-9> 大豆油の市場規模と会社別占有率	652
<表 2-10> トウモロコシ油の市場規模と会社別占有率	652
<表 2-11> キャノーラ油の市場規模と会社別占有率	652
<表 2-12> オリーブ油の市場規模と会社別占有率	653
<表 2-13> ブドウ種子の市場規模と会社別占有率	653
<表 2-14> 油種別家庭用食用油の販売量推移	653

3. 製菓・氷菓・製パン・ラーメン

<表 3-1> 品目別製菓類売上高推移	654
<表 3-2> 品目菓子類販売額及び占有率推移	654
<表 3-3> 国産・輸入別ビスケットの販売額占有率推移	654
<表 3-4> 品目別氷菓子類売上高推移	654
<表 3-5> 年度別製パン市場現況	655
<表 3-6> フランチャイズベーカリー店舗数現況	655
<表 3-7> インストアベーカリー店舗数現況	655
<表 3-8> フランチャイズベーカリー売上推移	655
<表 3-9> インストアベーカリー売上現況	656
<表 3-10> 量産パン売上現況	656
<表 3-11> ラーメン市場規模推移	656
<表 3-12> ラーメン業界市場占有率現況	656
<表 3-13> 年度別ラーメン 10 大製品推移	657

4. 乳加工・肉加工

<表 4-1> 年度別乳牛飼育頭数推移	658
<表 4-2> 原乳需給実績推移	658
<表 4-3> 年度別市乳類消費量現況	658
<表 4-4> 乳加工品生産推移	658
<表 4-5> 年度別主要乳加工製品消費量	659
<表 4-6> 主要会社別乳加工製品売上推移	659
<表 4-7> 発酵乳の生産実績推移	659
<表 4-8> 発酵乳の消費実績推移	659
<表 4-9> チーズ生産量と消費量推移	660
<表 4-10> 調製粉乳需給実績推移	660
<表 4-11> ナチュラルチーズ消費実績推移	660
<表 4-12> プロセスチーズ生産実績推移	660
<表 4-13> プロセスチーズ消費実績推移	661
<表 4-14> チーズ生産実績推移	661
<表 4-15> チーズ消費実績推移	661
<表 4-16> 練乳需給実績推移	661
<表 4-17> バター需給実績推移	661
<表 4-18> 全脂粉乳需給実績推移	662
<表 4-19> 脱脂粉乳需給実績推移	662
<表 4-20> 肉加工品推移	662
<表 4-21> 肉加工品の販売推移	662

5. 水産加工

<表 5-1> 品種別水産物生産量推移	663
<表 5-2> 漁業別生産量及び金額推移	663
<表 5-3> 年度別・品目別水産物加工実績推移	663

<表 5-4>	品目別練り製品加工実績	664
<表 5-5>	品目別缶詰製品加工実績	664
<表 5-6>	品目別冷凍品加工実績推移	665
<表 5-7>	品目別焼乾品加工実績推移	665
<表 5-8>	品目別塩乾品加工実績推移	666
<表 5-9>	品目別煮乾品加工実績推移	666
<表 5-10>	品目別海藻製品加工実績推移	666
<表 5-11>	品目別寒天加工実績推移	666
<表 5-12>	品目別乾燥加工品加工実績推移	667
<表 5-13>	品目別魚油粉加工実績	667
<表 5-14>	品目別塩蔵品加工実績	667
<表 5-15>	品目別塩辛品加工実績	667

6. 調味料・調味食品・醤類製造業

<表 6-1>	発酵調味料生産推移	668
<表 6-2>	発酵調味料販売推移	668
<表 6-3>	発酵調味料輸入量推移	668
<表 6-4>	発酵調味料家庭用販売実績推移	668
<表 6-5>	混合調味料生産推移	668
<表 6-6>	混合調味料販売推移	669
<表 6-7>	混合調味料輸入実績推移	669
<表 6-8>	調味料家庭使用量推移	669
<表 6-9>	調味食品販売量推移	669
<表 6-10>	調味食品輸入推移	670
<表 6-11>	調味食品原料野菜類生産量推移	670
<表 6-12>	国別マヨネーズ輸入実績推移	670
<表 6-13>	国別トマトペースト輸入実績推移	671
<表 6-14>	肉魚類エキス輸出入推移	671
<表 6-15>	香辛料原料輸入量推移	671
<表 6-16>	品目別醤油類出荷額推移	672
<表 6-17>	年度別醤油類輸出入推移	672
<表 6-18>	国別醤類輸出推移	672
<表 6-19>	年度別・会社別醤油類国内市場占有率推移	673

7. キムチ製造業

<表 7-1>	キムチ市場規模推移	674
<表 7-2>	商品キムチ市場規模推移	674
<表 7-3>	家庭用商品キムチ成長率推移	674
<表 7-4>	作況別白菜栽培面積及び生産量推移	674
<表 7-5>	白菜需給展望	675
<表 7-6>	大根価格推移	675
<表 7-7>	干し唐辛子価格推移	675
<表 7-8>	長ネギ価格推移	675
<表 7-9>	むきニンニク価格推移	675
<表 7-10>	キムチ輸出入動向	676
<表 7-11>	国別キムチ輸出推移	676

8. 酒類・飲料

<表 8-1>	年度別・酒類別出荷量推移	677
<表 8-2>	国内ビール市場占有率	677
<表 8-3>	会社別焼酎市場占有率(2009〜2012)	678
<表 8-4>	年度別マッコリ出荷量推移	678
<表 8-5>	流通チャンネル別・四半期別マッコリ小売売上額	678
<表 8-6>	ワイン輸入動向	679
<表 8-7>	種類別ワイン最大輸入国	679
<表 8-8>	ウイスキー輸入動向	679
<表 8-9>	品目別飲料類生産・出荷現況(2012)	680
<表 8-10>	品目別飲料類出荷額推移	681
<表 8-11>	2012年飲料類出荷額輸出額上位10社現況	682

9. コーヒー・人参製品

<表 9-1>	コーヒー市場小売店売上金額推移	683
<表 9-2>	業者別インスタントコーヒー販売推移	683
<表 9-3>	業者別インスタント豆コーヒー販売金額及び物量	683
<表 9-4>	業者別インスタントコーヒー市場占有率(物量基準)	683
<表 9-5>	会社別コーヒーミックス販売金額及び物量	683
<表 9-6>	会社別コーヒーミックス市場占有率(物量基準)	684
<表 9-7>	会社別コーヒー飲料販売金額及び物量	684
<表 9-8>	会社別コーヒー飲料市場占有率(物量基準)	684
<表 9-9>	豆コーヒー市場規模推移	684
<表 9-10>	年度別人参生産現況	684
<表 9-11>	市道別人参耕作現況(2012)	685
<表 9-12>	年度別高麗人参製品類生産推移	685
<表 9-13>	年度別高麗人参類輸出実績	686

10. 外食産業

<表 10-1>	ファーストフード業界現況	687
<表 10-2>	ファミリーレストラン業界現況	687
<表 10-3>	ピザ業界現況	687
<表 10-4>	チキン業界現況	688
<表 10-5>	コーヒー業界現況	688
<表 10-6>	韓国料理のフランチャイズ業界現況	689

11. レトルト・軟食品

| <表 11-1> | レトルト市場規模推移 | 690 |
| <表 11-2> | 会社別レトルト製品市場占有率推移 | 690 |

11章 その他製造業

1. 窯業工業

1) セメント産業

<表 1-1>	会社別セメント需要・供給・輸出入・在庫現況(2012)	693
<表 1-2>	年度別クリンカー需給推移	695
<表 1-3>	年度別セメント需給推移	695

2) レミコン工業

| <表 1-4> | 前年同期対比月別レミコン出荷現況(ソウル、京畿、仁川) | 696 |

3) タイル・衛生陶器工業

<表 1-5>	会社別衛生陶器需給現況(2013)	699
<表 1-6>	桂林窯業の衛生陶器生産・出荷実績(2013)	699
<表 1-7>	DAELIM B&COの衛生陶器生産・出荷実績(2013)	699
<表 1-8>	アイエス東西産業の衛生陶器生産・出荷実績(2013)	700
<表 1-9>	セリム産業の衛生陶器生産・出荷実績(2013)	700
<表 1-10>	会社別洋便器需給現況(2013)	700
<表 1-11>	会社別大便器需給現況(2013)	700
<表 1-12>	会社別小便器需給現況(2013)	701
<表 1-13>	会社別洗面器需給現況(2013)	701
<表 1-14>	会社別タンク需給現況(2013)	701
<表 1-15>	会社別その他衛生陶器需給現況(2013)	701
<表 1-16>	衛生陶器需給現況(2013)	702
<表 1-17>	内装タイル需給現況(2013)	702
<表 1-18>	床タイル需給現況(2013)	702

4) アスコン工業

| <表 1-19> | アスコン契約締結現況 | 703 |
| <表 1-20> | 地域別アスコン納品実績推移 | 705 |

5) 骨材工業

<表 1-21>	年度別骨材採取現況	706
<表 1-22>	種類別骨材採取現況	706
<表 1-23>	地域別骨材採取許可実績	708
<表 1-24>	地域別骨材採取実績	709
<表 1-25>	地域別骨材採取申告実績	710

2. 木材・家具工業

1) 木材工業

<表 2-1>	木材パネルの生産及び供給推移	711
<表 2-2>	原木需給実績推移	711
<表 2-3>	用途別国産材供給実績推移	712

<表 2-4> チップ生産実績推移 712	<表 7-3> 品目別工具内需現況 737
<表 2-5> パルプ生産実績推移 712	<表 7-4> 品目別工具輸出推移 738
<表 2-6> パルプ輸出入推移 713	<表 7-5> 品目別工具輸入推移 738
<表 2-7> 原木輸出入推移 713	8. 自転車
<表 2-8> パーティクルボード輸出入推移 713	<表 8-1> 自転車完成品輸入動向 739
<表 2-9> 合板輸出入推移 713	<表 8-2> 国別自転車輸入推移 739
<表 2-10> 製材木輸出入推移 714	<表 8-3> 年度別自転車輸入推移 739
<表 2-11> 国別原木輸出入現況 714	<表 8-4> 年度別中国製自転車輸入推移 740
<表 2-12> 国別パーティクルボード輸出入現況 714	<表 8-5> 年度別自転車道の現状 740
<表 2-13> 国別合板輸出入現況 714	<表 8-6> 国別自転車輸入価格推移 740
<表 2-14> 国別製材木輸出入現況 715	<表 8-7> 年度別ソウル市の自転車現況(2013. 12. 基準) 740
2) 家具工業	<表 8-8> 市道別自転車道路の現状(2013. 12. 31. 基準) 741
<表 2-15> 国別家具輸出入実績(2012) 716	9. 動物薬品
<表 2-16> 椅子輸出入推移 716	<表 9-1> 動物薬品販売動向(輸出除外) 742
<表 2-17> 医療用家具輸出入推移 716	<表 9-2> 飼料添加物販売動向(輸出除外) 744
<表 2-18> その他家具及びその部分品輸出入推移 717	<表 9-3> 動物投与薬販売動向(輸出除外) 745
<表 2-19> マットレスサポートなどの輸出入推移 717	10. その他
3. 製紙・パルプ工業	1) 染料
<表 3-1> 紙類生産能力推移 718	<表 10-1> 品目別染料需給動向 747
<表 3-2> 紙類生産実績推移 718	<表 10-2> 染料輸出推移 748
<表 3-3> 紙類輸出推移 718	<表 10-3> 染料輸入推移 749
<表 3-4> 紙類輸入推移 718	<表 10-4> 反応染料輸出推移 750
<表 3-5> 紙類消費推移 719	<表 10-5> 反応染料輸入推移 750
<表 3-6> パルプ使用量推移 719	<表 10-6> 分散染料輸出推移 750
<表 3-7> 廃紙類使用量推移 719	<表 10-7> 分散染料輸入推移 751
<表 3-8> 廃紙回収率推移 719	<表 10-8> 蛍光染料輸出推移 751
<表 3-9> 紙・板紙生産及び出荷推移 720	<表 10-9> 蛍光染料輸入推移 751
<表 3-10> 紙生産及び出荷推移 720	<表 10-10> 有機顔料輸出推移 752
<表 3-11> 新聞用紙生産及び出荷推移 720	<表 10-11> 有機顔料輸入推移 752
<表 3-12> 印刷用紙生産・出荷推移 720	2) 接着剤
<表 3-13> 包装用紙生産及び出荷推移 721	<表 10-12> 素材別接着剤生産量推移 753
<表 3-14> 衛生用紙生産及び出荷推移 721	<表 10-13> ホルムアルデヒド接着剤生産量推移 753
<表 3-15> 板紙生産及び出荷推移 721	<表 10-14> 溶剤型接着剤生産量推移 753
<表 3-16> 白板紙生産及び出荷推移 721	<表 10-15> 水性型接着剤生産量推移 754
<表 3-17> 段ボール原紙生産及び出荷推移 722	<表 10-16> ホットメルト接着剤生産量推移 754
<表 3-18> その他の板紙生産及び出荷推移 722	<表 10-17> 反応型接着剤生産量推移 754
4. 楽器工業	<表 10-18> 減圧型接着剤生産量推移 754
<表 4-1> 国別楽器輸出入実績(2012) 723	<表 10-19> その他の生産状況 755
<表 4-2> ピアノ輸出入推移 723	<表 10-20> 用途別接着剤生産実績 755
<表 4-3> その他の弦楽器輸出入推移 723	3) 製缶工業
<表 4-4> 管楽器輸出入推移 723	<表 10-21> 年度別廃金属缶(スチール缶)価格推移 756
5. 金型工業	<表 10-22> 年度別廃金属缶(アルミ缶)価格現況 756
<表 5-1> 金型貿易収支(2013) 724	4) 皮革工業
<表 5-2> 品目別金型輸出実績(2013) 724	<表 10-23> 品目別皮革製品輸出入現況(2013) 757
<表 5-3> 品目別金型輸入実績(2013) 724	<表 10-24> 原皮輸出入現況(2013) 757
<表 5-4> 2013 年プラスチック金型輸出実績(2013) 724	<表 10-25> 皮革生地輸出入現況(2013) 757
<表 5-5> プラスチック金型輸入実績(2013) 725	<表 10-26> 皮革製品の輸出入現況(2013) 757
<表 5-6> プレス金型輸出実績(2013) 725	<表 10-27> 国別原皮、生地輸出入実績(2013) 758
<表 5-7> プレス金型輸入実績(2013) 725	<表 10-28> 国別皮革製品輸出実績 759
<表 5-8> ダイカスト金型輸出実績(2013) 725	<表 10-29> 靴輸出入現況(2013) 760
<表 5-9> ダイカスト金型輸入実績(2013) 726	<表 10-30> 原皮価格推移 760
<表 5-10> その他金型輸出実績(2013) 726	
<表 5-11> その他金型輸入実績(2013) 726	12 章 建設・住宅・不動産
<表 5-12> 国別金型輸出実績(2013) 726	1. 建設業
<表 5-13> 国別金型輸入実績(2013) 727	<表 1-1> 地域別総合建設業者及び建設業登録分布現況 763
<表 5-14> 過去 5 年間の金型輸出入推移 727	<表 1-2> 発注機関別・工種別総合建設会社契約実績 764
6. 文具工業	<表 1-3> 発注機関別・工種別総合建設会社既成実績 764
<表 6-1> 文房具生産業者数及び生産額現況 728	<表 1-4> 地域別専門建設業登録分布現況 765
<表 6-2> 品目別文房具輸出入実績 729	<表 1-5> 市道別・請負別専門建設業契約実績現況 767
<表 6-3> 品目別文房具の輸出入推移 730	
7. 工具工業	
<表 7-1> 工具需給現況 737	
<表 7-2> 品目別工具生産現況 737	

<表 1-6> 業種別請負別専門建設業契約実績現況 768	<表 2-4> 水系別廃水発生量及び放流量推移 806
<表 1-7> 市道別・工種別専門建設業契約実績(合計)現況 769	<表 2-5> 市道別糞尿処理施設現況(2012) 807
<表 1-8> 市道別・請負別専門建設業既成実績現況 770	<表 2-6> 糞尿発生量及び処理推移 808
<表 1-9> 業種別請負別専門建設業既成実績現況 771	3. 上下水道
<表 1-10> 市道別設備建設業登録及び会社数現況 772	<表 3-1> 市道別上水道普及現況(2012) 809
<表 1-11> 市道別請負別設備建設業契約及び既成実績 773	<表 3-2> 年度別上水道普及推移 809
	<表 3-3> 地域別上水道普及水準(2012) 810
<表 1-12> 市道別・業種別設備建設業契約及び既成実績 775	<表 3-4> 取水源別施設能力現況(2012) 810
	<表 3-5> 年度別取水場稼動率推移 810
<表 1-13> 業種別・工種別・請負別非建設業契約及び既成実績 776	<表 3-6> 全国浄水場施設推移 811
	<表 3-7> 年度別浄水場稼動率推移 811
2. 国内建設	<表 3-8> 処理方式別浄水施設容量(2012) 811
<表 2-1> 項目別建設投資構成比推移 778	<表 3-9> 年度別水道管延長推移 811
<表 2-2> 建設投資民間公共構成比推移 778	<表 3-10> 年度別上水道総給水量推移 812
<表 2-3> 資材別・用途別建築物着工現況 778	<表 3-11> 業種別水道水使用推移 812
<表 2-4> 延面積別建築物着工現況 779	<表 3-12> 年度別水道料金推移 812
<表 2-5> 資材別・用途別建築許可現況 780	<表 3-13> 市道別水道料金現況(2012) 813
<表 2-6> 延面積別建築許可現況 781	<表 3-14> 年度別下水道普及現況(2012) 813
<表 2-7> 年度別骨材採取許可実績現況 782	<表 3-15> 下水管渠普及推移 814
<表 2-8> 年度別骨材採取実績現況 782	<表 3-16> 年度別・市道別糞尿処理施設現況 814
3. 海外建設	<表 3-17> 年度別・市道別汚水処理施設及び浄化槽現況 815
<表 3-1> 地域別海外建設受注額推移 783	
<表 3-2> 地域別海外建設受注件数推移 783	<表 3-18> 年度別下水道料金推移 815
<表 3-3> 工種別海外建設受注額推移 784	<表 3-19> 市道別下水道料金現況(2012) 816
<表 3-4> 工種別海外建設受注件数推移 785	<表 3-20> 市道別下水汚泥発生及び処理現況(2012) 816
<表 3-5> 海外建設人材進出現況推移 786	
4. 住宅建設	<表 3-21> 市道別糞尿汚泥発生及び処理現況(2012) 817
<表 4-1> 年度別・市道別住宅普及率推移 787	
<表 4-2> 公共住宅建設実績推移 788	4. 土壌
<表 4-3> 類型別住宅建設実績推移 788	<表 4-1> 用地別土壌汚染度(平均)現況(2012) 818
<表 4-4> 民間住宅建設実績推移 788	<表 4-2> 年度別土壌汚染度 818
<表 4-5> 年度別・市道別未分譲住宅数推移 789	<表 4-3> 土壌汚染憂慮地域汚染度 819
<表 4-6> 年度別賃貸住宅事業者現況 789	<表 4-4> 市道別特定土壌汚染誘発施設設置申告現況 819
<表 4-7> 市道別賃貸住宅事業者現況 790	
<表 4-8> 年度別住宅再開発現況 790	5. 廃棄物
<表 4-9> 市道別住宅再開発事業現況 791	<表 5-1> 種類別全指定廃棄物発生推移 820
<表 4-10> 年度別住宅再建築事業現況 793	<表 5-2> 種類別事業場指定廃棄物発生推移 821
<表 4-11> 年度別住居環境改善事業現況 793	<表 5-3> 種類別医療廃棄物発生推移 822
<表 4-12> 市道別住居環境改善事業現況 794	<表 5-4> 市道別全指定廃棄物発生推移 822
	<表 5-5> 市道別事業場指定廃棄物発生推移 823
13章 環境産業	<表 5-6> 市道別医療廃棄物発生推移 824
1. 大気環境	<表 5-7> 環境部支所別全指定廃棄物発生推移 825
<表 1-1> 大気環境基準の体系変更及び強化内訳 797	<表 5-8> 環境部支所別事業所指定廃棄物発生推移 826
<表 1-2> 大気汚染物質排出事業体数推移 797	
<表 1-3> 都市別亜硫酸ガス汚染度推移 798	<表 5-9> 環境部支所別医療廃棄物発生推移 827
<表 1-4> 都市別微細粉塵(PM$_{10}$)汚染度推移 798	<表 5-10> 方法別全指定廃棄物処理量推移 828
<表 1-5> 都市別二酸化窒素(NO2)汚染度推移 798	<表 5-11> 方法別事業所指定廃棄物処理量推移 828
<表 1-6> 都市別オゾン(O3)汚染度推移 799	<表 5-12> 方法別医療廃棄物処理推移 829
<表 1-7> 都市別 CO 汚染度推移 799	<表 5-13> 種類別全指定廃棄物処理方法現況 829
<表 1-8> 都市別鉛(Pb)汚染度推移 799	<表 5-14> 種類別全指定廃棄物処理量現況 830
<表 1-9> 年度別主要都市雨水酸性度推移 800	<表 5-15> 種類別事業所指定廃棄物処理量推移 830
<表 1-10> オゾン注意報発令現況 800	<表 5-16> 種類別・主体別事業所指定廃棄物処理量現況 831
<表 1-11> オゾン警報発令基準(2013) 800	
<表 1-12> オゾン予報の中率 801	<表 5-17> 種類別医療廃棄物処理量現況 831
<表 1-13> 年度別オゾン大気汚染度 801	<表 5-18> 種類別・主体別医療廃棄物処理量現況 831
<表 1-14> 微粉塵予報の中率 801	<表 5-19> 市道別全指定廃棄物排出施設数現況(ヵ所) 832
<表 1-15> 年度別微細粉塵大気汚染度 801	
<表 1-16> 年度別黄砂発生推移 802	<表 5-20> 環境部支所別全指定廃棄物排出施設数現況(ヵ所) 832
<表 1-17> 年度別天然ガスバス普及推移 802	
2. 水質環境	<表 5-21> 業種別医療廃棄物排出業者数現況(ヵ所) 832
<表 2-1> 水質測定網現況 803	
<表 2-2> 排水施設管理現況 804	14章 運輸・倉庫業
<表 2-3> 産業別廃水発生量及び放流量現況 805	1. 運輸産業
	<表 1-1> 国内旅客輸送推移(1) 835

<表 1-2> 国内旅客輸送推移(2) ------------------ 836
<表 1-3> 輸送手段別国内旅客推移(1) ------------ 836
<表 1-4> 輸送手段別国内旅客推移(2) ------------ 837
<表 1-5> 国際旅客推移 --------------------------- 838
<表 1-6> 年度別・輸送手段別国際旅客推移 --- 839
<表 1-7> 国内貨物総括推移 --------------------- 840
<表 1-8> 年度別・輸送手段別国内貨物推移 --- 840
<表 1-9> 国際貨物総括推移 --------------------- 841
<表 1-10> 年度別・輸送手段別国際貨物推移 ---- 841

2. 陸上運送
<表 2-1> 輸送手段別輸送実績推移(1) ------------ 842
<表 2-2> 輸送手段別輸送実績推移(2) ------------ 843
<表 2-3> 鉄道総括指標推移 --------------------- 844
<表 2-4> 年度別鉄道貨物輸送実績推移 -------- 844
<表 2-5> 年度別鉄道車両保有推移 -------------- 845
<表 2-6> 営業用自動車輸送総括 ---------------- 846
<表 2-7> 年度別自動車登録台数推移 ------------ 846
<表 2-8> 市道別自動車登録台数推移 ------------ 847

3. 海上運送
<表 3-1> 旅客船輸送現況 ------------------------ 849
<表 3-2> 来航旅客輸送実績推移 ---------------- 850
<表 3-3> 離島補助航路推移 --------------------- 850
<表 3-4> 船舶入出港推移 ------------------------ 851
<表 3-5> トン級別船舶入港現況 ---------------- 852
<表 3-6> 貨物輸送現況(総括) ------------------- 853

4. 航空運送
<表 4-1> 国内旅客輸送実績推移 ---------------- 855
<表 4-2> 国際旅客輸送実績推移 ---------------- 855
<表 4-3> 国内貨物輸送実績推移(1) ------------- 857
<表 4-4> 国際貨物輸送実績推移(1) ------------- 858
<表 4-5> 国際貨物輸送実績推移(2) ------------- 859
<表 4-6> 国内線運航実績推移 ------------------- 860
<表 4-7> 国際線運航実績推移 ------------------- 861

5. 物流業
<表 5-1> 物流団地開発推進現況 ---------------- 862
<表 5-2> 内陸物流基地現況 --------------------- 863
<表 5-3> 一般物流ターミナル現況 -------------- 863

15章 流通・金融産業
1. 流通産業
1) 流通産業概要
<表 1-1> 業態別小売販売額推移 ---------------- 867
<表 1-2> 業態別小売販売比重推移 -------------- 867
<表 1-3> 財別・商品群別小売業販売額推移 --- 868
<表 1-4> 売上規模別卸・小売業従事者数推移 --- 868
<表 1-5> 財別・商品群別小売業販売比重推移 --- 869
<表 1-6> 業種別卸・小売業事業体数推移 --------- 869

2) 大型マート
<表 1-7> 年度別大型マート市場規模推移 --------- 870
<表 1-8> 年度別大型マート事業体数および従事者数推移 -- 870
<表 1-9> 市道別大型マート事業体数推移 --------- 870
<表 1-10> 市道別大型マート販売額推移 ------------ 871
<表 1-11> 市道別大型マート販売額比重推移 ------ 871
<表 1-12> 大型マートPB商品売上高比率 ---------- 871
<表 1-13> 大型マート海外店舗運営現況(2012) --- 871

3) デパート
<表 1-14> 市道別デパート事業体数推移 ----------- 872
<表 1-15> 年度別デパート市場規模推移 ----------- 872
<表 1-16> 年度別デパート事業体数及び従事者数推移 -- 872
<表 1-17> 市道別デパート販売額推移 ------------- 873
<表 1-18> 市道別デパート販売額比重推移 ------- 873
<表 1-19> デパート海外店舗運営現況 ------------- 873

4) スーパーマーケット
<表 1-20> 市道別スーパーマーケット事業体数推移 -- 874
<表 1-21> 年度別スーパーマーケット市場規模推移 -- 874
<表 1-22> 年度別スーパーマーケット事業体数及び従事者数推移 ------------------------------------ 875
<表 1-23> 主要スーパーマーケット決算現況(2012) -- 875

5) コンビニ
<表 1-24> 年度別コンビニ市場規模推移 --------- 876
<表 1-25> 年度別コンビニ店舗数推移 ------------- 876
<表 1-26> 1 CVS当り人口推移 ---------------------- 876
<表 1-27> 年度別コンビニ出/閉店及び店舗数増加推移 -- 876
<表 1-28> 地域別コンビニ市場規模及び占有率(2012) -- 877
<表 1-29> 年齢別コンビニ利用顧客構成比 --------- 877
<表 1-30> 市道別コンビニ現況(2012) ---------------- 877
<表 1-31> 購入時間帯別コンビニ顧客構成比 ----- 877
<表 1-32> 主要商品分類別売上構成比順位表 ----- 878
<表 1-33> 主要コンビニ決算現況(2012) ------------ 878

6) 通信販売業
(1) 一般現況
<表 1-34> 年度別無店舗販売業市場規模推移 ----- 879
<表 1-35> 取引主体別電子商取引規模推移 --------- 879
<表 1-36> 産業別企業間(B2B)電子商取引規模推移 -- 879
<表 1-37> 取引主導形態別企業間(B2B)電子商取引の規模推移 --------------------------------------- 879

(2) インターネットショッピングモール
<表 1-38> 商品群別サイバーショッピング取引額(2012) -- 880
<表 1-39> 取扱商品範囲別サイバーショッピングモール取引額推移 --------------------------------- 880
<表 1-40> 運営形態別サイバーショッピングモール取引額推移 -- 880
<表 1-41> 種類別主要業者年平均購入者数 --------- 881
<表 1-42> 類型別主要業者日平均購買件数、客単価、実購買率 -- 881

(3) TVショッピング
<表 1-43> 5大TVショッピング社売上現況(2012) -- 881
<表 1-44> 年度別5大TVショッピング社売上額占有率 --- 881

(4) M-コマース
<表 1-45> 国内外M-コマース市場規模 ------------ 882
<表 1-46> 種類別主要業者市場規模及び比重(2012) -- 882

(5) ソーシャルコマース
<表 1-47> ソーシャルコマース主要3社取引現況 -- 882
<表 1-48> 国内ソーシャルコマース市場規模 ----- 882

(6) カタログショッピング
<表 1-49> 年度別カタログショッピング市場規模及びカタログ発送部数推移 --------------------------- 883
<表 1-50> 系列別カタログショッピング市場規模及び展望 -- 883

7) フランチャイズ
<表 1-51> 加盟事業一般現況 ----------------------- 884
<表 1-52> 業種別加盟本部、加盟店数推移 -------- 884

8) 専門店
<表 1-53> 業態別主要専門店売上及び店舗数 ----- 885

9) 訪問販売
<表 1-54> 市道別直接販売登録現況(2012) --------- 886
<表 1-55> 年度別直接販売市場(多段階販売+訪問販売)売上規模推移 ------------------------------------ 886

10) 伝統市場
<表 1-56> 伝統市場年平均売上額推移 --------------- 887

韓国の産業と市場　2014

<表 1-57> 市道別伝統市場市場数現況(2012)------ 887
<表 1-58> 伝統市場日平均売上高推移 --------------- 887
<表 1-59> 伝統市場日平均顧客数推移 --------------- 888
<表 1-60> 伝統市場年間従事者数推移 --------------- 888

2. 金融産業
1) 銀行業
<表 2-1> 普通銀行営業店舗推移---------------------- 889
<表 2-2> 一般銀行銀行口座要約貸借対照表(資産) --- 889
<表 2-3> 一般銀行銀行口座要約貸借対照表(負債及び資本) --- 891
<表 2-4> 一般銀行信託口座要約貸借対照表(資産) --- 892
<表 2-5> 一般銀行信託口座要約貸借対照表(負債) --- 893
<表 2-6> 一般銀行資本適正性-------------------------- 894
<表 2-7> 一般銀行与信健全性-------------------------- 894
2) 証券業
<表 2-8> 証券会社店舗推移----------------------------- 895
<表 2-9> 証券会社要約貸借対照表推移(資産) ----- 895
<表 2-10> 証券会社要約貸借対照表推移(負債及び資本) --- 897
<表 2-11> 証券会社資本適正性 ------------------------ 899
<表 2-12> 証券会社資産健全性 ------------------------ 899
<表 2-13> 金融商品委託売買手数料 ------------------ 900
<表 2-14> 証券及び派生商品取引 -------------------- 900
3) 生命保険業
<表 2-15> 生命保険会社店舗及び代理店現況 ----- 901
<表 2-16> 生命保険会社要約貸借対照表(資産全体) --- 901
<表 2-17> 生命保険会社要約貸借対照表(負債及び資本全体) -- 903
<表 2-18> 生命保険会社要約貸借対照表(資産特別口座) --- 905
<表 2-19> 生命保険会社要約貸借対照表(負債及び資本特別口座) -------------------------------------- 906
<表 2-20> 生命保険会社新契約現況 ----------------- 906
<表 2-21> 生命保険会社保有契約現況 -------------- 907
<表 2-22> 生命保険会社保険料収入現況 ----------- 907
<表 2-23> 生命保険会社支給保険金現況 ----------- 908
4) 損害保険業
<表 2-24> 損害保険会社店舗及び代理店現況 ---- 909
<表 2-25> 損害保険会社要約貸借対照表(資産全体) --- 909
<表 2-26> 損害保険会社要約貸借対照表(負債及び資本全体) --- 911
<表 2-27> 損害保険会社要約貸借対照表(資産特別口座) --- 913
<表 2-28> 損害保険会社要約貸借対照表(負債及び資本特別口座) ------------------------------------- 914
<表 2-29> 損害保険会社資産健全性比率 ----------- 914
<表 2-30> 損害保険会社流動性 ----------------------- 914
5) クレジットカード業
<表 2-31> クレジットカード会社営業店舗現況 -- 915
<表 2-32> 信用カード사会社要約貸借対照表(負債及び資本) -- 915
<表 2-33> クレジットカード会社要約貸借対照表(資産) --- 916
<表 2-34> デビット型カード利用実績推移 -------- 917
<表 2-35> プリペードカード利用実績推移 -------- 917
<表 2-36> カード信販実績推移 ----------------------- 917
6) リース業
<表 2-37> リース会社要約貸借対照表(資産) ------ 918
<表 2-38> リース会社営業店舗現況 ----------------- 919
<表 2-39> リース会社要約貸借対照表(負債及び資本) --- 920

<表 2-40> リース会社資本適正性---------------------- 920
<表 2-41> リース会社与信健全性---------------------- 921
7) 割賦金融業
<表 2-42> 割賦金融会社要約貸借対照表(資産) ---- 922
<表 2-43> 割賦金融会社営業店舗現況 --------------- 923
<表 2-44> 割賦金融会社要約貸借対照表(負債及び資本) --- 924
<表 2-45> 割賦金融会社資本適正性 ------------------ 924
<表 2-46> 割賦金融会社与信健全性 ------------------ 925
8) その他金融業
<表 2-47> 新技術金融会社営業店舗現況 ------------ 926
<表 2-48> 相互貯蓄銀行営業店舗現況 --------------- 926

16章 観光・レジャー産業
1. 観光産業
<表 1-1> 観光客出入国現況 ----------------------------- 929
<表 1-2> 主要国別観光客入国現況 ------------------- 929
<表 1-3> 訪韓目的別観光客入国現況 ---------------- 930
<表 1-4> 性別/年齢別観光客入国現況 --------------- 930
<表 1-5> 外国人旅行客入国数現況 ------------------- 930
<表 1-6> 性別外国人旅行客入国現況 ---------------- 930
<表 1-7> 目的別外国人旅行客入国現況 ------------- 931
<表 1-8> 主要目的地別韓国人海外観光客出国現況 --- 931
<表 1-9> 性別韓国人海外旅行客数出国現況 ------- 932
<表 1-10> 主催機関別 MICE 開催現況 -------------- 932
<表 1-11> 行事類型別 MICE 開催現況 -------------- 932
<表 1-12> 行事主体別 MICE 開催現況 -------------- 933
<表 1-13> 市道別 MICE 行事開催現況 -------------- 934
<表 1-14> 施設類型別 MICE 開催現況 -------------- 934
<表 1-15> 総参加者規模別 MICE 開催現況 -------- 935
<表 1-16> 外国人参加者規模別 MICE 開催現況 -- 935
<表 1-17> 予算規模別 MICE 開催現況 -------------- 935
2. 観光宿泊業・旅行業
<表 2-1> 地域別観光ホテル業現況 -------------------- 936
<表 2-2> 観光ホテル業利用実績現況 ----------------- 938
<表 2-3> ホテル客室販売及び利用率現況 ---------- 939
<表 2-4> ホテル宿泊平均日数 -------------------------- 939
<表 2-5> カジノ業現況 ----------------------------------- 940
3. レジャー産業
<表 3-1> 国内観光地指定現況 -------------------------- 941
<表 3-2> 国内観光特区現況 ----------------------------- 942
<表 3-3> 保安観光地現況 -------------------------------- 943
<表 3-4> 文化観光祭り現況 ----------------------------- 944
<表 3-5> 文化施設現況 ----------------------------------- 946
<表 3-6> 地域別スキー場現況 -------------------------- 947
<表 3-7> 地域別温泉場現況 ----------------------------- 948
<表 3-8> 地域別自然公園訪問客数推移 ------------- 950
<表 3-9> 地域別自然休養林現況 ----------------------- 951

0
FOCUS

FOCUS

1. 経済指標

<表1-1> 国内主要経済指標・通貨金融

年月	通貨金融 Money & Banking									
	季節調整系列1) Seasonally adjusted									
	マネタリーベース3) Monetary base		狭義の通貨4)8) Narrow money(M1)				広義の通貨5)8) Broad money(M2)			
	平均残高		末残高		平均残高		末残高		平均残高	
	兆ウォン Trillion won	増減率 (%) Change	兆ウォン Trillion won	増減率 (%) Change	兆ウォン Trillion won	増減率 (%) Change	兆ウォン Trillion won	増減率 (%) Change	兆ウォン Trillion won	増減率 (%) Change
2007	48.5	16.5	308.2	-14.7	312.8	-5.2	1,277.7	11.6	1,197.1	11.2
2008	52.3	7.7	321.2	4.2	307.3	-1.8	1,420.5	11.2	1,367.7	14.3
2009	61.7	18.1	380.0	18.3	357.3	16.3	1,563.9	10.1	1,508.6	10.3
2010	67.6	9.5	418.6	10.1	399.4	11.8	1,656.4	5.9	1,639.7	8.7
2011	75.2	11.3	426.9	2.0	425.7	6.6	1,742.0	5.2	1,709.0	4.2
2012	82.1	9.2	459.9	7.7	442.0	3.8	1,832.5	5.2	1,798.6	5.2
2013	91.4	11.3	503.8	9.5	484.1	9.5	1,915.2	4.5	1,885.8	4.8
2013.1	85.6	0.6	463.7	0.8	460.8	1.2	1,856.1	1.3	1,843.7	0.7
2	85.1	-0.6	468.2	1.0	463.6	0.6	1,856.6	0.0	1,859.6	0.9
3	89.4	5.0	472.9	1.0	467.8	0.9	1,867.7	0.6	1,867.3	0.4
4	87.8	-1.7	476.3	0.7	473.9	1.3	1,869.5	0.1	1,872.0	0.2
5	90.1	2.6	485.0	1.8	475.1	0.2	1,877.4	0.4	1,872.7	0.0
6	91.5	1.5	491.1	1.3	484.7	2.0	1,881.7	0.2	1,881.6	0.5
7	91.6	0.2	488.0	-0.6	490.2	1.2	1,881.0	0.0	1,889.4	0.4
8	94.7	3.3	489.3	0.3	486.8	-0.7	1,892.0	0.6	1,887.3	-0.1
9	94.0	-0.8	500.2	2.2	494.6	1.6	1,903.7	0.6	1,900.6	0.7
10	94.8	0.9	503.0	0.6	499.0	0.9	1,909.8	0.3	1,907.1	0.3
11	94.7	-0.2	504.2	0.2	505.3	1.3	1,920.9	0.6	1,919.6	0.7
12	97.3	2.8	503.8	-0.1	506.9	0.3	1,915.2	-0.3	1,928.5	0.5

<続く>

韓国の産業と市場　2014

年月	金融機関流動性[6][8] Liquidity aggregate of financial institutions(Lf)				広義流動性[7] Liquidity aggregate(L)	
	末残高		平均残高		末残高	
	兆ウォン Trillion won	増減率 (%) Change	兆ウォン Trillion won	増減率 (%) Change	兆ウォン Trillion won	増減率 (%) Change
2007	1,693.7	10.5	1,603.5	10.2	2,037.8	11.8
2008	1,838.8	8.6	1,794.8	11.9	2,235.1	9.7
2009	2,014.6	9.6	1,937.3	7.9	2,480.6	11.0
2010	2,132.2	5.8	2,096.5	8.2	2,657.7	7.1
2011	2,267.3	6.3	2,208.2	5.3	2,876.4	8.2
2012	2,451.7	8.1	2,379.5	7.8	3,113.7	8.3
2013	2,606.9	6.4	2,543.2	6.9	3,340.5	7.4
2013. 1	2,483.5	1.4	2,471.0	1.0	3,146.1	1.1
2	2,491.5	0.3	2,493.1	0.9	3,169.0	0.7
3	2,508.0	0.7	2,510.0	0.7	3,193.2	0.8
4	2,514.6	0.3	2,519.1	0.4	3,212.6	0.6
5	2,525.9	0.4	2,524.7	0.2	3,230.1	0.5
6	2,534.7	0.4	2,533.5	0.3	3,239.9	0.3
7	2,540.8	0.2	2,546.9	0.5	3,259.3	0.6
8	2,564.3	0.9	2,555.5	0.3	3,288.0	0.9
9	2,578.9	0.6	2,575.7	0.8	3,305.1	0.5
10	2,589.8	0.4	2,582.5	0.3	3,322.0	0.5
11	2,605.3	0.6	2,596.9	0.6	3,338.4	0.5
12	2,606.9	0.1	2,609.8	0.5	3,340.5	0.1

<続く>

注) 1) 2013年2月に季節調整系列の定期改編によって2008年以降の季節調整系列の残高および増減率の時系列が変更された（増減率は前期比）
2) 以後増減率や変動率は、個別の注がない限り同期比である
3) マネタリーベース=現金通貨+中央銀行の対預金取扱機関に対するの債務等（RP、通貨安定証券を除く）
4) 狭義の通貨(M1)=現金通貨+要求払い預金および随時入出式貯蓄預金(MMFを含む)。ただし、2005年11月から翌営業日の買い戻し制度が適用された法人MMFを除く。2007.3.22から将来価格制が導入された個人MMFも除外
5) 広義の通貨(M2)= M1 +期間物等・積立金および掛け金+市場型金融商品(譲渡性預金証書、買戻条件付債券売買、表紙手形など)+実績配当型商品(金銭信託、受益証券、CMA)等. ただし、2009年7月から独立した決済サービスを提供する証券会社のCMAをサービス提供時点により含む)+金融債+その他(投信証券貯蓄、総合金融会社発行手形など)ただし、長期(満期2年以上)
6) 金融機関流動性(Lf) = M2 +預金取扱機関の2年以上流動性商品+証券金融預金+生命保険会社保険契約準備金など(従来はM3)
7) 広義流動性(L) = Lf +政府および企業などが発行した流動性商品など
8) 間接投資資産運用業法施行（2004.4）に基づく受益証券取扱機関および商品の拡大分を反映した2004年4月以降の時系列が調整される

年月	通貨金融 Money & Banking									
	ウォン系列2) Original									
	マネタリーベース3) Monetary base		狭義の通貨4)8) Narrow money(M1)				広義の通貨5)8) Broad money(M2)			
	平均残高		末残高		平均残高		末残高		平均残高	
	兆ウォン Trillion won	増減率 (%) Change	兆ウォン Trillion won	増減率 (%) Change	兆ウォン Trillion won	増減率 (%) Change	兆ウォン Trillion won	増減率 (%) Change	兆ウォン Trillion won	増減率 (%) Change
2007	48.5	16.5	316.4	-14.7	312.8	-5.2	1,273.6	10.8	1,197.1	11.2
2008	52.3	7.7	330.6	4.5	307.3	-1.8	1,425.9	12.0	1,367.7	14.3
2009	61.7	18.1	389.4	17.8	357.3	16.3	1,566.9	9.9	1,508.6	10.3
2010	67.6	9.5	427.8	9.9	399.4	11.8	1,660.5	6.0	1,639.7	8.7
2011	75.2	11.3	442.1	3.3	425.7	6.6	1,751.5	5.5	1,709.0	4.2
2012	82.1	9.2	470.0	6.3	442.0	3.8	1,835.6	4.8	1,798.6	5.2
2013	91.4	11.3	515.6	9.7	484.1	9.5	1,920.8	4.6	1,885.8	4.8
2013. 1	85.8	5.1	463.4	5.9	464.9	5.8	1,844.6	5.4	1,841.1	4.8
2	88.9	8.8	471.6	8.5	472.2	8.0	1,853.8	5.5	1,857.1	5.3
3	89.5	13.2	479.1	7.1	472.4	7.4	1,868.0	4.8	1,862.4	5.0
4	87.7	8.8	473.5	9.1	475.3	8.7	1,860.9	5.4	1,867.7	5.1
5	89.7	11.3	481.4	10.2	475.5	8.4	1,874.4	5.2	1,870.3	4.8
6	91.2	11.5	502.3	11.8	486.6	10.2	1,892.9	4.9	1,884.2	4.9
7	90.6	11.1	478.9	9.5	489.0	10.7	1,877.0	3.8	1,890.7	4.6
8	93.7	13.8	485.3	11.5	481.4	9.5	1,897.6	4.9	1,888.7	3.9
9	95.1	14.7	493.9	9.3	490.5	11.5	1,900.2	4.2	1,903.2	4.6
10	93.6	10.1	495.3	12.0	491.9	10.7	1,911.1	4.8	1,908.6	4.7
11	93.6	12.8	505.3	12.9	499.2	12.1	1,928.6	5.3	1,923.3	5.1
12	97.0	13.7	515.6	9.7	509.6	11.3	1,920.8	4.6	1,932.0	5.3

<続く>

年月	通貨金融 Money & Banking ウォン系列2) Original					
	金融機関流動性6)8) Liquidity aggregate of financial institutions(Lf)				広義流動性7) Liquidity aggregate(L)	
	末残高		平均残高		末残高	
	兆ウォン Trillion won	増減率 (%) Change	兆ウォン Trillion won	増減率 (%) Change	兆ウォン Trillion won	増減率 (%) Change
2007	1,691.6	10.0	1,603.5	10.2	2,037.2	11.3
2008	1,845.2	9.1	1,794.8	11.9	2,243.3	10.1
2009	2,018.8	9.4	1,937.3	7.9	2,486.7	10.8
2010	2,137.2	5.9	2,096.5	8.2	2,665.0	7.2
2011	2,277.7	6.6	2,208.2	5.3	2,889.7	8.4
2012	2,456.1	7.8	2,379.5	7.8	3,121.9	8.0
2013	2,615.1	6.5	2,543.2	6.9	3,350.5	7.3
2013. 1	2,469.4	8.2	2,469.8	7.7	3,133.2	8.0
2	2,489.2	8.1	2,488.5	8.1	3,167.6	8.2
3	2,507.6	6.5	2,499.7	6.8	3,195.2	7.1
4	2,505.7	7.1	2,512.5	6.9	3,203.1	7.6
5	2,521.4	6.8	2,518.2	6.8	3,224.8	7.3
6	2,544.1	6.4	2,533.8	6.6	3,249.9	6.8
7	2,538.4	6.0	2,549.4	6.5	3,256.1	6.9
8	2,569.4	6.8	2,557.3	6.3	3,292.8	7.4
9	2,572.7	6.1	2,577.5	6.7	3,296.9	6.8
10	2,589.7	6.8	2,587.1	6.7	3,320.3	7.5
11	2,613.5	6.7	2,605.9	6.8	3,344.6	7.5
12	2,615.1	6.5	2,619.0	6.6	3,350.5	7.3

<続く>

注) 1) Seasonally adjusted series have been changed following the annual review of seasonal adjustment. (Percentage changes are over the previous period)
2) From this on, percentage changes are over the same period of previous year, unless otherwise specified.　coverage of 'beneficiary certificate/institution' was expanded.
3) Monetary base = currency in circulation + central bank liabilities to other depository corporations etc.
4) M1 = currency in circulation + demand deposits & savings deposits with transferability. Corporate MMF has been excluded from Nov.2005, Individual MMF has been also excluded from Mar.22, 2007
5) M2 = M1 + periodical time deposits & installment savings + marketable instruments (CDs, RP, Cover bills, etc.) + yield-based dividend instruments (money in trust, beneficiary certificates, etc.) + financial debentures + others (securities investment savings at investment trust companies, bills issued by merchant banking corporations, etc.) Cash Management Accounts(CMA) of security companies that provide settlement services are included in M2 from July 2009. Financial instruments with a maturity of 2 years or more are excluded.
6) Lf = M2 + Liquid financial instruments with a maturity of 2 years or more of Depository Corporations + deposits of Korea Securities Finance Corporation + insurance reserves of Life insurance companies
7) L = Lf + Liquid financial instruments issued by government and corporations, etc.
8) Data from Apr.2004 was revised following the implementation of Indirect Investment Asset Management Business Act, by which the coverage of 'beneficiary certificate/institution' was expanded.

FOCUS

年月	通貨金融											
	預金銀行預金1)								預金銀行貸付金			
	総預金				貯蓄性預金								
	末残高		平均残高		末残高		平均残高		末残高		平均残高	
	10億ウォン	増減率(%)	10億ウォン	増減率(%)	10億ウォン	増減率(%)	10億ウォン	増減率(%)	10億ウォン	増減率(%)	10億ウォン	増減率(%)
2007	593,171.3	0.1	576,206.2	3.0	516,234.2	0.3	509,844.9	2.6	803,724.1	14.9	747,320.0	14.8
2008	675,204.7	13.8	625,190.9	8.5	599,476.6	16.1	558,708.3	9.6	917,110.1	14.1	867,994.2	16.1
2009	751,272.7	11.3	705,199.3	12.8	666,319.3	11.2	630,059.7	12.8	953,505.2	4.0	942,858.6	8.6
2010	873,890.6	16.3	827,160.7	17.3	785,784.8	17.9	746,409.1	18.5	987,148.1	3.5	973,394.6	3.2
2011	947,801.4	8.5	908,599.7	9.8	851,663.5	8.4	824,017.5	10.4	1,063,192.5	7.7	1,029,506.7	5.8
2012	990,273.1	4.5	963,912.1	6.1	889,340.6	4.4	876,284.5	6.3	1,099,781.8	3.4	1,082,988.2	5.2
2013	1,009,685.4	2.0	993,469.5	3.1	898,279.5	1.0	896,414.0	2.3	1,154,760.3	5.0	1,124,129.0	3.8
2013 1	983,499.1	4.8	983,498.2	4.4	887,889.3	4.5	892,153.7	4.5	1,099,778.9	3.1	1,098,700.1	3.2
2	990,663.7	4.2	985,414.8	4.3	892,158.8	3.9	892,021.2	4.0	1,101,851.1	3.1	1,100,466.5	3.2
3	994,749.1	3.3	988,250.3	3.6	893,309.3	2.9	893,562.2	3.3	1,104,311.3	3.2	1,100,060.5	3.0
4	992,183.8	3.7	987,884.6	3.4	889,868.9	2.8	892,300.0	2.8	1,100,645.3	3.2	1,103,342.2	3.0
5	993,836.0	3.2	985,397.5	2.8	892,125.5	2.2	889,022.2	2.0	1,116,788.7	3.3	1,111,849.0	3.2
6	1,008,815.8	3.3	994,739.9	2.8	900,587.2	2.3	895,131.8	1.8	1,125,805.5	3.9	1,120,226.3	3.5
7	987,224.1	1.6	993,768.0	2.2	887,686.2	0.6	895,701.5	1.2	1,129,168.6	4.1	1,125,053.6	3.9
8	998,840.6	2.4	988,499.4	1.7	898,468.4	1.5	892,138.2	0.7	1,135,486.7	4.2	1,130,461.7	4.0
9	1,004,337.4	2.5	998,648.5	2.7	899,297.5	1.5	899,928.9	1.7	1,141,771.1	4.1	1,138,434.5	4.1
10	1,009,339.5	3.7	1,001,437.0	2.9	907,427.5	2.7	902,285.6	1.9	1,151,207.5	4.4	1,145,346.3	4.4
11	1,009,713.3	3.0	1,006,288.7	3.3	906,361.3	1.9	907,143.3	2.0	1,161,013.7	5.0	1,153,297.2	4.6
12	1,009,685.4	2.0	1,007,807.5	2.8	898,879.5	1.0	905,579.8	1.8	1,154,760.3	5.0	1,162,310.9	5.2

注) 1) 産業銀行が預金銀行に分類された2002年1月から同機関分を含む
2) 電子決済調整前(2012.8月手形不渡り率主指標を「電子決済調整後手形不渡り率」から「電子決済調整前手形不渡り率」に変更)
3) 該当期間中の新規取扱預金または貸出金の加重平均金利(外国銀行国内支店除外)として年間データは月金利の12ヶ月単純平均金利
4) 随時出入式貯蓄性預金を除いた純粋貯蓄性預金および市場型金融商品受取金利
5) 当座貸出およびマイナス通帳貸出除外(マイナス通帳貸出は2001.9月から除外)
6) 1997年1月までは翌営業日物全取引基準、1997年2月から2004年11月までは投信証券会社と投信運用会社間のヨ連携コールを除いた翌日物仲介取引基準であり、投信証券会社と投信運用会社間の連携コールが消滅した2004年12月からは翌日物仲介取引基準.
　* 2008年3月通貨政策方向決定時から金融通貨委員会が決定・公表する政策金利が従来の「コール金利(無担保翌日物基準)目標」から「韓国銀行基準金利」に変更された
7) 店頭取引収益率(3年物)として1993年6月までは巨額債権の取引量加重平均利回り、1993年7月以後は最終利回り(1998年2月までは銀行保証債、1998年3月から保証保険保証債、1998年9月からA+評価保証適用外社債、2000年10月からAA-評価無保証社債の月平均利回り)
8) 店頭取引利回り.1995年4月までは国民住宅債権1種(5年物),1995年5月以降は国債(3年物)の月平均利回り

年月	預金銀行要求払い預金売上高[1] Turnover Ratio of demand deposits, CBs & SBs	手形不渡率[2] Ratio of dishonored bills	預金銀行金利[3] Interestrates of CBs & SBs				市場金利 Market rates			
			貯蓄性受取金利[4] Deposits	定期預金 Time deposits	貸出金利[5] Loans & discounts	家計貸出 Loans to households	コール金利[6] (翌日物) Callrates (Overnight)	CD流通利回り (91日) Yieldon CD (91days)	社債利回り[7] Yieldon corporate bonds	国債利回り Yieldon Government bonds
	期中 During										
	回転率 Turnover	%	% per annum								
2007	27.4	0.11	5.07	5.01	6.55	6.48	4.77	5.16	5.70	5.23
2008	33.0	0.15	5.71	5.67	7.17	7.19	4.78	5.49	7.02	5.27
2009	33.3	0.14	3.26	3.23	5.65	5.73	1.98	2.63	5.81	4.04
2010	34.8	0.15	3.19	3.18	5.51	5.38	2.16	2.67	4.66	3.72
2011	34.2	0.11	3.69	3.69	5.76	5.47	3.09	3.44	4.41	3.62
2012	33.0	0.12	3.43	3.43	5.40	5.22	3.08	3.30	3.77	3.13
2013	28.9	0.14	2.73	2.70	4.64	4.35	2.59	2.72	3.19	2.79
2013. 1	32.8	0.14	3.00	3.00	5.00	4.84	2.76	2.86	3.20	2.75
2	29.2	0.09	2.94	2.93	4.91	4.61	2.75	2.83	3.06	2.70
3	29.0	0.10	2.87	2.85	4.77	4.55	2.74	2.81	2.95	2.60
4	31.4	0.14	2.75	2.74	4.73	4.42	2.75	2.80	2.91	2.55
5	28.8	0.12	2.67	2.65	4.62	4.30	2.55	2.72	2.96	2.59
6	26.2	0.08	2.66	2.63	4.52	4.11	2.49	2.69	3.24	2.87
7	30.3	0.14	2.64	2.60	4.60	4.31	2.48	2.68	3.38	2.91
8	26.5	0.10	2.63	2.60	4.55	4.33	2.50	2.66	3.33	2.94
9	26.4	0.24	2.64	2.61	4.54	4.26	2.50	2.66	3.29	2.90
10	28.5	0.22	2.63	2.59	4.46	4.21	2.50	2.66	3.25	2.83
11	27.4	0.12	2.62	2.58	4.50	4.19	2.50	2.65	3.366	2.936
12	30.3	0.18	2.67	2.66	4.52	4.10	2.50	2.65	3.360	2.941

注) 1) Includes the Korea Development Bank since Jan. 2002. when it was reclassified into Commercial & specialized Banks.
2) Excludes electronic settlement.
3) Weighted average of interest rates on newly extended deposits or loans & discounts during the period. Excludes deposits and loans of domestic branches of foreign banks. Yearly figures are averages of the monthly data.
4) Interest rates on time & saving deposits except saving deposits with transferability, and marketable instruments issued by CBs & SBs.
5) Excludes over drafts and other revolving loans <'minusloans'>. (Other revolving loans are excluded since Sep.2001).
6) Up to Jan. 1997, data are based on total overnight transactions, from Feb. 1997 to Nov. 2004, on intermediated overnight transactions excluding transactions between Investment (ITMC) , and since Dec. 2004, (transactions between ITMSC and ITMC do not happen any more), on intermediated overnight transactions.
7) Based on O.T.C. Market transactions (3 years). Up to Jun. 1993, a weighted average rate by trading volume. Since Jul.1993, period average of closing quotes on basis of business days. (Up to Aug. 1998, based on guaranteed bonds, up to Sep. 2000, on nonguaranteed bonds(A+), and since Oct. 2000, on nonguaranteed bonds(AA-)).
8) Based on O.T.C. Market transactions. Up to 1995, yields of National Housing Bonds type 1(5 years). Since May 1995, yields of Treasury bonds(3 years).

出所：韓国銀行

FOCUS

<表1-2> 国内主要経済指標 – 証券及び金融

年月	証券							金融
	証券売買代金[1]		総合株価指数[1]	債権残高				統合財政収支[7]
	株式[2]	債権[3]		国債	通貨安定証券[4]	金融債[5]	社債[6]	
	期中			期末				期中
	10億ウォン		1980.1.4.=100	10億ウォン				10億ウォン
2007	1,362,738.6	351,394.9	1,712.5	273,710.2	150,340.0	212,862.0	135,663.6	37,049
2008	1,287,031.7	373,984.6	1,529.5	284,211.0	126,937.2	248,949.9	149,803.7	15,832
2009	1,466,274.8	510,194.2	1,429.0	329,116.1	149,237.2	215,942.6	188,748.7	-17,620
2010	1,410,561.8	585,205.4	1,765.0	359,105.8	163,530.0	191,962.1	201,725.8	16,692
2011	1,702,060.3	824,817.0	1,983.4	388,945.8	164,760.0	183,308.2	217,272.1	18,629
2012	1,196,263.4	1,376,338.3	1,930.4	412,419.8	163,070.0	179,557.1	216,926.2	18,479
2013	986,375.3	1,321,960.5	1,960.5	451,930.4	163,670.0	195,427.3	212,099.6	p14,200
2013. 1	97,555.8	126,217.2	1,986.1	419,268.8	164,730.0	167,066.1	214,755.2	p6,093
2	69,822.4	103,148.7	1,979.9	424,429.2	164,220.0	174,503.6	216,087.7	p-9,343
3	76,613.7	109,556.0	1,990.2	423,014.4	167,830.0	172,193.8	216,531.0	p-14,776
4	95,888.3	115,240.8	1,938.9	428,072.6	166,920.0	173,268.3	217,834.1	p-11,806
5	88,639.8	122,251.9	1,974.5	434,515.9	169,180.0	177,040.7	214,833.2	p-14,288
6	77,990.1	106,282.6	1,884.4	435,362.6	165,420.0	179,188.5	213,585.7	p-28,619
7	83,781.0	103,871.2	1,871.8	441,038.1	166,170.0	180,881.7	211,827.3	p-11,821
8	80,345.6	108,514.2	1,897.0	448,588.6	164,450.0	183,003.8	210,286.6	p-7,105
9	90,298.2	93,075.7	1,984.4	440,736.2	164,880.0	188,121.2	210,104.0	p-2,103
10	89,117.7	104,882.5	2,029.7	448,357.9	163,920.0	191,020.5	210,713.2	p15,135
11	77,574.2	124,026.3	2,009.9	455,486.9	166,290.0	194,465.1	211,499.6	p11,486
12	68,748.6	104,893.3	1,988.3	451,930.4	163,670.0	195,427.3	212,099.6	p14,200

注) 1) 出所: 証券先物(韓国取引所),　　　　　　　　　　　　　　　　　　　　　　出所 : 韓国銀行
    2) 上場株式(kospi),
    3) 上場債権(公債と社債基準),
    4) 一般公募発行分,
    5) 預金銀行発行金融債(額面価額基準),
    6) 額面金額基準(中途償還未反映).
        出所 : 金融統計月報(金融監督院)
    7) 中央政府の統合財政収支で月別データは当該年度の累計分である,　　出所: 企画財政部
    8) 1995年よりサービスを含む
    9) 前渡時.2004年以前の指数の増減率は小数点以下3桁の指数で計算,　出所: 金融監督院
    10) 増減率は前年同期対比

<表1-3> 国内主要経済指標 － 物価

年月	物価10) Prices										
	生産者物価8) Producer prices				消費者物価9) Consumer prices				輸出物価 (ウォン価基準) Export prices (won basis)		輸入物価 (ウォン価基準) Import prices (won basis)	
	総指数 All items		エネルギー Energy	エネルギー ほか Excluding energy	総指数 All items		農産物及び 石油類を除く (コアインフレ) Excluding agricultural Products and oils					
	2010 =100	変動率 (%)	2010=100		2010 =100	変動率 (%)	2010 =100	変動率 (%)	2010 =100	変動率 (%)	2010 =100	変動率 (%)
2007	88.9	1.4	82.2	89.8	90.3	2.5	91.0	2.3	84.4	-2.1	72.7	4.5
2008	96.5	8.5	98.2	96.3	94.5	4.7	94.9	4.3	102.8	21.8	99.1	36.2
2009	96.3	-0.2	91.8	96.9	97.1	2.8	98.3	3.6	102.6	-0.2	95.0	-4.1
2010	100.0	3.8	100.0	100.0	100.0	3.0	100.0	1.8	100.0	-2.6	100.0	5.3
2011	106.7	6.7	114.5	106.0	104.0	4.0	103.2	3.2	100.2	0.2	111.6	11.6
2012	107.5	0.7	121.7	106.1	106.3	2.2	104.9	1.6	97.9	-2.4	110.8	-0.7
2013	105.7	-1.6	122.4	104.2	107.7	1.3	106.6	1.6	93.7	-4.3	102.7	-7.3
2013. 1	106.0	0.2	120.8	104.6	107.3	0.6	105.9	0.4	92.2	-0.1	102.3	-0.8
2	106.7	0.7	124.5	105.0	107.7	0.3	106.2	0.2	94.4	2.4	105.1	2.7
3	106.3	-0.4	123.7	104.6	107.6	-0.1	106.0	-0.1	94.7	0.3	104.3	-0.8
4	105.9	-0.3	122.3	104.4	107.5	-0.1	106.0	0.0	95.3	0.6	104.4	0.1
5	105.6	-0.3	121.4	104.1	107.5	0.0	106.4	0.4	94.4	-0.9	102.5	-1.8
6	105.5	0.0	121.7	104.0	107.3	-0.1	106.6	0.1	96.8	2.6	104.7	2.1
7	105.5	0.0	122.8	103.9	107.6	0.2	106.7	0.1	96.0	-0.9	103.8	-0.8
8	105.8	0.3	122.5	104.3	107.9	0.4	106.7	0.0	95.3	-0.7	104.5	0.6
9	105.7	-0.1	122.4	104.1	108.1	0.2	107.0	0.4	93.0	-2.4	102.1	-2.3
10	105.3	-0.4	121.2	103.8	107.8	-0.3	107.1	0.1	91.3	-1.9	99.6	-2.4
11	105.1	-0.2	121.6	103.6	107.8	0.0	107.4	0.2	90.6	-0.8	99.1	-0.5
12	105.4	0.2	123.9	103.6	107.9	0.1	107.5	0.1	90.3	-0.3	99.5	0.4

注) 1) source: KRX(Korea Exchange)   出所：韓国銀行
2) KRX stock market(Kospi)
3) Public and corporate bonds listed on bond market.
4) Amounts of public offerings.
5) Issued by deposit money banks and the Korea Development Bank.
6) On a par value(exclude prior redemption). Source: Financial Supervisory Service
7) Balance of consolidated central government, monthly figures are the total amount from Jan. to the corresponding month. Source: Ministry of Strategy and Finance.
8) Includes services from 1995.
9) All cities. Rates of change up until 2004 are calculated on the basis of a three decimal-place index. Source: Statistics Korea
10) Percentage changes are over the same period of previous year.

<表1-4> 国内主要経済指標 － 国際収支

年月	国際収支[1)3)]								外国為替保有額[2)] International reserves
	経常収支 Current account	商品収支 Goods	サービス収支 Services	第一次所得収支 Primary income	第二次所得収支 Secondary income	資本・金融勘定 Capital and financial account	資本収支 Capital account	金融勘定 Financial account	
	期中 During								年・月末 End of
	百万ドル Million US$								
2007	21,769.7	37,129.1	-11,967.3	135.0	-3,527.1	-23,876.6	-2,387.5	-21,489.1	262,224.1
2008	3,197.5	5,170.1	-5,734.1	4,435.4	-673.9	-1,154.0	109.3	-1,263.3	201,223.4
2009	32,790.5	37,866.0	-6,640.5	2,276.7	-711.7	-34,651.2	289.6	-34,940.7	269,994.7
2010	29,393.5	40,082.5	-8,626.0	1,015.9	-3,078.9	-27,478.5	-217.9	-27,260.6	291,570.7
2011	26,068.2	31,660.0	-5,849.5	2,890.9	-2,633.2	-26,778.0	-24.7	-26,753.3	306,402.5
2012	43,138.5	38,337.7	2,676.2	4,885.5	-2,760.9	-43,619.1	602.1	-44,221.2	326,968.4
2013	79,883.6	30,568.6	-7,927.4	11,424.8	-4,182.4	-76,838.9	-27.8	-76,811.1	346,459.6
2013. 1	1,969.3	2,855.2	-1,783.5	1,434.6	-537.0	-3,296.5	-8.0	-3,288.5	328,910.3
2	2,146.5	2,733.1	-1,394.1	1,035.1	-277.6	-3,301.2	-3.3	-3,297.9	327,395.3
3	6,342.3	6,487.5	-334.6	312.9	-123.5	-4,965.8	7.8	-4,973.6	327,408.4
4	4,552.9	5,103.3	5.7	-354.1	-202.0	-1,909.7	-1.4	-1,908.3	328,799.5
5	9,752.2	9,591.6	-298.2	670.3	-211.5	-9,956.8	-11.2	-9,945.6	328,095.4
6	6,499.6	5,303.6	-117.3	1,518.8	-205.5	-4,355.8	-14.9	-4,340.9	326,440.0
7	7,985.1	7,911.7	-1,058.1	1,396.1	-264.6	-9,154.5	1.1	-9,155.6	329,709.3
8	7,198.0	7,378.1	-805.9	912.4	-286.6	-7,919.4	18.2	-7,937.6	311,093.6
9	8,598.9	8,586.7	-198.7	854.3	-643.4	-6,021.1	-6.5	-6,014.6	336,921.8
10	11,107.9	9,816.8	393.5	1,260.6	-363.0	-9,882.0	-2.0	-9,880.0	343,225.5
11	6,854.8	8,175.6	-1,923.2	1,010.9	-408.5	-8,339.9	0.0	-8,339.9	345,011.7
12	6,876.1	6,625.4	-413.0	1,372.9	-709.1	-7,746.2	-7.6	-7,738.6	346,459.6

注) 1) BPM6 1段階移行（2010.12）によって、過去の時系列が変更された
2) 1988年以降は国内の外国為替銀行が保有する外国為替を除いた公的保有額基準
3) 2012, 2013年の数値は暫定値
4) 切上げまたは切下げ(-)率は前年同期対比数値
5) 増減率は前年同期対比

出所：韓国銀行

韓国の産業と市場　2014

<表1-5> 国内主要経済指標 － 為替レート

年月	貿易				為替レート					対円為替レート
	輸出		輸入		対米ドル為替レート					
	通関額 3)		通関額 3)		基準為替レート 4)				終値為替レート	裁定為替
	期中 5)				年・月平均		年・月末		年・月末	年・月末
	百万ドル US$	増減率 (%)	百万ドル US$	増減率 (%)	ウォン	増減率 (%)	ウォン	増減率 (%)	ウォン	ウォン
2007	371,489.0	14.1	356,845.8	15.3	929.2	2.8	938.2	-0.9	936.1	833.3
2008	422,007.3	13.6	435,274.7	22.0	1,102.6	-15.7	1,257.5	-25.4	1,259.5	1,393.9
2009	363,533.4	-13.9	323,084.4	-25.8	1,276.4	-13.6	1,167.6	7.7	1,164.5	1,262.8
2010	466,383.8	28.3	425,212.2	31.6	1,156.3	10.4	1,138.9	2.5	1,134.8	1,397.1
2011	555,213.7	19.0	524,413.1	23.3	1,108.1	4.3	1,153.3	-1.2	1,151.8	1,485.2
2012	547,869.8	-1.3	519,584.5	-0.9	1,126.9	-1.7	1,071.1	7.7	1,070.6	1,247.5
2013					1,095.0	2.9	1,055.3	1.5	1,055.4	
2013. 1					1,065.4	7.6	1,082.7	3.9	1,089.0	
2					1,086.7	3.4	1,085.4	3.8	1,083.0	
3					1,102.2	2.2	1,112.1	2.3	1,111.1	
4					1,121.8	1.2	1,108.1	2.4	1,101.2	
5					1,110.7	3.9	1,128.3	4.4	1,129.7	
6					1,135.2	2.7	1,149.7	0.4	1,142.0	
7					1,127.2	1.4	1,113.6	2.0	1,123.5	
8					1,117.0	1.3	1,110.9	2.1	1,110.0	
9					1,087.4	3.4	1,075.6	4.0	1,074.7	
10					1,066.8	3.8	1,061.4	3.1	1,060.7	
11					1,062.8	2.3	1,062.1	2.1	1,058.2	
12					1,056.7	1.9	1,055.3	1.5	1,055.4	

出所：韓国銀行

注) 1) Data are revised due to the first-stage implementation of BPM6(2010.12).
2) Foreign exchange holdings of Domestic foreign Exchange banks have been excluded.
3) Figures for 2012, 2013 are preliminary.
4) Appreciation or depreciation(-) is based on from preceding year to year indicated.
5) Percentage changes are over the same period of previous year.

<表1-6> 国内主要経済指標 － 産業

年月	産業								建設業	
	製造業								建築許可延べ面積	国内建設受注額[7]
	生産指数		生産者製品出荷指数		生産者在庫指数[1]		生産能力指数	稼働率指数		
					期中[9]	During				
	2010=100	増減率(%)	2010=100	増減率(%)	2010=100	増減率(%)	2010=100		1,000㎡	10億ウォン
2010	100.0	16.7	100.0	14.4	104.6	18.0	100.0	100.0	125,447	89,814
2011	106.0	6.0	105.6	5.6	120.2	14.9	104.9	99.8	137,868	95,332
2012	106.9	0.8	106.4	0.8	124.0	3.2	107.2	97.0	137,142	86,821
2013	107.8	0.3	107.6	0.4	131.3	5.0	108.7	94.8	125,447	89,814
2013. 1	109.4	0.1	108.9	-0.5	124.0	0.2	108.1	97.8	8,414	3,546
2	108.1	-1.2	107.9	-0.9	123.3	-0.6	108.2	95.7	7,268	4,431
3	106.3	-1.7	106.7	-1.1	123.0	-0.2	108.2	94.2	10,160	5,448
4	106.5	0.2	106.4	-0.3	121.9	-0.9	108.2	94.2	9,758	4,946
5	106.9	0.4	106.9	0.5	121.7	-0.2	108.4	94.2	10,838	6,073
6	107.1	0.2	108.2	1.2	120.4	-1.1	108.6	94.2	10,007	7,124
7	106.5	-0.6	106.9	-1.2	124.2	3.2	108.7	92.9	11,234	5,675
8	108.2	1.6	108.4	1.4	124.4	0.2	109.0	94.8	10,417	4,709
9	105.8	-2.2	106.1	-2.1	127.3	2.3	109.0	92.3	10,298	6,070
10	108.1	2.2	108.1	1.9	127.9	0.5	109.1	94.6	10,569	7,347
11	108.2	0.1	108.5	0.4	129.3	1.1	109.3	94.6	13,269	7,895
12	110.6	2.2	110.0	1.4	130.3	0.8	109.6	95.9	14,834	12,416

注) 1) 年・月末数値, 出所: 金融監督院, 関税庁, 国土交通省, 雇用労働部, 韓国生産性本部
2) 船舶を除く
3) 精密機器を含む
4) 1993年以降の数値は、改訂された標準産業分類による
5) 1999年6月以降公式雇用統計基準は「求職期間1週間基準」から「求職期間4週間基準」に変更された
6) 2007年以前資料は製造業正規労働者の月平均給与額、2008年以後のデータは全産業正規および非正規労働者の月平均給与額、1998年以前の正規労働者10人以上の事業体を対象、1999年以後は正規労働者5人以上の事業体を対象、1993年から2001年のデータは6次改正標準産業分類を、2001年から2007年のデータは8次改正標準産業分類により、2008年以後のデータは9次改正標準産業分類による
7) 調査対象業者の変更で2009年および2010年データは変更された
8) 鉱工業部門の正規労働者および時間当り物的労働生産性指数
9) 前年同月対比
10) 労働生産性指数は2008=100基準から2010=100基準に変更

韓国の産業と市場 2014

<表1-7> 国内主要経済指標 － 雇用と賃金

年月	産業 サービス業生産指数 (卸・小売業) 2010=100	雇用と賃金				
		総就業者	製造業4)	失業率5)	季節変動調整5) (S.A.)	賃金6)
		期中 During				
		1,000人 1,000persons		%		ウォン
2010	100.0	23,829	4,028	3.7	-	2,816,188
2011	103.8	24,244	4,091	3.4	-	2,843,545
2012	104.5	24,681	4,105	3.2	-	2,995,471
2013	104.4	25,066	4,184	3.1	-	3,111.000
2013.1	103.4	24,054	4,189	3.4	3.1	3,168.100
2	104.3	23,984	4,139	4.0	3.4	3,329.700
3	105.0	24,514	4,141	3.5	3.1	3,000,200
4	104.5	25,103	4,192	3.2	3.1	2,984,100
5	104.2	25,398	4,175	3.0	3.2	2,877,100
6	104.2	25,478	4,180	3.1	3.1	3,057,400
7	104.3	25,473	4,167	3.1	3.2	3,130,700
8	104.1	25,291	4,116	3.0	3.1	3,009,200
9	104.3	25,466	4,174	2.7	3.0	3,402,300
10	105.6	25,545	4,218	2.8	3.0	3,001,000
11	105.2	25,530	4,253	2.7	3.0	2,830,900
12	105.6	24,962	4,264	3.0	3.1	3,547,300

出所 : Statistics Korea, Korea Customs Service, Ministry of Land, Infrastructure and Transport, Ministry of Employment and Labor, The Korea Productivity Center.

注) 1) Figures refer to the end of period.,
2) Excludes ships.
3) Includes precision equipment.
4) Data from Jan. 1993 are based on the revised Korean Standard Classification.
5) From June.1999 official reference of job search duration changed from 'during last one week' to 'during last four weeks'.
6) Average monthly earning of regular employees in manufacturing up to 2007, average monthly earnings of regular and irregular employees in total industry from 2008. Data covers establishments with 10 or more regular employees up to 1998, 5 or more from 1999. Data for the period 1993-2001 are based on the 6th revised KSIC, data for the period 2001-2007 are based on the 8th revised KSIC, and data from 2008 are based on the 9th revised KSIC.
7) Data from 2009 to 2010 have been changed by the alteration in the companies surveyed.
8) Regular workers of mining and manufacturing and material labor productivity per hour index.
9) Percentage change over previous year.
10) A new reference base year of labor productivity index has changed from 2008=100 to 2010=100.

<表1-8> 国内主要経済指標 － 国民勘定

年·四半期	経済成長率	農林魚業	非農林漁業	製造業	最終消費支出増減率	総固定資本形成増減率	建設投資	設備投資	実質GNI成長率
					国民勘定[1] National Accounts				
					期中				
					増減率 %				
2001	4.0	1.6	4.1	2.4	5.5	0.3	6.3	-8.3	3.3
2002	7.2	-2.2	7.5	8.7	8.1	7.1	6.2	7.3	7.5
2003	2.8	-5.4	3.1	5.4	0.5	4.4	8.5	-1.5	2.5
2004	4.6	9.1	4.5	10.0	1.0	2.1	1.3	3.8	3.7
2005	4.0	1.3	4.0	6.2	4.6	1.9	-0.4	5.3	2.0
2006	5.2	1.5	5.3	8.1	5.1	3.4	0.5	8.2	3.9
2007	5.1	4.0	5.1	7.2	5.1	4.2	1.4	9.3	4.8
2008	2.3	5.6	2.2	2.9	2.0	-1.9	-2.8	-1.0	-0.6
2009	0.3	3.2	0.2	-1.5	1.2	-1.0	3.4	-9.8	1.6
2010	6.3	-4.4	6.6	14.7	4.1	5.8	-3.7	25.7	5.6
2011	3.7	-2.1	3.8	7.3	2.3	-1.0	-4.7	3.6	1.5
2012	2.0	-0.6	2.1	2.2	2.2	-1.7	-2.2	-1.9	2.6
2013	3.0	5.8	2.9	3.3	2.2	4.2	6.7	-1.5	4.0
2013.1~3	0.6	-4.1	0.7	1.2	0.0	5.6	6.5	1.5	0.5
4~6	1.0	1.9	1.0	1.2	0.9	2.2	4.6	1.0	1.9
7~9	1.1	4.6	1.0	1.2	0.9	1.1	0.2	2.7	1.0
10~12	0.9	7.4	0.7	0.8	0.6	-0.7	-5.2	5.6	1.0

注) 1) 季節変動調整系列基準、( )内はウォン系列GDPの前年同期対比増減率
2) ウォン系列基準(前年同期対比増減率)

韓国の産業と市場　2014

年・四半期	国民勘定[1] National Accounts					
	経済規模 Size of the economy		1人当りGNI Per capita GNI	総貯蓄と総投資 Gross saving and gross investment		GDPデフレーター上昇率[2] Increase rate of GDP deflator
	国内総生産（時価） GDP at current prices	国民総所得（時価） GNI at current prices		総貯蓄率 Gross saving ratio	国内総投資率 Gross domestic Investment ratio	
	期中　During					
	10億ウォン Billion won		US$	%		
2000	603,236.0	600,158.8	11,292	33.0	30.7	1.0
2001	651,415.3	649,898.9	10,631	31.1	29.3	3.9
2002	720,539.0	720,996.3	12,100	30.5	29.3	3.2
2003	767,113.7	767,771.4	13,460	31.9	30.0	3.6
2004	826,892.7	829,326.7	15,082	34.0	29.9	3.0
2005	865,240.9	864,427.3	17,531	32.1	29.8	0.7
2006	908,743.8	910,134.2	19,691	30.8	29.7	-0.1
2007	975,013.0	976,813.9	21,632	30.8	29.5	2.1
2008	1,026,451.8	1,034,115.4	19,161	30.5	31.0	2.9
2009	1,065,036.8	1,069,783.1	17,041	30.2	26.2	3.4
2010	1,173,274.9	1,174,753.0	20,562	32.1	29.6	3.6
2011	1,235,160.5	1,238,405.3	22,451	31.6	29.5	1.5
2012	1,272,459.5	1,279,546.4	22,708	30.9	27.5	1.0
2013	1,428,294.6	1,441,063,5	26,205	34.4	28.8	0.7
2013. I	347,253.4	350,642.9	-	33.8	28.7	-0.2
Ⅱ	351,752.6	355,005.1	-	34.5	29.6	0.6
Ⅲ	355,039.9	358,334.7	-	34.4	27.9	0.8
Ⅳ	360,045.5	362,675.2	-	34.4	28.6	1.1

出所：韓国銀行

注) 1) Based on seasonally adjusted series, figures in parentheses are percent change over previous year of GDP original series.
　 2) Percent change over previous year of original series

<表1-9> 国内主要経済指標 － 企業経営分析

年・四半期 Year or Quarter	企業経営分析　　　　Financial Statement Analysis						
	全産業　　All-industry						
	負債比率3) Debt ratio	自己資本比率 Stockholders' Equity to Total assets	借入金依存度4) Total borrowings And bonds payable to total assets	流動比率 Current ratio	非流動比率 Non-current ratio	売上高営業利益率 Operating income to sales	売上高税引前純利益率5) Net income Before tax to sales
							%
2005	110.86	47.42	24.14	122.42	123.67	5.86	6.25
2006	105.30	48.71	23.12	123.60	120.19	5.24	5.56
2007	114.94	46.52	26.30	127.65	121.58	5.43	5.64
2008	129.80	43.52	28.28	120.02	129.74	5.00	2.88
2009	158.67	38.66	32.77	123.17	144.16	4.61	3.93
2010	150.14	39.98	32.18	122.42	141.00	5.30	4.89
2011	152.74	39.57	32.24	122.51	143.09	4.49	3.73
2012	147.60	40.39	31.92	123.82	143.30	4.11	3.43
2013.1/4	96.21	50.97	25.55	120.86	129.30	5.25	5.30
2/4	97.75	50.57	26.19	121.23	129.34	5.52	3.53
3/4	91.57	52.20	25.50	125.43	127.34	5.08	4.63

<続く>

注) 1) 年間数値は全営利法人の集計値(2009年は成長性指標および2008年以前の指標は推定値)であり四半期数値は株式上場法人および非上場主要法人を対象とした
2) 第四半期のデータは四半期財務諸表が作成されなかったので未編
3) 負債/自己資本*100
4) (長・短期借入金－社債)/総資本*100
5) 法人税差引前純損益/売上高*100

韓国の産業と市場　2014

年・四半期 Year or Quarter	企業経営分析 Financial Statement Analysis						
	全産業 All-industry						
	金融費用対売上高比率[6] Interest expenses to sales	利子補填比率[7] Interest coverage ratio	借入金平均金利[8] Interest Expenses to total borrowings and bonds payable	人件費対営業総費用[9] Labor costs to Total operating costs	売上高増加率 Growth rate of sales	有形固定資産増加率 Growth rate of tangible assets	総資産増加率 Growth rate of total assets
							%
2005	1.27	460.30	6.02	14.51	4.25	4.59	8.27
2006	1.27	413.86	6.22	14.28	5.95	5.15	8.34
2007	1.43	380.96	6.36	16.14	9.47	4.88	11.76
2008	1.51	330.78	6.34	14.66	18.61	14.44	16.17
2009	1.91	241.26	5.00	14.44	2.62	8.59	8.40
2010	1.71	310.57	4.96	13.88	15.26	9.14	9.32
2011	1.61	279.85	4.79	13.49	12.18	9.15	9.60
2012	1.58	259.95	4.69	13.98	5.11	6.45	5.07
2013. 1/4	1.21	435.53	4.16	-	-0.66	0.68	2.12
2/4	1.18	468.57	4.02	-	1.37	1.04	0.74
3/4	1.16	40.24	3.91	-	-0.09	0.29	-0.12

出所：韓国銀行

6) 利子費用/売上高*100
7) 営業利益/支払利息*100
8) 利子費用/(長・短期借入金+社債)*100
9) 営業総費用=当期総製造費用+販売費と管理費

<表1-10> 米国の経済指標

年月	GDP成長率 前期比年率(%)	1人当りGDP ドル	貿易[1] 商品輸出(BOP) 億ドル	前期比(%)	商品輸入(BOP) 億ドル	前期比(%)	経常収支 十億ドル	対外準備[2] (期末) 十億ドル	ドル実行為替レート[3] 1973.3=100	物価[4] 生産者 前年同期比(%)	消費者	失業率[5] %	労働生産性[6] 前期比年率(%)
2010	2.4	46,805	12,888	20.5	19,390	22.7	-442	1,327	75.30	4.2	1.6	9.6	3.1
2011	1.8	48,314	14,959	16.1	22,400	15.5	-458	1,467	70.85	6.0	3.2	8.9	0.6
2012	2.2	49,907	15,612	4.4	23,027	2.8	-440	1,514	73.48	1.9	2.1	8.1	0.9
2013	1.9	53,086	15,928	2.0	22,945	-0.4	-379	1,457	76.04	1.3	1.5	7.4	0.5
2013.4	⌐		1,313.3	0.6	1,900.8	2.1	⌐	1,465	76.35	0.0	-0.2	7.5	⌐
5	2.5	-	1,303.2	-0.8	1,936.7	1.9	-96.8	1,454	77.09	-0.1	0.2	7.5	1.8
6	⌐		1,333.4	2.3	1,883.2	-2.8	⌐	1,449	76.36	0.5	0.3	7.5	⌐
7	⌐ 4.1		1,328.3	-0.4	1,908.5	1.3	⌐	1,473	77.36	0.3	0.2	7.3	⌐
8		-	1,328.3	0.0	1,913.6	0.3	-96.4	1,476	76.46	-0.1	0.1	7.2	3.5
9	⌐		1,324.3	-0.3	1,938.2	1.3	⌐	1,477	76.17	0.1	0.1	7.2	⌐
10	⌐		1,361.4	2.8	1,938.8	0.0	⌐	1,495	75.22	0.3	0.0	7.2	⌐
11	2.6	-	1,367.5	0.4	1,915.2	-1.2	-81.1	1,464	76.22	0.0	0.1	7.0	2.3
12	⌐		1,342.1	-1.9	1,907.9	-0.4	⌐	1,457	76.45	0.0	0.2	6.7	⌐

<続く>

年月	通貨[7] M2 前期対比 (年率%)	金利(年%) FF金利 Federal Funds Rate (期末)	金利(年%) 公定歩合[8] (期末)	金利(年%) プライムレート (期末)	金利(年%) 短期[9] 国債利回り (期間平均)	金利(年%) 長期[10] 国債利回り (期間平均)	産業生産[11] 全産業 前期比(%)	産業生産[11] 製造業 前期比(%)	製造業稼働率(%)[12]	需要関連指標 小売販売額 前期比(%)	需要関連指標 住宅着工戸数 前期比(%)	株価指数[13]
2010	3.6	0-0.25	0.75	3.2+5	0.14	3.21	5.7	6.1	71.3	5.5	5.9	11,577.5
2011	10.1	0-0.25	0.75	3.25	0.01	1.98	3.4	3.4	74.0	7.5	3.7	12,217.6
2012	8.0	0-0.25	0.75	3.25	0.07	1.72	3.6	3.9	75.8	5.3	28.2	13,104.1
2013	5.4	0-0.25	0.75	3.25	0.06	2.35	2.9	2.6	76.1	4.2	18.6	16,576.7
2013.4	4.0	0-0.25	0.75	3.25	0.06	1.76	-0.2	-0.2	75.8	0.2	-14.7	14,839.8
5	4.2	0-0.25	0.75	3.25	0.04	1.93	0.1	0.3	75.9	0.6	7.9	15,115.6
6	5.6	0-0.25	0.75	3.25	0.05	2.30	0.2	0.3	76.1	0.5	-9.2	14,909.6
7	7.3	0-0.25	0.75	3.25	0.04	2.58	-0.2	-0.4	75.6	0.4	8.1	15,499.5
8	6.2	0-0.25	0.75	3.25	0.04	2.74	0.6	0.7	76.1	0.4	-1.4	14,810.3
9	5.3	0-0.25	0.75	3.25	0.02	2.81	0.7	0.3	76.2	0.4	-2.5	15,129.7
10	11.6	0-0.25	0.75	3.25	0.05	2.62	0.1	0.4	76.3	0.6	8.5	15,545.8
11	1.2	0-0.25	0.75	3.25	0.07	2.72	0.6	0.3	76.4	0.4	18.1	16,086.4
12	5.9	0-0.25	0.75	3.25	0.07	2.90	0.2	0.2	76.4	-0.1	-6.4	16,576.7

注) 1. 毎月の四半期ごとの前期比増減率は、季節変動調整後基準. 最新値は暫定分が含まれているので今後修正されうる。

2. 1)国際収支基準 2)金＋SDR+IMFポジション＋外国為替 3)カナダ, ユーロ地域、日本、英国、スイス、オーストラリア、スウェーデンなど7ヶ国通貨に対する加重平均為替レート指数、名目基準 4)生産者物価は最終材基準 5)軍人除外、季節変動調整後 6)全産業(農業部門除外)就業者の単位時間当り不変産出額基準 (1992=100) 7) M1 = 民間保有貨幣額＋非銀行金融機関発行トラベラーズチェック＋商業銀行の要求払い預金＋預金金融機関のNOWアカウントおよびASTアカウント＋信用組合の出資金アカウント＋貯蓄金融機関の要求払い預金、M2 = M1＋預金金融機関の翌日物 RP＋アメリカ銀行海外支店の居住者翌日物ユーロドル預金＋預金金融機関の貯蓄預金および小額定期預金＋一般投資家保有MMF－預金金融機関およびMMFのIRAのケオアカウント預金, 平残基準 8) 2003.1.9以後からはprimary credit基準 9) 3か月満期 10) 10年満期 11)指数1992=100)増減率 12)月別数値は季節変動調整後 13)ダウジョーンズ工業平均株価は期末基準

出所： Federal Reserve Bulletin(米FRB), International Financial Statistics (IMF), Reuters

<表1-11> 中国の経済指標

年月	GDP成長率 前年同期比(%)	1人当りGDP 米ドル	貿易 輸出(FOB) 億米ドル	貿易 輸出(FOB) 前年同期比(%)	貿易 輸入(CIF) 億米ドル	貿易 輸入(CIF) 前年同期比(%)	経常収支 億米ドル	対外準備[1](期末) 億米ドル	対米ドル為替レート(Yuan/US$)[2] 期末	対米ドル為替レート(Yuan/US$)[2] 平均
2010	10.4	4,423	15,778	31.3	13,962	38.8	2,378	28,473	6.623	6.770
2011	9.3	5,434	18,984	20.3	17,435	24.9	1,361	31,812	6.301	6.459
2012	7.8	6,076	20,491	7.9	18,180	4.3	1,931	33,116	6.286	6.313
2013	7.7	6,800	22,101	7.9	19,503	7.3	1,828	38,200	6,097	6,175
2013.4	7.5	-	1,870	14.6	1,689	16.8		35,345	6,221	6,247
5	7.5	-	1,828	1.0	1,623	-0.3	509	35,148	6,180	6,197
6	7.5	-	1,743	-3.1	1,472	-0.7		34,967	6,179	6,172
7	7.8	-	1,860	5.1	1,682	10.9		35,478	6,179	6,173
8	7.8	-	1,906	7.2	1,621	7.1	404	35,530	6,171	6,171
9	7.8	-	1,856	-0.3	1,704	7.4		36,627	6,148	6,159
10	7.7	-	1,854	5.6	1,543	7.6		37,366	6,143	6,139
11	7.7	-	2,022	12.7	1,684	5.3	440	37,894	6,133	6,137
12	7.7	-	2,077	4.3	1,821	8.3		38,213	6,097	6,116

年月	物価 生産者 前年同期比(%)	物価 消費者 前年同期比(%)	通貨[3] M1	通貨[3] M2	金利(期末,年%) 公定歩合	金利(期末,年%) 金融機関貸出金利(1年)	産業生産 全産業 前年同期比(%)	産業生産 国有企業 前年同期比(%)	小売販売 前年同期比(%)	株価指数[4]
2009	5.5	3.3	21.2	19.7	2.25	5.81	15.7	13.7	18.4	2,808.08
2011	6.1	5.4	7.9	13.6	2.25	6.56	13.9	9.9	17.1	2,199.42
2012	-1.7	2.6	6.5	13.8	2.25	6.00	10.0	6.4	14.3	2,265.90
2013	-1.9	2.6	9.3	13.6	2.25	6.00	9.7	6.9	13.1	2,115.98
2013.4	-0.6	0.2	11.9	16.1	2.25	6.00	9.3	4.3	12.8	2,177.91
5	-0.6	-0.6	11.3	15.8	2.25	6.00	9.2	4.4	12.9	2,300.60
6	-0.6	0.0	9.0	14.0	2.25	6.00	8.9	6.3	13.3	1,979.21
7	-0.3	0.1	9.7	14.5	2.25	6.00	9.7	8.1	13.2	1,993.80
8	0.1	0.5	9.9	14.7	2.25	6.00	10.4	9.5	13.4	2,098.38
9	0.2	0.8	8.9	14.2	2.25	6.00	10.2	7.8	13.3	2,174.67
10	0.0	0.1	8.9	14.3	2.25	6.00	10.2	8.4	13.3	2,141.61
11	0.0	-0.1	9.4	14.2	2.25	6.00	10.0	9.1	13.7	2,220.50
12	0.0	0.3		13.6	2.25	6.00	9.7	8.3	13.6	2,115.98

注) 1. 最新値は暫定分が含まれているので今後修正されうる。
2. 1) 外国為替保有額 2) 国家外国為替管理局告示為替レート 3) M1=現金通貨+要求払い預金、M2=M1+準通貨(定期預金+貯蓄預金+その他預金)、末残基準 4) 上海総合株価指数、期末基準

出所:中国人民銀行, 統計系譜, IMF, International Financial Statistics 各号

<表1-12> 日本の経済指標

年月	GDP[1]成長率 前期比年率(%)	1人当りGDP 米ドル	貿易 輸出(FOB) 億円	前年同期比(%)	輸入(CIF) 億円	前年同期比(%)	経常収支 億円	対外準備[2](期末) 億ドル	対米ドル[3]為替レート(¥/US$) 期末	平均	物価[4] 生産者 前年同期比(%)	消費者 前年同期比(%)	[5]失業率 %	労働[6]生産性 前年同期比(%)
2010	4.7	42,863	673,996	24.4	607,650	18.0	17,171	10,962	81.48	83.36	-0.1(0.8)	-0.7(0.0)	5.1	11.7
2011	-0.6	45,870	655,517	-2.7	680,847	12.0	9,551	12,958	77.56	77.80	1.5(0.8)	-0.3(-0.2)	4.6	-2.3
2012	1.9	46,896	637,444	-2.8	706,762	3.8	4,824	12,681	86.31	79.78	-0.8(-0.6)	0.0(-0.1)	4.3	0.1
2013	1.5	38,491	697,742	9.5	812,425	14.9	3,234	12,668	105.37	97.60	1.3(2.5)	0.4(1.6)	4.0	1.0
2013.4	0.7	-	57,757.7	3.8	66,531.4	9.4	784	12,580	97.83	97.74	0.4	0.3	4.1	-1.0
5			57,652.0	10.1	67,565.3	10.0	567	12,502	100.63	101.01	0.1	0.1	4.1	-0.8
6			60,586.1	7.4	62,391.4	11.7	378	12,387	98.83	97.52	0.0	0.0	3.9	-2.0
7	0.3	-	59,585.0	12.2	69,909.5	19.7	600	12,540	97.85	99.66	0.6	0.2	3.9	3.1
8			57,821.1	14.6	67,535.2	16.2	157	12,542	98.06	97.83	0.2	0.3	4.1	0.3
9			59,709.5	11.4	69,142.0	16.7	595	12,734	97.89	99.30	0.2	0.3	4.0	6.3
10	0.1	-	61,029.7	18.6	72,034.0	26.3	-154	12,768	98.34	97.93	-0.1	0.1	4.0	6.3
11			58,988.1	18.4	71,999.0	21.2	-597	12,754	102.24	100.04	0.0	0.0	3.9	5.6
12			61,091.8	15.3	74,163.4	24.8	-680	12,668	105.37	103.42	0.3	0.1	3.9	6.9

年月	通貨[7] M3 前年同期比(%)	金利(期末,年%) 基準貸出利回り[8]	短期プライムレート	長期プライムレート	鉱工業[9] 生産	出荷	在庫	製造業稼働率	需要関連指標 小売販売	民間建設受注額	民間機械受注額[10]	株価指数[11]
2010	2.1	0.30	1.475	1.60	15.6	15.5	2.4	100.0	2.6	6.6	5.0	10,229
2011	2.2	0.30	1.475	1.40	-2.8	-3.7	2.0	95.7	-1.0	7.4	5.5	8,455
2012	2.2	0.30	1.475	1.20	0.6	1.2	5.2	97.8	1.8	-0.6	1.0	10,395
2013	2.9	0.30	1.475	1.20	-0.8	-0.6	-4.3	97.3	1.0	5.8	20.5	16,291
2013.4	2.6	0.30	1.475	1.20	0.6	-1.1	-0.1	96.0	0.3	-5.6	3.2	
5	2.8	0.30	1.475	1.25	2.1	0.7	0.4	97.0	0.8	6.1	26.6	
6	3.1	0.30	1.475	1.30	-2.8	-2.0	0.1	96.0	0.2	-1.0	12.4	
7	3.0	0.30	1.475	1.35	2.7	1.6	0.7	97.8	-1.5	0.3	1.6	
8	3.0	0.30	1.475	1.30	-0.5	0.1	-0.7	96.7	1.6	5.1	23.0	
9	3.1	0.30	1.475	1.30	1.5	1.7	-0.1	98.9	1.0	-1.1	127.1	
10	3.3	0.30	1.475	1.20	0.6	1.3	-0.3	99.4	-0.3	0.9	67.0	
11	3.5	0.30	1.475	1.20	0.3	0.1	-1.4	99.9	1.1	6.5	-14.7	
12	3.4	0.30	1.475	1.20	0.5	0.2	-0.2	101.4	-0.6	-12.1	-3.5	

注) 1. 最新値は暫定分が含まれているので今後修正されうる。
2. 1) ( )内は前年同期比 2)財務省発表外国為替保有額 3)東京市場現地終値基準 4) ( )内は12月の前年同月比, 消費者物価は2005年=100, 生産者物価は国内商品基準 5)季節変動調整後 6)製造業2005年=100 7)M3(旧M2+CD) = 現金通貨+要求払い預金 + 準通貨 + 譲渡性預金基準, 2008.6.9改編., 平残基準 8) 2006年8月11日付で日本銀行が従来の公定歩合を2001年以後から遡及して「基準割引率および基準貸し出し利率」と名称変更 9)鉱工業 2005年=100, 10) 船舶および電力用機械除外11) 日経平均株価, 期末基準,

出所：日本銀行, 内閣府, 財務省, 経済産業省など

<表1-13> ユーロ圏の経済指標

年月	GDP成長率 前期比(%)	1人当りGDP[1] ユーロ	貿易[2)3)] 輸出(FOB) 億ユーロ	前期比(%)	輸入(CIF) 億ユーロ	前期比(%)	経常収支[3] 億ユーロ	対外準備[4] (期末) 億ドル	対米ドル為替レート(US$/EUR) 期末	平均	物価[5] 生産者 前年同期比(%)	消費者	失業率[6] (%)
2010	2.0	27,700	15372.2	19.9	15530.0	22.2	-11	7,895	1.338	1.326	2.7	1.6	10.1
2011	1.5	28,400	17460.3	13.6	17626.5	13.5	126	8,628	1.295	1.392	5.8	2.7	10.2
2012	-0.6	28,500	18707.1	7.1	17910.0	1.6	1,201	9,094	1.319	1.286	2.9	2.5	11.4
2013	-0.4	25,400	18960.3	0.9	17365.3	-3.4	2,302	7,474	1.375	1.328	-0.2	1.4	12.0
2013.4			1,601	-0.5	1,452	1.2	176	8,365	1,317	1.302	-0.6	-0.1	12.0
5	0.3	-	1,564	-2.4	1,424	-2.0	233	8,081	1,300	1.298	-0.3	0.1	12.0
6			1,583	1.3	1,462	2.7	209	7,382	1,320	1.320	0.1	0.1	12.0
7			1,559	-1.5	1,453	-0.6	153	7,816	1,309	1.309	0.2	-0.5	12.0
8	0.1	-	1,575	1.0	1,450	-0.2	165	8,113	1,322	1.332	0.1	0.5	12.0
9			1,588	0.8	1,457	0.5	181	7,924	1,352	1.364	0.2	0.5	12.0
10			1,585	-0.2	1,451	-0.5	212	7,910	1,358	1.350	-0.5	-0.1	11.9
11	0.3		1,585	0.0	1,426	-1.7	236	7,641	1,359	1.370	-0.1	-0.1	11.9
12			1,567	-1.1	1,419	-0.5	215	7,474	1,375	1.362	0.2	0.3	11.8

年月	通貨M3[7] 前年同期比(%)	金利(年%,期末) 超短期預金信用金利	超短期受取金利	短期公開市場操作金利	EURIBOR[8]	長期国債利回り[9]	産業生産 全産業[10]	製造業	建設業 前期比(%)	需要関連指標 小売販売額 前期比(%)	新車登録数 前年同期比(%)	株価指数[11]
2010	0.4	1.75	0.25	1.00	1.01	3.36	7.3	7.7	-7.3	0.6	-8.8	2,792.8
2011	1.5	1.75	0.25	1.00	1.36	2.65	3.1	4.4	-1.7	-0.4	-0.5	2,316.6
2012	3.0	1.50	0.00	0.75	0.19	1.72	-2.4	-2.5	-5.3	-1.9	-11.3	2,635.9
2013	2.3	0.75	0.00	0.25	0.29	2.24	-0.7	-0.7	-2.8	-0.9	-4.4	3,109.0
2013.4	3.2	1.50	0.00	0.75	0.21	1.55	0.0	0.6	1.0	-0.2	-6.7	2,712.0
5	2.8	1.00	0.00	0.50	0.20	1.84	-0.5	-0.5	0.7	1.2	-8.0	2,769.6
6	2.4	1.00	0.00	0.50	0.22	2.14	0.7	1.1	1.8	-0.8	-7.0	2,602.6
7	2.1	1.00	0.00	0.50	0.23	1.95	-0.9	-0.9	0.7	0.6	-0.4	2,768.2
8	2.3	1.00	0.00	0.50	0.22	2.17	0.9	0.9	0.3	0.6	-4.3	2,721.4
9	2.0	1.00	0.00	0.50	0.23	2.06	-0.1	-0.2	-0.3	-0.9	-2.5	2,893.2
10	1.4	1.00	0.00	0.50	0.23	1.95	-0.5	-0.1	-0.9	0.4	4.2	3,068.0
11	1.5	0.75	0.00	0.25	0.23	1.99	1.4	1.2	0.1	1.1	4.9	3,109.0
12	1.0	0.75	0.00	0.25	0.29	2.24	-0.3	0.1	1.6	-1.2	6.9	3,014.0

注) 1. 月別および四半期別増減率は季節変動調整後を基準、最新数値には暫定分が含まれているので今後修正されうる

2. 1) IMF資料 2)域内貿易除外 3)季節別変動調整後 4)ヨーロッパ中央銀行および加盟国中央銀行の対外準備資産(金+SDR+IMFポジション+外国為替) 5)生産者物価は建設業除外、消費者物価は総合消費者物価指数(HICP)基準 6)ILO基準, 季節変動調整後 7)現金通貨+要求払い預金+満期2年以内の定期預金+通知期間3ヶ月以内の通知預金+買戻し条件+満期2年以内の債務証書+投資信託+短期金融商品, 末残基準 8) 3か月満期 9)10年満期 10) 建設業除外 11) Dow Jones EURO STOXX 50 Index, 期末基準

出所: Monthly Bulletin(European Central Bank), Reuters

<表1-14> ドイツの経済指標

年月	GDP成長率 前期比(%)	1人当りGDP[1] ユーロ	貿易[2] 輸出(FOB) 億ユーロ	前期比(%)	輸入(CIF) 億ユーロ	前期比(%)	経常収支[2] 億ユーロ	対外準備(期末)[3] 億ドル	物価[2] 生産者[4] 前年同期比(%)	消費者 前年同期比(%)
2010	4.2	30,500	9,463	18.0	7,945	19.6	1,422	2,165	1.6	1.1
2011	3.0	31,700	10,566	11.7	9,004	13.3	1,465	2,389	5.6	2.1
2012	0.7	32,299	10,997	4.1	9,104	1.1	1,698	2,489	2.0	2.0
2013	0.4	30,200	10,938	-0.2	8,962	-1.1	2,060	1,982	1.2	1.5
2013.4	0.7	-	921	1.5	748	1.4	175	2,270	-0.1	-0.5
5			902	-1.8	755	0.9	139	2,182	-0.3	0.4
6			911	0.7	750	-0.4	189	1,961	-0.1	0.1
7	0.3	-	903	-0.8	752	0.2	151	2,087	-0.1	0.5
8			912	1.0	754	0.1	98	2,179	-0.1	0.0
9			925	1.4	742	-1.9	203	2,103	0.3	0.0
10	0.4	-	927	0.3	760	3.0	193	2,098	-0.2	-0.2
11			933	0.7	755	-2.3	225	2,023	-0.1	0.2
12			924	-0.9	747	-0.6	211	1,982	0.1	0.4

年月	失業率(%)[5]	金利(年%, 期末) 短期国債利回り[6]	長期国債利回り[7]	産業生産(前期比, %) 全産業	製造業	建設業	需要関連指標(前期比, %) 小売販売額	資本材受注	建設受注	株価指数[8]
2010	7.1	0.31	2.96	10.8	11.5	-8.4	1.1	24.0	1.0	6,914.2
2011	5.9	-0.18	1.83	6.7	8.2	7.8	2.3	8.2	4.5	5,898.4
2012	5.5	-0.05	1.32	-0.3	-0.5	-1.0	1.4	-5.3	4.4	7,612.4
2013	5.3	0.09	1.93	0.2	0.3	-0.1	0.3	4.5	2.2	9,552.2
2013.4	5.4	-0.04	1.22	0.0	0.4	6.2	0.2	-2.0	1.4	7,913.7
5	5.4	-0.03	1.51	-1.4	-1.2	-1.0	0.7	-1.1	0.4	8,348.8
6	5.3	0.00	1.73	2.1	2.0	1.4	-0.9	8.4	4.3	7,959.2
7	5.3	-0.02	1.67	-1.2	-1.4	2.1	0.1	-4.4	1.0	8,276.0
8	5.3	-0.01	1.86	1.6	1.9	-0.5	0.1	0.0	-6.1	8,594.4
9	5.3	-0.01	1.78	-0.5	-0.7	-0.9	0.0	4.4	-2.4	9,033.9
10	5.2	-0.01	1.67	-0.7	-0.6	-0.8	-0.5	-2.8	4.1	9,405.3
11	5.2	0.03	1.69	2.0	2.3	1.2	1.0	2.2	5.6	9,552.2
12	5.2	0.09	1.93	-0.1	0.2	1.8	-1.7	1.2	-1.5	9,306.5

注) 1. 月別及び分期別増減率は季節変動調整後を基準、最新値は暫定分が含まれているので今後修正されうる

2. 1)IMF資料 2)季節変動調整後, 経常収支は調整前 3)連邦銀行の対外準備資産(金+外国為替+SDR+IMFポジション+ヨーロッパ通貨協力基金の出資金および貸付金) 4)工業製品基準 5)季節変動調整後 6) 3か月満期 7)10年満期 8) DAX Index(1987. 12. 30 = 1,000), 期末基準

出所: Monthly Bulletin(Deutsche BundesBank), International Financial Statistics(IMF), Main Economic Indicators (OECD)

FOCUS

<表1-15> イギリスの経済指標

年月	GDP成長率 前期比(%)	1人当りGDP[1] ポンド	貿易 輸出(FOB) 億ポンド	前期比(%)	輸入(CIF) 億ポンド	前期比(%)	経常収支 億ポンド	対外準備[2](期末) 億ポンド	対米ドル為替レート(US$/£)[3] 期末	平均	失業率[4]
2010	1.8	23,600	2,657	16.5	3,642	17.1	-373	824	1.5599	1.5455	7.9
2011	1.0	24,200	2,991	12.6	3,993	9.6	-202	945	1.5535	1.6039	8.0
2012	0.3	24,400	3,005	0.5	4,068	1.9	-577	1051	1.6251	0.0000	8.0
2013	1.7	30,500	3,048	1.4	4,126	0.9	-711	1044	1.6556	1.5648	7.6
2013.4			258	-0.6	343	-2.7		1042	1.5531	1.5308	7.8
5	0.8	-	259	0.2	346	0.9	-94	1029	1.5198	1.5286	7.8
6			269	3.9	341	1.5		1020	1.5210	1.5495	7.8
7			250	-6.9	349	-0.8		1048	1.5206	1.5185	7.7
8	0.8	-	252	0.5	348	0.0	-228	1047	1.5508	1.5504	7.7
9			249	-0.9	351	0.8		1065	1.6184	1.5872	7.6
10			248	-0.4	343	-2.4		1070	1.6040	1.6089	7.4
11	0.7	-	246	-0.9	342	-0.3	-224	1064	1.6365	1.6113	7.1
12			252	2.3	329	-3.7		1044	1.6556	1.6380	7.2

年月	物価 生産者[5]	消費者	通貨 M4[7]	金利(期末,年%) 政策金利[8]	長期国債利回り[9]	産業生産 全産業	製造業	需要関連指標 小売販売量	企業投資	株価指数[10]
	前年同期比(%)					前期比(%)				
2010	4.2	3.3	2.0	0.50	4.13	2.1	3.8	0.6	-0.4	5,899.9
2011	5.6	4.5	-1.5	0.50	2.83	-0.6	2.2	0.0	3.1	5,572.3
2012	2.8	2.8	-3.8	0.50	2.70	-2.4	-1.6	1.6	4.9	5,897.8
2013	1.3	2.6	1.1	0.50	3.51	-0.1	-0.6	1.4	1.1	6,749.1
2013 4	-0.1	0.2	0.0	0.50	2.62	-0.1	-0.4	-1.2		6,430.1
5	0.0	0.2	0.0	0.50	2.92	0.0	-0.9	2.2	0.9	6,583.1
6	0.1	-0.2	1.6	0.50	3.24	1.3	2.0	0.2		6,215.5
7	0.3	-0.1	1.8	0.50	3.23	0.1	0.1	1.2		6,621.1
8	0.1	0.5	2.1	0.50	3.36	-1.0	-1.1	-1.0	2.4	6,412.9
9	0.0	0.3	2.5	0.50	3.28	0.8	1.2	0.7		6,462.2
10	-0.3	0.1	2.4	0.50	3.22	0.2	0.2	-0.8		6,731.4
11	-0.2	0.1	2.8	0.50	3.38	-0.2	-0.2	0.2	2.4	6,650.6
12	0.0	0.4	0.2	0.50	3.51	0.4	0.4	2.6		6,749.1

注) 1. 月別および分期別前年対比増減率は季節変動調整後を基準、最新値には暫定分が含まれているので今後修正されうる
2. 1)IMF資料 2)金＋外国為替＋ＳＤＲ＋IMFポジション＋ヨーロッパ通貨協力基金の出資金および貸付金 3) ロイター基準為替レート 4)失業手当申請者基準、季節変動調整後 5)製造業生産物価基準 6)通貨発行額＋銀行の資金決済用イングランド銀行予備据置金, 平残基準、年間は該当年度の12月の前年同月対比 7) 民間通貨保有額＋ポンド表示民間部門要求払い預金＋ポンド表示民間部門定期預金(ＣＤ含む)＋(民間保有住宅貸出組合の株式預金およびＣＤ－住宅貸出組合保有銀行預金、CDおよび現金),　末残基準 8)イングランド銀行RP金利 9) 20年満期 10) FTSE 100 Index(1984.1.3=1,000), 期末基準
出所：Monthly Digest of Statistics (Office for National Statistics), International Financial Statistics (IMF), Main Economic Indicators (OECD)

<表1-16> 台湾の経済指標

年月	GDP成長率	1人当りGDP	貿易 輸出(FOB)		輸入(CIF)		経常収支	対外準備[1])(期末)	対米ドル為替レート[2])(NT$/US)		失業率(%)
	前年同期対比(%)	米ドル	百万米ドル	前年同期対比(%)	百万米ドル	前年同期対比(%)	百万米ドル		期末	平均	
2010	10.7	18,488	274,650	34.8	251,400	44.2	39,873	382,010	29.17	31.48	5.2
2011	4.1	19,980	308,380	12.3	281,630	12.0	41,230	385,550	30.27	29.39	4.4
2012	1.3	20,328	301,150	-2.4	270,860	-3.9	49,859	403,170	29.05	29.56	4.2
2013	2.2	20,958	303,260	0.7	270,090	-0.3	57,745	416,810	29.82	29.67	4.2
2013.4	2.7	-	25,040	-1.9	22,770	-8.3	14,155	405,190	29.47	29.82	4.1
5			26,340	0.7	21,890	-8.1		406,620	29.94	29.78	4.1
6			26,480	8.7	23,230	6.8		406,610	29.94	29.92	4.1
7	1.3	-	25,300	1.6	22,090	-7.7	14,980	409,120	29.99	29.93	4.3
8			25,640	3.6	21,060	-1.3		409,390	29.90	29.94	4.3
9			25,250	-7.0	22,900	-0.7		412,610	29.56	29.62	4.2
10	2.9	-	26,710	0.7	22,600	-2.9	17,276	415,600	29.42	29.38	4.2
11			25,730	3.4	21,380	-0.5		415,560	29.59	29.51	4.2
12			26,390	1.2	24,180	10.0		416,810	29.82	29.73	4.1

年月	物価[3])		労働生産性[4])	通貨[5])		金利(期末,年%)		産業生産[7])		小売販売	株価指数[8])
	生産者	消費者		M1B	M2	公定歩合	プライムレート[6])	全産業	製造業		
	前年同期比(%)		前年同期比(%)					前年同期比(%)			
2010	5.5(2.3)	1.0(1.2)	17.5	8.8	5.1	1.625	2.676	28.9	30.9	6.8	8,972.50
2011	4.3(4.3)	1.4(2.0)	3.7	3.5	5.0	1.875	2.882	5.4	5.6	6.5	7,072.08
2012	-1.1(-4.0)	1.9(1.6)	-1.1	4.9	3.7	1.875	2.883	0.1	0.0	2.5	7,699.50
2013	0.0(0.0)	0.8(0.3)	0.1	8.5	6.1	1.875	2.880	0.8	0.8	1.9	8,611.51
2013.4	-0.7	0.6	-1.6	5.7	3.7	1.875	2.883	-0.9	-1.1	0.7	8,093.66
5	-0.7	0.2	-1.6	7.0	4.3	1.875	2.883	-0.4	-1.3	0.3	8,254.80
6	0.4	0.5	3.9	7.9	4.8	1.875	2.883	-0.5	-0.7	3.0	8,062.21
7	-0.1	-0.1	-3.4	8.6	5.4	1.875	2.882	2.1	2.0	-1.0	8,107.94
8	0.4	0.1	-1.6	8.3	5.4	1.875	2.882	1.0	-0.9	0.4	8,021.89
9	0.0	1.3	-0.8	8.1	5.5	1.875	2.882	-0.2	-0.6	4.5	8,173.87
10	-0.5	-0.3	-0.9	8.6	6.0	1.875	2.882	0.8	0.5	4.3	8,450.06
11	-0.1	-0.7	0.6	8.9	6.1	1.875	2.882	-0.2	0.4	5.8	8,406.83
12	0.6	-0.1	-1.0	8.5	5.8	1.875	2.882	5.6	5.6	2.8	8,611.51

注) 1. 最新値は暫定分が含まれているので今後修正されうる
2. 1) 外国為替保有額 2)ロイター報道為替レート 3) ( )内は12月の前年同月比 4) 製造業 5) M1B＝現金通貨+当座預金+普通預金+普通貯蓄預金, M2＝M1B+定期預金+外貨預金+郵便預金+買戻し取引残額+外国人保有現金, 平残基準 6) 台湾銀行 7) 産業生産 2006=100 8) 加権指数(1966＝100), 期末基準
   出所：金融統計月報(台湾中央銀行), Monthly Bulletin of Statistics(Bureau of Statistics) 台湾行政院主計処,
        中華民国台湾地区国民経済動向統計系譜 各号,
        Reuters Business Briefing

<表1-17> フランスの経済指標

年月	GDP成長率 前期比(%)	1人当りGDP[1] ユーロ	貿易[2] 輸出(FOB) 億ユーロ	輸出(FOB) 前期比(%)	輸入(CIF) 億ユーロ	輸入(CIF) 前期比(%)	経常収支[2] 億ユーロ	対外準備(期末)[3] 億ドル	消費者物価[4] 前年同期比(%)
2010	1.7	29,900	3,915	12.9	4,441	13.3	-306	1,662	1.5
2011	2.0	30,700	4,270	9.1	5,008	12.8	-393	1,719	2.1
2012	0.0	31,100	4,443	4.0	5,111	2.0	-455	1,845	2.0
2013	0.2	27,600	4,357	-1.3	4,968	-2.4	-283	1,449	0.9
2013.4	⌐		385	6.4	422	4.0	-6	1,673	-0.1
5	│ 0.6	-	359	-6.6	416	-1.4	-29	1,609	0.1
6	⌐		361	0.4	409	-1.7	-26	1,447	0.2
7	⌐		366	1.4	420	2.6	-27	1,547	-0.3
8	│ -0.1	-	360	-1.5	412	-2.0	-28	1,616	0.5
9	⌐		365	1.3	422	2.6	-34	1,585	-0.2
10	⌐		364	-0.4	411	-2.6	-11	1,568	-0.1
11	│ 0.2		357	-1.8	412	0.1	-12	1,498	0.0
12	⌐		367	2.9	420	1.9	-11	1,449	0.3

年月	失業率(%)[5]	金利(年%,期末) 短期国債利回り[6]	長期国債利回り[7]	産業生産(前期比,%) 全産業	製造業	建設業	需要関連指標 小売販売(前期比,%)	住宅着工戸数(前年同期比 %)	株価指数[8]
2010	9.7	0.40	3.36	4.6	3.6	-2.8	2.8	3.4	3,804.8
2011	9.6	-0.06	3.15	2.3	9.3	5.5	1.8	21.8	3,159.8
2012	10.2	-0.01	2.00	-2.5	2.7	-0.3	0.6	-17.8	3,641.1
2013	10.3	0.15	2.56	-0.6	-1.1	-1.6	1.2	-4.2	4,296.0
2013.4	⌐	0.05	2.96	0.6	-1.8	-1.0	-2.3	-25.0	3,212.8
5	│ 10.2	0.08	2.36	-1.1	-0.5	-0.4	2.0	-26.3	3,017.0
6	⌐	0.04	2.69	-1.0	-0.6	0.5	0.6	29.2	3,196.7
7	⌐	0.00	2.06	1.3	1.5	0.4	1.0	-19.2	3,291.7
8	│ 10.2	0.00	2.16	1.5	1.9	0.0	-0.8	-26.1	3,413.1
9	⌐	0.00	2.18	-2.1	-2.8	-2.1	-0.6	-3.9	3,354.8
10	⌐	0.00	2.24	-1.1	-1.3	0.1	0.4	-26.6	3,429.3
11	│ 10.5	-0.03	2.05	-0.4	-0.9	-0.5	-0.5	-30.6	3,557.3
12	⌐	-0.01	2.00	0.9	1.3	0.8	-0.1	-27.8	3,641.1

注) 1. 月別及び分期別増減率は季節変動調整後を基準、最新値には暫定分が含まれているので今後修正されうる
 2. 1)EU 統計局 2)季節変動調整後 3)金+外国為替+SDR+IMFポジション+ヨーロッパ通貨協力基金の出資金および貸付金 4)季節変動調整前 5) 季節変動調整後, 2007年 7月以後は四半期別数値のみ発表 6) 3か月もの 7) 10年満期,ロイター基準 8) CAC 40 Index(1987.12.31=1,000), 期末基準

出所: Monthly Bulletin(Banque de France), International Financial Statistics (IMF), Main Economic Indicators (OECD)

韓国の産業と市場 2014

<表1-18> シンガポールの経済指標

年月	GDP成長率 前年同期比(%)	1人当りGDP 米ドル	貿易 輸出(FOB) 百万米ドル	輸出(FOB) 前年同期比(%)	輸入(CIF) 百万米ドル	輸入(CIF) 前年同期比(%)	経常収支 百万米ドル	対外準備[1](期末)	対米ドル為替レート[2] (NT$/US$) 期末	対米ドル為替レート 平均	失業率[3](%)
2010	14.8	44,697	478,870	22.4	423,226	18.8	84,572	288,954	1.283	1.362	2.2
2011	5.2	50,000	514,741	7.5	459,655	8.6	82,162	308,403	1.297	1.257	2.0
2012	1.3	51,162	510,333	-0.9	474,555	3.2	64,280	316,744	1.221	1.249	2.0
2013	3.9	54,776	513,394	0.6	466,765	-1.6	68,265	344,729	1.263	1.251	1.9
2013.4			43,740	1.3	39,642	2.4		322,283	1.231	1.238	
5	4.0	-	44,140	1.3	39,752	-4.5	19,007	326,845	1.264	1.249	2.6
6			41,864	-3.1	37,294	-9.5		329,634	1.268	1.260	
7			44,368	5.1	41,032	6.0		332,628	1.270	1.267	
8	5.0	-	43,346	3.9	39,427	3.0	18,741	334,427	1.274	1.272	1.6
9			45,036	8.4	40,816	8.6		336,355	1.255	1.262	
10			47,656	8.1	42,303	4.3		336,977	1.241	1.243	
11	4.9	-	42,123	0.9	38,533	-3.3	16,843	340,879	1.255	1.248	1.6
12			41,907	8.9	37,678	-1.6		344,729	1.263	1.259	

年月	物価[4] 生産者 前年同期比(%)	物価 消費者 前年同期比(%)	労働生産性[5] 前年同期比(%)	通貨[6] M1	通貨 M2	金利(期末, 年%) プライムレート[7]	金利 商業手形割引率[8]	金利 SIBOR[9]	製造業生産[10] 前年同期比(%)	小売販売 前年同期比(%)	株価指数[11]
2010	4.9	2.8	11.2	20.3	8.6	5.38	0.67	0.30	30.9	-1.0	3,190.04
2011	8.4	5.2	1.4	14.8	10.0	5.38	0.73	0.58	8.7	4.5	2,646.35
2012	0.5	4.6	-2.5	9.0	7.2	5.38	0.63	0.31	0.5	2.7	3,167.08
2013	-1.7(0.9)	2.4(1.5)	-0.2	9.9	4.3	5.38	0.63	0.25	1.7	-5.0	3,167.43
2013.4	-2.4	-1.5		14.1	9.6	5.38	0.63	0.28	5.1	-0.5	3,368.18
5	0.1	0.4	-0.2	15.4	9.9	5.38	0.66	0.28	2.6	2.9	3,311.37
6	0.9	0.2		18.3	9.1	5.38	0.65	0.28	-4.7	-4.2	3,150.44
7	0.6	0.3		14.7	7.4	5.38	0.59	0.27	2.9	-8.2	3,221.93
8	1.3	0.8	0.8	15.7	7.1	5.38	0.65	0.27	3.5	-7.7	3,028.94
9	-0.3	0.1		15.3	7.5	5.38	0.65	0.25	9.2	-6.0	3,167.87
10	-0.7	0.2		13.4	7.1	5.38	0.65	0.24	8.4	-9.7	3,210.67
11	-0.2	0.7	0.8	11.9	5.2	5.38	0.65	0.24	6.8	-8.7	3,176.35
12	0.8	-0.3		9.9	4.3	5.38	0.65	0.25	6.4	-5.5	3,167.43

注) 1 最新値は暫定分が含まれているので今後修正されうる。
 2 1)金+外国為替+SDR+IMFポジション 2)ロイター 報道為替レート 3) 四半期別発表 4) ( )内は12月の前年同月比. 生産者物価指数は2007年から2006=100基準を使用 5)全産業 6)M1=現金通貨+要求払い預金, M2 = M1+準通貨(銀行の貯蓄性預金+7) 10大商業銀行の最低貸出金利平均 8)3か月満期, 買取率 9)3か月満期 10)ゴム加工業除外 11) Straits Times Index (2008.1.9=3344.53), 期末基準

出所: Monthly Digest of Statistics(Department of Statistics), Monthly Statistics

<表1-19> 北朝鮮の経済指標

年	人口[1]	経済成長率[2][3] (GDP基準)	名目GNI[3]	1人当りGNI[1][3]	貿易総額	対米為替レート	外債規模	予算規模[4]
	千人	前年同期比 (%)	十億ウォン	万ウォン	億ドル	北朝鮮ウォン/ドル	億ドル	億ドル
2003	23,254	1.8	21,947	94	23.9	-	-	-
2004	23,411	2.1	23,767	102	28.6	139	-	25.1
2005	23,561	3.8	24,792	105	30.0			29.0
2006	23,707	-1.0	24,429	103	30.0	141	-	29.7
2007	23,849	-1.2	24,827	104	29.4	135	-	32.2
2008	23,934	3.1	27,347	114	38.2	130	-	34.7
2009	24,062	-0.9	28,635	119	34.1	134	-	36.6
2010	24,187	-0.5	30,049	124	41.7	101	-	52.4
2011	24,308	0.8	32,438	133	63.6	98	-	58.4
2012	24,427	1.3	33,479	137	68.1	102	-	62.3
2013	24,545	1.1	33,844	138	73..4	100	-	67.6

年	発電量	穀物生産量	米生産量	石炭生産量	鉄鉱石生産量	粗鉄生産量	セメント生産量	原油輸入量
	億kWh				万トン			
2003	196.0	345.1	172.0	2,230	443.3	109.3	554.3	57.4
2004	206.0	345.1	179.5	2,280	457.9	106.8	563.2	53.2
2005	215.0	345.1	202.4	2,406	491.3	116.8	593.0	52.3
2006	225.0	345.1	189.5	2,468	504.1	118.1	615.5	52.4
2007	237.0	345.1	152.7	2,410	513.0	122.9	612.9	52.3
2008	254.6	345.1	185.8	2,506	531.6	127.9	641.5	52.9
2009	234.7	345.1	191.0	2,550	495.5	125.5	612.6	52.0
2010	237.0	-	-	2,500	509.3	127.9	627.9	52.8
2011	210.9	-	-	2,550	523.2	122.5	645.2	52.6
2012	218.3	-	-	2,610	519.0	123.7	650.4	52.3
2013	221.0	-	-	2,660	548.6	121.0	660.0	57.8

注) 1) 統計局の最新人口調査結果を反映して1993年から2008年までの時系列が補正された

2) 2005年基準年価格基準

3) 韓国の価格、付加価値率および為替レートなどを適用して韓国と北朝鮮の経済力を比較、評価する目的で作成した統計であるため、これら指標を韓国以外の国と直接比較することは適切でない

4) 北朝鮮最高人民会議が発表した北朝鮮ウォン表示予算(決算基準)を北朝鮮当局が定めた為替レートで換算

2. 貿易動向

<表2-1> 年度別輸出入実績　　　　　　　　　　　　　　　　　　　　(単位：千件, 百万ドル)

	輸出件数	輸出金額	輸入件数	輸入金額	貿易収支
2008	5,933	422,007	6,662	435,274	-13,267
2009	5,400	363,534	6,700	323,085	40,449
2010	6,238	466,384	9,143	425,212	41,172
2011	6,305	555,214	10,611	524,413	30,801
2012	6,534	547,870	11,842	519,584	28,285
2013	6,888	559,649	14,344	515,561	44,088

出所：関税庁

<表2-2> 大陸別輸出入実績推移　　　　　　　　　　　　　　　　　　　　(単位：千ドル)

	2012		2013		増減率
	金額	構成比(%)	金額	構成比(%)	
アジア	318,235	58.1	324,181	57.9	1.9
中東	36,617	6.7	32,289	5.8	△11.8
ヨーロッパ	68,305	12.5	69,218	12.4	1.3
北米	63,353	11.6	67,261	12.0	6.2
中南米	36,754	6.7	36,332	6.5	△1.1
アフリカ	9,180	1.7	11,158	2.0	21.5
オセアニア	11,387	2.1	11,621	2.1	2.1
大洋州	3,999	0.7	7,534	1.3	88.4
その他	41	0.0	54	0.0	33.7
総計	547,870	100.0	559,648	100.0	2.1

注）オセアニア：オーストラリア、ニュージーランド、グアム、ニューギニアなど総14ヶ国
　　大洋州：その他の小さい島の国家（16の島（国）で構成

出所：関税庁

<表2-3> 2013年主要製品別輸出実績 (単位：百万ドル, %)

製品名		金額	構成比(%)
食料及び直接消費財		6,701.2	1.2
原料及び燃料		61,149.7	10.9
軽工業品	小計	38,998.5	7.0
	繊維原料	1,460.3	0.3
	繊維糸	1,726.8	0.3
	生地	6,110.1	1.1
	その他繊維製品	4,158.5	0.7
	衣類	2,096.4	0.4
	木製品	1,208.4	0.2
	革、ゴム及び履物	5,885.0	1.1
	貴金属及び宝石類	3,132.1	0.6
	その他非金属鉱物製品	1,787.3	0.3
	玩具、運動用具及び楽器	410.2	0.1
	その他	11,023.4	2.0
重化学工業品	小計	452,799.3	80.9
	化学工業品	64,453.1	11.5
	鉄鋼製品	43,631.0	7.8
	機械類と精密機器	55,279.9	9.9
	電気、電子製品	171,179.3	30.6
	輸送装備	113,109.6	20.2
	その他	5,146.3	0.9
合計		559,648.7	100.0

出所：関税庁

<表2-4> 2013年主要製品別輸入実績 (単位：百万ドル, %)

製品名		金額	構成比(%)
消費財		58,244.5	11.3
	穀物	8,459.3	1.6
	直接消費財	14,461.2	2.8
	耐久消費財	20,988.5	4.1
	非耐久消費財	14,335.2	2.8
	簡易税率適用分	0.3	0.0
原材料		313,084.2	60.7
	燃料	177,943.0	34.5
	鉱物	24,713.6	4.8
	軽工業原料	9,233.2	1.8
	乳脂	1,047.0	0.2
	繊維類	4,426.1	0.9
	化学工業品	43,166.1	8.4
	鉄鋼材	24,580.8	4.8
	非鉄金属	12,477.5	2.4
	その他	15,496.8	3.0
資本財		144,232.2	28.0
	機械及び精密機器	50,086.6	9.7
	電気・電子機器	80,913.9	15.7
	輸送装備	11,319.6	2.2
	その他	1,912.0	0.4
合計		515,560.8	100.0

出所：関税庁

<表2-5> 年度別FTA貿易統計実績　　　　　　　　　　　　　　　　　　　　　　　　（単位：千ドル）

区分	輸出件数	輸出金額	輸入件数	輸入金額	貿易収支
2008	2,185,450	169,284,290	2,463,572	135,013,227	34,271,063
2009	2,204,748	138,076,987	3,159,170	108,036,289	30,040,698
2010	2,581,698	175,366,329	4,854,732	139,855,769	35,510,560
2011	2,610,503	201,956,810	6,082,610	164,992,816	36,963,994
2012	2,725,395	204,399,466	6,749,258	166,642,212	37,757,254
2013	2,928,405	210,575,497	8,275,827	170,293,510	40,281,987

出所：関税庁

<表2-6> 年度別韓－チリFTA貿易統計実績　　　　　　　　　　　　　　　　　　　（単位：千ドル）

期間	輸出件数	輸出金額	輸入件数	輸入金額	貿易収支
2008	14,183	3,031,843	10,531	4,127,354	-1,095,511
2009	14,931	2,229,062	12,680	3,103,300	-874,238
2010	17,415	2,947,054	12,968	4,221,395	-1,274,341
2011	20,303	2,381,459	15,791	4,862,092	-2,480,633
2012	21,768	2,469,337	17,194	4,676,463	-2,207,127
2013	24,342	2,458,198	17,907	4,657,503	-2,199,305

出所：関税庁

<表2-7> 年度別韓－シンガポールFTA貿易統計実績　　　　　　　　　　　　　　　（単位：千ドル）

期間	輸出件数	輸出金額	輸入件数	輸入金額	貿易収支
2008	166,605	16,292,971	121,700	8,361,769	7,931,202
2009	160,705	13,616,994	115,663	7,871,779	5,745,215
2010	182,618	15,244,202	116,626	7,849,530	7,394,672
2011	187,195	20,855,286	115,574	8,965,057	11,890,229
2012	187,379	22,887,919	117,183	9,676,408	13,211,511
2013	195,109	22,289,028	116,428	10,369,435	11,919,593

出所：関税庁

<表2-8> 年度別韓－EFTA　FTA貿易統計実績　　　　　　　　　　　　　　　　　（単位：千ドル）

期間	輸出件数	輸出金額	輸入件数	輸入金額	貿易収支
2008	15,502	2,521,169	54,539	4,137,742	-1,616,573
2009	15,013	1,956,196	53,083	4,547,592	-2,591,396
2010	16,788	3,522,314	60,268	5,698,550	-2,176,236
2011	17,502	1,817,568	62,092	5,177,219	-3,359,651
2012	17,206	1,494,923	63,439	7,713,240	-6,218,317
2013	17,792	2,441,207	68,032	6,408,617	-3,967,410

出所：関税庁

<表2-9> 年度別韓－アセアンFTA貿易統計実績

(単位：千ドル)

期間	輸出件数	輸出金額	輸入件数	輸入金額	貿易収支
2008	797,646	49,282,849	502,008	40,917,467	8,365,382
2009	835,585	40,979,192	525,787	34,053,303	6,925,889
2010	961,366	53,195,307	598,748	44,098,915	9,096,393
2011	1,001,547	71,915,308	599,919	53,111,344	18,803,964
2012	1,065,464	79,145,169	610,716	51,977,288	27,167,880
2013	1,159,385	81,996,804	667,137	53,339,069	28,657,735

出所：関税庁

<表2-10> 年度別韓－ペルーFTA貿易統計実績

(単位：千ドル)

期間	輸出件数	輸出金額	輸入件数	輸入金額	貿易収支
2008	9,209	720,004	2,467	903,894	-183,890
2009	8,781	641,426	2,695	919,364	-277,939
2010	10,814	944,438	2,834	1,038,932	-94,494
2011	12,809	1,368,956	3,220	1,955,830	-586,873
2012	14,081	1,472,617	3,413	1,639,407	-166,789
2013	15,247	1,440,213	3,850	1,983,017	-542,803

出所：関税庁

<表2-11> 年度別韓－インドFTA貿易統計実績

(単位：千ドル)

期間	輸出件数	輸出金額	輸入件数	輸入金額	貿易収支
2008	111,591	8,977,063	43,184	6,581,241	2,395,822
2009	134,077	8,013,290	45,654	4,141,622	3,871,669
2010	159,786	11,434,596	54,773	5,674,456	5,760,140
2011	161,839	12,685,889	57,729	7,893,179	4,792,710
2012	158,150	11,922,037	61,500	6,920,826	5,001,210
2013	173,590	11,375,792	67,615	6,180,172	5,195,620

出所：関税庁

<表2-12> 年度別韓－EU FTA貿易統計実績

(単位：千ドル)

期間	輸出件数	輸出金額	輸入件数	輸入金額	貿易収支
2008	635,112	58,374,752	815,373	39,980,746	18,394,006
2009	610,901	46,607,967	789,370	32,231,657	14,376,310
2010	708,605	53,506,562	993,735	38,720,830	14,785,732
2011	677,036	55,726,616	1,205,952	47,423,666	8,302,950
2012	698,465	49,370,825	1,418,286	50,374,026	-1,003,201
2013	732,041	48,857,103	1,684,283	56,229,819	-7,372,717

出所：関税庁

<表2-13> 2013年10大輸出品目実績推移 (単位：千ドル, トン)

品目名	HSコード	輸出重量	輸出金額
電気製品	85	2,390,534	135,497,123
自動車	87	8,169,165	72,771,813
機械・コンピュータ	84	5,326,594	59,318,363
石油・石炭	27	58,447,954	54,112,787
光学機器	90	524,561	35,943,226
船舶	89	11,044,643	35,869,754
プラスチック	39	13,689,177	31,172,468
有機化合物	29	17,226,589	24,856,006
鉄鋼	72	26,202,670	22,269,931
鉄鋼製品	73	5,397,113	11,179,899

注) HS2単位　　　　　　　　　　　　　　　　　　　　　出所：関税庁

<表2-14> 2013年10大輸入品目実績推移 (単位：千ドル, トン)

品目名	HSコード	輸入重量	輸入金額
石油・石炭	27	332,144,796	180,432,793
電気製品	85	1,266,555	72,273,717
機械・コンピュータ	84	2,160,324	47,449,514
鉄鋼	72	30,008,890	20,369,660
光学機器	90	186,983	17,235,283
鉱石	26	74,866,749	16,618,082
有機化合物	29	8,177,729	14,381,568
プラスチック	39	2,032,985	10,615,390
自動車	87	720,177	10,484,487
鉄鋼製品	73	2,934,839	8,514,948

注) HS2単位　　　　　　　　　　　　　　　　　　　　　出所：関税庁

<表2-15> 2013年10大輸出国実績推移 (単位:千ドル,トン)

国名	輸出重量	輸出金額	貿易収支
中国	1,396,165	145,869,498	62,816,621
米国	807,522	62,052,488	20,540,572
日本	656,142	34,662,290	-25,367,065
香港	395,164	27,756,308	25,827,066
シンガポール	195,109	22,289,028	11,919,593
ベトナム	340,736	21,087,582	13,912,389
台湾	210,083	15,699,099	1,066,505
インドネシア	175,774	11,568,178	-1,621,821
インド	173,590	11,375,792	5,195,620
ロシア連邦	115,830	11,149,103	-346,396

出所:関税庁

<表2-16> 2012年10大輸出国実績推移 (単位:千ドル,トン)

国名	輸入重量	輸入金額	貿易収支
中国	4,040,875	83,052,877	62,816,621
日本	979,640	60,029,355	-25,367,065
米国	5,767,864	41,511,916	20,540,572
サウジアラビア	6,308	37,665,214	-28,837,492
カタール	1,852	25,873,843	-25,021,775
オーストラリア	175,026	20,784,616	-11,221,526
ドイツ	848,163	19,335,968	-11,428,104
クウェート	1,116	18,725,097	-17,592,201
アラブ首長国連邦	6,168	18,122,897	-12,385,233
台湾	256,662	14,632,594	1,066,505

出所:関税庁

FOCUS

<表2-17> 2012年10大貿易収支黒字国実績現況　　　　　　　　　　　　　　　　　(単位：千ドル, トン)

国名	輸出重量	輸出金額	輸入重量	輸入金額	貿易収支
中国	1,396,165	145,869,498	4,040,875	83,052,877	62,816,621
香港	395,164	27,756,308	127,106	1,929,242	25,827,066
米国	807,522	62,052,488	5,767,864	41,511,916	20,540,572
ベトナム	340,736	21,087,582	131,315	7,175,193	13,912,389
シンガポール	195,109	22,289,028	116,428	10,369,435	11,919,593
メキシコ	115,902	9,727,377	52,837	2,300,742	7,426,635
マーシャル諸島	291	7,453,221	58	186,878	7,266,343
インド	173,590	11,375,792	67,615	6,180,172	5,195,620
フィリピン	106,762	8,783,427	81,176	3,706,235	5,077,192
トルコ	56,634	5,657,826	14,455	691,870	4,965,956

出所：関税庁

<表2-18> 2012年10大貿易収支赤字国実績現況　　　　　　　　　　　　　　　　　(単位：千ドル, トン)

国名	輸出重量	輸出金額	輸入重量	輸入金額	貿易収支
サウジアラビア	44,450	8,827,722	6,308	37,665,214	-28,837,492
日本	656,142	34,662,290	979,640	60,029,355	-25,367,065
カタール	5,847	852,068	1,852	25,873,843	-25,021,775
クウェート	7,759	1,132,895	1,116	18,725,097	-17,592,201
アラブ首長国連邦	80,489	5,737,664	6,168	18,122,897	-12,385,233
ドイツ	153,467	7,907,865	848,163	19,335,968	-11,428,104
オーストラリア	114,588	9,563,090	175,026	20,784,616	-11,221,526
イラク	7,208	1,973,470	205	9,260,666	-7,287,197
オマーン	5,948	1,007,008	893	4,783,308	-3,776,300
フランス	52,072	3,487,970	127,525	6,012,939	-2,524,969

出所：関税庁

<表2-19> 2012年10大貿易収支黒字品目実績現況　　　　　　　　　　　　　　　　（単位：千ドル，トン）

品目名	HSコード	輸出重量	輸出金額	輸入重量	輸入金額	貿易収支
電気製品	85	2,390,534	135,497,123	1,266,555	72,273,717	63,223,406
自動車	87	8,169,165	72,771,813	720,177	10,484,487	62,287,326
船舶	89	11,044,643	35,869,754	2,525,299	1,693,733	34,176,020
プラスチック	39	13,689,177	31,172,468	2,032,985	10,615,390	20,557,078
光学機器	90	524,561	35,943,226	186,983	17,235,283	18,707,943
機械・コンピュータ	84	5,326,594	59,318,363	2,160,324	47,449,514	11,868,849
有機化合物	29	17,226,589	24,856,006	8,177,729	14,381,568	10,474,438
ゴム製品	40	2,559,702	8,321,428	961,349	3,084,129	5,237,300
編物	60	493,310	4,087,689	15,550	125,992	3,961,698
鉄鋼製品	73	5,397,113	11,179,899	2,934,839	8,514,948	2,664,951

注) HS2単位　　　　　　　　　　　　　　　　　　　　　　　　　　　　　　　　　　出所：関税庁

<表2-20> 2012年10大貿易収支赤字品目実績現況　　　　　　　　　　　　　　　　（単位：千ドル，トン）

品目名	HSコード	輸出重量	輸出金額	輸入重量	輸入金額	貿易収支
石油・石炭	27	58,447,954	54,112,787	332,144,796	180,432,793	-126,320,006
鉱石	26	1,214,100	161,401	74,866,749	16,618,082	-16,456,681
穀物	10	1,686	3,800	14,127,994	4,832,224	-4,828,424
衣類	62	53,314	986,087	190,050	4,898,167	-3,912,080
化学工業品	38	765,546	3,475,794	1,457,039	7,116,457	-3,640,664
アルミニウム	76	691,782	2,644,572	2,465,495	5,725,422	-3,080,850
医療用品	30	23,079	1,243,125	64,274	4,244,280	-3,001,154
無機化合物	28	5,216,691	3,099,622	4,142,800	5,918,872	-2,819,250
木材	44	104,222	93,712	8,077,512	2,870,813	-2,777,101
肉類	2	36,241	45,499	735,070	2,690,536	-2,645,037

注) HS2単位　　　　　　　　　　　　　　　　　　　　　　　　　　　　　　　　　　出所：関税庁

<表2-21> 主要品目別輸出実績 (単位：百万ドル, %)

区分	2012	2013	増減率
1. 食料と直接消費財	6,817	6,701	Δ1.7
2. 原料と燃料	65,386	61,150	Δ6.5
○ 石油製品	56,597	53,224	Δ6.0
3. 軽工業製品	40,459	38,999	Δ3.6
○ 繊維糸	1,752	1,727	Δ1.4
○ 織物	6,141	6,110	Δ0.5
○ 衣類	1,907	2,096	9.9
○ ゴムタイヤ及びチューブ	4,796	4,440	Δ7.4
○ 金	3,016	1,286	Δ57.4
○ 紙類	3,018	3,248	7.6
4. 重化学工業品	435,208	452,799	4.0
○ 化学工業品	59,647	64,453	8.1
○ 鉄鋼製品	47,149	43,631	Δ7.5
○ 機械及び精密機器	55,657	55,280	Δ0.7
○ 電気・電子製品	155,969	171,179	9.8
(家電製品)	12,606	14,136	12.1
(情報通信機器)	32,174	36,056	12.1
- コンピュータ	7,990	7,212	Δ9.7
- 無線通信機器	15,601	17,339	11.1
(半導体)	50,943	57,741	13.3
- 液晶ディバイス	27,156	24,859	Δ8.5
○ 輸送装備	112,067	113,110	0.9
(乗用自動車)	42,388	44,290	4.5
(自動車部品)	24,610	26,086	6.0
(船舶)	38,190	36,146	Δ5.4
総計	547,870	559,649	2.1

出所：関税庁

<表2-22> 主要品目別輸入実績 (単位:百万ドル,%)

区分	2012	2013	増減率
1. 消費財	54,191	58,244	7.5
○ 穀物	7,870	8,459	7.5
○ 直接消費財	14,322	14,461	1.0
(タバコ)	119	90	Δ24.4
(酒類)	720	715	Δ0.7
○ 耐久消費財	19,374	20,988	8.3
(家電製品)	3,793	3,814	0.6
(乗用車)	4,567	5,573	22.0
(金)	1,467	1,352	Δ7.8
(ゴルフ用品)	343	338	Δ1.4
○ 非耐久消費財	12,624	14,335	13.6
(衣類)	6,120	7,352	20.1
2. 原材料	325,037	313,084	Δ3.7
○ 燃料	184,331	177,943	Δ3.5
(原油)	108,298	99,355	Δ8.3
○ 鉱物	28,302	24,714	Δ12.7
○ 軽工業原料	9,248	9,233	Δ0.2
○ 乳脂	1,318	1,047	Δ20.5
○ 繊維類	4,264	4,426	3.8
○ 化学工業品	43,757	43,166	Δ1.4
○ 鉄鋼材	26,334	24,581	Δ6.7
○ 非鉄金属	12,563	12,478	Δ0.7
○ その他	14,920	15,497	3.9
3. 資本財	140,357	144,232	2.8
○ 機械及び精密機器	49,848	50,087	0.5
○ 電気・電子製品	76,332	80,914	6.0
(情報通信機器)	15,611	15,880	1.7
(半導体)	33,066	35,562	7.6
○ 輸送装備	12,110	11,320	Δ6.5
○ その他	2,066	1,912	Δ7.5
総計	519,584	515,561	Δ0.8

出所:関税庁

FOCUS

<表2-23> 主要地域別輸出実績 (単位：百万ドル, %)

区分	2012	2013	増減率
総輸出	547,870	559,649	2.1
米国	58,525	62,056	6.0
日本	38,796	34,694	△10.6
EU	49,421	48,857	△1.1
オーストラリア	9,250	9,564	3.4
カナダ	4,828	5,205	7.8
東南アジア	126,566	125,461	△0.9
(香港)	32,606	27,762	△14.9
(シンガポール)	22,888	22,280	△2.7
(台湾)	14,815	15,702	6.0
中東	36,616	32,289	△11.8
中国	134,323	145,837	8.6
中南米	36,754	36,332	△1.1
CIS	15,761	15,708	△0.3
東欧	13,281	13,877	4.5

出所: 関税庁

<表2-24> 主要地域別輸入実績 (単位：百万ドル, %)

区分	2012	2013	増減率
総輸入	519,584	515,561	△0.8
米国	43,341	41,511	△4.2
日本	64,363	60,016	△6.8
EU	50,395	56,221	11.6
オーストラリア	22,988	20,768	△9.7
カナダ	5,247	4,717	△10.1
東南アジア	68,048	69,887	2.7
(香港)	2,058	1,930	△6.3
(シンガポール)	9,676	10,366	7.1
(台湾)	14,012	14,631	4.4
中東	127,768	126,213	△1.2
中国	80,785	83,037	2.8
中南米	19,723	18,372	△6.8
CIS	12,557	12,309	△2.0
東欧	2,972	3,082	3.7

出所: 関税庁

<表2-25> 主要国別貿易収支現況 (単位：百万ドル)

区分	2012	2013	増減額
合計	28,285	44,088	15,803
米国	15,184	20,545	5,362
日本	-25,567	-25,322	245
EU	-974	-7,364	-6,390
オーストラリア	-13,737	-11,204	2,533
カナダ	-419	488	907
東南アジア	58,519	55,574	-2,945
（香港）	30,548	25,832	-4,716
（シンガポール）	13,212	11,914	-1,297
（台湾）	803	1,071	268
中東	-91,151	-93,924	-2,773
中国	53,538	62,799	9,261
中南米	17,031	17,960	929
CIS	3,204	3,399	195
東欧	10,309	10,795	486

出所：関税庁

3. 南北経済協力事業

<表3-1> 年度別南北貿易額現況 (単位：百万ドル)

	'05	'06	'07	'08	'09	'10	'11	'12	'13
搬入	340	520	765	932	934	1,044	914	1,074	615
搬出	715	830	1,032	888	745	868	800	897	521
計	1,055	1,350	1,798	1,820	1,679	1,912	1,714	1,971	1,136

出所：統一部

<表3-2> 年度別南北貿易件数現況 (単位：件)

	'05	'06	'07	'08	'09	'10	'11	'12	'13
搬入	9,337	16,412	25,027	31,243	37,307	39,800	33,762	36,504	20,566
搬出	11,878	17,039	26,731	36,202	41,293	44,402	40,156	45,311	25,562
計	21,215	38,451	51,758	67,445	78,600	84,202	73,202	81,815	46,128

出所：統一部

<表3-3> 年度別南北貿易品目数現況 (単位：件)

	'05	'06	'07	'08	'09	'10	'11	'12	'13
搬入	381	421	450	482	486	448	363	377	359
搬出	712	697	803	813	771	740	676	705	644
合計	775	757	853	859	822	795	702	731	674

出所：統一部

<表3-4> 2013年製品別南北交易品搬出実績 (単位：千ドル)

製品名	搬出件数	搬出重量	搬出金額
食料と直接消費財	2,016	6,517	16,031
原料と燃料	1,908	10,319	29,973
軽工業品	10,530	36,941	264,433
繊維原料	79	3,121	6,853
繊維糸	300	619	4,165
織物	4,544	9,261	148,309
その他の繊維製品	691	3,358	13,703
衣類	923	1,563	14,478
木製品	139	254	623
革、ゴム及び履物	760	2,046	23,826
貴金属及び宝石類	28	0	247
その他非金属鉱物製品	95	3,266	722
玩具、運動用具及び楽器	64	123	285
その他	2,907	13,329	51,222
重化学工業品	11,102	26,400	209,961
化学工業品	1,793	6,782	18,584
鉄鋼製品	1,351	6,398	14,016
機械及び精密機器	2,162	3,422	34,133
電気、電子製品	4,922	7,309	129,403
輸送装備	734	2,359	11,859
その他	140	130	1,966
合計	25,556	80,178	520,398

出所：関税庁

<表3-5> 2013年製品別南北交易品搬入実績 (単位：千ドル)

区分	搬入件数	搬入重量	搬入金額
消費財	10,665	30,124	318,892
穀物	8	44	1
直接消費財	306	2,332	3,488
耐久消費財	2,886	10,166	56,184
非耐久消費財	7,465	17,583	259,219
原材料	2,765	12,205	66,356
燃料	1	0	0
鉱物	143	263	61
軽工業原料	361	926	48
乳脂	25	45	298
繊維類	677	4,134	18,967
化学工業品	166	2,421	8,187
鉄鋼材	138	420	922
非鉄金属	2	2	11
その他	1,252	3,994	37,863
資本財	7,136	11,908	229,969
機械及び精密機器	1,152	2,550	23,380
電気・電子機器	4,815	6,653	188,526
輸送装備	996	2,635	17,231
その他	173	70	831
合計	20,566	54,237	615,217

出所：関税庁

<表3-6> 類型別南北貿易額現況(最近5年間) (単位：百万ドル)

	南北貿易類型	2009	2010	2011	2012	2013
搬入	一般貿易・委託加工	499	334	4	1	1
	経済協力(開城工業団地・金剛山観光・その他・軽工業協力)	435	710	909	1,073	615
	非商業的取引(政府・民間支援/社会文化協力/軽水炉事業)	-	-	1	-	-
	搬入合計	934	1044	914	1,074	615
搬出	一般貿易・委託加工	167	101	-	-	-
	経済協力(開城工業団地・金剛山観光・その他・軽工業協力)	541	744	789	888	518
	非商業的取引(政府・民間支援/社会文化協力/軽水炉事業)	37	23	11	9	3
	搬出合計	745	868	800	897	521

出所：統一部

<表3-7> 南北観光協力事業現況－金剛山観光客 (単位：人)

		'07	'08	'09~'13
金剛山観光	海路	-	-	-
	陸路	345,006	199,966	-
	合計	345,006	199,966	-
開城観光		7,427	103,122	-
平壌観光		-	-	-

出所：統一部

<表3-8> 南北経済協力事業(者)承認現況 (単位：件)

			'06	'07	'08	'09	'10	'11	'12	'13
経済	民間経済協力		4	6	9	1	19	-	-	19
	開城工業団地	承認	15	163	53	10	6	1	6	5
		申告	-	-	-	12	11	18	21	10
社会文化			26	19	3	-	1	1	-	-
計			45	188	65	23	37	20	27	34

出所：統一部

FOCUS

<表3-9> 南北往来者数現況 (単位：人)

	'07	'08	'09	'10	'11	'12	'13
南→北	158,170	186,443	120,616	130,119	116,047	120,360	76,503
北→南	1,044	332	246	132	14	0	40
計	159,214	186,775	120,862	130,251	116,061	120,360	76,543

注)金剛山などの観光客を除く 出所：統一部

<表3-10> 南北往来車両数現況 (単位：回)

年度		'08	'09	'10	'11	'12	'13
車両 (運行回数)	京義線	183,085	145,802	166,181	162,848	177,211	110,000
	東海線	25,077	2,534	2,140	397	12	294
	合計	208,162	148,336	168,321	163,245	177,223	110,294
車両 (物流量)	京義線	382,848	221,518	289,168	208,423	245,190	133,738
	東海線	58,751	8,695	4,451	613	-	56
	合計	441,599	230,213	293,619	209,036	245,190	133,794

出所：統一部

<表3-11> 南北往来船舶数現況 (単位：回, 万トン)

	'07	'08	'09	'10	'11	'12	'13
船舶(運航回数)	11,891	7,435	2,577	1,432	142	228	31
済州海峡	178	191	245	88	-	-	-
船舶(物流量)	2,511	1,506	191	106	0.2	0.05	0.05

注) 1. 北朝鮮船舶の済州海峡通過(南北海運合意書: '05.8.1) 出所：統一部
　　　運航回数:片道基準
　　2. '11年からはほとんど第3国船舶の南北間単純経由運航

<表3-12> 南北往来航空機数現況 (単位：回, 人)

	'07	'08	'09	'10	'11	'12	'13
航空機(運航回数)	153	64	11	-	2	-	-
航空機(輸送人員)	7515	3746	46	-	20	-	-

出所：統一部

<表3-13> 開城工業団地入居企業数および生産額現況 (単位：社, 万ドル)

	2009		2010	2011	2012	2013
稼動企業数	117		121	123	123	123
生産額	25,647		32,332	36,986	46,950	22,378

出所：統一部

<表3-14> 開城工業団地勤労者数現況 (単位：人)

	2009	2010	2011	2012	2013
北側労働者	42,561	46,284	49,866	53,448	52,329
南側労働者	935	804	776	786	757
合計	43,496	47,088	50,642	54,234	5,3086

出所：統一部

<表3-15> 開城工業団地訪問現況 (単位：人, 台)

区分	2009	2010	2011	2012	2013
訪問人員	111,830	122,997	114,435	120,119	75,990
訪問車	72,597	83,566	82,954	89,960	55,580

出所：統一部

<表3-16> 開城工業団地入居企業現況 (単位：社)

区分	3月	4月	5月	6月	7月	8月	9月	10月	11月	12月
2010	120	121	121	121	121	121	121	121	121	121
2011	122	123	123	123	123	123	123	123	123	123
2012	123	123	123	123	123	123	123	123	123	123
2013										

出所：統一部

<表3-17> 年度別開城工業団地生産現況 (単位：万ドル)

区分	1月	2月	3月	4月	5月	6月
2010	2,436	2,221	3,078	2,813	2,779	2,645
2011	3,105	2,535	3,472	3,073	3,487	3,529
2012	3,127	3,631	4,421	3,846	4,294	4,289
比較	0.7%↑	43%↑	27%↑	25%↑	23%↑	22%↑

区分	7月	8月	9月	10月	11月	12月	合計
2010	2,641	2,690	2,669	2,941	2,508	2,909	32,332
2011	3,459	3,531	3,682	3,639	3,473	3,199	40,185
2012	3,815	4,048	3,998	3,898	3,943	3,642	46,950
比較	10%↑	15%↑	9%↑	7%↑	14%↑	14%↑	17%↑

出所：統一部

FOCUS

<表3-18> 開城工業団地勤労者数現況　　　　　　　　　　　　　　　　　　　　　　　　（単位：人）

	1月 南	1月 北	2月 南	2月 北	3月 南	3月 北	4月 南	4月 北	5月 南	5月 北	6月 南	6月 北
2010	927	42,397	906	42,415	911	42,397	928	42,966	889	43,448	828	44,011
2011	804	46,194	808	46,420	814	46,302	808	46,874	801	47,172	791	47,630
2012	770	50,324	770	50,214	772	51,102	774	51,518	775	51,452	771	51,310

	7月 南	7月 北	8月 南	8月 北	9月 南	9月 北	10月 南	10月 北	11月 南	11月 北	12月 南	12月 北
2010	814	44,400	802	44,346	804	44,524	797	44,958	803	45,332	804	46,284
2011	792	47,734	798	47,758	770	48,242	722	48,206	771	48,708	776	49,866
2012	774	51,961	774	52,881	780	53,181	779	53,214	779	53,507	786	53,448

注) '13.02月末基準　　　　　　　　　　　　　　　　　　　　　　　　　　　　　　　　出所：統一部

<表3-19> 年度別開城工業団地滞在人員現況　　　　　　　　　　　　　　　　　　　　　（単位：人）

区分	1月	2月	3月	4月	5月	6月
2010	680	639	753	660	643	405
2011	419	361	453	442	527	560
2012	523	536	594	546	613	591
比較	25%↑	48%↑	31%↑	24%↑	16%↑	6%↑

区分	7月	8月	9月	10月	11月	12月
2010	408	445	434	512	563	377
2011	516	526	514	538	572	524
2012	574	584	597	610	626	573
比較	11%↑	11%↑	16%↑	13%↑	9%↑	9%↑

出所：統一部

<表3-20> 年度別開城工業団地訪問者数現況 (単位:人)

区分	1月	2月	3月	4月	5月	6月
2010	9,165 (367/日)	8,334 (397/日)	10,871 (403/日)	9,258 (403/日)	9,434 (377/日)	14,595 (561/日)
2011	11,017 (441/日)	8,819 (464/日)	12,540 (464/日)	9,088 (413/日)	9,195 (354/日)	9,095 (350/日)
2012	9,059 (393/日)	8,803 (400/日)	9,973 (369/日)	9,488 (431/日)	10,075 (387/日)	9,902 (380/日)
比較	22%↓	0.2%↓	21%↓	4%↑	10%↑	9%↑

区分	7月	8月	9月	10月	11月	12月
2010	13,547 (521/日)	11,805 (454/日)	10,467 (436/日)	10,613 (408/日)	8,390 (323/日)	6,518 (241/日)
2011	8,988 (360/日)	9,402 (362/日)	8,479 (353/日)	9,351 (374/日)	9,474 (364/日)	8,987 (345/日)
2012	10,382 (415/日)	10,035 (385/日)	10,210 (408/日)	11,124 (427/日)	10,824 (416/日)	10,244 (409/日)
比較	16%↑	7%↑	20%↑	19%↑	14%↑	14%↑

出所:統一部

<表3-21> 年度別開城工業団地訪問車両数現況 (単位:人)

区分	1月	2月	3月	4月	5月	6月
2010	6,249 (250/日)	5,595 (266/日)	7,400 (274/日)	6,406 (279/日)	6,571 (263/日)	9,005 (346/日)
2011	7,796 (312/日)	6,035 (318/日)	8,771 (324/日)	6,554 (297日)	6,740 (259/日)	6,715 (258/日)
2012	6,733 (292/日)	6,515 (296/日)	7,471 (276/日)	6,909 (314/日)	7,534 (289/日)	7,471 (287/日)
比較	16%↓	8%↑	15%↓	5%↑	12%↑	11%↑

区分	7月	8月	9月	10月	11月	12月
2010	8,582 (330/日)	7,886 (303/日)	7,069 (295/日)	7,777 (299/日)	5,998 (231/日)	5,028 (196/日)
2011	6,584 (263/日)	6,846 (263/日)	6,284 (261/日)	6,849 (273/日)	7,024 (270/日)	6,756 (259/日)
2012	7,693 (307/日)	7,614 (292/日)	7,624 (292/日)	8,342 (320/日)	8,262 (317/日)	7,792 (311/日)
比較	17%↑	11%↑	21%↑	22%↑	18%↑	15%↑

出所:統一部

1 第1次産業

1. 農業

<表1-1> 食料作物生産量推移 (単位：千ha, 千トン)

		2007	2008	2009	2010	2011	2012
米穀 (白米)	面積 生産量	950 4,408	936 4,843	924 4,916	892 4,295	854 4,224	849 4,006
麦類 (殼麦, 裸麦)	面積 生産量	56 176	56 180	54 167	51 120	42 119	21 57
豆類 (豆)	面積 生産量	88 128	87 147	83 155	83 119	88 142	81 102
芋類 (ジャガイモ)	面積 生産量	42 224	40 223	42 227	44 216	45 204	44 109
雑穀 (とうもろこし)	面積 生産量	27 98	26 104	24 88	25 85	27 86	31 101
合計	面積 生産量	1,163 5,034	1,145 5,498	1,127 5,553	1,095 4,836	1,056 4,775	996 4,275

出所：農林畜産食品部

<表1-2> 米穀栽培面積及び生産量推移 (単位：千ha, 千トン)

	水稲		陸稲		合計	
	面積	生産量	面積	生産量	面積	生産量
2003	1,002	4,416	15	36	1,016	4,451
2004	984	4,960	18	40	1,001	5,000
2005	967	4,735	13	33	980	4,768
2006	945	4,659	10	21	955	4,680
2007	942	4,389	8	19	950	4,408
2008	928	4,825	8	18	936	4,843
2009	918	4,899	6	17	924	4,916
2010	887	4,282	6	14	892	4,295
2011	851	4,217	3	7	853	4,224
2012	847	4,002	2	4	849	4,006

出所：農林畜産食品部

<表1-3> 地域別米穀栽培面積及び生産実績(2012)　　　　　　　　　　　　　　(単位：千ha, kg, 千トン)

	計		水稲			陸稲		
	栽培面積	生産量	栽培面積	10ha当り生産量	生産量	栽培面積	10ha当り生産量	生産量
ソウル	0	1	0	464	1	0	0	0
釜山	3	16	3	489	16	0	0	0
大邱	3	15	3	492	15	0	248	0
仁川	12	58	12	486	58	0	0	0
光州	6	27	6	481	27	0	167	0
大田	2	7	2	488	7	0	0	0
蔚山	6	27	6	470	27	0	149	0
京畿	91	421	91	464	421	0	203	0
江原	35	164	35	471	164	0	186	0
忠北	43	213	43	492	213	0	161	0
忠南	153	784	153	512	783	0	213	0
全北	130	622	130	478	622	0	203	0
全南	173	700	172	406	698	1	164	2
慶北	112	564	111	506	564	0	248	0
慶南	80	386	80	482	386	0	149	0
済州	1	1	0	337	0	1	191	1
合計	849	4,006	847	473	4,002	2	175	4

出所：農林畜産食品部

<表1-4> 麦類栽培面積と生産量推移　　　　　　　　　　　　　　　　　　(単位：千ha, 千トン)

	大麦		ハダカムギ		ビール麦		小麦		ライ麦		合計	
	面積	生産量	面積	生産量	面積	生産量	面積	生産量	面積	生産量	面積	生産量
2003	9	20	24	60	28	78	3	10	-	-	65	168
2004	9	23	27	81	24	73	4	13	-	-	63	190
2005	8	22	28	96	22	74	2	8	-	-	61	200
2006	8	20	25	65	24	64	2	6	-	-	58	154
2007	8	22	24	77	22	70	2	7	-	-	56	176
2008	8	22	26	82	19	66	3	10	-	-	56	180
2009	7	18	25	77	17	54	5	19	-	-	54	168
2010	5	12	21	43	12	26	13	39	-	-	51	120
2011	5	12	17	44	7	20	13	44	-	-	42	119
2012	5	12	13	36	4	10	9	37	-	-	21	57

注) 精穀基準　　　　　　　　　　　　　　　　　　　　　　　　　　　　出所：農林畜産食品部

<表1-5> 豆栽培面積及び生産量推移　　　　　　　　　　　　　　　　　　(単位：千ha, 千トン)

	2005	2006	2007	2008	2009	2010	2011	2012
栽培面積	105	90	76	75	70	71	78	81
生産量	183	156	114	133	139	105	129	152

出所：農林畜産食品部

1次産業

<表1-6> さつまいも栽培面積及び生産量推移 (単位：千ha, 千トン)

	2005	2006	2007	2008	2009	2010	2011	2012
栽培面積	17	17	21	19	21	19	18	23
生産量	283	286	352	329	351	299	255	343

出所：農林畜産食品部

<表1-7> ジャガイモ栽培面積及び生産量推移 (単位：千ha, 千トン)

	2005	2006	2007	2008	2009	2010	2011	2012
栽培面積	33	24	20	21	21	25	27	21
生産量	894	631	574	605	590	617	622	620

出所：農林畜産食品部

<表1-8> とうもろこし栽培面積及び生産量推移 (単位：千ha, 千トン)

	2005	2006	2007	2008	2009	2010	2011	2012
栽培面積	15	14	17	18	15	16	16	17
生産量	73	65	84	93	77	74	74	83

出所：農林畜産食品部

<表1-9> さつまいも生産, 買上および用途別使用実績推移

	生産量 (千トン)	買上実績 (千トン)	買上率 (%)	買上価格 (ウォン/kg)	用途別使用実績(千トン)		
					酒精	澱粉	合計
2004	345	8	2.3	310.01	54	8	46
2005	283	9	3.2	241.01	51	9	42
2006	285	6	2.1	241.01	42	6	36
2007	352	2	0.5	241.01	39	2	37
2008	329	2	0.6	237.15	24	2	22
2009	351	2	0.5	236.22	30	2	28
2010	299	1	0.3	236.69	29	1	28
2011	255	0.6	0.2	236.69	29	1	28
2012	343	0.4	0.1	247.50	22.4	0.4	22

注) 買上価格は生芋基準　　　　　　　　　　　　　　出所：農林畜産食品部

<表1-10> 豆生産, 買上及び用途別消費実績推移

	生産量 (千トン)	買上実績 (千トン)	買上率 (%)	買上価格 (ウォン/75kg)	輸入量 (千トン)	用途別消費実績(千トン)		
							飼料用	食用/その他
2003	105	5.4	5.2	172,200	1,641	1,674	1,258	416
2004	139	10.5	7.6	172,200	1.373	1.417	1,024	393
2005	183	12.6	6.9	215,775	1,330	1,513	990	523
2006	156	14.1	9.0	215,775	1,127	1,270	861	409
2007	114	4.4	3.8	215,775	1,185	1,362	896	466
2008	133	2.9	2.2	215,775	1,262	1,333	946	387
2009	139	1.3	0.9	226,575	1,200	1,342	950	392
2010	105	-	-	226,575	1,469	1,599	1,161	438
2011	129	-	-	226,575	-	-	-	-
2012	123	-	-	258,750	-	-	-	-

出所：農林畜産食品部

<表1-11> とうもろこし生産, 買上及び用途別消費実績推移

	生産量 (千トン)	買上量 (千トン)	買上率 (%)	買上価格 (ウォン/75kg)	輸入量 (千トン)	用途別消費実績(千トン)		
							飼料用	トウモロコシ粉用	澱粉用
2003	70	4	5.7	43,500	9,063	8,793	6,673	195	1,925
2004	78	2	3.1	43,500	8,671	8,586	6,566	154	1,866
2005	73	2	2.3	43,500	8,533	8,584	6,627	120	1,837
2006	64	0.6	0.9	43,500	8,670	8,734	6,756	100	6,656
2007	84	-	-	45675	8,869	8,944	7,041	106	1,179
2008	93	0.1	0.1	48,375	9,318	8,658	6,942	79	1,637
2009	77	0.4	5.1	48,375	7,206	7,852	6,213	73	1,566
2010	74	-	-	48,375	9,059	9,131	7,097	73	1,961
2011	74	-	-	48,375	-	-	-	-	-
20121(P)	83	-	-	-	8,325	7,958	5,918	69	1,973

出所：農林畜産食品部

1次産業

<表1-12> 全穀物需給実績推移　　　　　　　　　　　　　　　　　　　　　　(単位：千ha, 千トン)

		供　　　　給				需要	
		前年繰越	生産	輸入	その他	食糧	加工
03	23,117	3,178	5,520	14,419	-	20,278	5,495	3,965
04	21,586	2,660	5,041	13,885	-	18,880	5,560	3,977
05	22,275	2,706	5,718	13,851	-	19,847	5,329	4,300
06	21,960	2,428	5,433	14,099	-	19,771	5,773	3,731
07	21,357	2,189	5,315	13,852	-	19,382	5,730	3,685
08	20,775	1,975	5,031	13,769	-	18,125	5.645	3,313
09	21,021	2,628	5,488	12,905	-	18,558	5,067	3,645
10	22,781	2,463	5,510	14,808	-	19,946	5,166	4,373
11	22,036	2,841	4,839	14,356	-	19,882	5,048	4,632
12(P)	22,092	2,156	4,748	15,188	-	20,154	4,976	4,488

		需要			年末在庫	1人当り消費量(kg)	自給度(%)	飼料用除外自給度
種子	飼料	減耗その他	対北支援	輸出				
66	9,516	1,236	400	-	2,839	138.0	27.8	53.3
68	8,732	438	105	-	2,706	138.5	26.8	50.2
68	8,783	1,058	309	-	2,428	135.5	29.4	53.4
64	9,292	743	168	-	2,189	134.4	27.7	52.7
64	8,895	834	173	-	1,975	131.9	27.2	51.6
67	8,404	696	-	-	2,650	127.3	27.8	51.8
64	8,795	984	-	3	2,463	125.2	29.6	56.2
64	9,741	593	5	4	2,835	125.6	27.6	54.0
59	9,183	956	-	4	,2155	126.7	24.3	45.3
60	9,659	1,028	-	3	1,938	124.8	23.6	45.3

出所：農林畜産食品部

<表1-13> 全穀物自給率推移　　　　　　　　　　　　　　　　　　　　　　　　(単位：%)

	計	米	大麦	小麦	とうもろこし	豆類	芋類	その他
02	30.4	107.0	60.4	0.2	0.7	7.3	99.1	10.2
03	27.8	97.4	49.8	0.3	0.8	7.3	98.1	12.8
04	26.8	96.5	54.1	0.4	0.8	7.1	97.1	7.2
05	29.4	102.0	60.0	0.2	0.9	9.7	98.6	10.0
06	27.7	98.5	41.7	0.2	0.8	13.6	98.5	10.3
07	27.2	95.8	51.2	0.2	0.7	11.2	98.4	10.0
08	27.8	94.3	38.6	0.4	1.0	8.6	98.3	8.1
09	29.6	101.1	45.4	0.5	1.2	9.9	98.7	9.6
10	27.6	104.6	24.3	0.9	0.9	10.1	98.7	9.7
11	24.3	83.2	22.3	1.0	0.9	7.9	96.9	9.1
12(P)	23.6	86.1	17.3	0.7	0.9	10.3	96.2	9.1

注) 穀物年度(前年11月1日から当年10月31日まで)基準.　　　　　　　　出所：農林畜産食品部

<表1-14> 穀物1人当り年間消費量推移 (単位：kg)

	計	米	大麦	小麦	とうもろこし	豆	芋類	その他
02	144.0	87.0	1.5	34.6	5.7	8.4	3.4	3.4
03	138.0	83.2	1.0	32.7	6.2	8.0	3.2	3.7
04	138.4	82.0	1.1	34.1	5.6	8.5	3.1	4.0
05	135.5	80.7	1.1	31.8	4.9	9.0	4.2	3.8
06	134.4	78.8	1.2	33.3	4.6	8.9	3.5	4.1
07	131.9	76.9	1.1	33.7	4.5	8.5	3.3	3.9
08	127.3	75.8	1.1	30.9	4.5	7.6	3.5	3.9
09	125.2	74.0	1.2	31.3	4.0	7.6	3.4	3.7
10	125.6	72.8	1.3	32.1	3.9	8.3	3.5	3.8
11	126.7	71.2	1.3	35.0	3.7	7.8	3.4	4.3
12(P)	124.8	69.8	1.3	33.9	3.7	8.8	3.5	3.8

注) 穀物年度(前年11月1日から当年10月31日まで)基準. 出所：農林畜産食品部

<表1-15> 野菜類生産量推移 (単位：千トン)

	白菜	大根	唐辛子	ニンニク	施設野菜	玉葱	その他	合計
2003	2,459	1,341	132	379	3,170	745	1,842	10,068
2004	2,652	1,448	155	358	3,286	948	1,621	10,468
2005	2,182	1,093	161	375	3,219	1,023	1,531	9,584
2006	2,566	1,272	117	331	3,209	890	1,609	9,994
2007	2,080	1,017	160	348	3,077	1,213	1,499	9,394
2008	2,434	1,252	124	375	3,218	1,035	1,497	9,935
2009	2,390	1,106	117	357	3,129	1,372	1,823	9,888
2010	1,615	996	95	272	2,740	1,412	1,261	8,391
2011	2,681	1,237	77	295	2,808	1,520	1,129	9,747
2012	2,151	1,140	104	339	2,669	1,196	1,062	8,662

出所：農林畜産食品部

<表1-16> 野菜類1人当り年間消費量 (単位：kg)

	計	大根	白菜	ニンニク	玉葱	唐辛子	その他
2001	164.4	23.7	37.8	6.4	16.6	2.3	77.6
2002	144.6	19.2	28.4	5.8	15.3	2.2	73.7
2003	152.4	21.2	33.2	6.5	13.2	2.4	75.9
2004	156.8	23.9	36.0	6.4	15.9	2.1	72.2
2005	145.5	17.2	30.2	6.2	17.0	2.2	72.1
2006	153.8	20.1	37.4	5.7	15.0	1.7	74.1
2007	149.9	16.0	32.0	6.1	20.1	2.2	73.5
2008	153.6	18.8	36.4	6.5	17.0	1.7	73.2
2009	152.5	16.8	33.8	5.8	22.1	1.7	72.3
2010	146.1	20.9	41.7	6.8	28.6	2.6	45.5

注) 純食用基準 出所：農林畜産食品部

<表1-17> 唐辛子需給実績推移　　　　　　　　　　　　　　　　　　　　　(単位：千トン, kg)

	需要			供給		
		消費	輸出(繰越)		生産	輸入(繰越)
2002	232	209	5(18)	232	193	30(10)
2003	192	188	4	192	132	42(18)
2004	220	211	5(4)	220	155	64(1)
2005	227	219	7(1)	226	161	61(4)
2006	193	182	8(3)	193	117	73(3)
2007	239	230	8(1)	239	160	76(3)
2008	190	182	7(1)	190	124	65(1)
2009	186	175	10(1)	186	117	69
2010	187	171	13(4)	187	95	91(1)
2011	139	134	5(3)	139	77	62(3)
2012	199	176	19(4)	199	104	94(1)

注) 10月に買上実施　　　　　　　　　　　　　　　　　　　　　　　　出所：農林畜産食品部

<表1-18> ニンニク需給実績推移　　　　　　　　　　　　　　　　　　　(単位：千トン, kg)

	需要			供給		
		消費	輸出(繰越)		生産	輸入(繰越)
2003	434	427	1(6)	434	379	41(14)
2004	419	418	-(1)	419	358	55(6)
2005	413	412	-(1)	413	375	38(1)
2006	381	381	-(1)	381	331	49(1)
2007	411	405	-(6)	411	348	62(1)
2008	426	426	-	426	375	45(6)
2009	392	392	-	392	357	32(3)
2010	354	354	-	354	272	82
2011	382	382	-	382	295	87
2012	389	388	1(-)	389	339	50

注) 10月に買上実施.　　　　　　　　　　　　　　　　　　　　　　　出所：農林畜産食品部

<表1-19> 玉葱需給実績推移　　　　　　　　　　　　　　　　　　　　　(単位：千トン, kg)

	需要			供給		
		消費	輸出(繰越)		生産	輸入(繰越)
2004	1,013	1,013	-(-)	1,013	948	65
2005	1,064	1,043	-(21)	1,064	1,023	41
2006	951	949	2(-)	951	890	61
2007	1,271	1,271	-(-)	1,271	1,213	38(20)
2008	1,097	1,097	-	1,097	1,035	61(1)
2009	1,398	1,398	-	1,398	1,372	26
2010	1,451	1,444	4(3)	1,451	1,412	39
2011	1,552	1,551	1(-)	1,552	1,520	32
2012	1,292	1,290	1(1)	1,292	1,196	96

出所：農林畜産食品部

<表1-20> 施設野菜栽培現況推移 (単位：ha、千トン)

	ビニールハウス施設面積	栽培面積			生産量
			施設	トンネル	生産量
2003	48,589	83,369	83,369	-	3,170
2004	47,841	80,815	80,815	-	3,286
2005	48,574	78,469	78,469	-	3,219
2006	48,980	76,361	76,361	-	3,209
2007	49,828	73,372	73,372	-	3,077
2008	50,297	74,195	74,195	-	3,218
2009	50,024	74,140	74,140	-	3,129
2010	48,836	66,382	66,382	-	2,750
2011	49,537	68,610	68,610	-	2,808
2012	47,924	62,908	62,908	-	2,669

出所：農林畜産食品部

<表1-21> 果実類栽培面積及び生産量推移 (単位：千ha、千トン)

	リンゴ		梨		葡萄		桃		ミカン		その他		計	
	面積	生産量	面積	生産量	面積	生産量	面積	生産量	面積	生産量	面積	生産量	面積	生産量
2003	26	365	24	317	25	376	16	189	25	632	47	396	163	2,275
2004	27	357	23	452	23	368	16	201	22	584	46	449	157	2,411
2005	27	368	22	443	22	381	15	224	22	638	47	539	155	2,593
2006	28	408	21	431	19	330	13	194	21	620	50	521	152	2,504
2007	29	436	20	467	19	329	13	185	21	777	52	556	154	2,750
2008	30	471	18	471	18	334	13	189	21	636	54	597	154	2,698
2009	31	495	17	418	18	333	13	198	21	753	57	684	157	2,881
2010	31	460	16	308	18	306	13	139	21	615	63	661	162	2,489
2011	31	380	15	291	18	269	13	185	21	680	63	654	161	2,459
2012	31	395	14	173	17	278	14	202	21	692	62	635	160	2,374

注) その他は柿(甘柿、渋柿)、あんず、梅の実、イチジクなど

出所：農林畜産食品部

<表1-22> 果実類1人当たり年間消費量推移 (単位：kg)

	リンゴ	梨	桃	葡萄	甘柿	ミカン	その他	計
2003	7.5	6.3	4.0	8.1	3.4	13.0	10.6	55.8
2004	7.4	9.0	4.2	7.9	4.0	12.0	11.1	58.8
2005	7.5	8.6	4.6	8.2	4.8	13.1	13.2	62.6
2006	8.3	8.5	4.0	7.1	4.2	12.7	14.8	62.2
2007	8.9	9.2	3.8	7.3	4.2	16.0	16.8	67.9
2008	9.6	9.2	3.9	6.9	4.3	13.0	18.6	65.5
2009	9.9	8.0	4.1	7.4	3.8	15.4	19.1	67.7
2010	9.3	5.8	2.8	6.9	3.6	12.5	21.5	62.4
2011	7.6	5.5	3.7	6.3	3.3	13.6	22.4	62.4
2012	7.9	3.1	4.0	6.6	3.3	13.8	23.1	61.8

出所：農林畜産食品部

1次産業

<表1-23> 果実類輸出実績推移　　　　　　　　　　　　　　　　　　　　　　　(単位：千ドル)

	リンゴ	梨	桃	ミカン	その他果物	冷凍果物	調製果物	果物ジュース	計
2004	5,168	35,238	173	5,618	3,818	151	8,576	26,979	85,721
2005	7,722	56,061	71	3,396	6,406	184	11,875	35,167	120,882
2006	2,501	36,623	8	3,186	6,819	219	10,521	38,543	98,427
2007	3,034	49,179	72	2,903	8,142	455	35,624	45,489	144,903
2008	9,222	47,256	13	1,893	9,420	300	37,043	49,795	154,942
2009	19,324	53,734	29	2,903	13,470	307	36,428	46,371	172,566
2010	17,523	54,054	123	1,602	12,944	200	46,338	62,638	195,422
2011	8,356	47,261	156	2,735	14,223	399	58,960	67,429	199,519
2012	5,535	49,815	235	4,736	15,538	635	64,182	81,279	221,955

出所：農林畜産食品部

<表1-24> 果実類買上実績推移　　　　　　　　　　　　　　　　　　　　　　　(単位：トン, 百万ウォン)

区分		2009		2010		2011		2012	
		物量	金額	物量	金額	物量	金額	物量	金額
合計		4,366	6,571	4,231	7,851	1,941	4,052	-	-
政府買上	計	-	-	-	-	-	-	-	-
	- リンゴ	-	-	-	-	-	-	-	-
	- 梨	-	-	-	-	-	-	-	-
	- ミカン	-	-	-	-	-	-	-	-
民間買上	計	4,366	6,571	4,231	7,851	1,941	4,052	-	-
	保存用計	4,366	6,571	4,231	7,851	1,941	4,052	-	-
	- リンゴ	2,349	3,491	2,168	4,644	693	,993	-	-
	- 梨	1,967	2,979	2,004	3,092	1,210	1,994	-	-
	- 甘柿	50	100	59	115	38	65	-	-
	加工用計	-	-	-	-	-	-	-	-

注) '12年から果実類民間買上資金支援終了　　　　　　　　　　　　　出所：農林畜産食品部

<表1-25> 油脂作物生産量推移　　　　　　　　　　　　　　　　　　　　　　　(単位：千ha, 千t)

	胡麻		落花生		油菜	
	面積	生産量	面積	生産量	面積	生産量
03	35.0	12.0	4.1	7.2	1.1	0.9
04	31.8	20.9	3.5	8.3	1.1	1.4
05	34.0	23.5	3.4	6.6	1.0	1.6
06	31.1	15.5	3.0	6.4	0.7	0.7
07	31.3	17.5	3.3	7.0	0.6	0.7
08	28.8	19.5	3.4	7.5	1.0	1.2
09	34.9	12.8	4.1	10.2	1.5	1.6
10	27.1	12.7	5.3	13.9	0.9	0.7
11	25.6	9.5	4.4	10.9	0.9	0.5
12	25.1	9.7	4.1	9.9	0	0

出所：農林畜産食品部

<表1-26> 胡麻需給実績推移 (単位：千トン)

	需要			供給			1人当り年間消費量(kg)	自給度(%)
		消費	翌年繰越	前年繰越	生産	輸入		
2004	99.0	85.9	13.1	99.0	7.6	12.0	79.4	1.8	14
2005	100.6	90.7	9.9	100.6	13.1	20.9	66.6	1.9	23
2006	107.6	98.7	9.6	107.6	9.9	23.5	74.2	2.0	24
2007	90.6	84.1	6.5	90.6	9.6	15.5	65.5	1.8	1.8
2008	87.9	81.4	6.5	87.9	6.5	17.5	63.9	1.6	2.0
2009	90.5	84.9	5.6	90.5	6.5	12.7	71.3	1.7	14.9
2010	94.0	87.0	7.0	94.0	5.6	12.8	75.6	2.0	14.7
2011	96.3	90.2	6.1	96.6	7.0	12.7	76.6	1.78	13.2
2012	96.0	88.7	7.3	96.0	4.8	9.5	81.7	1.77	10.7

出所：農林畜産食品部

<表1-27> 落花生需給実績推移 (単位：千トン)

	需要			供給			1人当り年間消費量(kg)	自給度(%)
		消費	翌年繰越	前年繰越	生産	輸入		
2003	44.3	43.8	0.5	44.3	0.0	11.2	33.1	0.91	26
2004	42.0	40.9	1.1	42.0	0.5	7.2	34.3	0.85	19
2005	40.8	39.9	0.9	40.8	1.1	8.3	31.4	0.83	21
2006	39.1	38.2	0.9	39.1	0.9	6.6	31.6	0.79	17
2007	37.5	36.6	0.9	37.5	0.9	6.4	30.2	0.76	17
2008	39.0	38.0	1.0	39.0	0.9	7.0	31.1	0.77	18
2009	41.9	41.9	-	41.9	1.0	10.2	30.7	0.85	24
2010	38.9	38.4	0.5	38.9	-	10.2	28.7	0.80	27
2011	43.3	42.6	0.7	43.3	0.4	14.0	28.9	0.83	32.3
2012	40.2	39.5	0.7	40.2	0.5	10.8	28.9	0.79	27.3

出所：農林畜産食品部

<表1-28> 人参栽培面積および生産推移 (単位：ha, トン, 戸)

	一般参園		契約（指定）		合計		農家数
	面積	生産量	面積	生産量	面積	生産量	
2003	8,214	11,814	3,802	3,358	12,016	15,172	18,106
2004	8,549	11,722	4,532	2,946	13,081	14,668	13,797
2005	8,856	11,277	5,297	3,284	14,153	14,561	15,793
2006	10,036	14,813	6,369	5,037	16,405	19,850	15,856
2007	10,476	14,538	7,355	7,280	17,831	21,818	19,850
2008	11,175	16,072	8,233	8,541	19,408	24,613	24,298
2009	10,782	19,040	8,920	8,420	19,702	27,460	23,285
2010	9,742	18,271	9,268	8,673	19,010	26,944	23,857
2011	7,646	1,7199	9,955	9,538	17,601	26,737	23,578
2012	6,570	13,828	9,604	12,229	16,174	26,057	23,795

出所：農林畜産食品部

<表1-29> 市道別人参栽培現況(2012)　　　　　　　　　　　　　　　　　　　　　　(単位：ha, 戸)

	計		申告(未契約)		指定(契約)	
	面積	農家数	面積	農家数	面積	農家数
計	16,174	23,795	6,570	11,025	9,604	12,770
仁川	186	491	95	299	91	192
大田	24	45	22	41	2	4
光州	1	3	1	2	0	1
京畿	3,519	5,297	418	644	3,101	4,653
江原	2,548	4,652	293	792	2,255	3,860
忠北	3,138	4,596	2,159	3,385	979	1,211
忠南	2,324	4,436	1,405	2,996	919	1,440
全北	2,137	1,723	1,128	1,169	1,009	554
全南	976	449	293	188	683	261
慶北	1,253	1,928	689	1,337	564	591
慶南	68	175	67	172	1	3

<表1-30> 品目別人参輸出実績推移　　　　　　　　　　　　　　　　　　　　　(単位：M/T, 千ドル)

	2009		2010		2011		2012	
	物量	金額	物量	金額	物量	金額	物量	金額
水参	5	262	13	622	14	591	28	1,425
白参(原形参)	55	5,856	67	9,514	50	8,480	57	10,913
白参粉	123	2,791	94	1,961	26	2,182	15	1,692
白参錠	62	11,105	50	9,337	56	9,110	41	8,167
白参調整品	294	5,319	305	5,605	246	6,345	283	7,480
紅参(原形参)	135	44,703	173	52,694	345	108,405	193	65,100
紅参粉	79	10,486	80	12,233	83	14,354	25	4,888
紅参錠	754	12,359	203	10,408	206	12,362	213	13,942
紅参調製品	596	6,951	1,033	11,121	1,008	14,812	1069	20,198
人参液汁	6	63	19	220	5	302	10	181
人参飲料	998	9,018	1,259	10,464	1,676	12,399	1777	14,676
人参副産物	60	3	2	25	1	14	0	18
人参製剤	-	-	-	-	-	-	668	2,332
計	3,166	108,916	3,298	124,204	3,712	189,346	4379	151,012

出所：農林畜産食品部

<表1-31> キノコ栽培面積及び生産量推移 (単位：ha, トン)

		2008	2009	2010	2011	2012
マッシュルーム	面積	62	76	125	96	87
	生産量	10,822	8,175	22,635	13,052	10,996
ヒラタケ	面積	260	251	215	193	191
	生産量	40,071	39,160	45,191	46,598	51,991
霊芝	面積	74	26	26	23	20
	生産量	306	305	650	282	197
エノキタケ	面積	54	42	45	31	28
	生産量	55,231	61,056	53,187	43,098	50,841
その他	面積	503	415	353	407	398
	生産量	52,212	45,748	51,914	62,225	59,329
合計	面積	953	810	764	750	724
	生産量	158,642	154,444	173,577	165,273	173,354

出所：農林畜産食品部

<表1-32> キノコ類輸出実績

	計		マッシュルーム		霊芝		その他	
	物量	金額	物量	金額	物量	金額	物量	金額
03	363	10,455	20	146	31	636	312	9,673
04	311	3,113	45	170	26	487	240	2,456
05	503	2,528	10	64	39	522	454	1,942
06	1,508	4,164	20	17	15	291	1,473	3,856
07	3,163	8,618	10	48	17	383	3,136	8,187
08	8,737	23,185	63	118	16	508	8,658	22,559
09	16,220	33,036	36	50	19	463	16,165	32,523
10	21,178	38,885	0.2	2	19	509	21,158	38,374
11	18,245	38,112	1.2	5.7	18	477	18,226	37,629
12	14,613	33,501	1	5	33	531	14,579	32,965

出所：農林畜産食品部

<表1-33> 茶葉栽培面積及び生産実績推移 (単位：ha, トン)

	2006	2007	2008	2009	2010	2011	2012
面積	3,692	3,800	3,774	3,616	3,264	3,306	3,004
生産量	4,080	3,888	3,936	3,266	3,586	2,249	3,709

出所：農林畜産食品部

1次産業

<表1-34> 花卉生産農家および栽培面積推移 (単位：戸、ha)

	農家数	専業農家数	栽培面積	ハウス面積
2003	13,596	9,709	6,860	3,560
2004	13,159	9,438	7,522	3,397
2005	12,859	9,351	7,952	3,448
2006	12,440	8,982	7,688	3,232
2007	12,021	8,627	7,509	3,208
2008	11,588	8,338	7,073	3,063
2009	10,685	7,520	6,639	3,112
2010	10,347	7,134	6,829	2,994
2011	10,054	6,825	6,833	2,856
2012	9,450	6,426	6,429	2,674

出所：農林畜産食品部

<表1-35> 花卉生産および消費実績推移

	生産額 (百万ウォン)						1人当り消費額(ウォン)
		切り花	盆花	球根	花木	観賞樹	種子	
04	921,846	431,078	390,220	2,946	38,518	54,465	4,619	18,647
05	1,010,532	451,661	435,532	2,549	44,275	60,874	15,639	20,870
06	941,111	390,368	427,566	6,078	50,373	57,377	9,349	19,315
07	923,686	374,494	423,504	4,491	52,110	61,189	7,897	18,735
08	896,921	347,451	433,784	4,483	48,599	55,580	7,024	17,695
09	864,031	323,790	437,414	4,619	48,308	43,687	6,212	16,749
10	850,995	297,561	431,755	3,899	42,515	62,316	12,949	16,098
11	821,471	286,281	429,541	4,057	54,815	34,890	11,887	15,482
12	756,656	259,075	397,057	5,577	41,697	28,570	9,845	14,835

出所：農林畜産食品部

<表1-36> 花卉輸出実績推移 (単位：千ドル)

	合計	バラ	菊	百合	サボテン	蘭	その他
2003	45,276	10,401	8,394	9,477	2,257	12,341	2,406
2004	48,527	11,596	9,270	13,337	2,147	10,175	2,002
2005	52,142	10,570	8,503	10,484	1,881	18,744	1,960
2006	40,414	8,847	6,971	9,716	2,179	11,412	1,289
2007	58,089	8,025	5,926	15,886	1,806	25,057	1,389
2008	76,222	11,811	6,018	19,051	2,523	25,976	10,843
2009	77,179	20,132	8,004	24,742	2,606	16,519	5,176
2010	103,067	34,235	13,802	27,845	2,756	20,264	4,165
2011	90,596	25,676	11,192	33,088	2,583	15,201	2,856
2012	83,960	27,141	9,759	30,089	2,854	11,224	2,893

出所：農林畜産食品部

<表1-37> 花卉輸入実績推移 (単位：千ドル)

	計	蘭	百合	洋蘭	カーネーション	チューリップ	アイリス	その他
2003	22,358	12,872	3,822	592	700	1	390	3,981
2004	23,366	12,715	4,253	634	830	0	525	4,409
2005	28,845	14,546	5,290	518	1,120	0	507	6,864
2006	35,819	20,302	5,808	512	1,477	953	477	6,290
2007	40,974	24,293	6,106	698	1,777	1,417	484	6,199
2008	42,757	24,064	6,243	540	2,047	1,417	376	8,070
2009	38,107	21,389	5,328	279	1,174	1,353	199	8,385
2010	44,744	24,023	5,488	425	1,377	1,380	208	11,843
2011	44,427	20,992	7,440	504	1,281	1,249	134	12,827
2012	47,852	19,640	6,149	885	1,600	1,355	171	18,052

出所：農林畜産食品部

<表1-38> 蚕業栽培現況推移

	養蚕農家数	桑畑面積	蚕飼育数	蚕繭生産量
単位	千戸	千ha	千箱	トン
2004	2.7	1.1	29.1	3
2005	2.4	1.0	26.2	7
2006	2.1	1.0	22.7	5.1
2007	2.0	1.0	24.2	5.1
2008	1.8	0.9	21.6	4.0
2009	1.3	0.7	16.1	5
2010	1.2	0.6	15.2	9
2011	1.1	0.6	15.2	9
2012	1.1	0.6	15.8	10

出所：農林畜産食品部

2. 畜産業

<表2-1> 家畜飼育数および戸数推移 (単位：千頭, 千戸, 千羽)

	韓（肉）牛		乳牛		豚		鶏	
	頭数	戸数	頭数	戸数	頭数	戸数	羽数	戸数
2003	1,480	188	519	11	9,231	15	99,019	144
2004	1,666	189	497	10	8,908	13	106,736	131
2005	1,819	192	479	9	8,962	12	109,628	136
2006	2,020	190	464	8	9,382	11	119,181	3.6
2007	2,201	184	453	8	9,606	10	119,365	3.4
2008	2,430	181	446	7	9,087	8	119,784	3.2
2009	2,635	175	445	7	9,585	8	138,768	3.5
2010	2,922	172	430	6	9,881	7	149,200	3.6
2011	2,950	163	404	6	8,171	6	149,511	3.4
2012	3,059	147	420	6	9,916	6	146,836	3.1

注) 鶏は2006年からは3,000数以上飼育数　　　　　　　　　　　出所：農林畜産食品部

<表2-2> 家畜別・飼育規模別戸数推移

		2007	2008	2009	2010	2011	2012
韓（肉）牛	20頭未満(千戸)	158	152	142	135	124	108
	20～49頭(戸)	18,021	19,564	21,019	24,110	25,032	24,013
	50頭以上（戸）	8,157	9,806	11,148	13,162	13,566	14,922
	計(千戸)	184	181	175	172	163	147
乳牛	10頭未満(千戸)	0.2	0.4	0.3	0.1	0.3	03
	10～49頭(千戸)	3.1	2.4	2.1	2.1	1.9	1.8
	50頭以上(千戸)	4.4	4.2	4.4	4.1	3.8	4.0
	計(千戸)	7.7	7.0	6.8	6.3	6.1	6.0
豚	100頭未満(千戸)	3.1	2.4	4.8	4.1	3.7	3.1
	100～999頭（千戸)	3.6	2.4	2.4	-	-	-
	1,000頭以上（戸）	3,148	2,943	3,145	3.3	2.7	3.0
	計(千戸)	9.8	7.7	8.0	7.4	6.4	6.1
鶏	5,000羽未満(千戸)	0.1	0.1	0.4	0.4	0.3	0.3
	5,000～9,999羽(千戸)	0.4	0.3	0.3	-	-	-
	10,000羽以上(千戸)	2.9	2.8	3.1	3.2	3.1	2.8
	計(千戸)	3.4	3.2	3.5	3.6	3.4	3.1

注) 鶏-2006年からは3,000数以上飼育戸数.　　　　　　　　　　出所：農林畜産食品部
　　乳牛-2008年からは20頭数未満、20～49,50頭以上

<表2-3> その他の家畜飼育現況推移

	'10.12月末 (B)		'11.12月末 (B)		前年末比(B/A)	
	飼育戸数	飼育数	飼育戸数	飼育数	飼育戸数	飼育数
	戸	頭、羽、匹	戸	頭、羽、匹	%	%
馬	1,929	30,058	1,912	29,698	99.1	98.9
ヤギ	14,092	247,943	12,342	257,262	87.6	103.8
羊	162	2,989	118	3,035	72.8	101.5
鹿	4,266	51,411	4,011	48,463	94.0	94.3
兎	4,809	205,544	4,425	189,146	92.0	92.0
犬	647,565	1,594,492	746,412	1,812,715	115.3	113.7
アヒル	4,569	15,053,352	4,337	17,203,931	94.9	114.3
七面鳥	470	4,816	519	19,118	110.4	397.0
ガチョウ	927	9,077	930	15,229	100.3	167.8
ウズラ	129	13,336,360	117	12,851,079	90.7	96.1
ミツバチ	19,387	1,531,609	20,482	1,795,197	105.6	117.2
鑑賞鳥	464	77,265	383	82,758	82.5	107.1
ダチョウ	106	1,315	90	1,447	84.9	110.0
アナグマ	78	4,223	60	4,554	76.9	107.8
ヌートリア	1	1	-	-	-	-
キジ	224	357,209	209	404,477	93.3	113.2
ミミズ	88	1,416,523	93	428,914	105.7	30.3

注) 1. 飼育数単位中ウサギ、鴨、七面鳥、ガチョウ、ウズラ、鳥類は羽、ミツバチは匹, ミミズは(㎡)
2. 2012年末現在　　　　　　　　　　　　　　　　　　　　　　　　出所：農林畜産食品部

<表2-4> 種畜別輸入現況推移　　　　　　　　　　　　　　　　　　　　　　　　(単位：千ドル)

	乳牛		種豚		種鶏	
	数量(頭)	金額	数量(頭)	金額	数量(羽)	金額
2003	64	2,027	760	1,167	310,524	3,265
2004	-	-	1.361	2,654	441,607	3,458
2005	-	-	1,836	2,943	393,521	3,594
2006	5	1,291	1,850	3,537	461,000	4,303
2007	6	1,510	1,832	3,629	534,000	4,923
2008	3	841	1,262	2,718	561,000	5,613
2009	4	985	944	1,627	704,779	5,604
2010	3	846	2,016	3,763	479,028	5,354
2011	4	875	7,171	10,895	645,131	7,547
2012	3	883	1,415	2,649	710,413	8,226

注) 輸入推薦実績基準　　　　　　　　　　　　　　　　　　　　　　　　出所：農林畜産食品部

1次産業

<表2-5> 畜産物需給実績推移

				2007	2008	2009	2010	2011	2012
肉類	需要(千トン)			1,716	1,728	1,809	1,910	2,036	2,107
	供給(千トン)			1,750	1,769	1,808	1,910	2,036	2,107
		生産		1,251	1,260	1,329	1,386	1,246	1,448
			牛肉	171	174	198	186	216	234
			豚肉	706	709	722	764	574	750
			鶏肉	374	377	409	436	456	464
		輸入		499	509	479	524	790	659
			牛肉					289	254
			豚肉	499	509	479	524	370	275
			鶏肉					131	130
	1人当りの消費量(kg)			35.4	35.4	36.8	38.8	40.6	40.5
		牛肉		7.6	7.5	8.1	8.8	10.2	9.7
		豚肉		19.2	19.1	19.1	19.3	19.0	19.2
		鶏肉		8.6	9.0	9.6	10.7	11.4	11.6
	自給率(%)			71.5	71.7	73.5	72.6	61.2	70.3
鶏卵	生産及び消費(百万個)			10,876	10,838	11,614	11,582	11,462	12,090
	1人当りの消費量(個)			226	224	238	236	232	242
牛乳	需要(千トン)			3,102	3,035	3,110	3,249	3,596	3,452
	供給(千トン)			3,209	3,131	3,165	3,263	3,614	3,544
		生産		2,188	2,139	2,110	2,073	1,889	2,110
		輸入		968	885	959	1,135	1,712	1,414
	翌年繰越(千トン)			107	96	-	13	18	92
	1人当りの消費量(kg)			63.0	61.3	62.3	64.9	70.7	67.2

注) 1人当り消費量は精肉基準.　　　　　　　　　　　　　　　　　　出所：農林畜産食品部

<表2-6> 牛肉需給実績推移　　　　　　　　　　　　　　　　　　　　　(単位：千トン)

	需要	供給		1人当り消費量(kg)	自給度(%)
		生産	輸入		
2004	327.9	377.9	144.9	233	6.8	44.2
2005	316.9	344.9	152.4	192.4	6.6	48.1
2006	330.6	365.6	158.2	207.4	6.8	47.9
2007	368.7	374.0	171.2	202.8	7.6	46.4
2008	365.1	438.2	173.8	264.4	7.5	47.6
2009	395.5	395.5	197.7	197.8	8.1	50.0
2010	431.3	431.3	186.2	245.1	8.8	43.2
2011	505.8	505.8	216.4	289.4	10.2	42.8
2012	486.0	488.0	234.5	253.5	9.7	48.2

注) '09年からは輸入量の繰越量を除く　　　　　　　　　　　　　　出所：農林畜産食品部

<表2-7> 牛乳生産及び消費推移 (単位：トン)

区分	納乳量	消費量		搾乳頭数(頭)
		総量	1人当り(kg)	
2003	2,366,214	2,990,342	62.4	241,053
2004	2,255,450	3,074,037	63.9	236,511
2005	2,228,821	3,028,287	62.7	227,111
2006	2,176,340	3,070,140	63.6	220,170
2007	2,187,824	3,054,290	63.0	215,666
2008	2,138,802	2,980,089	61.3	209,124
2009	2,109,732	3,036,455	62.3	208,136
2010	2,072,696	3,171,341	64.9	203,923
2011	1,899,150	3,517,909	70.7	190,901
2012	2,110,698	3,358,850	67.2	214,165

出所：農林畜産食品部

<表2-8> 原乳需給推移(原乳基準) (単位：トン)

区分	供給				消費	年末在庫
	繰越	生産	輸入	計		
2003	161,037	2,366,214	603,646	3,130,897	3,036,917	93,980
2004	93,980	2,255,450	842,106	3,191,536	3,123,528	68,008
2005	68,008	2,228,821	898,160	3,194,989	3,078,510	116,479
2006	116,479	2,176,340	882,332	3,175,151	3,121,676	53,475
2007	53,475	2,187,824	967,525	3,208,824	3,101,499	107,325
2008	107,325	2,138,802	885,114	3,131,241	3,034,899	96,342
2009	96,342	2,109,732	959,125	3,165,199	3,110,695	54,504
2010	54,504	2,072,696	1,134,828	3,262,028	3,249,370	12,658
2011	12,658	1,889,150	1,712,655	3,614,463	3,595,996	18,467
2012	18,467	2,110,698	1,414,401	3,543,566	3,451,831	91,735

出所：農林畜産食品部

<表2-9> 乳製品輸入実績推移 (単位：トン, 千ドル)

	乳糖		カゼイン		脱脂粉乳		乳漿	
	物量	金額	物量	金額	物量	金額	物量	金額
2004	14,672	9,678	6,179	34,411	4,389	8,765	35,861	26,334
2005	15,753	9,759	6,089	44,640	6,168	14,635	40,319	32,785
2006	14,296	12,156	6,148	45,946	6,735	15,475	52,511	50,449
2007	13,857	31,008	7,226	58,236	4,994	17,624	46,792	67,083
2008	14,073	19,126	6,812	86,286	5,022	20,179	32,007	38,306
2009	11,935	9,529	6,039	43,467	9,675	23,389	32,219	28,888
2010	15,356	15,647	5,800	47,456	7,903	24,500	37,598	40,661
2011	19,560	26,754	6,472	64,815	33,523	123,570	30,432	42,939
2012	17,932	34,907	5,892	57,344	18,840	61,558	4,2451	66,687

出所：農林畜産食品部

<表2-10> 乳製品別生産及び消費実績推移　　　　　　　　　　　　　　　　　　　　　(単位：トン)

		2008	2009	2010	2011	2012
白色市乳	生産	1,351,540	1,389,585	1,361,958	1,338,081	1,405,132
加工市乳	生産	350,755	312,270	279,160	286,309	280,161
調製粉乳	生産	15,631	14,453	14,511	15,191	18,236
	消費	15,039	13,913	14,538	13,786	14,475
全脂粉乳	生産	3,430	3,124	2,569	1,802	1,632
	消費	4,941	4,209	4,163	5,402	3,384
脱脂粉乳	生産	19,885	15,193	9,519	3,959	14,223
	消費	23,002	27,795	7,904	23,527	27,079
練乳	生産	3,546	3,949	3,744	2,639	4,214
	消費	3,426	3,382	3,286	1,577	1,728
バター	生産	3,512	3,493	2,636	1,152	3,371
	消費	6,957	8,396	9,087	9,799	10,446
チーズ	生産	25,016	23,199	27,403	24,708	22,522
	消費	64,366	64,526	79,950	88,763	82,756
発酵乳	生産	454,980	445,738	502,604	552,005	557,639
	消費	449,847	439,578	496,702	516,774	551,595

注) 白色市乳、加工市乳、醱酵乳は長期間保存が難しいので消費量は生産量と同一にする．

出所：農林畜産食品部

<表2-11> 飼料需給実績推移　　　　　　　　　　　　　　　　　　　　　　　　　(単位：千トン, %)

	濃厚飼料					農家自給飼料	粗飼料	合計
		配合飼料						
			国内産	輸入	自給率			
2003	16,365	15,437	3,941	11,372	26	928.1	4,054	20,419
2004	15,787	14,941	3,781	11,027	25	846	4,084	19,955
2005	16,152	15,278	3,730	11,403	25	874	4,131	20,283
2006	17,049	15,639	3,862	11,675	25	1,356	4,222	21,271
2007	18,180	16,363	4,090	12,179	25	1,817	4,617	22,797
2008	18,779	16,323	4,087	12,096	25	2,456	5,054	23,833
2009	19,344	16,665	3,954	12,599	24	2,679	5,203	24,547
2010	20124	17,710	4,338	13,246	25	2,414	5,033	25,157
2011	19,383	16,815	4,214	12,480	25	2,568	5,577	24,960
2012	21,182	18,640	4,453	14,065	24	2,542	5,663	26,845

注) 1. 国内産、輸入:配合飼料生産に投入された原料使用量基準
　　2. 配合飼料: 養畜用, 魚類用, 代用乳配合飼料 生産量 基準．

出所：農林畜産食品部

<表2-12> 配合飼料生産実績推移 (単位：千トン, %)

	養鶏	養豚	畜牛		その他	合計	増減率
			酪農用	肥育用			
2003	3,908	5,663	1,744	2,926	1,179	15,437	-2.3
2004	3,836	5,419	1,632	3,045	1,009	14,941	-3.2
2005	4,203	5,170	1,587	3,293	1,025	15,278	2.3
2006	4,267	5,175	1,539	3,574	1,138	15,693	2.7
2007	4,403	5,409	1,449	3,880	1,222	16,363	4.3
2008	4,286	5,307	1,370	4,165	1,195	16,323	-0.2
2009	4,463	5,332	1,311	4,310	1,249	16,665	2.1
2010	4,658	5,535	1,292	4,761	1,464	17,710	6.3
2011	4,748	4,482	1,240	4,792	1,553	16,815	-5.1
2012	4,823	5,685	1,337	5,143	1,652	18,640	10.9

注) その他はその他の家畜、代用有用および魚類実験動物用を含む　　出所：農林畜産食品部

<表2-13> 飼料穀物使用実績推移 (単位：千トン)

	合計			とうもろこし			その他穀物		
		国産	輸入		国産	輸入		国産	輸入
2003	8,477	179	8,298	6,660	6	6,654	1,817	173	1,644
2004	8,108	217	7,189	6,440	20	6,420	1,668	197	1,471
2005	8,368	185	8,183	6,629	13	6,616	1,739	172	1,567
2006	8,443	202	8,241	6,617	20	6,597	1,826	182	1,644
2007	8,556	227	8,329	7,017	10	7,007	1,539	217	1,322
2008	8,188	284	7,904	6,892	-	6,892	1,296	284	1,012
2009	8,749	186	8,563	6,239	-	6,239	2,510	186	2,324
2010	9,355	223	9,132	6,549	-	6,549	2,806	223	2,583
2011	8,622	252	8,370	5,721	1	5,720	2,901	251	2,650
2012	9,890	285	9,605	5,853	-	5,853	4,037	285	3,752

出所：農林畜産食品部

3. 林業

<表3-1> 主要林産物輸出実績推移 (単位：千ドル)

		2009	2010	2011	2012
合板(千㎡)	物量 金額	7 5,986	6 5,018	7 5,370	4 4,326
木材及び木製品(トン)	物量 金額	25,192 51,339	48,002 47,422	82,822 67,839	114,487 92,024
壁紙類(トン)	物量 金額	138 1,827	217 2,525	226 3,806	298 2,006
シイタケ・その他キノコ(トン)	物量 金額	264 9,632	385 11,071	264 7,006	205 6,418
胡桃(トン)	物量 金額	9 49	30 256	66 574	44 394
栗(トン)	物量 金額	12,889 29,858	13,185 30,157	10,709 28,956	11,301 35,902
銀杏(トン)	物量 金額	1 1	21 62	3 13	22 83
種子	物量 金額	- -	2 75	2 60	6 4,191
苗木(トン)	物量 金額	- -	49 348	88 383	173 601
ワラビ	物量 金額	24 194	25 173	6 125	9 95
石材	物量 金額	9,163 8,211	16,593 9,835	45,939 15,329	55,546 17,119
樹皮類	物量 金額	11 56	6 64	0.2 11	18 10
銀杏の葉	物量 金額	- -	- -	0.3 12	0.4 19
その他(トン)	物量 金額	- 16,372	- 48,116	- 115,985	- 146,571
合計	金額	123,525	155,122	245,469	309,759

出所：農林畜産食品部

<表3-2> 林産物生産実績推移 (単位:百万ウォン)

		2008	2009	2010	2011	2012
用材 (千m³)	物量	1,955	2,516	3,726	3,924	4,654
	金額	146,545	184,638	259,622	280,146	357,883
純林木生長 (千m³)	物量	34,722	37,708	37,012	37,012	37,012
	金額	1,727,314	1,997,955	2,511,796	2,511,796	2,511,796
竹材 (千束)	物量	36	34	34	118	39
	金額	626	300	303	1,218	355
筍 (トン)	物量	264	294	169	398	276
	金額	298	414	310	637	764
山菜 (トン)	物量	39,962	46,828	47,755	46,317	45,945
	金額	213,464	302,405	332,946	387,361	388,590
燃料 (千トン)	物量	147	160	69	71	188
	金額	18,157	20,793	17,568	15,130	21,628
農業用資材 (千トン)	物量	483	382	313	348	407
	金額	82,586	45,032	41,936	46,377	61,268
樹実類 (トン)	物量	195,414	205,690	206,421	194,983	189,422
	金額	511,003	644,000	716,381	693,429	761,918
キノコ (トン)	物量	28,361	27,033	26,250	24,857	26,281
	金額	267,494	276,002	298,268	260,643	287,132
造景材 (千本)	物量	83,117	109,287	110,319	115,216	111,515
	金額	850,352	820,796	759,023	774,948	678,257
繊維原料 (トン)	物量	18	9	11	12	11
	金額	151	76	66	79	79
樹液 (千ℓ)	物量	5,890	6,183	6,756	7,976	8,334
	金額	13,882	14,329	16,262	20,187	20,726
樹脂 (ℓ)	物量	220	300	618	466	475
	金額	64	62	181	160	189
薬用植物 (トン)	物量	4,464	20,664	18,173	19,188	18,665
	金額	63,205	342,640	380,622	540,963	384,515
大鋸屑 (m³)	物量	2,092	1,625	1,560	2,666	1,647
	金額	36,203	29,226	28,344	23,222	27,245
木酢液 (千トン)	物量	4,937	3,975	3,483	2,394	1,506
	金額	14,546	9,351	8,543	4,641	2,939
土石類 (千m³)	物量	39,460	45,388	57,568	55,685	85,593
	金額	444,798	525,387	634,827	683,305	1,039,326
造林 (千ha)	面積	22	22	21	21	20
	金額	78,935	85,751	88,955	93,954	105,107
苗木生産 (百万本)	本数	51	41	46	41	44
	金額	27,343	24,244	28,003	25,773	27,415
その他 (トン)	物量	-	-	-	-	-
	金額	28,599	33,437	48,173	46,084	73,657
合計	金額	4,080,767	4,831,429	5,537,303	5,726,748	6,750,788

出所:農林畜産食品部

1 次産業

<表3-3> 主要林産物輸入実績推移 (単位：千ドル)

	合計	木材類					石材類		生松脂とロジン		その他
		原木(千㎥)		合板(千㎥)		その他	物量(t)	金額	物量(t)	金額	金額
		物量	金額	物量	金額	金額					
2003	2,173,080	7,165	610,394	1,444	417,201	742,133	169,3149	280,220	32,338	17,030	106,10,2
2004	2,326,752	6,541	704,186	1,203	397,118	765,852	165,1405	321,851	30,265	16,521	121,224
2005	2,462,979	6,221	707,871	1,242	427,757	813,819	155,9467	332,296	26,100	20,196	161,040
2006	2,881,695	6,366	755,686	1,297	513,697	951,939	183,9430	420,083	28,744	31,505	208,785
2007	3,405,138	6,643	910,323	1,359	593,470	1,079,662	217,5374	563,003	26,056	25,071	233,609
2008	3,487,931	5,267	838,829	1,235	544,175	1,189,645	217,6924	639,502	25,426	27,960	247,820
2009	2,864,876	5,014	623,926	1,272	471,270	897,473	2415,593	600,194	30,189	30,331	241,682
2010	3,352,169	4,227	725,689	1,251	476,356	1,105337	2,835,732	639,095	27,492	54,068	362,160
2011	3,772,443	4,030	793,793	1,138	536,747	1,243,725	2,270,756	635,238	26,416	76,263	486,677
2012	3,846,773	3,686	655,508	1,212	592,334	2,598,933	2,343,285	625,566	27,998	48,957	620,673

出所：農林畜産食品部

<表3-4> 年度別木材供給量(原木)推移 (単位：千㎥)

	供給量				合計	自給率(%)
	原木の供給量			廃材利用量		
	内材	外材	計	廃材		
2004	2,037	6,582	8,619	(2,220)	8,619 (2,220)	23.6
2005	2,350	6,022	8,372	(2,130)	8,372 (2,130)	28.1
2006	2,444	6,365	8,809	(2,347)	8,809 (2,347)	27.7
2007	2,680	6,333	9,013	(2,699)	9,013 (2,699)	29.7
2008	2,702	5,267	7,696	(2,700)	7,696 (2,700)	33.9
2009	3,176	5,014	8,190	(2,181)	8,190 (2,181)	38.8
2010	3,715	4,227	7,942	2,228	7,942	46.8
2011	4,210	4,030	8,240	2,198	8,240	51.1
2012	4,506	3,686	8,192	(2,131)	8,192	54.8

注) ( ) 内は廃材利用量で合計には含まれていない

出所：農林畜産食品部

<表3-5> 年度別木材需要量(原木)推移 (単位：千㎥)

	合計	需要量							
		内需用					輸出用		
		計	坑木	パルプ	合板	一般	計	合板	製材木その他
04	8,619 (2,220)	8,473	62	1,424	597	6,390 (2,220)	146	75	71
05	8,372 (2,130)	8,313	55	1,546	567	6,163 (2,130)	59	18	41
06	8,809 (2,347)	8,740	47	1,437	1,106	6,150 (2,347)	69	23	46
07	9,013 (2,699)	9,013	45	1,643	1,110	6,215 (2,699)	-	-	-
08	7,969 (2,700)	7,969	45	1,757	618	5,549 (2,700)	-	-	-
09	8,190 (2,181)	8,190	39	1,919	500	5,732 (2,181)	-	-	-
10	7,942	7,942	29	892	393	4,289	-	-	-
11	8,240	8,240	32	3,734	450	4,024	-	-	-
12	8,192	8,192	18	4,028	406	3,740	-	-	-

注) ( )内は廃材利用量で合計には含まれていない(88年度から)　　　　出所：農林畜産食品部

<表3-6> 用途別国産原木供給実績推移 (単位：千㎥)

	合計	坑木	パルプ材	一般材
'04	2,037	62	478	1,497
'05	2,350	55	400	1,895
'06	2,444	47	522	1,875
'07	2,680	45	667	1,968
'08	2,702	45	838	1,819
'09	3,176	39	797	2,340
'10	3,715	29	892	2,794
'11	4,210	32	1,022	3,156
'12	4,506	18	1,033	3,455

出所：農林畜産食品部

1次産業

4. 水産業

<表4-1> トン数別漁船保有漁家数推移 (単位:戸,%)

	総漁家	漁船未保有漁家	保有漁船トン数別						
			小計	2トン未満	2~5トン	5~10トン	10~20トン	20~50トン	50トン以上
2005	79,942 (100.0)	34,857 (43.6)	52,048 (65.1)	29,753 (37.2)	14,869 (18.6)	5,364 (6.7)	669 (0.8)	835 (1.1)	558 (0.7)
2007	73,934 (100.0)	30,345 (41.0)	43,589 (59.0)	25,180 (34.1)	11,720 (15.9)	4,575 (6.2)	699 (0.9)	817 (1.1)	598 (0.8)
2008	71,046 (100.0)	28,955 (40.8)	42,091 (59.2)	24,572 (34.6)	10,866 (15.3)	4,568 (6.4)	736 (1.0)	720 (1.0)	629 (0.9)
2009	69,379 (100.0)	29,225 (42.1)	40,154 (57.9)	23,340 (33.6)	10,529 (15.2)	4,177 (6.0)	828 (1.2)	709 (1.0)	572 (0.8)
2010	65,775 (100.0)	28,968 (44.0)	36.422 (55.4)	18,086 (27.5)	11,479 (17.5)	4,896 (7.4)	840 (1.3)	720 (1.1)	401 (0.6)
2011	63,251 (100.0)	25,373 (40.1)	37,878 (59.9)	19,955 (31.5)	11,452 (18.1)	4,619 (7.3)	698 (1.1)	729 (1.2)	424 (0.7)

出所:統計庁

<表4-2> 漁業形態別漁業生産金額推移 (単位:億ウォン)

	合計	一般海面漁業	浅海養殖漁業	遠洋漁業	内水面漁業
2005	50,493	27,060	13,484	8,192	1,757
2006	52,859	27,513	14,432	8,910	2,004
2007	57,519	29,391	15,995	9,901	2,231
2008	63,550	32,297	15,225	13,274	2,753
2009	69,242	36,404	18,463	11,638	2,738
2010	74,257	39,117	18,156	13,645	3,338
2011	80,729	44,441	17,842	14,670	3,775
2012	76,891	39,510	17,593	16,554	3,233

出所:海洋水産部

<表4-3> 漁業形態別漁業生産量推移 (単位:千トン)

	合計	一般海面漁業	浅海養殖漁業	遠洋漁業	内水面漁業
2005	2,714	1,097	1,041	552	24
2006	3,032	1,109	1,259	639	25
2007	3,275	1,152	1,386	710	27
2008	3,363	1,286	1,382	666	29
2009	3,182	1,227	1,313	612	30
2010	3,112	1,134	1,355	592	31
2011	3,256	1,235	1,478	511	32
2012	3,183	1,091	1,489	575	28

出所:海洋水産部

<表4-4> 品種別漁業生産量推移 (単位:千M/T)

	計	魚類	貝類	甲殻類	軟体動物	その他水産動物	海藻類
2005	2,714	1,265	409	92	295	16	636
2006	3,032	1,261	474	110	392	17	778
2007	3,275	1,330	555	124	432	23	811
2008	3363	1448	429	126	402	23	935
2009	3182	1425	421	133	312	24	870
2010	3,112	1,331	440	147	256	23	915
2011	3,256	1,356	467	130	269	28	1,007
2012	3,183	1,268	433	135	293	23	1,032

出所:海洋水産部

<表4-5> 品種別海草類生産推移(一般海面) (単位:M/T)

	計	ヒジキ	天草	ワカメ類	ミル(海松)	海苔	昆布類	青のり類	ツノマタ類	その他
2005	15,212	3,520	3,079	4,740	3,083	13	9	246	128	394
2006	13,754	2,933	3,012	3,569	2,875	2	12	164	473	714
2007	18,189	2,672	2,859	6,384	3,950	24	28	167	446	1,659
2008	13,866	2,721	1,093	3,114	1,400	1	2	295	1,170	4,070
2009	10,843	2,590	822	3,882	553	23	354	297	670	1,652
2010	13,043	23,66	3,715	4,783	451	8	180	368	118	1,054
2011	14,787	4,797	5,011	2,742	396	43	90	305	220	1,183
2012	10,123	2,242	3,532	2,184	593	35	39	592	153	753

出所:海洋水産部

<表4-6> 品種別貝類生産推移(一般海面) (単位:M/T)

	計	カキ類	アサリ	シオフキ	ホラ貝	バカ貝	タイラギ	サザエ	マテ貝	カガミ貝	その他
'05	81,012	27,320	14,447	5,201	8,498	128	3,453	1,696	2,240	3,135	14,894
'06	80,434	31,016	7,559	7,597	7,496	612	5409	1,434	854	4,490	13,967
'07	73,714	29,316	8,640	2,601	6,909	606	7,897	1,639	1,457	2,662	11,987
'08	81,399	29,185	20,761	1,444	3,055	146	5,489	1,133	1,344	1,415	17,427
'09	90,192	24,254	22,488	698	331	324	7,368	1,288	807	1,396	31,893
'10	80,380	22,686	12,818	1,393	7,242	248	10,224	3,018	698	1,146	20,907
'11	72,230	24,985	12,230	1,444	2,877	544	7,521	-	372	793	21,464
'12	5,8056	18,424	12,405	531	9,726	402	6,557	-	264	572	9,175

出所:海洋水産部

<表4-7> 品種別甲殻類生産推移(一般海面) (単位：M/T)

	計	紅ズワイガニ	小エビ	ワタリガニ	サルエビ	シバエビ	クルマエビ	大正エビ	ズワイガニ	イセエビ	その他
'05	62,075	21,926	7,352	3,714	3,364	834	282	989	3,240	742	19,632
'06	73,715	23,890	7,810	6,894	4,272	980	215	1,261	4,062	772	23,559
'07	85,297	25,388	12,553	13,606	3,885	1,010	315	704	4,817	734	22,285
'08	88,052	28,293	14,934	17,846	2,497	1,646	254	275	3,019	554	18,734
'09	100,126	29,993	13,722	31,302	3,452	1,048	297	219	2,372	1,111	16,610
'10	108,199	30,749	18,861	33,193	2,587	652	123	252	2,606	1,093	18,083
'11	101,723	32,520	20,728	26,608	1,944	1,052	74	52	2,567	1,151	15,027
'12	105,232	36,973	20,221	26,861	1,699	1,328	59	352	2,318	1,303	14,118

出所：海洋水産部

<表4-8> 品種別軟体動物生産推移(一般海面) (単位：M/T)

	計	イカ類	テナガダコ	ミズダコ	イイダコ	甲イカ類	イイダコ	その他
2005	211,517	189,126	7,658	7,637	4,390	1,325	1,304	77
2006	219,792	197,084	7,397	7,894	4,032	1,988	1,354	43
2007	205,611	174,479	8,625	12,033	6,828	1,938	1,657	51
2008	216,303	186,160	7,881	11,838	4,075	3,038	2,379	932
2009	223,212	189,160	7,013	15,386	4,285	3,396	2,260	1,712
2010	187,777	159,130	6,954	10,813	2,977	4,105	2,203	1,595
2011	197,415	171,643	6,445	10,421	2,596	2,461	2,495	1,354
2012	207,409	181,408	5,799	10,080	3,415	3,136	2,231	1,340

出所：海洋水産部

<表4-9> 品種別魚類生産推移(一般海面) (単位：千M/T)

	計	いわし類	サバ類	太刀魚	メブトカンダリ	あじ類	イシモチ	サワラ類
2005	722	249	136	60	15	43	15	34
2006	715	265	101	64	19	23	21	36
2007	762	221	144	66	14	19	34	42
2008	878	262	187	72	11	23	33	41
2009	796	204	118	85	12	22	34	37
2010	736	250	94	59	5	19	32	36
2011	843	293	139	33	14	43	59	29
2012	704	222	125	33	8	31	37	33

<続く>

	アナゴ	カレイ類	マナガツオ類	ニシン	アンコウ	コノシロ	サンマ	ボラ類
2005	15	15	11	8	11	6	4	10
2006	15	20	14	12	12	7	1	9
2007	19	24	9	28	14	10	5	11
2008	18	20	8	45	18	7	5	8
2009	14	20	6	38	15	6	4	6
2010	14	20	9	25	13	8	3	7
2011	16	20	7	23	16	6	3	7
2012	16	20	5	28	12	11	2	5

	エイ類	ハタハタ	クロソイ	ヒラメ類	タラ	ブリ	その他
2005	2	2	3	2	4	3	74
2006	3	3	4	2	7	5	72
2007	4	4	4	3	8	7	72
2008	2	3	4	4	5	13	89
2009	3	4	3	5	7	14	139
2010	2	4	2	6	7	19	102
2011	2	4	3	5	9	10	102
2012	2	5	3	4	9	9	84

出所：海洋水産部

<表4-10> その他水産動物生産推移(一般海面)　　　　　　　　　　　(単位：M/T)

	計	ウニ	ナマコ	マボヤ	ホヤ	その他
2005	5,278	2,035	1,135	1,485	62	561
2006	6,072	2,596	1,614	1,105	8	749
2007	7,518	2,651	2,936	1,127	1	803
2008	7,737	3,555	2,260	1,482	-	440
2009	7,091	2,846	2,789	1,107	5	344
2010	6,939	2,868	2,687	1,076	1	307
2011	6,731	2,467	2,259	1,730	17	258
2012	5,825	2,351	1,935	1,448	6	85

出所：海洋水産部

<表4-11> 品種別海藻類生産推移(浅海養殖)　　　　　　　　　　　　　　　　　　　(単位：M/T)

	計	ワカメ	海苔	昆布類	ヒジキ	青海苔	マフノリ	藻	その他
2005	621,156	281,871	197,610	108,327	30,058	814	1,597	877	2
2006	764,914	322,371	217,559	201,919	21,125	682	165	919	174
2007	792,593	309,097	210,956	250,049	20,909	684	158	490	610
2008	921,024	381,076	224,242	285,221	17,701	8,003	1,186	1,059	2,536
2009	858,659	309,155	211,444	306,183	19,533	5,930	1,796	-	1,799
2010	901,672	393,616	235,534	241,322	21,133	4,531	1,394	2,383	-
2011	992,283	394,003	316,428	246,701	23,351	6,085	1,005	2,529	2
2012	1,022,326	339924	349827	308601	13024	6002	855	1354	

出所：海洋水産部

<表4-12> 品種別貝類生産推移(浅海養殖)　　　　　　　　　　　　　　　　　　　(単位：M/T)

	計	カキ類	イガイ類	アサリ	赤貝	コマク類	ホタテ類	タイラギ	オキシジミ	アワビ類	その他
2005	326,255	251,706	43,953	17,401	2,548	3,226	215	4,950	80	2,062	409
2006	391,060	283,296	81,617	14,327	2,064	5,063	292	872	256	3,050	771
2007	478,646	321,276	98,121	18,819	3,015	28,372	286	3,870	134	4,350	820
2008	344,799	249,976	67,442	16,633	1,903	1,637	421	1,318	68	5,146	531
2009	326,544	240,911	55,035	17,905	1,714	2,966	348	1,320	74	6,207	468
2010	355,699	267,776	54,440	23,430	1,560	1,155	253	748	109	6,228	362
2011	389,159	281,022	70,416	25,699	2,110	1,616	403	830	272	6,779	687
2012	370,074	284,856	61,310	12,623	1,872	2,232	519	81	17	6,564	0

出所：海洋水産部

<表4-13> 品種別魚類生産推移(浅海養殖)　　　　　　　　　　　　　　　　　　　(単位：M/T)

	計	ヒラメ類	クロソイ	ボラ類	マダイ	スズキ	クロダイ	その他のタイ類	その他メバル	ブリ	その他
05	81,437	40,075	21,297	5,500	5,816	2,600	2,671	2,048	339	57	1,034
06	91,123	43,852	27,517	5,651	4,386	1,571	2,705	1,689	496	66	3,190
07	97,663	41,172	35,564	4,921	7,213	2,361	2,841	1,109	415	5	2,063
08	99,006	46,432	32,992	6,149	7,424	2,007	1,588	19	263	208	1,924
09	109,516	54,674	33,020	5,581	9,226	2,395	1,694	4	270	304	2,348
10	80,110	40,925	20,918	4,657	6,300	1,952	2,254	9	280	141	2,674
11	72,449	40,805	17,338	4,850	3,498	1,835	1,233	11	307	34	2,538
12	76,308	39,371	23,085	5,839	2,870	1,522	1,138	676	205	181	1,421

出所：海洋水産部

<表4-14> 品種別甲殻類生産推移(浅海養殖)　　　　　　　　　　　　　　　　　　　　　(単位：M/T)

	計	大正エビ	その他のエビ	白足エビ
2005	1,399	1,399	-	-
2006	1,683	1,022	-	661
2007	1,321	463	-	858
2008	1,924	130	-	1,794
2009	1,893	81	-	1,812
2010	2,731	26	-	2,705
2011	2,860	16	-	2,844
2012	2,819	35	-	2,784

出所：海洋水産部

<表4-15> その他水産動物生産推移(浅海養殖)　　　　　　　　　　　　　　　　　　　(単位：M/T)

	計	マボヤ	ホヤ	その他(シロボヤ)
2005	10,827	9,334	1,412	81
2006	10,495	7,127	1,519	1,849
2007	15,221	9,318	2,309	3,594
2008	10,446	7,826	2,620	-
2009	16,743	7,208	3,845	5,690
2010	14,788	6,364	2,920	5,504
2011	20,795	11,676	2,655	6,464
2012	17,423	9,031	2,492	5,900

出所：海洋水産部

<表4-16> 品種別魚類生産推移(遠洋漁業)　　　　　　　　　　　　　　　　　　　　(単位：M/T)

	計	メンタイ	カツオ	キハダマグロ	メバチマグロ	サンマ	ニベ類	その他のタイ	タチウオ	エイ類	その他
05	439,711	26,004	171,641	52,474	24,178	40,509	18,712	7,627	2,065	5,058	91,443
06	433,122	26,269	205,221	55,831	24,333	12,009	15,522	6,240	2,049	5,154	80,494
07	446,641	20,109	213,729	53,752	22,763	16,976	16,567	5,689	2,480	4,778	89,798
08	445,367	27,980	187,277	70,778	20,092	29,591	15,404	6,905	2,779	3,450	81,111
09	493,857	38,996	257,481	36,823	21,912	22,001	15,990	6,812	2,383	4,459	87,000
10	488,155	46,794	216,720	67,138	25,234	21,360	18,491	7,040	580	4,081	80,717
11	413,985	48,793	173,334	45,736	22,985	18,068	14,739	5,274	432	3,293	81,331
12	463,970	39,025	211,891	60,436	24,721	13,961	12,294	9,430	1,800	3,293	87,119

出所：海洋水産部

1次産業

<表4-17> 品種別甲殻類生産推移(遠洋漁業)　　　　　　　　　　　　　　(単位：M/T)

	計	南氷洋エビ	その他のエビ	カニ類	エビ類	その他
2005	28,842	28,678	26	82	-	56
2006	33,807	33,677	43	32	-	55
2007	37,247	37,074	53	92	-	28
2008	35,522	35,441	8	6	14	53
2009	29,588	29,396	5	4	3	180
2010	36,057	35,843	82	3	22	107
2011	24,705	24,362	218	0	3	122
2012	26,205	25,956	195	-	-	54

出所：海洋水産部

<表4-18> 品種別軟体動物生産推移(遠洋漁業)　　　　　　　　　　　　　(単位：M/T)

	計	イカ類	甲イカ	タコ類	ヤリイカ類	その他
2005	83,543	81,172	1,908	80	362	21
2006	172,255	170,211	945	550	449	100
2007	226,072	222,164	1,314	381	2,165	48
2008	185,293	181,780	1,310	19	1,649	535
2009	88,505	84,652	1,993	721	1,080	59
2010	67,904	65,416	1,282	15	1,131	60
2011	71,934	70,130	1,089	6	709	0
2012	85,133	81,526	1,026	218	1,995	368

出所：海洋水産部

<表4-19> 品種別貝類生産推移(内水面漁業)　　　　　　　　　　　　　(単位：M/T)

	計	しじみ	タニシ	カワニナ類	その他
2005	1,883	1,034	72	-	759
2006	2,879	816	1,254	531	241
2007	3,027	523	1,813	445	246
2008	2,993	628	1,581	612	172
2009	3,742	591	2,114	930	107
2010	4,085	798	2,458	690	139
2011	5,297	1,173	3,383	701	40
2012	4,688	988	3,191	510	-

出所：海洋水産部

<表4-20> 品種別魚類生産推移(内水面漁業) (単位：M/T)

	計	アユ	うなぎ	マス類	フナ類	ナマズ	鯉	ドジョウ類	オイカワ	高麗ギギ類	その他
2007	23,424	800	10,597	2,882	1,495	2,266	1,094	798	47	240	3,205
2008	25,343	1,028	6,576	2,811	2,543	3,905	1,871	432	113	381	5,683
2009	25,718	930	6,766	2,737	2,636	3,869	2,001	506	156	476	5,641
2010	26,326	1,169	8,021	2,652	2,734	4,282	2,002	7,003	227	391	4,145
2011	26,521	1,434	7,257	3,015	2,802	4,940	1,917	569	249	443	3,895
2012	22,872	1,738	4,365	3,067	2,745	3,825	1,975	466	292	574	3,825

出所：海洋水産部

<表4-21> 品種別甲殻類生産推移(内水面漁業) (単位：M/T)

	計	カニ類	エビ類	計
2006	479	115	364	2,879
2007	177	107	70	3,027
2008	726	207	519	2,993
2009	511	134	349	3,742
2010	345	92	250	4,085
2011	262	70	181	5,297
2012	321	153	165	2

出所：海洋水産部

<表4-22> 主要国別水産物輸出入推移 (単位：千ドル)

		総計	日本	中国	米国	タイ	ニュージーランド	ベトナム
05	輸出	1,193,117	741,062	108,031	88,174	57,383	60,478	4,570
	輸入	2,383,574	173,140	936,351	152,555	125,147	17,211	163,642
06	輸出	1,088,948	659,523	75,414	95,613	61,688	39,383	5,194
	輸入	2,769,348	224,311	1,034,192	150,544	144,463	18,097	206,482
07	輸出	1,225,832	572,908	156,565	98,876	87,678	68,293	8,812
	輸入	3,056,368	273,477	1,070,862	144,242	149,270	18,742	267,964
08	輸出	1,446,568	685,294	189,588	113,728	122,940	60,611	19,240
	輸入	2,954,008	224,310	988,750	139,689	113,517	16,370	305,826
09	輸出	1,511,230	734,134	145,711	128,885	127,733	70,461	22,407
	輸入	2,895,495	195,063	854,256	123,453	85,141	18,047	305,151
10	輸出	1,798,162	859,483	231,223	142,166	126,824	71,915	32,009
	輸入	3,458,400	226,204	1,096,264	126,179	100,957	17,780	376,338
11	輸出	2,308,155	993,537	464,819	180,852	173,433	92,707	61,453
	輸入	4,191,944	168,543	1,250,436	155,412	135,111	24,785	482,607

注) 2008年基準順位別　　　　出所：農林水産食品部

<表4-23> 年度別品目別水産品加工実績　　　　　　　　　　　　　　　　　　（単位：トン）

年	合計	冷凍品	缶詰品	燻製品	焼乾品	塩乾品	煮沸品
2005	1,559,201	1,023,081	138,585	88,290	21,692	1,337	35,314
2006	1,546,784	1,033,060	149,487	69,350	23,837	12,258	33,164
2007	1,613,056	1,140,665	130,030	76,203	22,590	2,593	37,231
2008	1,766,528	1,134,882	73,579	107,437	15,812	19,444	32,792
2009	1,898,135	1,259,438	61,287	142,591	6,146	20,192	54,218
2010	1,815,286	1,289,583	54,168	114,823	3,622	12,565	44,974
2011	1,865,546	1,249,510	82,452	121,018	3,906	34,700	33,651
2012	1,885,437	1215935	84793	129188	12036	33966	29859

	海藻製品	寒天	調味加工品	魚油	塩蔵品	塩辛品	水産皮革品	その他
2005	153,597	443	19,759	11,739	3,686	39,848	1,824	20,006
2006	135,668	329	19,500	7,618	5,006	37,992	794	18,721
2007	112,249	229	17,220	5,736	3,344	35,831	723	28,412
2008	157,285	206	96,701	8,984	4,102	48,811	513	65,980
2009	156,803	334	33,714	10,037	12,948	41,134	1,736	97,557
2010	164,104	206	34,654	13,287	9,933	35,315	743	37,309
2011	205,810	450	44,271	3,128	23,468	27,228	794	35,160
2012	189753	409	43790	15766	24258	35193	824	69667

出所：海洋水産部

<表4-24> 品目別燻製品加工実績　　　　　　　　　　　　　　　　　　（単位：トン）

区分	2008	2009	2010	2011	2012
カニカマ	28,678	34,184	30,645	16,826	16,487
魚肉ソーセージ	16,055	15,693	18,367	20,614	18,260
揚げかまぼこ	55,990	79,774	51,503	72,004	84,186
蒸しかまぼこ	1,753	4,971	1,909	2,357	4,223
焼きかまぼこ	707	2,746	717	1,044	1,289
その他	4,254	5,223	11,682	8,173	4,743
合計	107,437	142,591	114,823	121,018	129,188

出所：海洋水産部

<表4-25> 品目別冷凍品加工実績 (単位：トン)

区分	2008	2009	2010	2011	2012
イカ	70,474	100,630	101,084	117,079	115,907
明太	9,374	15,710	15,644	10,816	16,987
カレイ	10,396	9,718	10,968	14,176	5,004
サバ	81,841	107,594	68,051	91,075	91,617
タラ	655	761	1,819	1,085	1,548
イシモチ	17,027	17,558	22,485	24,661	11,572
サンマ	7,707	10,859	9,514	9,091	11,042
タチウオ	11,338	13,850	16,619	12,737	8,125
アジ	8,319	13,771	10,961	6,861	7,106
エビ	7,552	7,655	10,061	6,095	5,296
サワラ	7,552	5,636	11,910	8,267	8,651
イワシ	11,197	19,160	14,595	17,828	18,493
マナガツオ	430	437	1,834	368	457
ふぐ	4,483	14,403	29,140	41,721	18,693
フウセイ	1,026	206	2,472	638	619
タコ	2,273	2,359	2,526	2,378	1,470
ワタリガニ	5,695	8,225	9,430	13,439	9,933
その他	70,075	273,119	279,546	235,990	198,957
甲イカ	909	777	4,125	454	801
エビ	55	704	227	3,980	4,814
アナゴ	749	634	1,489	1,682	4,015
明太	203	2,532	3,718	5,548	7,617
魚肉燻製品	3,483	4,967	3,576	5,667	15,199
トリガイ	65	189	294	75	80
カキ	1,385	3,698	4,110	8,644	15,845
アサリ	351	328	435	1,520	994
イガイ	305	544	2,645	795	1,799
その他	164,328	43,334	58,189	121,501	87,818
合計	499,247	679,358	697,467	764,171	670,459

出所：海洋水産部

1次産業

<表4-26> 品目別缶詰品加工実績　　　　　　　　　　　　　　　　　　　　（単位：トン）

区分	2008	2009	2010	2011	2012
サンマ	2,422	11,764	14,275	14,634	16,322
サバ	3,565	2,435	5,994	7,953	3,377
カキ	703	1,243	3,042	1,711	3,601
サザエ	1,905	2,618	1,252	3,425	6,091
マグロ	62,407	35,457	28,000	54,443	55,135
その他	2,488	6,387	1,505	233	267
合計	73,579	61,287	54,168	82,452	84,793

出所：海洋水産部

<表4-27> 品目別焼乾品加工実績　　　　　　　　　　　　　　　　　　　　（単位：トン）

区分	2008	2009	2010	2011	2012
イカ	12,603	3,770	1,191	1,461	6,585
明太	2,934	1,841	2,002	1,219	4,767
エビ	50	81	51	119	-
シラス	0	0	0	0	-
貝類	18	33	18	19	24
その他	207	421	360	1,088	660
合計	15,812	6,146	3,622	3,906	12,036

出所：海洋水産部

<表4-28> 品目別塩乾品加工実績　　　　　　　　　　　　　　　　　　　　（単位：トン）

区分	2008	2009	2010	2011	2012
イシモチ類	19,145	19,897	12,189	34,375	33,058
その他	299	295	376	325	458
合計	19,444	20,192	12,565	34,700	33,966

出所：海洋水産部

<表4-29> 品目別煮沸品加工実績　　　　　　　　　　　　　　　　　　　　（単位：トン）

区分	2008	2009	2010	2011	2012
カキ	450	164	450	153	0
イワシ	31,990	53,451	44,035	33,041	29,511
エビ	95	163	165	197	125
イガイ	18	132	80	33	53
その他	239	308	244	227	170
合計	32,792	54,218	44,974	33,651	29,859

出所：海洋水産部

<表4-30> 品目別海藻製品加工実績　　　　　　　　　　　　　　　　　　　　　(単位：トン)

区分	2008	2009	2010	2011	2012
乾海苔	61,615	53,631	57,178	34,335	40,306
乾ワカメ	19,411	18,448	21,346	8,507	9,678
塩蔵ワカメ	63,092	71,498	74,325	140,400	116,280
昆布	2,832	3,899	2,907	13,711	13,348
ヒジキ	5,269	4,044	2,364	2,899	4,172
海藻類	1,504	4,116	5024	2,199	1,618
その他	3,562	1,167	960	3,759	4,351
合計	157,285	156,803	164,104	205,810	189,753

出所：海洋水産部

<表4-31> 品目別寒天加工実績　　　　　　　　　　　　　　　　　　　　　(単位：トン)

区分	2008	2009	2010	2011	2012
糸寒天	142	126	0	102	74
粉寒天	64	208	206	348	329
その他	0	0	0	0	6
合計	206	334	206	450	409

出所：海洋水産部

<表4-32> 品目別調味加工品加工実績　　　　　　　　　　　　　　　　　　　(単位：トン)

区分	2009	2010	2011	2012
調味海苔	13,146	14,349	27,291	27,627
調味イカ	11,566	11,890	9,246	6,430
調味カワハギ	875	616	872	751
調味干しスケソウダラ	517	744	855	380
その他	7,610	7,055	6,007	8,602
合計	33,714	34,654	44,271	43,790

出所：海洋水産部

<表4-33> 品目別魚油分加工実績　　　　　　　　　　　　　　　　　　　　(単位：トン)

区分	2008	2009	2010	2011	2012
イカ油	991	1,471	948	473	355
その他魚肝油	853	679	5,536	391	4,161
魚粉、魚肥	7,140	7,887	6,803	2,264	11,250
合計	8,984	10,037	13,287	3,128	15,766

出所：海洋水産部

<表4-34> 品目別塩蔵品加工実績　　　　　　　　　　　　　　　　　　　　(単位：トン)

区分	2008	2009	2010	2011	2012
サバ	2,327	9,210	5,963	7,631	7,429
その他	1,775	3,738	3,970	15,837	16,829
合計	4,102	12,948	9,933	23,468	24,258

出所：海洋水産部

1次産業

<表4-35> 品目別塩辛品加工実績　　　　　　　　　　　　　　　　　　　　　　　　（単位：トン）

区分	2008	2009	2010	2011	2012
イワシ塩辛	14,109	10,701	14,951	10,999	11,664
海老塩辛	17,792	19,753	6,910	4,864	7,358
イカ塩辛	1,605	2,792	2,245	1,945	3,438
貝の塩辛	370	472	395	896	867
カキ(カキ塩辛)	399	657	516	623	581
ウニ塩辛	3	4	2	4	40
タラコ	3,833	2,167	5,003	4,643	4,977
タラの腸の塩辛	558	631	553	522	499
キングチの塩辛	492	783	424	385	419
その他	9,650	3,174	4,316	2,347	5,350
合計	48,811	41,134	35,315	27,228	35,193

出所：海洋水産部

<表4-36> 市道別水産物加工実績現況　　　　　　　　　　　　　　　　　　　　　　　（単位：トン）

	冷凍品	缶詰品	燻製品	焼乾品	塩乾品	煮沸品	海藻製品
ソウル	547	0	873	0	0	0	0
釜山	346,207	1,065	45,035	3	104	253	579
大邱	2,387	0	0	0	0	2	0
仁川	10,025	0	0	13	174	1	4
光州	290	0	3,941	0	0	0	277
大田	308	0	10	0	0	0	20
蔚山	4,938	0	60	0	0	0	472
京畿	6,477	0	54,394	4	16	59	1,170
江原	8,559	0	1,500	10,213	12	0	8
忠北	0	0	3,959	495	0	0	0
忠南	12,533	0	5,411	0	0	718	717
全北	4,885	0	0	9	0	0	3,014
全南	18,897	13,541	0	0	33,144	16,838	182,297
慶北	147,350	4,564	2,101	1,055	0	57	0
慶南	100,766	64,898	11,903	198	0	11,924	1,040
済州島	6,290	725	1	46	516	7	155
遠洋	545,476	0	0	0	0	0	0
合計	1,215,935	84,793	129,188	12,036	33,966	29,859	189,753

<続く>

	寒天	調味加工品	魚油品	塩蔵品	塩辛品	水産皮革品	その他
ソウル	0	191	0	0	86	0	193
釜山	0	4,792	45	5,589	5,470	817	59,487
大邱	0	143	0	1,104	0	0	5
仁川	0	622	0	1,433	4,681	0	1,101
光州	0	34	0	0	0	7	3
大田	0	459	0	0	0	0	0
蔚山	0	0	77	0	395	0	0
京畿	0	21,353	0	14,019	325	0	737
江原	0	3,302	15,249	27	2,930	0	25
忠北	0	1,385	0	0	0	0	0
忠南	6	723	0	0	2,515	0	3
全北	0	748	0	565	1,454	0	0
全南	94	3,089	26	290	9,158	0	874
慶北	0	3,005	365	448	2,305	0	4,163
慶南	309	3,944	4	448	5,521	0	3,039
済州島	0	0	0	335	353	0	37
遠洋	0	0	0	0	0	0	0
合計	409	43,790	15,766	24,258	35,193	824	69,667

注) 2012年度　　　　　　　　　　　　　　　　　　　　　　出所：海洋水産部

2 エネルギー・電力・ガス産業

エネルギー・電力・ガス産業

1. エネルギー

<表1-1> 主要エネルギー指標

区分		2008	2009	2010	2011	2012
総エネルギー消費(千TOE)	一次エネルギー	240,752	243,311	263805	276636	278698
	最終エネルギー	182,576	182,066	195587	205863	208120
源別構成比(%)	石炭	27.4	28.2	29.2	30.2	29.1
	石油	41.6	42.1	39.5	38.0	38.1
	LNG	14.8	13.9	16.3	16.7	18.0
	水力	0.5	0.5	0.5	0.6	0.6
	原子力	13.5	13.1	12.1	12.0	11.4
	新再生エネルギー	2.2	2.2	2.3	2.4	2.9
一人当りの総エネルギー消費(TOE)		4.92	4.95	5.34	5.56	5.57
指数GDP単位当りのエネルギー消費	TOE/百万ウォン	0.246	0.248	0.253	0.256	0.252
	TOE/千ドル	0.252	0.254	0.259	0.262	0.258
	指数(2005=100)	93.1	93.8	95.7	96.8	95.5
輸入依存度(%)	原子力発電含む	96.4	96.4	96.5	96.5	96.0
	原子力発電除外	83.0	83.4	84.4	84.4	84.6

出所: エネルギー経済研究院

<表1-2> 一次エネルギー供給(物量)

		2007	2008	2009	2010	2011	2012
石炭(千M/T)	計	94,128	104,198	108,378	121,029	130,860	128,146
	無煙炭	9,698	10,215	9,777	10,104	11,182	10,479
	有煙炭	84,430	93,983	98,602	110,926	119,678	117,667
石油(千Bbl)	計	794,946	760,641	778,480	794,278	801,642	827,679
	エネルギー油	352,955	320,153	319,865	326,416	312,603	315,216
	LPG	97,143	110,881	106,320	105,175	99,201	95,473
	非エネルギー油	344,848	338,607	352,295	362,688	389,839	416,990
LNG(千M/T)		26,664	27,439	26,083	33,083	35,603	38,485
水力(GWh)		5,043	5,563	5,641	6,472	7,831	7,652
原子力(GWh)		142,937	150,958	147,771	148,596	154,723	150,328
新再生エネルギー(千TOE)		4,856	5,198	5,480	6,064	6,618	8,036

出所: エネルギー経済研究院

<表1-3> 一次エネルギー消費(熱量) (単位：千TOE)

		2007	2008	2009	2010	2011	2012
総エネルギー		236,454	240,752	243,311	263,805	276,636	278,698
石炭	計	59,654	66,060	68,604	77,092	83,640	80,978
	無煙炭	5,586	5,906	5,812	6,141	6,898	5,850
	有煙炭	54,068	60,155	62,792	70,951	76,741	75,128
石油	計	105,494	100,170	102,336	104,301	105,146	106,165
	エネルギー油	50,738	45,705	45,607	46,420	44,296	44,327
	LPG	10,127	10,647	11,079	10,924	10,303	9,912
	非エネルギー油	44,629	43,819	45,651	46,956	50,547	51,926
LNG		34,663	35,671	33,908	43,008	46,284	50,185
水力		1,084	1,196	1,213	1,391	1,684	1,615
原子力		30,732	32,456	31,771	31,948	32,285	31,719
再生及びその他		4,828	5,198	5,480	6,064	6,618	8,036

出所: エネルギー経済研究院

<表1-4> 一次エネルギー 消費(構成比) (単位：%)

		2007	2008	2009	2010	2011	2012
総エネルギー		100.0	100.0	100.0	100.0	100.0	100.0
石炭	計	25.2	27.4	28.2	29.2	30.2	29.1
	無煙炭	2.4	2.5	2.4	23.0	25.0	21.0
	有煙炭	22.9	25.0	25.8	26.9	27.7	27.0
石油	計	44.6	41.6	42.1	39.5	38.0	38.1
	エネルギー油	21.5	19.0	18.7	17.6	16.0	15.9
	LPG	4.3	4.4	4.6	4.1	3.7	3.6
	非エネルギー油	18.9	18.2	18.8	17.8	18.3	18.6
LNG		14.7	14.8	13.9	16.3	16.7	18.0
水力		0.5	0.5	0.5	0.5	0.6	0.6
原子力		13.0	13.5	13.1	12.1	12.0	11.4
再生及びその他		2.0	2.2	2.2	2.3	2.4	2.9

出所: エネルギー経済研究院

エネルギー・電力・ガス産業

<表1-5> 一次エネルギー供給構造

			2008	2009	2010	2011	2012
	総エネルギー(千TOE)		240,752	243,311	262,609	276,636	278,698
国内生産	計(千TOE)	原子力発電除外	8,553	8,639	9,160	9,794	11,116
		原子力発電含む	41,008	40,409	41,108	43,059	42,835
	無煙炭(千M/T)		4,134	3,114	2,508	2,239	2,288
	LNG(千M/T)		181	383	415	347	334
	水力(GWh)		5,563	5,641	6,472	7,831	7,652
	新再生エネルギー(千M/T)		5,198	5,480	6,064	6,618	8,036
輸入	計(千TOE)	原子力発電除外	232,200	234,672	253,449	266,842	267,582
		原子力発電含む	199,744	202,902	221,501	233,577	235,862
	石炭(千M/T)		100,064	105,265	116,814	128,621	125,858
	石油(千Bbl)		760,641	778,480	794,278	801,643	827,679
	原子力(GWh)		150,958	147,771	148,596	154,723	150,328
	LNG(千M/T)		27,258	25,700	32,668	35,256	38,151

出所: エネルギー経済研究院

<表1-6> エネルギー輸入額推移 (単位：百万ドル)

		2008	2009	2010	2011	2012
	総輸入額(a)	435,275	323,085	425,212	524,413	519,584
エネルギー輸入合計	エネルギー輸入(b)	141,475	91,160	121,654	172,490	184,800
	エネルギー輸入比率(b/a)	33	28	29	33	36
石炭	小計	12,809	9,995	13,131	18,477	16,069
	無煙炭	991	672	1,016	1,774	1,361
	有煙炭	11,156	8,997	11,425	16,052	14,221
	その他の石炭	662	326	690	651	488
石油	小計	108,130	66,568	90,902	129,346	140,671
	原油	85,855	50,757	68,662	100,806	108,298
	ナフサ	15,395	10,687	14,953	18,861	20,498
	LPG	4,741	3,046	4,313	5,657	5,576
	その他製品	2,139	2,078	2,974	4,023	6,299
天然ガス		19,806	13,875	17,006	23,859	27,364
ウラン		729	722	615	807	695

出所: エネルギー経済研究院

<表1-7> エネルギー輸入物量推移

	石油(千Bbl)			LNG (千Bbl)	石炭(千M/T)				原料炭 (トンU)
	石油計	原油	製品		石炭計	無煙炭計	有煙炭		
							有煙炭計	燃料炭	
2004	1,025,783	825,790	199,993	22,153	76,354	4,251	72,103	53,149	18,954
2005	1,030,681	843,203	187,478	22,341	73,897	4,567	69,330	52,355	16,975
2006	1,083,856	888,794	195,062	25,222	76,001	5,113	70,888	54,422	16,466
2007	1,082,803	872,541	210,263	25,568	84,799	5,444	79,355	60,970	18,385
2008	1,091,272	864,872	226,400	27,259	96,425	5,955	90,470	69,558	20,912
2009	1,105,222	835,085	270,137	25,822	99,420	6,468	92,952	73,399	19,553
2010	1,151,515	872,415	279,100	32,603	113,502	7,406	106,096	81,768	24,328
2011	1,207,996	927,044	280,951	36,721	124,935	8,817	116,118	89,961	26,157

注) 2011年は暫定分.

出所: エネルギー経済研究院

<表1-8> エネルギー輸出入実績

			2008	2009	2010	2011	2012
輸入	石炭 (千M/T)	計	100,398	103,309	119,304	129,712	126,036
		無煙炭	5,955	6,468	7,406	8,816	8,055
		有煙炭	90,470	92,952	106,096	116,118	114,645
		その他石炭	3,973	3,889	5,802	4,777	3,336
	石油 (千Bbl)	計	1,089,486	1,103,299	1,149,264	1,206,304	1,256,891
		原油	864,872	835,085	872,415	927,044	947,292
		製品	224,614	268,214	276,849	279,260	309,599
	LNG(千M/T)		27,259	25,822	32,604	36,685	36,184
	原子力燃料(トンU)		883	913	824	907	748
輸出	石油製品(千Bbl)		333,764	330,912	341,784	408,338	440,897

出所: エネルギー経済研究院

エネルギー・電力・ガス産業

<表1-9> 最終エネルギー消費推移

		2007	2008	2009	2010	2011	2012
石炭 (千M/T)	計	36,485	39,477	35,927	43,516	49,924	48,419
	無煙炭	7,542	8,255	8,417	9,265	10,639	9,888
	有煙炭	28,943	31,192	27,511	34,252	39,285	38,531
石油 (千Bbl)	計	763,585	740,940	752,234	767,386	778,899	796,495
	エネルギー油	322,402	302,686	296,169	304,600	296,647	291,757
	LPG	96,376	99,676	103,871	100,279	92,692	88,100
	非エネルギー油	344,807	338,575	352,193	362,507	389,560	416,638
都市ガス(百万㎥)		17,967	18,734	18,445	19,982	21,679	23,776
電力(GWh)		368,605	385,070	394,474	434,160	455,070	466,593
熱エネルギー(千TOE)		1,438	1,512	1,551	1,718	1,702	1,751
新再生エネルギー(千TOE)		4,492	4,747	4,867	5,346	5,834	7,124

出所: エネルギー経済研究院

<表1-10> 最終エネルギー 消費(熱量)　　　　　　　　　　　　　　　　　　(単位：千TOE)

		2007	2008	2009	2010	2011	2012
最終エネルギー計		181,455	182,576	182,066	195,587	205,864	208,120
増加率(%)		-	0.6	△0.3	7.4	5.3	1.1
石炭	計	24,249	26,219	23,895	29,164	33,544	31,964
	無煙炭	4,583	4,994	5,180	5,751	6,646	5,584
	有煙炭	19,666	21,225	18,715	23,413	26,898	26,380
石油	計	100,622	97,217	98,369	100,381	101,976	101,710
	エネルギー油	45,946	42,971	41,893	43,002	41,799	40,639
	LPG	10,053	10,432	10,840	10,448	9,670	9,194
	非エネルギー油	44,623	43,814	45,636	46,931	50,507	51,876
都市ガス		18,955	19,765	19,459	21,640	22,871	24,728
電力		31,700	33,116	33,925	37,338	39,136	40,127
熱エネルギー		1,438	1,512	1,551	1,718	1,702	1,751
新再生エネルギー		4,492	4,747	4,867	5,346	5,834	7,124

出所: エネルギー経済研究院

<表 1-11> 最終エネルギー 消費(構成比) (単位：%)

		2007	2008	2009	2010	2011	2012
最終エネルギー計		100.0	100.0	100.0	100.0	100.0	100.0
石炭	計	13.4	14.4	13.1	14.9	16.3	15.4
	無煙炭	2.5	2.7	2.8	2.9	3.2	2.7
	有煙炭	10.8	11.6	10.3	12.0	13.1	12.7
石油	計	55.5	53.2	54.0	51.3	49.5	48.9
	エネルギー油	25.3	23.5	23.0	22.0	20.3	19.5
	LPG	5.5	5.7	6.0	5.3	4.7	4.4
	非エネルギー油	24.6	24.0	25.1	24.0	24.5	24.9
都市ガス		10.4	10.8	10.7	10.8	11.1	11.9
電力		17.5	18.1	18.6	19.1	19.0	19.3
熱エネルギー		0.8	0.8	0.9	0.9	0.8	0.8
新再生エネルギー		2.5	2.6	2.7	2.7	2.8	3.4

出所：エネルギー経済研究院

<表 1-12> 部門別最終エネルギー消費 (単位：千TOE)

		合計	石油製品	無煙炭	有煙炭	電力	都市ガス	熱エネルギー	その他
2008	産業	106,458	54,745	3,906	2,1225	16,738	5,933	-	3,912
	家庭商業	36225	6,654	1,088	-	14,143	12,763	1476	101
	輸送	35793	34,642	-	-	196	777	-	178
	公共,その他	4100	1,175	-	-	2,039	292	36	557
2009	産業	106119	56,391	4,240	18,715	17,006	5,891	-	3,876
	家庭商業	35722	6,187	940	-	14,593	12,322	1509	162
	輸送	35,930	34,529	-	-	187	960	-	254
	公共,その他	4,295	1,263	-	-	2,138	277	42	575
2010	産業	115,155	57,351	4,851	22,217	19,193	7,329	-	4,215
	家庭商業	37,256	6,450	901	-	15,636	12,489	1,675	105
	輸送	36,938	35,282	-	-	188	1,112	-	357
	公共,その他	4,483	1,299	-	-	2,321	152	42	669
2011	産業	126,886	59,635	5,775	26,898	20,830	8,383	-	5800
	家庭商業	37,542	5,929	871		15,758	13,201	1,661	122
	輸送	36,875	35,172	-	-	193	1,174	-	336
	公共,その他	4,560	1,240	-	-	2,355	112	41	811
2012	産業	128,324	59,748	4,752	26,380	21,426	9,501	-	5,800
	家庭商業	37,884	5,363	832	-	16,049	13,797	1,711	132
	輸送	37,143	35,341	-	-	194	1,248	-	360
	公共,その他	4,769	1,258	-	-	2,459	181	40	832

出所：エネルギー経済研究院

エネルギー・電力・ガス産業

<表1-13> 年度別再生可能エネルギー生産量推移 (単位：TOE)

	2009	2010	2011	2012
一次エネルギー合計(千TOE)	243,311	263,805	275,688	278,698
再生可能エネルギー供給比率(%)	2.50	2.60	2.75	3.18
新再生エネルギー合計(toe)	6,086,249	6,856,284	7,582,846	8,850,739
太陽熱	30,669	29,257	27,435	26,259
太陽光	121,731	166,152	197,198	237,543
事業用	101,049	137,032	158,095	179,899
自家用	20,682	29,120	39,102	57,644
バイオ	580,419	754,623	963,363	1,334,724
バイオガス	50,865	80,343	91,184	107,430
埋立地ガス	128,302	114,990	124,220	116,073
バイオディーゼル	254,189	356,822	336,054	359,916
ウッドチップ	20,075	132,230	163,022	164,542
成形炭	24,102	23,053	24,591	23,857
林産燃料	49,309	23,419	23,665	56,481
木質ペレット	53577	23,766	50,995	120,055
廃木材1)	-	-	149,632	140,874
黒液	-	-	-	228,337
下水汚泥固形燃料	-	-	-	17,159
風力	147,351	175,644	185,520	192,674
事業用	146,249	174,531	184,394	191,682
自家用	1,102	1,113	1,126	992
水力2)	606,629	792,294	965,373	814,933
事業用	606549	792,075	965,120	814,537
自家用	80	218	253	396
燃料電池	19,193	42,346	63,344	82,510
事業用	17,578	40,436	60,730	78,987
自家用	1,615	1,911	2,614	3,523

<続く>

	2009	2010	2011	2012
廃棄物	4,558,131	4,862,296	5,121,534	5,998,509
廃ガス	2,015,279	2,114,825	2,175,167	2,999,138
産業廃棄物	802,560	851,834	873,206	860,472
生活廃棄物	58,455	94,406	184,506	147,247
大型都市ごみ	660,511	717,671	753,252	748,372
セメントキルン補助燃料	543,179	618,082	681,415	752,890
RDF/RPF/TDF3)	45,393	93,275	220,171	261,022
精製燃料油	260,354	227,497	233,816	229,368
廃木材1)	172,400	144,706	-	-
地熱	22,126	33,449	47,833	65,277
海洋	-	223	11,246	98,310

出所：エネルギー管理公団

<表1-14> 年度別再生可能エネルギー発電量　　　　　　　　　　　　　（単位：MWh）

	2009	2010	2011	2012
総発電量1)	433,603,745	474,660,205	501,527,009	532,190,711
揚水発電	2.827.991	2.789.934	3.232.985	3.683.262
再生可能エネルギー供給比率(%)	1.07%	1.24%	3.46%	3.66%
再生可能エネルギー総発電量	4.617.886	5.889.553	17.345.647	19.498.064
事業用	4.508.680	5.731.501	12.712.004	12.768.554
自家用	109.206	158.052	4.633.643	6.729.510
太陽光	566.191	772.801	917.198	1.103.227
事業用	469.994	637.359	735.327	852.602
自家用	96.197	135.442	181.871	250.625
バイオ	455.542	416.713	524.623	1.027.251
事業用	455.542	409.185	469.805	654.430
自家用	-	7.528	54.818	372.821
バイオガス	6.814	17.401	44.860	38.973
事業用	6.814	9.873	20.263	15.461
自家用	-	7.528	24.597	23.512
埋立地ガス	448.728	399.312	440.814	419.409
事業用	448.728	399.312	440.814	419.409
ウッドチップ	-	-	8.728	88.060
事業用	-	-	8.728	23.057
自家用	-	-	-	65.003
ウッドペレット	-	-	-	83.015
事業用	-	-	-	83.015
廃木材	-	-	30.221	40.534
事業用	-	-	-	32.168
自家用	-	-	30.221	8.366
黒液	-	-	-	275.940
自家用	-	-	-	275.940
下水汚泥固形燃料	-	-	-	81.320
事業用	-	-	-	81.320
風力	685.353	816.950	862.884	912.760
事業用	680.228	811.772	857.646	908.447
自家用	5.125	5.179	5.238	4.313

<続く>

エネルギー・電力・ガス産業

	2009	2010	2011	2012
水力2)	2,821,530	3,685,090	4,490,,107	3,862,087
事業用	2,821,157	3,684,075	4,488,929	3,860,364
自家用	373	1,015	1,178	1,723
燃料電池	89,270	196,960	294,621	389,664
事業用	81,759	188,072	282,463	374,347
自家用	7,511	8,888	12,158	15,317
廃棄物	-	-	10,203,907	11,737,151
事業用	-	-	5,825,528	5,652,440
自家用	-	-	4,378,379	6,084,711
廃ガス	-	-	9,862,615	11,162,731
事業用	-	-	5,568,052	5,459,106
自家用	-	-	4,294,563	5,703,625
産業廃棄物	-	-	45,713	27,598
事業用	-	-	11,708	4,600
自家用	-	-	34,005	22,998
生活廃棄物	-	-	56,708	100,697
事業用	-	-	48,298	57,725
自家用	-	-	8,410	42,972
大型都市ごみ	-	-	238,871	439,281
事業用	-	-	197,470	124,165
自家用	-	-	41,401	315,116
RDF/RPF/TDF	-	-	-	6,844
事業用	-	-	-	6,844
海洋	-	1,039	52,307	465,924
事業用	-	1,039	52,307	465,924

注)1) 総発電量は揚水発電量を含む数値、'12年の総発電量は事業用+商用+自家用の合計
2) 水力は揚水発電を除く

出所: エネルギー管理公団

<表1-15> 再生可能エネルギー販売量推移(発電)　　　　　　　　　　　　　　　　　　(単位：kW)

		2009	2010	2011	2012
太陽光4)	計	166,838	126,645	78,818	295,159
	事業用	142,657	92,350	42,983	232,978
	自家用	24,181	34,295	35,835	62,180
バイオ	計	7,173	23,759	1,875	7,744
	事業用	3,243	7,489	1,755	7,144
	自家用	3,930	16,270	120	600
バイオガス3)	計	3,930	1,494	425	6,720
	事業用	-	179	305	6,120
	自家用	3,930	1,315	120	600
埋立地ガス3)	計	2,443	4,310	-	1,024
	事業用	2,443	4,310	-	1,024
ウッドチップ3)	計	-	17,950	-	-
	事業用	-	3,000	-	-
	自家用	-	14,950	-	-
廃木材3)	計	800	-	1,450	-
	事業用	800	-	1,450	-
	自家用	-	-	-	-
黒液3)	計	-	-	-	-
	自家用	-	-	-	-
風力4)	計	47,276	30,936	26,630	54,561
	事業用	47,250	30,900	26,598	53,800
	自家用	26	36	32	761
水力2), 4)	計	13,778	6,390	62,320	29,194
	事業用	13,778	5,670	62,260	29,139
	自家用	-	720	60	55
燃料電池4)	計	14,501	14,230	24,956	3,003
	事業用	14,400	14,000	24,400	2,800
	自家用	101	230	556	204
廃棄物	計	210,778	476,800	93,598	6,635
	事業用	210,600	468,800	2,900	1,685
	自家用	178	8,000	90,698	4,950
廃ガス3)	計	200,000	462,000	84,200	-
	事業用	200,000	462,000	-	-
	自家用	-	-	84,200	-

<続く>

エネルギー・電力・ガス産業

		2009	2010	2011	2012
廃ガス3)	計	200,000	462,000	84,200	-
	事業用	200,000	462,000	-	-
	自家用	-	-	84,200	-
産業廃棄物3)	計	-	-	-	1,685
	事業用	-	-	-	1,685
	自家用	-	-	-	-
生活廃棄物3)	計	178	8,000	6,498	4,950
	事業用	-	-	-	-
	自家用	178	8,000	6,498	4,950
大型都市ゴミ3)	計	10,600	6,800	2,900	-
	事業用	10,600	6,800	2,900	-
	自家用	-	-	-	-
海洋4)	計	-	1,000	254,000	-
	事業用	-	1,000	254,000	-

出所：エネルギー管理公団

2. 石油

<表2-1> 石油製品需給推移　　　　　　　　　　　　　　　　　　　　　　(単位：千Bbl)

		2008	2009	2010	2011	2012
原油	国内生産	155	321	380	285	263
	輸入	864,872	835,085	872,415	927,044	947,292
	原油処理量	865,663	838,475	872,247	924,441	945,162
	在庫	10,723	7,244	7,611	10,980	13,231
その他原料	輸入	1,787	1,923	2,251	1,691	1,766
石油製品	輸入	224,614	268,214	276,849	279,260	309,599
	在庫	40,034	37,636	41,464	41,141	48,440
	生産	938,749	912,654	938,926	1,002,257	1,034,708
	輸出	333,764	330,912	341,784	408,338	440,897
	国際バンカー油	50,610	45,473	49,341	49,131	49,091
	消費	760,641	778,480	794,278	801,642	827,679

出所：エネルギー経済研究院

<表2-2> 製品別石油製品生産推移　　　　　　　　　　　　　　　　　　(単位：千Bbl)

		2008	2009	2010	2011	2012
	総計	938,749	912,645	938,926	1,002,257	1,034,708
エネルギー油	計	647,227	630,136	650,834	693,699	707,075
	ガソリン	92,864	108,680	111,811	123,612	137,387
	灯油	30,917	32,514	38,681	34,718	26,615
	軽油	264,470	261,714	268,395	292,281	309,738
	硬質重油	3,041	2,940	3,157	3,168	2,642
	重油	640	488	511	531	371
	B-C油	146,894	121,151	122,501	121,217	99,602
	航空燃料	108,401	102,649	105,781	118,172	130,720
LPG	計	34,534	35,124	32,631	18,319	17,252
	プロパン	12,314	14,748	15,828	9,091	9,853
	ブタン	22,220	20,376	16,803	9,228	7,399
非エネルギー油	計	256,989	247,385	255,461	290,239	310,381
	ナフサ	173,746	159,064	169,721	195,101	207,104
	溶剤	3,925	4,734	4,766	3,972	3,912
	アスファルト	26,009	28,008	29,284	24,179	24,869

出所：エネルギー経済研究院

<表2-3> 製品別石油製品国内消費量推移 (単位：千Bbl)

		2008	2009	2010	2011	2012
総計		760,641	778,480	794,278	801,642	827,679
エネルギー油	計	320,153	319,864	326,417	312,603	315,217
	ガソリン	62,937	65,872	68,931	69,574	71,765
	灯油	27,659	25,991	29,354	25,430	22,009
	軽油	134,513	132,308	134,648	134,157	136,725
	硬質重油	1,974	2,078	2,047	2,213	2,027
	重油	1,346	1,289	1,344	1,280	843
	B-C油	66,676	66,065	61,903	51,505	51,642
	航空燃料	25,047	26,261	28,190	28,445	30,206
LPG	計	101,881	106,320	105,175	99,201	95,473
	プロパン	38,841	43,264	45,828	43,292	41,989
	ブタン	63,039	63,056	59,347	55,908	53,484
非エネルギー油	計	338,607	352,296	362,686	389,839	416,989
	ナフサ	311,368	322,622	331,819	355,192	384,606
	溶剤	3,330	3,199	4,298	2,877	1,268
	アスファルト	9,927	12,484	11,115	10,413	10,152

出所：エネルギー経済研究院

<表2-4> 石油製品消費推移－軽油 (単位：千Bbl)

		2008	2009	2010	2011	2012
供給	生産	264,470	261,714	268,392	292,281	309,738
	輸入	369	836	758	950	4,783
	輸出	130,936	125,474	130,761	159,181	176,464
消費	産業	18,870	19,274	20,332	20,082	19,573
	輸送	105,178	104,088	105,188	104,809	106,908
	家庭.商業	6,647	4,894	4,783	4,903	4,879
	公共	3,735	3,909	4,098	3,754	4,225
	合計	134,513	132,308	134,647	134,157	136,725
在庫		8,573	7,461	8,313	7,406	9,376

出所：エネルギー経済研究院

<表2-5> 石油製品消費推移-ナフサ (単位:千Bbl)

		2008	2009	2010	2011	2012
供給	生産	173,746	159,064	169,721	195,101	207,104
	輸入	153,381	180,840	188,600	188,507	207,444
	輸出	22,915	26,569	32,111	35,386	33,287
消費	産業	311,368	322,622	331,819	355,192	384,606
	その他	0	0	0	0	0
	都市ガス	0	0	0	0	0
	合計	311,368	322,622	331,819	355,192	384,606
在庫		9,699	8,330	8,837	8,809	11,795

出所:エネルギー経済研究院

<表2-6> 石油製品消費推移-灯油 (単位:千Bbl)

		2008	2009	2010	2011	2012
供給	生産	30,917	32,514	38,681	34,718	26,615
	輸入	379	68	331	417	151
	輸出	2,396	5,425	6,462	8,960	7,582
消費	産業	4,307	4,164	4,982	4,252	3,686
	輸送	51	52	79	84	126
	家庭.商業	22,017	20,342	22,893	20,145	17,457
	公共	644	729	743	588	457
	合計	27,659	25,991	29,354	25,430	22,009
在庫		2,410	2,308	3,009	2,429	1,993

出所:エネルギー経済研究院

<表2-7> 石油製品消費推移-ガソリン (単位:千Bbl)

		2008	2009	2010	2011	2012
供給	生産	92,864	108,680	111,811	123,612	137,387
	輸出	30,911	40,187	39,338	53,519	63,492
消費	高級	0	0	0	0	0
	普通	0	0	0	0	0
	無鉛	62,937	65,872	68,931	69,574	71,765
	合計	62,937	65,872	68,931	69,574	71,765
在庫		2,650	3,203	3,842	3,201	5,099

出所:エネルギー経済研究院

エネルギー・電力・ガス産業

<表2-8> 石油製品消費推移－重油 (単位：千Bbl)

		2008	2009	2010	2011	2012
供給	生産	150,574	124,579	126,168	124,916	102,615
	輸入	7,192	19,828	17,478	15,392	27,146
	輸出	35,207	25,394	25,565	34,213	28,083
消費	産業	28,183	24,698	22,941	18,675	12,944
	輸送	20,742	18,688	18,511	19,173	17,859
	家庭商業	3,616	2,755	2,393	1,995	1,533
	公共	203	179	199	170	142
	合計	69,997	69,432	65,294	54,998	54,512
	在庫	9,543	9,117	10,031	11,235	10,595

出所：エネルギー経済研究院

<表2-9> 石油製品消費推移－LPG (単位：千Bbl)

		2008	2009	2010	2011	2012
供給	生産	34,534	35,133	32,631	18,319	17,252
	輸入	63,041	66,191	69,629	73,940	69,946
	輸出	372	126	911	905	1,785
消費	産業	31,912	34,173	31,665	26,913	24,770
	輸送	47,472	48,956	48,610	46,235	44,655
	家庭商業	20,338	20,501	19,734	19,307	18,422
	公共	264	237	269	237	252
	合計	101,881	106,320	105,175	99,201	95,473
	在庫	2,542	2,231	2,585	3,102	2,725

出所：エネルギー経済研究院

<表2-10> 製品別石油類輸出量推移 (単位：千Bbl)

		2008	2009	2010	2011	2012
総計		333,764	330,912	341,784	408,338	440,897
エネルギー油	計	276,319	266,299	273,575	337,113	367,160
	ガソリン	30,911	40,187	39,338	53,519	63,492
	灯油	2,396	5,425	6,462	8,960	7,582
	軽油	130,936	125,474	130,761	159,181	176,464
	硬質重油	33	-	-	40	0
	重油	-	-	-	-	-
	B-C油	35,174	25,934	25,565	34,173	28,083
	航空燃料	76,869	69,819	71,449	81,239	91,539
LPG	計	372	126	911	905	1,785
	プロパン	258	125	910	742	1,563
	ブタン	115	1	1	163	222
非エネルギー油	計	57,072	64,487	67,298	70,320	71,952
	ナフサ	22,915	26,569	32,111	35,386	33,287
	溶剤	-	8	-	217	419
	アスファルト	15,651	15,854	18,531	14,297	14,171

出所：エネルギー経済研究院

<表2-11> 製品別石油類輸入量推移 (単位：千Bbl)

		2008	2009	2010	2011	2012
総計		224,614	268,214	276,849	279,260	309,599
エネルギー油	計	8,192	20,764	18,574	16,776	32,182
	ガソリン	-	-	-	-	84
	灯油	379	68	331	417	151
	軽油	369	836	758	950	4,783
	硬質重油	-	30	-	-	-
	B-C油	7,192	19,828	17,478	15,392	27,146
	航空燃料	251	2	6	16	18
LPG	計	63,041	66,191	69,629	73,940	69,946
	プロパン	31,074	32,399	35,221	38,561	36,916
	ブタン	31,967	33,792	34,408	35,379	33,030
非エネルギー油	計	153,381	181,259	188,647	188,545	207,470
	ナフサ	153,381	180,840	188,600	188,507	207,444
	溶剤	-	38	47	38	26
	アスファルト	-	-	-	-	-

出所：エネルギー経済研究院

エネルギー・電力・ガス産業

<表2-12> 原油輸入推移 (単位：千Bbl)

		2008	2009	2010	2011	2012
合計	合計(1,000Bbl)	864,872	835,085	872,415	927,044	947,292
中東	小計	746,458	705,363	713,647	807,908	805,971
	長期契約	569,061	560,061	589,285	685,205	645,317
	現物	177,337	145,302	124,361	122,704	160,654
	賃加工	0	0	0	0	0
	開発輸入	0	0	0	0	0
アジア	小計	108,482	116,379	152,354	108,402	88,190
	長期契約	17,689	19,214	23,177	22,820	18,969
	現物	90,794	97,166	129,176	85,583	69,220
	賃加工	0	0	0	0	0
	開発輸入	0	0	0	0	0
アフリカ	小計	9,932	11,608	4,592	2,772	9,233
	長期契約	51	416	0	0	0
	現物	9,881	11,192	4,592	2,772	9,233
	賃加工	0	0	0	0	0
	開発輸入	0	0	0	0	0
アメリカ/ヨーロッパ	小計	0	1,734	1,823	7,962	43,899
	長期契約	0	0	0	0	0
	現物	0	1,734	1,823	7,962	43,899
	開発輸入	0	0	0	0	0

出所：エネルギー経済研究院

<表2-13> 原油処理実績推移 (単位：千Bbl)

	輸入量	処理量			1日精製能力(千BPSD)	稼働率(%)
		年間	月平均	日平均		
2006	888,794	878,395	73,200	2,406.6	2,772	86.82
2007	872,541	882,117	73,510	2,416.8	2,812	85.94
2008	864,872	865,663	72,139	2372.0	2,860	82.93
2009	835,085	838,475	69,873	2297.2	2,875	79.9
2010	872,415	872,247	72,687	2390.0	2,890	82.69
2011	927,044	924,441	77,037	2533.3	3,010	84.14
2012	947292	945162	78,764	2582.0	3,039	84.98

出所：エネルギー経済研究院

3. 電力

<表3-1> 電力需給推移 (単位：MW, %)

	2007	2008	2009	2010	2011	2012
設備容量	67,196	70,353	73,310	76,078	76,649	81,806
供給能力	66,778	68,519	72,071	75,747	77,179	79,972
最大電力	62,285	62,794	66,797	71,308	73,137	75,987
平均電力	46,019	48,082	49,498	54,185	56,723	57,601
予備電力	4,493	5,725	5,274	4,439	4,042	3,985

出所：韓国電力公社

<表3-2> エネルギー源別発電電力量推移 (単位：GWh)

区分		2007	2008	2009	2010	2011	2012
水力		5,042	5,561	5,641	6,472	7,831	6,368
石炭火力	無煙炭	4,470	5,010	5,559	4,393	3,269	3,704
	有煙炭	150,204	168,498	187,657	193,523	196,855	194,924
	小計	154,674	173,508	193,216	197,916	200,124	198,628
油類火力	重油	17,689	9,701	13,670	12,405	12,040	18,085
	軽油	443	393	413	473	452	703
	小計	18,131	10,094	14,083	12,878	12,493	18,788
ガス火力		78,427	75,809	65,274	96,734	101,702	106,121
原子力		142,937	150,958	147,771	148,596	154,723	150,327
集団(油類)		3,084	5,336	5,827	8,080	12,429	16,194
代替		829	1,090	1,791	3,984	7,592	8,157
合計		403,124	422,355	433,604	474,660	496,893	504,583

出所：韓国電力公社

エネルギー・電力・ガス産業

<表3-3> 前年同期比発電量増減率 (単位：%)

区分	水力	火力					複合	内燃	原子力	計
		無煙炭	有煙炭	重油	LNG	計				
2001	-26.0	-0.3	13.9	9.1	-4.6	12.0	8.1	10.6	2.9	7.1
2002	28.0	-4.7	7.4	-14.9	13.8	2.7	32.0	8.6	6.2	7.5
2003	29.7	4.3	1.8	-1.8	-5.5	1.2	5.3	4.8	8.9	5.2
2004	-14.9	-16.9	6.8	-5.2	-56.2	3.1	37.3	9.9	0.8	6.1
2005	-11.5	0.0	5.2	-7.2	7.2	3.3	3.6	41.4	12.3	6.6
2006	0.6	-1.4	4.3	-6.2	60.0	3.1	16.8	17.7	1.3	4.5
2007	-3.4	6.2	11.1	14.9	61.2	11.8	13.8	-14.6	-3.9	5.8
2008	10.3	14.3	11.8	-26.0	-25.1	7.1	-2.5	-13.1	5.6	4.8
2009	1.4	15.1	11.1	35.0	-49.8	12.7	-13.5	38.6	-2.1	2.7
2010	14.7	4.8	2.2	16.3	200.3	4.3	46.6	4.8	0.6	9.5
2011	23.3	1.7	0.6	45.3	-2.4	5.3	6.6	7.6	1.1	4.5

出所：韓国電力公社

<表3-4> 発電用燃料消費量推移

			2008	2009	2010	2011
石炭(M/T)		合計	65,772,104	73,719,646	78,807,044	81,512,968
		無煙炭	2,534,021	2,690,328	2,404,050	1,658,801
		有煙炭	63,238,083	71,029,318	76,402,994	79,854,167
石油(kl)		合計	2,141,528	3,055,850	2,824,346	2,174,197
	重油	バンカーC油	2,034,572	2,943,672	2,693,701	2,050,365
		その他重油	28	-	16,958	-
		軽油	106,928	112,178	113,687	123,832
		ナフサ	-	-	-	-
LNG(トン)			10,515,372	8,596,732	12,914,479	13,609,052
原子力(千TOE)			32,456	31,771	31,948	32,285
水力(千TOE)			1,196	1,207	1,392	1,715

出所：韓国電力公社

<表3-5> 火力発電所熱効率推移 (単位：%)

			2008	2009	2010	2011	2012
火力	無煙炭	発電端	35.26	37.24	34.71	35.58	38.55
		送電端	32.19	34.07	31.75	32.54	35.26
	有煙炭	発電端	39.45	39.46	39.33	38.96	38.75
		送電端	37.54	37.56	37.41	37.04	36.83
	重油	発電端	36.68	37.60	36.40	35.83	36.27
		送電端	34.50	35.77	34.34	33.59	34.09
	ガス	発電端	35.40	35.27	35.10	34.92	36.24
		送電端	33.97	33.99	33.71	33.55	34.80
	計	発電端	39.10	39.24	38.91	39.62	38.53
		送電端	37.14	37.29	36.95	36.63	36.55

		2008	2009	2010	2011	2012
複合火力	発電端	46.10	46.74	46.45	47.30	47.73
	送電端	45.24	45.63	45.55	46.40	46.81
内燃力	発電端	40.39	41.08	40.58	41.14	41.11
	送電端	38.09	38.78	30.35	39.01	39.01
韓国電力と子会社 合計	発電端	40.67	40.46	40.67	40.51	40.57
	送電端	38.93	38.67	38.94	38.76	38.82
その他の会社	発電端	43.75	42.49	43.64	39.43	42.94
	送電端	42.92	41.67	42.73	38.68	42.10
合計	発電端	40.84	40.55	40.83	40.44	40.48
	送電端	39.14	38.79	39.14	38.75	38.86

注）火力-Steam, 発電端-Gross, 送電端-Net　　　　　出所：韓国電力公社

エネルギー・電力・ガス産業

<表3-6> 発電設備推移 (単位：kW)

		2007	2008	2009	2010
	総計	68,268,188	72,490,692	73,469,978	76,078,188
	水力	5,492,087	5,505,137	5,514,572	5,524,540
	原子力	17,715,683	17,715,683	17,715,683	17,715,683
	集団	892750	1,459,630	1,610,210	2,066,724
	代替	862409	728,337	1,136,352	1,748,980
火力	合計	43,305,259	47,081,905	47,493,161	49,022,261
	石炭混焼	20,465,000	23,705,001	24,205,000	24,205,000
	石油火力	4,488,600	4,488,600	4,478,600	4,478,600
	LNG兼用	1,537,500	1,537,500	887,500	887,500
	複合火力	16,510,989	17,043,989	17,574,961	19,100,161
	内燃力	303,170	306,815	347,100	351,000

出所：韓国電力公社

<表3-7> 送電設備推移

		2008	2009	2010	2011	2012
送電線亘長 (cm)	計	29,927,960	30,256,648	30,675,866	31,248,823	31,622,112
	765kV	754,674	754,674	834,602	834,602	834,602
	345kV	8,309,700	8,551,624	8,580,264	8,652,503	8,770,268
	154kV	20,298,088	20,469,446	20,777,065	21,279,577	21,577,528
	66kV	334,825	249,532	252,563	250,769	208,342
	180kV(DC)	231,673	231,372	231,372	231,372	231,372
電線総延長 (m)	計	186,308,291	188,292,052	191,276,425	194,253,214	196,219,528
	765kV	13,584,132	13,584,132	15,022,836	15,022,836	15,022,836
	345kV	86,418,528	87,884,604	88,079,718	88,798,185	89,666,707
	154kV	85,040,016	85,813,881	87,155,343	89,419,047	90,644,120
	66kV	1,004,475	748,596	757,689	752,307	625,026
	180kV(DC)	26,140	260,839	260,839	260,839	260,839
支持物 (基数)	鉄塔	38,713	38,885	39,391	39,702	39,800
	鉄柱	121	116	117	120	125
	コンクリート柱	1039	828	825	823	823
	木柱	41	39	39	39	38
	鉄管柱	368	393	438	466	566

出所：韓国電力公社

<表3-8> 変電設備推移

		2009	2010	2011	2012
変電所数 (基)	計	715	731	749	715
	765kV	6	6	6	5
	345kV	86	88	91	68
	154kV	613	628	644	636
	66kV	4	3	3	3
	22kV	6	6	5	3
変圧器容量 (kVA)	計	247,786,400	256,317,700	264,373,000	271,246,600
	765kV	24,114,600	27,115,200	29,115,600	29,115,600
	345kV	104,595,400	108,096,100	111,596,800	115,597,600
	154kV	118,643,200	120,683,200	123,226,400	126,143,200
	66kV	354,000	339,000	356,000	312,000
	22kV	79,200	84,200	78,200	78,200
電力量コンデンサ(kVAR)		20,008,000	21,448,000	20,778,000	21,488,000

出所：韓国電力公社

<表3-9> 配電設備推移

		2009	2010	2011	2012
配電線 総延長 (cm)	高圧	204,077,565	207,028,386	209,603,956	211,923,637
	低圧	216,180,666	221,231,069	225,945,059	230,717,608
	計	420,258,231	428,259,455	435,549,015	442,641,245
電線総延長 (m)	高圧	687,891,649	700,476,298	711,230,101	721,005,989
	低圧	490,609,569	504,456,667	517,351,469	530,301,284
	計	1,178,501,218	1,204,932,965	1,228,581,570	1,251,307,273
支持物 (基)	鉄塔	1,275	1,245	1,245	1,232
	鉄柱	353	318	290	282
	コンクリート	7,924,738	8,035,471	8,144,023	8,253,238
	木柱	328	319	305	304
	鋼管柱	292,064	305,723	317,893	328,367
	計	8,218,758	8,343,076	8,463,756	8,583,423
変圧器	台数(基)	1,961,059	1,989,925	2,005,113	2,027,727
	容量(kVA)	99,630,090	101,691,730	102,582,045	104,081,900

注) 高圧-600V以上, 低圧-600V未満 出所：韓国電力公社

エネルギー・電力・ガス産業

<表3-10> 電力販売量推移 (単位：MWh)

	2008	2009	2010	2011	2012
住宅用	57,877,514	59,427,255	63,199,602	63,523,655	65,483,733
一般用	86,827,003	89,619,316	97,410,032	99,504,065	101,592,760
教育用	5,783,324	6,465,449	7,452,576	7,568,016	7,860,449
産業用	203,474,609	207,215,867	232,672,176	251,490,648	258,101,933
農業用	8,869,459	9,671,357	10,654,295	11,231,538	12,776,045
街灯	2,847,241	2,954,231	3,081,490	3,145,498	3,158,091
深夜	19,390,987	19,121,163	19,690,056	18,606,840	17,619,937
合計	385,070,137	394,474,637	434,160,228	455,070,261	466,592,949

出所：韓国電力公社

<表3-11> 用途別電力販売量推移 (単位：MWh, %)

	2008	2009	2010	2011	2012
家庭用	56,227,938	57,595,481	61,194,167	61,564,249	63,536,150
占有率	14.6	14.6	14.1	13.5	13.6
公共用	16,577,299	17,932,259	19,871,542	20,539,309	21,422,340
占有率	4.3	4.5	4.6	4.5	4.6
サービス業	117,635,066	121,202,975	129,923,068	130,762,275	132,498,775
占有率	30.5	30.7	29.9	28.7	28.4
農林漁業	8,388,827	9,144,527	10,041,853	10,574,980	12,074,001
占有率	2.2	2.3	2.3	2.3	2.6
鉱業	1,446,109	1,350,156	1,682,954	1,928,241	1,616,370
占有率	0.4	0.3	0.4	0.4	0.3
製造業	184,794,897	187,249,239	211,446,643	229,701,207	235,445,313
占有率	48.0	47.5	48.7	50.5	50.5
計	385,070,137	394,474,637	434,160,228	455,070,261	466,592,949

出所：韓国電力公社

<表3-12> 電力損失量推移 (単位:MWh)

	送電端電力量(A)	送変電損失		配電損失		総損失
		配分電力量(B)	損失量(A-B)	損失量(C)	販売量(D)	損失量(A-D)
2005	346,207,398	336,548,986	9,658,412	5,956,356	330,592,630	15,614,768
2006	363,053,968	356,260,249	6,793,719	7,793,508	348,466,741	14,587,227
2007	384,693,240	378,009,889	6,683,351	8,661,810	369,348,078	15,345,161
2008	401,726,293	394,246,885	7,479,407	8,626,969	385,619,917	16,106,376
2009	411,631,123	404,757,943	6,873,181	9,896,559	394,861,383	16,769,740
2010	451,432,992	444,144,049	7,288,944	10,745,293	433,398,756	18,034,236
2011	472,650,336	465,440,440	7,209,896	10,220,487	45,5219,953	17,430,383
2012	484,334,191	476,693,295	7,640,896	9,650,608	467,042,687	17,291,504

注) 1. 送電端電力量(A)-'06年から：(購入電力量+韓電の島嶼への発電送電量)- 揚水発電電力量
2. 配電量(B)-'06年から:電子式(0.5%)自動測定

出所：韓国電力公社

<表3-13> 発電源別電力取引実績推移 (単位:GWh)

	2008	2009	2010	2011	2012
原子力	144,255	141,123	141,894	147,763	143,548
石炭	160,404	178,840	183,359	185,778	184,604
国内炭	6,326	7,298	7,649	7,777	8,020
石油類	8,941	12,819	11,854	9,569	14,525
LNG	4,534	3,594	5,636	2,479	3,765
複合	60,984	54,300	79,519	93,540	101,412
水力	3,007	2,760	3,287	4,123	3,348
揚水	2,480	2,814	2,774	3,214	3,634
再生可能	-	-	-	7,930	8,755
その他	1,499	2,143	4,890	184	189
合計	392,431	405,690	440,863	462,357	471,800

出所：エネルギー経済研究院

エネルギー・電力・ガス産業

4. ガス

<表4-1> 部門別都市ガス消費推移　　　　　　　　　　　　　　　　(単位：百万㎥)

	産業部門											
	計	農林漁業鉱業	製造業									
			計	食品タバコ	繊維衣服	木材木	パルプ印刷	石油化学	非金属	1次金属	組立金属	その他製造
2005	4,434	26	4,408	250	379	8	72	429	339	926	903	1,102
2006	4,616	26	4,590	241	367	15	87	379	488	983	902	1,127
2007	4,952	2	4,951	391	304	37	122	720	446	1,314	1,059	559
2008	5,624	6	5,618	458	424	42	183	1,097	395	1,184	1,234	601
2009	5,584	4	5,579	488	423	60	222	1,021	419	1,094	1,382	470
2010	6,947	4	6,942	567	512	50	288	1,563	432	1,384	1,488	658
2011	7,946	4	7,942	626	558	46	382	2,092	449	1,320	1,812	658
2012	9,135	6	9,129	672	549	46	418	2,080	553	1,289	1,826	1,697

	輸送部門	家庭部門	商業部門	公共その他	合計
2005	323	9,070	2,838	298	16,963
2006	452	9,224	3,021	190	17,504
2007	583	9,216	2,946	270	17,967
2008	736	9,122	2,975	277	18,734
2009	910	8,784	2,905	262	18,445
2010	1,054	8,878	2,960	144	19,982
2011	1,113	9,597	2,916	106	21,679
2012	1,200	9,720	3,546	174	23776

出所：エネルギー経済研究院

<表4-2> 年度別市道別家庭用都市ガス販売率推移 (単位：%)

	計	ソウル	釜山	大邱	仁川	光州	大田	蔚山
2003	66.5	94.2	45.8	60.9	83.4	63.6	66.4	67.0
2004	68.0	95.7	49.9	58.3	85.4	63.4	67.8	61.4
2005	68.9	95.3	53.4	61.4	86.2	66.4	68.8	66.5
2006	71.0	95.4	56.6	64.3	85.6	69.4	76.4	69.1
2007	72.1	96.1	61.4	68.9	86.0	73.4	79.8	70.3
2008	73.0	96.2	65.9	70.1	86.2	80.6	83.4	75.7
2009	71.2	87.5	68.6	73.1	88.0	84.8	85.9	79.0
2010	72.2	89.6	69.4	74.9	88.9	87.6	87.3	80.9
2011	75.0	92.3	72.6	77.8	91.5	91.2	90.7	83.8

	京畿	江原	忠北	忠南	全北	全南	慶北	慶南	済州
2003	73.5	46.0	37.8	22.7	52.6	38.8	32.1	38.8	-
2004	75.9	44.4	39.0	25.6	46.3	42.0	43.4	44.4	-
2005	77.2	48.1	39.7	29.4	46.0	43.2	45	46.6	0.7
2006	78.0	49.9	46.1	31.7	55.2	42.4	48.2	47.1	2.3
2007	78.2	54.1	50.4	35.4	58.2	43.4	51.6	48.5	2.7
2008	77.9	51.0	45.6	39.3	59.7	44.9	54.9	52.1	2.8
2009	77.5	42.6	48.8	39.1	53.9	45.8	51.7	54.5	3.2
2010	79.1	39.5	51.1	41.7	54.1	48.7	46.8	56.3	4.3
2011	81.2	48.0	53.4	45.3	58.1	50.2	48.9	58.4	5.6

出所：エネルギー経済研究院

<表4-3> 用途別都市ガス消費量推移 (単位：千m³)

		2008	2009	2010	2011	2012
合計		19,237,924	19,405,838	21,953,776	22,950,663	24,623,089
家庭用	炊事	1,379,507	1,437,463	1,482,619	1,558,603	1,593,842
	暖房	7,463,631	7,443,115	8,124,063	8,014,449	8,134,667
一般用		1,791,507	1,788,787	1,864,050	1,865,820	1,930,296
業務用		1,613,490	1,614,604	1,723,507	1,575,315	1,565,606
産業用		5,623,731	5,583,648	6,947,055	7,946,294	9,054,083
熱併合発電		629,756	628,427	758,742	877,139	1,149,663
輸送用		736,302	909,794	1,053,740	1,113,043	1,194,932

出所：エネルギー経済研究院

エネルギー・電力・ガス産業

<表4-4> 用途別都市ガス需要口数 (単位：千口)

区分		2005	2006	2007	2008	2009	2010	2011
家庭用	炊事	10,966,459	11,511,445	12,037,675	12,635,177	13,145,581	13,885,281	14,427,131
	(暖房)	8,668,832	9,079,778	9,712,260	10,242,758	10,672,207	11,258,000	11,667,029
一般用(営業用)		314,754	333,643	358,483	375,698	399,851	416,163	446,296
業務用		252,264	285,634	314,944	337,489	374,906	220,887	216,947
産業用		9,624	10,098	10,796	11,804	12,307	12,766	13,445
熱併合		193	279	337	421	465	634	451
輸送用		69	80	104	130	140	153	191
合計		11,543,363	12,141,179	12,722,339	13,360,719	13,933,250	14,535,884	15,104,700

出所：エネルギー経済研究院

<表4-5> 天然ガス需給推移 (単位：千トン, 千ドル)

	供給			需要					在庫
	国内生産	輸入量	輸入額	合計	発電	地域暖房	都市ガス製造	その他	
2008	181	27,259	19,806	27,439	11,175	603	15,489	173	2,558
2009	383	25,822	13,875	26,083	9,705	524	15,634	220	1,748
2010	415	32,603	17,006	33,083	14,648	651	17,522	213	2,667
2011	347	36,685	23,859	35,603	14,759	1,760	18,255	214	3,323
2012	334	36,184	27,364	38,485	16,132	2,046	19,558	200	1,840

出所：エネルギー経済研究院

<表4-6> 天然ガス生産設備と配管

	生産設備				配管全長 (km)
	接岸設備 (バース)	貯蔵タンク (10万kl)	気化設備 (トン/時間)	送出設備 (トン/時間)	
2006	5	48.8	8,056	8,070	2,519.6
2007	5	51.6	8,596	9,060	2,720.9
2008	5	59.2	9,136	9,500	2,739.0
2009	5	61.2	9,436	9,610	2,777.0
2010	5	71.2	9,916	11,040	2,879.4
2011	5	83.2	10,276	11,040	3,022.6
2012	6	88.6	1,063.6	11,040	3,558.0

出所：エネルギー経済研究院

<表4-7> 国別天然ガス輸入推移 (単位:千トン)

	2008	2009	2010	2011	2012
合計	27,259	25,822	32,603	36,685	36,184
インドネシア	3,053	3,084	5,451	7,894	7,445
カタール	8,744	6,973	7,449	8,153	10,278
マレーシア	6,247	5,874	4,745	4,144	4,082
オマーン	4,544	4,551	4,557	4,195	4,127
ブルネイ	738	530	787	756	773
オーストラリア	398	1,314	1,030	787	832
エジプト	1,414	239	735	456	602
その他	2,121	3,257	7,850	10,299	8,045

出所：エネルギー経済研究院

3 鉄・非鉄金属産業

1. 鉄鋼産業

<表1-1> 粗鋼生産量推移 (単位：千トン,%)

年	物量	前年比
2012	69,073	0.8
2011	68,519	16.3
2010	58,914	21.3
2009	48,572	-9.4

出所：韓国鉄鋼協会

<表1-2> 転炉生産量推移 (単位：千トン,%)

年	物量	前年比
2012	43,118	2.3
2011	42,142	23.5
2010	34,113	23.3
2009	27,666	-8.5

出所：韓国鉄鋼協会

<表1-3> 電気炉生産量推移 (単位：千トン,%)

年	物量	前年比
2012	25,954	-1.6
2011	26,377	6.4
2010	24,800	18.6
2009	20,905	-10.7

出所：韓国鉄鋼協会

<表1-4> 形鋼生産量推移 (単位：千トン,%)

年	物量	前年比
2012	4,838	1.1
2011	4,787	10.6
2010	4,328	0.3
2009	4,315	-10.2

出所：韓国鉄鋼協会

韓国の産業と市場　2014

<表1-5>　H形鋼生産量推移　　　　　　　　　　　　　　　　　　　　　(単位：千トン,％)

年	物量	前年比
2012	3,227	1.3
2011	3,186	11.2
2010	2,864	9.0
2009	2,626	-19.8

出所：韓国鉄鋼協会

<表1-6>　H形鋼出荷/在庫量推移(2012年)　　　　　　　　　　　　　　　(単位：千トン)

区分(月)	出荷			在庫
	輸出	内需	計	
1	107	149	256	242
2	96	152	248	241
3	109	179	289	233
4	104	166	270	241
5	120	170	290	285
6	118	159	277	311
7	103	171	274	311
8	98	162	261	333
9	99	144	243	323
10	113	174	287	252
11	113	167	279	214
12	109	140	249	213
合計	1,289	1,933	3,223	213

出所：韓国鉄鋼協会

<表1-7>　棒鋼生産量推移　　　　　　　　　　　　　　　　　　　　　(単位：千トン,％)

年	物量	前年比
2012	3,565	-4.0
2011	3,714	27.0
2010	2,924	29.3
2009	2,261	-15.7

出所：韓国鉄鋼協会

<表1-8> 特殊鋼棒鋼出荷/在庫量推移(2012年)　　　　　　　　　　　　　　(単位：千トン)

区分(月)	出荷			在庫
	輸出	内需	計	
1	33	186	219	296
2	27	185	213	284
3	29	196	225	285
4	33	198	231	290
5	32	187	219	297
6	29	164	193	326
7	30	181	211	324
8	22	148	170	341
9	21	158	179	353
10	16	154	170	362
11	15	152	167	365
12	17	139	157	367
合計	305	2,050	2,354	367

出所：韓国鉄鋼協会

<表1-9> 鉄筋生産量推移　　　　　　　　　　　　　　(単位：千トン,%)

年	物量	前年比
2012	9,077	3.0
2011	8,809	0.4
2010	8,771	-9.4
2009	9,677	-5.3

出所：韓国鉄鋼協会

<表1-10> 鉄筋出荷/在庫量推移(2012年)　　　　　　　　　　　　　　　　　(単位：千トン)

区分(月)	出荷			在庫
	輸出	内需	計	
1	44	641	686	338
2	32	580	612	455
3	26	740	766	486
4	22	771	793	467
5	25	852	877	379
6	28	792	820	322
7	17	722	739	338
8	14	702	717	332
9	43	633	676	421
10	16	775	791	356
11	26	790	816	349
12	20	698	718	407
合計	313	8,697	9,010	407

出所：韓国鉄鋼協会

<表1-11> 線材生産量推移　　　　　　　　　　　　　　　　　(単位：千トン, %)

年	物量	前年比
2012	2,708	-2.0
2011	2,764	1.1
2010	2,734	4.0
2009	2,629	-0.6

出所：韓国鉄鋼協会

<表1-12> 線材出荷/在庫量推移(2012年)　　　　　　　　　　　　　　(単位：千トン)

区分(月)	出荷			在庫
	輸出	内需	計	
1	44	167	211	81
2	36	185	221	84
3	46	185	231	81
4	42	177	219	86
5	53	187	239	80
6	47	176	223	85
7	48	185	234	90
8	47	171	218	95
9	45	162	207	92
10	63	165	229	96
11	57	181	238	91
12	60	166	226	92
合計	588	2,109	2,697	92

出所：韓国鉄鋼協会

<表1-13> 重厚板生産量推移　　　　　　　　　　　　　　　　　(単位：千トン,%)

年	物量	前年比
2012	10,225	-9.8
2011	11,342	19.1
2010	9,523	25.9
2009	7,565	-7.7

出所：韓国鉄鋼協会

<表1-14> 重厚板出荷/在庫量推移(2012年) (単位:千トン)

区分(月)	出荷			在庫
	輸出	内需	計	
1	249	633	882	489
2	248	676	925	486
3	248	746	993	477
4	168	626	794	532
5	319	613	932	531
6	189	641	830	523
7	183	671	854	571
8	165	678	842	593
9	173	612	785	557
10	158	602	760	558
11	179	576	755	545
12	200	521	721	601
合計	2,480	7,594	10,074	601

出所:韓国鉄鋼協会

<表1-15> 熱間圧延鋼板生産量推移 (単位:千トン,%)

年	物量	前年比
2012	20,484	2.2
2011	20,037	24.7
2010	16,069	26.6
2009	12,689	-7.9

出所:韓国鉄鋼協会

<表1-16> 熱間圧延鋼板出荷/在庫量推移(2012年)　　　　　　　　　　　　(単位：千トン)

区分(月)	出荷			在庫
	輸出	内需	計	
1	562	990	1,552	452
2	415	922	1,337	434
3	495	1,127	1,622	504
4	502	1,081	1,583	495
5	450	1,129	1,579	530
6	496	1,126	1,622	496
7	509	1,130	1,639	510
8	512	1,058	1,570	539
9	665	902	1,566	477
10	544	1,019	1,563	479
11	391	1,035	1,426	491
12	498	1,138	1,635	514
合計	6,038	12,657	18,695	514

出所：韓国鉄鋼協会

<表1-17> 冷間圧延鋼板生産量推移　　　　　　　　　　　　(単位：千トン, %)

年	物量	前年比
2012	9,813	-1.3
2011	9,941	2.4
2010	9,711	4.6
2009	9,283	-7.7

出所：韓国鉄鋼協会

<表1-18> 冷延鋼板(STS 除外)出荷/在庫量推移(2012年)　　　　　　　　　(単位：千トン)

区分(月)	出荷			在庫
	輸出	内需	計	
1	383	364	747	273
2	350	329	680	261
3	356	352	708	273
4	360	342	702	292
5	386	351	737	290
6	353	369	722	295
7	361	355	716	304
8	382	367	749	314
9	392	344	737	296
10	394	339	733	293
11	374	325	698	285
12	399	337	737	298
合計	4,491	4,175	8,666	298

出所：韓国鉄鋼協会

<表1-19> 溶融亜鉛メッキ鋼板生産量推移　　　　　　　　　　　　　　(単位：千トン,%)

年	物量	前年比
2012	6,450	10.8
2011	5,821	6.7
2010	5,454	33.0
2009	4,101	-22.8

出所：韓国鉄鋼協会

<表1-20> 溶融亜鉛メッキ鋼板出荷/在庫量推移(2012年)　　　　　　　　　　　(単位：千トン)

区分(月)	出荷			在庫
	輸出	内需	計	
1	177	347	524	317
2	154	310	464	290
3	178	355	533	321
4	172	360	533	342
5	195	382	576	335
6	178	363	541	352
7	196	351	547	352
8	197	342	539	368
9	207	299	506	372
10	210	379	590	329
11	212	329	541	348
12	196	328	523	392
合計	2,272	4,143	6,415	392

出所：韓国鉄鋼協会

<表1-21> 電気亜鉛メッキ鋼板生産量推移　　　　　　　　　　　(単位：千トン,%)

年	物量	前年比
2012	1,704	-0.0
2011	1,705	-17.1
2010	2,056	29.2
2009	1,591	-14.9

出所：韓国鉄鋼協会

<表1-22> 電気亜鉛メッキ鋼板出荷/在庫量推移(2012年)　　　　　　　　　　(単位：千トン)

区分(月)	出荷			在庫
	輸出	内需	計	
1	61	65	126	70
2	59	72	131	80
3	63	77	140	83
4	61	86	147	81
5	69	91	160	91
6	73	86	159	90
7	67	78	144	89
8	63	81	144	90
9	71	77	149	86
10	66	72	138	82
11	61	70	131	87
12	62	61	123	87
合計	777	915	1,692	87

出所：韓国鉄鋼協会

<表1-23> カラー鋼板生産量推移　　　　　　　　　　(単位：千トン,%)

年	物量	前年比
2012	2,112	-0.4
2011	2,121	-3.6
2010	2,200	23.4
2009	1,783	-5.8

出所：韓国鉄鋼協会

<表1-24> カラー鋼板出荷/在庫量推移(2012年) (単位：千トン)

区分(月)	出荷			在庫
	輸出	内需	計	
1	81	86	166	146
2	69	102	171	145
3	80	95	175	158
4	99	93	192	149
5	81	92	173	147
6	66	106	172	154
7	63	94	158	150
8	78	119	197	148
9	74	103	177	147
10	50	99	149	176
11	86	99	186	170
12	87	85	172	175
合計	914	1,174	2,088	175

出所：韓国鉄鋼協会

<表1-25> 錫メッキ鋼板生産量推移 (単位：千トン,％)

年	物量	前年比
2012	653	4.0
2011	628	1.1
2010	621	2.2
2009	608	-2.5

出所：韓国鉄鋼協会

<表1-26> 鋼管生産量推移 (単位：千トン,％)

年	物量	前年比
2012	5,661	11.5
2011	5,079	4.6
2010	4,855	24.3
2009	3,907	-18.8

出所：韓国鉄鋼協会

<表1-27> 鋼管出荷/在庫量推移(2012年)　　　　　　　　　　　　　　　　　　(単位：千トン)

区分(月)	出荷			在庫
	輸出	内需	計	
1	153	247	400	518
2	176	289	465	534
3	187	287	474	549
4	187	300	486	555
5	189	288	476	578
6	190	265	455	613
7	224	287	511	587
8	181	246	427	596
9	191	255	445	588
10	167	283	450	595
11	222	284	506	606
12	195	274	469	597
合計	2,261	3,304	5,565	597

出所：韓国鉄鋼協会

<表1-28> 鉄鋼材出荷/在庫量推移(2012年)　　　　　　　　　　　　　　　　(単位：千トン)

区分(月)	出荷			在庫
	輸出	内需	計	
1	2,297	4,434	6,731	4,127
2	2,165	4,356	6,521	4,169
3	2,349	4,899	7,248	4,332
4	2,256	4,742	6,997	4,413
5	2,430	4,880	7,310	4,456
6	2,248	4,775	7,024	4,468
7	2,199	4,781	6,980	4,499
8	2,212	4,581	6,794	4,618
9	2,480	4,173	6,654	4,582
10	2,323	4,550	6,873	4,473
11	2,252	4,512	6,764	4,443
12	2,437	4,357	6,794	4,671
合計	27,650	55,040	82,690	4,671

出所：韓国鉄鋼協会

鉄・非鉄金属産業

<表1-29> 鉄鋼材類輸出動向 　　　　　　　　　　　　　　　　(単位：千トン, 百万ドル, %)

年	物量	前年比,	金額		前年比	
			鉄鋼材	全鉄鋼	鉄鋼材	全鉄鋼
2012	30,484	4.8	31,132	35,890	-3.6	-3.7
2011	29,090	16.9	32,301	37,274	29.1	32.7
2010	24,881	21.1	25,020	28,082	37.6	27.2
2009	20,541	-1.2	18,188	22,085	-27.9	-23.3

出所：韓国鉄鋼協会

<表1-30> 鉄鋼材類輸入動向 　　　　　　　　　　　　　　　　(単位：千トン, 百万ドル, %)

年	物量	前年比,	金額		前年比	
			鉄鋼材	全鉄鋼	鉄鋼材	全鉄鋼
2012	20,706	-10.4	20,033	30,312	-16.4	-12.2
2011	23,120	-7.8	23,963	34,515	13.5	13.8
2010	25,089	21.9	21,111	30,322	25.4	29.7
2009	20,578	-28.9	16,835	23,374	-46.2	-42.9

出所：韓国鉄鋼協会

<表1-31> 鉄鋼材類貿易収支動向 　　　　　　　　　　　　　　(単位：千トン, 百万ドル, %)

年	物量	前年比,	金額		前年比	
			鉄鋼材	全鉄鋼	鉄鋼材	全鉄鋼
2012	9,778	63.8	11,099	5,577	33.1	102.1
2011	5,969	-2965.0	8,338	2,759	113.3	-223.2
2010	-208	460.3	3,908	-2,239	188.8	73.8
2009	-37	-99.5	1,353	-1,288	-122.3	-89.4

出所：韓国鉄鋼協会

2. 非鉄金属

<表2-1> 非鉄金属輸出入実績推移　　　　　　　　　　　　　　　　(単位：トン, 金額-千ドル, 単価-ドル)

		輸出			輸入		
		2011	2012	2013	2011	2012	2013
銅	数量 金額 単価	619,164 5,018,177 8,105	641,395 4,570,451 7,126	647,521 4,521,445 6,983	794,131 7,419,023 9,342	790,500 6,627,485 8,384	797,941 6,250,579 7,833
鉛	数量 金額 単価	167,966 434,564 2,587	187,633 419,058 2,233	199,133 484,662 2,434	180,892 464,783 2,569	153,438 313,099 2,041	204,606 462,008 2,258
亜鉛	数量 金額 単価	490,462 1,100,479 2,244	535,273 1,038,688 1,940	512,455 1,029,040 2,008	101,276 240,103 2,371	94,754 198,544 2,095	85,500 183,574 2,147
アルミニウム	数量 金額 単価	622,208 2,698,419 4,337	627,586 2,561,824 4,082	691,785 2,645,048 3,824	2,200,879 6,064,034 2,755	2,297,434 5,551,710 2,416	2,465,498 5,726,218 2,323
ニッケル	数量 金額 単価	17,638 198,713 11,266	12,478 146,252 11,721	21,010 266,978 12,707	61,185 1,554,974 25,414	50,387 1,105,675 31,944	57,505 1,115,368 19,396
錫	数量 金額 単価	3,266 58,159 17,807	3,392 67,295 19,839	2,563 63,743 24,870	16,647 450,051 27,035	18,094 386,153 21,341	16,712 369,639 22,118
その他	数量 金額 単価	15,754 432,087 27,427	19,220 350,816 18,253	29,841 461,334 15,460	174,062 1,679,719 9,650	127,405 1,365,912 10,721	106,797 1,200,937 11,245
計	数量 金額 単価	1,936,458 9,940,598 5,133	2,026,977 9,154,384 4,516	2,104,308 9,472,250 4,501	3,529,072 17,872,687 5,064	3,532,012 15,548,578 4,402	3,734,559 15,308,323 4,099

出所：韓国非鉄金属協会

鉄・非鉄金属産業

<表2-2> 品目別非鉄金属輸出実績推移　　　　　　　　　(単位：トン, 金額-千ドル, 単価-ドル, %)

区分				12月			1~12月		
				2012年	2013年	同期比	2012年	2013年	同期比
銅 (74類)	電気銅	740311	数量	10,664	11,238	5.4	168,772	176,621	4.7
			金額	85,749	82,554	-3.7	1352,442	1321,505	-2.3
			単価	8,041	7,346	-8.6	8,013	7,482	-6.6
	半製品	7403 (740311 除外)	数量	1,825	1,948	6.7	22,324	23,878	7.0
			金額	11,360	12,174	7.2	137,753	150,746	9.4
			単価	6,225	6,249	0.4	6,171	6,313	2.3
	スクラップ	7404	数量	19,006	8,595	-54.8	119,105	95,692	-19.7
			金額	93,450	20,778	-77.8	315,155	212,227	-32.7
			単価	4,917	2,417	-50.8	2,646	2,218	-16.2
	棒	7407	数量	4,936	5,071	2.7	63,116	66,286	5.0
			金額	31,013	29,836	-3.8	398,679	401,589	0.7
			単価	6,283	5,884	-6.4	6,317	6,058	-4.1
	線	7408	数量	4,295	6,961	62.1	64,157	83,627	30.3
			金額	38,101	55,276	45.1	555,276	682,149	22.8
			単価	8,871	7,941	-10.5	8,655	8,157	-5.8
	板	7409	数量	4,667	5,686	21.8	67,057	73,672	9.9
			金額	37,906	44,143	16.5	536,988	564,942	5.2
			単価	8,122	7,763	-4.4	8,008	7,668	-4.2
	箔	7410	数量	1,896	2,268	19.6	34,306	24,639	-28.2
			金額	30,145	28,984	-3.9	425,095	363,666	-14.5
			単価	15,899	12,780	-19.6	12,391	14,760	19.1
	管	7411	数量	4,504	4,157	-7.7	50,311	54,991	9.3
			金額	41,127	35,582	-13.5	473,657	490,772	3.6
			単価	9,131	8,560	-6.3	9,415	8,925	-5.2
	その他		数量	5,064	3,821	-24.5	52,247	48,115	-7.9
			金額	35,412	25,257	-28.7	375,406	333,849	-11.1
			単価	6,993	6,610	-5.5	7,185	6,939	-3.4
	小計		数量	56,857	49,745	-12.5	641,395	647,521	1.0
			金額	404,263	334,584	-17.2	4570,451	4521,445	-1.1
			単価	7,110	6,726	-5.4	7,126	6,983	-2.0

<続く>

(単位：トン, 金額-千ドル, 単価-ドル, %)

区分				12月			1~12月		
				2012年	2013年	同期比	2012年	2013年	同期比
アルミニウム (76類)	純塊	760110	数量	63	26	-58.7	4,625	8,414	81.9
			金額	138	98	-29.0	12,132	21,578	77.9
			単価	2,190	3,769	72.1	2,623	2,565	-2.2
	合金塊	760120	数量	5,395	7,080	31.2	52,274	72,956	39.5
			金額	12,828	15,080	18.1	122,965	162,265	31.9
			単価	2,378	2,130	-10.0	2,352	2,224	-5.5
	棒	7604	数量	1,446	1,468	1.5	20,699	19,886	-3.9
			金額	7,451	6,832	-8.3	100,988	92,152	-8.7
			単価	5,153	4,654	-9.7	4,879	4,634	-5.0
	線	7605	数量	947	719	-24.1	17,388	7,606	-56.3
			金額	2,838	2,062	-27.3	49,151	23,804	-51.6
			単価	2,997	2,868	-4.3	2,827	3,130	10.7
	板	7606	数量	32,035	38,494	22.2	351,056	396,724	13.1
			金額	108,809	109,233	2.3	1,136,219	1,222,427	7.7
			単価	3,397	2,838	-16.3	3,237	3,081	-4.8
	箔	7607	数量	4,834	5,114	3.9	65,834	60,825	-7.6
			金額	24,872	27,605	9.7	365,532	337,755	-7.6
			単価	5,145	5,398	5.6	5,552	5,553	0.0
	建築材	7610	数量	1,671	1,980	17.9	21,406	23,020	7.5
			金額	9,802	19,212	88.5	127,540	132,032	3.5
			単価	5,866	9,703	59.9	5,958	5,736	-3.7
	家庭用品	7615	数量	2,351	2,566	9.3	24,903	24,300	-2.3
			金額	20,502	23,507	14.7	217,739	211,708	-2.7
			単価	8,721	9,161	5.0	8,743	8,712	-0.4
	その他		数量	6,739	8,982	33.5	69,590	78,054	12.2
			金額	31,917	27,841	-17.8	426,281	441,327	2.5
			単価	4,736	3,100	-38.5	6,126	5,654	-8.6
	小計		数量	55,481	66,429	20.7	627,775	691,785	10.2
			金額	219,157	231,470	5.4	2,558,547	2,645,048	3.2
			単価	3,950	3,484	-12.7	4,076	3,824	-6.3

<続く>

鉄・非鉄金属産業

(単位：トン, 金額-千ドル, 単価-ドル, %)

区分				12月			1~12月		
				2012年	2013年	同期比	2012年	2013年	同期比
亜鉛 (79類)	塊	7901 7904 002000 7907 009010	数量	37,149	36,766	-1.0	488,840	481,034	-1.6
			金額	76,204	74,560	-2.2	995,685	984,663	-1.1
			単価	2,051	2,028	-1.1	2,037	2,047	0.5
	その他		数量	1,669	2,278	36.5	46,433	31,421	-32.3
			金額	3,495	4,270	22.1	42,800	44,377	3.7
			単価	2,094	1,874	-10.5	922	1,412	53.2
	小計		数量	38,818	39,044	0.6	535,273	512,455	-4.3
			金額	79,699	78,830	-1.1	1,038,485	1029,040	-0.9
			単価	2,053	2,019	-1.7	1,940	2,008	3.5
鉛 (78類)	塊	7801 (7801 991000 除外)	数量	13,218	21,567	63.1	183,560	195,045	6.3
			金額	31,605	50,620	60.0	403,976	468,820	16.0
			単価	2,391	2,347	-1.9	2,201	2,404	9.2
	その他		数量	173	264	52.6	4,067	4,088	0.5
			金額	934	558	-40.3	14,982	15,842	5.7
			単価	5,399	2,114	-60.9	3,684	3,875	5.2
	小計		数量	13,391	21,831	63.0	187,627	199,133	6.1
			金額	32,539	51,178	57.1	418,958	484,662	15.7
			単価	2,430	2,344	-3.6	2,233	2,434	9.0
ニッケル (75類)	塊	7502	数量	64	400	525.0	4,964	14,475	191.6
			金額	521	5,115	881.8	79,509	209,121	163.0
			単価	8,141	12,788	57.1	16,017	14,447	-9.8
	その他		数量	436	535	22.7	7,514	6,535	-13.0
			金額	6,745	5,767	-14.3	66,755	57,857	-13.3
			単価	15,470	10,779	-30.2	8,884	8,853	-0.3
	小計		数量	500	935	87.0	12,478	21,010	68.4
			金額	7,266	10,882	50.1	146,264	266,978	82.5
			単価	14,532	11,639	-19.8	11,722	12,707	8.4

<続く>

(単位：トン, 金額-千ドル, 単価-ドル, %)

区分				12月			1~12月		
				2012年	2013年	同期比	2012年	2013年	同期比
錫 (80類)	塊	8001 8007 001000	数量	97	115	18.6	1,107	1,485	34.1
			金額	1,836	2,996	63.2	24,425	33,457	37.0
			単価	18,928	26,052	37.6	22,064	22,530	2.1
	その他		数量	68	109	60.3	2,285	1,078	-52.8
			金額	2,120	2,300	8.5	42,871	30,286	-29.4
			単価	31,176	21,101	-32.3	18,762	28,095	49.7
	小計		数量	165	224	35.8	3,392	2,563	-24.4
			金額	3,956	5,296	33.9	67,296	63,743	-5.3
			単価	23,976	23,643	-1.4	19,840	24,870	25.4
その他 (81類)		81	数量	1,901	2,710	42.5	19,220	29,841	55.3
			金額	43,938	56,516	28.6	350,831	461,334	31.5
			単価	23,113	20,855	-9.7	18,253	15,460	-15.3
合計			数量	167,085	180,918	8.5	2,027,209	2,104,308	3.8
			金額	791,642	768,756	-2.9	9,150,829	9,472,250	3.5
			単価	4,738	4,249	-10.5	4,514	4,501	-0.3

出所：韓国非鉄金属協会

鉄・非鉄金属産業

<表2-3> 品目別非鉄金属輸入実績推移　　　　　　　　　　(単位：トン, 金額-千ドル, 単価-ドル)

区分				12月			1~12月		
				2012年	2013年	同期比	2012年	2013年	同期比
銅 (74類)	電気銅	740311	数量	17,978	21,276	18.3	282,586	284,636	0.7
			金額	142,064	153,280	7.9	2,271,340	2,111,733	-7.0
			単価	7,902	7,204	-8.8	8,038	7,419	-7.7
	半製品	7403 (740311 除外)	数量	1,959	1,213	-38.1	27,224	16,720	-38.6
			金額	16,102	8,900	-44.7	224,617	131,829	-41.3
			単価	8,219	7,337	-10.7	8,251	7,885	-4.4
	スクラップ	7404	数量	24,406	21,294	-12.8	300,708	291,164	-3.2
			金額	174,425	137,872	-21.0	2,134,047	1,950,533	-8.6
			単価	7,147	6,475	-9.4	7,097	6,699	-5.6
	棒	7407	数量	247	213	-13.8	2,740	3,531	28.9
			金額	2,612	2,530	-3.1	31,608	35,543	12.4
			単価	10,575	11,878	12.3	11,536	10,066	-12.7
	線	7408	数量	714	838	17.4	11,133	11,665	4.8
			金額	7,073	7,553	6.8	108,652	106,431	-2.0
			単価	9,906	9,013	-9.0	9,759	9,124	-6.5
	板	7409	数量	2,416	3,774	56.2	26,617	33,681	26.5
			金額	25,386	34,041	34.1	295,663	325,360	10.0
			単価	10,507	9,020	-14.2	11,108	9,660	-13.0
	箔	7410	数量	3,642	5,068	39.2	47,722	52,290	9.6
			金額	53,095	49,371	-7.0	643,273	672,455	4.5
			単価	14,579	9,742	-33.2	13,480	12,860	-4.6
	管	7411	数量	542	1,008	86.0	8,716	11,628	33.4
			金額	6,158	10,123	64.4	98,441	128,859	30.9
			単価	11,362	10,043	-11.6	11,294	11,082	-1.9
	その他		数量	3,465	8,107	134.0	83,054	92,626	11.5
			金額	37,611	61,673	64.0	819,844	787,836	-3.9
			単価	10,855	7,607	-29.9	9,871	8,506	-13.8
	小計		数量	55,369	62,791	13.4	790,500	797,941	0.9
			金額	464,526	465,343	0.2	6,627,485	6,250,579	-5.7
			単価	8,390	7,411	-11.7	8,384	7,833	-6.6

<続く>

区分				12月			1~12月		
				2012年	2013年	同期比	2012年	2013年	同期比
アルミニウム(76類)	純塊	760110	数量	68,009	84,914	24.9	958,277	1,011,239	5.5
			金額	153,516	170,248	10.9	2,098,234	2,146,406	2.3
			単価	2,257	2,005	-11.2	2,190	2,123	-3.1
	合金塊	760120	数量	39,012	31,015	-20.5	470,841	417,960	-11.2
			金額	89,184	66,927	-25.0	1,066,884	939,541	-11.9
			単価	2,286	2,158	-5.6	2,266	2,248	-0.8
	棒	7604	数量	548	914	66.8	12,490	11,949	-4.3
			金額	5,386	6,896	28.0	80,259	80,354	0.1
			単価	9,828	7,545	-23.2	6,426	6,725	4.7
	線	7605	数量	379	458	20.8	4,999	5,397	8.0
			金額	1,604	2,138	33.3	22,264	23,666	6.3
			単価	4,232	4,668	10.3	4,454	4,385	-1.5
	板	7606	数量	12,612	21,286	68.8	148,755	237,550	59.7
			金額	46,132	66,007	43.1	583,019	762,291	30.7
			単価	3,658	3,101	-15.2	3,919	3,209	-18.1
	箔	7607	数量	1,987	2,566	29.1	25,214	31,043	23.1
			金額	13,266	16,515	24.5	188,714	204,550	8.4
			単価	6,676	6,436	-3.6	7,484	6,589	-12.0
	建築材	7610	数量	236	533	125.8	3,534	4,313	22.0
			金額	3,020	3,986	32.0	47,804	40,027	-16.3
			単価	12,797	7,478	-41.6	13,527	9,281	-31.4
	家庭用品	7615	数量	416	376	-9.6	4,978	5,139	3.2
			金額	4,223	3,790	-10.3	49,067	50,562	3.0
			単価	10,151	10,080	-0.7	9,857	9,839	-0.2
	その他		数量	63,226	71,966	13.8	668,346	740,908	10.9
			金額	139,240	135,191	-2.9	1,415,465	1,478,821	4.5
			単価	2,202	1,879	-14.7	2,118	1,996	-5.8
	小計		数量	186,425	214,028	14.8	2,297,434	2,465,498	7.3
			金額	455,571	471,698	3.5	5,551,710	5,726,218	3.1
			単価	2,444	2,204	-9.8	2,416	2,323	-3.9

<続く>

鉄・非鉄金属産業

区分				12月			1~12月		
				2012年	2013年	同期比	2012年	2013年	同期比
亜鉛 (79類)	塊	7901 7904 002000 7907 009010	数量	5,400	7,216	33.6	86,213	77,481	-10.1
			金額	10,586	14,945	41.2	172,063	157,906	-8.2
			単価	1,960	2,071	5.6	1,996	2,038	2.1
	その他		数量	695	513	-26.2	8,541	8,019	-6.1
			金額	2,060	1,599	-22.4	26,481	25,668	-3.1
			単価	2,964	3,117	5.2	3,100	3,201	3.2
	小計		数量	6,095	7,729	26.8	94,754	85,500	-9.8
			金額	12,646	16,544	30.8	198,544	183,574	-7.5
			単価	2,075	2,141	3.2	2,095	2,147	2.5
鉛 (78類)	塊	7801 (7801 991000 除外)	数量	10,520	18,888	79.5	122,828	183,062	49.0
			金額	23,057	41,895	81.7	258,790	414,868	60.3
			単価	2,192	2,218	1.2	2,107	2,266	7.6
	その他		数量	1,382	1,819	31.6	30,610	21,544	-29.6
			金額	2,792	3,776	35.2	54,309	47,140	-13.2
			単価	2,020	2,076	2.8	1,774	2,188	23.3
	小計		数量	11,902	20,707	74.0	153,438	204,606	33.3
			金額	25,849	45,671	76.7	313,099	462,008	47.6
			単価	2,172	2,206	1.6	2,041	2,258	10.7
ニッケル (75類)	塊	7502	数量	1,162	1,648	41.8	17,056	18,895	10.8
			金額	20,165	23,112	14.6	313,527	292,487	-6.7
			単価	17,354	14,024	-19.2	18,382	15,480	-15.8
	その他		数量	1,716	1,829	6.6	33,331	38,610	15.8
			金額	57,463	56,421	-1.8	792,148	822,881	3.9
			単価	33,487	30,843	-7.9	23,766	21,313	-10.3
	小計		数量	2,878	3,477	20.8	50,387	57,505	14.1
			金額	77,628	79,533	2.5	1,105,675	1,116,368	0.9
			単価	26,973	22,874	-15.2	21,944	19,396	-11.6

<続く>

区分				12月			1~12月		
				2012年	2013年	同期比	2012年	2013年	同期比
錫 (80類)	塊	8001 8007 001000	数量	1,160	1,649	42.2	16,984	15,547	-8.5
			金額	24,866	37,955	52.6	364,742	350,722	-3.8
			単価	21,436	23,017	7.4	21,476	22,559	5.0
	その他		数量	89	86	-3.4	1,110	1,165	5.0
			金額	1,594	1,351	-15.2	21,411	18,917	-11.6
			単価	17,910	15,709	-12.3	19,289	16,238	-15.8
	小計		数量	1,249	1,735	38.9	18,094	16,712	-7.6
			金額	26,460	39,306	48.5	386,153	369,639	-4.3
			単価	21,185	22,655	6.9	21,341	22,118	3.6
その他 (81類)		81	数量	12,930	9,808	-24.1	127,405	106,797	-16.2
			金額	111,515	92,221	-17.3	1,365,912	1,200,937	-12.1
			単価	8,625	9,403	9.0	10,721	11,245	4.9
合計			数量	276,848	320,275	15.7	3,532,012	3,734,559	5.7
			金額	1,174,195	1,210,316	3.1	15,548,578	15,308,323	-1.5
			単価	4,241	3,779	-10.9	4,402	4,099	-6.9

出所:韓国非鉄金属協会

<表2-4> 国別非鉄金属輸出推移 (単位：トン, 千ドル, %)

国名	74類~81類					
	2012年		2013年			
	重量	金額	重量	前年比	金額	前年比
中国	654,444	3,214,622	568,190	-13.2	2,854,510	-11.2
ベトナム	163,329	553,027	216,383	32.5	763,221	38.0
台湾	135,173	475,156	144,830	7.1	513,350	8.0
インドネシア	127,783	365,025	131,502	2.9	413,486	13.3
タイ	106,930	410,801	138,313	29.3	486,933	18.5
インド	103,336	339,377	109,576	6.0	371,078	9.3
日本	100,565	738,240	108,505	7.9	683,443	-7.4
香港	82,164	378,524	75,257	-8.4	364,890	-3.6
マレーシア	81,356	348,717	88,612	8.9	395,281	13.4
米国	79,870	539,396	85,098	6.5	532,196	-1.3
フィリピン	58,703	345,129	52,166	-11.1	338,521	-1.9
サウジアラビア	43,554	125,455	53,996	24.0	179,406	43.0
バングラディシュ	43,428	128,707	49,418	13.8	136,532	6.1
オーストラリア	21,993	117,162	24,304	10.5	134,762	15.0
シンガポール	20,571	100,137	21,278	3.4	96,319	-3.8
カンボジア	15,610	49,412	24,501	57.0	70,940	43.6
U. A. E	14,291	49,737	12,849	-10.1	49,635	-0.2
メキシコ	13,621	68,819	7,927	-41.8	46,438	-32.5
イラン	11,952	60,856	12,640	5.8	55,411	-8.9
カナダ	11,285	75,706	11,402	1.0	68,388	-9.7
イタリア	8,447	24,705	9,762	15.6	62,782	154.1
エジプト	6,478	17,831	11,516	77.8	53,382	199.4
チリ	6,031	52,615	3,805	-36.9	28,352	-46.1
オランダ	5,271	42,624	14,878	182.3	66,844	56.8
パキスタン	5,260	14,074	4,643	-11.7	11,427	-18.8
その他	105,532	518,530	122,957	16.5	694,723	34.0
合計	2,026,977	9,154,384	2,104,308	3.8	9,472,250	3.5

出所：韓国非鉄金属協会

<表2-5> 国別非鉄金属輸入推移 (単位：トン, 千ドル, %)

国名	74類~81類					
	2012年		2013年			
	重量	金額	重量	前年比	金額	前年比
オーストラリア	431,450	1,246,570	454,265	5.3	1,154,079	-7.4
ロシア	394,390	940,225	264,249	-33.0	637,245	-32.2
中国	344,174	1,549,110	417,018	21.2	1,677,646	8.3
米国	254,341	1,258,043	250,509	-1.5	1,306,969	3.9
チリ	224,666	1,824,083	222,796	-0.8	1,657,545	-9.1
インド	182,390	398,122	238,151	30.6	507,499	27.5
U.A.E	164,307	438,527	158,181	-3.7	396,984	-9.5
日本	127,167	1,607,308	138,083	8.6	1,451,720	-9.7
カナダ	100,813	359,550	109,142	8.3	320,001	-11.0
カタール	86,449	198,488	101,842	17.8	233,684	17.7
南アフリカ	83,903	352,986	78,639	-6.3	308,162	-12.7
マレーシア	68,851	356,577	163,182	137.0	564,964	58.4
バーレーン	65,391	156,422	40,578	-37.9	96,238	-38.5
タイ	57,525	320,777	60,974	6.0	286,718	-10.6
ニュージーランド	52,651	117,983	57,919	10.0	128,691	9.1
サウジアラビア	52,267	219,509	120,729	131.0	348,112	58.6
イラン	50,234	102,424	18,491	-63.2	39,676	-61.3
フィリピン	49,791	270,882	85,070	70.9	492,046	81.6
ドイツ	47,584	334,545	43,940	-7.7	319,272	-4.6
ベトナム	57,011	135,893	76,848	34.8	210,310	54.8
イギリス	44,105	132,171	41,800	-5.2	133,293	0.8
台湾	43,464	238,393	54,161	24.6	281,847	18.2
ザンビア	42,147	336,259	35,701	-15.3	264,101	-21.5
カザフスタン	41,593	197,300	15,123	-63.6	65,134	-67.0
メキシコ	39,879	137,532	22,685	-43.1	92,992	-32.4
その他	425,469	2,318,899	464,483	9.2	2,333,395	0.6
合計	3,532,012	15,548,578	3,734,559	5.7	15,308,323	-1.5

出所：韓国非鉄金属協会

鉄・非鉄金属産業

<表2-6> 電気銅需給実績推移 (単位：トン,%)

区分		2012	増加率	2013(E)	増加率	2014(F)	増加率
需要	内需	723,505	-4.2	709,000	-2.0	700,000	-1.3
	輸出	168,772	8.0	181,000	7.2	200,000	10.5
計		892,277	-2.1	890,000	-0.3	900,000	1.1
供給	販売	609,691	2.4	610,000	0.1	640,000	4.9
	輸入	282,586	-10.6	280000	-0.9	260,000	-7.1

出所：韓国非鉄金属協会

<表2-7> 鉛塊需給実績推移 (単位：トン,%)

			2012	増加率	2013(E)	増加率	2014(F)	増加率
需要	内需		398,669	-3.5	459,000	15.1	465,000	1.3
	輸出		183,566	14.2	186,000	1.3	210,000	12.9
計			582,235	1.5	645,000	10.8	675,000	4.7
供給	販売	電気鉛	279,407	8.8	270,000	-3.4	300,000	11.1
		再生鉛	180,000	12.5	200,000	11.1	200,000	0.0
		小計	459,407	10.2	470,000	2.3	500,000	6.4
	輸入		122,828	-21.8	175,000	42.5	175,000	0.0

出所：韓国非鉄金属協会

<表2-8> 亜鉛塊需給実績推移 (単位：トン,%)

区分		2012	増加率	2013(E)	増加率	2014(F)	増加率
需要	内需	474,748	2.5	494,000	4.1	515,000	4.3
	輸出	488,839	6.8	470,000	-3.9	460,000	-2.1
計		963,587	4.6	964,000	0.0	975,000	1.1
供給	販売	877,374	5.9	890,000	1.4	900,000	1.1
	輸入	86,213	-6.4	74,000	-14.2	75,000	1.4

注）輸入は北朝鮮産の搬入分を含む.　　　　　　　　　　　出所：韓国非鉄金属協会

<表2-9> アルミ塊需給実績推移 (単位：トン, %)

区分			2012	増加率	2013(E)	増加率	2014(F)	増加率
需要	内需	純塊	953,652	8.1	992,000	4.0	1,063,000	7.2
		合金塊	418,547	3.5	352,000	-15.9	370,000	5.1
		小計	1,372,199	6.7	1,344,000	-2.1	1,433,000	6.6
	輸出	純塊	4,625	-17.8	10,000	116.2	7,000	-30.0
		合金塊	52,293	101.2	68,000	30.0	70,000	2.9
		小計	56,918	80.0	78,000	37.0	77,000	-1.3
計			1,429,117	8.4	1,422,000	-0.5	1,510,000	6.2
供給	輸入	純塊	958,277	7.9	1,002,000	4.6	1,070,000	6.8
		合金塊	470,840	9.4	420,000	-10.8	440,000	4.8
		小計	1,429,117	8.4	1,422,000	-0.5	1,515,000	6.2

注) 国内生産(販売)なし　　出所：韓国非鉄金属協会

<表2-10> ニッケル塊需給実績推移 (単位：トン, %)

区分			2012	増加率	2013(E)	増加率	2014(F)	増加率
需要	内需		79,417	-1.3	79,666	0.3	77,800	-2.3
	輸出		4,999	-1.2	15,100	202.1	8,500	-43.7
計			84,416	-1.3	94,766	12.3	86,300	-8.9
供給	販売	ユーティリティー	15,000	-16.7	24,500	63.3	19,000	-22.4
		フェロニッケル	20,200	3.6	25,766	27.6	26,300	2.1
		小計	35,200	-6.1	50,266	42.8	45,300	-9.9
	輸入	ニッケル塊	17,056	-30.1	19,000	11.4	18,000	-5.3
		フェロニッケル	32,160	36.3	25,500	-20.7	23,000	-9.8
		小計	49,213	2.5	44,500	-9.6	41,000	-7.9

注) フェロニッケルはニッケル含有量20%で換算、販売はフェロニッケル('08.10適用開始)含む。

出所：韓国非鉄金属協会

鉄・非鉄金属産業

<表2-11> 錫塊需給実績推移 (単位：トン,%)

		2012	増加率	2013(E)	増加率	2014(F)	増加率
需要	内需	15,979	8.1	14,100	-11.8	14,200	0.7
	輸出	1,004	134.0	1,400	39.4	1,200	-14.3
	計	16,933	11.7	15,500	-8.7	15,400	-0.6
供給	販売	-	-	-	-	-	-
	輸入	16,983	11.7	15,500	-8.7	15,400	-0.6

注) 国内生産(販売)なし　　　　　　　　　　　　　　出所：韓国非鉄金属協会

<表2-12> アルミ板需給実績推移 (単位：トン,%)

		2012	増加率	2013(E)	増加率	2014(F)	増加率
需要	内需	487,499	-13.0	597,000	22.5	593,000	-0.7
	輸出	350,880	-6.5	400,000	14.0	525,000	31.3
	計	838,379	-10.4	997,000	18.9	1,118,000	12.1
供給	販売	689,624	-1.6	764,000	10.8	918,000	20.2
	輸入	148,755	-36.6	233,000	56.6	200,000	-14.2

出所：韓国非鉄金属協会

<表2-13> アルミ箔需給実績推移 (単位：トン,%)

		2012	増加率	2013(E)	増加率	2014(F)	増加率
需要	内需	60,314	-7.0	65,400	8.4	70,800	8.3
	輸出	65,826	-0.2	62,000	-5.8	75,000	21.0
	計	126,140	-3.6	127,400	1.0	145,800	14.4
供給	販売	100,926	-4.0	96,400	-4.5	117,800	22.2
	輸入	25,214	-2.2	31,000	22.9	28,000	-9.7

出所：韓国非鉄金属協会

<表2-14> アルミ押出(サッシ)需給実績推移 (単位：トン,%)

		2012	増加率	2013(E)	増加率	2014(F)	増加率
需要	内需	301,615	7.6	269,655	-10.6	275,000	2.0
	輸出	21,407	32.5	23,000	7.4	24,000	4.3
	計	323,022	9.0	292,655	-9.4	299,000	2.2
供給	販売	319,488	8.7	288,655	-9.7	295,000	2.2
	輸入	3,534	48.9	4,000	13.2	4,000	0.0

出所：韓国非鉄金属協会

<表2-15> 銅・銅合金板需給実績推移 (単位：トン,%)

		2012	増加率	2013(E)	増加率	2014(F)	増加率
需要	内需	136,834	2.6	139,000	1.6	142,000	2.2
	輸出	67,057	0.5	74,000	10.4	75,000	1.4
	計	203,891	1.9	213,000	4.5	217,000	1.9
供給	販売	177,274	-0.6	180,000	1.5	183,000	1.7
	輸入	26,617	22.6	33,000	24.0	34,000	3.0

出所：韓国非鉄金属協会

<表2-16> 銅管需給実績推移 (単位：トン,%)

		2012	増加率	2013(E)	増加率	2014(F)	増加率
需要	内需	86,446	-14.0	94,000	8.7	96,000	2.1
	輸出	50,311	2.4	56,000	11.3	58,000	3.6
	計	136,757	-8.7	150,000	9.7	154,000	2.7
供給	販売	128,041	-7.1	138,000	7.8	141,000	2.2
	輸入	8,716	-27.0	12,000	37.7	13,000	8.3

出所：韓国非鉄金属協会

<表2-17> 銅棒需給実績推移 (単位：トン,%)

		2012	増加率	2013(E)	増加率	2014(F)	増加率
需要	内需	177,637	19.2	193,500	8.9	197,400	2.0
	輸出	63,116	5.7	68,000	7.7	66,000	-2.9
	計	240,753	15.3	261,500	8.6	263,400	0.7
供給	販売	238,014	15.9	258,000	8.4	260,000	0.8
	輸入	2,739	-17.5	3,500	27.8	3,400	-2.9

出所：韓国非鉄金属協会

<表2-18> 銅線需給実績推移 (単位：トン,%)

		2012	増加率	2013(E)	増加率	2014(F)	増加率
需要	内需	526,493	-10.1	518,000	-1.6	526,000	1.5
	輸出	64,157	-36.6	84,000	30.9	85,000	1.2
	計	590,650	-14.0	602,000	1.9	611,000	1.5
供給	販売	579,518	-14.6	590,000	1.8	600,000	1.7
	輸入	11,132	38.1	12,000	7.8	11,000	-8.3

出所：韓国非鉄金属協会

<表2-19> 塊+加工製品需給実績推移 (単位：トン, %)

		2012	増加率	2013(E)	増加率	2014(F)	増加率
需要	内需	4,841,355	-0.9	4,976,321	2.8	5,105,200	2.6
	輸出	1,586,852	2.7	1,698,500	7.0	1,864,700	9.8
	計	6,428,207	-0.1	6,674,821	3.8	6,969,900	4.4
供給	販売	4,214,557	0.9	4,335,321	2.9	4,600,100	6.1
	輸入	2,213,650	-1.8	2,339,500	5.7	2,369,800	1.3

出所：韓国非鉄金属協会

<表2-20> 全塊需給実績推移 (単位：トン, %)

		2012	増加率	2013(E)	増加率	2014(F)	増加率
需要	内需	3,064,517	1.7	3,099,766	1.2	3,205,000	3.4
	輸出	904,098	11.4	931,500	3.0	956,700	2.7
	計	3,968,615	3.8	4,031,266	1.6	4,161,700	3.2
供給	販売	1,981,672	5.5	2,020,266	1.9	2,085,300	3.2
	輸入	1,986,943	2.1	2,011,000	1.2	2,076,400	3.3

出所：韓国非鉄金属協会

<表2-21> 全加工製品需給実績推移 (単位：トン, %)

		2012	増加率	2013(E)	増加率	2014(F)	増加率
需要	内需	1,766,838	-5.2	1,876,555	5.6	1,900,200	1.3
	輸出	682,754	-7.0	767,000	12.3	908,000	18.4
	計	2,459,592	-5.7	2,643,555	7.5	2,808,200	6.2
供給	販売	2,232,885	-2.9	2,315,055	3.7	2,514,800	8.6
	輸入	226,707	-26.4	328,500	44.9	293,400	-10.7

出所：韓国非鉄金属協会

<表2-22> 全銅加工製品需給実績推移 (単位：トン, %)

		2012	増加率	2013(E)	増加率	2014(F)	増加率
需要	内需	927,410	-4.3	944,500	1.8	961,400	1.8
	輸出	244,641	-11.6	282,000	15.3	284,000	0.7
	計	1,172,051	-5.9	1,226,500	4.6	1,245,400	1.5
供給	販売	1,122,847	-6.5	1,166,000	3.8	1,184,000	1.5
	輸入	49,204	9.3	60,500	23.0	61,400	1.5

出所：韓国非鉄金属協会

<表 2-23> 全アルミ加工製品需給実績推移 (単位：トン, %)

		2012	増加率	2013(E)	増加率	2014(F)	増加率
需要	内需	849,428	-6.2	932,055	9.7	938,800	0.7
	輸出	438,113	-4.2	485,000	10.7	624,000	28.7
計		1,287,541	-5.5	1,417,055	10.1	1,562,800	10.3
供給	販売	1,110,038	0.9	1,149,055	3.5	1,330,800	15.8
	輸入	177,503	-32.5	268,000	51.0	232,000	-13.4

出所：韓国非鉄金属協会

4 輸送機械

輸送機械

1. 自動車

1) 自動車登録現況

<表1-1> 年度別自動車登録現況 (単位：台)

区分 年	乗用	乗合	貨物	特殊	計	前年比増加 台数	%
1996	6,893,663	663,011	1,962,564	33,884	9,553,092	1,084,191	12.8
1997	7,586,474	719,127	2,072,256	35,570	10,413,427	860,335	9.0
1998	7,580,926	749,320	2,104,683	34,670	10,469,599	56,172	0.5
1999	7,837,206	993,169	2,298,116	35,237	11,163,728	694,129	6.6
2000	8,083,926	1,427,221	2,510,992	37,137	12,059,276	895,548	8.0
2001	8,889,327	1,257,008	2,728,405	39,375	12,914,115	854,839	7.1
2002	9,737,428	1,275,319	2,894,412	42,281	13,949,440	1,035,325	8.0
2003	10,278,923	1,246,629	3,016,407	44,836	14,586,795	637,355	4.6
2004	10,620,557	1,204,313	3,062,314	46,908	14,934,092	347,297	2.4
2005	11,122,199	1,124,645	3,102,171	47,700	15,396,715	462,623	3.1
2006	11,606,971	1,105,636	3,133,201	49,426	15,895,234	498,519	3.2
2007	12,099,779	1,104,949	3,171,351	52,098	16,428,177	532,943	3.4
2008	12,483,809	1,096,698	3,160,338	53,374	16,794,219	366,042	2.2
2009	13,023,819	1,080,687	3,166,512	54,192	17,325,210	530,991	3.2
2010	13,631,769	1,049,725	3,203,808	56,054	17,941,356	616,146	3.6
2011	14,136,478	1,015,391	3,226,421	59,083	18,437,373	496,017	2.8
2012	14,577,193	986,833	3,243,924	62,583	18,870,533	433,160	2.3
2013	15,078,354	970,805	3,285,707	65,998	19,400,864	530,331	2.7

出所：国土交通部

<表1-2> 市道別自動車登録現況 (単位:台)

	乗用	乗合	貨物	特殊	計
ソウル	2,462,515	156,871	349,285	5,206	2,973,877
釜山	931,099	56,380	187,425	8,775	1,183,679
大邱	835,622	40,774	160,925	1,904	1,039,225
仁川	911,395	59,164	166,763	5,029	1,142,351
光州	453,840	25,595	86,787	1,832	568,054
大田	493,734	26,809	84,165	1,575	606,283
蔚山	398,281	17,532	67,154	2,217	485,184
世宗	39,301	2,744	10,707	137	52,889
京畿	3,568,546	246,912	698,313	11,399	4,525,170
江原	473,104	34,273	137,287	1,868	646,532
忠北	496,897	35,063	139,425	2,753	674,138
忠南	642,732	46,823	194,484	3,151	887,190
全北	568,643	37,457	172,212	2,532	780,844
全南	539,848	41,947	212,062	5,528	799,385
慶北	865,399	56,237	283,754	5,596	1,210,986
慶南	1,149,855	66,565	268,436	5,795	1,490,651
済州	247,543	19,659	66,523	701	334,426
計	15,078,354	970,805	3,285,707	65,998	19,400,864

出所:国土交通部

<表1-3> 燃料別自動車登録台数推移 (単位：台, %)

区分		ガソリン	軽油	LPG	CNG	電気	ハイブリッド	その他	合計
登録現況	2008年	8,256,752	6,136,884	2,321,272	20,318	14	3,657	55,336	16,794,233
	2009年	8,556,488	6,284,554	2,390,962	25,109	-	10,742	57,355	17,325,210
	2010年	8,907,069	6,483,423	2,443,575	28,720	66	19,167	59,336	17,941,356
	2011年	9,170,450	6,704,991	2,429,298	32,441	344	38,482	61,367	18,437,373
	2012年	9,276,235	7,001,950	2,415,485	37,003	860	75,003	63,997	18,870,533
前年対比増加率	2009年	3.6%	2.4%	3.0%	23.6%	-	193.7%	3.6%	-
	2010年	4.1%	3.2%	2.2%	14.4%	-	78.4%	3.5%	-
	2011年	3.0%	3.4%	△0.6%	13.0%	421.2%	100.8%	3.4%	-
	2012年	1.2%	4.4%	△0.6%	14.1%	150.0%	94.9%	4.3%	-
全車両対比占有率	2008年	49.2%	36.5%	13.8%	0.1%	0.0%	0.0%	0.3%	-
	2009年	49.4%	36.3%	13.8%	0.1%	-	0.1%	0.3%	-
	2010年	49.6%	36.1%	13.6%	0.2%	0.0%	0.1%	0.3%	-
	2011年	49.7%	36.4%	13.2%	0.2%	0.0%	0.2%	0.3%	-
	2012年	49.2%	37.1%	12.8%	0.2%	0.0%	0.4%	0.3%	-

出所：国土交通部

<表1-4> 用途別自動車登録台数推移 (単位：台)

年 \ 区分	計	自家用	営業用	官用
2006	15,895,234	15,018,668	817,369	59,197
2007	16,428,177	15,496,374	871,119	60,684
2008	16,794,219	15,820,627	911,290	62,302
2009	17,325,210	16,330,410	930,316	64,484
2010	17,941,356	16,901,013	974,071	66,272
2011	18,437,373	17,357,232	1,011,452	68,689
2012	18,870,533	17,747,328	1,052,090	71,115
2013	19,400,864	18,202,292	1,125,791	72,781

出所：国土交通部

<表1-5> 登録内容別登録台数推移 (単位：千台)

区分 年	新規登録	変更登録				移転登録				抹消登録
		小計	住所	市・道	その他	小計	売買業者	当事者	その他	
2005	1,168	4,995	3,027	1,446	521	1,725	923	770	31	707
2006	1,199	5,112	3,072	1,576	463	1,803	985	785	32	708
2007	1,288	5,084	2,974	1,696	413	1,854	1,039	774	41	768
2008	1,259	5,841	3,818	1,720	303	1,796	972	784	40	918
2009	1,485	5,617	3,475	1,869	273	2,203	1,076	889	59	989
2010	1,527	6,659	4,374	2,039	246	2,807	1,613	1,117	77	930
2011	1,599	7,506	5,180	2,099	227	3,323	1,868	1,389	66	1,103
2012	1,549	6,723	4,460	2,085	178	3,284	1,872	1,348	64	1,115

出所：国土交通部

<表1-6> 年度別自家用自動車増減動向 (単位：台,%)

区分		総保有台数	自家用総台数	自家用乗用車(全国)	自家用乗用車(ソウル)	自家用バス	自家用貨物	自家用特殊
2009	計	17,325,210	16,330,410	12,551,833	2,248,357	967,890	2,798,797	11,890
	増加率	3.2	3.2	4.4	1	-2	0.1	4.6
	構成比		94.3	76.9(72.4)	13.8	5.9	17.1	0.1
2010	計	17,941,356	16,901,013	13,124,972	2,283,176	931,740	2,831,697	12,604
	増加率	3.6	3.5	4.6	1.5	-3.7	0	6
	構成比		94.2	77.7(73.2)	13.5	5.5	16.8	0.1
2011	計	18,437,373	17,357,232	13,601,821	2,301,512	893,717	2,848,544	13,150
	増加率	2.8	2.7	3.6	0.8	-4.1	0	4.3
	構成比		94.1	78.4(73.8)	13.3	5.1	16.4	0.1
2012	計	18,870,533	17,747,328	14,010,618	2,317,853	860,074	2,862,737	13,899
	増加率	2.3	2.2	3	0.7	-3.8	0	5.7
	構成比		94	78.9(74.2)	13.1	4.8	16.1	0.1
2013.12	計	19,400,864	18,202,292	14,459,653	2,338,864	837,173	2,890,373	15,093
	増加率	2.8	2.6	3.2	0.9	-2.7	0	8.6
	構成比		93.8	79.4(74.5)	12.8	4.6	15.9	0.1

出所：国土交通部

輸送機械

<表1-7> 排気量別乗用車登録現況 (単位：台)

市道	1000未満	1000以上 1600未満	1600以上 2000未満	2000以上 2500未満	2500以上	低速電気自動車	電気自動車	計
ソウル	164,160	514,628	1,044,621	257,482	481,438	52	134	2,462,515
釜山	85,535	215,012	397,626	83,667	149,247	3	9	931,099
大邱	73,795	182,318	359,076	75,864	144,562	4	3	835,622
仁川	101,405	205,873	384,611	81,943	137,537	13	13	911,395
光州	34,878	97,566	206,220	40,454	74,718	2	2	453,840
大田	51,645	120,419	212,333	41,830	67,496	4	7	493,734
蔚山	42,919	93,048	164,082	38,876	59,347	1	8	398,281
世宗	4,607	9,654	16,141	3,566	5,331	-	2	39,301
京畿	357,550	834,928	1,478,438	348,535	549,031	24	40	3,568,546
江原	65,874	111,222	187,492	46,912	61,592	2	10	473,104
忠北	56,641	119,778	204,885	45,872	69,719	1	1	496,897
忠南	69,597	151,211	264,988	60,887	96,016	6	27	642,732
全北	50,580	127,563	252,891	50,940	86,667	2	-	568,643
全南	48,760	114,736	238,300	50,112	87,869	56	15	539,848
慶北	107,724	201,559	355,668	79,111	121,316	4	17	865,399
慶南	145,964	258,965	459,980	96,058	188,803	3	82	1,149,855
済州	33,100	57,853	91,158	22,515	42,776	10	131	247,543
合計	1,494,734	3,416,333	6,318,510	1,424,624	2,423,465	187	501	15,078,354

注) 2013年12月基準

出所：国土交通部

<表1-8> 年度別二輪自動車用途申告現況 (単位：台)

		2009	2010	2011	2012	2013
計	小計	1,820,729	1,825,474	1,828,312	2,093,466	2,117,035
	50cc未満	-	-	-	200,819	201,239
	50cc以上	944,462	923,619	903,579	898,441	885,423
	100cc超過	834,541	858,337	878,805	944,381	975,299
	260cc超過	41,726	43,518	45,928	49,825	55,074
官用	小計	17,769	18,049	19,947	22,988	24,748
	50cc未満	-	-	-	1,297	1,401
	50cc以上	5,776	5,657	5,542	5,454	5,379
	100cc超過	11,443	11,830	13,840	15,644	17,349
	260cc超過	550	562	565	593	619
自家用	小計	1,802,960	1,807,425	1,808,365	2,070,478	2,092,287
	50cc未満	-	-	-	199,522	199,838
	50cc以上	938,686	917,962	898,037	892,987	880,044
	100cc超過	823,098	846,507	864,965	928,737	957,950
	260cc超過	41,176	42,956	45,363	49,232	54,455

出所：国土交通部

<表1-9> 年度別輸入自動車登録現況 (単位：台)

年度	総計(累計) 登録台数	国産車(累計) 登録台数	国産車(累計) 増加率	輸入車(累計) 登録台数	輸入車(累計) 増加率
2008	16,794,219	16,435,274	1.8%	358,945	25.4%
2009	17,325,210	16,899,880	2.8%	425,330	18.5%
2010	17,941,356	17,423,034	3.1%	518,322	21.9%
2011	18,437,373	17,816,574	2.3%	620,799	19.8%
2012	18,870,533	18,123,418	1.7%	747,115	20.3%

注) ( )は前年末対比増加率：%

出所：国土交通部

輸送機械

<表1-10> 自動車1台当たり人口数

年	人口 (千人)	世帯 (千世帯)	自動車保有 (千台)	乗用車	商用車	自動車1台 当り人口	自動車 1台当たり 世帯数	千人当た り乗用車 保有数 (台)	自動車 保有 増減率(%)
'90	42,869	11,355	3,395	2,075	1,320	12.6	3.34	48.4	27.6
'91	43,296	11,659	4,248	2,728	1,520	10.2	2.74	63.0	25.1
'92	43,748	11,971	5,231	3,461	1,770	8.4	2.29	79.1	23.1
'93	44,195	12,291	6,274	4,271	2,003	7.0	1.96	96.6	19.9
'94	44,642	12,620	7,404	5,149	2,256	6.0	1.70	115.3	18.0
'95	45,093	12,958	8,469	6,006	2,463	5.3	1.53	133.2	14.4
'96	45,525	13,254	9,553	6,894	2,659	4.8	1.39	151.4	12.8
'97	45,954	13,557	10,413	7,586	2,827	4.4	1.30	165.1	9.0
'98	46,287	13,866	10,470	7,581	2,889	4.4	1.32	163.8	0.5
'99	46,617	14,183	11,164	7,837	3,327	4.2	1.27	168.1	6.6
'00	47,008	14,507	12,060	8,084	3,976	3.9	1.20	172.0	8.0
'01	47,357	14,844	12,915	8,889	4,025	3.7	1.15	187.7	7.1
'02	47,622	15,170	13,949	9,737	4,212	3.4	1.09	204.5	8.0
'03	47,859	15,465	14,587	10,279	4,308	3.3	1.06	214.8	4.6
'04	48,039	15,720	14,934	10,621	4,314	3.2	1.05	221.1	2.4
'05	48,138	15,971	15,397	11,122	4,275	3.1	1.04	231.0	3.1
'06	48,372	16,289	15,895	11,607	4,288	3.0	1.02	240.0	3.2
'07	48,598	16,543	16,428	12,100	4,328	3.0	1.01	249.0	3.4
'08	48,949	16,791	16,794	12,484	4,310	2.9	1.00	255.0	2.2
'09	49,182	17,052	17,325	13,024	4,301	2.8	0.98	264.8	3.2
'10	49,410	17,359	17,941	13,632	4,310	2.8	0.97	275.9	3.6
'11	49,779	17,687	18,437	14,136	4,301	2.7	0.96	284.5	2.8
'12	50,185	17,951	18,871	14,577	4,293	2.7	0.95	290.5	2.3

出所：国土交通部

<表 1-11> 年度別自動車差押登録現況(2012年基準) (単位：台)

区分		乗用		乗合		貨物		特殊	
		自動車数	差押数	自動車数	差押数	自動車数	差押数	自動車数	差押数
合計		14,130,643	39,837,772	1,020,135	5,814,428	3,228,031	16,141,726	58,837	182,840
差押無し		9,339,451	-	554,272	-	1,815,819	-	39,638	-
差押有り	小計	4,791,192	39,837,772	465,863	5,814,428	1,412,212	16,141,726	19,199	182,840
	1~3	2,574,695	4,167,951	196,492	324,443	618,416	1,009,363	10,254	15,949
	4~6	740,612	3,576,466	65,967	320,203	191,286	926,451	2,557	12,283
	7~10	484,265	4,017,842	48,302	402,640	137,681	1,147,339	1,657	13,799
	11~20	518,306	7,584,828	64,027	955,345	192,105	2,889,250	1,942	29,049
	21~30	206,951	5,147,517	37,995	953,730	127,500	3,207,776	1,167	29,573
	31~40	101,272	3,540,814	22,041	771,329	70,701	2,468,098	747	26,115
	41~50	55,907	2,517,667	11,776	530,564	34,246	1,538,170	374	16,843
	51~60	33,762	1,860,477	6,776	373,311	17,228	946,616	193	10,539
	61~70	21,387	1,393,489	4,018	261,639	8,901	578,460	110	7,133
	71~80	14,201	1,067,109	2,513	188,888	4,988	374,188	51	3,872
	81~90	9,776	833,135	1,676	142,794	2,954	251,515	45	3,822
	91~100	7,032	669,472	1,035	98,462	1,854	176,134	24	2,292
	100件超過	23,026	3,461,005	3,245	491,080	4,352	628,366	78	11,571

出所：国土交通部

<表1-12> 自動車管理事業体現況 (単位：社)

業種 市・道	整備業					売買業	廃車業
	総合	小型	部分	原動機	小計		
合計	3,628	1,840	29,461	192	35,121	4,760	518
ソウル	238	293	3567	5	4103	468	-
釜山	151	149	1507	6	1813	214	11
大邱	149	91	1462	13	1715	503	14
仁川	208	102	1321	5	1636	288	8
光州	157	66	1094	7	1324	196	9
大田	107	31	1033	7	1178	206	6
蔚山	99	50	750	3	902	108	8
京畿	914	495	6957	62	8428	910	119
江原	168	87	1292	6	1553	196	28
忠南	246	65	1551	17	1879	255	38
忠北	168	38	1136	11	1353	176	32
全北	223	40	1410	12	1685	322	47
全南	203	75	1455	5	1738	184	56
慶北	248	99	2127	16	2490	351	66
慶南	278	136	2272	11	2697	327	59
済州	59	18	449	6	532	53	13
世宗	12	5	78	0	95	3	4

注) 2013.4月末現在

出所：国土交通部

<表1-13> 中古自動車登録現況 (単位:台)

	計	業者売買	当事者売買	贈与	相続	嘱託	その他
ソウル	425,640	240,335	175,959	47	6,325	1,388	1,586
釜山	169,733	89,374	76,756	13	2,917	509	164
大邱	242,769	172,875	65,678	47	2,788	987	394
仁川	215,792	138,050	73,274	31	2,108	1,938	391
光州	129,806	83,890	43,955	18	1,428	350	165
大田	135,106	91,580	41,435	11	1,487	473	120
蔚山	75,250	42,805	30,920	9	1,204	246	66
世宗	7,119	2,741	4,200	1	144	24	9
京畿	834,641	517,765	303,388	70	9,580	2,750	1,088
江原	100,647	52,628	45,504	205	1,794	298	218
忠北	117,815	48,908	66,527	43	1,630	515	192
忠南	157,082	88,847	64,926	17	2,313	475	504
全北	157,027	77,136	76,414	108	2,133	650	586
全南	126,247	67,032	56,204	122	2,167	532	190
慶北	208,680	113,853	88,257	869	3,568	1,509	624
慶南	230,908	128,800	96,195	137	3,578	2,076	122
済州	42,822	20,024	21,886	1	726	177	8
総計	3,377,084	1,976,643	1,331,478	1,749	45,890	14,897	6,427

注) 2013年

出所:国土交通部

輸送機械

<表1-14> 地域別自動車抹消登録現況 (単位：台)

	自主的抹消	職権抹消	合計
ソウル	11,497	121	11,618
釜山	4,925	36	4,961
大邱	4,992	29	5,021
仁川	5,510	45	5,555
光州	2,681	33	2,714
大田	3,080	33	3,113
蔚山	2,233	51	2,284
世宗	245	1	246
京畿	20,751	221	20,972
江原	3,449	42	3,491
忠北	3,576	31	3,607
忠南	4,644	67	4,711
全北	4,136	36	4,172
全南	3,833	41	3,874
慶北	6,103	51	6,154
慶南	6,635	84	6,719
済州	1,242	22	1,264
総計	89,532	944	90,476

注) 2013年　　　　　　　　　　　　　　　　出所：国土交通部

<表1-15> 年度別自動車リコール現況 (単位：台)

年度 国産／輸入	国産		輸入		合計	
	車種	対象台数	車種	対象台数	車種	対象台数
2003	31	630,936	27	3,322	58	634,258
2004	40	1,357,056	75	12,869	115	1,369,925
2005	45	843,863	70	11,589	115	855,452
2006	23	133,907	54	9,295	77	143,202
2007	7	41,751	66	14,561	73	56,312
2008	87	97,878	53	8,108	140	105,986
2009	24	146,148	57	12,687	81	158,835
2010	15	226,452	119	44,453	97	270,905
2011	15	223,353	181	45,305	196	268,658
2012	47	165,919	140	40,318	187	206,237

注) 無償修理は含まない　　　　　　　　　　出所：国土交通部

2) 自動車産業

<表2-1> 韓国自動車生産台数現況 (単位：台, %)

区分		2012		2013		増減率	
		1~12月	比重	1~12月	比重	前年同月比	前年同期比
合計		4,561,766	100.0	4,521,638	100	4.3	-0.9
	乗用	4,167,089		4,112,604		4.2	-1.1
	商用	394,677		399,034		5.4	1.1
現代		1,905,261	42.7	1,852,665	41.2	0.5	-2.8
	乗用	1,640,111		1,594,478		1.0	-2.8
	商用	265,150		258,187		-1.7	-2.6
KIA		1,585,685	33.3	1,598,863	36.7	14.9	0.8
	乗用	1,485,496		1,497,253		15.0	0.8
	商用	100,189		101,610		12.4	1.4
韓国GM		785,757	18.1	782,721	16.5	-4.6	-0.4
	乗用	768,449		757,719		-6.6	-1.4
	商用	17,308		25,002		71.3	44.5
ルノー三星		153,891	2.9	129,638	2.1	-23.9	-15.8
双龍		119,142	2.7	143,516	3.2	21.9	20.5
大宇バス		2,721	0.1	3,855	0.1	-2.0	41.7
タタ大宇		9,309	0.2	10,380	0.2	19.6	11.5

注) 1. 各社の生産、内需、輸出は暫定値.
    2. GM大宇 → 韓国GMに社名変更('11.3)

出所：韓国自動車工業協会

<表2-2> 韓国自動車販売台数現況 (単位：台, %)

区分		2012		2013		増減率	
		1~12月	比重	1~12月	比重	前年同月比	前年同期比
合計		4,581,491	100.0	4,467,485	100.0	0.1	-2.5
	乗用	4,188,475		4,080,797		0.1	-2.6
	商用	393,016		386,688		-0.1	-1.6
現代		1,909,860	42.2	1,812,009	38.5	-8.7	-5.1
	乗用	1,645,526		1,564,753		-8.3	-4.9
	商用	264,334		247,256		-11.1	-6.5
KIA		1,584,064	33.0	1,586,747	37.4	13.4	0.2
	乗用	1,484,807		1,485,484		13.5	0.0
	商用	99,257		101,263		12.0	2.0
韓国GM		801,580	18.4	781,006	17.4	-5.3	-2.6
	乗用	784,580		757,237		-7.9	-3.5
	商用	17,000		23,769		109.7	39.8
ルノー三星		154,309	3.4	130,613	3.3	-3.6	-15.4
双龍		119,253	2.8	142,710	3.2	15.4	19.7
大宇バス		2,904	-	3,903	0.1	-12.8	34.4
タタ大宇		9,521	-	10,497	0.2	13.8	10.3

注) 1. 各社の販売実績は国内+輸出実績である.
　　2. GM大宇 → 韓国GMに社名変更('11.3)

出所：韓国自動車工業協会

<表2-3> メーカー別・モデル別生産・内需・輸出 (単位:台)

メーカー	車種	モデル	生産 12月	生産 1~12月	内需 12月	内需 1~12月	輸出 12月	輸出 1~12月
現代	乗用	ACCENT 1.4	1,662	18,186	824	14,780	-	-
		ACCENT 1.6	266	2,996	112	2,956	-	-
		ACCENT 1.6 DSL	660	9,867	480	10,871	-	-
		ACCENT EXPORT	24,601	241,144	-	-	24,776	240,247
		ACCENT 計	27,189	272,193	1,416	28,607	24,776	240,247
		AVANTE HD 1.6 DSL	-	18	-	-	-	-
		AVANTE HD 1.6 HEV	11	644	26	582	-	-
		AVANTE MD 1.6	10,016	92,811	6,197	83,061	-	-
		AVANTE MD 1.6 DSL	1,277	6,315	1,246	5,468	-	-
		AVANTE MD LPi	205	4,560	382	4,616	-	-
		AVANTE MD EXPORT	20,514	232,207	-	-	19,959	230,548
		AVANTE COUPE 2.0	-	393	13	239	-	-
		AVANTE COUPE EXPORT	1,392	6,046	-	-	1,555	6,358
		AVANTE 計	33,415	342,994	7,864	93,966	21,514	236,906
		i30(GD) 5DR 1.6	323	5,448	300	4,671	-	-
		i30(GD) 5DR 1.6 DSL	236	4,557	464	5,739	-	-
		i30(GD) EXPORT	5,679	83,487	-	-	5,336	82,719
		i30(GD) 計	6,238	93,492	764	10,410	5,336	82,719
		VELOSTER 1.6	186	2,987	29	2,927	-	-
		VELOSTER EXPORT	5,073	58,310	-	-	5,121	58,221
		VELOSTER 計	5,259	61,297	29	2,927	5,121	58,221
		SONATA 2.0 LPG	22	6,501	458	5,438	-	-
		SONATA 計	22	6,501	458	5,438	-	-
		YF SONATA 2.0	584	21,054	1,209	19,867	-	-
		YF SONATA 2.0 LPi	5,424	53,403	4,085	50,418	-	-
		YF SONATA 2.0 TURBO	13	271	24	279	-	-
		YF SONATA 2.4	4	4	-	-	-	-
		YF SONATA 2.0 HEV	3,346	42,524	576	13,398	1,671	29,032
		YF SONATA EXPORT	5,149	33,297	-	-	5,225	33,100
		YF SONATA 計	14,520	150,553	5,894	83,962	6,896	62,132
		i40 Sedan 1.7 DSL	136	1,596	-	2,877	-	-
		i40 Sedan 2.0	196	952	-	994	-	-
		i40 Wagon 1.7 DSL	113	1,662	15	1,557	-	-
		i40 Wagon 2.0	67	622	5	397	-	-
		i40 EXPORT	3,700	45,404	-	-	4,013	45,075
		i40 計	4,212	50,236	20	5,825	4,013	45,075
		GENESIS 3.3	2	9,099	8	10,407	-	-
		GENESIS 3.8	-	525	-	626	-	-
		GENESIS 5.0	-	12	-	14	-	-
		GENESIS EXPORT	87	27,493	-	-	248	27,201
		GENESIS(DH) 3.3	2,645	2,645	1,070	1,070	-	-
		GENESIS(DH) 3.8	-	31	30	30	-	-
		GENESIS(DH) EXPORT	74	99	-	-	-	-
		GENESIS 計	2,808	39,904	1,108	12,147	248	27,201
		GENESIS COUPE 2.0	18	250	6	241	-	-
		GENESIS COUPE 3.8	12	134	19	144	-	-
		GENESIS COUPE EXPORT	894	18,058	-	-	858	18,130
		GENESIS COUPE 計	924	8,442	25	385	858	18,130

<続く>

輸送機械

メーカー	車種	モデル	生産		内需		輸出	
			12月	1~12月	12月	1~12月	12月	1~12月
現代	乗月	GRANDEUR HG 2.2 DSL	26	26	-	-	-	-
		GRANDEUR HG 2.4	3,826	38,250	3,132	36,060	-	-
		GRANDEUR HG 2.4 HEV	222	222	45	45	-	-
		GRANDEUR HG 3.0	2,028	32,251	2,698	30,966	-	-
		GRANDEUR HG 3.0 LPi	1,905	22,447	1,766	20,603	-	-
		GRANDEUR HG 3.3	44	856	53	827	-	-
		GRANDEUR HG EXPORT	1,707	26,354	-	-	1,632	26,149
		GRANDEUR HG 計	9,758	120,406	7,694	88,501	1,632	26,149
現代	乗用	EQUUS 3.8	970	10,490	646	10,853	-	-
		EQUUS 3.8 LIMOUSINE	2	76	1	70	-	-
		EQUUS 5.0	146	1,501	99	1,527	-	-
		EQUUS 5.0 LIMOUSINE	35	281	13	281	-	-
		EQUUS EXPORT	419	5,628	-	-	468	6,017
		EQUUS 計	1,572	17,976	759	12,731	468	6,017
		小計	105,917	1,173,994	26,031	344,899	70,862	802,797
	SUV	TUCSON ix 2.0 DSL	3,577	42,712	3,263	42,273	-	-
		TUCSON ix 2.0 GSL	47	577	45	572	-	-
		TUCSON ix EXPORT	14,476	147,501	-	-	14,361	147,821
		TUCSON ix 計	18,100	190,790	3,308	42,845	14,361	147,821
		SANTAFE(DM) 2.0	4,835	69,137	4,835	69,923	-	-
		SANTAFE(DM) 2.2	950	10,135	608	8,849	-	-
		SANTAFE(DM) EXPORT	11,332	94,702	-	-	9,915	93,485
		SANTAFE(DM) 計	17,117	173,974	5,443	78,772	9,915	93,485
		MAXCRUZ 2.2	795	8,882	723	8,705	-	-
		MAXCRUZ EXPORT	4,113	41,108	-	-	4,167	41,120
		MAXCRUZ 計	4,908	49,990	723	8,705	4,167	41,120
		VERACRUZ 3.0 DSL	308	4,248	278	4,201	-	-
		VERACRUZ 3.8 GSL	-	12	-	11	-	-
		VERACRUZ EXPORT	-	1,470	-	-	-	1,476
		VERACRUZ 計	308	5,730	278	4,212	-	1,476
		小計	40,433	420,484	9,752	134,534	28,443	283,902
	バス	GRAND STAREX	3,470	42,855	3,324	43,038	-	-
		GRAND STAREX EXPORT	4,911	41,119	-	-	4,764	40,618
		SUPER A/C	203	2,722	197	2,127	-	-
		UNI CITY	29	134	31	163	-	-
		UNIVERSE	234	2,663	224	2,217	10	428
		AERO EXPORT	99	304	-	-	68	624
		AERO EXPRESS	-	71	-	-	-	-
		AERO-TOWN	24	260	23	261	-	-
		AERO-TOWN EXPORT	1	64	-	-	1	45
		COUNTY	261	2,698	258	2,560	-	-
		COUNTY EXPORT	424	4,816	-	-	454	4,107
		GREEN CITY	50	423	50	418	-	-
		小計	9,706	98,129	4,107	50,784	5,297	45,822

<続く>

メーカー	車種	モデル	生産 12月	生産 1~12月	内需 12月	内需 1~12月	輸出 12月	輸出 1~12月
現代	トラック	MIGHTY	562	4,654	555	3,847	-	-
		MIGHTY EXPORT	2,835	20,224	-	-	1,218	12,881
		PORTER DSL	8,457	91,999	8,302	92,029	-	-
		PORTER EXPORT	2,333	20,181	-	-	2,131	20,696
		3.5T	483	3,908	471	4,238	-	-
		3.5T EXPORT	-	1,729	-	-	163	2,773
		4.5T	300	2,152	275	2,397	-	-
		5T	422	4,461	368	4,178	-	-
		5T EXPORT	-	2,214	-	-	71	1,869
		7T	38	312	28	331	-	-
		8.5T CARGO	9	102	2	95	-	-
		8T CARGO	1	76	-	75	-	-
		9.5T CARGO	15	290	1	270	-	-
		11.5T CARGO	16	100	-	71	-	-
		14T CARGO	42	540	-	452	-	-
		15T DUMP	13	245	2	225	-	-
		16T CARGO	116	497	74	416	-	-
		18T CARGO	-	6	-	1	-	-
		19T CARGO	59	310	7	240	-	-
		20T CARGO	2	32	4	29	-	-
		22T CARGO	-	12	-	9	-	-
		25T CARGO	97	552	55	497	-	-
		大型トラック EXPORT	565	3,793	-	-	58	1,321
		小計	16,365	158,389	10,144	109,400	3,641	39,540
	トラック特装		160	1,460	126	1,248	102	953
	国内生産計		172,581	1,852,456	50,160	640,865	108,345	1,173,014
	OEM生産輸入		-	-	-	-	-	-
	韓国メーカー生産輸入		-	-	-	-	-	-
	輸入計		-	-	-	-	-	-
	総計		172,581	1,852,456	50,160	640,865	108,345	1,173,014
KIA	乗用	MORNING(TA) 1.0	5,644	82,997	6,826	83,604	-	-
		MORNING(TA) 1.0 LPG	477	4,142	459	4,390	-	-
		MORNING(TA) 1.0 VAN	681	5,668	716	5,637	-	-
		MORNING(TA) EXPORT	14,738	164,853	-	-	14,381	163,499
		MORNING(TA) 計	21,540	257,660	8,001	93,631	14,381	163,499
		RAY 1.0	1,916	24,352	1,627	24,213	-	-
		RAY 1.0 LPG	68	1,092	74	1,110	-	-
		RAY 1.0 VAN	402	1,967	227	1,821	-	-
		RAY EV	134	343	125	277	-	-
		RAY 計	2,520	27,754	2,053	27,421	-	-
		PRIDE(UB) 1.4 DSL	32	560	35	525	-	-
		PRIDE(UB) 1.4 4DR	215	3,282	181	3,362	-	-
		PRIDE(UB) 1.4 5DR	157	2,082	115	1,957	-	-
		PRIDE(UB) 1.6 4DR	107	2,280	105	2,537	-	-
		PRIDE(UB) 1.6 5DR	154	2,632	94	2,656	-	-
		PRIDE(UB) EXPORT	24,027	224,873	-	-	24,122	223,301
		PRIDE(UB) 計	24,692	235,709	530	11,037	24,122	223,301

<続く>

輸送機械

メーカー	車種	モデル	生産		内需		輸出	
			12月	1~12月	12月	1~12月	12月	1~12月
KIA	乗用	FORTE 1.6 HEV	-	201	-	287	-	-
		FORTE 1.6 2DR	-	333	-	352	-	-
		FORTE 1.6 5DR	-	128	-	142	-	-
		FORTE 2.0 2DR	-	22	-	24	-	-
		FORTE EXPORT	-	15,016	-	-	-	15,233
		FORTE 計	-	15,700	-	805	-	15,233
		K3 1.6 2DR	35	630	102	461	-	-
		K3 1.6 4DR	3,896	49,481	4,620	50,662	-	-
		K3 1.6 4DR DSL	536	590	-	-	-	-
		K3 1.6 5DR	45	163	69	156	-	-
		K3 EXPORT	17,716	176,835	-	-	18,331	174,925
		K3 計	22,228	227,699	4,791	51,279	18,331	174,925
		K5 2.0	2,049	22,094	2,494	23,033	-	-
		K5 2.0 HEV	1,770	26,489	314	7,742	1,601	19,022
		K5 2.0 LPG	2,973	32,311	3,045	32,232	-	-
		K5 EXPORT	6,227	54,647	-	-	6,497	54,437
		K5 計	13,019	135,541	5,853	63,007	8,098	73,459
		K7 2.4	1,155	15,748	1,431	15,385	-	-
		K7 2.4 HEV	90	90	-	-	-	-
		K7 3.0	350	4,123	345	4,246	-	-
		K7 3.0 LPG	668	5,436	599	5,420	-	-
		K7 3.3	14	261	15	279	-	-
		K7 EXPORT	1,762	19,153	-	-	1,786	19,067
		K7 計	4,039	44,811	2,390	25,330	1,786	19,067
KIA	乗用	K9 3.3	347	4,309	188	4,228	-	-
		K9 3.8	48	728	34	801	-	-
		K9 EXPORT	166	2,565	-	-	65	2,294
		K9 計	561	7,602	222	5,029	65	2,294
		小計	88,599	952,476	23,840	277,539	66,783	671,778
	SUV	SOUL 1.6	-	953	-	1,059	-	-
		SOUL 1.6 DSL	-	268	-	257	-	-
		SOUL EXPORT	-	99,775	-	-	141	99,558
		SOUL(PS) 1.6	364	2,296	573	1,332	-	-
		SOUL(PS)1.6 DSL	287	309	135	136	-	-
		SOUL(PS)EXPORT	18,900	53,230	-	-	18,600	51,582
		SOUL 計	19,551	156,831	708	2,784	18,741	151,140
		SPORTAGE R 2.0 DSL	4,992	45,743	5,747	44,880	-	-
		SPORTAGE R 2.0 GSL	50	447	53	478	-	-
		SPORTAGE R EXPORT	10,284	113,335	-	-	10,091	112,550
		SPORTAGE R 計	15,326	159,525	5,800	45,358	10,091	112,550
		SORENTO R 2.0 DSL	1,939	27,285	2,619	26,698	-	-
		SORENTO R 2.2 DSL	272	2,741	258	2,470	-	-
		SORENTO R EXPORT	7,942	71,964	-	-	8,190	71,499
		SORENTO R 計	10,153	101,990	2,877	29,168	8,190	71,499

<続く>

メーカー	車種	モデル	生産		内需		輸出	
			12月	1~12月	12月	1~12月	12月	1~12月
KIA	SUV	MOHAVE 3.0 DSL	869	9,056	840	9,012	-	-
		MOHAVE EXPORT	600	6,582	-	-	509	6,460
		MOHAVE 計	1,469	15,638	840	9,012	509	6,460
		小計	46,499	433,984	10,225	86,322	37,531	341,649
	CDV	NEW CARENS 2.0 LPG	-	-	-	1,178	-	-
		NEW CARENS EXPORT	-	-	-	-	-	2
		NEW CARENS 計	-	-	-	1,178	-	2
		ALL NEW CARENS 1.7 DSL	112	2,017	104	1,900	-	-
		ALL NEW CARENS 2.0 LPi	288	5,984	271	5,694	-	-
		ALL NEW CARENS EXPORT	5,386	53,913	-	-	5,814	53,556
		ALL NEW CARENS 計	5,786	61,914	375	7,594	5,814	53,556
		NEW CARNIVAL 2.2 DSL	770	8,925	658	8,419	-	-
		NEW CARNIVAL 3.5	2	79	6	84	-	-
		NEW CARNIVAL 計	772	9,004	664	8,503	-	-
		GRAND CARNIVAL 2.2 DSL	1,171	21,651	891	22,023	-	-
		GRAND CARNIVAL 3.5	8	149	2	60	-	-
		GRAND CARNIVAL EXPORT	1,407	18,075	-	-	1,446	18,086
		GRAND CARNIVAL 計	2,586	39,875	893	22,083	1,446	18,086
		小計	9,144	110,793	1,932	39,358	7,260	71,644
	バス	グリーンフィールド	19	114	17	112	-	-
		ブルースカイ	20	156	20	156	-	-
		サンシャイン	25	519	27	518	-	-
		シルクロード	49	354	47	320	3	34
		パークウェイ	34	429	36	435	-	-
		小計	147	1,572	147	1,541	3	34
	トラック	BONGO 1T	7,135	72,452	2,750	31,920	4,300	46,038
		BONGO 1T LPG	2	386	25	520	-	-
		BONGO 1.2/1.4T	1,283	13,832	831	7,924	-	-
		小計	8,420	86,670	3,606	40,364	4,300	46,038
		トラック特装	1,073	13,368	1,271	12,876	12	493
		国内生産計	153,882	1,598,863	41,021	458,000	115,889	1,131,636
		OEM生産輸入	-	-	-	-	-	-
		韓国メーカー生産輸入	-	-	-	-	-	-
		輸入計	-	-	-	-	-	-
		総計	153,882	1,598,863	41,021	458,000	115,889	1,131,636

<続く>

輸送機械

メーカー	車種	モデル	生産		内需		輸出	
			12月	1~12月	12月	1~12月	12月	1~12月
韓国GM	乗用	NEW MATIZ	2,756	38,461	-	-	2,675	38,392
		SPARK	16,776	183,975	5,561	52,553	9,746	127,629
		SPARK LPG	747	6,470	670	6,936	-	-
		SPARK VAN	468	2,341	128	1,440	-	-
		SPARK EV	180	1,227	23	40	-	-
		SPARK/NEW MATIZ 計	20,927	232,474	6,382	60,969	12,421	166,021
		GENRTA 4DR 1.4 DOHC	283	4,945	-	-	-	-
		GENTRA 4DR 1.2 DOHC	82	1,179	-	-	-	-
		GENTRA 4DR 1.5 SOHC	24	3,733	-	-	-	-
		GENTRA 4DR 1.6 DOHC	183	2,261	-	-	-	-
		GENTRA X 5DR 1.2	-	1,397	-	-	-	-
		GENTRA X 5DR 1.4	43	806	-	-	-	-
		GENTRA X 5DR 1.5	-	57	-	-	-	-
		GENTRA X 5DR 1.6	44	937	-	-	-	-
		GENTRA/GENTRA X EXPORT	-	-	-	-	840	15,782
		GENTRA/GENTRA X 計	659	15,315	-	-	840	15,782
		AVEO 4DR 1.2	12	1,234	-	-	-	-
		AVEO 4DR 1.3 DSL	8	2,317	-	-	-	-
		AVEO 4DR 1.4	53	2,605	-	-	-	-
		AVEO 4DR 1.6	1,650	13,913	266	2,518	-	-
		AVEO 5DR 1.2	4	4,501	-	-	-	-
		AVEO 5DR 1.3 DSL	-	2,626	-	-	-	-
		AVEO 5DR 1.4	308	2,939	70	70	-	-
		AVEO 5DR 1.6	1,160	11,102	101	835	-	-
		AVEO EXPORT	-	-	-	-	2,351	40,391
		AVEO 計	3,195	41,237	437	3,423	2,351	40,391
		LACETTI 4DR 1.6 DOHC	1,646	14,732	-	-	-	-
		LACETTI 4DR 2.0 DSL	-	-	-	1	-	-
		LACETTI EXPORT	-	-	-	-	103	13,047
		LACETTI 計	1,646	14,732	-	1	103	13,047
		CRUZE 1.4	482	2,387	394	754	-	-
		CRUZE 1.6	534	9,896	-	-	-	-
		CRUZE 1.7 DSL	5	883	-	-	-	-
		CRUZE 1.8	2,212	35,424	1,212	12,953	-	-
		CRUZE 2.0 DSL	678	7,326	564	4,071	-	-
		CRUZE 5DR 1.4	79	1,041	26	40	-	-
		CRUZE 5DR 1.6	132	4,086	-	-	-	-
		CRUZE 5DR 1.7 DSL	5	1,892	-	-	-	-
		CRUZE 5DR 1.8	242	8,832	32	475	-	-
		CRUZE 5DR 2.0 DSL	58	2,144	50	388	-	-
		CRUZE WAG 1.4	39	1,312	-	-	-	-
		CRUZE WAG 1.6	168	3,741	-	-	-	-
		CRUZE WAG 1.7 DSL	10	3,565	-	-	-	-
		CRUZE WAG 1.8	187	7,339	-	-	-	-
		CRUZE WAG 2.0 DSL	7	2,209	-	-	-	-
		CRUZE EXPORT	-	-	-	-	3,763	74,937
		CRUZE 計	4,838	92,077	2,278	18,681	3,763	74,937
		TOSCA 2.0 DOHC	-	-	2	9	-	-
		CRUZE 計	-	-	2	9	-	-

<続く>

メーカー	車種	モデル	生産		内需		輸出	
			12月	1~12月	12月	1~12月	12月	1~12月
韓国GM	乗用	CAMARO 3.6*	-	-	7	18	-	-
		CAMARO 計	-	-	7	18	-	-
		CORVETTE 6.2*	-	-	-	26	-	-
		CORVETTE 計	-	-	-	26	-	-
		ALPHEON 2.4	267	2,284	273	2,396	-	-
		ALPHEON 2.4 HEV	26	173	22	203	-	-
		ALPHEON 3.0	155	1,246	121	1,322	-	-
		ALPHEON 計	448	3,703	416	3,921	-	-
		MALIBU 2.0	1,088	9,703	1,254	9,928	-	-
		MALIBU 2.0 DSL	7	723	-	-	-	-
		MALIBU 2.0 LPG	108	787	97	762	-	-
		MALIBU 2.4	1,316	14,928	175	604	-	-
		MALIBU 3.0	97	3,760	-	-	-	-
		MALIBU EXPORT	-	-	-	-	1,337	19,195
		MALIBU 計	2,616	29,901	1,526	11,294	1,337	19,195
		小計	34,329	429,439	11,048	98,342	20,815	329,373
	SUV	TRAX/Mokka 1.4	12,239	100,153	947	8,064	-	-
		TRAX/Mokka 1.6	1,563	21,204	-	-	-	-
		TRAX/Mokka 1.7 DSL	5,298	59,210	-	-	-	-
		TRAX/Mokka 1.8	4,155	23,846	-	-	-	-
		TRAX/Mokka EXPORT	-	-	-	-	23,252	194,225
		TRAX/Mokka 計	23,255	204,413	947	8,064	23,252	194,225
		CAPTIVA 2.0	542	8,567	836	6,642	-	-
		CAPTIVA 2.2 DSL	2,125	37,687	101	1,078	-	-
		CAPTIVA 2.4	1,719	28,974	-	-	-	-
		CAPTIVA 3.0	1,520	10,634	-	-	-	-
		CAPTIVA EXPORT	-	-	-	-	6,892	80,366
		CAPTIVA 計	5,906	85,862	937	7,720	6,892	80,366
		小計	29,161	290,275	1,884	15,784	30,144	274,591
	CDV	ORLANDO 1.4 DOHC	62	1,403	-	-	-	-
		ORLANDO 1.8 DOHC	226	9,650	-	-	-	-
		ORLANDO 2.0 DSL	1,436	17,741	1,257	9,428	-	-
		ORLANDO 2.0 LPG	801	6,804	885	6,824	-	-
		ORLANDO 2.4	126	2,407	-	-	-	-
		ORLANDO EXPORT	-	-	-	-	2,045	22,895
		ORLANDO 計	2,651	38,005	2,142	16,252	2,045	22,895
		小計	2,651	38,005	2,142	16,252	2,045	22,895
	バス	DAMAS COACH GSL	24	170	-	-	-	-
		DAMAS COACH LPG	552	4,947	632	4,705	-	-
		DAMAS VAN GSL	478	2,491	-	-	-	-
		DAMAS VAN LPG	538	6,466	830	6,264	-	-
		DAMAS EXPORT	-	-	-	-	766	2,575
		小計	1,592	14,074	1,462	10,969	766	2,575

<続く>

輸送機械

メーカー	車種	モデル	生産 12月	生産 1~12月	内需 12月	内需 1~12月	輸出 12月	輸出 1~12月
韓国GM	トラック	LABO GSL	57	527	-	-	-	-
		LABO LPG	1,531	10,401	1,317	9,693	-	-
		LABO EXPORT	-	-	-	-	58	532
		小計	1,588	10,928	1,317	9,693	58	532
		国内生産計	69,321	782,721	17,846	150,996	53,828	629,966
	OEM 生産輸入		-	-	7	44	-	-
	韓国メーカー生産輸入		-	-	-	-	-	-
		輸入計	-	-	7	44	-	-
		総計	69,321	782,721	17,853	151,040	53,828	629,966
ルノー三星	乗用	SM3 1.6	-	3,924	-	-	-	4,043
		NEW SM3 1.6	1,961	23,623	2,189	18,811	729	4,966
		NEW SM3 2.0	839	11,483	-	-	805	11,229
		SM3 EV	166	403	197	398	-	-
		SM3 計	2,966	39,433	2,386	19,209	1,534	20,238
		NEW SM5 1.6	66	3,475	535	3,320	-	-
		NEW SM5 2.0 LPL(L43)	651	9,992	1,256	10,593	-	-
		NEW SM5 2.0(L43)	958	16,594	1,833	16,812	-	-
		NEW SM5(L43) EXPORT	327	6,698	-	-	732	6,756
		SM5 計	2,002	36,759	3,624	30,725	732	6,756
		ALL NEW SM7 2.5	443	3,285	431	3,117	4	141
		ALL NEW SM7 3.5	42	474	52	470	-	5
		SM7 計	485	3,759	483	3,587	4	146
		小計	5,453	79,951	6,493	53,521	2,270	27,140
ルノー三星	SUV	QM3 DSL 1.5*	-	-	1,084	1,150	-	-
		QM3 計	-	-	1,084	1,150	-	-
		QM5 2WD DSL 2.0	217	2,780	346	2,863	-	-
		QM5 2WD GSL 2.0	238	1,215	191	1,015	-	-
		QM5 2WD GSL 2.5	-	145	-	194	-	-
		QM5 4WD DSL 2.0	85	1,243	199	1,284	-	-
		QM5 EXPORT	2,931	44,304	-	-	3,210	43,843
		QM5 計	3,471	49,687	736	5,356	3,210	43,843
		小計	3,471	49,687	1,820	6,506	3,210	43,843
		国内生産計	8,924	129,638	7,229	58,877	5,480	70,983
	OEM生産輸入		-	-	1,084	1,150	-	-
	韓国メーカー生産輸入		-	-	-	-	-	-
		輸入計	-	-	1,084	1,150	-	-
		総計	8,924	129,638	8,313	60,027	5,480	70,983

<続く>

メーカー	車種	モデル	生産 12月	生産 1~12月	内需 12月	内需 1~12月	輸出 12月	輸出 1~12月
双龍	乗用	CHAIRMAN H 2.8	79	970	131	990	-	-
		CHAIRMAN H 3.2	30	315	21	339	-	-
		CHAIRMAN H 計	109	1,285	152	1,329	-	-
		CHAIRMAN W LIM 3.6	-	43	-	28	-	-
		CHAIRMAN W LIM 5.0	3	56	5	47	-	-
		CHAIRMAN W 2.8	6	17	-	-	-	-
		CHAIRMAN W 3.2	85	930	96	865	-	-
		CHAIRMAN W 3.6	85	1,072	106	922	-	-
		CHAIRMAN W 5.0	-	27	-	24	-	-
		CHAIRMAN W EXPORT	-	-	-	-	6	74
		CHAIRMAN W 計	179	2,145	207	1,886	6	74
		小計	288	3,430	359	3,215	6	74
	SUV	ACTYON 2.0 DSL	36	77	-	-	-	-
		ACTYON 2.3 GSL	661	1,947	-	-	-	-
		ACTYON EXPORT	-	-	-	-	194	1,481
		ACTYON 計	697	2,024	-	-	194	1,481
		KORANDO C 2.0 DSL	2,905	28,180	1,969	19,317	-	-
		KORANDO C 2.0 GSL	2,457	28,368	-	-	-	-
		KORANDO C EXPORT	-	-	-	-	3,406	37,437
		KORANDO SPORTS 2.0 DSL	3,636	34,093	2,428	23,435	-	-
		KORANDO SPORTS 2.3 GSL	42	1,332	-	-	-	-
		KORANDO SPORTS EXPORT	-	-	-	-	1,461	11,966
		KORANDO 計	9,040	91,973	4,397	42,752	4,867	49,403
		KYRON 2.0 DSL	227	5,967	-	-	-	-
		KYRON 2.3 GSL	170	9,062	-	-	-	-
		KYRON 3.2 GSL	-	200	-	-	-	-
		KYRON EXPORT	-	-	-	-	424	15,335
		KYRON 計	397	15,229	-	-	424	15,335
		REXTON 2.0 DSL	1,350	12,350	824	7,608	-	-
		REXTON 2.7 DSL	91	1,943	-	-	-	-
		REXTON 3.2 GSL	17	786	-	-	-	-
		REXTON EXPORT	-	-	-	-	533	7,291
		REXTON 計	1,458	15,079	824	7,608	533	7,291
		小計	11,592	124,305	5,221	50,360	6,018	73,510
	DV	RODIUS 2.0 DSL	-	-	-	106	-	-
		RODIUS EXPORT	-	-	-	-	-	2
		RODIUS 計	-	-	-	106	-	2
		KORANDO TURISMO 2.0 DSL	1,438	15,778	1,004	10,289	-	-
		KORANDO TURISMO 3.2 GSL	-	3	-	-	-	-
		KORANDO TURISMO EXPORT	-	-	-	-	591	5,154
		KORANDO TURISMO 計	1,438	15,781	1,004	10,289	591	5,154
		小計	1,438	15,781	1,004	10,395	591	5,156
		国内生産計	13,318	143,516	6,584	63,970	6,615	78,740
		OEM生産輸入	-	-	-	-	-	-
		韓国メーカー生産輸入	-	-	-	-	-	-
		輸入計	-	-	-	-	-	-
		総計	13,318	143,516	6,584	63,970	6,615	78,740

<続く>

輸送機械

メーカー	車種	モデル	生産		内需		輸出	
			12月	1~12月	12月	1~12月	12月	1~12月
大宇バス	バス	BC211M	1	13	1	13	-	-
		BH090	11	95	11	95	-	-
		BS090	23	494	23	498	-	-
		BS106	107	515	107	528	-	-
		BS110CN	6	113	7	115	-	-
		BX212	27	567	27	567	-	-
		FX 120	38	371	38	371	-	-
		FX 212	-	52	-	52	-	-
		FX115	-	8	-	8	-	-
		FX116	22	199	23	199	-	-
		LESTAR	119	968	119	971	-	-
		ROYAL CITY EXPORT	12	224	-	-	30	252
		ROYAL EXPORT	17	236	-	-	21	234
		小計	383	3,855	356	3,417	51	486
	国内生産計		383	3,855	356	3,417	51	486
		OEM生産輸入	-	-	-	-	-	-
		韓国メーカー生産輸入	-	-	-	-	-	-
		輸入計	-	-	-	-	-	-
		総計	383	3,855	356	3,417	51	486

<続く>

メーカー	車種	モデル	生産 12月	生産 1~12月	内需 12月	内需 1~12月	輸出 12月	輸出 1~12月
タタ大宇	トラック	4.5 CARGO	257	2,602	199	2,513	-	-
		5T CARGO	66	818	56	825	-	-
		8.5T CARGO	18	458	-	-	-	-
		8T CARGO	4	276	5	87	-	205
		8T DUMP	14	62	-	-	-	14
		9.5 CARGO	20	210	7	173	-	-
		11.5T CARGO	11	394	1	86	-	354
		14T CARGO	60	333	42	367	-	-
		15T DUMP	144	1,735	5	64	-	528
		16T CARGO	20	607	11	348	-	16
		17T CARGO	-	22	-	-	-	-
		18T CARGO	16	115	-	-	-	-
		19.5T CARGO	9	87	-	-	-	-
		19T CARGO	13	320	33	342	-	-
		22.5T CARGO	2	75	8	69	-	6
		24T DUMP	-	-	-	-	-	47
		25.5T DUMP	-	148	13	105	-	-
		25T CARGO	55	439	53	472	-	6
		大型トラック EXPORT	-	-	-	-	296	3,065
		小計	709	8,701	433	5,451	296	4,241
		トラック特装	202	1,679	52	588	-	217
		国内生産計	911	10,380	485	6,039	296	4,458
		OEM生産輸入	-	-	-	-	-	-
		韓国メーカー生産輸入	-	-	-	-	-	-
		輸入計	-	-	-	-	-	-
		総計	911	10,380	485	6,039	296	4,458
		国内生産計	419,320	4,521,429	123,681	1,382,164	290,504	3,089,283
		OEM生産輸入	-	-	1,091	1,194	-	-
		韓国メーカー生産輸入	-	-	-	-	-	-
		輸入計	-	-	1,091	1,194	-	-
		総計	419,320	4,521,429	124,772	1,383,358	290,504	3,089,283

* 海外OEM生産モデルの韓国販売実績

出所：韓国自動車工業協会

<表2-4> モデル別乗用車国内販売順位(2013年年間基準)　　　　　　　　　　　　(単位：台,%)

	モデル	販売台数(台)	比重(%)
1	MORNING(TA)	93,631	8.2
2	AVANTE MD	93,518	8.2
3	GRANDEUR(HG)	88,501	7.8
4	YF SONANTA	84,053	7.4
5	SANTAFE(DM)	78,772	6.9
6	K5	63,007	5.6
7	SPARK	60,969	5.4
8	K3(Koup)	51,279	4.5
9	SPORTAGE R	45,358	4.0
10	TUCSON ix	42,845	3.8
	小計	701,933	61.8

出所：韓国自動車工業協会

<表2-5> 会社別自動車国内販売台数　　　　　　　　　　　　(単位：台,%)

区分		2012年			2013年				増減率		
		12月	比重	1~12月	11月	12月	比重	1~12月	前月比	前年同月比	前年同期比
合計		136,328	100.0	1,410,857	120,037	124,386	100.0	1,381,091	3.6	-8.8	-2.1
	乗用	114,961		1,175,891	97,089	101,365		1,135,251	4.4	-11.8	-3.5
	商用	21,367		234,966	22,948	23,021		245,840	0.3	7.7	4.6
現代		63,106	46.3	667,777	54,278	50,160	40.3	638,995	-7.6	-20.5	-4.3
	乗用	48,438		505,714	39,323	35,783		478,054	-9.0	-26.1	-5.5
	商用	14,668		162,063	14,955	14,377		160,941	-3.9	-2.0	-0.7
KIA		46,514	34.1	482,060	38,952	41,021	33.0	458,000	5.3	-11.8	-5.0
	乗用	41,760		430,757	34,086	35,997		403,219	5.6	-13.8	-6.4
	商用	4,754		51,303	4,866	5,024		54,781	3.2	5.7	6.8
韓国GM		14,279	10.5	145,702	14,100	17,853	14.4	151,040	26.6	25.0	3.7
	乗用	12,993		131,794	11,837	15,074		130,378	27.3	16.0	-1.1
	商用	1,286		13,908	2,263	2,779		20,662	22.8	116.1	48.6
ルノー三星		6,405	4.7	59,926	5,301	7,927	6.4	59,630	49.5	23.8	-0.5
双龍		5,365	3.9	47,700	6,542	6,584	5.3	63,970	0.6	22.7	34.1
大宇バス		309	0.2	2,270	290	356	0.3	3,417	22.8	15.2	50.5
タタ大宇		350	0.3	5,422	574	485	0.4	6,039	-15.5	38.6	11.4

注) GM大宇→韓国GMに社名変更('11.3)　　　　　　　　　　　出所：韓国自動車工業協会

<表 2-6> 会社別自動車輸出台数 (単位：台, %)

区分		2012年			2013年				増減率		
		12月	比重	1~12月	11月	12月	比重	1~12月	前月比	前年同月比	前年同期比
合計		275,281	100.0	3,170,634	286,073	287,615	100.0	3,086,394	0.5	4.5	-2.7
	乗用	259,160		3,012,584	271,712	273,172		2,945,546	0.5	5.4	-2.2
	商用	16,121		158,050	14,361	14,443		140,848	0.6	-10.4	-10.9
現代		110,527	40.2	1,242,083	107,094	108,345	37.7	1,173,014	1.2	-2.0	-5.6
	乗用	98,844		1,139,812	98,067	99,305		1,086,699	1.3	0.5	-4.7
	商用	11,683		102,271	9,027	9,040		86,315	0.1	-22.6	-15.6
KIA		89,295	32.4	1,102,004	108,821	113,000	39.3	1,128,747	3.8	26.5	2.4
	乗用	85,783		1,054,050	103,836	108,768		1,082,265	4.7	26.8	2.7
	商用	3,512		47,954	4,985	4,232		46,482	-15.1	20.5	-3.1
韓国GM		61,387	22.3	655,878	53,662	53,828	18.7	629,966	0.3	-12.3	-4.0
	乗用	60,955		652,786	53,624	53,004		626,859	-1.2	-13.0	-4.0
	商用	432		3,092	38	824		3,107	2,068.4	90.7	0.5
ルノー三星		7,504	2.7	94,383	8,770	5,480	1.9	70,983	-37.5	-27.0	-24.8
双龍		6,074	2.2	71,553	7,415	6,615	2.3	78,740	-10.8	8.9	10.0
大宇バス		158	0.1	634	82	51	0.0	486	-37.8	-67.7	-23.3
タタ大宇		336	0.1	4,099	229	296	0.1	4,458	29.3	-11.9	8.8

注) GM大宇→韓国GMに社名変更('11.3)　　　　出所：韓国自動車工業協会

<表2-7> 現代自動車海外生産実績推移 (単位：台)

区分	合計	地域						
		インド	中国	米国	トルコ	チェコ	ロシア	ブラジル
2006	889,321	301,590	290,088	236,773	60,870	-		
2007	911,342	338,755	231,888	250,519	90,180	-	-	
2008	1,117,096	486,099	300,323	237,042	81,590	12,042	-	
2009	1,493,077	559,620	571,234	195,561	48,640	118,022	-	
2010	1,882,726	600,480	704,441	300,500	77,000	200,088	217	
2011	2,182,164	619,785	743,888	338,127	90,231	251,146	138,987	
2012	2,497,317	638,775	855,307	361,348	87,008	303,035	224,420	27,424
2013	2,874,750	633,006	1,040,018	399,500	102,020	303,460	299,400	167,346

出所：韓国自動車工業協会

輸送機械

<表2-8> KIA自動車海外生産実績推移　　　　　　　　　　　　　　　　　　　　(単位：台)

区分	KIA	地域		
		中国	スロバキア	米国
2006	120,433	115,418	5,015	-
2007	250,616	105,538	145,078	-
2008	340,172	138,665	201,507	-
2009	408,644	243,618	150,021	15,005
2010	722,036	338,866	229,505	153,665
2011	958,519	432,516	252,252	273,751
2012	1,138,150	487,580	292,050	358,520
2013	1,233,305	551,006	313,000	369,299

出所：韓国自動車工業協会

<表2-9> 年度別・メーカー別自動車KD(ノックダウン)輸出実績推移　　　(単位：台, 千ドル)

区分	合計		現代		KIA	
	台数	金額	台数	金額	台数	金額
2007	1,262,819	4,424,967	242,019	1,650,697	80,867	527,858
2008	1,307,083	4,084,022	212,654	1,485,930	59,290	437,398
2009	1,096,552	2,962,640	98,733	542,878	37,490	234,959
2010	1,289,486	4,610,871	140,952	1,035,346	54,160	350,336
2011	1,455,482	5,435,345	130,551	1,083,242	78,300	508,681
2012	1,422,793	5,068,593	94,978	825,047	45,180	364,456
2013	1,322,553	4,447,855	84,768	825,048	45,150	381,289

韓国GM		ルノー三星		双龍		大宇バス	
台数	金額	台数	金額	台数	金額	台数	金額
926,446	2,043,661	-	-	11,700	161,252	1,787	41,499
1,023,128	1,923,372	-	-	10,260	187,184	1,751	50,138
958,033	2,133,689	-	-	360	3,685	1,936	47,429
1,090,921	3,150,591	-	-	1,532	14,899	1,921	59,699
1,243,733	3,759,461	414	7,353	720	8,660	1,764	67,948
1,276,162	3,733.552	3,384	70,522	1,464	14,465	1,625	60,551
1,185,272	3,046.543	2,699	55,367	2,939	53,545	1,725	63,993

出所：韓国自動車工業協会

<表2-10> メーカー別・年度別自動車販売実績推移 (単位：台)

区分	現代自動車			KIA自動車		
	総販売	内需	輸出	総販売	内需	輸出
2007	1,701,359	625,275	1,076,084	1,113,152	272,330	840,822
2008	1,670,181	570,962	1,099,219	1,054,962	316,432	738,530
2009	1,613,766	702,678	911,088	1,148,776	412,752	736,024
2010	1,732,292	659,565	1,072,727	1,404,569	484,512	920,057
2011	1,888,312	684,157	1,204,155	1,568,874	493,003	1,075,871
2012	1,909,860	667,777	1,242,083	1,584,064	482,060	1,102,004
2013	1,813,879	640,865	1,173,014	1,589,636	458,000	1,131,636

区分	韓国GM			ルノー三星		
	総販売	内需	輸出	総販売	内需	輸出
2007	938,271	130,542	807,729	172,175	117,204	54,971
2008	819,436	116,520	702,916	197,024	101,981	95,043
2009	544,104	114,845	429,259	189,805	133,630	56,175
2010	736,628	125,730	610,898	271,480	155,697	115,783
2011	797,130	140,705	656,425	246,959	109,221	137,738
2012	801,580	145,702	655,878	154,309	59,926	94,383
2013	781,006	151,040	629,966	131,010	60,027	70,983

区分	双龍			大宇バス		
	総販売	内需	輸出	総販売	内需	輸出
2007	124,689	60,616	64,073	6,063	4,450	1,613
2008	82,405	39,165	43,240	4,896	3,790	1,106
2009	34,936	22,189	12,747	4,212	2,550	1,662
2010	80,215	32,459	47,756	3,203	2,364	839
2011	112,281	38,651	73,630	3,014	1,730	1,284
2012	119,253	47,700	71,553	2,904	2,270	634
2013	142,710	63,970	78,740	3,903	3,417	486

区分	タタ大宇		
	総販売	内需	輸出
2007	10,764	8,918	1,846
2008	9,544	5,633	3,911
2009	7,263	5,356	1,907
2010	9,146	5,099	4,047
2011	9,775	7,170	2,605
2012	9,521	5,422	4,099
2013	10,497	6,039	4,458

出所：韓国自動車工業協会

<表2-11> メーカー別自動車販売額推移 (単位：億ウォン)

	2006	2007	2008	2009	2010	2011	2012	2013
現代	273,353	304,891	321,898	318,593	367,694	427,740	431,624	416,912
KIA	174,399	159,485	163,822	184,157	232,614	277,422	280,079	283,326
GM大宇	96,041	125,137	123,107	95,325	125,974	150,680	159,496	156,040
双龍	29,518	31,193	24,952	10,668	20,704	27,731	28,638	34,752
ルノー三星	25,871	28,012	37,045	36,561	51,678	49,815	36,551	33,336

出所：各社の事業報告書

<表2-12> 品目別・年度別自動車輸出台数推移 (単位：台)

区分	合計	乗用車	バス	トラック	特装車
2005	2,586,088	2,456,525	43,078	85,054	1,431
2006	2,648,220	2,530,180	31,498	85,799	743
2007	2,847,138	2,718,548	38,965	88,307	1,318
2008	2,683,965	2,508,911	62,654	108,355	4,045
2009	2,148,862	2,007,230	47,371	91,635	2,626
2010	2,772,107	2,610,949	68,007	89,237	3,914
2011	3,151,708	2,980,659	71,795	96,808	2,446
2012	3,170,634	3,012,584	56,876	98,400	2,774
2013	3,089,283	2,948,352	48,917	90,351	1,663

出所：韓国自動車工業協会

<表2-13> モデル別乗用車輸出順位(2013年年間基準) (単位：台, %)

	モデル	輸出台数(台)	比重(%)
1	ACCENT	240,247	8.2
2	AVANTE	236,906	8.0
3	PRIDE (UB)	222,149	7.5
4	TRAX (MOKKA)	194,225	6.6
5	K3	174,614	5.9
6	MORNING	162,573	5.5
7	TUCSON (ix)	147,821	5.0
8	SPARK	127,629	4.3
9	SPORTAGE R	112,544	3.8
10	SOUL	99,558	3.4
	小計	1,718,266	58.3

出所：韓国自動車工業協会

<表2-14> 年度別・地域別自動車輸出販売(台数)推移　　　　　　　　　　　　　　　　　(単位：台)

区分	2008	2009	2010	2011	2012	2013
計	2,683,965	2,148,862	2,772,107	3,151,708	3,170,634	3,089,283
EU	408,934	302,124	298,263	426,057	398,223	406,367
その他のヨーロッパ	409,213	98,424	241,021	267,596	283,574	226,023
アフリカ	181,007	173,718	171,554	180,079	196,776	181,405
アジア	104,132	114,699	169,933	225,400	178,781	188,480
中東	418,786	419,797	586,740	626,046	614,237	593,643
太平洋	104,489	147,570	180,317	160,540	160,734	156,637
北米	766,616	608,574	677,660	770,826	905,011	955,273
米国	598,126	449,403	510,952	588,181	693,736	759,385
中南米	290,788	283,956	446,619	495,164	433,298	381,455

出所：韓国自動車工業協会

<表2-15> 年度別・地域別自動車輸出販売(金額)推移　　　　　　　　　　　　　　　　(単位：千ドル)

区分	2008	2009	2010	2011	2012	2013
計	31,907,235	22,974,944	33,594,129	42,851,671	43,628,800	44,926,745
EU	5,098,594	2,689,631	3,330,624	5,572,655	5,127,147	5,727,973
ヨーロッパその他	4,914,881	1,086,836	2,710,965	3,905,660	4,322,599	4,032,784
アフリカ	1,830,021	1,783,364	1,898,389	2,157,561	2,416,250	2,214,307
アジア	1,683,227	1,722,643	2,788,637	3,771,238	2,870,357	3,120,478
中東	4,963,920	4,300,047	6,913,508	7,655,500	7,804,594	7,915,463
太平洋	1,157,259	1,578,337	2,325,790	2,552,070	2,613,528	2,423,148
北米	9,083,684	6,937,284	8,419,643	11,019,280	13,401,991	14,991,978
米国	7,321,113	5,252,860	6,559,433	8,736,497	10,523,688	12,244,456
中南米	3,175,649	2,876,802	5,206,573	6,217,707	5,072,334	4,500,614

出所：韓国自動車工業協会

輸送機械

<表2-16> ブランド別輸入自動車新規登録数推移　　　　　　　　　　　　　　　　(単位：台, %)

Brand	2012年	% Share	2013年	% Share
Audi	15,126	11.56	20,044	12.81
BMW	28,152	21.51	33,066	21.13
Bentley	135	0.10	164	0.10
Cadillac	475	0.36	300	0.19
Chrysler	4,123	3.15	4,143	2.65
Citroen	255	0.19	476	0.30
Fiat	-	-	507	0.32
Ford	5,126	3.92	7,214	4.61
Honda	3,944	3.01	4,856	3.10
Infiniti	1,103	0.84	1,116	0.71
Jaguar	1,197	0.91	1,901	1.21
Land Rover	1,916	1.46	3,103	1.98
Lexus	4,976	3.80	5,425	3.47
MINI	5,927	4.53	6,301	4.03
Mercedes-Benz	20,389	15.58	24,780	15.83
Mitsubishi	81	0.06	146	0.09
Nissan	2,398	1.83	3,061	1.96
Peugeot	2,407	1.84	2,776	1.77
Porsche	1,516	1.16	2,041	1.30
Rolls-Royce	27	0.02	30	0.02
Subaru	627	0.48	-	-
Toyota	10,795	8.25	7,438	4.75
Volkswagen	18,395	14.06	25,649	16.39
Volvo	1,768	1.35	1,960	1.25
Total	130,858	100.00	156,497	100.00

出所：韓国輸入自動車協会

3) 自動車部品産業

<表3-1> 企業規模別企業数推移 (単位：社, %)

年	大企業	中小企業	計	増減率
2006	91	811	902	△2.2
2007	95	806	901	-0.1
2008	118	771	889	-1.3
2009	118	792	910	2.4
2010	119	780	899	-1.3
2011	149	737	886	-1.4
2012	205	682	887	0.1

出所：韓国自動車工業協同組合

<表 3-2> 従業員規模別部品企業現況

	従業員数	50人未満	50～99人	100～299人	300～1,000人	1,001人以上		合計
2009	企業数	262	200	281	*49	90	26	910
	比率(%)	小企業 (28.80%)	中企業/530 (58.2%)			大企業/118 (13.0%)		(100.0)
2010	企業数	270	205	273	*32	90	29	899
	比率(%)	小企業 (30.0%)	中企業/510 (56.7%)			大企業/119 (13.2%)		(100.0)
2011	企業数	261	174	259	*43	117	32	886
	比率(%)	小企業 (25.9%)	中企業/476 (53.7%)			大企業/149 (16.8%)		(100.0)
2012	企業数	249	182	225	*26	169	36	887
	比率	小企業 (28.1%)	中企業/433 (48.8%)			大企業/205 (23.1%)		(100.0)

注) 企業数は資本金80億ウォン以下の企業を中企業に分類　　出所：韓国自動車工業協同組合

<表3-3> 地域別部品企業数現況 (単位：社)

年	ソウル/京畿	釜山/慶南	大邱/慶北	仁川/全南	光州/全北	大田/忠南	蔚山/忠北	世宗	江原/合計
2009	36	83	56	63	26	10	40		5
	204	145	63	9	69	76	25		910
2010	29	85	52	63	23	10	41		5
	203	146	60	8	69	81	24		899
2011	30	79	51	60	22	11	39		6
	201	143	62	8	68	80	26		886
2012	36	79	51	60	22	10	40	4	3
	197	142	59	9	64	85	26		887

出所：韓国自動車工業協同組合

<表3-4> 納品先別部品企業推移 (単位：社)

	現代	KIA	GM大宇	双龍	ルノー三星	大宇バス	タタ大宇	合計(実企業数)
2008	355	359	307	222	141	187	204	1,775 (実数:889)
2009	357	354	331	163	214	197	208	1,824 (実数:910)
2010	353	348	323	174	235	196	206	1,835 (実数:899)
2011	357	343	319	171	237	187	194	1,808 (実数:886)
2012	347	336	322	174	251	219	189	1,838 (実数:887)

出所：韓国自動車工業協同組合

<表3-5> 地域別自動車部品売上実績推移

	売上実績 (億ウォン)				増減率 (%)
	OEM	A/S	輸出	合計	
2005	326,834	22,878	67,610	417,322	14.1
2006	360,004	23,400	76,704	460,108	10.3
2007	386,409	23,185	92,306	501,900	9.1
2008	368,486	22,109	105,271	495,866	-1.2
2009	342,236	20,533	82,689	445,458	-10.2
2010	440,794	26,448	121,285	588,527	32.1
2011	516,293	30,978	130,912	678,183	15.2
2012	519,732	30,184	199,443	750,359	10.6

注) 1. 保守用は1次協力企業だけを対象に推定した実績で、タイヤ、バッテリーなど別途の流通構造を持つ品目は除外
2. 輸出は知識経済部MTI Code自動車部品実績で完成車会社のSpare Parts輸出額とKD輸出額を除いて韓国ウォンで換算

出所：韓国自動車工業協同組合

<表3-6> 部品企業納品実績現況　　　　　　　　　　　　　　　　　　　　　　　　　（単位：億ウォン）

	企業数	納品額	企業当たり平均納品額
2006	902	360,004	399.1
2007	901	386,409	428.9
2008	889	368,486	414.5
2009	910	342,236	376.1
2010	899	440,794	490.3
2011	886	516,293	582.7
2012	887	519,732	585.9

注) 自動車メーカー7社(現代、KIA、GM大宇、双龍、ルノー三星、大宇バス、タタ大宇)に対する納品金額

出所：韓国自動車工業協同組合

<表3-7> 親企業部品購入実績　　　　　　　　　　　　　　　　　　　　　　　　　（単位：億ウォン,%）

	2011	2012	増減率
現代	223,289	228,578	2.4
KIA	223,289	174,812	0.9
GM大宇	76,595	78,697	2.7
双龍	76,595	15,247	-29.1
ルノー三星	14,828	16,479	11.1
大宇バス	14,828	2,231	-26.3
タタ大宇	3,809	3,688	-3.2
合計	516,293	519,732	0.7

出所：韓国自動車工業協同組合

輸送機械

<表3-8> 親企業売上額比部品購入額比重 (単位：億ウォン, %)

	2011			2012		
	売上高(A)	部品購入額(B)	部品購入額比重(B/A)	売上高(A)	部品購入額(B)	部品購入額比重B/A
現代	427,741	223,289	52.2	431,624	228,578	53.0
KIA	277,423	173,237	62.4	280,079	174,812	62.4
GM大宇	150,680	76,595	50.8	159,497	78,697	49.3
ルノー三星	49,816	21,507	43.2	36,552	15,247	51.7
双龍	27,731	14,828	53.5	28,638	16,479	57.5
大宇バス	4,168	3,028	72.6	4,057	2,231	55.0
タタ大宇	7,635	3,809	49.9	8,239	3,688	44.8
合計	945.194	516.293	54.6	948,686	519,732	54.8

出所：韓国自動車工業協同組合

<表3-9> 地域別自動車部品輸出額推移 (単位：千ドル)

	2008	2009	2010	2011	2012
アジア	5,060,664	5,214,148	7,174,301	8,447,940	8,846,136
中東	850,666	864,432	1,139,021	1,135,684	5,872,817
E.U	4,029,642	2,305,204	4,290,168	5,511,215	5,739,646
北米	2,818,393	2,305,204	4,445,529	5,231,350	2,653,347
中南米	1,005,357	826,291	1,705,795	2,353,228	1,097,379
アフリカ	50,106	49,706	58,498	78,432	113,048
オセアニア	134,595	99,307	149,325	329,767	292,466
その他	493	391	257	223	2242
合計	13,949,916	11,710,400	18,962,894	23,087,839	24,615,081

出所：KOTIS(MTI Code 基準)

<表3-10> 地域別自動車部品輸入額推移 (単位：千ドル)

	2008	2009	2010	2011	2012
アジア	2,236,791	1,872,920	2,867,751	3,186,418	2,627,960
中東	5,474	2,448	2,589	3,136	4,706
E.U	1,575,568	1,179,097	1,580,300	1,937,190	1,618,243
北米	384,633	247,724	354,587	476,436	402,104
中南米	29,721	23,694	52,389	79,683	138,016
アフリカ	39,850	15,731	28,988	34,518	19,197
オセアニア	76,104	34,057	61,674	119,315	108,658
その他	3	3,000	4	71	7
合計	4,348,144	3,378,671	4,948,282	5,836,767	4,918,891

出所：KOTIS(MTI Code 基準)

4) 二輪車・モーターサイクル

<表4-1> 二輪車用途別登録現況 (単位：台)

年	小計	50cc未満	50cc以上	100cc超過	260cc超過
		総計			
2007	1,785,051	-	993,914	754,014	37,123
2008	1,814,399	-	967,338	807,004	40,057
2009	1,820,729	-	944,462	834,541	41,726
2010	1,825,474	-	923,619	858,337	43,518
2011	1,828,312	-	903,579	878,805	45,928
2012	2,093,466	200,819	898,441	944,381	49,825
2013	2,117,035	201,239	885,423	975,299	55,074
		官用			
2007	18,202	-	6,234	11,463	505
2008	17,624	-	5,984	11,108	532
2009	17,769	-	5,776	11,443	550
2010	18,049	-	5,657	11,830	562
2011	19,947	-	5,542	13,840	565
2012	22,988	1,297	5,454	15,644	593
2013	24,748	1,401	5,379	17,349	619
		家庭用			
2007	1,766,849	-	987,680	742,551	36,618
2008	1,796,775	-	961,354	795,896	39,525
2009	1,802,960	-	938,686	823,098	41,176
2010	1,807,425	-	917,962	846,507	42,956
2011	1,808,365	-	898,037	864,965	45,363
2012	2,070,478	199,522	892,987	928,737	49,232
2013	2,092,287	199,838	880,044	957,950	54,455

出所：国土海洋部

<表4-2> 二輪車申告現況(2013年12月基準) (単位：台)

市道名	合計	50cc未満	50cc以上	100cc超過	260cc超過
総計					
ソウル	450,794	26,800	167,309	238,690	17,995
釜山	128,611	7,864	43,147	74,382	3,218
大邱	131,339	13,861	63,445	51,760	2,273
仁川	63,234	4,156	27,641	29,452	1,985
光州	38,125	2,944	15,817	18,497	867
大田	35,302	4,326	11,186	18,554	1,236
蔚山	62,990	8,161	13,171	40,278	1,380
世宗	8,756	1,032	4,638	2,968	118
京畿	322,367	21,841	140,226	149,179	11,121
江原	63,395	8,981	24,063	28,891	1,460
忠北	89,793	11,560	41,158	35,727	1,348
忠南	129,403	13,496	65,008	48,732	2,167
全北	102,084	11,363	51,553	37,560	1,608
全南	118,311	11,394	60,071	44,711	2,135
慶北	187,463	25,569	88,188	71,099	2,607
慶南	158,588	21,484	59,670	74,274	3,160
済州	26,480	6,407	9,132	10,545	396
合計	2,117,035	201,239	885,423	975,299	55,074

市道名	小計	50cc未満	50cc以上	100cc超過	260cc超過
官用					
ソウル	4,557	204	946	3,262	145
釜山	1,194	97	127	932	38
大邱	1,096	71	248	722	55
仁川	789	19	186	559	25
光州	516	17	55	433	11
大田	553	55	68	415	15
蔚山	438	100	53	271	14
世宗	112	9	11	86	6
京畿	4,068	156	1,042	2,762	108
江原	942	41	52	825	24
忠北	1,051	62	263	701	25
忠南	1,530	52	402	1,058	18
全北	1,286	47	329	889	21
全南	1,923	67	582	1,244	30
慶北	2,204	150	557	1,454	43
慶南	2,123	191	405	1,497	30
済州	366	63	53	239	11
合計	24,748	1,401	5,379	17,349	619

<続く>

市道名	自家用				
	小計	50cc未満	50cc以上	100cc超過	260cc超過
ソウル	446,237	26,596	166,363	235,428	17,850
釜山	127,417	7,767	43,020	73,450	3,180
大邱	130,243	13,790	63,197	51,038	2,218
仁川	62,445	4,137	27,455	28,893	1,960
光州	37,609	2,927	15,762	18,064	856
大田	34,749	4,271	11,118	18,139	1,221
蔚山	62,552	8,061	13,118	40,007	1,366
世宗	8,644	1,023	4,627	2,882	112
京畿	318,299	21,685	139,184	146,417	11,013
江原	62,453	8,940	24,011	28,066	1,436
忠北	88,742	11,498	40,895	35,026	1,323
忠南	127,873	13,444	64,606	47,674	2,149
全北	100,798	11,316	51,224	36,671	1,587
全南	116,388	11,327	59,489	43,467	2,105
慶北	185,259	25,419	87,631	69,645	2,564
慶南	156,465	21,293	59,265	72,777	3,130
済州	26,114	6,344	9,079	10,306	385
合計	2,092,287	199,838	880,044	957,950	54,455

出所：国土海洋部

5) 交通事故統計

<表5-1> 年度別交通事故推移 (単位：件, 人)

分析指標	区分	2009年	2010年	2011年	2012年
発生件数	合計	231,990	226,878	221,711	223,656
	1日平均	635.6	621.6	607.4	612.8
	人口10万人当たり	475.9	464.2	452.6	447.3
	自動車1万台当り	111.4	105.8	101.2	99.0
	1000世帯当たり	12.0	11.4	11.1	11.1
死亡者数	合計	5,838	5,505	5229	5,392
	1日平均	16.0	15.1	14.3	14.8
	人口10万人当たり	12.0	11.3	10.7	10.8
	自動車1万台当り	2.8	2.6	2.4	2.4
	1000世帯当たり	0.3	0.3	0.3	0.3
負傷者数	合計	361,875	352,458	341,391	344,565
	1日平均	991.4	965.6	935.3	944.0
	人口10万人当たり	742.4	721.1	696.9	689.1
	自動車1万台当り	173.7	164.3	155.8	152.5
	1000世帯当たり	18.8	17.7	17.0	17.1

出所：道路交通公団

<表5-2> 地域別交通事故現況　　　　　　　　　　　　　　　　　　　　　(単位：件, 人)

市道	区分	2009年	2010年	2011年	2012
合計	発生件数	231,990	226,878	221,711	223,656
	死亡者数	5,838	5,505	5,229	5,392
	負傷者数	361,875	352,458	341,391	344,565
ソウル	発生件数	44,259	41,601	40,451	40,829
	死亡者数	495	424	435	424
	負傷者数	63,439	59,595	57,625	58,583
釜山	発生件数	13,999	13,757	13,893	14,733
	死亡者数	244	237	227	229
	負傷者数	20,059	19,648	19,816	21,202
大邱	発生件数	14,243	14,438	14,679	14,422
	死亡者数	198	181	162	208
	負傷者数	20,459	21,124	21,479	20,931
仁川	発生件数	10,750	10,046	10,096	9,757
	死亡者数	176	186	163	201
	負傷者数	16,564	15,305	15,418	14,754
光州	発生件数	9,188	8,849	8,328	8,600
	死亡者数	114	120	113	114
	負傷者数	14,676	14,523	13,467	13,886
大田	発生件数	5,948	5,828	6,062	5,631
	死亡者数	122	106	114	123
	負傷者数	9,554	9,009	9,172	8,612
蔚山	発生件数	5,211	5,017	4,913	4,950
	死亡者数	106	102	106	111
	負傷者数	7,815	7,309	7,400	7,483
世宗	発生件数	-	-	-	218
	死亡者数	-	-	-	14
	負傷者数	-	-	-	337
京畿	発生件数	42,083	42,606	43,655	44,763
	死亡者数	970	921	990	1,039
	負傷者数	67,414	67,668	69,141	71,026
江原	発生件数	9,268	8,775	9,206	8,958
	死亡者数	267	242	263	279
	負傷者数	15,872	14,887	15,630	15,553
忠北	発生件数	8,379	8,381	8,696	8,636
	死亡者数	243	238	265	280
	負傷者数	13,889	13,575	14,178	14,410
忠南	発生件数	8,554	9,056	8,833	8,289
	死亡者数	475	463	444	422
	負傷者数	14,067	14,627	14,612	13,731
全北	発生件数	10,492	10,286	10,194	9,948
	死亡者数	382	376	350	353
	負傷者数	16,883	16,333	16,514	15,876

<続く>

全南	発生件数	11,163	10,847	1,837	10,190
	死亡者数	475	426	44	457
	負傷者数	18,866	18,398	3,820	17,258
慶北	発生件数	16,354	16,002	2,766	15,597
	死亡者数	625	554	76	569
	負傷者数	25,105	24,875	5,282	24,172
慶南	発生件数	14,721	13,848	2,911	14,266
	死亡者数	486	439	50	477
	負傷者数	21,901	20,539	5,756	21,025
済州	発生件数	3,630	3,617	205	3,869
	死亡者数	63	101	3	92
	負傷者数	5,676	5,374	393	5,726

注) 高速道路上での交通事故は行政管轄区域に関係なく、高速道路巡察隊に別途集計されている。

出所：道路交通公団

<表5-3> 月別交通事故推移

(単位：件, 人)

基準月	区分	2009年	2010年	2011年	2012年
合計	発生件数	231,990	226,878	221,711	223,656
	死亡者数	5,838	5,505	5,229	5,392
	負傷者数	361,875	352,458	341,391	344,565
01月	発生件数	16,532	17,124	16,454	16,818
	死亡者数	475	438	395	418
	負傷者数	27,373	27,655	25,611	26,281
02月	発生件数	15,502	15,803	14,208	16,656
	死亡者数	405	406	339	393
	負傷者数	24,429	24,968	22,493	25,998
03月	発生件数	18,224	17,801	16,832	18,255
	死亡者数	468	396	338	403
	負傷者数	27,967	27,350	25,371	27,899
04月	発生件数	19,153	18,386	18,570	19,372
	死亡者数	439	395	429	483
	負傷者数	29,521	28,191	28,534	29,628
05月	発生件数	20,237	20,372	19,414	19,672
	死亡者数	519	447	393	444
	負傷者数	31,743	31,521	29,906	30,163
06月	発生件数	19,249	18,910	18,505	18,854
	死亡者数	433	474	415	476
	負傷者数	29,084	28,311	28,469	28,314
07月	発生件数	20,281	18,965	19,253	19,333
	死亡者数	454	453	462	416
	負傷者数	31,545	29,577	29,576	29,642
08月	発生件数	19,993	19,383	18,896	18,407
	死亡者数	514	410	472	409
	負傷者数	32,200	31,032	30,034	29,051

<続く>

基準月	区分	2009年	2010年	2011年	2012年
09月	発生件数	21,004	19,439	19,065	19,234
	死亡者数	500	436	474	486
	負傷者数	31,700	30,470	29,055	29,462
10月	発生件数	21,440	21,575	20,952	19,557
	死亡者数	592	619	520	533
	負傷者数	33,255	33,282	32,133	29,759
11月	発生件数	20,156	20,271	20,283	19,750
	死亡者数	522	541	514	508
	負傷者数	31,062	30,907	30,917	30,054
12月	発生件数	20,219	18,849	19,279	17,748
	死亡者数	517	490	478	423
	負傷者数	31,996	29,194	29,292	28,314

出所：道路交通公団

<表5-4> 加害車種別交通事故推移 (単位：件, 人)

車種	区分	2009年	2010年	2011年	2012年
合計	発生件数	231,990	226,878	221,711	223,656
	死亡者数	5,838	5,505	5,229	5,392
	負傷者数	361,875	352,458	341,391	344,565
乗用車	発生件数	156,101	153,396	149,864	151,191
	死亡者数	2,946	2,723	2,654	2,680
	負傷者数	249,042	243,959	236,723	238,654
乗合車	発生件数	16,921	16,670	16,236	16,408
	死亡者数	503	479	427	456
	負傷者数	29,699	29,041	27,776	28,131
貨物車	発生件数	31,308	30,281	29,143	29,011
	死亡者数	1,224	1,266	1,121	1,231
	負傷者数	49,672	47,431	45,092	45,242
特殊車	発生件数	1,081	1,035	980	999
	死亡者数	61	76	59	57
	負傷者数	1,857	1,746	1,588	1,622
二輪車	発生件数	11,522	10,950	10,170	10,415
	死亡者数	504	434	429	405
	負傷者数	13,721	13,142	12,102	12,441
原動機付自転車	発生件数	7,600	6,722	6,818	5,942
	死亡者数	324	313	298	250
	負傷者数	8,828	7,763	7,919	6,962
自転車	発生件数	2,639	2,663	2,883	3,547
	死亡者数	88	73	77	101
	負傷者数	2,729	2,731	2,987	3,680
その他	発生件数	4,818	5,161	5,617	6,143
	死亡者数	188	141	164	212
	負傷者数	6,327	6,645	7,204	7,833

出所：道路交通公団

<表5-5> 車種別交通事故発生件数推移 (単位：件)

	合計	乗用車	乗合車	貨物車	特殊車	二輪車	その他
2006	213,745	142,430	17,644	33,692	1,149	7,588	11,242
2007	211,662	141,806	15,872	31,578	1,137	8,959	12,310
2008	215,822	143,984	15,918	30,366	1,125	10,629	13,800
2009	231,990	156,101	16,921	31,308	1,081	11,522	15,057
2010	226,878	153,396	16,670	30,281	1,035	10,950	14,546
2011	221,711	149,864	16,236	29,143	980	10,170	15,318
2012	223,656	151,191	16,408	29,011	999	10,415	15,632

出所：国土交通部

<表5-6> 昼夜別交通事故推移 (単位：件, 人)

昼夜	区分	2009年	2010年	2011年	2012年
合計	発生件数	231,990	226,878	221,711	223,656
合計	死亡者数	5,838	5,505	5,229	5,392
合計	負傷者数	361,875	352,458	341,391	344,565
昼	発生件数	120,013	115,719	114,181	116,529
昼	死亡者数	2,721	2,509	2,434	2,587
昼	負傷者数	186,416	178,763	174,673	178,640
夜	発生件数	111,977	111,159	107,530	107,127
夜	死亡者数	3,117	2,996	2,795	2,805
夜	負傷者数	175,459	173,695	166,718	165,925

出所：道路交通公団

<表5-7> 法規違反別交通事故発生件数推移　　　　　　　　　　　　　　　　　　(単位：件)

		発生	構成比	死亡	負傷
	合計	223,656	100.0	5,392	344,565
運転手法規違反	小計	223,633	100.0	5,391	344,519
	過労	5	0.0	0	9
	スピード	377	0.2	107	682
	追越方法違反	89	0.0	0	132
	追越禁止違反	332	0.1	15	506
	中央線はみ出し	13,018	5.8	445	23,435
	信号違反	25,307	11.3	389	42,120
	安全距離未確認	22,275	10.0	97	39,814
	一時停止違反	458	0.2	7	773
	違法Uターン	1,440	0.6	24	2,025
	優先順位譲歩不履行	19	0.0	1	25
	進路譲歩不履行	53	0.0	0	70
	安全運転不履行	125,391	56.1	3,872	184,018
	粗暴運転	0	0.0	0	0
	交差点通行方法違反	14,721	6.6	111	23,759
	歩行者保護義務違反	7,106	3.2	174	7,449
	車路違反(進路変更)	2,936	1.3	25	4,744
	直進と右折進行妨害	5,605	2.5	55	9,810
	鉄道踏切通行違反	7	0.0	3	10
	緊急車両譲歩義務違反	0	0.0	0	0
	その他	4,494	2.0	66	5,138
	整備不良	14	0.0	1	36
	歩行者過失	9	0.0	0	10

出所：道路交通公団

<表5-8> 道路形状別交通事故推移 (単位：件, 人)

道路形状大分類	道路形状	区分	2009年	2010年	2011年	2012年
合計		発生件数	231,990	226,878	221,711	223,656
		死亡者数	5,838	5,505	5,229	5,392
		負傷者数	361,875	352,458	341,391	344,565
カーブ・曲り角	小計	発生件数	16,982	16,334	15,604	15,932
		死亡者数	1,188	1,100	995	1,054
		負傷者数	28,119	26,636	25,632	26,111
	上り坂	発生件数	3,289	3,126	2,988	2,890
		死亡者数	188	190	139	144
		負傷者数	5,510	5,124	4,914	4,643
	下り坂	発生件数	3,962	3,869	3,695	3,780
		死亡者数	334	304	327	316
		負傷者数	6,953	6,838	6,512	6,905
	平地	発生件数	9,731	9,339	8,921	9,262
		死亡者数	666	606	522	594
		負傷者数	15,656	14,674	14,206	14,563
直線	小計	発生件数	213,025	208,534	203,797	205,152
		死亡者数	4,628	4,383	4,209	4,308
		負傷者数	331,095	323,108	312,651	315,032
	上り坂	発生件数	10,534	10,258	10,238	9,686
		死亡者数	270	264	325	278
		負傷者数	16,437	15,960	15,809	14,990
	下り坂	発生件数	17,277	16,625	13,740	13,192
		死亡者数	501	472	379	384
		負傷者数	28,284	27,439	22,240	21,601
	平地	発生件数	185,214	181,651	179,819	182,274
		死亡者数	3,857	3,647	3,505	3,646
		負傷者数	286,374	279,709	274,602	278,411
その他エリア		発生件数	1,983	2,010	2,310	2,572
		死亡者数	22	22	25	30
		負傷者数	2,661	2,714	3,108	3,422

出所：道路交通公団

輸送機械

<表5-9> 時間帯別交通事故推移 (単位：件, 人)

時間帯	区分	2009年	2010年	2011年	2012年
合計	発生件数	231,990	226,878	221,711	223,656
	死亡者数	5,838	5,505	5,229	5,392
	負傷者数	361,875	352,458	341,391	344,565
00~02	発生件数	15,719	16,129	15,239	14,995
	死亡者数	477	459	437	399
	負傷者数	25,857	26,696	24,478	24,147
02~04	発生件数	9,901	10,032	9,426	9,225
	死亡者数	360	309	323	338
	負傷者数	16,255	16,546	15,422	14,973
04~06	発生件数	8,718	8,420	8,072	7,873
	死亡者数	432	445	391	417
	負傷者数	13,381	12,972	12,494	11,954
06~08	発生件数	14,164	13,934	13,370	13,566
	死亡者数	469	444	420	426
	負傷者数	21,879	21,503	20,512	20,746
08~10	発生件数	20,706	20,299	19,958	20,241
	死亡者数	455	410	384	400
	負傷者数	31,779	31,005	29,713	30,657
10~12	発生件数	18,114	17,425	17,131	17,834
	死亡者数	407	364	384	438
	負傷者数	28,374	27,036	26,526	27,376
12~14	発生件数	19,891	18,869	18,546	19,073
	死亡者数	392	409	381	371
	負傷者数	31,204	29,336	28,581	29,571
14~16	発生件数	22,558	21,582	21,377	21,788
	死亡者数	461	449	413	479
	負傷者数	35,457	33,597	33,307	33,796
16~18	発生件数	24,580	23,610	23,799	24,027
	死亡者数	537	433	452	473
	負傷者数	37,723	36,286	36,034	36,494
18~20	発生件数	29,479	28,780	28,412	28,338
	死亡者数	734	781	633	651
	負傷者数	44,495	43,419	42,333	42,515
20~22	発生件数	25,382	25,149	24,331	24,705
	死亡者数	594	506	528	558
	負傷者数	39,079	38,153	37,355	37,589
22~24	発生件数	22,778	22,649	22,050	21,991
	死亡者数	520	496	483	442
	負傷者数	36,392	35,909	34,636	34,747

出所：道路交通公団

<表5-10> 曜日別交通事故推移 (単位：件, 人)

発生曜日	区分	2009年	2010年	2011年	2012年
合計	発生件数	231,990	226,878	221,711	223,656
	死亡者数	5,838	5,505	5,229	5,392
	負傷者数	361,875	352,458	341,391	344,565
日	発生件数	28,866	28,429	27,206	27,682
	死亡者数	759	702	713	698
	負傷者数	50,909	49,041	47,075	47,877
月	発生件数	31,844	31,446	30,101	31,688
	死亡者数	801	842	726	779
	負傷者数	47,407	47,232	44,798	47,370
火	発生件数	32,709	31,464	30,918	31,637
	死亡者数	818	729	712	779
	負傷者数	49,343	47,003	45,617	46,802
水	発生件数	32,963	32,010	31,655	31,277
	死亡者数	830	786	759	727
	負傷者数	49,322	48,192	46,890	46,319
木	発生件数	34,078	32,586	31,593	31,843
	死亡者数	864	751	709	769
	負傷者数	51,431	49,093	47,031	47,038
金	発生件数	35,536	35,600	34,806	35,321
	死亡者数	856	844	814	796
	負傷者数	53,915	54,260	52,284	53,230
土	発生件数	35,994	35,343	35,432	34,208
	死亡者数	910	851	796	844
	負傷者数	59,548	57,637	57,696	55,929

出所：道路交通公団

輸送機械

<表5-11> 加害者運転免許取得経過年数別交通事故推移　　　　　　　　　　　　　　　　（単位：件，人）

分類	免許経過年数	区分	2009年	2010年	2011年	2012年
合計		発生件数	231,990	226,878	221,711	223,656
		死亡者数	5,838	5,505	5,229	5,392
		負傷者数	361,875	352,458	341,391	344,565
5年未満	小計	発生件数	42,482	41,457	38,753	39,633
		死亡者数	1,000	987	880	905
		負傷者数	67,559	66,107	61,441	62,759
	1年未満	発生件数	11,332	10,890	10,245	10,809
		死亡者数	221	245	206	237
		負傷者数	17,488	16,992	15,896	16,818
	1年以上2年未満	発生件数	8,536	8,346	7,878	7,792
		死亡者数	218	230	177	181
		負傷者数	13,567	13,156	12,530	12,329
	2年以上3年未満	発生件数	7,161	7,810	7,223	7,162
		死亡者数	185	161	174	175
		負傷者数	11,493	12,420	11,693	11,312
	3年以上4年未満	発生件数	7,892	6,849	7,031	6,783
		死亡者数	168	157	159	149
		負傷者数	12,804	11,342	11,292	10,894
	4年以上5年未満	発生件数	7,561	7,562	6,376	7,087
		死亡者数	208	194	164	163
		負傷者数	12,207	12,197	10,030	11,406
5年以上10年未満		発生件数	44,724	41,032	36,726	33,554
		死亡者数	1,138	966	905	777
		負傷者数	71,264	65,231	58,218	53,682
10年以上15年未満		発生件数	34,817	33,491	31,967	35162
		死亡者数	811	802	683	799
		負傷者数	55,163	52,588	49,990	55,020
15年以上		発生件数	91,161	92,840	96,323	97,376
		死亡者数	2,304	2,243	2,277	2,442
		負傷者数	143,053	144,647	148,599	150,001
その他		発生件数	18,806	18,058	17,942	17,931
		死亡者数	585	507	484	469
		負傷者数	24,836	23,885	23,143	23,103

出所：道路交通公団

<表5-12> 道路種類別交通事故推移 (単位：件, 人)

道路の種類	区分	2009年	2010年	2011年	2012年
合計	発生件数	231,990	226,878	221,711	223,656
	死亡者数	5,838	5,505	5,229	5,392
	負傷者数	361,875	352,458	341,391	344,565
一般国道	発生件数	36,056	32,479	28,093	19,635
	死亡者数	1,666	1,476	1,294	1,101
	負傷者数	64,134	57,785	50,190	36,128
地域道	発生件数	20,308	19,907	18,241	19,844
	死亡者数	911	864	786	830
	負傷者数	32,796	32,107	28,917	32,026
特別広域市道	発生件数	103,145	98,517	97,066	95,093
	死亡者数	1,449	1,345	1,264	1,333
	負傷者数	151,961	145,216	141,931	140,399
市郡道	発生件数	65,467	64,616	69,003	75,180
	死亡者数	1,374	1,291	1,481	1,555
	負傷者数	98,831	97,512	109,846	114,697
高速国道	発生件数	3,748	3,924	3,800	3,550
	死亡者数	397	389	282	371
	負傷者数	9,636	9,669	9,065	8,333
その他	発生件数	3,266	7,435	5,508	10,354
	死亡者数	41	140	122	202
	負傷者数	4,517	10,169	7,442	12,982

出所：道路交通公団

<表5-13> 気象状況別交通事故推移 (単位：件, 人)

気象状態	区分	2009年	2010年	2011年	2011年
合計	発生件数	231,990	226,878	221,711	223,656
	死亡者数	5,838	5,505	5,229	5,392
	負傷者数	361,875	352,458	341,391	344,565
晴れ	発生件数	198,586	185,850	184,835	186,840
	死亡者数	4,747	4,250	4,087	4,233
	負傷者数	306,268	285,597	282,194	285,210
曇り	発生件数	11,128	14,035	12,349	10,850
	死亡者数	408	516	428	407
	負傷者数	18,067	22,248	19,591	17,305
雨	発生件数	18,766	21,296	20,704	21,460
	死亡者数	569	593	611	625
	負傷者数	31,360	34,970	33,381	34,496
霧	発生件数	545	598	369	316
	死亡者数	55	37	36	35
	負傷者数	935	964	647	540
雪	発生件数	2,002	3,867	1,913	2,774
	死亡者数	49	89	43	63
	負傷者数	3,829	6,887	3,358	4,872
その他/不明	発生件数	963	1,232	1,541	1,416
	死亡者数	10	20	24	29
	負傷者数	1,416	1,792	2,220	2,142

出所：道路交通公団

輸送機械

<表5-14> 道路幅別交通事故推移 (単位:件,人)

車道幅	区分	2009年	2010年	2011年	2012年
合計	発生件数	231,990	226,878	221,711	223,656
	死亡者数	5,838	5,505	5,229	5,392
	負傷者数	361,875	352,458	341,391	344,565
3m未満	発生件数	30,371	25,279	23,660	21,315
	死亡者数	747	529	529	488
	負傷者数	44,763	37,012	34,403	30,812
3m以上 6m未満	発生件数	66,029	60,068	57,840	61,063
	死亡者数	1,769	1,458	1,391	1,486
	負傷者数	99,948	89,805	85,579	89,985
6m以上 9m未満	発生件数	41,132	40,304	39,460	40,228
	死亡者数	1,179	1,198	1,103	1,119
	負傷者数	63,186	61,121	59,950	61,268
9m以上 13m未満	発生件数	28,877	30,139	28,683	29,393
	死亡者数	632	656	605	680
	負傷者数	45,602	47,970	45,022	46,525
13m以上 20m未満	発生件数	32,932	36,137	34,817	35,268
	死亡者数	807	912	820	847
	負傷者数	54,557	59,178	55,954	57,112
20m以上	発生件数	26,375	28,501	29,833	29,098
	死亡者数	614	676	676	679
	負傷者数	44,737	48,261	50,139	48,905
その他/サービス区域	発生件数	6,274	6,450	7,418	7,291
	死亡者数	90	76	105	93
	負傷者数	9,082	9,111	10,344	9,958

出所:道路交通公団

6. 鉄道車両

<表6-1> 鉄道輸送実績推移(1)

	鉄道キロ (km)	駅数	旅客輸送 人員(千)	旅客輸送 人キロ(千)	貨物輸送 トン数(千)	貨物輸送 トンキロ(千)	輸送密度
2003	3,140.3	636	894,621	27,227,661	47,110	11,056,984	12,191,397
2004	3,374.1	638	921,223	28,457,594	44,512	10,640,917	11,588,131
2005	3,392.0	649	950,995	31,004,212	41,669	10,108,279	12,120,428
2006	3,392.0	643	969,145	31,415,956	43,341	10,553,656	12,373,123
2007	3,399.1	640	989,294	31,595,987	44,530	10,927,050	12,510,087
2008	3,381.2	639	1,018,977	37,073,994	46806	11,565,634	14,385,315
2009	3,377.9	639	1,020,318	31,299,105	38897	9,273,133	12,011,083
2010	3,557.3	652	1,060,941	33,012,478	39,217	9,452,396	11,937,389
2011	3,558.9	652	1,118,621	41,909,268	40,012	9,996,738	14,584,845
2012	3,558.9	662	1,149,339	42,492,561	40,309	10,271,230	14,825,871

注) 輸送密度=人・トンキロ/鉄道キロ 出所：鉄道庁

<表6-2> 鉄道輸送実績推移(2)　　　　　　　　　　　　　　　　　　　　　（単位：千キロ, 台）

	運転実績			車両保有					
	列車キロ	機関車キロ	車両キロ	KTX	機関車	動車	電車	客車	貨車
2004	113,779	693,202	1,331,946	920	587	602	1,824	1,294	14,286
2005	116,400	827,621	1,434,956	920	587	592	1,850	1,272	13,817
2006	116,189	838,164	1,441,683	920	590	576	2,086	1,251	13,178
2007	117,864	861,589	1,473,825	920	574	566	2,086	1,226	13,183
2008	120,728	876,871	1,518,925	920	567	500	2,088	1,207	13,105
2009	119,242	885,084	1,463,041	920	514	476	2,216	1,167	12,843
2010	122,446	902,665	1,475,354	1,110	509	471	2,308	1,127	12,755
2011	128,599	968,684	1,550,390	1,110	498	444	2,392	1,060	12,705
2012	131,087	984,873	1,479,355	1,160	525	405	2,619	1,020	12,570

出所：鉄道庁

輸送機械

<表6-3> 鉄道車両保有推移 (単位：台)

		2007	2008	2009	2010	2011	2012
	KTX	920	920	920	1,110	1,110	1,160
機関車	ディーゼル	422	396	335	330	321	315
	電気	151	179	179	179	177	207
	蒸気	1	1	-	-	-	-
	計	574	567	514	509	498	522
動車	ディーゼル	566	500	476	471	444	405
	電車	2,086	2,088	2,216	2,308	2,392	2,395
	計	2,652	2,588	3,206	2,779	2,836	2,800
	客車	1,411	1,313	1,346	1,127	1,080	1,020
	貨車	13,183	13,105	12,843	12,755	12,705	12,570
	その他	19	19	19	18.4	172	163

出所：鉄道庁

<表6-4> 使用年数別鉄道車両保有現況(1) (単位：台)

	高速鉄道車両	ディーゼル機関車	動車	電気機関車	電気動車
計	1,160	315	397	204	2,363
1~5	240	-	-	84	416
6~10	920	52	-	55	546
11~15	-	116	115	2	467
16~20	-	73	279	-	740
21~25	-	21	3	3	164
26~30	-	11	-	1	30
31以上	-	42	-	59	-
耐用年数超過	-	53	3	-	18
未超過	1,160	262	394	204	-
年齢平均	6.8	17.5	17.7	13.9	11.5

注) 2012. 12月基準

出所：鉄道庁

<表6-5> 使用年数別鉄道車両保有現況(2)　　　　　　　　　　　　　　　　　　　　（単位：台）

	幹線電気動車	ITX青春	客車	発電車	貨車	クレーン
計	32	64	1,057	147	12,705	16
1~5	32	64	-	-	696	1
6~10	-	-	188	11	3,478	8
11~15	-	-	452	59	4,348	6
16~20	-	-	287	48	2,529	-
21~25	-	-	130	29	990	1
26~30	-	-	-	-	664	-
31以上	-	-	-	-	-	-
耐用年数超過	-	-	-	-	-	-
未超過	-	16	1,057	147	12,570	16
年齢平均	2.0	0.0	14.8	16.1	14.5	10.6

注) 2012.12月基準　　　　　　　　　　　　　　　　　　　　　　　　　　　　　　出所：鉄道庁

<表6-6> 高速鉄道車両保有推移　　　　　　　　　　　　　　　　　　　　　　　　（単位：台）

	2007	2008	2009	2010	2011	2012
導入	-	-	-	190	-	50
廃車	-	-	-	-	-	-
その他	-	-	-	-	-	-
年末保有	920	920	920	1,110	1,110	1,160

出所：鉄道庁

<表6-7> ディーゼル機関車車両保有推移　　　　　　　　　　　　　　　　　　　　（単位：台）

	2007	2008	2009	2010	2011	2012
導入	-	-	-	-	-	-
廃車	16	26	61	5	9	6
その他	-	-	-	-	-	-
年末保有	422	396	335	330	321	315

出所：鉄道庁

<表6-8> ディーゼル動車車両保有推移　　　　　　　　　　　　　　　　　　　　　（単位：台）

	2007	2008	2009	2010	2011	2012
導入	-	-	-	-	-	-
廃車	10	66	24	29	27	47
その他	-	-	-	-	-	-
年末保有	566	500	476	471	444	397

出所：鉄道庁

<表6-9> 電気機関車車両保有推移 (単位：台)

	2007	2008	2009	2010	2011	2012
導入	-	-	-	-	-	56
廃車	-	-	-	-	2	29
その他	-	-	-	-	-	-
年末保有	151	179	179	179	177	204

出所：鉄道庁

<表6-10> 電気動車車両保有推移 (単位：台)

	2007	2008	2009	2010	2011	2012
導入	-	4	128	120	78	64
廃車	-	2	32	17	21	45
その他	-	-	-	-	-	-
年末保有	2,086	2,088	2,184	2,287	2,344	2363

出所：鉄道庁

<表6-11> クレーン車両保有推移 (単位：台)

	2007	2008	2009	2010	2011	2012
導入	1	-	-	-	-	-
廃車	-	-	-	2	1	0
その他	-	-	-	-	-	-
年末保有	19	19	19	17	16	16

出所：鉄道庁

<表6-12> 客車保有推移 (単位：台)

	2007	2008	2009	2010	2011	2012
導入	-	-	-	-	-	-
廃車	15	19	40	40	47	23
その他	-10	-	-	-	-	-
年末保有	1,226	1,207	1,167	1,127	1,080	1,057

出所：鉄道庁

<表6-13> 貨車保有推移 (単位:台)

	2007	2008	2009	2010	2011	2012
新造	(庁)210 (社)45	(庁)97 (社)-	(庁)100 (社)11	(社)11	(社)10	(鉄)40
導入	-	-	-	-	-	-
廃車	(庁)205 (社)45	(庁)154 (社)21	(庁)172 (社)201	(社)99	(社)53 (鉄)7	(社)1 (鉄)174
その他	-	-	-	-	-	-
年末保有	13,183	13,105	12,843	12,755	12,705	12,570

出所:鉄道庁

<表6-14> 都市鉄道現況

区分	路線	延長(km)	駅数	区間	事業費(億ウォン)	開通日
合計	20	596.9	576	-	362,362	-
ソウル (9)	1号線1)	7.8	10	ソウル駅~清涼里	984	'74.08.15
	2号線	60.2	50	聖水~聖水	11,171	'80.10.31
	3号線2)	38.2	34	紙杻~梧琴	13,798	'85.07.12
	4号線3)	31.7	26	タンゴゲ~南泰嶺	8,315	'85.04.20
	5号線	52.3	51	馬場~青丘, 馬川	30,215	'95.11.15
	6号線	35.1	38	鷹岩~烽火山	25,496	'00.08.07
	7号線	57.1	51	長岩~富平区庁	39,676	'96.10.11
	8号線	17.7	17	岩寺~牡丹	8,502	'96.11.23
	9号線	27.0	25	開花~新論峴	34,640	'09.07.24.
	小計	327.1	302		172,797	
釜山 (4)	1号線	32.5	34	老圃~新平	9,751	'85.07.19
	2号線	45.2	43	萇山~梁山	28,552	'99.06.30
	3号線	18.1	17	大渚~水営	17,395	'05.11.28
	4号線	12.0	14	安平~美南	12,616	'11.03.30
	小計	107.8	108		68,314	
大邱 (2)	1号線	25.9	30	大谷~安心	15,187	'97.11.26
	2号線	31.4	29	汶陽~嶺南大	26,147	'05.10.18
	小計	57.3	59		41,334	
仁川	1号線	29.4	29	桂陽~国際業務地区	24,320	'99.10.06
光州	1号線	20.5	20	鹿洞~平洞	16,658	'04.04.28
大田	1号線	20.5	22	板岩~盤石	18,931	'06.03.16
釜山金海	釜山-金海	23.2	21	沙上~伽耶大	13,241	'11.09.17
議政府	議政府	11.1	15	鉢谷~塔石	6,767	'12.07.01
龍仁	龍仁	18.1	15	器興~前垈	7,278	'13.04.26

注) 1. 2012年末基準
 2. 2013.4.26に開通した龍仁軽電鉄は、全体の合計に含まれていない。

出所:国土交通部

輸送機械

<表6-15> 都市鉄道輸送実績現況 (単位：百万人)

	2004	2005	2006	2007	2008	2009	2010	2011	2012
合計	2,033	2,020	2,080	2,090	2,141	2,181	2,273	2,359	2,410
ソウル	1,672	1,657	1,655	1,654	1,675	1,698	1,769	1,814	1,837
釜山	251	242	243	238	257	264	275	300	309
仁川	52	51	53	54	110	112	115	121	126
大邱	51	60	108	107	54	56	61	64	67
光州	7	10	11	14	16	17	17	18	18
大田	0	0	10	23	29	34	35	38	38
金海	-	-	-	-	-	-	-	3	12
議政府	-	-	-	-	-	-	-	-	3

注) 各都市鉄道公社輸送実績資料　　　　出所：国土交通部

<表6-16> 都市鉄道投資現況(2012年) (単位：億ウォン)

	2008	2009	2010	2011	2012
合計	13,277	14,843	12,668	9,573	11,695
ソウル	7,665	6,430	4,175	2,620	3,244
釜山	1,977	2,678	2,623	947	917
仁川	2,537	3,962	4,065	2,952	4,083
大邱	1,098	1,773	1,805	3,054	3,451
光州	0	0	0	0	0
大田	0	0	0	0	0

出所：国土交通部

<表6-17> 都市鉄道建設現況　　　　　　　　　　　　　　　　　　　　　　　　　　　（単位：km, 億ウォン）

区分	路線	区間	事業期間	推進現況	延長(km)	総事業費(億ウォン)
合計	14路線	-	-	-	222	132,375
ソウル (25.4km)	9号線2-1段階	新論峴~蚕室	07~14	工事中	4.5	4,909
	9号線2-2段階	蚕室~遁村洞	09~15	工事中	9.5	12,449
	牛耳新設線(軽電鉄)	耳牛洞~新設洞	09~14	工事中	11.4	8,719
釜山 (29.1km)	1号線多大延長	新平~多大浦	06~16	工事中	8	7,743
	1号線梁山延長	老圃~梁山	06~16	基本計画中	14.1	4,959
	沙上-下端	沙上-下端	10~18	設計中	7	5,388
大邱 (26.6km)	1号線西側延長	大谷~明谷	09~16	工事中	2.6	2,236
	3号線	東湖洞~凡勿洞	06~19	工事中	24	14,498
光州 (41.7km)	2号線	市庁~江川駅~市庁	11~22	設計中	41.7	17,394
仁川 (40.4km)	1号線松島延長	東幕~松島	01~14	設計中(7.3km中6.5km開通,09.6)	7.3	8,029
	2号線	梧柳~雲宴	07~14	工事中	29.2	21,644
	7号線石南延長	富平区庁~石南	11~18	設計中	3.9	4,322
大田 (28.6km)	2号線	鎮岑~儒城	13~19	基本計画中	28.6	13,617
慶南 (30.2km)	馬-昌-鎮	馬山~昌原~鎮海	11~20	設計中	30.2	6,468

出所：国土交通部

輸送機械

<表6-18> 都市鉄道運営現況 (単位：km)

区分	路線	区間	開通日	延長(km)	駅数	事業費(億ウォン)
合計	20	-	-	596.9	576	362,362
ソウル(9)	1号線1)	ソウル駅~清涼里	'74.08.15		10	
	2号線	聖水~聖水	'80.10.31		50	
	3号線2)	紙杻~梧琴	'85.07.12		34	
	4号線3)	タンゴゲ~南泰嶺	'85.04.20		26	
	5号線	馬場~青丘, 馬川	'95.11.15		51	30,215
	6号線	鷹岩~烽火山	'00.08.07		38	
	7号線	長岩~富平区庁	'96.10.11	57.1	51	39,676
	8号線	岩寺~牡丹	'96.11.23		17	
	9号線	開花~新論峴	'09.07.24.	27	25	34,640
	小計			327.1	302	172,797
釜山(4)	1号線	老圃~新平	'85.07.19		34	
	2号線	萇山~梁山	'99.06.30		43	
	3号線	大渚~水営	'05.11.28		17	
	4号線	安平~美南	'11.03.30	12	14	12,616
	小計			107.8	108	68,314
大邱(2)	1号線	大谷~安心	'97.11.26		30	
	2号線	汶陽~嶺南大	'05.10.18	31.4	29	26,147
	小計			57.3	59	
仁川	1号線	桂陽~国際業務地区	'99.10.06		29	
光州	1号線	鹿洞~平洞	'04.04.28		20	
大田	1号線	板岩~盤石	'06.03.16		22	
釜山-金海	釜山-金海	沙上~伽耶大	'11.09.17	23.2	21	13,241
議政府	議政府	鉢谷~塔石	12.07.01	11.1	15	6,767
龍仁	龍仁	器興~前垈	'13.04.26	18.1	15	7,278

出所：国土交通部

7. 航空・宇宙産業

<表7-1> 航空宇宙産業需給動向　　　　　　　　　　　　　　　　　　　　　(単位：百万ドル, %)

区分		2010年		2011年		2012年		2013年		2014(予測)	
		実績	増減率	実績	増減率	実績	増減率	実績	増減率	実績	増減率
供給	生産	2,430	23.4	2,358	-3.0	2,697	14.4	3,606	33.7	4,191	16.2
	輸入	3,711	89.3	4,591	23.7	3,862	-15.9	3,812	-1.3	3,785	-0.7
	計	6,141	56.3	6,949	13.2	6,559	-5.6	7,418	13.1	7,976	7.5
需要	内需	5,141	62.2	5,930	15.3	5,193	-12.4	5,766	11.0	5,974	3.6
	輸出	1,000	31.6	1,019	1.9	1,366	34.1	1,652	20.9	2,002	21.2

注) 1) 為替レート'10~'12年：'10年 1,156ウォン/USD、'11~'12年：1,108ウォン/USD (統計庁基準為替レート適用)
　 2) 輸入は通関基準(MTI)、輸出はP/O及び契約金額基準　　　　出所：韓国航空宇宙産業振興協会

<表7-2> 事業別航空宇宙産業生産現況　　　　　　　　　　　　　　　　　　　(単位：百万ドル)

区分	2012年	2013年	2014(予測)
T-50 系列事業	503	771	940
KT-1 系列事業	52	78	164
F-16 系列事業	22	36	39
F-15 系列事業	8	11	8
KUH	440	612	579
民間航空機部品	805	1,166	1,387
エンジン整備	53	81	46
エンジン部品	220	238	324
機体整備	291	281	327
宇宙ビジネス	93	78	91
無人機ビジネス	30	91	113
その他	180	163	173
計	2,697	3,606	4,191

出所：韓国航空宇宙産業振興協会

<表7-3> 航空宇宙産業需要別引渡(生産)現況 (単位：百万ドル)

区分	2012年			2013年			2014(予測)		
需要	内需	輸出	計	内需	輸出	計	内需	輸出	計
軍需	1,068	380	1,448	1,679	338	2,017	1,889	419	2,308
民需	263	986	1,249	275	1,314	1,589	300	1,583	1,883
計	1,331	1,366	2,697	1,954	1,652	3,606	2,189	2,002	4,191

出所：韓国航空宇宙産業振興協会

<表7-4> 品目別航空宇宙産業引渡(生産)現況 (単位：百万ドル)

区分		2011年	2012年	2013年	2014(予測)
航空	完成機	953	1,005	1,374	1,604
	機体	694	916	1,272	1,532
	エンジン	436	426	530	598
	電子	58	86	132	110
	補機	102	167	214	250
	素材	15	4	6	6
	小計	2,258	2,604	3,528	4,100
宇宙	発射体	10	24	34	40
	衛星体	89	69	47	51
	地上装置	1	-	-	-
	小計	100	93	78	91
計		2,358	2,697	3,606	4,191

出所：韓国航空宇宙産業振興協会

<表7-5> 国別航空宇宙産業輸出(生産)現況 (単位：百万ドル)

区分	2012年	2013年	2014(予測)
米国	689	764	873
フランス	66	210	253
インドネシア	248	194	4
イギリス	108	188	230
日本	102	152	215
ペルー	-	56	119
UAE	35	33	32
ドイツ	37	13	22
ロシア	11	11	27
カナダ	6	8	8
オーストラリア	9	7	9
その他	55	16	210
計	1,366	1,652	2,002

注) 通関基準ではなく輸出契約基準である　　出所：韓国航空宇宙産業振興協会

<表7-6> 地域別航空宇宙産業生産現況　　　　　　　　　　　　　　(単位：百万ドル, %)

区分	2011年	2012年	2013年	占有率(%)	2014(予測)
慶南	1,694	1,920	2,577	71.5	3,040
釜山 金海	470	548	795	22.0	912
忠南	44	79	91	2.5	116
慶北	65	66	87	2.4	52
大田	72	65	37	1.0	48
京畿	4	11	14	0.4	17
光州	2	2	2	0.1	2
仁川	2	2	2	0.1	2
ソウル	5	4	1	0.0	2
計	2,358	2,697	3,606	100.0	4,191

出所：韓国航空宇宙産業振興協会

<表7-7> 航空宇宙分野輸出及び輸入現況　　　　　　　　　　　　　　(単位：百万ドル)

区分		2012年			2013年			2014(予測)		
		輸出	輸入	収支	輸出	輸入	収支	輸出	輸入	収支
航空	完成機	108	2,044	-1,936	473	1,917	-1,444	523	1,889	-1,366
	部品	1,292	1,733	-441	1,622	1,829	-207	1,779	1,805	-26
宇宙部品		178	85	93	161	66	95	189	91	98
計		1,578	3,862	-2,284	2,256	3,812	-1,556	2,491	3,785	-1,294

注) 1. 輸入は企業の契約基準ではなく貿易通関基準である(産業部MTI基準)　　出所：韓国航空宇宙産業振興協会
　　2. 表1.の輸出額は契約基準で作成されているのでこの表の輸出額とは異なる(統計集計基準を適用)

<表7-8> 受注・引渡・残高推移　　　　　　　　　　　　　　(単位：百万ドル)

区分	2011年	2012年	2013年	2014(予測)
受注	4,399	3,540	8,395	9,483
引渡	2,358	2,697	3,606	4,191
残高	10,284	11,127	15,916	21,208

出所：韓国航空宇宙産業振興協会

輸送機械

<表7-9> 航空宇宙投資額推移 (単位：百万ウォン)

区分	分野	2011年	2012年	2013年	2014(予測)
航空	土地/建物	23,428	23,513	63,844	31,714
	施設/装備	72,895	110,983	107,289	140,615
	研究開発	88,670	54,550	90,395	119,893
	その他	5,778	26,824	19,348	24,319
小計		190,771	215,870	280,876	316,541
宇宙	土地/建物	2,953	-	5,000	6,000
	施設/装備	1,006	499	821	1,619
	研究開発	2,082	798	1,916	1,042
	その他	49	-	10	50
小計		6,090	1,297	7,749	8,711
計		196,861	217,167	288,623	325,252

出所：韓国航空宇宙産業振興協会

<表7-10> 航空宇宙産業雇用現況 (単位：人)

区分	分野	2011年	2012年	2013年	2014(予測)
航空	一般管理	1,624	1,375	1,644	1,704
	研究開発	2,015	1,702	1,801	1,957
	技術職	3,889	4,427	4,132	4,118
	その他(生産職)	2,462	2,422	3,071	3,280
小計		9,990	9,926	10,648	11,059
宇宙	一般管理	43	56	64	73
	研究開発	268	328	278	289
	技術職	22	21	121	123
	その他(生産職)	6	8	0	0
小計		339	413	463	485
計		10,329	10,339	11,111	11,544

注) 1. 民間整備(大韓航空, アシアナなど純粋に運行のための整備) 人材除く
2. 主な政府傘下研究機関の研究人材除く

出所：韓国航空宇宙産業振興協会

8. 造船・造船機資材工業

<表8-1> 韓国造船所数推移

年度 区分	2002	2003	2004	2005	2006	2007	2008	2009	2010	2011	2012
中・大型	9	9	9	9	9	9	9	9	9	9	9
小型	56	65	64	58	58	57	49	50	50	46	44
合計	65	74	73	67	67	66	58	59	59	55	53

注) 1. 小型は韓国造船業協同組合のメンバーではない　　出所：韓国造船海洋プラント協会
2. 小型は鋼鉄船製造業のみ.

<表8-2> 会社別造船設備現況

会社名	設備名	L	B	D	備考
現代重工業	B.D No.1-1	390	80	12.7	
	B.D No.1-2	165	47	12.7	
	B.D No.2	500	80	12.7	
	B.D No.3	672	92	13.4	
	B.D No.4	382	65	12.7	
	B.D No.5	382	65	12.5	
	B.D No.6	260	43	12	
	B.D No.7	170	25	11	
	B.D No.8	460	70	12.7	
	B.D No.9	460	70	12.7	
	B.D	490	115	13.5	海洋
	B.D	700	115	18	群山
サムスン重工業	B.D No.1	283	46	11	
	B.D No.2	390	65	11	
	B.D No.3	640	97.5	12.5	
	F.D No.1	269.7	52	20.4	
	F.D No.2	400	55	21.5	
	F.D No.3	400	70	23.5	
	F.D No.4	420	70	23.5	
大宇造船海洋	B.D No.1	530	131	14.5	
	B.D No.2	539	81	14.5	
	F.D No.1	298	51.5	20.3	
	F.D No.2	238	38.8	26.9	
	F.D No.3	361.5	62	21	
	F.D No.4	438	70	23.5	
	F.D No.5	432	71.6	25.3	
現代三湖重工業	B.D No.1	504	100	13	
	B.D No.2	594	104	13	
	B.B	492	65		
	F.D	336	70	24	進水及び岸壁用
現代尾浦造船	B.D No.1	380	65	12.5	
	B.D No.2	380	65	12.5	
	B.D No.3	380	65	12.5	
	B.D No.4	295	76	12.5	

<続く>

STX造船海洋	B.D No.1	385	74	11	鎮海
	B.B No.1	360	36		
	B.B No.2	380	44		
	F.D	382	58	21.5	
	B.B No.1	120	23.5		釜山
	B.B No.2	120	21.5		
韓進重工業	B.D No.2	232.5	35	9	影島
	B.D No.3	301.8	50	11.5	
	B.D No.4	301.8	50	11.5	
	No.1船楼端	150	24		
	No.2船楼端	100	36		
大鮮造船	B.D	109	19	7.7	
	F.D	190.9	34.4	15.2	
	B.B No.2	122	25		
	B.B No.3	173	40		
新亜エスビー	B.B No.1	190	37		
	B.B No.2	180	35		
	B.B No.3	240	50		
	F.D	195	37		

注) 1. 2013年基準.
2. 2002年1月1日付けで 大東造船㈱はSTX造船㈱に商号変更.
3. 2003年1月1日付けで三湖重工業㈱は現代三湖重工業㈱に商号変更.
4. B.D : Building Dock, R.D : Repairing Dock, F.D : Floating Dock, B.B : Building Berth

出所：韓国造船海洋プラント協会

<表8-3> 造船産業需給予測　　　　　　　　　　　　　　　　　　　　(単位：万CGT, 百万ドル, %)

	2012	2013			2014		
		上半期	下半期		上半期	下半期	
生産	1,360 (-13.9)	735 (-14.5)	610 (12.9)	1,345 (-1.1)	655 (-10.1)	556 (-8.9)	1,211 (-10.0)
輸入	4,469 (2.6)	2,084 (-0.6)	2,653 (11.8)	4,737 (6.0)	2,984 (43.1)	1,990 (-25.0)	4,974 (5.0)
内需	105 (-3.7)	44 (-8.3)	60 (5.2)	104 (-0.9)	48 (9.1)	53 (-11.7)	101 (-2.9)
輸出	39,753 (-29.7)	18,859 (-25.9)	20,489 (43.4)	39,348 (-1.0)	20,953 (11.1)	18,236 (-11.0)	39,189 (-0.4)

注：1) ( ) 内は前年同期比増加率であり, 生産と内需は万CGT, 輸出入は百万ドル.
　　2) 輸出入(MTI 746)にはエンジン, タービンなどの主要な機資材や船体ブロックも含む

出所：韓国造船海洋プラント協会

<表8-4> 船種別韓国造船機資材国産化率及び搭載率

船種	VLCC	B/C	Container Ship	LNGC	LPGC
国産化率	90%	90%	90%	80%	80%
搭載率	86.4%	81.4%	82.9%	45.0%	55.3%

出所：危機的状況下における持続的成長のための造船機資材産業発展戦略

<表8-5> 世界造船市場変化推移

	'10年			'11年		
世界総発注量 (千CGT)	46,500			35,700		
受注国	韓国	中国	日本	韓国	中国	日本
受注量 (占有率%)	12,800 (27.5)	21,500 (46.2)	6,100 (13.1)	14,400 (40.3)	12,300 (34.5)	4,500 (12.6)

	'12年			'13年		
世界総発注量 (千CGT)	25,300			48,700		
受注国	韓国	中国	日本	韓国	中国	日本
受注量 (占有率%)	8,100 (32)	8,100 (32)	4,600 (18.2)	16,100 (33.1)	19,900 (40.9)	7,200 (14.8)

出所：Clarkson World Shipyard Monitor 2014.1

<表8-6> 世界新造船受注量・建造量・受注残量

区分	単位	2012年	2013年
受注量	千CGT (隻数)	25,300 (1,440)	48,700 (2,206)
	増加率	-29.10%	92.50%
建造量	千CGT (隻数)	46,800 (2,626)	36,600 (2,003)
	増加率	-8.20%	-21.80%
受注残量	千CGT (隻数)	98,200 (5,023)	103,900 (4,896)
	増加率	-23.50%	5.80%

注) 増減率は前年同期比、受注残量は年末基準．
出所：Clarkson World Shipyard Monitor 2014.1

<表8-7> 韓国造船会社受注量推移

区分	2012年		2013年	
	隻	千CGT	隻	千CGT
第1四半期	51	1,729	58	1,910
第2四半期	42	1,462	117	3,725
第3四半期	56	1,858	91	3,798
第4四半期	65	2,122	141	4,257
合計	214	7,171	407	13,692

出所：韓国造船海洋プラント協会(会員9社基準)

<表8-8> 韓国造船会社建造量推移

区分	2012年		2013年	
	隻	千CGT	隻	千CGT
第1四半期	125	3,969	111	3,312
第2四半期	109	3,676	81	2,737
第3四半期	88	2,549	66	2,416
第4四半期	54	1,529	43	1,570
合計	376	11,723	301	10,035

出所：韓国造船海洋プラント協会(会員9社基準)

<表8-9> 年度別造船業輸出実績推移 (単位：百万ドル, %)

区分	2009	2010	2011	2012	2013
輸出額	45,128	49,112	56,588	39,753	37,144
占有比	12.4	10.5	10.2	7.3	6.6
総輸出額	363,534	466,384	555,214	547,870	559,649

注）MTI 746(船舶海洋構造物および部品)基準　　　出所：韓国造船海洋プラント協会

<表8-10> 船種別韓国造船会社建造量

区分	2012年			2013年		
	隻	千CGT	比重(%)	隻	千CGT	比重(%)
TK	120	3,557	30.3	87	2,131	21.2
BC	116	2,379	20.3	37	751	7.5
CONT	105	4,819	41.1	92	4,021	40.1
LNGC	1	80	0.7	9	730	7.3
Drillship	8	266	2.3	10	336	3.3
FPSO	1	72	0.6	1	69	0.7
その他	25	550	4.7	65	1,998	19.9
合計	376	11,723	100.0	301	10,035	100.0

注) 1. TKは VLCC, Shuttle Tanker, COT, PC, CTを含む　　出所：韓国造船海洋プラント協会
　　2. Drillship, FPSOのCGTはHullのみ集計

<表8-11> 主要品目別輸出額現況

コード	品目名	2012 金額(M.$)	2012 増加率	2013 金額(M.$)	2013 増加率
746	船舶海洋構造物および部品	39,749	-29.8%	37,144	-6.6%
133	石油製品	56,182	8.9%	52,771	-5.9%
831	半導体	50,432	0.6%	57,144	13.3%
741	自動車	47,204	4.2%	48,642	3.1%
836	フラットパネルディスプレイ及びセンサー	31,298	1.0%	28,614	-8.6%
	国内総輸出額	548,076	-1.3%	559,649	2.1

注) 13'産業別比率：石油製品(9.4%)、半導体(10.2%)、自動車(8.7%)、造船(6.6%)、MTI 746(船舶海洋構造物および部品)基準

出所：韓国貿易協会

<表8-12> 造船産業貿易収支推移　　　　　　　　　　　　　　　　　　　　(単位：百万ドル, %)

区分	2009	2010	2011	2012	2013
輸出	45,128	49,112	56,588	39,753	37,144
輸入	4,872	5,213	4,356	4,469	3,638
貿易収支	40,256	43,899	52,232	35,284	33,506

注）MTI基準

出所：韓国造船海洋プラント協会

<表8-13> 船種別韓国造船会社受注量

区分	2012年 隻	2012年 千CGT	2012年 比重(%)	2013年 隻	2013年 千CGT	2013年 比重(%)
TK	89	1,965	27.3	178	3,498	25.5
BC	8	120	1.7	33	999	7.3
CONT	18	897	12.5	82	4,018	29.3
LNGC	24	1,888	26.3	33	1,048	7.7
Drillship	16	680	9.5	12	523	3.8
FPSO	1	78	1.1	1	75	0.5
LNG FPSO	1	89	1.2	-	-	-
FSRU	2	123	1.7	3	202	1.5
その他	55	1,340	18.7	65	3,329	24.3
合計	214	7,171	100.0	407	13,692	100.0

注) 1. TKは VLCC, Shuttle Tanker, COT, PC, CT を含む
　　 2. Drillship, FPSO, FSRUのCGTはHullのみ集計

出所：韓国造船海洋プラント協会

<表8-14> 船種別韓国造船会社受注残量

区分	2013年			2014年		
	隻	千CGT	比重(%)	隻	千CGT	比重(%)
TK	223	5,502	19.5	312	6,897	21.4
BC	102	2,047	7.2	88	1,985	6.2
CONT	193	9,680	34.3	183	9,692	30.0
LNGC	68	5,540	19.6	81	6,680	20.7
Drillship	47	1,958	6.9	35	1,506	4.7
FPSO	3	221	0.8	3	207	0.6
LNG FPSO	6	354	1.3	6	354	1.1
FSRU	4	246	0.9	6	369	1.1
その他	109	2,703	9.6	163	4,584	14.2
合計	755	28,251	100.0	877	32,274	100.0

注) 1. TKは VLCC, Shuttle Tanker, COT, PC, CT を含む
2. Drillship, FPSO, FSRUのCGTはHullのみ集計

出所：韓国造船海洋プラント協会

<表8-15> 四半期別韓国造船会社受注残量推移

区分	2012年		2013年	
	隻	千CGT	隻	千CGT
3月末	869	31,145	701	26,543
6月末	804	29,001	745	27,812
9月末	778	28,473	771	29,061
12月末	755	28,251	877	32,274

出所：韓国造船海洋プラント協会(会員9社基準)

<表8-16> 世界造船産業の建造量予測と設備過剰率推定 　　　　　(単位：百万 CGT, %)

	2011	2012	2013	2014	2015	2016	2017
発注量	28.4	24.4	31.5	32.0	35.2	38.9	43.5
建造量	50.6	46.3	41.8	35.1	29.0	31.3	34.1
建造能力	62.5	60.7	57.0	50.5	44.1	43.9	43.5
過剰設備規模	11.9	14.4	15.2	15.4	15.1	12.6	9.4
設備過剰率	19.0	23.7	26.7	30.5	34.2	28.7	21.6

注) 実績値(2011-2012)はLloyd, 予測値(2013年以降)はClarkson 統計を参照

出所：Clarkson Research Services(2013)参照して産業研究院が作成

<表8-17> 船種別建造量基準世界市場現況及び予測 (単位：百万GT)

	2010	2012	2015	2018	2020
タンカー	22.7	17.8	11.6	10.3	13.1
バルクキャリア	42.2	53.6	16.7	20.4	21.4
コンテナ船	14.4	13.6	14.3	13.5	18.6
LNG船	2.7	0.2	3.5	4.0	6.5
LPG船	0.9	0.3	0.9	1.0	1.2
掘削船	0.5	0.4	1.1	1.2	0.7
FPSO	0.5	1.0	1.7	3.2	3.4
その他の船舶	12.1	8.3	4.6	9.0	10.8
総建造需要	96.0	95.2	54.4	62.6	75.7

注) Base Case, 建造量基準. 出所：Clarkson Research Services(2013)

<表8-18> 船種別韓国建造予測 (単位：百万 GT)

	2010	2012	2015	2018	2020
タンカー	9.0	10.3	5.8	4.6	5.2
バルクキャリア	8.6	8.8	2.5	3.1	3.2
コンテナ船	9.2	10.3	9.3	8.8	11.2
LNG船	2.3	0.1	2.6	2.8	4.2
LPG船	0.4	0.1	0.4	0.4	0.4
掘削船	0.4	0.3	0.8	0.8	0.5
FPSO	0.4	0.8	1.4	2.4	2.6
その他の船舶	0.5	0.7	0.2	0.5	0.5
総建造量	31.5	31.4	23.0	23.4	27.8
世界市場占有率(%)	32.9	33.0	42.3	37.3	36.8

出所： 韓国造船海洋プラント協会

輸送機械

<表8-19> 世界の主要造船所現況 (単位：千CGT)

順位	造船所名	国名	年間生産能力	'13年建造量	'13年末受注残量	主要建造船種
1	現代重工業(蔚山)	韓国	3,840	1,933	6,368	LNG船, 海洋プラント, コンテナ船
2	大宇造船海洋(巨済)	韓国	3,094	2,120	6,027	LNG船, 海洋プラント, コンテナ船
3	サムスン重工業(巨済)	韓国	2,972	2,340	5,637	LNG船, 海洋プラント, コンテナ船
4	現代尾浦造船(蔚山)	韓国	1,557	1,309	4,214	タンカー船
5	現代三湖重工業(木浦)	韓国	1,745	1,493	3,077	タンカー船, コンテナ船
6	STX造船海洋(鎮海)	韓国	1,238	819	2,250	バルク船, タンカー船
7	Hudong Zhonghua (Shanghai)	中国	646	337	2,212	LNG船, コンテナ船
8	Jiangsu New YZJ (Jingjiang)	中国	700	668	2,186	コンテナ船, バルク船
9	Shanghai Waigaoqiao (Shanghai)	中国	796	581	2,179	バルク船, タンカー船
10	Dalian Shipbldg. (Dalian)	中国	1,131	701	2,104	バルク船, タンカー船
11	Jiangsu Rongsheng (Nantong)	中国	631	345	1,947	バルク船, タンカー船
12	韓進重工業 フィリピン造船所 (SubicBay)	フィリピン	517	241	1,685	コンテナ船, LPG船
13	Oshima S.B. (Oshima)	日本	656	620	1,662	バルク船
14	Zhejiang Yangfan (Zhoushan)	中国	328	251	1,322	バルク船, コンテナ船
15	STX Dalian (Dalian)	中国	830	178	1,284	コンテナ船, バルク船
16	Chengxi Shipyd. (Jiangyin)	中国	343	242	1,258	バルク船
17	Mitsubishi H.I. (Nagasaki)	日本	673	201	1,195	LNG船, クルーズ船
18	Japan Marine United(Tsu)	日本	377	377	1,186	バルク船
19	SPP造船(사천)	韓国	408	408	1,071	タンカー船
20	Meyer Werft (Papenburg)	ドイツ	372	229	1,055	クルーズ船

注) 1. 順位は'13.12月末受注残量基準
2. 韓進重工業(影島造船所)の年間生産能力は622千CGTであり、受注残量は266千CGT(85位)

出所：Clarkson

<表8-20> 世界の建造能力 (単位:百万 CGT)

年度		韓国	中国	日本	ヨーロッパ	その他	世界
実績	2008	15.6	9.2	9.9	6.0	0.5	42.6
	2009	15.4	12.6	9.6	5.0	0.6	44.7
	2010	16.0	19.2	9.7	4.5	0.5	52.0
	2011	16.1	19.4	9.0	2.7	0.3	49.8
	2012	13.6	19.1	8.2	2.5	0.5	46.3
予測	2013	13.8	15.1	8.5	2.3	0.6	42.9
	2014	10.7	6.9	2.7	1.4	1.1	21.1
	2015	2.8	1.6	0.9	0.4	0.5	6.4
2011~2015		-83%	-92%	-90%	-85%	67%	-87%

出所:Clarkson, World Shipyard Monitor 2013.5

5 機械工業

1. 機械産業概況

<表1-1> 主要機械産業関連指標動向 (単位:%)

区分		'10	'11	'12.4/4p	'12.10p	'12.11p	'12.12p	'12.1~12p
国内機械受注		8.3	11.0	-18.7	-19.9	-25.8	-9.9	-12.3
設備投資		24.2	0.7	-5.6	-0.6	-9.3	-6.3	-1.0
製造業平均稼働率		80.9	79.9	77.3	75.9	77.5	78.4	77.8
為替	ウォン/ドル	1156.3	1108.1	1090.9	1106.9	1087.5	1077.0	1126.8
	ウォン/100円	1320.6	1391.3	1346.1	1400.9	1344.0	1288.1	1412.7

注) 前年、前年同月及び同期対比増加率　　　　　　　　　　　出所：韓国機械産業振興会

<表1-2> 機械産業生産・出荷・在庫動向 (単位:%)

区分	'10	'11	'12.4/4p	'12.10p	'12.11p	'12.12p	'12.1~12p
生産	18.6	8.7	-5.2	-4.5	-2.6	-8.3	-0.6
出荷	17.4	8.9	-5.0	-4.8	-3.8	-6.5	-0.2
在庫	21.7	13.3	-4.3	2.0	-0.5	-4.3	-4.3

注) 1. 前年、前年同月及び同期対比増加率　　　　　　　　出所：韓国機械産業振興
　　2. 在庫は期末〈月、分期、年〉基準

<表1-3> 機械産業(造船を除く)生産・出荷・在庫動向 (単位:%)

区分	'10	'11	'12.4/4p	'12.10p	'12.11p	'12.12p	'12.1~12p
生産	21.5	8.8	-4.8	-4.0	-2.2	-8.2	-0.1
出荷	21.1	9.1	-4.8	-4.4	-3.6	-6.4	0.3
在庫	21.7	13.3	-4.3	2.0	-0.5	-4.3	-4.3

注) 1. 前年、前年同月及び同期対比増加率　　　　　　　　出所：韓国機械産業振興会
　　2. 在庫は期末〈月、分期、年〉基準

<表1-4> 機械産業輸出入動向 (単位:百万ドル,%)

区分	'10	'11	'12.4/4	'12.10	'12.11	'12.12	'12.1~12
輸出	178,365	218,990	53,157	17,464	18,261	17,432	214,058
	(27.5)	(22.8)	(-6.4)	(-6.0)	(0.8)	(-13.2)	(-2.3)
輸入	90,964	98,594	23,851	7,971	7,822	8,059	97,848
	(33.1)	(8.4)	(-4.4)	(5.7)	(-9.6)	(-8.0)	(-0.8)
貿易収支	87,401	120,396	29,306	9,493	10,439	9,373	116,210

注) ( )は前年同月及び同期対比増加率　　　　　　　　　　出所：韓国機械産業振興会

韓国の産業と市場　2014

<表1-5> 機械産業(造船を除く)輸出入動向　　　　　　　　　　　　　　　　　　　　　(単位：百万ドル, %)

区分	'10	'11	'12.4/4	'12.10	'12.11	'12.12	'12.1~12
輸出	131,630	164,857	45,946	14,605	16,457	14,885	176,233
	(35.1)	(25.2)	(1.6)	(0.6)	(12.0)	(-6.9)	(6.9)
輸入	87,605	96,191	23,270	7,687	7,653	7,930	95,305
	(33.7)	(9.8)	(-3.7)	(5.8)	(-9.1)	(-6.6)	(-6.9)
貿易収支	44,025	68,667	22,676	6,918	8,804	6,954	80,928

注)( )は前年同月及び同期対比増加率　　　　　　　　　　　　　　　出所：韓国機械産業振興会

<表1-6> 業種別設備投資指数推移　　　　　　　　　　　　　　　　　　　　　　　　(2005=100)

区分	'10	'11	'12.4/4p	'12.10p	'12.11p	'12.12p	'12.1~12p
総指数	132.2	133.1	120.7	114.1	117.3	130.7	131.7
機械類	134.3	136.6	121.2	115.9	118.2	129.5	134.8
一般機器	141.4	143.4	105.7	101.3	105.5	110.4	137.2
電気機器	128.4	128.1	130.7	120.4	122.2	149.5	124.2
精密機器	127.7	142.5	157.9	169.3	149.0	155.3	151.0
その他機器	117.2	118.8	148.8	138.5	151.0	157.0	137.5
輸送機器	123.0	117.9	118.5	106.2	113.2	136.1	118.5
自動車	115.3	107.6	110.9	106.2	113.6	113.0	109.8
その他輸送機器	170.0	181.2	165.1	105.8	110.8	278.6	172.1

出所：韓国機械産業振興会

<表1-7> 業種別機械産業生産動向　　　　　　　　　　　　　　　　　　　　　　　　(単位：%)

区分	'11	'12.4/4p	'12.11p	'12.12p	'12.1~12p
機械産業	8.7	-5.2	-2.6	-8.3	-0.6
機械産業(造船除外)	8.8	-4.8	-2.2	-8.2	-0.1
一般機械	7.1	-11.0	-8.1	-14.8	-4.2
電気機械	0.2	-2.5	-0.8	-7.2	-1.2
精密機械	5.6	-5.6	-4.3	-8.2	2.9
輸送機械	12.3	-3.3	0.2	-6.1	0.1
輸送機械(造船除外)	13.1	-2.0	1.9	-5.3	1.4
金属製品	10.2	-3.7	-3.9	-4.6	3.3

注) 前年同月及び同期増加率　　　　　　　　　　　　　　　　　　出所：韓国機械産業振興会

機械工業

<表1-8> 業種別機械産業出荷動向 (単位：%)

区分	'11	'12.4/4p	'12.11p	'12.12p	'12.1~12p
機械産業	8.9	-5.0	-3.8	-6.5	-0.2
機械産業(造船除外)	9.1	-4.8	-3.6	-6.4	0.3
一般機械	7.4	-9.9	-10.4	-10.2	-3.0
電気機械	0.5	-4.3	-4.4	-5.1	-1.4
精密機械	6.0	-4.2	0.3	-5.1	3.4
輸送機械	12.5	-3.2	-0.9	-5.2	0.3
輸送機械(造船除外)	14.0	-2.2	0.3	-4.6	1.7
金属製品	9.1	-3.7	-2.9	-5.8	3.5

注) 前年同月及び同期増加率　　　出所：韓国機械産業振興会

<表1-9> 業種別在庫動向 (単位：%)

区分	'11	'12.10p	'12.11p	'12.12p
機械産業	13.3	2.0	-0.5	-4.3
機械産業(造船除外)	13.3	2.0	-0.5	-4.3
一般機械	16.0	5.4	-3.2	-18.2
電気機械	21.6	-7.5	-2.6	-4.1
精密機械	19.1	30.5	24.9	27.7
輸送機械	9.9	-4.9	-4.7	-3.8
輸送機械(造船除外)	9.9	-4.9	-4.7	-3.8
金属製品	4.1	9.7	3.8	9.6

注) 前年同月および前年同期比増加率、期末在庫基準　　　出所：韓国機械産業振興会

<表1-10> 機種別機械産業生産増減率 (単位：%)

区分	'11	'12.4/4	'12.11p	'12.12p	'12.1~12
機械産業	8.7	-5.2	-2.6	-8.3	-0.6
機械産業(造船除外)	8.8	-4.8	-2.2	-8.2	-0.1
一般機械	7.1	-11.0	-8.1	-14.8	-4.2
電気機械	0.2	-2.5	-0.8	-7.2	-1.2
精密機械	5.6	-5.6	-4.3	-8.2	2.9
輸送機械	12.3	-3.3	0.2	-6.1	0.1
輸送機械(造船除外)	13.1	-2.0	1.9	-5.3	1.4
金属製品	10.2	-3.7	-3.9	-4.6	3.3

注) 前年同月及び同期増加率　　　出所：韓国機械産業振興会

<表1-11> 機種別機械産業出荷増減率 (単位:%)

区分	'11	'12.4/4	'12.11p	'12.12p	'12.1~12p
機械産業	8.9	-5.0	-3.8	-6.5	-0.2
機械産業(造船除外)	9.1	-4.8	-3.6	-6.4	0.3
一般機械	7.4	-9.9	-10.4	-10.2	-3.0
電気機械	0.5	-4.3	-4.4	-5.1	-1.4
精密機械	6.0	-4.2	0.3	-5.1	3.4
輸送機械	12.5	-3.2	-0.9	-5.2	0.3
輸送機械(造船除外)	14.0	-2.2	0.3	-4.6	1.7
金属製品	9.1	-3.7	-2.9	-5.8	3.5

注) 前年同月及び同期増加率　　　　　　　　　　出所：韓国機械産業振興会

<表1-12> 機種別機械産業在庫増減率 (単位:%)

区分	'11	'12.4/4	'12.11p	'12.12p
機械産業	13.3	2.0	-0.5	-4.3
機械産業(造船除外)	13.3	2.0	-0.5	-4.3
一般機械	16.0	5.4	-3.2	-18.2
電気機械	21.6	-7.5	-2.6	-4.1
精密機械	19.1	30.5	24.9	27.7
輸送機械	9.9	-4.9	-4.7	-3.8
輸送機械(造船除外)	9.9	-4.9	-4.7	-3.8
金属製品	4.1	9.7	3.8	9.6

注) 前年同月及び同期増加率, 期末在庫基準　　　出所：韓国機械産業振興会

機械工業

<表1-13> 機械産業輸出入動向 (単位：百万ドル, %)

区分	'12. 12			'12. 1~12		
	輸出	輸入	貿易収支	輸出	輸入	貿易収支
全産業	45,032 (-5.7)	43,109 (-5.2)	1,923 (-332)	548,076 (-1.3)	519,582 (-0.9)	28,494 (-2,306)
機械産業	17,432 (-13.2)	8,059 (-8.0)	9,373 (-1,960)	214,058 (-2.3)	97,848 (-0.8)	116,210 (-4,186)
機械産業 (造船除外)	14,885 (-6.9)	7,930 (-6.6)	6,954 (-546)	176,233 (6.9)	95,305 (-0.9)	80,928 (12,262)
一般機械	3,396 (-12.6)	2,753 (-15.2)	643 (1)	43,173 (0.0)	34,670 (-3.8)	8,503 (1,389)
電気機械	3,090 (9.6)	1,526 (-10.1)	1,565 (442)	34,276 (20.4)	19,584 (2.6)	14,692 (5,310)
精密機械	993 (3.4)	1,412 (-23.4)	-419 (465)	10,920 (12.0)	18,300 (4.9)	-7,380 (306)
輸送機械	9,056 (-17.7)	1,887 (33.4)	7,169 (-2,416)	113,993 (-10.1)	19,253 (-3.6)	94,740 (-12,150)
造船	2,547 (-37.8)	128 (-51.2)	2,419 (-1,414)	37,824 (-30.1)	2,543 (5.8)	35,282 (-16,448)
輸送機械 (造船除外)	6,509 (-5.7)	1,758 (52.8)	4,751 (-1,002)	76,168 (4.7)	16,710 (-4.9)	59,458 (4,298)
金属製品	897 (-37.0)	482 (-13.4)	416 (-452)	11,697 (8.8)	6,042 (-0.2)	5,655 (958)

区分	輸出				輸入			
	'11	'12.3/4	'12.4/4	'12.11	'11	'12.3/4	'12.4/4	'12.11
全産業	555,214 (19.0)	133,130 (-5.8)	139,911 (-0.3)	47,789 (3.9)	524,413 (23.3)	125,616 (-6.9)	129,888 (-1.0)	43,384 (0.9)
機械産業	218,990 (22.8)	48,367 (-9.2)	53,157 (-6.4)	18,261 (0.8)	98,594 (8.4)	23,872 (-8.1)	23,851 (-4.4)	7,822 (-9.6)
機械産業 (造船除外)	164,857 (25.2)	42,256 (1.8)	45,946 (1.6)	16,457 (12.0)	96,191 (9.8)	23,166 (-8.8)	23,270 (-3.7)	7,653 (-9.1)
一般機械	43,164 (25.5)	10,494 (-0.9)	10,315 (-7.0)	3,431 (-2.4)	36,049 (3.8)	8,184 (-12.7)	8,101 (-10.1)	2,711 (-12.6)
電気機械	28,465 (23.3)	9,147 (26.7)	9,422 (13.5)	3,213 (18.7)	19,083 (11.8)	5,002 (1.5)	5,096 (2.3)	1,808 (-10.6)
精密機械	9,751 (13.0)	2,804 (20.0)	2,885 (9.2)	980 (14.6)	17,437 (11.3)	4,502 (2.2)	4,264 (-8.3)	1,343 (-9.0)
輸送機械	126,858 (21.3)	22,987 (-23.1)	26,861 (-15.0)	8,851 (-12.9)	19,968 (13.2)	4,714 (-17.2)	4,893 (2.5)	1,463 (-24.4)
造船	54,133 (15.8)	6,111 (-48.1)	7,210 (-37.8)	1,804 (-47.2)	2,403 (-28.4)	706 (22.5)	581 (-24.6)	169 (-27.6)
輸送機械 (造船除外)	72,725 (25.8)	16,876 (-6.9)	19,651 (-1.8)	7,047 (4.4)	17,564 (23.0)	4,008 (-21.7)	4,312 (7.7)	1,294 (-23.9)
金属製品	10,753 (39.7)	2,937 (-9.5)	3,673 (16.6)	1,786 (106.2)	6,057 (3.1)	1,470 (-7.2)	1,498 (-2.1)	497 (-1.3)

注) 1) 輸出、輸入の( )は前年同月及び同期対比増加率
2) 輸出入（ ）は前年同月と前年同期比増減率、貿易収支は変動量
3) 機械産業、輸送機械は造船を含む.

出所：韓国機械産業振興会

<表1-14> 機種別機械産業輸出増減率　　　　　　　　　　　　　　　(単位：百万ドル, %)

区分	'11	'12.12	前年同月比	'12.1~12	前年同期比
機械産業	218,990	17,432	-13.2	214,058	-2.3
機械産業(造船除外)	164,857	14,885	-6.9	176,233	6.9
一般機械	43,164	3,396	-12.6	43,173	0.0
電気機械	28,465	3,090	9.6	34,276	20.4
精密機械	9,751	993	3.4	10,920	12.0
輸送機械	126,858	9,056	-17.7	113,993	-10.1
輸送機械(造船除外)	72,725	6,509	-5.7	76,168	4.7
金属製品	10,753	897	-37.0	11,697	8.8

出所：韓国機械産業振興会

<表1-15> 機種別機械産業輸入増減率　　　　　　　　　　　　　　　(単位：百万ドル, %)

区分	'11	'12.12	前年同月比	'12.1~12	前年同期比
機械産業	98,594	8,059	-8.0	97,848	-0.8
機械産業(造船除外)	96,191	7,930	-6.6	95,305	-0.9
一般機械	36,049	2,753	-15.2	34,670	-3.8
電気機械	19,083	1,526	-10.1	19,584	2.6
精密機械	17,437	1,412	-23.4	18,300	4.9
輸送機械	19,968	1,887	33.4	19,253	-3.6
輸送機械(造船除外)	17,564	1,758	52.8	16,710	-4.9
金属製品	6,057	482	-13.4	6,042	-0.2

出所：韓国機械産業振興会

<表1-16> 地域別機械産業輸出入動向 (単位：百万ドル, %)

区分	輸出				輸入			
	金額		比重		金額		比重	
	'12.12	'12.1~12	'12.12	'12.1~12	'12.12	'12.1~12	'12.12	'12.1~12
全世界	17,432 (-13.2)	214,058 (-2.3)	100.0	100.0	8,059 (-8.0)	97,848 (-0.8)	100.0	100.0
日本	553 (-19.2)	7,446 (8.6)	3.2	3.5	1,660 (-26.6)	21,939 (-10.2)	20.6	22.4
米国	2,537 (6.2)	31,829 (18.4)	14.6	14.9	1,089 (-21.1)	15,817 (1.1)	13.5	16.2
中国	3,397 (8.9)	35,399 (0.7)	19.5	16.5	1,778 (-9.5)	23,325 (4.0)	22.1	23.8
英国	229 (33.8)	2,460 (-9.8)	1.3	1.1	154 (7.4)	1,568 (9.8)	1.9	1.6
ドイツ	309 (-62.7)	4,724 (-23.8)	1.8	2.2	1,166 (30.5)	11,453 (3.3)	14.5	11.7
インド	329 (-36.6)	4,916 (-5.8)	1.9	2.3	18 (-17.2)	268 (0.2)	0.2	0.3
EU	2,131 (-14.3)	25,882 (-17.4)	12.2	12.1	2,580 (18.3)	24,138 (-2.4)	32.0	24.7
ASEAN	2,015 (21.2)	19,942 (13.4)	11.6	9.3	266 (-29.6)	4,091 (21.9)	3.3	4.2
BRICs	4,579 (-1.5)	53,270 (-1.7)	26.3	24.9	1,805 (-9.5)	23,751 (3.4)	22.4	24.3
アジア	7,266 (3.7)	79,891 (4.4)	41.7	37.3	3,836 (-19.3)	51,062 (-2.2)	47.6	52.2
ヨーロッパ	2,944 (-28.6)	38,729 (-12.4)	16.9	18.1	2,887 (20.4)	27,967 (-0.7)	35.8	28.6
北米	2,753 (4.4)	35,130 (17.5)	15.8	16.4	1,140 (-19.6)	16,370 (1.3)	14.1	16.7
中南米	1,670 (-26.6)	21,760 (-11.0)	9.6	10.2	114 (143.7)	1,222 (16.4)	1.4	1.2
先進国	5,155 (-24.6)	65,913 (-0.5)	29.6	30.8	5,582 (-6.2)	65,171 (-3.9)	69.3	66.6
開発途上国	12,277 (-7.4)	148,116 (-2.7)	70.4	69.2	2,477 (-11.7)	32,677 (6.2)	30.7	33.4

注) ( )は前年同月及び同期対比増加率　　　　出所：韓国機械産業振興会

<表1-17> 地域別機械産業(造船除外)輸出入動向　　　　　　　　　　　　　　　　　(単位：百万ドル, %)

区分	輸出				輸入			
	金額		比重		金額		比重	
	'12.12	'12.1~12	'12.12	'12.1~12	'12.12	'12.1~12	'12.12	'12.1~12
全世界	14,885 (-6.9)	176,233 (6.9)	100.0	100.0	7,930 (-6.6)	95,305 (-0.9)	100.0	100.0
日本	552 (-12.0)	7,226 (7.7)	3.7	4.1	1,611 (-26.7)	21,392 (-10.5)	20.3	22.4
米国	2,330 (-2.5)	29,911 (14.4)	15.7	17.0	1,088 (-21.1)	15,792 (-1.5)	13.7	16.6
中国	3,389 (8.6)	35,370 (0.9)	22.8	20.1	1,737 (-7.9)	22,250 (3.3)	21.9	23.3
英国	195 (14.0)	1,907 (24.1)	1.3	1.1	154 (7.3)	1,561 (10.2)	1.9	1.6
ドイツ	309 (4.4)	3,286 (-6.2)	2.1	1.9	1,166 (30.5)	11,394 (2.8)	14.7	12.0
インド	329 (-19.5)	4,561 (-1.8)	2.2	2.6	18 (-17.2)	268 (9.0)	0.2	0.3
EU	1,458 (-13.2)	17,948 (-4.6)	9.8	10.2	2,579 (19.8)	23,976 (-2.8)	32.5	25.2
ASEAN	1,449 (30.9)	14,366 (24.6)	9.7	8.2	266 (-29.6)	4,057 (24.9)	3.4	4.3
BRICs	4,571 (0.7)	51,776 (2.1)	30.7	29.4	1,765 (-8.0)	22,666 (3.4)	22.3	23.8
アジア	6,342 (4.6)	69,803 (5.4)	42.6	39.6	3,746 (-18.8)	49,379 (-2.4)	47.2	51.8
ヨーロッパ	2,175 (-16.2)	29,272 (0.9)	14.6	16.6	2,885 (23.1)	27,777 (-1.0)	36.4	29.1
北米	2,547 (-3.5)	33,212 (13.8)	17.1	18.8	1,140 (-19.6)	16,343 (2.2)	14.4	17.1
中南米	1,229 (-4.6)	13,949 (1.4)	8.3	7.9	78 (65.5)	709 (23.3)	1.0	0.7
先進国	4,537 (-15.7)	57,622 (6.0)	30.5	32.7	5,531 (-5.5)	64,481 (-3.9)	69.8	67.7
開発途上国	10,347 (-2.5)	118,611 (7.4)	69.5	67.3	2,399 (-9.2)	30,824 (5.9)	30.2	32.3

注) ( )は前年同月及び同期対比増加率　　　　　　　　　　　　　　出所：韓国機械産業振興会

2. 工作機械

<表2-1> 工作機械需給推移

	億ウォン				百万ドル			
	受注	前年比	生産	前年比	輸出	前年比	輸入	前年比
2010	34,915	82.6	28,010	56.1	1,678	38.4	1,444	27.4
2011	43,266	23.9	34,880	24.6	2,301	37.1	1,791	24.0
2012	35,041	-19.0	34,895	0.0	2,551	10.9	1,492	-16.7
2013	36,985	5.5	31,118	-10.8	2,216	-13.1	1,386	-7.1

出所：韓国工作機械産業協会

<表2-2> 切削機械需給推移

	億ウォン				百万ドル			
	受注	前年比	生産	前年比	輸出	前年比	輸入	前年比
2010	30,592	83.7	24,751	57.1	1,178	36.7	1,146	42.2
2011	38,550	26.0	30,457	23.1	1,557	32.2	1,460	27.4
2012	30,205	-21.6	30,959	1.6	1,809	16.2	1,185	-18.8
2013	32,673	8.2	27,522	-11.1	1,540	-14.9	1,116	-5.8

出所：韓国工作機械産業協会

<表2-3> 成形機械需給推移

	億ウォン				百万ドル			
	受注	前年比	生産	前年比	輸出	前年比	輸入	前年比
2010	4,323	75.0	3,259	41.4	500	43.3	298	-8.6
2011	4,716	9.1	4,423	35.7	745	49.0	331	11.1
2012	4,835	2.5	3,936	-11.0	742	-0.4	307	-7.3
2013	4,313	-10.8	3,596	-8.6	673	-9.3	268	-12.7

出所：韓国工作機械産業協会

<表2-4> 需要業種別工作機械受注現況 (単位:百万ウォン)

	2013.11	2013.12	前月比	2012	2013	前年比
鉄鋼及び非鉄金属	10,658	10,586	-0.7	153,895	127,220	-17.3
金属製品製造業	12,871	12,352	-4.0	182,915	161,796	-11.5
一般機械・機器製造業	27,149	30,791	13.4	287,037	322,606	12.4
電気及び電子製造業	12,842	17,811	38.7	140,876	210,398	49.3
自動車及び同部品製造業	38,341	54,190	41.3	623,613	592,036	-5.1
造船およびその他輸送機器製造業	10,946	8,346	-23.9	81,860	104,775	28.0
精密機械製造業	2,082	3,638	74.7	39,674	43,771	10.3
その他製造業	8,289	5,388	-35.0	132,684	90,180	-32.0
官公庁及び学校	1,805	1,750	-3.0	15,572	14,330	-8.0
商社及び代理店	8,797	9,284	5.5	66,404	97,042	46.1
その他需要産業	1,798	181	-89.9	3,603	4,090	13.5
内需受注	135,578	154,317	13.8	1,728,133	1,768,24	2.3
輸出受注	121,295	122,972	1.4	1,775,924	1,930,236	8.7
総受注額	256,873	277,289	7.9	3,504,057	3,698,480	5.5

注) 1. 前月対比増減率
2. 前年同期対比増減率

出所:韓国工作機械産業協会

<表2-5> 機種別工作機械受注現況 (単位:百万ウォン)

	2013.11	2013.12	前月比	2012	2013	前年比
NC旋盤	81,222	86,608	6.6	1,126,171	1,117,773	-0.7
マシニングセンター	103,158	119,555	15.9	1,294,275	1,379,769	6.6
NCミーニング機	1,202	670	-44.3	14,935	13,508	-9.6
NC専用機	19,700	18,400	-6.6	182,555	403,776	121.2
NCボーリング機	4,996	8,575	71.6	84,877	69,527	-18.1
NCその他切削機械	14,192	12,763	-10.1	148,763	144,478	-2.9
NC切削機械合計	224,470	246,571	9.8	2,851,576	3,128,831	9.7
旋盤	1,943	1,829	-6.1	32,447	26,269	-19.0
ミーニング機	3,371	4,234	13.5	44,034	43,864	-0.4
掘削機	101	109	7.9	2,521	1,366	-45.8
研削機	3,392	3,606	6.3	50,265	45,109	-10.3
専用機	338	954	182.2	28,640	14,727	-48.6
汎用切削機械合計	9,943	11,026	10.9	168,976	138,422	-18.1
金属切削機械合計	234,413	257,597	20.7	3,020,552	3,267,253	-8.4
金属成形機械合計	22,460	19,692	-12.3	483,505	431,227	-10.8
工作機械合計	256,873	277,289	7.9	3,504,057	3,698,480	5.5

注) 1. 前月対比増減率
2. 前年同期対比増減率

出所:韓国工作機械産業協会

機械工業

<表2-6> 工作機械生産現況 (単位：百万ウォン)

	2013.11	2013.12	前月比	2012	2013	前年比
NC旋盤	98,882	77,970	-21.1	1,301,531	1,186,144	-8.9
マシニングセンター	79,622	65,050	-18.3	1,091,388	994,581	-8.9
NCミーニング機	116	180	55.2	14,740	8,144	-44.7
NC専用機	34,200	-	-	277,182	254,658	-8.1
NCボーリング機	6,564	2,858	-56.5	130,234	82,578	-36.6
NCその他切削機械	11,438	11,819	3.3	155,929	110,776	-29.0
NC切削機械合計	230,822	157,877	-31.6	2,971,004	2,636,881	-11.2
旋盤	3,409	2,668	-21.7	30,768	36,279	17.9
ミーニング機	5,260	4,508	-14.3	51,167	51,085	-0.2
掘削機	266	613	130.5	4,355	3,579	-17.8
研削機	1,176	1,246	6.0	29,432	17,439	-40.7
専用機	338	954	182.2	6,449	5,275	-18.2
汎用その他切削機械	22.0	50	127.3	2,680	1,646	-38.6
汎用切削機械合計	10,471	10,039	-4.1	124,851	115,303	-7.9
金属切削機械合計	241,293	167,916	-35.7	3,095,855	2,752,184	-18.8
金属成形機械合計	32,083	52,498	63.6	393,600	359,650	-8.6
工作機械合計	273,376	220,414	-19.4	3,489,455	3,111,834	-10.8

注) 1. 前月対比増減率　　　　　　　　　　　　　　　出所：韓国工作機械産業協会
　　2. 前年同期対比増減率

<表2-7> 工作機械出荷現況 (単位：百万ウォン)

	2013.11	2013.12	前月比	2012	2013	前年比
NC旋盤	109,785	124,239	13.2	1,280,281	1,325,588	3.5
マシニングセンター	79,381	80,466	1.4	1,367,559	1,015,598	-25.7
NCミーニング機	116	219	88.8	16,166	8,718	-46.1
NC専用機	44,714	-	-	382,542	323,237	-15.5
NCボーリング機	9,813	6,056	-38.3	134,766	78,210	-42.0
NCその他切削機械	10,712	22,272	107.9	144,518	144,178	-0.2
NC切削機械合計	254,521	233,252	-8.4	3,325,832	2,895,529	-12.9
旋盤	2,404	3,614	50.3	45,924	35,207	-23.3
ミーニング機	3,885	2,900	-25.4	46,010	38,472	-16.4
掘削機	406	339	-16.5	6,311	4,768	-24.4
研削機	2,133	3,082	44.5	35,230	25,767	-26.9
専用機	7	-	-	5,355	7,203	34.5
汎用その他切削機械	601	197	-67.2	14,721	9,600	-34.8
汎用切削機械合計	9,436	10,132	7.4	153,551	121,017	-21.2
金属切削機械合計	263,957	243,384	-7.8	3,479,383	3,016,546	-13.3
金属成形機械合計	30,112	84,015	179.0	484,843	452,273	-6.7
工作機械合計	294,069	327,399	11.3	3,964,226	3,468,819	-12.5

注) 1. 前月対比増減率　　　　　　　　　　　　　　　出所：韓国工作機械産業協会
　　2. 前年同期対比増減率

<表2-8> 機種別工作機械輸出現況 (単位:百万ウォン)

		2013.11	2013.12	前月比	2012	2013	前年比
	NC旋盤	49,795	54,517	9.5	772,010	691,778	-10.4
	マシニングセンター	46,630	32,339	-30.6	606,232	525,156	-13.4
	NCミーニング機	1,125	2,927	160.2	16,659	17,589	3.7
	NC専用機	8,446	1,088	-87.1	18,765	20,864	11.2
	NCボーリング機	4,510	6,132	36.0	82,884	60,481	-27.0
	NCその他切削機械	8,369	8,943	6.9	136,421	101,895	-25.3
NC切削機械合計		118,873	105,944	-10.9	1,633,271	1,417,764	-13.2
	旋盤	1,144	814	-28.8	16,128	9,854	-38.9
	ミーニング機	998	527	-47.2	14,256	8,084	-43.3
	掘削機	881	1,079	22.5	11,060	7,781	-29.6
	研削機	3,377	4,536	34.3	33,713	27,280	-19.1
	専用機	27	280	429.3	187	1,084	478.7
	その他切削機械	6,042	7,016	16.1	99,984	70,087	-29.9
汎用切削機械合計		12,467	14,253	14.3	175,327	124,171	-29.2
	プレス	15,060	22,688	50.7	373,560	390,617	4.6
	鍛造機	15,057	20,322	35.0	128,973	79,773	-38.1
	剪断機	2,923	3,405	16.5	85,866	85,065	-0.9
	折曲機	20,109	5,454	-72.9	68,545	86,542	26.3
	引抜機	10	2,244	-	22.251	8,548	-61.6
	その他成形機械	1,986	3,083	55.3	62,951	23,638	-62.5
金属成形機械合計		55,144	57,197	3.7	742,147	674,182	-9.2
金属切削機械合計		131,340	120,197	3.4	1,808,598	1,541,935	-42.4
工作機械合計		186,485	177,395	-4.9	2,550,745	2,216,118	-13.1

注) 1. 前月対比増減率
    2. 前年同期対比増減率

出所:韓国工作機械産業協会

機械工業

<表2-9> 地域別工作機械輸出現況 (単位：千ドル)

		アジア	中国	インド	米国	ヨーロッパ	ドイツ	トルコ
	NC旋盤	140,202	67,455	23,074	218,578	294,314	98,103	29,951
	マシニングセンター	270,135	219,954	18,217	96,873	135,852	34,127	10.401
	NCミーニング機	7,680	3,091	8	4	6,364	3,290	0
	NC専用機	16,275	14,631	428	0	3,954	0	0
	NCボーリング機	35,535	25,666	5,671	11,807	8,651	939	1,123
	NCその他切削機械	77,712	34,382	2,380	9,541	7,838	579	3,768
NC切削機械合計		547,539	365,177	49,776	336,802	456,975	137,037	45,243
	旋盤	7,014	3,722	45	1,277	402	1	118
	ミーニング機	4,585	1,181	146	41	2,196	242	10
	掘削機	6,494	1,641	705	92	395	0	0
	研削機	24,381	13,556	1,336	569	1,339	285	55
	専用機	616	561	0	0	211	211	0
	その他切削機械	46,884	23,250	2,601	4,514	6,621	891	306
汎用切削機械合計		89,972	43,911	4,832	6,893	11,164	1,630	489
	プレス	243,838	101,093	63,726	86,453	15,709	845	7,674
	鍛造機	61,197	25,802	2,313	8,955	7,829	2,652	3,185
	剪断機	62,411	23,982	7,551	3,266	8,308	352	2,905
	折曲機	51,075	18,015	5,323	5,689	17,056	1,374	1,732
	引抜機	5,453	529	422	2,866	225	225	0
	その他成形機械	14,581	6,397	1,695	4,277	2,020	147	145
金属切削機械合計		443,555	175,817	81,031	111,506	51,147	5,595	15,642
金属成形機械合計		637,511	409,088	54,608	343,695	468,139	141,817	45,732
工作機械合計		1,081,067	584,906	135,639	455,201	519,286	144,286	61.374

出所：韓国工作機械産業協会

<表2-10> 機種別工作機械輸入現況 (単位：千ドル)

		2013.11	2013.12	前月比	2012	2013	前年比
	NC旋盤	6,165	5,456	-11.5	104,981	97,595	-7.0
	マシニングセンター	17,526	15,856	-9.5	247,578	249,616	0.8
	NCミーニング機	5,090	4,130	-18.5	28,866	43,611	51.1
	NC専用機	0	0	-	15,346	177	-99.0
	NCボーリング機	2,627	3,869	47.3	26,403	30,307	14.8
	NCその他切削機械	27,803	20,544	-26.1	542,247	474,477	-12.5
NC切削機械合計		59,212	65,924	11.3	956,421	895,784	-7.2
	旋盤	2,975	2,715	-8.7	31,984	30,128	-5.8
	ミーニング機	2,165	1,743	-19.5	16,981	17,993	6.0
	掘削機	1,305	635	-51.3	11,982	13,460	12.3
	研削機	2,114	2,586	22.3	37,693	30,065	-20.2
	専用機	20	0	-100.0	382	1,033	170.4
	その他切削機械	10,311	11,695	13.4	121,037	127,183	5.1
汎用切削機械合計		18,889	19,373	2.6	220,059	270,623	-0.1
	プレス	7,476	6,462	-13.6	108,128	103,534	-4.2
	鍛造機	715	1,865	160.8	28,470	33,556	17.9
	剪断機	1,035	1,248	20.6	32,225	30,244	-6.1
	折曲機	3,620	4,238	17.1	71,090	71,319	0.3
	引抜機	1,235	250	-79.8	35,676	2,109	-94.1
	その他成形機械	1,165	4,001	243.4	31,384	29,862	-4.8
金属成形機械合計		15,246	18,064	18.5	306,973	270,623	-11.8
金属切削機械合計		78,101	85,297	9.2	1,185,480	1,115,644	-5.9
工作機械合計		93,347	103,361	10.7	1,492,452	1,386,267	-7.1

注) 1. 前月対比増減率
    2. 前年同期対比増減率

出所：韓国工作機械産業協会

<表2-11> 地域別工作機械輸入現況(2013年) (単位：千ドル)

	アジア	日本	台湾	米国	ヨーロッパ	ドイツ	イタリア
NC旋盤	81,861	70,611	2,255	3,295	12,368	10,028	1,442
マシニングセンター	172,311	136,623	29,101	11,265	65,753	40,511	0
NCミーニング機	16,554	14,770	325	2,416	24,641	21,391	1,765
NC専用機	146	146	0	0	2	2	0
NCボーリング機	23,117	21,399	36	113	7,067	4,723	1,347
NCその他切削機械	252,006	157,275	18,939	15,655	201,695	117,299	8,835
NC切削機械合計	545,995	400,824	50,655	32,743	311,525	193,955	13,389
旋盤	23,564	15,444	4,680	525	6,039	2,669	2,077
ミーニング機	8,941	7,797	378	807	8,241	4,933	759
掘削機	12,111	7,597	2,141	104	1,242	250	306
研削機	26,748	19,372	2,298	1,027	2,287	796	70
専用機	674	548	52	311	48	19	18
その他切削機械	84,639	60,733	12,835	5,278	36,723	13,028	2,809
汎用切削機械合計	156,677	111,489	22,384	8,052	54,579	21,694	6,039
プレス	59,622	43,848	394	9,744	33,907	19,234	639
鍛造機	16,565	10,144	3,881	891	15,988	6,825	3
剪断機	15,190	13,528	338	723	14,322	9,475	1,197
折曲機	24,686	15,979	6,161	6,016	40,576	12,943	14,456
引抜機	1,990	519	0	71	46	0	13
その他成形機械	9,557	2,344	5,365	1,313	18,457	11,157	451
金属成形合計	127,610	86,362	16,139	18,758	123,297	59,635	16,759
金属切削合計	702,672	512,313	73,039	40,795	366,104	215,649	19,428
工作機械合計	830,282	598,676	89,178	59,553	489,401	275,284	36,187

出所：韓国工作機械産業協会

3. 農業用機械

<表3-1> 年度別主要農業機械台数推移 (単位：台)

	2008	2009	2010	2011	2012
耕運機	739,725	714,537	698,145	666,897	653,420
トラクター	253,531	258,662	264,834	267,871	272,898
田植機	253,531	258,662	264,834	267,871	272,898
バインダー	309,907	282,584	276,310	253,660	244,560
コンバイン	50,069	-	-	-	-
管理機	85,338	79,561	81,004	79,188	79,439
穀物乾燥機	421,616	406,055	407,,997	398,596	403,183
スピードスプレーヤー	75,237	75,944	77,830	77,151	77,136
果物選別機	44,423	44,064	43,943	43,369	46,470
農業用暖房機	-	-	-	-	-
農産物乾燥機	-	-	-	-	-
動力防除機	198,240	198,304	207,808	204,522	218,875
揚水機	148,503	-	-	-	-
その他	-	-	-	-	-
総保有	-	-	-	-	-

出所：農林水産食品部

機械工業

<表3-2> 主要農業機械機種別供給及び資金支援　　　　　　　　　　(単位：台, 百万ウォン)

	2008	2009	2010	2011	2012
耕運機	547	416	374	326	287
管理機	1,950	1,982	1861	1,591	1,253
田植機	7,359	6,016	5354	4,387	3,921
トラクター	12,894	12,381	13891	12,992	12,246
コンバイン	4,309	3,842	3565	2,992	2,490
穀物乾燥機	1,077	924	773	637	544
バインダー	-	-	-	-	-
噴霧機	-	-	-	-	-
噴霧散布機	-	-	-	-	-
揚水機	-	-	-	-	-
脱穀機	-	-	-	-	-
その他	45,488	45,938	50,731	46,690	40,736
計	73,624	71,449	74,709	69,615	61,477
資金支援	623,750	610,486	648,296	577,154	516,858
補助	-	-	-	-	-
融資	623,750	610,486	648,296	577,154	516,858

出所：農林水産食品部

<表3-3> 稲作の農作業機械化率　　　　　　　　　　(単位：%)

	平均	主要農作業				乾燥	防虫
		小計	耕耘整地	田植	収穫		
2007	90.5	99.6	100.0	99.0	99.7	55.3	98.4
2008	90.5	99.6	100.0	99.0	99.7	55.3	98.4
2009	90.5	99.6	100.0	99.0	99.7	55.3	98.4
2010	91.5	99.9	99.9	99.8	99.9	58.5	99.3
2011	91.5	99.9	99.9	99.8	99.9	58.5	99.3
2012	94.1	99.9	99.9	99.8	99.9	71.6	99.7

出所：農林水産食品部

4. 建設・鉱山機械

<表4-1> 市道別・用途別建設機械登録現況 (単位：台)

地域	自家用	営業用	官用	計
計	176,277	221,346	2,684	400,307
ソウル	9,042	37,272	150	46,464
釜山	6,925	11,643	56	18,624
大邱	5,236	9,277	44	14,557
仁川	7,960	9,117	70	17,147
光州	3,234	8,268	44	11,546
大田	2,484	5,777	57	8,318
蔚山	5,280	5,250	10	10,540
世宗	923	286	11	1,220
京畿	38,761	28,743	383	67,887
江原	7,289	13,439	391	21,119
忠北	10,896	10,987	189	22,072
忠南	14,361	15,452	253	30,066
全北	13,116	12,638	239	25,993
全南	11,879	14,185	228	26,292
慶北	17,723	17,136	306	35,165
慶南	18,690	18,464	190	37,344
済州	2,478	3,412	63	5,953

注) 2012.12.31日基準　　　　出所：国土交通部

機械工業

<表4-2> 年度別建設機械登録現況 (単位：台)

	2008	2009	2010	2011	2012
総計	350,499	362,641	374,904	387,988	400,307
1. ブルドーザー	4,541	4,361	4,262	4,190	4,125
2. 掘削機	110,312	113,284	117,306	121,847	126,065
3. ローダー	15,590	16,113	16,686	17,325	18,267
4. フォークリフト	113,409	118,631	125,107	132,975	140,455
5. スクレーパー	26	25	19	19	22
6. ダンプトラック	51,586	53,161	54,981	55,695	55,029
7. 起重機	8,508	8,531	8,633	8,681	8,770
8. モーターグレーダー	805	785	784	784	788
9. ローラー	6,090	6,061	6,149	6,277	6,343
10. ロードスタビライザー	1	1	1	1	1
11. コンクリートバッチングプラント	42	42	40	42	43
12. コンクリートフィニッシャー	134	133	131	129	126
13. コンクリート散布機	5	5	4	4	4
14. コンクリートミキサートラック	23,530	23,036	22,179	21,493	21,616
15. コンクリートポンプ	5,060	5,062	5,044	5,104	5,230
16. アスファルトミキシングプラント	16	15	12	11	11
17. アスファルトフィニッシャー	759	759	781	795	806
18. アスファルト散布機	92	94	90	84	80
19. 骨材散布機	0	1	1	1	1
20. 砕石機	476	445	426	415	419
21. 空気圧縮機	4,986	4,618	4,299	4,265	4,251
22. 穿孔機	3,170	3,194	3,261	3,371	3,454
23. 杭打及び杭抜機	635	639	667	697	729
24. 砂利採取機	43	39	36	38	33
25. 浚渫船	218	232	251	244	235
26. 特殊建設機械	419	416	431	468	504
27. タワークレーン	46	2,958	3,323	3,033	2,900

出所：国土交通部

<表4-3> 機種別・用途別建設機械登録現況 (単位:台)

区分	自家用	営業用	官用	計
計	176.277	221.346	2684	400.307
1. ブルドーザー	451	3.617	57	4.125
2. 掘削機	34.771	90.335	959	126.065
3. ローダー	11.677	6.135	455	18.267
4. フォークリフト	114.943	24.854	658	140.455
5. スクレーパー	2	20	0	22
6. ダンプトラック	7.238	47.418	373	55.029
7. 起重機	1.053	7.691	26	8.770
8. モーターグレーダー	30	732	26	788
9. ローラー	911	5.357	75	6.343
10. ロードスタピライザー	1	0	0	1
11. コンクリートバッチングプラント	30	13	0	43
12. コンクリートフィニッシャー	42	84	0	126
13. コンクリート散布機	2	2	0	4
14. コンクリートミキサートラック	1.965	19.651	0	21.616
15. コンクリートポンプ	97	5.133	0	5.230
16. アスファルトミキシングプラント	8	3	0	11
17. アスファルトフィニッシャー	153	644	9	806
18. アスファルト散布機	40	39	1	80
19. 骨材散布機	0	1	0	1
20. 砕石機	236	183	0	419
21. 空気圧縮機	1.122	3.129	0	4.251
22. 穿孔機	1.075	2.379	0	3.454
23. 杭打及び杭抜機	130	599	0	729
24. 砂利採取機	25	8	0	33
25. 浚渫船	126	109	0	235
26. 特殊建設機械	64	395	45	504
27. タワークレーン	85	2.815	0	2.900

注) 2012.12.31日基準 出所:国土交通部

<表4-4> 市道別・機種別建設機械登録現況(2012) (単位:台)

区分	ソウル	釜山	大邱	仁川	光州	大田	蔚山	世宗	京畿
計	46,464	18,624	14,557	17,147	11,546	8,318	10,540	1,220	67,887
1. ブルドーザー	1,466	149	252	88	243	161	11	5	338
2. 掘削機	14,137	4,710	4,762	3,715	4,520	2,988	2,194	247	15,088
3. ローダー	2,593	447	566	700	358	338	487	102	2,824
4. フォークリフト	8,393	7,144	4,711	8,354	2,734	2,256	5,351	612	33,443
5. スクレーパー	6	0	0	0	0	0	0	0	0
6. ダンプトラック	7,447	2,186	2,064	2,295	1,754	1,149	1,041	156	7,399
7. 起重機	2,030	1,170	256	575	158	147	539	9	640
8. モーターグレーダー	179	28	30	6	78	47	13	0	26
9. ローラー	1,455	279	361	101	430	297	100	4	543
10. ロードスタビライザー	0	0	0	1	0	0	0	0	0
11. コンクリートバッチングプラント	15	0	0	0	3	1	1	0	9
12. コンクリートフィニッシャー	65	0	1	3	0	0	0	0	25
13. コンクリート散布機	3	0	0	0	0	0	0	0	1
14. コンクリートミキサートラック	2,271	880	938	667	584	601	514	47	5,404
15. コンクリートポンプ	1,261	295	243	275	272	108	109	14	542
16. アスファルトミキシングプラント	0	3	0	1	1	0	0	0	3
17. アスファルトフィニッシャー	198	35	47	9	39	29	8	1	106
18. アスファルト散布機	15	1	6	1	4	0	0	1	2
19. 骨材散布機	1	0	0	0	0	0	0	0	0
20. 砕石機	80	18	17	12	19	4	2	2	68
21. 空気圧縮機	2,050	546	134	75	134	66	90	3	145
22. 穿孔機	1,447	333	50	48	128	57	22	6	199
23. 杭打及び杭抜機	417	83	42	37	17	24	19	0	18
24. 砂利採取機	6	3	5	1	0	1	0	1	0
25. 浚渫船	28	53	15	8	1	0	4	1	17
26. 特殊建設機械	195	20	14	11	16	20	6	0	103
27. タワークレーン	706	241	43	164	53	24	29	9	944

<続く>

区分	江原	忠北	忠南	全北	全南	慶北	慶南	済州	総計
計	21,119	22,072	30,066	25,993	26,292	35,165	37,344	5,953	400,307
1. ブルドーザー	177	166	315	308	156	132	148	10	4,125
2. 掘削機	9,397	7,612	10,277	9,403	9,854	13,127	11,495	2,539	123,065
3. ローダー	1,199	1,243	1,496	1,692	1,212	1,776	1,009	225	18,267
4. フォークリフト	3,354	7,329	10,701	8,695	8,380	11,937	15,525	1,536	140,455
5. スクレーパー	0	2	0	0	0	14	0	0	22
6. ダンプトラック	4,431	3,117	4,215	3,314	3,574	4,970	5,024	893	55,029
7. 起重機	227	274	519	302	597	529	725	73	8,770
8. モーターグレーダー	150	26	33	49	27	47	39	10	788
9. ローラー	423	310	365	453	309	369	419	125	6,343
10. ロードスタビライザー	0	0	0	0	0	0	0	0	1
11. コンクリートバッチングプラント	8	1	1	1	0	1	1	1	43
12. コンクリートフィニッシャー	0	3	6	14	0	0	9	0	126
13. コンクリート散布機	0	0	0	0	0	0	0	0	4
14. コンクリートミキサートラック	1,106	1,040	1,350	1,082	1,336	1,464	2,015	317	21,616
15. コンクリートポンプ	228	242	331	238	272	297	421	82	5,230
16. アスファルトミキシングプラント	1	0	2	0	0	0	0	0	11
17. アスファルトフィニッシャー	50	31	31	60	36	58	36	32	806
18. アスファルト散布機	1	1	6	12	7	16	3	4	80
19. 骨材散布機	0	0	0	0	0	0	0	0	1
20. 砕石機	36	26	25	17	24	22	38	9	419
21. 空気圧縮機	71	150	111	165	146	170	151	44	4,251
22. 穿孔機	220	213	101	133	249	121	91	36	3,454
23. 杭打及び杭抜機	1	5	11	8	17	6	22	2	729
24. 砂利採取機	0	1	4	2	1	2	6	0	33
25. 浚渫船	1	1	28	8	10	32	28	0	235
26. 特殊建設機械	20	15	8	19	7	22	19	9	504
27. タワークレーン	18	264	130	18	78	53	120	6	2,900

出所：国土交通部

機械工業

<表4-5> 建設機械事業者現況 (2012) (単位：企業数)

区分 市道別	レンタル業			整備業者	
	計	一般	個別	計	総合
計	12,447	3,578	8,869	932	53
ソウル	3,518	699	2,819	6	0
釜山	749	309	440	25	2
大邱	606	164	442	33	5
仁川	324	129	195	53	4
光州	157	126	31	21	4
大田	64	52	12	13	2
蔚山	100	78	22	25	2
世宗	30	16	14	0	0
京畿	3,858	499	3,359	146	7
江原	460	216	244	93	3
忠北	220	141	79	76	3
忠南	796	203	593	93	8
全北	268	157	111	61	3
全南	502	313	189	55	2
慶北	329	248	81	102	5
慶南	250	187	63	96	2
済州	216	41	175	34	1

区分 市道別	整備業者		(D/M) 整備	売買業者	廃棄業者
	部分	専門			
計	706	173	602	1,154	303
ソウル	5	1	5	162	0
釜山	20	3	15	52	8
大邱	21	7	8	120	9
仁川	32	17	37	53	8
光州	13	4	25	97	5
大田	9	2	13	18	4
蔚山	15	8	24	20	7
世宗	0	0	0	1	1
京畿	111	28	65	154	50
江原	77	13	59	54	22
忠北	60	13	36	60	20
忠南	69	16	67	72	23
全北	47	11	38	61	28
全南	46	7	61	54	39
慶北	80	17	66	77	39
慶南	76	18	67	88	31
済州	25	8	16	11	9

出所：国土交通部

韓国の産業と市場　2014

5. 繊維機械

<表5-1> 品目別繊維機械輸出入推移　　　　　　　　　　　　　　　　　(単位：千ドル)

機械 (HS税番)	輸出			輸入		
	2011	2012	前年比	2011	2012	前年比
総合計	2,446,906	2,411,197	-35,709	547,378	428,700	-118,678
			-1.5%			-21.6%
紡糸,撚糸,生地,切断機 (8444)	46,492	14,085	-32,407	45,797	11,232	-24,555
			-69.7%			-75.5%
合糸,撚糸,巻糸,整経,カード機類 (8445)	48,700	40,300	-8,400	121,833	97,324	-24,509
			-17.2%			-20.1%
織機類 (8446)	13,979	13,377	-602	72,519	34,360	-38,159
			-4.3%			-52.6%
ニット,横編,刺繍機類 (8447)	126,152	116,329	-9,823	60,435	59,689	-746
			-7.8%			-1.2%
ドビー,ジャカード補助機械類 (8448)	159,168	133,105	-26,063	113,462	91,200	-22,262
			-16.4%			-19.6%
不織布製造機械類 (8449)	8,563	13,530	4,967	11,927	17,346	5,419
			58.0%			45.4%
洗濯機10kg以上 (8450200000)	1,079,510	1139,587	60,077	3,695	6,969	3,274
			5.6%			88.6%
巻取,切断,染色,乾燥機類 (8451)	778,944	808,116	29,172	41,608	41,000	-608
			3.7%			-1.5%
縫製機械類 (8452)	99,326	76,364	-22,962	54,677	45,042	-9,635
			-23.1%			-17.6%
皮革,靴 製造機械類 (8453)	64,554	42,186	-22,368	10,353	7,533	-2,820
			-34.7%			-27.2%
その他	21,518	14,218	-7,300	11,072	17,005	5933
			-33.9%			53.6%

出所：韓国繊維機械研究所

<表5-2> 品目別繊維機械貿易収支推移 (単位：千ドル)

機械 (HS税番)	貿易収支		前年比
	2011	2012	
総合計	1,899,528	1,982,497	82,969 / 5.1%
紡糸,撚糸,生地,切断機 (8444)	695	2,853	-2,158 / 310.5%
合糸,撚糸,巻糸,整経,カード機類 (8445)	-73,133	-57,024	16,109 / 22.0%
織機類 (8446)	-58,540	-20,983	37,557 / 64.2%
ニット,横編,刺繍機類 (8447)	65,717	56,640	-9,077 / 13.8%
ドビー,ジャカード補助機械類 (8448)	45,706	41,905	3,801 / -8.3%
不織布製造機械類 (8449)	-3,364	-3,816	-452 / -13.4%
洗濯機10kg以上 (8450 20 0000)	1,075,815	1,132,618	56,803 / 5.3%
巻取,切断,染色,乾燥機類 (8451)	737,336	767,116	29,780 / 4.0%
縫製機械類 (8452)	44,649	31,322	-13,327 / -29.8%
皮革,靴 製造機械類 (8453)	54,201	34,653	-19,548 / -36.1%
その他	10,446	-2,787	-13,233 / -126.7%

出所：韓国繊維機械研究所

<表5-3> 地域別繊維機械輸出入推移 (単位：千ドル)

	輸出			輸入		
	2011	2012	前年比	2011	2012	前年比
総合計	2,446,906	2,411,197	-35,709	599,180	470,028	-129,152
アジア	617,500	534,895	-82,605	330,008	253,404	-76,604
ヨーロッパ	160,665	156,091	-4,574	253,906	200,302	-53,604
北米	1,290,918	1,222,931	67,987	14,062	14,618	556
南米	203,083	221,680	18,597	713	830	117
中東	118,289	203,318	85,029	120	461	341
オセアニア	38,093	44,748	6,655	284	34	-250
アフリカ	18,358	27,534	9,176	87	379	292

出所：韓国繊維機械研究所

<表5-4> 地域別紡糸, 延伸, 生地, 切断機輸出入推移 (単位：千ドル)

	輸出			輸入		
	2011	2012	前年比	2011	2012	前年比
計	46,492	14,085	-32,407	45,797	11,232	-34,565
アジア	37,194	5,904	-31,290	21,007	6,837	-14,170
ヨーロッパ	3,701	1,934	-1,767	23,127	4,058	-19,069
北米	9	401	392	1,645	336	-1,309
南米	1,550	918	-632	18	0	-18
中東	3,093	3,409	316	0	0	0
オセアニア	15	6	-9	0	1	1
アフリカ	930	1,513	583	0	0	0

出所：韓国繊維機械研究所

<表5-5> 地域別カード糸, 合糸, 撚糸, 巻糸, 整経機輸出入推移 (単位：千ドル)

	輸出			輸入		
	2011	2012	前年比	2011	2012	前年比
計	48,700	40,300	-8,400	121,833	97,324	-24,509
アジア	41,717	29,228	-12,489	45,887	35,410	-10,477
ヨーロッパ	4,086	3,643	-443	75,886	61,666	-14,220
北米	160	4,813	4,653	46	4	-42
南米	280	1,663	1,383	14	55	41
中東	2,350	517	-1,833	0	0	0
オセアニア	47	208	161	0	6	6
アフリカ	60	228	168	0	183	183

出所：韓国繊維機械研究所

<表5-6> 地域別繊維機械輸出入推移 (単位：千ドル)

	輸出			輸入			貿易収支		
	2011	2012	前年比	2011	2012	前年比	2011	2012	前年比
計	13,979	13,377	-602	72,519	34,360	-38,159	-58,540	-20,983	37,557
アジア	13,099	11,520	-1,579	54,820	14,877	-39,943	-41,721	-3,357	38,364
ヨーロッパ	336	619	283	17,665	19,457	1,792	-17,329	-18,838	-1,509
北米	108	91	-17	34	26	-8	74	65	-9
南米	351	409	58	0	0	0	351	409	58
中東	69	659	590	0	0	0	69	659	590
オセアニア	0	0	0	0	0	0	0	0	0
アフリカ	16	79	63	0	0	0	16	79	63

出所：韓国繊維機械研究所

機械工業

<表5-7> 地域別編織機，横編機，刺繍機輸出入推移 (単位：千ドル)

	輸出			輸入			貿易収支		
	2011	2012	前年比	2011	2012	前年比	2011	2012	前年比
計	126,152	116,329	-9,823	60,435	59,689	-746	65,717	56,640	-9,077
アジア	63,962	57,086	-6,876	24,516	25,884	1,368	39,446	31,202	-8,244
ヨーロッパ	19,054	15,665	-3,389	34,613	33,270	-1,343	-15,559	-17,605	-2,046
北米	7,816	8,697	881	969	185	-784	6,847	8,512	1,665
南米	17,343	17,685	342	50	330	280	17,293	17,355	62
中東	15,277	14,680	-597	7	20	13	15,270	14,660	-610
オセアニア	572	264	-308	280	0	-280	292	264	-28
アフリカ	2,128	2,252	124	0	0	0	2,128	2,252	124

出所：韓国繊維機械研究所

<表5-8> 地域別ドビー，ジャカード，補助機械輸出入推移 (単位：千ドル)

	輸出			輸入			貿易収支		
	2011	2012	前年比	2011	2012	前年比	2011	2012	前年比
計	159,168	133,105	-26,063	113,462	91,200	-22,262	45,706	41,905	93,801
アジア	109,135	92,249	-16,886	48,869	40,540	-8,329	60,266	51,709	-8,557
ヨーロッパ	11,681	13,115	1,434	62,417	49,164	-13,253	-50,736	-36,049	14,687
北米	4,581	5,449	868	2,012	1,065	-947	2,569	4,384	1,815
南米	27,258	8,852	-18,406	74	24	-50	27,184	8,828	-18,356
中東	5,697	12,404	6,707	62	337	275	5,635	12,067	6,432
オセアニア	21	31	10	4	18	14	17	13	-4
アフリカ	795	1,005	210	24	52	28	771	953	182

出所：韓国繊維機械研究所

<表5-9> 地域別不織布製造機械類輸出入推移 (単位：千ドル)

	輸出			輸入			貿易収支		
	2011	2012	前年比	2011	2012	前年比	2011	2012	前年比
計	8,563	13,530	4,967	11,927	17,346	5,419	-3,364	-3,816	-452
アジア	5,111	11,897	6,786	1,787	5,125	3,338	3,324	6,772	3,448
ヨーロッパ	543	616	73	9,248	8,835	-413	-8,705	-8,219	486
北米	2,097	973	-1,124	892	3,309	2,417	1,205	-2,336	-3,541
南米	36	44	8	0	0	0	36	44	8
中東	623	0	-623	0	77	77	623	-77	-700
オセアニア	0	0	0	0	0	0	0	0	0
アフリカ	153	0	-153	0	0	0	153	0	-153

出所：韓国繊維機械研究所

<表5-10> 地域別洗濯機10kg以上輸出入推移 (単位:千ドル)

	輸出			輸入			貿易収支		
	2011	2012	前年比	2011	2012	前年比	2011	2012	前年比
計	1,079,510	1,139,587	60,077	3,695	6,969	3,274	1,075,815	1,132,618	56,803
アジア	53,694	75,455	21,761	821	3,160	2,339	52,873	72,295	19,422
ヨーロッパ	85,199	78,606	-6,593	1,172	2,200	1,028	84,027	76,406	-7,621
北米	694,093	610,550	-83,543	1,674	1,584	-90	692,419	608,966	-83,453
南米	121,271	163,456	42,185	28	24	-4	121,243	163,432	42,189
中東	80,050	154,136	74,086	0	0	0	80,050	154,136	74,086
オセアニア	36,013	42,222	6,209	0	0	0	36,013	42,222	6,209
アフリカ	9,190	15,162	5,972	0	1	1	9,190	15,161	5,971

出所:韓国繊維機械研究所

<表5-11> 地域別巻取,切断,染色,乾燥機輸出入推移 (単位:千ドル)

	輸出			輸入			貿易収支		
	2011	2012	前年比	2011	2012	前年比	2011	2012	前年比
計	778,944	808,116	29,172	41,608	41,000	-608	737,336	767,116	29,780
アジア	142,710	144,657	1,947	15,262	22,547	7,285	127,448	122,110	-5,338
ヨーロッパ	29,505	35,983	6,478	21,327	12,837	-8,490	8,178	23,146	14,968
北米	574,708	588,469	13,761	4,708	5,445	737	570,000	583,024	13,024
南米	18,484	16,541	-1,943	282	168	-114	18,202	16,373	-1,829
中東	9,581	15,469	5,888	7	0	-7	9,574	15,469	5,895
オセアニア	1,289	1,944	655	0	1	1	1,289	1943	654
アフリカ	2,667	5,053	2,386	22	2	-20	2,645	5,051	2,406

出所:韓国繊維機械研究所

<表5-12> 地域別縫製機輸出入推移 (単位:千ドル)

	輸出			輸入			貿易収支		
	2011	2012	前年比	2011	2012	前年比	2011	2012	前年比
計	99,326	76,364	-22,962	54,677	45,042	-9,635	44,649	31,322	-13,327
アジア	71,884	54,898	-16,986	51,914	41,420	-10,494	19,970	13,478	-6,492
ヨーロッパ	4,415	3,660	-755	2,058	2,239	181	2,357	1,421	-936
北米	6,203	2,459	-3,744	578	1,204	626	5,625	1,255	-4,370
南米	12,925	11,132	-1,793	46	8	-38	12,879	11,124	-1,755
中東	1,449	2,043	594	40	22	-18	1,409	2,021	612
オセアニア	133	51	-82	0	8	8	133	43	-90
アフリカ	2,317	2,121	-196	41	141	100	2,276	1,980	-296

出所:韓国繊維機械研究所

<表5-13> 地域別皮革・履物加工機輸出入推移 (単位：千ドル)

	輸出			輸入			貿易収支		
	2011	2012	前年比	2011	2012	前年比	2011	2012	前年比
計	64,554	42,186	-22,368	10,353	7,533	-2,820	54,201	34,653	-19,548
アジア	62,796	40,780	-22,016	4,171	2,667	-1,504	58,625	38,113	-20,512
ヨーロッパ	515	66	-449	5,988	4,825	-1,163	-5,473	-4,759	714
北米	276	518	242	194	41	-153	82	477	395
南米	905	765	-140	0	0	0	905	765	-140
中東	4	0	-4	0	0	0	4	0	-4
オセアニア	0	4	4	0	0	0	0	4	4
アフリカ	58	53	-5	0	0	0	58	53	-5

出所：韓国繊維機械研究所

<表5-14> 地域別紡績用ボビン・重合機(重合)機輸出入推移 (単位：千ドル)

	輸出			輸入			貿易収支		
	2011	2012	前年比	2011	2012	前年比	2011	2012	前年比
計	21,518	14,218	-7,300	11,072	17,005	5,933	10,446	-2,787	-13,233
アジア	16,198	11,221	-4,977	9,152	13,609	4,457	7,046	-2,388	-9,434
ヨーロッパ	1,630	2,184	554	405	1,751	1,346	1,225	433	-792
北米	867	511	-356	1,310	1,419	109	-443	-908	-465
南米	2,680	215	-2,465	201	221	20	2,479	-6	-2,485
中東	96	1	-95	4	5	1	92	-4	-96
オセアニア	3	18	15	0	0	0	3	18	15
アフリカ	44	68	24	0	0	0	44	68	24

出所：韓国繊維機械研究所

6. 製造業用ロボット産業

1) 製造業用ロボット生産

<表6-1> 製造業用ロボット生産現況 (単位：百万ウォン,%)

分類記号	品目名	2011年	2012年	'11年対比増減率
1	製造業用ロボット	1,647,894	1,618,410	-1.8
1-1	移積載用ロボット	761,608	629,029	-17.4
1-1-1	パレタイジングロボット	14,093	9,137	-35.2
1-1-2	自動車部品ハンドリングロボット	98,774	65,520	-33.7
1-1-3	電気・電子部品ハンドリングロボット	179,366	154,858	-13.7
1-1-4	ウェハ搬送ロボット(大気用)	58,757	61,645	4.9
1-1-5	ウェハ搬送ロボット(真空用)	10,872	5,888	-45.8
1-1-6	ソーラーセル用ウェハ搬送ロボット	8,952	9,630	7.6
1-1-7	FPD搬送ロボット(大気用)	143,321	94,079	-34.4
1-1-8	FPD搬送ロボット(真空用)	100,409	107,950	7.5
1-1-9	その他移積載用ロボット	147,064	120,322	-18.2
1-2	工作物脱着用ロボット	86,903	109,305	25.8
1-2-1	金属加工部品ローディング、アンローディングロボット	47,280	69,338	46.7
1-2-2	プラスチック射出品射出ロボット	36,923	37,090	0.5
1-2-9	その他工作物脱着用ロボット	2,700	2,877	6.6
1-3	溶接用ロボット	321,124	306,978	-4.4
1-3-1	アーク溶接用ロボット	26,753	29,648	10.8
1-3-2	スポット溶接用ロボット	271,564	256,857	-5.4
1-3-3	船舶溶接用ロボット	-	250	-
1-3-9	その他溶接用ロボット	22,807	20,223	-11.3

<続く>

機械工業

分類記号	品目名	2011年	2012年	増減率
1-4	組立及び分解用ロボット	349,076	321,220	-8.0
1-4-1	部品組立用及び分解用ロボット	10,798	12,110	12.2
1-4-2	接着及びシーリング材塗布用ロボット	40,505	10,382	-74.4
1-4-3	マーキング用及びラベリング用ロボット	2,530	495	-80.4
1-4-4	SMDマウンター	286,320	292,165	2.0
1-4-9	その他組立分解用ロボット	8,923	6,068	-32.0
1-5	加工用及び表面処理ロボット	100,369	108,773	8.4
1-5-1	研磨用及びバリ取りロボット	19,815	2,150	-89.1
1-5-2	切断用ロボット	3,667	5,962	62.6
1-5-3	塗装用ロボット	75,693	99,844	31.9
1-5-9	その他加工用及び表面処理ロボット	1,194	817	-31.6
1-6	バイオ工程用ロボット	17	17	0.0
1-6-1	細胞操作用及び新薬合成用ロボット	17	17	0.0
1-6-2	バイオ分析用ロボット	-	-	-
1-6-9	その他バイオ工程用ロボット	-	-	-
1-7	試験・検査用ロボット	3,593	8,144	126.7
1-7-1	性能評価用及び寿命試験用ロボット	543	91	-83.2
1-7-2	サイズ及び外観検査用ロボット	1,620	1,920	18.5
1-7-9	その他試験・検査用ロボット	1,430	6,133	328.9
1-9	その他製造業用ロボット	25,205	134,945	435.4
1-9-1	製造業適用教育訓練用ロボット	146	287	96.3
1-9-9	その他区分できない製造業用ロボット	25,059	134,658	437.4

出所：ロボット産業協会

2) ロボット部品及び部分品生産

<表6-2> ロボット部品及び部分品生産動向 (単位:百万ウォン,%)

分類記号	品目名	2011年	2012年	増減率
4	ロボット部品及び部分品	190,878	182,895	-4.2
4-1	ロボット用構造部品及び部分品	22,532	30,561	35.6
4-1-1	ロボット用関節	2,447	2,921	19.4
4-1-2	ロボット用走行・移動装置	1,313	2,112	60.8
4-1-3	スマートハンド	3,271	663	-79.7
4-1-9	その他ロボット用構造部品及び部分品	15,501	24,865	60.4
4-2	ロボット用駆動部品及び部分品	69,893	59,014	-15.6
4-2-1	ロボット用モーター	4,476	4,684	4.6
4-2-2	ロボット用モータードライバー	6,492	4,421	-31.9
4-2-3	ロボット用モータードライバーSoC	50	691	1282.0
4-2-4	ロボット用減速機	2,266	1,579	-30.3
4-2-5	ロボット用動力伝達装置	2,220	1,603	-27.8
4-2-6	ロボット用油圧(空気圧)式駆動機	47,554	41,516	-12.7
4-2-9	その他ロボット用駆動部品及び部分品	6,835	4,520	-33.9
4-3	ロボット用センシング部品及び部分品	18,390	18,619	1.2
4-3-1	ロボット用視覚センサー及びSoC	-	-1,400	-
4-3-2	ロボット用映像処理システム	9,214	8,450	-8.3
4-3-3	ロボット用聴覚及び臭覚センサー	100	141	41.0
4-3-4	ロボット用力覚及び圧力センサー	425	550	29.4
4-3-5	ロボット用触覚センサー	50	-	-100.0
4-3-6	ロボット用モーションセンサー(速度・位置)	1,993	1,012	-49.2
4-3-7	ロボット用無線通信基盤位置認識システム	-	-	-
4-3-8	ロボット用ナビゲーションシステム及び航法センサーSoC	4,192	1,673	-60.1
4-3-9	その他ロボット用センシング部品及び部分品	2,416	5,393	123.2

<続く>

機械工業

分類記号	品目名	2011年	2012年	増減率
4-4	ロボット用制御部品及び部分品	25,882	39,307	51.9
4-4-1	ロボット用エンベデッドコントローラ	985	130	-86.8
4-4-2	ロボット用エンベデッド制御SoC	-	-	-
4-4-3	ロボット用PC型制御器及び専用制御機	1,700	6,623	289.6
4-4-4	ロボット用モーション制御機	9,247	12,184	31.8
4-4-5	ロボット用モーション制御SoC	-	-35	
4-4-9	その他ロボット用制御機	13,950	20,335	45.8
4-5	ロボット用ソフトウェア	3,671	2,149	-41.5
4-5-1	ロボット用OS及びデバイスドライバー	80	80	0.0
4-5-2	ロボット用ミドルウェア	-	-	-
4-5-3	ロボット用アプリケーション	401	286	-28.7
4-5-4	ロボット用開発ツール	821	516	-37.1
4-5-5	ロボット用シミュレーター	61	235	285.2
4-5-9	その他ロボット用ソフトウェア	2,308	1,032	-55.3
4-9	その他ロボット用部品及び部分品	50,511	33,245	-34.2
4-9-1	ロボット用電池	500	230	-54.0
4-9-2	ロボット用充電装置	-	-	-
4-9-3	ロボット用ケーブル	29,100	9,346	-67.9
4-9-4	ロボット用有線通信	-	-	-
4-9-5	ロボット用無線通信	5	1,330	26500.0
4-9-9	その他ロボット用部品及び部分品	20,906	22,339	6.9

出所：ロボット産業協会

3) ロボットシステム生産

<表6-3> ロボットシステム生産現況 (単位：百万ウォン,%)

分類記号	品目名	2011年	2012年	増減率
5	ロボットシステム	159,632	114,103	-28.5
5-1	製造用ロボットシステム	128,243	64,430	-49.8
5-1-1	レーザーマーキングシステム	1,410	30,089	2034.0
5-1-2	ウェーハハンドラおよびプルーバ	12,165	11,559	-5.0
5-1-3	ウェハビジョン検査装置	1,600	464	-71.0
5-1-4	チップ部品整列システム及びチップ部品検査装置	-	-	-
5-1-5	LED外観検査装置	5,015	3,219	-35.8
5-1-6	RFIDピックアップシステム	197	407	106.6
5-1-7	総合適正検査(SPI)光学式自動外観(AOI) 検査装置	80,223	23	-100.0
5-1-8	FPD洗浄装置及びプラスチック射出物洗浄装置	-	-	-
5-1-9	その他製造用ロボットシステム	27,633	18,669	-32.4
5-2	ロボット基盤生産システム	21,839	41,685	90.9
5-2-1	ロボット基盤半導体生産システム	12,652	13,526	6.9
5-2-2	ロボット基盤ディスプレイ生産システム	152	16,636	10844.7
5-2-3	ロボット基盤製鋼システム	345	4,285	1142.0
5-2-4	ロボット基盤造船設備システム	-	-	-
5-2-5	ロボット基盤自動車生産システム	6,120	5,623	-8.1
5-2-6	ロボット基盤IT製品生産システム	225	225	0.0
5-2-7	パターン及び信号検査用ロボット	300	223	-25.7
5-2-9	その他ロボット基盤生産システム	2,045	1,167	-42.9
5-3	専門サービスロボットシステム	1,650	7,288	341.7
5-3-1	社会安全ロボットシステム	500	63	-87.4
5-3-2	医療ロボットシステム	150	128	-14.7
5-3-9	その他専門サービスロボットシステム	1,000	7,097	609.7
5-9	その他サービスロボットシステム	7,900	700	-91.1
5-9-1	その他サービスロボットシステム	7,900	700	-91.1

出所：ロボット産業協会

4) 製造業用ロボット出荷

<表6-4> 製造業用ロボット出荷現況　　　　　　　　　　　　　　　　　（単位：百万ウォン,%）

分類記号	品目名	2011年	2012年	増減率
1	製造業用ロボット	1,604,921	1,658,833	3.4
1-1	移積載用ロボット	716,443	650,213	-9.2
1-1-1	パレタイジングロボット	15,409	9,427	-38.8
1-1-2	自動車部品ハンドリングロボット	98,331	66,743	-32.1
1-1-3	電気・電子部品ハンドリングロボット	131,209	114,895	-12.4
1-1-4	ウェハ搬送ロボット(大気用)	58,764	62,903	7.0
1-1-5	ウェハ搬送ロボット(真空用)	10,873	5,943	-45.3
1-1-6	ソーラーセル用ウェハ搬送ロボット	8,952	3,669	-59.0
1-1-7	FPD搬送ロボット(大気用)	143,321	95,710	-33.2
1-1-8	FPD搬送ロボット(真空用)	99,954	102,524	2.6
1-1-9	その他 移積載用ロボット	149,630	188,399	25.9
1-2	工作物脱着用ロボット	71,237	124,991	75.5
1-2-1	金属加工部品ローディング、アンローディングロボット	31,800	79,537	150.1
1-2-2	プラスチック射出品射出ロボット	36,737	41,007	11.6
1-2-9	その他 工作物脱着用ロボット	2,700	4,447	64.7
1-3	溶接用ロボット	320,987	304,884	-5.0
1-3-1	アーク溶接用ロボット	26,627	29,770	11.8
1-3-2	スポット溶接用ロボット	271,523	254,347	-6.3
1-3-3	船舶溶接用ロボット	-	250	-
1-3-9	その他溶接用ロボット	22,837	20,517	-10.2
1-4	組立及び分解用ロボット	348,734	322,490	-7.5
1-4-1	部品組立用及び分解用ロボット	10,649	12,970	21.8
1-4-2	接着及びシーリング材塗布用ロボット	40,312	6,967	-82.7
1-4-3	マーキング用およびラベリング用 ロボット	2,530	4,320	70.8
1-4-4	SMDマウンター	286,320	292,165	2.0
1-4-9	その他組立分解用ロボット	8,923	6,068	-32.0

<続く>

分類記号	品目名	2011年	2012年	増減率
1-5	加工用及び表面処理ロボット	107,125	112,084	4.6
1-5-1	研磨用およびバリ取りロボット	19,815	2,440	-87.7
1-5-2	切断用ロボット	4,227	6,111	44.6
1-5-3	塗装用ロボット	75,755	103,014	36.0
1-5-9	その他加工用及び表面処理ロボット	7,328	518	-92.9
1-6	バイオ工程用ロボット	17	17	0.0
1-6-1	細胞操作用及び新薬合成用ロボット	17	17	0.0
1-6-2	バイオ分析用ロボット	-	-	-
1-6-9	その他バイオ工程用ロボット	-	-	-
1-7	試験・検査用ロボット	13,946	8,228	-41.0
1-7-1	性能評価用及び寿命試験用ロボット	676	175	-74.1
1-7-2	サイズ及び外観検査用ロボット	1,670	1,920	15.0
1-7-9	その他試験・検査用ロボット	11,600	6,133	-47.1
1-9	その他製造業用ロボット	26,433	135,926	414.2
1-9-1	製造業適用教育訓練用ロボット	270	734	171.9
1-9-9	その他区分できない製造業用ロボット	26,163	135,192	416.7

出所:ロボット産業協会

機械工業

<表6-5> 用途別製造業用ロボット出荷現況　　　　　　　　　　(単位：百万ウォン, %)

分類記号	品目名	2012年		
		出荷額	内需用	輸出用
1	製造業用ロボット	1,658,833	1,192,691	466,141
1-1	移積載用ロボット	650,213	594,822	55,390
1-1-1	パレタイジングロボット	9,427	9,427	-
1-1-2	自動車部品ハンドリングロボット	66,743	65,648	1,095
1-1-3	電気・電子部品ハンドリングロボット	114,895	101,908	12,987
1-1-4	ウェハ搬送ロボット(大気用)	62,903	56,386	6,517
1-1-5	ウェハ搬送ロボット(真空用)	5,943	5,285	658
1-1-6	ソーラーセル用ウェハ搬送ロボット	3,669	3,669	-
1-1-7	FPD搬送ロボット(大気用)	95,710	80,107	15,603
1-1-8	FPD搬送ロボット(真空用)	102,524	98,967	3,557
1-1-9	その他移積載用ロボット	188,399	173,426	14,973
1-2	工作物脱着用ロボット	124,991	75,142	49,849
1-2-1	金属加工部品ローディング、アンローディングロボット	79,537	35,022	44,515
1-2-2	プラスチック射出品射出ロボット	41,007	35,673	5,334
1-2-9	その他工作物脱着用ロボット	4,447	4,447	-
1-3	溶接用ロボット	304,884	288,973	15,911
1-3-1	アーク溶接用ロボット	29,770	29,430	340
1-3-2	スポット溶接用ロボット	254,347	238,809	15,538
1-3-3	船舶溶接用ロボット	250	250	-
1-3-9	その他溶接用ロボット	20,517	20,484	33
1-4	組立及び分解用ロボット	322,490	121,443	201,047
1-4-1	部品組立用及び分解用ロボット	12,970	11,162	1,808
1-4-2	接着及びシーリング材塗布用ロボット	6,967	6,528	439
1-4-3	マーキング用及びラベリング用ロボット	4,320	536	3,784
1-4-4	SMDマウンター	292,165	98,332	193,833
1-4-9	その他組立分解用ロボット	6,068	4,885	1,183

出所：ロボット産業協会

5) ロボット部品及び部分品出荷

<表6-6> 年度別ロボット部品及び部分品出荷現況 (単位：百万ウォン,%)

分類記号	品目名	2011年	2012年	増減率
4	ロボット部品及び部分品	196,041	260,114	32.7
4-1	ロボット用構造部品及び部分品	22,534	34,182	51.7
4-1-1	ロボット用関節	2,448	2,921	19.3
4-1-2	ロボット用走行・移動装置	1,313	3,112	137.0
4-1-3	スマートハンド	3,272	663	-79.7
4-1-9	その他ロボット用構造部品及び部分品	15,501	27,486	77.3
4-2	ロボット用駆動部品及び部分品	72,071	70,985	-1.5
4-2-1	ロボット用モーター	5,301	15,699	196.2
4-2-2	ロボット用モータードライバー	7,932	4,203	-47.0
4-2-3	ロボット用モータードライバーSoC	30	115	283.3
4-2-4	ロボット用減速機	2,266	1,579	-30.3
4-2-5	ロボット用動力伝達装置	2,153	1,603	-25.5
4-2-6	ロボット用油圧(空気圧)式駆動機	47,554	41,516	-12.7
4-2-9	その他ロボット用駆動部品及び部分品	6,835	6,270	-8.3
4-3	ロボット用センシング部品及び部分品	19,392	77,223	298.2
4-3-1	ロボット用視覚センサー及びSoC	-	58,500	-
4-3-2	ロボット用映像処理システム	9,714	8,450	-13.0
4-3-3	ロボット用聴覚及び臭覚センサー	-	141	-
4-3-4	ロボット用力覚及び圧力センサー	425	625	47.1
4-3-5	ロボット用触覚センサー	50	-	-100.0
4-3-6	ロボット用モーションセンサー(速度・位置)	2,022	1,012	-50.0
4-3-7	ロボット用無線通信基盤位置認識システム	-	-	-
4-3-8	ロボット用ナビゲーションシステム及び航法センサーSoC	4,770	1,673	-64.9
4-3-9	その他ロボット用センシング部品及び部分品	2,411	6,822	182.9

<続く>

機械工業

分類記号	品目名	2011年	2012年	増減率
4-4	ロボット用制御部品及び部分品	27,650	41,766	51.1
4-4-1	ロボット用エンベデッドコントローラ	1,075	580	-46.0
4-4-2	ロボット用エンベデッド 制御SoC	-	-	-
4-4-3	ロボット用PC型制御器及び専用制御機	1,815	8,329	358.9
4-4-4	ロボット用モーション制御機	10,810	12,522	15.8
4-4-5	ロボット用モーション制御SoC	-	35	-
4-4-9	その他ロボット用制御機	13,950	20,300	45.5
4-5	ロボット用ソフトウェア	3,984	2,155	-45.9
4-5-1	ロボット用OS及びデバイスドライバー	80	80	0.0
4-5-2	ロボット用ミドルウェア	-	-	-
4-5-3	ロボット用アプリケーション	403	287	-28.8
4-5-4	ロボット用開発ツール	1,122	516	-54.0
4-5-5	ロボット用シミュレーター	71	240	238.2
4-5-9	その他ロボット用ソフトウェア	2,308	1,032	-55.3
4-9	その他ロボット用部品及び部分品	50,411	33,804	-32.9
4-9-1	ロボット用電池	500	230	-54.0
4-9-2	ロボット用充電装置	-	-	-
4-9-3	ロボット用ケーブル	29,000	8,855	-69.5
4-9-4	ロボット用有線通信	-	-	-
4-9-5	ロボット用無線通信	5	1,330	26,500.0
4-9-9	その他ロボット用部品及び部分	20,906	23,389	11.9

出所：ロボット産業協会

<表6-7> 用途別ロボット部品及び部分品出荷現況 (単位：百万ウォン, %)

分類記号	品目名	2012年		
		出荷額	内需用	輸出用
4	ロボット部品及び部分品	260,114	248,151	11,963
4-1	ロボット用構造部品及び部分品	34,182	32,529	1,653
4-1-1	ロボット用関節	2,921	2,602	319
4-1-2	ロボット用走行・移動装置	3,112	3,112	-
4-1-3	スマートハンド	663	646	17
4-1-9	その他ロボット用構造部品及び部分品	27,486	26,169	1,317
4-2	ロボット用駆動部品及び部分品	70,985	70,940	45
4-2-1	ロボット用モーター	15,699	15,699	-
4-2-2	ロボット用モータードライバー	4,203	4,158	45
4-2-3	ロボット用モータードライバーSoC	115	115	-
4-2-4	ロボット用減速機	1,579	1,579	-
4-2-5	ロボット用動力伝達装置	1,603	1,603	-
4-2-6	ロボット用油圧(空気圧)式駆動機	41,516	41,516	-
4-2-9	その他ロボット用駆動部品及び部分品	6,270	6,270	-
4-3	ロボット用センシング部品及び部分品	77,223	74,144	3,079
4-3-1	ロボット用視覚センサー及びSoC	58,500	56,600	1,900
4-3-2	ロボット用映像処理システム	8,450	8,450	-
4-3-3	ロボット用聴覚及び臭覚センサー	141	141	-
4-3-4	ロボット用力覚及び圧力センサー	625	225	400
4-3-5	ロボット用触覚センサー	-	-	-
4-3-6	ロボット用モーションセンサー(速度・位置)	1,012	1,012	-
4-3-7	ロボット用無線通信基盤位置認識システム	-	-	-
4-3-8	ロボット用ナビゲーションシステム及び航法センサーSoC	1,673	1,673	-
4-3-9	その他ロボット用センシング部品及び部分品	6,822	6,043	779

<続く>

機械工業

分類記号	品目名	2012年		
		出荷額	内需用	輸出用
4-4	ロボット用制御部品及び部分品	41,766	35,766	6,000
4-4-1	ロボット用エンベデッドコントローラ	580	580	-
4-4-2	ロボット用エンベデッド制御 SoC	-	-	-
4-4-3	ロボット用PC型コントローラ及び応用コントローラ	8,329	8,329	-
4-4-4	ロボット用モーション制御機	12,522	12,522	-
4-4-5	ロボット用モーション制御SoC	35	35	-
4-4-9	その他ロボット用制御機	20,300	14,300	6,000
4-5	ロボット用ソフトウェア	2,155	2,142	13
4-5-1	ロボット用OS及びデバイスドライバー	80	80	-
4-5-2	ロボット用ミドルウェア	-	-	-
4-5-3	ロボット用アプリケーション	287	287	-
4-5-4	ロボット用開発ツール	516	504	12
4-5-5	ロボット用シミュレーター	240	239	1
4-5-9	その他ロボット用ソフトウェア	1032	1,032	-
4-9	その他ロボット用部品及び部分品	33,804	32,631	1,173
4-9-1	ロボット用電池	230	92	138
4-9-2	ロボット用充電装置	-	-	-
4-9-3	ロボット用ケーブル	8,855	8,855	-
4-9-4	ロボット用有線通信	-	-	-
4-9-5	ロボット用無線通信	1,330	1,330	-
4-9-9	その他ロボット用部品及び部分品	23,389	22,354	1,035

出所：ロボット産業協会

6) ロボットシステム出荷

<表6-8> ロボットシステム出荷現況 (単位：百万ウォン,%)

分類記号	品目名	2011年	2012年	増減率
5	ロボットシステム	169,534	120,435	-29.0
5-1	製造用ロボットシステム	127,752	67,804	-46.9
5-1-1	レーザーマーキングシステム	1,410	30,089	2,034.0
5-1-2	ウェーハハンドラおよびプルーバ	12,165	10,632	-12.6
5-1-3	ウェハビジョン検査装置	1,600	390	-75.6
5-1-4	チップ部品整列システム及びチップ部品検査装置	-	-	-
5-1-5	LED外観検査装置	5,000	3,204	-35.9
5-1-6	RFIDピックアップシステム	197	407	106.6
5-1-7	総合適正検査(SPI)光学式自動外観(AOI) 検査装置	80,223	23	-100.0
5-1-8	FPD洗浄装置及びプラスチック射出物洗浄装置	-	-	-
5-1-9	その他製造用ロボットシステム	27,157	23,059	-15.1
5-2	ロボット基盤生産システム	32,232	43,930	36.3
5-2-1	ロボット基盤半導体生産システム	12,652	13,452	6.3
5-2-2	ロボット基盤ディスプレイ生産システム	152	16,636	10,844.7
5-2-3	ロボット基盤製鋼システム	345	4,285	1,142.0
5-2-4	ロボット基盤造船設備システム	-	-	-
5-2-5	ロボット基盤自動車生産システム	6,120	7,698	25.8
5-2-6	ロボット基盤IT製品生産システム	206	206	0.0
5-2-7	パターン及び信号検査用ロボット	300	223	-25.7
5-2-9	その他ロボット基盤生産システム	12,457	1,430	-88.5
5-3	専門サービスロボットシステム	1,650	7,292	341.9
5-3-1	社会安全ロボットシステム	500	63	-87.4
5-3-2	医療ロボットシステム	150	128	-14.7
5-3-9	その他専門サービスロボットシステム	1,000	7,101	610.1
5-9	その他サービスロボットシステム	7,900	1,409	-82.2
5-9-1	その他サービスロボットシステム	7,900	1,409	-82.2

出所：ロボット産業協会

<表6-9> 用途別ロボットシステム出荷現況　　　　　　　　　　　　　　　(単位：百万ウォン,%)

分類記号	品目名	2012年		
		出荷額	内需用	輸出用
5	ロボットシステム	120,435	112,436	7,999
5-1	製造用ロボットシステム	67,804	65,564	2,240
5-1-1	レーザーマーキングシステム	30,089	28,960	1,129
5-1-2	ウェーハハンドラ及びプルーバ	10,632	10,632	-
5-1-3	ウェハビジョン検査装置	390	390	-
5-1-4	チップ部品整列システム及びチップ部品検査装置	-	-	-
5-1-5	LED外観検査装置	3,204	3,204	-
5-1-6	RFIDピックアップシステム	407	407	-
5-1-7	総合適正検査(SPI) 光学式自動外観(AOI)検査装置	23	23	-
5-1-8	FPD洗浄装置及びプラスチック射出物洗浄装置	-	-	-
5-1-9	その他製造用ロボットシステム	23,059	21,948	1,111
5-2	ロボット基盤生産システム	43,930	40,701	3,229
5-2-1	ロボット基盤半導体生産システム	13,452	13,452	-
5-2-2	ロボット基盤ディスプレイ生産システム	16,636	16,636	-
5-2-3	ロボット基盤製鋼システム	4,285	2,668	1,617
5-2-4	ロボット基盤造船設備システム	-	-	-
5-2-5	ロボット基盤自動車生産システム	7,698	6,498	1,200
5-2-6	ロボット基盤IT製品生産システム	206	206	-
5-2-7	パターン及び信号検査用ロボット	223	223	-
5-2-9	その他ロボット基盤生産システム	1430	1,018	412
5-3	専門サービスロボットシステム	7,292	4,762	2,530
5-3-1	社会安全コボットシステム	63	63	-
5-3-2	医療ロボットシステム	128	128	-
5-3-9	その他専門サービスロボットシステム	7,101	4,571	2,530
5-9	その他サービスロボットシステム	1,409	1,409	-
5-9-1	その他サービスロボットシステム	1,409	1,409	-

出所：ロボット産業協会

7) ロボット産業輸入

<表6-10> ロボット単品及び部品輸入現況(2012) (単位：百万ウォン, %)

分類記号	ロボット単品及び主要部品	輸入国						合計
		日本	ドイツ	スイス	フランス	米国	その他	
2	専門サービス用ロボット	356	24	-	-	500	70	950
2-1	ビルサービス用ロボット	63	-	-	-	-	-	63
2-1-1	施設清掃用ロボット	-	-	-	-	-	-	-
2-1-2	移動型キオスクロボット	63	-	-	-	-	-	63
2-1-3	案内用及び配達用ロボット	-	-	-	-	-	-	-
2-1-4	カフェサービスロボット	-	-	-	-	-	-	-
2-1-9	その他ビルサービス用ロボット	-	-	-	-	-	-	-
2-2	社会安全及び極限作業ロボット	-	-	-	-	-	-	-
2-2-1	室内警備用ロボット	-	-	-	-	-	-	-
2-2-2	屋外警備用ロボット	-	-	-	-	-	-	-
2-2-3	火災監視ロボット	-	-	-	-	-	-	-
2-2-4	消火用及び災害救助ロボット	-	-	-	-	-	-	-
2-2-5	海洋, 宇宙用及び原子力用ロボット	-	-	-	-	-	-	-
2-2-6	水中監視ロボット	-	-	-	-	-	-	-
2-2-9	その他社会安全及び極限作業ロボット	-	-	-	-	-	-	-
2-3	医療ロボット	-	-	-	-	-	-	-
2-3-1	腹腔鏡手術ロボット	-	-	-	-	-	-	-
2-3-2	関節手術ロボット	-	-	-	-	-	-	-
2-3-3	血管手術及び内視鏡手術ロボット	-	-	-	-	-	-	-
2-3-4	ナビゲーション基盤手術ロボット	-	-	-	-	-	-	-
2-3-5	手術用ロボット手術ツール	-	-	-	-	-	-	-
2-3-6	リハビリ訓練用ロボット	-	-	-	-	-	-	-
2-3-7	医療診断及び検査用ロボット	-	-	-	-	-	-	-
2-3-8	患者移動用リフトベッドロボット	-	-	-	-	-	-	-
2-3-9	その他医療ロボット	-	-	-	-	-	-	-
2-4	社会インフラロボット	193	-	-	-	-	-	193
2-4-1	高所作業用及び活線電力工事用ロボット	-	-	-	-	-	-	-
2-4-2	管路作業用ロボット	193	-	-	-	-	-	193
2-4-3	土木, 建設用及び構造物検査用ロボット	-	-	-	-	-	-	-
2-4-4	鉱業用ロボット	-	-	-	-	-	-	-
2-4-9	その他社会インフラ建設用ロボット	-	-	-	-	-	-	-

<続く>

機械工業

分類記号	ロボット単品及び主要部品	輸入国						合計
		日本	ドイツ	スイス	フランス	米国	その他	
2-5	軍事用ロボット	-	24	-	-	-	10	34
2-5-1	警戒監視用ロボット	-	12	-	-	-	-	12
2-5-2	戦闘用ロボット	-	-	-	-	-	-	-
2-5-3	化学兵器用ロボット	-	-	-	-	-	-	-
2-5-4	犬馬ロボット	-	-	-	-	-	10	10
2-5-5	飛行偵察ロボット	-	-	-	-	-	-	-
2-5-6	軍需支援用 ロボット	-	-	-	-	-	-	-
2-5-9	その他軍事用ロボット	-	12	-	-	-	-	12
2-6	農林漁業用ロボット	-	-	-	-	-	-	-
2-6-1	農業用及び畜産用ロボット	-	-	-	-	-	-	-
2-6-2	林業用ロボット	-	-	-	-	-	-	-
2-6-3	水産業用ロボット	-	-	-	-	-	-	-
2-6-9	その他農林漁業用ロボット	-	-	-	-	-	-	-
2-7	エンターテイメント用ロボット	100	-	-	-	-	60	160
2-7-1	アーケードゲームロボット	-	-	-	-	-	-	-
2-7-2	演劇及びミュージカル公演ロボット	100	-	-	-	-	-	100
2-7-3	演奏ロボット	-	-	-	-	-	-	-
2-7-4	テーマパークロボット	-	-	-	-	-	-	-
2-7-9	その他エンターテイメントロボット	-	-	-	-	-	60	60
2-9	その他専門サービス用ロボット	-	-	-	-	500	-	500
2-9-1	その他専門サービス用ロボット	-	-	-	-	500	-	500

<続く>

分類記号	ロボット単品及び主要部品	輸入国						合計
		日本	ドイツ	スイス	フランス	米国	その他	
3	個人サービス用ロボット小計	-	40	-	-	116	9,339	9,495
3-1	家事用ロボット	-	-	-	-	-	6,375	6,375
3-1-1	ロボット掃除機	-	-	-	-	-	6,375	6,375
3-1-2	家庭警備用ロボット	-	-	-	-	-	-	-
3-1-3	お手伝いロボット	-	-	-	-	-	-	-
3-1-9	その他家事用ロボット	-	-	-	-	-	-	-
3-2	ヘルスケアロボット	-	-	-	-	-	569	569
3-2-1	個人リハビリ用ロボット	-	-	-	-	-	-	-
3-2-2	障害補助用・老人補助用ロボット	-	-	-	-	-	-	-
3-2-3	ヘルスケアロボット	-	-	-	-	-	-	-
3-2-4	車椅子ロボット	-	-	-	-	-	569	569
3-2-9	その他ヘルスケアロボット	-	-	-	-	-	-	-
3-3	余暇支援用ロボット	-	-	-	-	16	1,015	1,031
3-3-1	ゲーム・娯楽用ロボット	-	-	-	-	16	15	31
3-3-2	ペットロボット	-	-	-	-	-	-	-
3-3-3	スポーツ支援用ロボット	-	-	-	-	-	-	-
3-3-4	小型ヒューマノイドロボット	-	-	-	-	-	-	-
3-3-5	搭乗型移動ロボット	-	-	-	-	-	-	-
3-3-9	その他余暇支援用ロボット	-	-	-	-	-	1,000	1,000
3-4	教育及び研究用ロボット	-	40	-	-	100	1,380	1,520
3-4-1	研究用ロボット	-	-	-	-	-	-	-
3-4-2	教育用ロボット	-	40	-	-	100	1,380	1,520
3-4-3	教材用ロボット	-	-	-	-	-	-	-
3-4-9	その他教育及び研究用ロボット	-	-	-	-	-	-	-
3-9	その他個人サービス用ロボット	-	-	-	-	-	-	-
3-9-1	その他個人サービス用ロボット	-	-	-	-	-	-	-

<続く>

機械工業

分類記号	ロボット単品及び主要部品	輸入国						合計
		日本	ドイツ	スイス	フランス	米国	その他	
4	ロボット部品及び部分品	134,269	6,786	10,255	20	2,937	8,498	162,765
4-1	ロボット用構造部品及び部分品	2,317	2,410	-	-	-	167	4,894
4-1-1	ロボット用関節	100	-	-	-	-	-	100
4-1-2	ロボット用走行・移動装置	-	1,150	-	-	-	-	1,150
4-1-3	スマートハンド	-	-	-	-	-	150	150
4-1-9	その他ロボット用構造部品及び部分品	2,217	1,260	-	-	-	17	3,494
4-2	ロボット用駆動部品及び部分品	64,549	353	3,742	-	2,072	2,664	73,380
4-2-1	ロボット用モーター	9,524	14	481	-	217	1,451	11,687
4-2-2	ロボット用モータードライバー	235	12	2	-	115	343	706
4-2-3	ロボット用モータードライバー SoC	-	-	-	-	-	-	-
4-2-4	ロボット用減速機	22,370	27	3,260	-	-	370	26,027
4-2-5	ロボット用動力伝達装置	943	-	-	-	-	-	943
4-2-6	ロボット用油圧(空気圧)式駆動機	31,177	-	-	-	-	-	31,177
4-2-9	その他ロボット用駆動部品及び部分品	300	300	-	-	1,740	500	2,840
4-3	ロボット用センシング部品及び部分品	58,035	1,106	13	-	158	1,293	60,605
4-3-1	ロボット用視覚センサー及びSoC	56,600	70	-	-	-	-	56,670
4-3-2	ロボット用映像処理システム	-	-	-	-	-	658	658
4-3-3	ロボット用聴覚及び臭覚センサー	-	-	-	-	50	-	50
4-3-4	ロボット用力覚及び圧力センサー	50	-	-	-	63	-	113
4-3-5	ロボット用触覚センサー	276	-	-	-	-	-	276
4-3-6	ロボット用モーションセンサー(速度・位置)	1,042	75	-	-	39	314	1,470
4-3-7	ロボット用無線通信基盤位置認識システム	-	61	-	-	-	-	61
4-3-8	ロボット用ナビゲーションシステム及び航法センサーSoC	-	-	-	-	-	-	-
4-3-9	その他ロボット用センシング部品及び部分品	67	900	13	-	5	321	1,306

<続く>

分類記号	ロボット単品及び主要部品	輸入国						合計
		日本	ドイツ	スイス	フランス	米国	その他	
4-4	ロボット用制御部品及び部分品	4,117	1,600	-	20	679	530	6,946
4-4-1	ロボット用組込コントローラー	-	-	-	-	460	35	495
4-4-2	ロボット用エンベデッド制御SoC	-	-	-	-	-	-	-
4-4-3	ロボット用PC型制御器及び専用制御機	-	-	-	20	-	-	20
4-4-4	ロボット用モーション制御機	4,094	1,600	-	-	135	495	6,324
4-4-5	ロボット用モーション制御SoC	-	-	-	-	14	-	14
4-4-9	その他ロボット用制御機	23	-	-	-	70	-	93
4-5	ロボット用ソフトウェア	-	-	-	-	28	584	612
4-5-1	ロボット用OS及びデバイスドライバー	-	-	-	-	28	584	612
4-5-2	ロボット用ミドルウェア	-	-	-	-	-	-	-
4-5-3	ロボット用アプリケーション	-	-	-	-	-	-	-
4-5-4	ロボット用開発ツール	-	-	-	-	-	-	-
4-5-5	ロボット用シミュレーター	-	-	-	-	-	-	-
4-5-9	その他ロボット用ソフトウェア	-	-	-	-	-	-	-
4-9	その他ロボット用部品及び部分品	5,251	1,317	6,500	-	-	3,260	16,328
4-9-1	ロボット用電池	-	-	-	-	-	1,065	1,065
4-9-2	ロボット用充電装置	-	-	-	-	-	447	447
4-9-3	ロボット用ケーブル	525	1,317	-	-	-	-	1,842
4-9-4	ロボット用有線通信	-	-	-	-	-	-	-
4-9-5	ロボット用無線通信	-	-	-	-	-	-	-
4-9-9	その他ロボット用部品及び部分品	4,726	-	6,500	-	-	1,748	12,974

<続く>

機械工業

分類記号	ロボット単品及び主要部品	輸入国						合計
		日本	ドイツ	スイス	フランス	米国	その他	
5	ロボットシステム	5,152	905	-	-	-	300	6,357
5-1	製造用ロボットシステム	82	82	-	-	-	-	164
5-1-1	レーザーマーキングシステム	-	-	-	-	-	-	-
5-1-2	ウェーハハンドラおよびプルーバ	-	-	-	-	-	-	-
5-1-3	ウェハビジョン検査装置	-	-	-	-	-	-	-
5-1-4	チップ部品整列システム及びチップ部品検査装置	-	-	-	-	-	-	-
5-1-5	LED外観検査装置	-	-	-	-	-	-	-
5-1-6	RFIDピックアップシステム	-	-	-	-	-	-	-
5-1-7	総合適正検査(SPI)光学式自動外観(AOI)検査装置	-	-	-	-	-	-	-
5-1-8	FPD洗浄装置及びプラスチック射出物洗浄装置	-	-	-	-	-	-	-
5-1-9	その他製造用ロボットシステム	82	82	-	-	-	-	164
5-2	ロボット基盤生産システム	5,070	823	-	-	-	300	6,193
5-2-1	ロボット基盤半導体生産システム	-	-	-	-	-	-	-
5-2-2	ロボット基盤ディスプレイ生産システム	3,000	-	-	-	-	-	3,000
5-2-3	ロボット基盤製鋼システム	-	-	-	-	-	300	300
5-2-4	ロボット基盤造船設備システム	-	-	-	-	-	-	-
5-2-5	ロボット基盤自動車生産システム	2,070	-	-	-	-	-	2,070
5-2-6	ロボット基盤IT製品生産システム	-	-	-	-	-	-	-
5-2-7	パターン及び信号検査用ロボット	-	-	-	-	-	-	-
5-2-9	その他ロボット基盤生産システム	-	823	-	-	-	-	823
5-3	専門サービスロボットシステム	-	-	-	-	-	-	-
5-3-1	社会安全ロボットシステム	-	-	-	-	-	-	-
5-3-2	医療ロボットシステム	-	-	-	-	-	-	-
5-3-9	その他専門サービスロボットシステム	-	-	-	-	-	-	-
5-9	その他サービスロボットシステム	-	-	-	-	-	-	-
5-9-1	その他サービスロボットシステム	-	-	-	-	-	-	-

<続く>

分類記号	ロボット単品及び主要部品	輸入国						合計
		日本	ドイツ	スイス	フランス	米国	その他	
6	ロボットエンベデッド	-	412	-	-	-	151	563
6-1	ロボットエンベデッド交通	-	-	-	-	-	-	-
6-1-1	無人自動車	-	-	-	-	-	-	-
6-1-2	無人タンク	-	-	-	-	-	-	-
6-1-3	無人航空機	-	-	-	-	-	-	-
6-1-9	その他ロボット交通融合製品	-	-	-	-	-	-	-
6-2	ロボットエンベデッド家電	-	-	-	-	-	-	-
6-2-1	移動型エアコン	-	-	-	-	-	-	-
6-2-9	その他ロボットエンベデッド家電製品	-	-	-	-	-	-	-
6-3	ロボットエンベデッドヘルス	-	-	-	-	-	-	-
6-3-1	知能型ヘルス機器	-	-	-	-	-	-	-
6-3-9	その他ロボットエンベデッドヘルス	-	-	-	-	-	-	-
6-4	ロボットエンベデッドIT	-	-	-	-	-	-	-
6-4-1	3次元マウス	-	-	-	-	-	-	-
6-4-9	その他ロボットエンベデッドIT製品	-	-	-	-	-	-	-
6-5	ロボットエンベデッド防衛	-	-	-	-	-	-	-
6-5-1	ウェアラブルロボット基盤戦闘服	-	-	-	-	-	-	-
6-5-9	その他ロボットエンベデッド防衛	-	-	-	-	-	-	-
6-6	ロボットエンベデッド医療	-	-	-	-	-	-	-
6-6-1	診断機器組み合わせ手術ロボットシステム	-	-	-	-	-	-	-
6-6-9	その他ロボットエンベデッド医療	-	-	-	-	-	-	-
6-7	ロボットエンベデッド建設	-	-	-	-	-	-	-
6-7-1	その他ロボットエンベデッド建設	-	-	-	-	-	-	-
6-9	その他ロボットエンベデッド	-	412	-	-	-	151	563
6-9-1	その他ロボットエンベデッド製品	-	412	-	-	-	151	563

<続く>

機械工業

分類記号	ロボット単品及び主要部品	輸入国						合計
		日本	ドイツ	スイス	フランス	米国	その他	
9	ロボットサービス	3,894	693	-	-	135	1,696	6,418
9-1	ロボット販売サービス	3,494	693	-	-	-	1,696	5,883
9-1-1	製造用ロボット販売(卸,小売)	3,494	693	-	-	-	696	4,883
9-1-2	専門サービスロボット販売	-	-	-	-	-	-	
9-1-3	個人サービスロボット販売(卸)	-	-	-	-	-	-	
9-1-4	個人サービスロボット専門販売(小売)	-	-	-	-	-	-	
9-1-5	医療ロボット卸	-	-	-	-	-	-	
9-1-6	ロボット掃除機専門小売	-	-	-	-	-	-	
9-1-7	教育用ロボット電子商取引	-	-	-	-	-	-	
9-1-9	その他ロボット販売サービス	-	-	-	-	-	1,000	1,000
9-2	ロボットレストランと情報サービス							
9-2-1	ロボットカフェ	-	-	-	-	-	-	
9-2-2	ロボット関連雑誌定期刊行物出版	-	-	-	-	-	-	
9-2-3	ロボットミュージカル公演	-	-	-	-	-	-	
9-2-4	ロボットシステム統合アドバイス及び構築サービス	-	-	-	-	-	-	
9-2-5	ロボットシステム運営関連サービス	-	-	-	-	-	-	
9-2-6	ロボットサービスコンテンツ	-	-	-	-	-	-	
9-2-7	ロボットポータル及びその他のインターネット情報パラメータサービス	-	-	-	-	-	-	
9-2-9	その他ロボットレストランと情報サービス	-	-	-	-	-	-	
9-3	ロボットレンタルサービス							
9-3-1	製造用ロボットレンタル	-	-	-	-	-	-	
9-3-2	専門サービスロボットレンタル	-	-	-	-	-	-	
9-3-3	ヒューマノイドロボットレンタル	-	-	-	-	-	-	
9-3-9	その他ロボットレンタルサービス	-	-	-	-	-	-	

<続く>

分類記号	ロボット単品及び主要部品	輸入国						合計
		日本	ドイツ	スイス	フランス	米国	その他	
9-4	ロボット科学と技術サービス	-	-	-	-	-	-	-
9-4-1	ロボット専門研究開発	-	-	-	-	-	-	-
9-4-2	ロボット専門エンジニアリングサービス	-	-	-	-	-	-	-
9-4-3	ロボット専門品質検査サービス	-	-	-	-	-	-	-
9-4-4	ロボット製品デザイン	-	-	-	-	-	-	-
9-4-5	その他ロボット科学と技術サービス	-	-	-	-	-	-	-
9-5	ロボット施設管理及び事業支援サービス	-	-	-	-	5	-	5
9-5-1	ビル用ダクト清掃ロボットサービス	-	-	-	-	-	-	-
9-5-2	上下水道管路検査およびメンテナンス サービス	-	-	-	-	-	-	-
9-5-3	ロボット基盤建物の外壁及び窓ガラスの掃除サービス	-	-	-	-	-	-	-
9-5-4	社会安全ロボット基盤警備と警護サービス	-	-	-	-	-	-	-
9-5-5	警備ロボット基盤のセキュリティシステムサービス	-	-	-	-	-	-	-
9-5-6	ロボット基盤展示およびイベント代行	-	-	-	-	5	-	5
9-5-9	その他ロボット施設管理及び事業支援サービス	-	-	-	-	-	-	-
9-6	ロボット教育サービス	-	-	-	-	130	-	130
9-6-1	ロボット基盤教育サービス	-	-	-	-	-	-	-
9-6-2	ロボット専門学校	-	-	-	-	-	-	-
9-6-3	ロボット専門高校	-	-	-	-	-	-	-
9-6-4	ロボット専門学科	-	-	-	-	130	-	130
9-6-5	ロボット専門大学校	-	-	-	-	-	-	-
9-6-6	手術ロボット訓練	-	-	-	-	-	-	-
9-6-9	その他ロボット教育サービス	-	-	-	-	-	-	-

<続く>

分類記号	ロボット単品及び主要部品	輸入国					合計
		日本	ドイツ	スイス	フランス	米国	その他	
9-7	ロボット保健および社会福祉サービス	-	-	-	-	-	-	-
9-7-1	手術ロボット基盤医療サービス	-	-	-	-	-	-	-
9-7-2	診断ロボット基盤医療サービス	-	-	-	-	-	-	-
9-7-3	シルバーロボット基盤福祉施設運営	-	-	-	-	-	-	-
9-7-9	その他ロボット保健および社会福祉サービス	-	-	-	-	-	-	-
9-8	ロボット芸術、スポーツ、余暇管理サービス	400	-	-	-	-	-	400
9-8-1	ロボット基盤公演施設運営	-	-	-	-	-	-	-
9-8-2	ロボット基盤公演団体	400	-	-	-	-	-	400
9-8-3	ロボットアーティスト	-	-	-	-	-	-	-
9-8-4	ロボット基盤創作と芸術関連サービス	-	-	-	-	-	-	-
9-8-5	ロボット博物館	-	-	-	-	-	-	-
9-8-6	ロボット競技場(ロボットサッカー、ロボットオリンピック)	-	-	-	-	-	-	-
9-8-7	ロボット基盤スポーツ施設(ロボット乗馬)運営	-	-	-	-	-	-	-
9-8-8	ロボットテーマパーク運営	-	-	-	-	-	-	-
9-8-9	ロボットゲームアーケード運営	-	-	-	-	-	-	-
9-8-10	ロボット関連ギャンブル	-	-	-	-	-	-	-
9-8-19	その他ロボット芸術、スポーツ、余暇管理サービス	-	-	-	-	-	-	-
9-9	ロボット修理およびその他個人サービス	-	-	-	-	-	-	-
9-9-1	ロボットA/S 専門サービス	-	-	-	-	-	-	-
9-9-2	ロボット基盤美容関連のサービス（マッサージ、鍼治療）	-	-	-	-	-	-	-
9-9-3	ロボット基盤室内ヘルスサービス	-	-	-	-	-	-	-
9-9-9	その他ロボット修理およびその他個人サービス	-	-	-	-	-	-	-

出所：ロボット産業協会

8) ロボット産業輸出

<表6-11> ロボット単品及び部品輸出現況　　　　　　　　　　　（単位：百万ウォン，%）

分類記号	ロボット単品及び主要部品	輸出国 中国	日本	米国	インド	フランス	その他	合計
1	製造業用ロボット	126,755	21,810	18,519	15,620	-	283,437	466,141
1-1	移積載用ロボット	27,235	9,549	4,499	183	-	13,924	55,390
1-1-1	パレタイジングロボット	-	-	-	-	-	-	-
1-1-2	自動車部品ハンドリングロボット	-	-	-	-	-	1,095	1,095
1-1-3	電気・電子部品ハンドリングロボット	3,564	1,307	195	183	-	7,738	12,987
1-1-4	ウェハ搬送用ロボット(大気用)	1,745	955	192	-	-	3,625	6,517
1-1-5	ウェハ搬送ロボット(真空用)	560	98	-	-	-	-	658
1-1-6	ソーラーセル用ウェハ搬送ロボット	-	-	-	-	-	-	-
1-1-7	FPD搬送ロボット(大気用)	10,599	-	4,112	-	-	892	15,603
1-1-8	FPD搬送ロボット(真空用)	3,557	-	-	-	-	-	3,557
1-1-9	その他移積載用ロボット	7,210	7,189	-	-	-	574	14,973
1-2	工作物脱着用ロボット	24,317	4,447	840	13,893	-	6,352	49,849
1-2-1	金属加工部品ローディング、アンローディングロボット	23,840	3,500	840	13,840	-	2,495	44,515
1-2-2	プラスチック射出品射出ロボット	477	947	-	53	-	3,857	5,334
1-2-9	その他工作物脱着用ロボット	-	-	-	-	-	-	-
1-3	溶接用ロボット	33	-	418	-	-	15,460	15,911
1-3-1	アーク溶接用ロボット	-	-	340	-	-	-	340
1-3-2	スポット溶接用ロボット	-	-	78	-	-	15,460	15,538
1-3-3	船舶溶接用ロボット	-	-	-	-	-	-	-
1-3-9	その他溶接用ロボット	33	-	-	-	-	-	33
1-4	組立及び分解用ロボット	2,891	973	439	-	-	196,744	201,047
1-4-1	部品組立用及び分解用ロボット	1,708	-	-	-	-	100	1,808
1-4-2	接着及びシーリング材塗布用ロボット	-	-	439	-	-	-	439
1-4-3	マーキング用及びラベリング用ロボット	-	973	-	-	-	2,811	3,784
1-4-4	SMDマウンター	-	-	-	-	-	193,833	193,833
1-4-9	その他組立分解用ロボット	1,183	-	-	-	-	-	1,183
1-5	加工用及び表面処理ロボット	31,675	-	3,670	1,544	-	8,019	44,908
1-5-1	研磨用及びバリ取りロボット	1,837	-	-	-	-	-	1,837
1-5-2	切断用ロボット	200	-	-	-	-	-	200
1-5-3	塗装用ロボット	29,638	-	3,670	1,544	-	7,719	42,571
1-5-9	その他加工用及び表面処理ロボット	-	-	-	-	-	300	300

<続く>

機械工業

分類記号	ロボット単品及び主要部品	輸出国						合計
		中国	日本	米国	インド	フランス	その他	
1-6	バイオ工程用ロボット	-	-	-	-	-	-	-
1-6-1	細胞操作用及び新薬合成用ロボット	-	-	-	-	-	-	-
1-6-2	バイオ分析用ロボット	-	-	-	-	-	-	-
1-6-9	その他バイオ工程用ロボット	-	-	-	-	-	-	-
1-7	試験・検査用ロボット	-	-	-	-	-	114	114
1-7-1	性能評価用及び寿命試験用ロボット	-	-	-	-	-	114	114
1-7-2	サイズ及び外観検査用ロボット	-	-	-	-	-	-	-
1-7-9	その他試験・検査用ロボット	-	-	-	-	-	-	-
1-9	その他製造業用ロボット	40,604	6,841	8,653	-	-	42,824	98,922
1-9-1	製造業適用教育訓練用ロボット	-	-	-	-	-	16	16
1-9-9	その他区分できない製造業用ロボット	40,604	6,841	86,53	-	-	42,808	98,906

<続く>

分類記号	ロボット単品及び主要部品	輸出国						合計
		中国	日本	米国	インド	フランス	その他	
2	専門サービス用ロボット	238	61	169	.	.	1,940	2,408
2-1	ビルサービス用ロボット	-	-	-	-	-	-	-
2-1-1	施設清掃用ロボット	-	-	-	-	-	-	-
2-1-2	移動型キオスクロボット	-	-	-	-	-	-	-
2-1-3	案内用及び配達用ロボット	-	-	-	-	-	-	-
2-1-4	カフェサービスロボット	-	-	-	-	-	-	-
2-1-9	その他ビルサービス用ロボット	-	-	-	-	-	-	-
2-2	社会安全及び極限作業ロボット	-	-	-	-	-	-	-
2-2-1	室内警備用ロボット	-	-	-	-	-	-	-
2-2-2	屋外警備用ロボット	-	-	-	-	-	-	-
2-2-3	火災監視ロボット	-	-	-	-	-	-	-
2-2-4	消火用及び災害救助ロボット	-	-	-	-	-	-	-
2-2-5	海洋, 宇宙用及び原子力用ロボット	-	-	-	-	-	-	-
2-2-6	水中監視ロボット	-	-	-	-	-	-	-
2-2-9	その他社会安全及び極限作業ロボット	-	-	-	-	-	-	-
2-3	医療ロボット	-	-	169	-	-	-	169
2-3-1	腹腔鏡手術ロボット	-	-	-	-	-	-	-
2-3-2	関節手術ロボット	-	-	-	-	-	-	-
2-3-3	血管手術及び内視鏡手術ロボット	-	-	-	-	-	-	-
2-3-4	ナビゲーション基盤手術ロボット	-	-	-	-	-	-	-
2-3-5	手術用ロボット手術ツール	-	-	-	-	-	-	-
2-3-6	リハビリ訓練用ロボット	-	-	-	-	-	-	-
2-3-7	医療診断及び検査用ロボット	-	-	169	-	-	-	169
2-3-8	患者移動用リフトベッドロボット	-	-	-	-	-	-	-
2-3-9	その他医療ロボット	-	-	-	-	-	-	-
2-4	社会インフラロボット	-	-	-	-	-	518	518
2-4-1	高所作業用及び活線電力工事用ロボット	-	-	-	-	-	-	-
2-4-2	管路作業用ロボット	-	-	-	-	-	518	518
2-4-3	土木, 建設用及び構造物検査用ロボット	-	-	-	-	-	-	-
2-4-4	鉱業用ロボット	-	-	-	-	-	-	-
2-4-9	その他社会インフラ建設用ロボット	-	-	-	-	-	-	-

<続く>

機械工業

分類記号	ロボット単品及び主要部品	輸出国						合計
		中国	日本	米国	インド	フランス	その他	
2-5	軍事用ロボット	-	-	-	-	-	-	-
2-5-1	警戒監視用ロボット	-	-	-	-	-	-	-
2-5-2	戦闘用ロボット	-	-	-	-	-	-	-
2-5-3	化学兵器用ロボット	-	-	-	-	-	-	-
2-5-4	犬馬ロボット	-	-	-	-	-	-	-
2-5-5	飛行偵察ロボット	-	-	-	-	-	-	-
2-5-6	軍需支援用ロボット	-	-	-	-	-	-	-
2-5-9	その他軍事用ロボット	-	-	-	-	-	-	-
2-6	農林漁業用ロボット	178	61	-	-	-	422	661
2-6-1	農業用及び畜産用ロボット	178	61	-	-	-	422	661
2-6-2	林業用ロボット	-	-	-	-	-	-	-
2-6-3	水産業用ロボット	-	-	-	-	-	-	-
2-6-9	その他農林漁業用ロボット	-	-	-	-	-	-	-
2-7	エンターテイメント用ロボット	-	-	-	-	-	-	-
2-7-1	アーケードゲームロボット	-	-	-	-	-	-	-
2-7-2	演劇及びミュージカル公演ロボット	-	-	-	-	-	-	-
2-7-3	演奏ロボット	-	-	-	-	-	-	-
2-7-4	テーマパークロボット	-	-	-	-	-	-	-
2-7-9	その他エンターテイメント用ロボット	-	-	-	-	-	-	-
2-9	その他専門サービス用ロボット	60	-	-	-	-	1,000	1,060
2-9-9	その他専門サービス用ロボット	60	-	-	-	-	1,000	1,060

<続く>

分類記号	ロボット単品及び主要部品	輸出国						合計
		中国	日本	米国	インド	フランス	その他	
3	個人サービス用ロボット	2,180	3,080	993	66	16,170	92,333	114,822
3-1	家事用ロボット	400	2,980	-	-	16,068	89,361	108,809
3-1-1	ロボット掃除機	400	2,980	-	-	16,068	89,361	108,809
3-1-2	家庭警備用ロボット	-	-	-	-	-	-	-
3-1-3	お手伝いロボット	-	-	-	-	-	-	-
3-1-9	その他家事用ロボット	-	-	-	-	-	-	-
3-2	ヘルスケアロボット	-	-	-	-	-	-	-
3-2-1	個人リハビリ用ロボット	-	-	-	-	-	-	-
3-2-2	障害補助用・老人補助用ロボット	-	-	-	-	-	-	-
3-2-3	ヘルスケアロボット	-	-	-	-	-	-	-
3-2-4	車椅子ロボット	-	-	-	-	-	-	-
3-2-9	その他ヘルスケアロボット	-	-	-	-	-	-	-
3-3	余暇支援用ロボット	20	-	-	66	-	750	836
3-3-1	ゲーム・娯楽用ロボット	-	-	-	20	-	70	90
3-3-2	ペットロボット	-	-	-	-	-	-	-
3-3-3	スポーツ支援用ロボット	-	-	-	-	-	-	-
3-3-4	小型ヒューマノイドロボット	20	-	-	46	-	180	246
3-3-5	搭乗型移動ロボット	-	-	-	-	-	500	500
3-3-9	その他余暇支援用ロボット	-	-	-	-	-	-	-
3-4	教育及び研究用ロボット	1,760	100	993	-	102	2,222	5,177
3-4-1	研究用ロボット	830	-	840	-	72	1,048	2,790
3-4-2	教育用ロボット	930	100	153	-	30	1,174	2,387
3-4-3	教材用ロボット	-	-	-	-	-	-	-
3-4-9	その他教育及び研究用ロボット	-	-	-	-	-	-	-
3-9	その他個人サービス用ロボット	-	-	-	-	-	-	-
3-9-1	その他個人サービス用ロボット	-	-	-	-	-	-	-

<続く>

分類記号	ロボット単品及び主要部品	輸出国						合計
		中国	日本	米国	インド	フランス	その他	
4	ロボット部品及び部分品	665	1,041	6,100	400	55	3,702	11,963
4-1	ロボット用構造部品及び部分品	-	606	70	-	55	922	1,653
4-1-1	ロボット用関節	-	-	70	-	55	194	319
4-1-2	ロボット用走行・移動装置	-	-	-	-	-	-	-
4-1-3	スマートハンド	-	-	-	-	-	17	17
4-1-9	その他ロボット用構造部品及び部分品	-	606	-	-	-	711	1,317
4-2	ロボット用駆動部品及び部分品	10	5	30	-	-	-	45
4-2-1	ロボット用モーター	-	-	-	-	-	-	-
4-2-2	ロボット用モータードライバー	10	5	30	-	-	-	45
4-2-3	ロボット用モータードライバーSoC	-	-	-	-	-	-	-
4-2-4	ロボット用減速機	-	-	-	-	-	-	-
4-2-5	ロボット用動力伝達装置	-	-	-	-	-	-	-
4-2-6	ロボット用油圧(空気圧)式駆動機	-	-	-	-	-	-	-
4-2-9	その他ロボット用駆動部品及び部分品	-	-	-	-	-	-	-
4-3	ロボット用センシング部品及び部分品	615	370	-	400	-	1,694	3,079
4-3-1	ロボット用視覚センサー及びSoC	600	-	-	400	-	900	1,900
4-3-2	ロボット用映像処理システム	-	-	-	-	-	-	-
4-3-3	ロボット用聴覚及び臭覚センサー	-	-	-	-	-	-	-
4-3-4	ロボット用力覚及び圧力センサー	10	370	-	-	-	20	400
4-3-5	ロボット用触覚センサー	-	-	-	-	-	-	-
4-3-6	ロボット用モーションセンサー(速度・位置)	-	-	-	-	-	-	-
4-3-7	ロボット用無線通信基盤位置認識システム	-	-	-	-	-	-	-
4-3-8	ロボット用ナビゲーションシステム及び航法センサーSoC	-	-	-	-	-	-	-
4-3-9	その他ロボット用センシング部品及び部分品	5	-	-	-	-	774	779
4-4	ロボット用制御部品及び部分品	-	-	6,000	-	-	-	6,000
4-4-1	ロボット用エンベデッドコントローラ	-	-	-	-	-	-	-
4-4-2	ロボット用エンベデッド制御SoC	-	-	-	-	-	-	-
4-4-3	ロボット用PC型制御器及び専用制御機	-	-	-	-	-	-	-
4-4-4	ロボット用モーション制御機	-	-	-	-	-	-	-
4-4-5	ロボット用モーション制御SoC	-	-	-	-	-	-	-
4-4-9	その他ロボット用制御機	-	-	6,000	-	-	6,000	

<続く>

分類記号	ロボット単品及び主要部品	輸出国 中国	日本	米国	インド	フランス	その他	合計
4-5	ロボット用ソフトウェア	-	-	-	-	-	13	13
4-5-1	ロボット用OS及びデバイスドライバー	-	-	-	-	-	-	-
4-5-2	ロボット用ミドルウェア	-	-	-	-	-	-	-
4-5-3	ロボット用アプリケーション	-	-	-	-	-	-	-
4-5-4	ロボット用開発ツール	-	-	-	-	-	12	12
4-5-5	ロボット用シミュレーター	-	-	-	-	-	1	1
4-5-9	その他ロボット用ソフトウェア	-	-	-	-	-	-	-
4-9	その他ロボット用部品及び部分品	40	60	-	-	-	1,073	1,173
4-9-1	ロボット用電池	-	-	-	-	-	138	138
4-9-2	ロボット用充電装置	-	-	-	-	-	-	-
4-9-3	ロボット用ケーブル	-	-	-	-	-	-	-
4-9-4	ロボット用有線通信	-	-	-	-	-	-	-
4-9-5	ロボット用無線通信	-	-	-	-	-	-	-
4-9-9	その他ロボット用部品及び部分品	40	60	-	-	-	935	1,035

<続く>

機械工業

分類記号	ロボット単品及び主要部品	輸出国						合計
		中国	日本	米国	インド	フランス	その他	
5	ロボットシステム	2,353	-	176	400	-	5,070	7,999
5-1	製造用ロボットシステム	1,153	-	176	400	-	511	2,240
5-1-1	レーザーマーキングシステム	853	-	176	-	-	100	1,129
5-1-2	ウェーハハンドラ及びプルーバ	-	-	-	-	-	-	-
5-1-3	ウェハビジョン検査装置	-	-	-	-	-	-	-
5-1-4	チップ部品整列システム及びチップ部品検査装置	-	-	-	-	-	-	-
5-1-5	LED外観検査装置	-	-	-	-	-	-	-
5-1-6	RFIDピックアップシステム	-	-	-	-	-	-	-
5-1-7	総合適正検査(SPI)光学式自動外観(AOI)検査装置	-	-	-	-	-	-	-
5-1-8	PD洗浄装置及びプラスチック射出物洗浄装置	-	-	-	-	-	-	-
5-1-9	その他製造用ロボットシステム	300	-	-	400	-	411	1,111
5-2	ロボット基盤生産システム	1,200	-	-	-	-	2,029	3,229
5-2-1	ロボット基盤半導体生産システム	-	-	-	-	-	-	-
5-2-2	ロボット基盤ディスプレイ生産システム	-	-	-	-	-	-	-
5-2-3	ロボット基盤製鋼システム	-	-	-	-	-	1,617	1,617
5-2-4	ロボット基盤造船設備システム	-	-	-	-	-	-	-
5-2-5	ロボット基盤自動車生産システム	1,200	-	-	-	-	-	1,200
5-2-6	ロボット基盤IT製品生産システム	-	-	-	-	-	-	-
5-2-7	パターン及び信号検査用ロボット	-	-	-	-	-	-	-
5-2-9	その他ロボット基盤生産システム	-	-	-	-	-	412	412
5-3	専門サービスロボットシステム	-	-	-	-	-	2,530	2,530
5-3-1	社会安全ロボットシステム	-	-	-	-	-	-	-
5-3-2	医療ロボットシステム	-	-	-	-	-	-	-
5-3-9	その他専門サービスロボットシステム	-	-	-	-	-	2,530	2,530
5-9	その他サービスロボットシステム	-	-	-	-	-	-	-
5-9-1	その他サービスロボットシステム	-	-	-	-	-	-	-

<続く>

分類記号	ロボット単品及び主要部品	輸出国						合計
		中国	日本	米国	インド	フランス	その他	
6	ロボットエンベデッド	-	-	-	-	-	40	40
6-1	ロボットエンベデッド交通	-	-	-	-	-	-	-
6-1-1	無人自動車	-	-	-	-	-	-	-
6-1-2	無人タンク	-	-	-	-	-	-	-
6-1-3	無人航空機	-	-	-	-	-	-	-
6-1-9	その他ロボット交通融合製品	-	-	-	-	-	-	-
6-2	ロボットエンベデッド家電	-	-	-	-	-	-	-
6-2-1	移動型エアコン	-	-	-	-	-	-	-
6-2-9	その他ロボットエンベデッド家電製品	-	-	-	-	-	-	-
6-3	ロボットエンベデッドヘルス	-	-	-	-	-	-	-
6-3-1	知能型ヘルス機器	-	-	-	-	-	-	-
6-3-9	その他ロボットエンベデッドヘルス	-	-	-	-	-	-	-
6-4	ロボットエンベデッド IT	-	-	-	-	-	-	-
6-4-1	3次元マウス	-	-	-	-	-	-	-
6-4-9	その他ロボットエンベデッド IT製品	-	-	-	-	-	-	-
6-5	ロボットエンベデッド防衛	-	-	-	-	-	-	-
6-5-1	ウェアラブルロボット基盤戦闘服	-	-	-	-	-	-	-
6-5-9	その他ロボットエンベデッド防衛	-	-	-	-	-	-	-
6-6	ロボットエンベデッド医療	-	-	-	-	-	-	-
6-6-1	診断機器と組み合わせた手術ロボットシステム	-	-	-	-	-	-	-
6-6-9	その他ロボットエンベデッド医療	-	-	-	-	-	-	-
6-7	ロボットエンベデッド建設	-	-	-	-	-	-	-
6-7-1	その他ロボットエンベデッド建設	-	-	-	-	-	-	-
6-9	その他ロボットエンベデッド	-	-	-	-	-	40	40
6-9-1	その他ロボットエンベデッド製品	-	-	-	-	-	40	40

出所：ロボット産業協会

6 情報通信・放送・インターネット・コンテンツ・医療機器・ロボット

情報通信・放送・インターネット・コンテンツ・医療機器・ロボット

1. IT産業総括

1) 概要

<表1-1> 年度別・業種別ICT企業数 (単位：社)

区分	2008	2009	2010	2011	2012
情報通信放送サービス	3,501	3,563	3,592	3,625	3,520
通信サービス	1,563	1,552	1,534	1,540	1,470
有線通信サービス	176	145	121	93	110
無線通信サービス	13	11	9	10	11
回線設備賃貸再販および通信サービス募集, 仲介サービス	201	204	208	222	204
付加通信サービス	1,173	1,192	1,196	1,215	1,145
放送サービス	594	656	686	690	633
地上波放送サービス	48	55	57	57	56
有料放送サービス	214	202	190	188	166
プログラム制作供給	332	377	404	407	378
その他放送サービス	-	22	35	38	33
放送通信融合サービス	1,344	1,355	1,372	1,395	1,417
IPTVサービス	-	-	-	-	-
有線及び無線のコンテンツサービス	1,344	1,355	1,372	1,395	1,417
信放送機器	8,476	8,223	8,021	8,551	9,083
通信機器	1,774	1,739	1,715	1,822	1,853
放送機器	739	715	656	684	673
情報機器	511	467	438	363	393
部品	2,703	2,580	2,514	2,830	3,146
情報通信アプリケーション基盤機器	2,749	2,722	2,698	2,852	3,018
ソフトウェア及びデジタルコンテンツ	6,058	6,414	6,625	6,678	9,285
パッケージソフトウェア	1,762	2,071	2,134	2,142	2,370
ITサービス	4,296	4,343	4,491	4,536	4,580
デジタルコンテンツ開発・制作	-	-	-	-	2,335
合計	18,035	18,200	18,238	18,854	21,888

注) 1. 情報通信、放送機器 主要業種別 企業数は10人以上の事業体を対象　　出所：2013 ICT実態調査
　　2. 開発段階にあるか売上が発生していない企業は補足の企業数(売上無し含む)に収録
　　3. その他の放送サービスは電光掲示板事業者

<表1-2> 年度別ICT生産額 (単位：億ウォン)

区分	2009	2010	2011	2012
情報通信放送サービス	605,033	630,870	658,624	672,166
通信サービス	435,981	436,798	438,797	431,039
有線通信サービス	146,248	139,624	136,100	129,885
無線通信サービス	223,962	229,371	227,567	228,613
回線設備賃貸再販および通信サービス募集, 仲介サービス	17,821	13,210	14,547	15,482
付加通信サービス	47,950	54,593	60,583	57,059
放送サービス	95,194	107,382	119,833	132,381
地上波放送サービス	32,674	36,642	39,314	39,688
ラジオ放送	2,892	3,276	3,447	3,387
TV放送	29,672	33,221	35,698	36,185
地上波DMB	110	145	169	116
有料放送サービス	23,006	24,107	25,915	28,387
総合有線放送	18,047	19,285	21,169	23,162
中継有線放送	121	93	54	43
衛星放送サービス	4,838	4,729	4,692	5,182
衛星放送	3,503	3,515	3,738	4,993
衛星DMB	1,334	1,214	954	189
プログラム制作供給	39,064	45,918	53,889	63,774
放送チャネル使用事業	33,004	39,602	47,177	55,480
プログラム制作業	6,061	6,316	6,712	8,294
その他放送サービス	449	715	715	532
放送通信融合サービス	73,858	86,690	99,994	108,746
IPTVサービス	2,448	4,043	6,162	8,429
有無線統合サービス	168	-	-	-
有線及び無線のコンテンツサービス	71,242	82,647	93,832	100,317
情報通信放送機器	2,520,473	3,097,772	3,143,140	3,145,579
通信機器	768,389	732,179	742,084	655,539
放送機器	140,900	155,130	156,796	146,862
情報機器	86,355	99,391	106,948	104,377
部品	1,224,081	1,742,954	1,730,851	1,806,030
情報通信アプリケーション基盤機器	300,748	368,118	406,461	432,771
ソフトウェア及びデジタルコンテンツ	260,073	272,279	295,229	419,666
パッケージソフトウェア	33,446	37,123	39,965	44,459
ITサービス	226,627	235,156	255,264	277,947
デジタルコンテンツ開発・制作	-	-	-	97,260
合計	3,385,579	4,000,921	4,096,993	4,237,411

注) 内需額=生産額+(輸入額-輸出額)×為替レート　　　　出所：2013 ICT実態調査

<表1-3> 年度別ICT内需額 (単位：億ウォン)

区分	2009	2010	2011	2012
情報通信放送サービス	605,033	630,870	658,624	672,166
通信サービス	435,981	436,798	438,797	431,039
有線通信サービス	146,248	139,624	136,100	129,885
無線通信サービス	223,962	229,371	227,567	228,613
回線設備賃貸再販および通信サービス募集、仲介サービス	17,821	13,210	14,547	15,482
付加通信サービス	47,950	54,593	60,583	57,059
放送サービス	95,194	107,382	119,833	132,381
地上波放送サービス	32,674	36,642	39,314	39,688
ラジオ放送	2,892	3,276	3,447	3,387
TV放送	29,672	33,221	35,698	36,185
地上波DMB	110	145	169	116
有料放送サービス	23,006	24,107	25,915	28,387
総合有線放送	18,047	19,285	21,169	23,162
中継有線放送	121	93	54	43
衛星放送サービス	4,838	4,729	4,692	5,182
衛星放送	3,503	3,515	3,738	4,993
衛星DMB	1,334	1,214	954	189
プログラム制作供給	39,064	45,918	53,889	63,774
放送チャネル使用事業	33,004	39,602	47,177	55,480
プログラム制作業	6,061	6,316	6,712	8,294
その他放送サービス	449	715	715	532
放送通信融合サービス	73,858	86,690	99,994	108,746
IPTVサービス	2,448	4,043	6,162	8,429
有無線統合サービス	168	-	-	-
有線及び無線のコンテンツサービス	71,242	82,647	93,832	100,317
情報通信放送機器	1,765,027	2,188,058	2,307,407	2,259,738
通信機器	433,179	480,164	526,380	451,917
放送機器	69,065	64,451	66,169	71,701
情報機器	87,847	120,244	124,580	116,786
部品	900,231	1,200,237	1,259,438	1,304,008
情報通信アプリケーション基盤機器	274,705	322,962	330,840	315,326
ソフトウェア及びデジタルコンテンツ	260,073	272,279	295,229	419,666
パッケージソフトウェア	33,446	37,123	39,965	44,459
ITサービス	226,627	235,156	255,264	277,947
デジタルコンテンツ開発・制作	-	-	-	97,260
合計	2,630,133	3,091,207	3,261,260	3,351,570

出所：情報通信産業統計年報

<表1-4> 年度別ICT輸出額 (単位：千ドル)

区分	2009	2010	2011	2012
放送サービス(放送プログラム)	170,228	171,009	203,355	216,986
情報通信放送機器	122,060,858	155,334,063	158,323,395	157,149,454
通信機器	32,364,898	29,377,286	29,773,715	25,188,063
放送機器	8,090,570	10,671,586	10,958,129	9,452,294
情報機器	8,082,273	9,195,043	9,237,226	8,540,256
部品	62,716,192	91,301,739	89,133,727	91,228,715
情報通信アプリケーション基盤機器	10,806,925	14,788,410	19,220,596	22,740,126
ソフトウェア及びデジタルコンテンツ	1,023,638	1,338,371	1,518,457	2,465,815
パッケージソフトウェア	160,359	303,341	330,032	865,797
ITサービス	863,279	1,035,030	1,188,425	1,600,018
合計	123,254,724	156,843,443	160,045,207	159,832,255

注) 放送サービス　　　　　　　　　　　　　　　出所：2013 ICT実態調査

<表1-5> 年度別ICT輸入額 (単位：千ドル)

区分	2009	2010	2011	2012
放送サービス(放送プログラム)	121,733	102,302	127,918	128,032
情報通信放送機器	62,344,657	76,066,098	82,188,189	78,539,243
通信機器	6,102,733	7,581,523	10,308,005	7,118,533
放送機器	2,462,623	2,829,121	2,779,332	2,782,455
情報機器	8,199,196	10,998,607	10,828,335	9,641,406
部品	37,344,090	44,363,236	46,591,728	46,678,927
情報通信アプリケーション基盤機器	8,236,015	10,293,610	11,680,788	12,317,922
合計	62,466,390	76,168,400	82,316,107	78,667,275

注) 放送サービス　　　　　　　　　　　　　　　出所：放送業界実態調査(KISDI)

<表1-6> 年度別ICT貿易収支 (単位：千ドル)

区分	2009	2010	2011	2012
放送サービス(放送プログラム)	48,495	68,707	75,437	88,954
情報通信放送機器	59,716,201	79,267,965	76,135,206	78,610,211
通信機器	26,262,165	21,795,763	19,465,710	18,069,530
放送機器	5,627,947	7,842,465	8,178,797	6,669,839
情報機器	-116,923	-1,803,564	-1,591,109	-1,101,150
部品	25,372,102	46,938,503	42,541,999	44,549,788
情報通信アプリケーション基盤機器	2,570,910	4,494,798	7,539,809	10,422,204
合計	59,764,696	79,336,674	76,210,642	78,699,165

注) 放送サービス　　　　　　　　　　　　　　　出所：放送業界実態調査(KISDI)

情報通信・放送・インターネット・コンテンツ・医療機器・ロボット

<表1-7> 年度別有線通信サービス売上額 (単位：百万ウォン)

区分	2009	2010	2011	2012
電話サービス	6,547,629	6,267,378	5,680,971	5,308,018
市内電話サービス	3,223,734	2,648,950	2,044,932	1,851,375
加入者接続サービス	1,036,290	939,142	872,024	796,641
市内通話	2,187,444	1,709,808	1,172,908	1,054,734
市内電話付加サービス	261,322	213,197	194,967	159,212
市外電話サービス	523,253	414,182	302,703	296,520
国際電話サービス	855,308	849,278	952,012	823,500
知能網サービス(080, 全国代表番号など)	624,406	606,796	648,174	789,018
無料電話(080)	91,767	71,208	69,730	126,274
全国代表番号(1588など)	225,678	224,286	221,894	209,107
生涯番号(0502,0505,0506)	18,617	16,426	8,606	7,198
コレクトコール(1541,1595)	47,210	68,883	56,590	52,225
電話投票など電話調査(1580)	36	90	61	23
その他	241,098	225,903	291,293	394,191
インターネット電話(基幹)	631,469	915,193	914,624	860,487
公衆電話サービス	29,103	30,183	33,200	28,807
その他固定電話サービス	399,034	589,599	590,359	499,099
統合デジタルサービスネットワーク(ISDN)	126,433	182,476	185,525	179,895
構内通信	256,058	351,311	354,071	319,204
その他電話サービス	16,543	55,812	50,763	-
有線設備接続サービスおよびインターネット基幹通信網サービス	318,076	366,104	446,961	359,943
有線網接続料	286,017	345,693	422,191	339,423
インターネット基幹通信網サービス	19,294	20,411	24,770	20,520
その他	12,765	-	-	-
専用回線サービス	2,639,513	2,146,525	2,215,978	2,333,988
市内/市外専用回線サービス	2,034,118	1,600,316	1,725,769	1,833,138
国際専用回線サービス	199,529	134,092	191,007	224,379
放送専用回線サービス	405,866	412,117	299,202	276,471

<続く>

高速ネットワークサービス	4,322,600	4,328,344	4,401,256	4,168,125
超高速インターネットサービス	4,136,999	4,142,625	4,113,809	3,891,814
xDSL	1,327,656	664,285	520,203	409,349
HFC	1,234,056	1,177,678	1,047,857	1,101,588
LAN	1,561,367	2,297,383	2,543,264	2,376,750
衛星	520	379	267	99
その他超高速インターネットサービス	13,400	2,900	2,218	4,028
超高速国家ネットワークサービス	157,560	177,219	276,628	276,311
その他超高速通信サービス	28,041	8,500	10,819	-
付加ネットワークサービス	730,332	804,858	822,377	801,779
VPN	236,220	297,200	296,261	232,197
ATM	25,237	55,007	70,849	30,984
Frame relay	4,049	38,002	17,497	1,701
その他ネットワークサービス	464,826	414,649	437,770	536,897
電信、電報サービス	9,489	8,433	7,654	7,350
その他有線通信サービス	57,150	40,740	34,791	9,336
合計	14,624,789	13,962,382	13,609,988	12,988,539

注) 1. 2004年~2008年の市内/市外専用回線サービスの売上額は国際専用回線サービスの売上額を含む
2. 有線設備接続サービスおよびインターネット基幹通信網サービスは2009年基準の分類体系により新設
3. 付加ネットワークサービスは2009年から付加通信サービスから有線通信サービスに 移動
4. 2009年からWiBro、無線LANは無線通信サービスに、IPTVサービスは放送通信融合サービスに移動
5. 番号案内は2009年より有線通信サービスから放送通信融合サービスに移動
6. 構内通信サービスは2009年より回線設備賃貸再販サービスから有線通信サービスに移動
7. 移動電話サービス売上額の無線ネットワーク接続料は2012年より有線通信サービスから無線通信サービスに移動
8. 生涯番号 (평생번호)：電話番号の変更に関係なく生涯変更しない個人番号。個人番号の下に携帯番号を登録すると1つの携帯電話に二つの番号が存在することになるので、携帯電話の番号は、私的目的のために個人番号は、公的目的のために、用途に応じて使用することができる

出所：2013 ICT実態調査

<表1-8> 年度別無線通信サービス売上額　　　　　　　　　　　　　　　　(単位：百万ウォン)

区分	2009	2010	2011	2012
移動通信サービス	21,984,795	22,444,621	22,235,903	22,366,034
携帯電話サービス-2G(携帯+PCS)	9,364,609	7,506,498	5,707,786	5,076,008
携帯電話サービス-3G	9,303,120	11,971,962	13,726,991	14,827,107
移動電話付加サービス	477,829	343,661	372,101	496,477
無線ネットワーク接続料	2,839,237	2,622,500	2,429,025	1,966,442
無線超高速インターネットサービス	153,060	174,895	188,422	117,564
WiBro(携帯インターネット)	129,324	155,535	171,682	105,053
無線LAN	23,736	19,360	16,740	12,511
無線固定通信サービス(B-WLL)	-	-	-	-
周波数共用通信(TRS)	109,268	115,740	110,859	104,528
無線データ通信	23,943	63,981	74,858	128,292
SMS	2,756	2,335	2,583	993
M2Mサービス	11,808	59,718	72,275	121,359
リモートコントロール,検針	939	764	844	1,595
交通情報サービス	2,086	1,833	1,957	-
物流支援サービス	36	-	-	-
携帯電話決済	8,747	25,352	28,619	33,537
その他	N/S	31,769	40,855	86,227
その他	9,379	1,928	-	5,940
無線呼び出し及びメッセージサービス	1,415	1,685	946	1,079
衛星通信サービス	123,750	136,177	145,695	143,837
国内衛星通信サービス	100,929	106,335	112,392	109,675
国際衛星通信サービス	8,327	22,418	26,716	28,236
GMPCSサービス	1,394	1,307	1,555	2,041
その他衛星通信サービス	13,100	6,117	5,032	3,885
その他移動通信サービス	-	-	-	-
合計	22,396,231	22,937,099	22,756,683	22,861,334

注) 1. WiBro, 無線LANは2009年より有線通信サービスから無線通信サービスに移動　　出所：2013 ICT実態調査
　2. WiBroサービスは2005年基準分類体系により新設
　3. 移動電話サービス売上額の無線ネットワーク接続料は2012年より有線通信サービスから無線通信サービスに移動

<表1-9> 年度別回線設備賃貸再販および通信サービス募集,仲介サービス売上額　　(単位:百万ウォン)

区分	2009	2010	2011	2012
回線設備賃貸再販	622,069	521,576	652,556	819,136
有線通信再販	622,069	521,576	619,217	699,612
固定電話	524,068	376,926	335,652	334,973
市内電話	78,153	58,902	53,482	46,394
市外電話	9,928	6,655	6,810	5,121
国際電話	130,011	110,342	80,845	75,536
インターネット電話(別定1,2号)	305,976	201,027	194,515	207,922
インターネット接続サービス	58,208	97,336	242,372	323,677
国際回線再販	39,793	47,314	41,193	40,962
無線通信再販(MVNO)	N/S	N/S	33,339	119,524
通信サービス募集,仲介サービス	1,160,062	799,462	802,114	729,102
有線通信	506,617	519,403	525,480	516,969
再課金サービス	244,839	283,174	293,821	296,288
戸集中サービス	261,778	236,229	231,659	220,681
無線通信	653,445	280,059	276,634	212,133
再課金サービス	638,514	265,708	261,694	198,978
戸集中サービス	14,931	14,351	14,940	13,155
その他	-	-	-	-
合計	1,782,131	1,321,038	1,454,670	1,548,238

注) 1. 構内通信は分類体系の変更により有線通信サービスに移動　　出所:2013 ICT実態調査
　　2. 通信サービス募集,仲介サービスは2006年よりも下位分類を調査して発表された
　　3. 分類体系変更により2008年までは市内/市外/国際電話の売上が区別されなかった
　　4. 再課金:通信会社から一定の電話番号を取得し、この番号への料金を一括徴収する事業
　　5. 戸集中:複数の地域に分散している顧客を集めて、基幹通信事業者から多くの割引を受け
　　　　差額を収入源にしたり、手数料を受けとる

<表1-10> 年度別付加通信サービス売上額　　　　　　　　　　　　　　　　　　　(単位：百万ウォン)

区分	2009	2010	2011	2012
インターネット管理及び支援サービス	1,888,026	2,010,828	2,163,469	1,449,732
インターネット接続基盤サービス	328,558	335,081	338,697	310,826
インターネット管理サービス	1,000,168	1,117,916	1,206,918	951,369
ホスティングサービス	314,785	331,683	337,563	-
オンラインストレージ共有サービス	61,496	72,963	81,779	86,306
オンラインコンテンツ共有サービス	45,626	51,648	50,909	53,225
ウェブサイト構築および管理サービス	460,762	528,728	594,326	655,574
セキュリティ管理サービス	54,189	67,658	74,679	84,419
ドメイン管理サービス	63,139	64,777	66,993	71,032
その他	171	459	669	813
インターネットサポートサービス	559,300	557,831	617,854	187,537
Co-locationサービス	398,960	408,492	445,450	-
コンテンツ配信サポートサービス	147,737	149,331	172,392	187,027
その他	12,603	8	12	510
付加通信アプリケーション及び仲介サービス	2,854,889	3,369,927	3,810,594	4,159,852
付加通信アプリケーションサービス	2,854,889	3,369,927	3,810,594	4,159,852
高度ファックスサービス	7,611	12,140	12,650	13,046
クレジットカード検索(CCIS)サービス	778,016	909,064	1,021,204	1,129,020
電子文書交換(EDI)サービス	170,019	209,135	228,692	238,846
遠隔通信サービス	1,076,789	1,189,330	1,342,164	1,425,337
電子決済サービス	600,095	729,304	840,623	967,611
オンライン情報処理サービス	27,669	34,496	40,540	43,326
オンライン予約サービス	133,497	183,950	212,854	218,974
その他付加通信アプリケーションサービス	61,193	102,508	111,867	123,692
その他付加通信サービス	52,068	78,508	84,239	96,320
合計	4,794,983	5,459,263	6,058,302	5,705,904

注) 1. 構内通信は分類体系変更により有線通信サービスに移動　　　　出所：2013 ICT実態調査
　　2. 2007年までのインターネット電話加入者数はIPフォン+ソフトフォン/小売加入者を含む。2008年からは
　　　 IPフォンの小売加入者のみを含む
　　3. 高度ファックスサービス：Enhanced facsimile services

<表1-11> 年度別通信機器生産額 (単位：百万ウォン)

区分	2009	2010	2011	2012
有線通信機器	13,603,664	16,253,339	16,344,254	14,921,228
固定電話	350,484	367,442	311,102	196,983
一般有線及び無線電話	52,380	54,941	72,330	76,011
VOIP/ビデオ電話機	271,245	290,916	215,402	104,419
その他固定電話	26,859	21,585	23,370	16,553
交換機	532,841	556,130	513,301	275,619
基幹通信事業用交換機	255,674	261,700	214,484	117,569
私設交換機	274,371	291,521	296,655	155,617
その他交換機	2,796	2,909	2,162	2,433
配信機器	1,050,169	1,110,788	1,005,710	892,580
ペアケーブル配信システム	106,320	112,587	51,630	39,660
同軸ケーブル配信システム	31,504	33,568	55,924	102,910
光配信システム	609,634	654,025	666,043	526,276
局間光配信システム	156,788	162,704	145,882	134,898
光加入者アクセスシステム(PON)	62,269	68,821	58,496	40,085
光加入者配信デバイス(FLC)	74,289	69,405	61,152	54,669
その他光配信システム	316,288	353,095	400,513	296,624
信号変換器	62,297	80,116	45,425	43,528
マルチプレクスデバイス	150,889	147,529	110,341	115,265
その他配信機器	89,525	82,963	76,347	64,941
有線電信機器	570,222	568,488	515,285	81,470
電線および光ファイバーケーブル	9,341,324	11,761,241	12,156,231	11,957,985
同軸ケーブとその他同軸導体	1,088,943	1,228,330	733,055	937,943
光ファイバーケーブル	442,238	649,161	415,997	325,215
絶縁電線	7,808,550	9,883,750	11,001,347	10,689,663
LANケーブル	1,593	-	5,832	5,164
ネットワーク機器	337,457	364,401	289,723	223,278
有線LAN機器	214,105	225,475	176,245	124,420
有線NIC	12,259	10,564	8,142	3,382
ルーター	44,664	45,578	44,328	27,371
ネットワーク用スイッチ	93,328	95,383	70,435	50,904
ハブ	56,437	64,596	46,712	30,314
その他	7,417	9,354	6,628	12,449
無線LAN機器	28,753	30,113	34,549	21,249
アクセスポイント(AccessPoint)	5,967	5,339	4,458	4,484
その他無線LAN機器	22,786	24,774	30,091	16,765
加入者用モデム	56,255	62,919	44,684	48,494
ケーブルモデム	982	978	967	1,292
xDSLモデム	45,624	48,897	28,985	32,719
光モデム	9,649	13,044	14,732	14,483
その他加入者用モデム	-	-	-	-

<続く>

区分	2009	2010	2011	2012
ネットワークセキュリティ機器	11,701	12,321	12,800	9,304
その他ネットワーク機器	26,643	33,573	21,445	19,811
有線通信機器部分品	752,944	871,193	665,533	583,201
光通信部品	184,755	233,747	235,235	277,302
有線電話機部品	N/S	18,246	16,456	7,305
交換機部品	N/S	24,773	22,184	14,684
その他有線通信機器部分品	568,189	594,427	391,658	283,910
その他有線通信機器	668,223	653,656	887,369	710,112
無線通信機器	63,235,224	56,964,585	57,864,134	50,632,629
無線通信端末	58,640,813	52,281,397	53,187,413	45,772,088
携帯端末	57,495,260	50,953,272	51,520,032	44,058,951
スマートフォン	9,333,546	17,774,834	29,472,098	30,465,308
その他携帯端末	33,043,191	23,535,971	12,242,665	5,013,037
携帯端末用部分品	15,118,523	9,642,467	9,805,269	8,580,606
周波数共用通信端末機(TRS)	9,410	11,700	10,208	6,718
無線呼び出し端末機	5,769	8,858	14,931	15,378
テレマティクス	782,498	1,016,117	1,352,317	1,329,932
その他無線通信端末	347,876	291,450	289,925	361,109
無線通信システム	1,845,517	1,805,430	1,633,317	1,950,361
無線通信用交換機	114,661	121,369	137,351	198,095
基地局用トランシーバー	204,073	188,435	124,258	72,100
無線通信用中継器	977,101	1,024,030	797,931	1,151,436
その他無線通信システム(船舶電話通信システムを含む)	549,682	471,596	573,777	528,730
無線通信トランシーバー(電信,電話,放送用を除く)	390,957	254,702	172,775	131,394
無線通信機器部分品	1,686,536	1,959,254	2,025,358	1,899,200
高周波部分品(RF部分品)	709,436	755,065	831,717	736,806
その他無線通信機器部分品	977,100	1,204,189	1,193,641	1,162,394
その他無線通信機器	671,401	663,802	845,271	879,586
合計	76,838,888	73,217,924	74,208,388	65,553,857

注) 1. 衛星通信機器生産額はその他の無線通信機器に含まれる　　　　　　　　　　　出所:2013 ICT実態調査

2. 2009年からスマートフォン分類体系を新設

3. 2009年から携帯端末機用部分品分類体系を新設

4. 2010年から有線電話機部品分類体系を新設

5. 2010年から交換機部品分類体系を新設

6. 2010年から携帯端末機KDセット(部品を輸出して現地で組立てる) 携帯端末機用部分品から除外

7. 分類体系改正により携帯端末機用部分品は無線通信機器部分品下位項目かた携帯端末機下位項目に移動

<表1-12> 年度別通信機器輸出額 (単位：千ドル)

区分	2009	2010	2011	2012
有線通信機器	2,639,381	3,283,751	3,614,215	3,509,190
固定電話	92,327	125,166	102,265	105,910
一般有線及び無線電話	2,697	1,577	1,623	2,963
VOIP/ビデオ電話機	6,663	4,583	4,245	3,536
その他固定電話	82,967	119,006	96,397	99,411
交換機	4,419	33,611	10,193	3,254
基幹通信事業用交換機	2,043	1,610	2,889	1,528
私設交換機	1,845	7,842	5,576	1,130
その他交換機	531	24,159	1,728	596
配信機器	284,097	318,082	559,765	512,641
ペアケーブル름配信システム	1,532	1,843	3,585	4,642
同軸ケーブル配信システム	697	2,212	2,594	3,700
光配信システム	4,253	5,338	39,805	59,729
信号変換器	33,264	35,589	41,564	35,720
マルチプレクスデバイス	2,681	8,118	3,716	8,071
その他配信機器	241,670	264,982	468,501	400,779
有線電信機器	34,483	38,097	29,939	24,904
電線および光ファイバーケーブル	1,529,439	1,860,617	2,247,421	2,473,932
同軸ケーブルとその他同軸導体	86,134	89,935	126,070	192,621
光ファイバーケーブル	186,545	201,419	237,928	301,688
絶縁電線	1,256,761	1,569,263	1,883,423	1,979,623
LANケーブル	-	-	-	-
ネットワーク機器	449,891	556,548	392,804	157,835
有線通信機器部分品	239,872	351,176	271,489	230,714
光通信部品	N/S	152,093	195,836	159,239
有線電話機部品	N/S	142,192	33,013	33,861
交換機部品	N/S	52,975	38,887	34,399
その他有線通信機器部分品	N/S	3,916	3,753	3,215
その他有線通信機器	4,854	453	340	-

<続く>

区分	2009	2010	2011	2012
無線通信機器	29,725,517	26,093,534	26,159,500	21,678,873
無線通信端末	27,289,290	23,012,925	22,797,265	18,106,058
携帯端末	27,242,208	22,937,693	22,667,666	17,934,564
携帯端末	18,125,409	15,287,819	15,077,764	12,097,100
携帯端末用部分品	9,116,799	7,649,874	7,589,902	5,837,464
周波数共用通信端末機(TRS)	-	-	-	-
無線呼び出し端末機	9,109	7,772	4,276	5,662
テレマティクス	37,973	67,460	125,323	165,832
その他無線通信端末	-	-	-	-
無線通信システム	630,566	624,146	541,912	626,136
無線通信用交換機	3,223	7,112	60,909	58,629
基地局用トランシーバー	516,630	500,828	375,261	447,038
無線通信用中継器	104,473	112,247	104,143	115,250
その他無線通信システム(船舶用電話電信システム含む)	6,239	3,960	1,598	5,219
無線通信舎トランシーバー(電信，電話，放送用除外)	138,774	271,833	165,152	255,178
無線通信機器部分品	1,477,682	2,012,625	2,464,455	2,364,126
高周波部分品(RF部分品)	556,015	585,131	673,939	974,978
その他無線通信機器部分品	921,667	1,427,494	1,790,516	1,389,148
その他無線通信機器	189,204	172,004	190,715	327,375
合計	32,364,898	29,377,286	29,773,715	25,188,063

注) 1. 2009年から携帯端末機用部分品分類体系を新設　　　　出所：2013 ICT実態調査
　　2. 2010年から光通信部品分類体系を新設
　　3. 2010年から有線電話機部品分類体系を新設
　　4. 2010年から交換機部品分類体系を新設
　　5. 2010年からその他有線通信機器部分品分類体系を新設
　　6. 分類体系改正により携帯端末機用部分品は無線通信機器部分品下位項目から携帯端末機下位項目に移動

<表1-13> 年度別通信機器輸入額 (単位：千ドル)

区分	2009	2010	2011	2012
有線通信機器	2,232,253	2,530,457	3,494,288	2,720,955
固定電話	197,254	124,064	157,629	142,180
一般有線及び無線電話	52,308	36,733	39,010	38,316
VOIP/ビデオ電話機	3,071	2,143	1,740	1,683
その他固定電話	141,875	85,188	116,879	102,181
交換機	12,667	12,297	18,016	11,268
基幹通信事業用交換機	2,886	3,187	2,136	462
私設交換機	7,403	4,673	5,445	5,623
その他交換機	2,378	4,437	10,435	5,183
配信機器	1,050,300	1,092,199	1,773,635	927,687
ペアケーブル및配信システム	3,214	5,026	8,234	19,741
同軸ケーブル配信システム	4,489	2,248	2,550	1,818
光配信システム	20,136	38,168	40,963	86,752
信号変換器	79,615	47,008	50,392	54,856
マルチプレクスデバイス	57,863	110,434	108,439	95,640
その他配信機器	884,983	889,314	1,563,058	668,880
有線電信機器	9,288	5,933	3,766	3,578
電線および光ファイバーケーブル	615,404	820,709	932,412	978,175
同軸ケーブル과その他同軸導体	68,345	87,998	78,928	95,433
光ファイバーケーブル	50,394	61,831	66,001	139,970
絶縁電線	496,665	670,880	787,483	742,772
LANケーブル	-	-	-	-
ネットワーク機器	106,320	110,085	98,304	66,697
有線通信機器部分品	237,237	361,451	507,274	588,779
光通信部品	N/S	297,460	431,304	521,773
有線電話機部品	N/S	11,286	16,022	11,143
交換機部品	N/S	15,982	15,445	19,834
その他有線通信機器部分品	N/S	36,723	44,503	36,029
その他有線通信機器	3,783	3,719	3,252	2,591

<続く>

区分	2009	2010	2011	2012
無線通信機器	3,870,479	5,051,066	6,813,716	4,397,576
無線通信端末	2,581,519	3,769,046	4,540,008	2,732,672
携帯端末	2,544,221	3,751,012	4,479,582	2,679,834
携帯端末	411,238	1,565,922	2,395,798	1,035,992
携帯端末用部分品	2,132,983	2,185,090	2,083,784	1,643,842
周波数共用通信端末機(TRS)	-	-	-	-
無線呼び出し端末機	3,669	2,095	342	408
テレマティクス	33,629	15,939	60,084	52,430
その他無線通信端末	-	-	-	-
無線通信システム	52,441	55,022	820,658	509,904
無線通信用交換機	4,775	10,283	2,716	6,505
基地局用トランシーバー	27,302	32,479	806,607	492,263
無線通信用中継器	10,898	6,436	5,967	7,948
その他無線通信システム(船舶用電話電信システム含む)	9,466	5,824	5,368	3,188
無線通信トランシーバー(電信, 電話, 放送用除外)	207,680	277,443	241,258	253,048
無線通信機器部分品	627,923	584,715	868,629	541,391
高周波部分品(RF部分品)	240,947	213,083	499,517	261,158
その他無線通信機器部分品	386,976	371,632	369,112	280,233
その他無線通信機器	400,918	364,840	343,163	360,563
合計	6,102,733	7,581,523	10,308,005	7,118,533

注) 1. 2009年から携帯端末機用部分品分類体系を新設　　　　出所：2013 ICT実態調査
　　2. 2010年から光通信部品分類体系を新設
　　3. 2010年から有線電話機部品分類体系を新設
　　4. 2010年から交換機部品分類体系を新設
　　5. 2010年からその他有線通信機器部分品分類体系を新設
　　6. 分類体系改正により携帯端末機用部分品は無線通信機器部分品下位項目から携帯端末機下位項目に移動

<表1-14> 年度別放送機器生産額 (単位：百万ウォン)

区分	2009	2010	2011	2012
放送用機器	2,320,867	2,415,436	2,665,797	2,455,425
放送用送受信機	147,984	160,959	173,148	175,280
地上波放送送受信機	5,516	5,782	6,421	11,814
ラジオ放送送受信機	743	-	2,620	1,570
TV放送送受信機	4,773	5,782	3,801	10,244
有線放送送受信機	72,618	70,161	60,296	58,174
衛星放送送受信機	69,850	85,016	106,431	105,292
その他放送用送受信機	-	-	-	-
放送局用機器	193,148	175,404	157,714	184,749
放送局用ビデオ機器	62,173	57,217	39,385	32,767
放送局用オーディオ機器	89,804	86,215	90,791	115,171
放送用放送用	N/S	N/S	N/S	9,415
放送用アンプ	N/S	N/S	N/S	5,419
その他放送局用機器(移動放送車を含む)	41,171	31,972	27,538	21,977
セットトップボックス	1,696,915	1,741,222	1,962,874	1,837,806
放送用機器部分品	282,820	337,851	372,061	257,590
STB部分品	33,617	38,023	32,029	27,950
その他放送用機器部分品	249,203	299,828	340,032	229,640
放送用家電	11,769,095	13,097,612	13,013,838	12,230,806
TV	5,989,263	7,228,148	7,734,456	7,153,418
DTV	4,973,225	5,773,058	6,376,401	6,268,936
アナログTV	63,464	71,694	38,903	10,852
TV部分品	952,574	1,383,396	1,319,152	873,630
モバイルTV(DMB)受信機器	40,167	43,060	33,314	33,973
デジタルメディア機器	5,739,665	5,826,404	5,246,068	5,043,415
デジタルオーディオ機器	334,986	342,591	411,781	596,500
MP3	30,804	26,911	29,497	11,694
その他デジタルオーディオ機器	304,182	315,680	382,284	584,806

<続く>

区分	2009	2010	2011	2012
デジタルビデオ機器	3,364,346	3,448,164	2,481,577	2,327,908
デジタルカメラ	1,370,887	1,321,560	54,817	11,140
DVDプレイヤー	214,706	194,292	88,905	53,798
PMP	88,068	148,255	35,205	41,125
CCTVカメラ	1,132,030	1,212,812	1,360,016	1,498,562
DVR	389,172	421,850	306,223	408,214
その他デジタルビデオ機器	169,483	149,395	636,411	315,069
デジタルメディア機器部分品	2,040,333	2,035,649	2,352,710	2,119,007
音響,付属品部分品	907,741	1,013,907	1,085,670	1,008,437
その他デジタルメディア機器部分品	1,132,592	1,021,742	1,267,040	1,110,570
合計	14,089,962	15,513,048	15,679,635	14,686,231

注) 1. セットトップボックスは2009年から放送用家電から放送用機器に移動　　　出所：2013 ICT実態調査
2. 2012年より分類体系改正により放送用スピーカー, 放送用アンプ, TVの分類体系新設
3. 2012年から分類体系改正により放送用家電部分品削除
4. 分類体系改正によりTV部分品は放送用家電部分品下位項目からTV下位項目に移動

<表1-15> 年度別放送機器輸出額 (単位：千ドル)

区分	2009	2010	2011	2012
放送用機器	936,359	1,150,229	1,047,524	886,750
放送用送受信機	39,601	56,100	58,304	60,789
地上波放送送受信機	7,719	10,326	9,786	12,171
ラジオ放送送受信機	164	378	115	423
TV放送送受信機	7,554	9,948	9,671	11,748
有線放送送受信機	-	-	-	-
衛星放送送受信機	31,882	45,774	48,517	48,618
その他放送用送受信機	-	-	-	-
放送局用機器	131,696	219,228	234,884	279,019
放送局用ビデオ機器	60,380	120,718	123,061	142,953
放送局用オーディオ機器	71,316	98,500	103,494	136,008
その他放送局用機器(移動放送車を含む)	-	10	8,329	58
セットトップボックス	679,204	762,381	579,402	357,787
放送用機器部分品	85,858	112,520	174,935	189,155
STB部分品	6,286	5,884	3,636	1,156
その他放送用機器部分品	79,573	106,637	171,300	187,999
放送用家電	7,154,211	9,521,357	9,910,604	8,565,544
TV	5,238,036	7,461,303	7,811,243	6,292,392
DTV	876,888	967,384	1,169,611	1,139,404
アナログTV	24,948	24,640	10,715	7,614
TV部分品	4,336,200	6,469,279	6,630,917	5,145,374
モバイルTV(DMB)受信機器	-	-	-	-
デジタルメディア機器	1,916,176	2,060,054	2,099,362	2,273,151
デジタルオーディオ機器	116,910	132,252	223,406	333,001
デジタルビデオ機器	1,010,118	1,108,140	1,116,249	1,162,986
デジタルメディア機器部分品	789,148	819,662	759,707	777,164
音響,付属品部分品	384,584	446,074	493,245	570,958
その他デジタルメディア機器部分品	404,564	373,589	266,462	206,206
合計	8,090,570	10,671,586	10,958,129	9,452,294

注) 1. セットトップボックスは2009年から放送用家電から放送用機器に移動　　出所：2013 ICT実態調査
 2. 2012年より分類体系改正により放送用スピーカー，放送用アンプ，TVの分類体系新設
 3. 2012年より分類体系改正により放送用家電部分品削除
 4. 分類体系改正によりTV部分品は放送用家電部分品下位項目からTV下位項目に移動

<表1-16> 年度別放送機器輸入額　　　　　　　　　　　　　　　　　　　　　　　(単位：千ドル)

区分	2009	2010	2011	2012
放送用機器	276,799	416,301	496,499	465,728
放送用送受信機	30,577	37,176	41,799	33,792
地上波放送送受信機	26,094	32,326	35,999	23,052
ラジオ放送送受信機	702	5,288	5,998	5,839
TV放送送受信機	25,392	27,039	30,001	17,213
有線放送送受信機	-	-	-	-
衛星放送送受信機	4,482	4,850	5,800	10,740
その他放送用送受信機	-	-	-	-
放送局用機器	169,468	216,971	251,310	198,900
放送局用ビデオ機器	46,599	72,058	65,140	64,994
放送局用オーディオ機器	122,869	144,913	164,377	131,456
その他放送局用機器(移動放送車を含む)	-	-	21,792	2,450
セットトップボックス	27,072	107,955	124,206	144,043
放送用機器部分品	49,682	54,198	79,185	88,993
STB部分品	342	138	210	4,624
その他放送用機器部分品	49,340	54,060	78,975	84,369
放送用家電	2,185,824	2,412,820	2,282,833	2,316,727
TV	197,065	203,394	203,012	294,054
DTV	45,434	46,233	61,495	119,322
アナログTV	27	77	60	30
TV部分品	151,604	157,084	141,457	174,702
モバイルTV(DMB)受信機器	-	-	-	-
デジタルメディア機器	1,988,759	2,209,424	2,079,821	2,022,673
デジタルオーディオ機器	348,070	373,840	337,947	294,760
デジタルビデオ機器	882,354	1,022,852	880,512	873,652
デジタルメディア機器部分品	758,335	812,732	861,362	854,261
音響,付属品部分品	658,319	718,899	761,926	761,901
その他デジタルメディア機器部分品	100,016	93,833	99,436	92,360
合計	2,462,623	2,829,121	2,779,332	2,782,455

注) 1. セットトップボックスは2009年から放送用家電から放送用機器に移動　　　　出所：2013 ICT実態調査
　　2. 2012年から分類体系改正により放送用スピーカー, 放送用アンプ, TVの分類体系新設
　　3. 2012年から分類体系改正により放送用家電部分品削除
　　4. 分類体系改正によりTV部分品は放送用家電部分品下位項目からTV下位項目に移動

<表1-17> 年度別情報機器生産額 (単位：百万ウォン)

区分	2009	2010	2011	2012
コンピューター	1,525,669	2,377,460	3,612,404	4,168,416
小型コンピューター	998,704	1,754,764	2,908,859	3,647,564
デスクトップPC	458,807	680,411	566,486	439,811
ノートPC	365,462	901,805	2,148,772	3,045,136
PDA	117,361	110,085	139,854	147,021
その他小型コンピューター	57,074	62,463	53,747	15,596
中・大型コンピューター	50,181	72,411	91,270	81,835
コンピューター関連部品	402,740	487,718	497,714	328,893
その他コンピューター	74,044	62,567	114,561	110,124
周辺機器	6,684,921	7,132,560	6,560,344	5,646,396
ディスプレイ装置	1,595,176	1,541,397	1,250,732	1,175,446
CRTモニター	20,798	18,327	7,298	3,666
フラットパネルモニター	860,523	829,579	749,428	688,616
ディスプレイ装置の部品	548,144	543,523	260,248	241,581
その他ディスプレイ装置	165,711	149,968	233,758	241,583
プリンター	1,147,041	1,224,412	1,400,283	1,268,913
プリンター	954,340	1,007,431	1,187,230	1,179,863
プリンターの部品	192,701	216,981	213,053	89,050
補助記憶装置	2,865,335	3,293,241	3,022,547	2,126,018
記憶媒体	454,251	467,216	356,805	197,054
その他コンピューター周辺機器	623,118	606,294	529,977	878,965
マルチメディアカード	317,769	323,171	411,433	527,872
記録媒体の複製物	107,120	105,942	110,658	95,009
合計	8,635,479	9,939,133	10,694,839	10,437,693

出所：2013 ICT実態調査

<表1-18> 年度別情報機器輸出額 (単位: 千ドル)

区分	2009	2010	2011	2012
コンピューター	1,485,626	2,026,974	2,294,903	2,364,167
小型コンピューター	470,277	1,008,842	1,396,054	1,726,278
デスクトップPC	-	-	-	-
ノートPC	341,130	868,636	1,255,520	1,558,203
PDA	-	-	-	-
その他小型コンピューター	129,147	140,205	140,534	168,075
中・大型コンピューター	-	-	-	-
コンピューター関連部品	1,015,350	1,018,132	898,850	637,889
PCケース	131,707	245,416	138,754	118,754
その他コンピューター部品	883,643	772,716	760,096	519,135
その他コンピューター	-	-	-	-
周辺機器	6,367,785	6,904,718	6,686,691	5,894,820
ディスプレイ装置	2,503,543	2,306,509	1,968,379	1,742,454
CRTモニター	12,774	15,145	14,786	10,730
フラットパネルモニター	2,162,989	1,965,259	1,716,373	1,225,916
ディスプレイ装置の部品	222,940	304,334	209,821	479,284
その他ディスプレイ装置	104,841	21,770	27,399	26,524
プリンター	949,656	1,141,735	1,201,137	1,021,814
レーザープリンター	378,247	495,885	570,037	537,920
インクジェットプリンター	7,714	8,268	5,008	4,651
ドットプリンター	1,284	1,796	2,161	2,327
プリンターの部品	541,937	601,198	572,958	392,602
その他プリンター	20,474	34,589	50,973	84,313
補助記憶装置	1,704,388	1,832,939	1,626,581	1,776,266
HDD	1,365,433	1,405,460	519,293	98,963
CDD	1,698	1,764	698	553
DVD	30,496	1,263	4,479	2,185
その他記憶装置	306,760	424,451	1,102,111	1,674,564

<続く>

区分	2009	2010	2011	2012
記憶媒体	1,103,036	1,487,133	1,617,635	822,353
ポータブルストレージメディア	1,095,128	1,484,206	1,615,923	821,768
その他記憶媒体	7,908	2,927	1,712	585
その他コンピューター周辺機器	107,163	136,402	272,960	531,934
キーボード	7,664	6,606	10,176	13,852
マウス	934	1,021	1,133	2,447
スキャナー	8,661	12,124	20,631	25,932
その他コンピューター周辺機器	89,904	116,651	241,020	489,702
マルチメディアカード	56,119	72,660	56,672	59,837
コンピューター用ボード	20,745	16,248	14,600	13,157
グラフィックカード	6,024	7,625	4,491	3,079
その他電子カード	29,351	48,787	37,580	43,600
記録媒体の複製物	172,742	190,691	198,960	221,433
合計	8,082,273	9,195,043	9,237,226	8,540,256

出所：2013 ICT実態調査

<表1-19> 年度別情報機器輸入額　　　　　　　　　　　　　　　　　　　　　　（単位：千ドル）

区分	2009	2010	2011	2012
コンピューター	3,263,794	4,736,921	4,466,533	4,064,019
小型コンピューター	1,955,532	3,078,240	3,241,369	3,047,053
デスクトップPC	-	-	-	-
ノートPC	1,191,982	1,933,903	2,053,683	1,811,183
PDA	-	-	-	-
その他小型コンピューター	763,550	1,144,338	1,187,686	1,235,870
中・大型コンピューター	-	-	-	-
コンピューター関連部品	1,308,262	1,658,680	1,225,164	1,016,965
PCケース	153,714	256,871	118,213	129,633
その他コンピューター部品	1,154,548	1,401,810	1,106,951	887,332
その他コンピューター	-	-	-	-
周辺機器	3,846,495	5,080,376	5,177,448	4,424,563
ディスプレイ装置	855,055	1,002,287	912,560	1,016,034
CRTモニター	2,711	1,967	2,028	1,948
フラットパネルモニター	786,671	921,459	826,388	928,345
ディスプレイ装置の部品	51,609	63,585	63,590	68,738
その他ディスプレイ装置	14,065	15,276	20,555	17,003
プリンター	860,728	1,065,922	1,230,143	1,195,679
レーザープリンター	248,447	320,064	343,148	375,191
インクジェットプリンター	73,678	83,470	90,440	80,331
ドットプリンター	5,707	4,781	4,815	3,321
プリンターの部品	514,205	627,979	750,531	691,628
その他プリンター	18,691	29,628	41,209	45,208

<続く>

区分	2009	2010	2011	2012
補助記憶装置	861,883	991,701	1,065,334	1,089,814
HDD	642,452	770,393	773,284	771,712
CDD	1,777	1,185	1,163	999
DVD	47,341	38,574	34,176	30,117
その他記憶装置	170,313	181,548	256,711	286,986
記憶媒体	983,885	1,651,747	1,535,392	611,666
ポータブルストレージメディア	969,135	1,647,728	1,533,966	608,537
その他記憶媒体	14,750	4,019	1,426	3,129
その他コンピューター周辺機器	284,944	368,719	434,019	511,370
キーボード	37,880	40,983	50,898	51,290
マウス	46,045	50,971	53,303	47,844
スキャナー	36,465	44,517	41,985	43,508
その他コンピューター周辺機器	164,554	232,248	287,833	368,729
マルチメディアカード	527,795	589,290	585,166	505,925
コンピューター用ボード	247,814	262,663	265,425	219,639
グラフィックカード	171,865	205,870	211,577	178,320
その他電子カード	108,116	120,756	108,165	107,965
記録媒体の複製物	561,112	592,021	599,188	646,900
合計	8,199,196	10,998,607	10,828,335	9,641,406

出所：2013 ICT実態調査

情報通信・放送・インターネット・コンテンツ・医療機器・ロボット

<表1-20> 年度別部品生産額 (単位：百万ウォン)

区分	2009	2010	2011	2012
半導体	41,219,624	61,376,761	61,115,775	61,430,004
電子集積回路	32,339,025	46,692,631	45,738,166	45,969,513
半導体メモリ	22,786,650	35,429,416	32,741,005	30,671,443
DRAM	13,279,476	20,068,670	15,985,764	14,379,765
SRAM	387,210	573,852	443,970	389,421
Flashメモリー	7,243,907	11,590,470	12,419,044	11,244,429
その他半導体メモリー	1,876,057	3,196,424	3,892,227	4,657,828
システム半導体	9,552,375	11,263,215	12,997,161	15,298,070
マイクロコンポーネント	639,534	802,834	1,176,977	1,282,229
Logics	5,948,298	6,254,705	6,530,749	8,426,057
アナログIC	740,940	690,955	754,793	416,338
SLIC	-	-	-	-
ハイブリッドIC	236,722	116,940	112,659	97,770
ASSP	-	-	-	-
その他	504,218	574,015	642,134	318,568
その他デジタルIC	2,223,603	3,514,721	4,534,642	5,173,446
ディスクリート半導体	1,460,503	1,606,553	1,774,770	2,313,413
ダイオード	611,014	765,007	893,446	1,061,555
トランジスタ	581,991	601,242	656,951	840,516
その他半導体ディスクリート	267,498	240,304	224,373	411,342
オプトエレクトロニクス	2,274,715	5,760,915	5,827,696	5,521,448
シリコンウェハー	1,126,730	1,829,754	1,925,527	1,853,194
半導体部品	4,018,651	5,486,908	5,849,616	5,772,436
アナログIC,デジタルIC部品	2,896,068	4,122,159	3,516,730	3,259,054
リードフレーム	586,834	1,977,878	1,718,271	1,954,326
その他電子集積回路部品	2,309,234	2,144,281	1,798,459	1,304,728
ディスクリート半導体部品	1,122,583	1,364,749	2,332,886	2,513,382
フラットパネルディスプレイ	59,222,941	87,280,022	84,902,795	85,499,865
LCDディスプレイパネル	42,172,931	58,114,298	55,478,149	55,771,287
フラットパネルディスプレイパネル部品	13,082,495	23,998,209	23,036,244	22,297,292
LCD部品	11,333,590	20,735,756	15,973,258	16,024,934
BLU	3,589,496	6,656,661	3,540,925	2,905,851
その他部品	7,744,094	14,079,095	12,432,333	13,119,083
その他フラットパネルディスプレイパネル部品	1,748,905	3,262,453	7,062,986	6,272,358

<続く>

区分	2009	2010	2011	2012
その他フラットパネルディスプレイフレームパネル	3,967,515	5,167,515	6,388,402	7,431,286
PDPパネル	3,183,389	4,191,351	2,994,457	2,699,586
OLEDパネル	490,343	437,916	2,579,723	3,811,793
その他フラットパネルディスプレイパネル	293,783	538,248	814,222	919,907
センサー	927,905	1,327,205	1,576,039	1,945,687
電子管	285,966	263,966	230,289	189,562
手動部品	5,770,718	6,189,631	6,204,630	6,696,055
抵抗器	294,452	306,211	251,199	256,319
固定抵抗器	194,646	197,812	185,162	124,405
可変式抵抗器	91,498	99,519	59,953	126,764
抵抗器の部品	8,308	8,880	6,084	5,150
変成器	3,616,196	3,924,587	4,441,027	5,253,914
電子部品用変成器	483,748	444,661	341,900	858,394
変成器の部品	751,419	693,364	277,695	269,574
その他変成器	2,381,029	2,786,561	3,821,432	4,125,946
コンデンサー	1,730,595	1,807,613	1,298,388	944,706
固定式コンデンサー	1,055,534	1,165,910	979,982	609,792
可変式コンデンサー	49,023	37,960	115,541	105,370
コンデンサー部品	626,038	603,743	202,865	229,544
リレー	129,475	151,220	214,016	241,116
接続部品(器具部品)	13,780,268	16,289,040	17,395,702	22,511,447
開閉および保護関連器具	2,551,054	3,036,258	2,797,652	2,849,790
スイッチ	741,824	1,250,725	1,251,253	1,300,230
ヒューズ	20,047	38,279	42,670	28,386
開閉および保護関連器具部品	244,421	657,247	1,253,369	1,233,452
その他開閉および保護関連器具	1,544,762	1,090,008	250,360	287,722
接続部品	3,634,702	4,266,581	4,100,781	4,477,640
プラグ&コンセント	174,065	220,696	153,698	187,230
コネクタ	2,547,363	2,834,215	2,294,629	2,716,495
その他接続部品	913,274	1,211,670	1,652,454	1,573,915
PCB	7,594,512	8,986,201	10,497,269	15,184,017
その他電子部品	1,200,703	1,568,801	1,659,825	2,330,422
合計	122,408,125	174,295,426	173,085,055	180,603,042

出所：2013 ICT実態調査

情報通信・放送・インターネット・コンテンツ・医療機器・ロボット

<表1-21> 年度別部品輸出額 (単位: 千ドル)

区分	2009	2010	2011	2012
半導体	31,041,897	50,707,058	50,146,045	50,430,358
電子集積回路	28,157,673	44,563,273	43,491,975	43,837,706
半導体メモリ	15,865,246	28,470,052	23,533,263	19,293,353
DRAM	9,505,492	18,790,611	12,818,767	10,246,609
SRAM	120,890	125,365	63,861	31,585
Flashメモリー	2,000,824	2,795,394	3,227,886	2,083,993
その他半導体メモリー	4,238,041	6,758,682	7,422,749	6,931,166
システム半導体	12,292,427	16,093,221	19,958,712	24,544,353
マイクロコンポーネント	-	-	-	-
Logics	-	-	-	-
アナログIC	29,033	13,122	15,104	12,213
SLIC	-	-	-	-
ハイブリッドIC	-	-	-	-
ASSP	-	-	-	-
その他	29,033	13,122	15,104	12,213
その他デジタルIC	12,263,394	16,080,099	19,943,608	24,532,140
ディスクリート半導体	873,883	1,121,490	1,009,304	1,028,826
ダイオード	442,971	578,255	675,527	242,526
トランジスタ	173,804	201,489	223,812	662,017
その他半導体ディスクリート	257,107	341,746	109,966	124,284
オプトエレクトロニクス	1,326,842	3,846,461	3,910,012	3,898,803
発光素子	699,487	1,803,197	2,365,326	2,736,530
受光素子	-	250	372	1,207
イメージセンサー	54,009	86,196	98,498	319,899
感光性半導体素子	573,347	1,956,818	1,445,815	841,168
シリコンウェハー	455,834	815,707	1,067,886	940,083
半導体部品	227,664	360,127	666,868	724,941
アナログIC,デジタルIC部品	227,664	360,127	407,746	432,350
リードフレーム	212,346	336,409	376,914	410,717
その他電子集積回路部品	15,318	23,718	30,832	21,633
ディスクリート半導体部品	-	-	259,122	292,590
フラットパネルディスプレイ	26,522,048	33,772,127	31,380,220	31,924,366
LCDディスプレイパネル	23,454,017	29,969,443	27,870,289	28,204,491
フラットパネルディスプレイパネル部品	2,860,505	3,640,900	3,419,974	3,622,395
LCD部品	1,142,051	1,412,582	1,484,564	-
BLU	1,142,051	1,412,582	1,484,564	-
その他部品	-	-	-	-
その他フラットパネルディスプレイパネル部品	1,718,454	2,228,318	1,935,410	-

<続く>

区分	2009	2010	2011	2012
その他フラットパネルディスプレイフレームパネル	207,526	161,784	89,957	97,479
PDPパネル	-	-	-	-
OLEDパネル	-	-	-	-
その他フラットパネルディスプレイパネル	207,526	161,784	89,957	97,479
センサー	455,745	664,163	833,502	1,155,897
電子管	314,556	278,679	187,579	46,023
陰極線管(CRT)	227,293	200,782	124,600	2,023
カラーTV用ブラウン管	226,455	200,556	124,475	1,784
その他陰極線管	838	227	125	240
マグネトロン	39,404	24,462	21,506	20,362
電子管部分品	46,847	46,182	37,670	18,764
電子銃	7,606	10,702	10,017	148
その他電子管部品	39,241	35,480	27,653	18,615
その他電子管	1,011	7,253	3,803	4,874
手動部品	1,150,365	1,598,871	1,605,379	1,523,935
抵抗器	59,540	73,132	67,261	72,093
固定抵抗器	45,101	50,594	52,671	60,103
可変式抵抗器	655	396	1,381	576
抵抗器の部品	13,784	22,142	13,209	11,414
変成器	143,969	184,112	197,453	256,260
電子部品用変成器	143,969	184,112	197,453	256,260
変成器の部品	-	-	-	-
その他変成器	-	-	-	-
コンデンサー	883,955	1,256,884	1,263,730	1,093,313
固定式コンデンサー	784,806	1,108,742	1,141,795	1,008,891
可変式コンデンサー	53,186	56,876	55,030	60,740
コンデンサー部品	45,963	91,266	66,905	23,682
リレー	62,901	84,743	76,936	102,269
接続部品(器具部品)	3,169,237	4,201,529	4,867,567	6,030,664
開閉および保護関連器具	380,632	460,330	421,051	436,685
スイッチ	275,291	308,266	276,613	314,757
ヒューズ	31,284	41,893	49,312	53,072
開閉および保護関連器具部品	74,057	110,171	95,125	68,855
その他開閉および保護関連器具	-	-	-	-
接続部品	691,792	928,299	1,071,574	1,314,846
プラグ&コンセント	-	-	-	-
コネクタ	-	-	-	-
その他接続部品	691,792	928,299	1,071,574	1,314,846
PCB	2,096,813	2,812,900	3,374,942	4,279,132
その他電子部品	62,343	79,312	113,436	117,472
合計	62,716,192	91,301,739	89,133,727	91,228,715

出所：2013 ICT実態調査

<表1-22> 年度別部品輸入額 (単位:千ドル)

区分	2009	2010	2011	2012
半導体	26,619,041	31,137,245	32,483,257	32,242,381
電子集積回路	21,855,327	24,490,622	25,862,123	25,795,027
半導体メモリ	4,137,010	6,048,174	6,781,361	5,445,955
DRAM	664,927	2,212,035	3,144,599	3,548,043
SRAM	18,885	11,718	18,656	7,271
Flashメモリー	922,143	1,315,441	1,702,169	1,292,158
その他半導体メモリー	2,531,055	2,508,980	1,915,937	598,484
システム半導体	17,718,317	18,442,448	19,080,762	20,349,072
マイクロコンポーネント	-	-	-	-
Logics	-	-	-	-
アナログIC	156,308	110,545	91,224	82,695
SLIC	-	-	-	-
ハイブリッドIC	-	-	-	-
ASSP	-	-	-	-
その他	156,308	110,545	91,224	82,695
その他デジタルIC	17,562,009	18,331,903	18,989,537	20,266,377
ディスクリート半導体	1,468,200	1,825,809	1,796,819	1,688,100
ダイオード	627,041	830,135	852,553	529,697
トランジスタ	374,626	459,299	462,088	760,251
その他半導体ディスクリート	466,533	536,375	482,179	398,151
オプトエレクトロニクス	2,008,750	2,813,453	2,841,964	3,059,682
発光素子	1,127,942	1,852,339	2,032,327	2,203,172
受光素子	9,970	19,908	22,349	39,940
イメージセンサー	162,459	203,845	282,091	533,684
感光性半導体素子	708,379	737,361	505,198	282,885
シリコンウェハー	1,230,524	1,892,841	1,876,134	1,573,601
半導体部品	56,240	114,521	106,217	125,971
アナログIC,デジタルIC部品	56,240	114,521	76,115	91,571
リードフレーム	47,286	105,137	66,092	60,167
その他電子集積回路部品	8,954	9,384	10,023	31,403
ディスクリート半導体部品	-	-	30,102	34,400
フラットパネルディスプレイ	5,337,708	6,496,435	6,690,525	6,468,220
LCDディスプレイパネル	3,334,934	3,948,212	4,011,917	3,550,239
フラットパネルディスプレイパネル部品	1,870,738	2,217,821	2,556,606	2,788,373
LCD部品	587,959	522,067	508,975	-
BLU	587,959	522,067	508,975	-
その他部品	-	-	-	-
その他フラットパネルディスプレイパネル部品	1,282,780	1,695,753	2,047,631	-
その他フラットパネルディスプレイフレームパネル	132,035	330,402	122,002	129,608
PDPパネル	-	-	-	-
OLEDパネル	131,116	329,651	-	-
その他フラットパネルディスプレイパネル	919	751	122,002	129,608

<続く>

区分	2009	2010	2011	2012
センサー	888,860	1,088,011	1,139,948	1,205,078
電子管	156,046	118,005	79,502	78,587
陰極線管(CRT)	7,535	6,631	3,709	5,510
カラーTV用ブラウン管	6,380	5,392	2,835	5,088
その他陰極線管	1,155	1,240	874	423
マグネトロン	5,711	7,447	5,645	5,796
電子管部分品	110,770	65,386	34,718	8,655
電子銃	358	320	209	493
その他電子管部品	110,412	65,067	34,509	8,162
その他電子管	32,030	38,540	35,429	58,626
手動部品	1,330,077	1,706,547	1,828,468	1,820,557
抵抗器	129,477	166,302	166,556	155,474
固定抵抗器	116,876	152,574	147,655	129,794
可変式抵抗器	4,608	5,429	8,343	10,168
抵抗器の部品	7,993	8,299	10,558	15,511
変成器	218,795	266,491	277,152	282,080
電子部品用変成器	218,795	266,491	277,152	282,080
変成器の部品	-	-	-	-
その他変成器	-	-	-	-
コンデンサー	802,704	1,023,507	1,101,423	1,126,873
固定式コンデンサー	662,071	842,121	929,791	950,416
可変式コンデンサー	128,076	167,004	157,472	164,283
コンデンサー部品	12,556	14,383	14,160	12,175
リレー	179,101	250,246	283,337	256,129
接続部品(器具部品)	2,925,283	3,684,573	4,101,403	4,571,804
開閉および保護関連器具	369,173	490,800	516,850	508,681
スイッチ	266,104	341,508	369,715	354,280
ヒューズ	67,199	90,193	111,232	112,762
開閉および保護関連器具部品	35,869	59,099	35,903	41,639
その他開閉および保護関連器具	-	-	-	-
接続部品	1,110,088	1,263,438	1,305,984	1,365,798
プラグ&コンセント	-	-	-	-
コネクタ	-	-	-	-
その他接続部品	1,110,088	1,263,438	1,305,984	1,365,798
PCB	1,446,022	1,930,335	2,278,569	2,697,326
その他電子部品	87,075	132,420	268,626	292,299
合計	37,344,090	44,363,236	46,591,728	46,678,927

出所：2013 ICT実態調査

<表1-23> 年度別情報通信アプリケーション基盤機器生産額　　　　　　　　　（単位：百万ウォン）

区分	2009	2010	2011	2012
家庭用機器	14,293,997	17,443,869	18,073,167	17,100,295
冷蔵庫	4,048,122	5,001,531	5,062,511	4,793,193
一般の冷蔵庫	2,694,948	3,378,267	2,817,391	2,675,000
キムチ冷蔵庫	728,732	733,104	1,326,400	1,173,038
冷蔵庫の部品	624,442	890,160	918,720	945,155
家庭用回転機器	7,908,024	9,583,904	9,883,600	9,119,365
洗濯機	2,541,872	2,771,103	2,658,992	2,130,939
エアコン	2,460,822	2,765,070	2,904,699	2,787,472
電気掃除機	501,815	617,232	466,312	448,707
食器洗浄機	252,722	420,483	511,002	492,788
家庭用回転機器部品	1,805,897	2,645,828	2,871,808	2,648,237
エアコン部品	1,519,340	2,191,648	2,395,065	2,289,230
その他家庭用回転機器部品	286,557	454,180	476,743	359,007
その他回転機器	344,896	364,188	470,787	611,222
暖房及び電熱機器	1,488,419	1,537,381	1,457,948	1,394,162
暖房機器	381,569	299,528	386,142	388,701
電熱機器	900,067	1,011,210	932,364	884,345
電子レンジ	401,916	400,439	333,576	330,148
電気釜	358,335	430,776	419,989	402,452
その他電熱機器	139,816	179,995	178,799	151,745
暖房機器及び熱電気器部品	206,783	226,643	139,442	121,116
その他家庭用機器	849,432	1,321,053	1,669,108	1,793,575
事務用機器	1,501,482	2,126,190	1,982,397	1,996,778
電子計算機	221,301	257,269	227,738	248,877
コピー機	487,809	661,245	612,431	627,639
現金自動処理機	675,599	999,309	1,043,558	1,008,665
自動販売機	116,773	208,367	98,670	111,597

<続く>

区分	2009	2010	2011	2012
医療用機器	1,052,417	1,239,773	1,608,511	1,761,094
X線及び放射線機器	294,062	347,976	475,643	488,569
医療及び産業用放射線装置	285,903	333,361	400,724	434,150
放射線装置の部品	8,159	14,615	74,919	54,419
電気診断及び治療機器	758,355	891,797	1,132,868	1,272,525
電気診断機器	430,741	490,488	634,328	738,594
超音波診断装置	339,689	386,505	519,565	608,834
心電計	18,769	19,620	16,815	23,129
電子血圧計	5,922	5,886	12,445	12,148
その他電気及び電子診断機器	66,361	78,477	85,503	94,483
電気治療機器	286,097	343,342	400,081	442,424
光線治療器	209,162	263,793	282,980	300,861
患者監視装置	32,790	34,188	40,901	49,366
その他治療機器	44,145	45,361	76,200	92,197
医療用電子機器部品	41,517	57,967	98,459	91,507
計測、制御、分析機器	4,393,155	5,319,743	6,843,589	7,731,562
計測器	1,428,391	1,529,281	1,856,322	2,629,288
自動制御器	1,704,110	2,000,547	2,780,709	2,802,546
試験分析器	1,155,622	1,670,706	2,097,696	2,168,088
電子時計	105,032	119,209	108,862	131,640
電気機器	8,833,761	10,682,231	12,138,416	14,687,413
電球及び照明装置	3,535,992	4,295,274	4,383,291	5,566,877
電球	836,798	833,283	606,155	1,469,867
照明機器	2,699,194	3,461,991	3,777,136	4,097,010
電池及び蓄電池	4,638,525	5,582,717	6,857,963	8,244,114
電池	140,842	178,647	287,663	247,209
蓄電池	4,497,683	5,404,070	6,570,300	7,996,905
電気警報及び信号デバイス	659,244	804,240	897,162	876,422
盗難火災及び警報デバイス		503,454	372,834	332,978
電気式交通制御デバイス	261,131	300,786	524,328	543,444
合計	30,074,812	36,811,806	40,646,080	43,277,142

出所:2013 ICT実態調査

<表1-24> 年度別情報通信アプリケーション基盤機器輸出額　　　　　　　　(単位：千ドル)

区分	2009	2010	2011	2012
家庭用機器	3,722,393	4,509,902	4,761,834	4,658,746
冷蔵庫	1,784,427	2,317,737	2,482,534	2,449,631
一般の冷蔵庫	1,521,314	1,995,492	2,140,879	2,123,526
キムチ冷蔵庫	-	-	-	-
冷蔵庫の部品	263,113	322,246	341,656	326,106
家庭用回転機器	1,336,284	1,574,098	1,607,477	1,506,165
洗濯機	647,612	685,200	655,298	557,711
エアコン	255,723	286,115	341,793	313,872
電気掃除機	291,507	407,761	-	-
食器洗浄機	102,551	139,676	-	-
家庭用回転機器部品	-	-	-	-
エアコン部品	-	-	-	-
その他家庭用回転機器部品	-	-	-	-
その他回転機器	38,891	55,345	610,386	634,582
暖房及び電熱機器	360,411	369,622	383,754	387,723
暖房機器	32,607	15,599	37,553	38,892
電熱機器	198,986	205,152	188,302	177,687
電子レンジ	113,359	105,646	-	-
電気釜	14,346	19,596	-	-
その他電熱機器	71,280	79,911	-	-
暖房機器及び熱電気器部品	128,818	148,871	157,900	171,144
その他家庭用機器	241,271	248,444	288,068	315,227
事務用機器	350,320	444,550	482,670	453,643
電子計算機	950	545	-	-
コピー機	140,544	161,071	-	-
現金自動処理機	199,774	267,725	-	-
自動販売機	9,052	15,209	-	-

<続く>

区分	2009	2010	2011	2012
医療用機器	835,756	1,044,765	1,178,399	1,406,992
X線及び放射線機器	180,435	256,028	294,034	347,900
医療及び産業用放射線装置	117,438	161,279	-	-
放射線装置の部品	62,997	94,749	-	-
電気診断及び治療機器	655,320	788,737	884,365	1,059,093
電気診断機器	512,279	621,403	-	-
超音波診断装置	231,692	294,986	-	-
心電計	3,471	4,716	-	-
電子血圧計	1,865	1,859	-	-
その他電気及び電子診断機器	275,251	319,841	-	-
電気治療機器	-	-	-	-
光線治療器	-	-	-	-
患者監視装置	-	-	-	-
その他治療機器	-	-	-	-
医療用電子機器部品	143,041	167,334	-	-
計測、制御、分析機器	1,766,901	2,901,707	4,099,047	4,993,110
計測器	892,896	1,323,103	1,599,240	1,869,238
自動制御器	266,427	289,062	534,946	775,717
試験分析器	607,119	1,289,315	1,964,568	2,347,941
電子時計	460	227	294	214
電気機器	4,131,555	5,887,486	8,698,646	11,227,635
電球及び照明装置	421,407	547,312	1,040,167	1,557,876
電球	200,772	181,870	-	-
照明機器	220,635	365,443	-	-
電池及び蓄電池	3,183,350	4,083,646	4,937,458	4,782,437
電池	294,233	360,607	-	-
蓄電池	2,889,117	3,723,039	-	-
電気警報及び信号デバイス	526,798	1,256,528	2,721,021	4,887,322
盗難火災及び警報デバイス	517,412	1,241,554	-	-
電気式交通制御デバイス	9,386	14,973	-	-
合計	10,806,925	14,788,410	19,220,596	22,740,126

出所:2013 ICT実態調査

<表1-25> 年度別情報通信アプリケーション基盤機器輸入額　　　　　　　　　　(単位：千ドル)

区分	2009	2010	2011	2012
家庭用機器	752,085	899,306	1,122,966	1,284,558
冷蔵庫	69,505	83,040	88,981	122,415
一般の冷蔵庫	59,680	55,149	70,297	105,428
キムチ冷蔵庫	-	-	-	-
冷蔵庫の部品	9,825	27,891	18,685	16,987
家庭用回転機器	219,981	229,934	341,939	390,500
洗濯機	53,426	70,902	57,261	70,798
エアコン	27,912	31,862	92,147	122,885
電気掃除機	35,650	36,842	-	-
食器洗浄機	4,960	5,214	-	-
家庭用回転機器部品	-	-	-	-
エアコン部品	-	-	-	-
その他家庭用回転機器部品	-	-	-	-
その他回転機器	98,033	85,114	192,531	196,818
暖房及び電熱機器	310,652	365,920	446,301	489,321
暖房機器	44,107	52,932	56,642	53,392
電熱機器	173,325	200,000	263,022	280,863
電子レンジ	8,089	17,037	-	-
電気釜	15,750	12,635	-	-
その他電熱機器	149,486	170,328	-	-
暖房機器及び熱電気器部品	93,220	112,988	126,637	155,065
その他家庭用機器	151,947	220,413	245,745	282,322
事務用機器	171,310	135,930	104,520	75,494
電子計算機	11,917	13,747	-	-
コピー機	83,174	76,859	-	-
現金自動処理機	68,924	37,231	-	-
自動販売機	7,295	8,093	-	-

<続く>

区分	2009	2010	2011	2012
医療用機器	1,141,883	1,429,455	1,539,828	1,527,949
X線及び放射線機器	380,010	513,652	526,327	501,238
医療及び産業用放射線装置	227,367	311,721	-	-
放射線装置の部品	152,644	201,931	-	-
電気診断及び治療機器	761,873	915,803	1,013,501	1,026,711
電気診断機器	589,453	709,271	-	-
超音波診断装置	30,862	42,253	-	-
心電計	2,530	3,312	-	-
電子血圧計	8,903	9,540	-	-
その他電気及び電子診断機器	547,157	654,165	-	-
電気治療機器	-	-	-	-
光線治療器	-	-	-	-
患者監視装置	-	-	-	-
その他治療機器	-	-	-	-
医療用電子機器部品	172,420	206,532	-	-
計測、制御、分析機器	4,256,908	5,671,618	6,489,107	7,000,028
計測器	2,034,287	2,663,561	3,110,719	3,241,973
自動制御器	854,696	1,170,279	1,274,115	1,305,237
試験分析器	1,366,286	1,835,725	2,101,891	2,448,521
電子時計	1,639	2,053	2,382	4,297
電気機器	1,913,829	2,157,301	2,424,367	2,429,894
電球及び照明装置	589,505	686,257	815,180	838,628
電球	328,195	357,260	-	-
照明機器	261,310	328,997	-	-
電池及び蓄電池	1,036,726	1,166,380	1,317,885	1,204,564
電池	344,231	429,523	-	-
蓄電池	692,495	736,857	-	-
電気警報および信号デバイス	287,598	304,664	291,302	386,701
盗難火災および警報デバイス	213,061	261,567	-	-
電気式交通制御デバイス	74,537	43,098	-	-
合計	8,236,015	10,293,610	11,680,788	12,317,922

出所:2013 ICT実態調査

<表1-26> 年度別ソフトウェアおよびデジタルコンテンツ生産額　　　　　　　　　　（単位：百万ウォン）

区分	2009	2010	2011	2012
パッケージソフトウェア	3,344,649	3,712,329	3,996,477	4,445,938
システムソフトウェア	1,493,572	1,560,380	1,744,899	1,921,082
オペレーティングシステム	55,289	57,690	65,139	76,469
セキュリティ	560,354	584,182	767,512	874,304
IT運用管理	63,064	154,298	165,054	166,286
ミドルウェア	180,415	181,298	178,301	192,785
アップリケーション開発, テスト	210,249	210,180	192,170	210,646
その他	424,201	372,732	376,723	400,592
アプリケーションソフトウェア	1,851,077	2,151,949	2,251,578	2,524,856
個人用	129,856	133,657	135,168	145,021
産業汎用	668,948	826,585	822,420	916,340
産業特化	513,524	695,759	770,074	849,621
その他	538,749	495,948	523,916	613,874
ITサービス	22,662,669	23,515,555	25,526,418	27,794,726
ITコンサルティングおよびシステム開発	14,000,604	14,137,785	15,383,486	16,205,278
ITシステムの管理及びサポートサービス	8,286,595	9,148,930	9,921,403	10,847,835
その他ITサービス	375,470	228,840	221,529	741,613
デジタルコンテンツ開発・制作	-	-	-	9,726,034
出版	-	-	-	206,315
e-book	-	-	-	206,315
ビデオ	-	-	-	632,572
デジタルアニメーション	-	-	-	7,236
その他	-	-	-	625,336
音楽	-	-	-	81,123
ゲーム	-	-	-	7,892,806
PCゲーム	-	-	-	68,000
ビデオゲーム	-	-	-	160,869
アーケードゲーム	-	-	-	79,113
オンラインゲーム	-	-	-	6,783,902
モバイルゲーム	-	-	-	800,922
教育	-	-	-	913,218
e-learning	-	-	-	913,218
合計	26,007,318	27,227,884	29,522,895	41,966,698

注) システム統合(SI) 生産額(売上額)はH/W機器生産額(売上額)を含む　　　　　　出所：2013 ICT実態調査

<表1-27> 年度別ソフトウェアおよびデジタルコンテンツ輸出額　　(単位：千ドル)

区分	2009	2010	2011	2012
パッケージソフトウェア	214,993	303,341	330,032	865,797
システムソフトウェア	80,677	99,653	108,629	115,892
オペレーティングシステム	-	-	-	-
セキュリティ	31,365	32,099	36,494	62,596
ストレージ	-	140	278	-
IT運用管理	1,500	5,466	6,544	9,149
データの分析及び管理	1,168	784	2,279	3,625
ミドルウェア	14,672	31,070	37,165	25,946
アップリケーション開発, テスト	1,878	6,434	3,948	2,694
その他	30,095	23,660	21,921	11,882
アプリケーションソフトウェア	134,316	203,688	221,403	749,905
個人用	1,708	2,543	4,020	6,226
産業汎用	17,474	43,706	62,101	610,139
産業特化	83,835	122,272	130,521	110,233
その他	31,299	35,167	24,761	23,307
ITサービス	804,998	1,035,030	1,188,425	1,600,018
ITコンサルティングおよびシステム開発	407,531	714,041	790,397	1,091,109
ITシステムの管理及びサポートサービス	384,616	318,877	396,596	507,905
その他ITサービス	12,851	2,112	1,432	1,004
合計	1,019,991	1,338,371	1,518,457	2,465,815

出所：2013 ICT実態調査

2) ICT産業輸出入実績

<表1-28> 全産業および ICT輸出入現況(2013年)　　　(単位：億ドル，( ) 前年比 %)

区分	全産業	ICT	比重
輸出(増減率)	5,597 (2.2)	1,694 (9.1)	30.3
輸入(増減率)	5,155 (△0.8)	808 (3.7)	15.7
貿易収支	442	886	

出所：未来創造科学部

<表1-29> 品目別輸出実績　　　(単位：億ドル，( ) 前年比 %)

区分	携帯電話	半導体	D-TV	SW
輸出額	248.7	571.5	74.3	34.5
増加率	23.0	13.3	18.0	54.3

出所：未来創造科学部

<表1-30> 地域別輸出実績　　　(単位：億ドル，( ) 前年比 %)

区分	中国(香港を含む)	ASEAN	北米	ヨーロッパ
輸出額	855.5	213.3	173.6	157.8
増加率	8.2	24.3	18.0	0.7

出所：未来創造科学部

<表1-31> 全輸出および5大ICT品目輸出額および比率(2013年)　　　(単位：億ドル，%)

順位	全輸出			ICT 輸出		
	品目	輸出額	全輸出対比比率	品目	輸出額	ICT輸出対比比率
1	半導体	571.5	10.2	半導体	571.5	33.7
2	石油製品	527.8	9.4	ディスプレイパネル	293.3	17.3
3	自動車	486.6	8.7	携帯電話	248.7	14.7
4	石油化学	483.9	8.6	医療精密機器	84.1	5.0
5	一般機械	463.6	8.3	器具部品(PCBなど)	72.3	4.3

出所：未来創造科学部

<表1-32> 主要国別・品目別ICT産業輸出額(2013年)　　　　　　　　　　　　(単位：億ドル, %：前年比)

区分	半導体		ディスプレイパネル		携帯電話		ICT全体	
全体	571.5	(13.3)	293.3	(△8.1)	248.7	(23.0)	1,694.2	(9.1)
中国(香港を含む)	333.6	(14.9)	209.8	(△10.3)	72.4	(29.6)	855.5	(8.2)
米国	29.1	(11.5)	1.5	(0.1)	68.2	(36.5)	162.4	(16.5)
日本	22.5	(△15.0)	1.6	(△0.7)	17.2	(△33.7)	69.5	(△16.9)
EU	14.8	(△3.4)	28.7	(△27.4)	30.8	(9.4)	134.8	(△0.2)

出所：関税庁通関基準

<表1-33> 主要国別・品目別ICT産業輸入額(2013年)　　　　　　　　　　　　(単位：億ドル, %：前年比)

区分	電子部品		コンピューター及び周辺機器		ICTアプリケーション基盤機器		全体	
全体	489.7	(4.9)	90.7	(0.4)	129.8	(3.1)	808.0	(3.7)
中国(香港を含む)	139.7	(2.1)	54.6	(△3.1)	30.3	(8.2)	277.5	(2.2)
日本	87.5	(0.8)	4.2	(△15.1)	21.7	(△15.4)	122.9	(△3.3)
米国	45.6	(△9.7)	5.8	(13.1)	22.5	(△6.7)	78.7	(△8.5)
台湾	100.8	(10.2)	2.0	(5.7)	1.4	(53.3)	107.2	(7.0)

出所：関税庁通関基準

<表1-34> ICT産業および全産業輸出入動向　　　　　　　　　　　　(単位：億ドル, %：前年(同月)対比)

区分		2013				2012			
		12月P		年間P		12月		年間	
輸出	全産業	480.5	(7.1)	5,597.2	(2.2)	448.8	(△6.0)	5,478.7	(△1.3)
	ICT産業	136.8	(4.5)	1,694.2	(9.1)	130.9	(4.1)	1,552.4	(△0.9)
輸入	全産業	443.8	(3.0)	5,155.3	(△0.8)	430.7	(△5.3)	5,195.8	(△0.9)
	ICT産業	69.4	(5.4)	808.0	(3.7)	65.9	(△1.2)	779.5	(△4.4)
貿易収支	全産業	36.8		441.9		18.1		282.9	
	ICT産業	67.4		886.2		65.0		772.8	

出所：未来創造科学部

<表1-35> 月別携帯電話(部分品含む)輸出額推移(2013年) (単位：億ドル,％：前年比)

区分	'13.1	2	3	4	5	6
携帯電話(部分品含む)	19.1 (32.5)	14.9 (11.8)	18.4 (23.8)	21.9 (50.3)	24.9 (61.1)	17.2 (8.8)
スマートフォン	9.5 (11.1)	7.0 (△3.9)	9.1 (6.6)	11.1 (30.8)	14.2 (48.7)	8.4 (△6.0)
フィーチャーフォン	0.6 (△21.0)	0.4 (△59.0)	0.5 (△38.1)	0.4 (△49.9)	0.3 (△54.8)	0.4 (△41.9)
部分品	8.9 (78.3)	7.5 (48.0)	8.8 (59.9)	10.4 (96.1)	10.4 (99.7)	8.3 (37.0)

区分	7	8	9	10	11	12	年間
携帯電話(部分品含む)	18.7 (31.2)	19.5 (28.5)	22.3 (2.0)	29.4 (30.5)	25.7 (10.4)	16.7 (△0.2)	248.7 (23.0)
スマートフォン	8.6 (27.8)	8.7 (22.5)	10.4 (△13.5)	17.0 (29.7)	15.5 (13.4)	7.6 (△7.9)	127.0 (13.2)
フィーチャーフォン	0.4 (△39.0)	0.5 (△18.0)	0.3 (△70.1)	0.4 (△20.7)	0.2 (△59.3)	0.2 (△66.6)	4.7 (△46.0)
部分品	9.8 (41.7)	10.4 (37.6)	11.6 (30.2)	12.1 (34.4)	9.9 (10.6)	8.9 (12.9)	116.9 (43.8)

出所：未来創造科学部

<表1-36> 全輸出額及びICT5大品目輸出額(2013年) (単位：億ドル,％)

順位	全輸出			ICT輸出		
	品目	輸出額	全輸出対比比率	品目	輸出額	ICT輸出対比比率
1	半導体	571.5	10.2	半導体	571.5	33.7
2	石油製品	527.8	9.4	ディスプレイパネル	293.3	17.3
3	自動車	486.6	8.7	携帯電話	248.7	14.7
4	石油化学	483.9	8.6	医療精密機器	84.1	5.0
5	一般機械	463.6	8.3	器具部品(PCBなど)	72.3	4.3

出所：未来創造科学部

<表 1-37> 半導体輸出額推移 (単位:億ドル,%:前年同月比)

区分		'13.1	2	3	4	5	6
半導体		40.3 (7.2)	39.0 (0.9)	45.9 (6.6)	43.1 (12.5)	49.5 (17.2)	46.5 (6.9)
	メモリ	13.5 (△8.2)	15.0 (△1.3)	19.5 (11.1)	20.7 (34.5)	22.3 (27.0)	23.9 (23.1)
	Dラム	7.2 (△9.7)	8.1 (△0.2)	10.0 (3.0)	10.4 (18.3)	11.6 (21.2)	12.1 (17.4)
	NAND型	2.0 (4.7)	2.5 (51.4)	3.0 (88.1)	2.8 (95.1)	3.1 (121.7)	3.4 (125.7)
システム半導体		21.5 (16.4)	19.3 (7.5)	20.7 (4.3)	16.7 (△3.3)	20.9 (10.5)	16.7 (△9.3)

区分		7	8	9	10	11	12	年間
半導体		48.0 (21.7)	49.9 (22.0)	54.1 (21.1)	53.3 (14.9)	49.7 (8.1)	51.9 (20.0)	571.5 (13.3)
	メモリ	23.1 (55.2)	22.8 (46.6)	22.9 (45.9)	22.9 (43.1)	22.8 (49.1)	25.7 (63.9)	255.1 (32.2)
	Dラム	12.6 (43.8)	12.3 (51.8)	11.6 (44.3)	11.9 (47.4)	13.4 (85.1)	16.4 (110.3)	137.6 (34.3)
	NAND型	2.9 (71.7)	3.0 (84.6)	3.2 (90.8)	3.1 (58.7)	3.3 (59.1)	3.5 (50.2)	35.8 (71.7)
システム半導体		19.1 (2.0)	21.4 (9.9)	25.6 (10.3)	24.8 (△1.6)	21.8 (△13.5)	21.2 (△6.7)	249.7 (1.7)

出所:未来創造科学部

情報通信・放送・インターネット・コンテンツ・医療機器・ロボット

<表1-38> ディスプレイ輸出額推移　　　　　　　　　　　　　　(単位：億ドル,%：前年同月比)

区分	'13.1	2	3	4	5	6
パネル	26.2	23.7	26.6	26.4	24.9	21.7
(増減率)	(15.3)	(4.6)	(5.4)	(1.9)	(△7.9)	(△14.3)
部分品	2.8	2.6	2.7	2.8	2.7	2.6
(増減率)	(1.9)	(△7.0)	(△4.6)	(△2.7)	(△12.5)	(△10.6)

区分	7	8	9	10	11	12	年間
パネル	23.5	24.7	22.7	25.6	24.2	23.0	293.3
(増減率)	(△15.2)	(△12.7)	(△19.1)	(△14.8)	(△14.4)	(△17.6)	(△8.1)
部分品	2.9	3.0	2.8	2.8	2.7	2.6	33.2
(増減率)	(△9.1)	(△8.3)	(△12.1)	(△15.3)	(△11.3)	(△7.3)	(△8.4)

出所：未来創造科学部

<表1-39> D-TV(部分品含む) 輸出額推移　　　　　　　　　　　(単位：億ドル,%：前年同月比)

区分	'13.1	2	3	4	5	6
D-TV (部分品含む)	5.0	4.9	5.1	5.7	6.1	5.0
	(5.1)	(△9.1)	(△4.2)	(5.0)	(19.2)	(2.2)
LCD TV	0.8	0.8	0.9	0.8	1.0	0.6
	(40.8)	(41.6)	(37.1)	(6.2)	(23.0)	(△10.5)
PDP TV	0.2	0.1	0.2	0.2	0.2	0.1
	(△19.0)	(△44.8)	(33.4)	(54.4)	(95.8)	(△28.6)
TV部分品	3.9	4.0	4.0	4.6	4.9	4.2
	(1.2)	(△13.5)	(△11.2)	(3.3)	(16.4)	(6.0)

区分	7	8	9	10	11	12	年間
D-TV (部分品含む)	6.9	8.7	8.3	7.3	5.7	5.5	74.3
	(19.2)	(40.6)	(36.3)	(33.2)	(19.8)	(49.8)	(18.0)
LCD TV	0.9	1.1	1.3	1.3	1.1	1.0	11.8
	(28.1)	(30.5)	(37.6)	(31.4)	(27.3)	(57.3)	(28.6)
PDP TV	0.2	0.3	0.2	0.3	0.2	0.2	2.5
	(19.8)	(45.2)	(26.7)	(18.9)	(17.4)	(64.7)	(17.6)
TV部分品	5.7	7.3	6.8	5.7	4.3	4.3	59.6
	(17.8)	(42.3)	(36.3)	(33.4)	(16.3)	(44.7)	(15.9)

出所：未来創造科学部

<表1-40> コンピュータおよび周辺機器輸出額推移　　　　　　　　　（単位：億ドル,％：前年同月比）

区分			'13.1	2	3	4	5	6
コンピューター及び周辺機器			6.9 (22.7)	5.7 (△9.6)	6.0 (6.9)	5.7 (△5.5)	5.6 (△16.3)	6.4 (△1.5)
	コンピューター		1.0 (△4.9)	1.2 (7.3)	0.9 (23.3)	1.2 (20.9)	1.1 (△15.2)	1.2 (△1.0)
	コンピューター部品		1.4 (147.3)	0.7 (7.4)	0.8 (54.1)	0.7 (14.1)	0.5 (7.6)	0.7 (31.6)
	周辺機器		4.3 (10.9)	3.5 (△13.9)	4.1 (△1.5)	3.7 (△15.9)	3.8 (△20.9)	4.2 (△6.2)
		補助記憶装置	1.8 (47.4)	1.4 (31.5)	1.7 (62.5)	1.5 (△0.8)	1.7 (△0.7)	2.1 (17.0)
		プリンター	0.7 (△26.9)	0.6 (△47.5)	0.6 (△33.7)	0.7 (△28.5)	0.7 (△30.1)	0.5 (△41.9)
		モニター	1.1 (△18.5)	1.1 (△32.6)	1.3 (△25.8)	1.2 (△21.8)	1.1 (△34.2)	1.0 (△21.1)

区分			7	8	9	10	11	12	年間
コンピューター及び周辺機器			6.4 (△12.1)	5.8 (△17.8)	5.8 (△3.9)	5.9 (△14.4)	5.7 (△23.3)	5.7 (△2.4)	71.5 (△7.4)
	コンピューター		0.9 (△53.7)	0.7 (△60.6)	0.6 (△68.0)	1.0 (△50.8)	1.0 (△54.9)	0.9 (△28.0)	11.6 (△32.6)
	コンピューター部品		0.7 (27.6)	0.5 (△18.2)	0.6 (57.7)	0.5 (△52.6)	0.6 (7.6)	0.7 (45.0)	8.4 (19.8)
	周辺機器		4.5 (△3.3)	4.5 (△2.3)	4.5 (22.8)	4.2 (16.7)	3.9 (△12.4)	3.9 (△0.3)	49.1 (△3.1)
		補助記憶装置	2.1 (7.0)	2.2 (43.6)	2.4 (121.9)	2.1 (86.2)	2.0 (△5.2)	2.2 (39.5)	23.2 (30.6)
		プリンター	0.7 (△25.2)	0.6 (△23.5)	0.6 (△30.5)	0.6 (△9.0)	0.6 (△13.8)	0.5 (△10.9)	7.3 (△28.4)
		モニター	1.2 (△15.5)	1.1 (△40.1)	1.0 (△20.3)	1.1 (△21.1)	1.0 (△10.9)	0.9 (△25.7)	13.1 (△24.9)

出所：未来創造科学部

情報通信・放送・インターネット・コンテンツ・医療機器・ロボット

<表1-41> 中国(香港含む)輸出額推移 (単位:億ドル,%:前年同月比)

区分		'13.1	2	3	4	5	6
金額		65.3	56.6	67.2	69.8	75.1	67.7
(増減率)		(16.5)	(△0.6)	(7.7)	(17.0)	(16.2)	(4.4)
	中国	52.3	44.6	52.5	55.3	58.5	52.7
		(21.6)	(2.7)	(11.2)	(20.7)	(20.0)	(2.6)
	香港	13.1	12.0	14.7	14.5	16.7	15.0
		(△0.1)	(△11.2)	(△3.1)	(4.9)	(4.6)	(11.1)

区分		7	8	9	10	11	12	年間
金額		72.4	74.4	77.7	78.4	76.4	74.5	855.5
(増減率)		(10.4)	(9.6)	(10.2)	(3.4)	(1.3)	(5.4)	(8.2)
	中国	57.9	59.2	60.4	62.3	60.5	60.2	676.3
		(8.5)	(9.3)	(9.7)	(7.5)	(1.6)	(10.3)	(10.1)
	香港	14.5	15.2	17.3	16.1	15.8	14.3	179.2
		(18.6)	(10.6)	(12.0)	(△9.9)	(△0.1)	(△11.3)	(1.7)

出所:未来創造科学部

<表1-42> 米国輸出額推移 (単位:億ドル,%:前年同期比)

区分	'13.1	2	3	4	5	6
金額	12.5	10.4	12.8	15.3	17.6	13.7
(増減率)	(3.0)	(△13.7)	(8.0)	(16.1)	(48.0)	(24.7)

7	8	9	10	11	12	年間
14.5	13.6	14.0	14.1	12.9	11.1	162.4
(37.3)	(31.8)	(13.4)	(28.6)	(△1.0)	(8.7)	(16.5)

出所:未来創造科学部

<表1-43> EU輸出額推移 (単位:億ドル,%:前年同期比)

区分	'13.1	2	3	4	5	6
金額	11.3	11.6	12.5	11.9	8.9	8.0
(増減率)	(31.8)	(16.2)	(11.2)	(10.6)	(△28.5)	(△18.4)

7	8	9	10	11	12	年間
9.8	11.3	12.2	14.9	12.9	9.6	134.8
(△2.8)	(△3.1)	(△12.3)	(10.7)	(△1.5)	(△5.6)	(△0.2)

出所:未来創造科学部

<表1-44> 日本輸出額推移 (単位：億ドル,％：前年同期比)

区分	'13.1	2	3	4	5	6
金額	5.9	4.4	5.2	4.3	7.5	6.3
(増減率)	(△20.7)	(△27.7)	(△8.4)	(△21.9)	(29.8)	(△31.0)

	7	8	9	10	11	12	年間
	6.3	5.5	5.3	7.4	6.3	5.3	69.5
	(△24.6)	(△15.3)	(△18.3)	(△4.0)	(△28.2)	(△16.8)	(△16.9)

出所：未来創造科学部

<表1-45> 主要国別・品目別ICT産業輸入額(2013年) (単位：億ドル,％：前年比)

区分	電子部品		コンピューター及び周辺機器		ICTアプリケーション．基盤機器		全体	
全体	489.7	(4.9)	90.7	(0.4)	129.8	(3.1)	808.0	(3.7)
中国(香港を含む)	139.7	(2.1)	54.6	(△3.1)	30.3	(8.2)	277.5	(2.2)
日本	87.5	(0.8)	4.2	(△15.1)	21.7	(△15.4)	122.9	(△3.3)
米国	45.6	(△9.7)	5.8	(13.1)	22.5	(△6.7)	78.7	(△8.5)
台湾	100.8	(10.2)	2.0	(5.7)	1.4	(53.3)	107.2	(7.0)

出所：未来創造科学部

<表1-46> ICT貿易収支 (単位：億ドル)

区分	'13.1	2	3	4	5	6	7	8	9	10	11	12	年間
全体	4.1	19.2	33.1	24.8	59.3	59.7	24.6	47.3	36.2	48.8	48.0	36.8	441.9
ICT産業	61.1	63.6	70.1	73.5	82.7	69.0	72.9	81.4	81.5	84.7	78.4	67.4	886.2

出所：未来創造科学部

<表1-47> 主要品目別貿易収支 (単位：億ドル)

区分	'13.1	2	3	4	5	6	7	8	9	10	11	12	年間
携帯電話	13.6	13.1	16.3	20.0	22.7	15.0	15.7	16.8	19.5	24.0	20.2	12.8	209.7
半導体	12.6	15.7	16.4	13.8	18.5	19.2	19.7	22.5	22.0	19.4	21.6	23.9	225.2
パネル	21.7	19.5	22.1	21.8	20.1	17.0	18.6	19.4	18.0	20.7	19.8	18.8	237.5
TV	4.6	4.7	4.9	5.4	5.8	4.7	6.6	8.5	8.0	7.0	5.4	5.2	70.8

出所：未来創造科学部

<表1-48> 主要国別貿易収支 (単位：億ドル)

区分	'13.1	2	3	4	5	6	7	8	9	10	11	12	年間
中国(香港)	39.0	37.7	44.0	46.6	51.5	45.2	48.3	52.2	55.8	53.1	52.1	52.4	578.0
EU	5.5	7.4	6.9	6.8	3.8	2.2	4.7	6.3	6.0	9.0	7.4	2.5	68.5
米国	6.2	4.7	6.1	8.4	11.3	8.1	7.9	7.4	7.3	6.1	6.2	4.0	83.7
日本	△4.0	△4.5	△5.0	△6.5	△2.4	△2.8	△3.9	△4.2	△5.7	△4.3	△4.4	△5.7	△53.4

出所：未来創造科学部

情報通信・放送・インターネット・コンテンツ・医療機器・ロボット

<表1-49> 年度別全産業/ICT産業輸出入実績推移 (単位：億ドル, %)

区分	輸出			輸入			貿易収支	
	全産業	ICT産業	増減率	全産業	ICT産業	増減率	全産業	ICT産業
2000年	1,722.7	672.1	29.4	1,604.8	443.5	36.5	117.9	228.6
2001年	1,504.4	526.7	-21.6	1,411.0	355.4	-19.9	93.4	171.3
2002年	1,624.7	617.8	17.3	1,521.3	389.8	9.7	103.4	227.9
2003年	1,938.2	759.0	22.9	1,788.3	461.1	18.3	149.9	297.9
2004年	2,538.4	997.1	31.4	2,244.6	542.3	17.6	293.8	454.8
2005年	2,844.2	1,082.5	8.6	2,612.4	592.7	9.3	231.8	489.9
2006年	3,254.6	1,191.1	10.0	3,093.8	646.8	9.1	160.8	544.3
2007年	3,714.9	1,301.0	9.2	3,568.5	697.3	7.8	146.4	603.7
2008年	4,220.1	1,311.6	0.8	4,352.7	735.2	5.4	-132.7	576.4
2009年	3,635.3	1,209.5	-7.8	3,230.8	620.2	-15.6	404.5	589.3
2010年	4,663.8	1,539.4	27.3	4,252.1	756.2	21.9	411.7	783.2
2011年	5,552.1	1,566.2	1.7	5,244.1	815.4	7.8	308.0	750.8
2012	5,478.7	1,552.4	-0.9	5,195.8	779.5	-4.4	282.9	772.8
1/4	1,348.5	353.9	-5.5	1,336.7	190.9	-4.8	11.8	163.0
2/4	1,401.3	378.5	-5.0	1,304.3	188.9	-8.0	97.0	189.6
3/4	1,331.3	398.6	-0.5	1,256.5	192.5	-7.2	74.7	206.1
4/4	1,397.7	421.4	7.4	1,298.3	207.2	2.6	99.4	214.2
2013	5,597.2	1,694.2	9.1	5,155.3	808.0	3.7	441.9	886.2
1/4	1,353.3	387.0	9.3	1,296.8	192.2	0.7	56.5	194.8
2/4	1,411.7	425.2	12.3	1,267.9	200.0	5.9	143.8	225.1
3/4	1,367.9	436.4	9.5	1,259.7	200.6	4.2	108.1	235.8
4/4	1,464.4	445.6	5.8	1,330.9	215.1	3.8	133.5	230.5
1月	456.7	131.0	16.3	452.6	69.9	10.1	4.1	61.1
2月	423.4	118.5	1.9	404.1	54.8	-10.6	19.2	63.6
3月	473.2	137.5	10.0	440.0	67.5	2.0	33.1	70.1
4月	461.6	141.2	17.4	436.8	67.8	7.3	24.8	73.5
5月	483.1	151.4	17.1	423.8	68.7	7.8	59.3	82.7
6月	466.9	132.6	2.8	407.2	63.6	2.5	59.7	69.0
7月	458.3	140.5	9.9	433.7	67.6	6.1	24.6	72.9
8月	462.9	144.9	11.3	415.7	63.5	2.4	47.3	81.4
9月	446.6	151.0	7.5	410.4	69.6	4.1	36.2	81.5
10月	504.9	162.3	11.6	456.1	77.6	4.0	48.8	84.7
11月	479.0	146.5	1.0	431.0	68.2	2.2	48.0	78.4
12月	480.5	136.8	4.5	443.8	69.4	5.4	36.8	67.4

出所：未来創造科学部

<表1-50> 主要品目別ICT輸出額実績 (単位：百万ドル, %)

区分	2012年			2013年				
				12月		年間		
	金額	増加率	比重	金額	増加率	金額	増加率	比重
ICT全体	155,236	-0.9	100.0	13,682	4.5	169,421	9.1	100.0
情報通信機器	131,819	-3.7	84.9	11,583	4.8	142,685	8.2	84.2
○電子部品	91,229	2.4	58.8	8,242	4.8	96,842	6.2	57.2
- 半導体	50,430	0.6	32.5	5,191	20.0	57,145	13.3	33.7
．半導体メモリ	19,293	-18.0	12.4	2,571	63.9	25,507	32.2	15.1
．システム半導体	24,544	23.0	15.8	2,120	-6.7	24,974	1.7	14.7
- フラットパネルディスプレイ	31,924	1.7	20.6	2,299	-17.6	29,330	-8.1	17.3
- 電子管	46	-75.5	0.0	2	-20.8	27	-42.2	0.0
- 手動部品	1,524	-5.1	1.0	128	9.0	1,655	8.6	1.0
- 接続部品	6,031	23.9	3.9	540	1.8	7,326	21.5	4.3
- その他電子部品	117	3.6	0.1	13	31.7	133	12.9	0.1
○コンピューター及び周辺機器	7,718	1.3	5.0	569	-2.4	7,149	-7.4	4.2
- コンピューター	1,726	23.7	1.1	87	-28.0	1,163	-32.6	0.7
- 周辺機器	5,072	0.1	3.3	393	-0.3	4,914	-3.1	2.9
．HDD	99	-80.9	0.1	6	-22.2	79	-20.4	0.0
．プリンター	1,022	-14.9	0.7	54	-10.9	732	-28.4	0.4
．モニター	1,742	-11.5	1.1	90	-25.7	1,309	-24.9	0.8
- コンピューター部品	698	-27.0	0.4	68	45.0	836	19.8	0.5
- SW及びコンテンツ	221	11.3	0.1	22	-1.4	236	6.7	0.1
○通信及び放送機器	22,870	-17.8	14.7	1,903	-1.1	27,587	20.6	16.3
- 通信機器	22,602	-18.0	14.6	1,877	-1.5	27,345	21.0	16.1
．有線通信機器	826	-24.1	0.5	68	26.4	709	-14.2	0.4
．無線通信機器	21,775	-17.8	14.0	1,809	-2.3	26,636	22.3	15.7
携帯電話(部分品含む)	20,226	-19.3	13.0	1,668	-0.2	24,868	23.0	14.7
- 放送局用機器*	268	14.5	0.2	26	38.1	242	-9.7	0.1
○映像及び音響機器	9,180	-14.2	5.9	811	27.8	10,414	13.4	6.1
- 映像機器	6,769	-18.5	4.4	600	43.3	7,815	15.4	4.6
．TV	6,290	-19.4	4.1	553	49.8	7,425	18.0	4.4
LCD TV	919	8.0	0.6	99	57.3	1,182	28.6	0.7
TV部分品	5,144	-22.4	3.3	426	44.7	5,959	15.9	3.5
- 音響機器	1,331	15.5	0.9	126	4.8	1,574	18.3	0.9
- その他映像音響機器	1,080	-13.5	0.7	85	-11.2	1,025	-5.1	0.6
．セットトップボックス	358	-38.2	0.2	21	-35.0	276	-22.8	0.2
○光磁気媒体	822	-49.2	0.5	59	39.2	693	-15.7	0.4
情報通信アプリケーション基盤機器	23,417	18.7	15.1	2,099	2.8	26,736	14.2	15.8
○医療精密光学機器	6,400	21.3	4.1	788	7.9	8,405	31.3	5.0
○家庭用機器	4,659	-2.2	3.0	365	25.2	4,952	6.3	2.9
○事務用機器および設備	454	-6.0	0.3	67	51.2	458	1.0	0.3
○電気機器	11,904	29.2	7.7	880	-9.9	12,921	8.5	7.6
- 一次電池および蓄電池	4,782	-3.1	3.1	386	4.2	4,797	0.3	2.8

注) 受像機、閉鎖回路TVなどその他放送局用機器も一部含む

出所：未来創造科学部

情報通信・放送・インターネット・コンテンツ・医療機器・ロボット

<表1-51> 主要品目別ICT輸入額実績 (単位：百万ドル, %)

区分	2012年			2013年 12月		2013年 年間		
	金額	増加率	比重	金額	増加率	金額	増加率	比重
ICT全体	77,954	-4.4	100.0	6,939	5.4	80,804	3.7	100.0
情報通信機器	65,365	-6.2	83.9	5,745	4.6	67,829	3.8	83.9
○電子部品	46,679	0.2	59.9	3,862	4.2	48,966	4.9	60.6
- 半導体	32,242	-0.7	41.4	2,806	9.6	34,624	7.4	42.8
．半導体メモリ	5,446	-19.7	7.0	602	56.1	6,044	11.0	7.5
．システム半導体	20,349	6.6	26.1	1,697	1.5	22,129	8.7	27.4
- フラットパネルディスプレイ	6,468	-3.3	8.3	415	-8.0	5,585	-13.7	6.9
- 電子管	79	-1.2	0.1	5	-30.8	62	-21.5	0.1
- 手動部品	1,821	-0.4	2.3	161	9.2	2,002	10.0	2.5
- 接続部品	4,572	11.5	5.9	367	-12.8	4,912	7.4	6.1
- その他電子部品	292	8.8	0.4	19	-17.5	256	-12.5	0.3
○コンピューター及び周辺機器	9,030	-2.8	11.6	940	27.0	9,068	0.4	11.2
- コンピューター	3,047	-6.0	3.9	329	31.8	3,070	0.8	3.8
- 周辺機器	3,813	4.7	4.9	330	10.1	3,684	-3.4	4.6
．HDD	772	-0.2	1.0	68	13.1	724	-6.1	0.9
．プリンター	1,196	-2.8	1.5	91	4.8	1,138	-4.8	1.4
．モニター	1,016	11.3	1.3	71	-11.6	942	-7.3	1.2
- コンピューター部品	1,523	-15.9	2.0	145	6.3	1,595	4.7	2.0
- SW及びコンテンツ	647	8.0	0.8	137	147.1	719	11.1	0.9
○通信及び放送機器	6,270	-34.2	8.0	675	-10.3	6,750	7.7	8.4
- 通信機器	6,132	-34.6	7.9	663	-10.7	6,626	8.1	8.2
．有線通信機器	1,602	-33.4	2.1	162	15.4	1,562	-2.5	1.9
．無線通信機器	4,530	-35.0	5.8	501	-16.8	5,064	11.8	6.3
携帯電話(部分品含む)	3,146	-40.4	4.0	390	-25.8	3,901	24.0	4.8
- 放送局用機器*	138	-9.8	0.2	13	16.9	124	-10.0	0.2
○映像及び音響機器	2,775	1.8	3.6	238	-8.1	2,684	-3.3	3.3
- 映像機器	945	13.1	1.2	69	-27.6	804	-14.9	1.0
．TV	290	46.7	0.4	35	10.0	342	17.8	0.4
LCD TV	76	41.0	0.1	6	-21.3	57	-25.1	0.1
TV部分品	171	25.4	0.2	24	9.0	235	37.7	0.3
- 音響機器	1,322	-5.8	1.7	125	14.5	1,427	7.9	1.8
- その他 映像音響機器	507	4.3	0.7	45	-19.1	452	-10.8	0.6
．セットトップボックス	144	16.0	0.2	20	24.8	166	15.3	0.2
○光磁気媒体	612	-60.2	0.8	30	-2.9	361	-41.0	0.4
情報通信アプリケーション．基盤機器	12,589	6.1	16.1	1,194	9.0	12,975	3.1	16.1
○医療精密光学機器	8,528	6.2	10.9	795	5.8	8,463	-0.8	10.5
○家庭用機器	1,285	14.4	1.6	117	25.7	1,505	17.1	1.9
○事務用機器および設備	75	-27.8	0.1	5	-6.2	52	-31.2	0.1
○電気機器	2,700	3.5	3.5	277	12.9	2,956	9.5	3.7
- 一次電池および蓄電池	1,205	-8.6	1.5	112	21.4	1,300	7.9	1.6

注) 受像機, 閉鎖回路TVなどその他放送局用機器を一部含む

出所：未来創造科学部

<表1-52> 主要品目別ICT貿易収支 (単位：百万ドル,%)

区分	2012年			2013年			
				12月			年間
	輸出	輸入	収支	輸出	輸入	収支	収支
ICT全体	155,236	77,954	77,282	13,682	6,939	6,743	88,617
情報通信機器	131,819	65,365	66,454	11,583	5,745	5,838	74,857
○電子部品	91,229	46,679	44,550	8,242	3,862	4,380	47,876
- 半導体	50,430	32,242	18,188	5,191	2,806	2,385	22,521
．半導体メモリ	19,293	5,446	13,847	2,571	602	1,969	19,463
．システム半導体	24,544	20,349	4,195	2,120	1,697	423	2,844
- フラットパネルディスプレイ	31,924	6,468	25,456	2,299	415	1,884	23,745
- 電子管	46	79	-33	2	5	-3	-35
- 手動部品	1,524	1,821	-297	128	161	-33	-347
- 接続部品	6,031	4,572	1,459	540	367	173	2,414
- その他電子部品	117	292	-175	13	19	-6	-123
○コンピューター及び周辺機器	7,718	9,030	-1,312	569	940	-371	-1,919
- コンピューター	1,726	3,047	-1,321	87	329	-242	-1,907
- 周辺機器	5,072	3,813	1,260	393	330	63	1,230
．HDD	99	772	-673	6	68	-62	-646
．プリンター	1,022	1,196	-174	54	91	-37	-406
．モニター	1,742	1,016	726	90	71	18	368
- コンピューター部品	698	1,523	-825	68	145	-77	-759
- SW及びコンテンツ	221	647	-425	22	137	-114	-483
○通信及び放送機器	22,870	6,270	16,600	1,903	675	1,227	20,838
- 通信機器	22,602	6,132	16,469	1,877	663	1,214	20,719
．有線通信機器	826	1,602	-776	68	162	-94	-853
．無線通信機器	21,775	4,530	17,245	1,809	501	1,308	21,572
携帯電話(部分品含む)	20,226	3,146	17,080	1,668	390	1,277	20,968
- 放送局用機器*	268	138	131	26	13	13	118
○映像及び音響機器	9,180	2,775	6,405	811	238	573	7,730
- 映像機器	6,769	945	5,824	600	69	531	7,011
．TV	6,290	290	6,000	553	35	518	7,083
LCD TV	919	76	843	99	6	93	1,125
TV 部分品	5,144	171	4,973	426	24	402	5,724
- 音響機器	1,331	1,322	9	126	125	2	147
- その他 映像音響機器	1,080	507	573	85	45	40	572
．セットトップボックス	358	144	214	21	20	2	110
○光磁気媒体	822	612	211	59	30	29	332
情報通信アプリケーション. 基盤機器	23,417	12,589	10,828	2,099	1,194	905	13,761
○医療精密光学機器	6,400	8,528	-2,128	788	795	-8	-59
○家庭用機器	4,659	1,285	3,374	365	117	248	3,448
○事務用機器および設備	454	75	378	67	5	62	406
○電気 機器	11,904	2,700	9,204	880	277	603	9,965
- 一次電池および蓄電池	4,782	1,205	3,578	386	112	274	3,497

出所：未来創造科学部

情報通信・放送・インターネット・コンテンツ・医療機器・ロボット

<表1-53> 主要地域別ICT輸出額実績 (単位：百万ドル, %)

品目	2012年			2013年				
				12月		年間		
	金額	増加率	比重	金額	増加率	金額	増加率	比重
全世界	155,236	-0.9	100.0	13,682	4.5	169,421	9.1	100.0
○ アジア	111,091	4.4	71.6	10,195	2.8	120,964	8.9	71.4
- 中国	61,412	9.4	39.6	6,023	10.3	67,632	10.1	39.9
- 香港	17,625	-0.3	11.4	1,427	-11.3	17,916	1.7	10.6
- 日本	8,367	0.0	5.4	526	-16.8	6,955	-16.9	4.1
- ASEAN	17,167	13.1	11.1	1,597	-4.9	21,332	24.3	12.6
シンガポール	5,893	1.5	3.8	471	-20.2	6,438	9.2	3.8
インドネシア	871	0.9	0.6	55	-49.9	818	-6.1	0.5
. マレーシア	1,838	-10.2	1.2	138	-0.2	1,902	3.5	1.1
. タイ	1,052	-8.8	0.7	87	6.5	1,158	10.0	0.7
- 台湾	4,858	-30.4	3.1	469	16.0	5,183	6.7	3.1
- インド	1,211	-28.0	0.8	127	25.5	1,520	25.5	0.9
○ 北米	14,713	-22.0	9.5	1,180	9.2	17,364	18.0	10.2
- 米国	13,943	-21.3	9.0	1,106	8.7	16,239	16.5	9.6
- カナダ	536	-42.6	0.3	67	39.0	997	86.1	0.6
○ ヨーロッパ	15,669	-6.7	10.1	1,143	-1.6	15,776	0.7	9.3
- EU	13,508	-6.7	8.7	960	-5.6	13,480	-0.2	8.0
. 英国	1,081	1.2	0.7	96	27.2	1,171	8.4	0.7
. ドイツ	1,968	-20.0	1.3	172	26.1	2,237	13.7	1.3
. フランス	910	29.9	0.6	60	-33.3	978	7.5	0.6
. イタリア	432	-22.4	0.3	29	10.0	457	5.7	0.3
- ロシア	1,390	3.9	0.9	87	2.0	1,222	-12.1	0.7
○ 中東	4,406	0.3	2.8	389	9.1	4,489	1.9	2.6
- サウジアラビア	524	-12.5	0.3	46	-0.3	504	-4.0	0.3
- UAE	1,394	-2.4	0.9	128	-5.5	1,427	2.4	0.8
○ 中南米	7,843	-7.0	5.1	688	45.3	9,480	20.9	5.6
- ブラジル	3,071	8.7	2.0	330	88.0	4,141	34.9	2.4
- メキシコ	3,922	-16.0	2.5	282	10.9	4,380	11.7	2.6
- チリ	152	-28.8	0.1	8	7.7	189	24.2	0.1
○ オセアニア	999	-1.3	0.6	52	-15.7	838	-16.0	0.5
- オーストラリア	901	-1.1	0.6	45	-20.8	747	-17.1	0.4
○ アフリカ	512	-19.3	0.3	33	-11.6	500	-2.3	0.3
○ ブリックス	67,084	8.2	43.2	6,568	12.8	74,516	11.1	44.0

出所：未来創造科学部

<表1-54> 主要地域別ICT輸入額実績　　　　　　　　　　　　　　　　　　　(単位：百万ドル, %)

品目	2012年			2013年				
				12月		年間		
	金額	増加率	比重	金額	増加率	金額	増加率	比重
全世界	77,954	-4.4	100.0	6,939	5.4	80,804	3.7	100.0
○ アジア	61,257	-5.8	78.6	5,330	4.2	63,938	4.4	79.1
- 中国	26,180	-10.6	33.6	2,157	-4.0	26,755	2.2	33.1
- 香港	974	-10.9	1.2	56	-39.1	996	2.3	1.2
- 日本	12,710	3.6	16.3	1,091	2.2	12,294	-3.3	15.2
- ASEAN	11,305	-7.0	14.5	977	7.1	12,789	13.1	15.8
シンガポール	5,046	-9.3	6.5	435	13.0	5,896	16.8	7.3
インドネシア	473	6.1	0.6	43	5.8	460	-2.8	0.6
マレーシア	2,418	-11.6	3.1	202	3.7	2,498	3.3	3.1
タイ	1,440	-4.9	1.8	102	-25.3	1,409	-2.1	1.7
- 台湾	10,022	-1.6	12.9	738	-7.3	10,724	7.0	13.3
- インド	55	6.9	0.1	8	102.0	70	26.7	0.1
○ 北米	9,089	3.1	11.7	750	6.7	8,392	-7.7	10.4
- 米国	8,596	2.0	11.0	706	7.6	7,869	-8.5	9.7
- カナダ	207	1.2	0.3	21	-5.2	253	22.1	0.3
○ ヨーロッパ	6,517	-2.4	8.4	766	12.0	7,293	11.9	9.0
- EU	5,924	-4.8	7.6	711	15.9	6,633	12.0	8.2
．英国	476	3.1	0.6	64	41.4	579	21.6	0.7
．ドイツ	2,845	11.4	3.6	321	-10.1	3,274	15.1	4.1
．フランス	596	-8.3	0.8	59	6.8	596	-0.0	0.7
．イタリア	222	-15.1	0.3	19	1.3	239	7.9	0.3
- ロシア	22	12.7	0.0	2	30.4	29	29.3	0.0
○ 中東	474	41.3	0.6	39	13.4	493	3.9	0.6
- サウジアラビア	2	47.7	0.0	0	-95.6	3	93.6	0.0
- UAE	35	132.3	0.0	6	53.6	59	70.6	0.1
○ 中南米	480	-8.6	0.6	44	26.1	547	14.0	0.7
- ブラジル	25	-28.7	0.0	2	-15.2	44	78.4	0.1
- メキシコ	451	-6.5	0.6	42	30.0	497	10.1	0.6
- チリ	1	70.6	0.0	0	-90.8	1	32.8	0.0
○ オセアニア	105	-19.0	0.1	7	-26.2	104	-0.1	0.1
- オーストラリア	84	-27.9	0.1	5	-39.6	81	-4.1	0.1
○ アフリカ	28	116.6	0.0	3	3.1	36	29.1	0.0
○ ブリックス	26,282	-10.5	33.7	2,169	-3.8	26,898	2.3	33.3

出所：未来創造科学部

<表1-55> 主要地域別ICT貿易収支実績

(単位：百万ドル、%)

品目	2012年			2013年 12月			2013年 年間
	輸出	輸入	収支	輸出	輸入	収支	収支
全世界	155,236	77,954	77,282	13,682	6,939	6,743	88,617
○ アジア	111,091	61,257	49,834	10,195	5,330	4,864	57,025
- 中国	61,412	26,180	35,232	6,023	2,157	3,867	40,877
- 香港	17,625	974	16,652	1,427	56	1,372	16,920
- 日本	8,367	12,710	-4,344	526	1,091	-565	-5,339
- ASEAN	17,167	11,305	5,862	1,597	977	621	8,543
シンガポール	5,893	5,046	847	471	435	37	542
インドネシア	871	473	398	55	43	12	358
マレーシア	1,838	2,418	-580	138	202	-64	-596
タイ	1,052	1,440	-388	87	102	-15	-251
- 台湾	4,858	10,022	-5,165	469	738	-269	-5,542
- インド	1,211	55	1,156	127	8	119	1,450
○ 北米	14,713	9,089	5,624	1,180	750	430	8,971
- 米国	13,943	8,596	5,347	1,106	706	400	8,370
- カナダ	536	207	329	67	21	46	744
○ ヨーロッパ	15,669	6,517	9,152	1,143	766	377	8,483
- EU	13,508	5,924	7,584	960	711	249	6,847
. 英国	1,081	476	604	96	64	33	592
. ドイツ	1,968	2,845	-877	172	321	-149	-1,037
. フランス	910	596	314	60	59	1	383
. イタリア	432	222	211	29	19	10	218
- ロシア	1,390	22	1,368	87	2	86	1,194
○ 中東	4,406	474	3,932	389	39	350	3,996
- サウジアラビア	524	2	523	46	0	46	500
- UAE	1,394	35	1,360	128	6	122	1,368
○ 中南米	7,843	480	7,363	688	44	644	8,933
- ブラジル	3,071	25	3,046	330	2	328	4,097
- メキシコ	3,922	451	3,471	282	42	240	3,883
- チリ	152	1	151	8	0	8	187
○ オセアニア	999	105	894	52	7	45	734
- オーストラリア	901	84	817	45	5	40	667
○ アフリカ	512	28	484	33	3	30	464
○ ブリックス	67,084	26,282	40,802	6,568	2,169	4,400	47,618

出所：未来創造科学部

2. 製品別主要IT部品市場

1) 半導体

<表2-1> 半導体生産額/占有率推移 (単位：百万ドル, %)

区分	2010年	2011年	2012年	2013年
米国	147,324 / 47.9%	157,948 / 50.8%	153,554 / 50.7%	166,651 / 52.4%
韓国	43,724 / 14.2%	43,038 / 13.9%	44,615 / 14.7%	51,516 / 16.2%
日本	62,458 / 20.3%	57,431 / 18.5%	52,890 / 17.5%	43,432 / 13.7%
ヨーロッパ	28,628 / 9.3%	27,740 / 8.9%	26,481 / 8.7%	27,649 / 8.7%
台湾	20,592 / 6.7%	18,464 / 5.9%	18,441 / 6.1%	20,554 / 6.5%
その他	4,901 / 1.6%	6,008 / 2.0%	7,069 / 2.3%	8,345 / 2.5%
合計	307,627 / 100%	310,629 / 100%	303,050 / 100%	318,147 / 100%

出所：産業通商部

<表2-2> メモリ生産額および占有率推移 (単位：百万ドル)

区分		2009	2010	2011	2012	2013
全世界	生産額	44,193	67,408	58,707	52,959	65,459
韓国	生産額	20,330	33,598	30,404	27,618	34,297
	占有率	46.0%	49.8%	51.8%	52.1%	52.4%
米国	生産額	8,005	12,920	11,600	10,475	17,730
	占有率	18.1%	19.2%	19.8%	19.8%	27.1%
日本	生産額	9,270	14,026	11,565	10,420	8,754
	占有率	21.0%	20.8%	19.7%	19.7%	13.4%
台湾	生産額	3,899	6,108	4,315	3,621	3,956
	占有率	8.8%	9.1%	7.4%	6.8%	6.0%
ヨーロッパ	生産額	2,642	674	700	625	542
	占有率	6.0%	1.0%	1.2%	1.2%	0.8%

出所：産業通商部

情報通信・放送・インターネット・コンテンツ・医療機器・ロボット

<表2-3> システム半導体生産額および占有率推移 (単位：百万ドル)

区分		2009	2010	2011	2012	2013
全世界	生産額	149,302	188,647	196,863	194,916	196,529
米国	生産額	92,745	120,289	131,147	128,222	132,809
	占有率	62.1%	63.8%	66.6%	65.8%	67.6%
日本	生産額	24,838	28,817	25,669	22,285	16,995
	占有率	16.6%	15.3%	13.0%	11.4%	8.6%
ヨーロッパ	生産額	15,355	19,117	16,962	16,266	16,608
	占有率	10.3%	10.1%	8.6%	8.3%	8.5%
台湾	生産額	10,096	11,529	11,116	11,659	13,200
	占有率	6.8%	6.1%	5.6%	6.0%	6.7%
韓国	生産額	4,349	6,172	8,385	11,898	11,381
	占有率	2.9%	3.3%	4.3%	6.1%	5.8%

出所：産業通商部

<表2-4> 光個別素子生産額および占有率推移 (単位：百万ドル)

区分		2009	2010	2011	2012	2013
全世界	生産額	38,182	51,572	55,059	55,175	56,159
日本	生産額	15,419	19,615	20,197	20,185	17,683
	占有率	40.4%	38.0%	36.7%	36.6%	31.5%
米国	生産額	10,196	14,115	15,201	14,857	16,112
	占有率	26.7%	27.4%	27.6%	26.9%	28.7%
ヨーロッパ	生産額	6,499	8,837	10,078	9,590	10,499
	占有率	17.0%	17.1%	18.3%	17.4%	18.7%
韓国	生産額	2,453	3,954	4,249	5,099	5,838
	占有率	6.4%	7.7%	7.7%	9.2%	10.4%
台湾	生産額	2,169	2,955	3,033	3,161	3,398
	占有率	5.7%	5.7%	5.5%	5.7%	6.1%

出所：産業通商部

<表2-5> 半導体素子市場占有率 ('12年, %)

区分	メモリ	システム半導体	光個別素子	全体
米国	19.8	65.7	25.3	50.7
韓国	52.1	5.7	9.2	14.2
日本	19.7	11.5	38.8	17.5
ＥＵ	1.2	8.4	14.2	8.8
台湾	6.8	4.9	1.7	4.6

出所：韓国半導体産業協会

<表2-6> 世界半導体市場規模 (単位：百万ドル, %)

区分		'09	'10	'11	'12
世界市場		232,031	307,927	311,399	304,378
	メモリ	44,193	67,408	58,677	52,941
	システム半導体	149,352	188,731	196,954	194,956
	光個別素子	38,486	51,788	55,768	56,481

出所：iSuppli '13.07

<表2-7> 韓国の半導体世界市場占有率 (単位：%)

区分		'09	'10	'11	'12
半導体全体		11.7	14.2	13.8	14.7
	メモリ	46.0	49.8	51.8	52.2
	Dラム	55.4	59.0	65.3	65.7
	NAND型	50.5	48.5	48.9	48.3
	システム半導体	2.9	3.3	4.3	6.1

出所：iSuppli '13.07

<表2-8> 国別半導体市場占有率 (単位：%)

区分	'09	'10	'11	'12
米国	47.9	47.9	50.8	50.7
日本	21.4	20.4	18.6	17.8
韓国	11.7	14.3	13.9	14.7
EU	10.5	9.2	9.0	8.8
台湾	7.0	6.7	5.9	4.7
中国	1.0	1.1	1.4	1.1

出所：韓国半導体産業協会

<表2-9> 半導体機器・素材国産化率 (単位：%)

区分	'08	'09	'10	'11	'12
機器	21.2	20.6	22.5	20.6	20.6
素材	49.9	57.4	50.1	48.9	48.5

出所：韓国半導体産業協会

情報通信・放送・インターネット・コンテンツ・医療機器・ロボット

<表2-10> 半導体輸出入額推移 (単位：百万ドル)

区分		'08	'09	'10	'11	'12
輸出		32,801	31,042	50,707	50,146	50,430
	比重(%)	7.8	8.5	10.9	9.0	9.2
	メモリ	17,030	15,865	28,470	23,533	19,293
	システム半導体	13,127	12,292	16,093	19,959	24,544
	光個別素子	2,644	2,885	6,144	6,654	6,593
輸入		32,020	26,619	31,266	32,483	32,237
	比重(%)	7.4	8.2	7.4	6.2	6.2
	メモリ	6,084	4,137	6,048	6,781	5,446
	システム半導体	20,224	17,718	18,576	19,081	20,345
	光個別素子	5,712	4,764	6,642	6,621	6,446

出所：韓国貿易協会

<表2-11> 世界主要半導体企業現況 (単位：百万ドル)

区分	順位	会社名	'09年	'10年	'11年	'12年
素子企業	1	インテル(米)	32,187	40,394	48,721	47,420
	2	サムスン電子(韓)	17,496	28,380	28,563	31,264
	3	クアルコム(米)	6,409	7,204	10,198	13,177
	4	Texas Instruments(米)	9,671	12,994	13,967	12,035
	5	東芝(日)	10,319	13,010	12,729	11,131
	6	ルネサス(日)	5,153	11,893	10,648	9,236
	7	SKハイニックス(韓)	6,246	10,380	9,375	8,970
装備企業	1	Applied Materials(米)	2,535	6,017	5,877	5,513
	2	ASML(EU)	1,617	5,160	6,790	4,887
	3	Tokyo Electron(日)	1,653	4,280	5,098	4,219
	4	Lam Research(米)	863	2,552	2,314	2,835
	5	KLA-Tencor(米)	939	1,893	2,507	2,464

注) Applied MaterialsとTokyo Electronは13.9月に合併を発表　　出所：韓国半導体産業協会

<表 2-12> 世界半導体市場規模及び展望(売上額基準)　　　　　　　　　　　　　　(単位：億ドル)

区分	2008	2009	2010	2011	2012	2013	2014	2015	'09-'15CAGR
システム半導体	1,716	1,486	1,688	1,774	1,888	1,944	1,951	1,986	6.1%
特化デバイス	607	626	766	962	1,151	1,358	1,661	2,109	33.5%
メモリデバイス	456	440	579	579	564	498	515	540	8.3%
半導体装置	308	167	294	364	428	357	360	380	10.3%
半導体材料	427	405	445	465	485	500	525	550	5.2%
合計	3,514	3,124	3,772	4,144	4,516	4,657	5,012	5,565	

※ イメージセンサー(CIS, CCD)など様々なセンサーは個別素子に分類

※ 太陽電池2012~2015年市場規模は推定値, Annual growth rate 37%(2008~2011) 仮定

出所：iSuppli Gartner, SEMI, Photon Consulting, PhotonInternational, 富士経済

2) ディスプレイ

<表2-13> フラットパネルディスプレイ世界市場規模および展望 (単位: 百万ドル)

		'11年	'12年	'13年	'14年	'15年	'16年	'17年	'18年
LCD	大型	75,499	83,737	88,689	94,781	96,518	95,572	93,078	91,840
	中小型	25,162	27,830	36,977	43,599	50,294	53,115	55,309	56,178
	小計	100,661	111,568	125,667	138,380	146,812	148,688	148,387	148,017
PDP		4,351	3,523	2,487	1,379	675	188	73	42
OLED	PM	3,537	6,853	11,363	16,023	20,583	24,896	28,805	32,116
	AM	336	317	345	362	360	354	343	332
	小計	3,873	7,170	11,708	16,385	20,943	25,250	29,148	32,448
その他		1,399	750	729	699	677	666	635	608
合計		110,283	123,010	140,591	156,844	169,106	174,792	178,243	181,115

出所 : DisplaySearch, '13.1Q

<表2-14> 次世代ディスプレイ市場展望(2012~2016年) (単位: 億ドル)

	2012年	2013年	2014年	2015年	2016年	平均成長率
フレキシブル	3	7	12	23	42	100.10%
AMOLED	82	12	153	185	214	44.90%
3D	48	76	110	146	173	46.50%
OLED照明	10	39	54	60	67	95.40%
LCD	1,142	1,138	1,134	1,138	1,134	0.70%

出所 : ディスプレイバンク及びディスプレイサーチ

<表2-15> 国別ディスプレイ市場占有率

区分	2006	2007	2008	2009	2010	2011
韓国	38.7	38.5	45.7	45.8	44.6	44.3
台湾	35.4	37.7	35.2	35.2	32.6	31.8
日本	22.5	19.7	16.2	16.1	18.6	18.4
中国	3.4	4.0	3.6	4.0	4.1	5.2

出所 : ディスプレイ産業協会(2012)

<表2-16> 3D全方向製品群世界市場規模

	2012年	2015年
3DTV	300	550
3Dモニター	231	400
3D携帯電話	130	220
3D DID	46	158
3D医療機器	60	150
3Dスキャナー	35	55
3Dソフトウェア	44	65
3Dカメラ	18	28
3Dホームシアター	10	25
3D映像システム	12	20
計	886	1,671

出所：文化体育観光部, 韓国電子情報通信産業振興会

<表2-17> 応用分野別世界3Dディスプレイ売上高推移

区分	2011	2012	2013	2014	2015	2016	2017	2018
商用化TV	75.3	138.2	227.4	330.6	464.8	642.0	888.8	1,233.6
大画面モニター	35.0	85.8	176.9	306.1	458.8	660.0	953.7	1,354.1
デジタル3DTV	136.0	585.0	1,446.3	2,591.8	4,138.8	5,794.4	7,540.6	9,813.9
PCモニター	540.7	1,565.3	2,394.5	3,219.7	4,275.5	5,677.6	7,548.3	10,047.8
その他機器	205.7	634.9	1,626.4	3,154.2	4,841.9	6.813.3	9,590.3	14,168.9
NB3D ready	610.6	1,662.5	3,199.4	5,561.1	8,113.0	10,552.5	13,650.9	17,664.6
TV3D ready	4,123.0	9,122.7	15,972.5	25,409.4	36,232.8	45,767.0	53,716.4	63,959.4

<表2-18> 世界3DTV普及展望   (単位：千世帯)

区分	2010	2011	2012	2013	2014	2015
アジア	18	51	287	801	2,116	4,629
中南米	2	12	82	156	357	904
北米	60	193	990	2,119	4,717	9,183
西ヨーロッパ	22	116	555	1,332	3,564	6,755
その他地域	0	2	4	55	164	713
計	101	374	1,919	4,464	10,920	22,185

(注) その他の地域とは東ヨーロッパ、中東、アフリカなど

出所：世界3DTV市場規模(Display Bank, 2012) などのデータを統合して再構成.

<表2-19> 韓国ディスプレイ産業動向

	2004	2005	2006	2007	2008	2009	2010	2011	2012
ディスプレイ生産(兆ウォン)	22.5	26.6	31.2	38.4	43.7	38.9	43	40.7	43.8
ディスプレイ市場占有率(%)	38.6	40.7	38.1	38.4	40.2	46.5	45.6	46.5	48.4
ディスプレイ輸出(億ドル)	141.6	183.1	262.7	353	371	314.2	345.3	331.3	348.8
ディスプレイ輸出増加率(%)	29.1	28.9	31.3	34.4	5.2	-15.3	9.8	-4.3	5.3
17インチモニター価格(ドル)	245	164	122	121	96	67	69	60	57
32インチTV価格(ドル)	926	592	413	313	274	188	188	125	128

出所：ディスプレイ産業協会

<表2-20> ディスプレイ国内生産額推移　　　　　　　　　　　　　　　　　(単位: 百万ドル)

(百万ドル)	'11年	'12年					
		5月	6月	7月	8月	9月	10月
LCD	31,671	2,627	2,463	2,551	2,707	2,779	2,919
PDP	1,959	143	111	117	152	161	158
OLED	2,277	370	408	421	445	446	464
CRT	126	0	0	0	0	0	0
合計	36,033	3,140	2,982	3,088	3,303	3,386	3,541

'12年			'13年				
11月	12月	合計	1月	2月	3月	4月	5月
2,923	2,771	31,630	2,433	2,370	2,743	2,552	2,662
163	113	1,656	100	89	126	124	113
515	451	4,712	486	467	495	512	525
0	0	0	0	0	0	0	0
3,602	3,336	38,001	3,020	2,938	3,280	3,188	3,301

出所：Displaybank, '13.6

<表2-21> ディスプレイ輸出額推移 (単位: 百万ドル)

	'11年	'12年					
		5月	6月	7月	8月	9月	10月
LCD	29,485	2,499	2,317	2,469	2,570	2,555	2,761
PDP	1,745	126	98	105	134	143	140
OLED	1,781	318	351	356	394	365	394
CRT	125	0	0	0	0	0	0
合計	33,136	2,944	2,766	2,930	3,098	3,063	3,296

'12年		合計	'13年				
11月	12月		1月	2月	3月	4月	5月
2,597	2,585	29,348	2,411	2,168	2,453	2,452	2,285
145	101	1,471	89	80	106	110	101
442	387	4,049	418	402	425	440	451
0	0	2	0	0	0	0	0
3,185	3,074	34,870	2,918	2,650	2,985	3,003	2,838

出所:Displaybank, '13.6

<表2-22> サムスンのディスプレイ事業実績現況 (単位: 百万ウォン)

区分	売上高	営業利益	前期対比増減率	
			売上高	営業利益
2012年第2四半期	5,693,775	235,396	-	-
2012年第3四半期	8,400,409	1,057,445	48%	349%
2012年第4四半期	7,643,163	1,166,794	-9%	10%
2013年第1四半期	7,015,528	742,224	-8%	-36%
2013年第2四半期	8,065,586	1,083,001	15%	46%

出所:CEOスコア

<表2-23> サムスンのディスプレイ世界市場占有率

区分	2013年	2012年
中小型	26.8%	23.6%
大型	20.4%	25.4%
全体	22.7%	24.9%

出所:Display Search

<表2-24> LCD分野知的財産権登録現況(2013年)

中分類	小分類	分類別IPS	企業名	累積登録	1月 登録	2月 登録	3月 登録	4月 登録
パネルモジュール	LCDモジュール	G02F-001/13* G09G-003/3* G06F-001/16 G06F-003/14 H04B-001/38 H04B-001/40	CMO(台湾)	0	0	0	0	0
			AUO(台湾)	0	0	0	0	0
			シャープ(日本)	9	1	2	2	2
			TMD(日本)	0	0	0	0	0
部品素材	ガラス基板	C03B* C03C* C09J* C09K*	NEG(日本)	12	2	5	0	1
			Corning(米国)	12	4	0	0	0
	カラーフィルター	C09B* C09D* G02B-005* G02F-001* G03G-007*	Toppan(日本)	3	0	0	0	1
			DNP(日本)	1	0	0	0	0
	液晶	C07C* C09K-019/*	Merck(ドイツ)	0	0	0	0	0
			Chisso(日本)	0	0	0	0	0
	バックライトユニット	G02F-001* F21S* H01L-033*	Sharp(日本)	9	1	1	2	2
			BOE-CT(中国)	1	0	0	1	0
			Coretronic(台湾)	0	0	0	0	0
			Foxconn(台湾)	0	0	0	0	0
	偏光版	C08J-005* G02F-001*	Toray(日本)	16	2	8	2	1
機器	前工程機器	H01L-021/* H05B-033*	Tokki(日本)	0	0	0	0	0
			TEL(日本)	87	26	13	3	9
			AKT(米国)	18	0	0	0	3
			Ulvac(日本)	11	2	4	1	0
	後工程機器		-					
		計		179	38	33	11	19

<続く>

企業名	5月 登録	6月 登録	7月 登録	8月 登録	9月 登録	10月 登録	11月 登録	12月 登録
CMO(台湾)	0	0	0	0	0	0	0	0
AUO(台湾)	0	0	0	0	0	0	0	0
シャープ(日本)	0	0	0	1	0	1	0	1
TMD(日本)	0	0	0	0	0	0	0	0
NEG(日本)	0	0	1	0	1	0	2	0
Corning(米国)	0	1	2	1	0	0	4	1
Toppan(日本)	0	0	0	1	0	1	0	1
DNP(日本)	0	0	0	0	0	1	0	0
Merck(ドイツ)	0	0	0	0	0	0	0	0
Chisso(日本)	0	0	0	0	0	0	0	0
Sharp(日本)	0	0	0	0	2	1	0	1
BOE-CT(中国)	0	0	0	0	0	0	0	0
Coretronic(台湾)	0	0	0	0	0	0	0	0
Foxconn(台湾)	0	0	0	0	0	0	0	0
Toray(日本)	0	0	1	0	0	1	1	1
Tokki(日本)	0	0	0	0	0	0	0	0
TEL(日本)	4	8	6	0	6	9	3	6
AKT(米国)	1	3	3	2	1	3	2	4
Ulvac(日本)	0	0	0	3	1	0	0	1
計	5	12	13	8	11	17	12	16

出所：韓国ディスプレイ産業協会

<表2-25> OLED 分野知的財産権登録現況(2013年)

中分類	小分類	分類別IPC	企業名	累積登録	1月登録	2月登録	3月登録
パネルモジュール	AMOLED	G02F-001* G06F-003* G09G-003* H01L-051* H04N-005* H04N-009*	CMO(台湾)	0	0	0	0
			Seiko Epson(日本)	5	1	0	0
			Sony(日本)	65	9	16	8
			TMD(日本)	0	0	0	0
			panasonic(日本)	8	1	2	0
	PMOLED	H05B-033* G09G-003*	RiT(台湾)	0	0	0	0
			Pioneer(日本)	1	0	1	0
			TDK(日本)	0	0	0	0
部品素材	OLED基板材料	H01L-051* H05B-038* G08G 073*	Kuramoto(日本)	0	0	0	0
			Geomatec(日本)	0	0	0	0
	発光材料注入および輸送材料	C09K-011* C07C-211* H01L-051* H05B-033* C08G-061*	Idemitsu Kosan(日本)	5	0	3	0
			Kodak(米国)	0	0	0	0
			Sumation(日本)	1	0	0	0
			Toyo Ink(日本)	0	0	0	0
			Dow Chemical(米国)	0	0	0	0
			UDC(米国)	1	0	0	0
	封止材料	H01L-051* H01L-021* H01L-023* H05B-033* C08G-059*	Schott(ドイツ)	0	0	0	0
			Dynic(米国)	0	0	0	0
			Nagase(日本)	0	0	0	0
	駆動材料	G09G-003* H05B-033*	Solomon(香港)	0	0	0	0
機器	製造機器	H01L-021* H05B-033*	Tokki(日本)	0	0	0	0
			Ulvac(日本)	12	3	4	1
	機器部品	B05C-005* B05D-001* C23C* G03F* H01G*	DNP(日本)	0	0	0	0
計				98	14	26	9

企業名	4月 登録	5月 登録	6月 登録	7月 登録	8月 登録	9月 登録	10月 登録	11月 登録	12月 登録
CMO(台湾)	0	0	0	0	0	0	0	0	0
Seiko Epson(日本)	1	0	0	0	0	2	0	1	1
Sony(日本)	10	5	2	3	5	4	0	3	14
TMD(日本)	0	0	0	0	0	0	0	0	0
panasonic(日本)	3	0	0	1	0	0	1	0	2
RiT(台湾)	0	0	0	0	0	0	0	0	0
Pioneer(日本)	0	0	0	0	0	0	0	0	0
TDK(日本)	0	0	0	0	0	0	0	0	0
Kuramoto(日本)	0	0	0	0	0	0	0	0	0
Geomatec(日本)	0	0	0	0	0	0	0	0	0
Idemitsu Kosan(日本)	0	1	0	0	1	0	0	0	0
Kodak(米国)	0	0	0	0	0	0	0	0	0
Sumation(日本)	1	0	0	0	0	0	0	0	0
Toyo Ink(日本)	0	0	0	0	0	0	0	0	0
Dow Chemical(米国)	0	0	0	0	0	0	0	0	0
UDC(米国)	1	0	0	0	0	0	0	0	0
Schott(ドイツ)	0	0	0	0	0	0	0	0	0
Dynic(米国)	0	0	0	0	0	0	0	0	0
Nagase(日本)	0	0	0	0	0	0	0	0	0
Solomon(香港)	0	0	0	0	0	0	0	0	0
Tokki(日本)	0	0	0	0	0	0	0	0	0
Ulvac(日本)	0	0	0	0	3	1	0	0	1
DNP(日本)	0	0	0	0	0	0	0	0	0
計	16	6	2	4	9	7	1	4	18

出所：韓国ディスプレイ産業協会

<表2-26> Flexible分野知的財産権登録現況(2013年)

中分類	分類別IPC	企業名	累積登録	1月 登録	2月 登録	3月 登録	4月 登録
部品素材	G06F-001* G06F-003* G06F-012* G06F-015* G02F-001* B05C-005* B32B-027* C08G-064* G08G-073* C08J* C09J-007* C30B-029* H01L-021* H01L-029* H01L-033* H04B-001* H04M-003* H04R-007* H05B-033*	DuPont-Teijin Films(米国)	0	0	0	0	0
		Sumitomo Bakelite(日本)	3	1	0	0	1
		Mitsubishi Chemical(日本)	4	1	0	0	1
		Asahi Chemical(日本)	0	0	0	0	0
		Nitto Denko(日本)	13	2	3	1	1
		Kaneka(日本)	1	1	0	0	0
		DNP(日本)	0	0	0	0	0
		Fuji Photo Film(日本)	12	4	2	0	1
		Merck(ドイツ)	0	0	0	0	0
		Idemitsu Kosan(日本)	6	1	0	0	3
		UDC(米国)	0	0	0	0	0
		Eastman Kodak(米国)	0	0	0	0	0
		E-Ink(米国)	6	1	1	0	0
		SiPix(米国)	0	0	0	0	0
機器	B05C-005* B32B-027* C08G-064* G08G-073* B41J-002* H01L-021* H05B-033*	ULVAC(日本)	14	3	4	1	0
		Hewlett-Packard(米国)	7	0	3	0	2
		EVG(オーストリア)	0	0	0	0	0
		Azores(米国)	0	0	0	0	0
		Philips(オランダ)	3	1	0	0	0
		XenniaTechnology(英国)	0	0	0	0	0
		MAN Roland(ドイツ)	0	0	0	0	0
		Fraunhofer IZM(ドイツ)	0	0	0	0	0
		Panipol(フィンランド)	0	0	0	0	0
モジュール	G02F-001* G06F-003* G09G-003* G06F-001* H04B-001*	Plastic Logic(英国)	0	0	0	0	0
		Polymer Vision(オランダ)	0	0	0	0	0
		Prime View International(台湾)	0	0	0	0	0
		Fujitsu(日本)	4	1	0	0	0
		Bridgestone(日本)	0	0	0	0	0
		QDvision(米国)	0	0	0	0	0
		Sciperio(米国)	0	0	0	0	0
計			73	16	13	2	9

<続く>

企業名	5月 登録	6月 登録	7月 登録	8月 登録	9月 登録	10月 登録	11月 登録	12月 登録
DuPont-Teijin Films(米国)	0	0	0	0	0	0	0	0
Sumitomo Bakelite(日本)	0	0	0	0	0	1	0	0
Mitsubishi Chemical(日本)	0	0	1	0	0	0	1	1
Asahi Chemical(日本)	0	0	0	0	0	0	0	0
Nitto Denko(日本)	0	0	2	2	1	0	1	2
Kaneka(日本)	0	0	0	0	0	0	0	0
DNP(日本)	0	0	0	0	0	0	0	0
Fuji Photo Film(日本)	1	0	0	1	3	0	0	6
Merck(ドイツ)	0	0	0	0	0	0	0	0
Idemitsu Kosan(日本)	1	0	0	0	0	1	0	0
UDC(米国)	0	0	0	0	0	0	0	0
Eastman Kodak(米国)	0	0	0	0	0	0	0	0
E-Ink(米国)	0	1	3	0	0	0	0	0
SiPix(米国)	0	0	0	0	0	0	0	0
ULVAC(日本)	0	0	0	3	1	2	0	1
Hewlett-Packard(米国)	0	1	1	0	0	0	0	0
EVG(オーストリア)	0	0	0	0	0	0	0	0
Azores(米国)	0	0	0	0	0	0	0	0
Philips(オランダ)	0	0	0	0	0	0	2	1
XenniaTechnology(英国)	0	0	0	0	0	0	0	0
MAN Roland(ドイツ)	0	0	0	0	0	0	0	0
Fraunhofer IZM(ドイツ)	0	0	0	0	0	0	0	0
Panipol(フィンランド)	0	0	0	0	0	0	0	0
Plastic Logic(英国)	0	0	0	0	0	0	0	0
Polymer Vision(オランダ)	0	0	0	0	0	0	0	0
Prime View International(台湾)	0	0	0	0	0	0	0	0
Fujitsu(日本)	1	0	0	0	1	0	1	0
Bridgestone(日本)	0	0	0	0	0	0	0	0
QDvision(米国)	0	0	0	0	0	0	0	0
Sciperio(米国)	0	0	0	0	0	0	0	0
計	3	2	7	6	6	4	5	11

出所:韓国ディスプレイ産業協会

<表2-27> 3D分野知的財産権登録現況(2013年)

中分類	小分類	企業名	累積登録	1月 登録	2月 登録	3月 登録	4月 登録
	G02B-027* G02F-001* G06F-003* G06F-009* G06F-017* G06F-019* G06T-015* G06T-017* G03B-035* G09G-003* H04N-005* H04N-007* H04N-013* G06T-001* G06T-007*	Sony Pictures Entertainment(日本)	3	0	0	0	0
		Panasonic(日本)	8	3	2	0	2
		Toshiba Mobile Display(日本)	0	0	0	0	0
		NTT(日本)	0	0	0	0	0
		Provision Interactive Technologies(米国)	0	0	0	0	0
		Holografika(ハンガリー)	0	0	0	0	0
		LightSpace(米国)	0	0	0	0	0
		Apple(米国)	28	2	6	5	0
		計	39	5	8	5	2

企業名	5月 登録	6月 登録	7月 登録	8月 登録	9月 登録	10月 登録	11月 登録	12月 登録
Sony Pictures Entertainment(日本)	0	0	1	1	1	0	0	1
Panasonic(日本)	0	0	1	0	0	0	0	1
Toshiba Mobile Display(日本)	0	0	0	0	0	0	0	0
NTT(日本)	0	0	0	0	0	0	0	0
Provision Interactive Technologies(米国)	0	0	0	0	0	0	0	0
Holografika(ハンガリー)	0	0	0	0	0	0	0	0
LightSpace(米国)	0	0	0	0	0	0	0	0
Apple(米国)	1	1	1	7	0	5	0	3
計	1	1	3	8	1	5	0	5

出所：韓国ディスプレイ産業協会

<表2-28> LGのディスプレイ売上額実績現況　　　　　　　　　　　　　　(単位: 百万ウォン)

区分	売上高	営業利益	前期対比増減率	
			売上高	営業利益
2012年第1四半期	6,183,676	-178,216	-	-
2012年第2四半期	6,910,372	-25,492	12%	赤字維持
2012年第3四半期	7,593,045	253,407	10%	黒字維持
2012年第4四半期	8,742,575	862,669	15%	240%
2013年第1四半期	6,803,240	151,288	-22%	-82%
2013年第2四半期	6,572,048	365,882	-3%	142%

出所 : CEOスコア

<表2-29> LGの大型ディスプレイパネル(9"以上)世界市場占有率　　　　　　(単位: %)

区分	2013年年	2012年年	2011年年
TV	24.7%	25.2%	24.7%
Monitor	34.0%	32.3%	28.3%
Notebook	32.3%	32.1%	30.3%
Tablet	32.0%	40.3%	46.9%
全体	27.8%	28.4%	27.3%

出所 : DisplaySearch (2013年末基準)

3) タッチスクリーン

<表2-30> タッチスクリーンパネル市場展望(金額)

方式	2009	2010	2015予測	15年/09年対比
静電容量方式	790億円	1,433億円	4,249億円	537.8%
抵抗式	1,009億円	1,031億円	894億円	88.6%
その他	164億円	221億円	550億円	335.4%
合計	1,963億円	2,685億円	5,693億円	290.0%

出所：富士経済

<表2-31> タッチスクリーンパネル市場展望(数量)

方式	2009	2010	2015予測	15年/09年対比
静電容量方式	1億2,980万枚	2億5,000万枚	11億7,000万枚	901.4%
抵抗式	2億2,880万枚	2億4,030万枚	2億3,920万枚	104.05%
その他	242万枚	672万枚	6,270万枚	2,590.9%
合計	3億6,102万枚	4億9,702万枚	14億7,190万枚	407.7%

出所：富士経済

<表2-32> 世界タッチパネル市場規模展望(数量)　　　　　　　　　　(単位：百万個)

	2012実績	2013	2014	2015	2016	2017
S/M	1,162.8	1,383.6	1,705.7	1,927.9	2,143.4	2,285.3
Large	15.0	32.8	53.3	77.9	96.5	117.0
Total	1,177.8	1,416.4	1,759.0	2,005.8	2,239.9	2,402.3

出所：Displaybank

<表2-33> 世界タッチパネル市場規模展望(金額)　　　　　　　　　　(単位：億ドル)

	2010実績	2011実績	2012実績	2013	2014	2015	2016
タッチパネル	76	125	165	227	275	302	320

出所：KDB大宇証券

<表2-34> 静電容量方式タッチパネル世界市場規模推移　　　　　　　(単位：百万枚)

	2010	2011	2012	2013	2014	2015
Glass Type	215	303	379	494	557	599
Film Type	105	268	385	512	586	659
Total	320	571	764	1,006	1,143	1,258

出所：矢野経済研究所

<表2-35> 用途別タッチパネル市場展望 (単位：百万枚)

区分		2012実績	2013	2014	2015
スマートフォン	Glass Sensor	300	380	420	440
	Film Sensor	340	360	400	440
Tablets	Glass Sensor	75	90	110	130
	Film Sensor	45	150	180	210
Note PC	Glass Sensor	3	21	24	25
	Film Sensor	-	1	3	5
Autos (自動車)	Glass Sensor	0.8	2.5	3	4
	Film Sensor	0.3	0.8	2.5	4

出所：矢野経済研究所

<表2-36> タッチパネル採用率展望

区分	2013	2015	2017
Mobile Phone	62%	80%	90%
PND	100%	100%	100%
Tablet PC	100%	100%	100%
NBPC	10.8%	38%	55%
AIO PC	18%	30%	37%
LCD Monitor	3%	9%	15%

(注) PND - Portable Navigation Device, AIO PC : All-in-One PC　　　出所：SNE

<表2-37> タッチパネル構成部材世界市場

方式	2009	2010	2015予測	15年/09年対比
タッチパネル構成部材	703億円	805億円	1,379億円	196.2%

出所：富士経済

<表2-38> 電極基板に使用されるITOフィルム(web/dry方式)および強化ガラスの市場推移

品目	2009年	2010年 展望	2015年予測	15年/09年対比
透明導電基板*1	425億円	482億円	905億円	212.9%
透明導電ガラス*2	(135億円)	(160億円)	(421億円)	(311.9%)
TO film dry	(1,281億円)	(311億円)	(471億円)	(167.6%)

注) *1：透明導電ガラス(抵抗式, 静電容量式), ITO film - dryコーティングタイプ(抵抗式, 静電容量式), ITO film - wetコーティングタイプ, 透明導電film(ポリマータイプ, 은계タイプ)の合計
*2：抵抗式, 静電容量式の合計, 主要構成部材にはタッチパネルの電極基板に利用されている透明導電基板がある。このうち透明導電ガラスとITO film - dryコーティングタイプが市場のほとんどを占めており, 今後も同様な構図になると展望される　　　出所：富士経済

<表2-39> 化学強化ガラス市場規模予測 (単位: 億ドル)

区分	2007	2010	2011	2015
世界	1.12	5.6	22.4	46.5
国内	0.38	0.7	2.8	5.8

出所: 韓国貿易協会

<表2-40> 国別化学強化基板ガラス輸出推移 (単位: 千ドル, 千kg)

区分	2009		2010		2011	
	金額	重量	金額	重量	金額	重量
合計	10,131	982	14,592	1,203	4,682	645
日本	6,489	295	9,932	216	850	137
中国	939	135	1,026	152	587	24
米国	501	159	456	111	500	157
台湾	320	12	580	5	488	3
シンガポール	82	18	299	348	411	155
ドイツ	42	2	268	12	43	14
その他	1,758	361	2,031	359	1,803	155

注) HS Code 7020009000 基準　　　　出所: 韓国貿易協会

<表2-41> 国別化学強化基板ガラス輸入推移 (単位: 千ドル, 千kg)

区分	2009		2010		2011	
	金額	重量	金額	重量	金額	重量
合計	25,728	10,366	35,128	13,893	25,019	7,482
イタリア	5,864	2,757	10,917	5,680	6,955	3,811
中国	7,816	2,867	9,746	3,328	7,496	1,609
フランス	6,906	4,355	6,000	4,151	2,827	1,652
米国	1,107	278	2,714	593	1,431	316
日本	1,554	26	2,035	43	1,610	30
香港	592	5	922	5	3,206	23
英国	342	1	626	4	252	1
ドイツ	166	8	508	15	443	16
その他	1,381	69	1,660	74	799	24

注) HS Code 7020009000基準　　　　出所: 韓国貿易協会

<表2-42> 化学強化基板ガラス輸入推移

年	2006	2007	2008	2009	2010	2011
金額(千ドル)	30,606	36,879	34,606	25,728	35,128	25,019
重量(千kg)	10,288	12,647	12,303	10,366	13,893	7,482

注) HS Code 7020009000 基準　　　　　　　　　　　　　　　　出所：韓国貿易協会

<表2-43> 主要品目別日中韓台技術水準分析

		2011年				2014年				リーディング企業	
		日本	台湾	韓国	中国	日本	台湾	韓国	中国	国外	国内
ベースボード		100	10	10	-	100	60	80	5	Toray(日) Toyobo(日)	SK, コーロン
ハードコーティング		100	40	20	10	100	90	100	70	Kimoto(日), Higashiyama(日)	LG化学, CANOTECH
透明フィルム	抵抗膜	100	80	70	50	100	95	100	90	Nittodenko(日) Oike(日)	ハンソン産業, マックスフィルム
	静電容量	100	50	30	30	100	95	100	90	Nittodenko(日) Oike(日)	開発中
IC chip*		30	30	20	10	70	70	80	50	Cypress(米) Synaptics(米)	メルパス
パネル		100	100	70	60	100	100	100	95	Nissha(日) J-touch(台湾)	マルチエフェクターシステムズ, MOREENS, Galaxiaディスプレイ

出所：韓国産業技術振興院

<表2-44> 主要タッチ企業事業領域現況

区分		タッチセンサー	タッチモジュール	タッチウィンドウ	LCDパネル	備考
台湾	TPK	○	○	○	X	
	Wintex	○	○	○	○	
	Sintek	○	準備中	X	X	
	Cando	○	○	X	X	
韓国	メルパス	X	○	X	X	タッチチップ製造
	ELK	○	○	○	X	
	エスマック	○	○	X	X	
	ILJINディスプレイ	○	○	X	X	
	DIGITECHシステム	X	○	X	X	

出所：ディスプレイバンク, 現代証券

4) スマートフォン / タブレットPC

(1) スマートフォン

<表2-45> 世界スマートフォン市場規模推移および展望　　　　　　　　　　　(単位: 百万台)

	2010	2011	2012	2013E	2014E	2015E
新規需要	158	298	386	546	571	528
買い替え需要	140	174	290	425	580	834
スマートフォン加入者	486	784	1,094	1,552	2,017	2,429
携帯電話加入者	5,311	5,967	6,495	6,935	7,306	7,619
交換潜在者	4,126	4,387	4,624	4,490	4,225	3,912
スマートフォン販売	298	472	675	970	1,151	1,363
交換潜在者交換率	4%	4%	7%	9%	13%	20%
普及率	7%	11%	15%	21%	27%	32%

出所: Gartner

<表2-46> 西ヨーロッパのスマートフォン市場規模推移および展望　　　　　　(単位: 百万台)

	2010	2011	2012	2013E	2014E	2015E
新規需要	53	51	41	40	28	22
買い替え需要	32	46	77	87	99	108
スマートフォン加入者	163	214	255	295	323	345
携帯電話加入者	508	521	528	532	533	534
交換潜在者	357	262	221	157	121	89
スマートフォン販売	85	97	117	127.5	127.7	130
交換潜在者交換率	12%	14%	15%	18%	18%	18%
普及率	37%	49%	58%	66%	73%	77%

出所: Gartner

<表2-47> 北米のスマートフォン市場規模推移および展望　　　　　　　　　　(単位: 百万台)

	2010	2011	2012	2013E	2014E	2015E
新規需要	36	61	54	44	24	13
買い替え需要	36	46	72	96	107	119
スマートフォン加入者	98	159	213	257	281	294
携帯電話加入者	306	362	390	409	423	433
交換潜在者	182	111	103	61	32	22
スマートフォン販売	72	107	126	140.5	131.3	132
交換潜在者交換率	14%	34%	49%	43%	40%	40%
普及率	28%	45%	60%	72%	78%	81%

出所: Gartner

<表2-48> アジア/太平洋のスマートフォン市場規模推移および展望　　　　(単位: 百万台)

	2010	2011	2012	2013E	2014E	2015E
新規需要	42	128	217	350	391	358
買い替え需要	49	56	91	166	262	438
スマートフォン加入者	147	275	492	842	1,233	1,591
携帯電話加入者	2,534	2,911	3,232	3,504	3,736	3,933
交換潜在者	1,900	2,210	2,363	2,299	2,106	1,883
スマートフォン販売	91	184	308	515	652.6	796
交換潜在者交換率	3%	7%	10%	15%	17%	17%
普及率	3%	6%	12%	19%	28%	36%

出所: Gartner

<表2-49> 東ヨーローッパのスマートフォン市場規模推移および展望　　　(単位: 百万台)

	2010	2011	2012	2013E	2014E	2015E
新規需要	6	13	18	24	30	35
買い替え需要	7	7	13	18	28	38
スマートフォン加入者	20	33	51	75	105	140
携帯電話加入者	454	477	494	507	518	526
交換潜在者	424	414	419	406	384	350
スマートフォン販売	13	20	31	42	58	72
交換潜在者交換率	1%	3%	4%	6%	8%	9%
普及率	7%	11%	18%	26%	37%	49%

出所: Gartner

<表2-50> 南米のスマートフォン市場規模推移および展望 (単位: 百万台)

	2010	2011	2012	2013E	2014E	2015E
新規需要	14	27	36	58	65	67
買い替え需要	4	7	18	31	49	80
スマートフォン加入者	26	53	89	147	212	279
携帯電話加入者	563	622	663	692	712	726
交換潜在者	479	506	526	498	449	384
スマートフォン販売	18	34	54	88	113.3	147
交換潜在者交換率	3%	6%	8%	11%	13%	15%
普及率	4%	9%	15%	24%	34%	44%

出所: Gartner

<表2-51> 中東/アフリカのスマートフォン市場規模推移および展望 (単位: 百万台)

	2010	2011	2012	2013E	2014E	2015E
新規需要	7	18	20	30	32	34
買い替え需要	12	12	19	27	35	51
スマートフォン加入者	32	50	70	100	132	166
携帯電話加入者	947	1,074	1,188	1,291	1,384	1,467
交換潜在者	784	885	992	1,070	1,132	1,183
スマートフォン販売	19	30	39	57	67.2	85
交換潜在者交換率	1%	2%	2%	3%	3%	3%
普及率	3%	4%	5%	7%	9%	12%

出所: Gartner

<表2-52> サムスン電子スマートフォン出荷量推移および展望 (世界市場) (単位: 百万台)

	スマートフォン市場規模			サムスン電子出荷量			サムスン電子占有率	
	2013E	2014E	増減率	2013E	2014E	増減率	2013E	2014E
北米	141.4	131.3	-7.1%	40.8	39.4	-3.5%	28.9%	30%
南米	88.1	113.3	28.6%	38.2	51.0	33.5%	43.4	45%
アジア/太平洋	173.8	207.6	19.4%	61.8	76.8	24.3%	35.6%	37%
中国	341.6	445	30.3%	62.9	89.0	41.5%	18.4%	20%
西ヨーロッパ	127.9	127.7	0.2%	56.1	57.5	2.4%	44.0%	45%
東ヨーロッパ	41.9	58.4	39.4%	20.6	29.8	44.6%	49.2%	51%
中東/アフリカ	55.6	67.2	20.9%	31.4	40.3	28.4%	56.5%	60%
総計	970.3	1150.5	18.6%	311.8	383.8	23.1%	32.1%	33.4%

出所: Gartner

<表2-53> アップルスマートフォン出荷量推移および展望(世界市場)　　　　(単位: 百万台)

	スマートフォン市場規模			アップル出荷量			アップル占有率	
	2013E	2014E	増減率	2013E	2014E	増減率	2013E	2014E
北米	141.4	131.3	-7.1%	51.7	47.3	-8.6%	36.6%	36.0%
南米	88.1	113.3	28.6%	5.7	9.1	59.0%	6.5%	8.0%
アジア/太平洋	173.8	207.6	19.4%	29.5	39.4	33.7%	17.0%	19.0%
中国	341.6	445	30.3%	27.8	44.5	60.1%	8.1%	10.0%
西ヨーロッパ	127.9	127.7	0.2%	27.2	26.8	-1.4%	21.3%	21.0%
東ヨーロッパ	41.9	58.4	39.4%	2.4	3.5	46.0%	5.7%	6.0%
中東/アフリカ	55.6	67.2	20.9%	3.9	4.7	20.6%	7.0%	7.0%
総計	970.3	1150.5	18.6%	148.2	175.3	18.3%	15.3%	15.2%

出所: Gartner

<表2-54> LG電子スマートフォン出荷量推移および展望(世界市場)　　　　(単位: 百万台)

	スマートフォン市場規模			LG電子出荷量			LG電子占有率	
	2013E	2014E	増減率	2013E	2014E	増減率	2013E	2014E
北米	141.4	131.3	-7.1%	12.5	13.1	5.0%	8.8%	10.0%
南米	88.1	113.3	28.6%	13.5	19.3	42.7%	15.3%	17.0%
アジア/太平洋	173.8	207.6	19.4%	6.1	10.4	70.2%	3.5%	5.0%
中国	341.6	445	30.3%	0.2	1.3	567.5%	0.1%	0.3%
西ヨーロッパ	127.9	127.7	0.2%	8.6	10.9	26.2%	6.7%	8.5%
東ヨーロッパ	41.9	58.4	39.4%	3.4	5.3	54.6%	8.1%	9.0%
中東/アフリカ	55.6	67.2	20.9%	1.5	2.4	56.8%	2.7%	3.5%
総計	970.3	1150.5	18.6%	45.8	62.6	36.6%	4.7%	5.4%

出所: Gartner

<表2-55> 韓国移動電話サービスおよびスマートフォン加入者現況　　　　(単位: 万人, %)

区分	2009年	2010年	2011年	2012年(P)	2013年{P}	増減率	CAGR
携帯電話サービス加入者 (A)	4,630	5,077	5,251	5,362	5,468	2.0	4.2
スマートフォン加入者 (B)	80	721	2,258	3,273	3,752	14.6	161.7
比重 (B/A)	1.7	14.2	43.0	61.0	68.6	-	-

出所：放送通信委員会, 未来創造科学部資料再構成

<表2-56> 韓国スマートフォン加入者数(累積)　　　　　　　　　　　　　　　　　　　(単位：人)

区分	2013.1月	2013.2月	2013.3月	2013.4月	2013.5月	2013.6月
SKT	16,330,642	16,348,609	16,646,700	16,860,568	17,102,966	17,295,638
KT	10,513,930	10,704,412	10,733,787	10,732,770	10,891,169	10,972,562
LGU+	6,453,868	6,768,675	6,949,216	7,071,903	7,119,325	7,292,956
合計	33,298,440	33,821,696	34,329,703	34,665,241	35,193,460	35,561,156

区分	2013.7月	2013.8月	2013.9月	2013.10月	2013.11月	2013.12月
SKT	17,534,073	17,756,369	17,916,688	18,066,867	18,177,445	18,286,407
KT	11,028,184	11,012,233	11,055,518	11,146,494	11,194,394	11,287,956
LGU+	7,383,794	7,552,372	7,653,917	7,760,653	7,839,136	7,942,209
合計	35,946,051	36,320,974	36,626,123	36,974,014	37,210,975	37,210,975

出所：放送通信委員会

<表2-57> 倹約フォン加入者数　　　　　　　　　　　　　　　　　　　　　　　　(単位: 万人, %)

区分	2011 加入者	2011 比重	2012 加入者	2012 比重	2013 加入者	2013 比重	増減率
移動通信3社	5,210	99.2	5,234	97.6	5,220	95.5	△0.3
倹約フォン	40	0.8	128	2.4	248	4.5	93.8
合計	5,251	100.0	5,362	100.0	5,468	100.0	2.0

出所：放送通信委員会, 未来創造科学部資料再構成

<表2-58> 主要倹約フォン事業者料金・商品現況(3G)

区分	倹約フォン事業者	既存移動通信社	移動通信社対比
プリペイド	音声3.8ウォン/秒(Eyesvision)	音声4.8ウォン/秒(KT)	21%↓
標準	基本料5,50ウォン+音声1.8ウォン/秒(韓国ケーブルテレコム、オンセテレコムなど)	基本料11,00ウォン+音声1.8ウォン/秒(SKT, KT)	基本料50%↓
スマートフォン	基本提供量音声200分、データ500M, SMS 300件基準　30,00ウォン(CJハロービジョン)	44,00ウォン(KT)	32%↓

出所：放送通信委員会

<表2-59> 種類別携帯電話占有率(2012年対比2013年)　　　　　　　　　　(単位：%, %p)

区分	2012年	2013年	増減('13年~'12年)
2G一般携帯電話(ビデオ通話不可)	12.3	8.6	-3.7
3G一般の携帯電話(ビデオ通話可能)	33.4	19.3	-14.0
PDAフォン	0.3	0.1	-0.2
3Gスマートフォン	42.5	34.8	-7.7
LTEスマートフォン	11.5	37.2	25.7
不明	0.0	0.0	0.0

出所：2012, 2013韓国メディアパネル調査

<表2-60> 主要媒体別利用時間変化(全体回答者基準)

	2012年	2013年
スマートフォン	46分	66分
家庭用TV	183分	185分
デスクトップPC	61分	55分
一般の携帯電話	22分	11分
(紙)新聞/本/雑誌	53分	52分

出所：2012, 2013韓国メディアパネル調査

<表2-61> スマートフォン利用行動占有率動向

		2012年占有率(%)		2013年占有率(%)	
TV/ラジオ放送プログラム		1.8		1.4	
映画/動画/UCC/音楽/音源/写真		6.2		8.2	
新聞/本/雑誌		1.6		2.2	
通話/文字/メール/チャット	通話	79.0	44.2	68.3	34.7
	テキストメッセージ		19.7		7.3
	メール		0.3		0.2
	チャット/メッセンジャー		14.8		26.2
オンライン検索/ソーシャルネットワーク/商取引	オンライン検索	8.3	4.3	12.2	7.3
	SNS		3.9		4.6
	電子商取引		0.2		0.2
ゲーム		2.9		7.6	
文書/画像処理		0.1		0.1	

出所：2012, 2013韓国メディアパネル調査

<表2-62> メディア同時利用5大媒体(2013, 同時利用者基準平均利用時間)

主な利用媒体		同時利用媒体	
1. 家庭用TV	23分	1. スマートフォン	28分
2. デスクトップPC	12分	2. 一般電話	5分
3. スマートフォン	3分	3. 一般の携帯電話	4分
4. 新聞/本/雑誌	3分	4. デスクトップPC	3分
5. 一般のノートパソコン	2分	5. 家庭用TV	2分

出所：2013韓国メディアパネル調査

(2) タブレットPC

<表2-63> 企業別全世界最終消費者のタブレット購入数(2013)　　　　　　　　　　　(単位: 台)

企業	2013年売上高	2013市場占有率(%)	2012年売上高	2012年市場占有率(%)
アップル(Apple)	70,400,159	36.0	61,465,632	52.8
サムスン(Samsung)	37,411,921	19.1	8,583,146	7.4
エイスース(ASUS)	11,039,156	5.6	6,262,371	5.4
アマゾン(Amazon)	9,401,846	4.8	7,707,800	6.6
レノボ(Lenovo)	6,525,762	3.3	2,186,993	1.9
その他(Others)	60,656,161	31.0	30,142,374	25.8
総合計(Total)	195,435,004	100.0	116,348,317	100.0

出所: Gartner (2014年2月)

<表2-64> OS別全世界最終消費者タブレット購入数(2013)　　　　　　　　　　　(単位: 台)

OS	2013年売上高	2013年市場占有率(%)	2012年売上高	2012年市場占有率(%)
アンドロイド(Android)	120,961,445	61.9	53,341,250	45.8
iOS	70,400,159	36.0	61,465,632	52.8
マイクロソフト(Microsoft)	4,031,802	2.1	1,162,435	1.0
その他(Other)	41,598	<0.1	379,000	0.3
総合計(Total)	195,435,004	100.0	116,348,317	100.0

出所: Gartner (2014年 2月)

<表2-65> 全世界タブレット市場企業用/消費者用比率展望(2013~2018年)

区分	企業用タブレット占有率	消費者用タブレット占有率
2013年実績	11%	89%
2014年展望	14%	86%
2018年展望	18%	82%

出所: IDC (2014.03.)

<表2-66> 韓国タブレットPC加入者数　　　　　　　　　　　　　　　　　　　　　　(単位：人)

区分	2013.1月	2013.2月	2013.3月	2013.4月	2013.5月	2013.6月
SKT	292,813	290,125	290,405	293,093	291,837	290,576
KT	419,816	426,379	422,341	423,123	420,757	417,769
LGU+	16,877	16,191	21,231	20,972	20,120	17,272
合計	729,506	732,695	733,977	737,188	732,714	725,617

区分	2013.7月	2013.8月	2013.9月	2013.10月	2013.11月	2013.12月
SKT	284,970	279,682	274,231	268,542	262,016	261,144
KT	410,127	402,300	398,305	388,142	380,749	381,502
LGU+	15,358	14,548	13,968	13,313	12,894	12,439
合計	710,455	696,530	686,504	669,997	655,659	655,085

出所：放送通信委員会

5) スマートTV

<表2-67> 世界スマートTV出荷量展望　　　　　　　　　　　　　　　　　　(単位: 百万台)

	2013年	2014年	2015年	2016年	2017年
スマートTV	75	101	124	148	172
一般TV	152	128	107	86	64

出所: Business Insider(2014.02)

<表2-68> 主要国別スマートTV普及率

オーストラリア	中国	フランス	ドイツ	イタリア	日本	スペイン	英国	米国
17%	31%	9%	15%	15%	9%	11%	13%	10%

出所: Ofcom, 2013.12

<表2-69> 会社別米国におけるスマートTV占有率

サムスン電子	Vizio	シャープ	パナソニック	LG	その他
34%	26%	15	10	9	6

出所: Business Insider(2014.02)

<表2-70> 方式別TVのインターネット接続比率

方式	比率
Game Console	19.3 %
Media Center Box	17.1 %
DVD/Blu-ray Player	16.3 %
Cable/Satellite STB	10.7 %
Notebook PC	10.3 %
Smart TV	10.2 %
Desktop PC	9.0 %
Connected TV	6.3 %
Others	1.0 %

出所 : Display Search, 2013.04

<表2-71> TV経由OTT動画サービス利用方法選好度

	選好度
コネクテッドTVセット	31 %
コネクテッドセットトップボックス	16 %
TVとPCの接続	15 %
TVとスマートフォン/タブレット接続	6 %
ゲームコンソール	5 %
Don't Know/not sure	28 %

出所：Accenture, 2013.04

<表2-72> 韓国スマートTV利用世帯数展望 (単位: 万世帯)

	2012	2013	2014	2015	2016	2017	2018
一体型	170	272	382	501	630	769	921
STB型	91	116	148	188	239	304	387
合計	261	388	529	689	869	1,074	1,398

出所：KT経済経営研究所

<表2-73> 韓国スマートTV市場規模および占有率 (単位: 万台)

区分		2010	2011	2012	2013
韓国市場	全体TV	226	238	250	262
	スマートTV	29	54	80	131
	占有率	12.8%	22.7%	32.0%	50.0%

出所：KT経済経営研究所

<表2-74> 韓国スマートTV広告および商取引市場展望 (単位: 万世帯)

	2012	2013	2014	2015	2016	2017	2018
広告費	598	905	1,407	2,065	2,917	3,999	5,343
コマース手数料	825	1,811	2,944	4,439	6,390	8,898	12,057
合計	1,423	2,716	4,351	6,504	9,307	12,897	17,400

出所：韓国電子通信研究院(ETRI)

<表2-75> 韓国有料放送会社のスマートセットトップボックス開発事例

区分	企業	プラットフォーム	動向
ケーブルTV	CJハロービジョン	Android 4.2	• '13年12月「ハローtvスマート」を発売 • モバイル用コンパニオンアプリ提供 • 独自のTvingサービスと有機的に連携
	T-Broad	HTML5	• '13年6月世界初のHTML5基盤「スマートプラス」発売 • モバイル用コンパニオンアプリ提供 • 独自のアプリ公募展の開催などで生態系を強化推進
	シエンエム	Android 4.2	• '12年5月国内発のAndroid採用スマートTV試験サービス開始 • 最新バージョン4.2にアップグレードした「スマートTV2」の商用化準備中
	現代HCN	サムスンスマートTVプラットフォーム	• '13年1月サムスン電子は独自のスマートTVプラットフォームを採用する意思を明らかにした
	シエムビ	Android 4.0	• '13年1月Android4.0基盤スマートセットトップボックス発売計画を発表。7月発売
IPTV	KT	HTML5	• '13年7月Android 2.0バージョンから脱皮してHTML5を採用したスマートセットトップボックス「ollehTVスマート」商用化 • 野球中継などのマッシュアップ放送サービス組合せ
	SKブロードバンド	Android 4.2	• '13年11月、新しいセットトップボックスとタッチパッド型リモコン基盤「B tv スマート」発売
	LGU+	グーグルTV	• '12年10月グーグルTV基盤「U+ tv G」発売以降加入者規模が着実に成長 • NFC基盤4チャンネル同時視聴などのサービスに差別化

出所：各社発表および国内マスコミ報道を総合

6) コンピューター

<表2-76> 世界PC出荷量展望 (単位：千台, %)

地域		2010	2011	2012	2013	2014	2015	'10~'15 CARG
米国	出荷量	75,019.9	75,090.3	79,476.3	84,483.8	90,480.7	96,764.0	5.2
	増加率	5.6	0.1	5.8	6.3	7.1	6.9	
西ヨーロッパ	出荷量	68,861.1	63,794.0	70,258.7	74,978.5	81,755.4	87,105.9	4.8
	増加率	4.8	-7.4	10.1	6.7	9	6.5	
アジア太平洋	出荷量	106,593.0	118,544.2	135,927.3	158,690.4	187,054.7	221,208.5	15.7
	増加率	19.2	11.2	14.7	16.7	17.9	18.3	
日本	出荷量	15,777.4	14,615.5	16,096.7	15,520.6	14,918.8	15,538.1	-0.3
	増加率	17.9	-7.4	10.1	-3.6	-3.9	4.2	
中南米その他	出荷量	80,712.3	89,520.1	96,720.0	104,763.6	113,638.8	120,928.6	8.4
	増加率	23.2	10.9	8.0	8.3	8.5	6.4	
合計	出荷量	346,963.6	361,564.1	398,479.0	438,436.9	487,848.5	541,545.2	9.3
	増加率	13.7	4.2	10.2	10.0	11.3	11.0	

出所：IDC

<表2-77> 種類別PC出荷量展望 (単位：千台, %)

地域		2010	2011	2012	2013	2014	2015	'10~'15 CARG
Desktop	出荷量	145,800.7	147,004.4	152,301.9	154,501.1	156,023.1	158,262.6	1.7
	増加率	7.1	0.8	3.6	1.4	1.0	1.4	
Portable	出荷量	201,163.0	214,559.7	246,177.0	283,935.8	331,825.3	383,282.5	13.8
	増加率	19.1	6.7	14.7	15.3	16.9	15.5	
合計	出荷量	346,963.6	361,564.1	398,479.0	438,436.9	487,848.5	541,545.2	9.3
	増加率	13.7	4.2	10.2	10.0	11.3	11.0	

出所：IDC

<表2-78> 種類別PC平均販売価格(ASP)展望 (単位：ドル)

区分	2010	2011	2012	2013	2014	2015
Desktop	675	674	642	616	590	572
Portable	763	752	723	705	681	660
価格差	88	78	81	89	91	88

出所：IDC

情報通信・放送・インターネット・コンテンツ・医療機器・ロボット

<表2-79> PC市場占有率現況(2011) (単位：%)

PC				Desktop				Portable			
順位	会社名	2Q	1Q	順位	会社名	2Q	1Q	順位	会社名	2Q	1Q
1	HP	18.1	18.6	1	HP	17.7	18.7	1	HP	18.4	18.5
2	Dell	12.9	12.6	2	Dell	13.4	13.2	2	Acer	13.7	14.6
3	Lenovo	12.2	9.9	3	Lenovo	12.3	10.2	3	Dell	12.6	12.2
4	Acer	10.7	10.9	4	Acer	6.6	5.6	4	Lenovo	12.1	9.8
5	Toshiba	5.3	5.9	5	Apple	3.2	3.0	5	Toshiba	9.1	10.0
6	Asus	5.2	5.2	6	Fujitsu	1.4	1.9	6	Asus	8.5	8.5
7	Apple	4.7	4.6	7	Tongfang	1.1	1.1	7	Samsung	6.1	6.7
8	Samsung	3.8	4.3	8	Haier	0.8	0.7	8	Apple	5.8	5.7
9	Sony	2.1	2.4	9	Positivo	0.8	0.6	9	Sony	3.5	3.9
10	Fujitsu	1.4	1.7	10	NEC	0.7	0.9	10	Fujitsu	1.4	1.5

出所：IDC

<表2-80> 国別韓国のコンピュータおよび周辺機器輸出順位 (単位: 万ドル)

	2010年		2011年		2012年上半期	
	国	輸出額	国	輸出額	国	輸出額
1	中国	247,550	中国	275,802	中国	132,129
2	米国	132,704	米国	145,366	米国	72,491
3	香港	68,849	香港	90,608	香港	35,940
4	日本	52,408	日本	47,089	日本	17,183
5	台湾	50,614	台湾	44,786	オランダ	11,649
6	ドイツ	43,178	オランダ	30,275	台湾	10,059
7	オランダ	28,613	ブラジル	21,785	メキシコ	9,592
8	ブラジル	24,570	シンガポール	20,211	ベトナム	9,518
9	シンガポール	22,769	ドイツ	20,169	ブラジル	8,577
10	メキシコ	21,578	カナダ	15,257	スロバキア	8,319

出所：情報通信産業振興院

<表2-81> 国別韓国のコンピュータおよび周辺機器輸入推移 (単位: 万ドル)

	2010年		2011年		2012年上半期	
	国	輸入額	国	輸入額	国	輸入額
1	中国	552,675	中国	545,376	中国	280,598
2	台湾	132,730	台湾	137,122	台湾	36,622
3	米国	54,141	マレーシア	53,168	マレーシア	23,814
4	日本	51,060	シンガポール	44,525	日本	21,447
5	マレーシア	47,421	日本	43,152	シンガポール	19,005
6	シンガポール	41,495	米国	34,784	米国	17,698
7	タイ	29,083	タイ	20,858	タイ	10,306
8	アイルランド	15,152	アイルランド	16,927	アイルランド	8,614
9	フィリピン	13,796	香港	15,589	香港	6,849
10	コスタリカ	6,410	メキシコ	7,596	コスタリカ	6,680

出所：情報通信産業振興院

7) 自動車用ブラックボックスおよびナビゲーション

(1) 自動車用ブラックボックス

<表2-82> 韓国自動車用ブラックボックス装着率調査結果(総合)　　　(単位: 台, %)

	総調査台数	装着台数	装着率
軽	1,068	199	**18.6**
小型	1,427	327	**22.9**
中型	2,415	806	**33.4**
SUV/CDV	3,200	938	**29.3**
大型	1,646	598	**36.3**
輸入車	344	169	**49.1**
合計	10,100	3,037	**30.1**

出所: IRSグローバル

<表2-83> 韓国自動車用ブラックボックス装着率調査結果(地域別)　　　(単位: 台, %)

	ソウル			釜山			広州		
	総調査台数	装着台数	**装着率**	総調査台数	装着台数	**装着率**	総調査台数	装着台数	**装着率**
軽	328	60	**18.3**	353	62	**17.6**	387	77	**19.9**
小型	456	96	**21.1**	439	102	**23.2**	532	129	**24.2**
中型	744	288	**38.7**	850	311	**36.6**	821	207	**25.2**
SUV/CDV	1,296	420	**32.4**	881	287	**32.6**	1,023	231	**22.6**
大型	504	220	**43.7**	530	196	**37.0**	612	182	**29.7**
輸入車	112	56	**50.0**	98	43	**43.9**	134	70	**52.2**
合計	3,440	1,140	**33.1**	3,151	1,001	**31.8**	3,509	896	**25.5**

出所: IRSグローバル

<表2-84> 韓国自動車用ブラックボックス普及台数および普及率推移

	区分	2007	2008	2009	2010	2011	2012	2013.09(E)
自動車登録台数	台数(万台)	1,210	1,248	1,302	1,363	1,414	1,457	1,498
	増加(万台)	49	38	54	61	50	44	84
	増加率(%)	4.2	3.1	4.3	4.7	3.7	3.0	2.8
ブラックボックス(推定)	普及(万台)	-	4.7	13.2	51.8	130.2	285.2	450.9
	普及率(%)	-	0.38	1.01	3.80	9.21	19.57	30.10

出所: 国土海洋部, IRS 全世界(推定)

<表2-85> 国別自動車用ブラックボックス輸出推移(HS 8543.70-9090) (単位: 千ドル, %)

区分		2011		2012		2013(1~9)	
		輸出額	増減率	輸出額	増減率	輸出額	増減率
	総計	1,272,232	42.6	1,656,956	30.2	2,307,351	133.2
1	中国	919,764	175.3	1,352,757	47.1	1,613,963	112.9
2	ベトナム	17,979	502.3	15,789	-12.2	278,002	1,855.70
3	香港	109,450	-69.6	52,294	-52.2	196,354	434.1
4	日本	60,511	16	68,977	14	54,712	10.1
5	ブラジル	4,289	50.2	4,432	3.3	40,725	962.6
6	米国	41,704	-25.4	42,492	1.9	26,032	-23.5
7	インドネシア	4,079	19.5	4,172	2.3	13,764	297.9
8	インド	3,464	-12.1	3,544	2.3	12,853	402.3
9	メキシコ	15,734	343.3	15,508	-1.4	10,905	-24.8
10	ドイツ	6,721	18.4	8,247	22.7	4,575	-30
11	英国	6,340	45	6,887	8.6	4,292	-16.7
12	台湾	6,258	44.3	4,948	-20.9	3,961	12.8
13	カナダ	1,031	273.8	3,308	221	3,525	55.7
14	シンガポール	6,609	40.8	5,432	-17.8	3,021	-27.4
15	ポーランド	1,982	249.6	3,827	93.1	2,899	8.3
16	ロシア連邦	7,139	193.3	5,505	-22.9	2,780	-34.9
17	フランス	2,283	-4.9	1,792	-21.5	2,403	111.6
18	マレーシア	1,702	-28.2	1,204	-29.3	2,394	162.1
19	トルコ	3,321	-18.8	3,410	2.7	2,262	-22.8
20	UAE	2,511	-2.2	3,368	34.1	1,874	-16.5
21	タイ	2,780	39.3	2,976	7.1	1,780	-13.6
22	オーストラリア	1,993	39.8	2,838	42.4	1,675	-20.3
23	スペイン	2,107	53.7	7,447	253.4	1,375	-79.8
24	フィリピン	1,482	-34	1,522	2.7	1,335	44.6
25	南アフリカ	1,130	44.3	943	-16.6	1,241	45.1
26	サウジアラビア	1,422	-55.2	3,479	144.7	1,183	-8
27	スロベニア	1,876	34,258.80	405	-78.4	1,111	232.9
28	イラン	1,715	84.4	2,405	40.2	1,035	-53.3
29	オランダ	535	-82.5	806	50.5	972	46.5
30	カタール	92	-62	73	-21.1	958	1,563.90

出所：韓国貿易協会

<表2-86> 国別自動車用ブラックボックス輸入推移(HS 8543.70-9090) (単位: 千ドル, %)

区分		2011		2012		2013(1~9)	
		輸出額	増減率	輸出額	増減率	輸出額	増減率
	総計	626,356	20.2	551,049	-12	495,460	19.4
1	中国	154,781	32.4	160,513	3.7	174,717	50.6
2	米国	99,346	-24.2	91,108	-8.3	84,736	22
3	日本	98,022	-0.3	91,777	-6.4	59,652	-16.6
4	台湾	25,242	565.7	15,218	-39.7	38,013	280.7
5	マレーシア	13,562	3.1	24,018	77.1	21,089	17.1
6	カナダ	8,054	-20.7	9,450	17.3	16,475	157.6
7	ドイツ	31,995	-33.6	25,653	-19.8	13,766	-13.1
8	香港	82,591	202.3	36,739	-55.5	12,341	-62.4
9	シンガポール	3,176	7.3	11,567	264.3	8,450	-9.5
10	イスラエル	7,087	59.2	7,977	12.6	8,119	32.6
11	英国	20,646	59.6	10,709	-48.1	6,878	-11.6
12	スイス	2,549	31.4	7,797	205.9	5,730	6.9
13	メキシコ	1,052	-46.1	1,380	31.2	5,671	393.2
14	ベトナム	24,504	455	17,291	-29.4	5,211	-66.9
15	インド	124	24.2	4,282	3,362.20	4,352	41.1
16	ルーマニア	31	-78.9	1	-96.2	4,271	357,324.90
17	インドネシア	2,480	-9.3	2,561	3.3	3,704	102.9
18	フランス	7,470	33.4	3,482	-53.4	3,226	13.8
19	スウェーデン	1,118	27.9	3,088	176.3	2,956	50.9
20	フィリピン	7,853	150.6	3,896	-50.4	2,923	-1.2
21	フィンランド	86	-65.2	287	234.3	2,904	1,376.90
22	ハンガリー	2,669	-26.8	2,006	-24.8	1,538	11.6
23	コスタリカ	26	34,524.30	603	2,254.30	1,485	2,633.80
24	ベルギー	3,825	213.4	6,411	67.6	1,348	-72.9
25	オーストラリア	9,740	-32.9	2,303	-76.3	1,255	-25.5
26	タイ	6,780	67.2	1,526	-77.5	1,050	-18.3
27	オランダ	3,987	176.7	2,592	-35	657	-67.1
28	イタリア	1,390	-9.3	969	-30.3	608	-22.9
29	デンマーク	1,136	60	1,011	-11	575	-5
30	ブラジル	1	-52.6	5	433.9	385	8,432.60

出所：韓国貿易協会

情報通信・放送・インターネット・コンテンツ・医療機器・ロボット

<表2-87> 主要企業別自動車用ブラックボックス市場占有率 (単位: 台, %)

NO	会社名	軽	小型	中型	SUV	大型	輸入	合計	占有率
1	シンクウェア	35	58	217	225	129	38	702	23.1
2	ファインデジタル	40	63	181	184	138	26	632	20.8
3	ピタソフト	14	35	82	86	82	14	313	10.3
4	アイエレクトロニクス	13	16	51	83	47	21	231	7.6
5	MINDON電子通信	19	32	51	68	28	12	210	6.9
6	DABONDA	9	27	47	26	16	6	131	4.3
7	現代MnSoft	6	23	11	37	15	2	94	3.1
8	その他	63	73	166	229	143	50	724	23.9
	合計	199	327	806	938	598	169	3,037	100.0

出所 : IRSグローバル

(2) ナビゲーション

<表2-88> 世界ナビゲーション/PND/DA市場規模展望

区分		2011	2012	2013	2014	2015
ナビゲーション	販売台数	10,900	12,400	14,500	16,500	18,500
	前年比		113.8	116.9	113.8	112.1
PND	販売台数	38,100	37,100	34,600	31,800	27,100
	前年比		97.4	93.3	91.9	85.2
DA	販売台数	100	1,050	2,680	5,100	10,200
	前年比		1,050.0	255.2	190.3	200.0
合計		49,100	50,550	51,780	53,400	55,800

出所：矢野経済研究所

<表2-89> 韓国ナビゲーション(After Market)市場推移

年	販売台数(台)	前年比増減(%)	累積販売台数(台)	自動車登録台数(万台)	装着率(%)
2005	700,000	80.0	1,200,000	1,540	7.8
2006	1,100,000	57.1	2,220,000	1,590	14.0
2007	1,350,000	22.7	3,400,000	1,643	20.7
2008	1,700,000	25.9	4,800,000	1,679	28.6
2009	1,900,000	11.7	5,950,000	1,733	34.3
2010	1,850,000	-2.7	7,550,000	1,794	42.1
2011	1,740,000	-6.0	8,300,000	1,844	45.0
2012	1,300,000	-25.3	9,150,000	1,895	48.3
2013(F)	1,200,000	-7.7	10,010,000	1,943(F)	51.5

出所：IRSグローバル

<表2-90> 年度別ナビゲーション新製品発売モデル数 (単位: 件)

2006年	2007年	2008年	2009年	2010年	2011年	2012年
160	178	149	124	189	142	76

出所：naviga

3. 通信・インターネット産業

1) 事物インターネット(IoT, M2M)

<表3-1> 世界および韓国の事物インターネット市場

	2011年	2012年	2013年	2014年	2014年	CAGR
世界市場(兆ウォン)	26.82	29.18	35.61	42.49	47.07	11.9%
国内市場(億ウォン)	4,147	5,674	7,201	10,338	13,474	26.6%

出所：韓国情報通信振興協会(KAIT), 2012

<表3-2> 部門別世界事物インターネット市場現況および展望 (単位: 億ドル)

区分		2013	2022
デバイス(Devices)	チップセット(Chipsets)	58	281
	モジュール(Modules)	102	477
	端末(Terminals)	1,728	3,692
	小計	1,888	4,450
ネットワーク(Networks)	GSM/HSPA	31	69
	CDMA	42	78
	LTE	14	201
	その他	8	43
	小計	95	391
システム事業 (Solution Providers /System Integrators)	製品機器製造業	12	694
	システム統合事業者	14	1,436
	特定のアップルアプリケーションレンタル事業者	8	904
	B2B/B2Cサービス事業者	3	521
	小計	37	3,555
アプリケーション/サービス (アップリケーション/Services)	自動車 テレマティックス	5	1,492
	自動車管制	1	186
	スマートグリッドおよび管理	2	215
	固定無線通信	1	271
	生活家電	1	1,184
	その他	1	204
	小計	11	3,552
計		2,031	11,948

出所: Machina Research, STRACORP, 2013.

<表3-3> 分野別韓国事物インターネット潜在市場規模および成長展望

	潜在市場規模		成長展望
スマートメーター	6587万	- 電気(普及率 100%) = 1795万 - ガス(普及率 75.5%) = 1499万, - 上水道(普及率 94.6%) = 1698万, - 下水道(普及率 90.9%) = 1,631万	-政府:スマートグリッド・インフラストラクチャおよび拠点地区構築推進 (AMI毎年200万戸普及、電力貯蔵装置設置が義務付けられた公共機関の数) -韓国電力:コア技術である電力線通信チップ開発を積極的に推進中
セキュリティ (CCTV)	2056万 (n1=20, n2=4 家庭)	-Security(法人)=法人企業数(47万) X n1 -Security(個人事業)=事業所保有企業(279万) X n2 その他:Security(公共) 個人住宅セキュリティ	-犯罪防止/監視、校内暴力予防など社会的問題関係が毎年急速に成長中(年8.1%成長) - 公共 35万台. 全国1万1363の小中学校に10万53台導入。導入率97.5%
自動車	5,700万	韓国自動車登録台数: 1,900万 -自動車M2M主要分野: ハイパス、セキュリティ/救急、保健	- テレマティクス: Blue Link(現代+kt), Uvo(キア+SKT)サービス発売 . Blue Link: '12年4月発売サンタフェオプション仕様, - 年150万台水準の韓国新車の52.2%がハイパスを内臓.
消費者家電	1億以上	- 国内世帯数: 1795万 - Connected CE: AV, Personal Media, White Goodsなど	- 韓国のGaming Console普及は200万台水準と推定、現在の成長率は低迷 - サムスン、LGなど国内主要電子製品企業でアンドロイド基盤のM2M家電(TV、カメラ、冷蔵庫、洗濯機)拡大中
モバイルPOS	200万	-サービス業個人事業体: 214万	-スマートフォン/タブレットをモバイルPOSで使用する傾向 モバイルPOS専用端末市場の成長は不確実
社会内部展望とその他	-	社会内部展望 など その他 M2Mサービス . 性犯罪者電子足輪: 1,040人('12) . RFID基盤生ごみ従量制システム	- 電子足輪の導入前、性犯罪者への遡及適用合憲決定('12年12月27日)により適用対象者が3,540人に拡大 - '13年6月から生ごみ従量制を全国で施行、RFID基盤生ごみ従量制システムを積極的に奨励

出所: 韓国事業体の現況と業種別特性(KB経営研究所, 2012.10) 他関連記事

<表3-4> 通信社別韓国M2Mサービス現況

区分	KT	SKT	LG U+
ネットワーク	・WCDMA, WiBro基盤	・CDMA, WCDMA	・CDMA200 1X
プラットフォーム/ソリューション	・独自の企業用ソリューション	・M2M独自のプラットフォーム	・LG CNSのクラウドセンタープラットフォーム ・決済LBS,遠隔検針ソリューション
モジュール/端末	・Enspertと提携開発	・RFID/USN汎用端末	・他社と提携
サービス (M2M料金制)	・B'z35, 45, 50 ・MTM50,100	・M35, 50, 70, ・100,150, 200, 500	・T50,70,90,140,180,300,400 ・TMS36+,70,90,120,140

出所: 放送通信委員会, ETRADE証券リサーチ本部

<表3-5> 韓国M2M加入者数 (単位：人)

区分	2013.1月	2013.2月	2013.3月	2013.4月	2013.5月	2013.6月
SKT	746,968	763,337	771,834	838,373	844,648	879,959
KT	548,561	558,664	569,641	578,087	589,778	602,596
LGU+	605,933	624,449	634,173	641,893	646,858	652,468
合計	1,901,462	1,946,450	1,975,648	2,058,353	2,081,284	2,135,023

区分	2013.7月	2013.8月	2013.9月	2013.10月	2013.11月	2013.12月
SKT	894,990	911,432	939,322	965,959	988,707	1,007,780
KT	598,695	607,867	624,072	641,576	658,527	671,171
LGU+	658,596	660,908	676,994	680,770	683,620	701,601
合計	2,152,281	2,180,207	2,240,388	2,288,305	2,330,854	2,380,552

出所: 放送通信委員会,

<表3-6> 韓国M2M/IoT特許出願動向

出願年度	2000	2002	2005	2006	2007	2008	2009	2010	2011	2012	2013	合計
出願件数	2	1	1	4	4	5	19	60	162	156	16	430
登録件数	1	1	1	2	3	3	11	11	25	25	5	88
登録比率	50%	100%	100%	50%	75%	60%	58%	18%	15%	16%	31%	20%

出所: 韓国特許情報院

<表3-7> 主要国別M2M/IoT特許出願動向

	2000	2002	2003	2004	2005	2006	2007	2008	2009	2010	2011	2012	2013
中国	0	0	1	1	0	2	0	1	72	281	359	227	58
欧州特許庁	0	1	0	0	1	0	0	2	7	36	81	38	3
日本	0	0	0	0	0	0	0	0	0	2	9	12	3
韓国	2	1	0	0	1	4	4	5	19	60	162	156	16
米国	0	1	1	2	1	2	0	4	7	51	234	163	62
WO	0	1	0	2	0	1	3	1	13	89	293	253	106

出所: 韓国特許情報院

2) 周波数

<表3-8> 無線局現況   (単位：局)

区分	2009年	2010年	2011年	2012年	2013年
許可・届出対象無線局	1,075,158	1,166,618	1,170,208	1,274,781	1,456,659
許可擬制無線局	48,383,571	51,230,824	53,810,131	55,108,538	56,135,845
計	49,458,729	52,397,442	54,980,339	56,383,319	57,592,504

注）許可擬制無線局：衛星電話や携帯電話はSKT、KTなどの電気通信事業者と一般ユーザーが利用契約を結んでサービスを受ける無線局で、許可や届出を必要としない。
出所：中央電波管理所

<表3-9> 許可・届出対象無線局現況   (単位：局)

区分	2009年	2010年	2011年	2012年	2013年
放送局	11,796	12,041	11,611	2,285	2,191
固定局	10,267	10,568	10,184	9,261	8,800
移動局	4,349	4,237	3,983	4,209	28,723
移動中継局	63,436	73,115	76,419	66,579	67,489
地球局	2,942	2,810	2,563	2,524	2,598
海岸局	227	343	393	437	449
基地局	254,177	305,873	342,420	445,077	594,318
航空局	146	147	150	152	157
航空機局	510	554	635	684	711
陸上移動局	297,035	320,962	277,855	290,528	301,375
簡易無線局	363,389	371,353	380,072	392,477	390,680
アマチュア局	45,753	43,779	42,655	39,047	37,419
電波アプリケーション設備	1,924	1,893	1,856	1,841	1,811
周波数共用無線局	554	419	394	358	295
無線統制機関	936	921	925	886	809
船舶局	16,139	16,048	16,300	16,583	16,912
その他	1,578	1,555	1,793	1,853	1,922
計	1,075,158	1,166,618	1,170,208	1,274,781	1,456,659

出所：中央電波管理所

<表3-10> 移動通信用周波数利用現況(2013. 12.)

区分	帯域(MHz)(上方/下方)	事業者	割当期間	備考
800/900MHz	819~824(5)/864~869(5)	KT	'12.7.1~'22.6.360	競売割当('11.8)
	824~839(15)/869~884(15)	SKT	'11.7.1~'21.6.30	再割当(10年)
	839~849(10)/884~894(10)	LGU+	'11.7.1~'21.6.30	再割当(10年)
	905~915(10)/950~960(10)	KT	'11.7.1~'21.6.30	再割当(10年)
1.8GHz	1715~1725(10) 及び 1730~1735(5)/1810~1830(20)	SKT	'13.9.25~'21.6.30	競売割当('13.8)
	1735~1740(5)/1830~1840(10)	KT	'13.9.10~'21.6.30	競売割当('13.8)
	1745~1755(10)/1840~1850(10)	KT	'11.7.1~'21.6.30	再割当(10年)
	1755~1765(10)/1850~1860(10)	SKT	~'21.12.15	競売割当('11.8)
	1770~1780(10)/1860~1870(10)	LGU+	'11.7.1~'21.6.30	再割当(10年)
2.1GHz	1885~1920(35)	未割当	-	IMT-TDD
	1920~1930(10)/2110~2120(10)	LGU+	'12.8.29~'22.8.28	競売割当('11.8)
	1930~1940(10)/2120~2130(10)	SKT	~'16.12.3 '06.7.28	返却(LGU+)
	1940~1960(20)/2130~2150(20)	SKT	'01.12.4~'16.12.3	15年
	1960~1980(20)/2150~2170(20)	KT	'01.12.4~'16.12.3	15年
2.3GHz	2010~2025(15)	未割当	-	IMT-TDD
	2300~2327(27)	SKT	'12.3.30~'19.3.29 WiBro	再割当(7年)
	2330~2360(30)	KT	'12.3.30~'19.3.29 WiBro	再割当(7年)
	2363~2390(27)	未割当	-	ハナロテレコム返却
2.6GHz	2500~2520(20)/2620~2640(20)	未割当	-	IMT-2000/IMT-Advanced
	2520~2540(20)/2640~2660(20)	LGU+	'13.12.4~'21.12.3	競売割当('13.8)
	2575~2615(40)	未割当	- 第4移動通信会社	申請脱落

出所：未来電波工学研究所(2013.12.)

<表3-11> 事業者別周波数所有現況(2013. 12.)

区分	帯域(MHz)	総周波数	幅方式	備考
SKT	824~834(10)/869~879(10)	20MHz	2G(CDMA)	
	834~839(5)/879~884(5)	10MHz	3G以上(LTE)	
	1715~1725(10)及び 1730~1735(5)/1810~1830(20)	35MHz	3G以上(LTE)	'13年競売 (10,500億ウォン)
	1755~1765(10)/1850~1860(10)	20MHz	3G以上(LTE)	'12年競売 (9,950億ウォン)
	1930~1940(10)/2120~2130(10)	20MHz	3G以上	
	1940~1960(20)/2130~2150(20)	40MHz	3G以上	
	2300~2327(27)	27MHz	WiBro	
	小計		172MHz (42.2%)	
KT	819~824(5)/864~869(5)	10MHz	3G以上(LTE)	'12年競売 (2,610億ウォン)
	905~915(10)/950~960(10)	20MHz	3G以上(LTE)	
	1735~1740(5)/1830~1840(10)	15MHz	3G以上(LTE)	'13年競売 (9,001億ウォン)
	1745~1755(10)/1840~1850(10)	20MHz	PCS/3G以上(LTE)	
	1960~1980(20)/2150~2170(20)	40MHz	3G以上	
	2330~2360(30)	30MHz	WiBro	
	小計		135MHz (33.2%)	
LGU+	839~849(10)/884~894(10)	20MHz	3G以上(LTE)	
	1770~1780(10)/1860~1870(10)	20MHz	PCS/3G以上(LTE)	
	1920~1930(10)/2110~2120(10)	20MHz	3G以上(LTE)	'12年競売 (4,450億ウォン)
	2520~2540(20)/2640~2660(20)	40MHz	3G以上(LTE)	'13年競売 (4,788億ウォン)
	小計 100MHz (24.6%)			
総計		407MHz	'12年競売：合計1兆6,610億ウォン '13年競売：総　2兆4,289億ウォン	

出所：未来電波工学研究所(2013.12.)

情報通信・放送・インターネット・コンテンツ・医療機器・ロボット

<表3-12> 許可擬制無線局現況 (単位：局)

区分	2009年	2010年	2011年	2012年	2013年
携帯移動電話	47,944,222	50,767,241	52,506,793	53,624,427	54,680,840
ワイヤレスブロードバンド (WiBro)	0	0	799,464	1,009,827	983,387
GM-PCS	3,857	5,193	14,696	19,472	23,498
無線呼び出し	21,066	18,917	18,339	18,384	29,164
周波数共用無線電話 (TRS)	352,092	377,540	382,110	384,181	367,758
無線データ通信	62,334	61,933	55,563	52,247	51,198
計	48,383,571	51,230,824	52,977,501	55,108,538	56,135,845

出所：中央電波管理所

3) トラフィック

<表3-13> 無線通信技術方式別トラフィック現況

(単位：TB)

区分	2G	3G	4G	WiBro	WiFi*	合計
'13.1	8	19,996	30,355	3,522	4,380	58,262
'13.2	8	17,437	31,946	3,270	3,713	56,375
'13.3	8	18,565	40,503	3,584	4,567	67,227
'13.4	8	17,839	42,993	3,658	4,894	69,331
'13.5	8	17,097	44,497	3,810	5,449	70,861
'13.6	8	15,669	45,532	3,696	5,592	70,497
'13.7	8	15,826	50,344	3,884	5,442	75,503
'13.8	8	15,411	53,578	3,840	5,847	78,684
'13.9	8	14,061	55,579	3,884	6,164	79,696
'13.10	7	13,356	59,163	4,113	6,831	83,469
'13.11	6	11,713	57,357	4,059	7,106	80,241
'13.12	7	11,854	61,197	4,038	6,982	84,078

注) WiFi トラフィックは通信事業者のネットワークを介して流れてきたトラフィック量のみで、利用者が個に WiFiをインストールして利用するトラフィック量は算定できない

出所：未来創造科学部

<表3-14> 移動電話端末機トラフィック現況

区分	2G・3G フィーチャーフォン		3Gスマートフォン		4Gスマートフォン		合計(平均)	
	全トラフィック (TB)	1加入者当り トラフィック (MB)	全トラフィック (TB)	1加入者当り トラフィック (MB)	全トラフィック (TB)	1加入者当り トラフィック (MB)	全トラフィック (TB)	1加入者当り トラフィック (MB)
'13.1	68	4	19,937	1,204	30,355	1,844	50,360	980
'13.2	59	3	17,386	1,117	31,946	1,794	49,391	964
'13.3	66	4	18,507	1,217	40,503	2,168	59,077	1,151
'13.4	71	4	17,775	1,238	42,993	2,160	60,779	1,183
'13.5	79	5	17,026	1,233	44,497	2,121	61,603	1,196
'13.6	87	5	15,589	1,172	45,532	2,078	61,209	1,186
'13.7	81	5	15,752	1,239	50,344	2,196	66,178	1,282
'13.8	83	5	15,336	1,257	53,578	2,259	68,997	1,336
'13.9	77	5	13,992	1,186	55,579	2,272	69,648	1,346
'13.10	78	5	13,284	1,178	59,163	2,333	72,525	1,399
'13.11	89	6	11,630	1,112	57,357	2,188	69,076	1,329
'13.12	73	5	11,787	1,195	61,197	2,256	73,057	1,401

出所：未来創造科学部

<表3-15> 多量利用者(ヘビーユーザー)別トラフィック現況(2013)

区分			多量利用者別トラフィック現況					
			上位1%の利用者		上位5%の利用者		上位10%の利用者	
期間	サービス	トラフィック利用量(TB)	トラフィック(TB)	比重(%)	トラフィック(TB)	比重(%)	トラフィック(TB)	比重(%)
'13.3	3G	18,565	4,505	24.3	9,773	52.6	13,257	71.4
	4G	40,503	3,572	8.8	8,997	22.2	14,597	36.0
'13.6	3G	15,669	4,347	27.7	10,121	64.6	13,408	85.6
	4G	45,532	4,265	9.4	11,826	26.0	18,207	40.0
'13.9	3G	14,061	3,912	27.8	8,241	58.6	10,238	72.8
	4G	55,579	5,333	9.6	13,010	23.4	18,301	32.9
'13.12	3G	11,854	3,653	30.8	7,468	63.0	9,406	79.4
	4G	61,197	6,066	9.9	16,313	26.7	24,941	40.8

注) 多量利用者(ヘビーユーザー)別トラフィック現況(3G, 4G)　　　　出所：未来創造科学部

<表3-16> 無制限/一般料金プランのトラフィック現況(3G/4G)

区分		3G			4G		
		無制限	一般	合計(平均)	無制限	一般	合計(平均)
'13.3	全トラフィック(TB)	16,347	1,694	18,041			
	1加入者当りトラフィック(MB)	2,320	225	1,238			
'13.6	全トラフィック(TB)	13,580	1,604	15,184	1,441	43,875	45,315
	1加入者当りトラフィック(MB)	2,426	241	1,247	35,157	2,026	2,088
'13.9	全トラフィック(TB)	12,018	1,603	13,621	1,549	53,797	55,346
	1加入者当りトラフィック(MB)	2,747	255	1,276	35,603	2,224	2,284
'13.12	全トラフィック(TB)	10,067	1,425	11,492	1,537	59,411	60,948
	1加入者当りトラフィック(MB)	2,955	260	1,293	31,809	2,215	2,268

注) 1. 4Gデータ無制限料金プラン導入により'13.6以降, 無制限/一般料金プラントラフィック現況を3G, 4G ともに公開
　　2. 3G/4Gスマートフォンによるトラフィック中, TablePC, USBモデムなどを利用したトラフィック量は除外

出所：未来創造科学部

<表3-17> コンテンツ種類別トラフィック現況

区分		動画	マルチメディア	ウェブポータル	SNS	マーケットダウンロード	その他	合計
'13.12	規模(TB)	519.3	113.2	222.2	150.1	90.6	55.5	1,150.9
	比重	45.1%	9.8%	19.3%	13.1%	7.9%	4.8%	100

注) 1. '13年第4四半期中に選ばれた選定日(24時間)に想定sれたトラフィック規模基準上位30サイトのトラフィックを6つのタイプに分類した
2. (動画) モバイルウェブまたはモバイルアップルアプリケーションを使用して使用者に提供されたVODと実時間ストリーミング形式のビデオコンテンツを意味し, 大型ポータルサイト内分類可能な動画トラフィックの場合でも現在の技術水準の下で分離可能な場合はできるかぎり動画に分類した.
3. (マルチメディア) 動画以外の音楽ストリーミングサービス, 地図サービスのような情報型コンテンツ, DAUM KIDSのような教育用コンテンツ, ゲームのようなエンターテイメントコンテンツを含む。ただし, ゲームサービスの場合 現在の技術水準の下でできるかぎり測定可能なトラフィックはマルチメディアに含め, 最終的に確認できない場合にはその他に分類した
4. (ウェブポータル) モバイルウェブブラウザを介してウェブサイトに接続して提供されるコンテンツを含む。ウェブブラウザを介して提供される動画, マルチメディア, SNS コンテンツはウェブポータルに分類しないことを原則とした。それにもかかわらず現在の技術水準の下で分類できない場合にはウェブポータルに分類した
5. (SNS) モバイルウェブブラウザやモバイルアップルアリケーションを使用して提供されるインスタントメッセージサービス(IMS)とソーシャルネットワークサービス(SNS) コンテンツを意味し, マイクロブログおよびソーシャルコマースコンテンツはSNSに含む。ただし, ブログコンテンツはウェブポータルに分類した. また, SNSコンテンツであってもSNSコンテンツ内で発生する動画およびマルチメディアトラフィックは現在の技術水準の下で可能な限り動画およびマルチメディアに分類した
6. (マーケットダウンロード) モバイルウェブブラウザやモバイルアップルアプリケーションを使用してマーケットに接続してサービスをダウンロード すす場合に発生するトラフィックを分類した
7. (その他) 動画, マルチメディア, ウェブポータル, SNS, マーケットダウンロードの5タイプに含まれないコンテンツを介して発生するトラフィックを含み, セキュリティなどによりトラフィックの種類が最終確認できない場合にはその他に分類した

<表3-18> 世界トラフィック展望(2015)

		2010年	2015年
IPトラフィック(Exabyte)	グローバル	242.4	965.5
	国内	23.8	81.8
インターネットトラフィック(Exabyte)	グローバル	182.4	783.6
	国内	22.8	75.6
ビジネスIPトラフィック(Exabyte)	グローバル	47.1	121.4
	国内	3	8.1
ブロードバンド速度(Mbps)	グローバル	7	28
	国内	25.4	95
インターネットビデオユーザー(人)	グローバル	8億	15億
	国内	1,600万	2,700万
秒当りインターネットビデオ配信量	グローバル	26万分	100万分
	国内	1万7,000分	4万分
インターネット接続機器(M2M, 固定電話と携帯端末を含む)	グローバル	70億台	150億台
	国内	1億200万台	1億7,600万台

出所：CISCO

<表3-19> 機器別使用者およびモバイルデータトラフィック増加率

機器	使用者増加率(2010-2015 CAGR)	モバイルデータトラフィック増加率(2010-2015 CAGR)
スマートフォン	24%	116%
モバイルゲームコンソール	79%	130%
タブレット	105%	190%
ノート, ネットブック	42%	85%
M2Mモジュール	53%	109%

出所：CISCO

4) 通信サービス

<表3-20> 無線通信サービス加入者現況　　　　　　　　　　　　　　　　　(単位：人)

区分		2011.12月末	2012.12月末	2013.6月末	2013.12月末
移動通信サービス	携帯電話	52,506,793	53,624,427	54,099,917	54,680,840
	WiBro	799,464	1,049,788	1,039,289	983,387
無線呼び出しサービス		382,110	384,181	379,889	367,758
周波数共用通信サービス		18,339	18,384	18,307	29,164
無線データ通信サービス		55,563	52,247	51,454	51,198
衛星携帯通信サービス		14,696	19,472	22,484	23,498
合計		53,776,965	55,108,538	55,611,340	56,135,845

注) 移動電話の場合, タブレットPC, 無線データモデム, M2M加入者を含む　　出所：放送通信委員会

<表3-21> 通信社提供サービス(技術方式)別移動通信加入者数　　　　　　　　(単位：人)

会社名	区分	2011.12月	2012.12月	2013.6月	2013.12月
SKT	CDMA	6,881,756	4,972,306	4,399,304	3,956,520
	WCDMA	19,036,649	14,458,523	11,719,942	9,909,196
	LTE	634,311	7,530,216	11,020,424	13,486,766
	小計	26,552,716	26,961,045	27,139,670	27,352,482
	WiBro	55,330	115,478	124,400	137,802
KT	CDMA	99,835	0	0	0
	WCDMA	16,463,323	12,601,165	10,382,146	8,580,249
	LTE	-	3,900,474	6,057,042	7,874,065
	小計	16,563,158	16,501,639	16,439,188	16,454,314
	WiBro	744,134	934,310	914,889	845,585
LGU+	CDMA	8,833,896	5,781,073	4,625,559	3,785,438
	LTE	557,023	4,380,670	5,895,500	7,088,606
	小計	9,390,919	10,161,743	10,521,059	10,874,044
合計	CDMA	15,815,487	10,753,379	9,024,863	7,741,958
	WCDMA	35,499,972	27,059,688	22,102,088	18,489,445
	LTE	1,191,334	15,811,360	22,972,966	28,449,437
	小計	52,506,793	53,624,427	54,099,917	54,680,840
	WiBro	799,464	1,049,788	1,039,289	983,387

注) 1. DBDM端末機加入者は上位技術方式に分類　　　　　　　　　　出所：放送通信委員会
　　2. WCDMA進化型のHSDPA, HSUPA, HSPA+はWCDMA加入者数に含まれる
　　3. KTは2Gサービスが3.19日に終了したので統計資料から除外

<表3-22> MNO/MVNO別移動電話加入者数 (単位：人)

区分		2011.12月	2012.12月	2013.6月	2013.12月
SKT	MNO	26,497,267	26,555,027	26,452,917	26,285,634
	MVNO	55,449	406,018	686,753	1,066,848
	合計	26,552,716	26,961,045	27,139,670	27,352,482
KT	MNO	16,249,110	15,847,878	15,522,303	15,285,515
	MVNO	314,048	653,761	916,885	1,168,799
	合計	16,563,158	16,501,639	16,439,188	16,454,314
LGU+	MNO	9,357,731	9,945,111	10,295,221	10,624,687
	MVNO	33,188	216,632	225,838	249,357
	合計	9,390,919	10,161,743	10,521,059	10,874,044
合計	MNO	52,104,108	52,348,016	52,270,441	52,195,836
	MVNO	402,685	1,276,411	1,829,476	2,485,004
	合計	52,506,793	53,624,427	54,099,917	54,680,840

※ 移動電話の場合、タブレットPC、無線データモデム、M2M加入者を含む　　出所：放送通信委員会

<表3-23> MNO/MVNO別前払料金プラン加入者数 (単位：人)

区分		2011.12月	2012.12月	2013.6月	2013.12月
SKT	MNO	406,046	419,963	423,717	524,940
	MVNO	46,346	361,281	534,581	699,875
	小計	452,392	781,244	958,298	1,224,815
KT	MNO	79,482	221,796	169,863	203,296
	MVNO	98,421	196,226	215,106	244,847
	小計	177,903	418,022	384,969	448,143
LGU+	MNO	-	199,819	194,751	189,971
	MVNO	-	183,376	185,597	189,190
	小計	387,070	383,195	380,348	379,161
合計	MNO	-	841,578	788,331	918,207
	MVNO	-	740,883	935,284	1,133,912
	合計	1,017,365	1,582,461	1,723,615	2,052,119

出所：放送通信委員会

<表3-24> 韓国スマートフォン加入者数 (単位：人)

区分	2011.12月	2012.12月	2013.6月	2013.12月
SKT	11,085,192	15,978,717	17,295,638	18,286,407
KT	7,653,303	10,250,998	10,972,562	11,287,956
LGU+	3,839,913	6,497,534	7,292,956	7,942,209
合計	22,578,408	32,727,249	35,561,156	37,210,975

注) 音声通話機能のないタブレットPC加入者は除外　　出所：放送通信委員会

<表3-25> 韓国タブレットPC加入者数 (単位：人)

区分	2011.12月	2012.12月	2013.6月	2013.12月
SKT	213,723	292,501	290,576	261,144
KT	302,534	412,360	417,769	381,502
LGU+	8,213	17,015	17,272	12,439
合計	524,470	721,876	725,617	655,085

出所：放送通信委員会

<表3-26> 無線インターネット加入者(=端末機普及台数)現況(総合) (単位：人)

区分	2011.12月	2012.12月	2013.6月	2013.12月
SKT	24,288,098	25,128,555	25,389,788	25,705,556
KT	16,289,746	15,884,135	15,278,042	15,142,130
LGUプラス	8,719,692	9,407,307	9,697,449	10,009,948
合計	49,297,536	50,419,997	50,365,279	50,857,634

注) 無線データ配信速度256Kbps以下のサービス(cdma 2000-1xなど)加入者は除外　　出所：放送通信委員会

<表3-27> 無線インターネット加入者(=端末機 普及台数)現況(WEB方式) (単位：人)

区分	2011.12月	2012.12月	2013.6月	2013.12月
SKT	11,318,094	16,528,318	18,111,059	19,411,379
KT	8,120,391	11,035,769	11,369,803	11,609,633
LGUプラス	7,697,344	8,736,347	9,128,992	9,526,003
合計	27,135,829	36,300,434	38,609,854	40,547,015

注) 1. 無線データ配信速度256Kbps以下のサービス(cdma 2000-1xなど)加入者は除外　　出所：放送通信委員会
　　2. WEB方式端末機はonly WEB方式端末, WEB& WAP方式端末の両方を含む

<表3-28> 無線インターネット加入者(=端末機普及台数)現況(Only WAP/ME方式) (単位：人)

区分	2011.12月	2012.12月	2013.6月	2013.12月
SKT	12,970,004	8,600,237	7,278,729	6,294,177
KT	8,169,355	4,848,366	3,908,239	3,532,497
LGUプラス	1,022,348	670,960	568,457	483,945
合計	22,161,707	14,119,563	11,755,425	10,310,619

注) 無線データ配信速度256Kbps以下サービス(cdma 2000-1xなど)加入者は除外　　出所：放送通信委員会

<表3-29> 韓国M2M加入者数 (単位：人)

区分	2011.12月	2012.12月	2013.6月	2013.12月
SKT	650,208	738,722	879,959	1,007,780
KT	328,968	536,361	602,596	671,171
LGU+	479,174	595,318	652,468	701,601
合計	1,458,350	1,870,401	2,135,023	2,380,552

出所：放送通信委員会

<表3-30> 韓国M2Mサービス潜在需要 (単位：万人)

区分	潜在需要
遠隔検針(電力/ガス/水道など)	500
車両制御および管制	300
社会の安全ネットワークサポート(環境/道路/医療/教育など)	300
無線セキュリティ(無線カード決済機など)	200
その他	150
合計	1,450

注) SKTは全サービスの需要を分野別に一括分割して割った数値である．
出所：放送通信委員会
出所：事物インテリジェント通信産業活性化のための懇談会(2010. 2. 3), WiseWires(2010.10)再構成

<表3-31> 韓国事物インテリジェント通信(M2M)サービス市場展望 (単位：兆ウォン)

区分	2010	2012	2014	2016	2018	2020
ソリューション/情報	1.5	3.0	5.1	7.9	11.8	17.7
ネットワーク	0.3	0.6	1.1	1.6	2.4	3.6
ハードウェア	0.5	0.9	1.4	2.2	3.2	4.8
合計	2.3	4.5	7.6	11.7	17.4	26

出所：放送通信委員会

<表3-32> 世界事物インテリジェント通信(M2M)の市場規模および展望

区分	チップ/モジュール (単位: 百万ドル)			端末 (単位: 百万個)			サービス (単位: 百万ドル)		
	2009年	2013年	CAGR	2009年	2013年	CAGR	2009年	2013年	CAGR
コンシューマー市場	2,000	3,500	15.0%	50	180	37.7%	25,000	37,000	10.3%
企業市場	1,080	1,976	16.3%	60	240	41.4%	1,500	5,998	41.4%
合計	3,080	5,476	15.5%	110	420	39.8%	26,500	42,998	12.9%

注) 1. コンシューマー市場：個人用ノートパソコンやPNDなどのM2Mモジュールを装備して利用する市場．個人用テレマティックス, 医療, セキュリティ, 盗難 防止などに利用
2. 企業市場：各種産業に特化して企業を対象とした法人市場

出所：放送通信委員会

<表3-33> 技術方式別超高速インターネットサービス加入者現況 (単位：人)

区分		2011.12月	2012.12月	2013.6月	2013.12月
KT	xDSL	1,993,795	1,761,370	1,628,154	1,472,166
	LAN	2,719,370	2,810,157	2,820,311	2,832,570
	HFC	0	0	0	0
	FTTH	3,109,160	3,464,652	3,589,390	3,761,503
	衛星	519	460	418	389
SKブロードバンド	xDSL	272,493	237,040	218,169	203,260
	LAN	1,158,227	1,083,295	1,053,357	1,023,412
	HFC	1,218,723	1,081,238	994,698	928,167
	FTTH	644,081	666,468	676,036	687,276
	衛星	0	0	0	
SKT(再販売)	xDSL	79,830	115,429	129,589	143,922
	LAN	365,494	563,033	650,780	744,032
	HFC	267,709	347,322	378,438	410,825
	FTTH	185,335	300,298	359,813	428,211
	衛星	0	0	0	0
LGU+	xDSL	0	0	0	0
	LAN	1,654,564	1,616,626	1,696,739	1,739,456
	HFC	1,049,715	1,005,983	996,034	962,987
	FTTH	105,411	120,542	170,990	225,714
	衛星	0	0	0	
総合有線	xDSL	77,518	39,211	27,568	27,989
	LAN	351,042	464,075	538,976	587,802
	HFC	2,428,854	2,457,268	2,486,782	2,444,537
	FTTH	0	0	0	0
	衛星	0	0	0	0
その他	xDSL	4,681	3,164	2,827	3,376
	LAN	105,835	72,366	69,493	67,606
	HFC	65,709	39,129	38,060	37,552
	FTTH	1,457	3,535	3,641	4,762
	衛星	0	0	0	0
合計	xDSL	2,428,317	2,156,214	2,006,307	1,850,713
	LAN	6,354,532	6,609,552	6,829,656	6,994,878
	HFC	5,030,710	4,930,940	4,894,012	4,784,068
	FTTH	4,045,444	4,555,495	4,799,870	5,107,466
	衛星	519	460	418	389

出所：放送通信委員会

情報通信・放送・インターネット・コンテンツ・医療機器・ロボット

<表3-34> 有線通信サービス加入者現況 (単位：人)

区分	2011.12月	2012.12月	2013.6月	2013.12月
市内電話	18,632,501	18,261,220	17,972,383	17,620,453
高速インターネット	17,859,522	18,252,661	18,530,263	18,737,514
インターネット電話	10,725,206	11,736,677	12,274,824	12,618,851

出所：放送通信委員会

<表3-35> 市内電話加入者現況 (単位：人)

区分	2011.12月	2012.12月	2013.6月	2013.12月
KT	15,699,702	15,121,001	14,744,832	14,355,457
SKブロードバンド	2,478,728	2,649,703	2,728,710	2,748,628
LGU+	454,071	490,516	498,841	516,368
合計	18,632,501	18,261,220	17,972,383	17,620,453

注) 1. KT：一般電話(事業用以外を含む), 構内通信, ISDNを合算した数値である
2. SKブロードバンド：一般電話(事業用以外を含む), 構内通信, ISDNを合算した数値である
3. LGU+通常実践(一般1回線, 一般2回線). 中継線：DID/DOD兼用(チャンネル数), DOD専用(チャンネル数)
4. DID専用中継線は加入者から除外(KT, SKB, LGU+共通)

出所：放送通信委員会

<表3-36> インターネット電話加入者現況 (単位：人)

区分		2011.12月	2012.12月	2013.6月	2013.12月
LGU+	基幹	3,208,249	3,599,835	3,949,266	4,120,859
KT	基幹	3,229,977	3,347,642	3,407,141	3,504,558
SKブロードバンド	基幹	1,724,849	1,859,905	1,837,824	1,819,582
KCT	基幹	1,095,758	1,180,873	1,199,747	1,210,776
サムスンSDS	基幹	710,157	761,090	776,286	783,555
CJハロービジョン	基幹	396,843	606,048	708,515	764,869
SKテルリンク	基幹	219,231	247,544	229,256	232,837
オンセテレコム	基幹	34,633	70,148	106,694	124,311
モンティスターテレコム	別定	72,642	28,898	20,078	13,837
SBインタラクティブ	別定	18,018	19,940	24,918	26,883
ドリームライン	基幹	14,849	14,754	15,099	16,784
合計		10,725,206	11,736,677	12,274,824	12,618,851

注) インターネット電話の場合, IPフォン加入者基準 出所：放送通信委員会

<表3-37> 超高速インターネット加入者現況 (単位：人)

区分	2011.12月	2012.12月	2013.6月	2013.12月
KT	7,822,844	8,036,639	8,038,273	8,066,628
SKブロードバンド	3,293,524	3,068,041	2,942,260	2,842,115
SKT(再販売)	898,368	1,326,082	1,518,620	1,726,990
LG U+	2,809,690	2,743,151	2,863,763	2,928,157
総合有線	2,857,414	2,960,554	3,053,326	3,060,328
その他	177,682	118,194	114,021	113,296
合計	17,859,522	18,252,661	18,530,263	18,737,514

出所：放送通信委員会

5) インターネット金融・電子商取引

<表3-38> 金融機関インターネットバンキング登録顧客数　　　　　　　　(単位：千人, %)

	2010	2011	2012		2013	
			全体	実利用顧客数	全体	実利用顧客数
個人	62,952	70,625	81,384	40,555	89,788	44,731
	(12.3)	(12.2)	(15.2)	<49.8>	(10.3)	<49.8>
法人	3,550	4,192	5,046	2,630	5,704	2,798
	(12.4)	(18.1)	(20.4)	<52.1>	(13.0)	<49.0>
合計	66,502	74,817	86,430	43,185	95,492	47,529
	(12.3)	(12.5)	(15.5)	<50.0>	(10.5)	<49.8>

注) 1. 登録顧客数は年末時点登録顧客基準　　　　　　　　　　　　　出所：韓国銀行
　　2. 実利用顧客数は最近1年間に照会または資金調達利用実績がある顧客数
　　3. 2010年の数値はいくつかの銀行のデータ修正に応じてこれを反映した数値である
　　4. (　)内は　前年対比　増減率, <　>内は全利用件数に占める比率

<表3-39> インターネットバンキングサービス利用実績(日平均基準)　　(単位：千件, 十億ウォン, %)

		2010	2011	2012	2013
利用件数		33,355	39,023	45,728	54,285
		(25.7)	(17.0)	(17.2)	(18.7)
	照会サービス	29,198	34,281	40,473	48,378
		(26.3)	(17.4)	(18.1)	(19.5)
		<87.5>	<87.8>	<88.5>	<89.1>
	資金振替	4,156	4,740	5,253	5,906
		(21.4)	(14.1)	(10.8)	(12.4)
		<12.5>	<12.1>	<11.5>	<10.9>
	貸出申請	1.2	1.4	1.7	1.7
		(-38.5)	(15.8)	(14.7)	(1.1)
		<0.0>	<0.0>	<0.0>	<0.0>
利用金額		29,571.0	31,917.2	33,239.1	33,686.7
		(16.2)	(7.9)	(4.1)	(1.3)
	資金振替	29,550.9	31,892.5	33,229.0	33,675.1
		(16.2)	(7.9)	(4.2)	(1.3)
	貸出申請	20.1	24.7	10.1	11.6
		(27.8)	(22.9)	(-59.1)	(14.8)

注) 1. ローン申込は電子売掛債権担保融資, 企業購入資金融資は除外　　出所：韓国銀行
　　2. 2010年の数値はいくつかの銀行の利用実績修正に応じてこれを反映した数値である
　　3. (　)内は前年対比増減率, <　>内は全利用件数に占める比率

<表3-40> モバイルバンキングサービス利用実績(日平均基準)　　　(単位：千件, 十億ウォン, %)

		2010	2011	2012	2013
利用件数		3,736	7,697	12,946	21,583
		(117.1)	(106.0)	(68.2)	(66.7)
(スマートフォン基盤)		907	5,910	12,792	21,303
		(4,595.3)	(551.7)	(116.4)	(66.5)
	照会サービス	3,334	6,931	11,618	19,573
		(128.0)	(107.9)	(67.6)	(68.5)
		<89.2>	<90.0>	<89.7>	<90.7>
	資金振替1)	403	766	1,328	2,010
		(55.5)	(90.3)	(73.2)	(51.4)
		<10.8>	<10.0>	<10.3>	<9.3>
利用金額1)		415.6	652.6	961.5	1,413.3
		(56.1)	(57.0)	(47.3)	(47.0)
(スマートフォン基盤)		46.7	372.7	861.1	1,369.4
		(—)	(697.3)	(131.1)	(59.0)

注) 1. 資金調達実績(融資関連資金調達を含む)　　　　　　　　　　　　　出所：韓国銀行
　　2. 2010年の数値はいくつかの銀行の利用実績修正に応じてこれを反映した数値である
　　3. ( )内は前年対比増減率, < >内は全利用件数に占める比率

<表3-41> インターネットバンキング中モバイルバンキングの比率(日平均基準)　　(単位：%)

	2010	2011	2012	2013
利用件数	2.7	15.1	28.0	39.2
利用金額	0.2	1.2	2.6	4.1

注) 2010年の数値はいくつかの銀行の利用実績修正に応じてこれを反映した数値である　　出所：韓国銀行

<表3-42> モバイルバンキング登録顧客数　　　　　　　　　　　　　　　(単位：千人, %)

	2010	2011	2012	2013
ICチップ方式2)	4,579	4,434	4,376	4,328
	(-1.1)	(-3.2)	(-1.3)	(-1.1)
VM方式3)4)	8,561	8,946	8,749	8,421
	(31.1)	(4.5)	(-2.2)	(-3.7)
スマートフォン基盤4)	2,609	10,358	23,966	37,185
	(—)	(297.1)	(131.4)	(55.2)
合計	15,748	23,737	37,092	49,934
	(41.0)	(50.7)	(56.3)	(34.6)

注) 1. 登録顧客数は年末時点登録顧客基準 ( )内は前年末対比増減率　　　出所：韓国銀行
　　2. ICチップ方式 - BankON, Mバンク, Kバンクサービス(インターネットバンキング用ICチップが内臓された
　　　移動通信機器を利用)
　　3. VM方式 - Virtual Machine 方式(インターネットバンキング用プログラムを移動通信機器にダウンロード
　　　して利用),
　　4. 2011, 2012年の数値はいくつかの銀行のデータ修正に応じてこれを反映した数値である

<表3-43> 金融サービス提供チャンネル別業務処理比率(入手金・資金為替取引基準)　　　(単位：%)

	対面取引 (窓口取引)	非対面取引				合計
			CD/ATM	テレフォンバンキング	インターネットバンキング	
2011.12月中	13.3	86.7	42.1	15.7	28.9	100.0
2012. 3月中	12.8	87.2	43.0	15.2	28.9	100.0
2012. 6月中	12.3	87.7	43.7	15.2	28.8	100.0
2012. 9月中	12.2	87.8	42.7	14.8	30.3	100.0
2012.12月中	13.0	87.0	39.8	13.4	33.9	100.0
2013. 3月中	12.3	87.7	42.3	14.0	31.4	100.0
2013. 6月中	11.6	88.4	42.2	13.7	32.5	100.0
2013. 9月中	11.6	88.4	41.2	13.3	33.9	100.0
2013.12月中	12.2	87.8	40.6	13.1	34.1	100.0

注) ＊2011.12月の数値はいくつかの銀行のデータ修正に応じてこれを反映した数値である　　出所：韓国銀行

<表3-44> 金融サービス提供チャンネル別業務処理比率(照会サービス1)基準)　　　(単位：%)

	対面取引 (窓口取引)	非対面取引				合計
			CD/ATM	テレフォンバンキング	インターネットバンキング	
2011.12月中	18.6	81.4	5.4	7.7	68.3	100.0
2012. 3月中	20.3	79.7	5.4	7.3	67.1	100.0
2012. 6月中	19.9	80.1	5.7	7.5	66.9	100.0
2012. 9月中	18.0	82.0	5.4	7.0	69.6	100.0
2012.12月中	16.7	83.3	4.9	6.5	71.8	100.0
2013. 3月中	18.0	82.0	4.7	5.9	71.4	100.0
2013. 6月中	17.2	82.8	4.7	5.6	72.4	100.0
2013. 9月中	15.9	84.1	4.6	5.7	73.9	100.0
2013.12月中	15.9	84.1	4.5	5.9	73.8	100.0

注) 1. 預金.融資.クレジットカード取引など金融取引と関連する口座照会，　　出所：韓国銀行
　　　資金調達結果照会，金利.為替レート.小切手照会を含む
　　2. 2011.12月の数値はいくつかの銀行のデータ修正に応じてこれを反映した数値である

<表3-45> 年度別電子商取引現況　　　(単位：兆ウォン,%)

区分	'08年	'09年	'10年	'11年	'12年	'13年p
○ 総取引額1)	630.1	672.5	824.4	999.6	1,146.8	1,204.1
- 前年比	22.0	6.7	22.6	21.3	14.7	5.0
(ソーシャルコマースを除く)					14.6	4.9

注1) '12年からサイバーショッピング取引額にソーシャルコマース取引額を含めて作成　　出所：韓国銀行

<表3-46> 部門別取引内訳 (単位:十億ウォン,%)

区分	2012年	構成比	2013年p	構成比	取引額(前年比)	
					増減額	増減率
○ 総取引額1)	1,146,806	100.0	1,204,091	100.0	57,285	5.0
- 企業間 (B2B)2)	1,051,162	91.7	1,095,696	91.0	44,534	4.2
- 企業・政府間 (B2G)2)	62,478	5.4	70,649	5.9	8,171	13.1
- 企業・消費者間 (B2C)	21,160	1.8	24,331	2.0	3,172	15.0
- 消費者間 (C2C)	12,006	1.0	13,414	1.1	1,408	11.7

注) 1. '12年から サイバーショッピング取引額にソーシャルコマース取引額を含めて作成　　出所：韓国銀行
　　2. B2BおよびB2G取引額にはサイバーショッピング取引額で発生したB2BおよびB2G取引額が一部含まれる

<表3-47> 年間サイバーショッピング総取引額 (単位:十億ウォン,%)

	'08年	'09年	'10年	'11年	'12年	'13年p
○ サイバーショッピング取引額1)	18,146	20,643	25,203	29,072	34,068	38,494
- 前年比	15.1	13.8	22.1	15.4	17.2	13.0

注) 1. '12年からサイバーショッピング取引額にソーシャルコマース取引額を含めて作成　　出所：韓国銀行
　　2. サイバーショッピング総取引額にはB2C+C2C取引額のほかB2BとB2G取引額を一部含まれる

<表3-48> 主要商品群別取引額 (単位:十億ウォン,%)

区分	2012年	構成比	2013年p	構成比	取引額(前年比)	
					増減額	増減率
○ 総取引額	34,068	100.0	38,494	100.0	4,426	13.0
旅行及び予約サービス	5,577	16.4	6,447	16.7	870	15.6
衣類・ファッション及び関連商品	5,550	16.3	6,256	16.3	706	12.7
生活・自動車用品	3,655	10.7	4,256	11.1	601	16.4
家電・電子・通信機器	3,751	11.0	4,078	10.6	327	8.7
飲料・食料品	2,892	8.5	3,246	8.4	353	12.2
コンピューター及び周辺機器	3,063	9.0	3,074	8.0	11	0.4
化粧品	1,946	5.7	2,092	5.4	146	7.5
児童・幼児用品	1,658	4.9	2,017	5.2	358	21.6
スポーツ・レジャー用品	1,334	3.9	1,707	4.4	372	27.9
書籍	1,273	3.7	1,196	3.1	-77	-6.0
農水産物	956	2.8	1,130	2.9	174	18.2

出所：韓国銀行

<表3-49> サイバーショッピング(B2Cなど)の小売販売額における比率推移　　　(単位:十億ウォン,%)

区分	'10年	'11年	'12年	'13年p
○ 小売販売額(A)	306,647	335,549	349,377	353,149
○ サイバーショッピング(B)	25,203	29,072	34,068	38,494
○ サイバーショッピング1)(C)	20,498	23,208	26,761	29,801
- 比重 (B/A)	8.2	8.7	9.8	10.9
- 比重 (C/A)	6.7	6.9	7.7	8.4

注) サイバーショッピング取引額に旅行および予約サービス,各種サービスは除外　　　出所:韓国銀行

<表3-50> 企業間電子商取引(B2B)　　　(単位:十億ウォン,%)

区分	'08年	'09年	'10年	'11年	'12年	'13年p
総取引額	560,255 (20.6)	592,965 (5.8)	747,090 (26.0)	912,883 (22.2)	1,051,162 (15.1)	1,095,696 (4.2)

※ ( )は前年対比増減率　　　出所:韓国銀行

<表3-51> 取引主導別電子商取引　　　(単位:十億ウォン,%)

区分	2012年	構成比	2013年p	構成比	取引額(前年比) 増減額	増減率
○ 総取引額	1,051,162	100.0	1,095,696	100.0	44,534	4.2
- 購入者中心型1)	536,820	51.1	550,613	50.3	13,793	2.6
- 販売者中心型1)	465,141	44.3	496,109	45.3	30,967	6.7
- 仲介者中心型1)	49,200	4.7	48,975	4.5	-226	-0.5

注) 1) (電子商取引主導形態による分類)を参照　　　出所:韓国銀行

<表3-52> 業種別企業間(B2B)電子商取引内訳　　　(単位:十億ウォン,%)

区分	2012年	構成比	2013年p	構成比	取引額(前年比) 増減額	増減率
○ 総取引額	1,051,162	100.0	1,095,696	100.0	44,534	4.2
- 製造業	751,007	71.4	787,003	71.8	35,996	4.8
- 電気・ガス・水道業	7,413	0.7	9,299	0.8	1,886	25.4
- 建設業	83,813	8.0	74,706	6.8	-9,107	-10.9
- 卸・小売業	159,549	15.2	164,496	15.0	4,947	3.1
- 運輸業	14,918	1.4	23,694	2.2	8,776	58.8
- 出版・映像・放送通信及び情報サービス業	22,371	2.1	21,221	1.9	-1,150	-5.1
- その他	12,091	1.2	15,277	1.4	3,187	26.4

出所:韓国銀行

<表3-53> 企業・政府間電子商取引 (単位:十億ウォン,%)

区分	2012年	構成比	2013年p	構成比	取引額(前年比)	
					増減額	増減率
○ 総取引額	62,478	100.0	70,649	100.0	8,171	13.1
- 財貨及びサービス購入	36,726	58.8	42,837	60.6	6,112	16.6
- 建設工事契約	25,752	41.2	27,812	39.4	2,060	8.0

出所:韓国銀行

<表3-54> サイバーショッピング取引額動向 (単位:十億ウォン,%)

区分	2012年	構成比	2013年p	構成比	取引額(前年比)	
					増減額	増減率
○ 総取引額	34,068	100.0	38,494	100.0	4,426	13.0
- B2C	21,160	62.1	24,331	63.2	3,172	15.0
- C2Cなど1)	12,908	37.9	14,163	36.8	1,254	9.7

注1) サイバーショッピングで発生したいくつかのB2B, B2Gを含む

出所:韓国銀行

<表3-55> 取扱商品範囲および運営形態別取引額動向 (単位:十億ウォン,%)

区分		2012年	構成比	2013年p	構成比	取引額(前年比)	
						増減額	増減率
○ 総取引額		34,068	100.0	38,494	100.0	4,426	13.0
取扱商品範囲別	総合モール1)	25,858	75.9	29,804	77.4	3,945	15.3
	専門モール2)	8,210	24.1	8,691	22.6	481	5.9
運営形態別	online3)	22,131	65.0	24,624	64.0	2,493	11.3
	on/offline並行4)	11,938	35.0	13,870	36.0	1,933	16.2

注1) インターネット上で扱われる商品群の構成が多様であり、数種類の諸品を一括購入できるサイバーショッピングモール
2) インターネット上で一つの商品群または主要な商品群のみを構成して販売するサイバーショッピングモール
3) コンピュータおよびネットワーク基盤(オンライン)を介してのみ商品およびサービスを最終消費者に販売するケース
4) オンラインだけでなく従来の商取引方式を平行して商品およびサービスを最終消費者に販売するケース

出所:韓国銀行

<表3-56> 決済手段および配送手段別構成比動向 (単位：％, ％p)

区分		2012年	2013年p	前年比増減
合計		100.0	100.0	
支払決済手段別	口座振替	20.2	19.9	-0.3
	カード	74.1	74.9	0.8
	電子マネー	2.4	1.6	-0.8
	その他	3.3	3.6	0.3
配送手段別	自社配送	5.2	5.2	0.0
	宅配	89.3	89.5	0.2
	郵便	1.2	0.5	-0.7
	Offline提携1)	1.7	1.7	0.0
	その他	2.6	3.0	0.4

注1) ショッピングモール企業と提携した事業所(コンビニ, PC喫茶, ガソリンスタンド, 地下鉄など)まで配送して消費者が直接受け取る形態

出所：韓国銀行

6) クラウド

<表3-57> サービス種類別世界クラウド市場規模および展望　　　　　　　　　　　(単位: 十億ドル)

	2010	2011	2012	2013	2014	2015
BPaaS	60.3	71.7	85.0	100.5	116.8	133.5
SaaS	10.1	12.1	14.3	16.7	18.9	21.3
IssS	2.8	4.2	6.4	10.0	14.4	19.6
PaaS	1.3	1.4	1.5	1.8	2.0	204
合計	74.3	89.4	107.2	128.9	152.1	176.8

出所 : Gartner('11. 6), STRABASE 再構成

<表3-58> プラットフォーム別主要事業者および世界市場占有率現況

分類	要素技術		1位	2位	3位	4位	5位
SaaS	SW on demand 技術	企業	Salesforce.com	Cisco	Citrix Systems	Intruit	MS
		占有率	11.8	7.6	3.7	3.1	2.9
	モバイルアプリケーション	企業	Google	Apple	Symbian	RIM	その他
		占有率	55	39	3	1	2
PaaS	App.deployment SW	企業	IBM	Oracle	Swift	Sterling	TIBCO
		占有率	31.9	16.1	4.5	4.4	2.9
IssS	サーバ仮想化技術	企業	VMware	IBM	HP	Parallels	Citrix
		占有率	79	10.9	3.3	2.0	0.8

出所 : IDC(2010.12)

<表3-59> 製品別クラウドディングコンピュータサービス収益展望

	アップリケーション	Servers	Storage	Infrastructure	App Dev/Deploy
2009年	49%	12%	9%	20%	10%
2013年	38%	15%	14%	20%	13%

出所 : IDC cloud market forecast 2010

<表3-60> サービス種類別韓国クラウド市場規模および展望　　　　　　　　　　　(単位: 百万ドル)

	2010	2011	2012	2013	2014
SaaS	58	83	120	164	216
PaaS	12	21	34	56	83
IssS	27	45	72	108	161
合計	97	149	226	328	460

出所 : IDC('09, '10), STRABASE 再構成

<表3-61> 国別LTE導入現況

国	事業者	開始時期	活用帯域	備考
ノルウェー	TeliaSonera	'09. 12. 15	2.6GHz	- 2009年末世界初の商用サービス開始 - EricssonとHuaweiが機器供給 - サムスン電子がドングル型データ端末供給
スウェーデン	TeliaSonera	'09. 12. 15	2.6GHz(800MHz検討中)	
スウェーデン	TeleNor Sweden	'10. 11. 15	2.6GHz	- 900MHzと2.6GHz 帯共有
スウェーデン	Tele2 Sweden	'10. 11. 15	2.6GHz	
ウズベキスタン	MTS	'10. 7. 28	2.6GHz(700MHz検討中)	
ウズベキスタン	UCell	'10. 8. 9	2.6GHz	
ポーランド	Mobyland & CenterNet	'10. 9. 7	1.8GHz	
米国	MetroPCS	'10. 9. 21	AWS(1.7GHz/1.9GHz)	
オーストリア	A1 Telekom Austria	'10. 11. 5	2.6GHz(800MHz検討中)	
香港	CSL Limited	'10. 11. 25	2.6GHz,(1.8GHz試験中)	
フィンランド	TeliaSonera	'10. 11. 30	2.6GHz(1.8GHz検討中)	
フィンランド	Elisa	'10. 12. 8	2.6GHz(1.8GHz帯域試験中)	
ドイツ	Vodafone	'10. 12. 1	800MHz, 2.6GHz(予定)	
米国	Verizon Wireless	'10. 12. 5	700MHz	
米国	AT&T	'11. 9	700MHz	
デンマーク	TeliaSonera	'10. 12. 9	2.6GHz	
エストニア	EMT	'10. 12. 17	2.6GHz	
日本	NTT DoCoMo	'10. 12. 24	2.1GHz(1.5GHz検討中)	
日本	KDDI(au)	2012	800MHz	- CDMAネットワークをLTEに置換
ドイツ	Deutsche Telecom	'11. 4. 5	800MHz, 1.8GHz	- 2008年LTE導入を宣言した最初の移動通信社 - 2009年9月フィールドテスト完了
ドイツ	O2	'11. 7. 1	2.6GHz, 800MHz	
フィリピン	Smart Communications	'11. 4. 16	N/A	
リトアニア	Omnitel	'11. 4. 28	1.8GHz	
ラトビア	LMT	'11. 5. 31	1.8GHz	
カナダ	Telus/Bell Canada	2010	850MHz	- 将来LTEにアップグレードしたHSPAネットワーク空調システム構築
カナダ	Rogers Wireless	'11. 7. 7	AWS(1.7GHz/1.9GHz)	
中国	China Mobile	2011		- TD-SCDMAネットワーク構築中、将来LTEネットワークに再利用する予定
中国	China Telecom	2011-2012		- 導入計画中
シンガポール	M1	'11. 6. 21	2.6GHz, 1.8GHz	
韓国	SK Telecom	'11. 7. 1	850MHz	
韓国	LG U+	'11. 7. 1	850MHz	

出所：IDC

<表3-62> 韓国主要SW分野における世界企業の市場占有率現況

分類	要素技術		1位	2位	3位	4位	5位
PaaS	アプリケーション開発SW	企業	Oracle	IBM	MS	Tmax	SAP
		占有率	25.9	14.8	8.1	4.8	2.4
SaaS	SW on Demand 技術	企業	EMC	Symantec	HDS	HP	IBM
		占有率	19.3	8.3	6.8	2.6	2.4
	モバイルアプリケーション	企業	HP	IBM	BMC	nKia	Brainz square
		占有率	16.3	14.8	9.8	8.4	7.6

出所：IDC(2010.12)

<表3-63> モバイルクラウドアプリケーション分野世界市場規模　　　　(単位: 百万ドル)

区分	2010	2011	2012	2013	2014	CAGR(%)
ビジネスアプリケーション	1,411.1	2,901	5,565.5	8,283.8	10,637.1	65.7
ゲーム・検索・ソーシャルネットワーク	559.9	1112.5	1624.4	2193.7	2564.2	46.3
ユーティリティ	1,554.7	2,469.8	3,891.7	5,201.9	6,287.5	41.8
総計	3,525.7	6,483.4	11,081.5	15,679.4	19,488.8	53.3

出所：ABI research

<表3-64> モバイルクラウド アプリケーション分野韓国市場規模　　　　(単位: 百万ドル)

分野	2010	2011	2012	2013	2014	CAGR(%)
ビジネスアプリケーション	84.3	184.1	340.7	613.8	885.8	80.0
ゲーム・検索・ソーシャルネットワーク	64	104.6	150.6	213.8	244.7	39.8
ユーティリティ	69.4	95.4	132.5	187.6	229.3	34.8
合計	217.7	384.1	623.7	1,015.2	1,359.8	58.1

出所：ABI research

4. 放送産業

<表4-1> 年度別放送産業総括

	事業体数(社)	従業員数(人)	売上高(百万ウォン)	付加価値額(百万ウォン)	付加価値率(%)	輸出額(千ドル)	輸入額(千ドル)
2009	841	34,714	9,884,954	3,931,437	40.73	184,577	183,011
2010	926	34,584	11,176,433	4,284,985	39.81	228,633	110,495
2011	1,074	38,366	12,752,484	4,548,227	37.49	222,372	233,872
2012	945	40,774	14,182,479	5,124,633	36.13	233,821	136,071
前年対比増減率(%)	-12.0	6.3	11.2	12.7	-	5.1	-41.8
年平均増減率(%)	2.9	4.3	11.0	12.9	-	8.1	-2.3

出所：韓国コンテンツ振興院

<表4-2> 事業体別・従事者別放送産業平均売上額および平均売上額現況(2012)

		事業体数(社)	売上高(百万ウォン)	企業当り平均売上高(百万ウォン)
地上波放送	地上波放送	53	3,957,192	74,664
	地上波DMB	19	11,551	608
	小計	72	3,968,742	55,121
有線放送	総合有線	94	2,316,252	24,641
	中継有線	78	4,304	55
	小計	172	2,320,556	13,492
衛星放送	一般衛星	1	499,321	499,321
	衛星DMB	1	18,879	18,879
	小計	2	518,200	259,100
放送チャネル使用事業		180	5,548,004	30,822
インターネット映像提供業	IPTV	3	842,907	280,969
放送映像提供業	放送映像独立制作	516	984,070	1,907
放送産業合計		945	14,182,479	15,008

出所：韓国コンテンツ振興院

情報通信・放送・インターネット・コンテンツ・医療機器・ロボット

<表 4-3> 業種別・年度別放送産業事業体数現況　　　　　　　　　　　　　　　　　　　　（単位：社）

		2010	2011	2012	比重	前年対比増減率(%)
地上波放送	地上波放送事業者	54	53	53	5.6	-
	地上波DMB	19	19	19	2.0	-
				72	7.6	
有線放送	総合有線放送	94	94	94	9.9	-
	中継有線放送	100	97	78	8.3	-19.6
				172	18.2	-9.9
衛星放送	一般衛星	1	1	1	0.1	-
	衛星DMB	1	1	1	0.1	-
				2	0.2	-
放送チャネル使用事業		179	178	180	19.0	1.1
インターネット映像提供業	IPTV	3	3	3	0.3	-
放送映像独立制作		475	628	516	54.6	-17.8
合計		926	1,074	945	100.0	-12.0

出所：韓国コンテンツ振興院

<表4-4> 業種別・年度別放送産業売上額現況　　　　　　　　　　　　　　　　　　　　（単位：百万ウォン）

		2011	2012	比重	前年対比増減率(%)	年平均増減率(%)
地上波放送	テレビ放送	3,560,069	3,612,462	25.5	1.5	4.5
	ラジオ放送	344,694	338,672	2.4	-1.7	1.7
	地上波系列DMB	9,710	6,057	0.0	-37.6	-34.0
	地上波DMB事業者	16,897	11,551	0.1	-31.6	-10.8
	小計	3,931,370	3,968,742	28.0	1.0	4.1
有線放送	総合有線放送	2,116,851	2,316,252	16.3	9.4	9.6
	中継有線放送	5,375	4,304	0.0	-19.9	-31.9
	小計	2,122,226	2,320,556	16.4	9.3	9.4
衛星放送	一般衛星放送事業者	373,853	499,321	3.5	33.6	19.2
	衛星DMB事業者	95,380	18,879	0.1	-80.2	-60.6
	小計	469,233	518,200	3.7	10.4	4.7
放送チャネル使用事業		4,717,690	5,548,004	39.1	17.6	18.4
インターネット映像提供業	IPTV	616,196	842,907	5.9	36.8	44.4
放送映像物制作業	放送映像独立制作会社	895,769	984,070	6.9	9.9	15.5
合計		12,752,484	14,182,479	100.0	11.2	12.6

出所：韓国コンテンツ振興院

<表4-5> 業種別放送産業売上額構成内訳現況(2012)　　　　　　　　　　　　　　　　　(単位：百万ウォン)

	地上波放送		有線放送		衛星放送	
	地上波放送	地上波DMB	総合有線	中継有線	一般衛星	衛星DMB
放送受信料売上額	669,064	-	1,207,466	-	354,555	13,122
広告売上額	2,180,050	7,545	109,924	-	14,498	111
協賛売上額	369,946	518	135	-	-	-
番組販売売上額	537,608	1,748	-	-	-	-
ホームショッピング放送手数料売上額	-	-	708,927	-	64,131	-
登録および施設設置売上額	-	-	15,601	-	3,374	-
端末デバイスレンタル(販売)売上額	-	-	258,982	-	7,619	0.4
衛星使用料売上額	-	-	-	-	53,328	-
放送設備賃貸売上額	-	-	-	-	-	-
イベント売上額	-	-	-	-	-	-
ホームショッピング放送売上額	-	-	-	-	-	-
その他放送事業売上額	200,524	1,739	15,218	-	1,816	5,645
放送事業売上額	3,957,192	11,551	2,316,252	4304	499,321	18,879
その他事業売上額	567,482	6,795	842,845	5042	51,950	335,850
合計	4,524,674	18,346	3,159,097	9346	551,270	354,729

<続く>

情報通信・放送・インターネット・コンテンツ・医療機器・ロボット

	放送チャンネル使用事業	放送映像制作業	合計	比重(%)
	放送チャンネル使用事業者	放送映像独立制作会社		
放送受信料売上額	574,007	-	2,822,518	12.6
広告売上額	1267,505	-	3,579,633	16.0
協賛売上額	199,170	7,653	577,422	2.6
番組販売売上額	185,154	902,327	1,626,837	7.2
ホームショッピング放送手数料売上額	-	-	773,058	3.4
登録および施設設置売上額	-	-	18,975	0.1
端末デバイスレンタル(販売)売上額	-	-	266,601	1.2
衛星使用料売上額	-	-	53,328	0.2
放送設備賃貸売上額	6,990	-	6,990	0.0
イベント売上額	11,510	-	11,510	0.1
ホームショッピング放送売上額	3,015,915	-	3,015,915	13.4
その他放送事業売上額	287,752	74,090	586,784	2.6
放送事業売上額	5,548,004	984,070	13,339,573	59.4
その他事業売上額	7,289,794	-	9,099,758	40.6
合計	12,837,797	984,070	22,439,329	100.0

出所：韓国コンテンツ振興院

<表4-6> 業種別地上波放送および地上波DMB売上額現況　　　　　　　　　　　　(単位：百万ウォン)

		2011	2012	比重	前年対比増減率(%)
地上波放送	放送受信料売上額	597,488	669,064	14.8	12.0
	広告売上額	2,375,357	2180,050	48.2	-8.2
	協賛売上額	341,125	369,946	8.2	8.4
	番組販売売上額	438,921	537,608	11.9	22.5
	その他放送事業売上額	161,582	200,524	4.4	24.1
	放送事業売上額	3,914,473	3,957,192	87.5	1.1
	その他事業売上額	576,441	567,482	12.5	-1.6
	小計	4,490,914	4,524,674	100.0	0.8
地上波DMB	広告売上額	8,910	7,545	41.1	-15.3
	協賛売上額	1,312	518	2.8	-60.5
	番組販売売上額	616	1,748	9.5	183.8
	その他放送事業売上額	6,059	1,739	9.5	-71.3
	放送事業売上額	16,897	11,551	63.0	-31.6
	その他事業売上額	4,305	6,795	37.0	57.8
	小計	21,202	18,346	100.0	-13.5
放送事業売上額合計		3,931,370	3,968,742	-	1.0

出所：韓国コンテンツ振興院

<表4-7> 総合有線放送および中継有線放送業種別売上額現況　　　　　　　　　　　(単位：百万ウォン)

		2011	2012	比重	前年対比増減率(%)
総合有線放送	放送受信料売上額	1,202,466	1,202,466	38.2	0.4
	広告売上額	114,361	114,361	3.5	-3.9
	協賛売上額	349	349	0.0	-61.3
	ホームショッピング放送手数料売上額	555,004	555,004	22.4	27.7
	施設設置売上額	18,978	18,978	0.5	-17.8
	中継端末デバイスレンタル売上額	207,346	207,346	8.2	24.9
	有線放送受信料売上額	6,205	6,205	-	-100.0
	その他放送事業売上額	12,142	12,142	0.5	25.3
	放送事業売上額	2,116,851	2,116,851	73.3	9.4
	その他事業売上額	697,022	697,022	26.7	20.9
	小計	2,813,873	2,813,873	100.0	12.3
中継有線放送	放送事業売上額	5,375	5,375	46.1	-19.9
	その他事業売上額	6,767	6,767	53.9	-25.5
	小計	12,142	12,142	100.0	-23.0
放送事業売上額合計		2,122,226	2,122,226	-	9.3

出所：韓国コンテンツ振興院

情報通信・放送・インターネット・コンテンツ・医療機器・ロボット

<表 4-8> 業種別一般衛星放送および衛星 DMB 売上額現況　　　　　　　　　　(単位：百万ウォン)

		2011	2012	比重	前年対比増減率(%)
一般衛星放送	放送受信料売上額	321,667	354,555	64.3	10.2
	広告売上額	12,234	14,498	2.6	18.5
	ホームショッピング放送手数料売上額	30,060	64,131	11.6	113.3
	登録および施設設置売上額	3,555	3,374	0.6	-5.1
	端末デバイスレンタル(販売)売上額	4,743	7,619	1.4	60.6
	衛星使用料売上額	-	53,328	9.7	-
	その他放送事業売上額	1,594	1,816	0.3	13.9
	放送事業売上額	373,853	499,321	90.6	33.6
	その他事業売上額	83,779	51,950	9.4	-38.0
	小計	457,632	551,270	100.0	20.5
衛星デジタルマルチメディア放送	放送受信料売上額	89,031	13,122	3.7	-85.3
	広告売上額	1,800	111	0.0	-93.8
	端末デバイスレンタル(販売)売上額	11	0.3	0.0	-97.3
	その他放送事業売上額	4,538	5,645	1.6	24.4
	放送事業売上額	95,380	18,879	5.3	-80.2
	その他事業売上額	321,078	335,850	94.7	4.6
	小計	416,458	354,729	100.0	-14.8
放送事業売上額 合計		469,233	518,200	-	10.4

出所：韓国コンテンツ振興院

<表4-9> 業種別放送チャンネル使用事業売上額現況　　　　　　　　　　(単位：百万ウォン)

		2011	2012	比重	前年対比増減率(%)
放送チャンネル使用事業	受信料売上額	446,974	574,007	4.5	28.4
	広告売上額	1,221,553	1,267,505	9.9	3.8
	協賛売上額	76,248	199,170	1.6	161.2
	番組販売売上額	156,860	185,154	1.4	18.0
	放送設備賃貸売上額	2,726	6,990	0.1	156.4
	イベント売上額	12,297	11,510	0.1	-6.4
	ホームショッピング放送売上売上額	2,561,901	3,015,915	23.5	17.7
	その他放送事業売上額	239,131	287,752	2.2	20.3
	放送事業売上額	4,717,690	5,548,004	43.2	17.6
	その他事業売上額	6,797,941	7,289,794	56.8	7.2
	合計	11,515,631	12,837,797	100.0	11.5

出所：韓国コンテンツ振興院

<表4-10> 放送映像独立制作会社売上額構成内訳推移 (単位:百万ウォン)

	放送会社納品	広告/広報物制作納品	映像物配布	海外販売	国内販売	ライセンス輸入
2009	465,731	-	147,363	-	-	-
2010	452,593	66,932	111,357	4,609	-	-
2011	407504	352646	20,864	14,354	20,648	17,045
比重(%)	45.5	39.4	2.3	1.6	2.3	1.9

	オンライン輸入	協賛金	間接広告	その他	合計
2009	-	43,785	-	139,296	796,175
2010	-	38,329	402	62,870	737,092
2011	6,125	15,378	-	41,205	895,769
比重(%)	0.7	1.7	-	4.6	100.0

	放送局売上高					
	販売輸入	ライセンス輸入	間接広告	協賛	その他	小計
2012	697,167	4,795	7,479	7,653	4,491	721,585
比重(%)	70.8	0.5	0.8	0.8	0.5	73.3

	放送局以外の売上高				合計
	販売輸入	ライセンス輸入	その他	小計	
2012	189,658	3,228	69,599	262,485	984,070
比重(%)	19.3	0.3	7.1	26.7	100.0

出所:韓国コンテンツ振興院

<表4-11> 事業形態別放送映像独立制作会社売上額現況 (単位:百万ウォン)

	創作及び制作	制作支援	単純複製	流通/配給	その他	合計
2010	693,537	13,568	-	19,751	10,236	737,092
2011	700,434	63,109	-	54,584	77,642	895,769
2012	835,171	30,292	1,210	19,501	97,896	984,070
比重(%)	84.9	3.1	0.1	2.0	9.9	100.0
前年対比増減率(%)	19.2	-52.0	-	-64.3	26.1	9.9
年平均増減率(%)	9.7	49.4	-	-0.6	209.3	15.5

出所:韓国コンテンツ振興院

<表4-12> 媒体別放送産業輸出額現況　　　　　　　　　　　　　　　　　　　（単位：千ドル）

		2011	2012	比重(%)	前年対比増減率(%)
放送番組	KBS	61,195.0	53,564	23.9	-12.5
	（株）MBC	50,072.2	51,019	22.8	1.9
	EBS	985.0	764	0.3	-22.4
	（株）SBS	45,607.0	40,666	18.2	-10.8
	その他放送局	211.0	7,494	3.3	3,451.7
	地上波放送	158,070.1	153,507	68.6	-2.9
	放送チャンネル使用事業者	10,871.6	26,211	11.7	141.1
海外同胞放送支援	地上波放送	2,003.6	1,476	0.7	-26.3
	放送チャンネル使用事業者	441.0	86	0.0	-80.5
ビデオ/DVD販売	地上波放送	10,998.0	7,727	3.5	-29.7
	放送チャンネル使用事業者	2,180.0	182	0.1	-91.7
タイムブロック	地上波放送	17,712.0	26,458	11.8	49.4
	放送チャンネル使用事業者	-	40	-	-
フォーマット	地上波放送	1,079.0	1,298	0.6	20.3
	放送チャンネル使用事業者	-	-	-	-
小計		203,354.3	216,986	96.9	6.7
放送映像独立制作社		19,018.0	16,835	7.5	-11.5
合計		223,372.4	233,821	100.0	5.1

出所：韓国コンテンツ振興院

<表4-13> 媒体別放送産業輸入額現況　　　　　　　　　　　　　　　　　　　（単位：千ドル）

		2011	2012	比重(%)	前年対比増減率(%)
地上波放送	KBS	2,222.9	1,897	1.4	-14.7
	（株）MBC	319.0	405	0.3	27.0
	EBS	1,168.0	1,202	0.9	2.9
	（株）SBS	-	-	-	-
	その他放送局	539.3	970	0.7	79.9
	放送プログラム	4,249.2	4,474	3.3	5.3
放送チャンネル使用事業者	放送プログラム	123,667.3	123,558	90.8	-0.1
	フォーマット	2.4	-	-	-100.0
	小計	123,669.7	123,558	90.8	-0.1
放送映像制作業者	放送映像独立制作社	105,953.0	8,039	5.9	-92.4
合計		233,871.9	136,701	100.0	-41.8

出所：韓国コンテンツ振興院

<表4-14> 放送産業輸出および輸入額現況　　　　　　　　　　　　　　　　　（単位：千ドル）

	2010	2011	2012	前年対比増減率(%)	年平均増減率(%)
輸出額	184700	222,372	233821	5.1	12.5
輸入額	110,495	233,872	136071	-41.8	11.0

出所：韓国コンテンツ振興院

<表4-15> 地域別・年度別放送産業輸出額現況 (単位：千ドル)

		2011	2012	比重(%)	前年対比増減率(%)
アジア	日本	102,058.2	112,087.55	62.4	9.8
	中国	17,241.3	10,999.91	6.1	-36.2
	香港	4,027.5	2,162.11	1.2	-46.3
	シンガポール	3,259.7	3,188.45	1.8	-2.2
	台湾	21,051.4	14,587.80	8.1	-30.7
	ベトナム	2,796.3	3,232.90	1.8	15.6
	マレーシア	1,814.7	5,577.40	3.1	207.3
	インドネシア	1,246.2	879.00	0.5	-29.5
	タイ	2,785.3	4,129.00	2.3	48.2
	フィリピン	3,549.5	2,081.00	1.2	-41.4
	ミャンマー	1,412.4	1,713.83	1.0	21.3
	カンボジア	516.8	502.54	0.3	-2.8
	カザフスタン	389.5	252.00	0.1	-35.3
	モンゴル	58.5	83.00	0.0	41.9
	中東	569.4	2,997.70	1.7	426.5
	その他アジア	379.7	14.50	0.0	-96.2
アメリカ	米国	3,522.6	12,565.09	7.0	256.7
	カナダ	40.0	-	-	-100.0
	南米	-	246.88	0.1	95.2
ヨーロッパ	フランス	212.3	66.10	0.0	-68.9
	英国	-	142.53	0.1	-
	イタリア	215.0	91.00	0.1	-57.7
	スペイン	25.2	119.00	0.1	372.2
	ハンガリー	77.6	-	-	-100.0
	ロシア	48.3	55.00	0.0	13.9
	オランダ	1.0	1.00	0.0	-
	ルーマニア	504.8	300.00	0.2	-40.6
	その他ヨーロッパ	-	1,426.20	0.8	260.6
オセアニア		20.0	5.00	0.0	-75.0
アフリカ		45.3	15.00	0.0	-66.9
その他		550.2	197.00	0.1	-64.2
合計		168,940.7	179,718.48	100.0	6.4

出所：韓国コンテンツ振興院

<表4-16> 地域別・年度別放送産業輸入額現況 (単位:千ドル)

		2011	2012	比重(%)	前年対比増減率(%)
アジア	日本	6,975.1	7,989.70	6.2	14.5
	中国	375.8	335.00	0.3	-10.9
	香港	676.6	652.80	0.5	-3.5
	シンガポール	48.9	168.90	0.1	245.4
	台湾	-	176.00	0.1	-
	マレーシア	-	-	-	-
	タイ	-	68.00	0.1	-
	中東	2.0	68.00	0.1	3300.0
	その他アジア	61.0	-	-	-100.0
アメリカ	米国	11,262.3	107,914.50	84.3	-3.9
	カナダ	526.9	685.68	0.5	30.1
	南米	1,361.2	806.00	0.6	-43.4
ヨーロッパ	フランス	544.6	1,075.85	0.8	97.5
	英国	3,690.9	4,049.20	3.2	9.7
	ドイツ	88.8	206.00	0.2	132.0
	イタリア	32.7	-	-	-100.0
	スペイン	7.0	13.00	0.0	85.7
	ハンガリー	132.0	1,353.00	1.1	925.0
	ロシア	-	10.00	0.0	-
	オランダ	196.4	1,762.00	1.4	797.1
	その他ヨーロッパ	-	367.20	0.3	160.4
オセアニア		247.3	274.90	0.2	11.2
アフリカ		484.0	56.00	0.0	-88.4
その他		-	-	-	-
合計		127,916.5	128,031.73	100.0	0.1

出所:韓国コンテンツ振興院

<表4-17> ジャンル別放送産業輸出額現況　　　　　　　　　　　　　　　　　　　　（単位：千ドル）

	2011	2012	比重(%)	前年対比増減率(%)
ドラマ	154,616.0	161,500.76	89.9	4.5
ドキュメンタリー	1,450.3	8,144.00	4.5	461.5
アニメ	117.2	44.00	0.0	-62.5
娯楽	10,399.9	7,731.19	4.3	-25.7
音楽	889.6	1,260.33	0.7	41.7
教養	594.2	134.00	0.1	-77.4
教育	10.2	141.00	0.1	1,282.4
報道	-	590.00	0.3	-
スポーツ	43.6	21.20	0.0	-51.4
その他	819.7	152.00	0.1	-81.5
合計	168,940.7	179,718.48	100.0	6.4

出所：韓国コンテンツ振興院

<表4-18> ジャンル別放送産業輸入額現況　　　　　　　　　　　　　　　　　　　　（単位：千ドル）

	2011	2012	比重(%)	前年対比増減率(%)
ドラマ	20,080.4	35,951.10	28.1	79.0
ドキュメンタリー	7,804.6	7,852.25	6.1	0.6
アニメ	6,995.2	9,401.28	7.3	34.4
映画	85,740.2	68,025.60	53.1	-20.7
娯楽	6,212.7	4,813.00	3.8	-22.5
音楽	17.1	58.50	0.0	242.1
教養	66.6	565.00	0.4	748.3
教育	258.5	670.00	0.5	159.2
スポーツ	321.0	159.00	0.1	-50.5
その他	420.2	536.00	0.4	27.6
合計	127,916.5	128,031.73	100.0	0.1

出所：韓国コンテンツ振興院

5. SW・コンテンツ産業

1) ソフトウェア産業

<表5-1> 年度別ソフトウェア生産額推移 (単位：億ウォン)

分類/期間				2008年	2009年	2010年	2011年	2012年
SW区分				261,709.3	260,073.2	272,278.8	295,229	322,406.6
	パッケージソフトウェア			34,063.8	33,446.5	37,123.3	39,964.8	44,459.4
		システムソフトウェア		14,986.6	14,935.7	15,603.8	17,449	19,210.8
			オペレーティングシステム	579.2	552.9	576.9	651.4	764.7
			セキュリティ	5,047.4	5,603.5	5,841.8	7,675.1	8,743
			ストレージ	0	60.2	64.5	77.6	167.6
			IT運営管理	698	630.6	1,543	1,650.5	1,662.9
			データ分析及び管理	0	570.3	551.6	622.4	790.4
			ミドルウェア	1,709	1,804.2	1,813	1,783	1,927.9
			アップリケーション開発, テスト	2,097.2	2,102.5	2,101.8	1,921.7	2,106.5
			その他	4,855.9	3,611.5	3,111.3	3,067.2	3,047.9
		アプリケーションソフトウェア		19,077.2	18,510.8	21,519.5	22,515.8	25,248.6
			個人用	1,326.2	1,298.6	1,336.6	1,351.7	1,450.2
			産業汎用	6,889	6,689.5	8,265.9	8,224.2	9,163.4
			産業特化	5,188.8	5,135.2	6,957.6	7,700.7	8,496.2
			その他	5,673.2	5,387.5	4,959.5	5,239.2	6,138.7
	ITサービス			227,645.5	226,626.7	235,155.6	255,264.2	277,947.3
		ITコンサルティングおよびシステム統合		144,943.4	140,006	141,377.9	153,834.9	162,052.8
		ITシステム管理およびサポートサービス		78,964.3	82,866	91,489.3	99,214	108,478.4
		その他ITサービス		3,737.7	3,754.7	2,288.4	2,215.3	7,416.1

出所：ITSTAT

<表5-2> 企業規模別ソフトウェア生産額推移 (単位：億ウォン)

分類/期間		2008年	2009年	2010年	2011年	2012年
パッケージSW		34,065	33,446	34,440	38,624	43,760
	5,000億超過	200	0	0	0	0
	300億超過	6,014	6,511	7,021	10,495	11,741
	100億超過	8,255	7,920	8,158	8,250	9,319
	50億超過	6,480	6,147	6,164	7,355	7,951
	10億超過	10,329	9,769	10,263	9,983	11,643
	10億以下	2,787	3,099	2,834	2,541	3,106
ITサービス		227,644	226,627	237,839	256,605	278,748
	5,000億超過	76,227	78,843	99,982	109,682	138,385
	300億超過	83,087	80,463	78,214	76,428	66,586
	100億超過	22,831	22,195	22,462	25,687	26,727
	50億超過	15,809	15,936	13,963	18,200	19,385
	10億超過	23,381	23,420	18,245	22,342	22,836
	10億以下	6,309	5,770	4,973	4,266	4,829

出所：ITSTAT

<表5-3> 地域別ソフトウェア輸出額推移 (単位：百万ドル)

分類/期間	2008年	2009年	2010年	2011年	2012年
アジア太平洋	531.93	546.12	524.29	676.37	1,423.93
北米	181.17	202.57	313.44	374.1	300.3
西ヨーロッパ	161.56	27.34	141.52	223.35	212.22
東ヨーロッパ	18.05	147.18	138.69	22.3	178.04
中南米	10.15	38.76	112.34	106.92	156.07
中東アフリカ	8.99	28.72	77.5	98.99	175.46
その他	10.08	32.95	30.59	16.43	19.79

出所：ITSTAT

<表5-4> 発注元種類別ソフトウェア輸出額推移 (単位：億ドル)

分類/期間		2008年	2009年	2010年	2011年	2012年
公共		192,118	184,438	425,487	432,457	582,251
	パッケージSW	21,187	6,151	34,768	66,792	182,114
	ITサービス	170,931	178,287	390,719	365,665	400,137
民間		729,811	839,197	912,884	1,086,000	1,883,564
	パッケージSW	112,496	154,205	268,573	263,240	683,683
	ITサービス	617,315	684,992	644,311	822,760	1,199,881

出所：ITSTAT

<表5-5> 年度別ソフトウェア輸出額推移 (単位：百万ドル)

分類/期間			2011年			2012年		
			全体	国内本社	海外法人	全体	国内本社	海外法人
SW区分			1,518.46	819.56	698.9	2,465.82	1,082.35	1,383.46
パッケージソフトウェア			330.03	240.55	89.49	865.8	249.86	615.94
	システムソフトウェア		108.63	87.46	21.17	115.89	104.49	11.41
		オペレーティングシステム						
		セキュリティ	36.49	26.97	9.53	62.6	57.23	5.37
		ストレージ						
		IT運用管理	6.54	5.87	0.67	9.15	3.82	5.33
		データの分析及び管理	2.28	2.28		3.63	3.63	
		ミドルウェア	37.17	26.79	10.38	25.95	25.66	0.29
		アップリケーション開発・テスト	3.95	3.95		2.69	2.69	
		その他	22.2	21.61	0.59	11.88	11.47	0.42
	アプリケーションソフトウェア		221.4	153.08	68.32	749.91	145.37	604.53
		個人用	4.02	4.02		6.23	6.22	0
		産業汎用	62.1	19.37	42.74	610.14	31.65	578.49
		産業特化	130.52	104.94	25.58	110.23	84.66	25.57
		その他	24.76	24.76		23.31	22.84	0.47
ITサービス			1,188.43	579.01	609.41	1,600.02	832.5	767.52
	ITコンサルティング、システムインテグレーション		790.4	444.46	345.93	1,091.11	672.43	418.68
		ITシステム管理及びサポートサービス	396.6	133.12	263.48	507.91	159.06	348.85
		その他ITサービス	1.43	1.43		1	1	
	ITコンサルティング		88.45	57.23	31.22	12.75	5.65	7.1
	ITサポートサービス		36	36		60.04	27.91	32.14
		ITシステム設計および開発						
		ITシステム管理						
		ホスティングサービス						

出所：ITSTAT

<表5-6> ソフトウェア企業数推移 (単位：社)

分類/期間	2007年	2008年	2009年	2010年	2011年
パッケージSW	1,980	1,762	2,071	2,134	2,142
ITサービス	3,112	4,296	4,343	4,491	4,536

出所：IDC

<表5-7> 世界SW市場対比韓国SW市場比率

区分	2008	2009	2010	2011	2012	2013	2014	2015
比重	1.8%	2.0%	2.2%	2.2%	2.2%	2.3%	2.4%	2.5%

出所：IDC

<表5-8> 世界DBMS市場規模(2012-2016) (単位: 百万ドル)

区分	2011	2012	2013	2014	2015	2016	CAGR
市場規模	26,004	28,030	30,782	33,988	37,596	41,632	9.9%
成長率	-	7.8%	9.8%	10.4%	10.6%	10.7%	-

出所: IDC

<表5-9> 世界Security SW市場規模(2011-2016) (単位: 百万ドル)

区分	2011	2012	2013	2014	2015	2016	CAGR
市場規模	19,650	20,613	22,045	23,778	25,643	27,585	7.0%
成長率	-	4.9%	6.9%	7.9%	7.8%	7.6%	-

出所: IDC

<表5-10> 世界ERP市場規模(2011-2016) (単位: 百万ドル)

区分	2011	2012	2013	2014	2015	2016	CAGR
市場規模	39,738	41,061	43,543	46,373	49,451	52,747	5.8%
成長率	-	3.3%	6.0%	6.5%	6.6%	6.7%	-

出所: IDC

<表5-11> 世界CRM市場規模(2011-2016) (単位: 百万ドル)

区分	2011	2012	2013	2014	2015	2016	CAGR
市場規模	19,107	20,339	21,734	23,246	24,849	26,526	6.8%
成長率	-	6.4%	6.9%	7.0%	6.9%	6.7%	-

出所: IDC

<表5-12> 世界SCM市場規模(2011-2016) (単位: 百万ドル)

区分	2011	2012	2013	2014	2015	2016	CAGR
市場規模	8,035	8,316	8,818	9,388	10,005	10,666	5.8%
成長率	-	3.5%	6.0%	6.5%	6.6%	6.6%	-

出所: IDC

<表5-13> 世界BI及び分析SW市場規模(2011-2016)　　　　　　　　　　　　　　(単位: 百万ドル)

区分	2011	2012	2013	2014	2015	2016	CAGR
市場規模	11.565	12,909	14,109	15,435	16,902	18,448	9.8%
成長率	-	11.6%	9.3%	9.4%	9.5%	9.1%	-

出所: IDC

<表5-14> 世界クラウドSW市場規模(2011-2016)　　　　　　　　　　　　　　(単位：百万ドル)

区分	2011	2012	2013	2014	2015	2016	CAGR
市場規模	22,938	29,385	36,796	45,427	55,365	67,266	24.0%
成長率	-	28.1%	25.2%	23.5%	21.9%	21.5%	-

出所: IDC

<表5-15> 世界エンベデッドSW市場規模(2009-2015)　　　　　　　　　　　　(単位：億ドル)

区分	2009	2010	2011	2012	2013	2014	2015	CAGR
市場規模	1,303	1,343	1,383	1,498	1,558	1,620	1,685	4.4%
成長率	-	3.1%	3.0%	8.3%	4.0%	4.0%	4.0%	-

出所：韓国電子通信研究院

<表5-16> 韓国エンベデッドSW市場規模(2009-2015)　　　　　　　　　　　　(単位：億ドル)

区分	2009	2010	2011	2012	2013	2014	2015	CAGR
市場規模	124	146	151	158	177	199	222	10.3%
成長率	-	17.7%	3.4%	4.6%	12.0%	12.4%	11.6%	-

出所：韓国電子通信研究院

<表5-17> 産業別韓国エンベデッドSW付加価値(2012)　　　　　　　　　　　(単位：億ウォン)

産業分野	産業別付加価値額	エンベデッドSW付加価値率(%)	エンベデッドSW付加価値額
有無線通信	308,120	47.5	146,357
自動車	264,288	33.7	88,977
情報家電機器	64,946	60.4	39,275
オフィスオートメーション	17,367	23.1	4,013
産業オートメーション	63,956	40.3	25,750
軍事・航空・宇宙	20,102	20.0	4,020
医療機器	6,247	39.5	2,468
造船	23,171	9.3	21,433
合計	9,767,379	100.0	332,294

出所：情報通信産業振興院

<表5-18> 世界SCM市場規模(2010-2015)　　　　　　　　　　　　　　　(単位：百万ドル)

	2010	2011	2012	2013	2014	2015	CAGR
市場規模	7,446	7,962	8,471	9,033	9,653	10,318	6.7%
成長率	-	6.9%	6.4%	6.6%	6.9%	6.9%	-

注) SWライセンス基準　　　　　　　　　　　　　　　　　　出所：情報通信産業振興院

<表5-19> 世界 Security SW 市場規模　　　　　　　　　　　　　　　(単位：百万ドル)

	2010	2011	2012	2013	2014	2015	CAGR
市場規模	22,501	23,780	26,034	28,674	31,561	34,636	9.0%
成長率	-	5.7%	9.5%	10.1%	10.1%	9.7%	-

注) SWライセンス基準　　　　　　　　　　　　　　　　　　出所：情報通信産業振興院

2) コンテンツ産業

(1) 音楽産業

<表5-20> 業種別音楽産業売上額現況 (単位：百万ウォン)

中分類	小分類	売上高 2011	売上高 2012	比重(%)	前年対比増減率(%)	年平均増減率(%)
音楽制作業	音楽企画及び制作	579041	635,910	15.9	9.8	28.0
	レコード(音源)録音設備運営業	40,565	44,480	1.1	9.7	11.7
	小計	619,606	680,390	17.0	9.8	26.7
音楽およびオーディオ物出版業	音楽オーディオ物出版業	12,667	13,668	0.3	7.9	8.3
	その他オーディオ物制作業	960	996	0.0	3.8	17.5
	小計	13,627	14,664	0.4	7.6	8.9
レコード複製業および配給業	レコード複製業	45,233	46,529	1.2	2.9	3.4
	レコード配給業	56,246	56,626	1.4	0.7	7.9
	小計	101,479	103,155	2.6	1.7	5.8
レコード卸・小売業	レコード卸売業	49,449	50,541	1.3	2.2	16.5
	レコード小売業	72,806	74,488	1.9	2.3	7.7
	インターネットレコード小売業	27,968	26,023	0.7	-7.0	-4.1
	小計	150,223	151,052	3.8	0.6	7.9
オンライン音楽流通業	インターネット/モバイル音楽サービス業	714,845	780,121	19.5	9.1	23.8
	音源代理仲介業	86,662	91,279	2.3	5.3	19.9
	インターネット/モバイル音楽コンテンツ制作及び提供業(CP)	78,027	81,123	2.0	4.0	28.2
	小計	879,534	952,523	23.8	8.3	23.7
音楽公演業	音楽公演企画及び制作業	488,352	533,646	13.4	9.3	36.4
	その他音楽公演サービス業	43,905	47,607	1.2	8.4	14.5
	小計	532,257	581,253	14.5	9.2	34.1
中計		2,296,726	2,483,037	62.2	8.1	24.4
カラオケ運営業		1,520,734	1,511,888	37.8	-0.6	5.6
音楽産業総計		3,817,460	3,994,925	100.0	4.6	16.2

出所：韓国コンテンツ振興院

<表5-21> 年度別音楽産業総括

	事業体数(社)	従業員数(人)	売上高(百万ウォン)	付加価値額(百万ウォン)	付加価値率(%)	輸出額(千ドル)	輸入額(千ドル)
2008	37,637	66,475	2,602,076	946,635	36.38	16,468	11,484
2009	38,259	76,539	2,740,753	1,022,766	37.32	31,269	11,936
2010	37,634	76,654	2,959,143	1,142,896	38.62	83,262	10,337
2011	37,774	78,181	3,817,460	1,597,663	41.85	196,113	12,541
2012	37.116	78.402	3,994,925	1,663,764	41.65	236,097	12,993
前年比(%)	-1.7	0.3	4.6	4.1	-	19.9	3.6
年平均増減率(%)	-0.3	4.2	11.3	15.1	-	94.4	3.1

出所：韓国コンテンツ振興院

<表5-22> ジャンル音楽公演業売上額推移 (単位：百万ウォン)

	ミュージカル	ポピュラー音楽コンサート	クラシック	オペラ	その他	合計
2009	142,331	43,695	41,132	14,115	16,389	257,662
2010	165,778	76,093	43,255	19,692	18,431	323,249
2011	255,448	182,587	49,632	23,253	21,337	532,257
比重	48.0	34.3	9.3	4.4	4.0	100.0
前年対比増減率(%)	54.1	140.0	14.7	18.1	15.8	64.7
年平均増減率(%)	34.0	104.4	9.8	28.4	14.1	43.7

出所：韓国コンテンツ振興院

<表5-23> 事業形態別・業種別音楽産業売上額現況(2012) (単位：百万ウォン)

	創作及び制作	制作サービス	単純複製	流通/配給	その他	合計
音楽企画及び制作	216,232	7,823	-	18,477	393,378	635,910
レコード(音源)録音設備運営業	4,537	37,659	-	1,455	829	44,480
小計	220,769	45,482	-	19,932	394,207	680,390
音楽オーディオ物出版業	13,668	-	-	-	-	13,668
その他オーディオ物制作業	470	-	-	526	-	996
小計	14,138	-	-	526	-	14,664
レコード複製業	2,395	-	-44,134	-	-	46,529
レコード配給業	-	-	-	56,626	-	56,626
小計	2,395	-	44,134	56,626	-	103,155
レコード卸売業	-	-	-	50,541	-	50,541
レコード小売業	-	-	-	74,488	-	74,488
インターネットレコード小売業	-	-	-	26,023	-	26,023
小計	-	-	-	151,052	-	151,052
インターネット/モバイル音楽サービス業	57,396	-	-	711,984	10,741	780,121
音源代理仲介業	-	-	-	91,279	-	91,279
インターネット/モバイル音楽コンテンツ制作及び提供業(CP)	16,902	3,387	-	56,754	4,080	81,123
小計	74,298	3,387	-	860,017	14,821	952,523
音楽公演企画及び制作業	508,260	5,777	-	4,725	14,884	533,646
その他音楽公演サービス業	-	-	-	46,878	729	47,607
小計	508,260	5,777	-	51,603	15,613	581,253
中計	819,860	54,646	44,134	1,139,756	424,641	2,483,037
比重(%)	33.0	2.2	1.8	45.9	17.1	100.0
カラオケ運営業	-	-	-	1,511,888	-	1,511,888
合計	819,860	54,646	44,134	2,651,644	424,641	3,994,925
比重(%)	20.5	1.4	1.1	66.4	10.6	100.0

出所：韓国コンテンツ振興院

情報通信・放送・インターネット・コンテンツ・医療機器・ロボット

<表5-24> 事業形態別年度別音楽産業売上額現況 (単位：百万ウォン)

	創作及び制作	制作支援	単純複製	流通/配給	その他	合計
2010	451,963	41,888	44,087	2,141,800	279,405	2,959,143
2011	741,445	50,013	42,905	2,597,769	385,328	3,817,460
2012	819,860	54,646	44,134	2,651,644	424,641	3,994,925
前年対比増減率(%)	10.6	9.3	2.9	2.1	10.2	4.6
年平均増減率(%)	34.7	14.2	0.1	11.3	23.3	16.2

出所：韓国コンテンツ振興院

<表5-25> 音楽産業輸出入額推移 (単位：千ドル)

	2010	2011	2012	前年対比増減率(%)	年平均増減率(%)
輸出額	83,262	196,113	235,097	135.5	150.4
輸入額	10,337	12,541	12,993	21.3	2.5

出所：韓国コンテンツ振興院

<表5-26> 地域別音楽産業輸出額現況 (単位：千ドル)

	2010	2011	2012	比重(%)	前年対比増減率(%)	年平均増減率(%)
中国	3,627	6,836	8,806	3.5	88.5	69.9
日本	67,267	157,938	189,512	80.5	134.8	170.2
東南アジア	11,321	25,691	31,146	13.1	126.9	100.2
北米	432	587	857	0.3	35.9	29.3
ヨーロッパ	396	4,632	4,231	2.4	1,069.7	293.6
その他	219	429	545	0.2	95.9	46.1
合計	83,262	196,113	235,097	100.0	135.5	150.4

出所：韓国コンテンツ振興院

<表5-27> 地域別音楽産業輸入額現況 (単位：千ドル)

	2010	2011	2012	比重(%)	前年対比増減率(%)	年平均増減率(%)
中国	93	99	109	0.8	6.5	0.5
日本	2,135	2,427	2,592	19.3	13.7	0.0
東南アジア	52	58	62	0.5	11.5	4.6
北米	2,166	2,246	2,506	17.9	3.7	2.2
ヨーロッパ	5,455	7,213	7,194	57.5	32.2	3.2
その他	436	498	530	4.0	14.2	6.6
合計	10,337	12,541	12,993	100.0	21.3	2.5

出所：韓国コンテンツ振興院

<表5-28> 音楽産業海外進出形態 (単位：%)

	2010	2011	2012	前年対比増減率(%)
完成品輸出	68.6	69.9	70.1	5.9
LICENCE	31.4	30.1	29.9	-5.9
OEM輸出	-	-	-	-
技術サービス	-	-	-	-
その他	-	-	-	-
合計	100.0	100.0	100.0	

出所：韓国コンテンツ振興院

(2) ゲーム産業

<表5-29> 年度別ゲーム産業総括

	事業体数(社)	従業員数(人)	売上高(百万ウォン)	付加価値額(百万ウォン)	付加価値率(%)	輸出額(千ドル)	輸入額(千ドル)
2008	29,293	95,292	5,604,700	2,808,000	50.10	1,093,865	386,920
2009	30,535	92,533	6,580,600	3,348,867	50.89	1,240,856	332,250
2010	20,658	94,973	7,431,118	3,768,320	50.71	1,606,102	242,532
2011	17,344	95,015	8,804,740	4,184,893	47.53	2,378,078	204,986
2012	16,189	95,051	9,752,538	4,568,089	46.84	26,38,916	179,135
前年比増減率(%)	-6.7	0.0	10.8	9.2	-	11.0	-12.6
年平均増減率(%)	-13.8	-0.1	14.9	12.9	-	24.6	-17.5

出所：韓国コンテンツ振興院

<表5-30> 2012年 ゲーム産業事業体別平均売上額および従事者別平均売上額現況

中分類	小分類	事業体数(社)	売上高(百万ウォン)	従業員数(人)	1人当り平均売上額(百万ウォン)	企業当り平均売上高(百万ウォン)
ゲーム制作及び配給業	ゲーム制作及び配給業	957	52,466	7,892,806	8,247	150
ゲーム流通業	コンピュータゲーム喫茶運営業	14,782	41,698	1,793,201	121	43
	電子ゲーム場運営業	450	887	66,531	148	75
ゲーム産業合計		16,189	95,051	9,752,538	602	103

出所：韓国コンテンツ振興院

<表5-31> ゲーム産業業種別年度別事業体現況

(単位：개)

		2010	2011	2012	比重	前年比増減率(%)	年平均増減率(%)
ゲーム制作及び配給業	ゲーム企画及び制作業	1,094	1,017	957	5.9	-5.9	-6.5
ゲーム流通業	コンピュータゲーム喫茶運営業	19,014	15,817	14,782	91.3	-6.5	-11.8
	電子ゲーム場運営業	550	510	450	2.8	-11.8	-9.5
	小計	19,564	16,327	15,232	94.1	-6.7	-11.8
合計		20,658	17,344	16189	100.0	-6.7	-11.5

出所：韓国コンテンツ振興院

情報通信・放送・インターネット・コンテンツ・医療機器・ロボット

<表5-32> 年度別・事業体別・従事者別ゲーム産業平均売上額推移

区分	年	事業体数(社)	売上高(百万ウォン)	従業員数(人)	企業当り平均売上高(百万ウォン)	1人当り平均売上高(百万ウォン)
ゲーム制作及び配給業	2009	5,111	45,720,000	43,365	895	105
	2010	1,094	5,594,165	48,585	5,113	115
	2011	1,017	7,012,103	51859	6,895	135
前年対比増減率(%)		-7.0	25.3	6.7	34.8	17.4
年平均増減率(%)		-55.4	23.8	9.4	177.6	13.2
ゲーム流通業	2009	25,424	2,008,600	49,168	79	41
	2010	19,564	1,836,953	46,388	94	40
	2011	16,327	1,792,637	43156	110	42
前年対比増減率(%)		-16.5	-2.4	-7.0	16.9	4.9
年平均増減率(%)		-19.9	-5.5	-6.3	17.9	0.8
ゲーム産業合計	2009	30,535	6,580,600	92,533	216	71
	2010	20,658	7,431,118	94,973	360	78
	2011	17,344	8,804,740	95015	508	93
前年対比増減率(%)		-16.0	18.5	0.0	41.1	18.4
年平均増減率(%)		-24.6	15.7	1.3	53.5	14.2

出所：韓国コンテンツ振興院

<表5-33> 業種別ゲーム産業売上額現況　　　　　　　　　　　　　　　(単位：百万ウォン)

中分類	小分類	2011	2012	比重(%)	前年対比増減率(%)	年平均増減率(%)
ゲーム制作及び配給業	オンラインゲーム	6,236,852	6,783,902	69.6	8.8	19.3
	ビデオゲーム	268,423	160,869	1.6	-40.1	-38.6
	モバイルゲーム	423,567	800,922	8.2	89.1	59.0
	PCゲーム	9,639	68,000	0.7	605.5	138.0
	アーケードゲーム	73,622	79,113	0.8	7.5	5.2
	小計	7,012,103	7,892,806	80.9	12.6	18.8
ゲーム流通業	コンピュータゲーム喫茶運営業	1,716,325	1,793,201	18.4	4.5	0.9
	電子ゲーム場運営業	76,312	66,531	0.7	-12.8	-6.9
	小計	1,792,637	1,859,732	19.1	3.7	0.6
ゲーム産業合計		8,804,740	9,752,538	100.0	10.8	14.6

出所：韓国コンテンツ振興院

<表5-34> 事業形態別・業種別ゲーム産業売上額現況(2012)　　　　　　　　　(単位：百万ウォン)

		創作及び制作	制作サービス	単純複製	流通/配給	その他	合計
ゲーム制作及び配給業	オンラインゲーム	5,638,251	12,355	-	1,105,360	27,936	6,783,902
	ビデオゲーム	10,368	-	-	146,484	4,017	160,869
	モバイルゲーム	731,015	7,639	-	57,336	4,932	800,922
	PCゲーム	932	-	-	66,356	712	68,000
	アーケードゲーム	61,536	438	-	16,321	818	79,113
	小計	6,442,102	20,432	-	1,391,857	38,415	7,892,806
ゲーム流通業	コンピュータゲーム喫茶運営業	-	-	-	1,793,201	-	1,793,201
	電子ゲーム場運営業	-	-	-	66,531	-	66,531
	小計	-	-	-	1,859,732	-	1,859,732
合計		6,442,102	20,432	-	3,251,589	38,415	9,752,538
比重(%)		66.1	0.2	-	33.3	0.4	1000.

出所：韓国コンテンツ振興院

<表5-35> オンラインゲーム売上規模および増減率推移　　　　　　　　　(単位：百万ウォン)

	2008	2009	2010	2011	2012	年平均増減率(%)
売上高規模	2,692,200	3,708,700	4,767,253	6,236,852	6,783,902	26.5
前年対比増減率(%)	20.2	37.8	28.5	30.8	8.8	-

出所：韓国コンテンツ振興院

<表5-36> ビデオゲーム売上規模および増減率推移　　　　　　　　　(単位：百万ウォン)

	2008	2009	2010	2011	2012	年平均増減率(%)
売上高規模	502,100	525,700	426,781	268,423	160,869	-24.8
前年対比増減率(%)	19.5	4.7	-18.8	-37.1	-40.1	-

出所：韓国コンテンツ振興院

<表5-37> モバイルゲーム売上規模および増減率推移　　　　　　　　　(単位：百万ウォン)

	2008	2009	2010	2011	2012	年平均増減率(%)
売上高規模	305,000	260,800	316,665	423,567	800922	27.3
前年対比増減率(%)	21.1	-14.5	21.4	33.8	89.1	-

出所：韓国コンテンツ振興院

情報通信・放送・インターネット・コンテンツ・医療機器・ロボット

<表5-38> ゲーム産業の海外輸出方法 (単位: %)

海外輸出方法	2010	2011	2012	前年対比増減率(%)
海外流通会社/出版社と直接交渉	41.1	32.0	31.5	-0.5
海外展覧会/ロードショーの投資商談会などに参加	17.0	19.1	15.3	-3.8
韓国企業の海外販売網を活用	14.7	8.0	13.8	5.8
専門エージェンシー活用	8.3	14.1	13.8	-0.3
海外展示会/投資法人設立, 活用	7.4	1.7	2.0	0.3
オンラインなどを利用した直接販売	5.7	25.1	23.6	-1.5
その他	4.2	-	-	-
なし	1.6	-	-	-
合計	100.0	100.0	100.0	-

出所：韓国コンテンツ振興院

<表5-39> ゲーム産業輸出入額推移 (単位：千ドル)

	2010	2011	2012	前年対比増減率(%)	年平均増減率(%)
輸出額	1,606,102	2,378,078	2,638,916	11.0	28.2
輸入額	242,532	204,986	179,135	-12.6	-14.1

出所：韓国コンテンツ振興院

<表5-40> 地域別ゲーム産業輸出額現況 (単位：千ドル)

	2010	2011	2012	比重(%)	前年比増減率(%)	年平均増減率(%)
中国	595,864	907,296	1,018,676	38.6	12.3	30.8
日本	435,254	652,556	703,368	26.7	7.8	27.1
東南アジア	242,521	428,277	496,325	18.8	15.9	43.1
北米	147,761	181,255	202,337	7.7	11.6	17.0
ヨーロッパ	138,125	152,369	159,258	6.0	4.5	7.4
その他	46,577	56,325	58,952	2.2	4.7	12.5
合計	1,606,102	2,378,078	2,638,916	100.0	11.0	28.2

出所：韓国コンテンツ振興院

<表5-41> 地域別ゲーム産業輸入額現況 (単位：千ドル)

	2011	2012	比重(%)	前年対比増減率(%)
中国	30,625	36,298	20.3	18.5
日本	163,582	119,397	66.7	-27.0
東南アジア	-	-	-	-
北米	10,522	23,126	12.9	119.8
ヨーロッパ	134	148	0.1	10.4
その他	123	166	0.1	35.0
合計	204,986	179,135	100.0	-12.6

出所：韓国コンテンツ振興院

(3) 映画産業

<表5-42> 年度別映画産業総括

	事業体数(社)	従業員数(人)	売上高(百万ウォン)	付加価値額(百万ウォン)	付加価値率(%)	輸出額(千ドル)	輸入額(千ドル)
2008	4,893	19,908	2,954,624	357,811	12.11	21,037	78,775
2009	4,109	28,041	3,362,815	1,106,366	32.90	14,122	73,646
2010	3,727	30,561	3,577,948	1,169,265	32.68	13,583	53,374
2011	3,424	29,569	3,920,019	1,524,495	38.89	15829	46,355
2012	2,630	30,857	4,527,865	1,707,458	37.71	20,175	59,409
前年対比増減率(%)	-23.2	4.4	15.5	12.0	-	27.5	28.2
年平均増減率(%)	-14.4	11.6	11.3	47.8	-	-1.0	-6.8

出所：韓国コンテンツ振興院

<表5-43> 2012年映画産業事業体別平均売上額および従事者別平均売上額現況

		事業体数(社)	売上高(百万ウォン)	企業当り平均売上高(百万ウォン)
映画制作,サポートおよび流通業	映画企画及び制作	386	597,895	1,549
	映画輸入	123	380,230	3,091
	映画制作支援	96	211,160	2,200
	映画配給	81	694,457	8,574
	劇場上映	315	2,023,685	6,424
	映画広報及びマーケティング	74	183,586	2,481
	映画投資組合	8	163,226	20,403
	小計	1,083	4,254,239	3,928
DVD/VHS 制作および流通	DVD/VHS制作	4	22,191	5,548
	DVD/VHS卸売	7	8,524	1,218
	DVD/VHS小売	338	10,031	30
	DVD/VHSレンタル	800	2,858	4
	DVD/VHS上映	368	16,621	45
	オンライン上映	30	213,401	7,113
	小計	1,547	273,626	177
映画産業合計		2,630	4,527,865	1,722

出所：韓国コンテンツ振興院

<表5-44> 業種別映画産業売上額現況 (単位:百万ウォン)

		2011	2012	比重(%)	前年対比増減率(%)	年平均増減率(%)
映画制作、サポートおよび流通業	映画企画及び制作	549,415	597,895	13.2	8.8	8.6
	映画輸入	410,198	380,230	8.4	-7.3	-4.5
	映画制作支援	184,578	211,160	4.7	14.4	11.9
	映画配給	485,734	694,457	15.3	43.0	27.9
	劇場上映	1,755,756	2,023,685	44.7	15.3	9.1
	映画広報及びマーケティング	177,802	183,586	4.1	3.3	7.6
	映画投資組合	86,360	163,226	3.6	89.0	81.6
	小計	3,649,843	4,254,239	94.0	16.6	11.5
DVD/VHS制作および流通	DVD/VHS制作	28,460	22,191	0.5	-22.0	-26.2
	DVD/VHS卸売	14,326	8,524	0.2	-40.5	-44.9
	DVD/VHS小売	14,703	10,031	0.2	-31.8	-25.1
	DVD/VHSレンタル	7,722	2,858	0.1	-63.0	-54.1
	DVD/VHS上映	23,131	16,621	0.4	-28.1	-17.9
	オンライン上映	181,834	213,401	4.7	17.4	173.3
	小計	270,176	273,626	6.0	1.3	33.5
映画産業合計		3,920,019	4,527,865	100.0	15.5	12.5

出所:韓国コンテンツ振興院

<表5-45> 映画産業輸出入額推移 (単位:千ドル)

	2010	2011	2012	前年比	年平均増減率
輸出額	13,583	15,829	20,175	27.5	21.9
輸入額	53,374	46,355	59,409	28.2	5.5

出所:韓国コンテンツ振興院

<表5-46> 地域別映画産業輸出額現況 (単位：千ドル)

		2011		2012		前年対比増減率(%)	年平均増減率(%)
		輸出額	比重(%)	輸出額	比重(%)		
中国		1,004	6.3	833	4.1	-17.0	27.2
香港		624	3.9	1,175	5.8	88.3	61.4
台湾		931	5.9	408	2.0	-56.2	-43.9
日本		3,663	23.1	9,679	48.0	164.2	107.0
東南アジア	タイ	715	4.5	500	2.5	-30.1	-27.2
	シンガポール	800	5.1	582	2.9	-27.3	-2.5
	その他	1,275	8.1	1,263	6.3	-0.9	41.0
北米	米国	1,653	10.4	2,342	11.6	41.7	28.4
	カナダ	20	0.1	531	2.6	2555	-
ヨーロッパ	英国	780	4.9	332	1.6	-57.4	-24.5
	フランス	941	5.9	731	3.6	-22.3	-36.0
	ドイツ	1,491	9.4	327	1.6	-78.1	-38.9
	その他	310	2.0	1,066	5.3	243.9	-8.6
中東		132	0.8	39	0.2	-70.5	-55.2
中南米		147	0.9	233	1.2	58.5	21.4
オセアニア		310	2.0	134	0.7	-56.8	-19.5
アフリカ		53	0.3	-	-	-100.0	-100.0
その他		980	6.2	-	-	-100.0	-100.0
合計		15,829	100.0	20,175	100.0	27.5	21.9

出所：韓国コンテンツ振興院

<表5-47> 映画産業地域別輸入額現況 (単位：千ドル)

		2011		2012		前年対比増減率(%)	年平均増減率(%)
		輸出額	比重(%)	輸出額	比重(%)		
中国		329	0.7	1,192	2.0	262.3	4.6
香港		678	1.5	673	1.1	-0.7	3.0
台湾		2	0.0	-	-	-100.0	-100.0
日本		1,407	3.0	1,818	3.1	29.2	21.6
東南アジア	タイ	68	0.1	-	-	-100.0	-100.0
	その他	335	0.7	-	-	-100.0	-100.0
北米	米国	36,178	78.0	32,355	54.5	-10.6	-12.0
	カナダ	124	0.3	726	1.2	485.5	48.1
ヨーロッパ	英国	536	1.2	2,931	4.9	446.8	32.6
	フランス	286	0.6	12,227	20.6	4175.2	130.0
	ドイツ	1,807	3.9	474	0.8	-73.8	90.2
	その他	415	0.9	162	0.3	-61.0	-58.6
中南米		48	0.1	-	-	-100.0	-100.0
オセアニア		349	0.8	44	0.1	-87.4	-87.9
その他		3,793	8.2	6,807	11.5	79.5	725.0
合計		46,355	100.0	59,409	100.0	28.2	5.5

出所：韓国コンテンツ振興院

情報通信・放送・インターネット・コンテンツ・医療機器・ロボット

(4) アニメーション産業

<表5-48> 年度別アニメーション産業総括

	事業体数(社)	従業員数(人)	売上高(百万ウォン)	付加価値額(百万ウォン)	付加価値率(%)	輸出額(千ドル)	輸入額(千ドル)
2008	276	3,924	404,760	167,287	41.33	80,583	6,132
2009	289	4,170	418,570	175,213	41.86	89,651	7,397
2010	308	4,349	514,399	217,101	42.20	96,827	6,951
2011	341	4646	528,551	223,109	42.21	115,941	6,896
2012	341	4503	521,005	219,999	42.23	112,542	6,261
前年対比増減率(%)	-	-3.1	-1.4	-1.4	-	-2.9	-9.2
年平均増減率(%)	5.4	3.5	6.5	7.1	-	8.7	0.5

出所：韓国コンテンツ振興院

<表5-49> 事業体別・従事者別アニメーション産業平均売上額現況(2012)

中分類	小分類	事業体数(社)	売上高(百万ウォン)	企業当り平均売上高(百万ウォン)
アニメーション制作業	アニメーション創作制作	182	256,631	1,410
	アニメーション下請け制作	96	106,636	1,111
	オンライン(インターネット、モバイル)アニメーション制作	11	7,236	658
	小計	289	370,503	1,282
アニメーション流通・配給業	アニメーション流通、配給及び広報	36	19,616	545
オンラインアニメーションン流通業	オンライン アニメーションサービス業(インターネット・モバイル)	16	7,789	487
	アニメーション合計	341	397,908	1,167

出所：韓国コンテンツ振興院

<表5-50> 業種別アニメーション産業売上額現況　　　　　　　　　　　　（単位：百万ウォン）

中分類	小分類	2011	2012	比重(%)	前年対比増減率(%)
アニメーション制作業	アニメーション創作制作	240,186	256,631	49.3	6.8
	アニメーション下請け制作	110,180	106,636	20.5	-3.2
	オンライン(インターネット・モバイル)アニメーション制作	6,789	7,236	1.4	6.6
	小計	357,155	370,503	71.1	3.7
アニメーション流通・配給業	アニメーション流通・配給及び広報業	18,230	19,616	3.8	7.6
	劇場売上高	146,783	123,047	23.6	-16.2
	放送局輸出額	130	50	0.0	-61.5
	小計	165,143	142,713	27.4	-13.6
オンラインアニメーション流通業	オンラインアニメーションサービス業(インターネット・モバイル)	6,253	7,789	1.5	24.6
アニメーション産業合計		528,551	521,005	100.0	-1.4

出所：韓国コンテンツ振興院

<表5-51> 事業形態別・年度別アニメーション産業売上額推移　　　　　（単位：百万ウォン）

	創作及び制作	制作支援	単純複製	流通/配給	その他	合計
2010	322,394	3,093	-	32,937	8,610	367,034
2011	335,396	2,527	-	35,322	8,393	381,638
2012	347,814	2,446	-	38,979	8,669	397,908
前年対比増減率(%)	3.7	-3.2	-	10.4	3.3	4.3
平均増減率(%)	3.9	-11.1	-	8.8	0.3	4.1

出所：韓国コンテンツ振興院

<表5-52> 媒体別アニメーション産業総売上額現況(2012)　　　　　　　　　　(単位：百万ウォン)

			TV	劇場	ホームビデオ(VHS, DVD)	インターネット(VOD, フラッシュ)	新規メディア(モバイル, IPTV, DMB)	その他	合計
アニメーション創作制作	著作権保有,自社制作	国内	114,204	3,024	7,676	4,398	20,751	2,781	152,834
		海外	56,814	1,653	6,918	-	-	2,175	67,560
		小計	171,018	4,677	14,594	4,398	20,751	4,956	220,394
	版権保有	国内	9,506	-	-	380	1,074	-	10,960
		海外	7,222	-	982	-	-	-	8,204
		小計	16728	-	982	380	1,074	-	19,164
アニメーション下請け制作		国内	45,886	5,217	3,120	1,703	1,618	2,253	59,797
		海外	33,199	213	3,252	155	-	4,650	41,469
		小計	79,085	5,430	6,372	1,858	1,618	6,903	101,266
全体		国内	169,596	8,241	10,796	6,481	23,443	5,034	223,591
		海外	97,235	1,866	11,152	155	-	6,825	117,233
		小計	266,831	10,107	21,948	6,636	23,443	11,859	340,824
		比重(%)	78.3	3.0	6.4	1.9	6.9	3.5	100.0

出所：韓国コンテンツ振興院

<表5-53> 媒体別・年度別アニメーション産業総売上額推移　　　　　　　　　(単位：百万ウォン, %)

	TV	劇場	ホームビデオ(VHS, DVD)	インターネット(VOD, フラッシュ)	新規メディア(モバイル, IPTV, DMB)	その他	合計
2010	244,297	11,990	24,493	7,568	20,959	11,240	320,547
2011	257,569	9,558	21,297	6,575	22,241	11,598	328,838
2012	266831	10107	21948	6636	23443	11859	340824
前年比増減率	3.6	5.7	3.1	0.9	5.4	2.3	3.6
年平均増減率	4.5	-8.2	-5.3	-6.4	5.8	2.7	3.1

出所：韓国コンテンツ振興院

<表5-54> 制作方式別アニメーション産業売上額現況(2012)　　　　　　　　(単位：百万ウォン, %)

		2D(セル/デジタル)	3D(CGI)	ストップモーション	フラッシュ	その他	合計
アニメーション創作・制作業	版権保有,自社制作	115,930	91,222	5,955	4,702	2,585	220,394
	版権保有	14,337	3,571	-	-	1,256	19,164
アニメーション下請け制作業		58,907	37,707	2,667	174	1,811	101,266
合計		189,174	132,500	8,622	4,876	5,652	340,824
比重(%)		55.5	38.9	2.5	1.4	1.7	100.0

出所：韓国コンテンツ振興院

<表5-55> 制作方式別・年度別アニメーション産業売上額推移 (単位：百万ウォン,％)

	2D(セル/デジタル)	3D(CGI)	ストップモーション	フラッシュ	その他	合計
2010	178,195	124,342	8,387	4,482	5,141	320,547
2011	181,179	131,705	7,245	3,735	4,974	328,838
2012	189,174	132,500	8,622	4,876	5,652	340,824
前年対比増減率	4.4	0.6	19.0	30.5	13.6	3.6
年平均増減率	3.0	3.2	1.4	4.3	4.9	3.1

出所：韓国コンテンツ振興院

<表5-56> アニメーション産業コンテンツ制作費用推移 (単位：百万ウォン,％)

	作品制作	ロイヤリティー	マーケティング/広報	研究開発	教育訓練	その他	合計
2010	69,473	5,291	6,892	7,238	195	3,427	92,516
2011	73,569	6,358	7,259	7,437	216	3,655	98,494
2012	70,829	5,536	7,186	7,554	203	3,605	94,913
前年比	-3.7	-12.9	-1.0	1.6	-6.0	-1.4	-3.6
年平均増減率	1.0	2.3	2.1	2.2	2.0	2.6	1.3

出所：韓国コンテンツ振興院

<表5-57> アニメーション産業輸出入額推移 (単位：千ドル)

	2010	2011	2012	前年対比増減率(%)	年平均増減率(%)
輸出額	96,827	115,941	112,542	-2.9	7.8
輸入額	6,951	6,896	6,261	-9.2	-5.1

出所：韓国コンテンツ振興院

<表5-58> アニメーション産業創作と下請制作輸出額推移 (単位：千ドル)

	2010	2011	2012	前年対比増減率(%)	年平均増減率(%)
創作制作	60,575	81,485	78,610	-3.5	13.9
下請制作	36,252	34,456	339,32	-1.5	-3.3
合計	96,827	115,941	112,542	-2.9	7.8

出所：韓国コンテンツ振興院

情報通信・放送・インターネット・コンテンツ・医療機器・ロボット

<表5-59> 地域別・年度別アニメーション産業輸出額推移　　　　　　　　　　(単位：千ドル)

	2010	2011	2012	比重(%)	前年対比増減率(%)	年平均増減率(%)
中国	1,577	1,659	1,712	1.5	3.2	4.2
日本	18,810	21,688	21,421	19.0	-1.2	6.7
東南アジア	1,151	1,183	1,235	1.1	4.4	3.6
北米	52,463	59,397	59,167	52.6	-0.4	6.2
ヨーロッパ	19,527	28,556	25,433	22.6	-10.9	14.1
その他	3,299	3,458	3,574	3.2	3.4	4.1
合計	96,827	115,941	112,542	100.0	-2.9	7.8

出所：韓国コンテンツ振興院

<表5-60> 地域別・年度別アニメーション産業輸入額推移　　　　　　　　　　(単位：千ドル)

	2010	2011	2012	比重(%)	前年対比増減率(%)	年平均増減率(%)
中国	11	11	11	0.2	-	-
日本	6,905	6,852	6219	99.3	-9.2	-5.1
東南アジア	-	-	-	-	-	-
北米	35	33	31	0.5	-6.1	-5.9
ヨーロッパ	-	-	-	-	-	-
その他	-	-	-	-	-	-
合計	6,951	6,896	6261	100.0	-9.2	-5.1

出所：韓国コンテンツ振興院

<表5-61> アニメーション産業海外輸出方式　　　　　　　　　　(単位： %)

輸出方法	進出経路区分	2010	2011	2012	前年比(%)
直接輸出	海外展示会及び行事参加	29.3	30.6	30.0	-0.6
	海外流通会社に接触	17.9	16.3	17.0	0.7
	オンライン海外販売	-	-	-	-
	海外法人活用	8.1	8.2	8.2	-
間接輸出	国内エージェント活用	6.2	6.1	6.2	0.1
	海外エージェント活用	38.5	38.8	38.6	-0.2
	その他	-	-	-	-
	合計	100.0	100.0	100.0	

出所：韓国コンテンツ振興院

<表5-62> アニメーション産業海外進出形態　　　　　　　　　　(単位： %)

	2010	2011	2012	前年対比増減率(%)
完成品輸出	-	-	-	-
LICENCE	63.8	65.3	64.7	-0.6
OEM輸出	36.2	34.7	35.3	0.6
技術サービス	-	-	-	-
その他	-	-	-	-
合計	100.0	100.0	100.0	

出所：韓国コンテンツ振興院

(5) キャラクター産業

<表5-63> 年度別キャラクター産業総括

	事業体数(社)	従業員数(人)	売上高(百万ウォン)	付加価値額(百万ウォン)	付加価値率(%)	輸出額(千ドル)	輸入額(千ドル)
2008	1,521	21,092	5,098,713	1,956,376	38.37	228,250	198,679
2009	1,542	23,406	5,358,272	2,202,786	41.11	236,521	196,367
2010	1,593	25,102	5,896,897	2,475,517	41.98	276,328	190,456
2011	1,711	26,418	7,209,583	3,065,286	42.52	392,266	182,555
2012	1,992	26,897	7,517,639	3,143,877	41.82	416,454	179,430
前年対比増減率(%)	16.4	1.8	4.3	2.6	-	6.2	-1.7
年平均増減率(%)	7.0	6.3	10.2	12.6	-	16.2	-2.5

出所：韓国コンテンツ振興院

<表5-64> 業種別キャラクター産業売上額現況　　　　　　　　　　(単位：百万ウォン)

		2011	2012	比重(%)	前年比(%)
キャラクター制作業	キャラクター開発及びライセンス業	552,216	607,045	8.1	9.9
	キャラクター商品製造業	3,015,724	3,093,815	41.2	2.6
	小計	3,567,940	3,700,860	49.2	3.7
キャラクター商品流通業	キャラクター商品卸売業	1,267,809	1,329,111	17.7	4.8
	キャラクター商品小売業	2,373,834	2,487,668	33.1	4.8
	小計	3,641,643	3,816,779	50.8	4.8
キャラクター産業 全体		7,209,583	7,517,639	100.0	4.3

出所：韓国コンテンツ振興院

<表5-65> 事業形態別業種別キャラクター産業売上額現況(2012)　　　　(単位：百万ウォン)

	創作/制作	制作支援	単純複製	流通/配給	その他	合計
キャラクター開発及びライセンス業	550,727	2,553	-	39,081	14,684	607,045
キャラクター商品製造業	2,396,357	150,729	285,243	238,858	22,628	3,093,815
小計	2,947,084	153,282	285,243	277,939	37,312	3,700,860
キャラクター商品卸売業	15,361	-	-	1,306,595	7,155	1,329,111
キャラクター商品小売業	23,417	-	-	2,436,629	27,622	2,487,668
小計	38,778	-	-	3,743,224	34,777	3,816,779
合計	2,985,862	153,282	285,243	4,021,163	72,089	7,517,639
比重(%)	39.7	2.0	3.8	53.5	1.0	100.0

出所：韓国コンテンツ振興院

情報通信・放送・インターネット・コンテンツ・医療機器・ロボット

<表5-66> 事業形態別・年度別キャラクター産業売上額推移　　　　　　　　（単位：百万ウォン）

	創作/制作	制作支援	単純複製	流通/配給	その他	合計
2010	2,514,491	131,266	173,275	3,012,031	65,834	5,896,897
2011	2,873,854	149,247	278,043	3,839,540	68,899	7,209,583
2012	2,985,862	153,282	285,243	4,021,163	72,089	7,517,639
前年対比増減率(%)	3.9	2.7	2.6	4.7	4.6	4.3
年平均増減率(%)	9.0	8.1	28.3	15.5	4.6	12.9

出所：韓国コンテンツ振興院

<表5-67> キャラクター産業輸出入額推移　　　　　　　　（単位：千ドル）

	2010	2011	2012	前年対比増減率(%)	年平均増減率(%)
輸出額	276,328	392,266	416,454	6.2	22.8
輸入額	190,456	182,555	179,430	-1.7	-2.9

出所：韓国コンテンツ振興院

<表5-68> 地域別キャラクター産業輸出額推移　　　　　　　　（単位：千ドル）

	2010	2011	2012	比重(%)	前年比(%)	年平均増減率(%)
中国	49,368	89,257	86,347	20.7	-3.3	32.3
日本	16,457	20,256	22,868	5.5	12.9	17.9
東南アジア	27,226	45,255	45,147	10.8	-0.2	28.8
北米	85,327	102,565	117,034	28.1	14.1	17.1
ヨーロッパ	59,668	82,358	88,465	21.2	7.4	21.8
その他	38,282	52,575	56,593	13.6	7.6	21.6
合計	276,328	392,266	416,454	100.0	6.2	22.8

出所：韓国コンテンツ振興院

<表5-69> 地域別キャラクター産業輸入額推移　　　　　　　　（単位：千ドル）

	2010	2011	2012	比重(%)	前年比(%)	年平均増減率(%)
中国	81,569	86,257	80,730	45.0	-6.4	-0.5
日本	20,342	16,436	17,691	9.9	7.6	-6.7
東南アジア	40,337	36,693	37,054	20.7	1.0	-4.2
北米	21,692	18,265	19,221	10.7	5.2	-5.9
ヨーロッパ	3,528	3,926	3,586	2.0	-8.7	0.8
その他	22,988	20,978	21,148	11.8	0.8	-4.1
合計	190,456	182,555	179,430	100.0	-1.7	-2.9

出所：韓国コンテンツ振興院

<表5-70> キャラクター産業海外輸出方式 (単位 : %)

輸出方法	進出経路区分	2010	2011	2012	前年比(%)
直接輸出	海外展示会及び行事参加	26.6	30.3	28.5	-1.8
	海外流通会社に接触	34.1	32.6	33.2	0.6
	オンライン海外販売	3.6	3.4	3.5	0.1
	海外法人活用	11.1	10.1	10.6	0.5
間接輸出	国内エージェント活用	19.3	18.0	18.7	0.7
	海外エージェント活用	5.3	5.6	5.5	-0.1
	その他	-	-	-	-
	合計	100.0	100.0	100.0	-

出所 : 韓国コンテンツ振興院

<表5-71> キャラクター商品流通経路 (単位 : %)

	2010	2011	2012	前年比(%)
完成品輸出	41.3	44.9	45.1	0.2
LICENSE	33.6	36.0	35.8	-0.2
OEM輸出	25.1	19.1	19.1	-
技術サービス	-	-	-	-
その他	-	-	-	-
合計	100.0	100.0	100.0	-

出所 : 韓国コンテンツ振興院

(6) コンテンツソリューション産業

<表5-72> 年度別コンテンツソリューション産業総括

	事業体数(社)	従業員数(人)	売上高(百万ウォン)	付加価値額(百万ウォン)	付加価値率(%)	輸出額(千ドル)	輸入額(千ドル)
2008	1,021	14,679	1,866,100	731,698	39.21	107,746	-
2009	1,226	17,089	2,182,148	875,816	40.14	114,675	405
2010	1,261	19,540	2,359,853	956,345	40.53	118,510	371
2011	1,301	19,813	2,867,171	1,165,985	40.67	146,281	433
2012	1,316	20,145	3,029,140	1,200,751	39.64	149,912	453
前年対比増減率(%)	1.2	1.7	5.6	3.0	-	2.5	4.6
年平均増減率(%)	6.6	8.2	12.9	13.2	-	8.6	-

出所：韓国コンテンツ振興院

<表5-73> 事業形態別・年度別コンテンツソリューション産業売上額推移　　　（単位：百万ウォン）

	創作/制作	制作支援	単純複製	流通/配給	その他	合計
2010	2,283,170	21,164	-	24,193	31,326	2,359,853
2011	2,788,772	19,677	-	27,265	31,457	2,867,171
2012	2,946,555	20,905	-	28,444	33,236	3,029,140
前年対比増減率(%)	5.7	6.2	-	4.3	5.7	5.6
年平均増減率(%)	13.6	-0.6	-	8.4	3.0	13.3

出所：韓国コンテンツ振興院

<表5-74> 業種別コンテンツソリューション産業売上額現況　　　（単位：百万ウォン）

		2011	2012	比重(%)	前年対比増減率(%)	年平均増減率(%)
コンテンツソリューション産業	著作物	319,003	335,901	11.1	5.3	6.4
	コンテンツ保護	157,889	165,067	5.4	4.5	6.3
	モバイルソリューション	803,566	869,421	28.7	8.2	28.2
	課金/決済	339,480	361,514	11.9	6.5	9.3
	CMS	131,883	141,842	4.7	7.6	8.1
	CDN	174,172	174,574	5.8	0.2	1.6
	その他	731,031	768,782	25.4	5.2	10.4
	小計	2,657,024	2,817,101	93.0	6.0	13.3
CG制作業		210,147	212,039	7.0	0.9	13.8
コンテンツソリューション産業合計		2,867,171	3,029,140	100.0	5.6	13.3

出所：韓国コンテンツ振興院

<表5-75> 事業形態別・業種別コンテンツソリューション産業売上額現況(2012)　　(単位：百万ウォン)

	創作/制作	制作サービス	単純複製	流通/配給	その他	合計
オーサリングツール	329,921	1,334	-	1,219	3,427	335,901
コンテンツ保護	158,918	1,012	-	1,032	4,105	165,067
モバイルソリューション	847,495	3,321	-	12,253	6,352	869,421
課金/決済	348,744	9,182	-	-	3,588	361,514
コンテンツ管理システム(CMS)	139,929	872	-	-	1,041	141,842
コンテンツ配信ネットワーク(CDN)	164,662	211	-	8,687	1,014	174,574
その他	748,677	4,973	-	1,927	13,205	768,782
小計	2,738,346	20,905	-	25,118	32,732	2,817,101
コンピュータ画像スキャン(CG)制作業	208,209	-	-	3,326	504	212,039
合計	2,946,555	20,905	-	28,444	33,236	3,029,140
比重	97.3	0.7	-	0.9	1.1	100.0

出所：文化体育観光部,『2012 コンテンツ 産業統計』, 2013

<表5-76> コンテンツソリューション産業輸出入額推移　　(単位：千ドル)

	2010	2011	2012	前年対比増減率(%)	年平均増減率(%)
輸出額	118,510	146,281	149,912	2.5	12.5
輸入額	371	433	453	4.6	10.5

出所：韓国コンテンツ振興院

<表5-77> 地域別コンテンツソリューション産業輸出額推移　　(単位：千ドル)

	2010	2011	2012	比重(%)	前年対比増減率(%)	年平均増減率(%)
中国	17,877	20,322	20,688	13.8	1.8	7.6
日本	37,810	43,469	43,474	29.0	0.0	7.2
東南アジア	16,735	25,323	27,884	18.6	10.1	29.1
北米	16,104	18,553	18,289	12.2	-1.4	6.6
ヨーロッパ	16,679	21,668	22,187	14.8	2.4	15.3
その他	13,305	16,946	17,390	11.6	2.6	14.3
合計	118,510	146,281	149,912	100.0	2.5	12.5

出所：韓国コンテンツ振興院

情報通信・放送・インターネット・コンテンツ・医療機器・ロボット

<表5-78> 地域別コンテンツソリューション産業輸入額推移 (単位：千ドル)

	2010	2011	2012	比重(%)	前年対比増減率(%)	年平均増減率(%)
中国	-	-	-	-	-	-
日本	-	-	-	-	-	-
東南アジア	-	-	-	-	-	-
北米	371	433	453	100.0	4.6	10.5
ヨーロッパ	-	-	-	-	-	-
その他	-	-	-	-	-	-
合計	371	433	453	100.0	4.6	10.5

出所：韓国コンテンツ振興院

6. 医療機器産業

<表6-1> 韓国医療機器市場動向　　　　　　　　　　　　　　　　　　（単位：百万ウォン, %）

区分	生産(A)	輸出(B)	輸入(C)	貿易収支(E)	市場規模(F)	輸入占有率(G,%)
2004年	1,478,165	652,044	1,470,804	-818,760	2,296,925	64.03
2005年	1,704,161	716,025	1,546,109	-830,084	2,534,244	61.01
2006年	1,949,159	781,043	1,719,323	-938,280	2,887,438	59.54
2007年	2,216,965	959,094	2,001,423	-1,042,329	3,259,294	61.41
2008年	2,525,203	1,248,138	2,340,883	-1,092,745	3,617,947	64.70
2009年	2,764,261	1,519,027	2,398,814	-879,787	3,644,047	65.83
2010年	2,964,445	1,681,619	2,619,895	-938,276	3,902,720	67.13
2011年	3,366,462	1,853,785	2,793,709	-939,925	4,306,387	64.87
2012年	3,877,374	2,216,074	2,931,014	-714,940	4,592,314	63.82

注) 貿易収支(E)：(B)-(C)　市場規模(F)：(A)-(B)+(C)　輸入占有率(G) = (C)/(F)×100　　出所：食品医薬品安全庁

<表6-2> 年度別韓国全産業対比医療機器産業比率　　　　　　　　　　（単位：億ウォン, %）

区分	国内総生産(GDP)	増減率	製造業GDP	医療機器総生産	GDP対比	製造業GDP対比
2004年	8,268,927	-	2,058,259	14,782	0.18	0.72
2005年	8,652,409	4.64	2,136,462	17,042	0.20	0.80
2006年	9,087,438	5.03	2,209,401	19,492	0.21	0.88
2007年	9,750,130	7.29	2,386,109	22,170	0.23	0.93
2008年	10,264,518	5.28	2,562,094	25,252	0.25	0.99
2009年	10,650,368	3.76	2,665,782	27,643	0.26	1.04
2010年	11,732,749	10.16	3,192,752	29,644	0.25	0.93
2011年	12,351,605	5.27	3,481,994	33,665	0.27	0.97
2012年	12,724,595	3.02	3,558,355	38,774	0.30	1.09

出所：食品医薬品安全庁

<表6-3> 年度別医療機器生産現況　　　　　　　　　　　　　　　　（単位：社, 件, 百万ウォン）

	企業数	品目数	生産金額
2007	1,662(2.34)	6,899(3.92)	2,216,965(13.74)
2008	1,726(3.85)	7,367(6.78)	2,525,203(13.90)
2009	1,754(1.62)	8,003(8.63)	2,764,260(9.47)
2010	1,857(5.87)	8,704(8.76)	2,964,444(7.24)
2011	1,958(5.44)	9,086(4.39)	3,366,461(13.56)
2012	2,277(16.29)	9,667(6.39)	3,877,374(15.18)

注) (　)は前年比増減率　　　　　　　　　　　　　　　　　　　出所：食品医薬品安全庁

<表6-4> 年度別医療機器生産実績推移　　　　　　　　　　　　　　　　(単位：社, %, 人, 百万ウォン)

区分	企業数	増減率	品目数	増減率	従業員	増減率	生産金額	増減率
2004年	1,500	-	5,862	-	25,287	-	1,478,165	-
2005年	1,596	6.40	6,392	9.04	25,610	1.28	1,704,161	15.29
2006年	1,624	1.75	6,639	3.86	26,399	3.08	1,949,159	14.38
2007年	1,662	2.34	6,899	3.92	26,936	2.03	2,216,965	13.74
2008年	1,726	3.85	7,367	6.78	27,527	2.19	2,525,203	13.90
2009年	1,754	1.62	8,003	8.63	28,167	2.32	2,764,261	9.47
2010年	1,857	5.87	8,704	8.76	30,190	7.18	2,964,445	7.24
2011年	1,958	5.44	9,086	4.39	32,255	6.84	3,366,462	13.56
2012年	2,277	16.29	9,667	6.39	35,226	9.21	3,877,374	15.18

注) 企業数：製造企業で生産実績を報告した企業　　　　　　　　　　出所：食品医薬品安全庁

<表6-5> 年度別医療機器輸出実績推移　　　　　　　　　　　　　　(単位：社, %, 人, 千ドル, 百万ウォン)

区分	企業数	増減率	品目数	従業員	輸出金額 (千ドル)	換算額 (百万ウォン)
2004年	383	-	1,834	13,776	569,635	652,044
2005年	422	10.18	2,104	14,412	699,032	716,025
2006年	435	3.08	2,327	15,206	817,409	781,043
2007年	447	2.76	2,377	13,571	1,032,172	959,094
2008年	473	5.82	2,497	14,327	1,132,005	1,248,138
2009年	518	9.51	2,879	15,456	1,190,087	1,519,027
2010年	583	12.55	3,269	16,913	1,454,361	1,681,619
2011年	619	6.17	3,598	18,171	1,672,925	1,853,785
2012年	690	11.47	3,998	20,602	1,966,557	2,216,074

注) 1. 企業数：生産実績の報告があり製造企業のうち輸出実績のある企業　　　出所：食品医薬品安全庁
　　2. 輸出金額(ドル → ウォン)の換算基準：韓国銀行の年度別年平均基準レートを適用

<表6-6> 年度別輸入実績推移　　　　　　　　　　　　　　　　(単位：社, %, 人, 千ドル, 百万ウォン)

区分	企業数	増減率	品目数	従業員	輸入金額 (千ドル)	換算額 (百万ウォン)
2004年	997	-	14,062	12,242	1,284,916	1,470,804
2005年	1,157	16.05	14,901	12,469	1,509,415	1,546,109
2006年	1,281	10.72	16,624	14,634	1,799,377	1,719,323
2007年	1,381	7.81	16,567	17,429	2,153,921	2,001,423
2008年	1,456	5.43	16,612	16,866	2,123,076	2,340,883
2009年	1,466	0.69	16,833	15,677	1,879,359	2,398,814
2010年	1,496	2.05	18,495	17,219	2,265,836	2,619,895
2011年	1,570	4.95	19,179	17,712	2,521,148	2,793,709
2012年	1,762	12.23	20,563	18,024	2,600,999	2,931,014

注) 1. 企業数：生産実績の報告があり製造企業のうち輸出実績のある企業　　　出所：食品医薬品安全庁
　　2. 輸出金額(ドル → ウォン)の換算基準：韓国銀行の年度別年平均基準レートを適用

<表6-7> 医療機器産業規模別企業数および生産額推移　　　　　　　　　　　（単位：社，億ウォン，%）

国	2010		2011		2012	
	企業数	生産額	企業数	生産額	企業数	生産額
100億ウォン以上	56	16,170.0	62	18,704.1	69	23,258.3
50~100億ウォン未満	58	4,192.6	81	5,803.2	79	5,567.1
10~50億ウォン未満	285	6,746.2	292	6,597.8	315	7,027.8
1~10億ウォン未満	601	2,367.2	631	2,369.1	692	2,708.5
1億ウォン未満	857	168.5	892	170.4	1,122	212.0
総計	1,857	29,644.4	1,958	33,664.6	2,277	38,773.7

出所：食品医薬品安全庁

<表6-8> 医療機器生産上位5大品目現況(2012)　　　　　　　　　　　（単位：百万ウォン，%）

順位	品目名	生産額	比率
1	超音波画像診断装置	460,757	11.88
2	歯科用インプラント	448,537	11.57
3	歯科用貴金属合金	117,625	4.58
4	視力補正用メガネレンズ	143,030	3.69
5	医療用・ビデオ処理用デバイス・ソフトウェア	113,362	2.92

出所：食品医薬品安全庁

<表6-9> 医療機器生産上位5大企業現況(2012)　　　　　　　　　　　（単位：百万ウォン，%）

順位	会社名	生産額	比率
1	SAMSUNG MEDISON（株）	298,982	7.71
2	オステムインプラント(株)	297,346	7.67
3	韓国GE超音波(有)	98,117	2.53
4	(株) NUGA BEST	86,319	2.23
5	(株) バテック	71,681	1.85

出所：食品医薬品安全庁

<表6-10> 産業等級別医療機器生産現況　　　　　　　　　　　（単位：百万ウォン）

	2009	2010	2011	2012
1等級	532,359	590,331	678,201	699,396
2等級	1,252,471	1,259,565	1,354,121	1,442,149
3等級	893,625	1,026,505	1,184,834	1,600,167
4等級	85,806	88,044	149,306	135,662
合計	2,764,261	2,964,445	3,366,452	3,877,374

出所：韓国保健産業振興院

<表6-11> 品目群別医療機器産業生産額推移 (単位：千ウォン)

	2009	2010	2011	2012
診療台	102,301,508	107,211,405	93,655,570	90,672,036
一般機器	10,865,242	12,468,963	14,918,760	16,098,361
板金物	36,256,321	29,810,827	32,184,881	38,329,317
麻酔機器	23,975,941	27,974,997	26,428,418	32,690,454
内臓機能代用機器	6,458,068	3,539,225	4,090,145	3,988,132
放射線診療装置	176,263,521	214,044,685	198,985,325	251,786,063
非電離診断装置	11,225,481	6,888,324	11,715,357	9,035,288
放射線及びレーザー障害防御用器具	466,596	777,100	613,236	451,363
理学診療用機器	264,932,239	257,819,654	293,095,148	310,837,846
心血管用機器	29,280,106	36,555,733	54,487,512	68,146,251
泌尿器器科用機器	4,770,571	5,422,885	6,639,761	5,026,613
患者運搬車	19,938,621	17,713,801	15,152,173	22,424,939
聴診器	234,136	141,800	386,075	223,918
体温測定用器具	12,997,991	5,473,061	5,191,135	7,780,036
対外診断用機器	74,812,590	86,042,513	124,092,612	117,055,392
生体現象測定機器	436,367,567	487,506,903	523,156,058	664,793,131
医療用鏡	18,264,356	15,480,251	24,241,007	25,980,231
施術器具	145,225,834	179,582,506	180,440,669	188,101,331
電気手術装置	19,122,147	27,709,857	44,464,268	52,454,335
レーザー診療器	73,870,648	82,347,631	98,018,407	94,610,455
注射針及び穿刺針	36,024,374	35,414,603	44,267,477	51,615,576
注射器	65,217,143	65,976,240	61,374,437	63,402,790
医薬品注入器	161,608,867	169,876,793	202,176,998	209,887,776
矯正装置	25,777,434	24,541,649	21,913,705	25,689,035
歯科用機器	2,589,475	5,741,098	10,293,428	14,843,881
視力補正用レンズ	248,864,228	250,835,526	288,582,583	277,982,665
補聴器	28,366,299	40,093,769	43,005,543	49,609,552

<続く>

	2009	2010	2011	2012
唾液または口用器具	10,262,309	12,159,006	15,072,498	20,713,800
医療用磁気発生器	3,343,531	3,386,460	3,866,807	3,954,487
医療物質生成器	27,064,925	27,323,214	28,971,864	26,997,042
放射線用品	-	-	-	-
縫合糸および結紮糸	16,309,656	15,351,466	17,571,823	25,255,007
整形外科用品	78,846,065	110,945,899	159,213,678	169,106,975
人体組織または機能代替品	12,478,884	5,720,760	13,799,783	27,845,892
副木	31,808,179	35,951,334	38,725,591	44,818,748
視力及び色覚検査表	2,535,953	3,911,511	4,776,677	4,484,196
避妊用具	9,413,224	8,417,614	12,558,545	13,583,999
外科用品	29,452,912	31,385,221	29,063,296	43,638,775
歯科材料	506,667,592	512,900,360	617,377,460	803,001,086
Uヘルスケア医療機器	-	-	1,893,181	-
体外診断医療機器用試薬類	-	-	-	457,680
総計	2,764,260,534	2,964,444,644	3,366,461,891	3,877,374,454

出所：韓国保健産業振興院

<表6-12> 医療機器産業輸出入現況 (単位：千ドル)

	2009	2010	2011	2012
輸出	1,190,087	1,454,361	1,672,925	1,966,557
輸入	1,879,359	2,265,836	2,521,148	2,600,999
貿易収支	-689,272	-811,475	-848,223	-634,442

出所：韓国保健産業振興院

<表6-13> 医療機器輸出額規模別輸出現況 (単位：社, ドル)

国	2010		2011		2012	
	業者数	輸出額	業者数	輸出額	業者数	輸出額
1000万ドル以上	29	861,573,683	33	1,027,626,190	35	1,214,889,012
500~1000万ドル未満	27	195,517,578	29	203,616,917	40	282,746,329
100~500万ドル未満	127	298,781,074	142	338,557,178	159	366,166,840
50~100万ドル未満	78	56,329,842	82	59,273,567	78	54,578,939
20~50万ドル未満	86	27,514,509	79	27,359,503	93	31,953,927
20万ドル未満	236	14,644,129	254	16,491,343	285	16,222,324
合計	583	1,454,360,815	619	1,672,924,698	690	1,966,557,371

出所：韓国保健産業振興院

情報通信・放送・インターネット・コンテンツ・医療機器・ロボット

<表6-14> 規模別医療機器輸入額現況　　　　　　　　　　　　　　　　　(単位：개소, ドル)

国	2010		2011		2012	
	業者数	輸入額	業者数	輸入額	業者数	輸入額
1000万ドル以上	44	1,475,030,867	48	1,654,895,181	48	1,680,926,730
500~1000万ドル未満	30	206,131,898	42	272,314,554	39	273,015,232
100~500万ドル未満	173	399,256,904	178	399,783,228	190	438,617,855
50~100万ドル未満	114	81,320,954	127	90,174,285	140	97,176,859
20~50万ドル未満	203	66,489,690	204	65,026,540	219	69,729,480
20万ドル未満	932	37,605,202	971	38,954,389	1,126	41,533,071
合計	1,496	2,265,835,515	1,570	2,521,148,077	1,762	2,600,999,227

出所：韓国保健産業振興院

<表6-15> 等級別医療機器産業輸出現況　　　　　　　　　　　　　　　　(単位：万ドル)

	2009	2010	2011	2012
1等級	27,120.6	32,610.2	36,983.1	39,538.5
2等級	39,334.7	46,389.2	50,665.9	56,040.5
3等級	48,290.0	64,870.8	75,820.2	97,525.9
4等級	4,263.3	1,565.9	3,823.2	3,550.8
合計	119,008.7	145,436.1	167,292.5	196,655.7

出所：韓国保健産業振興院

<表6-16> 年度別医療機器輸出推移　　　　　　　　　　　　　　　(単位：社, 件, 千ドル, %)

	輸出企業数	輸出品目数	輸出金額
2007	447(2.76)	2,377(2.15)	1,032,172(26.27)
2008	473(5.82)	2,497(5.05)	1,132,005(9.67)
2009	518(9.51)	2,879(15.30)	1,190,087(5.13)
2010	583(12.55)	3,269(13.55)	1,454,361(22.21)
2011	619(6.17)	3,598(10.06)	1,672,925(15.03)
2012	690(11.47)	3,998(11.12)	1,966,557(17.55)

注)(　)は前年比増減率　　　　　　　　　　　　　　　　　　　　　　出所：食品医薬品安全庁

<表6-17> 医療機器輸出上位5大品目現況(2012)　　　　　　　　　　　　(単位：千ドル, %)

順位	品目名	輸出額	比率
1	超音波画像診断装置	454,824	23.13
2	ソフトコンタクトレンズ	102,433	5.21
3	歯科用インプラント	96,573	5.91
4	視力補正用メガネレンズ	94,917	4.83
5	血糖値測定検査紙	85,684	4.36

出所：食品医薬品安全庁

<表6-18> 医療機器輸出上位5大企業現況(2012)　　　　　　　　(単位：千ドル, %)

順位	会社名	輸出額	比率
1	SAMSUNG MEDISON(株)	210,715	10.71
2	韓国GE超音波(有)	189,639	9.64
3	(株) NUGA BEST	71,732	3.65
4	シーメンス(株) 超音波事業部浦項支店	62,039	3.15
5	(株) バテック	50,331	2.56

出所：食品医薬品安全庁

<表6-19> 年度別医療機器輸入推移　　　　　　　　(単位：社、件、千ドル, %)

	輸入企業数	輸入品目数	輸入金額
2007	1,381(7.81)	16,567(-0.34)	2,153,921(19.70)
2008	1,456(5.43)	16,612(0.27)	2,123,076(-1.43)
2009	1,466(0.69)	16,833(1.33)	1,879,359(-11.48)
2010	1,496(2.05)	18,495(9.87)	2,265,836(20.56)
2011	1,570(4.95)	19,179(3.70)	2,521,148(11.27)
2012	1,762(12.23)	20,563(7.22)	2,600,999(3.17)

注) (　)は前年比増減率　　　　　　　　出所：食品医薬品安全庁

<表6-20> 医療機器輸入上位5大品目現況(2012)　　　　　　　　(単位：千ドル, %)

順位	品目名	輸入額	比率
1	ステント	103,453	3.98
2	ソフトコンタクトレンズ	99,977	3.84
3	磁気共鳴コンピュータ断層撮影装置	92,356	3.55
4	コンピュータ断層X線撮影装置	70,329	2.70
5	人工膝関節	62,365	2.40

出所：食品医薬品安全庁

<表6-21> 医療機器輸入上位5大企業現況(2012)　　　　　　　　(単位：千ドル, %)

順位	会社名	輸入額	比率
1	SAMSUNG MEDISON(株)	162,181	6.24
2	オステムインプラント(株)	125,053	4.81
3	韓国GE超音波(有)	92,735	3.57
4	(株) NUGA BEST	80,605	3.10
5	(株) バテック	79,725	3.07

出所：食品医薬品安全庁

情報通信・放送・インターネット・コンテンツ・医療機器・ロボット

<表6-22> 品目分類別輸入実績推移 (単位:ドル,%)

	区分	総生産量	比率(%)	生産額(千ウォン)	比率(%)
2010	(A)器具・機械	576,099,170	61.21	1,609,903,394	71.05
	(B)医療用品	98,128,012	10.43	522,066,138	23.04
	(C)歯科材料	266,974,624	28.37	133,865,983	5.91
	合計	941,201,806	100.00	2,265,835,515	100.00
2011	(A)器具・機械	543,101,691	54.77	1,787,503,419	70.90
	(B)医療用品	114,871,653	11.59	582,951,111	23.12
	(C)歯科材料	333,574,303	33.64	150,693,547	5.98
	合計	991,547,647	100.00	2,521,148,077	100.00
2012	(A)器具・機械	890,699,039	76.50	1,843,576,032	70.88
	(B)医療用品	129,281,967	11.10	586,880,753	22.56
	(C)歯科材料	144,158,536	12.38	137,487,089	5.29
	(D)体外診断医療機器用試薬類	186,840	0.02	33,055,353	1.27
	合計	1,164,326,382	100.00	2,600,999,227	100.00

出所:食品医薬品安全庁

<表6-23> 等級別生産実績推移 (単位:千ウォン,%)

	区分	総生産量	比率(%)	生産額(千ウォン)	比率(%)
2010	1等級	2,158,570,148	40.18	590,330,959	19.91
	2等級	3,100,227,476	57.70	1,259,564,879	42.49
	3等級	110,187,280	2.05	1,026,505,275	34.63
	4等級	3,765,472	0.07	88,043,531	2.97
	合計	5,372,750,376	100.00	2,964,444,644	100.00
2011	1等級	2,191,070,985	37.71	678,200,741	20.15
	2等級	3,485,538,150	59.99	1,354,120,705	40.22
	3等級	127,652,150	2.20	1,184,834,310	35.20
	4等級	6,408,628	0.11	149,306,135	4.44
	合計	5,810,669,913	100.00	3,366,461,891	100.00
2012	1等級	2,599,084,647	36.07	699,396,029	18.04
	2等級	4,410,503,964	61.21	1,442,149,072	37.19
	3等級	168,050,819	2.33	1,600,167,444	41.27
	4等級	27,461,570	0.38	135,661,909	3.50
	合計	7,205,101,000	100.00	3,877,374,454	100.00

出所:食品医薬品安全庁

<表6-24> 等級別輸出実績現況 (単位：ドル, %)

区分		総輸出量	比率(%)	輸出額(ドル)	比率(%)
2010	1等級	1,141,278,353	52.58	326,102,103	22.42
	2等級	972,898,412	44.82	463,892,151	31.90
	3等級	56,205,614	2.59	648,707,956	44.60
	4等級	339,606	0.02	15,658,605	1.08
	合計	2,170,721,985	100.00	1,454,360,815	100.00
2011	1等級	884,858,194	42.34	369,831,481	22.11
	2等級	1,118,521,501	53.52	506,658,534	30.29
	3等級	85,254,889	4.08	758,202,396	45.32
	4等級	1,383,106	0.07	38,232,287	2.29
	合計	2,090,017,690	100.00	1,672,924,698	100.00
2012	1等級	995,500,284	42.54	395,385,039	20.11
	2等級	1,237,685,334	52.89	560,405,272	28.50
	3等級	103,867,237	4.44	975,258,785	49.59
	4等級	2,841,177	0.12	35,508,275	1.81
	合計	2,339,894,032	100.00	1,966,557,371	100.00

出所：食品医薬品安全庁

<表6-25> 等級別輸入実績現況 (単位：ドル, %)

区分		総輸入量	比率(%)	輸入額(ドル)	比率(%)
2010	1等級	705,228,727	74.93	478,136,585	21.10
	2等級	212,090,785	22.53	736,408,854	32.50
	3等級	21,391,543	2.27	763,621,596	33.70
	4等級	2,490,752	0.26	287,668,480	12.70
	合計	941,201,806	100.00	2,265,835,515	100.00
2011	1等級	581,782,558	58.67	537,844,295	21.33
	2等級	377,053,765	38.03	816,910,156	32.40
	3等級	29,229,779	2.95	801,869,134	31.81
	4等級	3,481,545	0.35	364,524,492	14.46
	合計	991,547,647	100.00	2,521,148,077	100.00
2012	1等級	489,392,238	42.03	569,775,468	21.91
	2等級	640,994,153	55.05	790,750,841	30.40
	3等級	29,863,781	2.56	823,845,853	31.67
	4等級	4,076,210	0.35	416,627,065	16.02
	合計	1,164,326,382	100.00	2,600,999,227	100.00

出所：食品医薬品安全庁

<表6-26> 品目数別生産実績現況　　　　　　　　　　　　　　　　　　　　　　(単位：社, %, 人, 千ウォン)

	品目数	企業数	比率	従業員数	比率	生産額	比率
2011	50個以上	17	0.87	1,500	4.65	271,899,946	8.08
	40個以上~50個未満	11	0.56	914	2.83	229,834,297	6.83
	30個以上~40個未満	20	1.02	1,765	5.47	170,025,270	5.05
	20個以上~30個未満	48	2.45	2,708	8.40	482,955,856	14.35
	10個以上~20個未満	153	7.81	5,437	16.86	879,524,764	26.13
	10個未満	1,709	87.28	19,931	61.79	1,332,221,758	39.57
	合計	1,958	100.00	32,255	100.00	3,366,461,891	100.00
2012	50個以上	14	0.61	1,589	4.51	483,845,194	12.48
	40個以上~50個未満	11	0.48	850	2.41	143,560,897	3.70
	30個以上~40個未満	25	1.10	1,639	4.65	266,077,926	6.86
	20個以上~30個未満	43	1.89	3,248	9.22	412,402,187	10.64
	10個以上~20個未満	181	7.95	7,701	21.86	1,178,595,486	30.40
	10個未満	2,003	87.97	20,199	57.34	1,392,892,764	35.92
	合計	2,277	100.00	35,226	100.00	3,877,374,454	100.00

出所：食品医薬品安全庁

<表6-27> 品目数別輸出実績現況　　　　　　　　　　　　　　　　　　　　　　(単位：社, %, 人, ドル)

	品目数	企業数	比率	従業員数	比率	輸出額	比率
2011	50個以上	3	0.48	87	0.48	32,981,794	1.97
	40個以上~50個未満	6	0.97	394	2.17	57,113,985	3.41
	30個以上~40個未満	4	0.65	206	1.13	18,583,750	1.11
	20個以上~30個未満	22	3.55	1,984	10.92	211,469,830	12.64
	10個以上~20個未満	70	11.31	4,203	23.13	565,403,955	33.80
	10個未満	514	83.04	11,297	62.17	787,371,384	47.07
	合計	619	100.00	18,171	100.00	1,672,924,698	100.00
2012	50個以上	6	0.87	402	1.95	76,659,423	3.90
	40個以上~50個未満	2	0.29	20	0.10	11,217,846	0.57
	30個以上~40個未満	10	1.45	1,375	6.67	144,249,291	7.34
	20個以上~30個未満	20	2.90	1,116	5.42	155,957,988	7.93
	10個以上~20個未満	76	11.01	5,241	25.44	647,827,966	32.94
	10個未満	576	83.48	12,448	60.42	930,644,857	47.32
	合計	690	100.00	20,602	100.00	1,966,557,371	100.00

出所：食品医薬品安全庁

<表6-28> 品目数別輸入実績現況 (単位：社, %, 人, ドル)

	品目数	企業数	比率	従業員数	比率	輸入額	比率
2011	50個以上	72	4.59	3,631	20.50	1,414,584,302	56.11
	40個以上~50個未満	21	1.34	289	1.63	135,710,496	5.38
	30個以上~40個未満	48	3.06	801	4.52	127,655,133	5.06
	20個以上~30個未満	57	3.63	723	4.08	164,073,311	6.51
	10個以上~20個未満	157	10.00	1,991	11.24	326,054,199	12.93
	10個未満	1,215	77.39	10,277	58.02	353,070,636	14.00
	合計	1,570	100.00	17,712	100.00	2,521,148,077	100.00
2012	50個以上	75	4.26	3,712	20.59	1,388,539,548	53.38
	40個以上~50個未満	27	1.53	564	3.13	202,481,763	7.78
	30個以上~40個未満	40	2.27	627	3.48	81,491,023	3.13
	20個以上~30個未満	66	3.75	1,018	5.65	204,368,212	7.86
	10個以上~20個未満	176	9.99	1,849	10.26	356,750,193	13.72
	10個未満	1,378	78.21	10,254	56.89	367,368,488	14.12
	合計	1,762	100.00	18,024	100.00	2,600,999,227	100.00

出所：食品医薬品安全庁

<表6-29> 国別医療機器産業輸出推移 (単位：千ドル)

	2009	2010	2011	2012
米国	236,862	307,980	343,313	346,673
ドイツ	125,069	165,635	171,845	208,467
日本	95,705	113,076	130,742	183,131
中国	76,711	96,622	105,502	175,088
ロシア	54,523	83,454	127,312	159,600
インド	18,490	35,496	62,067	66,786
ブラジル	29,640	35,795	41,192	56,031
イラン	20,221	31,716	48,366	46,908
トルコ	51,765	35,725	32,183	37,897
イタリア	35,232	38,704	35,054	36,273
インドネシア	24,352	20,109	43,890	-
上位10カ国合計	716,806	928,587	1,109,282	1,316,854
輸出総計	1,190,087	1,454,361	1,672,925	1,966,557

出所：韓国保健産業振興院

<表6-30> 国別医療機器産業輸入推移 (単位：千ドル)

国別	2009	2010	2011	2012
米国	763,130	943,828	1,119,100	1,171,751
ドイツ	253,916	323,661	343,608	378,123
日本	213,004	273,222	312,157	336,597
中国	93,702	115,417	117,718	130,248
スイス	88,735	107,318	115,222	115,178
フランス	40,044	51,202	57,520	60,858
イタリア	26,091	27,493	41,026	40,012
英国	45,108	49,582	37,830	39,711
スウェーデン	30,651	33,747	30,591	35,742
アイルランド	131,463	91,600	57,084	34,340
オランダ	47,622	59,882	51,319	-
上位10カ国の合計	1,702,815	2,043,204	2,252,584	2,342,560
輸入総計	1,879,359	2,265,836	2,521,148	2,600,999

出所：韓国保健産業振興院

<表6-31> 品目群別医療機器産業輸出現況 (単位：ドル)

品目群	2009	2010	2011	2012
診療台	8,244,957	9,707,484	9,920,255	13,677,622
一般機器	5,040,422	6,006,962	6,117,180	7,211,325
板金物	15,899,341	14,714,079	13,116,814	13,319,960
麻酔器	5,606,224	5,646,202	6,647,792	8,177,846
内臓機能代用機器	5,155,000	1,047,000	573,000	-
放射線診療装置	95,147,909	108,398,996	104,994,801	157,819,543
非電離診断デバイス	4,724,983	2,749,000	3,143,723	10,486,160
放射線及びレーザー障害防御用器具	166,522	126,769	120,860	119,697
理学診療用機器	150,767,250	159,428,255	167,417,058	186,676,470
心血管用機器	17,544,571	23,361,549	25,930,033	25,784,719
泌尿器科機械器具	465,380	876,856	789,725	605,400
患者運搬車	806,269	712,754	151,474	1,141,779
聴診器	247,729	141,398	365,779	288,650
体温測定用器具	1,164,502	1,725,587	1,369,128	3,409,996
体外診断用機器	62,923,126	89,066,673	108,067,368	113,193,174
生体現象計測機器	308,474,880	410,133,111	500,006,338	608,452,751
医療用鏡	11,226,602	9,787,359	11,723,544	12,866,380
施術器具	90,510,070	121,614,583	134,252,112	138,873,619
電気手術装置	4,652,058	8,540,380	14,844,507	21,403,985
レーザー診療器	29,442,117	42,493,765	46,608,161	50,944,709
注射針及び穿刺針	13,597,605	20,127,557	22,945,860	26,579,316
注射器	26,049,633	25,953,297	25,144,764	28,471,602
医薬品注入器	36,841,494	45,148,984	46,362,688	43,605,945
矯正装置	3,102,102	4,341,779	3,399,653	3,566,656
歯科用機器	2,083,597	2,395,104	5,558,194	6,091,933
視力補正用レンズ	121,711,738	142,630,110	175,595,568	197,707,452
補聴器	201,000	10,980	-	2,514,900

<続く>

品目群別	2009	2010	2011	2012
唾液または口用器具	3,308,058	3,678,619	6,112,828	6,212,529
医療用磁気発生器	1,370,600	2,192,708	3,400,772	3,400,497
医療用物質生成器	7,635,931	7,827,878	7,958,831	6,492,903
放射線用品	-	-	-	-
縫合糸および結紮糸	1,679,927	2,411,285	3,329,427	5,919,491
整形外科用品	33,139,184	56,199,088	60,051,119	71,342,046
人体組織または機能代替品	23,413,680	2,193,818	2,533,765	6,168,292
副木	10,576,787	14,094,863	13,314,965	13,442,240
視力表及び色覚検査表	2,398,730	3,419,304	3,546,994	3,253,355
避妊用具	15,024,104	16,528,102	19,737,424	16,131,090
外科用品	831,256	1,313,054	1,380,552	1,840,071
歯科材料	68,911,468	87,615,523	116,391,642	149,334,910
Uヘルスケア医療機器	-	-	-	-
体外診断医療機器用試薬類	-	-	-	28,298
総計	1,190,086,806	1,454,360,815	1,672,924,698	1,966,557,371

出所：韓国保健産業振興院

<表6-32> 品目群別医療機器産業輸入現況 (単位：ドル)

品目群	2009	2010	2011	2012
診療台	9,800,751	11,410,312	13,616,811	12,154,002
一般機器	14,361,066	18,161,540	22,544,471	23,863,144
板金物	10,410,317	11,697,386	13,219,326	13,424,618
麻酔器	21,314,358	20,745,939	24,015,411	23,320,177
内臓機能代用機器	111,612,378	126,982,032	147,424,687	156,234,935
放射線診療装置	198,196,950	281,666,951	243,175,355	223,698,763
非電離診断デバイス	44,621,629	87,438,200	81,822,753	92,356,365
放射線及びレーザー障害防御用器具	355,989	592,644	713,346	1,195,843
理学診療用機器	20,716,920	17,706,624	22,490,985	24,401,612
心血管用機器	27,250,373	32,733,611	40,931,851	41,480,566
泌尿器科機械器具	2,731,516	3,474,432	3,160,060	2,734,087
患者運搬車	13,579,428	16,811,697	16,300,065	16,606,380
聴診器	536,267	985,584	1,438,096	1,287,641
体温測定用器具	10,481,846	11,474,536	10,394,204	12,648,440
体外診断用機器	99,408,645	104,897,723	127,024,465	150,358,135
生体現象計測機器	99,275,680	128,682,996	142,050,226	141,614,211
医療用鏡	41,247,712	62,529,098	80,467,622	77,001,988
施術器具	184,506,515	212,611,575	253,090,479	260,688,708
電気手術装置	27,919,746	36,569,689	49,785,581	51,762,876
レーザー診療器	33,776,324	46,638,797	53,568,406	48,793,344
注射針及び穿刺針	36,681,714	35,599,422	37,415,446	30,928,727
注射器	5,368,600	10,839,545	13,268,877	14,076,885
医薬品注入器	143,216,613	168,658,809	207,340,016	224,742,324
矯正装置	44,023,943	53,503,380	42,995,376	31,780,788
歯科用機器	5,945,383	9,389,050	11,998,709	16,077,489
視力補正用レンズ	105,152,797	112,057,675	140,441,858	164,861,945
補聴器	3,162,677	3,875,223	4,651,503	5,568,150

<続く>

情報通信・放送・インターネット・コンテンツ・医療機器・ロボット

品目群	2009	2010	2011	2012
唾液または口用器具	3,780,902	3,952,420	4,192,763	3,553,113
医療用磁気発生器	283,063	551,342	287,886	592,639
医療用物質乞成器	391,373	186,712	90,649	248,506
放射線用品	18,108,157	21,323,272	22,557,236	16,335,582
縫合糸および結紮糸	24,256,746	29,339,943	32,939,676	32,462,856
整形外科用品	264,048,251	294,182,689	316,319,288	308,927,740
人体組織または機能代替品	69,657,902	85,891,305	101,308,795	113,076,040
副木	1,911,665	2,517,065	2,326,231	2,695,389
視力表及び色覚検査表	287,184	446,233	179,547	140,213
避妊用具	3,281,173	4,773,327	5,326,554	4,823,634
外科用品	45,509,819	61,070,754	79,579,920	83,938,930
歯科材料	132,186,556	133,865,983	150,693,547	13,487,089
Uヘルスケア医療機器	-	-	-	-
体外診断医療機器用試薬類	-	-	-	33,055,353
総計	1,879,358,928	2,265,835,515	2,521,148,077	2,600,999,227

出所：韓国保健産業振興院

<表6-33> 医療機器産業国別市場規模推移 (単位：億ドル, %)

国名	2010		2011		2012	
	市場規模	比重	市場規模	比重	市場規模	比重
米国	1,079	39.2	1,179	38.8	1,189	38.5
日本	261	9.5	292	9.6	324	10.5
ドイツ	207	7.5	238	7.8	231	7.5
中国	94	3.4	118	3.9	141	4.6
フランス	131	4.8	140	4.6	135	4.4
英国	94	3.4	97	3.2	99	3.2
イタリア	97	3.5	97	3.2	86	2.8
カナダ	57	2.1	63	2.1	68	2.2
ロシア	55	2.0	68	2.2	68	2.2
ブラジル	47	1.7	52	1.7	53	1.7
オーストラリア	39	1.4	46	1.5	47	1.5
スペイン	51	1.9	51	1.7	47	1.5
韓国	43	1.6	48	1.6	49	1.6
オランダ	32	1.2	36	1.2	35	1.1
メキシコ	30	1.1	32	1.0	33	1.1
スイス	31	1.1	33	1.1	33	1.1
インド	25	0.9	28	0.9	32	1.0
スウェーデン	22	0.8	24	0.8	23	0.8
ベルギー	22	0.8	24	0.8	23	0.7
オーストリア	21	0.8	23	0.7	23	0.7
上位20カ国合計	2,437	88.6	2,689	88.5	2,740	88.6

出所：韓国保健産業振興院

<表6-34> 地域別医療機器産業市場規模推移 (単位：億ドル)

	2008	2009	2010	2011	2012
北米/南米	1,146	1,086	1,249	1,368	1,390
西ヨーロッパ	786	757	780	836	806
アジア/太平洋	420	434	523	602	669
中央及び東ヨーロッパ	142	113	124	146	139
中東/アフリカ	72	67	75	85	87
合計	2,566	2,457	2,751	3,038	3,090

出所：韓国保健産業振興院

情報通信・放送・インターネット・コンテンツ・医療機器・ロボット

7. 知能型サービスロボット産業

1) 生産

<表7-1> 専門サービス用ロボット生産現況 (単位：百万ウォン, %)

分類記号	品目名	2011年	2012年	増減率
2	専門サービス用ロボット	68,236	35,510	-48.0
2-1	ビルディングサービス用ロボット	2,466	923	-62.6
2-1-1	施設清掃用ロボット	332	240	-27.7
2-1-2	移動型キオスクロボット	1	89	8800.0
2-1-3	案内用及び配達用ロボット	1,633	594	-63.6
2-1-4	カフェサービス ロボット	-	-	-
2-1-9	その他ビルディングサービス用ロボット	500	-	-100.0
2-2	社会安全及び極限作業ロボット	7,167	9,347	30.4
2-2-1	屋内警備用ロボット	700	682	-2.5
2-2-2	屋外警備用ロボット	2,165	4,062	87.6
2-2-3	火災監視ロボット	540	262	-51.5
2-2-4	消火及び災害救助ロボット	200	600	200.0
2-2-5	海洋, 宇宙用および原子力用ロボット	1,054	943	-10.6
2-2-6	水中監視ロボット	1,754	1,618	-7.8
2-2-9	その他社会安全及び極限作業ロボット	754	1,180	56.5
2-3	医療ロボット	6,335	3,102	-51.2
2-3-1	腹腔鏡手術ロボット	800	400	-50.0
2-3-2	関節手術ロボット	3,559	401	-88.7
2-3-3	血管手術及び内視鏡手術ロボット	-	-	-
2-3-4	ナビゲーション基盤手術ロボット	-	-	-
2-3-5	手術用ロボット手術道具	-	-	-
2-3-6	リハビリ訓練用ロボット	407	1,669	310.1
2-3-7	医療診断及び検査用ロボット	233	145	-37.8
2-3-8	患者移動用リフトベッドロボット	506	-	-100.0
2-3-9	その他医療ロボット	850	487	-42.8

<続く>

分類記号	品目名	2011年	2012年	増減率
2-4	社会インフラロボット	2,400	1,833	-23.6
2-4-1	高所作業用および活線電力工事用ロボット	-	-	-
2-4-2	管路作業用ロボット	1,900	1,345	-29.2
2-4-3	土木, 建設用および構造物検査用ロボット	-	-488	-
2-4-4	鉱業用ロボット	500		
2-4-9	その他社会インフラ工事用ロボット	-	-	-
2-5	軍事用ロボット	42,923	12,581	-70.7
2-5-1	警戒監視用ロボット	14,411	3,151	-78.1
2-5-2	戦闘用ロボット	623	1,423	128.4
2-5-3	化学兵器用ロボット	-	-270	-
2-5-4	犬馬ロボット	1,309	1,623	24.0
2-5-5	飛行偵察ロボット	23,112	2,618	-88.7
2-5-6	軍事サポート用ロボット	2,696	1,696	-37.1
2-5-9	その他軍事用ロボット	772	1,800	133.2
2-6	農林漁業用ロボット	1,000	500	-50.0
2-6-1	農業用及び畜産用ロボット	1,000	500	-50.0
2-6-2	林業用ロボット	-	-	-
2-6-3	水産業用ロボット	-	-	-
2-6-9	その他農林漁業用ロボット	-	-	-
2-7	エンターテイメント用ロボット	2,075	4,755	129.2
2-7-1	アーケードゲームロボット	200	184	-8.0
2-7-2	演劇及びミュージカル公演ロボット	400	2,800	600.0
2-7-3	演奏ロボット	215	700	225.6
2-7-4	テーマパークロボット	-	-	-
2-7-9	その他エンターテイメント用ロボット	1,260	1,071	-15.0
2-9	その他専門サービス用ロボット	3,850	2,470	-35.8
2-9-9	その他専門サービス用ロボット	3,850	2,470	-35.8

出所：ロボット産業協会

<表7-2> 個人サービス用ロボット生産現況 (単位：百万ウォン, %)

分類記号	品目名	2011年	2012年	増減率
3	個人サービス用ロボット	239,418	295,896	23.6
3-1	家事用ロボット	170,082	190,224	11.8
3-1-1	ロボット掃除機	169,130	190,014	12.3
3-1-2	家庭警備用ロボット	-	-	-
3-1-3	お手伝いコボット	229	210	-8.3
3-1-9	その他家事用ロボット	723	723	-100.0
3-2	ヘルスケアロボット	6,541	10,580	61.7
3-2-1	個人リハビリ用 ロボット	195	50	-74.4
3-2-2	障害補助用・老人補助用ロボット	76	76	0.0
3-2-3	ヘルスケアロボット	5,150	9,298	80.5
3-2-4	車椅子ロボット	1,120	1,156	3.2
3-2-9	その他ヘルスケアロボット	-	-	-
3-3	余暇支援用ロボット	8,596	8,481	-1.3
3-3-1	ゲーム用及び娯楽用ロボット	1,778	986	-44.5
3-3-2	愛玩用ロボット	9	-	-100.0
3-3-3	スポーツ支援用ロボット	-	-	-
3-3-4	小型ヒューマノイドロボット	4,350	5,145	18.3
3-3-5	搭乗型移動ロボット	2,295	2,297	0.1
3-3-9	その他余暇支援用ロボット	164	53	-67.9
3-4	教育及び研究用ロボット	52,963	86,121	62.6
3-4-1	研究用ロボット	5,755	5,441	-5.5
3-4-2	教育用ロボット	28,498	58,654	105.8
3-4-3	教材用 ロボット	5,755	5,600	145.0
3-4-9	その他教育及び研究用ロボット	28,498	16,427	0.0
3-9	その他個人サービス用ロボット	2,286	490	-60.4
3-9-1	その他個人サービス用ロボット	16,424	490	-60.4

出所：ロボット産業協会

<表7-3> ロボット部品および部分品生産現況　　　　　　　　　　　(単位：百万ウォン,%)

分類記号	品目名	2011年	2012年	増減率
4	ロボット部品及び部分品	190,878	182,895	-4.2
4-1	ロボット用構造部品及び部分品	22,532	30,561	35.6
4-1-1	ロボット用関節	2,447	2,921	19.4
4-1-2	ロボット用走行、移動装置	1,313	2,112	60.8
4-1-3	スマートハンド	3,271	663	-79.7
4-1-9	その他ロボット用構造部品及び部分品	15,501	24,865	60.4
4-2	ロボット用駆動部品及び部分品	69,893	59,014	-15.6
4-2-1	ロボット用モーター	4,476	4,684	4.6
4-2-2	ロボット用モータードライバー	6,492	4,421	-31.9
4-2-3	ロボット用モータードライバーSoC	50	691	1282.0
4-2-4	ロボット用減速器	2,266	1,579	-30.3
4-2-5	ロボット用動力伝達装置	2,220	1,603	-27.8
4-2-6	ロボット用油圧(空気圧)式駆動機	47,554	41,516	-12.7
4-2-9	その他ロボット用駆動部品及び部分品	6,835	4,520	-33.9
4-3	ロボット用センシング部品及び部分品	18,390	18,619	1.2
4-3-1	ロボット用視覚センサー及びSoC	-	-1,400	-
4-3-2	ロボット用映像処理システム	9,214	8,450	-8.3
4-3-3	ロボット用聴覚及び臭覚センサー	100	141	41.0
4-3-4	ロボット用力覚及び圧力センサー	425	550	29.4
4-3-5	ロボット用触覚センサー	50	-	-100.0
4-3-6	ロボット用モーションセンサー(速度、位置)	1,993	1,012	-49.2
4-3-7	ロボット用無線通信基盤位置認識システム	-	-	-
4-3-8	ロボット用ナビゲーションシステムおよび走行Soセンサー	4,192	1,673	-60.1
4-3-9	その他ロボット用センシング部品及び部分品	2,416	5,393	123.2

<続く>

分類記号	品目名	2011年	2012年	増減率
4-4	ロボット用制御部品及び部分品	25,882	39,307	51.9
4-4-1	ロボット用エンベデッド制御器	985	130	-86.8
4-4-2	ロボット用エンベデッド制御用SoC	-	-	-
4-4-3	ロボット用PC型制御機及び専用制御機	1,700	6,623	289.6
4-4-4	ロボット用モーション制御機	9,247	12,184	31.8
4-4-5	ロボット用モーション制御用SoC	-	-35	-
4-4-9	その他ロボット用制御機	13,950	20,335	45.8
4-5	ロボット用ソフトウェア	3,671	2,149	-41.5
4-5-1	ロボット用OS及びデバイスドライバー	80	80	0.0
4-5-2	ロボット用ミドルウェア	-	-	-
4-5-3	ロボット用アプリケーション	401	286	-28.7
4-5-4	ロボット用開発道具	821	516	-37.1
4-5-5	ロボット用シミュレーター	61	235	285.2
4-5-9	その他ロボット用ソフトウェア	2,308	1,032	-55.3
4-9	その他ロボット用部品及び部分品	50,511	33,245	-34.2
4-9-1	ロボット用電池	500	230	-54.0
4-9-2	ロボット用充電装置	-	-	-
4-9-3	ロボット用ケーブル	29,100	9,346	-67.9
4-9-4	ロボット用有線通信	-	-	-
4-9-5	ロボット用無線通信	5	1,330	26,500.0
4-9-9	その他ロボット用部品及び部分品	20,906	22,339	6.9

出所：ロボット産業協会

<表7-4> ロボットシステム生産現況 (単位:百万ウォン,%)

分類記号	品目名	2011年	2012年	増減率
5	ロボットシステム	159,632	114,103	-28.5
5-1	製造用ロボットシステム	128,243	64,430	-49.8
5-1-1	レーザーマーキングシステム	1,410	30,089	2034.0
5-1-2	ウェハハンドラおよびプルーバー	12,165	11,559	-5.0
5-1-3	ウェハビジョン検査システム	1,600	464	-71.0
5-1-4	チップ部品整列システム及びチップ部品検査装置	-	-	-
5-1-5	LED外観検査システム	5,015	3,219	-35.8
5-1-6	RFIDピックアップシステム	197	407	106.6
5-1-7	総合適正検査(SPI)光学式自動外観(AOI) 検査装置	80,223	23	-100.0
5-1-8	FPD洗浄機及びプラスチック射出物洗浄機	-	-	-
5-1-9	その他製造用ロボットシステム	27,633	18,669	-32.4
5-2	ロボット基盤生産システム	21,839	41,685	90.9
5-2-1	ロボット基盤半導体生産システム	12,652	13,526	6.9
5-2-2	ロボット基盤ディスプレイ生産システム	152	16,636	10844.7
5-2-3	ロボット基盤製鋼システム	345	4,285	1142.0
5-2-4	ロボット基盤造船設備システム	-	-	-
5-2-5	ロボット基盤自動車生産システム	6,120	5,623	-8.1
5-2-6	ロボット基盤IT製品生産システム	225	225	0.0
5-2-7	パターン及び信号検査用ロボット	300	223	-25.7
5-2-9	その他ロボット基盤生産システム	2,045	1,167	-42.9
5-3	専門サービスロボットシステム	1,650	7,288	341.7
5-3-1	社会安全ロボットシステム	500	63	-87.4
5-3-2	医療ロボットシステム	150	128	-14.7
5-3-9	その他専門サービスロボットシステム	1,000	7,097	609.7
5-9	その他サービスロボットシステム	7,900	700	-91.1
5-9-1	その他サービスロボットシステム	7,900	700	-91.1

出所:ロボット産業協会

<表7-5> ロボットエンベデッド生産現況 (単位：百万ウォン,%)

分類記号	品目名	2011年	2012年	増減率
6	ロボットエンベデッド	1,696	4,034	137.9
6-1	ロボットエンベデッド交通	808	2,444	202.5
6-1-1	無人自動車	750	2,444	225.9
6-1-2	無人タンク	-	-	-
6-1-3	無人航空機	58	-	-100.0
6-1-9	その他ロボット交通融合製品	-	-	-
6-2	ロボットエンベデッド家電	52	1,000	1823.1
6-2-1	移動型エアコン	52	-	-100.0
6-2-9	その他ロボットエンベデッド家電製品	-	-1,000	-
6-3	ロボットエンベデッドヘルス	-	-	-
6-3-1	知能型ヘルスフレームワーク	-	-	-
6-3-9	その他ロボットエンベデッドヘルス	-	-	-
6-4	ロボットエンベデッドIT	631	325	-48.5
6-4-1	3次元マウス	611	325	-46.8
6-4-9	その他ロボットエンベデッドIT製品	20	-	-100.0
6-5	ロボットエンベデッド防衛	-	-	-
6-5-1	ウェアラブルロボット基盤戦闘服	-	-	-
6-5-9	その他ロボットエンベデッド防衛	-	-	-
6-6	ロボットエンベデッド医療	-	-	-
6-6-1	診断機器と結合した手術ロボットシステム	-	-	-
6-6-9	その他ロボットエンベデッド医療	-	-	-
6-7	ロボットエンベデッド建設	-	-	-
6-7-1	その他ロボットエンベデッド建設	-	-	-
6-9	その他ロボットエンベデッド	205	265	29.3
6-9-1	その他ロボットエンベデッド製品	205	265	29.3

出所：ロボット産業協会

<表7-6> ロボットサービス生産現況 (単位:百万ウォン,%)

分類記号	品目名	2011年	2012年	増減率
9	ロボットサービス	22,627	13,229	-41.5
9-1	ロボット販売サービス	14,739	6,350	-56.9
9-1-1	製造用ロボット販売(卸・小売)	6,229	4,257	-31.7
9-1-2	専門サービスロボット販売	-	754	-
9-1-3	個人サービスロボット販売(卸売)	7,710	539	-93.0
9-1-4	個人サービスロボット専門販売(小売)	300	300	0.0
9-1-5	医療ロボット卸売	-	-	-
9-1-6	ロボット掃除機専門小売	-	-	-
9-1-7	教育用ロボット電子商取引	-	-	-
9-1-9	その他ロボット販売サービス	500	500	0.0
9-2	ロボットレストラン及び情報サービス	404	412	1.9
9-2-1	ロボットカフェ	20		-100.0
9-2-2	ロボット関連雑誌定期刊行物出版	55	28	-50.0
9-2-3	ロボットミュージカル公演	-	-	-
9-2-4	ロボットシステム統合アドバイスおよび構築サービス	-	-	-
9-2-5	ロボットシステム運営関連サービス	242	350	44.6
9-2-6	ロボットサービスコンテンツ	87	34	-60.9
9-2-7	ロボットポータルおよびその他インターネット情報パラメータ サービス	-	-	-
9-2-9	その他ロボットレストラン及び情報サービス	-	-	-
9-3	ロボットレンタルサービス	87	674	674.7
9-3-1	製造用ロボットレンタル	-	-	-
9-3-2	専門サービスロボットレンタル	50	304	508.0
9-3-3	ヒューマノイドロボットレンタル	-	-	-
9-3-4	その他ロボットレンタルサービス	37	370	900.0

<続く>

分類記号	品目名	2011年	2012年	増減率
9-4	ロボット科学及び技術サービス	5,215	1,364	-73.8
9-4-1	ロボット専門研究開発	3,263	777	-76.2
9-4-2	ロボット専門エンジニアリングサービス	1,825	487	-73.3
9-4-3	ロボット専門品質検査サービス	-	-	-
9-4-4	ロボット製品デザイン	127	100	-21.3
9-4-5	その他ロボット科学及び技術サービス	-	-	-
9-5	ロボット施設管理および事業支援サービス	520	304	-41.5
9-5-1	ビル用ダクト清掃ロボットサービス	-	-	-
9-5-2	上下水道管路検査及び保守維持サービス	-	245	-
9-5-3	ロボット基盤建物の外壁及び窓ガラスの掃除サービス	-	-	-
9-5-4	社会安全コボット基盤警備と警護サービス	-	-	-
9-5-5	警備ロボット基盤セキュリティーシステムサービス	500	59	-88.2
9-5-6	ロボット基盤展示及び行事代行	20		-100.0
9-5-9	その他ロボット施設管理および事業支援サービス	-	-	-
9-6	ロボット教育サービス	1,312	3,776	187.8
9-6-1	ロボット基盤教育サービス	872	701	-19.6
9-6-2	ロボット専門学院	-	-	-
9-6-3	ロボット専門高等学校	400	400	0.0
9-6-4	ロボット専門学科	-	-	-
9-6-5	ロボット専門大学院	-	-	-
9-6-6	手術ロボット訓練			
9-6-9	その他ロボット教育サービス	40	1,425	3462.5
9-7	ロボット保健および社会福祉サービス	-	-	-
9-7-1	手術ロボット基盤医療サービス	-	-	-
9-7-2	診断ロボット基盤医療サービス	-	-	-
9-7-3	高齢者ロボット基盤福祉機器運用	-	-	-
9-7-9	その他ロボット保健および社会福祉サービス	-	-	-

<続く>

分類記号	品目名	2011年	2012年	増減率
9-8	ロボット芸術、スポーツ及び余暇管理サービス	350	350	0.0
9-8-1	ロボット基盤公演機器運用	-	-	-
9-8-2	ロボット基盤公演団体	-	-	-
9-8-3	ロボットアーチスト	-	-	-
9-8-4	ロボット基盤創作および芸術関連サービス	200	200	0.0
9-8-5	ロボット博物館	150	150	0.0
9-8-6	ロボット競技場(ロボットサッカー、ロボットオリンピック)	-	-	-
9-8-7	ロボット基盤スポーツ施設(ロボット乗馬)運営	-	-	-
9-8-8	ロボットテーマパーク運営	-	-	-
9-8-9	ロボットゲームアーケード運営	-	-	-
9-8-10	ロボット関連ギャンブル	-	-	-
9-8-19	その他ロボット芸術、スポーツ及び余暇管理サービス	-	-	-
9-9	ロボット修理及びその他個人サービス	-	-	-
9-9-1	ロボットA/S専門サービス	-	-	-
9-9-2	ロボット基盤美容関連のサービス（マッサージ、鍼治療）	-	-	-
9-9-3	ロボット基盤室内ヘルスサービス	-	-	-
9-9-9	その他ロボット修理及びその他個人サービス	-	-	-

出所：ロボット産業協会

2) 出荷

<表7-7> 専門サービス用ロボット出荷現況 (単位：百万ウォン, %)

分類記号	品目名	2011年	2012年	増減率
2	専門サービス用ロボット	47,889	32,524	-32.1
2-1	ビルディングサービス用ロボット	2,484	954	-61.6
2-1-1	施設清掃用ロボット	332	240	-27.7
2-1-2	移動型キオスクロボット	1	89	8,800.0
2-1-3	案内用及び配達用ロボット	1,651	625	-62.1
2-1-4	カフェサービスロボット	-	-	-
2-1-9	その他ビルディングサービス用ロボット	500	-	-100.0
2-2	社会安全及び極限作業ロボット	6,257	9,767	56.1
2-2-1	屋内警備用ロボット	650	571	-12.1
2-2-2	屋外警備用ロボット	2,165	4,062	87.6
2-2-3	火災監視ロボット	540	752	39.2
2-2-4	消火及び災害救助ロボット	200	600	200.0
2-2-5	海洋, 宇宙用および原子力用ロボット	694	883	27.2
2-2-6	水中監視ロボット	1,254	1,678	33.8
2-2-9	その他社会安全及び極限作業ロボット	754	1,221	61.9
2-3	医療ロボット	6,003	4,262	-29.0
2-3-1	腹腔鏡手術ロボット	800	400	-50.0
2-3-2	関節手術ロボット	3,557	1,560	-56.1
2-3-3	血管手術及び内視鏡手術ロボット	-	-	-
2-3-4	ナビゲーション基盤手術ロボット	-	-	-
2-3-5	手術用ロボット手術道具	-	-	-
2-3-6	リハビリ訓練用ロボット	57	1,557	2,631.6
2-3-7	医療診断及び検査用ロボット	233	258	10.7
2-3-8	患者移動用リフトベッドロボット	506	-	-100.0
2-3-9	その他医療ロボット	850	487	-42.8

<続く>

分類記号	品目名	2011年	2012年	増減率
2-4	社会インフラロボット	2,320	1,707	-26.4
2-4-1	高所作業用及び工事用ロボット	-	-	-
2-4-2	管路作業用ロボット	2,000	1,419	-29.1
2-4-3	土木, 建設用及び構造物検査用 ロボット	-	288	-
2-4-4	鉱業用ロボット	320	-	-
2-4-9	その他社会インフラ工事用ロボット	-	-	-
2-5	軍事用ロボット	22,106	7,032	-68.2
2-5-1	警戒監視用ロボット	12,128	1,672	-86.2
2-5-2	戦闘用ロボット	623	679	9.0
2-5-3	化学兵器用ロボット	-	170	-
2-5-4	犬馬ロボット	1,329	1,623	22.1
2-5-5	飛行偵察ロボット	4,528	48	-98.9
2-5-6	軍事サポート用 ロボット	2,696	1,696	-37.1
2-5-9	その他軍事用ロボット	802	1,144	42.6
2-6	農林漁業用ロボット	2,523	2,023	-19.8
2-6-1	農業用及び畜産用ロボット	2,523	2,023	-19.8
2-6-2	林業用ロボット	-	-	-
2-6-3	水産業用ロボット	-	-	-
2-6-9	その他農林漁業用ロボット	-	-	-
2-7	エンターテイメント用ロボット	2,134	4,063	90.4
2-7-1	アーケードゲームロボット	150	92	-38.7
2-7-2	演劇及びミュージカル公演ロボット	400	2,200	450.0
2-7-3	演奏ロボット	215	700	225.6
2-7-4	テーマパークロボット	-	-	-
2-7-9	その他エンターテイメント用ロボット	1,369	1,071	-21.8
2-9	その他専門サービス用ロボット	4,062	2,717	-33.1
2-9-9	その他専門サービス用ロボット	4,062	2,717	-33.1

出所：ロボット産業協会

<表7-8> 用途別専門サービス用ロボット出荷現況 (単位：百万ウォン, %)

分類記号	品目名	2012年		
		出荷額	内需用	輸出用
2	専門サービス用ロボット	32,524	30,116	2,408
2-1	ビルディングサービス用ロボット	954	954	-
2-1-1	施設清掃用ロボット	240	240	-
2-1-2	移動型キオスクロボット	89	89	-
2-1-3	案内用及び配達用ロボット	625	625	-
2-1-4	カフェサービスロボット	-	-	-
2-1-9	その他ビルディングサービス用ロボット	-	-	-
2-2	社会安全及び極限作業ロボット	9,767	9,767	-
2-2-1	屋内警備用ロボット	571	571	-
2-2-2	屋外警備用ロボット	4,062	4,062	-
2-2-3	火災監視ロボット	752	752	-
2-2-4	消火及び災害救助ロボット	600	600	-
2-2-5	海洋, 宇宙用 および 原子力用 ロボット	883	883	-
2-2-6	水中監視ロボット	1,678	1,678	-
2-2-9	その他社会安全及び極限作業ロボット	1,221	1,221	-
2-3	医療ロボット	4,262	4,093	169
2-3-1	腹腔鏡手術ロボット	400	400	-
2-3-2	関節手術ロボット	1,560	1,560	-
2-3-3	血管手術及び内視鏡手術ロボット	-	-	-
2-3-4	ナビゲーション基盤手術 ロボット	-	-	-
2-3-5	手術用ロボット手術道具	-	-	-
2-3-6	リハビリ訓練用ロボット	1,557	1,557	-
2-3-7	医療診断及び検査用ロボット	258	89	169
2-3-8	患者移動月リフトベッドロボット	-	-	-
2-3-9	その他医療ロボット	487	487	-

<続く>

分類記号	品目名	2012年		
		出荷額	内需用	輸出用
2-4	社会インフラ工事用ロボット	1,707	1,189	518
2-4-1	高所作業用および活線電力工事用ロボット	-	-	-
2-4-2	管路作業用ロボット	1,419	901	518
2-4-3	土木, 建設用および構造物検査用ロボット	288	288	-
2-4-4	鉱業用ロボット	-	-	-
2-4-9	その他社会インフラ工事用ロボット	-	-	-
2-5	軍事用ロボット	7,032	7,032	-
2-5-1	警戒監視用ロボット	1,672	1,672	-
2-5-2	戦闘用ロボット	679	679	-
2-5-3	化学兵器用ロボット	170	170	-
2-5-4	犬馬ロボット	1,623	-	
2-5-5	飛行偵察ロボット	48	48	-
2-5-6	軍事サポート用ロボット	1,696	1,696	-
2-5-9	その他軍事用ロボット	1,144	1,144	-
2-6	農林漁業用ロボット	2,023	1,362	661
2-6-1	農業用及び畜産用ロボット	2,023	1,362	661
2-6-2	林業用ロボット	-	-	-
2-6-3	水産業用ロボット	-	-	-
2-6-9	その他農林漁業用ロボット	-	-	-
2-7	エンターテイメント用ロボット	4,063	4,063	-
2-7-1	アーケードゲームロボット	92	92	-
2-7-2	演劇及びミュージカル公演ロボット	2,200	2,200	-
2-7-3	演奏ロボット	700	700	-
2-7-4	テーマパークロボット	-	-	-
2-7-9	その他エンターテイメント用ロボット	1,071	1,071	-
2-9	その他専門サービス用ロボット	2,717	1,657	1,060
2-9-9	その他専門サービス用ロボット	2,717	1,657	1,060

出所：ロボット産業協会

情報通信・放送・インターネット・コンテンツ・医療機器・ロボット

<表7-9> 個人サービス用ロボット出荷現況 (単位：百万ウォン, %)

分類記号	品目名	2011年	2012年	増減率
3	個人サービス用ロボット	243,831	296,992	21.8
3-1	家事用ロボット	167,897	187,994	12.0
3-1-1	ロボット掃除機	166,610	187,784	12.7
3-1-2	家庭警備用ロボット	-	-	-
3-1-3	お手伝いロボット	229	210	-8.3
3-1-9	その他家事用ロボット	1,058	-	-100.0
3-2	ヘルスケアロボット	6,397	10,460	63.5
3-2-1	個人リハビリ用ロボット	171	50	-70.8
3-2-2	障害補助用・老人補助用ロボット	76	76	0.0
3-2-3	ヘルスケアロボット	5,150	9,298	80.5
3-2-4	車椅子ロボット	1,000	1,036	3.6
3-2-9	その他ヘルスケアロボット	-	-	-
3-3	余暇支援用ロボット	12,896	10,080	-21.8
3-3-1	ゲーム用及び娯楽用ロボット	1,783	620	-65.2
3-3-2	愛玩用ロボット	9	-	-100.0
3-3-3	スポーツ支援用ロボット	-	-	-
3-3-4	小型ヒューマノイド ロボット	4,349	5,145	18.3
3-3-5	搭乗型移動ロボット	2,255	4,262	89.0
3-3-9	その他余暇支援用ロボット	4,500	53	-98.8
3-4	教育及び研究用ロボット	55,405	87,968	58.8
3-4-1	研究用ロボット	6,700	5,234	-21.9
3-4-2	教育用ロボット	29,785	60,647	103.6
3-4-3	教材用ロボット	2,516	5,600	122.6
3-4-9	その他教育及び研究用ロボット	16,404	16,488	0.5
3-9	その他個人サービス用ロボット	1,236	490	-60.4

出所：ロボット産業協会

<表7-10> 用途別個人サービス用ロボット出荷現況 (単位：百万ウォン,%)

分類記号	品目名	2012年		
		出荷額	内需用	輸出用
3	個人サービス用ロボット	296,992	182,170	114,822
3-1	家事用ロボット	187,994	79,185	108,809
3-1-1	ロボット掃除機	187,784	78,975	108,809
3-1-2	家庭警備用ロボット	-	-	-
3-1-3	お手伝いロボット	210	210	-
3-1-9	その他家事用ロボット	-	-	-
3-2	ヘルスケアロボット	10,460	10,460	-
3-2-1	個人リハビリ用ロボット	50	50	-
3-2-2	障害補助用・老人補助用ロボット	76	76	-
3-2-3	ヘルスケアロボット	9,298	9,298	-
3-2-4	車椅子ロボット	1,036	1,036	-
3-2-9	その他ヘルスケアロボット	-	-	-
3-3	余暇支援用ロボット	10,080	9,244	836
3-3-1	ゲーム用及び娯楽用ロボット	620	530	90
3-3-2	愛玩用ロボット	-	-	-
3-3-3	スポーツ支援用ロボット	-	-	-
3-3-4	小型ヒューマノイドロボット	5,145	4,899	246
3-3-5	搭乗型移動ロボット	4,262	3,762	500
3-3-9	その他余暇支援用ロボット	53	53	-
3-4	教育及び研究用ロボット	87,968	82,791	5,177
3-4-1	研究用ロボット	5,234	2,444	2,790
3-4-2	教育用ロボット	60,647	58,260	2,387
3-4-3	教材用ロボット	5,600	5,600	-
3-4-9	その他教育及び研究用ロボット	16,488	16,488	-
3-9	その他個人サービス用ロボット	490	490	-

出所：ロボット産業協会

<表7-11> ロボットエンベデッド出荷現況　　　　　　　　　　　　　　　　　(単位：百万ウォン, %)

分類記号	品目名	2011年	2012年	増減率
6	ロボットエンベデッド	1,446	3,143	117.4
6-1	ロボットエンベデッド交通	558	1,553	178.3
6-1-1	無人自動車	500	1,553	210.6
6-1-2	無人タンク	-	-	-
6-1-3	無人航空機	58	-	-100.0
6-1-9	その他ロボット交通融合製品	-	-	-
6-2	ロボットエンベデッド家電	52	1,000	1,823.1
6-2-1	移動型エアコン	52	-	-100.0
6-2-9	その他ロボット エンベデッド家電製品	-	1,000	-
6-3	ロボットエンベデッドヘルス	-	-	-
6-3-1	知能型ヘルスフレームワーク	-	-	-
6-3-9	その他ロボットエンベデッドヘルス	-	-	-
6-4	ロボットエンベデッドIT	631	325	-48.5
6-4-1	３次元マウス	611	325	-46.8
6-4-9	その他ロボットエンベデッドIT製品	20	-	-100.0
6-5	ロボットエンベデッド防衛	-	-	-
6-5-1	ウェアラブルロボット基盤戦闘服	-	-	-
6-5-9	その他ロボット エンベデッド防衛	-	-	-
6-6	ロボットエンベデッド医療	-	-	-
6-6-1	診断機器と結合した手術ロボットシステム	-	-	-
6-6-9	その他ロボットエンベデッド医療	-	-	-
6-7	ロボット エンベデッド建設	-	-	-
6-7-1	その他ロボット エンベデッド建設	-	-	-
6-9	その他ロボットエンベデッド	205	265	29.3
6-9-1	その他ロボットエンベデッド製品	205	265	29.3

出所：ロボット産業協会

<表7-12> 用途別ロボットエンベデッド出荷現況 (単位:百万ウォン,%)

分類記号	品目名	2012年		
		出荷額	内需用	輸出用
6	ロボットエンベデッド	3,143	3,103	40
6-1	ロボットエンベデッド交通	1,553	1,553	-
6-1-1	無人自動車	1,553	1,553	-
6-1-2	無人タンク	-	-	-
6-1-3	無人航空機	-	-	-
6-1-9	その他ロボット交通融合製品	-	-	-
6-2	ロボットエンベデッド家電製品	1,000	1,000	-
6-2-1	移動型エアコン	-	-	-
6-2-9	その他ロボットエンベデッド家電製品	1,000	1,000	-
6-3	ロボットエンベデッドヘルス	-	-	-
6-3-1	知能型ヘルスフレームワーク	-	-	-
6-3-9	その他ロボットエンベデッドヘルス	-	-	-
6-4	ロボットエンベデッドIT	325	325	-
6-4-1	3次元マウス	325	325	-
6-4-9	その他ロボットエンベデッドIT製品	-	-	-
6-5	ロボットエンベデッド防衛	-	-	-
6-5-1	ウェアラブルロボット基盤戦闘服	-	-	-
6-5-9	その他ロボットエンベデッド防衛	-	-	-
6-6	ロボットエンベデッド医療	-	-	-
6-6-1	診断機器と結合した手術ロボットシステム	-	-	-
6-6-9	その他ロボットエンベデッド医療	-	-	-
6-7	ロボットエンベデッド建設	-	-	-
6-7-1	その他ロボットエンベデッド建設	-	-	-
6-9	その他ロボットエンベデッドSTT)	265	225	40
6-9-1	その他ロボットエンベデッド製品	265	225	40

出所:ロボット産業協会

<表7-13> ロボットサービス出荷現況　　　　　　　　　　　　　(単位：百万ウォン, %)

分類記号	品目名	2011年	2012年	増減率
9	ロボットサービス	23605	84,291	257.1
9-1	ロボット販売サービス	14972	60,117	301.5
9-1-1	製造用ロボット販売(卸・小売)	6472	29,770	360.0
9-1-2	専門サービスロボット販売	-	1,290	-
9-1-3	個人サービスロボット販売(卸売)	7700	1,158	-85.0
9-1-4	個人サービスロボット専門販売(小売)	300	26,399	8,699.7
9-1-5	医療ロボット卸売	-	-	-
9-1-6	ロボット掃除機専門小売	-	-	-
9-1-7	教育用ロボット電子商取引	-	-	-
9-1-9	その他ロボット販売サービス	500	1,500	200.0
9-2	ロボットレストラン及び情報サービス	404	408	0.9
9-2-1	ロボットカフェ	20	-	-100.0
9-2-2	ロボット関連雑誌定期刊行物出版	55	28	-50.0
9-2-3	ロボットミュージカル公演	-	-	-
9-2-4	ロボットシステム統合アドバイス及び構築サービス	-	-	-
9-2-5	ロボットシステム運営関連サービス	242	350	44.6
9-2-6	ロボットサービスコンテンツ	87	30	-65.5
9-2-7	ロボットポータル及びその他インターネット情報パラメータサービス	-	-	-
9-2-9	その他ロボットレストラン及び情報サービス	-	-	-
9-3	ロボットレンタルサービス	255	367	43.9
9-3-1	製造用ロボットレンタル	-	-	-
9-3-2	専門サービスロボットレンタル	218	297	36.2
9-3-3	ヒューマノイドロボットレンタル	-	-	-
9-3-4	その他ロボットレンタルサービス	37	70	89.2

<続く>

分類記号	品目名	2011年	2012年	増減率
9-4	ロボット科学及び技術サービス	6,572	10,684	62.6
9-4-1	ロボット専門研究開発	3,193	1,097	-65.6
9-4-2	ロボット専門エンジニアリングサービス	1,633	487	-70.2
9-4-3	ロボット専門品質検査サービス	-	8,900	-
9-4-4	ロボット製品デザイン	90	200	122.2
9-4-5	その他ロボット科学及び技術サービス	1,656	-	-100.0
9-5	ロボット施設管理及び事業支援サービス	500	1,119	123.8
9-5-1	ビル用ダクト清掃ロボットサービス	-	-	-
9-5-2	上下水道管路検査及び保守維持サービス	-	160	-
9-5-3	ロボット基盤建物の外壁及び窓ガラスの掃除サービス	-	-	-
9-5-4	社会安全ロボット基盤警備と警護サービス	-	-	-
9-5-5	警備ロボット基盤セキュリティシステムサービス	500	59	-88.2
9-5-6	ロボット基盤展示及び行事代行	-	900	-
9-5-9	その他ロボット施設管理及び事業支援サービス	-	-	-
9-6	ロボット教育サービス	602	3,749	522.8
9-6-1	ロボット基盤教育サービス	122	674	452.5
9-6-2	ロボット専門学院	-	-	-
9-6-3	ロボット専門高等学校	400	400	0.0
9-6-4	ロボット専門学科	-	2,000	-
9-6-5	ロボット専門大学院	-	-	-
9-6-6	手術ロボット訓練	-	-	-
9-6-9	その他ロボット教育サービス	80	675	743.8
9-7	ロボット保健及び社会福祉サービス	-	-	-
9-7-1	手術ロボット基盤医療サービス	-	-	-
9-7-2	診断ロボット基盤医療サービス	-	-	-
9-7-3	高齢者ロボット基盤福祉機器運用	-	-	-
9-7-9	その他ロボット保健及び社会福祉サービス	-	-	-

<続く>

情報通信・放送・インターネット・コンテンツ・医療機器・ロボット

分類記号	品目名	2011年	2012年	増減率
9-8	ロボット芸術、スポーツ及び余暇管理サービス	300	300	0.0
9-8-1	ロボット基盤公演機器運用	-	-	-
9-8-2	ロボット基盤公演団体	-	-	-
9-8-3	ロボットアーチスト	-	-	-
9-8-4	ロボット基盤創作及び芸術関連サービス	200	200	0.0
9-8-5	ロボット博物館	100	100	0.0
9-8-6	ロボット競技場(ロボットサッカー、ロボットオリンピック)	-	-	-
9-8-7	ロボット基盤スポーツ施設(ロボット乗馬)運営	-	-	-
9-8-8	ロボットテーマパーク運営	-	-	-
9-8-9	ロボットゲームアーケード運営	-	-	-
9-8-10	ロボット関連ギャンブル	-	-	-
9-8-19	その他ロボット芸術、スポーツ及び余暇管理サービス	-	-	-
9-9	ロボット修理及びその他個人サービス	-	7,547	-
9-9-1	ロボットA/S専門サービス	-	7,547	-
9-9-2	ロボット基盤美容関連のサービス(マッサージ、鍼治療)	-	-	-
9-9-3	ロボット基盤室内ヘルスサービス	-	-	-
9-9-9	その他ロボット修理及びその他個人サービス	-	-	-

出所:ロボット産業協会

<表7-14> 用途別ロボットサービス出荷現況 (単位：百万ウォン,%)

分類記号	品目名	2012年		
		出荷額	内需用	輸出用
9	ロボットサービス	84,291	80,227	4,064
9-1	ロボット販売サービス	60,117	56,153	3,964
9-1-1	製造用ロボット販売(卸・小売)	29,770	26,751	3,019
9-1-2	専門サービスロボット販売	1,290	1,066	224
9-1-3	個人サービスロボット販売(卸売)	1,158	1,118	40
9-1-4	個人サービスロボット専門販売(小売)	26,399	25,718	681
9-1-5	医療ロボット卸売	-	-	-
9-1-6	ロボット掃除機専門小売	-	-	-
9-1-7	教育用ロボット電子商取引	-	-	-
9-1-9	その他ロボット販売サービス	1,500	1,500	-
9-2	ロボットレストラン及び情報サービス	408	408	-
9-2-1	ロボットカフェ	-	-	-
9-2-2	ロボット関連雑誌定期刊行物出版	28	28	-
9-2-3	ロボットミュージカル公演	-	-	-
9-2-4	ロボットシステム統合アドバイス及び構築サービス	-	-	-
9-2-5	ロボットシステム運営関連サービス	350	350	-
9-2-6	ロボットサービスコンテンツ	30	30	-
9-2-7	ロボットポータル及びその他インターネット情報パラメータサービス	-	-	-
9-2-9	その他ロボットレストラン及び情報サービス	-	-	-
9-3	ロボットレンタルサービス	367	367	-
9-3-1	製造用ロボットレンタル	-	-	-
9-3-2	専門サービスロボットレンタル	297	297	-
9-3-3	ヒューマノイドロボットレンタル	-	-	-
9-3-4	その他ロボットレンタルサービス	70	70	-

<続く>

分類記号	品目名	2012年 出荷額	内需用	輸出用
9-4	ロボット科学及び技術サービス	10,684	10,684	-
9-4-1	ロボット専門研究開発	1,097	1,097	-
9-4-2	ロボット専門エンジニアリングサービス	487	487	-
9-4-3	ロボット専門品質検査 サービス	8,900	8,900	-
9-4-4	ロボット製品デザイン	200	200	-
9-4-5	その他ロボット科学及び技術サービス	-	-	-
9-5	ロボット施設管理及び事業支援サービス	1,119	1,119	-
9-5-1	ビル用ダクト清掃ロボットサービス	-	-	-
9-5-2	上下水道管路検査及び保守維持サービス	160	160	-
9-5-3	ロボット基盤建物の外壁及び窓ガラスの掃除サービス	-	-	-
9-5-4	社会安全ロボット基盤警備と警護サービス	-	-	-
9-5-5	警備ロボット基盤セキュリティーシステムサービス	59	59	-
9-5-6	ロボット基盤展示及び行事代行	900	900	-
9-5-9	その他ロボット施設管理及び事業支援サービス	-	-	-
9-6	ロボット教育サービス	3,749	3,749	-
9-6-1	ロボット基盤教育サービス	674	674	-
9-6-2	ロボット専門学院	-	-	-
9-6-3	ロボット専門高等学校	400	400	-
9-6-4	ロボット専門学科	2,000	2,000	-
9-6-5	ロボット専門大学院	-	-	-
9-6-6	手術ロボット訓練	-	-	-
9-6-9	その他ロボット教育サービス	675	675	-
9-7	ロボット保健及び社会福祉サービス	-	-	-
9-7-1	手術ロボット基盤医療サービス	-	-	-
9-7-2	診断ロボット基盤医療サービス	-	-	-
9-7-3	高齢者ロボット基盤福祉機器運用	-	-	-
9-7-9	その他ロボット保健及び社会福祉サービス	-	-	-

<続く>

分類記号	品目名	2012年		
		出荷額	内需用	輸出用
9-8	ロボット芸術、スポーツ及び余暇管理サービス	300	200	100
9-8-1	ロボット基盤公演機器運用	-	-	-
9-8-2	ロボット基盤公演団体	-	-	-
9-8-3	ロボットアーチスト	-	-	-
9-8-4	ロボット基盤創作及び芸術関連サービス	200	100	100
9-8-5	ロボット博物館	100	100	-
9-8-6	ロボット競技場(ロボットサッカー、ロボットオリンピック)	-	-	-
9-8-7	ロボット基盤スポーツ施設（ロボット乗馬）運営	-	-	-
9-8-8	ロボットテーマパーク運営	-	-	-
9-8-9	ロボットゲームアーケード運営	-	-	-
9-8-10	ロボット関連ギャンブル	-	-	-
9-8-19	その他ロボット芸術、スポーツ及び余暇管理サービス	-	-	-
9-9	ロボット修理及びその他個人サービス	7,547	7,547	
9-9-1	ロボットA/S専門サービス	7,547	7,547	
9-9-2	ロボット基盤美容関連のサービス（マッサージ、鍼治療）	-	-	-
9-9-3	ロボット基盤室内ヘルスサービス	-	-	-
9-9-9	その他ロボット修理及びその他個人サービス	-	-	-

出所：ロボット産業協会

3) 韓国ロボット産業輸入

<表7-15> ロボット単体および部品輸入現況(2012) (単位: 百万ウォン)

分類記号	ロボット単体及び主要部品	輸入国						合計
		日本	ドイツ	スイス	フランス	米国	その他	
1	製造業用ロボット	114,731	1,977	80	8,749	3,148	470	129,156
1-1	移積載用ロボット	31,015	221	-	-	3,038	-	34,275
1-1-1	ペレタイジングロボット	114	-	-	-	-	-	114
1-1-2	自動車部品ハンドリングロボット	16,299	-	-	-	-	-	16,299
1-1-3	電気・電子部品ハンドリングロボット	2,774	135	-	-	-	-	2,909
1-1-4	ウェハ搬送ロボット(大気用)	1,500	87	-	-	1,600	-	3,187
1-1-5	ウェハ搬送ロボット(真空用)	-	-	-	-	1,400	-	1,400
1-1-6	ソーラーセル用ウェハ搬送ロボット	-	-	-	-	-	-	-
1-1-7	FPD搬送ロボット(大気用)	-	-	-	-	-	-	-
1-1-8	FPD搬送ロボット(真空用)	-	-	-	-	-	-	-
1-1-9	その他移積載用ロボット	10,328	-	-	-	38	-	10,367
1-2	工作物脱着用ロボット	14,852	-	-	-	-	72	14,924
1-2-1	金属加工部品ローディング、アンローディングロボット	5,788	-	-	-	-	72	5,860
1-2-2	プラスチック射出品取出ロボット	-	-	-	-	-	-	-
1-2-9	その他工作物脱着用ロボット	9,064	-	-	-	-	-	9,064
1-3	溶接用ロボット	41,118	-	-	-	-	-	41,118
1-3-1	アーク溶接用ロボット	3,748	-	-	-	-	-	3,748
1-3-2	スポット溶接用ロボット	28,306	-	-	-	-	-	28,306
1-3-3	船舶溶接用ロボット	-	-	-	-	-	-	-
1-3-9	その他溶接用ロボット	9,064	-	-	-	-	-	9,064
1-4	組立及び分解用ロボット	617	340	-	-	-	-	957
1-4-1	部品組立及び分解用ロボット	617	100	-	-	-	-	717
1-4-2	接着及びシーリング材塗布用ロボット	-	-	-	-	-	-	-
1-4-3	マーキング月及びラベリング用ロボット	-	240	-	-	-	-	240
1-4-4	SMDマウンター	-	-	-	-	-	-	-
1-4-9	その他組立分解用	-	-	-	-	-	-	-

<続く>

分類記号	ロボット単体及び主要部品	輸入国						合計
		日本	ドイツ	スイス	フランス	米国	その他	
1-5	加工用及び表面処理ロボット	11,922	1,404	80	8,749	110	48	22,313
1-5-1	研磨用及びバリ取りロボット	600	-	-	-	-	.	600
1-5-2	切断用ロボット	-	-	-	-	-	-	-
1-5-3	塗装用ロボット	11,241	1,324	-	8,749	110	28	21,452
1-5-9	その他加工用及び表面処理ロボット	81	80	80	-	.	20	261
1-6	バイオ工程用ロボット	-	-	-	-	-	-	-
1-6-1	細胞操作用及び新薬合成用ロボット	-	-	-	-	-	-	-
1-6-2	バイオ分析用ロボット	-	-	-	-	-	-	-
1-6-9	その他バイオ工程用ロボット	-	-	-	-	-	-	-
1-7	試験、検査用ロボット	346	12	-	-	-	350	708
1-7-1	性能評価用及び寿命試験用ロボット	-	-	-	-	-	-	-
1-7-2	サイズ及び外観検査用ロボット	46	-	-	-	-	350	396
1-7-9	その他試験、検査用ロボット	300	12	-	-	-	-	312
1-9	その他製造業用ロボット	14,861	-	-	-	-	-	14,861
1-9-1	製造業適用教育訓練用ロボット	11	-	-	-	-	-	11
1-9-9	その他区分されていない製造業用ロボット	14,850	-	-	-	-	-	14,850

<続く>

分類記号	ロボット単体及び主要部品	輸入国						合計
		日本	ドイツ	スイス	フランス	米国	その他	
2	専門サービス用ロボット	356	24	-	-	500	70	950
2-1	ビルディングサービス用ロボット	63	-	-	-	-	-	63
2-1-1	施設清掃用ロボット	-	-	-	-	-	-	-
2-1-2	移動型キオスクロボット	63	-	-	-	-	-	63
2-1-3	案内用及び配達用ロボット	-	-	-	-	-	-	-
2-1-4	カフェサービスロボット	-	-	-	-	-	-	-
2-1-9	その他ビルディングサービス用ロボット	-	-	-	-	-	-	-
2-2	社会安全及び極限作業ロボット	-	-	-	-	-	-	-
2-2-1	屋内警備用ロボット	-	-	-	-	-	-	-
2-2-2	屋外警備用ロボット	-	-	-	-	-	-	-
2-2-3	火災監視ロボット	-	-	-	-	-	-	-
2-2-4	消火及び災害救助ロボット	-	-	-	-	-	-	-
2-2-5	海洋、宇宙用及び原子力用ロボット	-	-	-	-	-	-	-
2-2-6	水中監視ロボット	-	-	-	-	-	-	-
2-2-9	その他社会安全及び極限作業ロボット	-	-	-	-	-	-	-
2-3	医療ロボット	-	-	-	-	-	-	-
2-3-1	腹腔鏡手術ロボット	-	-	-	-	-	-	-
2-3-2	関節手術ロボット	-	-	-	-	-	-	-
2-3-3	血管手術及び内視鏡手術ロボット	-	-	-	-	-	-	-
2-3-4	ナビゲーション基盤手術ロボット	-	-	-	-	-	-	-
2-3-5	手術用ロボット手術道具	-	-	-	-	-	-	-
2-3-6	リハビリ訓練用ロボット	-	-	-	-	-	-	-
2-3-7	医療診断及び検査用ロボット	-	-	-	-	-	-	-
2-3-8	患者移動用リフトベッドロボット	-	-	-	-	-	-	-
2-3-9	その他医療ロボット	-	-	-	-	-	-	-

<続く>

情報通信・放送・インターネット・コンテンツ・医療機器・ロボット

分類記号	ロボット単体及び主要部品	輸入国						合計
		日本	ドイツ	スイス	フランス	米国	その他	
2-4	社会インフラロボット	193	-	-	-	-	-	193
2-4-1	高所作業用及び活線電力工事用ロボット	-	-	-	-	-	-	-
2-4-2	管路作業用ロボット	193	-	-	-	-	-	193
2-4-3	土木,建設用及び構造物検査用ロボット	-	-	-	-	-	-	-
2-4-4	鉱業用ロボット	-	-	-	-	-	-	-
2-4-9	その他社会インフラ工事用ロボット	-	-	-	-	-	-	-
2-5	軍事用ロボット	-	24	-	-	-	10	34
2-5-1	警戒監視用ロボット	-	12	-	-	-	-	12
2-5-2	戦闘用ロボット	-	-	-	-	-	-	-
2-5-3	化学兵器用ロボット	-	-	-	-	-	-	-
2-5-4	犬馬ロボット	-	-	-	-	-	10	10
2-5-5	飛行偵察ロボット	-	-	-	-	-	-	-
2-5-6	軍事サポート用ロボット	-	-	-	-	-	-	-
2-5-9	その他軍事用ロボット	-	12	-	-	-	-	12
2-6	農林漁業用ロボット	-	-	-	-	-	-	-
2-6-1	農業用及び畜産用ロボット	-	-	-	-	-	-	-
2-6-2	林業用ロボット	-	-	-	-	-	-	-
2-6-3	水産業用ロボット	-	-	-	-	-	-	-
2-6-9	その他農林漁業用ロボット	-	-	-	-	-	-	-
2-7	エンターテイメント用ロボット	100	-	-	-	-	60	160
2-7-1	アーケードゲームロボット	-	-	-	-	-	-	-
2-7-2	演劇及びミュージカル公演ロボット	100	-	-	-	-	-	100
2-7-3	演奏ロボット	-	-	-	-	-	-	-
2-7-4	テーマパークロボット	-	-	-	-	-	-	-
2-7-9	その他エンターテイメント用ロボット	-	-	-	-	-	60	60
2-9	その他専門サービス用ロボット	-	-	-	-	500	-	500
2-9-1	その他専門サービス用ロボット	-	-	-	-	500	-	500

<続く>

分類記号	ロボット単体及び主要部品	輸入国						合計
		日本	ドイツ	スイス	フランス	米国	その他	
3	個人サービス用ロボット小計	-	40	-	-	116	9,339	9,495
3-1	家事用ロボット	-	-	-	-	-	6,375	6,375
3-1-1	ロボット掃除機	-	-	-	-	-	6,375	6,375
3-1-2	家庭警備用ロボット	-	-	-	-	-	-	-
3-1-3	お手伝いロボット	-	-	-	-	-	-	-
3-1-9	その他家事用ロボット	-	-	-	-	-	-	-
3-2	ヘルスケアロボット	-	-	-	-	-	569	569
3-2-1	個人リハビリ用ロボット	-	-	-	-	-	-	-
3-2-2	障害補助用・老人補助用ロボット	-	-	-	-	-	-	-
3-2-3	ヘルスケアロボット	-	-	-	-	-	-	-
3-2-4	車椅子ロボット	-	-	-	-	-	569	569
3-2-9	その他ヘルスケアロボット	-	-	-	-	-	-	-
3-3	余暇支援用ロボット	-	-	-	-	16	1,015	1,031
3-3-1	ゲーム用及び娯楽用ロボット	-	-	-	-	16	15	31
3-3-2	愛玩用ロボット	-	-	-	-	-	-	-
3-3-3	スポーツ支援用ロボット	-	-	-	-	-	-	-
3-3-4	小型ヒューマノイドロボット	-	-	-	-	-	-	-
3-3-5	搭乗型移動ロボット	-	-	-	-	-	-	-
3-3-9	その他余暇支援用ロボット	-	-	-	-	-	1,000	1,000
3-4	教育及び研究用ロボット	-	40	-	-	100	1,380	1,520
3-4-1	研究用ロボット	-	-	-	-	-	-	-
3-4-2	教育用ロボット	-	40	-	-	100	1,380	1,520
3-4-3	教材用ロボット	-	-	-	-	-	-	-
3-4-9	その他教育及び研究用ロボット	-	-	-	-	-	-	-
3-9	その他個人サービス用ロボット	-	-	-	-	-	-	-
3-9-1	その他個人サービス用ロボット	-	-	-	-	-	-	-

<続く>

情報通信・放送・インターネット・コンテンツ・医療機器・ロボット

分類記号	ロボット単体及び主要部品	輸入国						合計
		日本	ドイツ	スイス	フランス	米国	その他	
4	ロボット部品及び部分品	134,269	6,786	10,255	20	2,937	8,498	162,765
4-1	ロボット用構造部品及び部分品	2,317	2,410	-	-	-	167	4,894
4-1-1	ロボット用関節	100	-	-	-	-	-	100
4-1-2	ロボット用走行、移動装置	-	1,150	-	-	-	-	1,150
4-1-3	スマートハンド	-	-	-	-	-	150	150
4-1-9	その他ロボット用構造部品及び部分品	2,217	1,260	-	-	-	17	3,494
4-2	ロボット用駆動部品及び部分品	64,549	353	3,742	-	2,072	2,664	73,380
4-2-1	ロボット用モーター	9,524	14	481	-	217	1,451	11,687
4-2-2	ロボット用モータードライバー	235	12	2	-	115	343	706
4-2-3	ロボット用モータードライバーSoC	-	-	-	-	-	-	-
4-2-4	ロボット用減速器	22,370	27	3,260	-	-	370	26,027
4-2-5	ロボット用動力伝達装置	943	-	-	-	-	-	943
4-2-6	ロボット用油圧(空気圧)式駆動機	31,177	-	-	-	-	-	31,177
4-2-9	その他ロボット用駆動部品及び部分品	300	300	-	-	1,740	500	2,840
4-3	ロボット用センシング部品及び部分品	58,035	1,106	13	-	158	1,293	60,605
4-3-1	ロボット用視覚センサー及びSoC	56,600	70	-	-	-	-	56,670
4-3-2	ロボット用映像処理システム	-	-	-	-	-	658	658
4-3-3	ロボット用聴覚及び臭覚センサー	-	-	-	-	50	-	50
4-3-4	ロボット用力覚及び圧力センサー	50	-	-	-	63	-	113
4-3-5	ロボット用触覚センサー	276	-	-	-	-	-	276
4-3-6	ロボット用モーションセンサー(速度、位置)	1,042	75	-	-	39	314	1,470
4-3-7	ロボット用無線通信基盤位置認識システム	-	61	-	-	-	-	61
4-3-8	ロボット用ナビゲーションシステム及び運行センサーSoC	-	-	-	-	-	-	-
4-3-9	その他ロボット用センシング部品及び部分品	67	900	13	-	5	321	1,306
4-4	ロボット用制御部品及び部分品	4,117	1,600	-	20	679	530	6,946
4-4-1	ロボット用エンベデッド制御器	-	-	-	-	460	35	495
4-4-2	ロボット用エンベデッド制御用SoC	-	-	-	-	-	-	-
4-4-3	ロボット用PC型制御機及び専用制御機	-	-	-	20	-	-	20
4-4-4	ロボット用モーション制御機	4,094	1,600	-	-	135	495	6,324
4-4-5	ロボット用モーション制御用SoC	-	-	-	-	14	-	14
4-4-9	その他ロボット用制御機	23	-	-	-	70	-	93

<続く>

分類記号	ロボット単体及び主要部品	輸入国						合計
		日本	ドイツ	スイス	フランス	米国	その他	
4-5	ロボット用ソフトウェア	-	-	-	-	28	584	612
4-5-1	ロボット用OS及びデバイスドライバー	-	-	-	-	28	584	612
4-5-2	ロボット用ミドルウェア	-	-	-	-	-	-	-
4-5-3	ロボット用アプリケーション	-	-	-	-	-	-	-
4-5-4	ロボット用開発道具	-	-	-	-	-	-	-
4-5-5	ロボット用シミュレーター	-	-	-	-	-	-	-
4-5-9	その他ロボット用ソフトウェア	-	-	-	-	-	-	-
4-9	その他ロボット用部品及び部分品	5,251	1,317	6,500	-	-	3,260	16,328
4-9-1	ロボット用電池	-	-	-	-	-	1,065	1,065
4-9-2	ロボット用充電装置	-	-	-	-	-	447	447
4-9-3	ロボット用ケーブル	525	1,317	-	-	-	-	1,842
4-9-4	ロボット用有線通信	-	-	-	-	-	-	-
4-9-5	ロボット用無線通信	-	-	-	-	-	-	-
4-9-9	その他ロボット用部品及び部分品	4,726	-	6,500	-	-	1,748	12,974

<続く>

情報通信・放送・インターネット・コンテンツ・医療機器・ロボット

分類記号	ロボット単体及び主要部品	輸入国					合計
		日本	ドイツ	スイス	フランス	米国	その他	
5	ロボットシステム	5,152	905	-	-	-	300	6,357
5-1	製造用ロボットシステム	82	82	-	-	-	-	164
5-1-1	レーザーマーキングシステム	-	-	-	-	-	-	-
5-1-2	ウェハハンドラ及びプルーバー	-	-	-	-	-	-	-
5-1-3	ウェハビジョン検査システム	-	-	-	-	-	-	-
5-1-4	チップ部品整列システム及びチップ部品検査システム	-	-	-	-	-	-	-
5-1-5	LED外観検査システム	-	-	-	-	-	-	-
5-1-6	RFIDピックアップシステム	-	-	-	-	-	-	-
5-1-7	総合適正検査(SPI)光学式自動外観(AOI)検査装置	-	-	-	-	-	-	-
5-1-8	FPD洗浄機及びプラスチック射出物洗浄機	-	-	-	-	-	-	-
5-1-9	その他製造用ロボットシステム	82	82	-	-	-	-	164
5-2	ロボット基盤生産システム	5,070	823	-	-	-	300	6,193
5-2-1	ロボット基盤半導体生産システム	-	-	-	-	-	-	-
5-2-2	ロボット基盤ディスプレイ生産システム	3,000	-	-	-	-	-	3,000
5-2-3	ロボット基盤製鋼システム	-	-	-	-	-	300	300
5-2-4	ロボット基盤造船設備システム	-	-	-	-	-	-	-
5-2-5	ロボット基盤自動車生産システム	2,070	-	-	-	-	-	2,070
5-2-6	ロボット基盤IT製品生産システム	-	-	-	-	-	-	-
5-2-7	パターン及び信号検査用ロボット	-	-	-	-	-	-	-
5-2-9	その他ロボット基盤生産システム	-	823	-	-	-	-	823
5-3	専門サービスロボットシステム	-	-	-	-	-	-	-
5-3-1	社会安全ロボットシステム	-	-	-	-	-	-	-
5-3-2	医療ロボットシステム	-	-	-	-	-	-	-
5-3-9	その他専門サービスロボットシステム	-	-	-	-	-	-	-
5-9	その他サービスロボットシステム	-	-	-	-	-	-	-
5-9-1	その他サービスロボットシステム	-	-	-	-	-	-	-

<続く>

分類記号	ロボット単体及び主要部品	輸入国						合計
		日本	ドイツ	スイス	フランス	米国	その他	
6	ロボットエンベデッド	-	412	-	-	-	151	563
6-1	ロボットエンベデッド交通	-	-	-	-	-	-	-
6-1-1	無人自動車	-	-	-	-	-	-	-
6-1-2	無人タンク	-	-	-	-	-	-	-
6-1-3	無人航空機	-	-	-	-	-	-	-
6-1-9	その他ロボット交通融合製品	-	-	-	-	-	-	-
6-2	ロボットエンベデッド家電	-	-	-	-	-	-	-
6-2-1	移動型エアコン	-	-	-	-	-	-	-
6-2-9	その他ロボットエンベデッド家電製品	-	-	-	-	-	-	-
6-3	ロボットエンベデッドヘルス	-	-	-	-	-	-	-
6-3-1	知能型ヘルスフレームワーク	-	-	-	-	-	-	-
6-3-9	その他ロボットエンベデッドヘルス	-	-	-	-	-	-	-
6-4	ロボットエンベデッドIT	-	-	-	-	-	-	-
6-4-1	３次元マウス	-	-	-	-	-	-	-
6-4-9	その他ロボットエンベデッドIT製品	-	-	-	-	-	-	-
6-5	ロボットエンベデッド防衛	-	-	-	-	-	-	-
6-5-1	ウェアラブルロボット基盤戦闘服	-	-	-	-	-	-	-
6-5-9	その他ロボットエンベデッド防衛	-	-	-	-	-	-	-
6-6	ロボットエンベデッド医療	-	-	-	-	-	-	-
6-6-1	診断機器と結合した手術ロボットシステム	-	-	-	-	-	-	-
6-6-9	その他ロボットエンベデッド医療	-	-	-	-	-	-	-
6-7	ロボットエンベデッド建設	-	-	-	-	-	-	-
6-7-1	その他ロボットエンベデッド建設	-	-	-	-	-	-	-
6-9	その他ロボットエンベデッド	-	412	-	-	-	151	563
6-9-1	その他ロボットエンベデッド製品	-	412	-	-	-	151	563

<続く>

情報通信・放送・インターネット・コンテンツ・医療機器・ロボット

分類記号	ロボット単体及び主要部品	輸入国						合計
		日本	ドイツ	スイス	フランス	米国	その他	
9	ロボットサービス	3,894	693	-	-	135	1,696	6,418
9-1	ロボット販売サービス	3,494	693	-	-	-	1,696	5,883
9-1-1	製造用ロボット販売(卸・小売)	3,494	693	-	-	-	696	4,883
9-1-2	専門サービスロボット販売	-	-	-	-	-	-	-
9-1-3	個人サービスロボット販売(卸売)	-	-	-	-	-	-	-
9-1-4	個人サービスロボット専門販売(小売)	-	-	-	-	-	-	-
9-1-5	医療ロボット卸売	-	-	-	-	-	-	-
9-1-6	ロボット掃除機専門小売	-	-	-	-	-	-	-
9-1-7	教育用ロボット電子商取引	-	-	-	-	-	-	-
9-1-9	その他ロボット販売サービス	-	-	-	-	-	1,000	1,000
9-2	ロボットレストラン及び情報サービス							
9-2-1	ロボットカフェ	-	-	-	-	-	-	-
9-2-2	ロボット関連雑誌定期刊行物出版	-	-	-	-	-	-	-
9-2-3	ロボットミュージカル公演	-	-	-	-	-	-	-
9-2-4	ロボットシステム統合アドバイス及び構築サービス	-	-	-	-	-	-	-
9-2-5	ロボットシステム運営関連サービス	-	-	-	-	-	-	-
9-2-6	ロボットサービスコンテンツ							
9-2-7	ロボットポータル及びその他インターネット情報パラメータサービス	-	-	-	-	-	-	-
9-2-9	その他ロボットレストラン及び情報サービス	-	-	-	-	-	-	-
9-3	ロボットレンタルサービス	-	-	-	-	-	-	-
9-3-1	製造用ロボットレンタル	-	-	-	-	-	-	-
9-3-2	専門サービスロボットレンタル	-	-	-	-	-	-	-
9-3-3	ヒューマノイド ロボット レンタル	-	-	-	-	-	-	-
9-3-9	その他ロボットレンタルサービス	-	-	-	-	-	-	-
9-4	ロボット科学及び技術サービス							
9-4-1	ロボット専門研究開発							
9-4-2	ロボット専門エンジニアリングサービス	-	-	-	-	-	-	-
9-4-3	ロボット専門品質検査サービス	-	-	-	-	-	-	-
9-4-4	ロボット製品デザイン							
9-4-5	その他ロボット科学及び技術サービス	-	-	-	-	-	-	-

<続く>

分類記号	ロボット単体及び主要部品	輸入国						合計
		日本	ドイツ	スイス	フランス	米国	その他	
9-5	ロボット施設管理及び事業支援サービス	-	-	-	-	5	-	5
9-5-1	ビル用ダクト清掃ロボットサービス	-	-	-	-	-	-	-
9-5-2	上下水道管路検査及び保守維持サービス	-	-	-	-	-	-	-
9-5-3	ロボット基盤建物の外壁及び窓ガラスの掃除サービス	-	-	-	-	-	-	-
9-5-4	社会安全ロボット基盤警備と警護サービス	-	-	-	-	-	-	-
9-5-5	警備ロボット基盤セキュリティーシステムサービス	-	-	-	-	-	-	-
9-5-6	ロボット基盤展示及び行事代行	-	-	-	-	5	-	5
9-5-9	その他ロボット施設管理及び事業支援サービス	-	-	-	-	-	-	-
9-6	ロボット教育サービス	-	-	-	-	130	-	130
9-6-1	ロボット基盤教育サービス	-	-	-	-	-	-	-
9-6-2	ロボット専門学院	-	-	-	-	-	-	-
9-6-3	ロボット専門高等学校	-	-	-	-	-	-	-
9-6-4	ロボット専門学科	-	-	-	-	130	-	130
9-6-5	ロボット専門大学院	-	-	-	-	-	-	-
9-6-6	手術ロボット訓練	-	-	-	-	-	-	-
9-6-9	その他ロボット教育サービス	-	-	-	-	-	-	-

<続く>

情報通信・放送・インターネット・コンテンツ・医療機器・ロボット

分類記号	ロボット単体及び主要部品	輸入国						合計
		日本	ドイツ	スイス	フランス	米国	その他	
9-7	ロボット保健及び社会福祉サービス	-	-	-	-	-	-	-
9-7-1	手術ロボット基盤医療サービス	-	-	-	-	-	-	-
9-7-2	診断ロボット基盤医療サービス	-	-	-	-	-	-	-
9-7-3	高齢者ロボット基盤福祉機器運用	-	-	-	-	-	-	-
9-7-9	その他ロボット保健及び社会福祉サービス	-	-	-	-	-	-	-
9-8	ロボット芸術、スポーツ及び余暇管理サービス	400	-	-	-	-	-	400
9-8-1	ロボット基盤公演機器運用	-	-	-	-	-	-	-
9-8-2	ロボット基盤公演団体	400	-	-	-	-	-	400
9-8-3	ロボットアーチスト	-	-	-	-	-	-	-
9-8-4	ロボット基盤創作及び芸術関連サービス	-	-	-	-	-	-	-
9-8-5	ロボット博物館	-	-	-	-	-	-	-
9-8-6	ロボット競技場(ロボットサッカー、ロボットオリンピック)	-	-	-	-	-	-	-
9-8-7	ロボット基盤スポーツ施設(ロボット乗馬)運営	-	-	-	-	-	-	-
9-8-8	ロボットテーマパーク運営	-	-	-	-	-	-	-
9-8-9	ロボットゲームアーケード運営	-	-	-	-	-	-	-
9-8-10	ロボット関連ギャンブル	-	-	-	-	-	-	-
9-8-19	その他ロボット芸術、スポーツ及び余暇管理サービス	-	-	-	-	-	-	-
9-9	ロボット修理及びその他個人サービス	-	-	-	-	-	-	-
9-9-1	ロボットA/S専門サービス	-	-	-	-	-	-	-
9-9-2	ロボット基盤美容関連のサービス(マッサージ、鍼治療)	-	-	-	-	-	-	-
9-9-3	ロボット基盤室内ヘルスサービス	-	-	-	-	-	-	-
9-9-9	その他ロボット修理及びその他個人サービス	-	-	-	-	-	-	-

出所：ロボット産業協会

4) 韓国ロボット産業輸出

<表7-16> ロボット単体および部品輸出現況(2012)　　　　　　　　(単位: 百万ウォン)

分類記号	ロボット単体及び主要部品	輸出国						合計
		中国	日本	米国	インド	フランス	その他	
1	製造業用ロボット	126,755	21,810	18,519	15,620	-	283,437	466,141
1-1	移積載用ロボット	27,235	9,549	4,499	183	-	13,924	55,390
1-1-1	ペレタイジングロボット	-	-	-	-	-	-	-
1-1-2	自動車部品ハンドリングロボット	-	-	-	-	-	1,095	1,095
1-1-3	電気・電子部品ハンドリングロボット	3,564	1,307	195	183	-	7,738	12,987
1-1-4	ウェハ搬送ロボット(大気用)	1,745	955	192	-	-	3,625	6,517
1-1-5	ウェハ搬送ロボット(真空用)	560	98	-	-	-	-	658
1-1-6	ソーラーセル用ウェハ搬送ロボット	-	-	-	-	-	-	-
1-1-7	FPD搬送ロボット(大気用)	10,599	-	4,112	-	-	892	15,603
1-1-8	FPD搬送ロボット(真空用)	3,557	-	-	-	-	-	3,557
1-1-9	その他 移積載用ロボット	7,210	7,189	-	-	-	574	14,973
1-2	工作物脱着用ロボット	24,317	4,447	840	13,893	-	6,352	49,849
1-2-1	金属加工部品ローディング、アンローディングロボット	23,840	3,500	840	13,840	-	2,495	44,515
1-2-2	プラスチック射出品取出ロボット	477	947	-	53	-	3,857	5,334
1-2-9	その他工作物脱着用ロボット	-	-	-	-	-	-	-
1-3	溶接用ロボット	33	-	418	-	-	15,460	15,911
1-3-1	アーク溶接用ロボット	-	-	340	-	-	-	340
1-3-2	スポット溶接用ロボット	-	-	78	-	-	15,460	15,538
1-3-3	船舶溶接用ロボット	-	-	-	-	-	-	-
1-3-9	その他溶接用ロボット	33	-	-	-	-	-	33
1-4	組立及び分解用ロボット	2,891	973	439	-	-	196,744	201,047
1-4-1	部品組立及び分解用ロボット	1,708	-	-	-	-	100	1,808
1-4-2	接着及びシーリング材塗布用ロボット	-	-	439	-	-	-	439
1-4-3	マーキング用及びラベリング用ロボット	-	973	-	-	-	2,811	3,784
1-4-4	SMDマウンター	-	-	-	-	-	193,833	193,833
1-4-9	その他組立分解用	1,183	-	-	-	-	-	1,183
1-5	加工用及び表面処理ロボット	31,675	-	3,670	1,544	-	8,019	44,908
1-5-1	研磨用及びバリ取りロボット	1,837	-	-	-	-	-	1,837
1-5-2	切断用ロボット	200	-	-	-	-	-	200
1-5-3	塗装用ロボット	29,638	-	3,670	1,544	-	7,719	42,571
1-5-9	その他加工用及び表面処理ロボット	-	-	-	-	-	300	300

<続く>

情報通信・放送・インターネット・コンテンツ・医療機器・ロボット

| 分類記号 | ロボット単体及び主要部品 | 輸出国 ||||| 合計 |
		中国	日本	米国	インド	フランス	その他	
1-6	バイオ工程用ロボット	-	-	-	-	-	-	-
1-6-1	細胞操作用及び新薬合成用ロボット	-	-	-	-	-	-	-
1-6-2	バイオ分析用ロボット	-	-	-	-	-	-	-
1-6-9	その他バイオ工程用ロボット	-	-	-	-	-	-	-
1-7	試験、検査用ロボット	-	-	-	-	-	114	114
1-7-1	性能評価用及び寿命試験用ロボット	-	-	-	-	-	114	114
1-7-2	サイズ及び外観検査用ロボット	-	-	-	-	-	-	-
1-7-9	その他試験、検査用ロボット	-	-	-	-	-	-	-
1-9	その他製造業用ロボット	40,604	6,841	8,653	-	-	42,824	98,922
1-9-1	製造業適用教育訓練用ロボット	-	-	-	-	-	16	16
1-9-9	その他区分されていない製造業用ロボット	40,604	6,841	86,53	-	-	42,808	98,906

| 分類記号 | ロボット単体及び主要部品 | 輸出国 ||||| 合計 |
		中国	日本	米国	インド	フランス	その他	
2	専門サービス用ロボット	238	61	169	.	.	1,940	2,408
2-1	ビルディングサービス用ロボット	-	-	-	-	-	-	-
2-1-1	施設清掃用ロボット	-	-	-	-	-	-	-
2-1-2	移動型キオスクロボット	-	-	-	-	-	-	-
2-1-3	案内用及び配達用ロボット	-	-	-	-	-	-	-
2-1-4	カフェサービスロボット	-	-	-	-	-	-	-
2-1-9	その他ビルディングサービス用ロボット	-	-	-	-	-	-	-
2-2	社会安全及び極限作業ロボット	-	-	-	-	-	-	-
2-2-1	屋内警備用ロボット	-	-	-	-	-	-	-
2-2-2	屋外警備用ロボット	-	-	-	-	-	-	-
2-2-3	火災監視ロボット	-	-	-	-	-	-	-
2-2-4	消火及び災害救助ロボット	-	-	-	-	-	-	-
2-2-5	海洋, 宇宙用及び原子力用ロボット	-	-	-	-	-	-	-
2-2-6	水中監視ロボット	-	-	-	-	-	-	-
2-2-9	その他社会安全及び極限作業ロボット	-	-	-	-	-	-	-
2-3	医療ロボット	-	-	169	-	-	-	169
2-3-1	腹腔鏡手術ロボット	-	-	-	-	-	-	-
2-3-2	関節手術ロボット	-	-	-	-	-	-	-
2-3-3	血管手術及び内視鏡手術ロボット	-	-	-	-	-	-	-
2-3-4	ナビゲーション基盤手術ロボット	-	-	-	-	-	-	-
2-3-5	手術用ロボット手術道具	-	-	-	-	-	-	-
2-3-6	リハビリ訓練用ロボット	-	-	-	-	-	-	-
2-3-7	医療診断及び検査用ロボット	-	-	169	-	-	-	169
2-3-8	患者移動用リフトベッドロボット	-	-	-	-	-	-	-
2-3-9	その他医療ロボット	-	-	-	-	-	-	-
2-4	社会インフラロボット	-	-	-	-	-	518	518
2-4-1	高所作業用及び活線電力工事用ロボット	-	-	-	-	-	-	-
2-4-2	管路作業用ロボット	-	-	-	-	-	518	518
2-4-3	土木, 建設用及び構造物検査用ロボット	-	-	-	-	-	-	-
2-4-4	鉱業用ロボット	-	-	-	-	-	-	-
2-4-9	その他社会インフラ工事用ロボット	-	-	-	-	-	-	-

<続く>

韓国の産業と市場 2014

分類記号	ロボット単体及び主要部品	輸出国						合計
		中国	日本	米国	インド	フランス	その他	
2-5	軍事用ロボット	-	-	-	-	-	-	-
2-5-1	警戒監視用ロボット	-	-	-	-	-	-	-
2-5-2	戦闘用ロボット	-	-	-	-	-	-	-
2-5-3	化学兵器用ロボット	-	-	-	-	-	-	-
2-5-4	犬馬ロボット	-	-	-	-	-	-	-
2-5-5	飛行偵察ロボット	-	-	-	-	-	-	-
2-5-6	軍事サポート用ロボット	-	-	-	-	-	-	-
2-5-9	その他軍事用ロボット	-	-	-	-	-	-	-
2-6	農林漁業用ロボット	178	61	-	-	-	422	661
2-6-1	農業用及び畜産用ロボット	178	61	-	-	-	422	661
2-6-2	林業用ロボット	-	-	-	-	-	-	-
2-6-3	水産業用ロボット	-	-	-	-	-	-	-
2-6-9	その他農林漁業用ロボット	-	-	-	-	-	-	-
2-7	エンターテイメント用ロボット	-	-	-	-	-	-	-
2-7-1	アーケードゲームロボット	-	-	-	-	-	-	-
2-7-2	演劇及びミュージカル公演ロボット	-	-	-	-	-	-	-
2-7-3	演奏ロボット	-	-	-	-	-	-	-
2-7-4	テーマパークロボット	-	-	-	-	-	-	-
2-7-9	その他エンターテイメント用ロボット	-	-	-	-	-	-	-
2-9	その他専門サービス用ロボット	60	-	-	-	-	1,000	1,060
2-9-9	その他専門サービス用ロボット	60	-	-	-	-	1,000	1,060

<続く>

情報通信・放送・インターネット・コンテンツ・医療機器・ロボット

分類記号	ロボット単体及び主要部品	輸出国 中国	日本	米国	インド	フランス	その他	合計
3	個人サービス用ロボット	2,180	3,080	993	66	16,170	92,333	114,822
3-1	家事用ロボット	400	2,980	-	-	16,068	89,361	108,809
3-1-1	ロボット掃除機	400	2,980	-	-	16,068	89,361	108,809
3-1-2	家庭警備用ロボット	-	-	-	-	-	-	-
3-1-3	お手伝いロボット	-	-	-	-	-	-	-
3-1-9	その他家事用ロボット	-	-	-	-	-	-	-
3-2	ヘルスケアロボット	-	-	-	-	-	-	-
3-2-1	個人リハビリ用ロボット	-	-	-	-	-	-	-
3-2-2	障害補助用・老人補助用ロボット	-	-	-	-	-	-	-
3-2-3	ヘルスケアロボット	-	-	-	-	-	-	-
3-2-4	車椅子ロボット	-	-	-	-	-	-	-
3-2-9	その他ヘルスケアロボット	-	-	-	-	-	-	-
3-3	余暇支援用ロボット	20	-	-	66	-	750	836
3-3-1	ゲーム用及び娯楽用ロボット	-	-	-	20	-	70	90
3-3-2	愛玩用ロボット	-	-	-	-	-	-	-
3-3-3	スポーツ支援用ロボット	-	-	-	-	-	-	-
3-3-4	小型ヒューマノイドロボット	20	-	-	46	-	180	246
3-3-5	搭乗型移動ロボット	-	-	-	-	-	500	500
3-3-9	その他余暇支援用ロボット	-	-	-	-	-	-	-
3-4	教育及び研究用ロボット	1,760	100	993	-	102	2,222	5,177
3-4-1	研究用ロボット	830	-	840	-	72	1,048	2,790
3-4-2	教育用ロボット	930	100	153	-	30	1,174	2,387
3-4-3	教材用ロボット	-	-	-	-	-	-	-
3-4-9	その他教育及び研究用ロボット	-	-	-	-	-	-	-
3-9	その他個人サービス用ロボット	-	-	-	-	-	-	-
3-9-1	その他個人サービス用ロボット	-	-	-	-	-	-	-

<続く>

分類記号	ロボット単体及び主要部品	輸出国 中国	日本	米国	インド	フランス	その他	合計
4	ロボット部品及び部分品	665	1,041	6,100	400	55	3,702	11,963
4-1	ロボット用構造部品及び部分品	-	606	70	-	55	922	1,653
4-1-1	ロボット用関節	-	-	70	-	55	194	319
4-1-2	ロボット用走行、移動装置	-	-	-	-	-	-	-
4-1-3	スマートハンド	-	-	-	-	-	17	17
4-1-9	その他ロボット用構造部品及び部分品	-	606	-	-	-	711	1,317
4-2	ロボット用駆動部品及び部分品	10	5	30	-	-	-	45
4-2-1	ロボット用モーター	-	-	-	-	-	-	-
4-2-2	ロボット用モータードライバー	10	5	30	-	-	-	45
4-2-3	ロボット用モータードライバー SoC	-	-	-	-	-	-	-
4-2-4	ロボット用減速器	-	-	-	-	-	-	-
4-2-5	ロボット用動力伝達装置	-	-	-	-	-	-	-
4-2-6	ロボット用油圧(空気圧)式駆動機	-	-	-	-	-	-	-
4-2-9	その他ロボット用駆動部品及び部分品	-	-	-	-	-	-	-
4-3	ロボット用センシング部品及び部分品	615	370	-	400	-	1,694	3,079
4-3-1	ロボット用視覚センサー及びSoC	600	-	-	400	-	900	1,900
4-3-2	ロボット用映像処理システム	-	-	-	-	-	-	-
4-3-3	ロボット用聴覚及び臭覚センサー	-	-	-	-	-	-	-
4-3-4	ロボット用力覚及び圧力センサー	10	370	-	-	-	20	400
4-3-5	ロボット用触覚センサー	-	-	-	-	-	-	-
4-3-6	ロボット用モーションセンサー(速度、位置)	-	-	-	-	-	-	-
4-3-7	ロボット用無線通信基盤位置認識システム	-	-	-	-	-	-	-
4-3-8	ロボット用ナビゲーションシステム及び運行センサーSoC	-	-	-	-	-	-	-
4-3-9	その他ロボット用センシング部品及び部分品	5	-	-	-	-	774	779
4-4	ロボット用制御部品及び部分品	-	-	6,000	-	-	-	6,000
4-4-1	ロボット用エンベデッド制御器	-	-	-	-	-	-	-
4-4-2	ロボット用エンベデッド制御用SoC	-	-	-	-	-	-	-
4-4-3	ロボット用PC型制御機及び専用制御機	-	-	-	-	-	-	-
4-4-4	ロボット用モーション制御機	-	-	-	-	-	-	-
4-4-5	ロボット用モーション制御用SoC	-	-	-	-	-	-	-
4-4-9	その他ロボット用制御機	-	-	6,000	-	-	6,000	

<続く>

情報通信・放送・インターネット・コンテンツ・医療機器・ロボット

分類記号	ロボット単体及び主要部品	輸出国						合計
		中国	日本	米国	インド	フランス	その他	
4-5	ロボット用ソフトウェア	-	-	-	-	-	13	13
4-5-1	ロボット用OS及びデバイスドライバー	-	-	-	-	-	-	-
4-5-2	ロボット用ミドルウェア	-	-	-	-	-	-	-
4-5-3	ロボット用アプリケーション	-	-	-	-	-	-	-
4-5-4	ロボット用開発道具	-	-	-	-	-	12	12
4-5-5	ロボット用シミュレーター	-	-	-	-	-	1	1
4-5-9	その他ロボット用ソフトウェア	-	-	-	-	-	-	-
4-9	その他ロボット用部品及び部分品	40	60	-	-	-	1,073	1,173
4-9-1	ロボット用電池	-	-	-	-	-	138	138
4-9-2	ロボット用充電装置	-	-	-	-	-	-	-
4-9-3	ロボット用ケーブル	-	-	-	-	-	-	-
4-9-4	ロボット用有線通信	-	-	-	-	-	-	-
4-9-5	ロボット用無線通信	-	-	-	-	-	-	-
4-9-9	その他ロボット用部品及び部分品	40	60	-	-	-	935	1,035

分類記号	ロボット単体及び主要部品	輸出国						合計
		中国	日本	米国	インド	フランス	その他	
5	ロボットシステム	2,353	-	176	400	-	5,070	7,999
5-1	製造用ロボットシステム	1,153	-	176	400	-	511	2,240
5-1-1	レーザーマーキングシステム	853	-	176	-	-	100	1,129
5-1-2	ウェハハンドラ及びプルーバー	-	-	-	-	-	-	-
5-1-3	ウェハビジョン検査システム	-	-	-	-	-	-	-
5-1-4	チップ部品整列システム及びチップ部品検査システム	-	-	-	-	-	-	-
5-1-5	LED外観検査システム							
5-1-6	RFIDピックアップシステム							
5-1-7	総合適正検査(SPI)光学式自動外観(AOI)検査装置							
5-1-8	FPD洗浄機及びプラスチック射出物洗浄機	-	-	-	-	-	-	-
5-1-9	その他製造用ロボットシステム	300	-	-	400	-	411	1,111
5-2	ロボット基盤生産システム	1,200	-	-	-	-	2,029	3,229
5-2-1	ロボット基盤半導体生産システム	-	-	-	-	-	-	-
5-2-2	ロボット基盤ディスプレイ生産システム	-	-	-	-	-	-	-
5-2-3	ロボット基盤製鋼システム	-	-	-	-	-	1,617	1,617
5-2-4	ロボット基盤造船設備システム	-	-	-	-	-	-	-
5-2-5	ロボット基盤自動車生産システム	1,200	-	-	-	-	-	1,200
5-2-6	ロボット基盤IT製品生産システム	-	-	-	-	-	-	-
5-2-7	パターン及び信号検査用ロボット	-	-	-	-	-	-	-
5-2-9	その他ロボット基盤生産システム	-	-	-	-	-	412	412
5-3	専門サービスロボットシステム	-	-	-	-	-	2,530	2,530
5-3-1	社会安全ロボットシステム							
5-3-2	医療ロボットシステム							
5-3-9	その他専門サービスロボットシステム	-	-	-	-	-	2,530	2,530
5-9	その他サービスロボットシステム	-	-	-	-	-	-	-
5-9-1	その他サービスロボットシステム	-	-	-	-	-	-	-

<続く>

分類記号	ロボット単体及び主要部品	輸出国						合計
		中国	日本	米国	インド	フランス	その他	
6	ロボットエンベデッド	-	-	-	-	-	40	40
6-1	ロボットエンベデッド交通	-	-	-	-	-	-	-
6-1-1	無人自動車	-	-	-	-	-	-	-
6-1-2	無人タンク	-	-	-	-	-	-	-
6-1-3	無人航空機	-	-	-	-	-	-	-
6-1-9	その他ロボット交通融合製品	-	-	-	-	-	-	-
6-2	ロボットエンベデッド家電	-	-	-	-	-	-	-
6-2-1	移動型エアコン	-	-	-	-	-	-	-
6-2-9	その他ロボットエンベデッド家電製品	-	-	-	-	-	-	-
6-3	ロボットエンベデッドヘルス	-	-	-	-	-	-	-
6-3-1	知能型ヘルスフレームワーク	-	-	-	-	-	-	-
6-3-9	その他ロボットエンベデッドヘルス	-	-	-	-	-	-	-
6-4	ロボットエンベデッドIT	-	-	-	-	-	-	-
6-4-1	3次元マウス	-	-	-	-	-	-	-
6-4-9	その他ロボットエンベデッドIT製品	-	-	-	-	-	-	-
6-5	ロボットエンベデッド防衛	-	-	-	-	-	-	-
6-5-1	ウェアラブルロボット基盤戦闘服	-	-	-	-	-	-	-
6-5-9	その他ロボットエンベデッド防衛	-	-	-	-	-	-	-
6-6	ロボットエンベデッド医療	-	-	-	-	-	-	-
6-6-1	診断機器と結合した手術ロボットシステム	-	-	-	-	-	-	-
6-6-9	その他ロボットエンベデッド医療	-	-	-	-	-	-	-
6-7	ロボットエンベデッド建設	-	-	-	-	-	-	-
6-7-1	その他ロボットエンベデッド建設	-	-	-	-	-	-	-
6-9	その他ロボットエンベデッド	-	-	-	-	-	40	40
6-9-1	その他ロボットエンベデッド製品	-	-	-	-	-	40	40

出所:ロボット産業協会

7 石油化学工業

1. 石油化学総括

<表1-1> 部門別石油化学製品需給実績推移 　　　　　　　　　　　　　　　　（単位：千トン,％）

		2007	2008	2009	2010	2011	2012
合成樹脂	生産	10,746	10,722	11,797	11,840	11,693	11,966
	輸入	135	138	135	190	275	295
	総需要	10,881	10,860	11,932	12,030	11,968	12,264
	輸出	6,041	6,243	7,224	6,958	6,771	7,128
	国内需要	4,799	4,616	4,707	5,072	5,197	5,136
	自給率	224	232	251	237	225	233
合繊原料	生産	7,350	7,919	8,369	8,641	8,704	8,403
	輸入	662	536	579	591	604	606
	総需要	8,012	8,455	8,948	9,232	9,308	9,009
	輸出	3,519	4,127	4,368	4,312	4,251	3,968
	国内需要	4,421	4,328	4,580	4,920	5,057	5,041
	自給率	166	183	183	176	172	167
合成ゴム	生産	683	749	829	878	882	1,006
	輸入	45	55	62	71	71	70
	総需要	728	804	891	949	953	1,076
	輸出	461	477	524	552	613	642
	国内需要	262	327	368	398	340	434
	自給率	261	229	225	221	259	232
合計	生産	18,779	19,389	20,995	21,359	21,279	21,375
	輸入	842	729	777	852	950	974
	総需要	19,621	20,118	21,772	22,211	22,229	22,349
	輸出	10,021	10,847	12,117	11,822	11,635	11,738
	国内需要	9,482	9,271	9,655	10,390	10,594	10,611
	自給率	198	209	217	206	201	201

注) 1. 生産は出荷基準.　　　　　　　　　　　　　　　　　　　　　出所：韓国石油化学工業協会
　 2. 合成樹脂：LDPE, HDPE, PP, PS, ABS, PVC
　 3. 合繊原料：AN, CPLM, TPA, DMT, EG
　 4. 合成ゴム：SBR, BR

<表1-2> 石油化学製品生産能力推移 (単位：千トン)

	2007	2008	2009	2010	2011	2012
エチレン	7,022	7,372	7,440	7,610	7,920	8,350
プロピレン	5,031	5,571	5,641	5,726	5,966	6,591
ブタジエン	1,032	1,082	1,107	1,107	1,292	1,322
ベンゼン	3,871	4,105	4,220	4,238	4,934	4,918
トルエン	2,340	2,395	2,395	2,395	2,537	2,151
キシレン	3,239	3,274	3,274	3,274	4,228	3,313
OX	455	410	410	410	410	410
PX	4,190	4,190	4,200	4,243	5,640	5,640
CH	280	350	350	350	350	350
SM	3,120	3,304	3,362	3,383	3,443	3,443
EDC	840	911	911	911	931	931
VCM	1,490	1,497	1,497	1,507	1,537	1,537
LDPE	857	857	899	903	998	998
LLDPE	880	1,010	1,010	1,020	1,036	1,036
HDPE	2,035	2,115	2,180	2,285	2,325	2,575
PP	3,233	3,623	3,748	3,818	3,988	4,240
PS/EPS	1,335	1,341	1,282	1,282	1,304	1,184
ABS	1,480	1,500	1,520	1,520	1,636	1,726
PVC	1,340	1,340	1,380	1,380	1,420	1,462
AN	520	520	550	550	565	850
CPLM	240	270	270	270	270	270
TPA	6,510	6,385	6,380	6,390	6,690	6,790
DMT	60	60	80	80	80	80
EG	885	1,307	1,307	1,307	1,352	1,390
SBR	386	516	616	616	626	686
SB-Latex	233	223	223	206	228	228
BR	286	311	322	442	522	554
NBR	80	80	100	100	100	100
EPDM	80	110	110	122	127	132
アルキルベンゼン	175	175	178	178	178	178
エタノール	60	60	60	60	60	60
アセトアルデヒド	30	30	30	30	30	30
カーボンブラック	560	560	560	570	612	612
PA	395	395	400	400	400	400
MA	74	74	74	74	74	74
PPG	330	350	387	422	533	533
石油樹脂	90	90	110	100	100	120
フェノール	480	650	650	650	655	655
アセトン	300	405	405	405	405	405
TDI	283	283	283	290	360	360
MDI	285	285	345	345	359	469
オクタノール	354	354	354	354	354	354
ブタノール	55	55	55	55	55	68
酢酸	477	477	477	507	597	597
BPA	290	570	590	590	560	710
MMA	150	226	316	316	320	320
PMMA	90	130	130	143	168	173

出所：韓国石油化学工業協会

石油化学工業

<表1-3> 基礎油分輸出推移 (単位：トン, 千ドル, %)

	2011		2012		増減率	
	金額	重量	金額	重量	金額	重量
エチレン	863,556	722,392	1,238,040	1,033,215	43.4	43.0
プロピレン	1,279,882	904,017	1,607,519	1,205,894	25.6	33.4
ブタジエン	662,963	234,633	677,951	280,687	2.3	19.6
ベンゼン	1,559,421	1,434,345	1,657,127	1,563,248	19.1	9.0
トルエン	1,020,965	958,468	1,330,617	1,141,412	30.3	19.1
キシレン	1,470,783	1,306,583	1,317,069	1,104,596	-10.5	-15.5
その他	198,731	137,680	257,517	197,715	29.5	43.6
合計	7,056,301	5,698,118	8,285,837	6,526,767	17.4	14.5

出所：韓国石油化学工業協会

<表1-4> 基礎油分輸入推移 (単位：トン, 千ドル, %)

	2011		2012		増減率	
	金額	重量	金額	重量	金額	重量
エチレン	172,680	136,280	164,194	131,282	-4.9	-3.7
プロピレン	392,204	264,212	332,353	243,170	-15.3	-8.0
ブタジエン	1,082,083	366,622	943,576	359,467	-12.8	-2.0
ベンゼン	193,602	182,432	185,312	162,600	-4.3	-10.9
トルエン	177,641	166,145	143,268	125,780	-19.3	-24.3
キシレン	1,299,992	1,134,329	1,393,613	1,118,818	7.2	-1.4
その他	155,882	91,571	145,525	81,495	-6.6	-11.0
合計	3,474,084	2,341,589	3,307,841	2,222,612	-4.8	-5.1

出所：韓国石油化学工業協会

<表1-5> 中間原料輸出推移 (単位：トン, 千ドル, %)

	2011		2012		増減率	
	金額	重量	金額	重量	金額	重量
O-X	155,332	114,592	139,683	95,410	-10.1	-16.7
P-X	2,781,238	1,824,948	3,229,066	2,175,998	16.1	19.2
SM	1,699,714	1,230,524	1,794,125	1,252,635	5.6	1.8
EDC	93,163	226,540	51,129	209,517	-45.1	-7.5
VCM	106,863	126,055	69,009	89,685	-35.4	-28.9
VAM	86,291	84,602	64,659	69,367	-25.1	-18.0
MMA	43,081	20,152	35,617	18,619	-17.3	-7.6
PO	10,694	5,092	12,983	6,677	21.4	31.1
その他	59,219	45,764	10,558	6,870	-82.2	-85.0
合計	5,036,595	3,678,270	5,406,829	3,924,779	7.4	6.7

出所：韓国石油化学工業協会

<表1-6> 中間原料輸入推移 (単位：トン, 千ドル, %)

	2011		2012		増減率	
	金額	重量	金額	重量	金額	重量
O - X	35,322	26,963	5,867	4,084	-83.4	-84.9
P - X	1,462,679	937,876	1,105,152	724,292	-24.4	-22.8
S M	1,080,717	776,157	1,161,020	803,873	7.4	3.6
E D C	207,387	437,485	163,267	432,390	-21.3	-1.2
V C M	4,839	6,017	2,142	2,502	-55.7	-58.4
V A M	20,859	19,687	25,278	24,412	21.2	24.0
M M A	140,068	60,628	110,869	53,690	-20.8	-11.4
P O	290,575	169,252	332,638	204,488	14.5	20.8
その他	9,947,159	15	30,301	22,228	105.8	115.6
合計	3,257,167	2,444,375	2,936,535	2,271,957	-9.8	-7.1

出所：韓国石油化学工業協会

<表1-7> 合成樹脂輸出推移 (単位：トン, 千ドル, %)

	2011		2012		増減率	
	金額	重量	金額	重量	金額	重量
LDPE	1,290,320	818,423	1,140,282	765,435	-11.6	-6.5
HDPE	1,600,919	1,077,765	1,811,099	1,235,549	13.1	14.6
EVA	569,602	230,631	530,684	288,529	-6.8	25.1
PP	3,868,690	2,283,135	3,809,169	2,448,260	-1.5	7.2
PS	1,143,150	629,090	1,137,893	608,470	-0.5	-3.3
ABS	2,808,533	1,135,009	2,544,192	1,126,302	-9.4	-0.8
PVC	775,852	656,558	758,950	726,282	-2.2	10.6
PMMA	756,967	309,108	995,494	436,760	31.5	41.3
PPO	13,334	3,023	16,642	3,897	24.8	28.9
エポキシ	562,631	146,854	472,356	155,487	-1.4	14.4
ポリカーボネート	1,144,866	365,560	1,177,209	434,776	2.8	18.9
ポリエステル	1,580,589	919,279	1,266,729	812,419	-19.9	-11.6
ポリアミド	551,967	152,692	508,352	153,881	-7.9	0.8
その他	2,887,460	1,276,274	3,389,009	1,503,870	14.1	16.8
合計	19,554,880	10,003,400	19,558,060	10,699,918	0.0	7.0

注) LDPEは LLDPEを含む

出所：韓国石油化学工業協会

石油化学工業

<表1-8> 合成樹輸入推移 (単位：トン, 千ドル, %)

	2011		2012		増減率	
	金額	重量	金額	重量	金額	重量
L D P E	162,791	79,422	174,566	93,907	7.2	18.2
H D P E	66,848	35,894	65,505	31,684	-2.0	-11.7
E V A	42,362	13,489	26,021	9,562	-38.6	-29.1
P P	155,797	48,246	166,881	47,484	7.1	-1.6
P S	40,640	19,706	42,820	20,134	5.4	2.2
A B S	23,600	6,321	22,562	5,703	-4.4	-9.8
P V C	103,385	93,443	110,219	113,210	6.6	21.2
P M M A	268,123	59,695	266,156	59,625	-0.7	-0.1
P P O	22,926	6,632	21,818	5,826	-4.8	-12.1
エポキシ	201,740	25,773	128,563	25,681	-4.0	8.3
ポリカーボネート	274,092	100,285	261,783	91,727	-4.5	-8.5
ポリエステル	196,337	84,534	182,959	84,499	-6.8	0.0
ポリアミド	544,427	127,209	554,864	136,943	1.9	7.7
その他	1,905,722	442,385	2,095,668	496,870	6.2	11.8
合計	4008,791	1,143,033	4,120,385	1,222,856	2.8	7.0

出所：韓国石油化学工業協会

<表1-9> 合成ゴム輸出推移 (単位：千ドル, トン, %)

	2011		2012		増減率	
	金額	重量	金額	重量	金額	重量
S B R	1,798,852	536,461	1,593,944	560,005	-11.4	4.4
B R	1,288,422	334,084	1,146,798	357,314	-11.0	7.0
E P R	289,148	72,651	294,711	75,120	1.9	3.4
SB - Latex	64,403	48,162	75,566	58,803	17.3	22.1
I I R	3,548	566	3,150	639	-11.2	12.9
C R	2,487	504	1,854	365	-25.5	-27.5
N B R	372,107	103,051	328,432	104,164	-11.7	1.1
その他	227,335	127,787	290,431	206,892	27.8	61.9
合計	4,046,302	1,223,264	3,734,886	1,363,302	-7.7	11.4

出所：韓国石油化学工業協会

<表1-10> 合成ゴム輸入推移 (単位：千ドル, トン, %)

	2011		2012		増減率	
	金額	重量	金額	重量	金額	重量
S B R	155,745	42,723	190,483	48,140	22.3	12.7
B R	74,229	19,637	79,590	22,199	7.2	13.0
E P R	36,875	8,542	24,003	5,461	-34.9	-36.1
SB - Latex	16,710	5,158	23,249	8,487	39.1	64.5
I I R	67,757	14,269	60,496	16,484	-10.7	15.5
C R	44,917	10,224	44,217	9,262	-1.6	-9.4
N B R	23,079	3,357	16,102	2,245	-30.2	-33.1
その他	227,943	47,831	238,193	46,343	4.5	-3.1
合計	647,255	151,742	676,333	158,621	4.5	4.5

出所：韓国石油化学工業協会

<表1-11> 合繊原料輸出推移 (単位：千ドル，トン，%)

	2011		2012		増減率	
	金額	重量	金額	重量	金額	重量
A N	403,408	185,399	363,472	201,085	-9.9	8.5
C P L M	63,173	20,815	81,727	32,507	29.4	56.2
T P A	4,474,450	3,616,166	3,514,596	3,273,634	-21.5	-9.5
D M T	32,364	23,268	27,656	20,164	-14.5	-13.3
E G	467,582	402,502	464,434	461,031	-8.0	6.5
その他	37,231	30,528	-	-	-	-
合計	5,478,208	4,278,676	4,451,885	3,988,420		-6.8

出所：韓国石油化学工業協会

<表1-12> 合繊原料輸入推移 (単位：トン，千ドル，%)

	2011		2012		増減率	
	金額	重量	金額	重量	金額	重量
A N	200,865	87,084	211,031	113,472	5.1	30.3
C P L M	159,773	49,016	89,925	34,717	-43.7	-29.2
T P A	7	24	2,929	1,960	-	-
D M T	14,119	10,469	2,880	1,766	-79.6	-83.1
E G	548,615	457,724	505,445	460,293	-9.2	-0.5
その他	7,844	5,003	-	-	-	-
合計	931,223	609,320	812,209	612,209	-12.8	0.5

出所：韓国石油化学工業協会

<表1-13> その他石油化学製品輸出推移 (単位：トン，千ドル，%)

	2010		2011		増減率	
	金額	重量	金額	重量	金額	重量
M A	22,073	14,509	25,452	15,753	15.3	8.6
P A	260,934	199,338	266,429	178,379	2.1	-10.5
P G	101,004	55,916	110,615	67,963	9.5	21.5
P P G	638,416	267,416	710,504	327,594	11.3	22.5
T D I	560,011	234,205	622,372	222,453	11.1	-5.0
M D I	132,170	58,735	116,800	48,748	-11.6	-17.0
フェノール	259,334	167,571	140,134	99,943	-46.0	-40.4
アセトン	101,601	100,739	78,544	82,206	-22.7	-18.4
ブタノール	41,902	42,534	48,111	50,221	14.8	18.1
オクタノール	154,488	85,373	121,816	76,774	-21.1	-10.1
カーボンブラック	183,422	121,005	201,770	132,763	10.0	9.7
酢酸	37,525	60,482	60,814	118,502	62.1	95.9
酢酸エチル	10,088	9,588	10,684	10,963	5.9	14.3
メタノール	4,257	9,745	3,295	6,426	-22.6	-34.1
その他	1,907,448	1,124,646	1,926,965	1,166,308	1.0	3.7
合計	4,414,673	2,551,803	4,444,305	2,604,996	0.7	2.1

出所：韓国石油化学工業協会

石油化学工業

<表1-14> その他石油化学製品輸入推移　　　　　　　　　　　　　　　(単位：トン, 千ドル, %)

	2011		2012		増減率	
	金額	重量	金額	重量	金額	重量
M　　　　　　　　A	2,583	1,654	1,140	692	-55.9	-58.2
P　　　　　　　　A	948	440	610	334	-35.7	-24.1
P　　　　　　　　G	14,654	8,184	17,615	10,801	20.2	32.0
P　　　P　　　G	33,041	12,932	23,983	10,608	-27.4	-18.0
T　　　D　　　I	388	8	2,691	841	593.8	-
M　　　D　　　I	1,599	517	3,077	801	92.4	55.0
フェノール	160,159	98,114	140,300	97,137	-12.4	-1.0
アセトン	7,218	6,338	14,552	13,600	101.6	114.6
ブタノール	37,306	28,285	93,467	69,950	150.5	147.3
オクタノール	32,470	18,415	71,119	44,288	119.0	140.5
カーボンブラック	123	44	103,894	57,429	9.2	15.7
酢　　　　　　　　酸	45,479	85,316	26,817	59,390	-41.0	-30.4
酢酸エチル	73,522	68,844	80,020	82,104	8.8	19.3
メタノール	586,431	1,616,726	640,590	1,685,839	9.2	4.3
その他	3,188,296	1,863,907	2,880,969	1,705,303	-6.9	-6.0
合計	4,184,217	3,809,724	4,100,844	3,839,115	-2.0	0.8

出所：韓国石油化学工業協会

<表1-15> 石油化学製品輸出入実績(エチレン換算)推移　　　　　　　　　(単位：千トン, %)

	輸出	輸入	バランス	輸出比率	輸入比率
2001	2,526	968	1,558	46.4	24.9
2002	2,612	1,061	1,552	45.9	25.6
2003	2,746	949	1,797	46.5	23.0
2004	2,646	895	1,751	44.4	21.3
2005	2,825	843	1,982	46.1	20.4
2006	2,819	878	1,941	45.7	20.7
2007	3,225	834	2,391	47.0	13.4
2008	3,489	750	2,738	50.9	19.1
2009	3,879	900	2,979	54.2	22.5
2010	3,546	963	2,583	51.4	23.4
2011	3,637	948	2,689	51.9	23.0
2012	4,127	953	3,174	53.8	22.3

注)1. 輸出比率：輸出/生産
　　2. 輸入比率：輸入/内需(生産+輸入-輸出)
　　3. バランス：輸出-輸入

出所：韓国石油化学工業協会

<表1-16> 分野別石油化学製品輸出推移 (単位：トン、千ドル)

		2008	2009	2010	2011	2012
基礎油分	重量 金額	4,432,214 4,774,982	5,160,994 3,709,520	4,904,104 4,767,765	5,698,118 7,056,301	6,526,767 8,285,837
中間原料	重量 金額	2,791,539 3,295,571	2,979,103 2,620,869	3,292,348 3,434,500	3,678,270 5,036,594	3,924,779 5,406,829
合成樹脂	重量 金額	8,804,641 14,909,001	10,098,330 13,259,755	10,130,067 17,050,500	10,003,400 19,554,880	10,699,918 19,558,060
合繊原料	重量 金額	4,159,637 3,747,544	4,397,456 3,494,905	4,332,434 4,213,480	4,278,676 5,478,208	3,988,420 4,451,885
合成ゴム	重量 金額	813,385 1,992,478	1,023,537 1,559,526	1,097,586 2,427,069	1,223,264 4,046,302	1,363,302 3,734,886
その他の製品	重量 金額	1,989,412 3,404,759	2,354,258 2,821,855	2,497,827 3,821,801	2,551,803 4,414,675	2,604,996 4,444,306
合計	重量 金額	22,990,828 32,124,335	26,013,677 27,466,430	26,254,366 36,715,115	27,433,532 45,586,960	29,108,183 45,881,802

出所：韓国石油化学工業協会

<表1-17> 分野別石油化学製品輸入推移 (単位：トン、千ドル)

		2008	2009	2010	2011	2012
基礎油分	重量 金額	2,202,455 2,595,076	2,263,241 1,755,443	2,459,126 2,638,524	2,341,589 3,474,084	2,222,612 3,307,841
中間原料	重量 金額	2,231,863 2,424,318	2,613,325 2,229,775	2,585,231 2,660,139	2,444,375 3,257,167	2,271,957 2,936,535
合成樹脂	重量 金額	871,584 2,804,673	790,499 2,424,496	1,016,642 3,371,070	1,143,033 4,008,791	1,222,856 4,120,385
合繊原料	重量 金額	537,528 701,525	585,069 442,115	595,824 707,315	609,320 931,223	612,209 812,209
合成ゴム	重量 金額	142,676 519,324	135,509 385,819	162,691 556,126	151,742 647,255	158,621 676,333
その他の製品	重量 金額	3,551,517 3,273,723	3,584,524 2,296,919	3,795,821 3,367,381	3,809,724 4,184,217	3,839,115 4,100,843
合計	重量 金額	9,537,623 12,318,639	9,972,166 9,534,567	10,615,334 13,300,555	10,499,783 16,502,737	10,327,370 15,954,147

出所：韓国石油化学工業協会

<表1-18> 会社別石油化学施設能力現況(2012)　　　　　　　　　　(単位：千トン)

	会　社　名	工場所在地	稼動年度	生産能力
エチレン	ＳＫ総合化学	蔚山	1972, 1989	860
	大韓油化工業	温山	1991	470
	ＬＧ石油化学	麗水	1991	-
	ＬＧ化学	麗水	2007	1,000
	ロッテケミカル	麗水	1992	1,000
	麗川ＮＣＣ	麗水	'79, '89, '92	1,910
	サムスントータル	大山	1991	1,000
	現代石油工業	大山	1991, 1997	-
	ロッテケミカル	大山	2005	1,110
	ＬＧ大山油化	大山	2005	-
	ＬＧ化学	大山	2006	1000
	計			8,350
プロピレン	ＳＫエネルギー	蔚山	1972	500
	ＳＫ総合化学	蔚山	2011	500
	曉星	蔚山	1991	180
	大韓油化工業	温山	1991	350
	Ｓ-Ｏｉｌ	温山	1997	200
	テグァン産業	蔚山	1997	300
	ＬＧ石油化学	麗水	1991	-
	ＬＧ化学	麗水	2007	670
	ロッテケミカル	麗水	1992	505
	ＧＳカルテックス	麗水	1995	476
	麗川ＮＣＣ	麗水	'79, '89, '92	970
	サムスントータル	大山	1991	840
	現代石油工業	大山	1991	-
	ロッテケミカル	大山	2005	550
	ＬＧ大山油化	大山	2005	-
	ＬＧ化学	大山	2006	500
	現代オイルバンク	大山	2011	300
	計			6,841
ブタジエン	ＳＫ総合化学	蔚山	1972	130
	錦湖石油化学	麗水, 蔚山	1979, 1992	237
	ＬＧ石油化学	麗水	1991	-
	ＬＧ化学	麗水	2007	155
	麗川ＮＣＣ	麗水	1992	240
	ロッテケミカル	麗水	2011	150
	サムスントータル	大山	1991	120
	現代石油工業	大山	1991	-
	ロッテケミカル	大山	2005	150
	ＬＧ大山油化	大山	2005	-
	ＬＧ化学	大山	2006	140
	計			1,322

<続く>

	会　　社　　名	工場所在地	稼動年度	生産能力
ベンゼン	Ｓ　Ｋ　総　合　化　学	蔚山	1997, 1992	603
	Ｓ　Ｋ　Ｐ　ケ　ミ　カ　ル	蔚山	1986	-
	ロ　ッ　テ　ケ　ミ　カ　ル	蔚山	2012	110
	Ｓ　-　Ｏ　ｉ　ｌ	温山	1991	560
	大　韓　油　化　工　業	温山	2008	110
	Ｇ　Ｓ　-　Ｃａｌｔｅｘ	麗水	1990	930
	ロ　ッ　テ　ケ　ミ　カ　ル	麗水	1992	200
	麗　川　Ｎ　Ｃ　Ｃ	麗水	1979, 1992	390
	Ｌ　Ｇ　石　油　化　学	麗水	1992	-
	Ｌ　　Ｇ　　化　　学	麗水	2007	225
	Ｏ　　　Ｃ　　　Ｉ	光陽	1995	170
	サ　ム　ス　ン　ト　ー　タ　ル	大山	1991	780
	現　代　石　油　工　業	大山	1991	-
	ロ　ッ　テ　ケ　ミ　カ　ル	大山	2005	240
	Ｌ　Ｇ　大　山　油　化	大山	2005	-
	Ｌ　　Ｇ　　化　　学	大山	2006	280
	現　代　コ　ス　モ	大山	1997	240
	仁　　川　　精　　油	仁川	1992	-
	Ｓ　Ｋ　仁　川　精　油	仁川	2006	-
	Ｓ　Ｋ　エ　ネ　ル　ギ　ー	仁川	2008	200
	計			5,038
トルエン	Ｓ　Ｋ　総　合　化　学	蔚山	1970	894
	Ｓ　-　Ｏ　ｉ　ｌ	温山	1991	350
	大　韓　油　化　工　業	温山	2008	55
	Ｇ　Ｓ　カ　ル　テ　ッ　ク　ス	麗水	1990	170
	ロ　ッ　テ　ケ　ミ　カ　ル	麗水	1992	102
	Ｌ　Ｇ　石　油　化　学	麗水	1992	-
	Ｌ　　Ｇ　　化　　学	麗水	2007	100
	麗　川　Ｎ　Ｃ　Ｃ	麗水	1979, 1992	230
	Ｏ　　　Ｃ　　　Ｉ	光陽	1995	30
	仁　　川　　精　　油	仁川	1996	-
	Ｓ　Ｋ　仁　川　精　油	仁川	2006	-
	Ｓ　Ｋ　エ　ネ　ル　ギ　ー	仁川	2008	100
	ロ　ッ　テ　ケ　ミ　カ　ル	大山	2011	120
	計			2,151
キシレン	Ｓ　Ｋ　総　合　化　学	蔚山	1970	1,506
	Ｓ　-　Ｏ　ｉ　ｌ	温山	1991	450
	大　韓　油　化　工　業	温山	2008	35
	Ｇ　Ｓ　カ　ル　テ　ッ　ク　ス	麗水	1990	350
	ロ　ッ　テ　ケ　ミ　カ　ル	麗水	1992	62
	Ｌ　Ｇ　石　油　化　学	麗水	1992	-
	Ｌ　　Ｇ　　化　　学	麗水	2007	50
	麗　川　Ｎ　Ｃ　Ｃ	麗水	1979, 1992	160
	仁　　川　　精　　油	仁川	1992	-
	Ｓ　Ｋ　仁　川　精　油	仁川	2006	-
	Ｓ　Ｋ　エ　ネ　ル　ギ　ー	仁川	2008	600
	Ｌ　　Ｇ　　化　　学	大山	2011	40
	ロ　ッ　テ　ケ　ミ　カ　ル	大山	2011	60
	計			3,313

<続く>

石油化学工業

	会　社　名	工場所在地	稼動年度	生産能力
O - X	Ｋ　Ｐ　ケ　ミ　カ　ル	蔚山	1980	-
	ロッテケミカル	蔚山	2012	210
	Ｓ　Ｋ　総　合　化　学	蔚山	1990	200
	計			410
P - X	Ｋ　Ｐ　ケ　ミ　カ　ル	蔚山	1980	-
	ロッテケミカル	蔚山	2012	750
	Ｓ　Ｋ　総　合　化　学	蔚山	1990	650
	Ｓ　-　Ｏ　ｉ　ｌ	温山	1991	1,800
	ＧＳカルテックス	麗水	1990	1,350
	サムスントータル	大山	1997	710
	現　代　コ　ス　モ	大山	1997	380
	計			5,640
C H	Ｓ　Ｋ　総　合　化　学	蔚山	1974	160
	カ　ー　プ　ロ	蔚山	2000	190
	計			350
S M	東部ハイテック	蔚山	1978	270
	Ｓ　　Ｋ　　Ｃ	蔚山	1990	400
	韓　国　バ　ス　フ	蔚山	-	-
	Ｓ　Ｋ　総　合　化　学	蔚山	2000	370
	Ｌ　Ｇ　化　学	麗水	1990	505
	麗　川　Ｎ　Ｃ　Ｃ	麗水	1986	290
	サムスントータル	大山	1991	930
	現　代　石　油　工　業	大山	1991	-
	ロッテケミカル	大山	2005	500
	Ｌ　Ｇ　大　山　油　化	大山	2005	-
	Ｌ　Ｇ　化　学	大山	2006	178
	計			3,443
E D C	ハンファケミカル	蔚山	1991	215
	ハンファケミカル	麗水	1980	436
	Ｌ　Ｇ　化　学	麗水	1996	280
	計			931
V C M	ハンファケミカル	蔚山	1972	247
	ハンファケミカル	麗水	1979	350
	Ｌ　Ｇ　化　学	麗水	1990	740
	Ｌ　Ｇ　化　学	大山	1997	200
	計			1,537
L D P E	ハンファケミカル	蔚山	1972	86
	ハンファケミカル	麗水	1979	327
	Ｌ　Ｇ　化　学	麗水	1990	170
	サムスントータル	大山	1991	155
	現　代　石　油　工　業	大山	1991	-
	ロッテケミカル	大山	2005	130
	Ｌ　Ｇ　大　山　油　化	大山	2005	-
	Ｌ　Ｇ　化　学	大山	2006	130
	計			998

<続く>

	会　　社　　名	工場所在地	稼動年度	生産能力
L-LDPE	ＳＫ総合化学	蔚山	1990	180
	ハンファケミカル	麗水	1986	355
	現代石油工業	大山	1992	-
	サムスントータル	大山	1994	125
	ロッテケミカル	大山	2005	290
	ＬＧ大山油化	大山	2005	-
	ＬＧ化学	大山	2006	86
	計			1,036
HDPE	大韓油化工業	蔚山	1976	530
	ＳＫ総合化学	蔚山	1990	210
	ロッテケミカル	麗水	1979	630
	大林産業	麗水	1989	460
	ＬＧ石油化学	麗水	1992	-
	ＬＧ化学	麗水	2007	380
	サムスントータル	大山	1991	175
	現代石油工業	大山	1991	-
	ロッテケミカル	大山	2005	-
	ＬＧ大山油化	大山	2005	-
	ＬＧ化学	大山	2006	190
	計			2,575
PP	大韓油化工業	蔚山	1976	470
	ＳＫ総合化学	蔚山	1990	390
	曉星	温山	1991	320
	ロッテケミカル	麗水	1979	600
	ＧＳカルテックス	麗水	1987	180
	Poly Mirae	麗水	1993	700
	サムスントータル	大山	1991	700
	現代石油工業	大山	1991	-
	ロッテケミカル	大山	2005	500
	ＬＧ大山油化	大山	2005	-
	ＬＧ化学	大山	2006	380
	計			4,240
PS/EPS	錦湖石油化学	蔚山	1973	302
	韓国バスフ	蔚山	1982	80
	韓国スタイロルーション	蔚山	2011	266
	東部ハイテック	蔚山	1989	-
	現代ＥＰ	蔚山		156
	ＬＧ化学	麗水	1984	190
	第一毛織	麗水	1989	100
	ＳＨエネルギー化学	群山	1973	90
	計			1,184

<続く>

石油化学工業

	会　社　名	工場所在地	稼動年度	生産能力
A　B　S	錦　湖　石　油　化　学	蔚山	1973	250
	韓　国　バ　ス　フ	蔚山	1990	-
	韓国スタイロルーション		2011	276
	Ｌ　　Ｇ　　化　　学	麗水	1978	650
	第　　一　　毛　　織	麗水	1989	550
	計			1,726
P　V　C	ハンファケミカル	蔚山, 麗水	1966, 1990	602
	Ｌ　　Ｇ　　化　　学	麗水	1976	640
	Ｌ　　Ｇ　　化　　学	大山	1998	220
	計			1,462
A　N	東　西　石　油　化　学	蔚山	1972	560
	テ　グ　ァ　ン　産　業	蔚山	1997	290
	計			850
C　P　L　M	カ　ー　プ　ロ	蔚山	1974	270
T　P　A	サ　ム　ス　ン　石　油　化　学	蔚山, 大山	1980	2,000
	Ｓ　　Ｋ　　油　　化	蔚山	1989	520
	Ｋ　Ｐ　ケ　ミ　カ　ル	蔚山	1990, 1996	-
	Ｋ　Ｐ　ケ　ミ　カ　ル	蔚山	1996	-
	ロッテケミカル	蔚山	2012	1,050
	テ　グ　ァ　ン　産　業	蔚山	1995	1,000
	曉　　　　　　　星	蔚山	1997	420
	三　南　石　油　化　学	麗水	1990	1,800
	計			6,790
D　M　T	Ｓ　　Ｋ　　油　　化	蔚山	1989	80
E　G	ロッテケミカル	麗水	1979	415
	サムスントータル	麗水	1991	155
	現　代　石　油　工　業	大山	1991	-
	ロッテケミカル	大山	2005	640
	Ｌ　Ｇ　大　山　油　化	大山	2005	-
	Ｌ　　Ｇ　　化　　学	大山	2006	180
	計			1,390
S　B　R	錦　湖　石　油　化　学	蔚山	1973	481
	現　代　石　油　工　業	大山	1996	-
	Ｌ　Ｇ　大　山　油　化	大山	2005	-
	Ｌ　　Ｇ　　化　　学	大山	2006	205
	計			686

<続く>

	会社名	工場所在地	稼動年度	生産能力
SB-Latex	錦湖石油化学	蔚山	1983	70
	Styron Korea	蔚山	1990	43
	LG化学	麗水	1994	35
	ハンソルケミカル	全州	1996	80
	計			228
BR	錦湖石油化学	麗水	1980	374
	現代石油工業	大山	1996	-
	LG大山油化	大山	2005	-
	LG化学	大山	2006	180
	計			554
NBR	錦湖石油化学	蔚山	1983	50
	現代石油工業	大山	1996	-
	LG大山油化	大山	2005	-
	LG化学	大山	2006	50
	計			100
EPDM	錦湖ポリケム	麗水	1987	100
	SK総合化学	蔚山	1992	32
	計			132
アルキルベンゼン	Isu化学	蔚山	1973	178
エタノール	韓国アルコール産業	蔚山	1974	60
アセトアルデヒド	韓国アルコール産業	蔚山	1974	30
カーボンブラック	OCI	浦項	1981	170
	OCI	光陽	1992	100
	オリオンエンジニアカーボンズ	仁川, 麗水	1969, 1979	222
	コロンビアンケミカルズ	麗水	1996	120
	計			612
PA	愛敬油化	蔚山	1972	180
	OCI	浦項	1983	80
	OCI	蔚山	1997	-
	ハンファケミカル	蔚山	2009	80
	LG化学	麗水	1992	60
	計			400
MA	龍山化学	蔚山	1976	38
	愛敬油化	蔚山	1988	8
	計			46
MA/THF	KOREA PTG	蔚山	1992	28

<続く>

	会社名	工場所在地	稼動年度	生産能力
PPG	KPXケミカル 錦湖石油化学 SKC 韓国バスフ	蔚山 〃 〃 〃	1975 1988 1990 1995	210 78 180 65
	計			533
石油樹脂	コーロンインダストリー	蔚山, 麗水	1977	120
フェノール	KUMHO P & B CHEMICALS LG石油化学 LG化学	麗水 麗水 麗水	1980 2005 2007	380 - 275
	計			655
アセトン	KUMHO P & B CHEMICALS LG石油化学 LG化学	麗水 麗水	1980 2005	235 - 170
	計			405
MDI	ダウケミカル 錦湖三井化学 韓国バスフ	麗水 〃 〃	1988 1992 1992	19 200 250
	計			469
TDI	KPXファインケミカル 韓国バスフ OCI	麗水 麗水 群山	1981 - 1990	150 160 50
	計			350
オクタノール	LG化学 ハンファケミカル	羅州 麗水	1982 1997	244 110
	計			354
ブタノール	LG化学 ハンファケミカル	羅州 麗水	1982 1997	55 13
	計			68
酢酸	サムスンBP化学 OCI	蔚山 群山	1991 1992	570 27
	計			597

出所:韓国石油化学工業協会

<表1-19> ナフサ(原料)需給推移 (単位：千Bbl,(千トン)

	需要				輸出	供給	
	NCC	BTX	その他	合計		生産	輸入
2005	224,392 (24,933)	38,291 (4,255)	3,350 (372)	266,033 (29,560)	25,793 (2,866)	135,676 (15,075)	130,356 (14,484)
2006	213,209 (23,690)	62,763 (6,973)	2,864 (318)	278,836 (30,982)	27,991 (3,110)	141,872 (15,763)	126,964 (14,107)
2007	227,695 (25,299)	86,176 (9,575)	2987 (332)	316,858 (35,206)	29,423 (3,269)	173,092 (19,232)	143,766 (15,974)
2008	172,261 (19,196)	128,703 (14,300)	2,748 (305)	304,212 (33,801)	22,915 (2,546)	173,746 (19,305)	153,381 (17,042)
2009	170,911 (18,990)	140,160 (15,573)	2,264 (252)	313,335 (34,815)	26,569 (2,952)	159,064 (17,674)	180,840 (20,093)
2010	179,447 (19,939)	144,966 (16,107)	1,798 (200)	326,210 (36,246)	32,111 (3,568)	169,721 (18,585)	188,600 (20,956)
2011	191,554 (21,284)	154,747 (17,194)	1,919 (213)	348,220 (38,691)	35,386 (3,932)	195,100 (21,678)	188,506 (20,945)
2012	207,768 (23,085)	167,845 (18,649)	2,081 (231)	384,606 (42,734)	33,286 (3,698)	207,103 (23,011)	203,878 (22,653)

注) 1.ナフサ 1MT = 9 Bbl 出所：韓国石油化学工業協会
2. BTXは BTX 設備のみを保有している場合をいい、需要は使用量の目安

<表1-20> ナフサ及び原油価格推移

	原油($/Bbl)			ナフサ($/MT)			
	UAE	U.Kingdo	USA	アラブ湾岸	シンガポール	日本	韓国
	ドバイ	ブレント	WTI	FOB	FOB	C&F	($/トン)
2008.7	131.31	133.60	133.36	1,099.08	1,119.46	1,181.69	1,164.75
2009.1	44.12	43.63	41.82	n.a.	n.a.	380.05	294.26
2009.7	64.97	64.64	64.16	n.a.	n.a.	572.38	n.a.
2010.1	76.75	76.39	78.34	n.a.	n.a.	729.38	n.a.
2010.7	72.61	75.70	76.30	n.a.	n.a.	641.70	n.a.
2011.1	92.55	96.78	89.54	n.a.	n.a.	867.44	n.a.
2011.7	110.15	116.82	97.30	n.a.	n.a.	974.15	n.a.
2012.1	109.52	111.02	100.38	n.a.	n.a.	959.81	n.a.
2012.7	99.08	102.66	87.88	n.a.	n.a.	845.81	n.a.

出所：韓国石油化学工業協会

2. 基礎油分

<表2-1> エチレン需給推移 (単位：トン)

		2007	2008	2009	2010	2011	2012
生産		6,854,704	7,070,832	7,412,807	7,396,364	7,476,566	8,048,830
出荷	国内	6,106,089	6,337,421	6,748,310	6,839,170	6,741,600	6,942,223
	直輸出	720,707	761,986	658,605	553,774	722,392	1,033,215
	小計	6,826,796	7,099,407	7,406,915	7,392,944	7,463,992	7,975,438
在庫		37,023	40,601	43,654	47,463	58,636	60,673
輸入		109,609	114,978	160,370	195,630	136,280	131,282
国内需要		6,215,698	6,452,399	6,908,680	7,034,800	6,877,880	7,073,505

出所：韓国石油化学工業協会

<表2-2> 用途別エチレン出荷比率推移 (単位：％)

	2007	2008	2009	2010	2011	2012
LDPE	25.1	25.2	26.1	26.8	27.0	26.0
HDPE	30.1	30.4	29.9	28.3	27.7	29.4
EG	12.2	14.5	15.0	14.8	14.8	14.8
EDC/VCM	16.0	15.7	15.3	16.0	16.7	16.1
SM	14.6	13.3	12.5	12.8	12.2	12.5
AA	0.2	0.2	0.1	0.1	0.1	0.1
EPR	0.4	0.4	0.7	0.9	0.9	0.9
その他	1.4	0.3	0.3	0.3	0.6	0.2
合計	100.0	100.0	100.0	100.0	100.0	100.0

出所：韓国石油化学工業協会

<表2-3> 会社別エチレン生産能力推移 (単位：千トン/年)

	2008	2009	2010	2011	2012
ＳＫ総合化学	860	860	860	860	860
大韓油化工業	470	470	470	470	470
ＬＧ石油化学	-	-	-	-	-
ＬＧ化学	900	900	1,000	1,000	1,000
ロッテケミカル	720	750	750	750	1,000
麗川ＮＣＣ	1,812	1,850	1,900	1,910	1,910
サムスントータル	850	850	850	1,000	1,000
現代石油工業	-	-	-	-	-
ロッテケミカル	1,000	1,000	1,000	1,000	1,100
ＬＧ大山油化	-	-	-	-	-
ＬＧ化学	760	760	780	930	1,000
合計	7,372	7,440	7,610	7,920	8,350

出所：韓国石油化学工業協会

<表2-4> プロピレン需給推移 (単位：トン)

		2007	2008	2009	2010	2011	2012
生産		4,835,340	5,055,461	5,606,548	5,702,095	5,530,703	6119,163
出荷	国内	4,308,639	4,511,081	4,932,759	5,108,923	4,616,056	5,103,491
	直輸出	538,499	553,074	659,113	558,704	904,017	1,205,894
	小計	4,847,138	5,064,155	5,591,872	5,667,627	5,520,073	6,309,384
在庫		67,494	34,690	33,676	51,599	37,393	46,548
輸入		248,787	218,166	245,445	280,207	264,212	243,170
国内需要		4,557,426	4,729,246	5,178,204	5,389,130	4,880,268	5,346,661

出所：韓国石油化学工業協会

<表2-5> 用途別プロピレン出荷比率推移 (単位：%)

	2007	2008	2009	2010	2011	2012
PP	63.0	67.7	69.3	65.8	65.1	64.7
AN	11.4	9.7	10.2	11.0	10.5	11.8
フェノール/アセトン	11.1	11.7	12.0	11.9	12.8	12.8
オクタノール/ブタノール	7.2	7.4	6.5	6.1	6.3	5.7
EPDM	0.4	0.5	0.8	0.9	1.0	0.9
PO	2.8	2.9	3.9	4.0	4.0	3.8
その他	4.0	0.1	0.4	0.4	0.3	0.3
合計	100.0	100.0	100.0	100.0	100.0	100.0

出所：韓国石油化学工業協会

<表2-6> 会社別プロピレン生産能力推移 (単位：千トン)

	2008	2009	2010	2011	2012
SKエネルギー	1000	1000	1000	500	500
SK総合化学	-	-	-	500	500
曉星	165	165	165	165	180
大韓油化工業	350	350	350	350	350
S-Oil	200	200	200	200	200
テグァン産業	250	250	250	250	300
LG石油化学	-	-	-	-	-
LG化学	580	580	620	620	670
ロッテケミカル	380	380	380	380	505
GS カルテックス	175	226	226	226	476
麗川NCC	911	930	955	970	970
サムスントータル	680	680	680	840	840
現代石油工業	-	-	-	-	-
ロッテケミカル	500	500	500	500	550
LG大山油化	-	-	-	-	-
LG化学	380	380	400	465	500
現代オイルバンク	-	-	-	-	300
合計	5,571	5,641	5,726	5,966	6,841

出所：韓国石油化学工業協会

石油化学工業

<表2-7> ブタジエンの需給推移 (単位：トン)

		2007	2008	2009	2010	2011	2012
生産		962,626	1,062,939	1,094,206	1,143,926	1,200,472	1,331,129
出荷	国内	829,641	895,801	868,815	905,706	972,643	1,046,453
	直輸出	160,621	191,166	227,812	232,367	234,633	280,687
	小計	990,262	1,086,967	1,096,627	1,138,073	1,207,276	1,327,140
在庫		8,888	15,138	12,722	18,546	13,068	19,390
輸入		139,498	212,529	290,839	318,469	366,585	359,467
国内需要		969,140	1,108,330	1,159,654	1,224,175	1,339,228	1,405,920

出所：韓国石油化学工業協会

<表2-8> 用途別ブタジエン出荷比率推移 (単位： %)

	2007	2008	2009	2010	2011	2012
ＳＢＲ	27.6	29.3	29.6	30.1	27.8	28.2
ＢＲ	29.7	25.4	27.0	26.9	31.3	33.9
ＡＢＳ	27.4	21.2	23.0	23.1	19.7	21.0
その他	15.3	24.2	20.5	19.8	21.3	16.9
合計	100.0	100.0	100.0	100.0	100.0	100.0

出所：韓国石油化学工業協会

<表2-9> 会社別ブタジエン生産能力推移 (単位：千トン/年)

	2008	2009	2010	2011	2012
SK総合化学	130	130	130	130	130
錦湖石油化学	237	237	237	237	237
ＬＧ石油化学	-	-	-	-	-
ＬＧ化学	145	145	145	145	155
麗川ＮＣＣ	220	220	220	240	240
ロッテケミカル	-	-	-	130	150
サムスントータル	105	105	105	120	120
現代石油工業	-	-	-	-	-
ロッテケミカル	150	150	150	150	150
ＬＧ大山油化	-	-	-	-	-
ＬＧ化学	120	120	120	140	140
合計	1,082	1,107	1,107	1,292	1,322

出所：韓国石油化学工業協会

<表2-10> ベンゼンの需給推移 (単位:トン)

		2007	2008	2009	2010	2011	2012
生産		4,235,078	4,132,149	4,174,837	4,381,385	4,451,935	4,718,624
出荷	国内	3,027,354	2,848,742	2,904,718	3,111,497	3,047,375	3,198,338
	直輸出	1,193,592	1,257	1,270,028	1,276,500	1,434,345	1,563,248
	小計	4,220,946	4,106,594	4,174,746	4,387,997	4,481,719	4,761,586
在庫		99,965	103,271	90,558	129,797	116,064	102,225
輸入		317,301	260,438	227,174	140,087	182,432	162,600
国内需要		3,344,655	3,109,178	3,131,892	3,251,585	3,229,806	3,360,938

出所:韓国石油化学工業協会

<表2-11> 用途別ベンゼンの出荷比率推移 (単位:%)

	2007	2008	2009	2010	2011	2012
シクロヘキサン	5.7	3.8	6.8	6.7	6.9	6.7
アルキルベンゼン	1.6	1.8	1.4	1.5	1.6	1.5
SM	59.9	63.9	59.8	60.0	58.3	59.3
MA	1.4	1.2	2.0	2.1	2.1	1.1
フェノール	11.7	13.9	15.2	15.4	17.0	17.0
ニトロベンゼン	0.9	1.0	1.0	1.0	1.0	1.0
CPLM	6.2	7.0	6.4	6.8	6.9	6.6
その他	12.6	7.5	7.3	6.2	6.3	6.8
合計	100.0	100.0	100.0	100.0	100.0	100.0

出所:韓国石油化学工業協会

<表2-12> 会社別ベンゼンの生産能力推移 (単位:千トン/年)

	2008	2009	2010	2011	2012
SK総合化学	393	393	393	603	603
KPケミカル	110	110	110	110	-
ロッテケミカル	-	-	-	-	110
S-Oil	200	300	300	560	560
大韓油化工業	110	110	110	110	110
GS-Caltex	900	900	900	900	930
ロッテケミカル	150	165	165	165	200
麗川NCC	396	396	396	390	390
LG石油化学	-	-	-	-	-
LG化学	226	226	226	226	225
OCI	140	160	170	170	170
サムスントータル	680	680	680	780	780
現代石油工業	-	-	-	-	-
ロッテケミカル	320	320	320	320	240
LG大山油化	-	-	-	-	-
LG化学	280	260	260	280	280
現代コスモ	100	100	108	120	240
仁川精油	-	-	-	-	-
SK 仁川精油	100	-	-	-	-
SKエネルギー	-	100	100	200	200
合計	4,105	4,220	4,238	4,934	5,038

出所:韓国石油化学工業協会

石油化学工業

<表2-13> トルエンの需給推移 (単位:トン)

		2007	2008	2009	2010	2011	2012
生産		1,690,372	1,594,624	2,057,664	2,142,586	1,870,760	1,684,691
出荷	国内	986,723	918,260	1,119,122	1,220,406	936,906	1,213,357
	直輸出	760,873	615,477	903,250	837,171	958,542	1,141,412
	小計	1,747,596	1,533,737	2,022,371	2,057,577	1,859,449	2,354,770
在庫		50,371	66,015	61,980	110,002	94,749	87,977
輸入		271,388	223,273	208,595	272,083	166,145	125,780
国内需要		1,258,111	1,141,533	1,327,716	1,492,489	1,103,051	1,339,137

出所:韓国石油化学工業協会

<表2-14> 用途別トルエン出荷比率推移 (単位:%)

	2007	2008	2009	2010	2011	2012
石油化学原料	76.0	n.a.	n.a.	n.a.	n.a.	26.0
溶剤(着色剤など)	6.0	n.a.	n.a.	n.a.	n.a.	24.2
その他(燃料用)	8.0	n.a.	n.a.	n.a.	n.a.	49.8
合計	100.0	n.a.	n.a.	n.a.	n.a.	100.0

出所:韓国石油化学工業協会

<表2-15> 会社別トルエン生産能力推移 (単位:千トン/年)

	2008	2009	2010	2011	2012
SK総合化学	599	599	599	894	894
S-Oil	350	350	350	350	350
大韓油化工業	55	55	55	55	55
GSカルテックス	700	700	700	700	170
ロッテケミカル	78	78	78	78	102
LG石油化学	-	-	-	-	-
LG化学	100	100	100	100	100
麗川NCC	233	233	233	230	230
OCI	30	30	30	30	30
仁川精油	-	-	-	-	-
SK仁川精油	-	-	-	-	-
SKエネルギー	250	250	250	100	100
ロッテケミカル	-	-	-	-	120
合計	2,395	2,395	2,395	2,537	2,151

注)仁川精油は2006年にSK仁川精油に会社名変更   出所:韓国石油化学工業協会

<表2-16> キシレン需給実績推移 (単位：トン)

		2007	2008	2009	2010	2011	2012
	生産	2,720,175	2,447,185	2,984,207	3,685,157	2,929,704	2,894,760
出荷	国内	1,270,159	1,346,857	1,466,158	2,106,611	1,487,531	2,399,714
	直輸出	1,402,660	1,007,059	1,384,941	1,335,044	1,304,623	1,104,596
	小計	2,672,819	2,353,915	2,853,099	3,441,654	2,792,154	3,504,311
	在庫	41,792	43,833	75,364	116,117	76,625	125,617
	輸入	1,543,640	1,135,755	1,072,020	1,167,550	1,134,329	1,118,818
	国内需要	2,813,799	2,482,812	2,540,178	3,274,161	2,621,861	3,518,533

出所：韓国石油化学工業協会

<表2-17> 用途別キシレン出荷比率推移 (単位： %)

	2007	2008	2009	2010	2011	2012
石油化学原料	92.6	n.a.	n.a.	n.a.	n.a.	75.7
溶剤	6.9	n.a.	n.a.	n.a.	n.a.	2.6
その他(燃料用)	0.5	n.a.	n.a.	n.a.	n.a.	21.7
合計	100.0	n.a.	n.a.	n.a.	n.a.	100.0

出所：韓国石油化学工業協会

<表2-18> 会社別キシレンの生産能力推移 (単位：千トン)

	2008	2009	2010	2011	2012
SK総合化学	749	749	749	1,506	1,506
S-Oil	800	800	800	800	450
大韓油化工業	35	35	35	35	35
GSカルテックス	1,030	1,030	1,030	1,030	350
ロッテケミカル	47	47	47	47	62
LG石油化学	-	-	-	-	-
LG化学	50	50	50	50	50
麗川NCC	163	163	163	160	160
仁川精油					
SK 仁川精油	-	-	-	-	-
SKエネルギー	400	400	400	600	600
LG化学	-	-	-	-	40
ロッテケミカル	-	-	-	-	60
合計	3,274	3,274	3,274	4,228	3,313

出所：韓国石油化学工業協会

3. 中間原料

<表3-1> SM需給実績推移 (単位：トン)

		2007	2008	2009	2010	2011	2012
生産		2,970,486	2,757,655	2,769,926	2,823,567	2,684,140	2,802,328
出荷	国内	1,712,138	1,497,607	1,462,125	1,440,254	1,476,804	1,572,389
	直輸出	1,210,685	1,251,333	1,305,122	1,361,243	1,230,524	1,252,635
	小計	2,922,823	2,748,940	2,767,247	2,801,497	2,707,328	2,825,025
在庫		71,693	39,704	42,491	62,788	39,600	54,718
輸入		616,490	518,163	759,428	858,088	776,157	803,873
国内需要		2,328,628	2,015,770	2,221,554	2,298,342	2,252,961	2,376,262

出所：韓国石油化学工業協会

<表3-2> 用途別SM出荷比率推移 (単位：%)

	2007	2008	2009	2010	2011	2012
PS/ABS	76.0	79.0	73.8	76.9	77.0	77.3
ＳＢＲ	4.0	5.6	5.4	5.6	5.7	5.7
その他	20.0	15.4	20.9	17.5	17.2	17.0
合計	100.0	100.0	100.0	100.0	100.0	100.0

出所：韓国石油化学工業協会

<表3-3> 会社別SM生産能力推移 (単位：千トン/年)

	2008	2009	2010	2011	2012
東部ハイテック	270	270	270	270	270
ＳＫＣ	384	384	400	400	400
韓国バスフ	320	-	-	-	-
SK総合化学	-	370	370	370	370
ＬＧ化学	500	505	505	505	505
麗川ＮＣＣ	290	290	290	290	290
サムスントータル	870	870	870	930	930
現代石油工業	-	-	-	-	-
ロッテケミカル	500	500	500	500	500
ＬＧ大山油化	-	-	-	-	-
ＬＧ化学	170	178	178	178	178
合計	3,304	3,362	3,383	3,443	3,443

注) 韓国バスフ, SKC SM 260千トン設備引受 (2001.11)   出所：韓国石油化学工業協会

<表3-4> PXの需給推移 (単位：トン)

		2007	2008	2009	2010	2011	2012
生産		4,319,289	4,176,787	4,309,957	4,511,664	5,253,100	5,639,945
出荷	国内	3,066,016	2,997,109	3,086,266	3,315,267	3,408,055	3,447,446
	直輸出	1,271,710	1,129,823	1,153,816	1,274,838	1,824,852	2,175,998
	小計	4,337,726	4,126,932	4,240,082	4,590,105	5,232,907	5,623,444
在庫		75,893	133,856	63,011	57,967	70,863	104,484
輸入		733,977	1,034,644	1,130,378	1,016,826	937,876	724,292
国内需要		3,799,993	4,031,753	4,216,644	4,332,093	4,345,931	4,171,738

出所：韓国石油化学工業協会

<表3-5> 用途別PX出荷比率推移 (単位： %)

	2007	2008	2009	2010	2011	2012
TPA	99.0	99.0	99.1	99.0	99.0	98.9
DMT	1.0	1.0	0.9	1.0	1.0	1.1
その他	0.0	0.0	0.0	0.0	0.0	-
合計	100.0	100.0	100.0	100.0	100.0	100.0

出所：韓国石油化学工業協会

<表3-6> 会社別PX生産能力推移 (単位：千トン/年)

	2008	2009	2010	2011	2012
KPケミカル	740	750	750	750	-
ロッテケミカル	-	-	-	-	750
SK総合化学	650	650	650	650	650
S-Oil	700	700	700	1,800	1,800
GSカルテックス	1,200	1,200	1,200	1,350	1,350
サムスントータル	600	600	600	710	710
HCペトロケム	300	300	343	380	380
合計	4,190	4,200	4,243	5,640	5,640

出所：韓国石油化学工業協会

<表3-7> OX需給推移 (単位：トン)

		2007	2008	2009	2010	2011	2012
生産		424,031	351,277	364,323	448,700	408,213	400,978
出荷	国内	327,309	263,912	236,745	312,603	296,141	304,241
	直輸出	100,748	90,601	128,294	132,828	114,592	95,410
	小計	428,057	354,513	365,039	445,431	410,733	399,651
在庫		8,687	2,448	1,733	5,006	1,689	6,839
輸入		40,206	30,832	32,144	30,083	26,963	4,084
国内需要		367,514	294,744	268,889	342,686	323,104	308,325

出所：韓国石油化学工業協会

石油化学工業

<表3-8> Cyclohexane需給推移 (単位：トン)

		2007	2008	2009	2010	2011	2012
生産		275,998	284,377	292,627	337,678	309,017	265,183
出荷	国内	218,899	210,023	250,889	263,304	266,576	258,659
	直輸出	58,250	66,771	48,036	71,315	42,441	6,524
	小計	277,149	176,794	298,925	334,619	309020	265,183
在庫		1,008	8,587	6,620	5,318	2,505	5,575
輸入		12,442	12,456	13,351	9,936	10,299	17,281
国内需要		231,842	222,479	264,240	273,240	276,875	275,940

出所：韓国石油化学工業協会

<表3-9> Ethylene dichloride需給推移 (単位：トン)

		2007	2008	2009	2010	2011	2012
生産		607,447	632,004	656,357	743,598	800,426	802,196
出荷	国内	502,339	533,493	559,586	575,696	574,654	582,152
	直輸出	100,810	95,486	104,948	170,392	226,540	209,517
	小計	603,149	628,979	664,534	746,088	801,194	791,669
在庫		18,507	21,534	13,357	10,867	10,099	18,938
輸入		472,246	457,722	480,722	445,133	437,485	432,390
国内需要		974,585	991,215	1,040,309	1,020,830	1,012,139	1,014,542

出所：韓国石油化学工業協会

<表3-10> Vinylchloride Monomer需給推移 (単位：トン)

		2007	2008	2009	2010	2011	2012
生産		1,545,494	1,517,750	1,576,487	1,566,752	1,612,631	1,583,258
出荷	国内	1,379,486	1,407,752	1,445,834	1,417,749	1,487,986	1,478,666
	直輸出	155,500	100,535	114,003	162,883	126,055	89,685
	小計	1,534,986	1,508,287	1,559,837	1,580,632	1,614,041	1,568,351
在庫		25,935	35,401	52,051	38,172	35,859	50,587
輸入		5,272	221	4,810	8,522	6,017	2,502
国内需要		1,384,758	1,407,973	1,450,643	1,426,271	1,494,003	1,481,168

出所：韓国石油化学工業協会

4. 合成樹脂

<表4-1> LDPE(Total)需給推移 (単位：トン)

		2008	2009	2010	2011	2012
生産		1,839,507	2,030,091	2,077,936	2,095,580	2,081,077
出荷	国内	982,857	1,055,497	1,026,314	961,113	1,014,199
	直輸出	790,262	1,031,304	1,033,647	1,049,231	1,053,965
	小計	1,773,119	2,086,801	2,059,961	2,010,344	2,068,164
在庫		164,466	107,846	110,644	145,170	157,517
輸入		38,571	34,996	47,783	92,965	103,469
国内需要		1,021,428	1,090,493	1,074,097	1,054,078	1,117,668

出所：韓国石油化学工業協会

<表4-2> 用途別LDPE(Total)販売比率推移 (単位： %)

	2006	2007	2008	2009	2010	2011	2012
フィルム	61.3	62.2	62.6	64.0	62.3	58.7	58.0
射出	2.2	2.2	2.4	2.0	2.2	2.4	2.1
中空	1.0	1.1	1.0	1.0	1.2	1.5	1.3
圧出	21.8	21.7	19.1	17.5	19.3	20.3	18.8
電線	2.8	3.0	1.7	5.5	5.3	6.2	7.9
粉末	1.7	1.8	1.8	1.5	1.9	2.2	2.6
その他	9.2	8.0	11.5	7.3	7.7	8.7	9.3
合計	100.0	100.0	100.0	100.0	100.0	100.0	100.0

出所：韓国石油化学工業協会

<表4-3> 会社別LDPE(Total)生産能力推移 (単位：千トン)

	2008	2009	2010	2011	2012
ハンファケミカル	86	86	86	86	86
ハンファケミカル	285	327	327	327	327
ＬＧ化学	156	156	160	170	170
サムスントータル	100	100	100	155	155
現代石油工業	-	-	-	-	-
ロッテケミカル	110	110	110	130	130
ＬＧ大山油化	-	-	-	-	-
ＬＧ化学	120	120	120	130	130
合計	857	899	903	998	998

出所：韓国石油化学工業協会

石油化学工業

<表4-4> LLDPE需給推移
(単位：トン)

		2007	2008	2009	2010	2011	2012
生産		910,072	913,606	1,110,458	1,145,843	1,171,516	1,138,310
出荷	国内	546,257	488,979	598,393	591,136	618,034	650,574
	直輸出	384,415	408,927	541,142	559,022	538,972	485,421
	小計	930,672	897,906	1,139,535	1,150,158	1,157,006	1,135,994
在庫		56,675	62,538	52,591	59,259	70,593	85,969
輸入		9,128	9,386	11,466	11,251	27,506	32,929
国内需要		555,386	498,365	609,859	602,387	645,540	683,503

出所：韓国石油化学工業協会

<表4-5> 用途別LLDPE販売比率推移
(単位：％)

	2006	2007	2008	2009	2010	2011	2012
フィルム	72.3	73.1	74.5	75.2	73.8	72.0	70.4
射出	0.8	0.8	1.4	0.9	1.1	0.9	0.8
中空	0.0	0.0	0.3	0.2	0.6	0.9	0.7
圧出	14.4	13.8	12.7	12.9	14.3	12.9	11.8
電線	3.3	3.7	3.1	2.5	3.0	2.8	3.2
粉末	3.4	3.6	3.3	2.6	3.4	3.6	2.8
その他	5.9	5.0	4.7	3.8	3.9	6.6	10.3
合計	100.0	100.0	100.0	100.0	100.0	100.0	100.0

出所：韓国石油化学工業協会

<表4-6> 会社別LLDPE生産能力推移
(単位：千トン)

	2008	2009	2010	2011	2012
ＳＫ総合化学	160	180	180	180	180
ハンファケミカル	355	355	355	355	355
現代石油工業	-	-	-	-	-
サムスントータル	125	125	125	125	125
ロッテケミカル	290	290	290	290	290
ＬＧ大山油化	-	-	-	-	-
ＬＧ化学	80	80	70	86	86
合計	1,010	1,010	1,020	1,036	1,036

出所：韓国石油化学工業協会

<表 4-7> EVAの需給推移　　　　　　　　　　　　　　　　　　　　　　　　　　　　　　　　（単位：トン）

		2008	2009	2010	2011	2012
生産		231,389	247,771	268,555	273,029	345,924
出荷	国内	59,366	64,700	36,607	39,895	58,125
	直輸出	165,146	192,255	214,944	230,617	288,529
	小計	224,512	256,955	251,551	270,513	346,655
在庫		22,927	14,528	20,577	22,958	26,748
輸入		10,462	5,897	7,667	13,543	9,562
国内需要		69,828	70,597	44,274	53,439	67,687

出所：韓国石油化学工業協会

<表4-8> 用途別EVA販売比率推移　　　　　　　　　　　　　　　　　　　　　　　　　　　（単位：％）

	2005	2006	2007	2008	2009	2010	2011	2012
フィルム	20.5	19.4	18.0	19.2	14.9	13.8	24.1	21.7
ケーブル	-	-	4.3	5.4	7.8	9.7	11.4	10.7
発泡	51.3	47.0	45.5	38.8	37.3	38.0	29.8	32.5
圧縮被覆	17.2	18.1	15.6	16.7	18.0	14.3	14.3	12.6
ホットメルト	5.3	5.7	5.3	6.3	6.8	6.4	6.9	6.0
その他	5.7	9.8	11.4	13.6	15.1	17.8	13.5	16.5
合計	100.0	100.0	100.0	100.0	100.0	100.0	100.0	100.0

出所：韓国石油化学工業協会

<表4-9> HDPE需給実績推移　　　　　　　　　　　　　　　　　　　　　　　　　　　　　（単位：トン）

		2008	2009	2010	2011	2012
生産		2,057,606	2,159,367	2,028,312	1,981,190	2,152,760
出荷	国内	869,252	835,531	877,630	908,347	887,333
	直輸出	1,203,909	1,344,858	1,118,788	1,077,516	1,235,550
	小計	2,073,161	2,180,389	1,996,418	1,985,862	2,122,883
在庫		130,538	85,509	112,047	96,162	118,666
輸入		9,017	8,403	15,162	35,906	31,690
国内需要		878,269	843,933	892,792	944,253	919,023

出所：韓国石油化学工業協会

<表4-10> 用途別HDPE販売比率推移　　　　　　　　　　　　　　　　　　　　　　　　　（単位：％）

	2006	2007	2008	2009	2010	2011	2012
フィルム	20.3	20.2	22.0	20.9	21.9	19.6	23.8
射出	16.7	16.4	17.3	15.9	16.5	18.0	16.4
中空	17.5	17.8	19.2	19.3	20.6	19.6	21.1
圧出	24.1	24.5	21.6	21.6	21.0	17.2	17.0
パイプ	16.9	17.9	15.2	16.5	14.2	14.4	13.6
その他	4.4	3.2	4.7	5.9	5.8	11.2	8.1
合計	100.0	100.0	100.0	100.0	100.0	100.0	100.0

出所：韓国石油化学工業協会

<表4-11> 会社別HDPE生産能力推移　　　　　　　　　　　　　　　　　　　　　　（単位：千トン）

	2008	2009	2010	2011	2012
大韓油化工業	530	530	530	530	530
ＳＫ総合化学	190	190	210	210	210
ロッテケミカル	370	380	380	380	630
大林産業	380	380	420	460	460
ＬＧ石油化学	-	-	-	-	-
ＬＧ化学	310	355	400	380	380
サムスントータル	175	175	175	175	175
現代石油工業	-	-	-	-	-
ロッテケミカル	-	-	-	-	-
ＬＧ大山油化	-	-	-	-	-
ＬＧ化学	160	170	170	190	190
合計	2,115	2,180	2,285	2,325	2,575

出所：韓国石油化学工業協会

<表4-12> PP需給実績推移　　　　　　　　　　　　　　　　　　　　　　　　　（単位：トン）

		2008	2009	2010	2011	2012
生産		3,267,303	3,676,551	3,805,646	3,738,522	3,855,128
出荷	国内	1,252,400	1,333,209	1,497,367	1,507,275	1,497,869
	直輸出	2,026,392	2,376,316	2,307,703	2,222,753	2,376,149
	小計	3,278,792	3,709,525	3,805,070	3,730,027	3,874,018
在庫		204,684	164,150	174,181	186,906	182,530
輸入		23,717	20,612	21,567	26,783	23,431
国内需要		1,276,117	1,353,820	1,518,934	1,534,058	1,521,300

出所：韓国石油化学工業協会

<表4-13> 用途別PP販売比率推移　　　　　　　　　　　　　　　　　　　　　（単位：％）

	2007	2008	2009	2010	2011	2012
Homo	54.1	52.2	51.3	46.8	44.7	44.6
Impact	27.3	28.7	29.5	32.7	33.8	32.9
Random	6.9	7.1	7.6	7.5	7.7	8.1
Ter-Film	1.6	1.4	1.2	1.1	1.0	1.1
Compounding	7.8	8.2	7.6	9.0	9.3	9.5
その他	2.3	2.3	2.8	2.8	3.6	3.8
合計	100.0	100.0	100.0	100.0	100.0	100.0

出所：韓国石油化学工業協会

<表4-14> 会社別PP生産能力推移 (単位：千トン)

	2008	2009	2010	2011	2012
大韓油化工業	470	470	470	470	470
SK総合化学	340	340	390	390	390
暁星	268	268	268	268	320
ロッテケミカル	380	400	400	400	600
GSカルテックス	180	180	180	180	180
Poly Mirae	615	700	700	700	700
サムスントータル	570	570	570	700	700
現代石油工業	-	-	-	-	-
ロッテケミカル	500	500	500	500	500
LG大山油化	-	-	-	-	-
LG化学	300	320	340	380	380
合計	3,623	3,748	3,818	3,988	4,240

出所：韓国石油化学工業協会

<表4-15> PS需給実績推移 (単位：トン)

		2008	2009	2010	2011	2012
生産		995,198	948,197	1,036,691	1,059,301	1,058,872
出荷	国内	395,740	400,047	406,942	418,096	441,166
	直輸出	596,028	540,378	606,997	629,126	608,470
	小計	991,768	940,425	1,013,939	1,047,222	1,049,636
在庫		53,290	39,884	61,182	74,490	84,479
輸入		31,999	33,040	33,144	19,706	20,134
国内需要		427,739	433,086	440,086	437,803	461,300

出所：韓国石油化学工業協会

<表4-16> 用途別PS販売比率推移 (単位：％)

	2007	2008	2009	2010	2011	2012
家電	48.0	49.0	34.7	28.0	31.2	32.2
建設	29.0	29.0	33.9	39.7	36.5	34.5
包装	13.0	12.0	14.3	15.0	16.0	16.2
雑貨	1.0	1.0	0.1	0.0	0.2	0.1
その他	9.0	9.0	17.1	17.4	16.1	17.0
合計	100.0	100.0	100.0	100.0	100.0	100.0

出所：韓国石油化学工業協会

<表4-17> 会社別PS/EPS生産能力推移 (単位：千トン)

	2008	2009	2010	2011	2012
錦湖石油化学	301	302	302	302	302
韓国バスフ	320	330	330	80	80
韓国スタイロルーション	-	-	-	266	266
東部ハイテック	150	150	150	156	-
現代EP	-	-	-	-	156
LG化学	240	190	190	190	190
第一毛織	240	220	220	220	100
SHエネルギー化学	90	90	90	90	90
合計	1,341	1,282	1,282	1,304	1,184

出所：韓国石油化学工業協会

石油化学工業

<表4-18> EPS需給実績推移　　　　　　　　　　　　　　　　　　　　　　　　　　　　　(単位：トン)

		2008	2009	2010	2011	2012
生産		348,393	328,821	346,332	382,325	406,762
出荷	国内	218,999	218,112	217,488	238,966	258,459
	直輸出	134,954	111,517	124,094	139,363	147,474
	小計	353,953	329,629	341,582	378,329	405,932
在庫		11,219	7,985	12,766	18,430	20,396
輸入		2,463	4,661	5,565	2,721	1,539
国内需要		221,462	222,773	223,053	241,686	259,998

出所：韓国石油化学工業協会

<表4-19> 用途別EPS販売比率推移　　　　　　　　　　　　　　　　　　　　　　　　　(単位：％)

	2007	2008	2009	2010	2011	2012
建設	74.5	74.5	73.8	75.2	74.7	74.5
応用	16.0	15.5	15.1	14.6	14.8	14.7
包装	2.7	3.9	4.0	3.4	3.4	3.3
農業	2.0	2.0	2.2	2.1	2.3	2.3
海産物ボックス	3.5	3.0	3.4	3.1	3.6	4.0
浮標	0.9	0.7	1.2	1.2	1.2	1.2
その他	0.4	0.4	0.2	0.2		0.1
合計	100.0	100.0	100.0	100.0	100.0	100.0

出所：韓国石油化学工業協会

<表4-20> ABS需給実績推移

(単位：トン)

		2008	2009	2010	2011	2012
生産		1,234,095	1,401,842	1,487,365	1,388,704	1,468,087
出荷	国内	147,048	154,179	205,201	259,111	319,773
	直輸出	1,092,780	1,249,436	1,270,817	1,135,009	1,126,302
	小計	1,239,828	1,403,615	1,476,018	1,394,120	1,446,075
在庫		62,968	47,662	59,004	51,550	72,106
輸入		7,237	6,113	6,617	6,324	5,703
国内需要		154,286	160,292	211,818	265,435	325,475

出所：韓国石油化学工業協会

<表4-21> 用途別ABS販売比率推移　　　　　　　　　　　　　　　　　　　　　　　　(単位：％)

	2007	2008	2009	2010	2011	2012
電気・電子製品	60.1	59.8	61.1	59.0	53.2	56.6
自動車	7.2	7.0	5.7	12.6	10.4	12.5
家具及び建材	0.1	0.0	0.0	0.2	0.3	4.5
雑貨用	5.4	5.6	2.1	0.9	19.4	3.0
その他	27.1	27.5	31.1	27.2	16.8	23.4
合計	100.0	100.0	100.0	100.0	100.0	100.0

出所：韓国石油化学工業協会

<表4-22> 会社別ABS生産能力推移 　　　　　　　　　　　　　　　　　　　(単位：千トン)

	2008	2009	2010	2011	2012
錦湖石油化学	220	250	250	250	250
韓国バスフ	250	250	250	-	-
韓国スタイロルーション	-	-	-	276	276
ＬＧ化学	580	600	600	650	650
第一毛織	450	420	420	460	550
合計	1,500	1,520	1,520	1,636	1,726

出所：韓国石油化学工業協会

<表4-23> PVC需給実績推移 　　　　　　　　　　　　　　　　　　　(単位：トン)

		2008	2009	2010	2011	2012
生産		1,398,264	1,439,362	1,403,678	1,429,616	1,400,664
出荷	国内	830,853	793,766	788,267	747,728	679,010
	直輸出	533,906	682,090	619,585	656,558	726,282
	小計	1,364,759	1,475,856	1,407,852	1,404,643	1,405,291
在庫		81,372	44,845	41,072	66,253	59,351
輸入		27,624	31,827	66,098	93,443	113,210
国内需要		858,477	825,593	854,364	841,171	792,220

出所：韓国石油化学工業協会

<表4-24> 用途別PVC販売比率推移 　　　　　　　　　　　　　　　　　(単位：％)

	2008	2009	2010	2011	2012
Calender	34.6	35.4	33.6	33.1	35.0
Pipe & Fitting	12.9	13.9	15.7	15.9	14.4
Profile-extrusion	31.6	29.0	25.9	22.5	25.7
ExtrusionFilm/Sheet	1.5	0.9	2.0	3.2	3.4
Compound	12.6	14.1	14.7	14.7	13.6
Foot Wear	0.1	0.1	0.2	0.0	-
Hose	1.8	1.9	2.6	1.8	1.9
その他	4.9	4.8	5.3	6.4	6.0
合計	100.0	100.0	100.0	100.0	100.0

出所：韓国石油化学工業協会

<表4-25> 会社別PVC生産能力推移 　　　　　　　　　　　　　　　　　(単位：千トン)

	2008	2009	2010	2011	2012
ハンファケミカル	560	560	560	560	602
ＬＧ化学	580	620	620	640	640
ＬＧ化学	200	200	200	220	220
合計	1340	1380	1380	1,420	1,462

出所：韓国石油化学工業協会

5. 合繊原料

<表5-1> TPA需給実績推移 (単位：トン)

		2008	2009	2010	2011	2012
生産		6,051,240	6,357,024	6,535,900	6,628,899	6,192,928
出荷	国内	2,563,783	2,707,380	2,884,709	3,041,337	2,945,298
	直輸出	3,512,832	3,617,729	3,650,785	3,619,180	3,273,634
	小計	6,076,615	6,325,109	6,535,494	6,660,517	6,218,932
在庫		52,159	73,706	79,162	49,143	50,290
輸入		-	292	300	24	1,960
国内需要		2,563,783	2,707,672	2,885,009	3,041,361	2,947,258

出所：韓国石油化学工業協会

<表5-2> 用途別TPA出荷比率推移 (単位： %)

	2007	2008	2009	2010	2011	2012
Staple	23.3	22.7	22.8	19.1	27.3	26.9
Filament	47.2	48.7	47.0	43.0	38.9	39.5
Film	9.9	10.9	10.9	10.7	9.3	9.4
Bottle	10.2	13.2	11.5	14.3	14.3	13.0
その他	9.3	4.4	7.8	13.0	10.2	11.2
合計	100.0	100.0	100.0	100.0	100.0	100.0

出所：韓国石油化学工業協会

<表5-3> 会社別TPA生産能力推移 (単位：千トン/年)

	2008	2009	2010	2011	2012
サムスン石油化学	1,800	1,800	1,800	2000	2,000
ＳＫ油化	520	520	520	520	520
ＫＰケミカル	955	950	950	950	-
ＫＰケミカル	-	-	-	-	-
ロッテケミカル	-	-	-	-	1,050
テグァン産業	1,000	1,000	1,000	1,000	1,000
曉星	410	410	420	420	420
三南石油化学	1,700	1,700	1,700	1,800	1,800
合計	6,385	6,380	6,390	6,690	6,790

出所：韓国石油化学工業協会

<表5-4> EG需給実績推移 (単位：トン)

		2008	2009	2010	2011	2012
生産		1,068,178	1,174,220	1,149,605	1,151,110	1,179,871
出荷	国内	668,340	651,007	709,952	753,758	726,484
	直輸出	404,712	525,781	440,430	402,527	440,860
	小計	1,073,052	1,176,788	1,150,382	1,156,285	1,167,344
在庫		37,885	36,521	34,248	29,071	41,657
輸入		420,317	466,257	445,221	457,764	454,016
国内需要		1,088,711	1,117,264	1,155,173	1,211,522	1,180,500

出所：韓国石油化学工業協会

<表5-5> 用途別EG出荷比率推移 (単位：％)

	2007	2008	2009	2010	2011	2012
ポリエステル繊維	93.9	90.7	95.0	95.9	92.0	93.1
樹脂	3.7	6.6	2.9	1.9	2.4	2.5
不凍液	2.4	2.7	2.1	2.2	5.6	4.1
合計	100.0	100.0	100.0	100.0	100.0	100.0

出所：韓国石油化学工業協会

<表5-6> 会社別EG生産能力推移 (単位：千トン/年)

	2008	2009	2010	2011	2012
ロッテケミカル	400	400	400	415	415
サムスントータル	117	117	117	117	155
現代石油工業	-	-	-	-	-
ロッテケミカル	640	640	640	640	640
ＬＧ大山油化	-	-	-	-	-
ＬＧ化学	150	150	150	180	180
合計	1,307	1,307	1,307	1,352	1,390

出所：韓国石油化学工業協会

<表5-7> AN需給推移 (単位：トン)

		2008	2009	2010	2011	2012
生産		443,038	535,255	604,232	572,413	667,170
出荷	国内	296,233	372,491	370,703	344,384	473,217
	直輸出	145,291	172,349	179,016	185,397	201,085
	小計	441,524	544,840	549,719	529,781	674,302
在庫		17,137	10,708	29,021	30,000	18,697
輸入		91,631	82,462	84,784	87,084	113,472
国内需要		387,864	454,952	455,487	431,468	586,689

出所：韓国石油化学工業協会

石油化学工業

<表5-8> 用途別AN出荷比率推移 (単位：％)

	2007	2008	2009	2010	2011	2012
Fiber	25.8	24.5	26.4	22.4	23.8	30.7
ABS	70.9	71.8	72.4	75.0	74.3	67.6
その他	3.3	3.7	1.2	2.6	2.0	1.7
合計	100.0	100.0	100.0	100.0	100.0	100.0

出所：韓国石油化学工業協会

<表5-9> 会社別AN生産能力推移 (単位：千トン/年)

	2008	2009	2010	2011	2012
東西石油化学	270	300	300	315	560
テグァン産業	250	250	250	250	290
合計	520	550	550	565	850

出所：韓国石油化学工業協会

<表5-10> CPLM需給推移 (単位：トン)

		2008	2009	2010	2011	2012
生産		262,814	258,344	276,045	277,202	267,922
出荷	国内	220,176	225,991	256,425	255,341	231,831
	直輸出	41,040	31,625	19,008	20,815	32,507
	小計	261,216	257,616	275,433	276,156	264,338
在庫		2,778	3,506	4,118	5,155	8,518
輸入		23,489	28,040	46,958	49,016	34,717
国内需要		243,665	254,031	303,383	304,357	266,548

出所：韓国石油化学工業協会

<表5-11> 用途別CPLM出荷比率推移 (単位：％)

	2008	2009	2010	2011	2012
繊維	64.0	67.0	58.0	60.0	46.4
フィルム	12.7	13.0	18.0	17.3	15.3
エンジニアリングプラスチック	6.5	13.0	19.0	18.3	18.3
タイヤコード	2.6	2.0	1.0	1.0	1.0
カーペット	1.5	4.0	3.0	3.0	3.0
その他	12.1	1.0	1.0	0.4	16.0
合計	100.0	100.0	100.0	100.0	100.0

出所：韓国石油化学工業協会

<表5-12> DMT需給推移 (単位：トン)

		2008	2009	2010	2011	2012
生産		67,038	63,511	75,340	74,453	79,139
出荷	国内	43,095	43,666	52,036	51,273	58,199
	直輸出	23,184	20,994	22,874	23,268	20,164
	小計	66,279	64,660	74,910	74,541	78,363
在庫		1,850	702	1,103	971	724
輸入		660	2,411	13,294	10,469	1,766
国内需要		43,755	46,077	65,331	61,742	59,965

出所：韓国石油化学工業協会

<表5-13> 用途別DMT出荷比率推移 (単位： %)

	2007	2008	2009	2010	2011	2012
フィルム	36.3	37.2	27.8	23.3	33.9	18.8
CHDM	10.8	12.5	41.3	40.3	28.2	54.3
PBT	22.5	23.2	20.6	24.2	18.3	21.8
繊維	29.4	26.2	5.5	0.0	0.0	2.8
その他	1.0	1.0	4.8	12.1	19.6	2.3
合計	100.0	100.0	100.0	100.0	100.0	100.0

出所：韓国石油化学工業協会

6. 合成ゴム

<表6-1> SBR需給推移 (単位：トン)

		2008	2009	2010	2011	2012
生産		492,054	519,355	558,863	563,110	568,885
出荷	国内	180,558	204,285	205,122	225,610	220,431
	直輸出	308,959	323,109	354,555	340,338	342,294
	小計	489,517	527,304	559,677	565,948	562,725
在庫		39,606	16,494	15,680	12,893	23,342
輸入		31,963	39,822	49,879	42,723	48,140
国内需要		212,520	244,107	255,001	268,333	268,571

出所：韓国石油化学工業協会

<表6-2> 用途別SBR出荷比率推移 (単位：％)

	2007	2008	2009	2010	2011	2012
タイヤ用	83.9	83.1	73.3	75.6	82.1	84.4
靴用	6.1	6.6	10.5	9.5	3.0	3.5
その他	10.0	10.3	16.2	15.0	14.9	12.1
合計	100.0	100.0	100.0	100.0	100.0	100.0

出所：韓国石油化学工業協会

<表6-3> 会社別SBR生産能力推移 (単位：千トン/年)

	2008	2009	2010	2011	2012
錦湖石油化学	381	481	481	481	481
現代石油工業	-	-	-	-	-
LG大山油化	-	-	-	-	-
LG化学	135	135	135	145	205
合計	516	616	616	626	686

出所：韓国石油化学工業協会

<表6-4> BR需給推移 (単位：トン)

		2008	2009	2010	2011	2012
生産		275,882	306,632	323,308	410,562	442,941
出荷	国内	91,177	100,871	120,944	148,894	143,358
	直輸出	168,114	201,204	197,112	273,101	299,831
	小計	259,291	302,075	318,056	421,996	443,188
在庫		38,040	30,565	35,819	25,477	24,912
輸入		23,067	22,590	21,603	19,637	22,199
国内需要		114,244	123,461	142,547	168,532	165,557

出所：韓国石油化学工業協会

<表6-5> 用途別BR販売比率推移 (単位: %)

	2007	2008	2009	2010	2011	2012
タイヤ用	76.4	75.2	68.0	67.7	69.0	71.5
靴用	7.8	7.6	17.6	16.9	8.0	7.4
その他	15.9	17.2	14.4	15.4	23.0	21.1
合計	100.0	100.0	100.0	100.0	100.0	100.0

出所:韓国石油化学工業協会

<表6-6> 会社別BR生産能力推移 (単位:千トン/年)

	2008	2009	2010	2011	2012
錦湖石油化学	211	222	342	342	374
現代石油工業	-	-	-	-	-
LG大山油化	-	-	-	-	-
LG化学	100	100	100	180	180
合計	311	322	442	522	554

出所:韓国石油化学工業協会

7. その他化成品

<表7-1> 酢酸需給推移 (単位:トン)

		2008	2009	2010	2011	2012
生産		429,256	462,926	499,468	487,047	543,465
出荷	国内	353,604	399,963	432,184	454,578	422,367
	直輸出	74,057	65,933	75,610	60,482	118,502
	小計	427,661	465,896	507,794	515,060	540,869
在庫		17,876	15,644	10,506	19,308	24,014
輸入		69,317	48,381	51,319	85,316	59,390
国内需要		422,921	448,343	483,504	539,894	481,757

出所:韓国石油化学工業協会

<表7-2> 用途別酢酸出荷比率推移 (単位:%)

	2007	2008	2009	2010	2011	2012
TPA	51.0	52.4	54.8	52.3	51.0	46.6
EA	11.4	11.3	10.4	10.9	10.8	10.9
VAM	31.9	30.9	26.7	27.2	29.5	31.5
その他(溶剤)	5.8	5.4	8.1	9.6	9.0	8.9
合計	100.0	100.0	100.0	100.0	100.0	100.0

出所:韓国石油化学工業協会

<表7-3> 会社別酢酸生産能力推移 (単位:千トン/年)

	2008	2009	2010	2011	2012
サムスンBP化学	450	450	480	570	570
OCI	27	27	27	27	27
合計	477	477	507	597	597

出所:韓国石油化学工業協会

<表7-4> カーボンブラック需給推移 (単位:トン)

		2008	2009	2010	2011	2012
生産		488,656	472,104	536,308	527,974	568,336
出荷	国内	402,517	361,730	425,114	419,236	430,371
	直輸出	86,138	119,688	120,968	120,867	132,741
	小計	488,655	481,418	546,082	540,103	563,111
在庫		24,922	21,970	20,723	30,982	27,414
輸入		30,730	22,242	34,209	48,123	55,741
国内需要		433,247	383,972	459,323	467,359	486,112

出所:韓国石油化学工業協会

<表7-5> 用途別カーボンブラック出荷比率推移 (単位：%)

	2007	2008	2009	2010	2011	2012
Automobile	74.8	72.4	73.5	73.7	67.4	67.5
MRG	4.6	4.4	8.3	8.7	13.3	13.7
Pigment	7.2	6.8	9.4	9.1	5.3	5.7
その他	17.5	16.4	8.9	8.6	14.0	13.1
合計	100.0	100.0	100.0	100.0	100.0	100.0

出所：韓国石油化学工業協会

<表7-6> 会社別カーボンブラック生産能力推移 (単位：千トン/年)

	2008	2009	2010	2011	2012
ＯＣＩ	120	120	130	170	170
ＯＣＩ	90	90	90	100	100
オリオンエンジニアカーボンズ	230	230	230	222	222
コロンビアケミカルズ	120	120	120	120	120
合計	560	560	570	612	612

出所：韓国石油化学工業協会

<表7-7> PA需給推移 (単位：トン)

		2008	2009	2010	2011	2012
生産		340,978	335,786	400,174	384,887	360,880
出荷	国内	204,967	188,571	191,646	189,082	186,886
	直輸出	134,566	160,117	205,925	199,338	178,379
	小計	339,533	348,688	397,571	388,420	365,264
在庫		20,209	4,403	7,102	4,824	3,244
輸入		3,018	2,293	886	440	334
国内需要		207,985	190,864	192,532	189,522	187,220

出所：韓国石油化学工業協会

<表7-8> 用途別PA出荷比率推移 (単位：%)

	2007	2008	2009	2010	2011	2012
可塑剤	77.3	75.4	78.5	74.2	81.8	70.4
塗料	21.9	23.4	20.9	17.6	8.1	14.5
顔料	0.8	1.2	0.6	4.4	1.7	2.6
その他	0.0	0.0	0.0	3.8	7.8	10.2
合計	100.0	100.0	100.0	100.0	100.0	100.0

出所：韓国石油化学工業協会

<表7-9> 会社別PA生産能力推移 (単位:千トン/年)

	2008	2009	2010	2011	2012
愛敬油化	180	180	180	180	180
O C I	80	80	80	80	80
O C I	75	-	-	-	-
ハンファケミカル	-	80	80	80	80
L G 化 学	60	60	60	60	60
合計	395	400	400	400	400

出所:韓国石油化学工業協会

<表7-10> MA需給推移 (単位:トン)

		2008	2009	2010	2011	2012
生産		63,617	62,675	67,229	64,114	64,166
出荷	国内	45,906	46,553	51,598	49,298	47,902
	直輸出	16,891	15,617	16,069	14,509	15,753
	小計	62,792	62,170	67,666	63,808	64,319
在庫		4,307	5,157	719	1,025	1,473
輸入		640	1,694	1,403	1,654	692
国内需要		46,546	48,247	53,001	50,952	51,463

出所:韓国石油化学工業協会

<表7-11> 用途別MA出荷比率推移 (単位: %)

	2007	2008	2009	2010	2011	2012
UPR	20.7	23.3	24.5	32.3	33.6	34.8
Paint & Ink	5.0	4.7	4.3	5.4	5.0	4.0
Paper Sizing	0.7	0.7	0.6	0.4	0.1	-
PVC Stabilizer	0.7	0.8	0.9	0.3	0.3	0.8
Agro-Chemical	0.4	0.5	0.3	0.0	0.2	0.1
Surface active agent	0.4	0.6	0.5	0.2	0.7	-
BDO	70.3	67.5	67.8	60.0	56.8	58.5
その他	1.5	1.9	1.1	1.4	1.7	1.8
合計	100.0	100.0	100.0	100.0	100.0	100.0

出所:韓国石油化学工業協会

<表7-12> 会社別MA生産能力推移 (単位:千トン/年)

	2008	2009	2010	2011	2012
龍山化学	38	38	38	38	38
愛敬油化	8	8	8	8	8
合計	46	46	46	46	46

出所:韓国石油化学工業協会

<表7-13> フェノール需給推移 (単位:トン)

		2008	2009	2010	2011	2012
生産		531,099	623,875	644,523	692,700	715,967
出荷	国内	405,196	500,488	499,762	516,872	612,295
	直輸出	126,570	127,338	132,028	167,571	99,943
	小計	531,765	627,826	631,790	684,442	712,238
在庫		15,503	6,269	17,036	11,532	15,457
輸入		34,466	47,953	96,319	98,114	97,137
国内需要		439,662	548,441	596,081	614,985	709,433

出所:韓国石油化学工業協会

<表7-14> 用途別フェノール出荷比率推移 (単位: %)

	2007	2008	2009	2010	2011	2012
フェノール樹脂	16.6	12.1	10.2	10.4	10.7	8.8
PCB	1.7	1.7	1.3	1.2	1.1	0.8
接着剤	2.7	1.0	1.9	1.8	1.7	1.3
アルキルフェノール	2.0	3.6	3.1	3.4	3.1	2.0
ビスフェノール-A	75.5	79.3	82.6	81.7	82.1	86.2
その他	1.5	1.2	1.0	1.5	1.4	0.9
合計	100.0	100.0	100.0	100.0	100.0	100.0

出所:韓国石油化学工業協会

<表7-15> 会社別フェノール生産能力推移 (単位:千トン/年)

	2008	2009	2010	2011	2012
KUMHO P&B CHEMICALS	375	375	375	380	380
LG石油化学	-	-	-	-	-
LG化学	275	275	275	275	275
合計	650	650	650	655	655

出所:韓国石油化学工業協会

<表7-16> アセトン需給推移 (単位:トン)

		2008	2009	2010	2011	2012
生産		328,559	388,037	400,689	430,409	443,725
出荷	国内	216,058	277,134	313,670	333,408	360,155
	直輸出	114,798	106,871	85,290	100,739	82,206
	小計	330,856	384,005	398,960	434,147	442,360
在庫		3,839	6,998	9,810	4,879	10,202
輸入		10,127	1,049	4,733	6,338	13,600
国内需要		226,185	278,183	318,403	339,746	373,754

出所:韓国石油化学工業協会

<表7-17> 用途別アセトン出荷比率推移 (単位: %)

	2007	2008	2009	2010	2011	2012
BPA	46.6	48.6	69.2	65.8	57.2	38.8
MIBK	17.7	12.1	9.0	8.2	13.7	9.0
塗料/印刷	12.6	13.0	10.3	11.5	12.1	20.7
製薬	6.2	5.8	4.0	3.9	5.4	8.2
その他	16.9	20.5	7.5	10.7	11.6	23.4
合計	100.0	100.0	100.0	100.0	100.0	100.0

出所：韓国石油化学工業協会

<表7-18> 会社別アセトン生産能力推移 (単位：千トン/年)

	2008	2009	2010	2011	2012
KUMHO P&B CHEMICALS	235	235	235	235	235
LG石油化学	-	-	-	-	-
LG化学	170	170	170	170	170
合計	405	405	405	405	405

出所：韓国石油化学工業協会

<表7-19> オクタノール需給推移 (単位：トン)

		2008	2009	2010	2011	2012
生産		403,894	416,458	404,395	420,837	395,986
出荷	国内	325,587	293,693	299,145	339,258	334,279
	直輸出	99,542	121,155	98,935	85,373	76,774
	小計	425,129	414,848	398,080	424,631	411,053
在庫		12,573	16,690	14,943	11,715	7,336
輸入		22,384	4,585	13,693	18,415	44,288
国内需要		347,971	298,277	312,838	357,673	378,566

出所：韓国石油化学工業協会

<表7-20> 会社別オクタノール生産能力推移 (単位：千トン/年)

	2008	2009	2010	2011	2012
LG化学	244	244	244	244	244
ハンファケミカル	110	110	110	110	110
合計	354	354	354	354	354

出所：韓国石油化学工業協会

<表7-21> ブタノール需給推移 (単位:トン)

		2008	2009	2010	2011	2012
生産		76,497	63,732	66,861	61,262	64,600
出荷	国内	72,194	64,705	65,134	59,761	15,640
	直輸出	5,166	719	2,061	918	50,221
	小計	77,360	65,434	67,195	60,679	65,861
在庫		5,074	3,903	4,386	4,684	2,433
輸入		13,806	10,497	18,161	28,285	69,950
国内需要		69,389	75,202	83,295	88,046	85,590

出所:韓国石油化学工業協会

<表7-22> 会社別ブタノール生産能力推移 (単位:千トン/年)

	2008	2009	2010	2011	2012
LG化学	55	55	55	55	55
ハンファケミカル	10	13	13	13	13
合計	65	68	68	68	68

出所:韓国石油化学工業協会

<表7-23> アセトアルデヒド需給推移 (単位:トン)

		2008	2009	2010	2011	2012
生産		3,150	11,152	1,018	1,314	1,192
出荷	国内	2,937	11,163	934	1,235	1,240
	直輸出	16	0	16	17	16
	小計	2,953	11,163	950	1,252	1,256
在庫		506	495	567	978	547
輸入		0	1	0	0	-
国内需要		2,937	11,164	934	1,236	1,241

出所:韓国石油化学工業協会

<表7-24> エチルアセテート需給推移 (単位:トン)

		2008	2009	2010	2011	2012
生産		51,706	63,228	53,707	59,172	54,375
出荷	国内	29,928	45,457	40,675	49,873	40,295
	直輸出	18,795	18,896	13,214	9,588	10,963
	小計	48,723	64,353	53,889	59,641	51,258
在庫		3,954	2,796	2,343	2,199	4,995
輸入		42,496	42,241	55,849	68,844	82,104
国内需要		72,424	87,698	96,523	118,717	122,399

出所:韓国石油化学工業協会

8 精密化学工業

1. 化粧品

<表1-1> 国内総生産額対比化粧品産業総生産額比率　　　　　　　　　　(単位：十億ウォン, %)

区分		2008年	2009年	2010年	2011年	2012年
国内総生産(GDP)		1,026,452	1,065,037	1,173,275	1,235,161	1,272,460
製造業総生産		256,209	266,578	319,275	348,199	355,836
化粧品産業総生産		4,720	5,169	6,015	6,386	7,123
化粧品産業の割合	国内総生産対比	0.46	0.49	0.51	0.52	0.56
	製造業総生産対比	1.84	1.94	1.88	1.83	2.00

出所：韓国保健産業振興院

<表1-2> 韓国化粧品市場規模　　　　　　　　　　(単位：百万ウォン, %)

区分	2008年	2009年	2010年	2011年	2012年
市場規模	5,104,562	5,534,191	6,308,416	6,589,797	7,022,077
(百万ドル)	4,630	4,336	5,456	5,947	6,231
生産	4,720,053	5,168,589	6,014,551	6,385,617	7,122,666
(百万ドル)	4,281	4,049	5,202	5,763	6,321
輸出	409,286	530,985	690,211	891,478	1,202,383
(百万ドル)	371	416	597	805	1,067
輸入	793,795	896,587	984,076	1,095,658	1,101,795
(百万ドル)	720	702	851	989	978
貿易収支	-384,509	-365,602	-293,865	-204,180	100,588
(百万ドル)	-349	-286	-254	-184	89

注) 1. 市場規模は生産-輸出+輸入
　　2. 輸出に対する為替レートの適用は韓国銀行の年度別年平均基準為替レートを使用
出所：韓国化粧品協会(化粧品の生産実績), 韓国医薬品輸出入協会(Facts & Survey Report)

<表1-3> 化粧品産業市場現況　　　　　　　　　　(単位：百万ウォン)

	2009	2010	2011	2012
生産	5,168,589	6,014,551	6,385,617	7,122,666
輸出	530,985	690,211	891,478	1,202,383
輸入	896,587	984,076	1,095,658	1,101,795
貿易収支	-365,602	-293,865	-204,180	100,588
市場規模	5,534,191	6,308,416	6,589,797	7,022,077

出所：韓国保健産業振興院

<表1-4> 化粧品製造業者と生産業者数推移 (単位：ヵ所, 社, %)

区分	2008年	2009年	2010年	2011年	2012年	CAGR ('08～'12)
製造業者数(A)	708	777	882	968	978	8.4
生産業者数(B)	430	526	591	640	1,480	36.2
(B/A)×100	60.7	67.7	67.0	66.1	-	-
品目数	65,535	76,099	85,533	93,682	101,296	11.5
輸入業者数	1,025	1,459	1,105	1,127	1,070	1.1

出所：食品医薬品安全部, 食品医薬品統計年報各年度/韓国化粧品協会, 化粧品生産実績資料, 各年度

<表1-5> 類型別化粧品生産実績 (単位：百万ウォン, %)

年度 類型	2008年	2009年	2010年	2011年	2012年 生産額	YoY
基礎化粧用製品類	2,109,007	2,253,982	2,509,911	2,730,514	2,798,580	2.5
機能性化粧品	1,103,292	1,240,149	1,518,659	1,641,759	2,148,324	30.9
頭髪用製品類	684,864	777,840	926,668	977,172	1,055,386	8.0
人体洗浄用製品類	154,422	183,507	251,897	262,385	464,489	77.0
色調化粧品の製品類	308,085	307,848	321,404	312,398	270,292	-13.5
アイメイク用製品類	119,558	134,966	157,521	164,076	144,287	-12.1
シェービング用製品類	97,181	117,276	156,952	113,340	80,018	-29.4
乳幼児用製品類	79,284	61,854	64,421	61,236	51,509	-15.9
手足の爪用製品類	24,279	31,369	33,002	36,577	50,646	38.5
芳香用製品類	24,576	27,621	32,858	42,725	22,301	-47.8
浴用製品類	4,872	5,133	6,878	5,515	19,188	247.9
頭髪染色用製品類	10,634	27,044	33,891	36,203	14,446	-60.1
体臭防止用製品類	-	-	489	1,715	3,200	86.6
合計	4,720,053	5,168,589	6,014,551	6,385,617	7,122,666	11.5

注) 1. 2008年に化粧品の種類が拡大するにつれて「人体洗浄用製品類」が新規に追加された(医薬部外品の安全性に問題がなく外国で「化粧品」に分類されている外用剤を化粧品に変更して管理しようとする趣旨). 2007年の浴用製品類や人体洗浄用製品類の生産実績は2008年基準に合わせて再分類したものである
2. 2010年「化粧品法施行規則」の改正に伴う化粧品の種類が拡大するにつれて「体臭防止用製品類(デオドラント)」が新規種類に追加され,「手足の皮膚軟化製品」(基礎化粧用製品類),「外陰部洗浄剤」(人体洗浄用製品類)が細部種類に追加された
3. 色調化粧用製品類は旧メイクアップ用製品類であり, 手足の爪用製品類は旧マニキュア用製品類である
4. 乳幼児用製品類は旧子供用製品類であり, 頭髪染色用製品類は旧染毛用製品類である

出所：韓国化粧品協会, 化粧品生産実績資料, 各年度

<表1-6> 年度別機能性化粧品生産推移 (単位：百万ウォン, %)

年度 品目名	2008年	2009年	2010年	2011年	2012年 生産額	YoY
複合類型	171,147	317,818	417,794	593,529	780,449	31.5
しわの改善	314,819	285,774	342,279	323,088	666,454	106.3
紫外線遮断	362,139	405,979	472,066	413,834	402,682	-2.7
美白	255,186	230,578	286,520	311,308	298,739	-4.0
合計	1,103,292	1,240,149	1,518,659	1,641,759	2,148,324	30.9

出所：韓国化粧品協会, 化粧品生産実績資料, 各年度

<表1-7> 年度別基礎化粧用製品類生産推移　　　　　　　　　　　　　　　　　　　(単位：百万ウォン, %)

年度 品目名	2008年	2009年	2010年	2011年	2012年 生産額	2012年 YoY
ローション、クリーム	592,061	690,790	802,230	838,759	977,026	16.5
エッセンス、オイル	416,868	483,562	413,441	417,439	522,816	25.2
収斂・柔軟・栄養化粧品	441,093	423,331	448,676	498,784	515,038	3.3
パック、マスク	165,509	101,195	193,668	151,757	244,736	61.3
クレンジング製品	214,855	231,004	263,657	262,222	222,222	-15.3
ボディーケア製品	78,657	98,770	96,006	107,039	123,595	15.5
目の周り製品	140,425	128,240	164,448	183,396	68,255	-62.8
手・足の皮膚軟化製品	-	-	65,297	133,712	45,394	-66.1
マッサージクリーム	30,570	65,474	29,908	95,209	26,504	-72.2
パウダー	1,244	1,742	1,706	1,551	1,713	10.4
その他の基礎化粧製品類	27,726	29,873	30,874	40,646	51,283	26.2
合計	2,109,007	2,253,982	2,509,911	2,730,514	2,798,580	2.5

注) 1. クレンジング製品はクレンジングウォーター、　　出所：韓国化粧品協会, 化粧品生産実績資料, 各年度
クレンジングオイル、クレンジングローション、クレンジングクリーム、メイクアップリムーバー.
2. 2010年 '化粧品法施行規則'の改正に伴う化粧品の種類が拡大するにつれて、'手・足の皮膚軟化製品'が
基礎化粧用製品類に追加された

<表1-8> 年度別頭髪用製品類生産推移　　　　　　　　　　　　　　　　　　　　(単位：百万ウォン, %)

年度 品目名	2008年	2009年	2010年	2011年	2012年 生産額	2012年 YoY
シャンプー、リンス	525,005	587,312	703,147	744,546	804,383	8.0
ヘアスプレー、ムース、ワックス、ゲル	37,870	44,651	50,545	48,023	59,434	23.8
ヘアコンディショナー	29,147	42,999	64,449	64,758	53,639	-17.2
ヘアオイル	27,219	31,867	37,969	43,472	44,816	3.1
パーマネントウェーブ	28,938	30,416	33,061	35,792	30,740	-14.1
ヘアグルーミングエイド	13,728	8,673	7,861	12,115	16,214	33.8
ヘアクリーム、ローション	6,868	10,858	10,211	8,421	13,191	56.6
ヘアストレイトナー	6,501	9,401	8,061	9,068	12,269	35.3
ヘアトニック	4,197	7,871	7,100	6,739	8,605	27.7
ポマード	870	861	669	518	582	12.3
その他の頭髪用製品類	4,520	2,930	3,596	3,721	11,512	209.4
合計	684,864	777,840	926,668	977,172	1,055,386	8.0

出所：韓国化粧品協会, 化粧品生産実績資料, 各年度

<表1-9> 年度別色調化粧用(旧メイクアップ)製品類生産推移 　　　　　　　　(単位：百万ウォン,％)

年度 品目名	2008年	2009年	2010年	2011年	2012年	
					生産額	YoY
口紅、リップライナー	61,199	66,898	71,685	64,581	72,436	12.2
フェイスパウダー、フェイスケーキ	89,572	69,843	73,413	71,015	57,381	-19.2
リップグロス、リップクリーム	45,873	50,325	54,239	51,193	40,985	-19.9
頬紅	32,902	32,628	35,392	33,347	28,331	-15.0
リキッド、クリーム、ケーキファンデーション	44,029	25,157	26,363	32,770	28,301	-13.6
メイクアップベース	29,336	29,602	26,407	18,352	15,695	-14.5
メイクアップフィクサー	456	1,065	1,884	4,389	2,338	-46.7
ボディーペインティング、扮装用製品	523	210	309	825	429	-48.0
その他の色調化粧品製品	4,194	32,121	31,711	35,926	24,397	-32.1
合計	308,085	307,848	321,404	312,398	270,292	-13.5

出所：韓国化粧品協会，化粧品生産実績資料, 各年度

<表1-10> 年度別人体洗浄用製品類生産推移 　　　　　　　　(単位：百万ウォン,％)

年度 品目名	2008年	2009年	2010年	2011年	2012年	
					生産額	YoY
ボディクレンザー	121,101	135,830	194,853	212,938	224,738	5.5
フォームクレンザー	22,142	20,206	24,518	9,549	171,723	1,698.3
外陰部洗浄剤	-	-	14,112	19,456	22,881	17.6
液体石鹸	688	7,467	4,197	7,846	11,306	44.1
その他の人体洗浄用製品類	10,491	20,003	14,217	12,596	33,840	168.7
合計	154,422	183,507	251,897	262,385	464,489	77.0

注) 1. 2008年の種類分類基準に合わせて2007年浴用製品類を再分類した
　　2. 2008年に人体洗浄用の種類が追加され、2007年以前の人体洗浄用製品に該当する生産実績は無し
　　3. 2010年 '化粧品法施行規則' 改正で化粧品の種類が拡大するにつれて、'外陰部洗浄剤'が人体洗浄用製品類の細部種類に追加された

出所：韓国化粧品協会，化粧品生産実績資料, 各年度

<表1-11> 年度別目化粧用製品類生産推移 　　　　　　　　(単位：百万ウォン,％)

年度 品目名	2008年	2009年	2010年	2011年	2012年	
					生産額	YoY
アイシャドウ	37,260	38,341	42,726	41,114	41,916	2.0
アイライナー	23,865	32,518	43,206	36,941	38,021	2.9
マスカラ	40,903	45,414	48,211	58,682	36,056	-38.6
アイブローペンシル	11,935	9,797	13,518	15,278	15,841	3.7
アイメイクアップリムーバー	5,180	5,442	7,492	8,707	9,673	11.1
その他のアイメイク用製品	416	3,454	2,368	3,355	2,780	-17.1
合計	119,558	134,966	157,521	164,076	144,287	-12.1

出所：韓国化粧品協会，化粧品生産実績資料, 各年度

<表1-12> 年度別剃毛用製品類生産推移 (単位：百万ウォン, %)

年度 品目名	2008年	2009年	2010年	2011年	2012年 生産額	2012年 YoY
アフターシェーブローション	93,269	110,747	152,272	109,756	75,962	-30.8
シェービングフォーム	530	939	1,094	756	1,088	44.0
シェービングクリーム	52	348	75	126	338	167.4
フリーシェーブローション	-	71	15	6	-	-
男性用タルカム	-	2,333	12	-	-	-
その他の化粧製品類	3,330	2,838	3,485	2,695	2,630	-2.4
合計	97,181	117,276	156,952	113,340	80,018	-29.4

注) 2010年 '化粧品法施行規則'の改正に基づいて剃毛用製品類に男性用タルク、プレシェイブローションが追加された

出所：韓国化粧品協会, 化粧品生産実績資料, 各年度

<表1-13> 年度別乳幼児用(旧子供用)製品類生産推移 (単位：百万ウォン, %)

年度 品目名	2008年	2009年	2010年	2011年	2012年 生産額	2012年 YoY
乳幼児用ローション、クリーム	48,892	37,568	40,335	36,589	32,307	-11.7
乳幼児用人体洗浄用製品	22,780	15,763	7,894	8,138	6,938	-14.7
乳幼児用シャンプー、リンス	3,320	5,311	7,904	8,163	5,295	-35.1
乳幼児用浴用製品	1,262	694	6,334	6,307	5,292	-16.1
乳幼児用オイル	3,030	2,517	1,955	2,040	1,678	-17.7
合計	79,284	61,854	64,421	61,236	51,509	-15.9

注) 乳幼児用用製品類は旧子供用製品類である

出所：韓国化粧品協会, 化粧品生産実績資料, 各年度

<表1-14> 年度別手足の爪用(旧マニキュア用)製品類生産推移 (単位：百万ウォン, %)

年度 品目名	2008年	2009年	2010年	2011年	2012年 生産額	2012年 YoY
ネイルポリッシュ、ネイルエナメル	16,265	20,251	21,646	24,886	29,747	19.5
ネイルクリーム、ローション、エッセンス	795	2,812	3,104	2,774	9,963	259.1
ネイルポリッシュ、ネイルエナメルリムーバー	4,967	5,593	5,244	5,428	5,705	5.1
トップコート	524	1,025	1,219	1,404	2,013	43.4
ベースコート、アンダーコート	932	918	879	772	1,277	65.5
その他の爪用製品類	795	771	908	1,313	1,942	47.9
合計	24,279	31,369	33,002	36,577	50,646	38.5

出所：韓国化粧品協会, 化粧品生産実績資料, 各年度

<表1-15> 年度別芳香用製品類生産推移　　　　　　　　　　　　　　　　　　　　（単位：百万ウォン, %）

年度 品目名	2008年	2009年	2010年	2011年	2012年 生産額	2012年 YoY
コロン	18,178	15,192	18,419	24,944	14,302	-42.7
香水	6,244	11,117	13,410	16,088	7,215	-55.2
パウダー香水	6	61	327	1,005	37	-96.3
香袋	4	5	2	-	-	-
その他の芳香用製品類	144	1,246	701	688	746	8.4
合計	24,576	27,621	32,858	42,725	22,301	-47.8

出所：韓国化粧品協会, 化粧品生産実績資料, 各年度

<表1-16> 年度別頭髪染色用(旧染毛用)製品類生産推移　　　　　　　　　　　　（単位：百万ウォン, %）

年度 品目名	2008年	2009年	2010年	2011年	2012年 生産額	2012年 YoY
ヘアティント	9,917	24,494	10,990	11,803	10,123	-14.2
ヘアカラースプレー	41	27	44	78	41	-47.4
その他の頭髪染色用製品類	676	2,524	22,856	24,322	4,282	-82.4
合計	10,634	27,044	33,891	36,203	14,446	-60.1

注) 頭髪染色用製品類は旧染色用製品類である　　　出所：韓国化粧品協会, 化粧品生産実績資料, 各年度

<表1-17> 年度別浴用製品類生産推移　　　　　　　　　　　　　　　　　　　　（単位：百万ウォン, %）

年度 品目名	2008年	2009年	2010年	2011年	2012年 生産額	2012年 YoY
バブルバス	854	752	961	1,190	15,540	1,206.1
浴用塩類	1,498	1,459	1,275	1,089	1,640	50.5
浴用オイル、タブレット、カプセル	1,855	2,424	2,068	2,298	1,291	-43.8
その他の浴用製品類	665	498	2,574	938	718	-23.5
合計	4,872	5,133	6,878	5,515	19,188	247.9

注) 1. 2008年の種類分類基準に合わせて2006年, 2007年の浴用製品類を再分類した(浴用塩類は2008年に 個別品として分類され、2007年までの塩類の生産実績は浴用オイル, 錠剤, カプセルの生産実績に含まれる)

出所：韓国化粧品協会, 化粧品生産実績資料, 各年度

<表1-18> 年度別体臭防止用製品類生産推移　　　　　　　　　　　　　　　　　（単位：百万ウォン, %）

年度 品目名	2008年	2009年	2010年	2011年	2012年 生産額	2012年 YoY
デオドラント	-	-	489	1,351	1,805	33.6
その他の体臭防止用製品類	-	-	-	364	1,395	283.3
合計	-	-	489	1,715	3,200	86.6

注) 2010年 '化粧品法施行規則'の改正に伴う化粧品の種類が拡大するにつれて、'体臭防止用製品類(デオドラント)'が新規種類に追加された　　　出所：韓国化粧品協会, 化粧品生産実績資料, 各年度

精密化学工業

<表1-19> 品目別化粧品製造販売業者売上現況(2012)　　　　　　　　　　　　　　　（単位：百万ウォン, %）

区分	取扱		売上高					
	企業数	比重	計		自社ブランド販売		輸入販売	
			金額	比重	金額	比重	金額	比重
乳幼児用製品類	211	8.9	228,294	1.7	103,356	1.1	124,938	3.3
浴用製品類	306	12.9	40,696	0.3	20,591	0.2	20,105	0.5
人体洗浄用製品類	1,053	44.4	708,200	5.3	539,525	5.6	168,675	4.5
アイメイク用製品類	332	14.0	448,060	3.3	287,146	3.0	160,914	4.3
芳香用製品類	217	9.2	356,888	2.7	36,929	0.4	319,959	8.5
頭髪染色用製品類	97	4.1	49,003	0.4	42,618	0.4	6,385	0.2
色調化粧品の製品類	848	35.8	2,000,490	14.9	1,439,182	15.0	561,308	14.9
頭髪用製品類	917	38.7	1,539,170	11.5	1,124,534	11.7	414,636	11.0
手足の爪用製品類	149	6.3	117,976	0.9	90,451	0.9	27,525	0.7
シェービング用製品類	136	5.7	136,085	1.0	81,435	0.8	54,650	1.4
基礎化粧用製品類	2,027	85.5	7,743,003	57.8	5,840,853	60.7	1,902,151	50.5
体臭防止用製品類	53	2.3	17,498	0.1	8,683	0.1	8,815	0.2
合計	2,370	100.0	13,385,363	100.0	9,615,302	100.0	3,770,062	100.0

出所：保健福祉部, 2012年医療機器.化粧品製造.流通実態調査, 2013

<表1-20> 化粧品製造販売業者の機能性化粧品売上額(2012)　　　　　　　　　　　　（単位：百万ウォン, %）

区分	計		自社ブランド販売		輸入販売	
	金額	比重	金額	比重	金額	比重
美白	697,568	19.5	590,697	21.2	106,870	13.5
しわの改善	882,170	24.7	788,626	28.3	93,545	11.8
紫外線遮断	1,225,896	34.3	688,356	24.7	537,540	67.8
複合類型	768,890	21.5	714,109	25.7	54,781	6.9
合計	3,574,527	100.0	2,781,791	100.0	792,735	100.0

出所：保健福祉部, 2012年医療機器.化粧品製造.流通実態調査, 2013

<表1-21> 年度別化粧品輸出入実績推移　　　　　　　　　　　　　　　　　　　　　（単位：千ドル, %）

年度	輸入		輸出		貿易収支
	輸入金額	YoY	輸出金額	YoY	
2000年	395,589	-	76,492	71.0	-319,097
2001年	379,459	-4.1	80,142	4.8	-299,317
2002年	520,910	37.3	123,550	54.2	-397,360
2003年	499,191	-4.2	150,647	21.9	-348,544
2004年	485,871	-2.7	219,010	45.4	-266,861
2005年	530,795	9.2	286,130	30.6	-244,665
2006年	601,883	13.4	304,595	6.5	-297,288
2007年	652,195	8.4	348,111	14.3	-304,084
2008年	719,936	10.4	371,204	6.6	-348,732
2009年	702,434	-2.4	416,002	12.1	-286,432
2010年	851,085	21.2	596,934	43.5	-254,151
2011年	988,763	16.2	804,503	34.8	-184,260
2012年	977,739	-1.1	1,067,002	32.6	89,263

出所：医薬品輸出入協会, Facts & Survey Report, 各年度

<表1-22> 化粧品主要輸出国推移 (単位：千ドル,%)

順位	国名	2008年	2009年	2010年	2011年	2012年	YoY
1	日本	58,420	73,813	83,251	121,676	250,084	105.5
2	中国	103,854	110,302	156,369	228,684	209,613	-8.3
3	香港	40,160	41,271	57,014	92,508	188,639	103.9
4	アメリカ	38,061	39,372	44,976	57,225	70,169	22.6
5	タイ	6,017	12,634	42,842	57,850	65,171	12.7
6	台湾	31,428	41,003	50,539	62,670	58,777	-6.2
7	シンガポール	14,448	15,523	24,903	31,838	40,589	27.5
8	マレーシア	7,319	10,581	29,732	29,042	32,775	12.9
9	ベトナム	10,437	13,176	25,514	24,437	25,496	4.3
10	ロシア連邦	4,364	4,298	6,523	8,231	15,657	90.2
	合計(A)	314,508	361,973	521,663	714,161	956,970	34.0
	総輸出額(B)	371,204	416,002	596,934	804,503	1,067,002	32.6
	比重(A/B)	84.7	87.0	87.4	88.8	89.7	-

注) 2012年の輸出額規模を基準にして順位を決定　　出所：医薬品輸出入協会, Facts & Survey Report, 各年度

<表1-23> 化粧品主要輸入国推移 (単位：千ドル,%)

順位	国名	2008年	2009年	2010年	2011年	2012年	YoY
1	アメリカ	166,213	171,083	225,894	257,421	270,033	4.9
2	フランス	186,264	173,432	209,497	254,693	244,515	-4.0
3	日本	135,572	140,075	178,803	187,932	180,297	-4.1
4	イタリア	33,825	31,755	36,750	45,754	44,199	-3.4
5	英国	35,081	27,023	30,988	41,547	41,966	1.0
6	タイ	40,361	41,076	44,611	46,371	40,135	-13.4
7	カナダ	17,270	16,235	23,805	29,503	31,453	6.6
8	ドイツ	28,107	27,156	24,900	26,835	27,556	2.7
9	アイルランド	586	2,925	2,675	11,272	14,967	32.8
10	中国	12,786	13,966	11,740	14,174	11,245	-20.7
	合計(A)	656,066	644,726	789,664	915,502	906,364	-1.0
	総輸入額(B)	719,936	702,434	851,085	988,763	977,739	-1.1
	比重(A/B)	91.1	91.8	92.8	92.6	92.7	-

注) 2012年輸入額規模を基準にして順位を決定　　出所：医薬品輸出入協会, Facts & Survey Report, 各年度

<表1-24> 主要貿易国現況(2012) (単位：千ドル,%)

順位	国名	輸出	輸入	貿易量	貿易収支
1	日本	250,084	180,297	430,381	69,787
2	アメリカ	70,169	270,033	340,202	-199,864
3	フランス	3,673	244,515	248,188	-240,842
4	中国	209,613	11,245	220,858	198,368
5	香港	188,639	571	189,210	188,068
6	タイ	65,171	40,135	105,306	25,036
7	台湾	58,777	3,980	62,757	54,797
8	英国	6,693	41,966	48,659	-35,273
9	イタリア	534	44,199	44,733	-43,665
10	シンガポール	40,589	2,070	42,659	38,519
	合計	1,067,002	977,739	2,044,741	89,263

注) 2012年の貿易量規模を基準にして順位を決定　　出所：医薬品輸出入協会, Facts & Survey Report, 各年度

<表1-25> 化粧品原料主要輸入国現況 (単位：千ドル,%)

順位	国名	2008年	2009年	2010年	2011年	2012年	YoY
1	日本	31,025	33,630	44,237	48,529	49,750	2.5
2	アメリカ	17,384	22,199	26,252	38,717	42,443	9.6
3	ドイツ	16,093	20,999	22,849	23,184	23,726	2.3
4	中国	6,025	7,169	9,789	13,361	14,330	7.3
5	フランス	11,151	9,503	11,330	11,467	12,289	7.2
6	マレーシア	4,946	4,016	5,219	7,011	7,726	10.2
7	インドネシア	979	965	583	1,444	6,215	330.3
8	英国	2,113	3,356	3,683	3,658	5,589	52.8
9	台湾	1,348	1,646	3,141	4,371	5,001	14.4
10	イタリア	2,113	2,184	2,561	3,280	3,218	-1.9
	合計(A)	93,178	105,666	129,644	155,023	170,288	9.8
	総輸入額(B)	105,987	118,276	145,041	174,311	189,283	8.6
	比重(A/B)	87.9	89.3	89.4	88.9	90.0	-

注) 2012年の原料輸入額規模を基準にして順位を決定　出所：医薬品輸出入協会, Facts & Survey Report, 各年度

<表1-26> 化粧品主要業者の売上額と増加率推移 (単位：百万ウォン, %)

会社名	2008	2009	2010	2011	2012	増加率
(株)アモーレパシフィック	1,531,336	1,769,010	2,058,514	2,293,407	2,510,394	9.5
(株)LG生活健康	1,354,585	1,525,071	1,747,660	1,998,971	2,144,640	7.3
(株)ABLE C&C	101,137	181,127	243,142	305,626	425,058	39.1
(株)ザ・フェイスショップ	235,068	257,122	287,657	317,646	395,338	24.5
愛敬産業(株)	323,848	338,259	345,594	349,368	342,163	-2.1
CJオリーブヤング(株)	71,032	98,696	136,358	211,916	307,507	45.1
(株)エチュード	77,519	114,697	161,661	214,815	280,507	30.6
(株)イニスフリー	-	-	83,688	140,496	229,416	63.3
コスメクス(株)	93,048	127,653	155,532	176,880	215,611	21.9
ニュースキンコリア(株)	105,212	115,695	153,605	193,626	209,165	8.0

注) 2012年売上げ上位企業基準.　出所：1) 金融監督院電子公示システム, NICE信用評価情報
　　　　　　　　　　　　　　　　　2) 韓国保健産業振興院, 2013年化粧品産業分析報告書, 2013

<表1-27> 国別化粧品輸出額推移 (単位：千ドル, %)

順位	輸出国	2010 輸出額	2010 比重	2011 輸出額	2011 比重	2012 輸出額	2012 比重	前年対比増加率
1	日本	83,251	13.9	121,676	15.1	250,084	23.4	105.5
2	中国	156,369	26.2	228,684	28.4	209,613	19.6	-8.3
3	香港	57,014	9.6	92,508	11.5	188,639	17.7	103.9
4	アメリカ	44,976	7.5	57,225	7.1	70,169	6.6	22.6
5	タイ	42,842	7.2	57,850	7.2	65,171	6.1	12.7
6	台湾	50,539	8.5	62,670	7.8	58,777	5.5	-6.2
7	シンガポール	24,903	4.2	31,838	4.0	40,589	3.8	27.5
8	マレーシア	29,732	5.0	29,042	3.6	32,775	3.1	12.9
9	ベトナム	25,514	4.3	24,437	3.0	25,496	2.4	4.3
10	ロシア連邦	6,523	1.1	8,231	1.0	15,657	1.5	90.2
	上位10カ国合計	521,663	87.4	714,161	88.8	956,970	89.7	34.0
	輸出総計	596,934	100.0	804,503	100.0	1,067,002	100.0	32.6

注) 順位は2012年輸出額基準.　出所：韓国医薬品輸出入協会, Facts & Survey Report, 各年度

<表1-28> 国別化粧品輸入額推移 (単位：千ドル, %)

順位	輸入国	2010 輸入額	比重	2011 輸入額	比重	2012 輸入額	比重	前年対比増加率
1	アメリカ	225,894	26.5	257,421	26.0	270,033	27.6	4.9
2	フランス	209,497	24.6	254,693	25.8	244,515	25.0	-4.0
3	日本	178,803	21.0	187,932	19.0	180,297	18.4	-4.1
4	イタリア	36,750	4.3	45,754	4.6	44,199	4.5	-3.4
5	英国	30,988	3.6	41,547	4.2	41,966	4.3	1.0
6	タイ	44,611	5.2	46,371	4.7	40,135	4.1	-13.4
7	カナダ	23,805	2.8	29,503	3.0	31,453	3.2	6.6
8	ドイツ	24,900	2.9	26,835	2.7	27,556	2.8	2.7
9	アイルランド	2,675	0.3	11,272	1.1	14,967	1.5	32.8
10	中国	11,740	1.4	14,174	1.4	11,245	1.2	-20.7
	上位10カ国合計	789,664	92.8	915,502	92.6	906,364	92.7	-1.0
	輸入総計	851,085	100.0	988,763	100.0	977,739	100.0	-1.1

注) 順位は2012年輸入額基準.
出所：韓国医薬品輸出入協会, Facts & Survey Report, 各年度

<表1-29> 韓国の対主要国化粧品輸出入推移(HSコード基準)　　　　　　　　　　(単位：千ドル)

区分		2010年	2011年	2012年	3年平均 ('10年-'12年)
世界	輸出	791,400	813,980	977,867	861,082
	輸入	1,032,427	1,203,466	1,239,183	1,158,359
	貿易収支	-241,027	-389,487	-261,316	-297,277
EU(27カ国)	輸出	17,636	22,894	28,080	22,870
	輸入	400,981	503,938	499,910	468,276
	貿易収支	-383,345	-481,044	-471,830	-445,407
ASEAN(10カ国)	輸出	139,994	162,781	197,710	166,828
	輸入	60,991	69,703	63,941	64,878
	貿易収支	79,003	93,078	133,769	101,950
アメリカ	輸出	50,903	65,213	77,777	64,631
	輸入	270,056	309,127	361,022	313,402
	貿易収支	-219,153	-243,914	-283,245	-248,771
中国	輸出	327,051	204,320	215,922	249,098
	輸入	22,350	26,595	24,374	24,440
	貿易収支	304,701	177,725	191,548	224,658
日本	輸出	87,802	127,517	169,690	128,337
	輸入	217,927	227,872	219,263	221,688
	貿易収支	-130,125	-100,355	-49,573	-93,351
フランス	輸出	3131	4,790	3,506	3,809
	輸入	242,013	304,677	292,071	279,587
	貿易収支	-238,882	-299,887	-288,565	-275,778
香港	輸出	62,064	97,131	143,050	100,748
	輸入	688	1,593	2,360	1,547
	貿易収支	61,376	95,538	140,690	99,201
タイ	輸出	45,047	61,091	70,849	58,995
	輸入	47,840	53,223	48,561	49,875
	貿易収支	-2,794	7,868	22,287	9,120
台湾	輸出	52,595	66,908	61,334	60,279
	輸入	1,642	1,949	1,743	1,778
	貿易収支	50,953	64,959	59,591	58,501
シンガポール	輸出	23,963	31,887	40,469	32,107
	輸入	2,422	3,114	2,412	2,649
	貿易収支	21,542	28,773	38,057	29,457
マレーシア	輸出	31,649	30,896	35,139	32,561
	輸入	7,097	8,078	8,089	7,755
	貿易収支	24,552	22,818	27,050	24,807
ロシア連邦	輸出	6,923	8,791	18,343	11,353
	輸入	51	4	64	40
	貿易収支	6,872	8,787	18,279	11,313

出所：韓国保健産業振興院, 医療機器.化粧品製造.流通実態調査

<表1-30> 類型別対世界化粧品輸出入現況(HSコード基準) (単位：千ドル)

区分	対世界輸出		対世界輸入	
	2011年	2012年	2011年	2012年
基礎化粧用製品類	567,478	686,499	661,808	690,166
アイメイク用製品類	29,399	32,564	45,286	45,623
頭髪用製品類	62,826	74,120	151,869	163,084
シェービング用製品類	336	922	13,955	11,169
浴用及び人体洗浄用製品類	16,875	14,375	47,268	48,294
芳香用製品類	11,383	12,660	105,869	108,635
色調化粧品の製品類	104,189	130,628	143,914	137,711
手足の爪用製品類	15,624	19,487	9,783	10,529
乳幼児用製品類	1,111	671	17,774	17,322
体臭防止用製品類	4,758	5,940	5,939	6,651
合計	813,980	977,867	1,203,466	1,239,183

出所：韓国保健産業振興院, 医療機器.化粧品製造.流通実態調査

<表1-31> 類型別対EU(27カ国)化粧品輸出入現況(HSコード基準) (単位：千ドル)

区分	対EU(27カ国)輸出		対EU(27カ国)輸入	
	2011年	2012年	2011年	2012年
基礎化粧用製品類	13,010	18,973	272,697	269,467
アイメイク用製品類	4,748	1,433	18,054	18,105
頭髪用製品類	788	704	21,216	23,891
シェービング用製品類	-	22	6,359	5,471
浴用及び人体洗浄用製品類	418	43	15,283	16,286
芳香用製品類	1,406	1,571	91,529	90,204
色調化粧品の製品類	915	3,299	70,257	67,697
手足の爪用製品類	1,608	2,035	2,046	2,804
乳幼児用製品類	3	-	3,665	4,369
体臭防止用製品類	0	-	2,831	1,617
合計	22,894	28,080	503,938	499,910

出所：韓国保健産業振興院, 医療機器.化粧品製造.流通実態調査

<表1-32> 対ASEAN化粧品類型別輸出入現況(HSコード基準) (単位：千ドル)

区分	対ASEAN輸出		対ASEAN輸入	
	2011年	2012年	2011年	2012年
基礎化粧用製品類	100,312	122,569	9,577	8,749
アイメイク用製品類	4,985	5,886	277	127
頭髪用製品類	14,336	15,808	44,482	41,185
シェービング用製品類	187	321	790	480
浴用及び人体洗浄用製品類	3,594	5,425	6,740	5,461
芳香用製品類	6,259	6,415	12	318
色調化粧品の製品類	26,240	32,298	760	439
手足の爪用製品類	2,624	3,394	4	0
乳幼児用製品類	184	140	6,225	5,444
体臭防止用製品類	4,061	5,454	836	1,738
合計	162,781	197,710	69,703	63,941

出所：韓国保健産業振興院, 医療機器.化粧品製造.流通実態調査

<表1-33> 類型別対アメリカ化粧品輸出入現況(HSコード基準)　　　　　　　　　(単位：千ドル)

区分	対アメリカ輸出		対アメリカ輸入	
	2011年	2012年	2011年	2012年
基礎化粧用製品類	30,751	40,799	168,440	227,945
アイメイク用製品類	7,241	7,872	5,774	4,890
頭髪用製品類	10,779	12,346	33,481	46,040
シェービング用製品類	22	5	1,862	2,205
浴用及び人体洗浄用製品類	1,026	863	11,337	18,700
芳香用製品類	237	425	11,067	15,202
色調化粧品の製品類	9,625	9,401	27,947	30,258
手足の爪用製品類	5,388	5,989	6,190	6,462
乳幼児用製品類	143	66	3,193	6,463
体臭防止用製品類	0	9	765	2,858
合計	65,213	77,777	270,056	361,022

出所：韓国保健産業振興院, 医療機器.化粧品製造.流通実態調査

<表1-34> 類型別対中国化粧品輸出入現況(HSコード基準)　　　　　　　　　(単位：千ドル)

区分	対中国輸出		対中国輸入	
	2011年	2012年	2011年	2012年
基礎化粧用製品類	171,258	182,066	10,857	11,735
アイメイク用製品類	2,002	1,844	3,128	2,252
頭髪用製品類	14,820	16,457	3,644	4,485
シェービング用製品類	7	13	171	442
浴用及び人体洗浄用製品類	1,786	2,168	5,067	2,533
芳香用製品類	27	10	69	36
色調化粧品の製品類	11,620	11,660	2,118	2,395
手足の爪用製品類	2,214	1,480	29	299
乳幼児用製品類	543	221	1,511	183
体臭防止用製品類	41	3	1	16
合計	204,320	215,922	26,595	24,374

出所：韓国保健産業振興院, 医療機器.化粧品製造.流通実態調査

<表1-35> 類型別対日本化粧品輸出入現況(HSコード基準)　　　　　　　　　(単位：千ドル)

区分	対日本輸出		対日本輸入	
	2011年	2012年	2011年	2012年
基礎化粧用製品類	90,111	120,823	134,561	125,677
アイメイク用製品類	4,054	6,418	16,075	17,340
頭髪用製品類	5,159	7,201	37,240	41,149
シェービング月製品類	10	48	368	185
浴用及び人体洗浄用製品類	6,754	2,092	3,654	2,746
芳香用製品類	2,653	2,454	239	239
色調化粧品の製品類	17,412	28,420	35,207	31,359
手足の爪用製品類	866	2,008	334	420
乳幼児用製品類	67	46	158	29
体臭防止用製品類	430	180	37	119
合計	127,517	169,690	227,872	219,263

出所：韓国保健産業振興院, 医療機器.化粧品製造.流通実態調査

<表1-36> 類型別対フランス化粧品輸出入現況(HSコード基準)　　　　　　　(単位：千ドル)

区分	対フランス輸出		対フランス輸入	
	2011年	2012年	2011年	2012年
基礎化粧用製品類	1,743	1,745	172,411	161,991
アイメイク用製品類	2,374	396	7,917	7,812
頭髪用製品類	67	91	5,848	5,421
シェービング用製品類	-	14	2,183	1,855
浴用及び人体洗浄用製品類	114	0	6,852	6,707
芳香用製品類	17	79	55,131	54,152
色調化粧品の製品類	445	991	50,691	49,597
手足の爪用製品類	30	189	1,418	1,913
乳幼児用製品類	-	-	2,064	2,462
体臭防止用製品類	-	-	164	161
合計	4,790	3,506	304,677	292,071

出所：韓国保健産業振興院, 医療機器.化粧品製造.流通実態調査

<表1-37> 類型別対香港化粧品輸出入現況(HSコード基準)　　　　　　　(単位：千ドル)

区分	対香港輸出		対香港輸入	
	2011年	2012年	2011年	2012年
基礎化粧用製品類	71,934	110,626	1,182	1,870
アイメイク用製品類	1,324	2,511	20	7
頭髪用製品類	2,901	3,166	179	232
シェービング用製品類	4	58	5	-
浴用及び人体洗浄用製品類	1,041	1,614	74	114
芳香用製品類	99	155	70	26
色調化粧品の製品類	19,296	23,598	64	111
手足の爪用製品類	435	1,205	0	0
乳幼児用製品類	59	73	-	-
体臭防止用製品類	38	44	0	0
合計	97,131	143,050	1,593	2,360

出所：韓国保健産業振興院, 医療機器.化粧品製造.流通実態調査

<表1-38> 類型別対タイ化粧品輸出入現況(HSコード基準)　　　　　　　(単位：千ドル)

区分	対タイ輸出		対タイ輸入	
	2011年	2012年	2011年	2012年
基礎化粧用製品類	39,314	44,562	4,786	3,997
アイメイク用製品類	2,146	2,686	121	73
頭髪用製品類	3,564	3,290	42,958	39,499
シェービング用製品類	41	253	788	478
浴用及び人体洗浄用製品類	1,937	2,771	3,632	2,273
芳香用製品類	91	81	0	308
色調化粧品の製品類	10,626	12,727	409	259
手足の爪用製品類	595	631	-	-
乳幼児用製品類	10	101	-	0
体臭防止用製品類	2,767	3,747	529	1,675
合計	61,091	70,849	53,223	48,561

出所：韓国保健産業振興院, 医療機器.化粧品製造.流通実態調査

<表1-39> 類型別対台湾化粧品輸出入現況(HSコード基準)　　　　　　　　　　　(単位：千ドル)

区分	対台湾輸出		対台湾輸入	
	2011年	2012年	2011年	2012年
基礎化粧用製品類	50,862	44,356	916	1,092
アイメイク用製品類	1,810	2,695	43	9
頭髪用製品類	3,148	3,532	278	241
シェービング用製品類	94	433	-	-
浴用及び人体洗浄用製品類	1,433	1,540	7	14
芳香用製品類	25	22	3	0
色調化粧品の製品類	8,424	7,615	209	182
手足の爪用製品類	931	890	494	206
乳幼児用製品類	27	23	-	-
体臭防止用製品類	156	227	-	-
合計	66,908	61,334	1,949	1,743

出所：韓国保健産業振興院, 医療機器.化粧品製造.流通実態調査

<表1-40> 類型別対シンガポール化粧品輸出入現況(HSコード基準)　　　　　(単位：千ドル)

区分	対シンガポール輸出		対シンガポール輸入	
	2011年	2012年	2011年	2012年
基礎化粧用製品類	17,159	23,113	1,961	2,019
アイメイク用製品類	530	792	75	37
頭髪用製品類	2,760	2,859	553	194
シェービング用製品類	15	8	-	-
浴用及び人体洗浄用製品類	368	572	340	92
芳香用製品類	6,022	6,120	5	8
色調化粧品の製品類	4,597	6,097	180	61
手足の爪用製品類	395	854	0	-
乳幼児用製品類	3	5	0	0
体臭防止用製品類	38	49	0	-
合計	31,887	40,469	3,114	2,412

出所：韓国保健産業振興院, 医療機器.化粧品製造.流通実態調査

<表1-41> 類型別対マレーシア化粧品輸出入現況(HSコード基準)　　　　　　(単位：千ドル)

区分	対マレーシア輸出		対マレーシア輸入	
	2011年	2012年	2011年	2012年
基礎化粧用製品類	20,631	23,285	945	1,224
アイメイク用製品類	1,239	961	2	1
頭髪用製品類	2,619	3,054	151	202
シェービング用製品類	21	17	2	0
浴用及び人体洗浄用製品類	625	1,053	2,713	2,778
芳香用製品類	71	127	5	1
色調化粧品の製品類	4,299	4,732	115	73
手足の爪用製品類	613	955	1	-
乳幼児用製品類	168	22	4,144	3,809
体臭防止用製品類	609	931	0	-
合計	30,896	35,139	8,078	8,089

出所：韓国保健産業振興院, 医療機器.化粧品製造.流通実態調査

<表1-42> 類型別対ロシア連邦化粧品輸出入現況(HSコード基準)　　　(単位：千ドル)

区分	対ロシア連邦輸出 2011年	対ロシア連邦輸出 2012年	対ロシア連邦輸入 2011年	対ロシア連邦輸入 2012年
基礎化粧用製品類	4,037	10,439	4	50
アイメイク用製品類	2,195	2,601	-	3
頭髪用製品類	1,701	4,154	1	2
シェービング用製品類	-	2	-	1
浴用及び人体洗浄用製品類	204	255	-	2
芳香用製品類	-	-	-	-
色調化粧品の製品類	438	728	-	3
手足の爪用製品類	141	164	-	-
乳幼児用製品類	75	-	-	3
体臭防止用製品類	-	-	-	-
合計	8,791	18,343	4	64

出所：韓国保健産業振興院, 医療機器.化粧品製造.流通実態調査

<表1-43> 地域別化粧品市場規模　　　(単位：億ドル,％)

地域	2008	2009	2010	2011	2012	CAGR ('08~'12)
世界	2,216	2,296	2,384	2,482	2,584	3.9
	(100.0)	(100.0)	(100.0)	(100.0)	(100.0)	-
ヨーロッパ	873	895	917	940	962	2.5
	(39.4)	(39.0)	(38.5)	(37.9)	(37.2)	-
アジア/太平洋	668	697	732	768	806	4.8
	(30.1)	(30.4)	(30.7)	(30.9)	(31.2)	-
アメリカ	622	646	674	709	747	4.7
	(28.1)	(28.1)	(28.3)	(28.6)	(28.9)	-
アフリカ/中東	53	57	61	65	69	6.7
	(2.4)	(2.5)	(2.6)	(2.6)	(2.7)	-

注) 1. Datamonitor資料を利用して韓国の化粧品類型中心に資料を分析した
　　2. ( )の中の数字は地域別占有率
出所：Datamonitor, Personal Care Market Data, 2013.11

<表1-44> 国別化粧品市場規模推移 (単位：百万ドル, %)

順位	国名	2010 市場規模	2010 比重	2011 市場規模	2011 比重	2012 市場規模	2012 比重
1	アメリカ	35,272	14.8	36,214	14.6	37,069	14.3
2	日本	27,354	11.5	27,704	11.2	28,058	10.9
3	中国	17,957	7.5	19,482	7.9	21,284	8.2
4	ブラジル	14,983	6.3	16,246	6.5	17,624	6.8
5	ドイツ	15,052	6.3	15,389	6.2	15,559	6.0
6	フランス	14,121	5.9	14,367	5.8	14,560	5.6
7	英国	10,849	4.6	11,175	4.5	11,562	4.5
8	イタリア	10,205	4.3	10,418	4.2	10,541	4.1
9	ロシア	7,063	3.0	7,468	3.0	7,852	3.0
10	スペイン	7,088	3.0	7,043	2.8	7,082	2.7
11	韓国	6,321	2.7	6,624	2.7	6,834	2.6
12	インド	5,142	2.2	5,745	2.3	6,460	2.5
13	メキシコ	5,475	2.3	5,729	2.3	6,020	2.3
14	カナダ	5,366	2.3	5,525	2.2	5,682	2.2
15	オーストラリア	4,001	1.7	4,123	1.7	4,248	1.6
	上位15カ国合計	186,250	78.1	193,253	77.9	200,434	77.6
	総合計	238,428	100.0	248,157	100.0	258,364	100.0

注) 1. Datamonitor資料を利用して韓国の化粧品類型中心に資料を分析した
　 2. 順位は2012年国別市場規模基準として作成　　出所: Datamonitor, Personal Care Market Data, 2013.11

<表1-45> 品目群別化粧品市場規模 (単位: 億ドル, %)

累計群	2008	2009	2010	2011	2012	CAGR ('08~'12)
Skincare	683	710	741	771	802	4.1
Haircare	461	475	489	506	524	3.3
Personal hygiene	380	395	412	430	450	4.4
Make-up	337	349	363	380	397	4.2
Fragrances	288	297	306	319	333	3.7
Male Toiletries	43	45	46	48	49	3.3
Feminine Care	7	7	8	8	8	5.1
Baby personal care	18	19	19	20	21	3.1
合計	2,216	2,296	2,384	2,482	2,584	3.9

注) Datamonitor資料を利用して韓国の化粧品類型中心に資料を分析した
出所: Datamonitor, Personal Care Market Data, 2013.11

<表 1-46> グローバル化粧品企業売上額(2012)　　　　　　　　　　　　　　　　(単位：億ドル, %)

順位	企業	国	売上高	占有率
1	L'ORÉAL	フランス	288.8	14.4
2	UNILEVER	英国, オランダ	207.0	10.3
3	PROCTER & GAMBLE	アメリカ	200.8	10.0
4	THE ESTÉE LAUDER COS.	アメリカ	99.8	5.0
5	SHISEIDO CO.	日本	83.8	4.2
6	AVON PRODUCTS	アメリカ	76.4	3.8
7	KAO CORP.	日本	67.3	3.4
8	BEIERSDORF	ドイツ	61.6	3.1
9	JOHNSON & JOHNSON	アメリカ	58.7	2.9
10	CHANEL	フランス	53.3	2.7
17	AMOREPACIFIC GROUP	韓国	30.3	1.5
28	LG HOUSEHOLD & HEALTH CARE	韓国	15.3	0.8
56	ABLE C&C	韓国	4.1	0.2
合計 (100社)			2,008.8	100.0

注) 1. 100大化粧品企業の 香水, メイクアップ, スキンケア, サンケア, ヘアケア及びデオロラント製品類の売上実績をもとに順位をつけ、石鹸, 剃毛器, 歯磨き粉, 食事療法製品, 医薬品, ビタミン剤及び洗剤は除外

出所：Women's Wear Daily, WWD Beauty Report, 2013

2. 医薬品

<表2-1> 医薬品産業市場現況 (単位：百万ウォン)

	2008	2009	2010	2011	2012
生産	13,893,810	14,788,387	15,569,588	15,440,251	15,560,663
輸出	1,255,891	1,772,242	1,770,059	1,943,493	2,309,534
輸入	4,319,756	4,953,881	5,108,911	5,447,053	5,728,874
貿易収支	-3,063,865	-3,181,640	-3,338,852	-3,503,560	-3,419,340
市場規模	16,957,675	17,970,027	19,048,597	18,943,812	18,980,003

出所：韓国保健産業振興院

<表2-2> 分類別医薬品産業生産実績推移 (単位：ウォン)

	2009	2010	2011	2012
完製医薬品	13,176,005,488	14,040,784,220	13,880,844,864	13,535,431,300
麻薬	41,907,094	46,495,305	52,172,874	52,624,894
限外麻薬	36,047,859	33,621,721	38,680,564	41,673,331
向精神性医薬品	112,821,756	113,772,844	137,698,152	120,254,250
原料医薬品	1,421,605,008	1,334,913,920	1,330,854,899	1,810,678,850
医薬部外品	1,031,251,245	1,155,865,065	1,281,611,862	1,320,390,190

出所：韓国保健産業振興院

<表2-3> GDP対比医薬品産業国内生産実績推移 (単位：百万ウォン, %)

	2009	2010	2011	2012
生産額	-	-	-	-
医薬品	14,788,387.00	15,569,588.00	15,440,251.00	15,560,663.00
完製医薬品	13,366,782.00	14,234,674.00	14,109,396.00	13,749,984.00
原料医薬品	1,421,605.00	1,334,914.00	1,330,855.00	1,810,679.00
GDP(十億ウォン)	1,065,037.00	1,172,803.00	1,237,128.00	1,272,160.00
製造業GDP(十億ウォン)	266,578.00	323,050.00	347,371.00	355,836.00
比重	-	-	-	-
GDP対比	1.39	1.33	1.25	1.22
製造業GDP対比	5.55	4.82	4.44	4.37

出所：韓国保健産業振興院

<表2-4> 一般/専門医薬品(完成)生産実績推移 (単位：十億ウォン, %)

	2009	2010	2011	2012
一般医薬品生産額	2,522	2,531	2,552	2,310
専門医薬品生産額	10,654	11,510	11,329	11,226
専門医薬品比重	81	82	82	83

出所：韓国保健産業振興院

<表2-5> 薬効小分類別完成医薬品生産実績推移 (単位：ウォン)

薬効群別	2010	2011	2012
全身麻酔剤	21,367,373	18,008,977	13,590,573
催眠鎮静剤	17,750,300	10,148,392	12,071,441
抗癲癇剤	127,472,144	127,513,476	121,048,989
解熱、鎮痛、消炎剤	899,258,290	903,002,832	870,097,144
覚醒剤、興奮剤	2,450,218	2,636,705	9,702,225
鎮暈剤	3,959,349	4,524,105	2,361,685
精神神経用剤	251,197,105	261,661,355	276,040,275
その他の中枢神経用薬	278,101,423	291,124,918	341,332,932
局所麻酔薬	22,612,186	25,786,447	18,512,138
骨格筋弛緩剤	97,876,658	93,245,954	79,881,960
自律神経剤	28,919,427	31,176,367	33,367,814
鎮痙剤	70,408,565	65,871,802	52,270,857
発汗剤、止汗剤	1,082,743	365,579	472,865
その他の末梢神経用薬	385,682	137,429	125,714
眼科用薬	229,662,382	279,454,331	245,147,694
耳鼻咽喉科用薬	10,659,460	18,364,675	26,907,542
その他の感覚器官用薬	304,887	309,645	-
抗ヒスタミン剤	137,850,098	131,361,590	141,614,924
資格療法剤(非特異性免疫原製剤)	53,536,268	61,983,827	72,935,411
その他のアレルギー用薬	79,032,518	87,886,054	94,091,663
その他の神経系及び感覚器官用医薬品	5,261,954	8,078,172	8,026,580
強心剤	15,171,510	10,996,741	9,279,766
不整脈用剤	8,327,025	8,982,370	11,429,443
利尿剤	20,447,708	19,393,785	16,828,288
血圧降下剤	846,990,505	924,147,954	976,671,280
血管補強剤	5,652,793	5,442,105	4,404,003
血管収縮剤	366,271	2,174,815	703,919
血管拡張剤	179,535,934	132,937,946	125,323,731
動脈硬化用剤	740,762,738	731,687,175	783,347,079
その他の循環器系用薬	734,561,714	682,302,412	491,984,187
呼吸促進剤	5,394,443	7,441,987	7,529,100
鎮咳去痰薬	326,048,841	340,125,328	295,972,672
笑気吸入財	486,529	22,298	-
その他の呼吸器官用薬	34,254,466	41,718,124	63,189,899
歯科口腔用薬	127,670,345	140,425,903	146,877,930

<続く>

薬効群別	2010	2011	2012
消化性潰瘍用剤	767,484,430	760,508,958	764,721,652
健胃消化剤	92,144,812	92,870,576	97,298,313
制酸剤	106,400,575	101,881,404	94,123,570
嘔吐剤,抗嘔吐剤	23,456,007	25,098,448	25,712,050
利胆剤	35,284,203	37,209,970	36,583,323
整腸剤	143,450,532	127,801,147	81,510,378
下剤・浣腸剤	23,288,163	27,432,961	28,346,452
その他の消化器官用薬	401,002,236	395,661,132	341,997,391
脳下垂体ホルモン剤	89,304,119	98,999,552	114,997,676
唾液ホルモン剤	-	-	-
甲状腺、副甲状腺ホルモン剤	11,837,894	12,678,985	13,000,562
蛋白同化ステロイド剤	156,220	75,596	90,150
副腎ホルモン剤	78,740,892	75,105,984	63,837,838
男性ホルモン剤	-	44,529	-
卵胞ホルモン及び黄体ホルモン剤	6,320,936	10,957,298	3,344,727
混合ホルモン剤	-	-	-
その他のホルモン剤(抗ホルモン剤を含む)	92,754,053	95,565,580	95,873,080
尿路消毒剤	-	-	-
子宮収縮剤	1,171,656	1,072,999	1,111,484
通経剤	2,155,257	2,057,429	2,194,874
避妊薬	2,083,526	2,371,355	3,083,148
泌尿生殖器官用剤(性病予防剤含む)	9,601,599	10,983,847	9,096,409
痔疾用剤	8,424,499	6,020,443	6,382,910
その他の泌尿生殖器官及び肛門用薬	177,691,683	201,408,226	321,462,133
外皮用殺菌消毒剤	10,096,547	10,747,220	11,682,179
創傷保護剤	775,346	799,211	923,367
化膿性疾患用剤	10,785,188	11,731,329	13,819,017
鎮痛、鎮痒、収斂、消炎剤	198,560,413	209,893,972	224,939,179
寄生性皮膚疾患用剤	42,469,234	40,032,999	40,417,511
皮膚軟化剤（腐蝕剤含む)	7,636,406	7,224,463	6,991,662
毛髪用剤(発毛、脱毛、染毛、育毛剤)	22,647,046	23,700,264	29,166,165
浴剤	379,751	756,218	-
その他の外皮用薬	71,375,427	76,520,592	46,995,945
その他の個々の器官用医薬品	175,133	125,140	221,836
ビタミンA及びD剤	28,530,174	33,167,117	28,284,317
ビタミンB1剤	14,569,766	15,208,941	16,643,377

<続く>

薬効群別	2010	2011	2012
ビタミンBせい剤(ビタミンB1を除外)	12,892,139	12,045,906	13,828,415
ビタミンC及びP剤	31,175,320	22,723,786	22,884,995
ビタミンE及びK剤	8,107,095	8,118,479	8,674,290
混合ビタミン剤(ビタミンA、D混合剤を除外)	102,812,118	100,515,718	107,818,539
その他のビタミン剤	63,505,721	59,673,234	57,105,639
カルシウム剤	20,049,958	18,983,530	21,337,274
無機質製剤	51,422,923	52,869,099	43,460,675
糖類剤	36,898,430	39,628,078	38,714,907
有機酸製剤	294,084	184,632	-
蛋白アミノ酸製剤	165,583,745	182,225,668	175,900,401
臓器製剤	6,093,584	6,203,563	6,992,149
乳幼児用剤	-	-	-
その他の滋養強壮変質剤	246,996,073	219,475,856	85,997,239
血液代用剤	89,124,250	106,527,653	133,551,298
止血剤	25,433,474	23,342,936	12,397,304
血液凝固阻止剤	19,359,834	31,697,948	27,524,768
その他血液及び体液用薬	237,007,556	211,510,838	190,159,088
人工腎臓ろ過用剤	55,068,488	53,912,754	58,475,142
その他の人工ろ過用剤	45,275,316	46,386,235	24,345,786
肝臓疾患用剤	214,146,270	216,448,632	204,923,283
解毒剤	63,389,427	47,566,216	51,576,686
習慣性中毒用剤	-	81,771	-
痛風治療薬	7,601,225	9,082,926	11,448,837
酵素製剤	92,307,442	87,502,061	86,164,875
糖尿病用剤	360,817,929	343,044,731	285,069,727
総合代謝性製剤	3,522,059	3,423,550	3,092,027
他に分類できない代謝性医薬品	383,788,788	345,982,524	384,275,473
クロロフィル製剤	-	-	-
色素製剤	-	-	-
その他の細胞賦活用薬	1,240,761	896,785	-
抗悪性腫瘍剤	229,569,648	231,245,861	276,747,800
その他の腫瘍治療剤	10,160,099	7,618,857	2,765,330
放射性医薬品	66,710,370	75,820,937	87,780,059
その他の組織細胞治療及び診断	9,305,302	9,575,970	46,290,410
その他の組織細胞器官用医薬品	18,281,333	21,190,627	22,365,983
主にグラム陽性細菌に作用する薬	58,107,909	60,620,833	59,600,119

<続く>

薬効群別	2010	2011	2012
主にグラム陰性菌に作用する薬	14,169,280	25,238,636	20,220,070
主に巷菌に作用するもの	18,102,561	15,785,822	8,877,132
主にグラム陽性菌、リケッチア、ウィルスに作用するもの	28,504,198	24,194,759	36,650,625
主にグラム陽性菌、グラム陰性菌、リケッチア、ウィルスに作用するもの	6,358,503	5,598,296	6,028,429
主にかび、原虫に作用する薬	394,625	508,173	118,336
主に悪性腫瘍に作用する薬	20,622,756	20,778,205	14,863,994
主にグラム陽性菌、陰性菌に作用する薬	1,286,679,022	1,193,046,571	1,117,939,546
その他の抗生物質製剤(複合抗生物質製剤含む)	123,518,992	130,168,924	111,109,709
サルファ剤	6,504,430	8,146,252	7,842,788
抗結核剤	5,475,526	5,337,390	5,840,538
プラチナ製剤	43,957	54,301	92,511
抗梅毒剤	-	-	-
フラン系製剤	891,237	2,570,394	-
その他の化学療法剤	460,940,611	457,038,368	410,551,868
ワクチン類	596,122,734	392,238,911	373,491,655
毒素類及びトキソイド類	33,881,752	50,239,017	66,474,929
抗毒素及びレプトスピラ血清類	1,692,187	-	1,480,920
血液製剤類	474,498,809	499,939,554	541,511,735
生物学的試験用製剤類	-	-	-
生物学的製剤	6,098,628	9,112,894	-
その他の生物学的製剤	294,232	275,994	901,758
抗原虫薬	18,453,341	12,055,443	23,626,932
駆虫剤	17,638,996	8,375,107	8,265,690
その他の寄生動物の医薬品	-	-	-
賦形剤	-	-	-
軟膏基剤	-	-	-
溶解剤	3,149,950	3,394,198	3,296,810
矯味矯臭着色制	-	-	-
乳化剤	-	-	-
その他の調整用薬	2,842,154	3,449,188	1,861,048
X線造影剤	195,711,078	236,787,546	193,199,971
一般検査用試薬	12,316,294	13,341,454	14,227,654
血液検査用試薬	6,885	12,374	146,949
生科学的検査用試薬	6,581,755	6,664,869	7,781,085
免疫血清学的検証試薬	51,750,468	70,138,769	77,443,943

<続く>

薬効群別	2010	2011	2012
細菌学的検査用剤	58,531	59,525	163,309
病理組織検査用試薬	364,940	352,459	362,655
機能検査用試薬	607,514	1,374,281	1,151,490
その他の診断用薬	3,263,719	2,909,781	3,273,846
防腐剤	-	-	-
防疫用殺菌消毒剤	3,012,897	2,649,664	3,482,848
防虫剤	-	-	-
殺虫剤	-	-	-
その他の公衆衛生用薬	407,362	181,110	1,088,056
カプセル類	32,972,280	31,386,288	38,323,588
絆創膏	-	-	-
他に分類できずに、治療を主な目的にしない医薬品	5,229,771	5,156,693	4,475,967

出所：韓国保健産業振興院

<表2-6> 薬効中分類別完成医薬品生産実績推移 (単位：十億ウォン)

	2009	2010	2011	2012
中枢神経系用薬	1,494	1,602	1,619	1,646
末梢神経系用薬	212	221	217	185
感覚器官用薬	208	241	298	272
アレルギー用薬	242	270	281	309
その他の神経系及び感覚器官医薬品	5	5	8	8
循環器系用薬	2,373	2,552	2,518	2,420
呼吸器官用薬	377	366	389	367
消化器官用薬	1,689	1,720	1,709	1,617
ホルモン剤(抗ホルモン剤を含む)	257	279	293	291
泌尿器生殖器系及び肛門用薬	212	201	224	343
外皮用薬	354	365	381	375
その他の個々の器官用医薬品	0	0	0	0
ビタミン剤	236	262	252	255
滋養強壮変質剤	505	527	517	372
血液及び体液用薬	397	371	373	364
人工灌流用剤	86	100	100	83
その他の代謝性医薬品	1,039	1,126	1,053	1,027
組織復活用薬	2	1	0	-
腫瘍用薬	204	240	239	280
組織細胞の治療及び診断を目的	63	76	85	134
その他の組織細胞の器官用医薬品	15	18	21	22
抗生物質製剤	1,429	1,557	1,476	1,375
化学療法剤	456	474	473	424
生物学的製剤	1,012	1,113	952	984
寄生動物に対する医薬品	34	36	20	32
調整用薬	5	6	7	5
診断用薬	228	271	331	298
公衆衛生用薬	4	3	3	5
関連製品	37	33	31	38
その他の治療を主目的にしない医薬品	4	5	5	5
合計	13,176	14,041	13,881	13,535

出所：韓国保健産業振興院

<表2-7> 完製医薬品(一般/専門) 品目数推移 　　　　　　　　　　　　　　　　　　　　　(単位：種)

	2009	2010	2011	2012
一般医薬品	6,866	6,401	6,338	6,226
専門医薬品	9,359	9,362	9,704	10,028

出所：韓国保健産業振興院

<表2-8> 年度別主要薬用作物生産実績推移 　　　　　　　　　　　　　　　　　　(単位：トン)

	2009	2010	2011	2012
山薬(薯蕷)	4,691	7,539	5,267	5,363
吉慶(桔梗)	5,992	6,184	6,246	5,621
川芎	2,031	3,690	2,343	1,022
五味子	3,781	3,670	6,892	9,122
当帰	2,813	2,025	2,184	1,857
独活(ウド)	1,219	1,363	1,119	1,383
ツルニンジン(ツリガネジンジン)	2,636	1,351	676	221
黄芪	1,279	1,185	1,110	859
天麻	1,845	1,184	932	658
薏苡仁(鳩麦)	1,902	1,166	1,023	893
芍薬	816	816	596	548
香附子	616	147	92	92

出所：韓国保健産業振興院

<表2-9> 品目別漢方薬材生産実績推移 　　　　　　　　　　　　　　　　　　(単位：kg, ウォン)

	2011		2012	
	数量	金額	数量	金額
鹿角切片	98,819	26,172,589	3,732,568	21,207,466
鹿茸	42,927	11,846,874	5,800,647	14,519,966
牛黄	293	4,904,293	730	7,757,121
当帰	-	-	502,692	5,858,609
白朮	358,066	3,224,577	699,660	5,331,273
茯苓	625,353	4,263,837	1,258,922	4,382,396
半夏	-	-	385,670	4,230,348
麦門冬	-	-	316,663	4,069,951
黄耆	-	-	736,502	4,050,997
麝香	83	5,627,438	1,799	3,955,598
甘草	915,699	5,786,137	-	-
熟地黄	400,057	4,807,557	-	-
鹿角	151,749	3,191,673	-	-
百足	12,427,950	2,880,606	-	-

出所：韓国保健産業振興院

<表2-10> 品目別漢方薬材輸入推移 (単位：kg, 千ドル)

	2011		2012	
	数量	金額	数量	金額
鹿茸	248,695	17,516	119,552	18,044
牛黄	755	12,827	604	14,555
麝香	72	3,521	115	6,172
半夏	139,203	1,624	340,519	2,950
白朮	381,719	1,457	883,757	2,821
生鹿茸	116,101	4,689	67,011	2,788
茯苓	833,158	2,714	800,035	2,354
栝楼根	365,950	1,667	462,742	1,967
鹿角	203,578	2,259	158,611	1,891
甘草	1,398,760	4,294	584,668	1,719

出所：韓国保健産業振興院

<表2-11> 医薬品産業輸出入推移 (単位：千ドル)

		2009	2010	2011	2012
輸出	原料医薬品	614,020	739,517	906,832	1,055,464
	完製医薬品	777,449	791,332	847,050	994,031
	合計	1,391,469	1,530,849	1,753,882	2,049,494
輸入	原料医薬品	1,754,005	1,898,384	1,981,487	2,075,579
	完製医薬品	2,127,130	2,520,095	2,934,138	3,008,258
	合計	3,881,136	4,418,478	4,915,625	5,083,837
貿易収支	原料医薬品	-1,139,985	-1,158,867	-1,074,655	-1,020,115
	完製医薬品	-1,349,681	-1,728,763	-2,087,088	-2,014,227
	合計	-2,489,667	-2,887,629	-3,161,743	-3,034,342

出所：韓国保健産業振興院

<表2-12> 国別医薬品産業輸出現況 (単位：千ドル)

医薬品の輸出国	2011		2012	
	原料	完製	原料	完製
ガーナ	0	5,674	80	300
グアテマラ	63	4,729	332	1,472
グァム	0	0	0	0
グルジア	0	845	17	1,218
ギリシャ	2,007	32	2,084	11
ギニアビサウ共和国	0	259	-	-
ギニア	0	0	0	6
ナイジェリア	1,407	4,482	2,792	6,931
南アフリカ共和国	2,083	146	8,695	376
南アフリカ	1,880	124	-	-
オランダ	1,469	4,499	1,616	5,368
ネパール	31	5,641	42	76
ノルウェー	0	0	0	0
ニュージーランド	4,994	44	7,783	78
ニジェール	0	0	0	0
ニカラグア	0	1,452	0	725
台湾	13,974	16,828	12,709	21,068
デンマーク	1	168	49	0
ドミニカ	0	491	-	-
ドミニカ共和国	0	1,850	415	2,381
ドイツ	42,321	11,446	56,306	14,428
ラオス	0	2,168	0	1,466
リベリア	0	1,009	8	1,295
ラトビア	0	0	42	55
ロシア連邦	12,041	1,974	21,882	3,607
レバノン	271	1,745	705	3,532
ルーマニア	561	753	835	115
ルアンダ	0	4,275	-	-
リビア	0	1,033	338	1,598
リトアニア	0	118	103	217
マダガスカル	-	-	90	0
マカオ	0	58	0	164
マラウイ	0	2,998	0	1,717
マレーシア	3,548	7,442	6,733	8,053

<続く>

精密化学工業

医薬品の輸出国	2011 原料	2011 完製	2012 原料	2012 完製
マリ	0	0	0	0
メキシコ	10,274	5,074	10,900	10,692
モロッコ	2,623	446	1,595	261
モーリシャス	-	-	7	28
モーリタニア	0	587	-	-
モザンビーク	19	3,839	19	0
モルドバ	0	164	0	138
モルディブ	0	94	0	47
マルタ	-	-	95	28
モンゴル	9	2,709	158	2,649
アメリカ	58,397	16,633	66,960	18,581
ミャンマー	341	7,173	311	9,238
バーレーン	18	787	23	181
バハマ	-	-	0	232
バングラデシュ	4,432	26,970	4,893	25,545
ベネズエラ	935	1,362	925	1,432
ベニン	0	0	0	0
ベラルーシ共和国	1,118	713	2,836	699
ベトナム	15,136	145,243	17,427	144,472
ベルギー	16,665	1,073	28,373	98
ボスニアーヘルツェゴビナ	0	222	2	146
ボリビア	0	2,907	45	1,096
ブルキナファソ	-	-	0	7
ブータン	-	-	0	115
北朝鮮	0	4,317	0	2,035
ブルガリア	275	95	417	92
ブラジル	15,704	36,351	16,421	63,027
ブルネイ	0	65	0	0
サウジアラビア	4,983	2,188	7,498	3,783
キプロス	1,661	110	1,676	21
セネガル	0	1,892	0	0
セルビアーモンテネグロ	918	598	924	449
ソロモン	0	132	-	-
スーダン	687	2,669	849	602
スリランカ	65	3,590	173	3,010

<続く>

医薬品の輸出国	2011		2012	
	原料	完製	原料	完製
スワジランド	5,105	59	-	-
スウェーデン	560	69	1,146	57
スイス	11,263	11,790	5,103	1,789
スペイン	15,276	323	19,864	2,834
スロバキア	133	0	121	54
スロベニア	7,211	183	6,267	189
シリア	1,743	9,980	541	3,861
シエラレオネ	0	2,055	-	-
シンガポール	10,911	7,873	16,062	7,792
アラブ首長国連邦	5,217	1,110	5,243	1,438
アルメニア	0	975	0	978
アルゼンチン	6,154	1,031	7,825	3,117
アイスランド	0	224	-	-
ハイチ	0	670	0	2,337
アイルランド	19,825	0	24,457	0
アゼルバイジャン	0	483	0	1,787
アフガニスタン	0	2,585	0	2,944
アンドラ	817	0	-	-
アルバニア	106	348	0	579
アルジェリア	568	1,883	395	4,635
アンゴラ	0	8	27	1
エリトリア	0	1,064	0	0
エストニア	0	0	0	0
エクアドル	142	6,938	1,171	6,722
エルサルバドル	69	1,123	452	234
英国	35,225	450	37,327	3,656
イエメン	339	11,024	490	7,011
オマーン	147	15	184	13
オーストリア	2,002	136	3,014	36
ホンジュラス	218	2,139	0	2,304
ヨルダン	2,723	3,966	2,639	7,785
ウガンダ	0	0	0	2,573
ウルグアイ	3,114	1,841	273	2,112
ウズベキスタン	393	683	392	589
ウクライナ	1,677	2,597	2,260	2,123

<続く>

医薬品の輸出国	2011		2012	
	原料	完製	原料	完製
エチオピア	0	25,881	99	15,402
イラク	0	5,336	0	5,796
イラン	13,683	12,624	14,831	17,144
イスラエル	13,420	201	15,788	201
エジプト	6,885	8,402	8,691	9,904
イタリア	53,177	873	45,944	7,351
インド	56,660	26,610	59,348	25,856
インドネシア	10,410	12,471	18,334	15,096
日本	215,723	97,622	233,637	140,935
ジャマイカ	0	317	0	3
ザンビア	0	6,121	34	1,606
中国	69,312	50,894	70,628	66,296
中央アフリカ	-	-	0	0
ジンバブエ	0	6	32	28
チャド	0	0	0	0
チェコ共和国	3,032	0	1,901	2
チリ	2,523	5,659	3,881	6,237
カメルーン	0	44	37	69
カザフスタン	4,585	3,221	659	5,242
カタール	101	0	296	168
カンボジア	220	9,772	27	9,894
カナダ	19,149	3	40,287	243
ケニア	0	218	363	524
コモロ	0	140	-	-
コスタリカ	73	512	238	1,993
コートジボワール	0	107	0	0
コロンビア	3,554	9,728	8,654	9,038
コンゴ	0	8,218	0	6,680
コンゴ民主共和国	-	-	27	0
キューバ	2	1,117	0	452
クウェート	62	1,603	4	2,451
クロアチア	-	-	0	0
キルギスタン	0	179	0	296
タジキスタン	0	1,930	0	1,395
タンザニア	0	584	86	1,357

<続く>

医薬品の輸出国	2011		2012	
	原料	完製	原料	完製
タイ	5,619	26,864	12,923	37,622
トルコ	30,291	9,579	37,338	48,577
トーゴ	-	-	0	0
トルクメニスタン	0	1,895	0	1,113
チュニジア	3,322	1,105	1,663	998
トリニダード・トバコ	0	252	92	111
パナマ	0	3,135	54	2,548
パラグアイ	332	1,848	44	921
パキスタン	3,413	46,760	1,586	69,495
パプアニューギニア	0	1,666	0	560
ペルー	638	5,560	3,250	7,577
ポルトガル	4,681	13	4,127	23
ポーランド	3,830	2,380	6,830	3,323
プエリトリコ	10,671	0	3,136	35
フランス	7,012	1,554	8,199	2,175
フィジー	-	-	10	64
フィンランド	129	1,055	821	624
フィリピン	5,897	18,449	16,474	18,748
ハンガリー	268	1,227	191	1,392
オーストラリア	2,905	1,495	4,419	3,956
香港	3,346	6,400	8,984	6,930
その他 - ガイアナなど44カ国	-	-	60	1,068
その他の国	0	686	-	-
その他 - スリナムなど49カ国	57	823	-	-

出所：韓国保健産業振興院

<表2-13> 国別医薬品産業輸入現況 (単位：千ドル)

医薬品の輸入国	2011		2012	
	原料	完製	原料	完製
ギリシャ	0	335	0	174
南アフリカ	0	0	4,398	1,694
オランダ	8,453	143,743	11,277	144,853
オランダ領アンティル	100	0	0	296
ノルウェー	12,817	31,974	12,998	33,906
ニュージーランド	10,017	203	8,479	0
台湾	10,473	8,809	12,596	8,504
デンマーク	4,108	53,633	4,859	56,200
ドイツ	193,325	330,328	199,826	361,221
ラトビア	256	0	214	0
ロシア	253	5	252	0
ルーマニア	212	0	158	0
マレーシア	2,424	1,255	2,512	1,320
メキシコ	5,964	1,296	6,637	1,026
モナコ	5	203	0	30
モーリシャス	0	51	0	75
マルタ	55	0	19	0
アメリカ	109,967	409,995	127,426	465,163
バングラデシュ	0	195	0	22
ベトナム	2,062	0	1,313	0
ベルギー	16,395	181,490	14,769	163,320
ブルガリア	656	0	292	0
ブラジル	977	2,151	586	3,416
南アフリカ	4,908	44	-	-
セネガル	0	0	-	-
スワジランド	50	0	34	0
スウェーデン	23,261	58,687	22,144	68,471
スイス	101,743	487,548	55,960	457,830
スペイン	52,522	31,029	78,215	36,536
スロバキア	110	0	0	0
スロベニア	5,581	607	4,102	1,114
シンガポール	5,380	54,312	5,591	80,076

<続く>

医薬品の輸入国	2011		2012	
	原料	完製	原料	完製
アルゼンチン	1,956	5,589	1,077	3,610
アイスランド	0	527	-	-
アイルランド	11,105	51,801	13,989	78,210
英国	21,038	329,626	20,583	351,852
オーストリア	11,411	41,175	7,827	43,241
ウルグアイ	25	0	74	0
ウクライナ	8	0	770	0
イラン	153	0	503	0
イスラエル	29,318	441	22,772	665
エジプト	0	659	0	765
イタリア	222,940	70,101	257,482	109,124
インド	140,426	2,939	147,657	0
インドネシア	1,569	29,319	885	28,590
日本	423,410	197,837	449,135	170,433
中国	335,969	83,109	379,766	74,335
チェコ共和国	5,496	134	5,009	224
チリ	0	0	-	-
カナダ	5,219	27,427	5,591	28,682
ココスタリカ	237	0	507	0
コロンビア	0	7,459	0	6,089
クロアチア	118	0	40	0
タイ	3,113	314	3,390	3
トルコ	639	2,358	1,561	2,152
ポルトガル	726	150	2,015	133
ポーランド	2,222	0	2,410	0
プエルトリコ	4,393	22,580	14,930	19,878
フランス	166,199	136,617	148,419	113,778
フィンランド	1,592	21,619	1,510	17,878
フィリピン	0	0	0	5
韓国	1,844	0	3,134	0
ハンガリー	4,785	0	2,828	0
オーストラリア	10,815	104,463	5,105	73,363
香港	2,692	0	1,952	

出所：韓国保健産業振興院

<表2-14> 品目群別医薬品産業輸出額推移 (単位：ドル)

	2009	2010	2011	2012
完製医薬品	777,448,891	791,332,071	847,050,163	994,030,858
原料医薬品	614,019,780	739,516,877	906,831,565	1,055,463,630
医薬部外品	108,051,975	175,393,236	308,411,323	313,941,455
合計	1,499,520,646	1,706,242,184	2,062,293,051	2,363,435,943

出所：韓国保健産業振興院

<表2-15> 品目群別医薬品産業輸入額推移 (単位：ドル)

	2009	2010	2011	2012
完製医薬品	2,127,130,427	2,520,094,593	2,934,138,131	3,008,257,700
原料医薬品	1,754,005,090	1,898,383,583	1,981,487,039	2,075,578,812
医薬部外品	98,961,358	116,044,934	131,292,841	152,158,810
診断用医薬品	137,373,674	174,579,685	202,557,915	230,651,997
放射性医薬品	11,593,457	11,395,392	12,238,183	11,670,787
合計	4,129,064,007	4,720,498,187	5,261,714,109	5,478,318,107

出所：韓国保健産業振興院

<表2-16> 地域別医薬品産業世界市場規模 (単位：十億ドル, %)

	2010	2011	2012	比重
世界	874.6	942.2	959.0	100.0
北米	335.1	346.2	349.0	36.4
ヨーロッパ	253.2	255.1	224.3	23.4
アジア/アフリカ/オーストラリア	129.7	163.1	168.1	17.5
日本	102.3	114.7	110.5	11.5
中南米	54.3	62.9	68.6	7.2

出所：韓国保健産業振興院

<表2-17> 国別製薬産業市場規模及び予測 (単位：US$bn)

	2011	2012	2013（予想）	2014（予想）
北米	390.5	408.4	427.8	449.1
カナダ	30.9	32.6	34.0	35.2
アメリカ	359.6	375.8	393.8	413.9
ラテンアメリカ	47.1	50.4	53.5	56.4
アルゼンチン	8.6	9.3	10.0	10.7
ブラジル	17.0	18.2	19.3	20.3
チリ	1.9	2.1	2.3	2.5
メキシコ	13.2	14.0	14.7	15.5
ペルー	0.8	0.8	0.9	0.9
ベネズエラ	5.6	5.9	6.3	6.6
アジア/太平洋	285.0	301.6	317.3	332.2
オーストラリア	12.1	12.5	12.9	13.3
中国	143.8	153.9	163.4	172.6
香港	-	-	-	-
インド	12.8	13.6	14.3	14.9
インドネシア	3.1	3.1	3.2	3.3
日本	83.5	86.7	89.9	93.1
マレーシア	1.6	1.7	1.8	1.8
ニュージーランド	-	-	-	-
フィリピン	1.7	1.8	1.9	2.0
シンガポール	0.6	0.6	0.6	0.6
韓国	20.8	22.5	23.9	25.2
台湾	5.0	5.2	5.4	5.6
タイ	-	-	-	-

<続く>

	2011	2012	2013	2014
西ヨーロッパ	233.6	244.7	254.6	263.0
オーストリア	5.2	5.6	5.8	6.1
ベルギー	7.3	7.6	8.0	8.3
デンマーク	3.8	4.1	4.3	4.5
フィンランド	3.1	3.2	3.3	3.3
フランス	46.2	48.2	50.0	51.5
ドイツ	44.5	46.4	48.2	49.6
ギリシャ	11.3	11.9	12.5	13.0
アイスランド	-	-	-	-
アイルランド	4.0	4.3	4.5	4.7
イタリア	29.6	30.8	31.7	32.5
ルクセンブルグ	-	-	-	-
オランダ	9.7	10.4	11.1	11.8
ノルウェー	2.5	2.6	2.7	2.8
ポルトガル	6.6	7.0	7.3	7.6
スペイン	25.8	27.3	28.7	29.9
スウェーデン	5.9	6.3	6.6	6.9
スイス	4.9	5.1	5.3	5.4
英国	23.3	24.0	24.7	25.2
東ヨーロッパ	42.0	44.7	47.2	49.6
チェコ共和国	2.9	3.1	3.2	3.3
ハンガリー	3.5	3.7	3.8	4.0
ポーランド	8.2	8.7	9.1	9.5
ロシア	11.4	12.1	12.7	13.4
トルコ	16.0	17.2	18.4	19.5
中東&アフリカ	6.1	6.5	6.9	7.2
エジプト	1.3	1.3	1.4	1.4
イスラエル	2.6	2.8	3.0	3.3
サウジアラビア	2.2	2.3	2.5	2.6
南アフリカ共和国	-	-	-	-
世界	1,004.3	1,056.3	1,107.3	1,157.5

出所：韓国保健産業振興院

<表2-18> 世帯当り月平均家計収支における医薬品及び消耗品支出推移　　　　　（単位：ウォン）

	2009	2010	2011	2012
医薬品	38,034.32433	40,911.07800	41,434.69715	40,174.35714
医療用消耗品	6,211.14421	6,576.39500	6,560.05561	6,855.88932

出所：韓国保健産業振興院

3. 農薬・肥料

<表3-1> 用途別農薬生産・出荷推移 (単位：トン)

	生産			出荷		
	水稲用	園芸用及びその他	計	水稲用	園芸用及びその他	計
2003	4,529	18,558	23,087	4,922	19,688	24,610
2004	4,849	19,061	23,910	4,979	20,344	25,323
2005	5,110	18,859	23,969	4,651	19,855	24,506
2006	3,825	19,022	22,847	4,464	19,612	24,076
2007	4,378	21,050	25,428	4,236	20,026	24,262
2008	3,869	18,299	22,168	4,068	21,300	25,368
2009	4,060	19,686	23,746	3,637	18,279	21,916
2010	2,577	17,609	20,166	3,063	17,368	20,431
2011	2,587	15,377	17,964	2,568	16,563	19,131
2012	2,562	15,775	18,337	2,411	15,027	17,438

出所：農林水産食品部

<表3-2> ha当り農薬使用量推移 (単位：千ha, kg)

	合計		水稲	陸稲
	面積	使用量	面積	使用量
2003	1,936	12.7	1,016	4.8
2004	1,941	13.1	1,001	5.0
2005	1,921	12.8	980	4.7
2006	1,860	12.9	955	4.7
2007	1,856	13.1	950	4.5
2008	1,759	14.4	936	4.3
2009	1,873	11.7	924	3.9
2010	1,820	11.2	892	3.4
2011	1,797	10.6	854	3.0
2012	1,767	9.9	847	2.8

出所：農林水産食品部

<表3-3> 主要農薬の農協買取価格推移 (単位：ウォン)

農薬登録商標	規格	2007	2008	2009	2010	2011	2012
○いもち病薬							
キタジン乳剤	500mℓ	3,290	3,290	4,300	4,300	4,200	4,300
カスガマイシン液剤	500mℓ	3,660	3,660	4,300	4,200	4,000	4,000
ヒノザン乳剤	500mℓ	3,580	3,580	4,600	4,600	4,300	-
トリシクラゾール	50g	1,680	1,680	2,100	2,000	2,000	2,000
フジワン粒剤	3kg	6,070	6,070	6,900	6,900	8,100	8,050
○葉枯れ・茎枯れ病							
ネオアソジン液剤	500mℓ	4,020	4,020	-	-	-	-
バリダシン液剤	500mℓ	3,750	3,750	4,400	4,400	4,100	4,000
○ニカメイガ薬							
スミチオン乳剤	500mℓ	5,450	5,450	7,300	7,200	7,000	7,000

出所：農林水産食品部

<表3-4> 化学肥料生産量と消費量 (単位：千トン,%)

			2008	2009	2010	2011	2012
肥料総括	生産		1,151	865	1,006	950	897
	消費	千トン	570	500	423	447	472
		kg/ha	311	267	233	249	267
	自給率		202	173	238	212	190
窒素	生産		594	497	530	498	477
	消費		302	262	235	255	267
	自給率		197	190	226	195	179
燐酸	生産		351	224	284	263	246
	消費		115	102	86	87	91
	自給率		305	220	330	302	270
カリ	生産		206	144	192	189	175
	消費		153	136	102	105	114
	自給率		135	106	188	180	154

出所：農林水産食品部

<表3-5> 農業用肥料需給推移 (単位：千トン)

		2007	2008	2009	2010	2011	2012
需要	計	677	622	541	470	475	510
	販売	631	570	500	423	447	472
	次年度繰越	46	52	41	47	28	38
供給	計	677	622	541	470	475	510
	在庫	125	84	52	105	86	123
	輸入	4	-	-	-	-	-
	政府引受	548	538	489	365	389	387

注) 販売量以外は推定値　　　　　　　　　　　出所：農林水産食品部

<表3-6> 化学肥料販売量推移 (単位：千トン,%)

	3要素別				単・複肥別		
	計	窒素	燐酸	カリ	計	単肥	複肥
2007	631(100)	335(53)	129(20)	167(27)	631(100)	136(22)	495(78)
2008	570(100)	302(53)	115(20)	153(27)	570(100)	115(20)	455(80)
2009	500(100)	262(52)	102(20)	136(28)	500(100)	95(19)	405(81)
2010	423(100)	235	86(20)	102(24)	423(100)	84(20)	339(80)
2011	447(100)	255(57)	87(19)	105(24)	447(100)	94(21)	353(79)
2012	472(100)	267(57)	91(19)	114(24)	472(100)	97(21)	375(79)

注) ( )は構成比　　　　　　　　　　　出所：農林水産食品部

<表3-7> 肥料輸出入実績 (単位:千トン, 百万ドル)

	輸出						輸入 (千トン)
	物量					金額	
		尿素	硫安	熔燐	複肥		
2006	1,596	35	470	15	1,076	343	830
2007	1,768	23	619	13	1,113	425	967
2008	1,386	-	613	24	749	741	914
2009	1,403	-	664	13	726	327	620
2010	1,529	-	694	26	809	399	714
2011	1,637	-	723	37	877	569	719
2012	1,395	-	673	19	703	483	746

出所:農林水産食品部

4. バイオ

<表4-1> バイオ産業需給推移(2010~2012)　　　　　　　　　　　　　　　　(単位：億ウォン)

区分	供給				計	需要			
	生産		輸入			内需		輸出	
	金額	比重	金額	比重		金額	比重	金額	比重
2010年	57,878	80.5	14,057	19.5	71,935	47,519	66.1	24,415	33.9
2011年	63,963	80.4	15,612	19.6	79,575	52,081	65.4	27,494	34.6
2012年	71,292	81.9	15,748	18.1	87,040	56,434	64.8	30,606	35.2
年平均増減率	11.0		5.8		10.0	9.0		12.0	

出所：韓国バイオ協会

<表4-2> 分野別バイオ産業生産現況(2012)　　　　　　　　　　　　　　　(単位：百万ウォン,%)

区分	生産			
	国内販売	輸出	計	比重
合計	4,068,644	3,060,585	7,129,229	100.0
バイオ医薬産業	1,577,572	1,139,980	2,717,552	38.1
バイオ化学産業	408,226	97,173	505,399	7.1
バイオ食品産業	1,261,325	1,610,631	2,871,956	40.3
バイオ環境産業	27,496	18	27,514	0.4
バイオエレクトロニクス産業	23,987	99,841	123,828	1.7
バイオプロセス及び機器産業	76,691	45,256	121,947	1.7
バイオエネルギー及び資源産業	541,395	30,153	571,548	8.0
バイオ検定、情報サービス及び研究開発産業	151,952	37,534	189,486	2.7

出所：韓国バイオ協会

<表4-3> 分野別バイオ産業内需現況(2012)　　　　　　　　　　　　　　　(単位：百万ウォン,%)

区分	内需			
	国内販売	輸入	計	比重
合計	4,068,644	1,574,793	5,643,436	100.0
バイオ医薬産業	1,577,572	1,241,922	2,819,493	50.0
バイオ化学産業	408,226	68,726	476,952	8.5
バイオ食品産業	1,261,325	59,648	1,320,973	23.4
バイオ環境産業	27,496	230	27,726	0.5
バイオエレクトロニクス産業	23,987	248	24,235	0.4
バイオプロセス及び機器産業	76,691	189,812	266,503	4.7
バイオエネルギー及び資源産業	541,395	12,897	554,292	9.8
バイオ検定、情報サービス及び研究開発産業	151,952	1,310	153,262	2.7

出所：韓国バイオ協会

<表4-4> バイオ産業生産および内需推移(2008~2012) (単位：億ウォン, %)

区分		2008年	2009年	2010年	2011年	2012年	年平均増減率
需給 (生産+輸入)	金額	56,589	66,841	71,935	79,574	87,040	11.4
	増減率	19.5	18.1	7.6	10.6	9.4	
生産 (国内販売+輸出)	金額	45,120	53,549	57,878	63,963	71,292	12.1
	増減率	21.5	18.7	8.1	10.5	11.5	
内需 (国内販売+輸入)	金額	37,551	42,367	47,519	52,081	56,434	10.7
	増減率	15.1	12.8	12.2	9.6	8.4	

出所：韓国バイオ協会

<表4-5> 分野別バイオ産業需給推移(2007~2011) (単位：億ウォン, %)

区分	生産						
	2008年	2009年	2010年	2011年	2012年	前年対比増減率	年平均増減率
合計	45,120	53,549	57,878	63,963	71,292	11.5	12.1
バイオ医薬産業	20,245	24,922	23,732	24,607	27,176	10.4	7.6
バイオ化学産業	2,767	3,303	2,904	4,305	5,054	17.4	16.3
バイオ食品産業	13,564	15,593	23,461	25,978	28,720	10.6	20.6
バイオ環境産業	2,141	2,281	1,060	1,092	275	-74.8	-40.1
バイオエレクトロニクス産業	622	699	1,212	1,164	1,238	6.4	18.8
バイオプロセス及び機器産業	2640	2,127	963	811	1,219	50.4	-17.6
バイオエネルギー及び資源産業	632	1207	2,913	4,387	5,715	30.3	73.4
バイオ検定、情報サービス及び研究開発産業	2,509	3,417	1,633	1,620	1,895	17.0	-6.8

区分	内需						
	2008年	2009年	2010年	2011年	2012年	前年対比増減率	年平均増減率
合計	37,551	42,367	47,519	52,081	56,434	8.4	10.7
バイオ医薬産業	23,104	25,363	26,210	27,367	28,195	3.0	5.1
バイオ化学産業	3,176	3,721	3,245	4,354	4,770	9.5	10.7
バイオ食品産業	4,349	5,148	9,992	10,989	13,210	20.2	32.0
バイオ環境産業	2,066	2,192	1,037	1,066	277	-74.0	-39.5
バイオエレクトロニクス産業	272	369	489	239	242	1.5	-2.8
バイオプロセス及び機器産業	2,495	2,952	2,405	2,496	2,665	6.8	1.7
バイオエネルギー及び資源産業	791	1216	2,769	4,237	5,543	30.8	62.7
バイオ検定、情報サービス及び研究開発産業	1,298	1,406	1,373	1,333	1,533	15.0	4.2

出所：韓国バイオ協会

<表4-6> 主要バイオ製品国内販売規模(2012)　　　　　　　　　　　　　　　　(単位：百万ウォン, %)

順位	コード名	製品名	国内販売額	構成比
1	3050	飼料添加剤	690,514	17.0
2	1000	その他バイオ医薬製品	436,126	10.7
3	1060	血液製剤	432,068	10.6
4	7010	バイオ燃料	424,261	10.4
5	1030	ワクチン	303,304	7.5
6	2040	バイオ化粧品および生活化学製品	301,948	7.4
7	3010	健康機能食品	239,145	5.9
8	3030	食品添加物	191,472	4.7
9	7020	人工種子及び苗木	110,783	2.7
10	1050	免疫製剤	87,969	2.2
11	3040	発酵食品	81,863	2.0
12	1100	動物薬品	81,454	2.0
13	1040	ホルモン剤	78,427	1.9
14	8050	バイオ安全性と有効性の評価サービス	73,813	1.8
15	1080	新概念の治療薬	59,071	1.5

出所：韓国バイオ協会

<表4-7> 2008年~2012年バイオ産業国内販売実績推移　　　　　　　　　　　　(単位：億ウォン, %)

区分		2008年	2009年	2010年	2011年	2012年	年平均増減率
国内販売	金額	26,082	29,075	33,463	36,469	40,686	11.8
	増減率	16.3	11.5	15.1	9.0	11.6	

出所：韓国バイオ協会

<表4-8> バイオ産業国内販売推移(2008~2012)　　　　　　　　　　　　　　(単位：百万ウォン, %)

区分	2008年		2009年		2010年	
	国内販売	比重	国内販売	比重	国内販売	比重
合計	2,608,186	100	2,907,448	100	3,346,287	100
バイオ医薬産業	1,464,453	56.1	1,564,251	53.8	1,521,210	45.5
バイオ化学産業	226,794	8.7	260,356	9.0	230,073	6.9
バイオ食品産業	413,860	15.9	481,123	16.5	989,797	29.6
バイオ環境産業	203,414	7.8	215,152	7.4	103,052	3.1
バイオエレクトロニクス産業	26,071	1.0	32,826	1.1	48,039	1.4
バイオプロセス及び機器産業	80,914	3.1	102,853	3.5	48,803	1.5
バイオエネルギー及び資源産業	63,077	2.4	110,653	3.8	269,342	8.0
バイオ検定、情報サービス及び研究開発産業	129,603	5.0	140,234	4.8	135,971	4.1

<続く>

区分	2011年		2012年		前年対比増減		年平均増減率
	国内販売	比重	国内販売	比重	国内販売	増減率	
合計	3,646,896	100	4,068,644	100	421,748	11.6	11.8
バイオ医薬産業	1,506,329	41.3	1,577,572	38.8	71,243	4.7	1.9
バイオ化学産業	355,684	9.8	408,226	10.0	52,542	14.8	15.8
バイオ食品産業	1,065,834	29.2	1,261,325	31.0	195,491	18.3	32.1
バイオ環境産業	106,381	2.9	27,496	0.7	-78,885	-74.2	-39.4
バイオエレクトロニクス産業	23,738	0.7	23,987	0.6	249	1.0	-2.1
バイオプロセス及び機器産業	43,895	1.2	76,691	1.9	32,796	74.7	-1.3
バイオエネルギー及び資源産業	413,275	11.3	541,395	13.3	128,120	31.0	71.2
バイオ検定、情報サービス及び研究開発産業	131,760	3.6	151,952	3.7	20,192	15.3	4.1

出所：韓国バイオ協会

<表4-9> 主要バイオ産業製品輸出額実績(2011~2012)　　　　　(単位：百万ウォン,%)

順位	2011	輸出額	構成比	2012	輸出額	構成比
1	飼料添加剤	1,088,476	38.5	飼料添加剤	1,281,878	41.9
2	食品添加物	373,617	13.2	免疫製剤	324,728	10.6
3	ワクチン	251,849	8.9	食品添加物	232,123	7.6
4	抗がん剤	245,145	8.7	ワクチン	202,313	6.6
5	診断キット	133,110	4.7	診断キット	125,803	4.1
6	バイオセンサー	89,843	3.2	その他バイオ医薬製品	98,937	3.2
7	抗生物質	85,959	3	バイオセンサー	97,574	3.2
8	血液製剤	70,614	2.5	血液製剤	89,655	2.9
9	その他バイオ医薬製品	69,374	2.5	抗がん剤	81,859	2.7
10	その他バイオエレクトロニクス	68,069	2.4	ホルモン剤	78,532	2.6
11	ホルモン剤	58,339	2.1	抗生物質	78,410	2.6
12	アミノ酸	42,402	1.5	アミノ酸	61,536	2.0
13	動物薬品	35,034	1.2	動物薬品	43,919	1.4
14	研究・実験用酵素及び試薬類	26,978	1.0	研究・実験用酵素及び試薬類	33,260	1.1
15				健康機能食品	29,748	1.0

出所：韓国バイオ協会

<表4-10> バイオ産業輸出額推移(2008年~2012)　　　　　(単位：億ウォン,%)

区分		2008年	2009年	2010年	2011年	2012年	年平均増減率
輸出	金額	19,038	24,474	24,415	27,494	30,606	12.6
	増減率	29.4	28.6	-0.2	12.6	11.3	

出所：韓国バイオ協会

精密化学工業

<表4-11> 分野別バイオ産業輸出額推移(2008~2012) (単位：百万ウォン,%)

区分	2008年		2009年		2010年	
	輸出	比重	輸出	比重	輸出	比重
合計	1,903,838	100.0	2,447,455	100.0	2,441,539	100.0
バイオ医薬産業	560,075	29.4	927,929	37.9	852,028	34.9
バイオ化学産業	49,913	2.6	69,907	2.9	60,352	2.5
バイオ食品産業	942,493	49.5	1,078,216	44.1	1,356,334	55.6
バイオ環境産業	10,746	0.6	12,933	0.5	2,902	0.1
バイオエレクトロニクス産業	36,104	1.9	37,055	1.5	73,181	3.0
バイオプロセス及び機器産業	183,134	9.6	109,876	4.5	47,483	1.9
バイオエネルギー及び資源産業	84	0.0	10,059	0.4	21,950	0.9
バイオ検定、情報サービス及び研究開発産業	121,289	6.4	201,480	8.2	27,309	1.1

区分	2011年		2012年		前年対比増減		年平均増減率
	輸出	比重	輸出	比重	国内販売	増減率	
合計	2,749,356	100.0	3,060,585	100.0	311,229	11.3	12.6
バイオ医薬産業	954,412	34.7	1,139,980	37.2	185,568	19.4	19.4
バイオ化学産業	74,783	2.7	97,173	3.2	22,390	29.9	18.1
バイオ食品産業	1,531,965	55.7	1,610,631	52.6	78,666	5.1	14.3
バイオ環境産業	2,782	0.1	18	0.0	-2,765	-99.4	-79.8
バイオエレクトロニクス産業	92,623	3.4	99,841	3.3	7,217	7.8	29.0
バイオ工程及び機器産業	37,199	1.4	45,256	1.5	8,057	21.7	-29.5
バイオエネルギー及び資源産業	25,393	0.9	30,153	1.0	4,760	18.7	335.3
バイオ検定、情報サービス及び研究開発産業	30,198	1.1	37,534	1.2	7,335	24.3	-25.4

出所：韓国バイオ協会

<表4-12> 主要バイオ産業製品輸入額(2012) (単位：百万ウォン,%)

順位	コード名	製品名	輸入額	構成比
1	1030	ワクチン	342,628	21.8
2	1020	抗がん剤	282,914	18.0
3	6030	バイオ工程及び分析機器	186,401	11.8
4	1000	その他バイオ医薬製品	157,319	10.0
5	1060	血液製剤	146,928	9.3
6	1040	ホルモン剤	119,752	7.6
7	1050	免疫製剤	80,526	5.1
8	1090	診断キット	58,208	3.7
9	1080	新概念の治療薬	34,871	2.2
10	2000	その他バイオ化学製品	32,221	2.0
11	3000	その他バイオ食品	19,942	1.3
12	2020	産業用酵素及び試薬類	18,139	1.2

出所：韓国バイオ協会

<表4-13> バイオ産業輸入額推移(2008~2012)　　　　　　　　　　　　　　(単位：億ウォン, %)

区分		2008年	2009年	2010年	2011年	2012年	年平均増減率
輸入	金額	11,469	13,292	14,057	15,612	15,748	8.2
	増減率	12.3	15.9	5.8	11.1	0.9	

出所：韓国バイオ協会

<表4-14> 分野別バイオ産業輸入額推移(2008~2012)　　　　　　　　　　(単位：百万ウォン, %)

区分	2008年		2009年		2010年	
	輸入	比重	輸入	比重	輸入	比重
合計	1,146,958	100.0	1,329,247	100.0	1,405,659	100.0
バイオ医薬	846,038	73.8	972,097	73.1	1,099,776	78.2
バイオ化学	90,794	7.9	111,678	8.4	94,432	6.7
バイオ食品	21,007	1.8	33,738	2.5	9,383	0.7
バイオ環境	3,252	0.3	3,988	0.3	676	0.0
バイオ電子	1,088	0.1	4,106	0.3	822	0.1
バイオプロセス及び機器産業	168,568	14.7	192,308	14.5	191,672	13.6
バイオエネルギー及び資源産業	16,049	1.4	10,896	0.8	7,550	0.5
バイオ検定、情報サービス及び研究開発産業	162	0.0	436	0.0	1,346	0.1

区分	2011年		2012年		前年対比増減		年平均増減率
	輸入	比重	輸入	比重	国内販売	増減率	
合計	1,561,182	100.0	1,574,793	100.0	13,610	0.9	8.2
バイオ医薬	1,230,328	78.8	1,241,922	78.9	11,594	0.9	10.1
バイオ化学	79,718	5.1	68,726	4.4	-10,992	-13.8	-6.7
バイオ食品	33,073	2.1	59,648	3.8	26,575	80.4	29.8
バイオ環境	239	0.0	230	0.0	-10	-	-48.5
バイオ電子	150	0.0	248	0.0	98	65.7	-30.9
バイオ工程及び機器産業	205,724	13.2	189,812	12.1	-15,912	-7.7	3.0
バイオエネルギー及び資源産業	10,436	0.7	12,897	0.8	2,461	23.6	-5.3
バイオ検定、情報サービス及び研究開発産業	1,514	0.1	1,310	0.1	-204	-13.5	68.6

出所：韓国バイオ協会

9 繊維・衣類・雑貨

1. 繊維産業総括

<表1-1> 品目別繊維類輸出入推移　　　　　　　　　　　　　　　　　　　　（単位：百万ドル,%）

	2011		2012	
	輸出	輸入	輸出	輸入
繊維原料	1,431 (29.1)	301 (22.6)	1,376 (-3.8)	265 (-12.0)
繊維糸	1,794 (13.5)	2,567 (14.7)	1,755 (-2.1)	1,957 (-23.8)
繊維織物	9,684 (14.4)	1,955 (18.7)	9,290 (-4.1)	1,767 (-9.7)
繊維製品	3,034 (10.5)	7,801 (34.6)	3,174 (4.9)	7,999 (2.5)

注）（ ）は増減率　　　　　　　　　　　　　　　　　　　　　　　　出所：韓国織物輸出入組合

<表1-2> 月別繊維類輸出入実績(2012)　　　　　　　　　　　　　　　　　　（単位：百万ドル,%）

	1	2	3	4	5	6	7	8	9	10	11	12
輸出	1,065	1,249	1,338	1,374	1,402	1,331	1,434	1,264	1,270	1,248	1,375	1,245
増減率	-10.6	19.4	-6.7	-7.5	1.9	-6.9	1.9	3.1	-4.9	-5.7	2.2	-6.5
輸入	1,025	813	1,015	925	858	843	981	1,088	1,250	1,279	1,028	883
増減率	-2.2	9.1	-9.9	-15.7	-11.9	-3.8	-4.5	-12.3	-3.4	1.1	0.5	-3.0
収支	40	436	323	448	545	488	454	176	20	-30	347	362

出所：韓国織物輸出入組合

<表1-3> 品目別繊維類輸出現況　　　　　　　　　　　　　　　　　　　　　　　　（単位：千ドル, トン, %）

	2011		2012		増減率(年間)	
	金額	物量	金額	物量	金額	物量
人造繊維	1,339,604	689,534	1,265,888	709,812	-5.5	3.0
再生繊維	91,404	20,242	109,633	22,612	19.9	11.7
繊維原料小計	1,431,008	709,776	1,375,521	732,424	-3.8	3.2
天然繊維糸	346,872	62,863	351,005	76,534	1.2	21.7
-絹糸	454	11	423	6	-6.8	-45.8
-毛糸	36,574	1,964	39,271	2,172	7.4	10.6
-綿糸	278,590	56,937	283,973	70,619	1.9	24.0
-麻糸及びその他の糸	31,254	3,951	27,337	3,737	-12.5	-5.4
人造繊維長繊維	1,286,086	325,074	1,238,454	336,195	-3.7	3.5
人造繊維紡績糸	160,550	23,740	166,013	27,171	3.4	14.5
繊維糸小計	1,793,508	411,677	1,755,471	439,900	-2.1	6.9
絹織物	102,864	771	97,017	793	-5.7	2.9
毛織物	69,521	2,838	50,986	2,034	-26.6	-28.3
綿織物	526,660	46,551	471,777	41,657	-10.4	-10.5
人造長繊維織物	2,238,268	193,052	2,214,413	182,172	-1.1	-5.6
人造短繊維織物	354,221	36,091	332,067	30,869	-6.2	-14.4
ニット	4,234,280	489,536	4,069,845	480,296	-3.9	-1.9
その他織物	2,158,312	279,451	2,054,251	265,148	-4.8	-5.1
繊維織物小計	9,684,125	1,048,290	9,290,356	1,002,970	-4.1	-4.3
衣類	1,666,016	89,374	1,729,819	92,568	3.9	3.6
-ニット製衣類	878,194	45,322	900,279	45,834	2.5	1.1
-織物製衣類	755,737	43,882	799,141	46,571	5.8	6.1
-革製衣類及びその他	32,086	170	30,399	163	-5.3	-4.0
その他繊維製品	1,367,971	455,287	1,444,234	444,906	6.2	-2.3
繊維製品小計	3,033,988	544,661	3,174,052	537,473	4.9	-1.3
繊維類合計	15,942,629	2,714,404	15,595,401	2,712,768	-2.1	0.0

出所：韓国織物輸出入組合

<表1-4> 品目別繊維類輸入現況 (単位：千ドル, トン, %)

	2011		2012		増減率(年間)	
	金額	物量	金額	物量	金額	物量
人造繊維	81,176	28,515	59,391	21,725	-26.8	-23.8
再生繊維	219,385	58,995	205,154	59,908	-6.5	1.5
繊維原料小計	300,561	87,510	264,545	81,633	-12.0	-6.7
天然繊維糸	1,080,492	203,795	665,603	160,924	-38.4	-21.0
-絹糸	17,082	327	13,560	276	-20.6	-15.6
-毛糸	37,938	1,864	28,143	1,223	-25.8	-34.4
-綿糸	982,070	193,959	585,222	152,472	-40.4	-21.4
-麻糸及びその他の糸	43,402	7,645	38,678	6,954	-10.8	-9.0
人造繊維長繊維	855,831	231,851	741,688	213,031	-13.3	-8.1
人造繊維紡績糸	630,941	160,062	549,222	165,813	-12.9	3.6
繊維糸小計	2,567,264	595,708	1,956,513	539,769	-23.8	-9.4
絹織物	77,890	921	72,445	835	-7.0	-9.4
毛織物	114,155	2,273	84,123	1,620	-26.3	-28.8
綿織物	457,874	65,998	400,028	70,811	-12.6	7.3
人造長繊維織物	238,010	36,937	214,416	35,066	-9.9	-5.1
人造短繊維織物	220,441	38,758	185,440	36,444	-15.9	-6.0
ニット	133,364	13,389	118,253	12,796	-11.4	-4.6
その他織物	713,843	133,285	692,543	134,293	-3.1	0.7
繊維織物小計	1,955,578	291,562	1,767,248	291,866	-9.7	0.1
衣類	5,876,760	279,974	6,031,447	275,689	2.6	-1.5
-ニット製衣類	1,870,170	95,771	2,002,100	101,455	7.0	5.9
-織物製衣類	3,842,435	182,757	3,894,972	172,996	1.4	-5.3
-革製衣類及びその他	164,156	1,445	134,374	1,237	-18.2	-14.4
その他繊維製品	1,923,922	323,782	1,967,738	322,508	2.2	-0.5
繊維製品小計	7,800,683	603,756	7,999,185	598,197	2.5	-1.0
繊維類合計	12,624,086	1,578,536	11,987,491	1,511,464	-5.1	-4.3

出所：韓国織物輸出入組合

<表1-5> 国別繊維類輸出現況 (単位:千ドル,トン,%)

順位		2012		増減率		輸出単価
		金額	重量	金額	重量	金額
1	中国	15,595,401	2,712,768	-2.1	0.0	5.75
2	ベトナム	2,726,106	350,205	-8.8	-8.4	7.78
3	米国	2,093,845	311,304	5.9	0.3	6.73
4	インドネシア	1,406,881	253,786	4.8	15.8	5.54
5	日本	1,362,960	176,600	1.3	8.0	7.72
6	香港	849,155	100,190	-1.0	-4.3	8.48
7	アラブ首長国連邦	692,214	66,553	-13.3	-12.7	10.40
8	サウジアラビア	419,367	55,943	-18.2	-18.6	7.50
9	フィリピン	347,967	49,159	8.3	11.3	7.08
10	カンボジア	288,361	55,022	9.8	9.4	5.24
11	ドイツ	270,333	75,612	8.3	0.5	3.58
12	トルコ	240,006	60,126	-7.6	-1.0	3.99
13	タイ	230,639	51,792	-22.5	-9.7	4.45
14	ブラジル	228,080	52,374	8.6	15.1	4.35
15	ロシア連邦	212,637	48,234	5.9	3.2	4.41
16	イタリア	202,111	46,701	-9.0	-10.5	4.33
17	イラン	196,636	45,897	-6.0	1.4	4.28
18	フランス	176,074	60,792	5.8	31.4	2.90
19	英国	172,348	22,153	8.0	14.3	7.78
20	インド	170,308	39,829	8.7	3.1	4.28

注) 上位20カ国 　　　　　　　　　　　　　　　　　　　出所:韓国織物輸出入組合

<表1-6> 国別繊維類輸入現況　　　　　　　　　　　　　　　　　(単位：千ドル, トン, %)

順位		2012		増減率		輸出単価
		金額	重量	金額	重量	金額
1	中国	11,987,491	1,511,464	-5.1	-4.3	7.93
2	ベトナム	5,828,793	752,689	-10.7	-6.6	7.74
3	インドネシア	1,671,947	209,018	15.9	6.2	8.00
4	イタリア	636,657	108,787	3.7	-3.3	5.85
5	日本	522,969	7,081	-5.4	22.8	73.85
6	米国	424,839	82,383	-6.3	3.0	5.16
7	インド	356,617	32,345	-13.5	-21.0	11.03
8	ミャンマー	294,030	64,265	-25.9	-14.3	4.58
9	フランス	280,040	12,381	20.0	5.1	22.62
10	タイ	258,952	1,653	-3.8	-18.2	156.61
11	パキスタン	168,554	32,289	6.3	25.4	5.22
12	バングラデシュ	158,880	40,829	-26.5	-9.3	3.89
13	台湾	138,026	7,956	35.7	19.0	17.35
14	マレーシア	127,679	27,751	-15.1	-11.4	4.60
15	オーストリア	124,856	42,832	-14.0	-9.1	2.92
16	ドイツ	96,477	26,267	-1.6	1.7	3.67
17	フィリピン	77,535	6,129	-12.7	-4.6	12.65
18	英国	75,043	5,559	38.3	22.0	13.50
19	カンボジア	71,313	7,493	1.6	4.4	9.52
20	トルコ	71,251	3,368	83.1	89.0	21.15

注) 上位20カ国　　　　　　　　　　　　　　　　　　　　出所：韓国織物輸出入組合

<表1-7> 織物類輸出現況 (単位：千ドル, トン, %)

	2011		2012		増減率(年間)	
	金額	物量	金額	物量	金額	物量
人造繊維	325,128	175,088	316,712	176,434	-2.6	0.8
再生繊維	23,356	5,023	29,284	5,937	25.4	18.2
繊維原料小計	348,484	180,113	345,997	182,372	-0.7	1.3
天然繊維糸	92,285	20,156	86,118	19,760	-6.7	-2.0
人造繊維長繊維	315,550	82,672	304,498	84,593	-3.5	2.3
人造繊維紡績糸	36,757	6,055	41,916	7,631	14.0	26.0
繊維糸小計	444,591	108,882	432,533	111,984	-2.7	2.8
絹織物	27,429	211	25,903	236	-5.6	11.8
毛織物	11,292	421	10,005	384	-11.4	-8.8
綿織物	139,992	11,627	121,001	10,460	-13.6	-10.0
人造長繊維織物	559,738	46,661	533,077	42,650	-4.8	-8.6
- ナイロン織物	55,078	3,010	65,348	3,234	18.6	7.4
- ポリエステル織物	455,760	37,481	424,319	34,546	-6.9	-7.8
- その他合繊織物	16,426	3,558	14,942	2,715	-9.0	-23.7
- 再生織物	32,475	2,612	28,469	2,155	-12.3	-17.5
人造短繊維織物	97,933	9,050	89,198	7,496	-8.9	-17.2
ニット	1,075,829	126,354	1,001502	117,250	-6.9	-7.2
その他織物	515,183	65,468	493,075	62,468	-4.3	-4.6
- 麻織物	4,402	201	3,525	155	-19.9	-22.9
- タイヤコード	95,293	20,943	73,994	17,813	-22.4	-14.9
- 刺繍布	26,821	599	24,856	603	-7.3	0.7
- パイル&シェニール織物	15,315	632	12,542	562	-18.1	-11.1
- 不織布	111,894	17,751	115,198	19,008	3.0	7.1
- その他の織物	261,458	25,344	262,960	24,325	0.6	-4.0
繊維織物小計	2,427,396	259,792	2,273,761	240,942	-6.3	-7.3
衣類	413,543	22,797	442,444	25,049	7.0	9.9
-ニット製衣類	213,410	11,638	223,315	12,543	4.6	7.8
-織物製衣類	193,347	11,107	213,603	12,468	10.5	12.3
-革製衣類及びその他	6,786	50	5,526	38	-18.6	-24.0
その他繊維製品	365,942	118,455	371,683	104,487	1.6	-11.8
繊維製品小計	779,485	141,252	814,127	129,536	4.4	-8.3
繊維類合計	3,999,956	690,039	3,866,417	664,833	-3.3	-3.7

注) 第4四半期の数値 出所：韓国繊維産業連合会

<表1-8> 織物類輸入現況　　　　　　　　　　　　　　　　　　　　　　　(単位：千ドル、トン、%)

	2011		2012		増減率(年間)	
	金額	物量	金額	物量	金額	物量
人造繊維	18,179	5,988	15,437	5,929	-15.1	-1.0
再生繊維	59,771	16,221	46,714	13,939	-21.8	-14.1
繊維原料小計	77,950	22,208	62,151	19,868	-20.3	-10.5
天然繊維糸	174,923	40,791	180,927	44,540	3.4	9.2
人造繊維長繊維	186,216	49,705	183,637	52,417	-1.4	5.5
人造繊維紡績糸	143,398	39,742	145,204	44,042	1.3	10.8
繊維糸小計	504,537	130,238	509,768	141,000	1.0	8.3
絹織物	20,129	239	19,684	215	-2.2	-10.0
毛織物	22,760	417	14,769	263	-35.1	-36.9
綿織物	103,917	16,173	96,563	16,706	-7.1	3.3
人造長繊維織物	59,463	8,544	53,492	8,980	-10.0	5.1
- ナイロン織物	8,916	512	6,514	829	-26.9	61.9
- ポリエステル織物	41,358	7,002	39,622	7,361	-4.2	5.1
- その他合繊織物	4,225	734	4,323	624	2.3	-15.0
- 再生織物	4,963	296	3,033	167	-38.9	-43.6
人造短繊維織物	55,384	10,800	49,419	10,806	-10.8	0.1
ニット	36,048	4,170	32,098	3,855	-11.0	-7.6
その他織物	175,710	31,729	158,694	29,819	-9.7	-6.0
- 麻織物	12,024	2,256	9,964	2,076	-17.1	-8.0
- タイヤコード	49,559	12,155	34,463	8,764	-30.5	-27.9
- 刺繍布	4,518	255	4,203	204	-7.0	-20.0
- パイル&シェニール織物	3,977	334	3,827	346	-3.8	3.6
- 不織布	59,225	11,316	63,304	12,800	6.9	13.1
- その他の織物	46,407	5,416	42,934	5,628	-7.5	3.9
繊維織物小計	473,412	72,074	424,720	70,644	-10.3	-2.0
衣類	1,628,560	85,082	1,677,343	89,325	3.0	5.0
-ニット製衣類	447,680	26,830	490,388	30,527	9.5	13.8
-織物製衣類	1,126,072	57,708	1,139,457	58,328	1.2	1.1
-革製衣類及びその他	54,809	544	47,498	471	-13.3	-13.4
その他繊維製品	513,819	83,255	515,785	83,383	0.4	0.2
繊維製品小計	2,142,380	168,337	2,193,128	172,708	2.4	2.6
繊維類合計	3,198,278	392,855	3,189,767	404,220	-0.3	2.9

注) 4/4分期数値　　　　　　　　　　　　　　　　　　　　出所：韓国繊維産業連合会

2. 綿紡績工業

<表2-1> 綿紡織設備現況

区分		2012(A)	2013(B)	増減率 B-A (%)
精紡機（錘）	RING	1,289,856	1,313,376	23,520(1.8)
	O.E	8,976	8,976	-(-)
	MVS	5,264	5,264	-(-)
	合計	1,304,096	1,327,616	23,520(1.8)
織機（台）		266	266	-(-)

出所：大韓紡織協会

<表2-2> 綿紡織生産現況

区分	2012(A)	2013(B)	増減率 (%)
綿・綿混紡糸（トン）	271,729	283240	4.2
綿・綿混紡織物（1000㎡）	31,159	30,366	-2.6

出所：大韓紡織協会

<表2-3> 綿紡織生産設備推移

	紡績部門		織布部門	
	総設備台数	紡績糸生産量（トン）	総設備台数	織布生産量(1000㎡)
2005	1,287,524	240,685	841	70,940
2006	1,207,180	217,627	731	34,027
2007	1,177,260	235,763	333	18,192
2008	1,135,204	217,304	313	18,620
2009	1,144,724	222,963	285	27,776
2010	1,192,608	238,124	281	32,442
2011	1,228,416	248,976	263	26,828
2012	1,303,362	271,729	262	31,159
2013	1,327,616	283,240	266	30,366

出所：大韓紡織協会

<表 2-4> 国別原綿輸入推移

国名	単位	2009	2010	2011	2012	増減率(%)	比重(%)
合計	M/T	217,351	219,527	234,209	269,845	15.2	100.0
	千ドル	291,713	405,825	854,767	687,418	-19.6	100.0
ブラジル	M/T	116,393	106,935	88,322	149,763	69.6	55.5
	千ドル	150,155	185,566	294,413	378,185	28.5	55.0
米国	M/T	70,974	74,680	106,358	64,267	-39.6	23.8
	千ドル	97,920	146,414	402,250	171,511	-57.4	25.0
オーストラリア	M/T	22,089	25,045	28,275	47,178	66.9	17.5
	千ドル	31,613	47,395	115,679	114,251	-1.2	16.6
インド	M/T	3,289	3,290	5,219	3,472	-33.5	1.3
	千ドル	4,118	6,473	18,193	8,177	-55.1	1.2
ギリシャ	M/T	316	1,006	65	919	1,313.8	0.3
	千ドル	414	1,859	142	3,456	2,333.8	0.5
エジプト	M/T	560	1,813	1,368	881	-35.6	0.3
	千ドル	1,279	4,657	6,647	3,005	-54.8	0.4
南アフリカ共和国	M/T	610	2,206	496	983	98.2	0.4
	千ドル	910	4,747	1,739	2,113	21.5	0.3
メキシコ	M/T	283	514	1,442	471	-67.3	0.2
	千ドル	372	887	4,859	1,363	-71.9	0.2
イスラエル	M/T	483	1,332	169	263	55.6	0.1
	千ドル	1,130	2,886	740	1,008	36.2	0.1
トルコ	M/T	203	43	179	85	-52.5	0.0
	千ドル	356	99	795	247	-68.9	0.0
アルゼンチン	M/T	0	89	338	87	-74.3	0.0
	千ドル	0	192	1,318	170	-87.1	0.0
中国	M/T	15	32	20	1	-95.0	0.0
	千ドル	101	138	96	14	-85.4	0.0

<続く>

国名	単位	2009	2010	2011	2012	増減率(%)	比重(%)
パキスタン	M/T	92	258	176	0	-100.0	0.0
	千ドル	123	374	693	0	-100.0	0.0
ウズベキスタン	M/T	955	1,572	200	0	-100.0	0.0
	千ドル	1,530	2,788	485	0	-100.0	0.0
カザフスタン	M/T	65	65	0	0	-	0.0
	千ドル	96	133	0	0	-	0.0
トルクメニスタン	M/T	259	44	0	0	-	0.0
	千ドル	542	110	0	0	-	0.0

注) 増減率は前年同期比　　　出所：大韓紡織協会

<表2-5> 国別再生繊維短繊維輸入推移

国名	単位	2009	2010	2011	2012	増減率(%)	比重(%)
合計	M/T	42,506	44,409	48,695	50,564	3.8	100.0
	千ドル	109,929	127,589	168,206	157,616	-6.3	100.0
オーストリア	M/T	25,670	22,769	25,193	25,622	1.7	50.7
	千ドル	71,595	67,835	89,404	87,927	-1.7	55.8
中国	M/T	3,150	4,025	6,531	12,028	84.2	23.8
	千ドル	6,920	10,695	19,912	28,827	44.8	18.3
英国	M/T	2,082	3,748	4,607	4,932	7.1	9.8
	千ドル	6,615	12,257	18,787	21,174	12.7	13.4
台湾	M/T	4,618	4,157	3,374	3,605	6.8	7.1
	千ドル	9,785	10,995	10,632	8,492	-20.1	5.4
インドネシア	M/T	5,782	7,361	6,549	2,300	-64.9	4.5
	千ドル	11,533	18,660	20,777	5,371	-74.0	3.4
タイ	M/T	474	1,184	1,311	1,639	25.0	3.2
	千ドル	1,085	3,156	4,044	4,057	0.3	2.6
日本	M/T	373	447	420	303	-27.9	0.6
	千ドル	974	1,415	1,823	1,271	-30.3	0.8
インド	M/T	39	68	80	85	6.3	0.2
	千ドル	105	199	274	275	0.4	0.2
ドイツ	M/T	162	504	610	48	-92.1	0.1
	千ドル	889	1,946	2,482	203	-91.8	0.1
米国	M/T	40	1	0	1	-	0.0
	千ドル	94	13	0	3	-	0.0

注) 増減率は前年同期比　　　出所：大韓紡織協会

<表2-6> 国別綿糸輸出推移

国名	単位	2009	2010	2011	2012	増減率(%)	比重(%)
合計	M/T	30,636	59,761	57,653	70,658	22.6	100.0
	千ドル	100,191	248,059	281,946	284,159	0.8	100.0
中国	M/T	8,073	16,778	18,277	26,242	43.6	37.1
	千ドル	26,241	69,744	88,668	101,850	14.9	35.8
ベトナム	M/T	3,966	7,844	6,535	8,120	24.3	11.5
	千ドル	13,820	34,016	37,998	41,412	9.0	14.6
香港	M/T	2,557	7,124	8,301	9,853	18.7	13.9
	千ドル	8,831	28,156	36,728	37,364	1.7	13.1
米国	M/T	8,318	9,632	6,552	6,245	-4.7	8.8
	千ドル	24,407	38,053	28,633	22,364	-21.9	7.9
インドネシア	M/T	245	786	1,498	4,205	180.7	6.0
	千ドル	938	3,961	6,788	17,678	160.5	6.2
スリランカ	M/T	57	1,013	2,871	3,405	18.6	4.8
	千ドル	201	4,150	13,632	13,236	-2.9	4.7
グアテマラ	M/T	3,310	5,682	3,142	2,834	-9.8	4.0
	千ドル	11,011	23,373	16,750	11,969	-28.5	4.2
日本	M/T	1,176	2,008	4,482	1,752	-60.9	2.5
	千ドル	4,114	8,950	25,901	7,737	-70.1	2.7
ホンジュラス	M/T	221	1,465	825	733	-11.2	1.0
	千ドル	598	5,523	4,015	2,719	-32.3	1.0
マレーシア	M/T	215	1,504	713	630	-11.6	0.9
	千ドル	842	6,367	2,901	2,460	-15.2	0.9

注) 増減率は前年同期比

出所：大韓紡織協会

<表2-7> 国別綿糸輸入推移

国名	単位	2009	2010	2011	2012	増減率(%)	比重(%)
合計	M/T	228,176	252,927	193,981	152,470	-21.4	100.0
	千ドル	595,699	914,185	982,251	585,280	-10.4	100.0
インド	M/T	77,170	92,242	58,254	50,742	-12.9	33.3
	千ドル	198,229	332,562	288,803	186,716	-35.3	31.9
中国	M/T	43,392	51,733	42,983	25,375	-41.0	16.6
	千ドル	160,814	244,364	275,960	140,448	-49.1	24.0
ベトナム	M/T	41,243	50,884	34,740	29,160	-16.1	19.1
	千ドル	88,475	157,412	150,968	93,955	-37.8	16.1
パキスタン	M/T	32,023	20,014	30,041	20,604	-31.4	13.5
	千ドル	69,896	62,276	141,309	71,933	-49.1	12.3
インドネシア	M/T	23,942	25,205	14,500	13,728	-5.3	9.0
	千ドル	48,023	69,252	56,114	41,694	-25.7	7.1
タイ	M/T	2,840	4,199	4,456	6,228	39.7	4.1
	千ドル	7,972	15,904	22,198	23,984	8.0	4.1
台湾	M/T	616	2,340	3,469	2,670	-23.0	1.8
	千ドル	1,841	8,742	17,456	9,871	-43.5	1.7
ウズベキスタン	M/T	5,180	4,175	2,939	2,773	-5.6	1.8
	千ドル	9,950	11,111	12,394	8,637	-30.3	1.5

注) 増減率は前年同期比

出所 : 大韓紡織協会

<表2-8> 国別・品目別綿糸輸出推移(2012)

区分		裁縫糸 (HS 5204)		純綿CD糸 (HS 52051,3)		純綿CM糸 (HS 52052,4)	
		M/T	千ドル	M/T	千ドル	M/T	千ドル
合計	物量/金額	120	1,105	1,874	7,674	60,615	241,851
	増減率(%)	1.7	36.6	-59.0	-60.8	32.2	7.9
	比重(%)	0.2	0.4	2.7	2.7	85.8	85.1
中国	物量/金額	34	434	233	1,061	22,359	84,720
	増減率(%)	-45.2	51.2	-74.7	-71.3	56.0	24.6
	比重(%)	0.1	0.4	0.9	1.0	85.2	83.2
ベトナム	物量/金額	14	87	404	1789	5,959	31,937
	増減率(%)	7.7	35.9	-48.0	-51.2	26.9	12.3
	比重(%)	0.2	0.2	5.0	4.3	73.4	77.1
香港	物量/金額	22	23	0	0	9,216	34,834
	増減率(%)	29.4	0.0	-100.0	-100.0	31.3	14.3
	比重(%)	0.2	0.1	0.0	0.0	93.5	93.2
米国	物量/金額	0	0	25	121	6,124	21,815
	増減率(%)	-	-	-91.1	-87.1	-1.4	-20.4
	比重(%)	0.0	0.0	0.4	0.5	98.1	97.5
日本	物量/金額	6	74	116	495	1,488	6,361
	増減率(%)	-	1,280.0	-74.0	-76.1	-59.9	-70.9
	比重(%)	0.3	1.0	6.6	6.4	84.9	82.2
グアテマラ	物量/金額	0	1	34	111	2,343	9,961
	増減率(%)	-	-	-85.5	-85.4	2.6	-20.7
	比重(%)	0.0	0.0	1.2	0.9	82.7	83.2
スリランカ	物量/金額	0	0	0	0	3,364	12,914
	増減率(%)	-	-	-	-	20.1	-0.5
	比重(%)	0.0	0.0	0.0	0.0	98.8	97.6
ホンジュラス	物量/金額	0	0	42	140	549	2,063
	増減率(%)	-	-	-76.5	-80.8	-12.6	-35.6
	比重(%)	0.0	0.0	5.7	5.1	74.9	75.9
マレーシア	物量/金額	0	0	12	58	501	1,860
	増減率(%)	-	-	-	-	-29.7	-35.9
	比重(%)	0.0	0.0	1.9	2.4	79.5	75.6
インドネシア	物量/金額	15	378	467	2,222	3,320	13,307
	増減率(%)	7.1	6.2	122.4	85.9	175.1	174.1
	比重(%)	0.4	2.1	11.1	12.6	79.0	75.3

<続く>

区分		綿混紡糸 (HS 5206)		小売用綿糸 (HS 5207)		合計 (HS 5204~5207)	
		M/T	千ドル	M/T	千ドル	M/T	千ドル
合計	物量/金額	7916	33,341	133	188	70,658	284,159
	増減率(%)	13.7	-10.0	-11.3	-38.0	22.6	0.8
	比重(%)	11.2	11.7	0.2	0.1	100.0	100.0
中国	物量/金額	3598	15,615	18	20	26,242	101,850
	増減率(%)	22.5	-5.9	-28.0	-76.7	43.6	14.9
	比重(%)	13.7	15.3	0.1	0.0	100.0	100.0
ベトナム	物量/金額	1724	7,535	19	64	8,120	41,412
	増減率(%)	69.9	30.5	-45.7	3.2	24.3	9.0
	比重(%)	21.2	18.2	0.2	0.2	100.0	100.0
香港	物量/金額	615	2,507	0	0	9,853	37,364
	増減率(%)	-26.3	-44.7	-	-	18.7	1.7
	比重(%)	6.2	6.7	0.0	0.0	100.0	100.0
米国	物量/金額	96	428	0	0	6,245	22,364
	増減率(%)	65.5	39.9	-	-	-4.7	-21.9
	比重(%)	1.5	1.9	0.0	0.0	100.0	100.0
日本	物量/金額	142	797	0	10	1,752	7,737
	増減率(%)	-55.8	-59.1	-	233.3	-60.9	-70.1
	比重(%)	8.1	10.3	0.0	0.1	100.0	100.0
グアテマラ	物量/金額	456	1873	1	23	2,834	11,969
	増減率(%)	-27.0	-45.4	-	-	-9.8	-28.5
	比重(%)	16.1	15.6	0.0	0.2	100.0	100.0
スリランカ	物量/金額	41	322	0	0	3,405	13,236
	増減率(%)	-42.3	-50.6	-	-	18.6	-2.9
	比重(%)	1.2	2.4	0.0	0.0	100.0	100.0
ホンジュラス	物量/金額	142	516	0	0	733	2,719
	増減率(%)	688.9	545.0	-	-	-11.2	-32.3
	比重(%)	19.4	19.0	0.0	0.0	100.0	100.0
マレーシア	物量/金額	117	542	0	0	630	2,460
	増減率(%)	-	-	-	-	-11.6	-15.2
	比重(%)	18.6	22.0	0.0	0.0	100.0	100.0
インドネシア	物量/金額	403	1,771	0	0	4,205	17,678
	増減率(%)	510.6	369.8	-100.0	-100.0	180.7	160.5
	比重(%)	9.6	10.0	0.0	0.0	100.0	100.0

注) 増減率は前年同期比

出所:大韓紡織協会

<表2-9> 国別・品目別綿糸輸入推移(2012)

区分		裁縫糸 (HS 5204)		純綿CD糸 (HS 52051,3)		純綿CM糸 (HS 52052,4)	
		M/T	千ドル	M/T	千ドル	M/T	千ドル
合計	物量/金額	63	699	53,505	178,336	60,197	259,984
	増減率(%)	-43.2	-19.3	-12.7	-33.9	-35.4	-50.8
	比重(%)	0.0	0.1	35.1	30.5	39.5	44.4
インド	物量/金額	19	257	10,549	35,109	39,164	147,607
	増減率(%)	-29.6	9.4	11.6	-7.0	-16.1	-38.6
	比重(%)	0.0	0.1	20.8	18.8	77.2	79.1
中国	物量/金額	36	186	3,677	17,803	12,176	74,098
	増減率(%)	-18.2	-24.4	-25.4	-37.8	-57.4	-61.2
	比重(%)	0.1	0.1	14.5	12.7	48.0	52.8
ベトナム	物量/金額	0	1	14,672	45,755	96.1	3,860
	増減率(%)	-	-	-19.7	-42.6	-21.3	-41.7
	比重(%)	0.0	0.0	50.3	48.7	3.3	4.1
パキスタン	物量/金額	0	0	15,355	50,099	5,095	21,144
	増減率(%)	-	-	-15.4	-35.7	-56.8	-66.3
	比重(%)	0.0	0.0	74.5	69.6	24.7	29.4
インドネシア	物量/金額	0	1	5,352	17,083	1,165	4,518
	増減率(%)	-100.0	-98.0	-22.3	-43.8	-36.1	-50.9
	比重(%)	0.0	0.0	39.0	41.0	8.5	10.8
タイ	物量/金額	1	3	649	2,193	1,009	5,100
	増減率(%)	-	50.0	191.0	156.8	-16.6	-32.7
	比重(%)	0.0	0.0	10.4	9.1	16.2	21.3
台湾	物量/金額	0	0	9	37	48	236
	増減率(%)	-	-100.0	-	1,750.0	220.0	133.7
	比重(%)	0.0	0.0	0.3	0.4	1.8	2.4
ウズベキスタン	物量/金額	0	0	2,773	8,367	0	0
	増減率(%)	-	-	-5.6	-30.3	-	-
	比重(%)	0.0	0.0	100.0	100.0	0.0	0.0

<続く>

区分		綿混紡糸 (HS 5206)		小売用綿糸 (HS 5207)		合計 (HS 5204~5207)	
		M/T	千ドル	M/T	千ドル	M/T	千ドル
合計	物量/金額	38,485	143,644	220	2,617	152,470	585,280
	増減率(%)	-1.7	-20.4	-20.9	-21.6	-21.4	-40.4
	比重(%)	25.2	24.5	0.1	0.4	100.0	100.0
インド	物量/金額	1,010	3,739	0	4	50,742	186,716
	増減率(%)	-51.3	-64.4	-100.0	-50.0	-12.9	-35.3
	比重(%)	2.0	2.0	0.0	0.0	100.0	100.0
中国	物量/金額	9,296	47,287	190	1,074	25,375	140,448
	増減率(%)	1.3	-13.7	-17.4	-20.0	-41.0	-49.1
	比重(%)	36.6	33.7	0.7	0.8	100.0	100.0
ベトナム	物量/金額	13,525	44,330	2	9	29,160	93,955
	増減率(%)	-11.2	-31.4	-66.7	-70.0	-16.1	-37.8
	比重(%)	46.4	47.2	0.0	0.0	100.0	100.0
パキスタン	物量/金額	154	690	0	0	20,604	71,933
	増減率(%)	48.1	17.9	-	-100.0	-31.4	-49.1
	比重(%)	0.7	1.0	0.0	0.0	100.0	100.0
インドネシア	物量/金額	7,210	20,088	1	4	13,728	41,694
	増減率(%)	25.3	21.9	-50.0	-66.7	-5.3	-25.7
	比重(%)	52.5	48.2	0.0	0.0	100.0	100.0
タイ	物量/金額	4,568	16,677	1	11	6,228	23,984
	増減率(%)	51.1	21.3	0.0	57.1	39.7	8.0
	比重(%)	73.3	69.5	0.0	0.0	100.0	100.0
台湾	物量/金額	2,612	9,594	1	4	2,670	9,871
	増減率(%)	-24.3	-44.6	0.0	-77.8	-23.0	-43.5
	比重(%)	97.8	97.2	0.0	0.0	100.0	100.0
ウズベキスタン	物量/金額	0	0	0	0	2,773	8,637
	増減率(%)	-	-	-	-	-5.6	-30.3
	比重(%)	0.0	0.0	0.0	0.00	100.0	100.0

注) 増減率は前年同期比

出所：大韓紡織協会

<表2-10> 国別再生短繊維紡績糸輸出推移

国名	単位	2009	2010	2011	2012	増減率(%)	比重(%)
合計	M/T	7,911	9,575	6,086	8,781	44.3	100.0
	千ドル	39,090	50,758	39,098	49,121	25.6	100.0
中国	M/T	2,603	3,626	2,452	2,037	-16.9	23.2
	千ドル	13,402	19,069	14,904	10,400	-30.2	21.2
香港	M/T	1,770	1,275	763	1,561	104.6	17.8
	千ドル	10,709	8,549	6,119	10,057	64.4	20.5
米国	M/T	1,444	1,649	538	1,697	215.4	19.3
	千ドル	5,788	8,617	3,102	8,185	163.9	16.7
ベトナム	M/T	141	562	165	917	455.8	10.4
	千ドル	607	2,502	1,173	7,422	532.7	15.1
日本	M/T	767	1,078	1,153	1,033	-10.4	11.8
	千ドル	3,957	6,160	8,274	6,661	-19.5	13.6
ブラジル	M/T	823	758	540	958	77.4	10.9
	千ドル	2,481	2,673	2,178	3,369	54.7	6.9
スリランカ	M/T	2	38	40	100	150.0	1.1
	千ドル	17	147	245	630	157.1	1.3
タイ	M/T	33	21	76	25	-67.1	0.3
	千ドル	517	118	379	126	-66.8	0.3

注) 増減率は前年同期比　　　　　　　　　　　　　出所：大韓紡織協会

<表2-11> 国別再生短繊維紡績糸輸入推移

国名	単位	2009	2010	2011	2012	増減率(%)	比重(%)
合計	M/T	20,648	23,449	22,743	25,546	12.3	100.0
	千ドル	64,093	84,684	102,400	91,069	-11.1	100.0
インドネシア	M/T	12,433	14,421	13,360	13,856	3.7	54.2
	千ドル	34,624	47,674	55,638	44,967	-19.2	49.4
中国	M/T	4,064	4,195	4,749	5,433	14.4	21.3
	千ドル	16,717	18,884	25,406	23,807	-6.3	26.1
ベトナム	M/T	3,494	3,103	2,941	4,993	69.8	19.5
	千ドル	9,844	10,779	12,402	16,695	34.6	18.3
オーストリア	M/T	304	377	549	548	-0.2	2.1
	千ドル	973	1,326	2,170	2,141	-1.3	2.4
タイ	M/T	139	776	545	510	-6.4	2.0
	千ドル	541	2,754	2,625	1,717	-34.6	1.9
イタリア	M/T	23	30	34	27	-20.6	0.1
	千ドル	511	652	889	770	-13.4	0.8
インド	M/T	15	251	399	75	-81.2	0.3
	千ドル	60	1,206	2,274	390	-82.8	0.4
台湾	M/T	0	3	7	1	-85.7	0.0
	千ドル	0	68	55	10	-81.8	0.0

注) 増減率は前年同期比　　　　　　　　　　　　　出所：大韓紡織協会

<表2-12> 国別綿織物輸出推移

国名	単位	2009	2010	2011	2012	増減率(%)	比重(%)
合計	M/T	40,442	44,534	46,642	41,750	-10.5	100.0
	千ドル	384,728	450,949	527,597	472,408	-10.5	100.0
米国	M/T	9,170	10,795	10,042	10,385	3.4	24.9
	千ドル	93,336	116,800	134,713	136,383	1.2	28.9
中国	M/T	9,259	10,125	11,422	8,238	-27.9	19.7
	千ドル	89,118	102,221	107,721	89,049	-17.3	18.9
ベトナム	M/T	5,441	5,894	6,708	6,179	-7.9	14.8
	千ドル	39,359	45,923	62,971	54,238	-13.9	11.5
香港	M/T	3,480	3,504	3,272	3,564	8.9	8.5
	千ドル	46,931	46,238	52,959	50,144	-5.3	10.6
インドネシア	M/T	4,830	4,689	4,934	3,546	-28.1	8.5
	千ドル	47,954	46,288	54,207	37,610	-30.6	8.0
バングラデシュ	M/T	528	927	1,150	956	-16.9	2.3
	千ドル	5,350	9,847	16,697	14,530	-13.0	3.1
イラン	M/T	325	358	858	595	-30.7	1.4
	千ドル	1,610	2,958	7,750	4,502	-41.9	1.0
フィリピン	M/T	735	824	798	476	-40.4	1.1
	千ドル	3,575	8,485	7,602	2,730	-64.1	0.6

注) 増減率は前年同期比　　　　　　　　　　　　出所：大韓紡織協会

<表2-13> 国別綿織物輸入推移

国名	単位	2009	2010	2011	2012	増減率(%)	比重(%)
合計	M/T	75,709	86,828	66,026	70,795	7.2	100.0
	千ドル	323,114	439,019	458,001	399,943	-12.7	100.0
中国	M/T	58,922	69,113	45,250	42,268	-6.6	59.7
	千ドル	246,873	341,754	317,158	251,536	-20.7	62.9
パキスタン	M/T	10,685	9,967	13,408	18,398	37.2	26.0
	千ドル	29,732	35,697	64,341	74,740	16.2	18.7
ベトナム	M/T	706	2,006	2,608	3,692	41.6	5.2
	千ドル	2,243	7,147	12,198	15,405	26.3	3.9
インド	M/T	582	605	1,708	2,386	39.7	3.4
	千ドル	4,356	5,096	12,977	13,796	6.3	3.4
イタリア	M/T	159	235	266	225	-15.4	0.3
	千ドル	9,472	12,660	16,324	12,972	-20.5	3.2
日本	M/T	373	348	336	272	-19.0	0.4
	千ドル	10,837	13,277	15,148	10,012	-33.9	2.5
トルコ	M/T	603	1,065	331	161	-51.4	0.2
	千ドル	4,677	8,387	4,486	2,666	-40.6	0.7

注) 増減率は前年同期比　　　　　　　　　　　　出所：大韓紡織協会

<表2-14> 国別綿ニット輸出推移

国名	単位	2009	2010	2011	2012	増減率(%)	比重(%)
合計	M/T	121,873	127,398	113,758	105,410	-7.3	100.0
	千ドル	846,156	990,861	1,049,307	880,891	-16.1	100.0
ベトナム	M/T	37,083	40,008	34,890	37,402	7.2	35.5
	千ドル	267,243	314,977	321,998	308,215	-4.3	35.0
インドネシア	M/T	36,109	41,751	39,817	35,466	-10.9	33.6
	千ドル	242,544	314,780	363,513	305,344	-16.0	34.7
カンボジア	M/T	8,673	10,943	9,293	8,782	-5.5	8.3
	千ドル	58,040	80,927	79,223	71,234	-10.1	8.1
中国	M/T	10,032	7,728	6,077	4,581	-24.6	4.3
	千ドル	72,256	70,696	65,614	43,949	-33.0	5.0
ニカラグア	M/T	9,539	7,966	9,614	5,992	-37.7	5.7
	千ドル	60,589	53,684	81,410	41,434	-49.1	4.7
グアテマラ	M/T	13,979	12,016	6,792	4,661	-31.4	4.4
	千ドル	97,354	92,470	60,825	38,786	-36.2	4.4
フィリピン	M/T	3,709	3,201	3,107	4,272	37.5	4.1
	千ドル	17,051	22,992	27,547	25,693	-6.7	2.9
ミャンマー	M/T	87	585	893	1,082	21.2	1.0
	千ドル	466	3,911	8,425	9,210	9.3	1.0
米国	M/T	915	652	114	288	152.6	0.3
	千ドル	6,040	6,167	1,830	3,737	104.2	0.4
ホンジュラス	M/T	162	2	0	3	-	0.0
	千ドル	1,774	49	0	25	-	0.0

注) 増減率は前年同期比　　　　出所：大韓紡織協会

<表2-15> 国別綿ニット輸入推移

国名	単位	2009	2010	2011	2012	増減率(%)	比重(%)
合計	M/T	1,779	3,301	2,122	1,903	-10.3	100.0
	千ドル	11,158	18,362	14,697	10,609	-27.8	100.0
中国	M/T	1,158	2,023	702	465	-33.8	24.4
	千ドル	6,220	12,800	5,818	3,554	-38.9	33.5
インドネシア	M/T	205	418	475	678	42.7	35.6
	千ドル	871	729	924	1,451	57.0	13.7
日本	M/T	51	21	42	24	-42.9	1.3
	千ドル	2,224	978	2,048	1,252	-38.9	11.8
インド	M/T	9	35	347	342	-1.4	18.0
	千ドル	81	165	2,261	1,207	-46.6	11.4
ベトナム	M/T	293	513	438	254	-42.0	13.3
	千ドル	724	1,446	1,801	1,144	-36.5	10.8
イタリア	M/T	8	9	14	14	0.0	0.7
	千ドル	541	508	946	830	-12.3	7.8
香港	M/T	15	30	32	47	46.9	2.5
	千ドル	162	243	209	333	59.3	3.1

注) 増減率は前年同期比　　　　出所：大韓紡織協会

<表2-16> 国別綿ニット衣類輸出推移

国名	単位	2009	2010	2011	2012	増減率(%)	比重(%)
合計	M/T	22,951	20,455	19,004	18,559	-2.3	100.0
	千ドル	276,895	275,243	284,609	280,670	-1.4	100.0
米国	M/T	5,935	5,331	4,391	3,917	-10.8	21.1
	千ドル	122,603	111,565	102,655	92,911	-9.5	33.1
日本	M/T	5,289	4,900	4,866	4,368	-10.2	23.5
	千ドル	63,785	61,472	64,343	71,276	10.8	25.4
中国	M/T	2,497	2,229	1,846	1,763	-4.5	9.5
	千ドル	19,652	21,981	27,786	31,437	13.1	11.2
カナダ	M/T	399	538	555	557	0.4	3.0
	千ドル	7,663	11,431	12,102	11,716	-3.2	4.2
香港	M/T	1,505	1,179	937	1,025	9.4	5.5
	千ドル	8,444	8,945	10,283	11,311	10.0	4.0
U.A.E.	M/T	403	395	420	409	-2.6	2.2
	千ドル	7,107	7,641	8,560	8,455	-1.2	3.0
サウジアラビア	M/T	172	231	223	300	34.5	1.6
	千ドル	2,245	3,172	4,377	6,074	38.8	2.2
スウェーデン	M/T	278	260	262	274	4.6	1.5
	千ドル	4,862	4,905	5,387	5,700	5.8	2.0
英国	M/T	137	144	152	142	-6.6	0.8
	千ドル	3,160	3,716	3,812	3,751	-1.6	1.3

注) 増減率は前年同期比　　　　出所：大韓紡織協会

<表2-17> 国別綿ニット衣類輸入推移

国名	単位	2009	2010	2011	2012	増減率(%)	比重(%)
合計	M/T	41,202	50,110	52,197	52,031	-0.3	100.0
	千ドル	591,654	723,697	919,574	894,178	-2.8	100.0
中国	M/T	35,452	41,560	39,215	35,577	-9.3	68.4
	千ドル	435,195	528,002	601,884	515,411	-14.4	57.6
ベトナム	M/T	2,295	2,857	4,159	4,873	17.2	9.4
	千ドル	28,979	37,881	74,425	94,121	26.5	10.5
インドネシア	M/T	1,204	1,755	3,127	4,621	47.8	8.9
	千ドル	17,559	26,549	53,047	79,851	50.5	8.9
カンボジア	M/T	185	356	806	1,662	106.2	3.2
	千ドル	4,563	7,326	17,160	31,720	84.8	3.5
イタリア	M/T	66	55	73	81	11.0	0.2
	千ドル	15,258	14,710	19,852	23,144	16.6	2.6
インド	M/T	332	434	721	862	19.6	1.7
	千ドル	8,677	9,623	13,325	20,409	53.2	2.3
ミャンマー	M/T	126	590	1,021	1,009	-1.2	1.9
	千ドル	1,350	5,333	16,061	15,808	-1.6	1.8
米国	M/T	179	166	212	162	-23.6	0.3
	千ドル	11,016	10,907	14,294	10,445	-26.9	1.2
日本	M/T	60	82	101	58	-42.6	0.1
	千ドル	9,059	10,019	14,808	10,409	-29.7	1.2

注) 増減率は前年同期比　　　　出所：大韓紡織協会

<表2-18> 国別綿織物衣類輸出推移(HS 62関税免除のもの)

国名	単位	2009	2010	2011	2012	増減率(%)	比重(%)
合計	M/T	5,089	5,157	5,153	4,989	-3.2	100.0
	千ドル	92,754	87,465	97,616	82,195	-15.8	100.0
日本	M/T	1,932	1,578	1,873	2,080	11.1	41.7
	千ドル	32,565	27,847	27,442	28,505	3.9	34.7
中国	M/T	793	902	831	798	-4.0	16.0
	千ドル	20,312	27,233	32,127	25,276	-21.3	30.8
米国	M/T	573	355	206	154	-25.2	3.1
	千ドル	22,499	8,774	5,703	5,054	-11.4	6.1
香港	M/T	239	315	181	161	-11.0	3.2
	千ドル	2,956	4,918	3,997	4,640	16.1	5.6
ロシア	M/T	114	307	561	633	12.8	12.7
	千ドル	1,841	3,207	3,876	4,416	13.9	5.4
台湾	M/T	732	847	859	367	-57.3	7.4
	千ドル	3,039	3,518	2,744	1,756	-36.0	2.1
英国	M/T	29	29	34	14	-58.8	0.3
	千ドル	890	1,392	9,726	1,713	-82.4	2.1

注) 増減率は前年同期比　　出所：大韓紡織協会

<表2-19> 国別綿織物衣類輸入推移(HS 62関税免除のもの)

国名	単位	2009	2010	2011	2012	増減率(%)	比重(%)
合計	M/T	51,461	57,367	58,659	51,850	-11.6	100.0
	千ドル	720,177	905,948	1,158,076	1,121,981	-3.1	100.0
中国	M/T	46,718	49,870	46,418	38,229	-17.6	73.7
	千ドル	531,518	637,851	737,008	648,774	-12.0	57.8
ベトナム	M/T	1,182	1,885	4,492	5,092	13.4	9.8
	千ドル	20,386	38,212	103,700	122,400	18.0	10.9
ミャンマー	M/T	1,039	2,249	2,898	3,361	16.0	6.5
	千ドル	15,138	34,408	59,086	70,254	18.9	6.3
イタリア	M/T	143	217	226	243	7.5	0.5
	千ドル	36,911	42,859	55,734	60,390	8.4	5.4
米国	M/T	218	392	376	249	-33.8	0.5
	千ドル	20,962	39,223	44,371	31,004	-30.1	2.8
インドネシア	M/T	321	649	1,662	1,496	-10.0	2.9
	千ドル	7,612	11,101	25,809	30,202	17.0	2.7
バングラデシュ	M/T	107	326	627	1,095	74.6	2.1
	千ドル	2,871	6,767	15,895	27,976	76.0	2.5
トルコ	M/T	116	196	209	247	18.2	0.5
	千ドル	9,272	11,857	12,973	17,828	37.4	1.6
インド	M/T	212	191	199	372	313.3	0.7
	千ドル	8,569	7,638	11,298	17,490	136.7	1.6
日本	M/T	60	111	90	52	-42.2	0.1
	千ドル	7,297	10,637	7,388	6,329	-14.3	0.6

注) 増減率は前年同期比　　出所：大韓紡織協会

3. 化学繊維

<表3-1> 会社別化繊生産能力推移 (単位：トン/年)

	会社名	2010	2011	2012
Acrylic SF	泰光産業(株)	57,600	57,600	64,800
	小計	57,600	57,600	64,800
Nylon F	Kolonファッションマテリアル(株)	48,600	48,600	48,600
	(株)暁星	92,200	106,600	106,100
	(株)KPケムテク	19,911	19,911	19,911
	泰光産業(株)	36,000	39,600	45,360
	小計	196,711	214,211	219,971
Polyester F	大韓化繊(株)	63,000	91,800	104,400
	(株)ヒュービス	103,320	103,320	103,320
	Kolonファッションマテリアル(株)	79,200	79,200	79,200
	(株)暁星	199,000	223,000	226,000
	熊津ケミカル(株)	64,678	60,751	30,751
	(株)KPケムテク	32,898	32,898	32,898
	TKケミカル(株)	156,695	149,760	149,760
	聖安合繊(株)	75,800	75,800	75,800
	東レ尖端素材(株)	44,280	42,626	42,626
	小計	818,871	859,155	874,755
Polyester SF	(株)ヒュービス	396,000	396,000	396,000
	熊津ケミカル(株)	212,400	193,320	187,950
	小計	608,400	589,320	583,950
	合計	1,681,582	1,720,286	1,743,476

出所：韓国化繊協会

<表3-2> 品目別化繊生産推移 (単位：トン)

	合成繊維			
	Acrylic	Nylon		計
		Filament	Staple	
2007	51,454	144,778	-	144,778
2008	42,803	131,196	-	131,196
2009	40,784	132,305	-	132,305
2010	48,531	135,139	-	135,139
2011	47,056	135,159	-	135,139
2012	46,587	131,888	-	131,888

<続く>

	合成繊維		計	合計	稼働率
	Polyester				
	Filament	Staple			
2007	709,168	535,770	1,244,938	1,441,170	81.7
2008	679,711	476,715	1,156,486	1,330,485	78.6
2009	671,093	501,448	1,172,541	1,345,630	80.6
2010	747,185	531,735	1,278,920	1,462,590	87.0
2011	760,670	531,822	1,292,692	1,474,907	86.0
2012	762,916	530,116	1,293,032	1,471,507	84.4

出所：韓国化繊協会

<表3-3> Acrylic SF需給推移 (単位：トン)

	生産	出荷				在庫
		内需	直輸出	ローカル	計	
2003	133,507	5,789	101,064	26,996	133,849	5,438
2004	142,792	4,562	98,876	34,292	137,730	7,235
2005	94,528	4,340	79,898	16,556	100,794	1,856
2006	47,367	560	29,666	16,551	46,777	2,450
2007	51,454	606	36,960	14.456	52,022	1,877
2008	42,803	1,511	28,934	11,931	42,376	2,372
2009	40,784	1,172	22,835	17,890	41,897	1,257
2010	48,531	1,077	30,644	16,541	48,262	1,527
2011	47,056	1,005	30,281	15,619	46,905	1,679
2012	46.587	1.512	26.805	18.889	47.206	1.059

注) 会員企業基準　　　　　　　　　　　　　　　　　　出所：韓国化繊協会
　　ローカル：特定の地域で生産してその地域の中で消費する形

<表3-4> Nylon Filament需給推移 (単位：トン)

	生産	出荷				在庫
		内需	直輸出	ローカル	計	
2003	228,426	62,779	53,764	111,527	228,070	18,674
2004	204,766	63,328	53,048	92,784	209,160	14,452
2005	174,909	51,433	48,024	74,159	173,616	15,735
2006	163,188	35,256	46,881	81,044	163,181	15,730
2007	144,778	29,105	43,425	73,472	146,002	14,153
2008	131,196	28,723	38,363	66,425	133,511	11,603
2009	132,305	34,967	48,353	53,287	136,607	7,331
2010	136,139	31,595	50,416	52,971	134,982	7,483
2011	135,159	40,080	49,704	43,161	132,945	9,724
2012	131,888	40,393	47,520	42,939	130,852	10,788

注) 会員企業基準　　　　　　　　　　　　　　　　　　出所：韓国化繊協会

<表3-5> Polyester Filament需給推移 (単位：トン)

	生産	出荷				在庫
		内需	直輸出	ローカル	計	
2003	1,274,841	416,426	338,206	522,544	1,277,176	53,182
2004	1,068,139	409,209	253,469	397,214	1,059,892	59,501
2005	862,994	340,409	178,948	352,735	872,092	50,382
2006	730,468	267,918	161,738	303,607	733,263	47,050
2007	709,168	250,516	151,071	309,031	710,618	45,029
2008	679,771	244,979	131,179	304,731	680,889	42,721
2009	671,093	279,972	126,079	279,705	685,756	31,302
2010	747,185	278,524	152,046	322,216	752,786	26,570
2011	760,870	306,743	154,701	285,464	746,908	40,476
2012	762916	320,530	154,965	277,122	752,617	50,876

注) 会員企業基準　　　　　　　　　　　　　　　　　　　　出所：韓国化繊協会

<表3-6> Polyeseter Staple Fiber需給推移 (単位：トン)

	生産	出荷				在庫
		内需	直輸出	ローカル	計	
2003	600,636	93,591	447,094	59,775	600,460	16,423
2004	562,203	82,662	432,146	44,048	558,856	18,496
2005	522,521	68,838	417,114	35,343	521,295	19,723
2006	515,617	66,629	417,645	30,820	515,094	20,242
2007	535,770	62,417	438,837	32,347	533,601	22,412
2008	476,715	63,824	389,713	24,454	477,991	21,143
2009	501,448	71,087	405,845	25,088	502,020	20,563
2010	531,735	81,813	425,857	24,407	532,077	20,223
2011	531,822	79,734	424,055	25,861	529,650	22,393
2012	530,116	86,223	384,233	61,371	531,827	20,684

注) 会員企業基準　　　　　　　　　　　　　　　　　　　　出所：韓国化繊協会

<表3-7> Chemical Fiber Total需給推移 (単位：トン)

	生産	出荷				在庫
		内需	直輸出	ローカル	計	
2003	2,240,605	579,169	940,293	723,382	2,242,844	94,344
2004	1,978,062	599,836	837,667	568,977	1,966,480	102,896
2005	1,654,952	465,030	723,984	478,793	1,667,807	87,696
2006	1,456,640	370,363	655,930	432,022	1,458,315	85,472
2007	1,441,170	342,644	670,293	429,306	1,442,243	83,471
2008	1,330,485	339,037	588,189	407,541	1,334,767	77,839
2009	1,345,630	387,198	603,112	375,970	1,366,280	60,453
2010	1,462,590	393,009	658,963	416,135	1,468,107	55,803
2011	1,474,907	427,562	658,741	370,105	1,456,408	74,272
2012	1,471,507	448,658	613,523	400,321	1,462,502	83,407

注) 会員企業基準　　　　　　　　　　　　　　　　　　　　出所：韓国化繊協会

<表3-8> 品目別化繊類輸出推移 (単位:百万ドル,千トン)

	合計		長繊維		短繊維	
	金額	数量	金額	数量	金額	数量
2008	2,081	944	1,674	306	1,007	638
2009	1,697	947	904	311	793	636
2010	2,243	1,041	1,134	324	1,109	717
2011	2,717	1,035	1,286	325	1,431	710
2012	2,614	1,069	1,239	336	1,376	732

出所:韓国化繊協会

<表3-9> 品目別Acrylic輸出推移 (単位:千ドル,千トン)

	Staple		紡績糸		S織物		合計	
	金額	数量	金額	数量	金額	数量	金額	数量
2006	73,537	37,694	5,757	1,408	23,685	2,890	102,979	41,992
2007	92,624	42,874	6,375	1,556	20,641	3,131	119,640	47,561
2008	77,513	33,094	6,737	1,797	18,555	2,432	102,805	37,323
2009	61,710	31,739	5,790	1,624	15,174	1,945	82,674	35,308
2010	104,412	38,744	18,046	4,541	17,238	2,044	136,696	45,329
2011	112,461	37,904	22,516	4,656	20,783	1,955	155,760	44,515
2012	93,383	36,293	22,411	5,483	20,163	1,731	135,957	43,507

出所:韓国化繊協会

<表3-10> 品目別Nylon輸出推移 (単位:千ドル,千トン)

	Filament		Staple		紡績糸		F織物	
	金額	数量	金額	数量	金額	数量	金額	数量
2003	194,310	68,611	3,948	1,780	2,562	444	163,268	24,307
2004	198,024	61,722	4,683	1,891	6,017	785	189,511	22,310
2005	228,613	60,976	4,116	1,349	7,705	903	138,919	15,446
2006	244,050	64,354	3,794	1,258	8,961	726	143,449	16,418
2007	275,198	66,074	3,151	906	4,301	404	136,919	11,547
2008	273,621	60,263	4,366	1,157	3,868	392	138,911	10,649
2009	244,923	65,036	3,496	1,075	7,559	744	128,614	9,449
2010	330,957	66,293	7,199	1,334	5,476	839	168,662	11,595
2011	378,967	59,767	15,644	1,722	6,825	649	235,227	13,307
2012	342,540	59,698	13,885	1,595	5,981	411	256,393	13,509

<続く>

	T/C織物		S織物		合計	
	金額	数量	金額	数量	金額	数量
2003	32,120	9,211	8,585	1,408	404,793	105,761
2004	18,406	4,510	10,752	1,959	397,393	93,177
2005	12,815	2,225	8,961	1,432	401,129	82,331
2006	11,688	2,036	5,703	685	417,645	85,477
2007	16,084	2,996	3,958	458	439,611	82,385
2008	15,620	2,564	3,927	584	440,313	75,609
2009	15,056	2,521	8,441	915	408,094	79,740
2010	17,473	2,882	11,583	1,228	541,350	84,171
2011	23,269	3,527	8,166	803	668,098	79,775
2012	25,001	3,725	27,239	1,888	671,039	80,826

出所：韓国化繊協会

<表3-11> 品目別Polyester輸出推移 　　　　　　　　　　　　　　　(単位：千ドル, 千トン)

	Filament		Staple		紡績糸		F織物	
	金額	数量	金額	数量	金額	数量	金額	数量
2003	649,796	436,836	585,340	653,190	55,601	11,014	1,876,360	280,581
2004	620,182	356,930	662,983	608,708	53,577	10,414	1,746,622	251,725
2005	576,125	276,643	681,278	559,301	51,833	9,937	1,595,008	202,057
2006	518,120	235,893	710,746	566,256	61,203	11,244	1,378,911	167,051
2007	514,733	217,919	835,635	598,854	57,217	9,334	1,386,748	153,975
2008	497,706	197,348	799,206	547,545	58,832	9,161	1,517,790	151,509
2009	421,743	196,507	655,923	559,716	55,917	7,943	1,310,413	138,009
2010	513,945	206,954	850,860	611,850	62,883	9,556	1,521,178	152,082
2011	635,253	215,037	1,092,297	597,062	78,305	10,919	1,797,582	153,184
2012	627,018	226,003	1,044,754	623,034	74,170	11,056	1,780,691	146,477

	T/C織物		S織物		合計	
	金額	数量	金額	数量	金額	数量
2003	206,542	66,333	170,081	31,024	3,543,720	1,478,978
2004	229,703	70,260	185,851	36,566	3,498,918	1,334,603
2005	276,213	76,942	193,346	33,119	3,373,803	1,157,999
2006	275,538	74,962	177,504	30,614	3,122,022	1,086,020
2007	297,316	80,370	165,650	26,564	3,257,299	1,087,016
2008	324,528	81,003	161,315	26,162	3,359,377	1,012,728
2009	365,348	71,252	135,467	22,496	2,844,841	995,923
2010	342,245	87,542	177,630	24,146	3,468,741	1,092,130
2011	381,311	87,014	222,788	26,284	4,207,536	1,089,500
2012	343,230	82,876	227,895	23,919	4,097,758	1,113,365

出所：韓国化繊協会

<表3-12> 品目別Synthetic Fiber輸出推移　　　　　　　　　　　　　　　(単位：千ドル, 千トン)

	Filament		Staple		紡績糸		F織物	
	金額	数量	金額	数量	金額	数量	金額	数量
2003	1,275,629	577,791	757,545	791,987	100,289	21,206	2,065,106	317,672
2004	1,267,961	500,012	886,313	754,390	89,116	17,766	1,929,073	287,267
2005	1,115,076	398,651	888,712	683,914	84,587	16,624	1,764,704	235,137
2006	1,026,352	346,582	851,691	645,191	89,790	15,447	1,555,135	199,778
2007	1,142,651	332,073	1,009,757	691,167	79,177	12,878	1,570,017	183,695
2008	1,068,681	305,916	974,124	628,419	77,387	12,570	1,704,122	180,205
2009	899,512	310,330	789,353	634,228	75,713	11,515	1,478,215	160,919
2010	1,128,620	323,755	1,065,050	706,186	95,970	16,270	1,738,023	178,410
2011	1,286,086	325,074	1,339,604	689,534	160,550	23,740	2,238,268	193,052
2012	1,238,026	336,133	1,265,731	709,729	165,996	27,168	2,214,406	182,109

	T/C織物		S織物		Waste		合計	
	金額	数量	金額	数量	金額	数量	金額	数量
2003	238,662	75,544	199,331	35,202	1,266	3,865	4,637,827	1,823,266
2004	248,109	74,770	229,618	42,653	1,369	4,182	4,651,559	1,681,041
2005	289,028	79,167	225,169	37,435	1,205	2,099	4,368,481	1,453,027
2006	287,226	76,998	201,190	33,503	1,171	1,509	4,012,555	1,319,008
2007	313,400	83,366	186,484	29,714	2,291	3,158	4,303,778	1,336,051
2008	340,148	83,567	180,137	28,614	1,660	2,275	4,346,259	1,241,565
2009	280,404	73,773	150,675	24,442	1,096	1,813	3,674,968	1,217,021
2010	359,718	90,424	195,001	26,205	2,381	3,208	4,584,764	1,344,458
2011	404,580	90,541	354,221	36,091	3,170	3,260	5,786,479	1,361,292
2012	368,231	86,601	332,022	30,867	1,068	1,609	5,585,480	1,374,216

出所：韓国化繊協会

<表3-13> 品目別Rayon輸出推移　　　　　　　　　　　　　　　(単位：千ドル, 千トン)

	Filament		Staple		紡績糸		F織物	
	金額	数量	金額	数量	金額	数量	金額	数量
2003	7,870	692	140	34	8,174	1,511	160,029	21,182
2004	7,114	627	383	144	15,257	2,979	173,005	23,408
2005	6,646	588	1,230	516	21,817	3,873	160,185	18,674
2006	6,288	499	474	140	24,624	4,302	141,996	15,656
2007	5,469	428	471	135	35,531	6,558	159,096	17,321
2008	5,170	416	917	263	29,531	4,658	152,687	15,072
2009	4,237	361	1,602	574	38,470	7,362	116,579	11,208
2010	4,799	401	3,918	1,071	49,293	8,978	136,952	12,520
2011	4,552	309	377	105	35,271	5,572	139,429	11,467
2012	7,399	386	1,135	404	47,341	8,334	115,574	8,951

<続く>

	T/C織物		S織物		合計	
	金額	数量	金額	数量	金額	数量
2003	2,206	475	193,853	22,343	372,272	46,237
2004	2,620	643	155,555	16,164	353,934	43,965
2005	3,460	826	144,529	13,617	337,867	38,094
2006	3,672	828	140,456	12,434	317,510	33,859
2007	3,327	725	124,704	10,990	328,598	36,157
2008	2,331	414	98,677	8,656	289,313	29,479
2009	2,156	401	84,240	6,592	247,284	26,498
2010	1,468	229	114,064	8,590	310,494	31,705
2011	1,574	133	110,276	7,800	291,479	25,386
2012	1,649	171	83,600	5,170	256,698	23,416

出所：韓国化繊協会

<表3-14> 品目別Cellulosic Fiber輸出推移 　　　　　　　　　　　　　　　　　　　　（単位：千ドル，千トン）

	Filament		Staple		紡績糸		F織物	
	金額	数量	金額	数量	金額	数量	金額	数量
2003	8,129	770	24,327	9,678	12,813	2,394	160,029	21,182
2004	7,615	845	30,054	11,634	21,085	4,150	173,005	23,408
2005	8,282	958	33,508	10,132	27,631	4,934	160,185	18,674
2006	7,990	841	31,530	7,621	33,777	5,910	141,996	15,656
2007	7,271	801	26,639	6,349	49,260	8,932	159,096	17,321
2008	5,814	544	32,504	9,596	35,926	5,720	152,687	15,072
2009	4,976	489	4,092	2,397	43,074	8,185	116,579	11,208
2010	5,614	520	43,629	10,493	54,770	9,848	136,952	12,520
2011	4,897	360	91,404	20,242	37,859	5,920	139,429	11,467
2012	7,549	413	109,633	22,612	63,455	10,667	115,574	8,951

	T/C織物		S織物		waste		合計	
	金額	数量	金額	数量	金額	数量	金額	数量
2003	2,206	475	193,853	22,343	52	197	401,409	57,039
2004	2,620	643	155,555	16,164	19	75	389,953	56,919
2005	3,460	826	144,529	13,617	-	-	377,595	49,141
2006	3,672	828	140,456	12,434	8	11	359,429	43,301
2007	3,327	725	124,704	10,990	73	81	370,370	45,199
2008	2,331	414	98,677	8,656	100	209	328,039	40,211
2009	2,158	401	64,240	6,592	364	295	255,482	29,567
2010	1,468	226	114,064	8,509	491	490	356,988	42,606
2011	1,574	133	110,276	7,800	544	377	385,983	46,299
2012	1,649	171	83,600	5,170	217	143	381,677	48,127

出所：韓国化繊協会

<表3-15> 品目別Chemical Fiber輸出推移　　　　　　　　　　　　　　　　(単位：千ドル, 千トン)

	Filament		Staple		紡績糸		F織物	
	金額	数量	金額	数量	金額	数量	金額	数量
2003	1,283,758	578,561	781,872	801,665	113,102	23,600	2,225,135	338,854
2004	1,275,576	500,857	916,367	766,024	110,201	21,916	2,102,078	310,675
2005	1,123,358	399,609	922,220	694,046	112,218	21,558	1,924,889	253,811
2006	1,034,342	347,423	883,221	652,812	123,567	21,357	1,697,131	215,434
2007	1,149,922	332,874	1,036,396	697,516	128,437	21,810	1,729,113	201,016
2008	1,074,495	306,460	1,006,628	638,015	113,313	18,290	1,856,809	195,277
2009	904,488	310,819	793,445	636,625	118,787	19,700	1,594,794	172,127
2010	1,134,234	324,275	1,108,679	716,679	150,740	26,118	1,874,975	190,930
2011	1,286,086	325,074	1,430,570	709,559	160,550	23,740	2,238,268	193,052
2012	1,238,026	336,133	1,375,364	732,341	165,996	27,168	2,214,406	182,109

	T/C織物		S織物		Waste		合計	
	金額	数量	金額	数量	金額	数量	金額	数量
2003	240,867	76,018	393,184	57,545	1,318	4,062	5,039,236	1,880,305
2004	250,729	75,414	385,173	58,817	1,388	4,257	5,041,512	1,737,960
2005	292,488	79,993	369,698	51,052	1,205	2,099	4,746,076	1,502,168
2006	290,898	77,826	341,646	45,937	1,179	1,520	4,371,984	1,362,309
2007	316,728	84,091	311,188	40,704	2,364	3,239	4,674,148	1,381,250
2008	342,479	83,981	278,814	37,270	1,760	2,483	4,674,298	1,281,776
2009	282,560	74,175	234,915	31,034	1,460	2,108	3,930,449	1,246,588
2010	361,186	90,650	309,065	34,714	2,873	3,698	4,941,752	1,387,064
2011	406,545	90,728	354,221	36,091	3,715	3,637	5,879,955	1,381,881
2012	369,879	86,722	332,022	30,867	1,284	1,752	6,696,977	1,397,092

出所：韓国化繊協会

<表3-16> 品目別化繊輸入推移　　　　　　　　　　　　　　　　(単位：百万ドル, 千トン)

	合計		長繊維		短繊維	
	金額	数量	金額	数量	金額	数量
2008	801	244	578	168	224	77
2009	635	223	424	149	211	74
2010	942	305	697	225	245	80
2011	1,157	320	856	232	301	88
2012	1,006	295	742	213	264	82

出所：韓国化繊協会

<表3-17> 品目別Nylon輸入推移　　　　　　　　　　　　　　　　　　　(単位：千ドル, 千トン)

	Filament		Staple		紡績糸		F織物	
	金額	数量	金額	数量	金額	数量	金額	数量
2003	84,296	20,846	6,589	1,367	3,544	258	15,248	817
2004	84,342	21,439	10,079	1,676	4,877	482	20,943	1,073
2005	95,166	21,330	13,062	2,395	5,870	1,008	20,458	1,097
2006	108,016	23,598	11,234	2,003	4,008	434	22,563	3,032
2007	112,098	21,864	9,895	1,369	4,133	399	20,629	1,302
2008	119,446	22,056	9,225	1,411	5,957	615	23,754	1,007
2009	86,716	19,194	9,435	1,150	3,352	473	17,704	1,372
2010	133,640	26,616	8,834	973	5,616	584	23,939	1,994
2011	177,040	30,168	12,047	1,316	4,970	358	29,833	1,980
2012	159,948	29,950	11,363	1,381	4,130	320	23,255	2,197

	T/C織物		S織物		合計	
	金額	数量	金額	数量	金額	数量
2003	14,692	3,493	2,687	152	127,056	26,933
2004	16,253	3,895	2,463	95	138,957	28,660
2005	23,999	5,209	2,859	119	161,414	31,158
2006	27,652	5,963	3,603	161	177,076	35,191
2007	29,054	6,410	3,271	139	179,080	31,483
2008	32,196	6,688	3,080	91	193,658	31,868
2009	32,899	6,891	2,053	149	152,159	29,229
2010	50,189	10,112	1,697	50	223,915	40,329
2011	60,984	11,310	2,303	109	287,177	45,241
2012	59,247	10,812	2,651	85	260,594	44,745

出所：韓国化繊協会

<表3-18> 品目別Polyester輸入推移　　　　　　　　　　　　　　　　　(単位：千ドル, 千トン)

	Filament		Staple		紡績糸		F織物	
	金額	数量	金額	数量	金額	数量	金額	数量
2003	80,547	47,348	8,328	4,617	124,411	64,656	108,494	17,551
2004	117,872	69,079	6,600	3,314	148,077	70,183	110,486	20,258
2005	143,724	79,968	5,958	3,346	167,040	77,933	114,240	23,038
2006	186,950	109,720	6,215	3,768	167,044	74,681	125,916	23,449
2007	227,017	127,485	8,094	4,009	191413	79,083	163,665	29,805
2008	220,645	109,294	9,434	4,496	170,805	67,154	158,545	26,092
2009	163,354	99,781	6,061	3,507	194,368	90,155	94,419	16,700
2010	307,666	158,351	8,690	3,986	256,659	95,562	117,526	20,109
2011	400,669	164,439	14,021	6,272	349,799	102,372	174,942	31,196
2012	311,235	147,810	13,819	6,159	305,611	106,385	161,470	29,114

<続く>

	T/C織物		S織物		合計	
	金額	数量	金額	数量	金額	数量
2003	6,203	2,010	174,268	54,976	502,251	191,158
2004	18,853	6,501	173,466	50,809	575,354	220,144
2005	19,458	6,086	157,057	46,064	607,477	236,435
2006	29,554	9,525	155,081	42,144	670,760	263,287
2007	54,342	16,859	162,096	41,475	806,627	298,716
2008	68,048	21,815	144,940	35,505	772,417	264,355
2009	70,351	23,466	121,159	34,251	649,712	267,860
2010	103,476	33,315	147,343	37,018	941,350	348,340
2011	132,661	39,009	179,255	35,029	1,251,347	378,317
2012	131,674	37,984	157,625	33,594	1,081,434	361,046

出所：韓国化繊協会

<表3-19> 品目別Synthetic Fiber輸入推移　　　　　　　　　　(単位：千ドル、千トン)

	Filament		Staple		紡績糸		F織物	
	金額	数量	金額	数量	金額	数量	金額	数量
2003	277,871	82,489	54,925	36,505	305,085	143,272	131,117	19,898
2004	314,807	104,875	45,696	25,962	334,371	142,142	140,600	23,540
2005	349,632	116,972	65,289	26,460	352,690	142,871	142,408	25,431
2006	416,841	150,466	48,002	21,675	351,884	135,578	158,900	28,591
2007	476,347	166,891	51,498	21,836	394,670	140,265	199,405	34,266
2008	473,087	146,745	50,879	21,876	368,480	121,933	195,923	29,665
2009	334,661	130,528	45,034	21,248	352,484	138,230	121,810	20,144
2010	557,214	198,046	60,085	24,643	446,658	140,982	153,261	24,347
2011	855,831	231,851	81,176	28,515	630,941	160,062	238,010	36,937
2012	741725	213038	59309	21671	549135	165783	211911	34485

	T/C織物		S織物		Waste		合計	
	金額	数量	金額	数量	金額	数量	金額	数量
2003	20,895	5,503	178,902	55,226	5,462	11,173	974,257	354,066
2004	35,106	10,396	179,608	51,178	4,804	7,992	1,054,992	366,085
2005	43,457	11,295	162,881	46,393	6,631	6,869	1,122,988	376,291
2006	57,206	15,488	161,145	42,623	7,291	6,262	1,201,269	400,683
2007	83,396	23,269	168,370	41,987	9,755	7,355	1,383,441	435,869
2008	100,244	28,503	151,062	35,896	14,276	10,471	1,353,951	395,089
2009	103,250	30,357	126,853	34,765	13,722	11,470	1,097,814	386,742
2010	153,665	43,427	154,396	39,669	26,269	15,039	1,551,548	486,153
2011	200,390	51,134	220,441	38,758	34,221	16,058	2,261,010	563,315
2012	197,647	49,763	187,629	36,943	17,273	10,006	1,964,629	531,689

出所：韓国化繊協会

<表3-20> 品目別Rayon輸入推移 (単位：千ドル, 千トン)

	Filament		Staple		紡績糸		F織物	
	金額	数量	金額	数量	金額	数量	金額	数量
2003	76,920	20,801	49,397	26,662	35,854	16,085	18,376	907
2004	63,978	17,654	57,487	28,929	41,017	16,144	13,272	562
2005	54,229	14,984	68,293	33,040	39,258	15,356	10,580	504
2006	53,314	14,063	68,548	32,433	53,372	20,154	11,335	650
2007	58,447	13,005	91,168	37,316	61,407	18,940	15,830	810
2008	47,095	9,589	100,112	36,253	64,182	18,098	15,560	625
2009	51,059	11,071	97,228	38,058	61,739	20,307	11,143	890
2010	61,818	12,163	106,272	37,599	81,837	22,956	15,490	1,194
2011	67,103	9,289	135,956	40,338	99,197	22,276	17,833	1,177
2012	59582	9013	115442	40263	86927	24643	13541	997

	T/C織物		S織物		合計	
	金額	数量	金額	数量	金額	数量
2003	9,379	1,740	55,806	10,912	245,732	77,107
2004	10,321	1,733	46,145	7,971	232,220	72,993
2005	13,711	1,982	34,898	5,770	220,,969	71,636
2006	10,242	1,320	34,348	5,502	231,159	74,122
2007	7,080	945	33,630	4,352	267,562	75,368
2008	10,032	1,189	28,132	2,719	265,113	68,473
2009	3,937	765	26,744	3,591	251,850	74,682
2010	6,258	944	36,246	4,545	307,921	79,401
2011	6,745	815	32,787	3,055	359,621	76,950
2012	6,726	966	20,797	2,631	303,015	78,513

出所：韓国化繊協会

<表3-21> 品目別Cellulosic Fiber輸入推移 (単位：千ドル, 千トン)

	Filament		Staple		紡績糸		F織物	
	金額	数量	金額	数量	金額	数量	金額	数量
2003	146,604	41,958	108,591	43,467	38,317	16,551	18,376	907
2004	142,961	41,671	119,090	46,544	43,138	16,506	13,272	562
2005	122,892	30,545	112,432	48,798	43,900	16,557	10,580	504
2006	105,616	24,552	124,854	47,579	56,896	20,942	11,335	650
2007	113,814	24,385	146,762	51,745	66,865	20,278	15,830	810
2008	104,499	20,870	172,922	54,693	65,684	18,304	15,560	625
2009	89,246	18,494	166,762	52,904	64,340	20,667	11,143	890
2010	139,765	27,322	185,124	56,267	85,065	23,474	15,490	1,194
2011	147,025	23,300	219,306	58,995	105,559	23,258	17,833	1,177
2012	137,928	21,707	205,160	59,839	92,595	25,856	13,541	997

<続く>

	T/C織物		S織物		Waste		合計	
	金額	数量	金額	数量	金額	数量	金額	数量
2003	9,379	1,740	55,806	10,912	28	47	377,101	115,582
2004	10,321	1,733	46,145	7,971	58	73	374,985	115,060
2005	13,711	1,982	34,898	5,770	142	233	338,555	104,389
2006	10,242	1,320	34,348	5,502	15	18	343,306	100,563
2007	7,080	945	33,630	4,352	21	105	384,002	102,620
2008	10,032	1,189	28,132	2,719	68	209	396,897	98,607
2009	3,937	765	26,744	3,591	53	45	361,225	97,356
2010	6,258	944	36,246	455	270	591	468,218	113,337
2011	6,745	815	32,787	3,055	410	740	529,665	111,340
2012	6,726	966	20,797	2,631	242	382	476,989	112,378

出所：韓国化繊協会

<表3-22> 品目別Chemical Fiber輸入推移　　　　　　　　　　　　　　　(単位：千ドル/千トン)

	Filament		Staple		紡績糸		F織物	
	金額	数量	金額	数量	金額	数量	金額	数量
2003	424,475	124,447	163,516	79,972	343,402	159,823	149,493	20,805
2004	457,768	146,546	164,786	72,506	377,509	158,648	153,872	24,102
2005	472,524	147,517	177,721	75,258	396,590	159,428	152,988	25,935
2006	522,457	175,018	172,856	69,254	408,780	156,520	170,235	29,241
2007	590,161	191,276	198,260	73,581	461,535	160,543	215,235	35,076
2008	577,566	167,615	223,801	76,569	434,164	140,237	211,483	30,290
2009	423,907	149,022	210,796	74,152	416,824	158,897	132,953	21,034
2010	696,979	225,368	245,209	79,910	531,723	164,456	168,751	25,541
2011	855,831	231,851	300,561	87,510	630,941	160,062	238,010	36,937
2012	741,725	213,038	264,469	81,509	549,135	165,783	211,911	34,485

	T/C織物		S織物		Waste		合計	
	金額	数量	金額	数量	金額	数量	金額	数量
2003	30,274	7,243	234,708	66,138	5,490	11,220	1,351,358	469,648
2004	45,427	12,129	225,753	59,149	4,862	8,065	1,429,977	481,145
2005	57,168	13,277	197,779	52,163	6,773	7,102	1,461,543	480,680
2006	67,448	16,808	195,493	48,125	7,305	6.280	1,544,574	501,246
2007	90,476	24,214	202,000	46,339	9,776	7,460	1,767,443	538,489
2008	110,276	29,692	179,194	38,615	14,344	10,681	1,750,848	493,698
2009	107,186	31,121	153,597	38,356	13,775	11,515	1,459,038	484,097
2010	159,924	44,371	190,642	44,214	26,539	15,630	2,019,767	599,490
2011	200,390	51,134	220,441	38,758	34,631	19,798	2,480,805	623,050
2012	197,647	49,763	187,629	36,943	17,515	10,389	2,170,031	591,910

出所：韓国化繊協会

<表3-23> Spandexの輸出入推移 (単位：千ドル/トン)

	輸出		輸入	
	金額	数量	金額	数量
2003	391,596	52,501	68,128	7,572
2004	403,331	59,473	62,231	6,931
2005	268,098	44,920	56,116	6,311
2006	223,473	31,833	67,196	6,884
2007	248,400	24,140	35,887	5,359
2008	207,967	24,390	52,576	6,710
2009	154,098	23,351	30,831	5,058
2010	195,128	24,371	38,638	5,583
2011	166,198	22,528	65,321	9,297
2012	165,830	23,235	55,445	7,931

出所：韓国化繊協会

<表3-24> 国別化繊類輸出推移 (単位：千ドル/トン)

	2009		2010		2011		2012	
	金額	数量	金額	数量	金額	数量	金額	数量
中国	323,447	157,804	396,818	160,996	397,402	132,028	335,704	116,751
香港	70,361	19,367	100,972	21,932	89,929	18,027	60,697	13,124
米国	182,842	137,726	214,974	135,373	226,225	104,942	284,123	139,290
インドネシア	54,130	22,799	74,535	24,597	132,378	39,905	161,848	51,821
パキスタン	51,390	41,106	52,923	29,209	69,092	26,622	51,742	20,427
ベトナム	90,921	49,066	120,484	53,082	173,429	67,467	163,872	69,486
バングラデシュ	24,886	11,409	36,296	13,253	38,808	12,990	32,810	12,517
ドイツ	55,411	37,977	76,724	43,930	118,241	49,789	105,459	49,194
トルコ	55,786	20,348	82,260	24,224	97,553	27,084	93,192	27,404
タイ	17,244	8,508	33,182	14,012	45,272	16,328	34,866	10,346
インド	38,746	16,214	50,293	17,161	70,103	20,576	61,882	20,190
ブラジル	62,007	28,320	95,265	36,333	96,395	33,021	89,083	33,221
カナダ	14,465	12,066	21,612	13,653	25,985	12,324	19,437	8,991
英国	26,013	20,693	37,721	26,212	55,343	29,490	55,628	30,077
日本	67,566	34,732	85,470	36,720	107,413	37,813	108,268	39,467
台湾	24,665	9,052	34,115	10,885	33,611	9,954	34,866	10,346
世界合計	1,697,933	947,444	2,242,913	1,040,954	2,717,094	1,034,850	2,660,871	1,068,474

出所：韓国化繊協会

<表3-25> 国別Nylon Filament輸出推移 (単位：千ドル, トン)

	2009		2010		2011		2012	
	金額	数量	金額	数量	金額	数量	金額	数量
アジア	163,719	44,581	215,182	43,778	246,964	41,082	205,546	37,907
日本	8,957	2,023	14,068	2,841	18,301	3,178	20,648	3,710
台湾	3,824	914	6,798	1,406	5,550	968	5,302	848
中国	75,071	21,529	88,249	18,180	96,722	16,379	77,166	14,340
香港	31,965	8,836	43,360	9,422	41,806	7,537	32,535	6,553
パキスタン	148	38	1,065	125	3,069	198	652	99
スリランカ	583	115	1,651	379	1,569	297	1,533	273
ベトナム	12,812	2,556	18,069	3,160	24,980	3,735	12,989	3,148
タイ	6,842	2,032	8,514	1,920	9,610	1,770	9,780	1,982
シンガポール	-	-	1	-	2	-	-	-
フィリピン	1,745	435	1,984	320	2,044	219	2,738	490
インドネシア	9,217	2,208	14,657	2,089	22,999	4,287	15,305	1,992
マレーシア	1,181	434	1,160	308	646	122	1,201	306
中東	11,400	1,755	10,112	1,534	13,743	1,729	12,214	1,982
ヨーロッパ	22,353	5,068	36,789	5,541	51,350	5,084	48,729	5,408
北米,メキシコ	18,398	5,058	27,186	5,698	30,727	5,091	40,279	6,921
米国	11,722	2,984	19,385	4,022	21,953	3,643	30,195	5,210
カナダ	513	24	1,765	94	2,256	111	2,642	144
メキシコ	6,163	2,049	6,036	1,582	6,518	1,337	7,442	1,567
中南米	20,757	6,588	34,036	8,267	37,681	7,098	39,712	8,492
ブラジル	13,453	4,311	25,695	6,231	23,702	4,324	25,915	5,568
アフリカ	3,715	929	3,295	691	3,650	740	3,300	543
オセアニア	4,581	1,058	4,386	784	1,349	279	203	11
世界合計	244,928	65,036	330,957	66,293	378,967	59,767	342,540	59,698

出所：韓国化繊協会

<表3-26> 国別Polyester Filament輸出推移　　　　　　　　　　　　　　　　　　　　(単位：千ドル，トン)

	2009		2010		2011		2012	
	金額	数量	金額	数量	金額	数量	金額	数量
アジア	166568	72,591	205,654	77,574	245,454	81,020	243,415	80,750
日本	21007	9,283	30,528	12,137	36,908	11904	35,145	12,102
台湾	3782	1,563	6,688	2,393	6,501	2,081	6,033	2,049
中国	77028	31,382	89,947	33,637	85,349	28,118	79,572	24,273
香港	5264	1,488	4,996	993	5,645	956	4,504	755
パキスタン	6552	4,384	4,060	2,020	4,627	2,116	3,982	2,031
スリランカ	212	45	189	37	124	29	218	50
バングラデシュ	1241	313	1,859	391	2,591	454	1,905	368
インド	16494	8,855	16,239	7,033	26,024	9,495	22,079	8,886
ベトナム	12788	5,895	20,023	7,596	34,566	12,571	36,884	13,374
マレーシア	3838	1,893	3,514	1,580	3,812	1,411	2,512	925
フィリピン	3793	2,136	5,775	2,828	6,751	2,494	7,914	2,971
インドネシア	11381	4,129	15,675	4,426	24,605	6,618	34,096	9,980
中東	31217	17,842	27,512	12,842	38,367	14,778	52,936	21,880
エジプト	16388	9,236	13,295	6,559	15,944	6,436	23,813	9,560
ヨーロッパ	122619	57,055	173,553	70,525	230,478	76,299	198,811	74,178
トルコ	31194	14,243	39,053	14,511	60,939	19,435	59,266	20,958
イタリア	7929	3,437	12,695	4,484	17,102	5,202	15,586	5,615
北米・メキシコ	65332	31,069	62,952	26,922	68,433	24,590	78,932	28,975
米国	46800	22,412	42,451	19,139	47,839	18,113	58,407	22,257
メキシコ	17041	7,939	17,651	6,588	18,312	5,740	18,857	6,277
中南米	26456	14,568	34,892	15,349	58,665	20,473	60,816	23,035
ブラジル	14041	6,905	20,597	9,180	22,344	8,138	28,416	11,237
アフリカ	8654	4,030	7,207	2,950	11,049	3,314	10,787	3,435
オセアニア	760	317	1,144	286	1,118	304	179	28
世界合計	421743	196,507	513,945	206,954	635,253	215,037	627,018	226,003

出所：韓国化繊協会

<表3-27> 国別Polyester POY/FDY/DTY輸出推移　　　　　　　　　　　　　(単位：千ドル, トン)

	2010		2011		2012	
	金額	数量	金額	数量	金額	数量
POY	8,194	3,758	13,662	5,492	16909	7,942
トルコ	266	129	355	192	25	8
エジプト	1,846	1,069	3,526	1,630	3604	1,618
中国	2,494	1,009	4,614	1,813	4430	1,646
日本	440	175	644	215	1141	381
台湾	1,107	387	592	177	117	48
FDY	246,406	100,423	317,489	110,343	339129	125,473
中国	52,159	18,390	50,730	15,755	46675	13,018
米国	18,643	8,100	22,135	8,124	27657	10,235
トルコ	19,443	7,169	32,197	10,512	37769	13,522
インド	12,309	5,052	20,130	6,973	17680	7,029
スペイン	11,606	5,373	12,055	4,495	10855	4,482
DTY	38,445	9,834	44,371	10,443	47032	10,909
中国	8,871	1,384	9,339	1,720	10761	2,372
ベトナム	6,296	1,866	9,090	2,365	10680	2,037
トルコ	1,572	337	1,644	316	1825	564
日本	6,727	1,888	7,899	1,946	6705	1,678
エジプト	484	83	573	100	977	265
スペイン	2,255	694	2,886	787	2184	638

出所：韓国化繊協会

<表3-28> 国別Acrylic Staple Fiber輸出推移 (単位：千ドル, トン)

	2009		2010		2011		2012	
	金額	数量	金額	数量	金額	数量	金額	数量
アジア	58,692	30,386	99,606	37,115	105,963	35,909	69,726	28,357
日本	321	145	485	172	678	197	1	220
台湾	-	-	159	144	2	-	5	175
中国	43,465	22,316	76,034	28,085	67,192	21,834	36,386	14,554
香港	843	426	3,848	1,346	3,715	1,060	2,958	961
バングラデシュ	2,012	1,078	3,253	1,154	3,941	1,282	3,171	1,380
パキスタン	7,247	3,893	12,374	4,591	14,326	5,123	12,645	5,215
インド	235	196	1,464	909	1,211	945	1,407	962
ベトナム	96	35	860	285	819	290	409	155
タイ	-	-	-	-	-	-	-	-
マレーシア	-	-	-	-	-	-	-	-
インドネシア	4,029	2,085	1,138	429	13,500	4,974	12,184	4,907
中東	2,890	1,297	4,803	1,626	6,460	1,985	23,614	7,926
イラン	2,122	945	2,750	947	6,460	1,985	23,439	7,834
ヨーロッパ	52	23	-	-	-	-	9	-
北米,メキシコ	2	-	3	1	-	-	-	-
メキシコ	-	-	-	-	-	-	-	-
中南米	75	33	-	-	-	-	34	9
アフリカ	-	-	-	-	-	-	-	-
オセアニア	-	-	-	-	-	-	-	-
世界合計	61,710	31,739	104,412	38,744	112,461	37,904	93,383	36,293

出所：韓国化繊協会

<表3-29> 国別Polyester Staple Fiber輸出推移　　　　　　　　　　　　　　　　(単位：千ドル, トン)

	2009		2010		2011		2012	
	金額	数量	金額	数量	金額	数量	金額	数量
アジア	231,732	186,660	268,009	179,588	330,572	173,446	308,197	175,680
日本	17,643	16,895	19,929	14,872	24,224	14,275	23,536	15,172
台湾	2,435	2,031	3,854	2,848	5,590	3,102	5,247	3,329
中国	89,533	71,678	101,603	68,874	102,296	53,746	93,376	52,311
香港	5,434	3,756	5,093	2,813	6,942	3,281	4,142	2,292
パキスタン	34,805	32,302	29,977	21,508	26,624	14,850	15,125	9,231
バングラデシュ	5,735	4,378	8,401	5,431	12,160	6,215	12,350	6,796
スリランカ	294	227	321	211	478	264	231	133
ベトナム	48,551	35,043	56,881	35,666	88,170	45,225	84,127	47,407
タイ	4,963	3,878	9,480	6,495	13,396	7,199	14,885	8,394
フィリピン	701	649	841	577	673	374	845	534
インドネシア	13,445	10,371	18,108	11,189	30,021	14,856	34,708	19,794
中東	49,696	45,412	65,269	49,267	81,255	44,406	87,271	51,956
ヨーロッパ	156,947	134,048	256,935	190,259	380,767	215,135	335,826	209,307
ドイツ	36,270	29,562	50,516	35,013	78,007	40,884	66,222	38,762
トルコ	1,504	1,020	5,160	3,041	5,234	2,486	3,117	1,638
イタリア	16,910	13,810	27,835	20,079	43,308	24,272	40,019	24,752
北米,メキシコ	135,643	125,220	172,842	125,196	291,695	94,802	196,731	119,882
米国	115,159	107,725	36,768	106,770	136,033	77,387	172,341	105,859
メキシコ	8,277	6,251	20,297	6,493	12,911	6,541	12,379	6,720
中南米	44,111	36,031	53,383	42,836	96,432	49,958	88,670	49,592
ブラジル	15,748	13,170	21,335	14,727	28,114	14,962	23,938	13,193
アフリカ	13,444	7,915	12,426	7,697	14,624	7,306	16,523	8,652
オセアニア	27,212	24,394	21,996	17,006	32,985	18,550	23,915	14,684
世界合計	655,923	559,716	850,860	611,850	1,092,297	597,062	1,044,754	623,034

出所：韓国化繊協会

<表3-30> 国別化繊類輸入推移 (単位：千ドル，トン)

	2009		2010		2011		2012	
	金額	数量	金額	数量	金額	数量	金額	数量
台湾	41,666	21,401	51,745	17,506	56,736	15,260	43,064	13,145
日本	85,192	16,495	87,165	16,018	86,259	14,211	85,204	13,600
米国	70,976	16,552	137,212	26,865	149,798	27,505	126,232	20,599
中国	200,030	74,050	325,003	111,651	451,038	130,684	405,009	131,635
ロシア	1,532	645	4,120	1,388	634	1,741	1,635	476
シンガポール	4,360	628	6,710	906	7,079	891	6,372	806
カナダ	17,704	3,850	21,509	4,462	17,661	3,041	13,426	2,194
タイ	6,967	2,550	25,766	13,343	25,610	10,193	25,306	11,682
英国	12,267	2,830	20,371	4,886	28,379	5,873	34,786	6,617
インド	1,648	296	5,970	2,734	20,971	8,232	12,884	5,821
イタリア	1,543	375	3,428	956	3,942	738	6,252	1,364
ドイツ	12,329	2,510	12,843	2,461	15,772	2,823	13,128	2,267
マレーシア	32,935	25,727	62,572	39,436	77,584	37,325	59,522	32,952
インドネシア	32,161	18,362	53,262	25,369	49,380	18,337	25,401	10,287
世界合計	634,703	223,174	942,188	305,278	1,156,495	319,383	1,006,194	294,547

出所：韓国化繊協会

<表3-31> 国別Nylon Filament輸入推移 (単位：千ドル，トン)

	2009		2010		2011		2012	
	金額	数量	金額	数量	金額	数量	金額	数量
アジア	41,330	10,776	67,698	14,622	104,898	18,644	104,014	21,378
日本	4,778	326	4,937	362	12,136	1,568	14,692	2,163
台湾	7,452	1,782	11,615	2,307	12,551	2,007	9,908	1,774
中国	21,082	6,516	40,859	9,248	65,544	11,978	62,398	12,941
タイ	2,499	571	1,981	449	2,636	503	1,462	287
マレーシア	1,631	663	4,942	1,631	7,171	1,667	7,551	2,300
スリランカ	32	5	-	-	-	-	17	2,871
ヨーロッパ	20,822	4,011	30,679	5,740	35,456	5,775	28,186	4,162
イタリア	750	224	2,957	910	3,198	672	5,187	1,182
ドイツ	6,555	1,132	6,517	1,044	5,783	763	4,141	472
英国	4,841	659	7,249	1,001	9,246	1,244	11,375	1,354
ロシア	1,502	616	4,064	1,370	6,634	1,741	1,635	476
中東	78	14	128	11	875	119	686	111
北米,メキシコ	23,747	4,267	34,681	6,159	35,521	5,576	26,805	4,270
カナダ	17,667	3,823	21,146	4,288	17,375	2,934	13,385	2,178
米国	5,818	435	13,535	1,870	17,994	2,634	13,206	2,081
メキシコ	262	9	446	73	152	8	214	11
中南米	41	9	-	-	295	24	406	26
ブラジル	-	-	-	-	94	6	192	10
アフリカ	697	117	6	11	16	20	51	9
南アフリカ	689	102	-	-	-	-	51	9
オセアニア	1	-	1	-	1	-	14	5
世界合計	86,716	19,194	133,640	26,616	176,910	30,151	159,948	29,950

出所：韓国化繊協会

<表3-32> 国別Polyester Filament輸入推移 (単位：千ドル, トン)

	2009		2010		2011		2012	
	金額	数量	金額	数量	金額	数量	金額	数量
アジア	160,295	98,855	302,960	157,554	397,257	163,487	307.391	146.067
日本	2,557	646	3,091	776	3,148	476	2.495	420
台湾	20,436	13,130	19,407	8,196	22,701	7,044	13.516	4.506
中国	78,490	43,847	160,857	76,190	229,470	89,917	188.472	86.274
香港	29	6	4	-	9	347	9	-
マレーシア	31,139	24,996	57,517	37,753	70,158	35,527	51.586	30.501
タイ	2,206	1,117	18,236	11,134	16,905	7,878	14.760	8.235
インドネシア	18,955	11,823	32,037	17,168	24,678	10,181	16.857	7.030
ヨーロッパ	1,928	189	1,852	203	1,196	128	2.251	521
オランダ	224	3	4	-	-	-	107	35
スイス	19	-	-	-	249	34	197	26
英国	-	-	68	5	194	7	252	32
ドイツ	996	36	714	30	444	35	286	76
イタリア	133	59	89	19	86	20	534	137
ハンガリー	-	-	-	-	-	-	-	-
中東	57	19	17	8	94	41	-	-
北米,メキシコ	588	22	2,332	34	1,169	32	547	26
米国	555	14	2,235	32	1,107	15	491	16
カナダ	-	-	-	-	-	-	-	-
メキシコ	33	8	97	2	62	17	56	10
中南米	475	683	600	545	844	761	428	636
アフリカ	11	12	2	7	105	11	-	-
南アフリカ	9	6	-	-	-	-	-	-
世界合計	163,354	99,781	307,666	158,351	400,604	164,443	311.235	147.810

出所：韓国化繊協会

<表3-33> 国別Polyester POY/FDY/DTY輸入推移 (単位：千ドル, トン)

	2010		2011		2012	
	金額	数量	金額	数量	金額	数量
POY	86,289	55,444	94,418	46,894	67,506	38,979
台湾	4,519	2,528	3,562	1,369	941	435
中国	1,950	853	1,451	398	1,658	496
インドネシア	12,505	7,611	7,554	3,569	1,524	725
マレーシア	52,957	35,160	67,543	64,422	48,686	29,011
ベトナム	-	-	-	-	197	7
FDY	51,142	24,590	73,774	29,706	56,234	25,605
中国	24,889	12,861	50,572	21,947	36,901	18,099
インドネシア	15,628	7,619	13,746	5,247	12,943	5,338
日本	1,685	472	905	127	527	148
マレーシア	2,309	1,378	1,204	540	1,726	951
台湾	5,553	1,974	6,361	1,542	3,426	797
DTY	108,136	50,189	155,619	58,907	127,773	57,947
台湾	6,387	2,256	9,615	2,887	7,013	2,421
ベトナム	6,690	3,447	8,501	3,433	5,200	2,514
中国	80,575	36,807	110,174	41,266	99,137	45,092
インドネシア	3,715	1,848	3,303	1,287	1,976	815
マレーシア	2,219	1,196	1,411	566	420	196

出所：韓国化繊協会

<表3-34> 国別Acrylic Staple Fiber輸入推移 (単位：千ドル, トン)

	2009		2010		2011		2012	
	金額	数量	金額	数量	金額	数量	金額	数量
アジア	6,493	2,233	5,694	1,690	9,840	2,283	6,693	1,592
日本	5,164	1,810	4,696	1,396	8,746	2,002	5,837	1,335
台湾	109	32	543	176	241	78	207	68
中国	736	219	272	65	595	139	356	82
香港	-	-	-	-	-	-	-	-
インドネシア	41	17	-	-	-	-	58	16
タイ	443	155	183	53	192	48	236	92
ヨーロッパ	724	269	1,887	539	1,375	373	996	287
イタリア	172	68	5	-	-	-	1	-
ドイツ	4	-	-	-	2	-	-	-
英国	66	8	115	12	5	-	-	-
スペイン	480	193	1,664	516	1,368	372	859	271
中東	-	-	-	-	-	-	-	-
北米,メキシコ	312	26	210	16	234	17	349	24
米国	312	26	210	16	234	17	349	24
中南米	-	-	-	-	-	-	-	-
アフリカ	-	-	-	-	-	-	-	-
オセアニア	-	-	-	-	-	-	-	-
世界合計	7,529	2,528	7,791	2,245	11,450	2,673	8,038	1,903

出所：韓国化繊協会

<表3-35> 国別Polyester Staple Fiber輸入推移 (単位：千ドル、トン)

	2009		2010		2011		2012	
	金額	数量	金額	数量	金額	数量	金額	数量
アジア	5,614	3,003	8,314	3,719	12,623	5,097	12,141	5,190
日本	531	289	821	210	1,025	245	468	89
台湾	3,020	1,572	2,770	1,160	5,219	1,632	6,767	2,301
中国	689	563	2,249	1,612	4,586	2,579	3,084	1,702
香港	-	-	-	-	-	-	5	1
スリランカ	-	-	-	-	-	-	-	-
ベトナム	134	56	29	12	18	2	20	8
タイ	559	156	1,779	419	1,036	201	1,414	932
インドネシア	455	285	377	210	401	294	296	107
マレーシア	-	-	-	-	242	125	73	45
中東	-	-	-	-	-	-	-	-
ヨーロッパ	224	413	298	222	667	156	1,239	331
ドイツ	192	398	292	221	468	105	1,082	310
英国	9	1	5	1	3	-	15	3
トルコ	-	-	-	-	113	40	-	-
オランダ	17	13	-	-	-	-	-	-
北米,メキシコ	187	70	77	44	43	24	10	1
米国	187	70	77	44	43	24	10	1
中南米	-	-	-	-	-	-	428	636
アフリカ	-	-	-	-	-	-	-	-
オセアニア	35	21	-	-	-	-	-	-
オーストラリア	35	21	-	-	-	-	-	-
世界合計	6,061	3,507	8,680	3,985	14,021	6,272	13,819	6,159

出所：韓国化繊協会

10 食品産業

食品産業

1. 製粉・澱粉・澱粉糖

<表1-1> 1人当りの小麦粉消費量 (単位：トン)

	国内加工小麦粉消費(販売量)	輸入小麦粉消費(輸入量)	小麦粉総消費量	1人当り(kg)
2006	1,737,000	35,000	1,772,000	33.9
2007	1,662,000	72,000	1,734,000	33.6
2008	1,558,000	60,000	1,618,000	31.3
2009	1,615,000	73,000	1,688,000	31.4
2010	1,728,000	73,000	1,801,000	33.1
2011	1,834,000	32,000	1,866,000	33.4
2012	1,881,000	30,000	1,911,000	34.1

出所：食品流通年鑑

<表1-2> 原産国別小麦輸入実績推移 (単位：トン, %)

	アメリカ	オーストラリア	カナダ	ロシア	その他	合計
2005	1,187,000	1,023,000	95,000	-	-	2,305,000
2006	1,117,000	1,019,000	108,000	-	-	2,245,000
2007	1,176,000	799,000	95,000	-	-	2,070,000
2008	1,474,000	660,000	141,000	-	2,000	2,277,000
2009	1,062,000	790,000	145,000	6,000	2,000	2,005,000
2010	1,057,000	941,000	136,000	9,000	1,000	2,144,000
2011	1,219,000	954,000	143,000	-	1,000	2,317,000
2012	1,102,000	1,035,000	123,000	-	2,000	2,262,000

出所：食品流通年鑑

<表1-3> 澱粉糖産業のトウモロコシ輸入量 (単位：百万ドル)

	2010	2011	2012	2013
輸入量	2,003	2,083	2,170	1,893
金額	492	696	713	625

出所：食品流通年鑑

<表1-4> 原料トウモロコシ使用量と玉粉・澱粉生産量 (単位：トン)

	トウモロコシ使用量		生産量	
	玉粉用	澱粉用	玉粉	澱粉
2009	90,000	1,435,893	74,430	972,346
2010	79,027	1,923,474	66,306	1,222,221
2011	69,531	1,951,715	59,263	1,350,281
2012	69,341	1,973,876	58,453	1,378,130
2013	67,950	1,832,220	57,068	1,304,918

出所：食品流通年鑑

<表1-5> 用途別コーンスターチ使用量推移 (単位:トン)

	澱粉使用量	用途別				
		澱粉	水飴	ブドウ糖	果糖	その他
2009	973,886	332,822	330,188	64,548	211,013	35,315
2010	1,201,210	418,710	346,036	107,097	280,900	48,467
2011	1,334,675	437,058	404,096	86,165	339,467	67,889
2012	1,374,801	459,661	418,715	79,582	357,171	59,771
2013	1,304,335	445,976	398,624	75,736	321,914	62,085

出所:食品流通年鑑

<表1-6> 産地別輸入トウモロコシ購入実績推移 (単位:千トン,百万ドル)

	2011		2012		2013	
	数量	金額	数量	金額	数量	金額
アメリカ	1,174	390	106	41	79	28
中国	-	-	-	-	-	-
ブラジル	123	412	412	123	685	219
ハンガリー	169	52	332	114	199	68
セルビア	464	159	663	223	216	68
その他	153	51	188	62	714	242
合計	2,083	696	1,701	563	1,893	625

出所:食品流通年鑑

<表1-7> 韓国の対中国澱粉糖輸入動向 (単位:トン)

	2011	2012	2013
水飴類	70,074	69,351	67,896
麦芽糖	2,271	2,548	5,862
ブドウ糖シロップ	216	22	0
ブドウ糖	47,052	19,984	15,465
ソルビトール	2,465	2,402	2,489
その他糖アルコール類	2,749	2,537	1,784
合計	124,827	96,844	93,496

出所:食品流通年鑑

<表1-8> 種類別澱粉輸出実績推移 (単位:トン)

	2011	2012	2013
小麦澱粉	25	6	6
コーンスターチ	50,552	52,129	51,809
ジャガイモ澱粉	5	2	20
サツマイモ澱粉	38	18	54
その他の澱粉	252	89	54
変性澱粉	6,410	6,188	7,451
合計	57,282	58,432	59,394

出所:食品流通年鑑

<表1-9> 国別韓国のトウモロコシ澱粉輸出実績推移 (単位:トン)

	2011	2012	2013
台湾	9,468	4,789	7,648
フィリピン	7,488	15,480	17,614
マレーシア	20,454	17,763	14,226
バングラデシュ	3,682	3,819	2,608
インドネシア	3,856	3,830	3,079
中国	48	0	18
シンガポール	1,654	1,962	1,476
香港	1,404	1,458	1,541
ベトナム	2,443	2,735	2,620
その他	55	290	978
合計	50,552	52,126	51,808

出所:食品流通年鑑

2. 製糖・食用油脂

<表2-1> 韓国製糖生産会社現況　　　　　　　　　　　　　　　　　　　　　(単位：千トン)

会社名	生産能力
CJ第一製糖	521(36%)
Samyang Co.	478(33%)
大韓製糖	449(31%)
合計	1,448(100%)

注) 2012年基準　　　　　　　　　　　　　　　　　　　　　　　　　　出所：食品流通年鑑

<表2-2> 砂糖小売市場規模　　　　　　　　　　　　　　　　　　　　　　　(単位：千トン)

| | 2012年 | | | | |
	第1四半期	第2四半期	第3四半期	第4四半期	小計(M/S)
CJ第一製糖	24,295	81,143	39,977	29,933	175,348
Samyang Co.	6,008	17,326	8,900	7,200	39,524
大韓製糖	1,020	4,840	2,642	1,377	9,879
大象	1,300	1,612	1,428	1,273	5,613
ストアブランド	134	233	254	182	803
その他	46	253	90	60	449
合計	32,802	105,408	53,381	40,024	231,615

出所：食品流通年鑑

<表2-3> 原糖輸入量推移　　　　　　　　　　　　　　　　　　　　　　(単位：千トン、千ドル)

	2009	2010	2011	2012
輸入量	1,646	1,636	1,627	1,723
金額	614	856	1,102	986

出所：食品流通年鑑

<表2-4> 産地別原糖購買実績　　　　　　　　　　　　　　　　　　　　　(単位：千トン)

	2009	2010	2011	2012
オーストラリア	1,073	1,220	756	946
グアテマラ	264	174	237	180
南アフリカ	35	-	-	-
タイ	176	132	511	459
その他	98	110	123	103
計	1,646	1,636	1,627	1,723

出所：食品流通年鑑

<表2-5> 種類別砂糖生産現況　　　　　　　　　　　　　　　　　　　　　　(単位：千トン)

	2009	2010	2011	2012
白砂糖	1,244	1,291	1,282	1,283
ブラウンシュガー	118	103	101	105
その他	28	25	31	40

出所：食品流通年鑑

<表2-6> 韓国の油用種子輸入量　　　　　　　　　　　　　　　　　　　　(単位：トン)

	2008	2009	2010	2011	2012
大豆	1,016,800	1,090,750	946,999	1,147,485	1,169,563
トウモロコシ	1,545,818	1,444,853	2,002,501	2,091,547	2,229,255
胡麻	63,900	73,000	77,747	81,580	73,581

<表2-7> 食用油脂輸入量　　　　　　　　　　　　　　　　　　　　　　　(単位：トン)

	2009	2010	2011	2012
大豆油	284,617	325,398	301,519	340,193
ひまわり油	15,616	17,599	18,769	18,785
オリーブオイル	9,289	11,318	13,406	9,872
パーム油類	252,997	280,794	291,525	332,882
ココナッツオイル	57,656	64,945	58,319	59,459

出所：食品流通年鑑

<表2-8> メーカー別食用牛脂売上実績推移　　　　　　　　　　　　　　　(単位：ウォン)

順位	会社名	2010	2011	2012
1	ロッテフード	236,771,244	274,372,658	384,069,393
	(ウェルガ)	69,961,803	81,407,035	ロッテフード合併
2	CJ第一製糖	255,806,551	288,057,380	349,634,797
3	SARAMIN	151,130,010	135,033,652	199,815,791
4	サジョヘビョ	147,599,577	148,910,542	192,229,406
5	サミャンウェルフーズ	82,740,284	84,032,806	79,682,480
6	OTTOGI	54,909,931	72,727,639	73,379,367
7	農心	55,175,411	79,435,723	71,920,665
8	トンソ油脂	45,338,529	65,323,619	50,132,085
9	JINYUONE	43,153,999	63,796,624	58,178,761
10	テギョンONT	未集計	35,661,125	36,936,484

注) 国内出荷額基準　　　　　　　　　　　　　　　　　　　　　　　　　出所：食品流通年鑑

<表2-9> 大豆油の市場規模と会社別占有率 (単位：百万ウォン,％)

		2010	2011	2012	2013
CJ第一製糖	売上高	37,379	33,942	34,218	27,680
	占有率	42.0	41.0	41.7	38.8
サジョヘピョ	売上高	32,432	32,583	32,275	28,740
	占有率	36.4	39.3	39.3	40.3
OTTOGI	売上高	15,330	12,878	13,154	12,749
	占有率	17.2	15.5	16.0	17.9
市場規模		89,003	82,849	82,090	71,391

出所：食品流通年鑑

<表2-10> トウモロコシ油の市場規模と会社別占有率 (単位：百万ウォン,％)

		2010	2011	2012	2013
CJ第一製糖	売上高	6,071	5,255	5,690	4,235
	占有率	38.6	35.7	36.5	32.6
サジョヘピョ	売上高	3,592	3,185	4,318	3,767
	占有率	22.8	21.7	27.7	29.0
OTTOGI	売上高	4,377	3,876	3,566	3,388
	占有率	27.8	26.4	22.9	26.1
大象	売上高	1,209	2,041	1,665	1,259
	占有率	7.7	13.9	10.7	9.7
市場規模		15,739	14,709	15,583	12,977

出所：食品流通年鑑

<表2-11> キャノーラ油の市場規模と会社別占有率 (単位：百万ウォン,％)

		2010	2011	2012	2013
CJ第一製糖	売上高	19,690	23,494	28,946	33,193
	占有率	27.6	27.9	28.3	30.7
東遠F&B	売上高	18,914	22,553	25,360	23,113
	占有率	26.6	26.8	24.8	21.4
サジョヘピョ	売上高	14,173	16,177	18,659	18,083
	占有率	19.9	19.2	18.2	16.7
大象	売上高	11,658	13,101	17,752	19,111
	占有率	16.4	15.6	17.3	17.7
OTTOGI	売上高	4,529	5,607	8,781	11,165
	占有率	6.4	6.7	8.6	10.3
市場規模		71,217	84,079	102,438	107,964

出所：食品流通年鑑

<表2-12> オリーブ油の市場規模と会社別占有率 (単位:百万ウォン,%)

		2010	2011	2012	2013
CJ第一製糖	売上高	11,098	11,026	10,567	9,883
	占有率	32.2	30.3	29.0	27.7
サジョヘピョ	売上高	6,012	7,809	7,432	7,983
	占有率	17.5	21.4	20.4	22.4
大象	売上高	4,255	5,049	5,495	4,387
	占有率	12.4	13.9	15.1	12.3
OTTOGI	売上高	3,516	2,481	2,205	2,798
	占有率	10.2	6.8	6.1	7.8
東遠F&B	売上高	1,792	1,262	1,025	755
	占有率	5.2	3.5	2.8	2.1
市場規模		34,440	36,448	36,378	35,712

出所:食品流通年鑑

<表2-13> ブドウ種子油の市場規模と会社別占有率 (単位:百万ウォン,%)

		2010	2011	2012	2013
CJ第一製糖	売上高	27,054	24,166	24,091	17,848
	占有率	27.5	28.3	30.6	35.0
サジョヘピョ	売上高	15,368	14,849	11,750	10,080
	占有率	14.4	17.8	20.4	17.1
OTTOGI	売上高	5,975	5,537	3,212	3,152
	占有率	9.3	5.7	7.4	4.7
大象	売上高	19,284	10,394	12,099	9,564
	占有率	18.4	20.8	13.8	17.7
東遠F&B	売上高	10,487	5,261	3,550	3,134
	占有率	17.2	11.8	8.6	5.2
市場規模		93,117	75,301	68,624	55,708

出所:食品流通年鑑

<表2-14> 油種別家庭用食用油の販売量推移 (単位:kℓ)

	2010	2011	2012	2013
大豆油	32,006	27,909	27,352	25,418
トウモロコシ油	4,031	3,626	4,085	3,262
オリーブオイル	3,039	3,518	3,606	3,397
グレープシードオイル	10,944	9,205	8,513	6,874
キャノーラ油	12,984	14,883	18,153	19,524
玄米油	531	1,628	861	340
合計	63,904	61,253	63,339	60,263

出所:食品流通年鑑

3. 製菓・氷菓・製パン・ラーメン

<表3-1> 品目別製菓類売上高推移 (単位：億ウォン,%)

	2012	2013	増減率
ガム	2,100	2,100	-
キャンディ	2,100	2,200	4.8
ビスケット	7,900	7,900	-
チョコレート	4,700	5,000	6.4
パイ	2,900	2,800	-3.4
スナック	9,200	9,000	-2.2
その他	800	800	-
合計	29,700	29,800	0.3

注) 4社基準推定　　　　　　　　　　　出所：食品流通年鑑

<表3-2> 品目別菓子類販売額及び占有率推移 (単位：十億ウォン,%)

	販売額					占有率		
	2010	2011	2012	10~11年成長率	11~12年成長率	2010	2011	2012
スナック	945	1,084	1,174	14.7	8.3	30.1	30.7	31.7
ビスケット	930	998	1,031	7.4	3.3	29.6	28.2	27.9
チョコレート	397	485	538	22.1	10.9	12.7	13.7	14.6
ケーキ	306	366	347	19.4	-5.0	9.8	10.3	9.4
キャンディ	250	288	315	15.2	9.5	8.0	8.1	8.5
チューインガム	311	313	293	0.8	-6.3	9.9	8.9	7.9
合計	3,139	3,534	3,699	12.6	4.7	100.0	100.0	100.0

出所：食品流通年鑑

<表3-3> 国産・輸入別ビスケットの販売額占有率推移 (単位：%)

	国産	輸入
2010	95.3	4.7
2011	93.5	6.5
2012	92.0	8.0

出所：食品流通年鑑

<表3-4> 品目別氷菓子類売上高推移 (単位：億ウォン,%)

	2012	2013	増減率
バー	4,200	3,900	-7.1
コーン	2,200	2,100	-4.5
カップ	1,850	1,860	0.5
ペンシル(チューブ)	1,900	1,840	-3.2
ホーム	1,200	1,200	-
その他	250	350	34.6
合計	11,600	11250	-3.1

注) 4社基準推定　　　　　　　　　　　出所：食品流通年鑑

食品産業

<表3-5> 年度別製パン市場現況 (単位：億ウォン、%)

	量産4社			フランチャイズ(4社)		
	売上高	前年比	M/S	売上高	前年比	M/S
2010	7,798	18.8	14.5	21,472	21.9	40.0
2011	10,524	35.0	17.4	24,447	13.9	40.4
2012	11,692	10.0	18.8	25,396	3.9	40.8

	インストアベーカリー(3社)			その他(個人ベーカリー)			計	
	売上高	前年比	M/S	売上高	前年比	M/S	売上高	前年比
2010	3,413	20.3	6.4	20,970	-0.1	39.1	53,653	10.7
2011	4,515	24.4	7.5	20,944	-0.1	34.7	60,430	11.2
2012	4,297	-5.1	6.9	20,918	-0.1	33.5	62,303	3.1

注) その他の個人ベーカリーの売上高は業界推定データー. 　　出所：食品流通年鑑

<表3-6> フランチャイズベーカリー店舗数現況 (単位：ヵ所)

	2009	2010	2011	2012
パリバゲット	2,222	2,716	3,141	3,213
トゥレジュール	1,294	1,370	1,390	1,280
クラウンベーカリー	408	350	200	111
新羅名菓	135	106	88	72
計	4,059	4,542	4,819	4,671

注) クラウンベーカリーは2013年9月廃業 　　出所：食品流通年鑑

<表3-7> インストアベーカリー店舗数現況 (単位：ヵ所)

	業者名	ブランド	店舗数
大型マート	Eマート	デイ アンド デイ(111) ミルク&ハニー(26)	137
	ホームプラス	Artisée Boulangerie	130
	ロッテマート	ボネスペ	97
SSM	ホームプラス	Artisée Boulangerie	242

注) 2012年9月基準 　　出所：食品流通年鑑

<表3-8> フランチャイズベーカリー売上推移 (単位：億ウォン、%)

	2010			2011			2012		
	売上高	前年比	M/S	売上高	前年比	M/S	売上高	前年比	M/S
パリバゲット	13,126	31.1	61.1	15,733	19.9	64.4	16,213	2.9	63.8
トゥレジュール	7,381	13.7	34.4	7,902	7.1	32.3	8,552	7.6	33.7
新羅名菓	381	-3.3	1.8	385	1.0	1.6	342	-12.5	1.4
クラウンベーカリー	584	-18.5	2.7	427	-26.9	1.7	289	-32.3	1.1
計	21,472	21.9	100.0	24,447	13.9	100.0	25,396	3.9	100.0

出所：食品流通年鑑

<表3-9> インストアベーカリー売上現況 (単位：億ウォン,%)

	2010			2011			2012		
	売上高	前年比	M/S	売上高	前年比	M/S	売上高	前年比	M/S
新世界SVN	1,677	18.5	49.1	2,565	34.6	56.8	2,358	-8.7	54.9
ホームプラスベーカリー	966	26.9	28.3	1,045	7.5	23.1	1,078	3.1	25.1
ロッテブランジェリ	770	16.1	22.6	905	14.9	20.0	861	-4.8	20.0
計	3,413	20.3	100	4,515	24.4	100	4,297	-5.0	100

出所：食品流通年鑑

<表3-10> 量産パン売上現況 (単位：億ウォン)

	2010		2011		2012	
	売上高	前年比	売上高	前年比	売上高	前年比
三立食品	2,692	23.4	6,289	133.6	8,026	27.9
シャニ	3,937	19.2	2,984	-24.2	2,465	-17.3
麒麟	731	17.1	886	21.2	815	-8.0
ソウル食品	438	-3.7	365	-16.7	385	5.4
計	7,798	18.8	10,524	35.0	11,692	11.0

出所：食品流通年鑑

<表3-11> ラーメン市場規模推移 (単位：億ウォン,%)

	市場規模		類型別販売比率	
	総市場規模	成長率	袋麺	カップ麺
2009	19,000	12.0	73.6	26.4
2010	19,000	-	70.3	29.7
2011	19,600	3.2	68.9	31.1
2012	19,800	1.1	69.0	31.0
2012	20,100	1.5	70.0	30.0

出所：食品流通年鑑

<表3-12> ラーメン業界市場占有率現況 (単位：%)

	2011.12	2012年累積	2013.11	2013年累積
農心	59.5	66.6	66.0	66.5
OTTOGI	16.1	13.4	13.9	13.5
三養食品	11.5	11.6	13.1	11.7
八道韓国食品	12.9	8.4	7.0	8.3

出所：食品流通年鑑

<表3-13> 年度別ラーメン10大製品推移

	2010	2011	2012	2013
1	辛ラーメン	辛ラーメン	辛ラーメン	辛ラーメン
2	安城湯麺	安城湯麺	安城湯麺	チャパゲティ
3	オリーブチャパゲティ	オリーブチャパゲティ	チャパゲティ	安城湯麺
4	三養ラーメン	三養ラーメン	三養ラーメン	ノグリラーメン(ピリ辛)
5	ノグリラーメン	ノグリラーメン	ノグリラーメン	三養ラーメン
6	辛ラーメンカップ麺	ユッケジャンサバルミョン	ユッケジャンサバルミョン	ユッケジャンサバルミョン
7	ユッケジャンサバルミョン	辛ラーメンカップ麺	辛ラーメンカップ麺	辛ラーメンカップ麺
8	ジンラーメン	いかチャンポン	いかチャンポン	八道ビビン麺
9	ワンツコン	ココミョン	ジンラーメン辛い味	ジンラーメン辛い味
10	いかチャンポン	新ラーメン大丼	新ラーメン大丼	新ラーメン大丼
備考	農心7種, 三養1種, OTTOGI1種, 八道1種	農心8種, 三養1種, 八道1種	農心8種, 三養1種, OTTOGI1種	農心7種, 三養1種, OTTOGI1種

注) 金額基準 出所：食品流通年鑑

4. 乳加工・肉加工

<表4-1> 年度別乳牛飼育頭数推移 (単位：千頭, 千戸)

	2007	2008	2009	2010	2011	2012	2013
総飼育頭数	453	446	445	430	404	420	424
飼育戸数	7.7	7.0	6.8	6.3	6.1	6.1	5.8
戸当り平均飼育頭数(頭/戸)	59.0	63.7	65.7	68.3	65.7	69.9	72.8

出所：食品流通年鑑

<表4-2> 原乳需給実績推移 (単位：トン, %)

	生産	前年比増減率	輸入	前年比増減率	消費	前年比増減率	1人当りの消費量(kg)
2009	2,109,732	-1.4	959,125	8.4	3,110,695	2.5	62.3
2010	2,072,696	-1.8	1,134,828	18.3	3,249,370	4.5	64.2
2011	1,889,150	-8.9	1,712,655	50.9	3,595,996	10.7	70.7
2012	2,110,697	11.4	1,413,569	-17.5	3,450,998	-4.0	67.2
2013p	2,088,081	-1.1	1,575,194	11.4	3,671,687	6.4	71.5

出所：韓国乳業協会

<表4-3> 年度別市乳類消費量現況 (単位：千トン)

	白色市乳	前年比増減率	加工市乳	前年比増減率	市乳合計	前年比増減率
2009	1,390	2.8	312	-11.0	1,702	0.0
2010	1,362	-2.0	279	-10.6	1,641	-3.6
2011	1,338	-1.8	286	2.6	1,624	-1.0
2012	1,405	5.0	280	-2.2	1,685	3.8
2013p	1,388	-1.2	298	6.5	1,689	0.1

出所：食品流通年鑑

<表4-4> 乳加工品生産推移 (単位：千トン, %)

	市乳	発酵乳	チーズ	調整粉乳	粉ミルク(全脂, 脱脂)	クリーム	練乳	バター
2009	1,702	446	72.2	16.2	29.2	28.2	4.3	8.6
2010	1,641	503	88.4	17.4	21.4	29.3	4.0	9.0
2011	1,624	522	100.9	17.8	46.6	38.4	3.0	9.7
2012	1,685	558	100.0	20.8	36.3	43.4	4.3	10.8
2013p	1,686	567	105.7	20.9	34.3	42.8	5.9	7.4
前年比	0.1	1.6	5.7	0.5	-5.5	-1.4	37.2	-31.5

出所：食品流通年鑑

食品産業

<表4-5> 年度別主要乳加工製品消費量 (単位：kg)

	国内消費量		1人当りの消費量					
			市乳		発酵乳		チーズ	
	総量(トン)	1人当り	白色	加工	液状	糊状	自然	加工
2008	2,980,812	60.9	27.6	7.2	5.8	3.4	1.1	0.4
2009	3,036,455	61.7	28.3	6.3	5.3	3.6	1.1	0.4
2010	3,171,341	64.2	27.6	5.6	7.4	2.6	1.3	0.5
2011	3,517,909	70.7	26.9	5.7	7.8	2.6	1.5	0.5
2012	3,358,506	67.2	28.2	5.4	8.8	2.3	1.3	0.4

出所：食品流通年鑑

<表4-6> 主要会社別乳加工製品売上推移 (単位：億ウォン)

	2009	2010	2011
ソウル牛乳	14,839.02	14,889.62	14,611.75
南陽乳業	10,089.17	10,285.23	12,051.85
毎日乳業	8,343.71	9,531.93	9,758.84
韓国ヤクルト	12,605.99	12,300.85	10,542.17
ピングレ	6,285.92	6,853.51	7,213.29
ドンウォンデイリー	1,831.03	1,473.89	1,492.81
Purmil	2,011.38	2,275.24	2,688.40

出所：食品流通年鑑

<表4-7> 発酵乳の生産実績推移 (単位：トン)

	液状	前年比増減率	糊状	前年比増減率	計	前年比増減率	輸入
2007	309,183	-6.5	176,035	1.5	485,218	-3.8	108
2008	289,226	-6.5	165,704	-5.9	454,930	-6.2	75
2009	268,404	-7.2	177,334	7.0	445,738	-2.0	66
2010	373,322	39.1	129,282	-27.1	502,604	12.8	79
2011	395,214	5.9	126,791	-1.9	522,005	3.9	107

出所：韓国乳業協会

<表4-8> 発酵乳の消費実績推移 (単位：千トン)

	液状	前年比増減率	糊状	前年比増減率	計	前年比増減率
2009	269	-7.7	177	7.0	446	-2.0
2010	373	38.7	129	-27.0	502	12.6
2011	395	5.9	127	-1.8	522	4.0
2012	445	12.7	113	-11.1	558	6.8
2013p	452	1.6	123	9.1	575	3.2

出所：韓国乳業協会

<表4-9> チーズ生産量と消費量推移 (単位：千トン)

| | ナチュラルチーズ | | | | プロセスチーズ | | | |
| | 生産量 | | | 消費量 | 生産量 | | | 消費量 |
	国内生産	輸入	合計		国内生産	輸入	合計	
2009	7.7	44.8	52.5	51.8	15.5	4.3	19.8	19.8
2010	7.9	56.1	64.0	64.4	19.5	4.9	24.4	24.3
2011	3.6	70.1	73.7	73.0	21.1	5.5	26.6	26.6
2012	4.4	71.5	75.9	75.3	18.1	6.0	24.1	24.0
2013p	5.7	75.4	81.1	81.7	16.8	7.9	24.7	24.0

出所：韓国乳業協会

<表4-10> 調製粉乳需給実績推移 (単位：トン)

| | 生産 | | | | 消費 | | | |
	国内生産	前年比	輸入	前年比	国内消費	前年比	輸出	前年比
2009	14,453	-7.5	1,745	-8.4	13,913	-7.5	2,666	-2.6
2010	14,513	0.4	2,884	65.3	14,860	6.8	2,327	-12.7
2011	15,191	4.7	2,646	-8.3	13,786	-7.2	4,055	74.3
2012	18,236	20.0	2,556	-3.4	14,475	5.0	5,590	37.9
2013p	18,227	0.0	2,674	4.6	14,036	-3.0	5,874	5.1

出所：韓国乳業協会

<表4-11> ナチュラルチーズ消費実績推移 (単位：トン)

	国内消費	前年比増減率	自己消費	輸出	計	前年比増減率
2007	36,666	-0.7	7,753	23	44,442	1.9
2008	46,209	26.0	6,780	91	53,080	19.4
2009	45,162	-2.3	6,593	57	51,812	-2.4
2010	56,745	25.6	7,586	35	64,366	24.2
2011	-	-	-	61	72,732	13.0

出所：韓国乳業協会

<表4-12> プロセスチーズ生産実績推移 (単位：トン)

	生産	前年比増減率	輸入	前年比増減率	計	前年比増減率
2007	15,290	4.9	14,740	3.0	30,030	3.9
2008	15,314	0.2	3,660	-75.2	18,974	-36.8
2009	15,517	1.3	4,261	16.4	19,778	4.2
2010	19,491	25.6	4,896	14.9	24,387	23.3
2011	21,142	8.5	5,808	18.6	26,950	10.5

出所：韓国乳業協会

食品産業

<表4-13> プロセスチーズ消費実績推移 (単位：トン)

	国内消費	前年比増減率	自己消費	輸出	計	前年比増減率
2007	28,681	3.2	1,288	28	29,997	4.3
2008	18,157	-36.7	807	19	18,983	-36.7
2009	19,364	6.6	324	74	19,762	4.1
2010	23,205	19.8	1,066	47	24,318	23.1
2011	-	-	-	16	26,857	10.4

出所：韓国乳業協会

<表4-14> チーズ生産実績推移 (単位：トン)

	生産	前年比増減率	輸入	前年比増減率	計	前年比増減率
2007	24,366	-12.8	49,474	12.4	73,840	2.6
2008	25,016	5.4	47,387	7.6	72,403	6.9
2009	23,199	-7.3	49,023	3.5	72,222	-0.2
2010	27,406	18.1	60,967	24.4	88,373	22.4
2011	24,708	-9.8	76,213	25.0	100,921	14.2

出所：韓国乳業協会

<表4-15> チーズ消費実績推移 (単位：トン)

	国内消費	前年比増減率	自己消費	輸出	計	前年比増減率
2007	65,347	0.9	9,041	51	74,439	2.8
2008	64,366	7.5	7,587	110	72,063	5.0
2009	64,526	0.2	6,917	131	71,574	-0.7
2010	79,950	23.9	8,652	82	88,684	23.9
2011	-	-	-	77	99,589	12.3

出所：韓国乳業協会

<表4-16> 練乳需給実績推移 (単位：トン)

	生産	前年比増減率	輸入	消費	前年比増減率	輸出
2007	3,567	-2.5	264	3,461	-5.5	390
2008	3,546	-0.6	379	3,426	-1.0	483
2009	3,949	11.4	361	3,382	-1.3	935
2010	3,726	-5.6	264	3,261	-3.6	784
2011	2,639	-29.2	427	1,577	-51.6	1,328

出所：韓国乳業協会

<表4-17> バター需給実績推移 (単位：トン)

	生産	前年比増減率	輸入	消費	前年比増減率	輸出
2007	3,948	1.5	4,097	8,049	9.0	5
2008	3,512	-11.0	3,093	6,957	-13.6	0
2009	3,493	-0.5	5,092	8,396	20.7	0
2010	2,636	-24.5	6,398	9,123	8.7	0
2011	1,152	-56.3	8,579	9,799	7.4	2

出所：韓国乳業協会

<表4-18> 全脂粉乳需給実績推移 (単位：トン)

	生産	前年比増減率	輸入	消費	前年比増減率	輸出
2007	3,565	-11.3	1,136	4,647	-23.8	21
2008	3,430	-3.8	1,261	4,941	6.3	12
2009	3,124	-8.9	1,159	4,209	-14.8	2
2010	2,569	-17.8	1,369	4,160	-1.2	1
2011	1,802	-29.9	5,286	6,687	60.7	1

出所：韓国乳業協会

<表4-19> 脱脂粉乳需給実績推移 (単位：トン)

	生産	前年比増減率	輸入	消費	前年比増減率	輸出
2007	22,158	21.0	4,928	22,674	-24.2	140
2008	19,885	-10.3	5,025	25,344	11.8	270
2009	15,193	-23.6	9,676	27,795	9.7	469
2010	9,519	-37.3	7,904	19,580	29.6	1,042
2011	3,959	-58.4	34,114	37,870	93.4	5

出所：韓国乳業協会

<表4-20> 肉加工品生産推移 (単位：トン)

	ハム	ソーセージ	ベーコン	缶	畜肉小計	混合ソーセージ	合計
2006	58,520	44,156	2,765	27,157	132,599	32,224	164,823
2007	58,233	46,183	3,201	28,307	135,923	29,930	165,853
2008	52,070	50,267	4,316	31,470	138,123	24,804	162,927
2009	53,700	54,116	3,811	27,188	138,885	20,091	158,975
2010	62,321	56,013	4,289	33,934	156,646	23,994	180,640
2011	64,240	53,939	5,451	39,351	162,980	25,764	188,744
2012	61,426	56,470	5,866	39,483	163,234	28,090	191,323
2013	61,306	64,971	6,831	42,063	176,171	25,629	200,800

出所：韓国肉加工協会

<表4-21> 肉加工品の販売推移 (単位：トン)

	ハム	ソーセージ	ベーコン	缶	畜肉計	混合ソーセージ	合計
2006	58,520	44,156	2,765	27,157	132,599	32,224	164,823
2007	54,055	47,068	3,143	23,953	128,227	28,341	156,566
2008	55,323	52,813	3,439	27,159	138,734	22,826	161,500
2009	57,427	50,006	3,804	26,485	137,722	20,071	157,793
2010	61,161	55,207	4,170	34,376	154,914	23,577	178,491
2011	64,444	53,589	5,256	38,206	161,495	26,094	187,589
2012	63,506	56,090	5,704	39,278	164,678	28,017	192,595
2013	63,336	64,876	6,822	41,779	176,813	25,633	202,446

出所：韓国肉加工協会

5. 水産加工

<表5-1> 品種別水産物生産量推移　　　　　　　　　　　　　　　　　　　　　(単位：千トン)

	合計	魚類	貝類	甲殻類	軟体動物	その他水産物	藻類
2008	3,363	1,448	429	126	402	23	935
2009	3,175	1,417	420	132	312	24	870
2010	3,111	1,331	440	147	256	22	915
2011	3,256	1,356	467	130	269	28	1,007
2012	3,183	1,268	433	135	293	23	1,032

出所：食品流通年鑑

<表5-2> 漁業別生産量及び金額推移　　　　　　　　　　　　　　　　　　　(単位：千M/T, 億ウォン)

		2009	2010	2011	2012
合計	生産量	3,182	3,111	3,256	3,183
	生産額	69,242	74,257	80,729	76,891
近海漁業	生産量	1,227	1,133	1,235	1,091
	生産額	36,404	39,117	44,441	39,510
浅海養殖	生産量	1,313	1,355	1,478	1,489
	生産額	18,463	18,156	17,842	17,593
遠洋漁業	生産量	612	592	511	575
	生産額	11,638	13,645	14,670	16,554
内水面漁業	生産量	30	31	32	28
	生産額	2,738	3,388	3,775	3,233

出所：海洋水産部

<表5-3> 年度別・品目別水産物加工実績推移　　　　　　　　　　　　　　(単位：トン, 百万ウォン)

		合計	焼乾品	塩乾品	煮乾品	塩蔵品	塩辛品	缶詰	冷凍品
2008	重量	1,773,179	15,812	19,444	32,792	5,063	49,456	73,578	1,139,905
	金額	5,334,224	130,781	353,832	158,625	144,718	175,565	264,191	1,910,442
2009	重量	1,898,135	6,146	20,192	54,218	12,948	41,134	61,287	1,259,438
	金額	5,013,777	64,018	274,839	207,160	47,934	289,626	320,200	2,195,731
2010	重量	1,815,286	3,622	12,565	44,974	9,933	35,315	54,168	1,210,775
	金額	8,356,645	77,802	371,013	223,346	769,262	216,846	196,153	4,034,595
2011	重量	1,865,546	3,906	34,700	33,651	23,468	27,228	82,452	1,249,510
	金額	6,540,369	66,188	430,522	135,536	69,778	153,828	165,965	3,867,926
2012	重量	1,885,437	12,036	33,966	29,859	24,258	35,193	84,793	1,215,935
	金額	7,770,232	108,516	425,323	161,379	85,535	166,801	203,341	4,658,507

<続く>

		海藻製品	魚油粉	寒天	練り製品	調味加工	水産皮革品	その他
2008	重量	157,281	8,985	206	107,465	96,701	513	65,978
	金額	527,699	7,677	3,795	301,507	971,251	2,515	381,625
2009	重量	156,803	10,037	334	142,591	33,714	1,736	97,557
	金額	519,013	9,465	4,178	356,073	311,024	6,205	407,301
2010	重量	164,104	13,287	206	114,823	34,654	743	37,309
	金額	523,502	15,628	6,392	428,613	333,940	4,550	292,410
2011	重量	205,810	3,128	450	121,018	44,271	794	35,160
	金額	565,437	17,784	9,838	377,184	348,493	5,933	325,957
2012	重量	189,753	15,766	409	129,188	43,790	824	69,667
	金額	653,661	20,917	12,576	413,369	338,214	6,953	515,140

出所：海洋水産部

<表5-4> 品目別練り製品加工実績　　　　　　　　　　　　　　　　　(単位：トン)

区分	2008	2009	2010	2011	2012
かまぼこ	28,678	34,184	30,645	16,826	16,487
魚肉ソーセージ	16,055	15,693	18,367	20,614	18,260
揚げかまぼこ	55,990	79,774	51,503	72,004	84,186
蒸かまぼこ	1,753	4,971	1,909	2,357	4,223
焼きかまぼこ	707	2,746	717	1,044	1,289
その他	4,254	5,223	11,682	8,173	4,743
合計	107,437	142,591	114,823	121,018	129,188

出所：食品流通年鑑

<表5-5> 品目別缶詰製品加工実績　　　　　　　　　　　　　　　　　(単位：トン)

区分	2008	2009	2010	2011	2012
さんま	2,422	11,764	14,275	14,634	16,322
さば	3,565	2,435	5,994	7,953	3,377
カキ	703	1,243	3,042	1,711	3,601
サザエ	1,905	2,618	1,252	3,425	6,091
イガイ	7	1,368	47	24	-
アサリ	82	15	53	29	-
まぐろ	62,407	35,457	28,000	54,443	55,135
その他	2,488	6,387	1,505	233	267
合計	73,579	61,287	54,168	82,452	84,793

出所：食品流通年鑑

食品産業

<表5-6> 品目別冷凍品加工実績推移　　(単位：トン)

区分	2008	2009	2010	2011	2012
イカ	70,474	100,630	101,084	117,079	115,907
スケトウダラ	9,374	15,710	15,644	10,816	16,987
カレイ	10,396	9,718	10,968	14,176	5,004
さば	81,841	107,594	68,051	91,075	91,617
タラ	655	761	1,819	1,085	1,548
イシモチ	17,027	17,558	22,485	24,661	11,572
さんま	7,707	10,859	9,514	9,091	11,042
タチウオ	11,338	13,850	16,619	12,737	8,125
あじ	8,319	13,771	10,961	6,861	7,106
えび	7,552	7,655	10,061	6,095	5,296
サワラ	7,552	5,636	11,910	8,267	8,651
いわし	11,197	19,160	14,595	17,828	18,493
マナガツオ	430	437	1,834	368	457
ふぐ	4,483	14,403	29,140	41,721	18,693
フウセイ	1,026	206	2,472	638	619
タコ	2,273	2,359	2,526	2,378	1,470
カニ	5,695	8,225	9,430	13,439	9,933
その他	70,075	273,119	279,546	235,990	198,957
甲イカ	909	777	4,125	454	801
えび	55	704	227	3,980	4,814
あなご	749	634	1,489	1,682	4,015
スケトウダラ	203	2,532	3,718	5,548	7,617
魚肉練り製品	3,483	4,967	3,576	5,667	15,199
トリガイ	65	189	294	75	80
カキ	1,385	3,698	4,110	8,644	15,845
アサリ	351	328	435	1,520	994
イガイ	305	544	2,645	795	1,799
その他	164,328	43,334	58,189	121,501	87,818
合計	499,247	679,358	697,467	764,171	670,459

出所：海洋水産部

<表5-7> 品目別焼乾品加工実績推移　　(単位：トン)

区分	2008	2009	2010	2011	2012
イカ	12,603	3,770	1,191	1,461	6,585
スケトウダラ	2,934	1,841	2,002	1,219	4,767
えび	50	81	51	119	-
シラス	0	0	0	0	-
貝類	18	33	18	19	24
その他	207	421	360	1,088	660
合計	15,812	6,146	3,622	3,906	12,036

出所：海洋水産部

<表5-8> 品目別塩乾品加工実績推移　　　　　　　　　　　　　　　　　　　　　　（単位：トン）

区分	2008	2009	2010	2011	2012
イシモチ類	19,145	19,897	12,189	34,375	33,508
その他	299	295	376	325	458
合計	19,444	20,192	12,565	34,700	33,966

出所：海洋水産部

<表5-9> 品目別煮乾品加工実績推移　　　　　　　　　　　　　　　　　　　　　　（単位：トン）

区分	2008	2009	2010	2011	2012
カキ	450	164	450	153	0
いわし	31,990	53,451	44,035	33,041	29,511
えび	95	163	165	197	125
イガイ	18	132	80	33	53
その他	239	308	244	227	170
合計	32,792	54,218	44,974	33,651	29,859

出所：海洋水産部

<表5-10> 品目別海藻製品加工実績推移　　　　　　　　　　　　　　　　　　　　　（単位：トン）

区分	2008	2009	2010	2011	2012
乾燥海苔	61,615	53,631	57,178	34,335	40,306
乾燥ワカメ	19,411	18,448	21,346	8,507	9,678
塩蔵ワカメ	63,092	71,498	74,325	140,400	116,280
昆布	2,832	3,899	2,907	13,711	13,348
ヒジキ	5,269	4,044	2,364	2,899	4,172
藻類	1,504	4,116	5024	2,199	1,618
その他	3,358	1,167	960	3,759	4,351
合計	157,285	156,803	164,104	205,810	189,753

出所：食品流通年鑑

<表5-11> 品目別寒天加工実績推移　　　　　　　　　　　　　　　　　　　　　　（単位：トン）

区分	2008	2009	2010	2011	2012
糸寒天	142	126	0	102	74
粉寒天	64	208	206	348	329
その他	0	0	0	0	6
合計	206	334	206	450	409

出所：海洋水産部

<表5-12> 品目別乾燥加工品加工実推移 (単位:トン)

区分	2008	2009	2010	2011	2012
調味海苔	11,808	13,146	14,349	27,291	27,627
調味イカ	11,790	11,566	11,890	9,246	6,430
調味カワハギ干物	68,800	875	616	872	751
調味スケトウダラ干物	932	517	744	855	380
その他	3,371	7,610	7,055	6,007	8,602
合計	96,701	33,714	34,654	44,271	43,790

出所:食品流通年鑑

<表5-13> 品目別魚油粉加工実績 (単位:トン)

区分	2008	2009	2010	2011	2012
イカ油	991	1,471	948	473	355
その他魚肝油	853	679	5,536	391	4,161
魚粉/魚肥	7,140	7,887	6,803	2,264	11,250
合計	8,984	10,037	13,287	3,128	15,766

出所:海洋水産部

<表5-14> 品目別塩蔵品加工実績 (単位:トン)

区分	2008	2009	2010	2011	2012
さば	2,327	9,210	5,963	7,631	7,429
その他	1,719	3,738	3,970	15,837	16,829
合計	4,102	12,948	9,933	23,468	24,258

出所:海洋水産部

<表5-15> 品目別塩辛品加工実績 (単位:トン)

区分	2008	2009	2010	2011	2012
イワシ塩辛	14,109	10,701	14,951	10,999	11,664
アミの塩辛	17,792	19,753	6,910	4,864	7,358
イカ塩辛	1,605	2,792	2,245	1,945	3,438
貝の塩辛	370	472	395	896	867
カキ(牡蛎の塩漬)	399	657	516	623	581
ウニ塩辛	3	4	2	4	40
明太子	3,833	2,167	5,003	4,643	4,977
スケトウダラの塩辛	558	631	553	522	499
キングチの塩辛	492	783	424	385	419
その他	9,650	3,174	4,316	2,347	5,350
合計	48,811	41,134	35,315	27,228	35,193

出所:海洋水産部

6. 調味料・調味食品・醤類製造業

<表6-1> 発酵調味料生産推移 (単位：トン, %)

	生産量	増減率	出荷量	増減率	在庫量	増減率
2009	40,870	-45.7	22,934	-65.4	11,442	133.8
2010	32,802	-19.7	23,984	4.6	-1,456	-112.7
2011	36,766	12.1	20,890	-12.9	3,146	-316.1
2012	33,572	-8.7	16,618	-20.4	8,266	162.7
2013	27,811	-17.2	13,000	-21.8	8,457	2.3

出所：食品流通年鑑

<表6-2> 発酵調味料販売推移 (単位：トン, %)

	内需量	増減率	輸入量	増減率	輸出量	増減率
2009	40,461	-54.2	17527	-21.0	6,494	55.9
2010	45,727	13.0	21,743	24.1	10,274	58.2
2011	39,552	-13.5	18,662	-14.2	12,730	23.9
2012	28,611	-27.7	11,993	-35.7	8,688	-31.8
2013	27,709	-3.2	14,709	22.6	6,354	-26.9

出所：食品流通年鑑

<表6-3> 発酵調味料輸入量推移 (単位：トン, 千ドル, %)

	2011	増減率	2012	増減率	2013	増減率
輸入量	18,662	-14.2	11,993	-35.7	14,708	22.6
輸入額	30,969	-5.8	20,053	-35.2	22,579	12.6

出所：食品流通年鑑

<表6-4> 発酵調味料家庭用販売実績推移 (単位：トン, 百万ウォン, %)

	2011	増減率	2012	増減率	2013	増減率
販売量	1,782	-12.6	1,521	-14.6	1,339	-12.0
販売額	28,860	-1.0	25,720	-10.9	23,013	-10.5

出所：食品流通年鑑

<表6-5> 混合調味料生産推移 (単位：トン, %)

	生産量	増減率	出荷量	増減率	在庫量	増減率
2009	34,241	-9.9	34,496	-7.9	1,201	-20.8
2010	35,358	3.2	34,480	0.0	2,076	42.1
2011	41,020	13.8	41,007	15.9	1,890	-9.8
2012	40,819	-0.5	40,893	-0.3	1,816	-4.1
2013	33,321	-22.5	33,752	-21.2	1,381	-31.5

出所：食品流通年鑑

<表6-6> 混合調味料販売推移 (単位：トン, %)

	内需量	増減率	輸出量	増減率
2009	34,338	-7.8	158	-32.9
2010	33,908	-1.3	572	72.4
2011	40,157	15.6	850	32.7
2012	40,415	0.6	478	-77.8
2013	32,682	-23.7	1,070	55.3

出所：食品流通年鑑

<表6-7> 混合調味料販売実績推移 (単位：トン, 百万ウォン, %)

	2011	増減率	2012	増減率	2013	増減率
販売量	7,959	-10.1	7,059	-11.3	6,082	-13.8
販売額	115,490	-1.3	108,961	-5.7	97,830	-10.2

出所：食品流通年鑑

<表6-8> 調味料家庭使用量推移 (単位：トン, 百万ウォン, %)

	2011	増減率	2012	増減率	2013	増減率
販売量	959	2.1	858	-10.5	1,234	43.8
販売額	27,354	12.4	27,585	0.8	29,804	8.0

出所：食品流通年鑑

<表6-9> 調味食品販売量推移 (単位：トン, 百万ウォン, %)

		2011	2012	2013	増減率
酢	重量	15,510	16,054	20,816	29.7
	金額	31,954	33,142	41,341	24.7
カレー	重量	5,225	4,952	4,833	-2.4
	金額	81,787	80,309	78,461	-2.3
マヨネーズ	重量	6,452	6,135	6,471	5.5
	金額	38,888	38,163	40,324	5.7
ドレッシング類	重量	5,275	5,450	5,147	-5.6
	金額	49,863	54,776	54,348	-0.8
トマトケチャップ	重量	10,679	10,023	10,223	2.0
	金額	40,776	39,824	39,165	-1.7
ソース類	重量	15,369	16,631	18,803	13.1
	金額	106,864	117,623	137,944	17.3
タレ類	重量	9,475	10,304	10,281	-0.2
	金額	67,022	77,096	79,402	3.0
胡椒/からし/わさび類	重量	784	733	702	-4.2
	金額	24,928	26,336	27,134	3.0

出所：食品流通年鑑

<表6-10> 調味食品輸出入推移 (単位：千ドル, トン, %)

		2011		2012		2013		増減率	
		金額	重量	金額	重量	金額	重量	金額	重量
酢	輸入	2,617	960	2,987	1,114	3,242	1,466	8.5	31.6
	輸出	1,102	665	1,706	968	1,953	1,027	14.5	6.1
即席カレー	輸入	8,635	1,091	7,494	928	6,506	968	-13.2	4.3
	輸出	3,732	742	4,917	951	3,905	807	-20.6	-15.1
トマトケチャップ	輸入	3,080	2,564	4,289	3,507	5,289	4,215	23.3	20.2
	輸出	2,733	1,432	3,229	1,647	3,826	1,869	18.5	13.5
マヨネーズ	輸入	837	215	1,170	487	1,948	763	66.5	56.7
	輸出	37,215	16,354	37,786	15,238	36,590	15,323	-3.2	0.6
ソース類	輸入	108,883	63,299	116,994	66,530	113523	65,800	-3.0	-1.1
	輸出	39,322	9,619	44,909	10,823	52,201	13,303	16.2	22.9

注) ソース類はソース製造用調整品を含む. 出所：食品流通年鑑

<表6-11> 調味食品原料野菜類生産量推移 (単位：トン)

	2008	2009	2010	2011	2012
調味野菜	2,056,892	2,310,123	2,220,794	2,400,874	2,017,243
唐辛子	123,508	117,324	95,392	77,110	104,416
ニンニク	375,463	357,278	271,560	295,002	339,113
タマネギ	1,035,076	1,372,291	1,411,646	1,520,016	1,195,737
ネギ	505,056	446,991	417,229	482,143	356,734
ショウガ	17,790	16,249	24,969	26,603	21,513

出所：食品流通年鑑

<表6-12> 国別マヨネーズ輸出実績推移 (単位：千ドル, トン)

	2011		2012		2013	
	金額	重量	金額	重量	金額	重量
ロシア連邦	28,843	14,063	26,018	11,993	27,269	12,540
中国	4,355	686	6,415	1,225	5,357	1,128
オーストラリア	488	226	905	367	996	429
日本	859	392	1,448	580	977	497
モンゴル&ベトナム	1,526	606	1,076	446	912	372
シンガポール	130	36	55	16	207	65
香港	149	59	149	59	183	72
ニュージーランド	73	34	131	63	139	65
アメリカ	127	42	68	31	87	33
インドネシア	527	168	1,241	396	86	29
その他の国	1,702	3,058	1,018	1,605	1,745	70
合計	38,125	19,160	37,215	16,354	37,785	15,238

出所：食品流通年鑑

<表6-13> 国別トマトペースト輸入量推移 (単位：千ドル，トン)

	2011		2012		2013	
	金額	重量	金額	重量	金額	重量
中国	11,925	15,418	11,787	14,773	10,298	11,122
アメリカ	8,442	7,909	10,297	9,750	12,354	11,997
イタリア	1,357	893	850	624	1,524	934
チリ	1,354	1,299	1,337	1,272	889	790
ポルトガル	336	302	392	378	386	359
トルコ	3	2	146	113	236	162
ニュージーランド	510	495	122	106	124	108
その他の国	0	1	17	5	2	0
合計	23,927	26,319	24,948	27,021	25,813	25,472

出所：食品流通年鑑

<表6-14> 肉魚類エキス輸出入推移 (単位：千ドル，トン，%)

		2012		2013		増減率	
		金額	重量	金額	重量	金額	重量
肉類エキス	輸入	10,705	2,692	11,159	2,767	4.2	2.8
	輸出	42	6	4	2	-90.5	-66.7
魚類エキス及び汁	輸入	2,802	4,506	2,903	4,037	3.6	-10.4
	輸出	957	588	1,018	686	6.4	16.7
その他エキス類	輸入	642	300	717	368	11.7	22.7
	輸出	2,752	525	2,848	571	3.5	8.8

出所：食品流通年鑑

<表6-15> 香辛料原料輸入量推移 (単位：千ドル，トン)

	2011		2012		2013	
	金額	重量	金額	重量	金額	重量
唐辛子類	49,814	16,309	40,504	12,120	14,341	5,474
コショウ	28,095	4,337	33,346	4,456	31,493	4,334
ショウガ	2,411	3,709	2,782	4,755	4,071	7,551
桂皮類	3,094	2,018	3,517	2,179	4,899	2,732
丁香	515	58	1,062	78	1,104	81
ナツメグ，メース	1,922	98	1,985	88	2,102	111
ショウズク	672	63	556	55	647	71
コリアンダー	678	377	657	395	650	398
クミン	762	171	903	206	835	219
茴香，ジュニパー	488	187	268	129	493	272
アニス，大茴香	298	47	446	100	509	128
ウコン	1,917	610	935	593	1,021	620
タイム，ローリエ	507	90	643	116	709	119
その他の香辛料	1,658	432	1,675	552	1,898	673
香辛料の混合物	76	7	268	129	493	272

出所：食品流通年鑑

<表6-16> 品目別醤油類出荷額推移 (単位：百万ウォン, %)

	2009		2010		2011	
	出荷額	増減率	出荷額	増減率	出荷額	増減率
醤油類系	919,234	3.3	911,446	-0.8	982,250	7.8
唐辛子味噌（コチュジャン）系	303,245	1.6	293,769	-3.1	303,768	3.4
唐辛子味噌（コチュジャン）	303,003	1.6	293,603	-3.1	302,805	3.1
調味	242	198.2	166	-31.7	963	480.1
韓国式味噌系	144,809	8.8	137,601	-5.0	154,601	12.3
韓国式味噌	125,044	3.2	98,633	-21.1	129,872	31.6
韓食	18,665	60.8	37,889	103.0	22,422	-40.8
調味	1,100	382.5	1,078	-2.0	2,307	114.0
醤油系	282,506	0.4	290,507	2.8	282,892	-1.6
混合	147,054	-5.0	150,828	2.6	159,710	5.9
醸造	81,595	14.0	99,109	21.5	78,337	20.9
酸分解	43,680	79.8	32,873	-24.7	31,601	-3.9
韓食	9,990	-67.1	7,475	-25.2	12,942	73.1
酵素分解	188	15.6	223	18.6	302	35.4
混合醤	123,262	3.7	123,914	0.5	161,548	30.4
清麹醤	28,143	3.3	23,952	-14.9	31,853	28.8
中国味噌	18,697	1.7	21,056	12.6	24,482	16.3
味噌玉麹	13,071	13.5	16,333	25.0	16,116	-1.3
その他醤油類	5,500	319.8	4,315	-21.6	6,990	62.0

出所：食品流通年鑑

<表6-17> 年度別醤油類輸出入推移 (単位：千ドル)

		2008	2009	2010	2011
唐辛子味噌（コチュジャン）	輸出	9,358	14,591	16,798	21,810
	輸入	417	260	279	279
醤油	輸出	11,717	11,733	11,687	12,028
	輸入	7,502	6,656	5,062	6,124
韓国式味噌	輸出	9,080	5,583	6,111	6,693
	輸入	4,357	3,797	3,895	4,834

出所：食品流通年鑑

<表6-18> 国別醤類輸出推移 (単位：千ドル, %)

	2011	2012	2012.11	2013.11	増減
計	46,906	50,560	45,953	50,445	9.7
アメリカ	15,347	16,907	15,301	17,796	16.3
中国	7,454	6,087	5,516	5,092	-7.6
日本	6,227	5,892	5,333	4,211	-20.4
ロシア	2,549	3,269	3,026	3,145	3.9
オーストラリア	1,945	2,745	2,537	2,381	-6.1

出所：食品流通年鑑

<表6-19> 年度別・会社別醤油類国内市場占有率推移 (単位：%)

		2010	2011	2012	2013
唐辛子味噌（コチュジャン）	CJ	49.9	49.3	52.5	47.0
	大象	40.3	39.5	36.8	39.8
	その他	9.8	11.2	10.7	13.2
醤油	CJ	45.7	45.0	45.7	45.8
	大象	30.9	30.2	30.3	31.1
	その他	23.4	24.8	24.0	23.1
韓国式味噌	CJ	46.5	43.5	43.1	45.3
	大象	40.3	40.5	41.3	39.7
	その他	13.2	16.0	15.6	15.1

出所：食品流通年鑑

7. キムチ製造業

<表7-1> キムチ市場規模推移 (単位：億ウォン, %)

	2009	2010	2011	2012	2013
キムチ総市場(億ウォン)	22,681	23,321	23,806	23,987	24,170
商品キムチ市場	10,767	11,239	11,682	11,932	12,295
家庭(製造)市場	11,914	12,082	12,124	12,055	11,876
キムチ総市場(千トン)	1,276	1,238	1,231	1,210	1,204
商品キムチ市場	487	487	488	493	506
家庭(製造)市場	789	750	744	718	699
商品化キムチの比重	38	39	40	40.7	42.0

出所：食品流通年鑑

<表7-2> 商品キムチ市場規模推移 (単位：億ウォン, %)

	2011		2012		2013	
	金額	成長率	金額	成長率	金額	成長率
商品キムチ市場(億ウォン)	11,682	3.9	11,932	2.1	12,295	3.0
家庭用	2,719	9.0	2,790	2.6	2,860	2.5
業務用	8,963	2.5	9,142	2.0	9,435	3.2
商品キムチ市場(千トン)	488	0.1	493	1.1	506	2.6
家庭用	50	0.9	51	1.7	52	1.9
業務用	437	0.0	442	1.0	454	2.7

出所：食品流通年鑑

<表7-3> 家庭用商品キムチ成長率推移 (単位：%)

	売上	物量
2011	11.9	-1.1
2012	2.6	-1.7
2013	2.5	-0.4

注) Nilson基準Retail市場

出所：食品流通年鑑

<表7-4> 作況別白菜栽培面積と生産量推移 (単位：ha, 千トン)

		2009	2010	2011	2012	2013	平年
合計	面積	34,321	28,270	35,513	30,540	33,349	32,874
	生産量	2,529	1,783	2,680	2,151	2,612	2,316
春白菜	面積	9,551	4,580	8,875	6,805	7,754	8,410
	生産量	419	192	304	364	512	362
高冷地白菜	面積	5,553	4,929	4,691	5,495	5,204	5,326
	生産量	211	136	144	203	179	186
秋白菜	面積	14,462	13,540	17,326	13,408	15,095	14,232
	生産量	1,583	1,188	1,897	1,298	1,573	1,456
冬白菜	面積	4,755	5,221	4,621	4,832	5,296	4,906
	生産量	316	267	335	286	348	312

出所：食品流通年鑑

食品産業

<表7-5> 白菜需給展望 (単位：ha, 千トン)

	単位	2013	展望		
			2014	2018	2023
栽培面積	ha	33,349	31,945	29,923	27,828
総供給量	千トン	3,044	2,782	2,711	2,637
国内生産量	千トン	2,612	2,349	2,242	2,120
純輸入量	千トン	432	433	469	517
輸入量	千トン	494	499	559	625
輸出量	千トン	62	66	90	108
1人当り消費量	kg	60.5	54.2	51.1	47.8
自給率	%	86.0	84.4	82.7	80.4

出所：食品流通年鑑

<表7-6> 大根価格推移 (単位：ウォン)

	1	2	3	4	5	6	7	8	9	10	11	12	年平均
2011	672	621	758	718	545	368	650	1,386	880	488	350	317	649
2012	342	446	513	493	560	627	756	592	752	952	767	777	632
2013	574	550	525	543	801	784	655	789	816	543	495	453	624

注) 卸売商品1kg基準　　　　　　　　　　　　　　　　　　　　　　　　出所：食品流通年鑑

<表7-7> 干し唐辛子価格推移 (単位：ウォン)

	1	2	3	4	5	6	7	8	9	10	11	12	年平均
2011	14,759	14,700	14,700	14,686	14,520	14,567	14,600	17,205	25,767	24,058	23,727	23,667	18,099
2012	23,667	23,667	23,365	22,200	21,167	20,950	21,000	21,364	20,100	18,328	17,273	16,596	20,807
2013	15,341	15,167	15,092	14,442	13,465	13,433	13,390	12,105	11,556	11,484	11,333	11,333	13,188

注) 卸売商品1kg基準　　　　　　　　　　　　　　　　　　　　　　　　出所：食品流通年鑑

<表7-8> 長ネギ価格推移 (単位；ウォン)

	1	2	3	4	5	6	7	8	9	10	11	12	年平均
2011	3,408	2,789	2,413	1,405	1,034	884	1,046	1,301	1,562	1,211	1,139	992	1,584
2012	1,138	1,600	1,665	1,400	1,670	2,116	1,936	2,346	3,046	2,538	2,224	2,319	2,001
2013	2,224	2,204	2,206	2,229	2,002	1,409	1,303	1,382	1,669	1,423	1,453	1,408	1,741

注) 卸売商品1kg基準　　　　　　　　　　　　　　　　　　　　　　　　出所：食品流通年鑑

<表7-9> むきニンニク価格推移 (単位：ウォン)

	1	2	3	4	5	6	7	8	9	10	11	12	年平均
2011	6,825	6,727	6,662	6,654	6,497	5,874	5,691	5,463	5,477	5,891	5,880	5,867	6,117
2012	5,790	5,790	5,952	6,720	6,371	5,699	5,625	5,742	5,902	6,020	6,019	6,000	5,966
2013	6,000	6,000	6,227	6,315	6,080	5,242	4,630	4,269	4,092	4,211	4,316	3,976	5,118

注) 卸売商品1kg基準　　　　　　　　　　　　　　　　　　　　　　　　出所：食品流通年鑑

<表7-10> キムチ輸出入動向 (単位：トン, 千ドル)

	輸出重量	輸出金額	輸入重量	輸入金額	貿易収支
2011	27,429	104,577	230,078	120,874	-16,297
2012	27,664	106,608	218,844	110,842	-4,234
2013	25,631	89,277	220,218	117,431	-28,154
合計	80,724	300,462	669,140	349,147	-48,685

出所：食品流通年鑑

<表7-11> 国別キムチ輸出推移 (単位：トン, 千ドル)

	2011		2012		2013	
	重量	金額	重量	金額	重量	金額
日本	22,053	86,819	21,450	84,588	19,211	65,851
アメリカ	794	2,794	1,047	3,873	1,206	4,946
香港	683	2,413	903	3,286	937	3,567
台湾	877	2,348	1,021	2,747	877	2,427
オーストラリア	382	1,162	413	1,451	461	1,651
カナダ	310	1,132	325	1,264	313	1,272
英国	352	1,105	369	1,306	380	1,422
シンガポール	191	830	219	976	251	1,164
ニュージーランド	328	812	256	715	277	795
オランダ	147	476	183	627	242	859
マレーシア	105	380	136	532	170	654
アラブ首長国連邦	114	374	111	414	86	326
その他	1,092	3,936	1,233	4,828	1,222	4,343
合計	28,428	104,581	27,666	106,607	25,333	89,277

出所：食品流通年鑑

8. 酒類・飲料

<表8-1> 年度別・酒類別出荷量推移 (単位：kℓ)

	2008	2009	2010	2011
合計	(146,662) 3,098,022	(139,431) 2,946,713	(142,907) 2,952,213	(153,968) 2,960,918
希釈式焼酎	(52,231) 1,253,538	(49,517) 1,175,773	(44,817) 1,178,808	(37,259) 1,178,008
蒸留式焼酎	(6) 176	(18) 135	(17) 186	(13) 127
清酒	(541) 21,735	(530) 21,515	(575) 21,754	(500) 22,867
一般蒸留酒	(1,824) 10,207	(1,944) 9,771	(2,193) 3,514	(2,941) 442
ビール	(88,692) 1,772,800	(84,367) 1,715,168	(92,256) 1,725,037	(110,264) 1,738,759
ウイスキー	(1,310) 6,908	(1,361) 4,265	(1,425) 3,177	(1,495) 1,860
ブランデー	(198) 1	(187) 54	(134) 54	(75) 0
果実酒	(573) 17,978	(580) 15,889	(553) 15,573	(610) 14,489
リキュール	(620) 1,439	(707) 847	(671) 498	(558) 128
薬酒	(588) 10,270	(0) 0	(0) 0	(0) 45
その他酒類	(79) 2,969	(219) 3,294	(266) 3,611	(254) 4,192

注)1. 薬酒(クッスン堂、斗山)の2社2003年7月登録
　2. ( )は免税出荷分
　3. 輸入酒類を除く

出所：韓国酒類産業協会

<表8-2> 国内ビール市場占有率 (単位：%)

	2008	2009	2010	2011	2012	2013.3
ハイト真露	58.15	56.32	53.69	48.18	43.15	39.23
ＯＢビール	41.85	43.68	46.31	51.82	56.85	60.77

注) 課税＋免税基準　　　　　　　　　　　　　　　　出所：食品流通年鑑

<表8-3> 会社別焼酎市場占有率(2009～2012)　　　　　　　　　　　　　　　　　　　　　　　(単位：%)

	2009	2010	2011	2012	2013. 1~2
ハイト真露	50.0	50.2	47.2	48.8	44.4
ロッテ酒類	13.2	13.8	16.1	15.1	17.2
韓国舞鶴(ムハク)	8.5	10.0	12.9	14.0	15.1
金福酒(チャムソジュ)	8.8	8.3	8.0	7.5	10.1
ボヘ醸造	5.2	5.1	5.1	5.0	4.1
ソニャン焼酎	3.1	3.2	3.4	3.2	2.9
大鮮酒造	7.5	5.9	4.0	3.3	2.8
忠北焼酎	1.4	1.4	1.2	1.3	1.5
漢拏山焼酎	1.2	1.2	1.2	1.2	1.3
宝杯	1.0	1.0	0.9	0.8	0.7

注) 瓶焼酎国内販売分基準(免税品除く)　　　　　　　　　　　　　　　　　　　　　出所：食品流通年鑑

<表8-4> 年度別マッコリ出荷量推移　　　　　　　　　　　　　　　　　　　　　　　　　(単位：kℓ)

2007	2008	2009	2010	2011	2012
172,342	176,398	260,694	412,269	458,198	448,046

出所：食品流通年鑑

<表8-5> 流通チャンネル別・四半期別マッコリ小売売上額　　　　　　　　　　　　　　(単位：百万ウォン)

	2012					2013				
	第1四半期	第2四半期	第3四半期	第4四半期	小計(M/S)	第1四半期	第2四半期	第3四半期	第4四半期	小計(M/S)
生	45,012	53,814	53,947	42,187	194,960 / 68.8	33,212	46,416	52,889	44,320	176,837 / 64.3
その他	17,981	24,141	26,560	19,848	88,530 / 31.2	16,440	25,471	30,020	26,255	98,186 / 35.7
合計	62,993	77,955	80,507	62,035	283,490 / 100.0	49,652	71,888	82,909	70,574	275,023 / 100.0

出所：食品流通年鑑

<表8-6> ワイン輸入動向

		重量(kℓ)					輸入価格(ウォン/ボトル)(※1ボトル=750mℓ)				
		2011	2012	12.8累計	13.8累計	増減率	2011	2012	12.8累計	13.8累計	増減率
赤ワイン	小計	17,467	19,347	12,013	15,104	25.7	4,541	4,577	4,748	4,541	-4.3
	チリ	5,542	5,972	3,977	4,806	20.8	3,996	4,003	3,957	3,897	-1.5
	フランス	3,288	3,184	1,924	2,579	58.2	7,913	8,752	9,464	8,107	-14.3
	スペイン	2,961	3,106	2,077	2,719	34.1	1,677	1,823	1,754	1,871	6.7
白ワイン	小計	6,358	7,072	4,498	5,243	16.6	2,794	2,853	2,925	2,876	-1.7
	スペイン	2,454	2,533	1,810	2,264	25.1	747	824	820	1,012	23.4
	イタリア	1,650	1,783	1,169	1,071	-8.4	3,552	3,688	3,635	3,938	8.4
	チリ	824	604	404	676	67.2	2,729	3,275	3,280	2,418	-26.3
スパークリングワイン	小計	1,883	2,551	1,451	1,922	32.4	6,719	6,186	6237	5,623	-9.8
	イタリア	860	1,042	728	772	6.0	4,079	4,015	3,942	4,200	6.5
	南アフリカ	338	658	227	615	170.9	1,716	1,808	1,865	1,764	-5.4
	フランス	352	410	225	239	6.4	20,600	21,308	20,943	22,498	7.4
その他	小計	104	266	158	118	-25.2	8,831	4,256	4,893	6,701	39.8
	アメリカ	23	32	25	24	-3.6	12,425	11,357	9,581	8,597	-10.3
	スペイン	17	27	15	21	35.8	5,383	3,293	3,309	3,187	-3.7
	オーストラリア	14	20	18	4	-77.2	6,554	3,095	2,671	6,478	142.6
合計		25,812	29,236	18,122	22,387	23.5	4,287	4,297	4,415	4,256	-3.6

出所：食品流通年鑑

<表8-7> 種類別ワイン最大輸入国

	赤ワイン		白ワイン		スパークリングワイン	
	1位	2位	1位	2位	1位	2位
2012	チリ(30.9)	フランス(16.5)	スペイン(35.8)	イタリア(25.2)	イタリア(40.9)	南アフリカ(25.8)

出所：食品流通年鑑

<表8-8> ウイスキー輸入動向　　　　　　　　　　　　　　　（単位：百万ドル，百万ℓ，ドル/ℓ，%）

		重量(kℓ)					輸入価格(ウォン/ボトル)(※1ボトル=700mℓ)				
		2011	2012	2012.8累計	2013.8累計	増減率	2011	2012	2012.8累計	2013.8累計	増減率
ウイスキー	小計	22,215	19,604	13,134	11,130	-15.3	7,929	8,360	8,338	8,354	0.2
	英国	21,049	18,466	12,344	10,446	-15.4	8,122	8,605	8,588	8,584	0.0
	アメリカ	1,043	1,029	730	614	-15.9	4,171	4,196	4,244	4,395	3.6
	カナダ	60	35	20	25	24.5	4,258	4,545	4,290	4,650	8.4

出所：食品流通年鑑

<表8-9> 品目別飲料類生産・出荷現況(2012)　　　　　　　　　　　　　　　　(単位：トン, ウォン, ドル)

	生産現況			出荷現況			
	生産能力	生産量	生産額	出荷量	出荷額	輸出量	輸出額
濃縮果菜ジュース(加熱)	193,981	8,822	21,407,154	6,288	25,159,924	694	1,574,221
濃縮果菜ジュース(非加熱)	952	48	677,002	45	851,629	-	-
果菜ジュース(加熱)	8,422,436	218,997	356,160,240	172,642	376,810,483	2,350	3,839,530
果菜ジュース(非加熱)	64,312	10,130	43,713,362	9,307	60,710,557	194	917,637
果菜飲料(加熱)	15,027,947	425,171	445,824,041	346,969	469,551,682	28,235	26,238,368
果菜飲料(非加熱)	84,577	4,562	6,031,122	4,950	11,076,236	2	4,436
炭酸飲料	29,699,494	1,289,698	1,043,030,345	1,211,899	1,413,681,093	35,655	21,268,990
炭酸水	520,585	6,359	2,216,228	6,238	5,223,295	59	37,356
豆乳液	70,338	22,137	6,623,471	21,668	7,098,229	-	-
豆乳	7,157,128	265,234	453,153,192	237,555	404,511,926	3,086	4,344,522
粉末豆乳	2	2	34,029	2	37,432	-	-
その他豆乳	149,595	839	785,567	372	949,884	-	-
乳酸菌飲料	894,379	95,148	55,444,710	90,433	62,929,806	503	449,162
酵母飲料	131	85	468,689	72	342,965	-	-
その他発酵飲料	15,472	1,014	9,200,461	831	9,433,562	3	47,946
高麗人参飲料	96,933	1,157	6,561,357	945	6,871,778	264	1,081,536
紅参飲料	1,683,633	27,894	175,931,354	18,578	266,138,667	439	14,778,827
混合飲料	17,423,747	787,068	728,223,296	551,677	949,050,555	52,190	53,972,610
抽出飲料	106,222	4,970	47,799,006	8,775	54,050,221	75	447,288
飲料ベース(粉末)	58,043	1,358	9,583,522	1,242	12,338,453	99	1,077,651
飲料ベース(その他)	1,560,891	51,942	134,796,326	42,313	140,869,035	2,389	8,450,130
総計	83,230,799	3,222,635	354,7664,474	2,732,800	4,277,687,412	126,237	138,530,210

出所：食品流通年鑑

<表8-10> 品目別飲料類出荷額推移 (単位:ウォン,%)

	2011			2012		
	出荷額	占有率	増加率	出荷額	占有率	増加率
濃縮果菜ジュース(加熱)	19,099,135	0.48	-11.57	25,159,924	0.59	31.73
果菜ジュース(加熱)	353,729,523	8.88	-11.16	376,810,483	8.81	6.53
果菜飲料(加熱)	440,913,784	11.07	-6.59	469,551,682	10.98	6.50
濃縮果菜ジュース(非加熱)	640,324	0.02	58.03	851,629	0.02	33.00
果菜ジュース(非加熱)	47,785,775	1.20	5.62	60,710,557	1.42	27.05
果菜飲料(非加熱)	7,530,114	0.19	69.45	11,076,236	0.26	47.09
炭酸飲料	1293,826,187	32.49	14.87	1,413,681,093	33.05	9.26
炭酸水	3,555,952	0.09	286.16	5,223,295	0.12	46.89
豆乳液	13,268,797	0.33	506.74	7,098,229	0.17	-46.50
豆乳	360,320,669	9.05	28.20	404,511,926	9.46	12.26
粉末豆乳	154,445	0.00	-	37,432	0.00	-75.76
その他豆乳	1,278,445	0.03	-22.54	949,884	0.02	-25.70
乳酸菌飲料	89,346,656	2.24	86.98	62,929,806	1.47	-29.57
酵母飲料	-	-	-	342,965	0.01	-
その他発酵飲料	7,790,363	0.20	62.35	9,433,562	0.22	21.09
高麗人参飲料	8,901,699	0.22	0.81	6,871,778	0.16	-22.80
紅参飲料	233,095,599	5.85	-25.37	266,138,667	6.22	14.18
混合飲料	839,405,464	21.08	18.95	949,050,555	22.19	13.06
抽出飲料	84,653,361	2.13	-5.15	54,050,221	1.26	-36.15
飲料ベース(その他)	164,360,409	0.32	131.88	140,869,035	3.29	-14.29
飲料ベース(粉末)	12,548,669	4.13	98.45	12,338,453	0.29	-1.68
総計	3,982,205,570	100.00	10.62	4,277,687,412	100.00	7.42

出所:食品流通年鑑

<表8-11> 2012年飲料類出荷額輸出額上位10社現況 (単位：ウォン, ドル)

順位	業者名	出荷額	順位	業者名	輸出額
1	ロッテ七星飲料(株)	1,244,936,189	1	東亜製薬(株)	19,218,629
2	コカコーラ飲料(株)	854,549,373	2	ロッテ七星飲料(株)	16,401,742
3	東亜大塚(株)	184,574,016	3	ヘテ飲料(株)	16,212,892
4	ヘテ飲料(株)	180,986,321	4	(株)Naturecell	13,111,339
5	鄭食品(株)	171,274,630	5	(株)韓国人参公社	12,883,775
6	ウンジン食品(株)	150,890,901	6	(株)八道韓国食品	10,027,336
7	(株)韓国人参公社	127,540,674	7	ウンジン食品(株)	7,331,087
8	広東製薬(株)	115,436,431	8	大象(株)	6,898,766
9	毎日乳業(株)	84,069,926	9	Tulip International(株)	5,189,936
10	三育フーズ	78,718,055	10	(株)Nature Tech	3,764,355

注) 出荷額・輸出額基準

出所：食品流通年鑑

9. コーヒー・人参製品

<表9-1> コーヒー市場小売店売上金額推移 (単位：億ウォン, %)

	インスタントコーヒー		インスタントコーヒー豆		コーヒーミックス		コーヒー飲料		コーヒー豆	
	金額	増減率	金額	増減率	金額	増減率	金額	増減率	金額	増減率
2011	1,410	-2.7	6.3	-	11,193	10.0	8,675	27.8	374	19.8
2012	1,247	-11.5	517	719.0	11,420	2.0	9,239	6.5	402	7.3
2013	1,091	-12.5	900	74.1	10,798	-5.5	10,134	9.7	410	2.0

注) 豆コーヒーはLink Aztec小売店データ基準、コーヒー専門店市場は未反映
出所：食品流通年鑑

<表9-2> 業者別インスタントコーヒー販売推移 (単位：億ウォン, トン)

	東西食品		韓国ネスレ		その他	
	金額	物量	金額	物量	金額	物量
2011	1,017	2,712	342	751	51	80
2012	912	2,288	269	548	66	97
2013	807	2,000	220	476	64	104

出所：食品流通年鑑

<表9-3> 業者別インスタント豆コーヒー販売金額及び物量 (単位：億ウォン/トン)

	東西食品カヌ		南陽乳業ルカ		韓国ネスレスプリモ		その他	
	金額	物量	金額	物量	金額	物量	金額	物量
2011	63	56	-	-	-	-	-	-
2012	473	374	30	19	-	-	14	14
2013	712	497	118	76	32	27	38	43

出所：食品流通年鑑

<表9-4> 業者別インスタントコーヒー市場占有率(物量基準) (単位：%)

	東西食品カヌ	南陽乳業ルカ	韓国ネスレスプリモ	その他
2011	100	-	-	-
2012	91.9	4.6	-	3.5
2013	77.3	11.8	4.2	6.7

出所：食品流通年鑑

<表9-5> 会社別コーヒーミックス販売金額及び物量 (単位：億ウォン/トン)

	東西食品		韓国ネスレ		南陽乳業		その他	
	金額	物量	金額	物量	金額	物量	金額	物量
2011	8,869	86,496	1,047	9,503	822	6,946	455	3,825
2012	8,870	84,417	640	5,427	1,513	13,248	397	2,999
2013	8,630	85,552	436	3,858	1,385	13,223	347	2,720

出所：食品流通年鑑

<表9-6> 会社別コーヒーミックス市場占有率（物量基準）　　　　　　　　　　　　　　　　　　（単位：％）

	東西食品	韓国ネスレ	南陽乳業	その他
2011	81.0	8.9	6.5	3.6
2012	79.6	5.1	12.5	2.8
2013	81.2	3.7	12.6	2.5

出所：食品流通年鑑

<表9-7> 会社別コーヒー飲料販売金額及び物量　　　　　　　　　　　　　　　　　　（単位：億ウォン/トン）

	東西食品		コカコーラ		ロッテ七星		その他	
	金額	物量	金額	物量	金額	物量	金額	物量
2011	928	21,639	798	17,031	2,429	61,133	4,520	82,239
2012	887	20,071	924	20,550	2,642	65,255	4,786	88,531
2013	942	19,481	1,196	27,440	3,060	75,616	4,936	86,926

出所：食品流通年鑑

<表9-8> 会社別コーヒー飲料市場占有率（物量基準）　　　　　　　　　　　　　　　　　　（単位：％）

	東西食品	コカコーラ	ロッテ七星	群小業者
2011	11.9	9.4	33.6	45.1
2012	10.0	10.9	33.9	45.2
2013	9.3	13.1	36.1	41.5

出所：食品流通年鑑

<表9-9> 豆コーヒー市場規模推移　　　　　　　　　　　　　　　　　　（単位：億ウォン，トン）

	2011		2012		2013	
	金額	物量	金額	物量	金額	物量
コーヒー豆	2,020	10,700	2,600	13,700	3,080	15,900

出所：食品流通年鑑

<表9-10> 年度別人参生産現況

	計		白参圃		紅参圃		農家戸数(戸)	農家戸数当り栽培面積(a)
	面積(ha)	生産量(トン)	面積(ha)	生産量(トン)	面積(ha)	生産量(トン)		
2006	16,405	19,850	10,036	14,813	6,369	5,037	15,856	103.5
2007	17,831	21,818	10,476	14,538	7,355	7,280	19,850	89.8
2008	19,408	24,613	11,175	16,072	8,233	8,541	24,298	79.9
2009	19,702	27,460	10,782	19,040	8,920	8,420	23,285	84.6
2010	19,010	26,944	9,742	18,271	9,268	8,673	23,857	79.7
2011	17,601	26,737	7,646	17,199	9,955	9,538	23,578	74.7
2012	16,174	26,057	6,570	13,828	9,604	12,229	237,895	68.0

出所：食品流通年鑑

食品産業

<表9-11> 市道別人参耕作現況(2012)　　　　　　　　　　　　　　　　　　(単位：ha, 戸)

	計		白参圃(未契約栽培)		紅参圃(契約栽培)	
	面積	農家数	面積	農家数	面積	農家数
計	16,174	23,705	6,570	11,025	9,604	12,770
仁川	186	491	95	299	91	192
大田	24	45	22	41	2	4
光州	1	3	1	2	0	1
京畿	3,519	5,297	418	644	3,101	4,653
江原	2,548	4,652	293	792	2,255	3,860
忠北	3,138	4,596	2,159	3,385	979	1,211
忠南	2,324	4,436	1,405	2,996	919	1,440
全北	2,137	1,723	1,128	1,169	1,009	554
全南	976	449	293	188	683	261
慶北	1,253	1,928	689	1,337	564	591
慶南	68	175	67	172	1	3

出所：食品流通年鑑

<表9-12> 年度別高麗人参製品類生産推移　　　　　　　　　　　　　　　(単位：M/T, 百万ウォン)

			2009	2010	2011	2012
高麗人参類	高麗人参茶	生産量	530	241	129	210
		生産額	4,058	3,107	2,458	4,569
	高麗人参飲料	生産量	1,627	1,714	2,600	1,157
		生産額	4,098	9,811	13,150	6,561
	糖づけ人参	生産量	50	53	53	118
		生産額	2,412	3,757	2,558	6,277
	高麗人参アメ	生産量	101	225	111	111
		生産額	297	419	338	344
	小計	生産量	2,207	2,008	2,782	1,596
		生産額	10,568	16,675	18,166	17,751
紅参類	紅参茶	生産量	2,358	1,812	1,361	1,152
		生産額	16,866	23,314	22,672	23,076
	紅参飲料	生産量	37,413	40,782	37,763	27,894
		生産額	181,268	211,313	183,692	175,931
	糖づに紅参	生産量	329	461	396	508
		生産額	25,042	30,463	30,670	62,032
	紅参アメ	生産量	1,542	1,643	2,597	2,450
		生産額	6,831	7,756	11,676	9,912
	小計	生産量	39,771	42,594	39,124	32,004
		生産額	198,134	234,627	206,364	270,951
合計		生産量	41,978	44,602	41,906	33,600
		生産額	208,702	251,302	224,530	288,702

出所：食品流通年鑑

<表9-13> 年度別高麗人参類輸出実績 (単位：M/T, 千ドル)

	2009		2010		2011		2012	
	物量	金額	物量	金額	物量	金額	物量	金額
計	3,166	108,916	3,298	124,204	3,712	189,346	4,379	151,012
水参	5	262	13	622	14	591	28	1,425
白参(原形参)	55	5,856	67	9,514	50	8,480	57	10,913
白参粉	123	2,791	94	1,961	26	2,182	15	1,692
白参錠	61	11,105	50	9,337	56	9,110	41	8,167
白参錠製品	294	5,319	305	5,605	242	6,345	283	7,480
紅参(原形参)	135	44,703	173	52,694	345	108,405	193	65,100
紅参粉	79	10,486	80	12,233	83	14,354	25	4,888
紅参錠	754	12,359	203	10,408	206	12,362	213	13,942
紅参茶	596	6,951	1,033	11,121	1,008	14,812	1,069	20,198
人参液汁	6	63	20	220	5	302	10	181
高麗人参飲料	998	9,018	1,259	10,464	1,676	12,389	1,777	14,676
高麗人参副産物	60	3	2	25	1	14	0	18
その他	1,069	9,346	1,278	11,329	1,696	13,296	2,483	18,632

出所：食品流通年鑑

10. 外食産業

<表10-1> ファーストフード業界現況 (単位：億ウォン,%, 店)

ブランド名	会社名	売上高			売上増減率			店舗数		
		2011	2012	2013	10/11	11/12	12/13	2011	2012	2013
ロッテリア	(株)ロッテリア	6,720	8,767	-	20.0	23.3	-	990	1,068	1,157
マクドナルド	韓国マクドナルド(有)	4,500	3,821	-	53.4	-15.0	-	250	292	344
KFC	SRSコリア（株）	1,270	1,450	-	-	12.4	-	143	154	166
バーガーキング	(株)BKR	1,300	-	-	8.3	-	-	119	130	156

注) この表は電話で問い合わせたデータを集計　　　　出所：食品流通年鑑
　　一部の企業はデータ公開を拒否したため集計できなかった

<表10-2> ファミリーレストラン業界現況 (単位：億ウォン,%, 店)

ブランド名	会社名	売上高			売上増減率			店舗数		
		2011	2012	2013	10/11	11/12	12/13	2011	2012	2013
アウトバック	(有)アウトバックステーキハウスコリア	3,300	3,564	3,500	16.6	8.0	-1.7	103	106	110
VIPS	CJフードビル(株)	3,200	-	3,500	9.6	-	-	76	85	92
TGIF	(株)ロッテリア	704	824	-	10.8	11.6	-	35	41	45
ベニガンズ	Barunson	-	526	-	-	-	-	24	26	22
セブンスプリングス	(株)Samyang Co.	330	404	490	22.2	33.3	21.2	16	18	25
アシュリー	(株)Eランドワールド	2,400	3,000	3,500	12.1	25.0	-	105	123	145
Todai	(株)Todai Korea	-	488	-	-	-	-	-	7	9
BONO BONO	(株)新世界フード	-	583	-	-	-	-	-	5	4
Hakoya Sea Food	(株)LFフード	-	300	400	-	-	-	-	1	4

注) この表は電話で問い合わせたデータを集計　　　　出所：食品流通年鑑
　　一部の企業はデータ公開を拒否したため集計できなかった

<表10-3> ピザ業界現況 (単位：億ウォン,%, 店)

ブランド名	会社名	売上高			売上増減率			店舗数		
		2011	2012	2013	10/11	11/12	12/13	2011	2012	2013
ピザハット	韓国ピザハット(有)	-	-	-	-	-	-	310	315	331
ミスターピザ	(株) MPK Group	-	-	-	-	-	-	409	401	412
ドミノピザ	韓国ドミノピザ(株)	-	-	-	-	-	-	358	372	390
ピザエタン	(株)エタン	1,000	-	-	11.1	-	-	330	333	324

注) この表は電話で問い合わせたデータを集計　　　　出所：食品流通年鑑
　　一部の企業はデータ公開を拒否したため集計できなかった．

<表10-4> チキン業界現況 (単位：億ウォン, %, 店)

ブランド名	会社名	売上高			売上増減率			店舗数		
		2011	2012	2013	10/11	11/12	12/13	2011	2012	2013
BBQ	ジェネシス	1,560	-	-	-6.6	-	-	1,568	1,554	1,500
KyoChon Chicken	KyoChon F&B（株）	1,140	1,425	1,725	3.6	23.9	20.3	962	944	950
ネネチキン	(株)ヘイン食品	302	307	320	4.1	-	4.2	984	980	1,040
グプネチキン	(株)GN Food	835	808	803	-0.5	-	-0.6	856	863	870
メキシカーナチキン	メキシカーナ(株)	365	420	548	4.3	17.5	12.6	770	740	760
BHCチキン	(株)BHC	-	810	-	-	-	-	-	1,042	830
Toreore	(株)農協牧牛村	-	438	446	-	-	1.8	-	806	806

注) この表は電話で問い合わせたデータを集計
　　一部の企業はデータ公開を拒否したため集計できななかった

出所：食品流通年鑑

<表10-5> コーヒー業界現況 (単位：億ウォン, %, 店)

ブランド名	会社名	売上高			売上増減率			店舗数		
		2011	2012	2013	10/11	11/12	12/13	2011	2012	2013
スターバックス	(株)スターバックスコーヒーコリア	-	3,910	-	-	-	-	455	477	590
Coffee Bean	(株)Coffee Bean Korea	-	1,370	-	-	-	-	244	255	222
Angel-in-us Coffee	(株)ロッテリア	-	-	-	-	-	-	550	700	845
HOLLYS	(株)HOLLYS F&B	-	1,490	1,700	-	-	14.0	366	396	450
カフェベネ	(株)カフェベネ	-	-	-	-	-	-	730	840	923
EDIYA COFFEE	(株)EDIYA	-	419	-	-	-	-	580	633	892
TOMNTOMS	(株)TOMNTOMS	-	624	-	-	-	-	-	350	400
Zoo Coffee	TaeYoung F&B(株)	-	184	223	-	-	21.0	-	79	93

注) この表は電話で問い合わせたデータを集計
　　一部の企業はデータ公開を拒否したため集計できななかった

出所：食品流通年鑑

<表10-6> 韓国料理のフランチャイズ業界現況 (単位：億ウォン, %, 店)

ブランド名	会社名	売上高			売上増減率			店舗数		
		2011	2012	2013	10/11	11/12	12/13	2011	2012	2013
ノルブポッサム	(株)ノルブNBG	-	879	1,190	-	-	35.5	641	652	839
ウォンハルモニポッサム	WONANDWON(株)	625	650	660	-22.3	10.4	1.5	343	340	348
ボンジュク	(株) ポンIF	-	1,132	-	-	-	-	1,260	1,276	1,473
チェソンダン	(株) ダヨンF&B	542	565	-	39.6	4.2	-	200	302	317
セマウル食堂	(株)The Born Korea	-	683	-	-	-	-	-	423	493

注) この表は電話で問い合わせたデータを集計　　　　　　　　　　出所：食品流通年鑑
一部の企業はデータ公開を拒否したため集計できななかった.

11. レトルト・軟食品

<表11-1> レトルト市場規模推移 (単位：億ウォン,%)

	2011	2012	2013	増減
カレー類	398 (35.5)	369 (32.4)	325 (32.4)	-119
チャンジャン類	174 (15.5)	157 (13.7)	148 (14.7)	-5.8
ミート類	126 (11.2)	117 (10.2)	118 (11.8)	1.3
ソース類	71 (6.3)	57 (5.0)	53 (5.3)	-7.0
レトルト一般	769 (68.6)	699 (61.3)	644 (64.2)	-8.0
コムタン類	76 (6.8)	90 (7.9)	86 (8.6)	-4.8
その他	277 (24.7)	351 (30.8)	274 (27.3)	-22.0
レトルト合計	1,122 (100.0)	1,141 (100.0)	1,003 (100.0)	-12.0

注) ( )内は割合　　　　　　　　　　　　　　　　　出所：食品流通年鑑

<表11-2> 会社別レトルト製品市場占有率推移 (単位：%)

	販売量			販売額		
	2011	2012	2013	2011	2012	2013
レトルト合計	100.0	100.0	100.0	100.0	100.0	100.0
OTTOGI	62.5	63.5	72.4	51.1	50.7	58.9
CJ第一製糖	17.7	14.2	6.4	14.8	12.0	6.3
大象	4.4	4.2	5.5	6.2	5.7	7.4
毎日乳業	-	1.8	1.9	-	1.6	2.0
その他のメーカー	15.4	16.4	13.8	28.0	30.0	25.5

出所：食品流通年鑑

11 その他製造業

その他製造業

1. 窯業工業

1) セメント産業

<表1-1> 会社別セメント需要・供給・輸出入・在庫現況(2012)　　　　　　(単位：千トン)

			東洋	双龍	ハニル	現代	亜細亜	星信
供給	生産	クリンカー (稼働率)	8,425,171 (83.9)	13,337,747 (87.0)	5,267,209 (73.9)	4,231,469 (61.6)	2,802,217 (67.6)	5,380,737 (61.8)
		セメント	7,402,666	11,031,551	5,544,426	3,021,303		6,073,470
	輸入	クリンカー		1,920				
		セメント						
需要	出荷	クリンカー 粉砕	6,260,176	9,517,731	5,235,957	4,158,629	2,767,667	5,383,586
		内需	112,134	594,659				
		輸出	1,938,392	2,911,878				
		計	8,310,702	13,024,268	5,235,957	4,158,629	2,767,667	5,383,586
		セメント 内需	5,726,752	9,064,825	5,688,789	4,428,018	2,999,977	5,863,202
		- PC	4,141,992	7,643,558	5,384,381	4,395,959	2,880,510	5,381,848
		- SC	1,584,760	1,421,267	304,408	32,059	119,467	481,354
		輸出	1,421,437	1,450,848	10,464			60,120
		計	7,148,189	10,515,673	5,699,253	4,428,018	2,999,977	5,923,322
輸出計(クリンカー+セメント)			3,359,829	4,362,726	10,464			60,120
総出荷(内需+輸出)			9,086,581	13,427,551	5,699,253	4,428,018	2,999,977	5,923,322
前年末在庫		クリンカー	149,187	494,753	141,141	128,224	87,017	352,143
		セメント	192,783	282,056	121,411	93,029	129,662	134,871
在庫		クリンカー	263,657	657,995	171,333	175,638	146,992	349,294
		セメント	300,459	438,603	189,617	158,830	160,480	149,324

<続く>.

			ラファーズ漢拏	ユジン	韓国	大韓	その他	合計
供給	生産	クリンカー (稼働率)	5,059,944 (61.8)	650,493 (98.6)				45,154,987 (72.8)
		セメント	5,560,807	1,589,462	1,527,448	585,581		46,862,240
	輸入	クリンカー						1,920
		セメント		352,500		281,278	94,600	728,378
需要	出荷	クリンカー 粉砕	4,043,837	652,434	708,718			38,728,735
		クリンカー 内需	1,112					707,905
		クリンカー 輸出	882,910					5,733,180
		クリンカー 計	4,927,859	652,434	708,718			45,169,820
		セメント 内需	5,386,230	2,065,640	1,520,535	1,100,267	94,600	43,938,835
		セメント - PC	3,523,495	374,270			94,600	33,820,613
		セメント - SC	1,862,735	1,691,370	1,520,535	1,100,267		10,118,222
		セメント 輸出	207,222					3,150,091
		セメント 計	5,593,452	2,065,640	1,520,535	1,100,267	94,600	47,088,926
輸出計(クリンカー+セメント)			1,090,132					8,883,271
総出荷(内需+輸出)			6,476,362	2,065,640	1,520,535	1,100,267	94,600	52,822,106
前年末在庫		クリンカー	78,822	55,688	17,835			1,504,810
		セメント	214,993	65,005	25,259	8,618		1,267,687
在庫		クリンカー	218,239	53,747	27,544			2,064,439
		セメント	301,231	124,958	32,172	10,241		1,885,915

出所：韓国セメント協会

その他製造業

<表1-2> 年度別クリンカー需給推移 (単位:トン)

	生産	粉砕	出荷		輸入	在庫
			内需	輸出		
2005	43,070,969	40,249,698	1,945,379	56	1,945,379		2,301,236
2006	42,723,260	41,568,354	2,210,070	2,164	2,210,070		1,239,211
2007	46,293,240	43,983,878	2,218,492	3,179	2,218,492		1,326,902
2008	46,794,815	43,044,487	3,494,323	3,797	3,494,323		1,607,113
2009	44,774,389	42,560,330	2,085,021	8,223	2,085,021		1,779,715
2010	44,853,095	40,161,790	4,761,909	6,902	4,761,909		1,700,865
2011	45,280,804	39,998,746	5,534,427	53,258	5,481,169	2,360	1,504,810
2012	45,280,804	38,728,735	5,735,351	2,171	5,733,180	1,920	2,064,439

出所:韓国セメント協会

<表1-3> 年度別セメント需給推移 (単位:トン)

	生産	出荷	内需	輸出	輸入	在庫
2005	47,197,201	50,309,917	46,285,524	4,024,393	3,402,978	1,487,465
2006	49,198,785	52,372,958	48,386,021	3,986,937	3,198,322	1,518,522
2007	52,182,351	54,923,979	50,800,755	4,123,224	2,917,093	1,448,306
2008	51,653,418	53,642,874	50,636,800	3,006,074	1,985,460	1,447,279
2009	50,126,341	50,957,374	48,469,983	2,487,391	831,324	1,421,228
2010	47,420,060	48,255,187	45,493,332	2,761,855	772,487	1,362,008
2011	48,249,153	49,085,043	44,601,372	4,483,671	683,400	1,267,687
2012	46,862,240	47,088,926	43,938,835	3,150,091	728,378	1,865,915

出所:韓国セメント協会

2) レミコン工業

<表1-4> 前年同期対比月別レミコン出荷現況(ソウル、京畿、仁川) (単位：㎥, %)

月別	区分	2012年度	(構成比)	2011年度	(構成比)	増減率
1月	民需	1,012,404	97.12	1,229,036	97.68	-17.6
	官需	30,072	2.88	29,160	2.32	3.1
	計	1,042,476	100.00	1,258,196	100.00	-17.1
	一日平均	40,095		43,386		-7.6
	休業/稼動	6日/26日(雪:1日)		2日/29日(雪:5日)		
2月	民需	1,126,989	96.56	1,211,726	97.46	-7.0
	官需	40,128	3.44	31,611	2.54	26.9
	計	1,167,117	100.00	1,243,337	100.00	-6.1
	一日平均	43,227		54,058		-20.0
	休業/稼動	2日/27日(雪:2日)		5日/23日(雨:2日)		
3月	民需	1,702,961	92.53	2,128,732	95.43	-20.0
	官需	137,553	7.47	102,043	4.57	34.8
	計	1,840,514	100.00	2,230,775	100.00	-17.5
	一日平均	65,733		76,923		-14.5
	休業/稼動	2日/28日(雨:3日)		2日/29日(雨:1日)		
4月	民需	1,572,322	92.00	2,091,003	94.32	-24.8
	官需	136,676	8.00	125,885	5.68	8.6
	計	1,708,998	100.00	2,216,888	100.00	-22.9
	一日平均	63,296		79,175		-20.1
	休業/稼動	2日/27日(雨:3日)		2日/28日(雨:5日)		

<続く>

その他製造業

月別	区分	2012年度	(構成比)	2011年度	(構成比)	増減率
5月	民需	2,102,576	91.43	2,133,415	94.45	-1.4
	官需	196,982	8.57	125,463	5.55	57.0
	計	2,299,558	100.00	2,258,878	100.00	1.8
	一日平均	79,295		80,674		-1.7
	休業/稼動	2日/29日(雨:1日)		2日/28日(雨:5日)		
6月	民需	1,886,143	90.99	1,692,013	94.32	11.5
	官需	186,698	9.01	101,800	5.68	83.4
	計	2,072,841	100.00	1,793,813	100.00	15.6
	一日平均	71,477		64,065		11.6
	休業/稼動	2日/29日(雨:1日)		2日/28日(雨:7日)		
7月	民需	1,395,636	93.17	1,265,693	95.56	10.3
	官需	102,353	6.83	58,749	4.44	74.2
	計	1,497,989	100.00	1,324,442	100.00	13.1
	一日平均	55,481		45,670		21.5
	休業/稼動	4日/27日(雨:10日)		2日/29日(雨:11日)		
8月	民需	1,217,941	92.82	1,760,818	95.70	-30.8
	官需	94,283	7.18	79,068	4.30	19.2
	計	1,312,224	100.00	1,839,886	100.00	-28.7
	一日平均	46,865		63,444		-26.1
	休業/稼動	2日/28日(雨:7日)		2日/29日(雨:7日)		

<続く>

月別	区分	2012年度	(構成比)	2011年度	(構成比)	増減率
9月	民需	1,667,684	91.89	1,734,058	96.02	-3.8
	官需	147,222	8.11	71,825	3.98	105.0
	計	1,814,906	100.00	1,805,883	100.00	0.5
	一日平均	69,804		69,457		0.5
	休業/稼動	4日/26日(雨:3日)		4日/26日(雨:2日)		
10月	民需	1,536,657	91.59	1,956,352	95.82	-21.5
	官需	141,149	8.41	85,337	4.18	65.4
	計	1,677,806	100.00	2,041,689	100.00	-17.8
	一日平均	64,531		70,403		-8.3
	休業/稼動	5日/26日(雨:3日)		2日/29日(雨:4日)		
11月	民需	1,703,867	89.89	1,775,273	94.22	-4.0
	官需	191,562	10.11	108,825	5.78	76.0
	計	1,895,429	100.00	1,884,098	100.00	0.6
	一日平均	75,817		67,289		12.7
	休業/稼動	3日/25日(雨:7日)		2日/28日(雨:2日)		
12月	民需	1,227,680	92.75	1,635,462	95.19	-24.9
	官需	95,975	7.25	82,577	4.81	16.2
	計	1,323,655	100.00	1,718,039	100.00	-23.0
	一日平均	49,024		61,359		-20.1
	休業/稼動	3日/27日(雨:2日,雪:5日)		2日/29日(雪:2日)		
累計 (1.1~12.31)	民需	18,152,860	92.36	20,613,581	95.36	-11.9
	官需	1,500,653	7.64	1,002,343	4.64	49.7
	計	19,653,513	100.00	21,615,924	100.00	-9.1
	一日平均	60,472		64,525		-6.3
	休業/稼動	37日/325日(雪:8日,雨:40日)		29日/335日(雪:7日,雨:46日)		

注) 2012.12月現在　　　　　　　　　　　　　　　　　　出所：韓国レミコン工業協会

3) タイル・衛生陶器工業

<表1-5> 会社別衛生陶器需給現況(2013) (単位：個)

	生産	出荷			在庫
		内需	輸出	累計	
桂林窯業	400,905	386,179	0	386,179	186,645
DAELIM B&CO	827,894	856,212	1,763	857,975	127,244
アイエス東西	521,400	516,735	0	516,735	62,706
セリム産業	342,325	350,331	0	350,331	136,491
計	2,092,524	2,109,457	1,763	2,111,220	513,086

出所：大韓陶磁器・タイル工業協同組合

<表1-6> 桂林窯業の衛生陶器生産・出荷実績(2013) (単位：個)

	生産	出荷			在庫
		内需	輸出	累計	
洋便器	11,738	94,161	0	94,161	39,496
大便器	614	3,012	0	3,012	487
小便器	43,423	43,489	0	43,489	7,407
洗面器	178,459	166,411	0	166,411	111,561
タンク	25,683	23,196	0	23,196	24,817
その他	40,988	55,910	0	55,910	2,877
計	300,905	386,179	0	386,179	186,645

出所：大韓陶磁器・タイル工業協同組合

<表1-7> DAELIM B&COの衛生陶器生産・出荷実績(2013) (単位：個)

	生産	出荷			在庫
		内需	輸出	累計	
洋便器	229,395	259,102	337	259,439	19,444
大便器	0	0	0	0	0
小便器	49,762	52,162	100	52,262	7,540
洗面器	316,505	298,330	1,273	299,603	64,999
タンク	126,428	125,857	20	125,877	14,041
その他	105,804	120,761	33	120,794	21,220
計	827,894	856,212	1,763	857,975	127,244

出所：大韓陶磁器・タイル工業協同組合

<表1-8> アイエス東西産業の衛生陶器生産・出荷実績(2013)　　　　　　　　　　　　　(単位：個)

	生産	出荷			在庫
		内需	輸出	累計	
洋便器	158,360	157,018	0	157,018	13,452
大便器	0	0	0	0	0
小便器	12,463	13,440	0	13,440	1,438
洗面器	186,223	175,340	0	175,340	32,666
タンク	86,611	91,993	0	91,993	5,003
その他	77,743	78,944	0	78,944	10,147
計	521,400	516,735	0	516,735	62,706

出所：大韓陶磁器・タイル工業協同組合

<表1-9> セリム産業の衛生陶器生産・出荷実績(2013)　　　　　　　　　　　　　　(単位：個)

	生産	出荷			在庫
		内需	輸出	累計	
洋便器	110,523	118,054	0	118,054	32,010
大便器	0	0	0	0	0
小便器	40,361	24,289	0	24,289	18,712
洗面器	60,808	64,192	0	64,192	32,087
タンク	77,265	94,869	0	94,869	28,048
その他	53,368	48,927	0	48,927	25,634
計	342,325	350,331	0	350,331	136,491

出所：大韓陶磁器・タイル工業協同組合

<表1-10> 会社別洋便器需給現況(2013)　　　　　　　　　　　　　　　　　　　　(単位：個)

	生産	出荷			在庫
		内需	輸出	累計	
桂林窯業	111,738	94,161	0	94,161	39,496
DAELIM B&CO	229,395	259,102	337	259,439	19,444
アイエス東西	158,360	157,018	0	157,018	13,452
セリム産業	110,523	118,054	0	118,054	32,010
計	610,016	628,335	337	628,672	104,402

出所：大韓陶磁器・タイル工業協同組合

<表1-11> 会社別大便器需給現況(2013)　　　　　　　　　　　　　　　　　　　　(単位：個)

	生産	出荷			在庫
		内需	輸出	累計	
桂林窯業	614	3,012	0	3,012	487
DAELIM B&CO	0	0	0	0	0
アイエス東西	0	0	0	0	0
セリム産業	0	0	0	0	0
計	614	3,012	0	3,012	487

出所：大韓陶磁器・タイル工業協同組合

その他製造業

<表1-12> 会社別小便器需給現況(2013)　　　　　　　　　　　　　　　　(単位：個)

	生産	出荷			在庫
		内需	輸出	累計	
桂林窯業	43,423	43,489	0	43,489	7,407
DAELIM B&CO	49,762	52,162	100	52,262	7,540
アイエス東西	12,463	13,440	0	13,440	1,438
セリム産業	40,361	24,289	0	24,289	18,712
計	146,009	133,380	100	133,480	35,097

出所：大韓陶磁器・タイル工業協同組合

<表1-13> 会社別洗面器需給現況(2013)　　　　　　　　　　　　　　　　(単位：個)

	生産	出荷			在庫
		内需	輸出	累計	
桂林窯業	178,459	166,411	0	166,411	111,561
DAELIM B&CO	316,505	298,330	1,273	299,603	64,999
アイエス東西	186,223	175,340	0	175,340	32,666
セリム産業	60,808	64,192	0	64,192	32,087
計	741,995	704,273	1,273	705,546	241,313

出所：大韓陶磁器・タイル工業協同組合

<表1-14> 会社別タンク需給現況(2013)　　　　　　　　　　　　　　　　(単位：個)

	生産	出荷			在庫
		内需	輸出	累計	
桂林窯業	25,683	23,196	0	23,196	24,817
DAELIM B&CO	126,428	125,857	20	125,877	14,041
アイエス東西	86,611	91,993	0	91,993	5,003
セリム産業	77,265	94,869	0	94,869	28,048
計	315,987	335,915	20	335,935	71,909

出所：大韓陶磁器・タイル工業協同組合

<表1-15> 会社別その他衛生陶器需給現況(2013)　　　　　　　　　　　　(単位：個)

	生産	出荷			在庫
		内需	輸出	累計	
桂林窯業	40,988	55,910	0	55,910	2,877
DAELIM B&CO	105,804	120,761	33	120,794	21,220
アイエス東西	77,743	78,944	0	78,944	10,147
セリム産業	53,368	48,927	0	48,927	25,634
計	277,903	304,542	33	304,575	59,878

出所：大韓陶磁器・タイル工業協同組合

<表1-16> 衛生陶器需給現況(2013)　　　　　　　　　　　　　　　　　　　　　　　　　　(単位：個)

	生産	出荷			在庫
		内需	輸出	累計	
洋便器	610,016	628,335	337	628,672	104,402
大便器	614	3,012	0	3,012	487
小便器	146,009	133,380	100	133,480	35,097
洗面器	741,995	704,273	1,273	705,546	241,313
タンク	315,987	335,915	20	335,935	71,909
その他	277,903	304,542	33	304,575	59,878
計	2,092,524	2,109,457	1,763	2,111,220	513,086

出所：大韓陶磁器・タイル工業協同組合

<表1-17> 内装タイル需給現況(2013)　　　　　　　　　　　　　　　　　　　　　　　　(単位：㎡)

会社名	生産	出荷			在庫
		内需	輸出	計	
テドン産業(株)	6,336,787.00	6,381,929.00	-	6,381,929.00	1,271,308.00
(株)DAEBOセラミックス	4,077,734.50	4,031,338.50	-	4,031,338.50	462,739.50
三栄産業(株)	2,493,287.00	2,595,076.00	-	2,595,076.00	189,582.00
(株) 三賢	2,905,423.77	3,045,076.65	-	3,045,076.65	180,108.17
アイエス東西(株)	2,604,947.00	2,645,931.00	-	2,645,931.00	234,090.00
RIFA Industrial (株)	1,168,508.56	1,265,121.31	-	1,265,121.31	47,887.95
(株)KTセラミック	1,748,181.78	1,991,536.40	-	1,991,536.40	80,076.68
テヨンセラミック(株)	2,819,757.00	2,922,328.00	-	2,922,328.00	159,218.00
計	24,154,626.61	4,878,336.86	-	24,878,336.86	2,625,010.30

出所：大韓陶磁器・タイル工業協同組合

<表1-18> 床タイル需給現況(2013)　　　　　　　　　　　　　　　　　　　　　　　　(単位：㎡)

会社名	生産	出荷			在庫
		内需	輸出	計	
テドン産業(株)	3,123,989.00	2,609,437.00	-	2,609,437.00	990,680.00
(株)DAEBO セラミックス	-	16,239.00	-	16,239.00	-
三栄産業(株)	675,171.00	665,748.00	-	665,748.00	98,959.00
(株) 三賢	396,584.10	392,487.15	-	392,487.15	102,137.22
ソンギョン産業(株)	1,782,777.70	1,745,143.40	-	1,745,143.40	100,297.70
Sungil ceramics(株)	2,358,373.00	2,232,008.00	49,626.00	2,281,634.00	146,021.00
アイエス東西(株)	3,850,340.00	3,785,481.00	-	3,785,481.00	546,999.00
(株)HANBO CERAMIC	3,065,799.00	3,147,711.60	-	3,147,711.60	538,144.20
テヨンセラミック(株)	54,429.00	62,359.00	-	62,359.00	35.00
(株)KTセラミック	1,671,824.26	1,718,459.54	-	1,718,459.54	177,618.06
計	6,979,287.06	6,375,073.69	49,626.00	16,424,699.69	2,700,891.18

出所：大韓陶磁器・タイル工業協同組合

4) アスコン工業

<表1-19> アスコン契約締結現況　　　　　　　　　　　　　　(単位：ウォン, VAT含む)

		表層用					
		WC-1(13)	WC-2(13F)	WC-3(20)	WC-4(20F)	WC-5(20R)	WC-6(13R)
ソウル・京畿・仁川	ソウル		72,556		67,127		
		78,040	78,125	73,612	72,694	73,177	78,884
	仁川		72,530		67,100		
		78,010	78,100	73,580	72,660	73,140	78,850
釜山・蔚山・慶南	釜山		74880				
		77,120	78,230	73,110	74,730	72,640	76,550
	蔚山		75,370				
		77,780	78,710	74,120	74,770	72,860	76,550
	金海	77,060	78,290	73,350	74,710	72,720	76,730
	昌原	77,710	78,580	74,970	75,100	73,710	77,320
	晋州	77,820	78,980	74,650	75,350	73,860	77,790
	統営	79,470	80,940	76,480	76,580	75,930	79,300
大邱・慶北	大邱		73,450		70,050		
		76,350	76,630	73,930	73,410	73,290	74,150
	中部	75,340	76,790	75,470	75,120	74,790	75,480
	西部	78,150	77,770	76,410	74,860	74,700	75,920
	南部	77,730	77,750	75,600	75,910	76,370	76,720
	東部	78,430	78,790	76,310	76,700	76,440	78,140
	北東	80,400	80,640	78,310	78,550	77,730	80,000
	北部	80,200	80,400	77,480	77,430	78,460	79,980
光州・全南			78,050				
		81,660	82,450	78,410	78,670	77,440	81,620
大田・忠南		80,390	82,340	77,920	78,580	76,920	79,280
江原	嶺西南	85,520	86,870	78,530	80,040	78,570	85,570
	嶺西北	85,080	86,420	77,220	78,700	77,260	85,130
	嶺東	85,220	86,560	77,610	79,100	77,650	85,270
忠北		80,370	80,770	75,690	75,900	75,550	79,520
全北		79,410	80,880	78,250	79,310	78,380	79,980
済州			90,850		88,100		

<続く>

		中間層用	基層用			適用日時	備考
		BC-1(20)	BB-2(30)	BB-3(25)	BB-4(25R)		
ソウル・京畿・仁川	ソウル		55,987			'14.2.1 ('14.3.4)	積載
		73,160	63,320	66,780	66,460		荷降ろし
	仁川		55,960			'14.2.1 ('14.3.10)	積載
		73,130	63,290	66,750	66,430		荷降ろし
釜山・蔚山 慶南	釜山					'13.7.8 ('13.7.8)	積載
		68,440	61,410	62,970	65,470		荷降ろし
	蔚山						積載
		69,120	64,790	66,080	66,660		荷降ろし
	金海	69,090	63,670	65,610	67,490	'13.7.8 ('13.7.8)	〃
	昌原	70,560	66,270	66,460	68,260		〃
	晋州	69,750	66,430	66,720	67,720		〃
	統営	72,490	66,480	67,790	68,100		〃
大邱・慶北	大邱		60,020			'14.2.1 ('14.3.13)	積載
		69,760	63,860	64,260	64,670		荷降ろし
	中部	69,800	66,710	66,630	66,840	'14.2.1 ('14.3.13)	〃
	西部	71,190	64,900	65,740	66,460		〃
	南部	73,280	68,030	68,820	69,400		〃
	東部	72,840	66,430	65,630	66,260		〃
	北東	74,950	70,910	68,630	69,710		〃
	北部	73,950	69,010	67,340	68,320		〃
光州・全南						'13.8.1 ('13.8.1)	積載
		75,480	68,880	69,820	70,390		荷降ろし
大田・忠南		75,170	67,920	69,750	71,540	'13.8.1 ('13.8.2)	〃
江原	嶺西南	78,340	74,550	75,830	77,220	'13.7.20 ('13.7.19)	〃
	嶺西北	77,080	74,240	75,510	76,900		〃
	嶺東	77,420	74,150	75,420	76,810		〃
忠北		74,400	67,550	68,130	69,620	'13.8.1 ('13.7.31)	〃
全北		74,940	70,070	72,080	72,300	'13.8.1 ('13.8.1)	〃
済州		82,230	80,580			'13.7.15 ('13.7.15)	〃

注) 2014年現在　　　　　　　　　　　　　　　出所：韓国アスコン工業協同組合連合会

その他製造業

<表1-20> 地域別アスコン納品実績推移 (単位：千トン)

	2010			2011			2012		
	官給	民給	計	官給	民給	計	官給	民給	計
ソウル・京畿・仁川	4,719	1,175	5,894	5,491	1,098	6,589	6,138	1,166	7,304
釜山・蔚山・南	2,591	1,214	3,805	2,380	428	2,808	2,540	483	3,023
大邱・慶北	1,587	611	2,198	1,713	340	2,053	2,007	361	2,368
光州・全南	1,689	562	2,251	1,513	288	1,801	2,248	468	2,716
大田・忠南	1,714	451	2,165	1,885	283	2,168	2,358	430	2,788
江原	1,088	224	1,312	1,148	229	1,377	1,220	233	1,453
忠北	983	195	1,178	980	194	1,174	1,036	206	1,242
全北	1,137	219	1,356	1,133	111	1,244	1,405	267	1,672
済州	493	92	585	368	74	442	531	82	613
合計	16,001	4,743	20,744	16,611	3,045	19,656	19,483	3,696	23,179

出所：韓国アスコン工業協同組合連合会

韓国の産業と市場 2014

5) 骨材工業

<表1-21> 年度別骨材採取現況   (単位：千m³)

		2007	2008	2009	2010	2011	2012	2013
登録現況		2,077	1,957	1,914	1,496	1,494	1,463	1,920
供給実績		130,385	134,404	131,624	134,741	133,526	129,757	59,889
許可実績	河川骨材	11,853	19,200	10,896	2,568	1,104	149	0
	海底骨材	15,965	29,548	27,315	25,094	21,834	24,827	33,672
	山林骨材	24,576	37,534	29,738	26,153	36,211	42,564	2,847
	陸上骨材	7,632	7,724	4,575	4,843	4,139	3,348	2,984
	計	60,026	94,006	72,524	58,658	63,288	70,888	39,503
採取実績	河川骨材	18,780	13,547	15,519	8,337	2,078	1,962	1,182
	海底骨材	15,483	23,503	23,419	26,348	20,990	21,717	24,836
	山林骨材	48,004	48,172	48,040	45,208	44,744	44,744	6,375
	陸上骨材	5,833	6,480	5,408	4,730	3,787	3,576	2,940
	計(A)	88,100	91,702	92,386	84,623	71,599	71,999	35,333
非許可		42,285	42,702	39,238	50,118	61,927	57,758	24,556

出所：国土交通部

<表1-22> 種類別骨材採取現況   (単位：千m³)

区分		砂			砂利		
		2012年4分期	前期までの累計	計	2012年4分期	前期までの累計	計
許可実績	計	5,999	23,155	29,154	6,789	34,945	41,734
	河川骨材	-	31	31	15	103	118
	海底骨材	5,140	19,687	24,827	-	-	-
	山林骨材	526	1,422	1,948	6,753	33,863	40,616
	陸上骨材	333	2,015	2,348	21	979	1,000
採取実績	計	7,151	22,369	29,520	11,252	31,227	42,479
	河川骨材	418	1,041	1,459	30	473	503
	海底骨材	4,981	16,736	21,717	-	-	-
	山林骨材	1,112	2,674	3,786	11,110	29,848	40,958
	陸上骨材	640	1,918	2,558	112	906	1,018
申告実績	計	6,257	17,547	23,804	8,777	25,177	33,954
	河川骨材	1,260	5,151	6,411	23	418	441
	海底骨材	68	336	404	-	-	-
	山林骨材	175	304	479	253	1,416	1,669
	陸上骨材	299	323	622	-	78	78
	選別·破砕	3,115	8,753	11,868	8,501	23,141	31,642
	選別·洗浄	1,340	2,680	4,020	-	124	124

<続く>

その他製造業

区分		合計		
		2012年4分期	前期までの累計	計
許可実績	計	12,788	58,100	70,888
	河川骨材	15	134	149
	海底骨材	5,140	19,687	24,827
	山林骨材	7,279	35,285	42,564
	陸上骨材	354	2,994	3,348
採取実績	計	18,403	53,596	71,999
	河川骨材	448	1,514	1,962
	海底骨材	4,981	16,736	21,717
	山林骨材	12,222	32,522	44,744
	陸上骨材	752	2,824	3,576
申告実績	計	15,034	42,724	57,758
	河川骨材	1,283	5,569	6,852
	海底骨材	68	336	404
	山林骨材	428	1,720	2,148
	陸上骨材	299	401	700
	選別・破砕	11,616	31,894	43,510
	選別・洗浄	1,340	2,804	4,144

注) 2012年第4四半期　　　　　　　　　　　　　　　　出所：国土交通部

<表1-23> 地域別骨材採取許可実績 (単位：千㎥)

		合計		
		砂	砂利	合計
合計		2,348	1,000	3,348
首都圏	計	225	529	754
	ソウル	0	0	0
	仁川	0	0	0
	京畿	225	529	754
江原		427	174	601
忠北		356	113	469
大田忠南	計	227	21	248
	大田	0	0	0
	忠南	227	21	248
全北		566	5	571
光州全南	計	266	15	281
	光州	0	0	0
	全南	266	15	281
大邱慶北	計	274	143	417
	大邱	0	0	0
	慶北	274	143	417
釜山蔚山慶南	計	7	0	7
	釜山	0	0	0
	蔚山	0	0	0
	慶南	7	0	7
済州		0	0	0
EEZ	計	0	0	0
	南海	0	0	0
	西海	0	0	0

注) 2012年第4四半期　　　　　　　　　　　　　　　　　　出所：国土交通部

その他製造業

<表1-24> 地域別骨材採取実績　　　　　　　　　　　　　　　　　　(単位：千㎥)

		合計		
		砂	砂利	合計
合計		285	529	3,576
首都圏	計	0	0	814
	ソウル	0	0	0
	仁川	285	529	0
	京畿	594	186	814
江原		385	49	837
忠北		215	9	442
大田 忠南	計	0	0	226
	大田	0	0	0
	忠南	215	11	226
全北		417	5	422
光州 全南	計	220	15	235
	光州	0	0	0
	全南	220	15	235
大邱 慶北	計	438	84	522
	大邱	0	0	0
	慶北	438	84	522
釜山 蔚山 慶南	計	4	0	4
	釜山	0	0	0
	蔚山	0	0	0
	慶南	4	0	4
済州		0	74	74
EEZ	計	0	0	0
	南海	0	0	0
	西海	0	0	0

注) 2012年第4四半期　　　　　　　　　　　　　　　　出所：国土交通部

<表1-25> 地域別骨材採取申告実績 (単位:千㎥)

		合計		
		砂	砂利	合計
合計		11,868	31,642	43,510
首都圏	計	4,143	13,198	17,341
	ソウル	0	0	0
	仁川	0	1,384	1,384
	京畿	4,143	11,814	15,957
江原		526	1,570	2,096
忠北		921	1,738	2,659
大田 忠南	計	1,089	5,522	6,611
	大田	42	0	42
	忠南	1,047	5,522	6,569
全北		517	864	1,381
光州 全南	計	198	2,594	2,792
	光州	0	253	253
	全南	198	2,341	2,539
大邱 慶北	計	3,548	2,573	6,121
	大邱	42	602	644
	慶北	3,506	1,971	5,477
釜山 蔚山 慶南	計	926	3,366	4,292
	釜山	0	731	731
	蔚山	0	1,033	1,033
	慶南	926	1,602	2,528
済州		0	217	217

注) 2012年第4四半期　　　　　　　　　　出所:国土交通部

2. 木材・家具工業

1) 木材工業

<表2-1> 木材パネルの生産及び供給推移 (単位：㎥)

		2008	2009	2010	2011	2012
合板	最大生産可能量	836,000	777,000	547,000	570,000	592,000
	生産量	666,925	493,123	450,080	455,101	434,623
	国内供給量	694,998	491,130	463,298	438,216	416,596
ハードボード	生産量	-	-	-	-	-
	国内供給量	-	-	-	-	-
パーティクルボード	生産量	950,375	933,587	918,943	794,868	800,988
	国内供給量	947,652	945,956	899,048	816,917	772,266
中密度繊維板	生産量	1,690,318	1,655,225	1,836,076	1,812,458	1,712,313
	国内供給量	1,597,009	1,696,083	1,751,271	1,745,628	1,593,119

出所：山林庁

<表2-2> 原木需給実績推移 (単位：千㎥, %)

			2008	2009	2010	2011	2012
需要量	合計		7,969	8,190	7,942	8,240	8,192
	内需用	計	7,969	8,190	7,942	8,240	8,192
		坑木	45	39	29	32	18
		パルプ	1,757	1,919	2,549	3,734	4,028
		合板	618	500	393	450	406
		一般	5,549	5,732	4,971	4,024	3,740
	輸出用	計	-	-	-	-	-
		合板	-	-	-	-	-
		製材木その他	-	-	-	-	-
供給量	合計		7,969	8,190	7,942	8,240	8,192
	原木供給量	計	7,969	8,190	7,942	8,240	8,192
		国内材	2,702	3,176	3,715	4,210	4,506
		輸入材	5,267	5,014	4,227	4,030	3,686
	廃材利用量	廃材計	2,700	2,181	2,228	2,198	2,131
自給率			33.9	38.8	46.8	51.1	54.8

出所：山林庁

<表2-3> 用途別国産材供給実績推移　(単位：千㎥)

	2008	2009	2010	2011	2012
合計	2,702	3,176	3,715	4,210	4,506
坑木	45	39	29	32	18
パルプ材	838	797	892	1,022	1,033
一般材	1,819	2,340	2,794	3,156	3,455

出所：山林庁

<表2-4> チップ生産実績推移　(単位：社, 人, 千㎥)

	会社数	従業員数	年間生産能力	生産量
2008	10	156	330,000	292,170
2009	9	162	385,000	339,070
2010	9	162	385,000	356,610
2011	9	162	560,000	457,100
2012	9	162	560,000	435,940
ソウル	-	-	-	-
釜山	-	-	-	-
大邱	-	-	-	-
仁川	-	-	-	-
光州	-	-	-	-
大田	1	-	40,000	34,260
京畿	-	-	-	-
江原	2	-	120,000	94,310
忠北		-	80,000	76,980
忠南	-	-	-	-
全北	2	-	120,000	94,000
全南	-	-	-	-
慶北	3	-	160,000	100,060
慶南	1	-	40,000	36,330
済州	-	-	-	-

注) BDT(Bon Dried Ton)：木材に含まれた水分を除去した重量　　出所：山林庁

<表2-5> パルプ生産実績推移　(単位：M/T)

	化学パルプ	砕木パルプ	自給率	合計
2005	411,467	100,330	17.5	511,797
2006	426,060	89,645	17.2	515,705
2007	337,929	80,038	14.4	417,967
2008	425,229	110,803	17.7	536,032
2009	361,191	106,256	14.0	467,447
2010	402,067	109,266	12.9	511,333
2011	447,048	138,060	14.5	585,108
2012	449,804	112,466	17.2	562,270

出所：山林庁

その他製造業

<表2-6> パルプ輸出入推移　　　　　　　　　　　　　　　　　　　（単位：千ドル、トン）

	輸出		輸入	
	重量	金額	重量	金額
2007	463,181	68,140	3,767,121	1,892,253
2008	293,151	57,852	3,800,665	2,145,487
2009	408,154	81,666	3,521,113	1,457,560
2010	353,307	107,145	3,910,034	2,239,277
2011	354,965	89,363	4,043,345	2,260,885
2012	559,374	95,315	3,865,729	1,872,487

出所：関税庁

<表2-7> 原木輸出入推移　　　　　　　　　　　　　　　　　　　（単位：千ドル、トン）

	輸出		輸入	
	重量	金額	重量	金額
2007	219	210	5,679,658	910,323
2008	980	559	4,861,151	838,829
2009	252	107	4,286,738	623,926
2010	177	168	3,614,287	725,689
2011	110	131	3,445,313	793,893
2012	328	132	3,153,124	655,476

出所：関税庁

<表2-8> パーティクルボード輸出入推移　　　　　　　　　　　　　（単位：千ドル、トン）

	輸出		輸入	
	重量	金額	重量	金額
2007	1,179	1,199	499,469	120,665
2008	674	719	502,376	140,200
2009	977	913	440,376	98,944
2010	1,714	2,357	523,217	132,785
2011	945	1,017	502,099	143,032
2012	1,336	1,579	482,936	133,761

出所：関税庁

<表2-9> 合板輸出入推移　　　　　　　　　　　　　　　　　　　（単位：千ドル、トン）

	輸出		輸入	
	重量	金額	重量	金額
2007	4,501	4,884	885,948	594,973
2008	6,920	9,050	802,505	544,175
2009	4,700	5,986	827,002	471,270
2010	4,033	5,018	813,045	476,356
2011	4,501	5,369	739,577	536,766
2012	2,822	4,326	788,070	592,346

出所：関税庁

<表2-10> 製材木輸出入推移 (単位:千ドル、トン)

	輸出		輸入	
	重量	金額	重量	金額
2007	10,502	8,228	576,868	305,249
2008	8,318	7,345	563,570	288,351
2009	5,899	5,794	549,937	249,793
2010	5,602	6,130	720,007	330,047
2011	6,008	7,996	899,668	437,363
2012	5,622	7,393	973,984	472,967

出所:関税庁

<表2-11> 国別原木輸出現況 (単位:千ドル、トン)

	2011		2012	
	物量	金額	物量	金額
インドネシア	5	23	139	51
日本	5	40	62	41
中国	99	67	66	28
ベトナム	0	0	60	10
モロッコ	0	0	0	2

出所:関税庁

<表2-12> 国別パーティクルボード輸出現況 (単位:千ドル、トン)

	2011		2012	
	物量	金額	物量	金額
日本	623	608	862	693
米国	180	244	281	508
インドネシア	27	14	9	140
ロシア連邦	10	19	54	71
モンゴル	42	28	69	66

出所:関税庁

<表2-13> 国別合板輸出現況 (単位:千ドル、トン)

	2011		2012	
	物量	金額	物量	金額
カザフスタン	110	122	470	990
モンゴル	430	509	566	969
日本	2,286	2,705	676	819
中国	140	140	233	292
ギニア	25	105	81	213

出所:関税庁

<表2-14> 国別製材木輸出現況 (単位:千ドル,トン)

	2011		2012	
	物量	金額	物量	金額
日本	2629	3827	2,549	3,835
中国	2789	3055	2,657	2,625
インドネシア	391	747	271	502
ベトナム	84	92	49	195
ウクライナ	0	0	11	81

出所:関税庁

2) 家具工業

<表2-15> 国別家具輸出入実績(2012)　　　　　　　　　　　　(単位：千ドル, トン)

国名	輸出		輸入		貿易収支
	重量	金額	重量	金額	
中国	53,063	465,405	339,275	1,228,876	-763,471
日本	21,542	328,526	3,454	51,769	276,758
米国	31,323	239,230	3,959	84,022	155,208
ロシア連邦	18,794	105,169	215	127	105,042
スロバキア	1,143	100,131	116	3,171	96,960
ブラジル	22,131	98,380	9	277	98,102
ポーランド	777	90,659	87	1,396	89,263
ベトナム	4,871	54,632	43,468	142,674	-88,042
オーストラリア	5,316	41,111	506	7,567	33,543
ウズベキスタン	8,853	39,183	4	55	39,128

出所：関税庁

<表2-16> 椅子輸出入推移　　　　　　　　　　　　(単位：千ドル, トン)

	輸出		輸入		貿易収支
	重量	金額	重量	金額	
2008	69,230	443,971	151,973	743,511	-299,540
2009	68,558	406,568	122,469	588,852	-182,284
2010	94,451	540,011	147,454	780,731	-240,721
2011	119,409	736,693	155,707	815,054	-78,361
2012	140,369	883,287	149,681	793,421	89,866

注) HSK 9401　　　　　　　　　　　　　　　　　　出所：関税庁

<表2-17> 医療用家具輸出入推移　　　　　　　　　　　　(単位：千ドル, トン)

	輸出		輸入		貿易収支
	重量	金額	重量	金額	
2008	794	8,623	1,645	14,976	-6,353
2009	860	7,891	1,284	12,859	-4,968
2010	919	9,123	1,125	12,703	-3,580
2011	952	12,611	1,253	14,607	-1,996
2012	1,078	12,506	2,101	19,593	-7,087

注) HSK 9402　　　　　　　　　　　　　　　　　　出所：関税庁

その他製造業

<表2-18> その他家具及びその部分品輸出入推移　　　　　　　　　(単位：千ドル，トン)

	輸出		輸入		貿易収支
	重量	金額	重量	金額	
2008	40,036	133,691	306,451	587,456	-453,766
2009	31,024	110,999	209,857	420,814	-309,815
2010	32,385	135,964	245,802	543,779	-407,815
2011	35,779	148,519	236,869	570,066	-421,548
2012	37,159	139,408	217,748	535,802	-396,394

注) HSK 9403　　　　　　　　　　　　　　　　　　　　　　　　出所：関税庁

<表2-19> マットレスサポートなどの輸出入推移　　　　　　　　(単位：千ドル，トン)

	輸出		輸入		貿易収支
	重量	金額	重量	金額	
2008	2,730	26,939	29,236	165,029	-138,090
2009	3,234	86,756	20,119	110,138	-23,381
2010	3,322	25,476	29,442	172,351	-146,874
2011	3,722	31,665	30,751	209,238	-177,573
2012	4,161	32,412	35,247	239,098	-206,686

注) HSK 9404　　　　　　　　　　　　　　　　　　　　　　　　出所：関税庁

3. 製紙・パルプ工業

<表3-1> 紙類生産能力推移　　　　　　　　　　　　　　　　　　　　　　　(単位：トン)

	合計	新聞用紙	印刷用紙	包装用紙	板紙	その他
2008	11,560,000	1,585,000	2,962,000	269,000	5,990,000	790,000
2009	11,560,000	1,585,000	2,962,000	269,000	5,990,000	790,000
2010	11,560,000	1,585,000	2,962,000	269,000	5,990,000	790,000
2011	11,560,000	1,585,000	2,962,000	269,000	5,990,000	790,000
2012	11,781,000	1,460,000	2,859,000	351,000	6,066,000	1045,000
2013	11,781,000	1,460,000	2,859,000	351,000	6,066,000	1045,000

出所：韓国製紙連合会

<表3-2> 紙類生産実績推移　　　　　　　　　　　　　　　　　　　　　　　(単位：トン)

	合計	新聞用紙	印刷用紙	包装用紙	板紙	その他
2008	10,642,495	1,561,652	3,094,409	219,942	5,166,021	600,471
2009	10,480,673	1,464,229	2,976,980	217,659	5,219,247	602,558
2010	11,105,835	1,556,101	3,029,585	220,368	5,677,422	622,359
2011	1,1480,372	1,537,479	3,278,415	223,436	5,817,538	623,504
2012	1,1331,970	1,523,288	3,207,348	190,442	5,769,479	641,413
2012	11,801,164	1,514,734	3,242,573	204,124	6,174,512	665,221

出所：韓国製紙連合会

<表3-3> 紙類輸出推移　　　　　　　　　　　　　　　　　　　　　　　(単位：トン)

	合計	新聞用紙	印刷用紙	包装用紙	板紙	その他
2008	2,696,509	582,527	1,072,465	21,173	959,972	60,372
2009	2,889,560	661,336	1,074,348	24,186	1,070,429	59,261
2010	2,829,937	688,010	1,017,192	22,482	1,021,979	80,274
2011	2,994,848	685,043	1,275,647	24,668	926,035	83,455
2012	3,144,589	702,217	1,296,007	23,255	1,033,031	90,079

出所：韓国製紙連合会

<表3-4> 紙類輸入推移　　　　　　　　　　　　　　　　　　　　　　　(単位：トン)

	合計	新聞用紙	印刷用紙	包装用紙	板紙	その他
2008	816,871	4,338	244,488	49,355	261,467	257,223
2009	714,472	1,557	205,485	45,593	239,677	222,160
2010	898,643	1,932	258,412	49,884	321,036	267,379
2011	871,305	585	211,323	49,472	319,482	290,443
2012	858,396	92	210,430	51,891	310,675	285,308
2012	950,972	0	280,036	42,475	326,152	302,309

出所：韓国製紙連合会

<表3-5> 紙類消費推移 (単位:トン)

	合計	新聞用紙	印刷用紙	包装用紙	板紙	その他
2008	8,690,329	974,611	2245,249	253,128	4,418,969	798,372
2009	8,438,827	815,254	2,159,138	238,246	4,460,114	766,075
2010	9,148,883	867,988	2,238,986	247,419	4,981,698	812,792
2011	9,251,107	855,364	2,203,297	243,049	5,112,131	837,266
2012	9,071,978	817,550	2,149,156	222,680	5,045,128	837,464
2013	9,274,238	728,685	2,132,017	204,916	5,368,575	840,045

出所:韓国製紙連合会

<表3-6> パルプ使用量推移 (単位:トン)

		2009	2010	2011	2012	2013
合計	計	2,768,246	2,797,360	2,952,397	2,849,745	2,897,408
	機械パルプ	288,712	348,205	431,212	413,066	445,173
	化学パルプ	2,479,534	2,449,155	2,521,185	2,436,679	2,452,235
国産	計	387,917	359,618	518,446	489,634	541,162
	機械パルプ	106,256	109,458	138,060	112,466	102,700
	化学パルプ	281,661	250,160	380,386	377,168	438,462
輸入	計	2,380,329	2,437,742	2,433,951	2,360,111	2,356,246
	機械パルプ	182,456	238,747	293,152	300,600	342,473
	化学パルプ	2,197,873	2,198,995	2,140,799	2,059,511	2,013,773

出所:韓国製紙連合会

<表3-7> 廃紙類使用量推移 (単位:トン)

		2009	2010	2011	2012	2013
O.N.P	国産	1,473,920	1,369,938	1,295,562	1,257,665	1,181,423
	輸入	621,386	822,094	931,746	979,016	1,031,503
	計	2,095,306	2,192,032	2,227,308	2,236,681	2,212,926
O.C.C	国産	5,357,448	6,368,681	6,435,907	5,612,950	6,269,343
	輸入	227,727	284,096	276,970	236,013	257,544
	計	5,585,175	6,652,777	6,712,877	5,848,963	6,269,343
Others	国産	1,019,686	1,118,703	1,095,168	1,173,401	1,195,534
	輸入	234,391	221,326	226,574	233,808	221,863
	計	1,254,077	1,340,029	1,321,742	1,407,209	1,417,397
合計	国産	7,854,054	8,857,322	8,826,637	8,044,016	8,646,300
	輸入	1,083,504	1,327,516	1,435,290	1,448,837	1,510,910
	計	8,934,558	10,184,838	10,261,927	9,492,853	10,157,210

出所:韓国製紙連合会

<表3-8> 廃紙回収率推移 (単位:千トン,%)

	2008	2009	2010	2011	2012	2013
回収量	7,902	7,851	8,857	8,827	8,044	8,646
回収率	83.3	89.9	92.7	94.5	85.9	92.1

出所:韓国製紙連合会

<表3-9> 紙・板紙生産及び出荷推移　　　　　　　　　　　　　　　　　　　　(単位：M/T)

	生産	出荷		
		内需	輸出	小計
2007	10,932,048	8,102,761	2,816,174	10,918,935
2008	10,642,495	7,883,969	2,696,509	10,580,478
2009	10,480,673	7,724,355	2,889,560	10,613,915
2010	11,105,835	8,250,240	2,829,937	11,080,177
2011	11,480,372	8,379,802	2,994,848	11,374,650
2013	11,801,164	8,323,266	3,383,973	11,707,239

出所：韓国製紙連合会

<表3-10> 紙生産及び出荷推移　　　　　　　　　　　　　　　　　　　　　(単位：M/T)

	生産	出荷		
		内需	輸出	小計
2007	5,601,441	3,834,689	1,772,618	5,607,307
2008	5,476,474	3,726,467	1,736,537	5,463,004
2009	5,261,426	3,503,918	1,819,131	5,323,049
2010	5,428,413	3,589,578	1,807,958	5,397,536
2011	5,662,834	3,587,153	2,068,813	5,655,966
2013	5,626,652	3,280,843	2,227,721	5,508,564

出所：韓国製紙工業連合会

<表3-11> 新聞用紙生産及び出荷推移　　　　　　　　　　　　　　　　　　(単位：M/T)

	生産	出荷		
		内需	輸出	小計
2007	1,630,226	1053096	572434	1,625,530
2008	1,561,652	970273	582527	1,552,800
2009	1,464,229	813,697	661,336	1,475,033
2010	1,556,101	866,056	688,010	1,554,066
2011	1,537,479	854,779	685,043	1,539,822
2013	1,514,734	728,685	786,252	1,514,937

出所：韓国製紙連合会

<表3-12> 印刷用紙生産・出荷推移　　　　　　　　　　　　　　　　　　　(単位：M/T)

	生産	出荷		
		内需	輸出	小計
2007	3,133,098	2,030,288	1,123,177	3,153,465
2008	3,094,409	2,011,272	1,072,465	3,083,737
2009	2,976,980	1,953,653	1,074,348	3,028,001
2010	3,029,585	1,980,574	1,017,192	2,997,766
2011	3,278,415	1,991,974	1,275,647	3,267,621
2013	3,242,573	1,851,981	1,282,570	3,134,551

出所：韓国製紙連合会

<表3-13> 包装用紙生産及び出荷推移 (単位：M/T)

	生産	出荷		
		内需	輸出	小計
2007	230,713	195,808	22,775	218,583
2008	219,942	203,773	21,173	224,946
2009	217,659	192,653	24,186	216,839
2010	220,368	197,535	22,482	220,017
2011	223,436	193,577	24,668	218,245
2013	204,124	162,441	35,704	198,145

出所：韓国製紙連合会

<表3-14> 衛生用紙生産及び出荷推移 (単位：M/T)

	生産	出荷		
		内需	輸出	小計
2007	424,538	425,121	763	425,884
2008	418,521	416,935	1,818	418,753
2009	441,640	438,870	2,744	441,614
2010	446,458	438,393	7,470	445,863
2011	462,376	462,583	5,633	468,216
2013	478,642	473,667	6,937	480,604

出所：韓国製紙連合会

<表3-15> 板紙生産及び出荷推移 (単位：M/T)

	生産	出荷		
		内需	輸出	小計
2007	5,330,607	4,268,072	1,043,556	5,311,628
2008	5,166,021	4,157,502	959,972	5,117,474
2009	5,219,247	4,220,437	1,070,429	5,290,866
2010	5,677,422	4,660,662	1,021,979	5,682,641
2011	5,817,538	4,792,649	926,035	5,718,684
2013	6,174,512	5,042,423	1,156,252	6,198,675

出所：韓国製紙連合会

<表3-16> 白板紙生産及び出荷推移 (単位：M/T)

	生産	出荷		
		内需	輸出	小計
2007	1,231,711	589,241	655,445	1,244,686
2008	1,201,726	563,431	622,228	1,185,659
2009	1,251,224	587,567	678,765	1,266,332
2010	1,293,648	654,007	644,808	1,298,815
2011	1,347,686	662,235	668,429	1,330,664
2013	1,492,724	799,390	705,168	1,504,558

出所：韓国製紙連合会

<表3-17> 段ボール原紙生産及び出荷推移　　　　　　　　　　　　　　　　　　　　　(単位：M/T)

	生産	出荷		
		内需	輸出	小計
2007	3,811,018	3,412,103	371,592	3,783,695
2008	3,686,325	3,339,643	316,048	3,655,691
2009	3,693,698	3,376,278	367,149	3,743,427
2010	4,083,851	3,728,916	357,139	4,086,055
2011	4,157,046	3,855,499	224,088	4,079,587
2013	4,381,263	3,833,073	299,819	4,132,892

出所：韓国製紙連合会

<表3-18> その他の板紙生産及び出荷推移　　　　　　　　　　　　　　　　　　　　(単位：M/T)

	生産	出荷		
		内需	輸出	小計
2007	287,878	272,566	10,681	283,247
2008	277,970	266,280	9,844	276,124
2009	274,325	256,592	24,515	281,107
2010	299,923	277,739	20,032	297,771
2011	312,806	274,915	33,518	308,433
2013	300,525	149,427	151,265	300,692

出所：韓国製紙連合会

その他製造業

4. 楽器工業

<表4-1> 国別楽器輸出入実績(2012)　　　　　　　　　　　　　(単位：千ドル, トン)

国名	輸出		輸入		貿易収支
	重量	金額	重量	金額	
米国	1,191	46,796	380	32,480	14,316
インドネシア	1,814	30,375	2,350	34,096	-3,722
中国	10,876	29,865	7,771	71,383	-41,518
日本	232	9,370	758	27,468	-18,098
オランダ	113	6,028	27	1,161	4,867
ドイツ	179	5,564	70	9,894	-4,330
英国	124	3,856	11	1,436	2,419
ブラジル	66	2,738	0	9	2,729
カナダ	88	2,047	26	1,109	938
バングラデシュ	224	1,610	0	0	1,610

出所：関税庁

<表4-2> ピアノ輸出入推移　　　　　　　　　　　　　　　　(単位：千ドル, トン)

	輸出		輸入		貿易収支
	重量	金額	重量	金額	
2008	1,144	7,393	3,763	31,771	-24,378
2009	2,527	5,804	2,556	20,252	-14,448
2010	4,345	9,291	2,647	22,898	-13,607
2011	4,397	7,675	2,472	2,3790	-16,116
2012	4,135	6,693	1,622	19,209	-12,516

注) 9201　　　　　　　　　　　　　　　　　　　　　　　　　　出所：関税庁

<表4-3> その他の弦楽器輸出入推移　　　　　　　　　　　　(単位：千ドル, トン)

	輸出		輸入		貿易収支
	重量	金額	重量	金額	
2008	292	18,134	715	12,269	5,865
2009	183	9,252	859	13,354	-4,102
2010	232	11,331	1,056	17,690	-6,359
2011	241	12,424	2,200	35,178	-22,754
2012	269	15,446	1,595	30,557	-15,111

注) 9202　　　　　　　　　　　　　　　　　　　　　　　　　　出所：関税庁

<表4-4> 管楽器輸出入推移　　　　　　　　　　　　　　　　(単位：千ドル, トン)

	輸出		輸入		貿易収支
	重量	金額	重量	金額	
2008	275	2,970	796	42,952	-38,983
2009	229	2,677	788	35,268	-32,591
2010	210	2,311	661	40,004	-37,693
2011	223	2,588	666	44,242	-41,654
2012	160	2,138	574	48,486	-46,348

注) 9205　　　　　　　　　　　　　　　　　　　　　　　　　　出所：関税庁

5. 金型工業

<表5-1> 金型貿易収支(2013)　　　　　　　　　　　　　　　　　　　　　(単位：千ドル,%)

区分	輸出	輸入	貿易収支
プラスチック金型	1,549,845	75,087	1,474,758
プレス金型	789,785	20,189	769,596
ダイカスト金型	143,418	15,024	128,394
その他の金型	192,776	54,106	138,670
計	2,675,824	164,406	2,511,418

出所：韓国金型工業協同組合

<表5-2> 品目別金型輸出実績(2013)　　　　　　　　　　　　　　　　　　(単位：千ドル,%)

区分	2012	2013	増減率
プラスチック金型	1,454,444	1,549,845	6.2
プレス金型	769,479	789,785	2.6
ダイカスト金型	138,170	143,418	3.8
その他の金型	150,026	192,776	28.5
計	2,512,110	2,675,824	6.5

出所：韓国金型工業協同組合

<表5-3> 品目別金型輸入実績(2013)　　　　　　　　　　　　　　　　　　(単位：千ドル,%)

区分	2012	2013	増減率
プラスチック金型	68,405	75,087	9.8
プレス金型	30,455	20,189	△33.7
ダイカスト金型	11,314	15,024	32.7
その他の金型	41,538	54,106	30.2
計	151,538	164,406	8.4

出所：韓国金型工業協同組合

<表5-4> 2013年プラスチック金型輸出実績(2013)　　　　　　　　　　　　(単位：千ドル,%)

国	金額	比重	国	金額	比重
日本	333,804	21.5%	香港	68.774	4.4%
中国	229,129	14.8%	米国	66,165	4.3%
ベトナム	116,272	7.5%	インドネシア	55,297	3.6%
メキシコ	103,843	6.7%	ロシア	52,326	3.4%
インド	97,332	6.3%	その他	333,289	21.5%
タイ	93,614	6.0%	総計	1,549,845	100.0%

出所：韓国金型工業協同組合

その他製造業

<表5-5> プラスチック金型輸入実績(2013)　　　　　　　　　　　　（単位：千ドル, %）

国	金額	比重			
中国	40,643	54.1%	スイス	1,660	2.2%
日本	16,957	22.6%	オーストリア	1,525	2.0%
イタリア	3,202	4.3%	ドイツ	1,090	1.5%
米国	2,041	2.7%	デンマーク	1,043	1.4%
ベトナム	1,689	2.2%	カナダ	946	1.3%
			総計	75,087	100.0%

出所：韓国金型工業協同組合

<表5-6> プレス金型輸出実績(2013)　　　　　　　　　　　　（単位：千ドル, %）

国	金額	比重	国	金額	比重
中国	112,339	14.2%	ドイツ	35,012	4.5%
米国	105,788	13.4%	トルコ	34,689	4.5%
日本	91,994	11.6%	タイ	22,530	2.9%
インド	75,398	9.5%	ポーランド	21,438	2.7%
メキシコ	64,132	8.1%	その他	184,347	23.3%
ブラジル	42,118	5.3%	総計	789,785	100.0%

出所：韓国金型工業協同組合

<表5-7> プレス金型輸入実績(2013)　　　　　　　　　　　　（単位：千ドル, %）

国	金額	比重			
日本	5,041	25.0%	オーストリア	787	3.9%
ドイツ	4,083	20.2%	タイ	578	2.9%
米国	1,774	8.8%	スペイン	257	1.3%
英国	790	3.9%	台湾	162	0.8%
スイス	790	3.9%	その他	590	2.9%
			総計	20,189	100.0%

出所：韓国金型工業協同組合

<表5-8> ダイカスト金型輸出実績(2013)　　　　　　　　　　　　（単位：千ドル, %）

国	金額	比重	国	金額	比重
中国	60,359	42.1%	メキシコ	6,532	4.6%
日本	14,256	9.9%	米国	6,413	4.5%
タイ	12,795	8.9%	ロシア	3,523	2.5%
ベトナム	8,786	6.1%	イラン	2,173	1.5%
インド	7,947	5.5%	その他	13,446	9.4%
トルコ	7,188	5.0%	総計	143,418	100.0%

出所：韓国金型工業協同組合

<表5-9> ダイカスト金型輸入実績(2013) (単位:千ドル,%)

国	金額	比重	国	金額	比重
日本	6,173	41.1%	米国	90	0.6%
中国	5,713	38.0%	イタリア	52	0.3%
ドイツ	2,318	15.4%	カナダ	18	0.1%
ベトナム	381	2.5%	オランダ	16	0.1%
フランス	108	0.8%	その他	57	0.4%
台湾	98	0.7%	総計	15,024	100.0%

出所:韓国金型工業協同組合

<表5-10> その他金型輸出実績(2013) (単位:千ドル,%)

国	金額	比重	国	金額	比重
インド	42,137	21.9%	ベトナム	9,280	4.7%
マレーシア	27,082	14.0%	タイ	5,896	3.1%
中国	24,109	12.5%	インドネシア	5,865	3.0%
日本	11,749	6.1%	シンガポール	5,553	2.9%
ロシア	9,754	5.1%	その他	41,781	21.7%
モンゴル	9,570	5.0%	総計	192,776	100.0%

出所:韓国金型工業協同組合

<表5-11> その他金型輸入実績(2013) (単位:千ドル,%)

国	金額	比重	国	金額	比重
中国	22,077	40.8%	ベトナム	1,337	2.5%
デンマーク	12,293	22.7%	タイ	830	1.6%
日本	5,947	11.0%	インド	679	1.3%
スイス	4,133	7.6%	ドイツ	562	1.0%
米国	2,561	4.7%	その他	2,026	3.7%
フランス	1,661	3.1%	総計	54,106	100.0%

出所:韓国金型工業協同組合

<表5-12> 国別金型輸出実績(2013) (単位:千ドル,%)

国	金額	比重	国	金額	比重
日本	451,803	16.9%	タイ	134,835	5.0%
中国	425,936	15.9%	マレーシア	92,942	3.5%
インド	222,814	8.3%	ブラジル	85,934	3.3%
米国	182,062	6.8%	ロシア	83,663	3.1%
メキシコ	179,586	6.7%	その他	678,804	25.4%
ベトナム	137,445	5.1%	総計	2,675,824	100.0%

出所:韓国金型工業協同組合

その他製造業

<表5-13> 国別金型輸入実績(2013) (単位：千ドル, %)

国	金額	比重	国	金額	比重
中国	73,770	44.9%	ベトナム	3,414	2.1%
日本	34,118	20.8%	イタリア	3,393	2.1%
デンマーク	13,351	8.1%	オーストリア	2,323	1.4%
ドイツ	8,053	4.9%	フランス	2,029	1.2%
スイス	6,583	4.0%	その他	10,906	6.6%
米国	6,466	3.9%	総計	164,406	100.0%

出所：韓国金型工業協同組合

<表5-14> 過去5年間の金型輸出入推移 (単位：億ドル)

区分	2009	2010	2011	2012	2013
輸出	14.5	17.6	22.5	25.1	26.7
輸入	1.4	1.3	1.4	1.5	1.6
貿易収支の黒字	13.1	16.3	21.1	23.6	25.1

出所：韓国金型工業協同組合

6. 文具工業

<表6-1> 文房具生産業者数及び生産額現況 (単位：個, 百万ウォン)

品名	事業者数			生産額		
	2012	2011	増減	2012	2011	増減
電子複写機の用紙(小売用)	21	22	-4.5	78,515	74,938	4.8
ノート類	34	31	9.7	181,690	160,820	13.0
コンピュータ用紙	24	24	0.0	157,183	142,706	10.1
アルバム	20	14	42.9	47,273	22,161	113.3
バインダー	19	14	35.7	61,949	56,365	9.9
事務用封筒	17	17	0.0	74,538	58,871	26.6
帳簿類	3	3	0.0	4,394	6,797	-35.4
その他文具用紙製品	26	24	8.3	62,685	83,530	-25.0
デジタルインク	20	11	81.8	183,303	248,672	-26.3
絵の具	5	5	0.0	28,239	22,673	24.5
合成樹脂接着剤	130	131	-0.8	1,695,679	1,425,243	19.0
筆記用インク	5	6	-16.7	27,778	24,077	15.4
プラスチック製事務および文房具	29	32	-9.4	138,886	136,202	2.0
刃物及び刃(食卓用ナイフ除外)	17	16	6.3	47,982	81,821	-41.4
はさみ	13	12	8.3	25,254	20,886	20.9
図案及び製図機器	7	8	-12.5	51,259	57,629	-11.1
コピー機	8	7	14.3	337,796	449,589	-24.9
文書パンチング機(事務用) 及びホッチキス	5	5	0.0	19,372	7,547	156.7
文書および図面コーティング機)	12	7	71.4	55,204	53,276	3.6

<続く>

その他製造業

品名	事業者数			生産額		
	2012	2011	増減	2012	2011	増減
その他事務用機器	15	16	-6.3	32,642	29,277	11.5
コピー機専用部品	33	34	-2.9	180,707	179,007	0.9
計算関連機器専用部品	7	5	40.0	35,362	33,539	5.4
事務機器専用部品	10	8	25.0	33,785	28,047	20.5
サインペン	7	7	0.0	30,541	37,037	-17.5
ボールペン	13	15	-13.3	51,414	70,628	-27.2
シャープペンシル	4	6	-33.3	7,367	8,430	-12.6
その他のペン(plus pen,蛍光ペン, コンピュータ用ペン含む)	11	11	0.0	35,342	28,871	22.4
鉛筆(色鉛筆含む)	8	8	0.0	63,803	34,538	84.7
美術用筆記具(クレヨン、パステルなど)	5	5	0.0	18,065	18,050	0.1
その他の筆記用品(チョーク, 筆を含む)	7	8	-12.5	18,305	17,375	5.4
その他絵画用品	9	4	125.0	22,239	11,688	90.3
スタンプ(手動式),印章、朱肉	5	5	0.0	12,625	12,521	0.8
インクリボン(コンピュータ及びタイプライターリボンなど)	5	12	-58.3	9,797	36,193	-72.9
黒板及び筆記用ボード	11	8	37.5	31,641	19,800	59.8
筆記具の部品(鉛筆芯、ボールペン芯含む)	9	9	0.0	45,090	48,807	-7.6
合計	574	550	4.4	3,907,704	3,747,611	4.3

出所 : 韓国文具工業協同組合

<表6-2> 品目別文房具輸出入実績 (単位：ドル, %)

区分	輸出			輸入		
	2012	2011	増減	2012	2011	増減
アルバム	8,427,325	6,861,960	22.8	5,271,193	4,149,870	27.0
紙製の文具類	61,536,361	57,237,010	7.5	119,366,928	118,043,526	1.1
筆記具類	110,838,534	107,273,719	3.3	93,613,847	110,965,674	-15.6
絵具類	28,208,103	27,595,799	2.2	16,213,417	17,537,876	-7.6
金属文具類	17,360,260	17,642,432	-1.6	28,509,774	31,284,801	-8.9
事務機器類	24,339,909	46,160,308	-47.3	19,311,815	20,804,239	-7.2
製図用品類	2,840,183	2,670,426	6.4	17,352,169	16,568,082	4.7
インクリボン類	51,160,698	48,746,755	5.0	18,770,727	16,888,539	11.1
合成樹脂文具	16,455,174	12,026,299	36.8	10,415,944	12,282,620	-15.2
その他の文具類	166,534,302	195,363,223	-14.8	193,680,557	166,701,290	16.2
計	487,700,849	521,577,931	-6.5	522,506,371	515,226,517	1.4

出所 : 韓国文具工業協同組合

<表6-3> 品目別文房具の輸出入実績 (単位：ドル)

品目	輸出 2013	輸出 2012	輸入 2013	輸入 2012
セットの油性絵具類	238,512	103,592	185,733	133,128
セットの水性絵具類	1,743,781	2,405,056	801,092	676,715
セットのその他の絵具類	1,267,214	1,857,447	854,521	216,958
その他の油性絵具類	223,157	202,456	703,087	934,939
その他の水性絵具類	1,084,803	2,228,081	1,252,481	1,340,445
その他の絵具類	3,333,911	3,289,623	1,049,327	1,142,578
筆記用インク	231,290	415,629	2,103,359	2,638,611
製図用インク	250,654	333,687	1,839,656	1,978,908
コピー用インク	128,675	190,463	24,613	37,707
油性ボールペン用インク	9,675	579	389,840	588,125
水性ボールペン用インク	2,158,555	1,679,785	446,273	426,223
油性・水性ボールペン用インク	556,301	931,781	2,193	559
金属インク	972,570	148,778	2,598,386	1,784,575
ゴムを基材にした糊と接着剤	2,870,328	3,348,869	6,405,404	5,134,612
プラスチックを基材にした糊と接着剤	94,151,615	87,893,113	119,942,329	141,404,889
その他の糊と接着剤	34,181,324	26,615,170	31,082,273	30,543,347
合成樹脂製のペンケースと消しゴム	2,916,280	2,795,277	2,147,446	2,305,101
合成樹脂製のバインダーとアルバム	2,769,537	3,323,458	3,098,696	2,952,027
その他の合成樹脂製の文具	15,187,635	13,659,897	9,423,048	8,110,843
消しゴム	185,576	325,926	332,347	264,563
罫線または方眼線のある紙と板紙	—	—	83,811	360,454
セルフコピー紙(一重のもの)	1,091,419	899,516	2,490,665	3,189,812
セルフコピー紙(二重以上のもの)	—	—	885,682	304,954
謄写原紙	—	—	—	—
感熱記録紙	—	—	—	—
カーボン紙又は類似の複写紙	327,270	50,814	76,552,115	81,122,835
その他の用紙	2,423,312	1,445,001	4,448,391	3,657,800
封筒	1,298,301	1,677,640	1,083,436	757,022
封合はがき, 郵便はがき	484,680	809,822	579,034	495,671
紙または板紙製の箱、袋、筆記帖	4,167,101	3,173,154	1,877,714	1,512,842
紙板紙製の書類箱、書類受け	1,634,776	1,456,901	9,210,615	7,484,722
ノート、帳簿、日記帳、メモ帳など	34,524,061	36,558,224	12,696,639	10,847,295

<続く>

その他製造業

練習帳	109,529	488,865	191,948	91,107
バインダーホルダー及びファイル	509,179	558,070	1,009,622	1,078,918
事務用挿入式カーボンセット	90,726	184,508	275,618	226,497
見本用又は収集用アルバム	2,456,003	3,943,712	980,091	883,895
その他の紙製文具	4,789,202	5,103,867	2,300,374	2,299,063
自己粘着紙	—	—	—	—
印刷された自動記録用紙	1,896,111	1,793,174	432,846	431,643
地球儀	329,669	328,117	310,534	707,608
印刷されたはがき、絵葉書、印刷カード	8,297,805	8,323,971	6,690,599	6,919,257
紙板紙製のカレンダー	24,413,291	25,732,299	1,511,383	1,886,166
その他のカレンダー	8,912,048	8,721,967	436,049	579,625
絵画用キャンバス	3,795	222,873	960,192	322,411
画鋲	108,227	217,981	214,412	89,355
製図用及び事務用ピン	71,311	8,007	2,399,697	1,453,880
ステープル(工業用)	142,778	285,030	387,422	291,432
刃が固定されたその他の刃物	572,812	631,512	1,178,559	1,113,195
刃	4,590,305	4,807,735	1,015,306	723,483
家庭用及び事務用はさみ	1,392,952	1,017,383	7,749,958	7,312,209
鉛筆削り	823,173	907,397	971,301	1,079,255
その他	1,032,146	1,061,335	4,283,300	4,306,632
非金属性の書類整理箱	1,339,716	363,710	1,964,125	1,715,443
書類綴じ用フィッティング	1,366,485	1,208,628	2,518,997	2,274,493
ステープル(事務用)	5,661,142	5,524,902	1,495,494	2,355,800
その他の非金属製の事務用品	1,785,190	1,326,640	7,146,448	5,794,597
謄写機	20,500	—	45,149	65,032
消印機	—	10,840	114,710	96,594
謄写印刷用の自動製版機	100,792	152,545	2,682,569	3,691,250
鉛筆削り機	157	278	1,761,952	696,096
書類切断機	1,569,624	1,617,925	3,418,744	4,187,465
その他	20,064,259	22,558,321	11,920,910	10,575,378
製図板を備えた製図器	650,569	930,217	99,581	366,111
製図用具	58,196	54,627	1,481,360	1,441,404
設計用具	102,638	103,596	2,820,904	2,338,784
計算用具	135,610	23	783,309	531,486
目盛付き定規と巻尺	5,751,178	1,751,720	10,803,572	12,674,384

<続く>

絵画用、筆記用筆など	8,489,723	9,128,844	9,117,504	9,083,040
ボールペン	38,094,590	41,882,342	40,638,257	38,278,238
フェルトペン、Porous-tip pen	34,022,022	37,160,906	12,437,233	9,825,789
インディアンインク用の図面用ペン	―	―	―	―
万年筆	―	―	―	―
その他のペン	―	―	―	551
プロペリンペンシル(シャープペンシル)	34,098	238	194,181	236,405
プロペリンペンシル(シャープペンシル)(メカニカルタイプ)	2,976,331	3,451,916	8,542,542	10,336,557
その他	439,579	530,219	1,116,623	1,187,062
鉛筆を除外した筆記具セット	184,097	215,040	4,183,692	4,422,465
ボールペンの芯	4,482,715	4,565,372	3,342,104	3,972,867
ペン先	2,491,181	850,705	1,254,712	1,921,029
Nib point	8,944	3,300	1,446,376	1,467,632
部品と付属品	5,860,551	6,018,807	6,597,126	7,662,697.0
その他のペン	1,521,064	1,438,702	837,999	1,119,896.0
鉛筆	967,203	1,564,582	7,399,867	6,831,078
色鉛筆	2,568,335	2,701,638	3,565,869	4,793,798
クレヨン(色芯含む)	7,261,717	4,838,988	369,483	265,856
鉛筆の芯(色芯含む)	5,140,963	5,757,276	1,564,408	1,283,624
クレヨンとオイルパステル	5,326,537	5,676,834	1,772,156	1,402,332
パステル	3,373,477	3,093,297	989,914	951,992
筆記用チョーク	2,109,695	2,022,239	548,822	546,503
石板	592,677	452	4,069	1,396
黒板	183,542	498,111	316,487	178,094
その他のボード	953,070	1,336,443	1,851,295	1,493,324
スタンプ	458,598	402,408	2,616,229	2,600,353
手動式印刷用セット	901	21,466	13,587	22,308
その他	4,424,259	4,895,064	377,626	345,243
タイプライターリボン	182,232	83,969	645,166	574,498
コンピューター用リボン	37,906,780	38,154,610	931,936	1,239,280
その他のリボン	15,944,919	12,932,257	17,781,155	16,956,949
インクパッド	446,365	540,187	625,374	606,964
計	496,005,596	487,527,726	508,029,033	522,556,028

<続く>

その他製造業

品目	輸出 2012	輸出 2011	輸入 2012	輸入 2011
セットの油性絵具類	103,592	52,711	133,128	137,768
セットの水性絵具類	2,405,056	1,714,771	676,715	781,358
セットのその他の絵具類	1,857,447	2,598,006	216,958	147,335
その他の油性絵具類	202,456	222,358	934,939	1,047,674
その他の水性絵具類	2,228,081	1,803,281	1,340,445	1,994,191
その他の絵具類	3,289,623	2,476,175	1,142,578	1,072,295
筆記用インク	415,629	184,343	2,638,611	2,809,908
製図用インク	333,687	613,774	1,978,908	2,119,094
コピー用インク	190,463	152,445	37,707	68,857
油性ボールペン用インク	579	3,134	588,125	340,793
水性ボールペン用インク	1,679,785	2,433,117	426,223	636,853
油性・水性ボールペン用インク	931,781	699,732	559	6,585
金属インク	148,778	2,348,204	1,784,575	1,577,591
ゴムを基材にした糊と接着剤	3,348,869	2,453,389	5,134,612	4,915,026
プラスチックを基材にした糊と接着剤	87,831,676	118,062,347	141,305,941	120,198,979
その他の糊と接着剤	26,794,420	22,482,489	30,543,347	25,233,046
合成樹脂製のペンケースと消しゴム	2,795,277	2,786,336	2,305,101	3,174,575
合成樹脂製のバインダーとアルバム	3,323,458	3,576,692	2,969,866	3,095,460
その他の合成樹脂製の文具	13,659,897	9,239,963	8,110,843	9,108,045
消しゴム	325,926	472,120	264,563	451,442
罫線または方眼線のある紙と板紙	―	121,085	360,454	238
セルフコピー紙(一重のもの)	899,516	626,509	3,189,812	5,180,157
セルフコピー紙(二重以上のもの)	―	―	304,954	313,350
謄写原紙	―	―	―	―
感熱記録紙	―	―	―	―
カーボン紙又は類似の複写紙	50,814	46,398	81,122,835	77,774,666
その他の用紙	1,445,001	1,722,001	3,657,800	3,880,187

<続く>

封筒	1,677,640	917,824	757,022	1,084,757
封合はがき, 郵便はがき	809,822	1,132,307	495,671	656,159
紙または板紙製の箱、袋、筆記帖	3,173,154	2,524,237	1,512,842	1,481,030
紙板紙製の書類箱,書類受け	1,456,901	1,533,422	7,486,926	7,284,030
ノート、帳簿、日記帳、メモ帳など	36,731,213	33,471,741	10,847,295	9,415,596
練習帳	488,865	168,171	91,107	121,870
バインダーホルダー及びファイル	558,070	725,098	1,078,918	897,146
事務用挿入式カーボンセット	184,508	757,481	226,497	229,245
見本用又は収集用アルバム	3,943,712	3,285,268	883,895	1,054,410
その他の紙製文具	5,103,867	4,201,086	2,301,327	2,603,361
自己粘着紙	―	―	―	―
印刷された自動記録用紙	1,793,174	870,780	431,643	638,611
地球儀	328,117	385,318	707,608	363,215
印刷されたはがき、絵葉書、印刷カード	8,323,971	8,418,870	6,919,257	6,483,123
紙板紙製のカレンダー	25,732,299	27,845,742	1,886,166	1,595,970
その他のカレンダー	8,721,967	8,164,930	581,176	520,679
絵画用キャンバス	222,873	256,743	322,411	246,702
画鋲	217,981	416,774	89,355	419,312
製図用及び事務用ピン	8,007	14,899	1,453,880	560,980
ステープル(工業用)	285,030	400,463	291,432	841,490
刃が固定されたその他の刃物	631,512	357,711	1,113,195	1,752,591
刃	4,807,735	5,214,345	723,483	644,717
家庭用及び事務用はさみ	1,017,383	876,475	7,312,209	7,471,745
鉛筆削り	907,397	734,515	1,079,255	1,381,237
その他	1,061,335	1,238,381	4,306,632	4,357,161
非金属性の書類整理箱	363,710	356,239	1,715,443	1,753,576
書類綴じ用フィティング	1,208,628	1,327,764	2,274,493	2,790,944
ステープル(事務用)	5,524,902	5,518,736	2,355,800	3,720,878
その他の非金属製の事務用品	1,326,640	1,186,130	5,794,597	5,590,170

<続く>

その他製造業

謄写機	—	10,074	65,032	76,426
消印機	10,840	191	96,594	95
謄写印刷用の自動製版機	152,545	23,298	3,691,250	4,023,001
鉛筆削り機	278	—	696,096	685,607
書類切断機	1,617,925	1,536,682	4,187,465	3,574,473
その他	22,558,321	44,590,063	10,575,378	12,444,637
製図板を備えた製図器	930,217	826,148	366,111	389,048
製図用具	54,627	50,128	1,441,404	1,974,070
設計用具	103,596	93,193	2,338,784	2,473,008
計算用具	23	5	531,486	42,691
目盛付き定規と巻尺	1,751,720	1,700,952	12,674,384	11,689,265
絵画用、筆記用筆など	9,128,844	9,363,028	9,091,919	9,046,137
ボールペン	41,735,078	40,097,474	38,297,840	39,393,111
フェルトペン,Porous-tip pen	37,166,673	30,610,211	9,814,490	11,527,606
インディアンインク用の図面用ペン	—	30,764	—	48,465
万年筆	—	23,616	—	9,310,496
その他のペン	—	3,620,155	551	1,968,746
プロペリンペンシル(シャープペンシル)	238	1,138	236,405	210,366
プロペリンペンシル(シャープペンシル)(メカニカルタイプ)	3,451,916	3,918,154	10,336,557	10,033,988
その他	530,219	725,206	1,187,062	2,360,905
鉛筆を除外した筆記具セット	215,040	187,988	4,422,465	4,966,673
ボールペンの芯	4,565,372	4,846,656	3,972,867	6,757,966
ペン先	850,705	550,908	1,921,029	1,606,971
Nib point	3,300	45,137	1,467,632	1,861,093
部品と付属品	6,018,807	6,896,961	7,662,697.0	7,626,455
その他のペン	1,438,702	1,920,515	1,119,896.0	1,128,001
鉛筆	1,564,582	1,333,485	6,831,078	7,576,808
色鉛筆	2,701,638	1,894,517	4,793,798	3,617,304

<続く>

クレヨン(色芯含む)	4,838,988	5,086,789	265,856	134,634
鉛筆の芯(色芯含む)	5,757,276	5,484,045	1,283,624	836,086
クレヨンとオイルパステル	5,676,834	6,466,103	1,402,332	2,153,832
パステル	3,093,297	2,642,623	951,992	910,584
筆記用チョーク	2,022,239	2,669,515	546,503	531,005
石板	452	360	1,396	30,647
黒板	498,111	303,642	178,094	333,172
その他のボード	1,370,399	465,734	1,493,324	1,457,767
スタンプ	402,408	616,834	2,600,353	2,268,727
手動式印刷用セット	21,466	―	22,308	3,494
その他	4,895,064	4,434,081	345,243	267,201
タイプライターリボン	83,969	186,625	574,498	338,617
コンピューター用リボン	38,154,610	34,177,153	1,239,280	1,271,967
その他のリボン	12,922,119	14,382,977	16,956,949	15,277,955
インクパッド	540,187	571,973	615,215	971,239
計	487,700,849	521,577,931	522,506,371	515,226,517

出所:韓国文具工業協同組合

7. 工具工業

<表7-1> 工具需給現況 　　　　　　　　　　　　　　　　　　　　　(単位：億ウォン(百万ドル), %)

区分		2010	2011	2012
供給	生産	27,601	29,500	31,193
	輸入	11,410 (992)	14,201 (1,235)	13,861 (1,205)
計		39,010	43,701	45,054
需要	内需	21,808	22,157	21,593
	輸出	17,203 (1,496)	21,544 (1,873)	23,460 (2,040)
輸出比重		62.3	73.0	75.2
輸入依存度		52.3	64.1	64.2

出所：韓国工具工業協同組合

<表7-2> 品目別工具生産現況 　　　　　　　　　　　　　　　　　　　　(単位：百万ウォン)

区分	生産		増減率
	2011	2012	
ダイヤモンド工具	547,100	501,320	-8.4
高速度鋼及び超硬合金工具	2,200,150	2,411,320	9.6
ハンドツール(手動工具)	63,120	64,121	1.6
電動及び空気圧工具	107,554	110,054	2.3
その他の工具	32,150	32,450	0.9
合計	2,950,074	3,119,265	5.7

出所：韓国工具工業協同組合

<表7-3> 品目別工具内需現況 　　　　　　　　　　　　　　　　　　　　(単位：百万ウォン)

区分	内需		増減率
	2011	2012	
ダイヤモンド工具	342,593	325,724	-4.9
高速度鋼及び超硬合金工具	1,265,834	1,282,036	1.3
ハンドツール(手動工具)	194,347	154,832	-20.3
電動及び空気圧工具	349,816	343,240	-1.9
その他の工具	63,148	53,480	-15.3
合計	2,215,738	2,159,312	-2.5

出所：韓国工具工業協同組合

<表7-4> 品目別工具輸出推移 (単位：千ドル)

区分	輸出		
	2011	2012	増減率
ダイヤモンド工具	273,974	246,642	-10.0
高速度鋼及び超硬合金工具	1,435,110	1,611,396	12.3
ハンドツール(手動工具)	60,577	77,068	27.2
電動及び空気圧工具	88,892	81,945	-7.8
その他の工具	14,862	22,966	54.5
合計	1,873,415	2,040,017	8.9

出所：韓国工具工業協同組合

<表7-5> 品目別工具輸入推移 (単位：千ドル)

区分	輸入		
	2011	2012	増減率
ダイヤモンド工具	96,142	93,950	-2.3
高速度鋼及び超硬合金工具	622,661	629,410	1.1
ハンドツール(手動工具)	174,687	155,947	-10.7
電動及び空気圧工具	299,555	284,715	-5.0
その他の工具	41,817	41,253	-1.3
合計	1,234,862	1,205,275	-2.4

出所：韓国工具工業協同組合

その他製造業

8. 自転車

<表8-1> 自転車完成品輸入動向

区分	完成品総輸入			中国産輸入規模			
	輸入量	輸入額	輸入単価	輸入比重(%)		輸入単価	
	(千台)	(千ドル)	($/台)	輸入台数	輸入額	($/台)	平均対比(%)
2002	1,359	47,396	34.88	98.5	93.3	33.04	94.7
2003	1,422	48,688	34.23	98.6	90.9	31.55	92.2
2004	1,557	56,786	36.47	98.0	88.6	33.00	90.5
2005	1,778	74,077	41.66	97.1	88.3	37.91	91.0
2006	1,971	92,710	47.04	97.4	83.6	40.39	85.9
2007	2,379	131,178	55.13	97.0	78.2	44.44	80.6
2008	1,926	150,099	77.95	94.9	70.8	58.16	74.6
2009	1,807	140,307	77.66	94.5	67.0	55.03	70.9
2010	1,842	147,724	80.20	95.4	70.8	59.53	74.2
2011	1,743	164,039	94.12	95.2	72.0	71.20	75.6
2012	1,704	174,560	102.4	94.9		77.7	75.9
2013	1,730	188,426	108.9	93.8		79.7	73.2

出所：関税庁

<表8-2> 国別自転車輸入推移

対象国	2009年		2013年	
	輸入量(台)	比重(%)	輸入量(台)	比重(%)
中国	1,706,878	94.5	1,621,972	93.8
台湾	85,272	4.7	88,006	5.1
カンボジア	1,055	0.1	4,708	0.3
英国	679	0.0	3,748	0.2
ドイツ	657	0.0	3,487	0.2
インドネシア	1,521	0.1	3,186	0.2
日本	7,285	0.4	1,665	0.1
米国	1,248	0.1	1,504	0.1
その他	2,008	0.1	1,607	0.1

出所：関税庁

<表8-3> 年度別自転亘輸入推移

		'09年	'10年	'11年	'12年	'13年
輸入量	(千台)	1,807	1,842	1,743	1,704	1,730
輸入額	(千ドル)	140,307	147,724	164,039	174,560	188,426
平均価格	(ドル/台当り)	77.7	80.2	94.1	102.4	108.9

出所：関税庁

<表8-4> 年度別中国製自転車輸入推移

	2009年	2010年	2011年	2012年	2013年
全体の平均価格(ドル/台当り)	77.7	80.2	94.1	102.4	108.9
中国製平均価格(ドル/台当り)	55.0	59.5	71.2	77.7	79.7
中国製平均価格水準(%)	70.9	74.2	75.6	75.9	73.2

出所：関税庁

<表8-5> 年度別自転車道の現状 (単位：本, km)

	計		自転車専用道路		自転車歩行者兼用道路		自転車専用車線	
	路線数	延長	路線数	延長	路線数	延長	路線数	延長
2011	5,792	15,308	599	2,353	4,764	12,534	126	421
2012	6,391	17,153	932	3,062	5,269	13,432	190	659
2013	6,969	18,281	1,015	3,222	5,766	14,233	188	826

出所：安全行政部

<表8-6> 国別自転車輸入価格推移

国	2009年		2013年	
	輸入量(比重%)	輸入価格(ドル/台当り)	輸入量(比重%)	輸入価格(ドル/台当り)
中国	94.5	55.0	93.8	79.7
台湾	4.7	488.6	5.1	532.9
カンボジア	0.1	193.5	0.3	373.9
英国	0.0	729.1	0.2	819.3
ドイツ	0.0	716.3	0.2	1133.0
インドネシア	0.1	212.0	0.2	242.9
日本	0.4	161.0	0.1	218.8
米国	0.1	850.4	0.1	600.9

出所：行政自治部

<表8-7> 年度別ソウル市の自転車現況(2013. 12. 基準)

区分	'07	'08	'09	'10	'11	'12	'13
自転車道路(km)	715.5	728.8	766.4	844.7	804.2	674.4	707.6
駐輪場(ヵ所)	1	3	4	7	9	13	15
ライブラリ(ヵ所)	-	-	6	18	18	18	18
クレードル(台)	77,515	90,786	102,702	114,943	114,943	121,092	137,036

注) 1. 漢江自転車道路撤去・改善事業, 道路ルネッサンス事業, 歩行者兼用道路改善事業実施によって '10に比べて総延長40.5km検証

2. 同じ道路上の自転車道路の総延長を片側別に管理していた従来の基準を変更し、集中管理することで総延長が減少

出所：行政自治部

その他製造業

<表8-8> 市道別自転車道路の現状 (2013. 12. 31. 基準)

区分	計			自転車専用道路		
	路線数	延長(km)	事業費	路線数	延長(km)	事業費
合計	6,969	18,281.30	2,757,845	1,015	3,222.44	638,982
ソウル	365	707.62	55,088	79	83.00	25,437
釜山	146	309.53	71,265	25	53.21	21,325
大邱	219	717.64	85,586	28	91.77	16,294
仁川	496	838.88	96,498	247	272.58	28,448
光州	197	587.44	52,787	21	114.11	32,376
大田	189	635.54	140,863	16	66.78	28,828
蔚山	220	422.40	83,041	18	53.60	15,557
世宗	183	171.58	50,810	4	49.00	20,989
京畿	1,897	3,843.19	649,499	182	514.55	129,947
江原	424	1,417.39	355,441	40	139.63	25,517
忠北	311	1,113.03	141,005	38	167.65	33,004
忠南	434	1,031.70	163,249	47	323.82	50,355
全北	354	1,145.95	142,881	51	148.63	31,661
全南	383	1,104.87	190,204	75	331.85	56,678
慶北	526	1,436.78	236,339	79	454.50	76,493
慶南	442	1,465.85	128,360	63	349.56	44,694
済州	183	1,331.92	114,930	2	8.20	1,378

区分	自転車、歩行者兼用道路			自転車専用車線		
	路線数	延長(km)	事業費	路線数	延長(km)	事業費
合計	5,766	14,233.07	1,975,675	188	825.79	143,188
ソウル	246	570.42	27,538	40	54.20	2,113
釜山	121	256.32	49,940	-	-	-
大邱	184	610.60	67,109	7	15.27	2,183
仁川	249	566.30	68,050	-	-	-
光州	171	457.36	20,099	5	15.97	311
大田	155	547.60	75,225	18	21.16	36,810
蔚山	198	338.80	64,584	4	30.00	2,900
世宗	177	97.58	26,834	2	25.00	2,987
京畿	1,687	3,192.09	505,486	28	136.55	14,066
江原	376	1,231.06	320,809	8	46.70	9,115
忠北	266	872.08	96,222	7	73.30	11,779
忠南	366	626.28	106,311	21	81.60	6,583
全北	296	878.87	87,109	7	118.45	24,111
全南	291	680.99	113,685	17	92.03	19,841
慶北	441	960.69	157,373	6	21.59	2,472
慶南	361	1,022.32	75,749	18	93.97	7,917
済州	181	1,323.72	113,552	-	-	-

出所：安全行政部2014安全行政統計年譜

9. 動物薬品

<表9-1> 動物薬品販売動向(輸出除外) (単位：千ウォン)

分類コード	区分	合計 2011	2012	増減率
A	**神経系作用薬**	13,526,698	13,363,894	-1.2%
A	中枢神経系作用薬	11,952,304	11,964,761	.1%
D	自律神経系作用薬	1,359,363	1,198,647	-11.8%
Z	複合神経系作用薬	215,031	200,486	-6.8%
B	**循環器系作用薬**	1,324,157	1,641,751	24%
A	強心薬	735,697	816,152	10.9%
B	利尿剤	7,792	7,891	1.3%
D	アンジオテンシン変換酵素阻害薬	71,105	94,910	33.5%
Y	止血剤	281,996	484,000	71.6%
Z	複合循環器系作用薬	227,567	238,798	4.9%
C	**呼吸器系作用薬**	651,053	523,209	-19.6%
A	鎮咳去痰薬	291,508	249,204	-14.5%
Z	複合呼吸器系作用薬	359,545	274,005	-23.8%
D	**消化器系作用薬**	16,722,925	16,820,502	.6%
A	健胃薬	10,956,061	10,988,716	.3%
B	消化薬	2,998,228	3,089,648	3%
C	整腸薬	31,258	23,044	-26.3%
D	下痢止め薬	478,608	356,025	-25.6%
Y	その他の消化器系作用薬	527,682	666,386	26.3%
Z	複合消化器系作用薬	1,731,088	1,696,683	-2%
E	**泌尿生殖器系作用薬**	7,282,520	8,474,851	16.4%
A	生殖器薬	7,249,676	8,454,417	16.6%
B	泌尿器薬	32,844	20,434	-37.8%
F	**感覚器系作用薬**	422,664	510,853	20.9%
A	目薬	39,908	42,251	5.9%
C	耳薬(ペットの耳の洗浄剤を除く)	382,756	468,602	22.4%
G	**外皮作用薬**	4,670,982	5,181,263	10.9%
A	外皮用鎮痛消炎薬	263,718	252,953	-4.1%
B	寄生虫・かび薬(ペット用を除く)	3,135,419	3,535,458	12.8%
E	創傷感染治療薬	998,290	1,164,604	16.7%
F	除角用薬	14,230	17,593	23.6%
Y	その他の外皮用薬	53,197	6,557	-87.7%
Z	複合外皮用薬	206,128	204,098	-1%
H	**代謝性薬剤**	58,806,784	51,434,276	-12.5%

<続く>

A	代謝作用ホルモン(生殖器系作用ホルモン除外)	966,597	846,957	-12.4%
B	ビタミン	12,244,063	9,194,303	-24.9%
C	アミノ酸	2,042,229	1,434,797	-29.7%
D	ミネラル	2,128,507	2,466,001	15.9%
E	免疫促進剤	985,867	891,573	-9.6%
F	生薬抽出分解薬	1,694,540	899,623	-46.9%
G	発酵生成薬	61,298	41,290	-32.6%
H	免疫抑制剤	230,139	245,427	6.6%
X	その他の代謝性薬剤	4,629,792	4,384,220	-5.3%
Y	複合代謝薬	1,885,046	1,773,835	-5.9%
Z	電解質及び栄養補給薬	31,938,706	29,256,250	-8.4%
I	**抗病原性薬**	147,721,372	136,355,591	-7.7%
A	合成抗菌剤	15,835,057	15,869,830	.2%
B	抗原虫薬	9,410,781	9,005,480	-4.3%
C	駆虫剤	21,974,174	21,341,921	-2.9%
E	抗真菌薬	569,705	655,234	15%
H	ダニ駆除薬	3,296,923	4,664,971	41.5%
O	抗生物質	76,611,284	68,093,980	-11.1%
Y	その他の抗病原性薬	323,282	375,054	16%
Z	複合抗病原性薬	19,700,166	16,349,121	-17%
K	**医薬部外品**	39,719,381	39,395,526	-.8%
A	消毒剤	22,106,813	19,870,843	-10.1%
B	虫除けと殺虫剤	3,262,893	4,322,739	32.5%
C	ペット用製剤	11,044,002	12,064,959	9.2%
D	診断用キット	791,065	519,112	-34.4%
Z	その他の医薬部外品	2,514,608	2,617,873	4.1%
L	**医療用具及び衛生用品**	17,299,657	17,022,065	-1.6%
A	医療用具	17,146,853	16,877,866	-1.6%
B	衛生用品	152,804	144,199	-5.6%
M	**補助的医薬品**	73,261,330	64,802,146	-11.5%
A	その他飼料添加剤	976,848	970,649	-.6%
B	注文用飼料添加物	71,976,993	63,820,553	-11.3%
X	複合補助薬	307,489	10,944	-96.4%
N	**生物学的製剤**	203,519,537	190,449,321	-6.4%
A	ワクチン類	194,731,948	182,481,791	-6.3%
C	診断用薬	7,830,575	7,064,855	-9.8%
D	血液製剤類	18,800	12,300	-34.6%
Z	その他の生物学的製剤	938,214	890,375	-5.1%
O	**動物用医薬品原料**	13,765,323	12,918,231	-6.2%
D	消化器系作用薬の原料		170	
H	代謝薬の原料	13,765,323	12,918,061	-6.2%
	合計	598,694,383	558,893,479	-6.6%

出所：韓国動物薬品協会

<表9-2> 飼料添加物販売動向(輸出除外)　　　　　　　　　　　　　　　　　(単位：千ウォン)

分類コード		区分	飼料添加		
			前年	当年	増減
A		**神経系作用薬**	3		
	A	中枢神経系作用薬	3		
D		**消化器系作用薬**	3,095,276	3,878,444	25.3%
	A	健胃薬	1,484,830	2,011,112	35.4%
	B	消化薬	1,578,999	1,798,896	13.9%
	Z	複合消化器系作用薬	31,447	68,436	117.6%
E		**泌尿生殖器系作用薬**		35,200	
	A	生殖器薬		35,200	
H		**代謝性薬剤**	6,481,893	5,091,232	-21.5
	B	ビタミン	3,257,207	2,098,366	-35.6
	C	アミノ酸	744,572	618,175	-17
	D	ミネラル	28,110	61,983	120.5%
	E	免疫促進剤	3,440	2,000	-41.9%
	F	生薬抽出分解薬	7,250	5,500	-24.1%
	X	その他の代謝性薬剤	665,923	413,836	-37.9%
	Y	複合代謝薬	250,226	294,357	17.6%
	Z	電解質及び栄養補給薬	1,525,165	1,597,015	4.7%
I		**抗病原性薬**	1,993,163	1,773,808	-11%
	B	抗原虫薬	1,627,429	1,624,985	-.2%
	C	駆虫剤	365,734	141,703	-61.3%
	O	抗生物質		7,120	
K		**医薬部外品**	113,132	111,275	-1.6%
	A	消毒剤	64,950	48,275	-25.7%
	B	虫除けと殺虫剤	48,182	63,000	30.8%
M		**補助的医薬品**	72,257,466	54,896,925	-24%
	A	その他飼料添加剤	280,473	737,446	162.9%
	B	注文用飼料添加物	71,976,993	54,159,479	-24.8%
N		**生物学的製剤**		45,058	
	A	ワクチン類		45,058	
		合計	83,940,933	65,831,942	-21.6%

出所：韓国動物薬品協会

<表9-3> 動物投与薬販売動向(輸出除外)　　　　　　　　　　　(単位：千ウォン)

分類コード		区分	動物投与		
			前年	当年	増減
A		神経系作用薬	13,526,695	13,363,894	-1.2%
	A	中枢神経系作用薬	11,952,301	11,964,761	.1%
	D	自律神経系作用薬	1,359,363	1,198,647	-11.8%
	Z	複合神経系作用薬	215,031	200,486	-6.8%
B		循環器系作用薬	1,324,157	1,641,751	24%
	A	強心薬	735,697	816,152	10.9%
	B	利尿剤	7,792	7,891	1.3%
	D	アンジオテンシン変換酵素阻害薬	71,105	94,910	33.5%
	Y	止血剤	281,996	484,000	71.6%
	Z	複合循環器系作用薬	227,567	238,798	4.9%
C		呼吸器系作用薬	651,053	523,209	-19.6%
	A	鎮咳去痰薬	291,508	249,204	-14.5%
	Z	複合呼吸器系作用薬	359,545	274,005	-23.8%
D		消化器系作用薬	13,627,649	12,942,058	-5%
	A	健胃薬	9,471,231	8,977,604	-5.2%
	B	消化薬	1,419,229	1,290,752	-9.1%
	C	整腸薬	31,258	23,044	-26.3%
	D	下痢止め薬	478,608	356,025	-25.6%
	Y	その他の消化器系作用薬	527,682	666,386	26.3%
	Z	複合消化器系作用薬	1,699,641	1,628,247	-4.2%
E		泌尿生殖器系作用薬	7,282,520	8,439,651	15.9%
	A	生殖器薬	7,249,676	8,419,217	16.1%
	B	泌尿器薬	32,844	20,434	-37.8%
F		感覚器系作用薬	422,664	510,853	20.9%
	A	目薬	39,908	42,251	5.9%
	C	耳薬(ペットの耳の洗浄剤を除く)	382,756	468,602	22.4%
G		外皮作用薬	4,670,982	5,181,263	10.9%
	A	外皮用鎮痛消炎薬	263,718	252,953	-4.1%
	B	寄生虫・かび薬(ペット用を除く)	3,135,419	3,535,458	12.8%
	E	創傷感染治療薬	998,290	1,164,604	16.7%
	F	除角用薬	14,230	17,593	23.6%
	Y	その他の外支用薬	53,197	6,557	-87.7%
	Z	複合外皮用薬	206,128	204,098	-1%
H		代謝性薬剤	52,324,891	46,343,044	-11.4%

<続く>

分類コード	区分	動物投与 前年	動物投与 当年	増減
A	代謝作用ホルモン(生殖器系作用ホルモン)	966,597	846,957	-12.4%
B	ビタミン	8,986,856	7,095,937	-21%
C	アミノ酸	1,297,657	816,622	-37.1%
D	ミネラル	2,100,397	2,404,018	14.5%
E	免疫促進剤	982,427	889,573	-9.5%
F	生薬抽出分解薬	1,687,290	894,123	-47%
G	発酵生成薬	61,298	41,290	-32.6%
H	免疫抑制剤	230,139	245,427	6.6%
X	その他の代謝性薬剤	3,963,869	3,970,384	.2%
Y	複合代謝薬	1,634,820	1,479,478	-9.5%
Z	電解質及び栄養補給薬	30,413,541	27,659,235	-9.1%
I	**抗病原性薬**	145,728,209	134,581,783	-7.6%
A	合成抗菌剤	15,835,057	15,869,830	.2%
B	抗原虫薬	7,783,352	7,380,495	-5.2%
C	駆虫剤	21,608,440	21,200,218	-1.9%
E	抗真菌薬	569,705	655,234	15%
H	ダニ駆除薬	3,296,923	4,664,971	41.5%
O	抗生物質	76,611,284	68,086,860	-11.1%
Y	その他の抗病原性薬	323,282	375,054	16%
Z	複合抗病原性薬	19,700,166	16,349,121	-17%
K	**医薬部外品**	39,606,249	39,284,251	-.8%
A	消毒剤	22,041,863	19,822,568	-10.1%
B	虫除けと殺虫剤	3,214,711	4,259,739	32.5%
C	ペット用製剤	11,044,002	12,064,959	9.2%
D	診断用キット	791,065	519,112	-34.4%
Z	その他の医薬部外品	2,514,608	2,617,873	4.1%
L	**医療用具及び衛生用品**	17,299,657	17,022,065	-1.6%
A	医療用具	17,146,853	16,877,866	-1.6%
B	衛生用品	152,804	144,199	-5.6%
M	**補助的医薬品**	1,003,864	9,905,221	886.7%
A	その他の飼料添加物	696,375	233,203	-66.5%
B	注文用飼料添加物		9,661,074	
X	複合補助薬	307,489	10,944	-96.4%
N	**生物学的製剤**	203,519,537	190,404,263	-6.4%
A	ワクチン類	194,731,948	182,436,733	-6.3%
C	診断用薬	7,830,575	7,064,855	-9.8%
D	血液製剤類	18,800	12,300	-34.6%
Z	その他の生物学的製剤	938,214	890,375	-5.1%
	合計	500,988,127	480,143,306	-4.2%

出所:韓国動物薬品協会

10. その他

1) 染料

<表10-1> 品目別染料需給動向 　　　　　　　　　　　　　　　　　(単位：kg, 千ウォン/VAT別途金額)

		2012		2013	
		数量	金額	数量	金額
反応性染料	内需 輸出	13,302,891 21,871,576	48,116,738 134,108,926	14,672,570 25,322,499	59,917,212 169,528,091
分散染料	内需 輸出	17,816,116 2,768,649	78,426,339 31,138,463	18,828,447 2,763,714	89,018,728 29,277,297
蛍光染料	内需 輸出	14,685,101 3,482,295	29,381,563 13,221,337	15,193,725 3,571,200	28,899,053 12,990,388
酸性染料	内需 輸出	2,146,524 1,372,853	16,148,250 10,011,021	2,335,352 1,352,408	18,305,837 9,815,494
直接染料	内需 輸出	698,870 6,405	2,502,824 39,833	727,112 3,750	2,849,962 18,815
塩基性染料	内需 輸出	459,300 31,314	2,311,300 527,416	530,724 52,711	2,959,796 616,790
その他の染料、調剤	内需 輸出	10,491,510 523,005	13,235,659 3,640,189	8,164,557 659,643	22,941,457 8,663,348
染料、顔料中間体	内需 輸出	22,435,652 60,962	49,331,749 3,481,362	25,969,522 52,616	54,276,528 2,451,376
合計	内需 輸出	82,035,964 30,117,059	239,454,422 196,168,547	86,422,009 33,778,541	279,168,573 233,361,599
総計		112,153,023	435,622,969	120,200,550	512,530,172

出所：韓国染料顔料工業協同組合

<表10-2> 染料輸出推移 (単位：トン, 千ドル, ドル/kg)

	2011			2012			2013		
	数量	金額	単価	数量	金額	単価	数量	金額	単価
分散染料 (3204-11-9000)	2,711	25,640	9.45	3,087	31,028	10.05	3,049	30,843	10.12
酸性染料 (3204-12-1000)	2,179	14,708	6.74	1,853	12,851	6.93	1,825	13,104	7.18
媒染料 (3204-12-2000)	9	165	18.33	3	50	16.66	4	134	33.50
塩基性染料 (3204-13-0000)	327	2,517	7.69	269	2,142	7.96	281	2,121	7.55
直接染料 (3204-14-0000)	280	1,817	6.49	408	3,343	8.19	418	4,081	9.76
建染染料 (3204-15-0000)	22	612	27.81	42	980	23.33	20	511	25.55
反応性染料 (3204-16-0000)	18,246	98,868	5.41	22,061	118,243	5.35	25,526	155,916	6.11
有機溶剤溶解染料 (3204-19-1000)	332	4,920	14.81	481	5,877	12.21	442	7,640	17.29
硫化染料 (3204-19-3000)	10	99	9.90	5	33	6.60	6	31	5.17
蛍光染料 (3204-20-0000)	4,377	17,087	3.90	4,395	21,876	4.97	4,449	20,637	4.64
計	28,493	166,433	5.84	35,594	212,347	5.96	36,020	234,644	6.51
有機顔料 (3204-17-0000)	21,062	174,984	8.30	19,757	163,776	8.28	22,432	183,284	8.17

出所：関税庁貿易統計年報

<表10-3> 染料輸入推移 (単位：トン, 千ドル, ドル/kg)

	2011			2012			2013		
	数量	金額	単価	数量	金額	単価	数量	金額	単価
分散染料 (3204-11-9000)	21,653	86,571	3.99	20,591	78,778	3.82	21,041	95,361	4.53
酸性染料 (3204-12-1000)	5,564	33,468	6.01	4,992	29,732	5.95	5,518	36,310	6.58
媒染染料 (3204-12-2000)	304	2,803	9.22	205	2,253	10.99	279	2,610	9.35
塩基性染料 (3204-13-0000)	791	5,890	7.44	847	6,156	7.26	1,166	8,760	7.51
直接染料 (3204-14-0000)	2,132	9,289	4.35	2,204	8,061	3.65	1,913	8,085	4.23
建染染料 (3204-15-0000)	183	3,531	19.29	218	4,012	18.40	186	3,084	16.58
反応性染料 (3204-16-0000)	10,627	49,770	4.68	9,068	46,316	5.10	10,524	61,171	5.81
有機溶剤溶解染料 (3204-19-1000)	1,307	20,992	16.06	1,379	20,636	14.96	1,494	27,383	18.33
硫化染料 (3204-19-3000)	666	1,579	2.37	575	1,481	2.57	596	1,377	2.31
蛍光染料 (3204-20-0000)	2,799	21,013	7.50	2,157	21,424	9.93	2,074	25,600	12.34
計	46,026	234,906	5.10	42,236	218,849	5.18	44,791	269,741	6.02
有機顔料 (3204-17-0000)	12,108	337,068	27.83	11,694	337,620	28.87	12,552	291,491	23.22

出所：関税庁貿易統計年報

<表10-4> 反応染料輸出推移 (単位:トン, 千ドル, ドル/kg)

	2011			2012			2013		
	数量	金額	単価	数量	金額	単価	数量	金額	単価
香港	509	3,309	6.50	-	-	-	-	-	-
トルコ	2,041	11,365	5.56	2,913	14,981	5.14	3,443	19,960	5.80
米国	1,251	6,530	5.21	1,291	5,899	4.56	1,367	7,701	5.63
パキスタン	3,457	15,894	4.59	4,302	18,382	4.27	4,216	21,567	5.12
中国	1,096	6,360	5.80	1,132	6,928	6.12	1,283	8,871	6.91
その他21カ国	9,892	55,410	-	12,423	72,053	-	15,217	97,817	-
計	18,246	98,868	5.41	22,061	118,243	5.35	25,526	155,916	6.11

出所:関税庁貿易統計年報

<表10-5> 反応染料輸入推移 (単位:トン, 千ドル, ドル/kg)

	2011			2012			2013		
	数量	金額	単価	数量	金額	単価	数量	金額	単価
スイス	167	2,252	13.48	140	1,654	11.81	17	248	14.59
ドイツ	34	553	16.26	43	643	14.95	46	596	12.96
インド	3,146	12,956	4.11	2,971	13,272	4.46	3,352	18,154	5.42
日本	104	1,445	13.89	34	438	12.88	29	355	12.24
中国	6,580	27,798	4.22	5,318	26,111	4.91	6,476	37,090	5.73
その他4カ国	596	4,766	-	562	4,198	-	604	4,728	-
計	10,627	49,770	4.68	9,068	46,316	5.10	10,524	61,171	5.81

出所:関税庁貿易統計年報

<表10-6> 分散染料輸出推移 (単位:トン, 千ドル, ドル/kg)

	2011			2012			2013		
	数量	金額	単価	数量	金額	単価	数量	金額	単価
イタリア	0.06	3	50.00	-	-	-	-	-	-
中国	184	2,166	11.77	-	-	-	105	1,440	13.71
米国	164	1,318	8.03	189	1,583	8.37	-	-	-
エジプト	23	219	9.52	80	738	9.22	-	-	-
ベトナム	632	4,388	6.94	624	4,598	7.36	775	6,250	8.06
その他43カ国	1,707	17,546	-	2,194	24,109	-	2,169	23,153	-
計	2,711	25,640	9.45	3,087	31,028	10.05	3,049	30,843	10.12

出所:関税庁貿易統計年報

<表10-7> 分散染料輸入推移 (単位：トン, 千ドル, ドル/kg)

	2011			2012			2013		
	数量	金額	単価	数量	金額	単価	数量	金額	単価
中国	20,946	78,137	3.73	19,969	70,712	3.54	20,395	86,835	4.26
日本	99.1	2,411	24.32	86	2,252	26.18	88	2,221	25.24
インドネシア	265	2,482	9.63	276	2,652	9.60	272	2,964	10.90
台湾	23	379	16.47	14	247	17.64	35	584	16.69
ドイツ	38	718	18.89	-	-	-	-	-	-
スイス	67	1,042	15.55	48	733	15.27	-	-	-
その他13カ国	215	1,402	-	198	2,182	-	251	2,757	-
計	21,653	86,571	3.99	20,591	78,778	3.82	21,041	95,361	4.53

出所：関税庁貿易統計年報

<表10-8> 蛍光染料輸出推移 (単位：トン, 千ドル, ドル/kg)

	2011			2012			2013		
	数量	金額	単価	数量	金額	単価	数量	金額	単価
米国	212	773	3.64	173	742	4.28	173	698	4.03
バングラデシュ	509	1,243	2.44	600	1,475	2.45	546	1,440	2.64
トルコ	484	1,351	2.79	362	1,046	2.89	423	1,355	3.20
中国	328	1,295	3.94	485	2,322	4.78	617	4,956	8.03
日本	392	1,292	3.29	-	-	-	289	800	2.77
イラン	135	727	5.38	231	1,388	6.00	348	1,945	5.59
その他49カ国	2,317	10,406	-	2,544	14,903	-	2,053	9,443	-
計	4,377	17,087	3.90	4,395	21,876	4.97	4,449	20,637	4.64

出所：関税庁貿易統計年報

<表10-9> 蛍光染料輸入推移 (単位：トン, 千ドル, ドル/kg)

	2011			2012			2013		
	数量	金額	単価	数量	金額	単価	数量	金額	単価
ドイツ	11	512	46.54	11	660	60.00	12	3,389	282.42
米国	11	1,060	96.36	7	1,736	248.00	7	2,211	315.86
スイス	37	684	18.48	36	663	18.41	34	726	21.35
中国	2,411	11,871	4.92	1,854	10,598	5.71	1,788	11,917	6.66
その他16カ国	197	5,724	-	249	7,767	-	233	7,357	-
計	2,799	21,013	7.50	2,157	21,424	9.93	2,074	25,600	12.34

出所：関税庁貿易統計年報

<表10-10> 有機顔料輸出推移 (単位：トン, 千ドル, ドル/kg)

	2012			2013		
	数量	金額	単価	数量	金額	単価
米国	2,652	22,923	8.64	4,957	39,589	7.99
ドイツ	65	413	6.35	1,637	15,987	9.77
中国	2,406	21,390	8.89	3,131	24,636	7.87
ベトナム	1,981	13,963	7.05	2,217	15,495	6.99
日本	1,849	11,089	6.00	1,645	9,723	5.91
台湾	229	8,183	35.73	272	11,462	42.14
その他64カ国	10,575	82,815	-	8,573	66,392	-
計	19,757	163,776	8.29	22,432	183,284	8.17

出所：関税庁貿易統計年報

<表10-11> 有機顔料輸入推移 (単位：トン, 千ドル, ドル/kg)

	'2012			'2013		
	数量	金額	単価	数量	金額	単価
日本	2,422	213,272	88.06	2,439	169,471	69.48
中国	4,439	48,584	10.94	4,874	50,470	10.35
インド	3,572	27,078	7.58	3,881	27,474	7.08
ドイツ	462	21,545	46.63	405	19,881	49.09
米国	295	9,567	32.43	290	7,754	26.74
スイス	82	5,837	71.18	81	5,943	73.37
その他25カ国	422	11,737	-	582	10,498	-
計	11,694	337,620	28.87	12,552	291,491	23.22

2) 接着剤

<表10-12> 素材別接着剤生産量推移 (単位:トン)

品目	2007	2008	2009	2010	2011	2012
ホルムアルデヒド	196,448	225,777	222,032	225,620	232,825	195,155
溶剤型	31,050	29,023	25,241	24,966	24,452	26,096
水性型	182,578	182,868	186,034	202,539	205,496	210,388
ホットメルト	28,058	30,502	26,575	27,542	28,416	28,437
反応型	32,115	34,187	27,639	30,564	29,367	35,493
減圧型	45,848	48,560	54,379	54,153	54,021	52,156
その他	16,211	16,196	26,583	32,666	34,188	33,310
合計	532,308	567,113	568,483	598,050	608,765	581,035

出所:韓国接着産業協会

<表10-13> ホルムアルデヒド接着剤生産量推移 (単位:トン)

品目	2008	2009	2010	2011	2012
尿素ーホルムアルデヒド樹脂	175,244	171,008	174,061	177,272	139,177
メラミンーホルムアルデヒド樹脂	27,386	27,469	24,818	25,006	25,023
フェノールーホルムアルデヒド樹脂	23,147	23,555	26,741	30,547	30,955
計	225,777	222,032	225,620	232,825	195,155

出所:韓国接着産業協会

<表10-14> 溶剤型接着剤生産量推移 (単位:トン)

品目	2008	2009	2010	2011	2012
酢酸ビニール系 (溶剤型)	6,294	7,687	8,075	7,553	7,818
その他の溶剤型樹脂系	9,659	8,464	7,954	9,325	10,719
CR系(溶剤型)	10,167	6,858	6,691	5,701	5,625
その他の合成ゴム系 (溶剤型)	1,442	1,005	953	485	451
NR天然ゴム系 (溶剤型)	1,461	1,227	1,293	1,388	1,483
計	29,023	25,241	24,966	24,452	26,096

出所:韓国接着産業協会

<表10-15> 水性型接着剤生産量推移 (単位:トン)

品目	2008	2009	2010	2011	2012
酢酸ビニル系エマルジョン (水性型)	32,004	24,004	26,944	27,981	28,917
酢酸ビニル共重合エマルジョン (水性型)	6,939	7,971	9,221	9,129	9,528
EVA(VAE)系エマルジョン (水性型)	9,527	9,643	14,468	16,832	17,269
アクリル系エマルジョン (水性型)	119,418	128,108	137,160	127,765	130,042
その他のエマルジョン系 (水性型)	7,080	5,373	4,018	11,471	12,250
水性ポリマー-イソシアネートと系	1,066	532	600	1,006	926
合成ゴムラテックス系 (水性型)	2,522	2,921	2,753	3,628	3,857
その他水性型	4,312	7,482	7,375	7,684	7,599
計	182,868	186,034	202,539	205,496	210,388

出所：韓国接着産業協会

<表10-16> ホットメルト接着剤生産量推移 (単位:トン)

品目	2008	2009	2010	2011	2012
EVA系ホットメルト	11,757	11,680	11,914	11,897	10,252
ゴム合成系ホットメルト	12,262	8,758	10,225	11,580	12,660
その他のホットメルト	6,483	6,137	5,403	4,939	5,252
計	30,502	26,575	27,542	28,416	28,437

出所：韓国接着産業協会

<表10-17> 反応型接着剤生産量推移 (単位:トン)

品目	2008	2009	2010	2011	2012
エポキシ樹脂系 (反応型)	17,842	12,130	12,203	8,312	11,523
シアノアクリル系 (反応型)	310	301	281	293	300
ポリウレタン系 (反応型)	15,491	14,633	15,128	17,112	19,737
アクリル変性 (反応型)	264	355	1,382	2,062	2,168
その他の反応型	280	220	1,570	1,588	1,765
計	34,187	27,639	30,564	29,367	35,493

出所：韓国接着産業協会

<表10-18> 減圧型接着剤生産量推移 (単位:トン)

品目	2008	2009	2010	2011	2012
アクリル樹脂系粘着剤	40,476	45,662	44,782	46,047	46,366
ゴム系粘着剤	7,558	7,969	8,632	7,228	4,997
その他の粘着剤	526	748	739	746	793
計	48,560	54,379	54,153	54,021	52,156

出所：韓国接着産業協会

<表10-19> その他の生産状況 (単位：トン)

品目	2008	2009	2010	2011	2012
その他の接着剤	11,727	20,373	25,393	26,213	23,823
産業用シーラント	4,469	6,210	7,273	7,975	9,487
計	16,196	26,583	32,666	34,188	33,310

出所：韓国接着産業協会

<表10-20> 用途別接着剤生産実績 (単位：トン)

	区分	2008年	2009年	2010年	2011年	2012年
1	合板用	194,135	187,328	202,493	208,709	126,527
2	木工用(家具など)	41,767	39,277	25,611	23,690	68,232
3	土木・建築用	102,949	97,112	112,823	120,661	119,143
4	包装用(包装, ラミネート用)	28,612	31,279	30,117	32,157	32,262
5	支菅用	5,072	5,888	5,044	7,035	9,017
6	製本用・製紙用	27,044	27,275	23,120	23,033	21,701
7	繊維用(不織布、捺染、衣類用など)	49,404	50,090	50,326	44,260	51,254
8	輸送用(自動車、列亘などの運送装備)	33,255	41,403	42,042	45,907	48,581
9	靴・ゴム・皮革	28,767	23,065	23,477	22,562	20,540
10	電子・電気用	14,261	16,394	20,520	17,371	21,189
11	家庭用(壁紙、文具、一般消費者用など)	18,648	18,385	22,966	26,399	23,622
12	その他の工業用途(シーラント、輸出用など)	23,199	30,987	39,511	36,981	38,967
	合計	567,113	568,483	598,050	608,765	581,035

出所：韓国接着産業協会

3) 製缶工業

<表10-21> 年度別廃金属缶(スチール缶)価格推移 　　　　　　　　　　　　　　　(単位：ウォン/kg)

区分	首都圏	江原	忠北	忠南	全北	全南	慶北	慶南
2009(平均)	177	187	136	128	118	159	177	145
2010(平均)	244	217	212	192	188	225	230	211
2011(平均)	310	306	265	242	234	260	291	271
2012(平均)	271	271	243	228	240	270	280	254
2013(平均)	204	216	197	209	203	276	267	194

注) 1. 調査価格 算定方法: 各圏域内 品目別調査会社の価格の平均, 業者別価格は異なることがある
　　2. 資料調査基準: 製鉄工場やメーカーに納品する価格価格 - 選別後、圧縮状態、中クラスの品質

出所：韓国環境公団

<表10-22> 年度別廃金属缶(アルミ缶)価格現況 　　　　　　　　　　　　　　　(単位：ウォン/kg)

区分	首都圏	江原	忠北	忠南	全北	全南	慶北	慶南
2009(平均)	896	938	920	940	671	956	943	883
2010(平均)	1,130	1,071	1,141	1,091	1,024	1,129	1,079	1,071
2011(平均)	1,435	1,265	1,273	1,381	1,278	1,381	1,406	1,385
2012(平均)	1,245	1,139	1,155	1,298	1,189	1,245	1,254	1,249
2013(平均)	1,155	1,071	1,094	1,161	1,139	1,189	1,209	1,125

注) 1. 調査価格 算定方法: 各圏域内 品目別調査会社の価格の平均, 業者別価格は異なることがある
　　2. 資料調査基準: 製鉄工場やメーカーに納品する価格 価格 - 選別後、圧縮状態、中クラスの品質

出所：韓国環境公団

その他製造業

4) 皮革工業

<表10-23> 品目別皮革製品輸出入現況(2013)　　　　　　　　　　　　　　　　(単位：千ドル, %)

区分		原皮	生地	製品	靴	総計
輸出	金額	41,312	965,162	657,829	523,042	2,187,345
	前年比	8.9	8.2	71.0	10.3	22.3
輸入	金額	619,209	407,051	2,006,170	2,027,996	5,060,426
	前年比	9.1	10.5	6.0	11.4	8.9

出所：韓国皮革工業協同組合

<表10-24> 原皮輸出入現況(2013)　　　　　　　　　　　　　　　　(単位：千ドル, %)

区分		牛原皮	羊原皮	その他の原皮	牛柔軟処理原皮	羊柔軟処理原皮	その他の柔軟処理原皮	合計
輸出	金額	3,906	1	74	34,422	596	2,313	41,312
	前年比	202.8	-99.4	-87.3	12.3	-64.2	-35.4	8.9
輸入	金額	448,566	17,972	13,537	130,449	4,953	3,732	619,209
	前年比	-2.1	-4.3	-14.5	102.6	6.3	-35.0	9.1

出所：韓国皮革工業協同組合

<表10-25> 皮革生地輸出入現況(2013)　　　　　　　　　　　　　　　　(単位：千ドル, %)

区分		牛皮生地	羊皮生地	その他の生地	その他の加工生地	コンポジションレザー	合計
輸出	金額	782,312	38,853	35,452	101,109	7,436	965,162
	前年比	7.0	-1.9	-10.8	33.8	17.0	8.2
輸入	金額	263,223	70,478	65,164	4,157	4,029	407,051
	前年比	17.0	-2.4	1.1	54.5	1.3	10.5

出所：韓国皮革工業協同組合

<表10-26> 皮革製品の輸出入現況(2013)　　　　　　　　　　　　　　　　(単位：千ドル, %)

区分		馬具用品	革製カバン、ハンドバッグ	革製衣類、手袋、ベルト	機械、工業用革製品	その他の製品	ガット、膀胱、腱の製品など	合計
輸出	金額	5,702	610,532	23,019	0	18,538	38	657,829
	前年比	-3.5	77.6	-7.3	-	80.0	3,700.0	71.0
輸入	金額	8,937	1,830,149	133,335	0	32,779	970	2,006,170
	前年比	9.4	5.7	11.0	-	2.4	64.1	6.0

出所：韓国皮革工業協同組合

<表10-27> 国別原皮、生地輸出入実績(2013) (単位：千ドル)

国	牛皮		羊皮		その他		合計	
	原皮	生地	原皮	生地	原皮	生地	原皮	生地
米国	476,367	1,571	0	9	2,504	593	478,871	2,173
中国	372	15,782	433	2,508	229	1,043	1,034	19,333
イタリア	13,942	39,069	713	46,611	770	3,491	15,425	89,171
ブラジル	10,457	50,994	0	47	0	18	10,457	51,059
アルゼンチン	973	7,233	0	0	0	0	973	7,233
インド	2,172	21,579	3	9,343	7	24,072	2,182	54,994
バングラデシュ	328	86,800	0	0	292	210	620	87,010
パキスタン	2,478	12,281	140	4,053	163	12,601	2,781	28,935
カナダ	17,145	2	0	0	0	0	17,145	2
ニュージーランド	3,366	1	17,240	139	0	255	20,606	395
南アフリカ	1,684	50	0	0	978	7,929	2,662	7,979
日本	8,995	2,001	107	61	8,150	408	17,252	2,470
その他	40,736	25,860	4,289	7,707	4,176	22,730	49,201	56,297
計	579,015	263,223	22,925	70,478	17,269	73,350	619,209	407,051

出所：韓国皮革工業協同組合

その他製造業

<表10-28> 国別皮革製品輸出実績　　　　　　　　　　　　　　　　　　　　　(単位：千ドル, %)

		革製衣類	カバン類	履物類	生地	その他	合計
米国	'12	1,805	40,628	24,371	7,997	1,631	76,432
	'13	2,366	92,567	25,551	8,878	3,877	133,239
	増減	31.1	127.8	4.8	11.0	137.7	74.3
日本	'12	13,512	35,054	90,622	20,205	812	160,205
	'13	12,431	38,101	93,746	18,505	1,194	163,977
	増減	-8.0	8.7	3.4	-8.4	47.0	2.4
中国	'12	5,189	43,018	138,777	289,574	7,144	483,702
	'13	3,047	75,269	134,210	298,797	8,712	520,035
	増減	-41.3	75.0	-3.3	3.2	21.9	7.5
香港	'12	1,577	35,315	20,487	270,427	1,355	329,161
	'13	1,680	45,654	18,588	303,805	1,086	370,813
	増減	6.5	29.3	-9.3	12.3	-19.9	12.7
ベトナム	'12	106	2,885	63,654	146,149	85	212,879
	'13	85	3,204	79,680	184,437	464	267,870
	増減	-19.8	11.1	25.2	26.2	445.9	25.8
ロシア	'12	175	19,563	281	16,783	547	37,349
	'13	272	20,051	612	15,248	818	37,001
	増減	55.4	2.5	117.8	-9.1	49.5	-0.9
オランダ	'12	37	10,594	3,988	2,476	117	17,212
	'13	117	116,202	1,113	1,871	875	120,178
	増減	216.2	996.9	-72.1	-24.4	647.9	598.2
イタリア	'12	242	12,990	4,385	7,796	490	25,903
	'13	536	7,966	4,772	10,895	387	24,556
	増減	121.5	-38.7	8.8	39.8	-21.0	-5.2
インドネシア	'12	145	4,843	40,947	84,343	17	130,295
	'13	64	4,642	56,750	87,049	23	148,528
	増減	-55.9	-4.2	38.6	3.2	35.3	14.0
その他	'12	2,050	138,820	86,877	84,232	4,011	315,990
	'13	2,421	206,876	108,020	76,989	6,843	401,149
	増減	18.1	49.0	24.3	-8.6	70.6	26.9
合計	'12	24,838	343,710	474,389	929,982	16,209	1,789,128
	'13	23,019	610,532	523,042	1,006,474	24,279	2,187,346
	増減	-7.3	77.6	10.3	8.2	49.8	22.3

出所：韓国皮革工業協同組合

<表10-29> 靴輸出入現況(2013) (単位：千ドル, %)

区分		非革製防水靴	非革製その他の防水靴	防水靴	革製非革製その他の靴	その他の靴	靴部分品	合計
輸出	金額	2,145	42,191	90,893	28,652	13,180	345,981	523,042
	前年比	30.5	14.5	4.9	26.2	47.6	8.9	10.3
輸入	金額	35,207	519,186	709,657	552,805	19,202	191,939	2,027,996
	前年比	9.0	11.6	8.9	7.5	13.3	36.0	11.4

出所：韓国皮革工業協同組合

<表10-30> 原皮価格推移 (単位：ドル/枚, %)

	2011年		2012年		2013年	
	金額	前月比	金額	前月比	金額	前月比
1月	91.36	8.03	82.72	3.88	104.32	3.68
2月	91.98	0.68	91.36	10.45	104.32	0.00
3月	95.68	4.03	93.83	2.70	108.64	4.14
4月	93.83	-1.94	93.83	0.00	109.26	0.57
5月	94.44	0.66	92.59	-1.32	109.26	0.00
6月	94.44	0	92.59	0.00	105.56	-3.39
7月	94.44	0	93.83	1.33	105.56	0.00
8月	91.36	-3.27	93.21	-0.66	102.47	-2.92
9月	81.14	-1.35	94.44	1.32	102.47	0.00
10月	86.42	-4.11	96.91	2.61	111.73	9.04
11月	80.25	-7.14	97.53	0.64	113.58	1.66
12月	79.63	-0.77	100.62	3.16	111.11	-2.17

出所：韓国皮革工業協同組合

12 建設・住宅・不動産

1. 建設業

<表1-1> 地域別総合建設業者及び建設業登録分布現況 (単位：社)

区分	企業分布						登録分布					
	合計	土建	土木	建築	産業設備	造園	合計	土建	土木	建築	産業設備	造園
合計	11,304	3,610	2,839	4,349	42	464	13,200	3,610	2,839	4,878	379	1,494
ソウル	1,611	338	128	1,009	16	120	1,820	338	128	1,037	76	241
地方	9,693	3,272	2,711	3,340	26	344	11,380	3,272	2,711	3,841	303	1,253
釜山	537	165	53	296	-	23	587	165	53	316	7	46
大邱	307	91	23	167	-	26	345	91	23	170	7	54
仁川	414	117	24	245	-	28	482	117	24	254	16	71
光州	230	81	18	124	-	7	269	81	18	133	6	31
大田	220	70	18	117	-	15	248	70	18	122	4	34
蔚山	203	68	35	87	-	13	219	68	35	95	1	20
世宗	64	29	14	12	-	9	80	29	14	14	1	22
京畿	1,969	610	206	1,044	13	96	2,235	610	206	1,100	79	240
江原	650	209	358	70	-	13	784	209	358	121	15	81
忠北	542	199	202	117	2	22	640	199	202	154	12	73
忠南	584	235	185	153	2	9	724	235	185	192	28	84
全北	676	264	235	161	1	15	837	264	235	212	23	103
全南	939	414	347	167	3	8	1,145	414	347	225	33	126
慶北	943	342	381	204	-	16	1,142	342	381	250	39	130
慶南	1,040	269	461	276	5	29	1,230	269	461	349	31	120
済州	375	109	151	100	-	15	413	109	151	134	1	18

注) 2012.12.31基準　　　　　　　　　　　　　　出所：国土交通部

<表1-2> 発注機関別・工種別総合建設会社契約実績　　　　　　　　　　（単位：10億ウォン，件）

		土木	建築	産業設備	造園	合計
政府機関	件数	2,299	2,437	6	130	4872
	金額	3,772	2,711	3	71	7557.7
地方自治体	件数	12,870	6,662	435	1,659	21626
	金額	7,301	3,746	615	596	12258.5
公共団体	件数	2,082	811	194	142	3229
	金額	4,071	2,809	449	81	7410.5
国営企業体	件数	1,683	809	263	434	3189
	金額	6,750	6,849	3,623	1,270	18491.9
駐韓外国機関	件数	53	211	-	2	266
	金額	85	349	-	1	434.5
民間	件数	6,630	32,599	527	1,357	41113
	金額	13,251	60,840	11,072	937	86099.5
合計	件数	25,617	43,529	1,425	3,724	74295
	金額	35,231	78,304	15,761	2,957	132252.8

注) 2012.12.31基準　　　　　　　　　　　　　　　　　　　　　　　　　出所：国土交通部

<表1-3> 発注機関別・工種別総合建設会社既成実績　　　　　　　　　　（単位：10億ウォン，件）

		土木	建築	産業設備	造園	合計
政府機関	件数	3,348	3,036	7	163	6,554
	金額	4,687	2,956	4	111	7,758.0
地方自治体	件数	15,788	7,782	741	1,921	26,232
	金額	8,504	4,257	853	700	14,313.6
公共団体	件数	2,801	1,085	292	197	4,375
	金額	5,599	1,724	384	122	7,829.7
国営企業体	件数	3,281	1,334	551	802	5,968
	金額	9,106	6,122	2372	878	18,478.3
駐韓外国機関	件数	85	286	-	4	375
	金額	75	294	-	3	371.2
民間	件数	8,576	40,661	856	1,570	51,663
	金額	10,850	64,621	9,081	1,018	85,569.3
合計	件数	33,879	54,184	2,447	4,657	95,167
	金額	38,821	79,974	12,694	12,694	134,320.3

注) 2012.12.31基準　　　　　　　　　　　　　　　　　　　　　　　　　出所：国土交通部

<表1-4> 地域別専門建設業登録分布現況　　　　　　　　　　　　　　　　　(単位：社)

区分	計	ソウル	釜山	大邱	仁川	光州	大田	蔚山	京畿
会社数	37,604	6,082	1,562	1,001	1,387	879	847	672	6,893
登録数	58,994	8,916	2,323	1,357	2,266	1,196	1,203	1,062	10,843
室内建築	4,441	1,705	299	183	201	175	142	58	684
土工	6,644	746	240	175	212	93	94	119	1,305
左官防水	2,008	631	120	74	83	81	91	34	341
石工	3,133	205	35	29	93	15	33	56	490
塗装	2,446	449	102	68	110	56	64	59	550
足場	2,425	523	137	47	116	63	49	38	417
金属構造	6,026	893	241	182	262	188	163	119	1,424
屋根板金・建具	666	182	39	34	22	19	18	14	138
鉄筋コンクリート	13,117	749	333	170	340	149	148	209	1,750
上下水道	7,321	972	229	121	314	128	137	122	1,450
ボーリング	830	224	58	11	27	8	13	16	143
鉄道軌道	37	16	1	1	-	1	2	-	13
舗装	2,179	588	94	55	93	31	52	32	398
水中	364	39	53	-	28	1	-	15	15
造園植栽	3,781	383	150	102	172	102	111	77	904
造園施設	2,406	342	105	65	129	53	57	58	573
鋼構造物	717	159	33	17	34	20	16	26	135
鉄鋼材	45	18	3	1	-	1	1	1	4
索道	12	1	-	2	2	-	-	-	4
浚渫	42	11	14	-	3	-	-	-	2
エレベーター	354	80	37	20	25	12	12	9	103

<続く>

区分	江原	忠北	忠南	全北	全南	慶北	慶南	済州
会社数	1,897	1,809	2,381	2,127	2,890	3,466	3,015	696
登録数	3,060	3,013	3,955	3,602	4,900	5,511	4,620	1,167
室内建築	82	103	130	107	126	149	236	61
土工	333	416	419	385	592	992	407	116
左官防水	50	57	78	69	82	89	110	18
石工	295	113	249	249	492	187	556	36
塗装	125	107	136	127	144	152	162	35
足場	187	62	127	125	163	179	159	33
金属構造	311	291	348	308	403	364	382	147
屋根板金・建具	17	23	31	17	25	43	38	6
鉄筋コンクリート	865	969	1,311	1,114	1,568	1,942	1242	258
上下水道	362	450	517	537	580	681	491	230
ボーリング	24	18	39	33	66	62	83	5
鉄道軌道	-	-	1	-	-	2	-	-
舗装	92	81	112	112	157	124	121	37
水中	15	1	12	9	49	36	73	18
造園植栽	194	174	241	262	247	287	301	74
造園施設	96	108	141	107	138	158	193	83
鋼構造物	7	29	50	30	52	50	51	8
鉄鋼材	-	1	1	2	6	3	3	-
索道	-	1	1	-	1	-	-	-
浚渫	-	-	1	2	3	3	3	-
エレベーター	5	9	10	7	6	8	9	2

注) 2012.12.31基準　　　　　　　　　　　　　　　　　　出所：国土交通部

<表1-5> 市道別・請負別専門建設業契約実績現況　　　　　　　　　　　　　(単位：件, 百万ウォン)

区分	合計		元請負		下請負	
	件数	金額	件数	金額	件数	金額
合計	598,104	72,154,836	451,981	21,285,847	146,123	50,868,988
ソウル	123,461	26,402,168	85,061	6,685,130	38,400	19,717,038
釜山	32,316	4,730,380	20,818	1,103,568	11,498	3,626,812
大邱	22,025	2,043,661	14,243	627,289	7,782	1,416,373
仁川	19,392	3,001,502	13,776	686,345	5,616	2,315,158
光州	15,858	1,865,275	10,460	501,259	5,398	1,364,016
大田	15,801	1,869,605	10,841	517,675	4,960	1,351,931
蔚山	15,847	1,968,162	12,791	799,225	3,056	1,168,937
世宗	1,766	202,563	1,479	43,400	287	159,164
京畿	96,876	11,273,963	71,743	3,778,072	25,133	7,495,891
江原	27,067	1,460,391	23,894	634,790	3,173	825,601
忠北	22,343	1,876,709	17,955	636,625	4,388	1,240,084
忠南	30,774	2,524,783	25,345	862,855	5,429	1,661,928
全北	23,919	2,096,844	23,767	690,052	5,152	1,406,792
全南	42,642	3,714,231	34,834	1,126,489	7,808	2,587,743
慶北	51,226	3,441,890	43,780	1,263,852	7,446	2,178,037
慶南	42,404	2,912,730	35,109	1,079,636	7,295	1,833,093
済州	9,387	769,977	6,085	249,586	3,302	520,392

注) 2012.12.31基準　　　　　　　　　　　　　　　　　　　　　　　出所：国土交通部

<表1-6> 業種別請負別専門建設業契約実績現況 (単位：件, 百万ウォン)

	合計		元請負		下請負	
	件数	金額	件数	金額	件数	金額
合計	598,104	72,154,836	451,981	21,285,847	146,123	50,868,988
室内建築工事業	83,241	7,275,797	70,212	4,169,481	13,029	3,106,316
土工事業	21,835	10,911,000	12,133	665,748	9,702	10,245,252
左官防水・組積工事業	21,497	2,640,544	10,470	495,869	11,027	2,144,675
石工事業	15,367	1,460,433	9,378	356,274	5,989	1,104,160
塗装工事業	23,427	1,258,706	15,148	578,058	8,279	680,648
足場・構造物解体事業	16,291	1,593,152	9,760	449,575	6,531	1,143,577
金属構造物・建具工事業	61,342	6,057,455	38,587	1,498,173	22,755	4,559,283
屋根板金・建築物組立工事業	7,096	1,349,731	2,093	141,828	5,003	1,207,903
鉄筋コンクリート工事業	75,533	12,371,213	61,793	1,623,089	13,740	10,748,124
機械設備工事業	97,014	11,811,250	78,367	5,257,944	18,647	6,553,306
上下水道設備工事業	53,616	2,888,145	48,981	1,436,883	4,635	1,451,262
ボーリンググラウト工事業	2,714	785,873	1,496	69,446	1,218	716,427
鉄道軌道工事業	171	180,140	141	163,008	30	17,132
舗装工事業	15,862	1,267,131	12,065	620,220	3,797	646,911
水中工事業	956	608,718	595	53,086	361	555,632
造園植栽工事業	21,157	1,866,429	16,536	643,696	4,621	1,222,733
造園施設設置工事業	10,836	1,109,377	8,657	292,229	2,179	817,148
鋼構造物工事業	4,833	2,965,006	622	137,451	4,211	2,827,556
鉄鋼材設置工事業	97	318,412	7	7,744	90	310,668
索道設置工事業	30	3,981	20	619	10	3,362
浚渫工事業	67	190,677	43	96,766	24	93,911
エレベータ設置工事業	3,878	225,737	1,164	90,227	2,714	135,511
施設	61,244	3,015,928	53,713	2,438,434	7,531	577,493

注) 2012.12.31基準　　　　　　　　　　　　　　　　出所：国土交通部

<表1-7> 市道別・工種別専門建設業契約実績(合計)現況　　　　　　　　　　(単位：件, 百万ウォン)

		土木	建築	産業設備	造園	合計
ソウル	件数	9,266	108,054	2,875	3,266	123,461
	金額	6,053,092	17,902,073	1,734,902	712,101	26,402,168
釜山	件数	4,444	25,063	841	1,428	32,316
	金額	1,410,566	2,992,415	212,404	114,996	4,730,380
大邱	件数	2,404	18,070	548	1,003	22,025
	金額	308,778	1,568,552	76,888	89,443	2,043,661
仁川	件数	3,617	12,996	1,436	1,343	19,392
	金額	834,246	1,667,508	326,385	173,363	3,001,502
光州	件数	1,773	12,937	405	743	15,858
	金額	210,777	1,498,944	79,792	75,762	1,865,275
大田	件数	1,680	13,013	458	650	15,801
	金額	359,234	1,404,726	50,644	55,001	1,869,605
蔚山	件数	2,606	8,478	4,033	730	15,847
	金額	359,607	797,598	758,207	52,750	1,968,162
世宗	件数	1,038	466	41	221	1,766
	金額	69,627	56,844	4,036	72,057	202,563
京畿	件数	26,948	58,938	3,583	7,407	96,876
	金額	3,102,456	6,528,162	980,085	663,260	11,273,963
江原	件数	13,525	11,603	570	1,369	27,067
	金額	855,064	485,163	35,382	84,781	1,460,391
忠北	件数	10,402	9,731	899	1,311	22,343
	金額	602,504	1,044,770	156,122	73,314	1,876,709
忠南	件数	13,587	14,330	1,184	1,673	30,774
	金額	1,067,066	1,046,073	307,795	103,849	2,524,783
全北	件数	12,927	13,222	1,528	1,242	28,919
	金額	864,735	1,060,253	77,855	94,001	2,096,844
全南	件数	20,111	16,222	4,346	1,963	42,642
	金額	1,588,751	1,315,631	643,509	166,341	3,714,231
慶北	件数	26,301	18,291	3,561	3,073	51,226
	金額	1,230,979	1,455,469	606,223	149,219	3,441,890
慶南	件数	18,374	20,296	972	2,762	42,404
	金額	1,024,893	1,571,025	191,029	125,782	2,912,730
済州	件数	1,891	6,684	142	670	9,387
	金額	152,538	554,642	7,113	55,684	769,977
全国	件数	170,894	368,934	27,422	30,854	598,104
	金額	20,094,914	42,949,848	6,248,371	2,861,702	72,154,836

注) 2012.12.31基準　　　　　　　　　　　　　　　　　　　　　　　　　出所：国土交通部

韓国の産業と市場 2014

<表1-8> 市道別・請負別専門建設業既成実績現況　　　　　　　　　　　(単位：件, 百万ウォン)

	合計		元請負		下請負	
	件数	金額	件数	金額	件数	金額
計	684,559	78,178,044	480,724	23,183,740	203,835	54,994,304
ソウル	149,600	28,860,781	90,866	7,419,676	58,734	21,441,105
釜山	37,542	4,972,243	22,241	1,212,278	15,301	3,759,964
大邱	25,006	2,200,250	15,155	661,293	9,851	1,538,957
仁川	22,520	3,250,938	14,523	777,870	7,997	2,473,068
光州	18,073	1,713,384	11,088	454,229	6,958	1,259,155
大田	18,291	1,978,352	11,504	531,218	6,787	1,447,134
蔚山	17,402	1,991,073	13,389	815,036	4,013	1,176,037
世宗	1,986	190,134	1,538	44,806	448	145,328
京畿	112,387	12,279,248	76,568	4,029,039	35,819	8,250,208
江原	28,663	1,479,196	24,730	679,401	3,933	799,794
忠北	24,580	2,117,880	18,660	687,028	5,920	1,430,852
忠南	33,717	2,978,151	26,511	958,460	7,206	2,019,691
全北	32,475	2,207,516	25,742	798,912	6,733	1,408,603
全南	49,210	4,325,151	38,416	1,285,962	10,794	3,039,189
慶北	54,850	3,618,689	45,260	1,356,213	9,590	2,262,476
慶南	47,050	3,133,078	37,707	1,187,481	9,343	1,945,597
済州	11,207	881,982	6,826	284,838	4,381	597,144

注) 2012.12.31基準　　　　　　　　　　　　　　　　　　　　　　出所：国土交通部

<表1-9> 業種別請負別専門建設業既成実績現況 (単位：件, 百万ウォン)

	合計		元請負		下請負	
	件数	金額	件数	金額	件数	金額
合計	684,559	78,178,044	480,724	23,183,740	203,835	54,994,304
室内建築工事業	89,878	8,296,711	73,246	4,575,915	16,632	3,720,796
土工事業	28,972	10,754,971	13,024	698,510	15,948	10,056,460
左官防水・組積工事業	27,703	2,646,950	11,175	507,532	16,528	2,139,418
石工事業	18,936	1,740,657	10,925	421,764	8,011	1,318,893
塗装工事業	26,547	1,390,211	15,961	606,478	10,586	783,733
足場・構造物解体事業	19,356	1,607,891	10,785	390,049	8,571	1,217,842
金属構造物・建具工事業	73,016	6,948,879	41,138	1,593,198	31,878	5,355,681
屋根板金・建築物組立工事業	8,647	1,456,923	2,220	151,689	6,427	1,305,234
鉄筋コンクリート工事業	86,393	12,200,281	65,811	1,653,764	20,582	10,546,517
機械設備工事業	108,986	12,841,493	83,162	5,643,939	25,824	7,197,554
上下水道設備工事業	58,725	3,639,706	51,546	1,623,861	7,179	2,015,845
ボーリンググラウト工事業	3,634	755,702	1,665	69,073	1,969	686,629
鉄道軌道工事業	251	185,907	186	112,197	65	73,710
舗装工事業	17,912	1,439,244	12,984	642,673	4,928	796,570
水中工事業	1,275	633,394	649	63,545	626	569,849
造園植栽工事業	24,154	2,225,776	17,276	700,883	6,878	1,524,893
造園施設設置工事業	12,411	1,317,985	9,221	325,458	3,190	992,527
鋼構造物工事業	6,606	3,346,724	721	164,164	5,885	3,182,561
鉄鋼材設置工事業	314	588,368	19	74,652	295	513,716
索道設置工事業	37	4,545	22	1,271	15	3,274
浚渫工事業	136	300,092	65	173,422	71	126,670
エレベータ設置工事業	4,527	332,927	1,381	118,977	3146	213,950
施設	66,143	3,522,708	57,542	2,870,725	8,601	651,983

注) 2012.12.31基準

出所：国土交通部

<表1-10> 市道別設備建設業登録及び会社数現況 (単位：社, 百万ウォン)

地域	会社数	登録数		
		合計	機械設備工事業	ガス施設施工業1種
全国	6,463	6,883	5,660	1,223
ソウル	1,375	1,473	1,215	258
釜山	377	397	314	83
大邱	289	298	246	52
仁川	310	335	267	68
光州	205	217	173	44
大田	223	237	196	41
蔚山	242	267	215	52
世宗	2	2	2	-
京畿	1,344	1,453	1,153	300
江原	212	220	190	30
忠北	189	200	166	34
忠南	282	294	246	48
全北	238	256	206	50
全南	349	377	330	47
慶北	366	380	337	43
慶南	375	389	326	63
済州	85	88	78	10

注) 2012.12.31基準　　　　　　　　　　　　　　　　　　　　出所：国土交通部

<表1-11> 市道別請負別設備建設業契約及び既成実績　　　　　　　　　　　　　(単位：百万ウォン)

	合計			
	契約		既成	
	件数	金額	件数	金額
全国	144,048	12,737,129	159,786	14,080,793
ソウル	29,810	4,376,934	34,544	5,101,527
釜山	10,804	612,321	12,212	660,404
大邱	8,202	418,047	9,119	447,340
仁川	5,933	501,368	6,618	564,716
光州	6,648	534,216	7,292	413,778
大田	5,288	352,310	5,971	365,662
蔚山	7,017	804,028	7,317	790,930
京畿	59	14,632	64	11,962
世宗	26,287	2,238,493	28,828	2,518,770
江原	3,900	115,537	4,141	140,489
忠北	3,346	302,903	3,603	292,729
忠南	5,069	356,888	5,457	398,354
全北	7,375	270,416	7,864	269,279
全南	7,845	727,959	8,568	934,181
慶北	8,927	663,309	9,772	665,066
慶南	6,056	337,606	6,692	389,054
済州	1,482	110,153	1,724	116,543

<続く>

	元請負				下請負			
	契約		既成		契約		既成	
	件数	金額	件数	金額	件数	金額	件数	金額
全国	121,443	5,940,253	129,120	6,502,251	22,605	6,796,876	30,666	7,578,541
ソウル	23,524	1,613,383	25,155	1,841,322	6,286	2,763,551	9,389	3,260,205
釜山	8,902	247,576	9,625	264,306	1,902	364,745	2,587	396,097
大邱	6,750	181,644	7,280	209,744	1,452	236,403	1,839	237,595
仁川	5,024	244,011	5,373	269,558	909	257,356	1,245	295,158
光州	5,620	216,704	5,972	165,425	1,028	317,512	1,320	248,353
大田	4,395	177,742	4,768	185,634	893	174,568	1,203	180,028
蔚山	6,312	480,233	6,442	477,636	705	323,795	875	313,293
世宗	45	5,980	46	4,734	14	8,652	18	7,228
京畿	22,532	1,261,285	23,756	1,381,930	3,755	977,207	5,072	1,136,839
江原	3,554	76,099	3,708	92,654	346	39,437	433	47,834
忠北	2,769	150,154	2,890	168,125	577	152,749	713	124,604
忠南	4,338	207,049	4,565	227,235	731	149,838	892	171,119
全北	6,683	140,419	6,990	159,947	692	129,996	874	109,331
全南	6,938	377,928	7,385	423,463	907	350,031	1,183	510,718
慶北	7,900	309,154	8,499	344,971	1,027	354,155	1,273	320,095
慶南	5,124	205,124	5,532	238,952	932	132,482	1,160	150,102
済州	1,033	45,760	1,134	46,608	449	64,393	590	69,934

注) 2012.12.31基準　　　　　　　　　　　　　　　　　　出所：国土交通部

<表1-12> 市道別・業種別設備建設業契約及び既成実績 (単位：百万ウォン)

	合計				機械設備工事業	
	契約		既成		契約	
	件数	金額	件数	金額	件数	金額
全国	144,048	12,737,129	159,786	14,080,793	97,014	11,811,249
ソウル	29,810	4,376,934	34,544	5,101,527	21,993	4,110,884
釜山	10,804	612,321	12,212	660,404	6,278	563,444
大邱	8,202	418,047	9,119	447,340	5,145	388,891
仁川	5,933	501,368	6,618	564,716	3,358	447,679
光州	6,648	534,216	7,292	413,778	2,836	484,097
大田	5,288	352,310	5,971	365,662	3,992	324,263
蔚山	7,017	804,028	7,317	790,930	4,814	768,578
世宗	59	14,632	64	11,962	37	14,132
京畿	26,287	2,238,493	28,828	2,518,770	16,031	2,039,247
江原	3,900	115,537	4,141	140,489	2,506	106,969
忠北	3,346	302,903	3,603	292,729	2,510	280,329
忠南	5,069	356,888	5,457	398,254	3,456	317,084
全北	7,375	270,416	7,864	268,279	4,605	236,050
全南	7,845	727,959	8,568	934,181	6,934	687,900
慶北	8,927	663,309	9,772	665,066	6,256	626,427
慶南	6,056	337,606	6,692	389,054	4,800	307,374
済州	1,482	110,153	1,724	116,543	1,403	107,895

	機械設備工事業		ガス施工業(1種)			
	既成		契約		既成	
	件数	金額	件数	金額	件数	金額
全国	108,986	12,841,492	47,034	925,880	50,800	1,239,300
ソウル	25,963	4,714,073	7,817	266,050	8,581	387,454
釜山	7,121	608,245	4,526	48,877	5,091	52,159
大邱	5,759	392,311	3,057	29,156	3,360	55,028
仁川	3,813	508,650	2,575	53,688	2,805	56,066
光州	3,274	362,231	3,752	50,118	4,018	51,547
大田	4,499	333,396	1,296	28,046	1,472	32,266
蔚山	5,052	751,515	2,203	35,450	2,265	39,415
世宗	43	11,487	22	500	21	475
京畿	18,036	2,216,219	10,256	199,246	10,792	302,550
江原	2,706	129,042	1,394	8,567	1,435	11,446
忠北	2,718	268,227	836	22,573	885	24,502
忠南	3,785	352,119	1,613	39,803	1,672	46,234
全北	4,993	231,756	2,770	34,366	2,871	37,523
全南	7,613	888,228	911	40,059	955	45,953
慶北	6,706	619,623	2,671	36,882	3,066	45,443
慶南	5,276	340,574	1,256	30,232	1,413	48,480
済州	1,626	113,790	79	2,258	98	2,752

出所：国土交通部

<表1-13> 業種別・工種別・請負別非建設業契約及び既成実績　　　　　　　　　(単位：百万ウォン)

	合計			
	契約		既成	
	件数	金額	件数	金額
合計	144,048	12,737,129	159,786	14,080,793
機械設備工事業	97,014	11,811,249	108,986	12,841,492
冷暖房・空気調和設備	25,169	2,706,611	28,256	3,006,938
暖房設備(アパート・住宅)	3,465	787,471	4,092	656,059
給排水・給湯・衛生設備	23,328	2,196,314	27,135	2,372,188
換気設備	2,487	165,497	2,716	173,259
台所・洗濯設備	446	14,113	497	19,326
地域暖房配管設備	334	117,113	443	154,586
汚水浄化・環境汚染防止施設	1,777	241,421	2,066	355,211
工場・プラント設備	15,722	2,891,231	16,815	3,218,797
発電設備	1,257	578,477	1,453	447,204
自動制御設備	1,452	171,410	2,112	261,187
冷凍・冷蔵設備	2,968	227,446	3,164	260,336
舞台装置.遊戯設備	284	18,437	385	40,454
熱絶縁・防音・防塵工事	595	61,290	651	88,596
鉄道機械信号・踏切遮断機	33	2,713	41	5,779
その他	17,697	1,631,698	19,160	1,781,565
ガス施工業(1種)	47,034	925,880	50,800	1,239,300

<続く>

	元請負				下請負			
	契約		既成		契約		既成	
	件数	金額	件数	金額	件数	金額	件数	金額
合計	121,443	5,940,253	129,120	6,502,251	22,605	6,796,876	30,666	7,578,541
機械設備工事業	78,367	5,257,943	83,162	5,643,938	18,647	6,553,306	25,824	7,197,553
冷暖房・空気調和設備	20,155	1,062,670	21,390	1,130,461	5,014	1,643,941	6,866	1,876,477
暖房設備(アパート・住宅)	2,983	242,359	3,280	229,817	482	545,112	812	426,242
給排水・給湯・衛生設備	16,193	677,673	17,373	710,463	7,135	1,518,641	9,762	1,661,724
換気設備	2,092	67,597	2,210	71,912	395	97,900	506	101,347
台所・洗濯設備	403	9,031	444	12,809	43	5,081	53	6,516
地域暖房配管設備	301	92,804	356	98,181	33	24,308	87	56,405
汚水浄化・環境汚染防止施設	1,481	92,261	1,586	128,339	296	149,159	480	226,871
工場・プラント設備	14,166	1,508,443	14,742	1,737,019	1,556	1,381,788	2,073	1,481,778
発電設備	812	239,191	867	162,431	445	339,285	586	284,772
自動制御設備	923	57,979	1,077	79,431	529	113,430	1,035	181,756
冷凍・冷蔵設備	2,729	168,251	2,889	190,442	239	59,195	275	69,894
舞台装置.遊戯設備	240	15,018	317	27,381	44	3,418	68	13,073
熱絶縁・防音・防塵工事	491	35,748	511	40,581	104	25,542	140	48,014
鉄道機械信号・踏切遮断機	29	2,580	36	2,807	4	133	5	2,972
その他	15,369	985,331	16,084	1,021,858	2,328	646,367	3,076	759,707
ガス施工業(1種)	43,076	682,310	45,958	858,312	3,958	243,569	4,842	380,987

注) 2012.12.31基準　　　　　　　　　　　　　　　　　　出所：国土交通部

2. 国内建設

<表2-1> 項目別建設投資構成比推移 (単位：兆ウォン,%)

区分	2009		2010		2011p		2012. 3/4p	
	金額	比重	金額	比重	金額	比重	金額	比重
建設投資	194.6	100.0	195.0	100.0	196.3	100.0	141.7	100.1
建物建設	107.9	55.4	110.1	56.5	111.8	57.0	84.0	59.3
住居用建物	47.4	24.3	42.4	21.7	37.7	19.2	27.3	19.3
非住居用建物	60.4	31.0	67.7	34.7	74.2	37.8	56.7	40.0
土木建設	86.6	44.5	84.9	43.5	84.5	43.0	57.7	40.7

注) 当該年の価格　　　　　　　　　　　　　出所：大韓建設協会

<表2-2> 建設投資民間公共構成比推移 (単位：兆ウォン,%)

区分	2009		2010		2011p		2012. 3/4p	
	金額	比重	金額	比重	金額	比重	金額	比重
建設投資	194.6	100.0	195.0	100.0	196.3	100.0	141.7	100.0
民間	133.8	68.8	140.3	71.9	143.1	72.9	106.1	74.9
公共	60.8	31.2	54.7	28.1	53.3	27.1	35.6	25.1

注) 当該年の価格　　　　　　　　　　　　　出所：大韓建設協会

<表2-3> 資材別・用途別建築物着工現況 (単位：棟)

区分	合計	資材別				用途別			
		鉄筋・鉄骨造	組積造	木造	その他	住居用	商業用	工業用	文教・社会・その他
2008	181,603	154,920	17,787	8,191	705	63,943	50,401	21,926	45,333
2009	170,136	143,355	16,510	9,503	768	63,190	43,591	17,405	45,950
2010	188,470	162,880	14,908	9,585	1,097	71,503	46,739	21,396	48,832
2011	198,863	173,986	14,384	10,037	456	86,680	48,556	21,208	42,419
2012	190,589	167,159	12,582	10,369	479	86,683	46,735	19,448	37,723
01	11,000	9,796	582	591	31	4,521	2,751	1,229	2,499
02	13,190	11,818	762	576	34	6,015	3,204	1,469	2,502
03	18,929	16,420	1,314	1,169	26	9,121	4,381	1,914	3,513
04	19,484	16,820	1,519	1,089	56	9,800	4,465	1,817	3,402
05	20,592	17,691	1,617	1,232	52	10,195	4,776	1,946	3,675
06	17,966	15,761	1,234	924	47	8,157	4,384	1,825	3,600
07	16,164	14,208	1,058	859	39	6,931	4,196	1,707	3,330
08	14,453	12,801	855	754	43	6,471	3,551	1,426	3,005
09	14,575	12,866	939	725	45	6,630	3,794	1,508	2,643
10	15,700	13,668	1,038	962	32	7,001	3,943	1,439	3,317
11	16,814	14,825	1,074	878	37	7,001	4,344	1,840	3,629
12	11,722	10,485	590	610	37	4,840	2,946	1,328	2,608

出所：国土交通部

<表2-4> 延面積別建築物着工現況　　　　　　　　　　　　　　　　　　　　　　　（単位：千㎡）

区分	合計	資材別				用途別			
		鉄筋・鉄骨造	組積造	木造	その他	住居用	商業用	工業用	文教・社会・その他
2005	84,187	83,006	975	205	1	31,502	21,764	13,720	17,200
2006	84,870	83,382	1,086	365	37	28,433	20,971	15,080	20,386
2007	96,651	94,573	1,326	592	160	32,745	25,170	16,154	22,582
2008	75,194	73,123	1,363	665	43	15,663	23,620	16,640	19,271
2009	71,251	69,240	1,229	735	47	22,259	17,807	10,560	20,626
2010	82,482	80,340	1,309	781	52	24,416	20,434	14,922	22,710
2011	98,850	96,851	1,110	860	29	37,641	23,874	15,430	21,905
2012	99,629	97,799	934	861	35	39,214	24,068	13,957	22,390
01	5,596	5,499	42	53	2	2,021	1,413	672	1,489
02	7,271	7,156	60	50	4	2,996	1,816	1,002	1,456
03	9,654	9,469	94	89	2	4,183	2,066	1,212	2,193
04	9,071	8,854	121	93	4	3,509	2,051	1,418	2,093
05	10,527	10,292	123	108	4	4,043	2,893	1,354	2,237
06	8,719	8,540	98	77	3	3,482	2,186	1,275	1,776
07	7,991	7,849	72	68	3	2,880	2,421	1,120	1,570
08	8,505	8,372	60	69	4	3,674	1,766	1,121	1,943
09	7,560	7,423	72	62	4	3,337	1,730	1,056	1,438
10	8,687	8,536	73	76	2	3,332	1,893	1,213	2,249
11	9,969	9,818	80	68	2	3,705	2,260	1,576	2,428
12	6,080	5,991	38	48	2	2,052	1,573	937	1,518

出所：国土交通部

<表2-5> 資材別・用途別建築許可現況 (単位：棟)

区分	合計	資材別				用途別			
		鉄筋・鉄骨造	組積造	木造	その他	住居用	商業用	工業用	文教・社会・その他
2008	229,352	194,265	24,156	10,184	747	76,357	71,752	23,732	57,,511
2009	212,347	178,182	22,225	11,022	918	72,891	63,776	19,407	56,,273
2010	227,511	195,370	19,924	10,922	1,295	81,793	64,200	22,539	58,,979
2011	239,836	208,302	19,357	11,686	491	99,074	67,789	22,353	50,620
2012	230,928	201,135	17,398	11826	569	98,898	65,987	21,000	45,043
01	14,462	12,890	889	649	34	5,893	4,096	1,450	3,023
02	16,823	14,680	1,212	892	39	7,143	4,742	1,701	3,237
03	21,589	18,515	1,880	1,140	54	9,725	5,864	1,886	4,114
04	22,579	19,280	1,976	1,262	61	10,578	6,022	1,955	4,024
05	24,433	21,094	2,002	1,292	45	10,996	6,860	1,975	4,602
06	21,489	18,736	1,612	1,079	62	9,091	6,360	1,959	4,079
07	20,072	17,423	1,550	1,051	48	8,302	5,964	1,807	3,999
08	17,175	15,077	1,211	844	43	7,017	5,076	1,635	3,447
09	17,388	15,132	1,338	861	57	7,455	5,071	1,499	3,363
10	17,655	15,327	1,333	964	31	7,514	5,174	1,697	3,270
11	19,495	17,077	1,391	936	41	7,674	5,997	1,863	3,961
12	17,768	15,904	1,004	806	54	7,510	4,761	1,573	3,924

出所：国土交通部

<表2-6> 延面積別建築許可現況 (単位：千㎡)

区分	合計	資材別				用途別			
		鉄筋・鉄骨造	組積造	木造	その他	住居用	商業用	工業用	文教・社会・その他
2008	120,658	117,843	1,950	819	46	38,462	33,265	18,504	30,427
2009	105,137	102,487	1,755	839	56	41,917	24,399	11,542	27,279
2010	125,447	122,840	1,679	870	60	51,464	26,618	15,486	31,882
2011	137,868	135,229	1,611	997	33	56,557	34,002	16,499	30,810
2012	137,142	134,749	1,388	961	43	59,256	32,334	15,940	29,611
01	8,833	8,699	78	52	4	3,553	2,307	1,052	1,922
02	8,819	8,650	103	63	3	3,402	2,300	1,231	1,886
03	11,845	11,591	152	97	5	4,283	3,091	1,458	3,014
04	11,369	11,098	159	108	5	4,751	2,872	1,495	2,252
05	12,449	12,181	157	107	3	4,961	3,459	1,227	2,801
06	12,010	11,795	127	84	4	4,681	3,085	1,860	2,385
07	11,441	11,221	128	88	4	4,473	2,985	1,375	2,608
08	10,028	9,860	95	71	3	3,963	2,460	1,282	2,324
09	11,600	11,418	107	70	5	5,290	2,408	1,292	2,609
10	9,984	9,800	103	80	2	4,602	2,274	1,215	1,894
11	10,563	10,377	105	78	3	4,104	2,632	1,251	2,576
12	18,200	18,059	76	63	3	11,193	2,462	1,203	3,342

出所：国土交通部

<表2-7> 年度別骨材採取許可実績現況 (単位：千㎥)

	登録現況	供給実績	許可実績				
			河川骨材	海骨材	山林骨材	陸上骨材	計
2006	2,193	142,754	21,589	11,549	47,251	13,298	93,687
2007	2,077	130,385	11,853	15,965	24,576	7,632	60,026
2008	1,957	134,404	19,200	29,548	37,534	7,724	94,006
2009	1,914	131,624	10,896	27,315	29,738	4,575	72,524
2010	1,496	134,741	2,568	25,094	26,153	4,843	58,658
2011	1,494	132,524	1,104	21,834	36,211	4,139	63,288
2012	1463	129757	149	24827	42564	3348	70888

出所：国土交通部

<表2-8> 年度別骨材採取実績現況 (単位：千㎥)

	河川骨材	海骨材	山林骨材	陸上骨材	計
2006	19,189	19,521	51,440	6,822	96,972
2007	18,780	15,483	48,004	5,833	88,100
2008	13,547	23,503	48,172	6,480	91,702
2009	15,519	23,419	48,040	5,408	92,386
2010	8,337	26,348	45,208	4,730	84,623
2011	2,078	20,990	44,744	3,787	71,599
2012	1,962	21,717	44,744	3,576	71,599

出所：国土交通部

3. 海外建設

<表3-1> 地域別海外建設受注額推移 (単位：百万ドル)

区分	2007	2008	2009	2010	2011	2012
合計	39,788	47,640	49,148	71,579	59,144	64,881
中東	22,801	27,204	35,746	47,250	29,540	36,872
アジア	12,855	14,689	10,909	18,081	19,421	19,431
北米・太平洋	675	609	97	1,336	954	234
中南米	333	2,477	717	2,067	6,643	6,195
アフリカ	1,687	1,501	1,209	2,447	2,207	1,615
ヨーロッパ	1,437	1,160	470	398	376	534

出所：国土交通部

<表3-2> 地域別海外建設受注件数推移 (単位：件数)

区分	2007	2008	2009	2010	2011	2012
合計	617	641	559	593	625	620
中東	128	166	128	113	116	106
アジア	376	378	369	365	370	383
北米、太平洋	38	19	9	25	13	13
中南米	10	18	15	27	35	43
アフリカ	37	37	25	39	55	41
ヨーロッパ	28	23	13	24	36	34

出所：国土交通部

<表3-3> 工種別海外建設受注額推移　　　　　　　　　　　　　　　　　　　　(単位：百万ドル)

区分	2007	2008	2009	2010	2011	2012
合計	39,788	47,640	49,148	71,579	59,144	64,881
土木	5,232	9,505	6,017	4,124	5,765	8,795
- 道路	1,175	4,201	1,228	1,770	2,449	4,950
- 港湾	1,969	2,382	1,419	1,678	854	1,094
- 空港	2	110	13	-	119	95
- その他	2,086	2,812	3,357	676	2,343	2,656
建築	8,177	8,960	6,273	7,724	7,937	14,323
- 住宅	3,014	3,847	3,971	3,295	1,979	9,323
- 病院	93	363	88	1,159	252	545
- 学校	75	331	144	241	148	220
- 競技場	172	-	-	-	-	91
- その他	4,823	4,419	2,071	3,029	5,558	4,144
産業設備	25,268	26,874	35,421	57,285	43,319	39,549
- 発電所	8,469	8,398	4,414	32,874	17,801	17,374
- ガス処理施設	803	1,526	6,999	3,834	4,744	773
- 一般工場	210	49	78	3,676	415	1,720
- その他	15,786	16,901	23,930	16,900	20,359	19,682
電気	690	1,336	756	770	953	1,322
通信	41	19	20	458	61	74
サービス	381	947	660	1,218	1,107	818
- 設計	228	614	329	1,016	216	182
- 監理	17	53	75	85	39	83
- 技術支援	0	102	17	1	9	18
- その他	135	178	239	116	843	535

出所：国土交通部

<表3-4> 工種別海外建設受注件数推移 (単位:件数)

区分	2007	2008	2009	2010	2011	2012
合計	617	641	559	593	625	620
土木	86	119	86	61	78	67
- 道路	25	41	29	27	24	25
- 港湾	11	14	8	8	6	10
- 空港	-	2	-	-	1	-
- その他	50	62	49	26	47	32
建築	127	135	115	167	160	169
- 住宅	32	22	22	25	24	21
- 病院	5	9	6	4	2	2
- 学校	5	9	8	5	9	7
- 競技場	1	-	-	-	-	2
- その他	84	95	79	133	125	137
産業設備	88	78	68	105	111	92
- 発電所	20	17	11	22	33	27
- ガス処理施設	2	4	6	4	9	3
- 一般工場	5	2	2	8	5	10
- その他	61	55	49	71	64	52
電気	46	63	85	42	45	40
通信	5	3	1	19	10	13
サービス	265	243	204	199	221	239
- 設計	135	125	100	100	78	73
- 監理	40	20	19	21	24	27
- 技術支援	2	8	13	2	16	11
- その他	88	90	72	76	103	128

出所:国土交通部

<表3-5> 海外建設人材進出現況推移 (単位：人)

区分	2007	2008	2009	2010	2011	2012
合計	6,563	9,637	13,350	14,556	18,338	28,389
中東	3,450	5,013	7,501	8,809	11,663	20,499
- サウジアラビア	565	968	1,254	1,424	2,809	5,733
- リビア	332	344	958	1,087	82	176
- イラン	128	180	117	61	128	154
- その他	2,425	3,521	5,172	6,237	8,644	14,436
アジア	1,854	2,866	3,780	3,910	4,988	5,900
- シンガポール	260	404	586	495	850	1,223
- タイ	168	539	264	228	293	253
- マレーシア	32	36	44	58	210	289
- インドネシア	76	221	756	139	300	421
- フィリピン	320	229	180	144	153	319
- その他	998	1,437	1,950	2,846	3,182	3,395
北米・太平洋	45	99	79	103	175	514
中南米	88	365	385	703	766	637
アフリカ	870	1,062	1,293	879	626	771
ヨーロッパ	256	232	312	152	120	68

出所：国土交通部

4. 住宅建設

<表4-1> 年度別・市道別住宅普及率推移　　　　　　　　　　　　　　(単位：千戸, 千世帯, %)

区分	2010(人口住宅総調査)			2011(推計)			2012(推計)		
	世帯数	住宅数	普及率	世帯数	住宅数	普及率	世帯数	住宅数	普及率
全国	17,339.4	17,672.1	101.9	17,719.4	18,131.1	102.3	18,057.0	18,550.9	102.7
首都圏	8,254.3	8,173.2	99.0	8,464.1	8,377.3	99.0	8,650.7	8,562.1	99.0
ソウル	3,504.3	3,399.8	97.0	3,552.5	3,449.2	97.1	3,594.6	3,498.0	97.3
釜山	1,243.9	1,243.1	99.9	1,258.4	1,268.7	100.8	1,271.2	1,297.2	102.0
大邱	868.3	886.8	102.1	881.7	904.6	102.6	893.5	917.5	102.7
仁川	918.9	936.7	101.9	943.5	975.8	103.4	965.5	1,003.2	103.9
光州	515.9	528.1	102.4	530.3	544.9	102.8	543.1	556.5	102.5
大田	532.6	536.1	100.6	546.9	560.1	102.4	559.6	572.0	102.2
蔚山	373.6	387.2	103.6	382.5	400.5	104.7	390.4	413.7	106.0
京畿	3,831.1	3,836.7	100.1	3,968.1	3,952.4	99.6	4,090.6	4,060.9	99.3
江原	557.8	599.3	107.4	567.1	607.2	107.1	575.3	617.1	107.3
忠北	558.8	599.5	107.3	572.7	617.4	107.8	585.0	632.3	108.1
忠南	749.0	807.2	107.8	772.9	838.3	108.5	794.3	873.3	109.9
全北	659.9	709.1	107.4	670.0	730.3	109.0	678.8	752.9	110.9
全南	681.4	727.0	106.7	685.6	739.6	107.9	689.3	753.7	109.3
慶北	1,005.3	1,092.3	108.7	1,022.2	1,119.2	109.5	1,037.2	1,141.9	110.1
慶南	1,151.2	1,200.7	104.3	1,175.8	1,233.7	104.9	1,197.7	1,263.7	105.5
済州	187.3	182.5	97.4	189.3	189.2	99.9	191.0	197.0	103.2

注) セジョン市('12.7.1 発足)は世帯数は基礎資料である人口住宅調査(統計庁)の世帯統計データがなく、急激な世帯数増加を反映した推定値を算出できない。'12年住宅普及率は算定せず、'13年からは統計庁の'12年基準人口住宅調査結果を反映して算定する予定

出所：国土交通部

<表4-2> 公共住宅建設実績推移 (単位:戸)

	小計	国家機関	自治体	土地住宅公社	住宅事業者	その他
2004	123,991	-	14,717	100,534	8,740	-
2005	140,978	-	33,740	101,786	5,452	-
2006	143,694	-	15,826	116,212	11,656	-
2007	156,989	-	13,864	141,817	1,308	-
2008	141,160	545	3,943	130,069	6,603	-
2009	168,300	-	22,882	141,049	4,369	-
2010	138,315	-	43,430	88,781	6,104	-
2011	115,349	-	27,408	79,699	8,242	-
2012	109,609	-	6,685	77,583	25,341	-

出所:国土交通部

<表4-3> 類型別住宅建設実績推移 (単位:戸)

	一戸建(多家口住宅含む)	アパート	連立住宅	多世代住宅
2004	34,237	404,878	3,697	20,988
2005	27,799	415,511	4,613	15,718
2006	37,711	412,891	4,678	14,223
2007	51,450	476,462	4,696	23,184
2008	53,667	263,153	4,044	50,421
2009	54,665	297,183	5,426	24,513
2010	62,173	276,989	5,956	41,424
2011	73,097	356,762	13,465	106,270
2012	71,255	376,086	19,591	119,952

注:**다가구주택(多家口住宅)**:住宅に使われる階(地下を除く)が3階以下であり、1棟の住宅の床面積(地下駐車場の面積を除く)の合計が660m2以下であり、19世代以下が居住することができる住宅をいう。
연립주택(row house, 連立住宅):1棟ごとの総建築面積が660㎡を超える4階以下の共同住宅で、その内部構造はアパートと同じであるが、暖房は個々の加熱方式となっている。
다세대주택(多世代住宅):共同住宅の一種で、棟あたりの建築延べ面積が660㎡以下であり、4階以下の住宅をいう。建物は多数の世代が居住することができる居住空間が分離されていて、各世代ごとに登記を別々にして所有や分譲が可能である

出所:国土交通部

<表4-4> 民間住宅建設実績推移 (単位:戸)

	小計	住宅事業者など	土地住宅公社
2004	339,809	339,809	-
2005	322,663	322,663	-
2006	325,809	325,809	-
2007	398,803	398,803	-
2008	230,125	230,125	-
2009	213,487	213,487	-
2010	248,227	248,227	-
2011	434,245	434,245	-
2012	477,275	477,275	-

出所:国土交通部

<表4-5> 年度別・市道別未分譲住宅数推移 (単位：戸, %)

区分	2010年12月	2011年12月	2012年11月	2012年12月	2010.12月対比 増減	2010.12月対比 増減率	前月対比 増減	前月対比 増減率
計	88,706	69,807	76,319	74,835	5,028	7.2	-1,484	-1.9
ソウル	2,729	1,861	3,594	3,481	1,620	87.0	-113	-3.1
釜山	3,458	4,193	5,119	5,784	1,591	37.9	585	11.3
大邱	13,163	8,672	3,707	3,288	-5,384	-62.1	-419	-11.3
仁川	4,265	3,642	4,059	4,026	384	10.5	-33	-0.8
光州	1,809	784	3,608	3,348	2,564	327.0	-260	-7.2
大田	2,205	1,557	1,484	1,441	-116	-7.5	-43	-2.9
蔚山	5,575	3,510	3,474	3,659	149	4.2	185	5.3
京畿	22,418	22,378	26,732	25,040	2,662	11.9	-1,692	-6.3
江原	3,837	2,244	4,367	4,421	2,177	97.0	54	1.2
忠北	3,428	1,031	703	585	-446	-43.3	-118	-16.8
忠南	9,020	7,471	3,608	2,942	-4,529	-60.6	-668	-18.5
全北	1,311	355	401	629	274	77.2	228	56.9
全南	2,504	1,527	1,740	2,478	951	62.3	738	42.4
慶北	8,042	4,110	2,728	3,201	-909	-22.1	473	17.3
慶南	4,780	6,375	9,941	9,558	3,183	49.9	-383	-3.9
済州	162	97	974	954	857	883.5	-20	-2.1
首都圏	29,412	27,881	34,385	32,547	4,666	16.7	-1,838	-5.3
地方	59,294	41,926	41,934	42,288	362	0.9	354	0.8

注) セジョン市('12.7.1発足)は '12.12年の未分譲実績がないので未表記　　　　　出所：国土交通部

<表4-6> 年度別賃貸住宅事業者現況 (単位：戸)

| | 計 | | 建設賃貸事業者 | | | | 買入賃貸事業者 | |
| | | | 住宅建設事業者 | | 建築法許可者 | | | |
	事業者数	賃貸戸数	事業者数	賃貸戸数	事業者数	賃貸戸数	事業者数	賃貸戸数
2002	21,419	634,476	1,281	479,161	3,222	44,141	16,916	111,174
2003	27,155	730,643	1,425	527,273	3,985	52,553	21,745	150,817
2004	31,737	913,608	1,513	657,031	5,119	76,532	25,105	180,045
2005	37,114	1,014,362	1,621	708,480	6,128	90,319	29,365	215,563
2006	38,613	1,330,204	1,355	941,517	6,622	154,353	30,636	234,334
2007	37,458	1,334,951	1,363	907,306	4,715	146,934	31,380	280,711
2008	40,256	1,341,670	1,263	910,879	5,662	165,999	33,331	264,792
2009	40,872	1,311,369	1,191	922,904	5,530	114,934	34,151	273,531
2010	41,590	1,399,227	1,080	1,008,933	5,973	129,996	34,537	260,298
2011	48,435	1,459,513	1,374	1,053,017	7,735	131,909	39,323	274,587
2012	54,137	1,487,421	1,869	1,070,323	7,042	142,390	45,226	274,708

出所：国土交通部

<表4-7> 市道別賃貸住宅事業者現況 (単位:戸)

区分		計		建設賃貸事業者				買入賃貸事業者	
				住宅建設事業者		建築法許可者			
		事業者数	賃貸戸数	事業者数	賃貸戸数	事業者数	賃貸戸数	事業者数	賃貸戸数
合計		54,137	1,487,421	1,869	1,070,323	7,042	142,390	45,226	274,708
首都圏	小計	32,500	670,410	900	498,879	4,273	56,821	27,327	114,710
	ソウル	15,619	271,584	565	194,981	2,837	32,641	12,217	43,962
	京畿	13,937	324,784	297	247,615	1,336	22,342	12,304	54,827
	仁川	2,944	74,042	38	56,283	100	1,838	2,806	15,921
広域市	小計	10,889	296,570	313	205,388	1,314	23,711	9,262	67,471
	釜山	5,044	94,355	98	52,619	728	9,893	4,218	31,843
	大田	1,130	55,112	33	48,127	123	3,044	974	3,941
	大邱	1,150	74,126	137	54,993	173	3,411	840	15,722
	光州	2,747	50,829	30	36,687	70	3,613	2,647	10,529
	蔚山	818	22,148	15	12,962	220	3,750	583	5,436
地方	小計	10,748	520,441	656	366,056	1,455	61,858	8,637	92,527
	江原	825	63,157	20	46,887	32	5,716	773	10,554
	慶南	2,046	67,189	289	56,954	191	3,239	1,566	6,996
	慶北	1,227	75,717	63	54,425	251	10,035	913	11,257
	全南	701	84,115	66	57,165	28	13,474	607	13,476
	全北	1,448	67,348	61	53,345	312	4,216	1,075	9,787
	忠南	2,658	82,945	94	46,893	139	10,484	2,425	25,568
	世宗	858	60,836	39	39,495	47	9,298	772	12,043
	忠北	143	2,657	5	1,495	9	246	129	916
	済州	842	16,477	19	9,397	446	5,150	377	1,930

注) 2012.12.31基準　　　出所:国土交通部

<表4-8> 年度別住宅再開発現況

年度	区域数	施行面積(㎡)	建設棟数(戸)	撤去対象(棟)
2002	5	136,584	2,291	1,322
2003	14	614,696	11,278	3,780
2004	14	669,516	11,163	4,483
2005	44	911,887	45,583	16,467
2006	50	3,410,806	40,527	11,951
2007	137	8,161,157	129,841	49,791
2008	231	17,267,729	253,897	111,448
2009	110	12,644,261	105,332	58,963
2010	80	5,204,821	70,311	40,021
2011	80	4,536,757	58,188	20,404
2012	25	1,986,481	51,203	15,442

出所:国土交通部

<表4-9> 市道別住宅再開発事業現況

区分		区域数	施行面積(㎡)	撤去対象(棟)	建設棟数(戸)
計	計	1187	74520,411	478,737	1078,719
	完了	406	17282,864	147,305	329,791
	施行中	248	15060,444	88,764	239,872
	未施行	533	42177,103	242,668	509,056
ソウル	計	615	33319,481	258,267	580,974
	完了	369	10174,251	141,122	310,724
	施行中	101	5709,095	45,038	96,060
	未施行	145	11436,135	72,107	174,190
釜山	計	150	11333,254	72,140	140,980
	完了	11	497,511	1,525	8,243
	施行中	64	1000,857	17,489	65,537
	未施行	75	6834,886	53,126	67,200
大邱	計	45	1811,095	15,622	29,774
	完了	18	311,022	3,000	3,882
	施行中	-	-	-	-
	未施行	27	1500,078	12,622	25,892
仁川	計	104	6594,305	23,707	49,300
	完了	3	77,523	378	2,848
	施行中	34	1996,986	8,761	24,074
	未施行	67	4519,796	14,568	22,378
光州	計	17	1254,767	15,979	20,062
	完了	1	35,139	658	658
	施行中	3	130,782	1,313	1,210
	未施行	13	1088,846	14,008	18,194
大田	計	56	4789,234	14,609	62,315
	完了	1	41,664	255	693
	施行中	6	306,338	1,077	4,869
	未施行	49	4441,232	13,277	56,753
蔚山	計	10	1342,414	4,678	15,805
	完了	-	-	-	-
	施行中	-	-	-	-
	未施行	10	1342,414	4,678	15,805
世宗	計	2	167,557	2,516	779
	完了	-	-	-	-
	施行中	-	-	-	-
	未施行	2	167,557	2,516	779

<続く>

区分		区域数	施行面積(㎡)	撤去対象(棟)	建設棟数(戸)
京畿	計	101	7,332,482	24,592	115,423
	完了	3	145,754	367	2,743
	施行中	27	2,141,203	9,213	35,979
	未施行	71	5,045,525	15,012	76,701
江原	計	14	892,893	2,417	9,005
	完了	-	-	-	-
	施行中	2	73,096	360	1,381
	未施行	12	819,797	2,057	7,624
忠北	計	12	1,262,193	4,430	4,154
	完了	-	-	-	-
	施行中	-	-	-	-
	未施行	12	1,262,193	4,430	4,154
忠南	計	21	1,173,881	15,091	6,922
	完了	-	-	-	-
	施行中	1	88,196	1,410	366
	未施行	20	1,085,685	13,681	6,556
全北	計	10	994,038	11,968	12,093
	完了	-	-	-	-
	施行中	2	116,654	821	2,211
	未施行	8	877,384	11,147	9,882
全南	計	3	388,463	1,107	3,128
	完了	-	-	-	-
	施行中	-	-	-	-
	未施行	3	388,463	1,107	3,128
慶北	計	5	321,593	1,806	5,810
	完了	-	-	-	-
	施行中	-	-	-	-
	未施行	5	321,593	1,806	5,810
慶南	計	22	1,542,761	9,808	22,195
	完了	-	-	-	-
	施行中	8	497,237	3,282	8,185
	未施行	14	1,045,524	6,526	14,010
済州	計	-	-	-	-
	完了	-	-	-	-
	施行中	-	-	-	-
	未施行	-	-	-	-

注) 2012..12.31基準

出所：国土交通部

<表4-10> 年度別住宅再建築事業現況 (単位：戸)

年度	計			組合認可			事業計画承認			竣工		
	組合	既存住宅	供給住宅	組合	既存住宅	供給住宅	組合	既存住宅	供給住宅	組合	既存住宅	供給住宅
2001	251	50,027	76,657	49	23,933	33,166	120	18,685	28,466	82	7,409	15,025
2002	400	80,168	122,783	128	33,631	47,802	140	30,265	43,375	132	16,272	31,606
2003	778	138,162	191,459	269	50,952	61,211	340	65,550	92,397	169	21,660	37,851
2004	294	69,415	93,809	52	8,699	11,931	88	45,154	55,734	154	15,562	26,144
2005	311	63,468	102,090	40	3,578	6,733	112	44,087	62,684	159	15,803	32,673
2006	275	72,994	104,060	33	6,229	10,843	115	38,520	53,579	127	28,245	39,638
2007	178	67,379	92,922	47	24,393	30,248	49	14,945	21,022	82	28,041	41,652
2008	135	80,599	94,285	49	23,181	28,528	33	20,584	23,950	53	36,834	41,807
2009	96	61,390	82,515	33	23,766	32,435	16	7,612	10,381	47	30,012	39,699
2010	71	42,806	56,357	26	17,409	19,017	9	5,544	10,897	36	19,853	26,443
2011	75	46,783	101,706	33	17,970	66,743	20	18,089	21,691	22	10,724	13,272
2012	81	40,689	57,805	32	14,433	20,440	26	12,663	18,882	23	13,593	18,483

出所：国土交通部

<表4-11> 年度別住居環境改善事業現況 (単位：戸)

年度別	地区数(個)	住宅数(戸)
2002	131	34,218
2003	42	8,670
2004	3	512
2005	4	786
2006	144	58,787
2007	83	24,100
2008	77	115,000
2009	5	9,300
2010	27	31,300
2011	4	300
2012	21	800

出所：国土交通部

<表4-12> 市道別住居環境改善事業現況

区分	地区指定		事業施行		事業完了		未施行	
	地区数	住宅数(戸)	地区数	住宅数	地区数	住宅数	地区数	住宅数
総計	1,175	446,200	409	220,800	693	186,900	73	38,500
ソウル	104	37,000	32	10,800	72	26,200	-	-
釜山	141	92,700	130	90,200	8	1,700	3	800
大邱	67	47,100	41	37,700	26	9,400	-	-
仁川	71	34,200	15	18,400	48	10,200	8	5,600
光州	69	19,700	18	3,500	48	14,500	3	1,700
大田	47	14,900	2	700	40	11,000	5	3,200
蔚山	8	4,100	2	500	6	3,600	-	-
京畿	-	-	-	-	-	-	-	-
江原	82	60,000	12	19,000	63	26,200	7	14,800
忠北	59	170,000	15	4,600	40	12,300	4	100
忠南	43	10,000	3	1,400	38	4,900	2	3,700
全北	62	6,600	18	2,100	34	3,100	10	1,400
全南	100	19,600	26	5,500	61	11,900	13	2,200
慶北	145	33,900	57	7,600	79	23,600	9	2,700
慶南	59	20,500	21	14,800	37	5,700	1	-
済州	71	23,900	16	3,900	47	17,700	8	2,300

注) 2012..12.31基準　　　　　　　　　　　　　　　出所：国土交通部

ure
13 環境産業

1. 大気環境

<表1-1> 大気環境基準の体系変更及び強化内訳

項目		'91	'93 1)	2001	2007 2)	2011 3)
二酸化硫黄 (ppm)		0.05/年 0.15/日	0.03/年 0.14/日 0.25/時間	0.02/年 0.05/日 0.15/時間	0.02/年 0.05/日 0.15/時間	0.02/年 0.05/日 0.15/時間
一酸化炭素 (ppm)		8/月 20/8時間	9/8時間 25/時間	9/8時間 25/時間	9/8時間 25/時間	9/8時間 25/時間
二酸化窒素 (ppm)		0.05/年 0.15/日	0.05/年 0.08/日 0.15/時間	0.05/年 0.08/日 0.15/時間	0.03/年 0.06/日 0.1/時間	0.03/年 0.06/日 0.1/時間
粉塵 ($\mu g/m^3$)	総粉塵	150/年 300/日	150/年 300/日	-	-	-
	微細粉塵(注1)(PM-10)	-	80/年 150/日	70/年 150/日	50/年 100/日	50/年 100/日
	PM-2.5	-	-	-	-	25/年 50/日
オゾン (ppm)		0.02/年 0.1/時間	0.06/8時間 0.1/時間	0.06/8時間 0.1/時間	0.06/8時間 0.1/時間	0.06/8時間 0.1/時間
鉛 ($\mu g/m^3$)		1.5/3ヵ月	1.5/3ヵ月	0.5/年	0.5/年	0.5/年
炭化水素 (ppm)		3/年 10/時間	-	-	-	-
ベンゼン ($\mu g/m^3$)		-	-	-	5/年	5/年

注) 1. 1993年二酸化硫黄、微細粉塵(PM-10)基準新設(1995年適用)
    2. 2007年ベンゼン基準新設(2010年適用)
    3. 2011年PM-2.5基準新設(2015年適用)

出所：環境部

<表1-2> 大気汚染物質排出事業体数推移 (単位：ヵ所)

	計	1種	2種	3種	4種	5種
2002	42,323	648	1,188	1,171	5,011	34,305
2003	43,737	627	1,151	1,144	4,943	35,872
2004	42,367	992	1,559	2,594	13,237	23,985
2005	42,308	998	1,605	2,683	14,026	22,996
2006	42,608	960	1,544	2,556	13,828	23,719
2007	42,774	911	1,468	2,304	14,004	24,087
2008	42,534	952	1,407	2,158	13,887	24,130
2009	41,650	946	1,299	2,048	13,602	23,755
2010	45,524	1,099	1,317	2,092	14,731	26,285
2011	46,716	1,155	1,272	2,034	15,068	27,187
2012	48,035	1,144	1,276	1,907	14,953	28,755

出所：環境部

<表1-3> 都市別亜硫酸ガス汚染度推移 (単位：ppm)

	ソウル	釜山	大邱	仁川	大田	光州	蔚山
2002	0.005	0.007	0.006	0.006	0.004	0.004	0.010
2003	0.005	0.006	0.006	0.007	0.004	0.004	0.011
2004	0.005	0.007	0.006	0.007	0.005	0.004	0.010
2005	0.005	0.006	0.006	0.007	0.005	0.004	0.008
2006	0.005	0.006	0.006	0.007	0.004	0.004	0.007
2007	0.006	0.006	0.006	0.008	0.005	0.004	0.008
2008	0.006	0.006	0.005	0.007	0.004	0.004	0.008
2009	0.005	0.005	0.005	0.007	0.005	0.004	0.008
2010	0.005	0.006	0.005	0.007	0.004	0.004	0.008
2011	0.005	0.006	0.005	0.007	0.004	0.003	0.008
2012	0.005	0.006	0.004	0.007	0.004	0.004	0.008

出所：環境部

<表1-4> 都市別微細粉塵(PM$_{10}$)汚染度推移 (単位：$\mu g/m^3$)

	ソウル	釜山	大邱	仁川	大田	光州	蔚山
2002	76	69	91	57	53	52	54
2003	69	55	59	61	43	36	40
2004	61	60	58	62	49	46	50
2005	58	58	55	61	48	49	50
2006	60	59	54	68	49	55	52
2007	61	57	53	64	49	52	53
2008	55	51	57	58	45	50	54
2009	54	50	48	60	44	46	49
2010	49	49	51	55	43	45	48
2011	47	47	47	55	44	43	49
2012	43	41	36	43	43	31	38

出所：環境部

<表1-5> 都市別二酸化窒素(NO2)汚染度推移 (単位：ppm)

	ソウル	釜山	大邱	仁川	大田	光州	蔚山
2002	0.036	0.029	0.023	0.027	0.020	0.021	0.019
2003	0.038	0.026	0.026	0.030	0.018	0.019	0.016
2004	0.037	0.024	0.026	0.028	0.022	0.019	0.022
2005	0.034	0.023	0.023	0.025	0.020	0.021	0.024
2006	0.036	0.023	0.023	0.029	0.020	0.024	0.022
2007	0.038	0.022	0.024	0.031	0.019	0.023	0.023
2008	0.038	0.022	0.024	0.030	0.020	0.022	0.024
2009	0.035	0.021	0.024	0.030	0.022	0.021	0.022
2010	0.034	0.021	0.025	0.030	0.023	0.020	0.023
2011	0.033	0.020	0.024	0.030	0.021	0.019	0.023
2012	0.030	0.020	0.021	0.027	0.019	0.021	0.023

出所：環境部

<表1-6> 都市別オゾン(O3)汚染度推移　　　　　　　　　　　　　　　　　　　　　　(単位：ppm)

	ソウル	釜山	大邱	仁川	大田	光州	蔚山
2002	0.014	0.024	0.018	0.019	0.019	0.016	0.021
2003	0.014	0.023	0.020	0.019	0.018	0.018	0.021
2004	0.014	0.024	0.022	0.020	0.019	0.022	0.022
2005	0.017	0.023	0.022	0.022	0.021	0.022	0.022
2006	0.018	0.024	0.020	0.020	0.018	0.021	0.021
2007	0.018	0.024	0.021	0.022	0.017	0.022	0.021
2008	0.019	0.026	0.024	0.023	0.023	0.023	0.023
2009	0.021	0.027	0.024	0.025	0.023	0.026	0.024
2010	0.019	0.026	0.022	0.021	0.021	0.024	0.023
2011	0.019	0.027	0.025	0.022	0.022	0.026	0.025
2012	0.021	0.029	0.026	0.024	0.027	0.024	0.026

出所：環境部

<表1-7> 都市別CO汚染度推移　　　　　　　　　　　　　　　　　　　　　　(単位：ppm)

	ソウル	釜山	大邱	仁川	大田	光州	蔚山
2002	0.7	0.7	(0.7)	0.7	0.8	0.6	(0.7)
2003	0.6	0.6	0.7	0.7	0.6	0.5	0.6
2004	0.6	0.5	0.8	0.7	0.7	0.6	0.5
2005	0.6	0.5	0.8	0.6	0.7	0.7	0.5
2006	0.6	0.4	0.6	0.6	0.7	0.7	0.4
2007	0.7	0.4	0.7	0.6	0.8	0.6	0.4
2008	0.6	0.4	0.6	0.6	0.6	0.5	0.5
2009	0.6	0.4	0.5	0.6	0.5	0.5	0.5
2010	0.5	0.4	0.5	0.6	0.5	0.5	0.5
2011	0.6	0.4	0.5	0.5	0.5	0.5	0.5
2012	0.5	0.4	0.5	0.6	0.5	0.5	0.5

出所：環境部

<表1-8> 都市別鉛(Pb)汚染度推移　　　　　　　　　　　　　　　　　　　　　　(単位：$\mu g/m^3$)

	ソウル	釜山	大邱	仁川	光州	大田	蔚山
2003	0.0584	0.0512	0.0576	0.1213	0.0310	0.0457	0.0565
2004	0.0787	0.0517	0.0687	0.1411	0.0416	0.0732	0.0690
2005	0.0442	0.0464	0.0454	0.0895	0.0300	0.0696	0.0547
2006	0.0421	0.0598	0.0663	0.0829	0.0443	0.0569	0.0431
2007	0.0542	0.0550	0.0578	0.0926	0.0573	0.0655	0.0695
2008	0.0453	0.0600	0.0487	0.0813	0.0510	0.0646	0.0691
2009	0.0432	0.0503	0.0296	0.0697	0.0341	0.0403	0.0569
2010	0.0278	0.0463	0.0364	0.0666	0.0223	0.0353	0.0652
2011	0.0376	0.0461	0.0383	0.0779	0.0346	0.0419	0.0595
2012	0.0409	0.0582	0.0397	0.0775	0.0269	0.0447	0.0603

出所：環境部

<表1-9> 年度別主要都市雨水酸性度推移 (単位：pH)

	ソウル	釜山	大邱	仁川	光州	大田
2003	4.8	4.9	4.8	4.7	5.0	4.7
2004	4.5	5.0	5.3	4.7	5.2	4.8
2005	4.4	4.8	5.3	4.5	4.8	4.6
2006	4.7	5.7	5.5	5.4	5.2	4.7
2007	4.8	5.5	5.6	4.8	4.9	4.7
2008	4.8	5.1	5.5	4.8	4.7	4.5
2009	4.7	4.7	5.0	4.7	4.9	4.6
2010	4.6	4.4	4.6	4.6	5.0	4.3
2011	4.6	4.9	4.7	4.7	5.2	4.9
2012	4.7	5.0	5.0	4.5	5.2	4.7

	蔚山	安山	抱川	春川	原州	江陵
2003	-	5.0	5.1	5.5	4.4	4.4
2004	5.0	4.5	4.6	4.9	4.9	5.0
2005	5.2	4.4	4.3	4.5	5.3	5.5
2006	5.0	4.7	5.0	5.3	5.7	5.6
2007	5.2	4.5	5.0	4.6	5.1	5.5
2008	4.7	4.5	5.1	5.4	6.2	6.1
2009	4.6	4.7	4.8	4.5	4.8	4.7
2010	4.4	4.5	4.8	4.5	4.5	4.5
2011	5.0	4.4	4.9	4.6	4.9	4.6
2012	5.1	4.8	4.7	5.0	5.0	4.8

出所：環境部

<表1-10> オゾン注意報発令現況 (単位：ppm)

区分	施行地域	発令日数	発令回数	初回発令日	最終発令日	時間当たり最高濃度
2003	36	17	48	5.4	8.13	0.183
2004	51	27	156	6.1	8.31	0.234
2005	57	19	84	5.29	8.31	0.199
2006	58	22	52	5.16	9.29	0.192
2007	62	30	82	5.15	9.12	0.217
2008	63	32	101	4.25	9.13	0.203
2009	63	20	60	4.10	9.6	0.169
2010	65	25	83	5.21	9.18	0.181
2011	64	19	55	5.15	9.1	0.174
2012	65	29	66	4.8	9.22	0.163

出所：環境部

<表1-11> オゾン警報発令基準(2013)

	注意報	警報	重大警報
オゾン濃度	0.12ppm/時以上	0.3ppm/時以上	0.5ppm/時以上

出所：環境部

<表1-12> オゾン予報的中率

区分	ソウル	仁川	釜山	蔚山	大田	大邱	光州	平均
的中率(%)	61.4	59.9	59.6	54.5	71.2	62.7	64.1	61.9

出所：環境部

<表1-13> 年度別オゾン大気汚染度 (単位：ppm)

	ソウル	釜山	大邱	仁川	光州	大田	蔚山
2007	0.018	0.024	0.021	0.022	0.022	0.017	0.021
2008	0.019	0.026	0.023	0.024	0.023	0.023	0.023
2009	0.021	0.027	0.023	0.024	0.026	0.023	0.024
2010	0.019	0.026	0.022	0.021	0.024	0.021	0.023
2011	0.019	0.027	0.025	0.022	0.026	0.022	0.025
2012	0.021	0.029	0.026	0.024	0.027	0.024	0.026

出所：環境部

<表1-14> 微粉塵予報的中率

区分	ソウル	仁川	京畿	平均
前日予報(%)	74.0	67.2	62.1	67.8
当日予報(%)	84.7	74.1	79.8	79.5

出所：環境部

<表1-15> 年度別微細粉塵大気汚染度 (単位：$\mu g/m^3$)

	ソウル	釜山	大邱	仁川	大田	光州	蔚山
2007	61	57	53	64	49	52	53
2008	55	51	57	57	45	50	54
2009	54	49	48	60	43	46	49
2010	49	49	51	55	44	45	48
2011	47	47	47	55	44	43	49
2012	41	43	42	47	38	39	46

出所：環境部

<表1-16> 年度別黄砂発生推移 (単位：回, 日)

		ソウル	江陵	大田	大邱	全州	光州	釜山
2006年	回数	7	7	6	7	5	6	6
	発生日数	11	13	8	11	8	13	10
2007年	回数	7	6	5	5	5	5	2
	発生日数	12	13	11	9	11	10	5
2008年	回数	7	-	6	3	7	5	3
	発生日数	11	-	8	6	8	8	5
2009年	回数	7	-	4	6	5	5	6
	発生日数	9	-	6	9	7	7	8
2010年	回数	10	-	9	11	10	10	8
	発生日数	15	-	15	15	14	15	9
2011年	回数	4	-	3	4	3	3	3
	発生日数	9	-	9	12	9	8	6
2012年	回数	1	1	1	1	1	1	1
	発生日数	1	2	2	2	2	2	1

出所：環境部

<表1-17> 年度別天然ガスバス普及推移 (単位：台)

市道別	2007年	2008年	2009年	2010年	2011年	2012年
総計	3,109	3,981	3,792	3,126	2,831	2,853
ソウル	1,418	1,574	995	892	511	432
釜山	130	412	278	475	358	348
大邱	151	252	294	26	198	182
仁川	268	254	216	65	130	60
光州	44	86	170	77	148	99
大田	80	95	132	98	145	290
蔚山	37	78	20	60	104	107
京畿	611	682	1,149	1,138	814	756
江原	16	41	49	58	47	38
忠北	28	50	37	22	43	36
忠南	31	35	31	17	25	13
全北	54	56	60	34	37	78
全南	32	45	98	39	105	99
慶北	98	149	93	54	93	82
慶南	111	172	170	71	73	233
済州	0	0	-	0		

出所：環境部

2. 水質環境

<表2-1> 水質測定網現況 (単位：ヵ所)

		計	河川水	湖沼水	農業用水	その他	堆積物
	総計	2,158	900	189	805	120	144
環境部	小計	897	661	88	-	4	144
	漢江流域環境庁	66	57	7	-	2	-
	洛東江流域環境庁	42	40	2	-	-	-
	錦江流域環境庁	69	49	20	-	-	-
	栄山江流域環境庁	63	44	19	-	-	-
	原州地方環境庁	94	70	24	-	-	-
	大邱地方環境庁	66	64	2	-	-	-
	新萬金地方環境庁	36	27	7	-	2	-
	水環境研究所	461	310	7	-	-	144
市・道	小計	348	209	23	-	116	-
	ソウル	24	21	-	-	3	-
	釜山	26	5	-	-	21	-
	大邱	13	-	2	-	11	-
	仁川	20	14	-	-	6	-
	光州	9	1	-	-	8	-
	大田	6	1	2	-	3	-
	蔚山	28	16	-	-	12	-
	京畿	68	39	18	-	11	-
	江原	19	16	-	-	3	-
	忠北	32	27	-	-	5	-
	忠南	27	25	-	-	2	-
	全北	21	12	-	-	9	-
	全南	15	9	-	-	6	-
	慶北	11	4	-	-	7	-
	慶南	29	19	1	-	9	-
	済州	-	-	-	-	-	-
韓国水資源公社		108	30	78	-	-	-
農業基盤公社		805	-	-	805	-	-

注) 2012. 12. 31 基準 出所：環境部

<表2-2> 排水施設管理現況　　　　　　　　　　　　　　　　　　　　　(単位：ヵ所)

許可機関	計	1種	2種	3種	4種	5種
2007('05.12)	40,409	318	477	1,071	1,764	36,779
2008('06.12)	45,163	324	508	1,220	2,054	41,057
2009('07.12)	47,155	342	551	1,197	2,195	42,870
2010('08.12)	46,860	323	523	1,186	2,264	42,564
2011('09.12)	46,980	337	538	1,227	2,239	42,639
2012('10.12)	48,266	346	539	1,207	2,336	43,838
2013('11.12)	49,201	358	536	1,273	2,375	44,659
ソウル	3,884	6	4	34	94	3,746
釜山	2,183	16	23	60	151	1,933
大邱	2,297	9	86	134	162	1,906
仁川	3,139	10	26	64	131	2,908
光州	1,103	3	8	23	35	1,034
大田	1,034	2	16	25	49	942
蔚山	929	43	21	42	53	770
京畿	13,939	96	153	348	618	12,724
江原	2,054	8	12	58	118	1,858
忠北	2,518	24	27	75	150	2,242
忠南	2,941	38	20	68	124	2,691
全北	2,456	22	27	55	125	2,227
全南	2,377	26	27	38	137	2,149
慶北	3,690	38	41	167	221	3,223
慶南	4,094	17	39	75	178	3,785
済州	563	0	6	7	29	521

出所：環境部

環境産業

<表2-3> 産業別廃水発生量及び放流量現況 (単位：千㎥/日)

	2012('10.12)		2013('011.12)	
	廃水発生量	廃水放流量	廃水発生量	廃水放流量
合計	5,229	3,447	5,269	3,515
石炭、原油及び天然ガス鉱業	39	38	55	55
金属鉱業	1	-	1	-
非金属鉱物工業（燃料用除外）	50	12	55	11
食料品製造業	254	242	261	244
飲料製造業	77	70	87	80
タバコ製造業	2	2	2	2
繊維製品製造業（衣服除外）	401	392	432	423
衣服、衣服アクセサリー及び毛皮製品製造業	25	25	26	26
革、カバン及び靴製造業	-	-	-	-
木材及び木製品製造業（家具除外）	1	1	1	1
パルプ、紙及び紙製品製造業	494	315	505	320
印刷及び記録媒体複製業	3	2	4	3
コークス,練炭、石油精製品製造業	71	71	75	74
化学物質及び化学製品製造業（医薬品除外）	455	406	432	395
医療用物質及び医薬品製造業	15	15	16	15
ゴム製品及びプラスチック製品製造業	47	22	38	13
非金属鉱物製品 製造業	431	226	363	141
1次金属製造業	1,220	269	872	282
金属加工製品製造業;機械及び機構除外	118	99	110	88
電子部品、コンピュータ、映像、音響及び通信装備製造業	740	702	855	772
電気機器製造業	9	5	10	5
家具製造業	1	1	1	1
電気,ガス、蒸気及び空気調節供給業	62	45	51	40
水道事業	244	105	284	107

<続く>

	2012('10.12)		2013('011.12)	
	廃水発生量	廃水放流量	廃水発生量	廃水放流量
廃棄物収集運搬, 処理及び原材料再生業	30	24	37	25
卸売及び商品仲介業	4	4	5	5
保健業	17	16	17	14
その他の個人サービス業	17	17	18	18
メッキ施設	36	32	58	54
産業施設の浄水施設	74	61	268	46
産業施設의 排ガス.粉塵, 洗浄.凝縮施設	3	2	17	12
運送機器 修理・洗浄及び洗浄施設	146	122	165	128
理化学試験施設	23	16	25	17
第1号から第81号までの分類に属さない施設	119	89	125	99

出所：環境部

<表2-4> 水系別廃水発生量及び放流量推移 (単位：千㎥/日)

	2010('08.12)		2011('09.12)		2012('10.12)	
	廃水発生量	廃水放流量	廃水発生量	廃水放流量	廃水発生量	廃水放流量
漢江	632.9	473.5	617.1	430.8	700.7	503.3
洛東江	562.0	448.3	648.5	504.0	687.5	527.5
錦江	322.3	216.5	303.6	235.5	346.7	249.8
栄山江	86.3	68.2	66.6	53.4	63.2	55.0
蟾津江	15.2	9.2	15.2	7.2	17.9	9.7
萬頃江	118.8	101.3	122.0	103.6	124.8	107.4
安城川	321.0	265.8	308.2	264.5	344.8	269.6
挿橋川	138.7	90.8	182.8	135.6	191.0	159.8
東津江	16.4	10.9	33.1	10.5	35.0	12.3
太和江	71.0	60.4	66.8	58.5	76.8	59.9
兄山江	218.8	25.1	226.5	27.1	231.4	31.5
三陟五十川	49.6	28.1	23.2	21.3	25.1	23.2
江陵南大川	3.5	3.4	3.2	3.1	2.9	2.9
耽津江	0.7	0.6	0.5	0.4	0.5	0.4
盈徳五十川	1.4	1.3	1.6	1.4	1.7	1.6
襄陽南大川	0.5	0.5	2.0	1.7	1.6	1.3
杆城北川	0.2	0.2	0.1	0.1	0.1	0.1
王避川	0.0	0.0	0.0	0.0	-	-
盈徳松川	0.1	0.0	0.1	0.0	0.1	0.0
回夜江	50.8	8.2	34.2	10.7	34.4	10.6
光陽西川	0.5	0.5	0.6	0.6	0.8	0.8
順天東川	2.4	2.0	1.9	1.4	2.2	1.9
伊沙川	0.1	0.1	0.1	0.0	0.2	0.1
熊川川	6.2	4.9	2.1	0.7	2.1	0.1
舟津川	0.1	0.1	0.2	0.1	0.2	0.7
加花川	0.1	0.1	0.0	0.0	0.1	0.1
東海	477.6	417.9	484.0	445.1	605.0	0.1
西海	851.8	429.1	896.1	484.8	962.1	550.8
南海	608.5	340.3	581.6	314.9	770.1	494.2
合計	4,557.5	3,007.3	4,621.9	3,117.0	5,229.1	3,446.9

出所：環境部

<表2-5> 市道別糞尿処理施設現況(2012)　　　　　　　　　　　(単位：ヵ所, ㎥/日)

	既存施設	
	施設数	容量
計	196	40,029
ソウル	3	10,500
釜山	1	3,500
大邱	2	2,200
仁川	6	1,826
光州	1	1,000
大田	1	900
蔚山	1	300
世宗	2	67
京畿	37	6,570
江原	17	1,740
忠北	13	1,458
忠南	16	1,533
全北	14	1,245
全南	23	1,910
慶北	30	1,969
慶南	21	2,423
済州	8	888

出所：環境部

<表2-6> 糞尿発生量及び処理推移 (単位:㎥/日)

	発生量		
	計	回収式	水洗式
2005	47,299	2,878	44,086
2006	25,849	3,410	22,439
2007	44,766	2,006	42,760
2008	46,420	5,457	40,962
2009	54,302	5,453	48,849
2010	46,226	3,691	42,535
2011	42,358	3,294	39,064
2012	41,747	3,762	37,985
ソウル	10,882	38	10,844
釜山	3027	297	2,729
大邱	1990	17	1,972
仁川	1808	514	1,294
光州	859	23	836
大田	1,741	20	1,721
蔚山	844	3	841
世宗	68	6	62
京畿	8,279	748	7,531
江原	1,912	747	1,165
忠北	1,340	75	1,265
忠南	1,241	516	726
全北	782	207	575
全南	2,697	117	2,579
慶北	1,542	209	1,333
慶南	2,073	218	1,855
済州	663	7	656

出所:環境部

3. 上下水道

<表3-1> 市道別上水道普及現況(2012)

	総人口 (千人)	給水人口 (千人)	普及率 (%)	施設容量 (千㎥/日)	総給水量 (千㎥/日)	直接給水量 (千㎥/日)	一人一日 当り給水量 (ℓ)	一人一日 当り水使用 量(ℓ)
全国	51,881	50,905	98.1	29,959	6,029,176	16,359	332	278
ソウル	10,442	10,443	100.0	4,480	1,177,116	3,157	302	286
釜山	3,574	3,574	100.0	2,099	367,761	994	278	256
大邱	2,528	2,528	100.0	1,640	281,491	754	299	272
仁川	2,891	2,891	100.0	2,163	351,816	961	338	296
光州	1,484	1,478	99.6	780	172,044	465	315	266
大田	1,539	1,538	99.9	1,260	191,143	509	332	295
蔚山	1,167	1,157	99.2	550	117,868	322	283	252
世宗	115	94	81.6	12	12,852	35	426	289
京畿	12,382	12,111	97.8	2,871	1,396,837	3809	317	280
江原	1,552	1,455	93.8	801	231,898	633	464	298
忠北	1,590	1,538	96.7	346	207,301	566	406	338
忠南	2,075	1,869	90.1	137	222,136	606	370	281
全北	1,895	1,842	97.2	320	249,423	680	387	255
全南	1,933	1,777	91.9	659	202,046	552	357	244
慶北	2,738	2,665	97.3	1,173	386,770	1,057	443	299
慶南	3,384	3,353	99.1	1,339	382,806	1,046	342	241
済州	592	592	100.0	453	77,868	213	359	275

出所：環境部

<表3-2> 年度別上水道普及推移

	総人口 (千人)	給水人口 (千人)	普及率 (%)	一人一日当り 水使用量(ℓ)	一人一日当り 給水量(ℓ)
2003	48,824	43,633	89.4	267	347
2004	49,053	44,187	90.1	270	353
2005	49,268	44,671	90.7	272	351
2006	49,599	45,270	91.3	276	346
2007	50,034	46,057	92.1	275	340
2008	50,394	46,733	92.7	275	337
2009	50,644	47,336	93.5	274	332
2010	51,435	50,264	97.7	277	333
2011	51,717	50,638	97.9	279	335
2012	51,881	50,905	98.1	278	332

出所：環境部

<表3-3> 地域別上水道普及水準(2012)

	総人口(千人)	給水人口(千人)	普及率(%)	直接給水量(千m³/日)	一人一日当り給水量(ℓ)	一人一日当り水使用量(ℓ)
全国	51,881	50,905 (49,354)	98.1 (95.1)	16,359	332	278
特別広域市	23,624	23,609 (23,532)	99.9 (99.6)	7,162	304	279
市地域	19,072	18,909 (18,863)	99.1 (98.9)	7,907	418	277
村地域	4,202	4,014 (3,858)	95.5 (91.8)	1,290	154	280
面地域	4,983	4,374 (3,101)	87.8 (62.2)			

注) ()内数値は町の上水道や小規模給水施設で供給する人口を含む数値．　　出所：環境部

<表3-4> 取水源別施設能力現況(2012)

		河川表流水	河川伏流水	ダム	その他貯水池	地下水	計
施設容量(千m³/日)	総計	18,136 (48.9)	1,985 (5.4)	16,047 (43.3)	373 (1.0)	536 (1.4)	37,077 (100.0)
	地方上水道	13,826 (70.5)	1,985 (10.4)	2,896 (14.8)	373 (1.9)	536 (2.7)	19,616 (100.0)
	広域上水道	4,310 (24.7)	- (0.0)	13,151 (75.3)	- (0.0)	- (0.0)	17,461 (100.0)
年間取水量(百万m³/年)	総計	3,270 (45.6)	442 (6.2)	3,311 (46.1)	55 (0.8)	98 (1.4)	7,176 (100.0)
	地方上水道	2,354 (66.5)	442 (12.5)	592 (16.7)	55 (1.6)	98 (2.8)	3,541 (100.0)
	広域上水道	916 (25.2)	- (0.0)	2,719 (74.8)	- (0.0)	- (0.0)	3,635 (100.0)

出所：環境部

<表3-5> 年度別取水場稼動率推移　　　　　　　　　　　　　　　　　　　　　(単位：%)

	2007	2008	2009	2010	2011	2012
全国	65.7	65.6	65.8	70.0	66.6	66.6
地方上水道	65.3	62.1	64.7	66.3	63.5	62.7
広域上水道)	67.0	63.9	67.0	74.0	70.0	71.1

出所：環境部

環境産業

<표3-6> 全国浄水場施設推移

区分		2007	2008	2009	2010	2011	2012
浄水場施設容量 (千m³/日)	生活用水	28,455	28,332	28,885	28,908	28,780	27,648
	工業用水	31,265	30,571	31,416	30,936	30,944	2,312
地方上水道 (千m³/日)	生活用水	21,691	21,318	21,516	21,136	21,132	20,221
	工業用水	22,741	22,050	22,320	21,839	21,847	862
広域上水道 (千m³/日)	生活用水	6,764	7,015	7,369	7,772	7,648	7,427
	工業用水	8,524	8,521	9,096	9,096	9,097	1,450

出所：環境部

<표3-7> 年度別浄水場稼動率推移 (単位：%)

	2007	2008	2009	2010	2011	2012
全国	68.3	69.5	70.3	71.5	70.6	72.8
地方上水道	77.9	74.9	72.9	74.8	71.8	73.3
広域上水道	63.7	63.9	62.7	62.7	67.3	71.2

出所：環境部

<표3-8> 処理方式別浄水施設容量(2012) (単位：千m³/日)

	消毒のみ	緩速濾過	急速濾過	膜濾過	高度処理	その他	計
総計	331 (1.2%)	569 (2.1%)	21,285 (77.0%)	96 (0.3%)	5,366 (19.4%)	1 (0%)	27648 (100%)
地方上水道	331 (1.6%)	569 (2.8%)	14,386 (71.1%)	66 (0.3%)	4,868 (24.1%)	1 (0%)	20221 (100%)
広域上水道	- (0%)	- (0%)	6,899 (92.9%)	30 (0.4%)	498 (6.7%)	- (0%)	7427 (100%)

出所：環境部

<표3-9> 年度別水道管延長推移

	2007	2008	2009	2010	2011	2012
総計(km)	143,883	151,293	154,435	165,800	173,014	179,160
地方上水道(km)	139,435	146,771	149,633	160,913	168,057	174,157
広域上水道(km)	4,448	4,522	4,802	4,887	4,957	5,003

出所：環境部

<表3-10> 年度別上水道総給水量推移

	2007	2008	2009	2010	2011	2012
総給水量(百万㎥)	5,747	5,804	5,760	5,910	6,021	6029
流水量(百万㎥)	4,659	4,744	4,759	4,920	5,025	5063
流水率(%)	81.1	81.7	82.6	83.2	83.5	84.0
漏水量(百万㎥)	734	709	658	638	629	626
漏水率(%)	12.8	12.2	11.4	10.8	10.4	10.4

出所：環境部

<表3-11> 業種別水道水使用量推移

		2007	2008	2009	2010	2011	2012
水道料金賦課量(百万㎥)	計	4,529	4,529	4,602	4,726	4,990	5,021
	家庭用	2,970	2,964	3,040	3,113	3,160	3,205
	業務用	572	631	544	478	307	277
	営業用	879	837	926	1,045	1,259	1,314
	浴場	107	97	92	90	88	83
	工業用	76	110	101	134	146	118
	その他	44	35	44	49	30	24
1人当りの水使用量(ℓ)		275	275	274	277	279	278

出所：環境部

<表3-12> 年度別水道料金推移

	2007	2008	2009	2010	2011	2012
料金(ウォン/㎥)	603.9	613.2	609.9	610.2	619.3	649.1
生産原価(ウォン/㎥)	715.4	730.7	761.6	777.2	813.4	814.7
現実化率(%)	84.4	83.9	80.1	78.5	76.1	79.7

出所：環境部

<表3-13> 市道別水道料金現況(2012)

	総給水量 (千m³/年)	年間賦課量 (千m³)	賦課額 (百万ウォン)	料金 (ウォン/m³)	生産原価 (ウォン/m³)	現実化率 (%)
全国	6,029,176	5,063,491	3,287	649.1	814.7	79.7
ソウル	1,177,116	1,112,925	628	564.6	630.7	89.5
釜山	367,761	338,964	234	689.5	849.3	81.2
大邱	281,491	257,107	149	580.1	581.2	99.8
仁川	351,816	308,644	198	642.0	677.1	94.8
光州	172,044	145,417	76	525.0	615.3	85.3
大田	191,143	170,270	88	513.4	563.7	91.1
蔚山	117,868	104,690	92	875.2	832.7	105.1
世宗	12,852	8,733	7	785.1	1278.6	61.4
京畿	1,396,837	1,232,626	770	624.9	717.8	87.1
江原	231,898	148,835	112	750.0	1377.3	54.5
忠北	207,301	172,542	119	691.8	836.6	82.7
忠南	222,136	168,930	124	731.1	1094.5	66.8
全北	249,423	164,552	149	902.4	1068.6	84.4
全南	202,046	137,837	114	829.6	1161.2	71.4
慶北	386,770	261,501	176	674.5	1120.9	60.2
慶南	382,806	270,194	211	781.8	1006.3	77.7
済州	77,868	59,724	40	667.0	883.1	75.5

出所：環境部

<表3-14> 市道別下水道普及現況(2012) (単位：人,%)

	総人口	下水処理区域内人口	下水処理区域外人口	普及率
全国	51,881,255	47,537,789	4,343,466	91.6
ソウル	10,442,426	10,442,426	-	100.0
釜山	3,573,533	3,544,855	28,678	99.2
大邱	2,527,566	2,484,643	42,923	98.3
仁川	2,891,286	2,817,805	73,481	97.5
光州	1,483,708	1,460,575	23,133	98.4
大田	1,539,154	1,499,641	39,513	97.4
蔚山	1,166,503	1,131,128	35,375	97.0
世宗	115,477	75,100	40,377	65.0
京畿	12,381,550	11,481,407	900,143	92.7
江原	1,551,531	1,305,228	246,303	84.1
忠北	1,590,458	1,346,989	243,469	84.7
忠南	2,074,918	1,458,674	616,244	70.3
全北	1,895,371	1,573,155	322,216	83.0
全南	1,933,220	1,409,143	524,077	72.9
慶北	2,738,420	2,079,405	659,015	75.9
慶南	3,383,685	2,899,361	484,324	85.7
済州	592,449	528,254	64,195	89.2

出所：環境部

<表3-15> 下水管渠普及推移 (単位：km)

区分			2006	2007	2008	2009	2010	2011
計画延長			127,980	130,774	138,338	142,967	145,473	161,321
施設延長	総計		91,098	96,280	102,078	107,843	113,494	118,329
	合流式		48,966	49,636	49,460	49,386	47,976	47,510
	分流式	小計	42,132	46,643	52,618	58,457	65,519	70,820
		汚水	23,603	26,532	30,239	33,584	38,068	41,739
		雨水	18,530	20,111	22,379	24,873	27,450	29,080
下水管渠の普及率(%)			71.2	73.6	73.8	75.4	78.0	73.4

出所：環境部

<表3-16> 年度別・市道別糞尿処理施設現況 (単位：ヵ所, ㎥/日)

	2011			2012		
	施設数	施設容量	処理量	施設数	施設容量	処理量
全国	192	40,531	35,774	147	40,029	35,812
ソウル	3	10,500	10,841	3	10,500	10,901
釜山	1	3,500	3,390	1	3,500	3,514
大邱	2	2,200	2,336	2	2,200	2,249
仁川	6	1,826	1,856	1	1,826	2,252
光州	1	1,000	1,113	1	1,000	1,064
大田	1	1,500	965	1	900	900
蔚山	1	300	451	1	300	400
世宗	-	-	-	2	67	62
京畿	36	6,470	5,135	32	6,570	5,038
江原	17	1,720	1,517	10	1,740	1,527
忠北	13	1,458	1,250	12	1,458	1,274
忠南	18	1,590	1,175	12	1,533	1,085
全北	14	1,245	804	9	1,245	767
全南	23	1,910	1,053	16	1,910	969
慶北	27	1,981	1,458	21	1,969	1,397
慶南	21	2,443	1,775	17	2,423	1,737
済州	8	888	655	6	888	676

出所：環境部

<表3-17> 年度別・市道別汚水処理施設及び浄化槽現況　　　　　　　　　　　　　　　　（単位：ヵ所）

	2011			2012		
	計	汚水処理施設	浄化槽	計	汚水処理施設	浄化槽
全国	2,938,907	410,061	2,528,846	2,890,386	416,075	2,474,311
ソウル	600,944	3,197	597,747	600,669	3,187	597,482
釜山	252,355	11,735	240,620	252,769	12,324	240,445
大邱	153,965	4,024	149,941	154,026	4,034	149,992
仁川	125,036	13,761	111,275	127,859	16,699	111,160
光州	81,882	3,308	78,574	81,882	3,308	78,574
大田	69,860	3,682	66,178	69,278	3,626	65,652
蔚山	36,284	4,509	31,775	33,101	4,178	28,923
世宗	-	-	-	7,554	2,795	4,759
京畿	465,058	120,597	344,461	447,574	121,559	326,015
江原	141,937	34,156	107,781	136,192	34,366	101,826
忠北	115,405	25,509	89,896	116,431	27,726	88,705
忠南	139,231	45,388	93,843	126,758	40,673	86,085
全北	116,701	18,750	97,951	112,273	19,598	92,675
全南	192,977	32,809	60,168	189,439	33,866	155,573
慶北	169,372	41,947	127,425	165,677	40,871	124,806
慶南	219,037	40,061	178,976	211,277	40,230	171,047
済州	58,363	6,628	52,235	57,627	7,035	50,592

出所：環境部

<表3-18> 年度別下水道料金推移　　　　　　　　　　　　　　　　　　　　　　（単位：ウォン/トン, %）

	年間賦課量(千トン)	賦課額(百万ウォン)	平均単価(ウォン/トン)	総括原価(百万ウォン)	処理原価(ウォン/トン)	現実化率(%)
2005	4,787,202	1,046,911	218.7	1,737,885	363.0	60.2
2006	4,807,600	1,156,708	240.6	2,000,450	416.1	57.8
2007	4,880,940	1,231,738	252.4	2,891,371	592.4	42.6
2008	4,924,867	1,362,256	276.6	3,283,471	666.7	41.5
2009	4,948,575	1,356,071	274.0	3,541,151	715.6	38.3
2010	5,088,531	1,443,228	283.6	3,787,931	744.4	38.1
2011	5,140,213	1,487,298	289.3	4,148,887	807.1	35.8
2012	5,208,647	1,699,785	326.3	4,250,785	816.1	40.0

注）年間賦課量-A, 賦課額-B, 平均単価-C=(B/A*1000)
　　総括原価-D, 処理原価-E=(D/A*1000)、現実化率-F=(C/E*100)

出所：環境部

<表3-19> 市道別下水道料金現況(2012)

	年間賦課量 (千トン)	賦課額 (百万ウォン)	平均単価 (ウォン/トン)	総括原価 (百万ウォン)	処理原価 (ウォン/トン)	現実化率 (%)
全国	5,208,647	1,699,785	326.3	4,250,785	816.1	40.0
ソウル	1,130,039	417,623	369.6	798,345	706.5	52.3
釜山	382,303	181,488	474.7	220,612	577.1	82.3
大邱	283,515	92,973	327.9	140,045	494.0	66.4
仁川	285,871	112,668	394.1	155,034	542.3	72.7
光州	149,745	51,028	340.8	72,771	486.0	70.1
大田	163,652	62,084	379.4	75,109	459.0	82.7
蔚山	187,307	71,095	379.6	106,515	568.7	66.7
世宗	4,554	960	210.8	11,361	2,494.7	8.4
京畿	1,205,950	350,663	290.8	1,012,570	839.6	34.6
江原	122,391	27,778	227.0	163,915	1,339.3	16.9
忠北	129,479	41,842	323.2	133,283	1,029.4	31.4
忠南	143,692	40,147	279.4	230,937	1,607.2	17.4
全北	188,897	54,845	290.3	182,155	964.3	30.1
全南	173,515	29,633	170.8	202,965	1,169.7	14.6
慶北	300,538	76,181	253.5	351,494	1,169.5	21.7
慶南	301,979	73,691	244.0	327,225	1,083.6	22.5
済州	55,220	15,088	273.2	66,449	1,203.4	22.7

出所：環境部

<表3-20> 市道別下水汚泥発生及び処理現況(2012)　　　　　　　　　　　(単位：㎥/年)

	発生量	処理方法						
		計	リサイクル	陸上埋立	焼却	海洋排出	燃料化	その他
全国	3,624,451	3,607,743	1,233,561	531,119	1,276,141	-	322,414	244,507
ソウル	550,047	547,047	253,359	113,362	49,004	-	62,243	69,080
釜山	175,563	175,563	2,506	162,056	11,000	-	-	-
大邱	124,053	124,053	119,234	4,819	-	-	-	-
仁川	99,746	92,015	500	47,837	-	-	34,493	9,185
光州	87,232	81,465	-	-	-	-	-	81,465
大田	90,998	90,998	79,329	11,669	-	-	-	-
蔚山	511,781	511,781	-	-	511,781	-	-	-
世宗	5,481	5,481	5,481	-	-	-	-	-
京畿	935,597	935,546	270,022	104,352	443,958	-	50,439	66,773
江原	84,608	84,608	45,990	4,545	9,731	-	24,342	-
忠北	132,528	132,528	54,255	7,179	59,081	-	12,013	-
忠南	128,629	128,595	47,539	7,504	58,037	-	4,360	11,155
全北	161,363	161,359	136,203	-	-	-	21,883	3,273
全南	95,750	95,744	28,787	16,764	17,514	-	30,795	1,884
慶北	209,140	209,032	58,115	38,282	60,577	-	52,059	-
慶南	206,024	206,017	106,950	12,131	55,459	-	29,787	1,692
済州	25,912	25,912	25,292	620	-	-	-	-

出所：環境部

環境産業

<表3-21> 市道別糞尿汚泥発生及び処理現況(2012)　　　　　　　　　　(単位： ㎥/年)

	発生量	処理方法							繰越量
		計	リサイクル	陸上埋立	焼却	海洋排出	燃料化	その他	
全国	144,937	144,730	87,384	13,991	12,314	25,100	3,646	2,295	207
ソウル	-	-	-	-	-	-	-	-	-
釜山	22,947	22,947	10,600	-	-	12,346	-	-	-
大邱	2,570	2,570	1,152	1,383	35	-	-	-	-
仁川	11,279	11,279	353	-	-	10,926	-	-	-
光州	2,629	2,629	-	2,629	-	-	-	-	-
大田	-	-	-	-	-	-	-	-	-
蔚山	2,931	2,922	-	-	2,922	-	-	-	9
世宗	22,376	22,376	22,376	-	-	-	-	-	-
京畿	23,760	23,704	11,425	3,008	4,204	1,828	2,820	420	55
江原	7,624	7,624	4,599	-	2,333	-	-	692	-
忠北	7,487	7,487	6,821	88	577	-	-	-	-
忠南	5,141	5,141	4,403	731	7	-	-	-	-
全北	14,901	14,861	14,843	-	18	-	-	-	40
全南	5,068	5,000	3,737	636	430	-	-	197	68
慶北	7,582	7,582	1,771	5,026	348	-	-	437	-
慶南	7,555	7,521	4,649	56	1,440	-	826	549	34
済州	1,087	1,087	653	434	-	-	-	-	-

出所：環境部

4. 土壌

<表4-1> 用地別土壌汚染度(平均)現況(2012) (単位：mg/kg)

	全国	林野	水田	畑	果樹園	牧場用地	雑種地	垈地
計	1521	188	247	146	24	20	9	233
カドミウム(Cd)	0.996	0.822	0.871	0.847	1.376	1.429	2.883	1.068
銅(Cu)	21.010	17.377	17.657	19.611	31.077	23.877	28.872	25.162
ヒ素(As)	5.050	5.305	5.199	5.884	4.580	3.407	9.199	4.714
水銀(Hg)	0.041	0.059	0.040	0.041	0.060	0.044	0.025	0.042
鉛(Pb)	27.292	25.888	22.927	24.149	26.952	25.435	34.966	31.814
6価クロム(C+)	0.068	0.136	0.149	0.062	0.135	0.000	0.317	0.079
亜鉛(Zn)	82.871	77.552	67.407	70.206	95.839	94.512	136.888	96.816
ニッケル(Ni)	13460	13.855	13.693	13.789	18.345	15.306	20.849	13.885
フッ素(F)	226.573	147.467	-	-	-	-	303.336	207.830

	工場用地	学校用地	公園	体育用地	遊園地	道路	鉄道用地	河川敷地	宗教用地
計	59	229	48	117	28	80	24	37	32
カドミウム(Cd)	1.317	0.916	0.984	1.115	1.016	1.254	1.117	0.990	0.845
銅(Cu)	28.972	17.828	25.787	21.087	23.477	22.479	29.584	22.543	19.454
ヒ素(As)	4.389	3.997	7.275	4.891	5.370	4.709	6.007	5.184	6.908
水銀(Hg)	0.037	0.024	0.052	0.026	0.126	0.033	0.025	0.027	0.064
鉛(Pb)	39.677	24.337	37.159	28.571	24.218	28.339	34.736	23.202	27.975
6価クロム(C+)	0.117	0.016	0.053	0.039	0.000	0.088	0.287	0.084	0.116
亜鉛(Zn)	122.849	77.528	90.348	79.273	70.202	94.219	121.774	73.424	88.455
ニッケル(Ni)	15.321	10.174	14.792	13.950	11.426	14.593	16.383	12.802	11.645
フッ素(F)	233.744	-	-	-	-	262.696	245.017	-	-

出所：環境部

<表4-2> 年度別土壌汚染度 (単位：mg/kg)

	2004	2005	2006	2007	2008	2009	2010	2011	2012
カドミウム	0.092	0.078	0.076	0.063	0.049	0.059	1.094	1.29	1
銅	4.382	3.768	3.587	3.799	3.521	2.994	19.934	23.8	21
ヒ素	0.05	0.167	0.481	1.064	0.241	0.338	4.821	5.64	5.05
水銀	0.036	0.016	0.025	0.053	0.037	0.042	0.03	0.04	0.04
鉛	5.854	6.162	5.395	5.068	4.042	3.903	26.763	35.8	27.3

出所：環境省土壌測定網及び土壌汚染実態調査

環境産業

<表4-3> 土壌汚染憂慮地域汚染度　　　　　　　　　　　　　　　　　　　　　(単位：地点数, %)

		2004	2005	2006	2007	2008	2009	2010	2011	2012
総調査地点数(A)		2,183	2,402	2,294	2,382	2,516	2,580	2,514	2,470	2,586
基準超過地点数(B)		51	52	86	117	108	166	42	41	55
対策基準超過地点数(C)		24	21	37	53	58	88	13	12	15
基準超過比率	憂慮基準超過率(B/A, %)	2.3	2.2	3.7	4.9	4.3	6.4	1.7	1.7	2.1
	対策基準超過率(C/A, %)	1.1	0.9	1.6	2.2	2.3	3.4	0.5	0.5	0.6

出所：環境省土壌測定網及び土壌汚染実態調査

<表4-4> 市道別特定土壌汚染誘発施設設置申告現況　　　　　　　　　　　　(単位：カ所)

	申告業者数	石油類				有毒物
		小計	ガソリンスタンド	産業施設	その他(暖房施設など)	
計	22,868	22,447	15,112	4,567	2,768	421
ソウル	843	841	664	35	142	2
釜山	889	858	591	122	145	31
大邱	788	782	569	125	88	6
仁川	664	655	418	176	61	9
光州	489	486	351	44	91	3
大田	463	462	345	57	60	1
蔚山	626	609	315	277	17	17
京畿	4,807	4,714	2,829	1,185	700	93
江原	1,503	1,496	880	213	403	7
忠北	1,449	1,429	889	346	194	20
忠南	1,782	1,764	1,254	356	154	18
全北	1,785	1,773	1,230	379	164	12
全南	1,834	1,781	1,301	355	125	53
慶北	2,491	2,402	1,793	474	135	89
慶南	2,092	2,033	1,473	371	189	59
済州	363	362	210	52	100	1

注) 2012. 12. 31基準　　　　　　　　　　　　　　　　　　　　　　　　　　　　出所：環境部

5. 廃棄物

<表5-1> 種類別全指定廃棄物発生推移 (単位：トン, %)

区分	2007年度 発生量	構成比	2008年度 発生量	構成比	2009年度 発生量	構成比
合計	3,471,461	100	3,501,980	100	3,306,962	100
廃酸	677,246	19.5	623,751	17.8	511,636	15.5
廃アルカリ	56,392	1.6	55,169	1.6	46,355	1.4
廃油	731,602	21.1	698,554	19.9	724,274	21.9
廃有機溶剤	651,232	18.8	754,218	21.5	682,801	20.6
廃合成高分子化合物	28,061	0.8	27,592	0.8	12,717	0.4
粉塵	466,237	13.4	474,797	13.6	456,670	13.8
汚泥類	269,433	7.8	266,081	7.6	221,270	6.7
医療廃棄物	82,634	2.3	90,817	2.6	122,352	3.7
その他	508,624	14.7	511,001	14.6	528,887	16

区分	2010年度 発生量	構成比	2011年度 発生量	構成比	2012年度 発生量	構成比
合計	3,463,240	100	3,657,767	100	4,562,846	100
廃酸	562,112	16.2	567,525	15.5	666,350	14.6
廃アルカリ	52,243	1.5	59,623	1.6	68,196	1.5
廃油	633,315	18.3	798,167	21.8	895,992	19.6
廃有機溶剤	850,929	24.6	741,703	20.3	1,010,926	22.2
廃合成高分子化合物	11,777	0.3	21,310	0.6	19,500	0.4
粉塵	499,027	14.4	550,804	15.1	549,370	12.1
汚泥類	223,796	6.5	260,643	7.1	352,274	7.7
医療廃棄物	115,054	3.3	125,421	3.4	147,658	3.2
その他	514,987	14.9	532,571	14.6	852,580	18.7

出所：環境部

<表5-2> 種類別事業場指定廃棄物発生推移　　　　　　　　　　　　　　　　　　　　(単位：トン, %)

区分	2007年度		2008年度		2009年度	
	発生量	構成比	発生量	構成比	発生量	構成比
合計	3,388,827	100	3,411,163	100	3,184,610	100
廃酸	677,246	20.0	623,751	18.3	511,636	16.1
廃アルカリ	56,392	1.7	55,169	1.6	46,355	1.5
廃油	731,602	21.6	698,554	20.5	724,274	22.7
廃有機溶剤	651,232	19.2	754,218	22.1	682,801	21.4
廃合成高分子化合物	28,061	0.8	27,592	0.8	12,717	0.4
粉塵	466,237	13.8	474,797	13.9	456,670	14.3
汚泥類	269,433	8.0	266,081	7.8	221,270	6.9
その他	508,624	14.9	511,001	15.0	528,887	16.7

区分	2010年度		2011年度		2012年度	
	発生量	構成比	発生量	構成比	発生量	構成比
合計	3,348,186	100	3,532,346	100	4,415,188	100
廃酸	562,112	16.8	567,525	16.1	666,350	15.1
廃アルカリ	52,243	1.6	59,623	1.7	68,196	1.5
廃油	633,315	18.9	798,167	22.6	895,992	20.3
廃有機溶剤	850,929	25.4	741,703	21.0	1,010,926	22.9
廃合成高分子化合物	11,777	0.4	21,310	0.6	19,500	0.4
粉塵	499,027	14.9	550,804	15.6	549,370	12.4
汚泥類	223,796	6.7	260,643	7.4	352,274	8.0
その他	514,987	15.4	532,571	15.1	852,580	19.4

出所：環境部

<表5-3> 種類別医療廃棄物発生推移 (単位：トン,%)

区分	2007年度		2008年度		2009年度	
	発生量	構成比	発生量	構成比	発生量	構成比
合計	82,634	100	90,817	100	122,352	100
組織物類	6,573	8.0	5,498	6.1	20,735	16.9
廃合成樹脂類など	76,061	92.0	85,319	93.9	101,617	83.1

区分	2010年度		2011年度		2012年度	
	発生量	構成比	発生量	構成比	発生量	構成比
合計	115,054	100	125,421	100	147,658	100
組織物類	5,224	4.5	5,130	4.1	5,732	3.9
廃合成樹脂類など	109,830	95.5	120,291	95.9	141,926	96.1

出所：観光部

<表5-4> 市道別全指定廃棄物発生推移 (単位：トン,%)

区分	2009年度		2010年度		2011年度		2012年度	
	発生量	構成比	発生量	構成比	発生量	構成比	発生量	構成比
合計	3,306,962	100	3,463,240	100	3,657,767	100	4,562,846	100
ソウル	117,310	3.5	99,353	2.9	102,667	2.8	124,869	2.7
釜山	251,878	7.6	229,155	6.6	268,359	7.3	328,666	7.2
大邱	80,703	2.4	85,365	2.5	90,113	2.5	141,388	3.1
仁川	282,837	8.6	271,613	7.8	278,361	7.6	300,376	6.6
光州	35,503	1.1	29,735	0.9	38,860	1.1	37,501	0.8
大田	55,253	1.7	37,619	1.1	48,467	1.3	52,869	1.2
蔚山	300,801	9.1	281,608	8.1	309,360	8.5	424,352	9.3
世宗	-	-	-	-	-	-	20,725	0.5
京畿	700,134	21.2	748,954	21.6	726,221	19.9	1,056,137	23.0
江原	30,635	0.9	32,920	1.0	34,112	0.9	41,015	0.9
忠北	114,929	3.5	140,177	4.0	165,147	4.5	191,834	4.2
忠南	348,196	10.5	391,876	11.3	370,790	10.1	428,095	9.4
全北	126,353	3.8	148,335	4.3	168,832	4.6	154,542	3.4
全南	199,285	6.0	219,326	6.3	268,399	7.3	363,638	8.0
慶北	400,765	12.1	474,689	13.7	470,377	12.9	535,165	11.7
慶南	254,911	7.8	265,055	7.7	311,119	8.5	354,101	7.8
済州	7,469	0.2	7,460	0.2	6,584	0.2	7,573	0.2

出所：環境部

環境産業

<表5-5> 市道別事業場指定廃棄物発生推移　　　　　　　　　　　　　　　　　(単位：トン, %)

区分	2009年度 発生量	構成比	2010年度 発生量	構成比	2011年度 発生量	構成比	2012年度 発生量	構成比
合計	3,184,610	100	3,348,186	100	3,532,346	100	4,415,188	100
ソウル	83,947	2.6	64,135	1.9	64,895	1.8	81,885	1.9
釜山	245,240	7.7	221,735	6.6	259,503	7.3	318,544	7.2
大邱	75,182	2.4	79,878	2.4	83,951	2.4	133,594	3.0
仁川	278,138	8.7	266,950	8.0	273,307	7.7	294,546	6.7
光州	31,977	1.0	25,925	0.8	34,512	1.0	32,730	0.7
大田	51,151	1.6	33,308	1.0	43,665	1.2	47,663	1.1
蔚山	299,203	9.4	279,617	8.4	307,059	8.7	421,168	9.5
世宗	-	-	-	-	-	-	20,575	0.5
京畿	665,015	20.9	726,536	21.7	700,821	19.8	1,025,835	23.2
江原	28,390	0.9	29,986	0.9	31,334	0.9	37,977	0.9
忠北	112,846	3.5	137,409	4.1	162,180	4.6	188,270	4.3
忠南	345,398	10.8	388,451	11.6	367,252	10.4	424,174	9.6
全北	121,770	3.8	143,419	4.3	163,603	4.6	148,851	3.4
全南	194,229	6.1	215,144	6.4	264,466	7.5	358,656	8.1
慶北	396,565	12.5	470,202	14.0	465,323	13.2	527,738	12.0
慶南	248,715	7.9	258,723	7.7	304,667	8.6	346,506	7.8
済州	6,844	0.2	6,768	0.2	5,810	0.2	6,476	0.1

出所：環境部

<表5-6> 市道別医療廃棄物発生推移 (単位：トン,%)

区分	2009年度		2010年度		2011年度		2012年度	
	発生量	構成比	発生量	構成比	発生量	構成比	発生量	構成比
合計	122,352	100	115,054	100	125,421	100.0	147,658	100
ソウル	33,363	27.3	35,218	30.6	37,772	30.1	42,984	29.1
釜山	6,638	5.4	7,420	6.4	8,856	7.1	10,122	6.9
大邱	5,522	4.5	5,487	4.8	6,162	4.9	7,794	5.3
仁川	4,699	3.8	4,663	4.1	5,054	4.0	5,830	3.9
光州	3,526	2.9	3,810	3.3	4,348	3.5	4,771	3.2
大田	4,103	3.4	4,311	3.7	4,802	3.8	5,206	3.5
蔚山	1,597	1.3	1,991	1.7	2,301	1.8	3,184	2.2
世宗	-	-	-	-	-	-	150	0.1
京畿	35,119	28.7	22,418	19.5	25,401	20.3	30,302	20.5
江原	2,245	1.8	2,934	2.5	2,779	2.2	3,038	2.1
忠北	2,084	1.7	2,768	2.4	2,967	2.4	3,564	2.4
忠南	2,798	2.3	3,425	3.0	3,538	2.8	3,921	2.7
全北	4,583	3.7	4,916	4.4	5,229	4.2	5,691	3.9
全南	5,056	4.1	4,182	3.6	3,933	3.1	4,982	3.4
慶北	4,199	3.4	4,487	3.9	5,054	4.0	7,427	5.0
慶南	6,195	5.2	6,332	5.5	6,452	5.1	7,595	5.1
済州	625	0.5	692	0.6	774	0.6	1,097	0.7

出所：環境部

環境産業

<表5-7> 環境部支所別全指定廃棄物発生推移　　　　　　　　　　　　　　　　　(単位：トン, %)

区分	2007年度		2008年度		2009年度	
	発生量	構成比	発生量	構成比	発生量	構成比
合計	3,471,461	100	3,501,980	100	3,306,962	100
漢江庁	1,076,073	31.0	1,105,780	31.6	1,100,280	33.3
錦江庁	484,742	14.0	485,975	13.9	496,793	15.0
洛東江庁	857,408	24.7	871,880	24.9	806,579	24.4
大邱庁	646,386	18.6	604,551	17.3	482,107	14.6
栄山江庁	229,071	6.6	248,180	7.1	243,268	7.4
原州庁	74,091	2.1	54,598	1.5	51,582	1.6
新萬金庁	103,690	3.0	131,016	3.7	126,353	3.7

区分	2010年度		2011年度		2012年度	
	発生量	構成比	発生量	構成比	発生量	構成比
合計	3,463,240	100	3,657,767	100	4,562,846	100
漢江庁	1,119,920	32.3	1,107,249	30.3	1,481,383	32.5
錦江庁	533,764	15.4	540,218	14.8	642,311	14.1
洛東江庁	774,426	22.4	885,688	24.2	1,105,187	24.2
大邱庁	560,862	16.2	560,965	15.3	676,551	14.8
栄山江庁	257,913	7.4	316,992	8.7	410,644	9.0
原州庁	68,020	2.0	77,823	2.1	92,228	2.0
新萬金庁	148,335	4.3	168,832	4.6	154,542	3.4

出所：環境部

<表 5-8> 環境部支所別事業所指定廃棄物発生推移　　　　　　　　　　　　　　　　（単位：トン、％）

区分	2007年度		2008年度		2009年度	
	発生量	構成比	発生量	構成比	発生量	構成比
合計	3,388,827	100	3,411,163	100	3,184,610	100
漢江庁	1,029,352	30.4	1,054,997	30.9	1,027,100	32.3
錦江庁	478,409	14.1	478,371	14.0	488,155	15.3
洛東江庁	846,467	25.0	861,012	25.3	792,241	24.9
大邱庁	640,685	18.9	596,524	17.5	472,344	14.8
栄山江庁	222,640	6.6	240,907	7.1	233,968	7.3
原州庁	71,570	2.1	52,032	1.5	49,032	1.5
新萬金庁	99,704	2.9	127,320	3.7	121,770	3.9

区分	2010年度		2011年度		2012年度	
	発生量	構成比	発生量	構成比	発生量	構成比
合計	3,348,186	100	3,532,346	100	4,415,188	100
漢江庁	1,057,621	31.6	1,039,022	29.4	1,402,267	31.7
錦江庁	523,949	15.6	529,674	15.0	630,259	14.3
洛東江庁	758,777	22.7	868,166	24.6	1,084,379	24.5
大邱庁	550,844	16.5	549,703	15.6	661,331	15.0
栄山江庁	249,135	7.4	307,851	8.7	399,701	9.1
原州庁	64,441	1.9	74,327	2.1	88,400	2.0
新萬金庁	143,419	4.3	163,603	4.6	148,851	3.4

出所：環境部

環境産業

<表5-9> 環境部支所別医療廃棄物発生推移　　　　　　　　　　　　(単位：トン, %)

区分	2007年度		2008年度		2009年度	
	発生量	構成比	発生量	構成比	発生量	構成比
合計	82,634	100	90,817	100	122,352	100
漢江庁	46,721	56.5	50,783	55.9	73,180	59.8
錦江庁	6,333	7.7	7,604	8.4	8,638	7.1
洛東江庁	10,941	13.2	10,868	12.0	14,338	11.7
大邱庁	5,701	6.9	8,027	8.8	9,763	8.0
栄山江庁	6,431	7.8	7,273	8.0	9,300	7.6
原州庁	2,521	3.1	2,566	2.8	2,550	2.1
新萬金庁	3,986	4.8	3,696	4.1	4,583	3.7

区分	2010年度		2011年度		2012年度	
	発生量	構成比	発生量	構成比	発生量	構成比
合計	115,054	100	125,421	100	147,658	100
漢江庁	62,299	54.1	68,227	54.4	79,115	53.6
錦江庁	9,815	8.5	10,544	8.4	12,052	8.2
洛東江庁	15,649	13.6	17,522	14.0	20,808	14.0
大邱庁	10,018	8.7	11,261	9.0	15,221	10.3
栄山江庁	8,778	7.6	9,142	7.3	10,943	7.4
原州庁	3,579	3.1	3,496	2.8	3,828	2.6
新萬金庁	4,916	4.3	5,229	4.2	5,691	3.9

出所：環境部

<表5-10> 方法別全指定廃棄物処理量推移

区分	2007年度 処理量(トン/年)	処理量(トン/日)	構成比(%)	2008年度 処理量(トン/年)	処理量(トン/日)	構成比(%)	2009年度 処理量(トン/年)	処理量(トン/日)	構成比(%)
合計	3,471,461	9,511	100	3,501,980	9,594	100	3,306,962	9,060	100
リサイクル	1,872,803	5,131	53.9	1,977,679	5,418	56.5	1,876,611	5,141	56.8
焼却	584,842	1,602	16.8	635,858	1,742	18.2	566,030	1,551	17.1
埋立	774,433	2,122	22.3	778,072	2,132	22.2	684,896	1,876	20.7
その他1)	239,383	656	7.0	110,371	302	3.1	179,425	492	5.4

区分	2010年度 処理量(トン/年)	処理量(トン/日)	構成比(%)	2011年度 処理量(トン/年)	処理量(トン/日)	構成比(%)	2012年度 処理量(トン/年)	処理量(トン/日)	構成比(%)
合計	3,463,240	9,488	100	3,657,767	10,021	100	4,562,846	12,501	100
リサイクル	1,944,263	5,327	56.1	2,086,788	5,717	57.1	2,477,738	6,788	54.3
焼却	622,074	1,704	18.0	663,916	1,819	18.2	748,517	2,051	16.4
埋立	668,172	1,831	19.3	684,205	1,875	18.7	1,048,988	2,874	23.0
その他1)	228,732	627	6.6	222,858	611	6.1	287,603	788	6.3

注) その他=(その他処理量+最終保管量)-前年度繰り越し量　　　　出所：環境部

<表5-11> 方法別事業所指定廃棄物処理量推移　　　　　　　　　　　　　(単位：トン, %)

区分	2007年度 処理量	構成比	2008年度 処理量	構成比	2009年度 処理量	構成比
合計	3,388,827	100	3,411,163	100	3,184,610	100
リサイクル	1,872,771	55.3	1,977,634	58.0	1,876,560	58.9
焼却	502,524	14.8	552,261	16.2	466,144	14.6
埋立	774,433	22.9	778,072	22.8	684,896	21.5
その他1)	239,099	7.0	103,196	3.0	157,010	5.0

区分	2010年度 処理量	構成比	2011年度 処理量	構成比	2012年度 処理量	構成比
合計	3,348,186	100	3,532,346	100	4,415,188	100
リサイクル	1,944,232	58.1	2,086,771	59.1	2,477,725	56.1
焼却	512,996	15.3	545,208	15.4	606,638	13.7
埋立	668,172	20.0	684,205	19.4	1,048,988	23.8
その他1)	222,786	6.7	216,161	6.1	281,837	6.4

注) その他=(その他処理量+最終保管量)-前年度繰越し量　　　　出所：環境部

環境産業

<表5-12> 方法別医療廃棄物処理推移 (単位：トン, %)

区分	2007年度		2008年度		2009年度	
	処理量	構成比	処理量	構成比	処理量	構成比
合計	82,634	100	90,817	100	122,352	100
リサイクル	32	0.0	45	0.0	51	0.0
焼却	82,318	99.7	83,597	92.1	99,886	81.6
埋立	-	-	-	-	-	-
その他1)	284	0.3	7,175	7.9	22,415	18.4

区分	2010年度		2011年度		2012年度	
	処理量	構成比	処理量	構成比	処理量	構成比
合計	115,054	100	125,421	100	147,658	100
リサイクル	31	0.0	17	0.0	13	0.0
焼却	109,078	94.8	118,708	94.7	141,879	96.1
埋立	-	-	-	-	-	-
その他1)	5,945	5.2	6,697	5.3	5,766	3.9

注) その他=(その他処理量+最終保管量)-前年度繰越し量　　　　　出所：環境部

<表5-13> 種類別全指定廃棄物処理方法現況 (単位：トン, %)

区分	発生内訳			2012年度処理内訳				保管量
	前年度繰り越し量	2012年度発生量	構成比	リサイクル	焼却	埋立	その他	
合計	263,504	4,562,846	100	2,477,738	748,517	1,048,988	249,805	301,302
廃酸	3,752	666,350	14.6	559,397	695	262	97,082	12,666
廃アルカリ	755	68,196	1.5	31,120	7,511	301	28,926	1,093
廃油	180,507	895,992	19.6	577,723	291,082	457	18,465	188,772
廃有機溶剤	8,513	1,010,926	22.3	825,873	179,767	0	969	12,830
廃合成高分子化合物	369	19,500	0.4	9,632	8,409	0	952	876
粉塵	44,379	549,370	12.0	297,831	0	245,705	27,051	23,162
汚泥類	1,626	352,274	7.7	39,194	10,579	252,489	33,316	18,322
医療廃棄物類	935	147,658	3.2	13	141,879	0	5,448	1,253
その他	22,668	852,580	18.7	136,955	108,595	549,774	37,596	42,328

出所：環境部

<表5-14> 種類別全指定廃棄物処理量現況　　　　　　　　　　　　　　　　　　　　　(単位：トン, %)

区分	発生内訳		2012年度処理内訳						保管量
	前年度繰越量	2012年度発生量	自己処理	委託処理					
				再生処理	中間処理	最終処理	公共処理	その他	
合計	263,504	4,562,846	325,033	2,286,847	869,716	1,027,821	15,631	0	301,302
廃酸	3,752	666,350	53,671	523,056	80,447	262	0	0	12,666
廃アルカリ	755	68,196	2,752	31,120	33,685	301	0	0	1,093
廃油	180,507	895,992	40,120	562,707	283,517	457	926	0	188,772
廃有機溶剤	8,513	1,010,926	156,788	704,338	143,869	0	1,614	0	12,830
廃合成高分子化合物	369	19,500	6,725	3,546	8,550	0	172	0	876
粉塵	44,379	549,370	6,784	292,867	26,501	243,829	606	0	23,162
汚泥類	1,626	352,274	20,748	39,194	23,416	251,487	733	0	18,322
医療廃棄物類	935	147,658	5,782	13	141,545	0	0	0	1,253
その他	22,668	852,580	31,663	130,006	128,186	531,485	11,580	0	42,328

出所：環境部

<表5-15> 種類別事業所指定廃棄物処理量推移　　　　　　　　　　　　　　　　　　(単位：トン, %)

区分	発生内訳			2012年度処理内訳				保管量
	前年度繰越量	2012年度発生量	構成比	リサイクル	焼却	埋立	その他	
合計	262,569	4,415,188	100	2,477,725	606,638	1,048,988	244,357	300,049
廃酸	3,752	666,350	15.1	559,397	695	262	97,082	12,666
廃アルカリ	755	68,196	1.5	31,120	7,511	301	28,926	1,093
廃油	180,507	895,992	20.3	577,723	291,082	457	18,465	188,772
廃有機溶剤	8,513	1,010,926	23.0	825,873	179,767	0	969	12,830
廃合成高分子化合物	369	19,500	0.4	9,632	8,409	0	952	876
粉塵	44,379	549,370	12.4	297,831	0	245,705	27,051	23,162
汚泥類	1,626	352,274	8.0	39,194	10,579	252,489	33,316	18,322
その他	22,668	852,580	19.3	136,955	108,595	549,774	37,596	42,328

出所：環境部

環境産業

<表5-16> 種類別・主体別事業所指定廃棄物処理量現況　　　(単位：トン, %)

区分	発生内訳		2012年度処理内訳						保管量
	前年度繰越量	2012年度発生量	自己処理	委託処理					
				再生処理	中間処理	最終処理	公共処理	その他	
合計	262,569	4,415,188	319,251	2,286,834	728,171	1,027,821	15,631	0	300,049
廃酸	3,752	666,350	53,671	523,056	80,447	262	0	0	12,666
廃アルカリ	755	68,196	2,752	31,120	33,685	301	0	0	1,093
廃油	180,507	895,992	40,120	562,707	283,517	457	926	0	188,772
廃有機溶剤	8,513	1,010,926	156,788	704,338	143,869	0	1,614	0	12,830
廃合成高分子化合物	369	19,500	6,725	3,546	8,550	0	172	0	876
粉塵	44,379	549,370	6,784	292,867	26,501	243,829	606	0	23,162
汚泥類	1,626	352,274	20,748	39,194	23,416	251,487	733	0	18,322
その他	22,668	852,580	31,663	130,006	128,186	531,485	11,580	0	42,328

出所：環境部

<表5-17> 種類別医療廃棄物処理量現況　　　(単位：トン, %)

区分	発生内訳		2012年度処理内訳				保管量
	前年度繰越量	2012年度発生量	構成比	リサイクル	焼却	埋立	その他	
合計	935	147,658	100	13	141,879	0	5,448	1,253
組織物類	20	5,732	3.9	0	2,304	0	3,423	25
廃合成樹脂類など	915	141,926	96.1	13	139,575	0	2,025	1,228

出所：環境部

<表5-18> 種類別・主体別医療廃棄物処理量現況　　　(単位：トン/年)

区分	発生内訳		2012年度処理内訳					保管量
	前年度繰越量	2012年度発生量	自己処理		委託処理			
			焼却	その他1)	焼却	滅菌粉砕	リサイクル	
合計	935	147,658	334	5,448	141,545	0	13	1,253
組織物類	20	5,732	19	3,423	2,285	0	0	25
廃合成樹脂類など	915	141,926	315	2,025	139,260	0	13	1,228

出所：環境部

<表5-19> 市道別全指定廃棄物排出施設数現況(ヵ所)

区分	総合計	ソウル	釜山	大邱	仁川	光州	大田	蔚山	世宗
合計	117,027	21,294	4,956	4,484	5,349	3,199	3,545	1,450	424
事業所指定廃棄物	60,608	4,291	3,742	1,793	2,077	1,128	1,204	1,297	325
医療廃棄物	56,419	17,003	1,214	2,691	3,272	2,071	2,341	153	99

区分	京畿	江原	忠北	忠南	全北	全南	慶北	慶南	済州
合計	24,132	5,729	3,995	5,433	4,952	6,778	8,764	10,871	1,672
事業所指定廃棄物	10,660	3,958	3,767	3,685	3,412	4,400	6,402	7,525	942
医療廃棄物	13,472	1,771	228	1,748	1,540	2,378	2,362	3,346	730

出所：環境部

<表5-20> 環境部支所別全指定廃棄物排出施設数現況(ヵ所)

区分	計	漢江庁	錦江庁	洛東江庁	大邱庁	栄山江庁	原州庁	新萬金庁
合計	117,027	50,775	11,892	16,663	13,248	12,263	7,234	4,952
事業所指定廃棄物	60,608	17,028	7,576	12,115	8,195	6,919	5,363	3,412
医療廃棄物	56,419	33,747	4,316	4,548	5,053	5,344	1,871	1,540

出所：環境部

<表5-21> 業種別医療廃棄物排出業者数現況(ヵ所)

区分	合計	総合病院	病院	医院	保健(支)所及び診療所
業者数	56,419	342	2,255	43,250	2,491

動物病院	高齢者介護施設	試験機関及び研究機関	葬儀場	刑務所	その他
2,208	1,519	206	572	7	3,569

注) 病院は入院施設があるが、医院は外来患者に対する医療行為のみ行う

出所：環境部

14

運輸・倉庫業

1. 運輸産業

<表1-1> 国内旅客輸送推移(1) (単位：千人, %)

		合計	鉄道	地下鉄
2008	輸送人員	12,990,411.0	1,018,977.0	2,141,872.0
	分担率	99.9	7.8	16.5
	増加率	2.9	3.0	2.5
2009	輸送人員	12,823,727.1	1,020,319.0	2,182,346.0
	分担率	100.0	8.0	17.0
	増加率	-1.3	0.1	1.9
2010	輸送人員	13,014,944.0	1,060,926.0	2,273,086.0
	分担率	100.0	8.2	17.5
	増加率	1.5	4.0	4.2
2011	輸送人員	13,419,794.0	1,118,621.0	2,358,758.0
	分担率	100.0	8.3	17.6
	増加率	3.1	5.4	3.8
2012	輸送人員	1,304,9070.0	1,152,997.0	2,410,930.0
	分担率	100.0	8.6	18.0
	増加率	-	3.1	2.2

		道路	海運	航空
2008	輸送人員	9,798,410.0	14,162.0	16,990.0
	分担率	75.4	0.1	0.1
	増加率	2.9	12.1	0.8
2009	輸送人員	9,588,133.0	14,868.0	18,061.1
	分担率	74.8	0.1	0.1
	増加率	-2.1	5.0	6.3
2010	輸送人員	9,646,404.0	14,312.0	20,216.0
	分担率	74.1	0.1	0.2
	増加率	0.6	-3.7	11.9
2011	輸送人員	9,907,168.0	14,266.0	20,981.0
	分担率	73.8	0.1	0.2
	増加率	2.7	-0.3	3.8
2012	輸送人員	9,809,002.0	145,37.0	21,601.0
	分担率	73.2	0.1	0.2
	増加率	-	1.9	2.9

出所：国土交通部

<表1-2> 国内旅客輸送推移(2)　　　　　　　　　　　　　　　　　　　　　　　　(単位：百万人-km, %)

		合計	鉄道	地下鉄	道路	海運	航空
2007	人-キロ	182,622.0	31,596.0	24,166.0	119,569.0	765.0	6,526.0
	分担率	100.0	17.3	13.2	65.5	0.4	3.6
	増加率	0.5	0.5	0.5	0.5	0.5	0.5
2008	人-キロ	168,467.0	32,027.0	24,772.0	104,152.0	873.0	6,643.0
	分担率	99.9	19.0	14.7	61.8	0.5	3.9
	増加率	-7.8	1.4	2.5	-10.8	14.1	1.8
2009	人-キロ	163,988.0	31,299.0	24,190.0	100,617.0	867.0	7,015.0
	分担率	100.0	19.1	14.8	61.4	0.5	4.3
	増加率	-2.7	-2.3	-2.3	-3.4	-0.7	5.6
2010	人-キロ	146,715.0	33,012.0	25,369.0	79,440.0	883.0	8,011.0
	分担率	100.0	22.5	17.3	54.1	0.6	5.5
	増加率	-10.5	5.5	4.9	-21.0	1.8	14.2
2011	人-キロ	185,330.0	36,784.0	26,260.0	112,910.0	981.0	8,395.0
	分担率	100.0	19.8	14.2	60.9	0.5	4.5
	増加率	26.3	11.4	3.5	42.1	11.1	4.8
2012	人-キロ	196,069.0	37,409.0	27,586.0	121,442.0	921.0	8,709.0
	分担率	100.0	19.1	14.1	61.9	0.5	4.4
	増加率	-	1.7	4.8	-	-6.5	3.6

出所：国土交通部

<表1-3> 輸送手段別国内旅客推移(1)　　　　　　　　　　　　　　　　　　　　　　　　(単位：人)

	合計		鉄道		地下鉄	
	輸送量	指数	輸送量	指数	輸送量	指数
2007	12,627,825,764	95	989,294,348	116	2,090,289,577	83
2008	12,990,411,684	98	1,018,977,063	120	2,141,871,594	85
2009	12,822,727,244	97	1,020,318,980	120	2,181,346,205	86
2010	13,014,960,537	98	1,060,941,252	125	2,273,086,502	90
2011	29,455,705,272	222	1,118,620,999	131	2,358,758,099	93
2012	13,409,070,131	101	1,152,997,807	135	2,410,930,535	95
01	1,051,145,361	-	87,365,217	-	187,102,320	-
02	1,053,705,073	-	87,309,998	-	190,614,979	-
03	1,148,372,051	-	100,004,927	-	211,637,264	-
04	1,123,241,574	-	96,976,456	-	202,647,572	-
05	1,180,355,279	-	103,647,366	-	214,642,146	-
06	1,131,484,258	-	94,842,578	-	199,415,623	-
07	1,111,217,865	-	92,498,072	-	198,203,487	-
08	1,086,786,946	-	88,247,196	-	187,077,152	-
09	1,113,256,460	-	93,664,033	-	194,052,096	-
10	1,150,704,460	-	104,167,997	-	206,488,502	-
11	1,137,565,813	-	102,269,490	-	210,978,787	-
12	1,121,235,220	-	102,004,477	-	208,070,607	-

<続く>

運輸・倉庫業

	道路		海運		航空	
	輸送量	指数	輸送量	指数	輸送量	指数
2007	9,518,759,533	97	12,634,436	135	16,847,870	77
2008	9,798,410,188	99	14,162,479	152	16,990,360	78
2009	9,588,132,582	97	14,868,404	159	18,061,073	83
2010	9,646,404,193	98	14,312,235	153	20,216,355	93
2011	9,907,168,170	203	14,266,145	153	20,980,803	96
2012	9,809,002,404	100	14,537,867	156	21,601,518	99
01	774,186,581	-	821,249	-	1,669,994	-
02	773,481,454	-	680,204	-	1,618,438	-
03	834,190,064	-	908,384	-	1,631,412	-
04	820,162,722	-	1,436,583	-	2,018,241	-
05	858,042,611	-	1,914,966	-	2,108,190	-
06	833,875,856	-	1,433,531	-	1,916,670	-
07	817,232,497	-	1,444,848	-	1,838,961	-
08	807,740,802	-	1,815,520	-	1,906,276	-
09	822,566,956	-	1,072,735	-	1,637,959	-
10	836,566,956	-	1,460,843	-	2,019,933	-
11	821,645,507	-	899,854	-	1,772,175	-
12	809,047,717	-	649,150	-	1,463,269	-

注) 2000=100　　　　　　　　　　　　　　　　　　　　　　　　出所：国土交通部

<表1-4> 輸送手段別国内旅客推移(2)　　　　　　　　　　　(単位：人‐キロ)

	合計		鉄道		地下鉄	
	輸送量	指数	輸送量	指数	輸送量	指数
2007	168,466,934,241	122	32,026,527,996	116	24,739,901,825	101
2008	164,079,030,452	119	31,299,105,544	114	24,190,414,232	99
2009	164,079,030,452	119	31,299,105,544	114	24,190,414,232	99
2010	146,715,607,672	106	33,012,478,722	120	25,369,356,676	104
2011	416,347,864,336	301	36,784,263,665	134	26,259,661,489	107
2012	196,069,229,449	142	37,409,163,366.3	136	27,586,313,584	113
01	15,227,973,013	-	3,036,241,202.6	-	2,130,921,403	-
02	15,114,500,154	-	2,863,115,978.1	-	2,163,158,465	-
03	16,117,933,624	-	3,071,399,993.4	-	2,429,724,996	-
04	16,429,878,476	-	3,071,278,957.5	-	2,326,992,725	-
05	17,333,420,498	-	3,323,343,390.0	-	2,474,991,983	-
06	16,687,774,211	-	3,075,763,089.7	-	2,284,955,901	-
07	16,660,173,981	-	3,040,141,763.4	-	2,243,023,956	-
08	16,705,517,229	-	3,080,141,763.4	-	2,129,979,953	-
09	16,541,470,990	-	2,988,317,288.2	-	2,236,998,076	-
10	16,975,201,540	-	3,360,222,656.3	-	2,377,238,838	-
11	16,309,247,749	-	3,192,684,477.3	-	2,419,491,739	-
12	15,966,137,914	-	3,305,749,386.9	-	2,368,835,549	-

<続く>

韓国の産業と市場　2014

	道路		海運		航空	
	輸送量	指数	輸送量	指数	輸送量	指数
2007	119,568,882,134	142	765,110,523	138	6,525,889,909	83
2008	104,152,264,578	124	873,399,876	157	6,643,004,388	84
2009	100,617,245,040	119	867,093,768	156	7,105,171,868	90
2010	79,440,036,966	94	882,878,907	159	8,010,586,401	102
2011	343,928,161,404	408	980,972,756	177	8,394,805,022	107
2012	121,442,249,316	144	921,702,649	166	8,709,800,534	111
01	9,346,025,906	-	49,149,587	-	665,634,915	-
02	9,399,924,353	-	41,530,952	-	646,770,406	-
03	9,910,431,906	-	54,955,237	-	651,421,491	-
04	10,128,365,688	-	90,294,100	-	812,620,017	-
05	10,561,745,654	-	123,719,454	-	849,620,017	-
06	10,462,673,129	-	91,478,767	-	772,903,324	-
07	10,543,991,105	-	86,291,980	-	745,961,757	-
08	10,603,146,475	-	113,620,028	-	778,629,079	-
09	10,582,735,962	-	69,559,581	-	663,860,083	-
10	10,312,237,976	-	107,793,186	-	817,708,884	-
11	9,930,420,922	-	54,545,230	-	712,105,381	-
12	9,660,550,240	-	38,764,547	-	592,238,191	-

注) 2001=100　　　　　　　　　　　　　　　　　　　　出所：国土交通部

<表1-5>　国際旅客推移　　　　　　　　　　　　　　　　　　　　（単位：千人）

		人			人‐キロ		
		合計	海運	航空	合計	海運	航空
2007	輸送人員	39,406.0	2,550.0	36,856.0	115,790.0	1,019.0	114,771.0
	分担率	100.0	6.5	93.5	100.0	0.9	99.1
	増加率	12.3	6.9	12.7	10.1	2.7	10.2
2008	輸送人員	37,875.0	2,534.0	35,341.0	115,950.0	1,030.0	114,920.0
	分担率	100.0	6.7	93.3	100.0	0.9	99.1
	増加率	-3.9	-0.6	-4.1	0.1	1.1	0.1
2009	輸送人員	35,603.0	2,089.0	33,514.0	110,048.0	845.0	109,203.0
	分担率	100.0	5.9	94.1	100.0	0.8	99.2
	増加率	-6.0	-17.6	-5.2	-5.1	-18.0	-5.0
2010	輸送人員	42,821.9	2,760.9	40,061.0	128,864.3	1,104.3	127,760.0
	分担率	100.0	6.4	93.6	100.0	0.9	99.1
	増加率	20.3	32.2	19.5	17.1	30.7	17.0
2011	輸送人員	45,309.0	2,660.0	42,649.0	141,187.0	1,188.0	139,999.0
	分担率	100.0	5.9	94.1	100.0	0.8	99.2
	増加率	5.8	-3.7	6.5	9.6	7.6	9.6
2012	輸送人員	50,584.0	2,881.0	47,703.0	155,188.0	1,163.0	154,025.0
	分担率	100.0	5.7	94.3	100.0	0.8	99.3
	増加率	11.6	8.3	11.9	9.9	-2.1	10.0

出所：国土交通部

運輸・倉庫業

<表1-6> 年度別・輸送手段別国際旅客推移 (単位：人)

	合計		海運		航空	
	輸送量	指数	輸送量	指数	輸送量	指数
2007	39,405,789	193	2,549,884	255	36,885,905	189
2008	37,875,648	185	2,534,238	254	35,341,410	182
2009	35,602,573	174	2,089,017	209	33,513,556	172
2010	42,821,807	209	2,760,859	276	40,060,948	206
2011	45,308,145	222	2,659,596	266	42,648,549	219
2012	50,583,316		2,880,672		47,702,644	
01	4,128,804	-	199,944	-	3,928,860	-
02	3,958,853	-	209,134	-	3,749,719	-
03	3,960,063	-	260,460	-	3,699,603	-
04	4,045,264	-	276,781	-	3,768,483	-
05	4,073,391	-	258,313	-	3,815,078	-
06	4,138,133	-	234,048	-	3,904,085	-
07	4,618,022	-	273,636	-	4,344,386	-
08	5,021,361	-	298,046	-	4,723,315	-
09	4,083,455	-	198,513	-	3,884,942	-
10	4,318,005	-	228,491	-	4,089,514	-
11	4,044,298	-	223,100	-	3,821,198	-
12	4,193,667	-	220,206	-	3,973,461	-

	合計		海運		航空	
	輸送量	指数	輸送量	指数	輸送量	指数
2007	115,790,193,502		1,019,352,841		114,770,840,661	
2008	115,949,969,105		1,029,713,657		114,920,255,448	
2009	110,048,473,178		845,413,685		109,203,059,493	
2010	128,864,524,185		1,104,326,806		127,760,197,379	
2011	141,186,803,488		1,187,633,182		139,999,170,306	
2012	155,187,594,071		1,162,562,018		154,025,032,053	
01	13,276,106,645	-	77,212,681	-	13,198,893,964	-
02	11,948,489,894	-	77,148,181	-	11,871,341,713	-
03	11,759,099,418	-	103,698,838	-	11,655,400,580	-
04	12,161,929,497	-	115,101,854	-	12,046,827,643	-
05	12,590,735,505	-	104,688,176	-	12,486,047,329	-
06	12,958,215,668	-	99,003,894	-	12,859,211,774	-
07	14,119,074,803	-	113,701,587	-	14,005,373,216	-
08	14,855,326,786	-	119,509,919	-	14,735,816,867	-
09	12,616,512,063	-	82,332,461	-	12,534,179,602	-
10	13,295,187,757	-	91,151,673	-	13,204,036,084	-
11	12,336,548,794	-	88,894,338	-	12,247,654,456	-
12	13,270,367,241	-	90,118,416	-	13,180,248,825	-

注) 2001=100 出所：国土交通部

韓国の産業と市場 2014

<表1-7> 国内貨物総括推移 (単位：千トン, %)

		合計	鉄道	道路	海運	航空
2007	輸送トン数	715,221.0	44,562.0	550,264.0	120,079.0	316.0
	分担率	100.0	6.2	76.9	16.8	0.1
	増加率	3.5	2.8	4.0	1.9	-11.0
2008	輸送トン数	729,824.0	46,805.0	555,801.0	126,964.0	254.0
	分担率	100.0	6.4	76.2	17.4	0.0
	増加率	5.0	5.0	1.0	5.7	-19.6
2009	輸送トン数	766,677.0	38,898.0	607,480.0	120,031.0	268.0
	分担率	100.0	5.1	79.2	15.7	0.0
	増加率	5.0	-16.9	9.3	-5.5	5.5
2010	輸送トン数	778,030.6	39,217.0	619,530.0	119,021.6	262.0
	分担率	100.0	5.0	79.6	15.3	0.0
	増加率	1.5	0.8	2.0	-0.8	-2.2
2011	輸送トン数	784,355.0	40,012.0	633,927.0	110,135.0	281.0
	分担率	100.0	5.2	80.5	14.3	0.0
	増加率	0.8	2.0	2.3	-7.5	7.3
2012	輸送トン数	892,549	40,309.0	732,918.0	119,057.0	265.3
	分担率	100.0	4.5	82.1	13.3	0.0
	増加率	13.4	0.7	17.9	-5.2	-5.6

出所：国土交通部

<表1-8> 年度別・輸送手段別国内貨物推移 (単位：トン, %)

	合計		鉄道		道路		海運		航空	
	輸送量	指数	輸送量	指数	輸送量	指数	輸送量	指数	輸送量	指数
2008	722,913,471	100	46,778,688	104	555,801,345	104	120,079,199	85	254,239	59
2009	766,678,617	106	38,897,704	86	607,480,325	113	120,031,910	85	268,678	62
2010	778,030,531	108	39,217,445	87	619,529,647	116	119,021,580	88	261,859	61
2011	1,605,584,941	222	40,011,987	89	1439703452	269	125588369	89	281,133	65
2012	892,550,432	124	40,308,928	89	732,918,920	137	119,057,307	85	265,277	62
01	73,499,611	-	2,689,011	-	60,713,663	-	10,071,298	-	25,639	-
02	70,705,774	-	2,933,099	-	58,612,836	-	913,628	-	23,211	-
03	76,095,011	-	3,605,834	-	62,357,794	-	10,105,857	-	25,526	-
04	75,129,468	-	3,557,410	-	61,080,942	-	10,466,553	-	24,563	-
05	75,656,868	-	3,807,425	-	61,000,089	-	10,826,504	-	22,850	-
06	75,000,303	-	3,731,815	-	60,632,011	-	10,615,448	-	21,029	-
07	75,662,591	-	3,506,984	-	61,612,048	-	10,522,564	-	20,995	-
08	70,169,560	-	3,046,520	-	58,311,599	-	8,789,748	-	21,693	-
09	74,179,930	-	3,080,181	-	61,772,727	-	9,307,097	-	19,925	-
10	77,235,033	-	3,592,844	-	63,544,929	-	10,075,289	-	21,971	-
11	75,518,286	-	3,592,416	-	61,876,148	-	10,030,050	-	19,672	-
12	73,697,996	-	3,165,389	-	61,404,133	-	9,110,271	-	18,203	-

注) 2001=100 出所：国土交通部

運輸・倉庫業

<表1-9> 国際貨物総括推移　　　　　　　　　　　　　　　　　　　　　　　　(単位：千トン)

		トン		
		合計	海運	航空
2007	輸送トン数	865,661.0	862,523.0	3,138.0
	分担率	100.0	99.6	0.4
	増加率	6.5	6.5	10.0
2008	輸送トン数	895,933.0	892,936.0	2,997.0
	分担率	100.0	99.7	0.3
	増加率	3.5	3.5	-4.5
2009	輸送トン数	851,170.0	848,298.0	2,872.0
	分担率	100.0	99.7	0.3
	増加率	-5.0	-5.0	-4.2
2010	輸送トン数	969,520.3	966,193.3	3,327.0
	分担率	100.0	99.7	0.3
	増加率	12.2	13.9	15.8
2011	輸送トン数	1,072,804.0	1,069,566.0	3,238.0
	分担率	100.0	99.7	0.3
	増加率	9.2	9.3	-2.7
2012	輸送トン数	1,111,747.0	1,108,538.0	3,209.0
	分担率	100.0	99.7	0.3
	増加率	3.5	3.5	-0.9

出所：国土交通部

<表1-10> 年度別・輸送手段別国際貨物推移　　　　　　　　　　　　　　　　(単位：トン)

	合計	海運	航空
	輸送量	輸送量	輸送量
2007	865,661,443	862,523,478	3,137,965
2008	895,933,749	892,936,382	2,997,367
2009	851,171,110	848,298,644	2,872,466
2010	969,520,226	966,193,342	3,326,884
2011	1,068,330,697	1,065,092,592	3,238,105
2012	1,111,747,051	1,108,538,270	3,208,781
01	95,141,585	94,896,714	244,871
02	86,679,451	86,421,173	258,278
03	95,604,137	95,324,695	279,442
04	92,108,043	91,848,315	259,728
05	95,001,421	94,739,877	261,544
06	90,663,146	90,395,008	268,138
07	94,259,481	93,986,459	273,022
08	84,101,404	83,830,349	271,055
09	96,606,494	96,334,454	272,040
10	94,290,831	94,013,869	276,962
11	93,160,394	92,884,917	275,477
12	94,130,663	93,862,440	268,223

注) 2001=100　　　　　　　　　　　　　　　　　　　　　　　　　　　　出所：国土交通部

2. 陸上運送

<表2-1> 輸送手段別輸送実績推移(1)　　　　　　　　　　　　　　　　　　　(単位：人, トン)

	旅客輸送			
	合計	バス		
		小計	高速	市内
2008	9,798,410,188	5,558,944,256	40,451,237	5,068,670,997
2009	9,588,132,582	5,482,892,995	38,098,265	5,032,305,186
2010	9,646,404,193	5,865,645,020	37,802,861	5,366,391,609
2011	25,943,079,226	6,047,880,507	37,005,166	5,535,685,779
2012	9,809,002,404	6,112,884,670	37,951,353	5541,219,531
01	774,186,581	462,600,896	3,475,031	419,249,993
02	773,481,454	469,971,763	2,975,536	426,067,002
03	834,190,064	524,808,532	3,023,358	479,020,367
04	820,162,722	512,509,874	2,998,444	464,828,856
05	858,042,611	549,120,192	3,279,397	499,779,740
06	833,875,856	527,354,873	3,054,413	477,935,989
07	817,232,497	508,062,665	3,131,025	458,088,175
08	807,740,802	499,951,253	3,314,691	448,896,948
09	822,829,637	515,193,341	3,107,625	464,581,256
10	836,566,956	527,455,122	3,253,750	478,699,258
11	821,645,507	515,171,054	3,143,351	468,607,987
12	809,047,717	500,685,105	3,194,732	455,463,960

	旅客輸送			貨物輸送
	バス		タクシー	
	市外	貸切		
2008	242,120,517	207,701,505	4,239,465,932	555,801,345
2009	235,761,415	176,728,129	4,105,239,587	607,480,325
2010	228,473,244	232,977,306	3,780,759,173	619,529,647
2011	222,121,301	253,068,261	3,859,287,663	1,439,703,452
2012	226,689,363	307,024,423	3,696,117,734	732,918,919
01	18,015,298	21,860,574	311,585,685	60,713,663
02	17,805,053	23,124,172	303,509,691	58,612,836
03	18,377,038	24,387,769	309,381,532	62,357,794
04	18,784,814	25,897,760	307,652,848	61,080,942
05	19,408,299	26,652,756	308,922,419	61,000,089
06	18,956,720	27,407,751	306,520,983	60,632,011
07	18,911,190	27,932,275	309,169,832	61,612,048
08	19,545,077	28,194,537	307,789,549	58,311,599
09	19,047,661	28,456,799	307,636,296	61,772,727
10	19,769,841	25,732,273	309,111,834	63,544,929
11	19,049,706	24,370,010	306,474,453	61,876,148
12	19,018,666	23,007,747	308,362,612	61,404,133

出所：国土交通部

運輸・倉庫業

<表2-2> 輸送手段別輸送実績推移(2)　　　　　　　　　　　　　　　　(単位：人‐キロ，トン‐キロ)

	合計	旅客輸送			
		小計	バス		
			高速	市内	
2008	104,152,264,578	90,075,872,733	8,809,949,961	30,792,309,960	
2009	100,617,245,040	85,375,659,149	8,236,360,827	31,539,668,840	
2010	79,440,036,966	66,056,035,497	8,197,643,860	26,714,947,030	
2011	343,928,161,402	98,156,428,452	8,111,058,289	32,557,559,540	
2012	121,442,249,316	107,557,202,065	8,256,163,267	33,832,266,348	
01	9,346,025,906	8,173,469,030	771,515,518	2,595,126,938	
02	9,399,924,353	8,286,069,565	648,364,266	2,632,091,651	
03	9,910,431,906	8,741,947,664	645,527,472	2,900,327,900	
04	10,128,365,688	8,972,283,005	644,334,808	2,829,198,417	
05	10,561,745,654	9,390,541,272	714,694,500	3,027,463,837	
06	10,452,673,129	9,311,418,908	658,134,913	2,903,691,865	
07	10,543,991,105	9,380,654,665	684,902,827	2,851,484,357	
08	10,603,146,475	9,440,180,344	735,730,215	2,769,773,012	
09	10,582,735,962	9,437,946,013	676,755,091	2,823,694,559	
10	10,312,237,976	9,145,536,654	708,833,286	2,904,567,149	
11	9,930,420,922	8,782,687,026	677,388,484	2,840,995,660	
12	9,660,550,240	8,494,467,919	689,981,887	2,753,851,003	

	旅客輸送			貨物輸送
	バス		タクシー	
	市外	貸切		
2008	16,726,963,485	33,746,649,327	14,076,391,845	-
2009	16,881,312,216	28,718,317,266	15,241,585,891	-
2010	16,467,854,751	14,675,592,856	13,384,001,469	-
2011	16,364,201,304	41,123,609,317	14,753,586,339	-
2012	15,577,304,141	49,891,468,309	13,885,047,251	-
01	1,254,483,373	3,552,343,201	1,172,556,876	-
02	1,247,935,813	3,757,677,835	1,113,854,788	-
03	1,233,079,824	3,963,012,468	1,168,484,242	-
04	1,290,363,777	4,208,386,003	1,156,082,683	-
05	1,317,310,165	4,331,072,770	1,171,204,382	-
06	1,295,832,591	4,453,759,539	1,151,254,221	-
07	1,305,272,822	4,538,994,659	1,163,336,440	-
08	1,353,064,897	4,581,612,220	1,162,966,131	-
09	1,313,266,582	4,624,229,781	1,144,789,949	-
10	1,350,641,885	4,181,494,334	1,166,701,322	-
11	1,304,176,271	3,960,126,611	1,147,733,896	-
12	1,311,876,141	3,738,758,888	1,166,082,321	-

出所：国土交通部

<表2-3> 鉄道総括指標推移

	運転成績			
	列車キロ Train-km	機関車キロ Engine-km	車両キロ Car-km	換算車両キロ Converted Car-km
2008	120,727,962.7	876,870,664.9	1,518,924,504.2	1,660,167,027.6
2009	119,242,171.1	885,083,572.4	1,463,041,352.4	1,605,338,383.6
2010	122,446,644.8	902,665,896.2	1,475,354,603.5	1,631,732,562.6
2011	128,599,318.9	968,684,140.7	1,550,390,245.3	1,711,300,794.3
2012	131,087,577.5	984,873,660.0	1,479,355,578.7	1,751,266,496.3

	車両保有					
	高速車両 KTX	機関車 Locomotive	ディーゼル動車 Diesel Rail Car	電気動車 Electric Rail Car	客車 Passenger Car	貨車 Freight Car
2008	920	567	500	2,088	1,313	13,105
2009	920	514	476	2,216	1,346	12,843
2010	1,110	509	471	2,308	1,127	12,755
2011	1,110	498	444	2,392	1,080	12,705
2012	1,160	525	405	2,619	1,020	12,570

出所：国土交通部

<表2-4> 年度別鉄道貨物輸送実績推移 (単位：トン)

	合計	糧穀	セメント	肥料	石炭
2008	46,805,628	-	17,670,474	262,200	7,076,967
2009	38,897,704	-	16,014,739	152,813	6,366,894
2010	39,217,445	-	14,791,416	146,550	6,169,975
2011	40,011,987	-	14,675,744	118,936	5,294,850
2012	40,308,928	-	14,602,445	107,889	4,875,629
01	2,689,011	-	807,220	14,760	294,227
02	2,933,099	-	826,006	19,416	403,807
03	3,605,834	-	1,331,375	20,127	450,663
04	3,557,410	-	1,383,015	12,018	454,689
05	3,807,425	-	1,566,779	18,201	404,612
06	3,731,815	-	1,506,766	9,894	433,969
07	3,506,984	-	1,205,711	4,815	456,026
08	3,046,520	-	988,245	2,622	380,484
09	3,080,181	-	1,100,647	2,010	336,457
10	3,592,844	-	1,363,254	3,546	447,575
11	3,592,416	-	1,416,567	480	446,438
12	3,165,389	-	1,106,860	-	366,982

<続く>

	鉱石	油類	建設	雑貨	コンテナ	事業用
2008	1,939,357	2,006,139	182,423	4,684,467	12,443,420	540,181
2009	1,969,319	1,818,444	252,325	3,334,736	8,511,304	477,130
2010	2,023,393	1,640,798	254,450	3,849,847	9,947,590	393,426
2011	2,211,468	1,348,199	270,761	4,003,614	11,678,460	409,955
2012	2,318,957	1,172,762	249,086	4,439,424	12,109,946	432,790
01	185,251	127,801	17,569	345,499	878,951	17,733
02	193,614	114,365	14,043	362,947	980,463	18,438
03	203,968	113,868	32,856	382,938	1,029,971	40,068
04	192,242	89,464	14,356	388,389	986,686	36,551
05	193,584	87,738	39,429	402,248	1,053,244	41,590
06	185,495	90,056	20,955	365,898	1,078,863	39,919
07	194,418	81,017	13,806	387,952	1,125,563	37,676
08	193,499	84,765	11,583	361,034	986,108	38,180
09	174,505	72,648	13,186	320,885	1,025,485	34,358
10	202,749	89,422	33,818	372,536	1,041,069	38,875
11	195,849	105,552	24,380	386,743	963,872	52,835
12	203,783	116,066	13,105	362,355	959,671	36,567

出所：国土交通部

<表2-5> 年度別鉄道車両保有推移　　　　　　　　　　　　　　　　　　　　　　　　(単位：台)

	高速鉄道車両	ディーゼル機関車	ディーゼル動車	電気機関車	幹線型電気動車	ITX-青春	電気動車	蒸気機関車	客車	発源車	貨車	クレーン
2008	920	396	500	179	-	-	2,088	1	1,390	183	13,105	19
2009	920	335	476	179	32	-	2,184	-	1,346	179	12,843	19
2010	1,110	330	471	179	32	-	2,276	-	1,127	167	12,755	17
2011	1,110	321	444	177	32	16	2,344	-	1,080	156	12,705	16
2012	1,160	315	397	204	32	64	2,363	-	1,020	147	12,570	16
01	1,110	321	444	177	32	32	2,344	-	1,080	156	12,705	16
02	1,110	321	444	177	32	16	2,344	-	1,037	156	12,705	16
03	1,110	321	444	177	32	-	2,344	-	1,037	156	12,636	16
04	1,110	321	444	177	32	-	2,344	-	1,037	156	12,636	16
05	1,110	321	444	177	32	-	2,317	-	1,037	156	12,636	16
06	1,110	321	439	177	32	-	2,317	-	1,037	156	12,636	16
07	1,160	321	438	172	32	-	2,329	-	1,037	150	12,636	16
08	1,160	321	438	171	32	-	2,363	-	1,020	150	12,365	16
09	1,160	321	438	182	32	-	2,363	-	1,020	147	12,635	16
10	1,160	321	438	184	32	-	2,363	-	1,020	147	12,530	16
11	1,160	315	410	197	32	-	2,381	-	1,020	147	12,530	16
12	1,160	315	405	204	32	-	2,363	-	1,020	147	12,570	16

出所：国土交通部

<表2-6> 営業用自動車輸送総括

	人口(千人)	自動車台数(台)	旅客輸送		貨物輸送		道路総延長(km)
			人員	人‐キロ	輸送トン数	トン‐キロ	
2008	49,269	16,794,219	9,798,410,188	104,152,264,578	555,801,345	-	104,236
2009	48,787	17,325,210	9,588,132,582	100,617,245,040	607,480,325	-	104,983
2010	48,580	17,941,356	9,646,404,193	79,440,036,966	619,529,647	-	105,565
2011	50,734	18,437,373	9,907,168,170	112,910,014,791	621,474,385	-	105,931
2012	50,948	18,870,533	9,809,002,404	121,442,249,318	732,918,920	-	105,703

出所：国土交通部

<表2-7> 年度別自動車登録台数推移 (単位：台)

		2008	2009	2010	2011	2012
合計	計	16,794,219	17,325,210	17,941,356	18,437,373	18,870,533
	官用	62,302	64,484	66,272	68,689	71,115
	自家用	15,820,627	16,330,410	16,901,013	17,357,232	17,747,328
	営業用	911,290	930,316	974,071	1,011,452	1,052,090
乗用車	計	12,483,809	13,023,819	13,631,769	14,136,478	14,577,193
	官用	21,388	22,267	22,872	24,244	25,295
	自家用	12,025,715	12,551,833	13,124,972	13,601,821	14,010,618
	営業用	436,706	449,719	483,925	510,413	541,280
乗合車	計	1,096,698	1,080,687	1,049,725	1,015,391	986,833
	官用	13,269	14,177	15,039	15,667	16,428
	自家用	987,448	967,890	931,740	893,717	860,074
	営業用	95,981	98,620	102,946	106,007	110,331
貨物車	計	3,160,338	3,166,512	3,203,808	3,226,421	3,243,924
	官用	25,535	25,970	26,306	26,680	27,177
	自家用	2,796,092	2,798,797	2,831,697	2,848,544	2,862,737
	営業用	338,711	341,745	345,805	351,197	354,010
特殊車	計	53,374	54,192	56,054	59,083	62,583
	官用	2,110	2,070	2,055	2,098	2,215
	自家用	11,372	11,890	12,604	13,150	13,899
	営業用	39,892	40,232	41,395	43,835	46,469
二輪車	計	1,814,399	1,820,729	1,825,474	1,828,312	2,093,466
	官用	17,624	17,769	18,049	19,947	22,988
	自家用	1,796,775	1,802,960	1,807,425	1,808,365	2,070,478

出所：国土交通部

<表2-8> 市道別自動車登録台数推移 (単位：台)

	合計				乗用車			
	計	官用	自家用	営業用	計	官用	自家用	営業用
ソウル	2,969,184	10,858	2,759,567	198,759	2,447,876	4,130	2,317,853	125,893
釜山	1,175,205	3,878	1,090,244	81,083	921,034	1,364	883,429	36,241
大邱	1,010,065	2,453	959,750	47,862	806,027	753	781,157	24,117
仁川	1,049,444	3,098	934,398	111,948	822,007	1,273	746,115	74,619
光州	550,821	1,634	518,270	30,917	437,486	573	420,012	16,901
大田	594,786	1,664	565,762	27,360	482,050	578	466,852	14,620
蔚山	470,410	1,330	449,996	19,084	384,426	470	376,168	7,788
世宗	47,580	208	45,698	1,674	34,830	59	34,422	349
京畿	4,402,396	13,030	4,189,858	199,508	3,453,701	5,224	3,374,929	73,548
江原	630,860	4,361	601,869	24,630	459,307	1,463	444,915	12,929
忠北	653,610	2,839	621,634	29,137	478,529	888	465,210	12,431
忠南	855,931	4,094	816,009	35,828	615,863	1,282	600,142	14,439
全南	755,456	3,866	711,566	40,024	545,830	1,226	523,987	20,617
全北	766,704	4,707	718,775	43,222	512,127	1,549	494,040	16,538
慶北	1,172,860	5,768	1,121,971	45,121	833,310	1,984	815,767	15,559
慶南	1,470,733	5,684	1,381,038	84,011	1,131,988	1,889	1,079,876	50,223
済州	294,488	1,643	260,923	31,922	210,802	590	185,744	24,468

	乗合車				貨物車			
	計	官用	自家用	営業用	計	官用	自家用	営業用
ソウル	162,723	2,769	142,335	17,619	353,905	3,617	298,079	52,209
釜山	58,725	911	51,955	5,859	186,946	1,492	154,130	31,324
大邱	41,969	604	37,217	4,148	160,327	1,023	140,938	18,366
仁川	58,127	758	49,746	7,623	164,447	975	137,738	25,734
光州	26,192	401	23,423	2,368	85,427	607	74,481	10,339
大田	27,369	413	24,988	1,968	83,923	611	73,482	9,830
蔚山	17,724	302	15,717	1,705	66,164	511	57,781	7,872
世宗	2,464	42	2,244	178	10,179	98	8,987	1,094
京畿	249,366	2,583	216,757	30,026	688,600	4,825	595,650	88,125
江原	34,974	955	31,004	3,015	134,839	1,801	125,255	7,782
忠北	35,608	693	31,305	3,610	136,850	1,167	124,517	11,166
忠南	46,764	806	40,919	5,039	190,399	1,869	174,188	14,342
全南	37,808	869	32,849	4,090	169,357	1,649	153,921	13,787
全北	42,206	1,174	35,799	5,233	207,028	1,836	187,608	17,584
慶北	57,216	1,324	50,830	5,062	276,931	2,280	254,097	20,554
慶南	68,663	1,512	58,787	8,364	264,509	2,140	241,196	21,173
済州	18,935	312	14,199	4,424	64,094	676	60,689	2,729

<続く>

	特殊車				二輪車		
	計	官用	自家用	営業用	計	官用	自家用
ソウル	4,680	342	1,300	3,038	444,693	4,256	440,437
釜山	8,500	111	730	7,659	126,627	1,072	125,555
大邱	1,742	73	438	1,231	130,661	1,020	129,641
仁川	4,863	92	799	3,972	62,719	739	61,980
光州	1,716	53	354	1,309	37,762	478	37,284
大田	1,444	62	440	942	35,012	505	34,507
蔚山	2,096	47	330	1,719	59,518	403	59,115
世宗	107	9	45	53	8,683	85	8,598
京畿	10,729	398	2,522	7,809	318,200	3,784	314,416
江原	1,741	142	695	904	63,017	829	62,188
忠北	2,623	91	602	1,930	89,245	1,030	88,215
忠南	2,905	137	760	2,008	128,480	1,448	127,032
全南	2,461	122	809	1,530	101,576	1,219	100,357
全北	5,343	148	1,328	3,867	117,755	1,815	115,940
慶北	5,403	180	1,277	3,946	185,844	2,043	183,801
慶南	5,573	143	1,179	4,251	157,638	1,951	155,687
済州	657	65	291	301	26,036	311	25,725

注) 2012.12.31 基準　　　　　　　　　　　　　　　　出所：国土交通部

3. 海上運送

<表3-1> 旅客船輸送現況 (単位：人，トン)

	総計		内航船	
	旅客	貨物	旅客	貨物
2008	18,081,711	12,059,248	14,162,479	4,759,243
2009	16,957,371	12,526,771	14,868,404	5,800,771
2010	17,077,960	13,440,379	14,308,152	5,203,459
2011	16,968,577	10,549,146	14,266,145	1,830,426
2012	17,418,539	12,751,708	14,537,867	4,032,058
01	1,021,193	938,249	821,249	319,859
02	889,338	865,632	680,204	263,412
03	1,168,844	999,237	908,384	302,532
04	1,713,364	1,048,764	1,436,583	318,039
05	2,173,279	1,089,475	1,914,966	380,725
06	1,667,579	1,017,890	1,433,531	331,430
07	1,718,484	1,079,750	1,444,848	347,000
08	2,113,566	1,083,334	1,815,520	404,434
09	1,271,248	1,149,980	1,072,735	344,450
10	1,689,334	1,196,828	1,460,843	379,613
11	1,122,954	1,180,508	899,854	334,508
12	869,356	1,102,061	649,150	306,056

	外航船					
	計		入港		出港	
	旅客	貨物	旅客	貨物	旅客	貨物
2008	3,919,232	7,300,005	1,933,761	4,210,530	1,985,471	3,089,475
2009	2,088,967	6,726,000	1,045,861	3,547,305	1,043,106	3,178,695
2010	2,769,808	8,236,920	1,379,471	4,384,005	1,390,337	3,852,915
2011	2,702,432	8,718,720	1,347,731	4,548,435	1,354,701	4,170,285
2012	2,880,672	8,719,650	1,432,809	4,344,495	1,447,863	4,375,155
01	199,944	618,390	95,444	308,325	104,500	310,065
02	209,134	602,220	107,605	286,770	101,529	315,450
03	260,460	696,705	132,939	350,265	127,521	346,440
04	276,781	730,725	139,108	368,700	137,673	362,025
05	258,313	708,750	126,898	365,190	131,415	343,560
06	234,048	686,460	115,392	334,755	118,656	351,705
07	273,636	732,750	132,643	337,785	140,993	394,965
08	298,046	678,900	151,242	317,610	146,804	361,290
09	198,513	805,530	97,761	396,765	100,752	408,765
10	228,491	817,215	115,018	419,895	113,473	397,320
11	223,100	846,000	110,958	451,425	112,142	394,575
12	220,206	796,005	107,801	407,010	112,405	388,995

出所：国土交通部

<表3-2> 来航旅客輸送実績推移 (単位：千人)

	合計	一般航路	離島補助航路
2001	9,340	8,986	354
2002	9,460	9,119	341
2003	10,336	9,967	369
2004	10,648	10,258	390
2005	11,100	10,709	391
2006	11,574	11,217	357
2007	12,647	12,271	376
2008	14,167	13,781	386
2009	14,868	14,464	404
2010	14,308	13,941	367
2011	14,266	13,891	375
2012	14,537	14,170	367

出所：海洋水産部

<表3-3> 離島補助航路推移

	就航回数	輸送人員(人)	乗員定員(人)	旅客貨物トン数
2009	28,442	404,286	2,270,414	84,934
2010	27,278	367,059	2,315,348	54,446
2011	28,057	374,762	2,259,829	33,295
2012	28,283	367,375	2,256,071	36,748
01	2,311	24,319	178,456	2,291
02	2,298	21,696	187,640	2,475
03	1,939	17,038	162,030	1,743
04	2,136	26,987	178,593	2,683
05	2,694	42,951	227,446	3,542
06	2,525	32,543	205,572	3,090
07	2,540	37,176	184,333	3,662
08	2,420	46,385	198,490	4,189
09	2,499	34,850	203,455	3,675
10	2,653	39,551	196,890	4,205
11	2,146	24,449	168,864	2,806
12	2,122	19,430	164,302	2,387

出所：国土交通部

運輸・倉庫業

<表3-4> 船舶入出港推移

	総計		入港			
			外航船			
			韓国船		外国船	
	隻	トン	隻	トン	隻	トン
2008	418,548	2,751,629,155	23,475	173,593,656	59,378	998,987,665
2009	395,634	2,758,094,516	22,669	168,494,132	55,001	1,019,832,247
2010	403,209	3,084,791,397	22,257	155,814,533	59,978	1,191,512,988
2011	401,009	3,332,703,637	22,817	159,311,828	60,622	1,309,950,512
2012	395,035	3,473,469,009	23,108	139,380,039	61,423	1,408,316,013
01	32,568	292,210,688	1,874	11,060,645	5,178	118,408,794
02	30,884	266,448,754	1,792	11,915,934	4,722	105,502,449
03	34,356	295,644,812	1,991	12,076,799	5,230	118,781,538
04	32,925	288,058,853	1,897	12,236,665	4,991	114,617,607
05	34,253	297,502,284	1,981	11,769,014	5,269	120,907,196
06	33,632	289,485,549	1,923	11,707,204	5,130	115,359,673
07	34,488	297,424,439	1,986	11,796,014	5,393	121,350,098
08	30,141	267,753,674	1,844	10,448,950	4,840	111,509,151
09	33,090	295,816,737	1,903	11,663,852	5,244	119,364,611
10	33,568	294,835,347	1,987	11,873,220	5,289	120,962,000
11	32,738	295,124,319	1,915	11,629,322	4,994	120,492,192
12	32,392	293,163,553	2,015	11,202,420	5,173	121,060,704

	入港						出港	
	外航船 計		沿岸船		合計		外航船 韓国船	
	隻	トン	隻	トン	隻	トン	隻	トン
2008	82,853	1,172,581,321	126,264	192,478,025	209,117	1,365,059,346	23,425	174,393,591
2009	77,670	1,188,326,379	119,938	179,919,700	197,608	1,368,246,079	22,677	169,309,429
2010	82,235	1,347,327,521	119,232	184,137,469	201,467	1,531,464,990	22,225	156,101,339
2011	83,439	1,469,262,340	116,939	185,338,713	200,378	1,654,601,053	22,754	159,443,577
2012	84,531	1,547,696,052	112,823	178,982,456	197,354	1,726,678,508	23,074	137,308,060
01	7,022	129,469,439	9,239	15,068,450	16,261	144,537,889	1,898	11,282,556
02	6,514	117,418,383	8,892	14,342,866	15,406	131,761,249	1,814	12,142,452
03	7,221	130,858,377	9,941	15,486,102	17,162	146,344,439	1,967	11,873,884
04	6,888	126,854,272	9,552	15,336,542	16,440	142,190,814	1,898	11,821,161
05	7,250	132,676,210	9,849	15,695,305	17,099	148,371,515	2,013	11,573,637
06	7,053	127,066,877	9,739	16,451,497	16,792	143,518,374	1,916	11,844,616
07	7,379	133,146,112	9,840	15,168,429	17,219	148,314,541	1,992	11,468,646
08	6,684	121,958,101	8,406	13,130,854	15,090	135,088,955	1,825	9,948,329
09	7,147	11,028,463	9,323	13,979,387	16,470	145,007,850	1,902	11,396,656
10	7,276	132,835,220	9,526	14,865,605	16,802	147,700,825	2,004	12,001,938
11	6,909	132,121,514	9,447	15,272,802	16,356	147,394,316	1,904	10,996,400
12	7,188	132,263,124	9,069	14,184,617	16,257	146,447,741	1,941	10,957,785

<続く>

韓国の産業と市場　2014

	出港							
	外航船				沿岸船		合計	
	外国船		計					
	隻	トン	隻	トン	隻	トン	隻	トン
2008	59,742	1,019,698,193	83,167	1,194,091,784	126,264	192,478,025	209,431	1,386,569,809
2009	55,411	1,040,619,308	78,088	1,209,928,737	119,938	179,919,700	198,026	1,389,848,437
2010	60,285	1,213,087,599	82,510	1,369,188,938	119,232	184,137,469	201,742	1,553,326,407
2011	60,938	133,320,294	83,692	1,492,763,871	116,939	185,338,713	200,631	1,678,102,584
2012	61,784	1,430,499,985	84,858	1,567,808,045	112,823	178,982,456	197,681	1,746,790,501
01	5,170	121,321,793	7,068	132,604,349	9,239	15,068,450	16,307	147,672,799
02	4,772	108,202,187	6,586	120,344,639	8,892	14,342,866	15,478	134,687,505
03	5,286	121,940,387	7,253	133,814,271	9,941	15,486,102	17,194	149,300,373
04	5,035	118,710,336	6,933	130,531,497	9,552	15,336,542	16,485	145,868,039
05	5,292	121,861,827	7,305	133,435,464	9,849	15,695,305	17,154	149,130,769
06	5,185	117,671,062	7,101	129,515,678	9,739	16,451,497	16,840	145,967,175
07	5,437	122,472,823	7,429	133,941,469	9,840	15,168,429	17,269	149,109,898
08	4,820	109,585,536	6,645	119,533,865	8,406	13,130,854	15,051	132,664,719
09	5,395	125,432,844	7,297	136,829,500	9,323	13,979,387	16,620	150,808,887
10	5,236	120,266,979	7,240	136,829,917	9,526	14,865,605	16,766	147,134,522
11	5,031	121,460,801	6,935	132,457,201	9,447	15,272,802	16,382	147,730,003
12	5,125	121,573,410	7,066	132,531,195	9,069	14,184,617	16,135	146,715,812

出所：海洋水産部

<表3-5>　トン級別船舶入港現況

	合計		沿岸船	
	隻 (No.)	総トン数 (G/T)	隻 (No.)	総トン数 (G/T)
合計	196,907	1,723,664,060	112,376	175,968,008
100トン未満	30,342	14,643,531	30,085	14,595,951
100～500トン未満	48,911	49,194,220	42,590	44,822,918
500～1,000トン未満	15,367	13,423,645	13,095	11,295,979
1,000～3,000トン未満	31,008	59,451,299	13,647	23,775,971
3,000～5,000トン未満	18,433	75,749,945	7,504	31,258,104
5,000～7,000トン未満	9,464	55,338,741	4,195	24,610,415
7,000～10,000トン未満	10,424	90,195,693	411	3,667,960
10,000～15,000トン未満	4,072	50,460,662	305	3,269,285
15,000～20,000トン未満	5,536	96,570,293	130	2,525,393
20,000～25,000トン未満	2,313	52,211,106	23	489,739
25,000～30,000トン未満	4,215	116,597,340	272	7,256,495
30,000～50,000トン未満	6,935	269,692,018	26	918,036
50,000～60,000トン未満	3,012	165,411,529	51	2,818,944
60,000～75,000トン未満	3,116	211,067,783	11	693,555
75,000～100,000トン未満	2,197	190,380,960	20	1,831,604
100,000トン以上	1,562	213,278,295	11	2,137,659

<続く>

運輸・倉庫業

	外航船					
	計		韓国船		外国船	
	隻 (No.)	総トン数 (G/T)	隻 (No.)	総トン数 (G/T)	隻 (No.)	総トン数 (G/T)
合計	84,531	1,547,696,052	23,108	139,380,039	61,423	1408,316,013
100トン未満	257	38,580	190	15,504	67	23,076
100～500トン未満	6,321	4,371,302	3,991	3,676,015	2,330	695,287
500～1,000トン未満	2,272	2,127,666	945	932,925	1,327	1,194,741
1,000～3,000トン未満	17,361	35,675,328	6,386	12,092,222	10,975	23,583,106
3,000～5,000トン未満	10,929	44,491,841	4,818	19,593,311	6,111	24,898,530
5,000～7,000トン未満	5,269	30,728,326	1,621	9,367,910	3,648	21,360,416
7,000～10,000トン未満	10,013	86,527,733	2,570	22,139,011	7,443	64,388,722
10,000～15,000トン未満	3,767	47,191,377	869	11,175,815	2,898	36,015,562
15,000～20,000トン未満	5,406	94,044,900	770	13,081,779	4,636	80,963,121
20,000～25,000トン未満	2,290	51,721,367	186	4,042,803	2,104	47,678,564
25,000～30,000トン未満	3,943	109,340,845	190	5,091,340	3,753	104,249,505
30,000～50,000トン未満	6,909	268,773,982	173	6,701,265	6,736	262,072,717
50,000～60,000トン未満	2,961	162,592,585	71	3,672,471	2,890	158,920,114
60,000～75,000トン未満	3,105	210,374,228	93	6,218,432	3,012	204,155,796
75,000～100,000トン未満	2,177	188,555,356	133	10,559,849	2,044	177,995,507
100,000トン以上	1,551	211,140,636	102	11,019,387	1,449	200,121,249

注) 2012.12.31 基準　　　　　　　　　　　　　　　　　　　　　　　　　出所：海洋水産部

<表3-6> 貨物輸送現況(総括)　　　　　　　　　　　　　　　　　　　　　(単位：R/T)

	総計	沿岸貨物	外航貨物 合計	
			計	入港
2008	1,021,657,571	126,964,254	894,693,317	601,616,510
2009	968,330,554	120,031,910	848,298,644	566,081,863
2010	1,090,418,381	124,225,039	966,193,342	647,040,256
2011	1,192,440,761	122,875,173	1,069,565,588	703,753,185
2012	1,227,595,577	119,057,307	1,108,538,270	724,396,727
01	104,968,012	10,071,298	94,896,714	63,185,821
02	95,557,801	9,136,628	86,421,173	56,613,506
03	105,430,552	10,105,857	95,324,695	62,895,073
04	102,314,868	10,466,553	91,848,315	59,134,392
05	105,566,381	10,826,504	94,739,877	60,581,143
06	101,010,456	10,615,448	90,395,008	57,818,359
07	104,509,023	10,522,564	93,986,459	61,709,793
08	92,620,097	8,789,748	83,830,349	56,217,814
09	105,641,551	9,307,097	96,334,454	61,804,537
10	104,089,158	10,075,289	94,013,869	61,453,652
11	102,914,967	10,030,050	92,884,917	61,199,110
12	102,972,711	9,110,271	93,862,440	61,783,527

<続く>

	外航貨物			
	合計	韓国船		
	出港	計	入港	出港
2008	293,076,807	151,648,037	109,274,605	42,373,432
2009	282,216,781	145,079,539	103,908,991	41,170,548
2010	319,153,086	145,652,548	105,632,637	40,019,911
2011	365,812,403	154,448,622	106,849,525	47,599,097
2012	384,141,543	132,920,769	87,832,694	45,088,075
01	31,710,893	10,861,218	7,301,638	3,559,580
02	29,807,667	11,506,270	7,800,662	3,705,608
03	32,429,622	12,124,000	8,478,817	3,645,183
04	32,713,923	12,082,081	8,121,624	3,960,457
05	34,158,734	11,462,211	7,630,746	3,831,465
06	32,576,649	10,602,327	6,791,123	3,811,204
07	32,276,666	11,293,937	7,468,916	3,825,021
08	27,612,535	9,850,258	6,657,872	3,192,386
09	34,529,917	10,943,582	6,954,553	4,000,029
10	32,560,217	11,016,739	7,161,153	3,855,586
11	31,685,807	11,185,202	7,419,630	3,765,572
12	32,078,913	9,992,944	6,056,960	3,935,984

	外航貨物		
	外国船		
	計	入港	出港
2008	743,045,280	492,341,905	250,703,375
2009	703,219,105	462,172,872	241,046,233
2010	820,540,794	541,407,619	279,133,175
2011	915,116,966	596,903,660	318,213,306
2012	975,617,501	636,564,033	339,053,468
01	84,035,496	55,884,183	28,151,313
02	74,914,903	48,812,844	26,102,059
03	83,200,695	54,416,256	28,784,439
04	79,766,234	51,012,768	28,753,466
05	83,277,666	52,950,397	30,327,269
06	79,792,681	51,027,236	28,765,445
07	82,692,522	54,240,877	28,451,645
08	73,980,091	49,559,942	24,420,149
09	85,390,872	54,860,984	30,529,888
10	82,997,130	54,292,499	28,704,631
11	81,699,715	53,779,480	27,920,235
12	83,869,496	55,726,567	28,142,929

出所：海洋水産部

運輸・倉庫業

4. 航空運送

<表4-1> 国内旅客輸送実績推移 (単位：人, 人‐キロ)

	人員			人‐キロ		
	計	定期	不定期	計	定期	不定期
2008	16,990,360	16,133,618	856,742	6,643,004,388	6,268,706,542	374,297,846
2009	18,061,073	17,584,158	476,915	7,105,171,868	6,890,845,719	214,326,149
2010	20,216,355	19,585,897	630,458	8,010,586,401	7,729,772,248	280,814,153
2011	20,980803	20,357,717	623,086	8,394,805,022	8,113,317,264	281,487,758
2012	21,601,518	20,526,700	1,074,818	8,709,800,534	8,216,987,230	492,813,304
01	1,669,994	1,632,627	37,367	665,634,915	649,242,567	16,392,348
02	1,618,438	1,586,614	31,824	646,770,406	631,966,225	14,804,181
03	1,631,412	1,580,283	51,129	651,421,491	628,230,588	23,190,903
04	2,018,241	1,918,600	99,641	812,947,006	769,156,159	43,790,847
05	2,108,190	1,948,081	160,109	849,620,017	775,769,714	73,850,303
06	1,916,670	1,801,018	115,652	772,903,324	718,780,781	54,122,543
07	1,838,961	1,746,706	92,255	745,961,757	702,609,050	43,352,707
08	1,906,276	1,746,535	156,741	778,629,079	705,525,533	73,103,546
09	1,637,959	1,525,594	112,365	663,860,083	613,055,342	50,804,741
10	2,019,933	1,865,256	154,677	817,708,884	747,523,648	70,185,236
11	1,772,175	1,734,769	37,406	712,105,381	694,787,109	17,318,272
12	1,463,269	1,437,617	25,652	592,238,191	580,340,514	11,897,677

出所：国土交通部

<表4-2> 国際旅客輸送実績推移 (単位：人, 人‐キロ)

	人員					
	計	定期	不定期	入国		
				小計	定期	不定期
2008	35,341,410	34,311,160	1,030,250	17,732,041	17,203,025	529,016
2009	33,513,556	32,890,768	622,788	16,757,612	16,428,780	328,832
2010	40,060,948	38,876,805	1,184,143	20,067,912	19,462,135	605,777
2011	42,648,549	41,413,167	1,235,382	21,392,740	20,782,751	609,989
2012	47,702,644	46,046,712	1,655,932	23,869,663	23,047,548	822,115
01	3928,860	3,742,259	186,601	1,931,309	1,840,945	90,364
02	3,749,719	3,647,161	102,558	1,899,453	1,848,030	51,423
03	369,96.3	3,620,499	79,104	1,899,807	1,856,794	43,013
04	3,768,483	3,680,932	87,551	1,894,623	1,850,628	43,995
05	3,815,078	3,705,765	109,313	1,908,610	1,853,794	54,816
06	3,904,085	3,809,614	94,471	1,960,128	1,914,014	46,114
07	4,344,386	4,164,523	179,863	2,115,254	2,030,803	84,451
08	4,723,315	4,466,954	256,361	2,405,660	2,274,520	131,140
09	3,884,942	3,729,668	155,289	1,922,367	1,846,836	75,531
10	4,089,514	3,908,668	180,846	2,053,168	1,962,053	91,115
11	3,821,198	3,716,735	104,463	1,900,016	1,848,469	51,547
12	3,973,461	3,853,949	119,512	1,979,268	1,920,662	58,606

<続く>

	人員		
	出国		
	小計	定期	不定期
2008	17,609,369	17,108,135	501,234
2009	16,755,944	16,461,988	293,956
2010	19,993,036	19,414,670	578,366
2011	21,255,809	20,630,416	625,393
2012	23,832,981	22,999,164	833,817
01	1,997,551	1,901,314	96,237
02	1,850,266	1,799,131	51,135
03	1,799,796	1,763,705	36,091
04	1,873,860	1,830,304	43,556
05	1,906,468	1,851,971	54,497
06	1,943,957	1,895,600	48,357
07	2,229,132	2,133,720	95,412
08	2,317,655	2,192,434	125,221
09	1,962,575	1,882,817	79,758
10	2,036,346	1,946,615	89,731
11	1,921,182	1,868,266	52,916
12	1,994,193	1,933,287	60,906

	人‐キロ		
	計	定期	不定期
2008	114,920,255,448	112,377,730,922	2,542,524,526
2009	109,203,059,493	107,727,127,614	1,475,931,879
2010	127,760,197,379	125,034,091,793	2,726,105,586
2011	139,999,170,306	137,096,876,254	2,902,294,052
2012	154,025,032,053	150,343,061,498	3,681,970,555
01	13,198,893,964	12,655,315,775	543,578,189
02	11,871,341,713	11,571,721,340	299,620,373
03	11,655,400,580	11,457,883,221	197,517,359
04	12,046,827,643	11,838,279,911	208,547,732
05	12,486,047,329	12,293,987,915	192,059,414
06	12,859,211,774	12,687,008,850	172,202,924
07	14,005,373,216	13,631,931,590	373,541,626
08	14,735,816,867	14,206,564,642	529,252,225
09	12,534,179,602	12,245,269,514	288,910,088
10	13,204,036,084	12,853,385,674	350,650,410
11	12,247,654,456	12,022,900,930	224,753,526
12	13,180,248,825	12,878,912,136	301,336,689

出所：国土交通部

<表4-3> 国内貨物輸送実績推移(1) (単位:トン)

	合計	定期			不定期		
		計	貨物	郵便	計	貨物	郵便
2008	254,239	247,603	247,289	314	6,636	6,635	1
2009	268,678	263,928	263,390	538	4,749	4,748	2
2010	261,859	257,320	256,735	585	4,539	4,534	6
2011	281,133	275,431	274,819	611	5,703	5,698	5
2012	265,277	256,975	256,617	358	8,302	8,300	2
01	25,639	25,380	25,339	41	259	259	-
02	23,211	23,012	22,975	37	199	199	-
03	25,523	25,112	25,053	59	414	414	-
04	24,563	23,825	23,790	34	739	739	-
05	22,850	22,038	22,007	31	811	811	-
06	21,029	20,406	20,369	37	623	623	-
07	20,995	20,147	20,121	26	848	848	-
08	21,693	20,401	20,363	38	1,292	1,292	-
09	19,925	19,150	19,125	24	776	774	1
10	21,971	20,156	20,156	30	1,815	1,815	-
11	19,672	19,323	19,321	1	350	350	-
12	18,203	18,026	18,026	0	177	177	-

	合計	定期			不定期		
		計	貨物	郵便	計	貨物	郵便
2008	103,012,912	100,104,457	99,991,416	113,041	2,908,455	2,908,142	313
2009	110,838,599	108,713,652	108,513,289	200,363	2,124,947	2,124,403	544
2010	106,608,636	104,576,275	104,362,210	214,065	2,032,361	2,029,615	2,746
2011	114,880,966	112,292,423	112,063,990	228,433	2,588,543	2,586,399	2,144
2012	108,610,122	104,831,413	104,698,048	133,365	3,778,709	3,777,975	734
01	10,501,740	10,385,357	10,369,942	15,415	116,383	116,383	-
02	9,528,388	9,435,350	9,421,502	13,848	93,038	93,038	-
03	10,518,275	10,343,633	10,322,437	21,196	174,642	174,642	-
04	10,108,859	9,813,488	9,801,074	12,414	295,371	295,371	-
05	9,337,319	8,964,801	8,953,311	11,490	372,518	372,518	-
06	8,590,177	8,298,578	8,284,711	13,867	291,599	291,599	-
07	8,564,174	8,166,058	8,156,312	9,746	398,116	398,116	-
08	8,876,242	8,272,093	8,257,414	14,679	604,149	604,149	-
09	8,126,729	7,772,297	7,763,253	9,044	354,432	353,870	562
10	8,933,919	8,098,243	8,087,059	11,184	835,676	835,676	-
11	8,033,266	7,874,310	7,873,832	478	158,956	158,956	-
12	7,491,034	7,407,205	7,407201	4	83,829	83,657	172

出所:国土交通部

<表4-4> 国際貨物輸送実績推移(1) (単位：トン)

	合計	入出国		貨物区分		定期			
		入国	出国	貨物	郵便	計	入国		
							小計	貨物	郵便
2008	2,997,367	1,428,966	1,568,401	2,953,863	43,504	2,845,342	1,355,505	1,342,713	12,792
2009	2,872,466	1,297,912	1,574,554	2,818,847	53,619	2,728,600	1,245,537	1,232,343	13,194
2010	3,326,884	1,548,088	1,778,796	3,267,819	59,065	3,138,124	1,477,711	1,463,241	14,470
2011	3,238,105	1,561,911	1,676,194	3,173,377	64,728	2,912,838	1,413,552	1,398,013	15,538
2012	3,208,781	1,526,535	1,682,246	3,139,544	69,237	2,984,302	1,420,040	1,403,384	16,656
01	244,871	115,292	129,580	239,767	5,104	224,672	105,837	104,685	1,152
02	258,278	124,225	134,053	252,896	5,383	240,360	115,233	114,085	1,148
03	279,442	132,342	147,099	273,546	5,895	256,383	121,805	120,464	1,341
04	259,728	123,268	136,460	254,182	5,546	236,350	112,379	111,087	1,291
05	261,544	124,910	136,634	255,673	5,871	245,689	117,741	116,396	1,345
06	268,138	129,255	138,883	262,624	5,514	247,860	119,876	118,649	1,226
07	273,022	134,011	139,011	268,034	4,988	249,678	122,684	121,475	1,210
08	271,055	130,205	140,850	265,654	5,401	250,250	120,331	118,871	1,460
09	272,040	125,928	146,112	266,087	5,923	251,254	116,633	115,208	1,424
10	276,962	130,448	146,514	271,001	5,961	261,255	122,851	121,459	1,392
11	275,477	128,138	147,339	268,939	6,538	264,620	122,523	120,981	1,542
12	268,223	128,512	139,711	261,140	7,083	255,930	122,148	120,022	2,125

	定期			不定期						
	出国			計	入国			出国		
	小計	貨物	郵便		小計	貨物	郵便	小計	貨物	郵便
2008	1,489,836	1,459,943	29,893	152,025	73,461	73,418	42	78,565	77,789	776
2009	1,483,064	1,443,147	39,916	143,866	52,376	52,357	19	91,490	91,000	490
2010	1,660,413	1,616,340	44,073	188,761	70,378	70,279	98	118,383	117,959	424
2011	1,499,286	1,451,845	47,441	325,267	148,359	148,076	283	176,908	175,443	1,465
2012	1,564,262	1,512,734	51,526	224,478	106,495	106,365	130	117,984	117,058	925
01	118,835	115,006	3,828	20,200	9,455	9,442	12	10,745	10,633	112
02	125,127	120,997	4,130	17,918	8,992	8,987	5	8,926	8,826	100
03	134,579	130,155	4,424	23,058	10,538	10,533	5	12,520	12,394	126
04	123,971	119,795	4,176	23,378	10,890	10,880	10	12,489	12,420	68
05	127,948	123,475	4,473	15,855	7,169	7,158	12	8,686	8,644	41
06	127,985	123,796	4,188	20,278	9,379	9,361	18	10,899	10,818	81
07	126,993	123,330	3,663	23,344	11,326	11,311	15	12,018	11,917	101
08	129,919	126,070	3,849	20,805	9,874	9,842	32	10,930	10,872	59
09	134,621	130,197	4,424	20,786	9,295	9,288	7	11,491	11,393	98
10	138,404	133,884	4,520	15,707	7,597	7,590	7	8,110	8,068	42
11	142,097	137,142	4,955	10,857	5,615	5,612	3	5,242	5,203	39
12	133,783	128,887	4,896	12,292	6,364	6,360	4	5,928	5,871	57

出所：国土交通部

運輸・倉庫業

<表4-5> 国際貨物輸送実績推移(2)　　　　　　　　　　　　　　　　　　　　　　(単位：トン‐キロ)

	合計	貨物	郵便	定期	
				計	貨物
2008	14,845,564,933	14,647,840,748	197,724,185	13,917,897,529	13,727,115,109
2009	13,974,345,353	13,745,833,180	228,512,173	12,960,385,750	12,736,617,658
2010	16,269,479,765	16,017,899,554	251,580,211	14,979,530,467	14,731,955,357
2011	15,906,489,014	15,631,103,579	275,385,435	13,585,891,604	13,325,981,320
2012	15,570,007,045	15,291,562,738	278,444,307	14,238,843,463	13,967,424,159
01	1,183,717,992	1,162,308,775	21,409,217	1,058,221,836	1,037,567,204
02	1,245,596,180	1,223,458,981	22,137,199	1,150,761,033	1,129,076,436
03	1,369,236,170	1,245,875,858	23,360,312	1,226,510,802	1,203,788,989
04	1,263,236,709	1,241,609,197	21,627,512	1,104,719,925	1,083,793,800
05	1,281,027,336	1,258,196,859	22,830,477	1,190,861,117	1,168,476,028
06	1,331,714,666	1,290,725,314	20,989,352	1,188,168,171	1,167,841,698
07	1,325,907,734	1,306,513,967	19,393,767	1,173,106,922	1,154,563,874
08	1,291,894,303	1,270,884,093	21,010,210	1,169,750,319	1,149,177,860
09	1,312,729,462	1,287,889,179	24,840,283	1,196,871,503	1,172,815,818
10	1,348,021,935	1,323,824,780	24,197,155	1,273,815,737	1,249,921,383
11	1,334,181,461	1,307,088,673	27,092,788	1,272,375,221	1,245,689,699
12	1,302,743,097	1,273,187,062	29,556,035	1,233,680,877	1,204,711,370

	定期	不定期		
	郵便	計	貨物	郵便
2008	190,782,437	927,667,387	920,725,639	6,941,748
2009	223,768,092	1,013,959,603	1,009,215,522	4,744,081
2010	247,575,110	1,289,949,298	1,285,944,197	4,005,101
2011	259,910,284	2,320,597,410	2,305,122,259	15,475,151
2012	271,419,304	1,331,163,582	1,324,138,579	7,025,003
01	20,654,632	125,496,456	124,741,571	754,585
02	21,684,597	94,835,147	94,382,545	452,602
03	22,721,813	142,725,368	142,086,869	638,499
04	20,926,125	158,516,784	157,815,397	701,387
05	22,385,089	90,166,219	89,720,831	445,388
06	20,326,473	123,546,495	122,883,616	662,879
07	18,543,048	152,800,812	151,950,093	850,719
08	20,572,459	122,413,984	121,706,233	437,751
09	24,055,685	115,857,959	115,073,361	784,598
10	23,894,354	74,206,198	73,903,397	302,801
11	26,685,522	61,806,240	61,398,974	407,266
12	28,969,507	69,062,220	68,475,692	586,528

出所：国土交通部

<表4-6> 国内線運航実績推移

	運航回数	運航キロ	飛行時間	旅客数	旅客キロ	利用可能座席キロ	座席利用率
	回	km	時間	人	km	km	%
2008	139,772	54,181,787	122,550	16,990,360	6,643,004,388	9,287,053,567	71.4
2009	147,383	57,119,912	129,161	18,061,073	7,105,171,868	10,105,396,804	70.3
2010	146,608	57,160,384	128,757	20,216,355	8,010,586,401	10,484,308,714	76.4
2011	151,512	59,818,746	133,960	20,980,803	8,394,805,022	11,187,710,387	75.0
2012	155,609	61,719,336	138,003	21,601,518	8,709,800,534	11,184,257,541	77.9
01	12,667	4,970,306	11,161	1,669,994	665,634,915	923,743,344	72.1
02	11,575	4,546,976	10,205	1,618,438	646,770,406	847,077,592	76.4
03	13,114	5,162,404	11,569	1,631,412	651,421,491	957,873,187	68.0
04	13,481	5,343,599	11,937	2,018,241	812,947,006	995,639,952	81.7
05	14,286	5,696,492	12,709	2,108,190	849,620,017	1042,912,680	81.5
06	13,390	5,326,615	11,901	1,916,670	772,903,324	964,591,661	80.1
07	12,867	5,090,668	11,402	1,838,961	745,961,757	907,893,694	82.2
08	12,929	5,160,799	11,519	1,906,276	778,629,079	923,683,171	84.3
09	12,458	4,961,116	11,087	1,637,959	663,860,083	874,922,650	75.9
10	13,620	5,438,298	12,132	2,019,933	817,708,884	972,770,424	84.1
11	12,733	5,051,258	11,288	1,772,175	712,105,381	896,600,572	79.4
12	12,492	4,970,805	11,093	1,463,269	592,238,191	876,548,614	67.6

	トンキロ				利用可能重量	重量(%)利用率
	旅客数	貨物	郵便	計		
2008	564,655,379	102,899,558	113,354	667,668,291	1,071,318,427	62.3
2009	603,939,604	110,637,692	200,907	714,778,203	1,195,807,078	59.8
2010	640,846,924	106,391,825	216,811	747,455,560	1,244,988,291	60.0
2011	671,584,392	114,650,389	230,577	786,465,358	1,337,114,581	58.8
2012	696,784,040	108,476,023	134,099	805,394,162	1,326,681,795	60.7
01	53,250,794	10,486,325	15,415	63,752,534	110,248,909	57.8
02	51,741,630	9,514,540	13,848	61,270,018	101,409,060	60.4
03	52,113,715	10,497,079	21,196	63,631,990	114,850,740	54.5
04	65,035,758	10,096,445	12,414	75,144,617	120,211,336	62.5
05	67,969,603	9,325,829	11,490	77,306,922	124,286,383	62.2
06	61,832,264	8,576,310	13,867	70,422,441	113,503,652	62.0
07	59,676,937	8,554,428	9,746	68,241,111	107,865,042	63.3
08	62,290,323	8,861,563	14,679	71,166,565	109,401,455	65.1
09	53,108,807	8,117,123	9,606	61,235,536	102,152,101	59.9
10	65,416,714	8,922,735	11,184	74,350,633	114,837,494	64.7
11	56,968,435	8,032,788	478	65,001,701	105,320,872	61.7
12	47,379,060	7,490,858	176	54,870,094	102,594,751	53.5

出所：国土交通部

運輸・倉庫業

<表4-7> 国際線運航実績推移

	運航回数	運航キロ	飛行時間	旅客数	旅客キロ	利用可能座席キロ	座席利用率
	回	km	時間	人	km	km	%
2008	248,646	812,817,426	964,683	35,237,216	114,774,750,589	161,397,591,414	71.0
2009	232,093	759,968,116	903,269	33,475,987	109,165,618,718	159,610,715,342	68.4
2010	256,688	837,835,526	1,000,783	40,060,948	127,760,197,379	167,136,099,237	76.4
2011	280,568	924,896,637	1,116,332	42,648,549	139,999,170,306	192,633,904,887	72.7
2012	313,726	994,113,658	1,200,776	47,702,644	154,025,032,053	208,040,353,785	74.0
01	25,127	81,692,686	98,548	3,928,860	13,198,893,964	17,709,914,530	74.5
02	23,379	75,852,110	91,475	3,749,719	11,871,341,713	15,906,956,239	74.6
03	24,688	80,139,854	96,687	3,699,603	11,655,400,580	16,649,723,177	70.0
04	24,516	78,346,427	94,665	3,768,483	12,046,827,643	16,317,640,848	73.8
05	25,980	81,877,919	99,188	3,815,078	12,486,047,329	17,150,210,764	72.8
06	25,518	80,668,253	97,589	3,904,085	12,859,211,774	16,830,531,775	76.4
07	27,708	85,909,145	103,841	4,344,386	14,005,373,216	18,083,370,032	77.4
08	28,235	87,838,934	106,519	4,723,315	14,735,816,867	18,579,500,524	79.3
09	26,697	84,011,912	101,404	3,884,942	12,534,179,602	17,417,397,430	72.0
10	27,763	86,848,177	104,690	4,089,514	13,204,036,084	17,953,985,824	73.5
11	26,439	83,794,927	101,670	3,821,198	12,247,654,456	17,145,697,800	71.4
12	27,676	87,133,314	105,100	3,973,461	13,180,248,825	18,295,424,842	72.0

	トンキロ				利用可能重量	重量利用率
	旅客数	貨物	郵便	計		
2008	10,329,727,708	14,646,333,898	197,724,185	25,173,785,791	43,800,933,176	57.9
2009	9,824,905,819	13,745,464,921	228,512,173	23,798,882,913	44,191,609,695	53.9
2010	11,498,417,982	15,411,435,863	251,580,211	27,161,434,056	47,089,892,272	57.7
2011	12,599,925,484	15,631,103,579	275,385,435	28,506,414,498	53,291,476,061	53.5
2012	13,862,253,071	15,291,562,738	278,444,307	29,432,260,116	55,471,829,741	53.1
01	1,187,900,486	1,162,308,775	21,409,217	2,371,618,478	4,453,017,270	53.3
02	1,068,420,765	1,223,458,981	22,137,199	2,314,016,945	4,260,520,380	54.3
03	1,048,986,053	1,345,875,858	23,360,312	2,418,222,223	4,597,830,834	52.6
04	1,084,214,490	1,241,609,197	21,627,512	2,347,451,199	4,406,150,906	53.3
05	1,123,744,263	1,258,196,859	22,830,477	2,404,771,599	4,547,662,662	52.9
06	1,157,329,074	1,290,725,314	20,989,352	2,469,043,740	4,518,111,003	54.6
07	1,260,483,608	1,306,513,967	19,393,767	2,586,391,342	4,718,787,497	54.8
08	1,326,223,535	1,270,884,093	21,010,210	2,618,117,838	4,822,323,966	54.3
09	1,128,076,180	1,287,889,193	24,840,283	2,440,805,642	4,741,354,952	51.5
10	1,188,363,275	1,323,824,780	24,197,155	2,536,385,210	4,868,362,224	52.1
11	1,102,288,915	1,307,088,673	27,092,788	2,436,470,376	4,733,129,995	51.5
12	1,186,222,427	1,273,187,062	29,556,035	2,488,965,524	4,804,578,052	51.8

出所：国土交通部

5. 物流業

<表5-1> 物流団地開発推進現況

区分	事業名 (物流団地)	場所	規模	事業費/国庫補助 (億ウォン)	事業期間	備考
合計	合計	23ヶ所	1,079千㎡	44,213/1,237		
運営中	小計	12ヶ所	4,643千㎡	20,203/984		
	釜山甘泉港	釜山西区、岩南洞	206,408㎡	3,761/ -	'91~'11	
	大田	大田儒城区、大井洞	463,887㎡	1,590/354	'98~'03	
	蔚山珍庄	蔚山 北区 珍庄洞	457,151㎡	1,177/75	'00~'07	1段階
			206,427㎡	1,000/ -	'11~'15	2段階
	陰城	忠北 陰城郡 大所面	283,934㎡	382/ -	'98~'07	
	安東	慶北 安東市 豊山邑	225,411㎡	185/4	'05~'07	
	全州長洞	全州市 徳津区 長洞	189,151㎡	257/9	'04~'07	
	平沢道日	京畿 平沢市 道日洞	486,062㎡	852/51	'03~'08	
	驪州	京畿 驪州郡 驪州邑	264,242㎡	478/88	'99~'10	
	広州	京畿 広州市 都尺面	278,016㎡	593/ -	'03~'09	
	天安	忠北 天安市 白石洞	463,517㎡	1,518/202	'00~'11	
	ソウル東南圏	ソウル 松坡区 文井洞	560,694㎡	8,410/201	'04~'14	
	南大田総合	大田 東区 九到洞	558,869㎡	1,568/ -	'08~□13	
工事中	小計	11ヶ所	6,146千㎡	21,643/253		
	江陵	江原 江陵市 邱井面	173,883㎡	489/174	'99~'14	
	堤川	忠北 堤川市 鳳陽邑	161,578㎡	261/14	'03~'12	
	利川ファッション	京畿 利川市 麻長面	798,085㎡	2,459/ -	'09~'13	
	広州草月	京畿 広州市 草月邑	269,180㎡	1,515/ -	'09~'14	
	アラベッキル仁川	仁川 西区 景西洞付近	1,145,026㎡	3,292/ -	'10~'13	
	安城元谷	京畿 安城市 元谷面	679,249㎡	2,046/42	'09~'13	
	永同黄澗	忠北 永同郡 黄澗面	263,587㎡	248/23	'10~'14	
	金浦高村	京畿 金浦市 高村面	894,454㎡	4,232/ -	'10~'13	
	華城東灘	京畿 華城市 東灘面	473,913㎡	2,220 -	'10~'15	
	平沢青北	京畿 平沢市 青北面	827,748㎡	3,313/ -	'11~'15	
団地指定	富川梧亭	京畿 富川市 梧亭洞	460,088㎡	2,367/ -	'08~'16	

注) 2013.7月現在　　　　　　　　　　　　　　　　　　　　　　　　　　出所：国土交通部

運輸・倉庫業

<表5-2> 内陸物流基地現況

区分		事業名	場所	面積 (万㎡)	事業費 (億ウォン)	期間	備考
合計				460	22,697		
1段階	首都圏	軍浦 IFT 儀旺 ICD	京畿軍浦 京畿儀旺	38 75	2,457 331	'92~'98 '92~'96	運営中
	釜山圏	梁山 IFT 梁山 ICD	慶南梁山 〃	32 95	2,543 2,782	'92~'99 '92~'00	運営中
2段階	湖南圏	長城 IFT 長城 ICD	全南長城	52	3,323	'98~'14	1段階運営('05.5) 2段階着工('07.6)
	中部圏	中部圏 IFT 中部圏 ICD	世宗	48	2,383	'03~'10	運営中
	嶺南圏	嶺南圏 IFT 嶺南圏 ICD	慶北漆谷	46	2,983	'04~'10	運営中
	首都圏 (拡張)	軍浦 IFT 拡張	京畿軍浦	32	5,790	'03~'12	運営中
	首都圏 北部	坡州 IFT 坡州 ICD	京畿坡州	39	3,816	'07~'15	事業施行者指定 ('07.4)

注) 2013.7月現在　　出所：国土交通部

<表5-3> 一般物流ターミナル現況

番号	地域	名称	敷地(㎡)	建築延面積(㎡)	工事施工認可日	運営会社	位置	連絡先
計		30ヶ所	932,866	256,855				
1	ソウル	韓国貨物ターミナル	96,017	24,792	'90.3.31	㈱パイシティ	瑞草区良才洞	02-578-2009
2	ソウル	西部トラックターミナル	108,399	41,382	'79.9.29	㈱西部IND	陽川区新亭洞	02-2689-0035
3	ソウル	東部物流ターミナル	19,463	4,465	'75.8.10	㈱新世界	東大門区長安洞	02-727-1834
4	釜山	釜山物流ターミナル	85,667	11,569	'92.11.12	釜山物流ターミナル㈱	江西区松亭洞	051-311-6711
5	大邱	西部物流ターミナル	70,022	15,912	'95.5.11	㈱大邱貨物ターミナル	達西区月城洞	053-591-8665
6	大邱	北部物流ターミナル	9,878	2,016	'01.4.21	㈱慶北流通産業	北区梅川洞	053-312-2001
7	大邱	東部物流ターミナル	34,510	7,822	'06.1.20	㈱東大邱貨物ターミナル	東区龍渓洞	053-961-6330
8	仁川	e-techトラックターミナル	30,460	5,474	'83.2.16	㈱e-tech建設	南区鶴翼洞	032-831-0201
9	仁川	仁川専用物流ターミナル	43,537	12,983	'94.4.12	㈱韓進	中区港洞	032-884-7608
10	仁川	仁川トラックターミナル	45,984	1,879	'99.2.4	㈱HJ物流	南区桃花洞	032-777-8151
11	光州	光州貨物自動車ターミナル	35,765	5,891	'83.3.4	光州貨物自動車ターミナル㈱	北区角化洞	062-261-2511
12	光州	楓岩物流ターミナル	39,304	14,192	'04.7.29	㈱LST	西区梅月洞	062-650-6510
13	大田	中部大田物流ターミナル	59,556	22,074	'01.12.3	中部大田貨物ターミナル㈱	儒城区大井洞	042-542-6700
14	大田	大田共用ターミナル	60,242	36,561	'99.12.21	大韓通運㈱	大徳区邑内洞	042-714-1233
15	蔚山	蔚山貨物ターミナル	41,593	13,456	'95.5.18	㈱蔚山貨物ターミナル	北区孝門洞	052-289-9900
16	京畿	韓進貨物ターミナル	9,395	3,331	'01.9.1	㈱韓進	城南市盆唐区	031-716-3537
17	京畿	鞍山物流ターミナル	42,946	19,359	'95.4.14	DAE KYUNG TLS	安山市檀園区	031-498-8588
18	京畿	安山物流ターミナル	35,592	3,826	'99.12.8	㈱韓進	安山市檀園区	031-433-6213
19	京畿	平沢物流ターミナル	16,473	4,076	'09.4.29	モリム通運㈱	平沢市道日洞	031-665-7890
20	忠北	清州物流ターミナル	19,654	4,776	'89.7.8	清州貨物ターミナル㈱	清州市興徳区池東洞	043-251-1579
21	忠北	報恩物流ターミナル	6,934	474	'96.1.24	兄弟企業㈱	報恩郡報恩邑芝山里	043-543-2134
22	忠南	牙山共用物流ターミナル	21,475	545	'97.7.10	牙山仙掌貨物荷役㈱	牙山市面役場	041-543-2871

<続く>

番号	地域	名称	敷地(㎡)	建築延面積 ㎡	工事施工認可日	運営会社	位置	連絡先
23	忠南	中部物流ターミナル	33,896	9,821	'99.5.4	(株)中部貨物ターミナル	天安市九龍洞	041-558-9111
24	全北	益山総合貨物	23,924	4,674	'99.1.9	新益山貨物ターミナル	益山市富松洞	063-833-0303
25	全南	麗川物流ターミナル	10,265	1,169	'99.6.1	麗川貨物	麗水市月下洞	061-685-6570
26	全南	麗川貨物トラックターミナル	15,554	2,896	'01.6.1	ターミナル給油所	麗水市月下洞	061-691-4534
27	全南	麗水一般物流ターミナル	51,268	39,260	'11.5.20	都市産業開発(株)	麗水市鶴洞	061-690-2331
28	慶北	SAMIL物流ターミナル	88,631	5,845	'89.3.8	(株)SAMIL	浦項市南区	054-273-3131
29	慶北	亀尾物流ターミナル	29,419	6,716	'96.3.25	(株)亀尾貨物ターミナル	亀尾市吾台洞	054-464-5000
30	慶南	晋州物流ターミナル	21,574	2,145	'87.1.31	(株)晋州貨物ターミナル	晋州市上大洞	055-758-1066

注) 2013.7月現在　　　　　　　　　　　　　　　　　　　　　　　出所：国土交通部

15 流通・金融産業

1. 流通産業

1) 流通産業概要

<表1-1> 業態別小売販売額推移 (単位：百万ウォン)

小売業態別	2010	2011	2012
合計	306,646,626	335,549,120	349,376,739
デパート	24,751,551	27,563,655	29,088,104
大型マート	38,181,286	42,251,316	44,396,362
スーパーマーケット	29,909,718	32,462,514	34,006,079
コンビニ	7,808,550	9,202,853	10,884,095
専門小売店	100,553,003	105,814,620	105,600,441
無店舗小売	29,169,683	32,277,499	35,831,419
乗用車及び燃料小売店	76,272,835	85,976,663	89,570,239

出所：大韓商工会議所, '2013年流通産業統計'

<表1-2> 業態別小売販売比重推移 (単位：%)

小売業態別	2010	2011	2012
合計	100.0	100.0	100.0
デパート	8.07	8.21	8.33
大型マート	12.45	12.59	12.71
スーパーマーケット	9.75	9.67	9.73
コンビニ	2.55	2.74	3.12
専門小売店	32.79	31.53	30.23
無店舗小売	9.51	9.62	10.26
乗用車及び燃料小売店	24.87	25.62	25.64

出所：大韓商工会議所, '2013年流通産業統計'

<表1-3> 財別・商品群別小売業販売額推移 (単位：百万ウォン)

小売業態別	2010	2011	2012
合計	306,646,626	335,549,120	349,376,739
耐久財	74,420,167	81,163,825	83,437,361
乗用車	27,959,385	29,974,650	30,489,333
家電製品	15,061,633	15,620,428	15,438,883
通信機器及びコンピュータ	19,632,844	22,986,286	24,398,747
家具	4,058,413	4,260,822	4,366,578
その他の耐久財	7,707,892	8,321,639	8,743,820
準耐久財	71,628,859	76,866,903	79,219,822
衣服	43,613,124	45,886,946	47,537,826
靴及びカバン	8,094,203	9,333,421	10,450,968
運動娯楽	7,196,647	7,828,487	8,259,978
その他の準耐久財	12,724,885	13,818,049	12,971,050
非耐久財	160,597,600	177,518,392	186,719,556
飲食料品	65,529,202	72,176,892	76,836,851
医薬品	12,189,443	12,381,765	12,128,623
化粧品	11,936,742	13,195,263	13,906,664
書籍・文具	6,075,893	6,263,119	5,965,573
車両の燃料	45,882,656	53,322,686	56,375,112
その他の非耐久財	18,983,664	20,178,667	21,506,733

出所：統計庁, 小売販売額統計(経常金額)

<表1-4> 売上規模別卸・小売業従事者数推移 (単位：人)

	2007年	2008年	2009年	2010年	2011年
総計	2,515,629	2,544,849	2,626,339	2,617,891	2,680,253
5千万ウォン未満	332,645	346,531	348,533	435,449	346,123
5千万ウォン~1億ウォン	313,808	292,277	276,894	257,422	255,159
1億ウォン~5億ウォン	712,616	668,033	661,862	612,174	671,374
5億ウォン~10億ウォン	241,331	231,558	271,214	240,211	277,671
10億ウォン~50億ウォン	464,401	494,834	544,055	516,599	563,164
50億ウォン~100億ウォン	171,911	187,087	201,868	162,029	206,683
100億ウォン~200億ウォン	84,170	98,621	79,349	114,182	96,699
200億ウォン~300億ウォン	31,631	39,377	38,640	55,367	41,985
300億ウォン以上	163,117	186,531	203,925	224,458	221,394

注) 中小企業:常時勤労者数200人未満又は売上額200億ウォン以下(中小企業法施行令)

出所：統計庁, 卸小売業調査(2007~2011)/経済総調査(2010)

流通・金融業

<表1-5> 財別・商品群別小売業販売比重推移　　　　　　　　　　　　　(単位：百万ウォン)

合計	100.00	100.00	100.00
耐久財	24.27	24.19	23.88
乗用車	9.12	8.93	8.73
家電製品	4.91	4.66	4.42
通信機器及びコンピュータ	6.40	6.85	6.98
家具	1.32	1.27	1.25
その他の耐久財	2.51	2.48	2.50
準耐久財	23.36	22.91	22.67
衣服	14.22	13.68	13.61
靴及びカバン	2.64	2.78	2.99
運動娯楽	2.35	2.33	2.36
その他の準耐久財	4.15	4.12	3.71
非耐久財	52.37	52.90	53.44
飲食料品	21.37	21.51	21.99
医薬品	3.98	3.69	3.47
化粧品	3.89	3.93	3.98
書籍,文具	1.98	1.87	1.71
車両の燃料	14.96	15.89	16.14
その他の非耐久財	6.19	6.01	6.16

出所：統計庁, 小売販売額統計(経常金額)

<表1-6> 業種別卸・小売業事業体数推移　　　　　　　　　　　　　(単位：社)

		2007年	2008年	2009年	2010年	2011年
卸小売業全体		867,784	859,794	861,736	876,654	903,797
	自動車及び部品販売業	22,992	22,936	23,175	23,865	24,849
	卸売及び商品仲介業	221,854	224,010	226,228	236,289	247,322
	小売業(自動車除外)	622,938	612,848	612,333	616,500	631,626

注)　1. 2010年は5年ごとに全数調査が実施される経済総調査結果の値（経済総調査を実施した年は卸・小売業調査未施行）
　　2. 卸・小売業調査は標本調査、経済総調査は全数調査が実施され、調査の値に差が生じる場合がある

出所：統計庁, 卸小売業調査(2007~2011)/経済総調査(2010)

2) 大型マート

<表1-7> 年度別大型マート市場規模推移 (単位：百万ウォン, %)

	2010年	2011年	2012年
販売額	38,181,286	42,251,316	44,396,362
成長率	8.1	10.7	5.1

出所：統計庁, 小売販売・卸小売業動向

<表1-8> 年度別大型マート事業体数および従事者数推移 (単位：社, 人)

	2007年	2008年	2009年	2010年	2011年
事業者数	375	424	442	458	472
従事者数	56,200	70,944	69,849	59,781	60,309

出所：統計庁, 全国事業所調査

<表1-9> 市道別大型マート事業体数推移 (単位：社)

	2007年	2008年	2009年	2010年	2011年
全国	375	424	442	458	472
ソウル特別市	66	76	81	81	81
釜山広域市	35	38	36	38	38
大邱広域市	21	19	19	23	23
仁川広域市	23	24	24	28	29
光州広域市	16	16	17	15	16
大田広域市	13	17	17	16	18
蔚山広域市	12	13	14	13	15
京畿道	89	101	110	115	119
江原道	9	9	11	15	15
忠清北道	9	10	12	12	12
忠清南道	9	14	14	18	17
全羅北道	13	15	15	15	17
全羅南道	11	12	12	14	14
慶尚北道	19	23	25	20	22
慶尚南道	21	28	26	27	28
済州島	9	9	9	8	8

出所：統計庁, 全国事業所調査

流通・金融業

<表1-10> 市道別大型マート販売額推移 (単位：百万ウォン)

	2010年	2011年	2012年
全国	38,181,286	42,251,316	44,396,362
ソウル特別市	11,524,908	12,940,915	13,885,728
釜山広域市	2,760,647	3,005,689	3,010,777
大邱広域市	1,692,276	1,914,305	2,060,415
仁川広域市	2,201,336	2,453,146	2,537,262
光州広域市	958,220	1,039,111	1,133,039
大田広域市	1,137,222	1,256,562	1,410,636
蔚山広域市	929,592	989,560	1,029,976
京畿道	9,533,886	10,443,364	10,841,403
慶尚南道	1,717,858	1,920,519	1,924,757

出所：統計庁、小売販売・卸小売業動向

<表1-11> 市道別大型マート販売額比重推移 (単位：%)

	2010年	2011年	2012年
全国	100.0	100.0	100.0
ソウル特別市	30.2	30.6	31.3
釜山広域市	7.2	7.1	6.8
大邱広域市	4.4	4.5	4.6
仁川広域市	5.8	5.8	5.7
光州広域市	2.5	2.5	2.6
大田広域市	3.0	3.0	3.2
蔚山広域市	2.4	2.3	2.3
京畿道	25.0	24.7	24.4
慶尚南道	4.5	4.5	4.3

出所：統計庁、小売販売・卸小売業動向

<表1-12> 大型マートPB商品売上高比率

	2006年	2007年	2008年	2009年	2010年	2011年	2012年
Eマート	7	9	19	23	24	25	23
ホームプラス	18	20	25	26	26	27	22
ロッテマート	-	13	17	20	23	24	26

注) 3社の基準(Eマート、ホームプラス、ロッテマート)　　出所：各社、インターネットの記事を参照

<表1-13> 大型マート海外店舗運営現況(2012)

区分	海外売り場数	国別売り場数	
ロッテマート	143	中国	105
		インドネシア	34
		ベトナム	4
Eマート	16	中国	16
メガマート	1	中国	1

出所：各社のホームページを参照

3) デパート

<表1-14> 市道別デパート事業体数推移 (単位：店)

	2007年	2008年	2009年	2010年	2011年
全国	84	82	83	93	93
ソウル特別市	28	26	25	30	31
釜山広域市	4	4	6	6	8
大邱広域市	8	7	7	7	9
仁川広域市	4	4	4	5	3
光州広域市	3	3	3	4	3
大田広域市	4	4	4	4	4
蔚山広域市	3	3	3	3	3
京畿道	14	15	15	19	17
江原道	1	1	1	-	1
忠清北道	2	2	2	2	2
忠清南道	2	2	2	2	2
全羅北道	2	2	2	1	1
全羅南道	1	1	1	1	1
慶尚北道	2	2	2	2	2
慶尚南道	6	6	6	7	6
済州島	-	-	-	-	-

出所：統計庁, 全国事業所調査

<表1-15> 年度別デパート市場規模推移 (単位：百万ウォン, %)

	2010年	2011年	2012年
販売額	24,751,551	27,563,655	29,088,104
成長率	11.6	11.4	5.5

出所：統計庁, 小売販売・卸小売業動向

<表1-16> 年度別デパート事業体数及び従事者数推移 (単位：店, 人)

	2007年	2008年	2009年	2010年	2011年
事業者数	84	82	83	93	93
従事者数	18,368	18,938	17,730	18,320	17,848

出所：統計庁, 全国事業所調査

流通・金融業

<表1-17> 市道別デパート販売額推移 (単位：百万ウォン)

	2010年	2011年	2012年
全国	24,751,551	27,563,655	29,088,104
ソウル特別市	11,685,669	12,927,803	13,403,387
釜山広域市	2,456,833	2,682,705	2,821,341
大邱広域市	1,313,423	1,613,391	1,849,870
仁川広域市	829,539	896,736	892,456
光州広域市	878,919	928,127	933,744
大田広域市	903,800	997,356	991,070
蔚山広域市	820,177	927,286	965,983
京畿道	3,861,342	4,234,963	4,693,624
慶尚南道	923,237	1,012,491	1,017,180

出所：統計庁, 小売販売・卸小売業動向

<表1-18> 市道別デパート販売額比重推移 (単位：%)

	2010年	2011年	2012年
全国	100.0	100.0	100.0
ソウル特別市	47.2	46.9	46.1
釜山広域市	9.9	9.7	9.7
大邱広域市	5.3	5.9	6.4
仁川広域市	3.4	3.3	3.1
光州広域市	3.6	3.4	3.2
大田広域市	3.7	3.6	3.4
蔚山広域市	3.3	3.4	3.3
京畿道	15.6	15.4	16.1
慶尚南道	3.7	3.7	3.5

出所：統計庁, 小売販売・卸小売業動向

<表1-19> デパート海外店舗運営現況

区分	海外売り場数	国別売り場数
ロッテ百貨店	ロシア	モスクワ店
	中国	北京店
		天津東馬路店
		天津文化中心店
		威海店
	インドネシア	ジャカルタ店
	ベトナム	ハノイ店

出所：ロッテショッピングホームページ(2013年8月基準)

4) スーパーマーケット

<表1-20> 市道別スーパーマーケット事業体数推移　　　　　　　　　　　（単位：社）

	2007年	2008年	2009年	2010年	2011年
全国	7,138	8,060	8,598	8,341	8,277
ソウル特別市	1,096	1,250	1,365	1,153	1,195
釜山広域市	414	449	495	506	513
大邱広域市	394	476	530	486	503
仁川広域市	283	320	349	342	339
光州広域市	205	221	247	241	263
大田広域市	201	240	252	272	249
蔚山広域市	202	232	249	234	240
京畿道	1,386	1,565	1,683	1,710	1,690
江原道	293	327	325	305	300
忠清北道	239	294	287	312	286
忠清南道	405	432	456	448	444
全羅北道	334	388	421	422	407
全羅南道	380	418	421	392	362
慶尚北道	556	606	645	660	651
慶尚南道	591	654	689	695	666
済州島	159	188	184	163	169

出所：統計庁, 全国事業所調査

<表1-21> 年度別スーパーマーケット市場規模推移　　　　　　　　　　（単位：百万ウォン, %）

	2010年	2011年	2012年
販売額	29,909,718	32,462,514	34,006,079
成長率	6.3	8.5	4.8

出所：統計庁, 小売販売・卸小売業動向

流通・金融業

<表1-22> 年度別スーパーマーケット事業体数及び従事者数推移 　　　　　　(単位：店, 人)

	2007年	2008年	2009年	2010年	2011年
事業者数	7,138	8,060	8,598	8,341	8,277
従事者数	55,647	63,824	69,269	69,348	73,361

出所：統計庁, 全国事業所調査

<表1-23> 主要スーパーマーケット決算現況(2012) 　　　　　　(単位：店, 百万ウォン)

区分	法人名	総店舗数	売上高
ハナロマート	農協流通	2,038	1,137,744
ロッテスーパー	ロッテショッピング	441	8,954,593
ホームプラスエクスプレス	ホームプラス(株)	297	7,086,293
GSスーパーマーケット	GSリテール	271	1,420,713
Eマートエブリデイ	(株)エブリデイリテール (株)エスエム	147	663,018

出所：金融監督院, 電子公示システム, 各社ホームページ

5) コンビニ

<表1-24> 年度別コンビニ市場規模推移 (単位：百万ウォン, %)

	2010年	2011年	2012年
販売額	7,808,550	9,202,853	10,884,095
成長率	-	17.9	18.3

出所：統計庁, 小売販売・卸小売業動向

<表1-25> 年度別コンビニ店舗数推移 (単位：店, %)

	2007年	2008年	2009年	2010年	2011年
店舗数	12,485	14,130	16,937	21,221	24,559
成長率	12.9	13.2	19.9	25.3	15.7

出所：韓国コンビニ協会, コンビニ運営動向2013

<表1-26> 1CVS当り人口推移 (単位：人)

	2008年	2009年	2010年	2011年	2012年
1CVS当たりの人口	3,968	3,523	2,983	2,390	2,075

出所：韓国コンビニ協会, コンビニ運営動向2013

<表1-27> 年度別コンビニ出/閉店及び店舗数増加推移 (単位：店, %)

年度	店舗数	店舗数変動内訳			
		出店数	閉店数	増減数	成長率
2002年	5,680	1,983	173	1,810	46.8
2003年	7,200	1,976	458	1,520	26.8
2004年	8,247	1,588	541	1,047	14.5
2005年	9,085	1,364	526	838	10.2
2006年	9,928	1,491	648	843	9.3
2007年	11,056	1,957	829	1,128	11.4
2008年	12,485	2,209	780	1,429	12.9
2009年	14,130	2,505	860	1,645	13.2
2010年	16,937	3,687	880	2,807	19.9
2011年	21,221	5,085	801	4,284	25.3
2012年	24,559	4,675	1,337	3,338	15.7

出所：韓国コンビニ協会, コンビニ運営動向2013

流通・金融業

<表1-28> 地域別コンビニ市場規模及び占有率(2012) (単位:億ウォン,%)

	市場規模	占有率
首都圏	64,991	55.4
江原	4,349	3.7
忠清圏	11,783	10.0
湖南圏	10,185	8.7
済州	2,322	2.0
嶺南圏	23,755	20.2
全国	117,385	100.0

出所:韓国コンビニ協会, コンビニ運営動向2013

<表1-29> 年齢別コンビニ利用顧客構成比 (単位:%)

	20代未満	20代	30代	40代	50代
2011年	6.9	28.6	33.5	18.7	12.3
2012年	3.9	31.6	26.0	20.7	17.8

出所:韓国コンビニ協会, コンビニ運営動向2013

<表1-30> 市道別コンビニ現況(2012) (単位:店)

業者	ミニストップ	バイザウェイ	セブンイレブン	C-SPACE	CU	GS25	ジョイマート	合計
首都圏	898	708	3,106	54	3,905	3,740	145	12,556
江原	58	67	194	-	457	268	11	1,055
忠清圏	122	204	628	8	895	772	25	2,654
湖南圏	536	31	617	-	656	591	22	2,453
済州	-	-	205	-	239	176	-	620
嶺南圏	278	214	1,228	59	1,793	1,591	58	5,221
全国	1,892	1,224	5,978	121	7,945	7,138	261	24,559

出所:韓国コンビニ協会, コンビニ運営動向2013

<表1-31> 購入時間帯別コンビニ顧客構成比 (単位:%)

00~02時	6.8	5.4	8.2	7.9
02~06時	6.0	5.5	8.0	8.6
06~08時	6.8	7.5	5.7	5.2
08~12時	17.2	18.1	14.5	15.0
12~14時	10.6	10.1	10.5	10.4
14~16時	9.4	9.2	10.6	10.5
16~20時	21.7	22.8	20.6	21.7
20~24時	21.5	21.4	20.9	20.7

出所:韓国コンビニ協会, コンビニ運営動向2013

<表1-32> 主要商品分類別売上構成比順位表 (単位:%)

商品の種類	2011年		2012年	
	順位	売上高構成	順位	売上高構成
加工食品	2	18.5	2	19.1
一般加工食品	3	12.4	3	12.5
酒類	4	7.7	4	7.8
フレッシュフード	6	6.0	6	6.8
菓子類	5	6.9	5	6.2
雑貨類	7	4.1	7	4.4
宝くじ	8	2.7	8	3.0
一般生鮮食品	9	0.6	9	0.6
文具/玩具/ファンシー	10	0.5	10	0.4
書籍/雑誌	11	0.2	11	0.1
合計		100.0		100.0

出所:韓国コンビニ協会,コンビニ運営動向2013

<表1-33> 主要コンビニ決算現況(2012) (単位:店, 百万ウォン)

ブランド名	会社名	店舗数	売上高
CU	(株)BGF Retail	7,945	2,857,192
GS25	(株)GSリテール	7,138	2,973,157
セブンイレブン	(株)コリアセブン	5,978	1,900,264
ミニストップ	韓国ミニストップ(株)	1,892	763,664
バイザウェイ	(株)バイザウェイ	1,224	548,787

出所:金融監督院(電子公示システム),各社ホームページ

流通・金融業

6) 通信販売業

(1) 一般現況

<表1-34> 年度別無店舗販売業市場規模推移　　　　　　　　　　　　　　　　(単位：百万ウォン,％)

	2010年	2011年	2012年
販売額	29,169,683	32,277,499	35,831,419
成長率	14.9	10.7	10.9

出所：統計庁, 小売販売・卸小売業動向

<表1-35> 取引主体別電子商取引規模推移　　　　　　　　　　　　　　　　(単位：十億ウォン)

	2007年	2008年	2009年	2010年	2011年	2012年
合計	516,514	630,087	672,478	824,392	999,582	1,146,806
企業間(B2B)	464,456	560,255	592,965	747,090	912,883	1,051,162
企業・政府間(B2G)	36,801	52,266	59,455	52,772	58,378	62,478
企業・消費者間(B2C)	10,226	11,359	12,045	16,005	18,533	21,362
消費者間(C2C)	5,032	6,207	8,012	8,524	9,788	11,804

出所：統計庁, 電子商取引動向調査

<表1-36> 産業別企業間(B2B)電子商取引規模推移　　　　　　　　　　　　　(単位：十億ウォン)

	2007年	2008年	2009年	2010年	2011年	2012年
合計(B2B)	464,456	560,255	592,965	747,090	912,883	1,051,162
製造業	298,399	359,732	375,246	508,520	635,965	751,007
電気・ガス・水道業	9,518	10,807	15,066	14,090	10,039	7,413
建設業	46,160	63,288	56,978	61,711	71,264	83,813
卸売小売業	82,478	96,185	105,073	126,543	146,174	159,549
運輸業	7,850	8,456	19,305	11,297	18,066	14,918
出版、映像、放送通信及び情報サービス業	11,029	11,514	13,713	17,274	20,415	22,371
その他	9,022	10,273	7,582	7,656	10,959	12,091

出所：統計庁, 電子商取引動向調査

<表1-37> 取引主導形態別企業間(B2B)電子商取引の規模推移　　　　　　　　(単位：十億ウォン)

	2007年	2008年	2009年	2010年	2011年	2012年
合計(B2B)	464,456	560,255	592,965	747,090	912,883	1,051,162
購買者中心型	321,058	381,003	393,970	424,426	499,005	536,820
販売者中心型	119,246	146,947	161,546	278,938	363,285	465,141
仲介者中心型	24,152	32,304	37,450	43,726	50,593	49,200

出所：統計庁, 電子商取引動向調査

(2) インターネットショッピングモール

<表1-38> 商品群別サイバーショッピング取引額(2012)　　　　(単位：百万ウォン,％)

区分	取引額	構成比
旅行及び予約サービス	5,576,817	16.37
衣類・ファッション及び関連商品	5,550,088	16.29
家電・電子・通信機器	3,751,205	11.01
生活・自動車用品	3,655,369	10.73
コンピュータ及び周辺機器	3,063,340	8.99
飲料・食料品	2,892,128	8.49
化粧品	1,945,829	5.71
児童・乳児用品	1,658,381	4.87
スポーツ・レジャー用品	1,334,213	3.92
書籍	1,272,781	3.74
農水産物	955,511	2.80
各種サービス	522,455	1.53
事務用・一般文具	414,799	1.22
レコード・ビデオ・楽器	141,643	0.42
ソフトウェア	81,064	0.24
花	44,703	0.13
その他	1,207,873	3.55
合計	34,068,199	100

出所：統計庁，サイバーショッピング動向調査

<表1-39> 取扱商品範囲別サイバーショッピングモール取引額推移　　　(単位：百万ウォン)

	2007年	2008年	2009年	2010年	2011年	2012年
計	15,765,573	18,145,516	20,642,979	25,202,988	29,072,463	34,068,199
総合モール	11,121,748	12,964,202	15,444,725	19,041,704	21,835,828	25,858,234
専門モール	4,643,824	5,181,314	5,198,254	6,161,284	7,236,635	8,209,965

出所：統計庁，サイバーショッピング動向調査

<表1-40> 運営形態別サイバーショッピングモール取引額推移　　　(単位：百万ウォン)

	2007年	2008年	2009年	2010年	2011年	2012年
計	15,765,573	18,145,516	20,642,979	25,202,988	29,072,463	34,068,199
Onlineモール	10,006,876	12,061,352	14,005,549	16,960,832	18,991,029	22,130,654
On/Offlineモール	5,758,697	6,084,164	6,637,430	8,242,156	10,081,434	11,937,545

出所：統計庁，サイバーショッピング動向調査

<表1-41> 種類別主要業者年平均購入者数　　　　　　　　　　　　　　　　　　　　　　(単位：人)

	2008年	2009年	2010年	2011年	2012年
一般モール	1,534,369	1,605,800	2,666,210	2,849,569	3,218,462
オープンマーケット	6,475,000	6,750,000	7,818,643	6,698,027	6,346,343

出所：韓国オンラインショッピング協会, 2013オンラインショッピング市場への理解と展望

<表1-42> 類型別主要業者日平均購買件数、客単価、実購買率　　　　　　　(単位：件, ウォン, %)

		2010年	2011年	2012年
一般モール	日平均購買件数(件)	32,367	23,573	30,738
	客単価(ウォン)	142,995	199,909	236,062
	実購買率(%)	84.5	82.9	83.2
オープンマーケット	日平均購買件数(件)	129,418	100,422	92,300
	客単価(ウォン)	29,233	43,710	59,093
	実購買率(%)	96.5	96.8	95.8

出所：韓国オンラインショッピング協会, 2013オンラインショッピング市場への理解と展望

(3) TVショッピング

<表1-43> 5大TVショッピング社売上現況(2012)　　　　　　　　　　　　　　　　　(単位：億ウォン)

	CJホームショッピング	GSホームショッピング	NSホームショッピング	ロッテホームショッピング	現代ホームショッピング
取扱高	28,135	28,530	9,121	24,217	未集計
売上高	10,773	10,196	3,088	6,701	7,605
売上総利益	8,348	8,608	3,026	6,650	7,449
営業利益	1,388	1,357	535	738	1,528
当期純利益	1,226	1,107	397	667	1,040

出所：韓国オンラインショッピング協会, 2013オンラインショッピング市場への理解と展望

<表1-44> 年度別5大TVショッピング社売上額占有率　　　　　　　　　　　　　　　　(単位：%)

	2010年	2011年	2012年
CJオーショッピング	24.3	26.0	28.1
GSホームショッピング	27.4	26.3	26.6
NSホームショッピング	9.8	8.5	8.0
ロッテホームショッピング	18.8	18.5	17.5
現代ホームショッピング	19.7	20.7	19.8
合計	100.0	100.0	100.0

出所：韓国オンラインショッピング協会, 2013オンラインショッピング市場への理解と展望

(4) M-コマース

<表1-45> 国内外M-コマース市場規模

	2010年	2011年	2012年
韓国(億ウォン)	3,000	6,000	17,000
日本(億円)	4,392	5,839	-
中国(億元)	26	157	680
米国(億ドル)	490	1,363	2,466

出所：韓国オンラインショッピング協会,2013オンライン ショッピング市場への理解と展望

<表1-46> 種類別主要業者市場規模及び比重(2012)　　　　(単位：億ウォン, %)

	2010年	2011年
オープンマーケット, ソーシャルコマース系	10,600	62.4
総合モール/専門モール系	4,400	25.9
その他	2,000	11.8
合計	17,000	100.0

出所：韓国オンラインショッピング協会,2013オンライン ショッピング市場への理解と展望

(5) ソーシャルコマース

<表1-47> ソーシャルコマース主要3社取引現況

会社名	サービス開始日	2012年取引額	モバイル累積取引額
Kupang	2010年8月	8,000億ウォン	1,800億ウォン
チケットモンスター	2010年5月	7,284億ウォン	2,000億ウォン
ウィメプ	2010年10月	5,000億ウォン	2,000億ウォン

出所：各社、インターネットの記事を参照

<表1-48> 国内ソーシャルコマース市場規模

2010年	2011年	2012年	2013年(推定)
500億	1兆	2兆	3兆

出所：韓国オンラインショッピング業界, 各社

(6) カタログショッピング

<表1-49> 年度別カタログショッピング市場規模及びカタログ発送部数推移

		2006年	2007年	2008年	2009年	2010年	2011年	2012年
市場規模(億ウォン)		6,490	6,500	6,500	7,300	7,700	7,700	8,200
発送部数(十万部)		1,195	1,153	1,049	960	963	944	920
重量(g)	平均	312	322	325	341	417	442	418
	最高	950	950	950	1,000	1,000	800	1,400

出所：韓国オンラインショッピング協会, 2013オンライン ショッピング市場への理解と展望

<表1-50> 系列別カタコグショッピング市場規模及び展望　　　　　(単位：億ウォン, %)

	2006年	2007年	2008年	2009年	2010年	2011年	2012年	2013年(F)	2014年(F)
TVホームショッピング系列	3,810	4,250	4,300	5,600	6,300	6,500	7,200	7,800	8,700
専門カタログ系列	2,680	2,250	2,200	1,700	1,400	1,200	1,000	1,100	1,100
合計	6,490	6,500	6,500	7,300	7,700	7,700	8,200	8,900	9,800
増減率	-	0	0	12.3	5.5	0	6.5	8.5	10.1

出所：韓国オンラインショッピング協会, 2013オンライン ショッピング市場への理解と展望

7) フランチャイズ

<表1-51> 加盟事業一般現況 (単位：店)

	2008年	2009年	2010年	2011年	2012年
加盟本部数	1,009	1,505	2,042	2,405	2,678
ブランド数	1,276	1,901	2,550	2,947	3,311
加盟店数	107,354	132,443	148,719	170,926	176,788
直営店数	6,087	7,695	9,477	10,155	11,326

出所：公正取引委員会, 情報開示書

<表1-52> 業種別加盟本部、加盟店数推移 (単位：店)

		2009年	2010年	2011年	2012年
加盟本部数	外食業	947	1,309	1,598	1,810
	サービス業	338	440	489	513
	卸売小売業	220	293	318	355
	合計	1,505	2,042	2,405	2,678
ブランド数	外食業	1,228	1,661	1,962	2,246
	サービス業	413	532	593	631
	卸売小売業	260	357	392	434
	合計	1,901	2,550	2,947	3,311
加盟店数	外食業	51,503	60,268	68,068	72,903
	サービス業	49,183	52,208	62,377	60,535
	卸売小売業	31,757	36,243	40,481	43,350
	合計	132,443	148,719	170,926	176,788
直営店数	外食業	2,087	3,086	2,984	3,235
	サービス業	2,758	2,887	3,036	3,251
	卸売小売業	2,850	3,504	4,135	4,840
	合計	7,695	9,477	10,155	11,326

出所：公正取引委員会, 情報開示書

8) 専門店

<表1-53> 業態別主要専門店売上及び店舗数　　　　　　　　　　(単位：店, 百万ウォン)

業態	会社名	店舗数	売上高
電子	(株)電子ランド	98	489,223
	(株)ハイマート	353	3,212,151
H&B	CJオリーブヤング(株)	364	307,507
	(株)GSワトソンズ	88	85,494
親環境	トンウォンホームフーズ	4	377,481
	(株)オルガホールフード	62	75,179
	(株)チョロッマウル	336	123,010
化粧品	(株)ネイチャーリパブリック	442	128,423
	(株)ザフェイスショップ	1,067	395,338
	(株)スキンフード	496	183,369
	(株)Able C&C	702	425,058
	(株)エチュードハウス	584	280,507
	(株)イニスフリー	773	229,416
	(株)トニーモリー	489	150,553
文具	(株)Link-O	35	38,704
	(株)モーニンググローリー	281	45,690
	アルファ(株)	521	100,335
	(株)オフィス・デポ・ジャパン	103	94,809
一律料金ショップ	(株)ダイソー牙城産業	854	637,015

出所：金融監督院, 電子公示システム, 各社ホームページ

韓国の産業と市場　2014

9) 訪問販売

<表1-54> 市道別直接販売登録現況(2012)　　　　　　　　　　　　　　　(単位：社)

	多段階販売	訪問販売	電話勧誘	計
ソウル特別市	83	8,518	2,282	10,883
釜山広域市	2	1,535	392	1,929
大邱広域市	2	1,088	186	1,276
仁川広域市	-	1,395	198	1,593
光州広域市	-	1,132	150	1,282
大田広域市	1	1,382	297	1,680
蔚山広域市	-	357	91	448
京畿道	6	5,265	805	6,076
江原道	-	784	127	911
忠清北道	1	683	75	759
忠清南道	2	761	82	845
全羅北道	-	633	47	680
全羅南道	-	693	87	780
慶尚北道	-	1,028	120	1,148
慶尚南道	-	1,303	134	1,437
済州島	-	154	28	182
合計	97	26,711	5,101	31,909

出所：公正取引委員会, 韓国直接販売協会

<表1-55> 年度別直接販売市場(多段階販売+訪問販売)売上規模推移　　　(単位：億ウォン, %)

	多段階販売	訪問販売	総売上	前年対比成長率
2001年	3兆8,286	2兆9,470	6兆7,756	-
2002年	3兆8,102	3兆4,830	7兆2,932	7.64
2003年	2兆7,521	5兆1,860	7兆9,381	8.83
2004年	4兆4,719	5兆7,010	10兆1,729	28.15
2005年	3兆4,313	6兆	9兆4,313	-7.29
2006年	1兆9,371	6兆2,000	8兆1,371	-13.72
2007年	1兆7,743	6兆7,345	8兆5,088	4.56
2008年	2兆1,956	7兆0,927	9兆2,883	9.16
2009年	2兆2,585	7兆6,139	9兆8,724	6.29
2010年	2兆5,334	7兆8,681	10兆4,015	5.36
2011年	2兆9,492	8兆3,121	11兆2,613	8.27
2012年	3兆2,936	8兆2,479	11兆5,415	2.49%

出所：公正取引委員会, 韓国直接販売協会

10) 伝統市場

<表1-56> 伝統市場年平均売上額推移　　　　　　　　　　　　　　　　　　　　　　（単位：兆ウォン, %）

	2005年	2006年	2007年	2008年	2009年	2010年	2011年	2012年
売上高	32.7	29.8	26.7	25.9	24.7	24.0	22.1	21.1
増減率	-	-8.9	-10.4	-3.0	-4.6	-2.8	-7.9	-4.5

出所：市場経営振興院, 2012年伝統市場及び店舗経営実態調査報告書

<表1-57> 市道別伝統市場市場数現況(2012)　　　　　　　　　　　　　　　　　　　（単位：店, %）

	合計	大型市場	中大型市場	中型市場	小型市場
全国	1,511	1.2	2.3	30.0	66.5
ソウル	217	5.5	3.7	32.3	58.5
釜山	154	2.6	4.5	32.5	60.4
大邱	107	-	4.7	29.0	66.4
仁川	51	2.0	-	47.1	51.0
光州	21	-	4.8	33.3	61.9
大田	30	-	-	40.0	60.0
蔚山	40	-	-	25.0	75.0
京畿	144	-	3.5	40.3	56.3
江原	73	-	-	34.2	65.8
忠北	65	-	1.5	18.5	80.0
忠南	73	1.4	-	27.4	71.2
全北	67	-	1.5	23.9	74.6
全南	116	-	-	23.3	76.7
慶北	171	-	1.2	21.6	77.2
慶南	157	-	1.9	28.7	69.4
済州	25	-	8.0	36.0	56.0

出所：市場経営振興院, 2012年伝統市場及び店舗経営実態調査報告書

<表1-58> 伝統市場日平均売上高推移　　　　　　　　　　　　　　　　　　　　　　（単位：万ウォン）

	2008年	2010年	2012年
市場当たり日平均売上高	5,358.0	4,980.3	4,502.4
店舗当り日平均売上高	46.4	41.6	33.5
従事者当たり日平均売上高	28.1	25.4	19.3

出所：市場経営振興院, 2012年伝統市場及び店舗経営実態調査報告書

<表1-59> 伝統市場日平均顧客数推移 (単位:人)

	2008年	2010年	2012年
市場当たり日平均顧客数	2,485.7	2,684.1	2,824.4
店舗当り日平均顧客数	21.5	22.4	21.0
従事者当たり日平均顧客数	13.0	13.7	12.1

出所:市場経営振興院,2012年伝統市場及び店舗経営実態調査報告書

<表1-60> 伝統市場年間従事者数推移 (単位:人)

総市場商人(人)	396,229	352,646	362,960	359,375	354,146
従事者(人)	331,131	301,581	296,005	297,809	298,140
店舗所有商人(%)	20.6	21.5	14.7	15.0	16.1
店舗賃貸商人(%)	43.6	43.4	45.3	43.2	44.2
従業員(%)	35.8	35.0	40.0	41.8	39.7
露天商(人)	65,098	51,065	66,955	61,566	56,006

出所:市場経営振興院,2012年伝統市場及び店舗経営実態調査報告書

2. 金融産業

1) 銀行業

<表2-1> 普通銀行営業店舗推移 (単位：店)

	2011.03	2011.06	2011.09	2011.12	2012.12
国内	7,454	7,461	7,525	7,574	7,698
支店	6,566	6,582	6,630	6,671	6,757
出張所	888	879	895	903	941
国外	132	134	134	136	137
支店	54	55	55	55	57
事務所	36	37	37	39	38
現地法人	42	42	42	42	42
合計	7,586	7,595	7,659	7,710	7,835

出所：金融監督院

<表2-2> 一般銀行銀行口座要約貸借対照表(資産) (単位：百万ウォン, %)

区分	2012年12月末 金額	2012年12月末 構成比	2011年12月末 金額	2010年12月末 金額
現金及び預金	78,682,072	4.31	77,955,147	76,398,837
(現在価値割戻差額金)	100	0.00	0	0
現金	15,272,458	0.84	13,837,869	13,512,633
外国通貨	2,535,873	0.14	2,546,430	2,173,895
ウォン貨預金預金	47,097,846	2.58	47,580,068	52,028,336
外貨預金	13,281,834	0.73	13,609,883	8,505,557
有価証券	295,703,587	16.19	291,410,855	276,355,552
短期売買証券	161,109	0.01	1,260,573	9,759,746
当期損益確認証券	14,626,084	0.80	17,684,981	
売却可能証券	181,193,853	9.92	174,569,114	173,745,672
満期保有有価証券	84,490,486	4.63	83,412,078	79,953,931
持分法適用投資株式	628,381	0.03	781,446	12,896,203
子会社等の投資持分	14,603,674	0.80	13,702,663	
貸付債権	1,314,568,283	71.96	1,287,190,679	1,198,447,369
(貸倒引当金)	19,364,211	1.06	17,198,490	26,584,237
(現在価値割戻差額金)	-92,901	-0.01	-97,110	69,148
ウォン貨預金貸付金	1,109,339,112	60.73	1,071,600,032	994,349,482
外貨貸付金	94,249,903	5.16	106,020,484	96,885,027
買取手形	2,035,949	0.11	3,613,286	3,180,039
買取外国為替	24,907,930	1.36	27,814,638	25,429,914
支払保証代支払金	541,354	0.03	441,961	904,471
ファクタリング債権	5,577,784	0.31	4,071,584	2,333,805
クレジットカード債権	17,920,237	0.98	18,123,397	30,562,603
買戻条件付債券買入	16,727,063	0.92	6,911,563	10,073,656
内国輸入ユーザンス	28,940,476	1.58	34,689,458	27,507,654
コールローン	21,763,178	1.19	19,467,207	16,175,546
出資転換社債	5,297	0.00	4,203	44,297
私募社債	10,548,728	0.58	12,893,061	17,528,449
その他の貸付債権	6,333	0.00	6,423	6,058

<続く>

区分	2012年12月末 金額	構成比	2011年12月末 金額	2010年12月末 金額
有形資産	19,137,096	1.05	18,044,232	15,679,681
業務用有形資産	27,368,544	1.50	26,472,305	24,571,964
(減価償却累計額)	8,768,698	0.48	6,324,889	8,868,590
(損傷差損累計額)	50,690	0.00	109,223	56,550
非業務用有形資産	578,102	0.03	95,857	32,858
(非業務用資産評価引当金)	279	0.00	279	0
その他の資産	118,707,842	6.50	107,923,218	101,671,844
保証金	7,626,562	0.42	7,356,060	7,554,946
売掛金	46,145,884	2.53	32,331,424	31,775,325
未収金	7,516,018	0.41	7,966,632	6,846,034
前払費用	1,089,973	0.06	1,379,319	933,186
繰延法人税差額	973,347	0.05	904,167	878,066
信託口座貸付金	0	0.00	0	0
無形資産	1,508,259	0.08	1,483,689	1,046,403
その他	53,944,022	2.95	56,717,117	53,684,287
資産総計	1,826,798,880	100.00	1,782,524,131	1,668,553,283

出所：金融監督院

流通・金融業

<表2-3> 一般銀行銀行口座要約貸借対照表(負債及び資本)　　　　　　(単位：百万ウォン, %)

区分	2012年12月末 金額	構成比	2011年12月末 金額	2010年12月末 金額
預受負債	1,116,972,448	61.14	1,072,336,922	986,529,072
ウォン貨預金預り金	1,039,272,792	56.89	993,402,773	907,693,664
外貨預り金	52,306,081	2.86	46,317,768	35,730,734
譲渡性預り金	24,867,832	1.36	32,184,917	42,880,613
借入負債	401,833,127	22.00	432,739,527	428,221,645
ウォン貨預金借入金	55,783,061	3.05	54,979,145	53,604,648
外貨借入金	60,936,205	3.34	81,978,247	68,814,194
買戻条件付債券売渡	9,824,931	0.54	15,540,660	15,508,643
売上手形	1,451,086	0.08	1,799,228	1,348,572
コールマネー	13,834,366	0.76	12,162,384	16,525,438
信用カード債券売上	0	0.00	0	0
その他の借入金	156,150	0.01	232,372	218,591
ウォン貨預金社債	182,088,576	9.97	186,499,072	198,224,251
外貨債	78,491,924	4.30	80,145,942	73,369,560
ウォン貨預金外貨割引(割増)発行差金	724,427	0.04	900,427	-289,683
その他の負債	154,331,625	8.45	143,282,512	136,889,147
退職給与引当金	53,145	0.00	157,767	2,445,828
退職給付負債	2,827,366	0.15	2,362,398	
(国民年金転換金)	2,072	0.00	1,601	2,662
(退職保険預金)	686,866	0.04	525,430	1,856,566
支払保証引当金	1,892,016	0.10	1,936,071	1,908,112
未使用約定充当金	1,082,701	0.06	1,249,749	2,637,061
信託勘定差	14,090,364	0.77	11,815,153	10,152,159
未払外貨債務	1,995,731	0.11	1,626,900	1,902,822
買掛金	44,318,231	2.43	31,147,443	30,622,184
未払い費用	20,932,599	1.15	20,984,522	18,637,641
前受収入	1,112,979	0.06	1,231,633	927,816
ファクタリング債券買掛金	3,437	0.00	8,555	9,807
輸入保証金	2,240,858	0.12	1,943,520	2,233,206
繰延法人税貸	905,349	0.05	1,486,236	537,679
その他の負債	63,565,787	3.48	67,859,596	66,734,060
負債総計	1,673,137,197	91.59	1,648,358,959	1,551,639,866
資本金	46,242,695	2.53	43,441,221	42,751,190
資本剰余金	20,845,236	1.14	11,682,547	12,682,531
株式発行超過金	19,292,270	1.06	10,127,568	11,175,537
減資差益	81,590	0.00	81,590	81,590
その他の資本剰余金	1,471,376	0.08	1,473,389	1,425,404
利益剰余金	77,022,639	4.22	70,615,402	53,976,614
利益準備金	15,321,186	0.84	13,281,024	11,880,154
企業積立金	19,300	0.00	19,300	19,300
任意積立金	18,629,077	1.02	15,683,388	14,013,987
その他の準備金	27,915,696	1.53	18,883,029	15,896,000
処分前利益剰余金	15,137,380	0.83	22,748,661	12,167,173

<続く>

区分	2012年12月末 金額	構成比	2011年12月末 金額	2010年12月末 金額
資本調整及びその他の包括損益累計額	3,698,954	0.20	2,775,525	6,953,327
株式割引発行差金	0	0.00	-75	-200
自己株式	-10,839	0.00	0	0
売却可能証券評価損益	3,833,709	0.21	3,687,285	5,862,537
その他	-123,916	-0.01	-911,685	1,627,630
資本合計	153,661,684	8.41	134,165,171	116,913,417
負債及び資本総計	1,826,798,880	100.0	1,782,524,129	1,668,553,283

出所：金融監督院

<表2-4> 一般銀行信託口座要約貸借対照表(資産)　　　　　(単位：百万ウォン, %)

区分	2012年12月末 金額	構成比	2011年12月末 金額	2010年12月末 金額
現金預金	34,211,200	17.78	30,383,665	17,204,258
有価証券	52,904,756	27.49	50,114,783	47,939,334
株式	5,321,963	2.77	5,314,535	4,569,883
国債	2,041,569	1.06	1,949,319	1,951,404
金融債	6,079,037	3.16	6,315,127	7,722,689
地方債	97,909	0.05	107,279	176,060
社債	4,351,271	2.26	7,086,511	6,976,276
外貨有価証券	11,233,025	5.84	11,106,559	7,928,250
買取手形	12,409,890	6.45	10,732,369	13,591,660
その他の有価証券			7,447,799	4,967,826
貸付金	1,335,934	0.69	1,566,874	1,625,880
割引手形	0	0.00	0	0
有価証券担保貸付	2,391	0.00	2,945	3,566
動産担保貸付	0	0.00	0	0
不動産抵当貸付	123,863	0.06	175,190	183,676
財団抵当貸付			0	0
受益権担保貸付	47,224	0.02	102,799	50,793
公共団体への貸付	691,849	0.36	790,249	778,776
公共団体への貸付			0	0
保証貸付	102	0.00	215	251
証書貸付	468,218	0.24	483,189	596,519
手形貸付	2,287	0.00	12,287	12,299
コールローン	150,000	0.08	380,000	440,000
買戻条件付債券買入	15,867,775	8.25	14,997,466	12,731,337
金銭債権	46,046,804	23.93	47,840,617	48,586,506
動産·不動産	27,306,510	14.19	28,658,767	30,741,671
地上権	0	0.00	0	0
伝貰権	0	0.00	0	0
土地賃貸権	0	0.00	0	0
流入動産·不動産			0	0
その他の資産			1,546,653	1,201,236

<続く>

流通・金融業

区分	2012年12月末 金額	構成比	2011年12月末 金額	2010年12月末 金額
銀行勘定貸	10,962,261	5.70	8,608,983	6,734,801
信託本支店	0	0.00	0	0
現在価値割戻差額金	1,377	0.00	1,469	1,862
債券評価引当金	23,712	0.01	24,377	26,343
損益	0	0.00	0	0
資産総計	192,431,340	100.00	184,329,208	167,224,518

出所：金融監督院

<表2-5> 一般銀行信託口座要約貸借対照表(負債)　　　　　(単位：百万ウォン, %)

区分	2012年12月末 金額	構成比	2011年12月末 金額	2010年12月末 金額
金銭信託	109,544,276	53.41	99,016,766	80,765,410
不特定金銭信託	4,733	0.00	4,868	4,984
積立式目的信託	76,401	0.04	89,567	104,456
家計金銭信託	104,341	0.05	122,570	137,228
開発信託	391	0.00	408	431
老後年金信託	30,247	0.01	37,707	43,907
企業金銭信託	8,629	0.00	10,649	11,739
国民株信託	17,980	0.01	21,944	23,955
勤労者退職積立信託	0	0.00	0	0
個人年金信託	7,128,956	3.48	7,198,315	7,284,638
家計長期信託	50,851	0.02	66,298	80,585
勤労者優遇信託	8,762	0.00	10,292	12,220
新型積立信託	55,758	0.03	82,031	105,786
退職信託運用	514,254	0.25	1,468,726	3,756,629
特定金銭信託	59,489,308	29.00	59,286,113	49,949,619
単位金銭信託	12	0.00	12	12
追加金銭信託	43,376	0.02	57,079	110,337
不動産投資信託	0	0.00	0	0
新個人年金信託	314,012	0.15	306,298	299,595
新老後生活年金信託	29,194	0.01	38,678	53,847
新勤労者優遇信託	42	0.00	66	281
年金信託	4,785,564	2.33	4,259,890	3,735,595
財産信託	92,850,718	45.27	82,978,983	84,011,672
有価証券信託	2,856,720	1.39	3,837,307	4,212,529
金銭債権信託	61,738,172	30.10	50,191,414	49,105,042
動産不動産信託	28,255,826	13.78	28,950,262	30,694,101
地上権信託	0	0.00	0	0
伝貰権信託	0	0.00	0	0
土地賃貸権信託	0	0.00	0	0
公益信託	18,125	0.01	18,127	16,766
担保付社債信託	0	0.00	0	230,000
借入金	0	0.00	0	0
その他の負債			1,909,989	1,801,683
特別留保金	397,061	0.19	405,343	398,979
信託本支店	0	0.00	0	0
損益	771,661	0.38	0	0
負債総計	205,118,373	100.00	184,329,208	167,224,518

出所：金融監督院

<表2-6> 一般銀行資本適正性 (単位:百万ウォン,%)

区分	2012年12月末	2011年12月末	2010年12月末	2009年12月末
BIS基準自己資本比率	14.30	13.96	14.55	14.36
基本資本比率	11.12	11.09	11.59	10.93
自己資本合計	167,234,382	158,454,481	156,287,732	155,021,842
基本資本	134,631,088	130,576,386	129,986,961	123,102,907
補完資本	38,533,670	33,996,434	35,067,855	40,074,583
控除項目	5,930,376	6,118,339	8,767,084	8,155,648
リスク加重資産合計	1,169,197,517	1,134,789,648	1,074,216,616	1,079,391,283
市場リスク基準	1,166,996,476	1,132,640,569	1,066,557,830	1,072,722,573
信用運営リスク基準	1,153,163,849	1,131,979,409	1,063,596,078	1,063,172,872

出所:金融監督院

<表2-7> 一般銀行与信健全性 (単位:百万ウォン,%)

区分	2012年12月末	2011年12月末	2010年12月末
総与信	1,390,900,007	1,387,552,088	1,308,881,654
銀行口座	1,387,683,398	1,383,582,737	1,303,806,603
信託口座	1,867,930	1,651,415	1,919,842
総合金融口座	1,348,681	2,317,931	3,155,210
健全性分類結果			
固定	11,798,872	12,614,275	16,311,733
回収疑問	3,483,512	3,478,500	5,844,754
推定損失	3,267,081	2,751,236	2,661,181
固定以下分類与信	18,549,465	18,844,011	24,817,668
固定以下与信比率	1.33	1.36	1.90
純固定以下与信比率	0.67	0.67	1.13
貸倒引当金積立残高	29,495,341	28,655,664	26,939,898
貸倒引当金積立比率(総与信対比)	2.12	2.07	2.10
貸倒引当金積立比率(固定以下与信対比)	159.01	152.07	110.64

出所:金融監督院

2) 証券業

<表2-8> 証券会社店舗推移 (単位：店)

	2008.12	2009.12	2010.12	2011.12	2012.12
本部部門	1,698	17,27	1,838	1,960	1,851
国内支店	1,768	1,755	1,790	1,778	1,623
国内営業所(出張所)	99	92	89	78	51
海外支店	1	1	2	3	3
海外事務所	31	35	36	35	26
海外現地法人	32	30	41	51	52

出所：金融監督院

<表2-9> 証券会社要約貸借対照表推移(資産) (単位：百万ウォン, %)

	2013年09月末 金額	2013年09月末 構成比	2012年12月末 金額	2012年12月末 構成比
[現金及び預金]	47,435,195	16.04	51,687,606	19.89
現金及び現金性資産	11,527,913	3.90	10,491,977	4.04
預金	35,907,282	12.14	41,195,629	15.85
[証券]	175,709,303	59.42	155,089,618	59.67
当期損益確認証券	149,328,812	50.50	129,458,643	49.81
売却可能証券	15,406,278	5.21	15,425,253	5.93
満期保有証券	138,850	0.05	70,842	0.03
関係会社投資持分	4,715,008	1.59	4,530,332	1.74
派生結合証券	6,120,355	2.07	5,604,546	2.16
[派生商品資産]	6,144,299	2.08	6,349,832	2.44
[貸付債権]	19,798,526	6.70	19,430,945	7.48
コールローン	1,717,283	0.58	2,150,226	0.83
信用供与金	12,044,218	4.07	11,119,816	4.28
買戻条件付き買入	1,053,048	0.36	1,102,923	0.42
貸付金	370,847	0.13	298,589	0.11
貸付金	205,663	0.07	147,476	0.06
貸付金(総合金融口座)	1,574,917	0.53	1,463,783	0.56
割引手形(総合金融口座)	83,100	0.03	380,800	0.15
買取貸付債券	1,972,717	0.67	2,165,636	0.83
貸支払金	107,805	0.04	119,250	0.05
不渡り債券	144,685	0.05	116,970	0.05
不渡り手形	69,314	0.02	76,682	0.03
私募社債	883,613	0.30	767,152	0.30
信託勘定貸	0	0.00	0	0.00
総合金融勘定貸	0	0.00	0	0.00
その他の貸付債権	432,466	0.15	425,099	0.16
貸倒引当金(-)	861,150	0.29	903,455	0.35

<続く>

	2013年09月末		2012年12月末	
	金額	構成比	金額	構成比
[有形資産]	2,410,353	0.82	2,422,626	0.93
減価償却累計額(-)	2,193,350	0.74	2,161,796	0.83
[CMA運用資産(総合金融口座)]	99,502	0.03	97,486	0.04
[リース資産(総合金融口座)]	585,411	0.20	515,927	0.20
[その他の資産]	43,523,294	14.72	24,316,335	9.36
売掛金	35,359,373	11.96	16,240,866	6.25
未収金	1,439,420	0.49	1,538,750	0.59
前払金	759,546	0.26	828,495	0.32
前払費用	176,477	0.06	208,262	0.08
前払諸税	201,561	0.07	191,736	0.07
代理店	0	0.00	0	0.00
本支店	0	0.00	0	0.00
前払自己取引精算借金	498	0.00	305	0.00
保証金	1,153,485	0.39	1,218,858	0.47
投資不動産	1,354,186	0.46	1,385,812	0.53
損害賠償共同基金	303,265	0.10	277,625	0.11
無形資産	1,227,690	0.42	1,311,768	0.50
仮払金	42,778	0.01	20,432	0.01
繰延税金資産	226,653	0.08	188,704	0.07
一般商品	0	0.00	0	0.00
その他	1,456,667	0.49	1,089,114	0.42
貸倒引当金(-)	178,303	0.06	184,393	0.07
資産総計	295,705,883	100.00	259,910,374	100.00

出所：金融監督院

流通・金融業

<表2-10> 証券会社要約貸借対照表推移(負債及び資本)　　　　　(単位：百万ウォン, %)

	2013年09月末		2012年12月末	
	金額	構成比	金額	構成比
[預受負債]	26,499,526	8.96	26,769,809	10.30
投資者預り金	26,149,244	8.84	26,459,143	10.18
輸入担保金	106,660	0.04	89,143	0.03
リース保証金(総合金融口座)	132,842	0.04	97,126	0.04
CMA受託金(総合金融口座)	92,647	0.03	89,709	0.03
その他	18,132	0.01	34,688	0.01
[借入負債]	182,740,317	61.80	165,212,807	63.57
コールマネー	7,739,700	2.62	9,341,400	3.59
借入金	9,206,770	3.11	10,235,162	3.94
買戻条件付売渡	80,096,635	27.09	69,915,598	26.90
売渡証券	13,301,535	4.50	14,201,126	5.46
売渡派生결합証券	63,826,204	21.58	53,980,821	20.77
社債	3,047,019	1.03	2,555,383	0.98
(社債発行借金)	-2,740	0.00	-1,630	0.00
後順位社債	3,053,898	1.03	2,598,644	1.00
(社債発行借金)	-8,381	0.00	6,506	0.00
後順位借入金	40,000	0.01	40,000	0.02
発行手形(総合金融口座)	2,278,556	0.77	2,344,673	0.90
その他	150,000	0.05	0	0.00
[派生商品負債]	6,194,280	2.09	5,234,435	2.01
[その他の負債]	38,838,379	13.13	21,284,000	8.19
退職給付負債	445,866	0.15	395,715	0.15
充当負債	132,304	0.04	146,921	0.06
未払法人税	104,418	0.04	141,196	0.05
未払配当金	37,062	0.01	72,352	0.03
買掛金	33,736,330	11.41	16,588,487	6.38
未払費用	1,191,953	0.40	1,262,275	0.49
賃貸保証金	186,290	0.06	195,348	0.08
前受金	16,076	0.01	32,933	0.01
前受収入	227,672	0.08	202,538	0.08
仮受金	71,617	0.02	40,962	0.02
代理店	2,178	0.00	2,126	0.00
本支店	0	0.00	0	0.00
前払自己取引精算借金	3,732	0.00	517	0.00
繰延税金負債	645,093	0.22	670,094	0.26
諸税金預り金	206,880	0.07	236,701	0.09
信託勘定差	0	0.00	0	0.00
総合金融口座差	0	0.00	0	0.00
その他	1,830,908	0.62	1,295,835	0.50

<続く>

	2013年09月末		2012年12月末	
	金額	構成比	金額	構成比
[要求払返済持分]	7,087	0.00	7,087	0.00
負債総計	254,279,588	85.99	218,508,138	84.07
[資本金]	13,839,276	4.68	13,412,584	5.16
普通株式資本金	12,922,062	4.37	12,495,370	4.81
優先株資本金	917,214	0.31	917,214	0.35
[資本剰余金]	10,876,149	3.68	10,997,931	4.23
株式発行超過金	9,940,093	3.36	10,046,615	3.87
減資差益	154,209	0.05	154,209	0.06
自社株処分利益	147,920	0.05	148,824	0.06
その他の資本剰余金	633,926	0.21	648,283	0.25
[資本調整]	-970,171	-0.33	-972,808	-0.37
株式割引発行差金	-7,217	0.00	-4,216	0.00
自己株式	-937,745	-0.32	-912,244	-0.35
自社株処分損失	-14,122	0.00	-12,088	0.00
株式買取オプション	10,255	0.00	12,350	0.00
新株申込証拠金	0	0.00	0	0.00
その他	-21,342	-0.01	-56,609	-0.02
[その他の包括損益累計額]	2,457,014	0.83	2,661,257	1.02
売却可能証券評価損益	2,386,254	0.81	2,566,400	0.99
持分法資本変動	-16	0.00	431	0.00
負の持分法資本変動	0	0.00	0	0.00
リスク回避 派生商品評価損益	-1,158	0.00	1,887	0.00
外国為替差異累計額	-13	0.00	4,242	0.00
有形資産再評価利益	149,931	0.05	84,942	0.03
その他	-77,986	-0.03	3,355	0.00
[利益剰余金]	15,224,027	5.15	15,303,271	5.89
利益準備金	898,876	0.30	839,856	0.32
不良債権準備金	210,591	0.07	174,450	0.07
電子金融事故賠償準備金	8,500	0.00	7,500	0.00
その他の法定準備金	1,159	0.00	776	0.00
信託事業積立金	0	0.00	0	0.00
任意積立金	5,886,525	1.99	5,672,014	2.18
仮処分利益剰余金	8,218,376	2.78	8,608,674	3.31
資本合計	41,426,295	14.01	41,402,236	15.93
負債及び資本総計	295,705,883	100.00	259,910,374	100.00

出所：金融監督院

流通・金融業

<表2-11> 証券会社資本適正性　　　　　　　　　　　　　　　　　　（単位：百万ウォン）

区分	2012年12月末	2012年09月末	2012年06月末	2012年03月末
営業用純資本(A)	30,812,937	31,125,298	30,523,629	31,556,029
総危険額(B)	6,181,550	6,109,320	5,714,029	5,214,419
営業用純資本比率(A/B×100)	498.47	509.47	534.18	605.17

出所：金融監督院

<表2-12> 証券会社資産健全性　　　　　　　　　　　　　　　　　　（単位：百万ウォン）

区分	正常	要注意	固定	回収疑問	推定損失	合計
コールローン	1,975,226	0	0	0	0	1,975,226
信用供与金	11,115,068	1,986	0	0	2,762	11,119,816
買戻条件付き買入	1,102,923	0	0	0	0	1,102,923
貸付金	301,922	718	4	1	964	303,610
貸付金	156,449	10,000	2,719	0	3,188	172,356
買取融資債券	1,365,658	94,555	277,232	205,764	224,991	2,168,200
貸支払金	720	3,667	7,400	5,876	101,587	119,250
不渡り債券	0	21,788	7,765	5,648	82,451	117,653
不渡り手形	0	12,074	46,440	1,224	16,944	76,682
私募社債	685,284	21,791	35,326	8,500	16,271	767,172
信託勘定貸	0	0	0	0	0	0
その他の貸付債権	85,978	27,262	139,227	104,932	36,040	393,439
仮払金	19,155	0	0	0	0	19,155
売掛金	13,971,179	764	84,535	118,106	55,289	14,229,873
未収金	1,496,064	9	9,214	1,548	28,399	1,535,234
債務保証	934,100	0	0	0	373	934,472
貸付金(総合金融)	1,292,006	31,064	63,128	0	50,584	1,436,783
割引手形(総合金融)	351,800	0	29,000	0	0	380,800
CMA運用資産(総合金融)	96,000	0	1,362	0	0	98,000
リース資産(総合金融)	453,600	15,608	4,018	173	891	471,635
その他	384,955	0	4,018	0	4,367	393,340
計	35,788,088	241,287	709,369	451,773	625,100	37,815,618

注) 2012年12月末　　　　　　　　　　　　　　　　　　　　　　　　出所：金融監督院

<表2-13> 金融商品委託売買手数料 (単位:百万ウォン)

区分	2012年12月末		2011年12月末	
	取引金額	手数料	取引金額	手数料
株式証券	2,478,963,641	2,299,945	3,612,279,236	3,497,571
債務証券	3,257,738,415	36,202	2,884,917,807	34,706
集合投資証券	89,175,348	17,559	82,442,921	11,896
投資契約証券	0	0	0	0
派生結合証券	30,560,067	8,128	211,983,997	34,160
外貨証券	26,895,642	12,390	40,256,218	15,774
その他の有価証券	11,572,557	2,111	11,447,486	5,549
証券計	5,894,905,671	2,376,335	6,843,327,664	3,599,657
先物	8,628,931,746	190,061	11,911,916,742	259,670
オプション	527,300,966	215,765	752,221,017	343,078
先渡	0	0	4,171,289	0
その他の派生商品	59,893,409	1,228	89,545,262	1,756
派生商品合計	9,216,126,120	407,053	12,757,854,309	604,504
金融投資商品合計	15,111,031,791	2,783,388	19,601,181,973	4,204,161

出所:金融監督院

<表2-14> 証券及び派生商品取引 (単位:百万ウォン)

区分	2011年12月末	2012年12月末
株式証券	144,573,626	59,168,402
債務証券	7,099,228,443	8,939,764,875
集合投資証券	396,506,079	427,652,224
投資契約証券	0	0
外貨証券	14,619,920	235,409,748
派生結合証券	655,437,119	60,648,144
その他の有価証券	1,681,088	1,004,037
証券合計	8,282,046,274	9,723,647,429
先物	8,668,787,664	7,809,472,400
オプション	181,413,290	84,954,922
その他場内派生商品	0	166
場内派生商品合計	8,850,200,954	7,894,427,477
先渡	119,549,006	150,854,785
オプション	165,889,926	53,756,672
スワップ	210,061,586	329,108,008
その他場外派生商品	1,097,101	788,758
場外派生商品合計	496,597,620	534,508,223

出所:金融監督院

3) 生命保険業

<表2-15> 生命保険会社店舗及び代理店現況　　　　　　　　　　　(単位：店, 人)

区分	2012年12月末	2011年12月末	2010年12月末	2009年12月末
店舗計	4,566	4,415	4,426	4,523
本店	99	75	87	74
支店	1,485	1,362	1,383	1,451
営業所	2,956	2,954	2,932	2,974
海外現地法人, 海外支店, 海外事務所	26	24	24	24
代理店計	8,455	9,089	10,368	13,387
個人	5,157	5,857	6,885	8,874
法人	3,298	3,232	3,483	4,513

出所：金融監督院

<表2-16> 生命保険会社要約貸借対照表(資産全体)　　　　　　　　(単位：百万ウォン, %)

区分	2012年12月末 金額	2012年12月末 構成比	2011年12月末 金額	2011年12月末 構成比	2010年12月末 金額	2010年12月末 構成比
資産総計	547,809,498	100.00	442,652,394	100.00	408,495,198	100.00
運用資産	429,142,107	78.34	336,988,725	76.13	304,695,615	74.59
現金と預金	20,077,326	3.67	14,670,111	3.31	12,108,795	2.96
有価証券	315,241,014	57.55	238,846,551	53.96	214,178,015	52.43
株式	25,599,675	4.67	19,717,511	4.45	20,076,806	4.91
出資金	755,814	0.14	691,253	0.16	762,294	0.19
国・公債	101,641,758	18.55	85,711,251	19.36	78,007,860	19.10
特殊債	98,657,111	18.01	71,454,389	16.14	56,803,876	13.91
金融債	15,713,540	2.87	10,443,575	2.36	9,324,138	2.28
会社債	25,672,188	4.69	17,660,201	3.99	12,807,984	3.14
受益証券	24,016,060	4.38	11,371,193	2.57	15,228,712	3.73
外貨有価証券	19,876,075	3.63	19,202,522	4.34	18,938,380	4.64
その他の有価証券	3,308,793	0.60	2,594,656	0.59	2,227,964	0.55
貸付債権	79,598,337	14.53	69,996,497	15.81	66,331,927	16.24
(貸倒引当金)	516,816	0.09	536,352	0.12	1,016,151	0.25
(現在価値割戻差額金)	13,314	0.00	12,690	0.00	4,869	0.00
(繰延融資付帯損益)	-101,311	-0.02	-88,016	-0.02	-15,415	0.00
個人	57,645,272	10.52	52,283,451	11.81	48,287,867	11.82
企業	21,953,065	4.01	17,713,045	4.00	18,044,060	4.42
大企業	6,494,337	1.19	4,893,986	1.11	4,692,866	1.15
中小企業	15,458,728	2.82	12,819,059	2.90	13,351,194	3.27
コールローン	281,900	0.05	58,400	0.01	621,369	0.15
保険約款貸付金	38,332,546	7.00	34,802,927	7.86	31,781,817	7.78
有価証券担保貸付金	53,872	0.01	90,902	0.02	251,670	0.06
不動産担保貸付金	19,454,826	3.55	17,410,422	3.93	16,096,922	3.94
信用貸付金	17,494,859	3.19	14,481,461	3.27	14,450,996	3.54
手形割引貸付金	0	0.00	0	0.00	0	0.00
支払保証貸付金	915,729	0.17	736,553	0.17	507,323	0.12
その他の貸付金	3493,423	0.64	2,876,858	0.65	3,627,434	0.89

<続く>

区分	2012年12月末 金額	構成比	2011年12月末 金額	構成比	2010年12月末 金額	構成比
不動産	14,225,429	2.60	13,475,567	3.04	12,076,878	2.96
(損傷差損累計額)	115,427	0.02	95,000	0.02	62,439	0.02
土地	7,551,285	1.38	6,963,444	1.57	5,795,679	1.42
建物	6,423,153	1.17	6,214,588	1.40	6,056,047	1.48
構築物	74,235	0.01	62,624	0.01	37,114	0.01
海外不動産	0	0.00	0	0.00	0	0.00
建設中の資産	292,183	0.05	319,432	0.07	250,476	0.06
その他の不動産	0	0.00	10,479	0.00		
非運用資産	27,849,764	5.08	25,691,325	5.80	24,883,274	6.09
再保険資産	219,100	0.04	190,112	0.04		
保険売掛金	689,882	0.13	1,166,654	0.26	828,581	0.20
売掛金	362,176	0.07	263,539	0.06	253,848	0.06
保証金	942,622	0.17	919,456	0.21	1,175,799	0.29
未収金	5,104,027	0.93	4,482,427	1.01	4,367,060	1.07
前払費用	100,077	0.02	95,689	0.02	109,188	0.03
前払法人税	498,364	0.09	200,470	0.05	284,340	0.07
前払消費税	451	0.00	6,935	0.00	761	0.00
前払金	67,270	0.01	42,638	0.01	25,819	0.01
仮払金	3,750	0.00	2,633	0.00	1,676	0.00
仮払保険金	0	0.00	0	0.00	0	0.00
本支店口座差	36	0.00	46	0.00	33	0.00
車両運搬具	5,411	0.00	7,406	0.00	6,385	0.00
備品	287,028	0.05	234,301	0.05	220,556	0.05
賃貸店舗施設物	83,972	0.02	53,632	0.01		
未償却新契約費	17,744,090	3.24	16,994,740	3.84	16,447,086	4.03
繰延税金資産	136,367	0.02	19,298	0.00	0	0.00
派生商品資産	981,927	0.18	373,166	0.08	713,022	0.17
無形資産	586,998	0.11	606,630	0.14	391,935	0.10
その他の有形資産	34,689	0.01	30,926	0.01	31,202	0.01
その他の非運用資産	1,524	0.00	627	0.00	25,983	0.01
特別口座資産	90,817,628	16.58	79,972,344	18.07	78,916,309	19.32
(特別口座買掛金)	-4,258,449	-0.78	-3,115,507	-0.70	-3,390,927	-0.83
退職保険	1,138,840	0.21	3,033,891	0.69	11,719,875	2.87
退職年金	17,092,333	3.12	13,332,257	3.01	7,783,929	1.91
変額保険	76,844,954	14.03	66,721,704	15.07	62,803,431	15.37

出所：金融監督院

<表2-17> 生命保険会社要約貸借対照表(負債及び資本全体)　　　　　　　　(単位：百万ウォン, %)

	2012年12月末		2011年12月末	
	金額	構成比	金額	構成比
負債総計	496,023,131	90.55	401,954,259	90.81
責任準備金	378,796,462	69.15	300,423,814	67.87
保険料積立金	364,574,374	66.55	288,485,511	65.17
未経過保険料積立金	124,978	0.02	46,507	0.01
保証準備金	1,435,076	0.26	1,220,464	0.28
支払準備金	8,962,683	1.64	7,831,656	1.77
契約者配当準備金	2,995,606	0.55	2,399,933	0.54
金利差保証準備金	401,961	0.07	429,808	0.10
危険率差配当準備金	1,058,772	0.19	882,939	0.20
二次配当準備金	1,048,953	0.19	611,228	0.14
費差配当準備金	404,889	0.07	404,261	0.09
長期維持特別配当準備金	66,719	0.01	56,741	0.01
再評価特別配当準備金	14,312	0.00	14,956	0.00
契約者利益配当準備金	615,959	0.11	385,004	0.09
配当保険損失補全準備金	82,174	0.02	48,282	0.01
再保険料積立金	5,612	0.00	6,457	0.00
契約者持分調整	8,872,714	1.62	6,614,767	1.49
契約者配当安定化準備金	159,105	0.03	162,828	0.04
公益事業出捐基金	143,467	0.03	143,467	0.03
売渡可能金融資産など評価損益	8,155,699	1.49	5,847,764	1.32
再評価積立金	0	0.00	0	0.00
再評価剰余金	414,443	0.08	460,708	0.10
その他の負債	14,298,664	2.61	12,692,691	2.87
保険買掛金	409,601	0.07	442,735	0.10
買掛金	601,853	0.11	603,318	0.14
未払い費用	1,661,182	0.30	1,562,494	0.35
未払法人税	85,430	0.02	508,195	0.11
当座借越	0	0.00	0	0.00
借入金	100,000	0.02	163,700	0.04
社債	354,424	0.06	124,372	0.03
前受金	33,342	0.01	28,450	0.01
前受収入	121,611	0.02	85,466	0.02
預り金	575,945	0.11	238,110	0.05
未払消費税	8,925	0.00	7,349	0.00
仮受金	7,663	0.00	6,915	0.00
仮受保険料	135,814	0.02	43,190	0.01
前受保険料	1,065,714	0.19	723,220	0.16
本支店勘定貸	1,019	0.00	167	0.00

<続く>

	2012年12月末		2011年12月末	
	金額	構成比	金額	構成比
繰延税金負債	5,876,756	1.07	4,009,800	0.91
賃貸保証金	1,019,616	0.19	999,893	0.23
退職給料債務	473,561	0.09	394,322	0.09
派生商品負債	1,230,362	0.22	2,291,250	0.52
信託勘定差	20,165	0.00	8,903	0.00
復旧充当負債	75,284	0.01	63,941	0.01
債務保証充当負債	247	0.00	304	0.00
要求払返済持分	103,611	0.02	103,218	0.02
その他の負債	336,541	0.06	283,378	0.06
特別口座負債	94,055,291	17.17	82,222,987	18.58
（特別口座売掛金）	-892,352	-0.16	-805,899	-0.18
退職保険	1,138,262	0.21	3,032,929	0.69
退職年金	16,964,427	3.10	13,274,253	3.00
変額保険	76,844,954	14.03	66,721,704	15.07
資本合計	51,786,367	9.45	40,698,135	9.19
資本金	9,389,901	1.71	8,727,632	1.97
資本剰余金	5,570,779	1.02	2,933,887	0.66
株式発行超過金	5,463,331	1.00	2,829,905	0.64
減資差益	19,681	0.00	19,681	0.00
再評価積立金	76,556	0.01	76,556	0.02
その他の資本剰余金	11,211	0.00	7,744	0.00
利益剰余金	20,614,292	3.76	17,876,428	4.04
利益準備金	250,744	0.05	195,262	0.04
その他の法定積立金	309,234	0.06	19,855	0.00
不良債権準備金	602,665	0.11	391,282	0.09
任意積立金	4,641	0.00	100	0.00
処分前利益剰余金	19,447,008	3.55	17,269,929	3.90
資本調整	-784,944	-0.14	-440,024	-0.10
株式割引発行差金	-5,119	0.00	-6,240	0.00
自己株式	-786,658	-0.14	-444,247	-0.10
その他の資本調整	6,833	0.00	10,462	0.00
その他の包括損益累計額	16,996,339	3.10	11,600,213	2.62
売渡可能金融資産評価損益などの評価利益	16,203,196	2.96	11,047,171	2.50
海外事業換算損益	0	0.00	0	0.00
派生商品評価損益	-271,802	-0.05	-406,278	-0.09
特別口座その他の包括損益累計額	122,455	0.02	57,756	0.01
再評価剰余金	963,916	0.18	925,445	0.21
その他	-21,426	0.00	-23,882	-0.01
負債及び資本総計	547,809,498	100.00	442,652,394	100.00

出所：金融監督院

流通・金融業

<表2-18> 生命保険会社要約貸借対照表(資産特別口座)　　　　　(単位：百万ウォン, %)

区分	2012年12月末		2011年12月末		2010年12月末	
	金額	構成比	金額	構成比	金額	構成比
資産総計	95,076,127	100.00	83,087,851	100.00	82,307,236	100.00
現金と預金	6,181,775	6.50	6,702,484	8.07	7,800,174	9.48
有価証券	78,350,152	82.41	67,039,816	80.69	65,155,734	79.16
株式	21,914,148	23.05	18,281,813	22.00	20,579,410	25.00
債権	32,795,993	34.49	29,662,789	35.70	25,972,274	31.56
受益証券	20,892,751	21.97	17,248,589	20.76	16,724,140	20.32
外貨有価証券	2,133,755	2.24	1,578,698	1.90	1,653,985	2.01
その他の有価証券	613,504	0.65	267,927	0.32	225,925	0.27
貸付債権	5,049,061	5.31	5,040,090	6.07	4,827,825	5.87
(貸倒引当金)	8,064	0.01	3,349	0.00	23,584	0.03
(現在価値割戻差額金)	0	0.00	0	0.00	0	0.00
(繰延融資付帯損益)	114	0.00	40	0.00	284	0.00
コールローン	2,463,200	2.59	2,538,700	3.06	2,472,201	3.00
保険約款貸付金	2,277,420	2.40	2,182,987	2.63	2,019,044	2.45
有価証券担保貸付金	0	0.00	0	0.00	0	0.00
不動産担保貸付金	139,374	0.15	100,050	0.12	42,735	0.05
手形割引貸付金	0	0.00	0	0.00	0	0.00
信用貸付金	126,927	0.13	79,642	0.10	121,307	0.15
支払保証貸付金	0	0.00	0	0.00	0	0.00
その他の貸付金	50,318	0.05	142,100	0.17	196,407	0.24
有形資産	0	0.00	0	0.00	0	0.00
その他の資産	1,236,640	1.30	1,189,954	1.43	1,132,576	1.38
売掛金	332,890	0.35	355,005	0.43	310,426	0.38
未収利子	514,571	0.54	502,754	0.61	481,318	0.58
未収配当金	200,298	0.21	198,140	0.24	187,940	0.23
前払費用	4,167	0.00	4,147	0.00	2,661	0.00
前払源泉徴収税	119,546	0.13	113,087	0.14	113,724	0.14
派生商品資産	64,507	0.07	16,092	0.02	26,505	0.03
その他	662	0.00	730	0.00	10,001	0.01
一般口座売掛金	4,258,499	4.48	3,115,507	3.75	3,390,927	4.12

出所：金融監督院

<表2-19> 生命保険会社要約貸借対照表(負債及び資本特別口座) (単位：百万ウォン,％)

区分		2012年12月末		2011年12月末		2010年12月末	
		金額	構成比	金額	構成比	金額	構成比
負債総計		1,715,600	1.80	1,581,755	1.90	2,143,397	2.60
その他の負債		823,210	0.87	775,856	0.93	868,055	1.05
買掛金		329,090	0.35	280,302	0.34	348,319	0.42
未払い費用		79,573	0.08	82,957	0.10	86,633	0.11
当座借越		0	0.00	0	0.00	0	0.00
借入金		0	0.00	49,441	0.06	1	0.00
前受収入		8,085	0.01	9,408	0.01	8,889	0.01
預り金		8,176	0.01	7,440	0.01	6,142	0.01
未払源泉徴収税		6,699	0.01	4,973	0.01	3,509	0.00
派生商品負債		1,963	0.00	6,279	0.01	1,715	0.00
その他		389,623	0.41	335,056	0.40	412,848	0.50
一般口座未払金		892,390	0.94	805,899	0.97	1,275,341	1.55
契約者積立金		93,232,043	98.06	81,447,113	98.03	80,114,405	97.34
保険料積立金		93,203,260	98.03	81,403,086	97.97	79,998,332	97.19
契約者配当準備金		10,555	0.01	11,776	0.01	18,511	0.02
契約者利益配当準備金		15,877	0.02	33,122	0.04	98,874	0.12
無配当剰余金		2,351	0.00	-871	0.00	-1,312	0.00
その他の包括損益累計額		128,484	0.14	58,983	0.07	49,434	0.06
負債積立金及びその他の包括損益		95,076,127	100.00	83,087,851	100.00	82,307,236	100.00

出所：金融監督院

<表2-20> 生命保険会社新契約現況 (単位：百万ウォン)

区分			2012年12月末		2011年12月末	
			累積件数	累積金額	累積件数	累積金額
一般勘定	個人		9,824,727	268,422,121	9,523,394	243,221,212
		生存	1,407,732	56,156,404	1,158,195	47,916,535
		(年金保険)	1,400,852	56,032,348	1,147,079	47,712,994
		死亡	7,412,360	180,541,783	7,329,367	170,708,095
		(終身保険)	1,394,630	69,817,866	1,349,160	59,830,498
		生死混合	1,004,635	31,723,934	1,035,832	24,596,582
	団体		2,044,549	20,149,843	1,603,982	17,256,357
	小計		11,869,276	288,571,964	11,127,376	260,477,568
		(保障性)	9,437,430	200,614,892	8,916,800	187,894,337
		(貯蓄性)	2,431,846	87,957,071	2,210,576	72,583,231
特別勘定	退職保険		1,363	4,757	10,471	52,845
	退職年金		1,570,325	2,718,354	1,611,670	4,318,507
	変額保険		1,257,188	74,774,747	1,463,282	85,215,112
	小計		1,571,688	2,723,110	1,622,141	4,371,351
合計			13,440,964	291,295,074	12,749,517	264,848,920

出所：金融監督院

<表2-21> 生命保険会社保有契約現況 (単位:百万ウォン)

区分		2012年12月末		2011年12月末	
		件数	金額	件数	金額
一般勘定	個人	73,384,219	2,001,369,365	67,552,452	1,801,343,128
	生存	10,576,984	341,411,569	9,262,161	293,565,289
	(年金保険)	10,005,310	331,951,104	8,659,283	283,708,966
	死亡	56,373,823	1,502,746,297	53,211,713	1,392,526,833
	(終身保険)	13,977,868	644,307,112	12,822,356	601,881,879
	生死混合	6,433,412	157,211,498	5,078,578	115,251,006
	団体	4,131,853	49,717,875	3,742,506	47,243,794
	小計	77,516,072	2,051,087,239	71,294,958	1,848,586,922
	(保障性)	60,325,147	1,551,606,836	56,780,334	1,438,929,837
	(貯蓄性)	17,190,925	499,480,403	14,514,624	409,657,085
特別勘定	退職保険	469,748	1,064,974	896,751	2,418,977
	退職年金	2,941,044	16,312,938	2,512,877	13,108,042
	変額保険	8,409,198	410,788,330	7,953,967	376,068,923
	小計	3,410,792	17,377,912	3,409,628	15,527,018
合計		80,926,864	2,068,465,151	74,704,586	1,864,113,940

出所:金融監督院

<表2-22> 生命保険会社保険料収入現況 (単位:百万ウォン)

区分		2012年12月末			
		初回	2回以降	2年度以後	合計
一般勘定	個人	18,762,213	8,643,672	34,848,273	62,254,158
	生存	12,490,257	2,625,259	8,787,692	23,903,207
	(年金保険)	12,488,848	2,616,835	8,665,771	23,771,453
	死亡	452,913	2,909,495	19,629,246	22,991,654
	(終身保険)	238,923	1,653,629	12,109,926	14,002,479
	生死混合	5,819,044	3,108,918	6,431,335	15,359,297
	団体	61,414	112,455	406,276	580,145
	小計	18,823,627	8,756,127	35,254,549	62,834,303
	(保障性)	512,971	3,009,456	19,956,904	23,479,331
	(貯蓄性)	18,310,656	5,746,671	15,297,645	39,354,971
特別勘定	退職保険	3,273	10	1,995	5,278
	退職年金	1,023,835	1,208,351	3,220,790	5,452,976
	変額保険	1,146,669	3,279,111	11,267,522	15,693,301
	小計	2,173,777	4,487,472	14,490,306	21,151,555
合計		20,997,404	13,243,598	49,744,855	83,985,858

出所:金融監督院

<表2-23> 生命保険会社支給保険金現況 (単位：百万ウォン)

区分		2012年12月末			
		保険金	還付金	配当金	合計
一般勘定	個人	5,328,471	23,113,500	225,683	28,667,653
	生存	212,161	7,859,432	88,096	8,159,689
	(年金保険)	136,254	7,315,769	68,355	7,520,378
	死亡	2,328,615	10,330,583	116,734	12,775,932
	(終身保険)	682,827	4,095,595	9,730	4,788,152
	生死混合	2,787,695	4,923,485	20,853	7,732,032
	団体	209,531	367,951	3,461	580,943
	小計	5,538,001	23,481,451	229,143	29,248,595
	(保障性)	2,527,094	10,648,589	120,109	13,295,792
	(貯蓄性)	3,010,907	12,832,862	109,034	15,952,804
特別勘定	退職保険	477,146	431,551	0	908,697
	退職年金	1,212,313	1,657,976	0	2,870,290
	変額保険	25,809	8,826,344	0	8,852,153
	小計	1,715,268	10,915,872	0	12,631,140
	合計	7,253,269	34,397,323	229,143	41,879,735

出所：金融監督院

流通・金融業

4) 損害保険業

<表2-24> 損害保険会社店舗及び代理店現況　　　　　　　　　　　　　　　(単位：店, 人)

区分	2012年12月末	2011年12月末	2010年12月末	2009年12月末
店舗	3,225	3022	2,924	2,687
本店	98	81	77	72
支店	515	488	469	444
補償事務所	368	226	269	253
営業所	2,190	2174	2,063	1,872
海外現地法人, 海外支店, 海外事務所	54	53	46	46
代理店	38,957	40551	42,931	44,834
個人	26,399	28670	31,003	33,579
法人	12,558	11881	11,928	11,255

出所：金融監督院

<表2-25> 損害保険会社要約貸借対照表(資産全体)　　　　　　　　　　　　(単位：百万ウォン, %)

区分	2012年12月末 金額	構成比	2011年12月末 金額	構成比	2010年12月末 金額	構成比
[資産総計]	151,788,749	100.00	123,358,416	100.00	99,009,249	100.00
(　運用資産　)	119,069,349	78.44	95,250,537	77.21	79,509,435	80.31
現・預金及び預金	7,724,902	5.09	7,244,177	5.87	4,903,510	4.95
有価証券	78,289,798	51.58	59,444,285	48.19	51,733,973	52.25
株式	6,922,937	4.56	5,592,946	4.53	5,370,284	5.42
出資金	716,333	0.47	563,180	0.46	590,823	0.60
国・公債	11,271,260	7.43	8,374,659	6.79	7,859,615	7.94
特殊債	18,757,748	12.36	13,793,633	11.18	12,141,202	12.26
金融債	7,516,638	4.95	6,496,692	5.27	4,825,563	4.87
会社債	13,731,085	9.05	10,408,384	8.44	7,596,962	7.67
受益証券	8,600,058	5.67	5,770,573	4.68	6,223,486	6.29
外貨有価証券	6,935,069	4.57	5,817,180	4.72	4,498,848	4.54
その他の有価証券	3,838,670	2.53	2,627,038	2.13	2,627,190	2.65
貸付債権	26,624,936	17.54	22,308,944	18.08	17,320,975	17.49
(貸倒引当金)	163,307	0.11	149,017	0.12	201,006	0.20
(現在価値割戻差額金)	10,389	0.01	11,934	0.01	1,695	0.00
(繰延融資付帯損益)	-48,924	-0.03	-32,065	-0.03	26,438	0.03
- 家計	16,564,467	10.91	14,455,167	11.72	11,136,885	11.25
- 企業	10,060,469	6.63	7,853,777	6.37	6,184,090	6.25
(大企業)	2,659,544	1.75	1,559,287	1.26	1,134,309	1.15
(中小企業)	7,400,925	4.88	6,294,490	5.10	5,049,781	5.10
コールローン	212,100	0.14	163,600	0.13	87,100	0.09
保険約款貸付金	6,539,226	4.31	5,534,202	4.49	4,564,889	4.61
有価証券担保貸付金	105,623	0.07	68,591	0.06	43,783	0.04
不動産担保貸付金	12,014,903	7.92	10,670,324	8.65	7,986,372	8.07
信用貸付金	2,116,768	1.39	1,793,508	1.45	1,651,405	1.67
手形割引貸付金	0	0.00	0	0.00	0	0.00
支払保証貸付金	173,946	0.11	153,064	0.12	103,277	0.10
その他の貸付金	5,587,141	3.68	4,054,541	3.29	3,113,288	3.14

<続く>

区分	2012年12月末 金額	構成比	2011年12月末 金額	構成比	2010年12月末 金額	構成比
不動産	6,429,714	4.24	6,253,130	5.07	5,550,977	5.61
(損傷差損累計額)	-5,553	0.00	0	0.00	0	0.00
土地	3,428,121	2.26	3,290,748	2.67	2,731,931	2.76
建物	2,894,736	1.91	2,688,359	2.18	2,402,520	2.43
構築物	12,486	0.01	8,641	0.01	8,187	0.01
海外不動産	3,828	0.00	3,917	0.00	4,000	0.00
建設中の資産	67,581	0.04	230,752	0.19	404,340	0.41
その他の不動産	28,516	0.02	30,714	0.02		
(非運用資産)	26,950,226	17.76	23,859,303	19.34	16,245,853	16.41
固定資産	975,751	0.64	933,209	0.76	553,605	0.56
有形資産	315,396	0.21	279,001	0.23	194,934	0.20
無形資産	660,355	0.44	654,208	0.53	358,671	0.36
その他の資産	25,974,475	17.11	22,926,094	18.58	15,692,248	15.85
再保険資産	5,909,434	3.89	5,509,103	4.47		
保険売掛金	4,501,022	2.97	3,926,437	3.18	3,363,878	3.40
売掛金	727,322	0.48	680,235	0.55	631,034	0.64
保証金	685,749	0.45	678,397	0.55	964,031	0.97
未収金	945,094	0.62	789,662	0.64	672,119	0.68
前払費用	75,861	0.05	83,881	0.07	42,241	0.04
求償債権	848,488	0.56	852,490	0.69	1,048,448	1.06
未償却新契約費	11,450,595	7.54	9,886,187	8.01	8,443,999	8.53
繰延税金資産	9,686	0.01	10,560	0.01	21,735	0.02
受取手形	3,930	0.00	9,179	0.01	8,229	0.01
前払金	170,391	0.11	128,813	0.10	74,937	0.08
仮払金	3,796	0.00	3,830	0.00	3,138	0.00
仮払保険金	4	0.00	339	0.00	46	0.00
前払法人税	82,747	0.05	83,773	0.07	95,998	0.10
前払消費税	726	0.00	2,779	0.00	3,739	0.00
本支店口座差	129	0.00	103	0.00	181	0.00
供託金	91,858	0.06	90,122	0.07	79,032	0.08
不渡り手形	0	0.00	0	0.00	0	0.00
派生商品資産	450,335	0.30	165,775	0.13	220,336	0.22
その他の資産	17,633	0.01	23,088	0.02	19,106	0.02
(特別口座資産)	5,769,174	3.80	4,248,577	3.44	3,253,960	3.29
(特別口座買掛金)	-590,936	-0.39	-758,970	-0.62	-763,230	-0.77
退職保険	271,984	0.18	580,960	0.47	1,684,837	1.70
退職年金	6,088,126	4.01	4,426,586	3.59	2,332,354	2.36

出所：金融監督院

<表2-26> 損害保険会社要約貸借対照表(負債及び資本全体) (単位：百万ウォン, %)

区分	2012年12月末		2011年12月末	2010年12月末
	金額	構成比	金額	金額
[負債総計]	129,379,183	85.24	104,362,274	84,321,774
責任準備金	111,902,595	73.72	90,220,857	69,122,080
支払準備金	12,335,939	8.13	10,998,184	6,665,209
保険料積立金	85,866,603	56.57	66,362,307	52,953,634
未経過保険料積立金	13,058,785	8.60	12,278,886	9,006,649
契約者配当準備金	489,031	0.32	420,916	358,270
契約者利益配当準備金	140,037	0.09	150,782	136,157
配当保険損失保全準備金	12,200	0.01	9,783	2,160
保証準備金	0	0.00	0	0
その他の負債	11,181,503	7.37	9,249,132	7,520,020
保険未払金	4,220,688	2.78	3,810,009	3,611,419
未払保険金	123,284	0.08	115,136	283,822
代理店買掛金	405,567	0.27	342,081	309,173
未還付保険料	52,373	0.03	48,274	43,403
共同保険買掛金	2,874	0.00	1,713	1,382
代理業務買掛金	121,928	0.08	122,753	114,408
再保険買掛金	1,892,080	1.25	1,710,786	1,563,879
外国再保険買掛金	1,391,814	0.92	1,242,334	1,061,030
特約出財預り金	230,770	0.15	226,933	234,322
未払金	668,216	0.44	229,869	226,724
未払い費用	913,354	0.60	858,456	689,776
繰延税金負債	2,568,216	1.69	1,981,565	954,202
退職給料債務	423,989	0.28	354,781	281,627
仮受保険料	69,683	0.05	70,445	75,480
支払手形	735	0.00	2,509	1,194
当座借越	0	0.00	0	0
借入金	530,205	0.35	252,850	351,980
社債	378,405	0.25	211,372	236,998
前受金	80,178	0.05	88,290	63,334
仮受金	68,859	0.05	60,007	55,081
預り金	301,029	0.20	290,524	76,289
前受収入	16,150	0.01	15,836	15,616
未払法人税	245,450	0.16	286,372	269,037
未払消費税	3,907	0.00	4,080	3,095
本支店勘定貸	19,678	0.01	20,688	20,776
賃貸保証金	277,095	0.18	266,283	265,258

<続く>

区分	2012年12月末 金額	構成比	2011年12月末 金額	2010年12月末 金額
派生商品負債	113,228	0.07	273,931	181,881
特別口座買掛金	0	0.00	2,041	0
信託勘定差	0	0.00	0	0
復旧充当負債	26,686	0.02	27,375	
債務保証充当負債	712	0.00	2,712	
要求払返済持分	0	0.00	0	
その他の負債	255,040	0.17	139,136	140,231
(特別口座負債)	6,295,085	4.15	4,892,285	3,826,452
(特別口座売掛金)	-18,942	-0.01	-94,932	-183,115
退職保険	271,973	0.18	580,917	1,684,708
退職年金	6,042,053	3.98	4,406,301	2,324,859
[資本合計]	22,409,566	14.76	18,996,142	14,687,475
資本金	2,123,287	1.40	2,227,212	3,351,034
資本剰余金	1,913,799	1.26	1,470,982	1,442,934
株式発行超過金	1,597,476	1.05	1,211,796	1,168,184
減資差益	20,904	0.01	20,904	20,904
資産再評価積立金	167,681	0.11	168,059	194,136
その他資本剰余金	127,737	0.08	70,223	59,709
利益剰余金(欠損金)	14,077,929	9.27	12,264,196	7,051,956
利益準備金	798,932	0.53	793,532	428,748
企業積立金	7,003	0.00	7,003	7,003
緊急リスク準備金	4,630,878	3.05	4,152,369	
不良債権準備金	213,223	0.14	145,422	
任意積立金	6,138,269	4.04	5,992,723	5,551,189
処分前利益剰余金(処分前欠損金)	2,289,625	1.51	1,173,148	1,065,016
資本調整	-556,012	-0.37	-297,143	-439,710
株式割引発行差金	-1,560	0.00	-1,718	-1,562
自己株式	-559,896	-0.37	-314,591	-435,744
その他資本調整	5,444	0.00	19,166	-2,404
その他の包括損益累計額	4,850,563	3.20	3,330,895	3,281,261
売渡可能金融資産評価損益	4,044,101	2.66	2,506,140	2,580,993
海外事業換算損益	-3,501	0.00	10,971	29,321
派生商品評価損益	-83,397	-0.05	-56,963	41,749
特別口座その他の包括損益累計額	39,816	0.03	20,329	7,623
再評価剰余金	853,544	0.56	850,417	621,793
その他	0	0.00	0	-218
[負債及び資本総計]	151,788,749	100.00	123,358,416	99,009,249

出所：金融監督院

<表2-27> 損害保険会社要約貸借対照表(資産特別口座)　　　　　　　　(単位：百万ウォン, %)

区分	2012年12月末 金額	構成比	2011年12月末 金額	構成比	2010年12月末 金額	構成比
[資産総計]	6,360,110	100.00	5,007,551	100.00	4,017,190	100.00
現金と預金	1,066,215	16.76	1,332,862	26.62	926,916	23.07
有価証券	4,565,153	71.78	2,825,705	56.43	2,237,699	55.70
株式	28,699	0.45	27,521	0.55	26,810	0.67
債権	3,768,945	59.26	2,324,786	46.43	1,737,054	43.24
受益証券	448,109	7.05	217,359	4.34	244,304	6.08
外貨有価証券	93,405	1.47	89,562	1.79	75,573	1.88
その他の有価証券	225,994	3.55	166,477	3.32	153,957	3.83
貸付債権	51,158	0.80	5,134	0.10	48,202	1.20
(貸倒引当金)	0	0.00	3	0.00	265	0.01
(現在価値割戻差額金)	1	0.00	8	0.00	0	0.00
(繰延融資付帯損益)	7	0.00	0	0.00	0	0.00
コールローン	0	0.00	0	0.00	1,000	0.02
保険約款貸付金	0	0.00	0	0.00	0	0.00
有価証券担保貸付金	0	0.00	0	0.00	0	0.00
不動産担保貸付金	0	0.00	0	0.00	0	0.00
手形割引貸付金	0	0.00	0	0.00	0	0.00
信用貸付金	5,000	0.08	0	0.00	30,000	0.75
支払保証貸付金	0	0.00	0	0.00	0	0.00
その他の貸付金	46,167	0.73	5,144	0.10	17,468	0.43
有形資産	0	0.00	0	0.00	0	0.00
その他の資産	86,312	1.36	84,177	1.68	41,108	1.02
売掛金	12,160	0.19	41,323	0.83	398	0.01
未収利子	52,204	0.82	32,454	0.65	30,536	0.76
未収配当金	81	0.00	64	0.00	76	0.00
前払費用	234	0.00	280	0.01	571	0.01
前払源泉徴収税	13,149	0.21	8,286	0.17	7,114	0.18
派生商品資産	8,279	0.13	279	0.01	2,228	0.06
その他	206	0.00	1,492	0.03	185	0.00
一般口座売掛金	591,271	9.30	759,673	15.17	763,266	19.00

出所：金融監督院

<表2-28> 損害保険会社要約貸借対照表(負債及び資本特別口座)　　　(単位：百万ウォン,%)

区分	2012年12月末 金額	構成比	2011年12月末 金額	構成比	2010年12月末 金額	構成比
[負債総計]	64,089	1.01	186,213	3.72	254,772	6.34
その他の負債	45,138	0.71	91,278	1.82	71,621	1.78
買掛金	1,483	0.02	1,130	0.02	336	0.01
未払い費用	5,108	0.08	2,738	0.05	3,887	0.10
当座借越	0	0.00	0	0.00	0	0.00
借入金	0	0.00	50,000	1.00	22,900	0.57
前受収入	6	0.00	58	0.00	570	0.01
預り金	901	0.01	140	0.00	1,654	0.04
未払源泉徴収税	3	0.00	35	0.00	136	0.00
派生商品負債	0	0.00	5,597	0.11	3,010	0.07
その他	37,637	0.59	31,580	0.63	39,127	0.97
一般口座買掛金	18,951	0.30	94,935	1.90	183,151	4.56
契約者積立金	6,227,708	97.92	4,800,783	95.87	3,747,908	93.30
保険料積立金	6,219,101	97.78	4,782,790	95.51	3,732,453	92.91
契約者配当準備金	292	0.00	1,370	0.03	2,384	0.06
契約者利益配当準備金	5,745	0.09	6,610	0.13	13,111	0.33
無配当剰余金	2,571	0.04	10,013	0.20	-40	0.00
その他の包括損益累計額	68,312	1.07	20,554	0.41	14,511	0.36
[負債積立金及びその他包括損益累計額合計]	6,360,110	100.00	5,007,550	100.00	4,017,190	100.00

出所：金融監督院

<表2-29> 損害保険会社資産健全性比率　　　(単位：百万ウォン,%)

区分	2012年12月末	2011年12月末	2010年12月末	2009年12月末
加重不良資産比率	0.34	0.33	0.35	0.41
加重不良資産	388,078	294,519	254,001	242,824
資産健全性分類対象資産	112,774,185	89,577,001	71,807,890	59,112,006
リスク加重資産比率	49.27	49.03	50.71	51.45
リスク加重資産	65,741,416	52,938,854	44,053,030	37,299,358
総資産	133,419,658	107,967,975	86,878,712	72,490,523

出所：金融監督院

<表2-30> 損害保険会社流動性　　　(単位：百万ウォン,%)

区分	2012年12月末	2011年12月末	2010年12月末	2009年12月末
現金収支差比率	43.90	41.48	38.91	33.78
現金収支差	27,866,690	22,087,207	18,194,334	13,389,655
保有保険料	63,475,018	53,246,816	46,763,293	39,633,913
流動性比率	157.09	174.99	162.87	131.07
流動性資産	14,734,535	14,087,334	11,524,872	8,742,530
平均支払保険金	9,379,834	8,050,240	7,075,900	6,670,225

出所：金融監督院

5) クレジットカード業

<表2-31> クレジットカード会社営業店舗現況 (単位：店)

区分	2012年12月末	2011年12月末	2010年12月末
国内	228	223	217
支店	147	159	142
出張所	0	0	0
事務所	81	64	75
国外	3	2	2
支店	0	0	0
現地法人	1	1	1
事務所	2	1	1

出所：金融監督院

<表2-32> 信用カード사会社会社要約貸借対照表(負債及び資本) (単位：百万ウォン, %)

区分	2012年12月末 金額	2012年12月末 構成比	2011年12月末 金額	2011年12月末 構成比	2010年12月末 金額	2010年12月末 構成比
負債	62,457,954	75.81	62,801,117	76.83	39,363,324	72.28
借入負債	49,789,537	60.43	51,682,645	63.23	29,909,939	54.92
コールマネー	0	0.00	0	0.00	15,300	0.03
短期借入金	3,255,000	3.95	6,036,577	7.39	4,220,439	7.75
流動性長期借入金	586,409	0.71	566,281	0.69	175,543	0.32
長期借入金	9,347,858	11.35	7,969,825	9.75	1,124,967	2.07
社債	36,600,270	44.42	37,109,963	45.40	24,373,690	44.75
その他の負債	12,668,419	15.38	11,118,472	13.60	9,453,385	17.36
資本	19,934,604	24.19	18,934,128	23.17	15,097,493	27.72
資本金	3,514,411	4.27	3,514,411	4.30	3,054,411	5.61
資本剰余金	4,979,920	6.04	4,978,612	6.09	2,999,716	5.51
資本調整	-968	0.00	384	0.00	-4,460	-0.01
その他の包括損益累計額	918,918	1.12	1,414,732	1.73	1,520,358	2.79
利益剰余金(欠損金)	10,522,322	12.77	9,025,991	11.04	7,527,468	13.82
負債及び資本総計	82,392,558	100.00	81,735,244	100.00	54,460,817	100.00

出所：金融監督院

<表2-33> クレジットカード会社要約貸借対照表(資産)　　　　　　　　　(単位：百万ウォン,%)

区分	2012年12月末 金額	構成比	2011年12月末 金額	構成比	2010年12月末 金額	構成比
資産総計	82,392,558	100.00	81,735,244	100.00	54,460,818	100.00
現金及び預金	2,730,257	3.31	4,533,330	5.55	2,995,986	5.50
現金と現金性資産	2,310,913	2.80	3,282,315	4.02	2,533,690	4.65
預金	419,344	0.51	1,251,016	1.53	462,296	0.85
有価証券	2,233,096	2.71	2,723,704	3.33	8,579,403	15.75
貸付債権	6,121,184	7.43	6,248,996	7.65	1,190,669	2.19
(貸倒引当金など)	-11,001	-0.01	2,171	0.00	25,426	0.05
コールローン	100,000	0.12	350,000	0.43	150,000	0.28
割引手形	0	0.00	0	0.00	0	0.00
貸付金	93,249	0.11	91,923	0.11	176,428	0.32
その他	5,906,078	7.17	5,809,243	7.11	889,667	1.63
カード資産	62,415,151	75.75	60,454,642	73.96	35,297,115	64.81
(貸倒引当金など)	1,953,447	2.37	2,006,550	2.45	1,154,270	2.12
一括払いカード貸給金	15,266,799	18.53	14,676,782	17.96	8,433,396	15.49
割賦カード貸給金	18,323,458	22.24	17,419,469	21.31	9,415,664	17.29
現金サービス	6,017,451	7.30	6,561,823	8.03	3,674,766	6.75
カードローン	13,583,777	16.49	13,299,162	16.27	10,008,908	18.38
その他	11,196,225	13.59	10,535,169	12.89	4,918,651	9.03
割賦金融資産	1,706,348	2.07	1,597,572	1.95	1,476,142	2.71
(貸倒引当金など)	40,172	0.05	37,457	0.05	54,616	0.10
耐久財割賦金融	1,417,153	1.72	1,385,142	1.69	1,354,991	2.49
住宅割賦金融	1,028	0.00	1,428	0.00	1,995	0.00
機械類割賦金融	328,338	0.40	248,459	0.30	173,772	0.32
その他	0	0.00	0	0.00	0	0.00
リース資産	1,574,415	1.91	1,337,562	1.64	1,335,412	2.45
(貸倒引当金など)	86,267	0.10	113,903	0.14	273,668	0.50
運用リース資産	200,292	0.24	219,145	0.27	509,946	0.94
金融リース資産	1,439,477	1.75	1,205,029	1.47	1,065,589	1.96
前払リース資産	13,258	0.02	16,780	0.02	22,977	0.04
その他	10,138	0.01	11,623	0.01	10,568	0.02
新技術金融資産	315	0.00	995	0.00	2,327	0.00
(貸倒引当金など)	0	0.00	0	0.00	0	0.00
投資株式	315	0.00	995	0.00	2,327	0.00
新技術金融貸付金	0	0.00	0	0.00	0	0.00
その他	0	0.00	0	0.00	0	0.00
有形資産	1,536,681	1.87	1,415,196	1.73	1,159,477	2.13
(減価償却累計額など)	846,585	1.03	755,139	0.92	681,866	1.25
その他の資産	4,885,041	5.93	4,146,558	5.07	3,106,153	5.70
(貸倒引当金など)	62,513	0.08	58,707	0.07	26,766	0.05
投資資産	1,016,198	1.23	968,161	1.18	992,172	1.82
無形資産	428,090	0.52	470,233	0.58	251,643	0.46
その他	3,489,229	4.23	2,837,521	3.47	1,889,104	3.47

出所：金融監督院

流通・金融業

<表2-34> デビット型カード利用実績推移 (単位：百万ウォン)

区分	2012.1～2012.12		2011.1～2011.12		2010.1～2010.12	
	当四半期	累計	当四半期	累計	当四半期	累計
チェックカード利用実績	21,601,448	82,797,925	18,495,012	66917364	15,152,125	51,480,362
銀行デビットカード利用実績	41,718	184,636	37,917	213414	59,566	255,929
計	21,643,166	82,982,561	18,532,929	67130778	15,211,691	51,736,291

出所：金融監督院

<表2-35> プリペードカード利用実績推移 (単位：百万ウォン)

区分	2012.1～2012.12		2011.1～2011.12	
	当四半期	累計	当四半期	累計
プリペードカード利用実績	1,603,757	380,119	544,259	2,022,552

出所：金融監督院

<表2-36> カード信販実績推移 (単位：百万ウォン)

区分	2012.1～2012.12		2011.1～2011.12		2010.1～2010.12	
	当四半期	累計	当四半期	累計	当四半期	累計
利用実績	139,746,105	53,5853,075	127,271,266	467,648,869	109,899,144	404,429,925

出所：金融監督院

6) リース業

<表2-37> リース会社要約貸借対照表(資産)　　　　　　　　　　　　(単位：百万ウォン, %)

区分	2012年12月末 金額	構成比	2011年12月末 金額	構成比	2010年12月末 金額	構成比
資産総計	32,054,863	100.00	28,622,423	100.00	25,153,478	100.00
現金及び預金	1,402,397	4.37	1,282,051	4.48	1,506,983	5.99
現金と現金性資産	1,142,788	3.57	1,103,047	3.85	1,258,465	5.00
預金	259,609	0.81	179,005	0.63	248,518	0.99
有価証券	2,163,896	6.75	1,673,984	5.85	1,523,374	6.06
貸付債権	12,468,881	38.90	11,375,299	39.74	9,997,208	39.74
(貸倒引当金など)	326,932	1.02	502,431	1.76	428,701	1.70
コールローン	2,300	0.01	20,400	0.07	3,100	0.01
割引手形	0	0.00	0	0.00	14,178	0.06
貸付金	12,515,211	39.04	11,416,776	39.89	9,982,126	39.68
その他	443,921	1.38	440,554	1.54	426,505	1.70
カード資産	85,140	0.27	77,816	0.27	73,099	0.29
(貸倒引当金など)	238	0.00	690	0.00	2,005	0.01
一括払いカード貸給金	85,378	0.27	78,506	0.27	75,104	0.30
割賦カード貸給金	0	0.00	0	0.00	0	0.00
現金サービス	0	0.00	0	0.00	0	0.00
カードローン	0	0.00	0	0.00	0	0.00
その他	0	0.00	0	0.00	0	0.00
割賦金融資産	4,267,378	13.31	3,476,376	12.15	2,369,225	9.42
(貸倒引当金など)	14,414	0.04	17,440	0.06	19,240	0.08
耐久財割賦金融	3,749,073	11.70	2,794,508	9.76	1,916,101	7.62
住宅割賦金融	399,495	1.25	549,419	1.92	307,911	1.22
機械類割賦金融	52,725	0.16	110,023	0.38	138,974	0.55
その他	76,018	0.24	40,640	0.14	25,479	0.10

<続く>

流通・金融業

区分	2012年12月末		2011年12月末		2010年12月末	
	金額	構成比	金額	構成比	金額	構成比
リース資産	10,340,696	32.26	9,608,169	33.57	8,504,040	33.81
(貸倒引当金など)	823,016	2.57	973,805	3.40	948,546	3.77
運用リース資産	3,405,375	10.62	2,738,426	9.57	2,500,318	9.94
金融リース資産	7,915,329	24.69	7,688,121	26.86	6,781,880	26.96
前払リース資産	61,596	0.19	63,096	0.22	85,940	0.34
その他	188,909	0.59	87,252	0.30	84,448	0.34
新技術金融資産	386,393	1.21	301,737	1.05	392,755	1.56
(貸倒引当金など)	7,387	0.02	7,620	0.03	6,899	0.03
投資株式	100,771	0.31	92,515	0.32	112,478	0.45
新技術金融貸付金	78,004	0.24	46,884	0.16	180,274	0.72
その他	212,771	0.66	166,566	0.58	106,902	0.42
有形資産	72,972	0.23	76,657	0.27	109,755	0.44
(減価償却累計額など)	41,627	0.13	45,381	0.16	49,693	0.20
その他の資産	891,958	2.78	773,468	2.70	726,732	2.89
(貸倒引当金など)	16,793	0.05	33,300	0.12	46,758	0.19
投資資産	215,354	0.67	221,514	0.77	173,328	0.69
無形資産	55,502	0.17	55,844	0.20	33,858	0.13
その他	632,062	1.97	539,506	1.88	566,304	2.25

出所：金融監督院

<表2-38> リース会社営業店舗現況　　　　　　　　　　　　　　　　　　　　（単位：店）

区分	2012年12月末	2011年12月末	2010年12月末	2009年12月末
国内	135	151	144	132
支店	107	126	124	122
出張所	15	13	11	7
事務所	13	12	9	3
国外	3	3	4	5
支店	0	0	0	0
現地法人	3	3	3	4
事務所	0	0	1	1

出所：金融監督院

<表2-39> リース会社要約貸借対照表(負債及び資産)　　　　　　　　　　　(単位：百万ウォン,%)

区分	2012年12月末		2011年12月末		2010年12月末	
	金額	構成比	金額	構成比	金額	構成比
負債	27,541,093	85.92	24,517,754	85.66	21,634,870	86.01
借入負債	24,529,510	76.52	21,957,871	76.72	19,412,297	77.18
コールマネー	0	0.00	7,000	0.02	0	0.00
短期借入金	3,646,667	11.38	2,709,405	9.47	3,268,121	12.99
流動性長期借入金	319,854	1.00	230,445	0.81	425,038	1.69
長期借入金	5,704,299	17.80	5,904,983	20.63	4,361,111	17.34
社債	14,858,691	46.35	13,106,040	45.79	11,358,027	45.16
その他の負債	3,011,583	9.40	2,559,884	8.94	2,222,573	8.84
資本	4,513,769	14.08	4,104,673	14.34	3,518,406	13.99
資本金	2,164,746	6.75	2,023,556	7.07	1,769,836	7.04
資本剰余金	571,342	1.78	447,323	1.56	318,620	1.27
資本調整	-36,148	-0.11	-32,532	-0.11	-27,430	-0.11
その他の包括損益累計額	48,861	0.15	55,905	0.20	58,172	0.23
利益剰余金(欠損金)	1,764,969	5.51	1,612,818	5.63	1,399,208	5.56
負債及び資本総計	32,054,861	100.00	28,622,426	100.00	25,153,276	100.00

出所：金融監督院

<表2-40> リース会社資本適正性　　　　　　　　　　　(単位：百万ウォン,%)

区分	2012年12月末	2011年12月末	2010年12月末	2009年12月末
調整自己資本比率	16.20	16.60	16.23	17.35
調整自己資本	4,956,093	4,528,261	3,840,237	3,676,871
調整総資産	30,599,138	27,282,673	23,654,136	21,189,453
単純自己資本比率	13.95	14.23	13.99	14.71
自己資本	4,468,538	4,067,296	3,518,623	3,316,493
総資産	32,035,521	28,585,746	25,153,291	22,540,514

出所：金融監督院

流通・金融業

<表2-41> リース会社与信健全性 　　　　　　　　　　　　　　　　　　　(単位：百万ウォン, %)

区分	2012年12月末	2011年12月末	2010年12月末	2009年12月末
健全性分類総債券	28,787,124	26,130,004	22,089,275	19,776,709
固定	535,326	417,900	584,532	340,779
回収疑問	174,570	250,370	172,436	147,167
推定損失	167,510	96,306	138,428	184,935
固定以下与信	877,407	764,572	895,396	672,881
貸倒引当金要積立額	627,705	568,182	508,683	473,067
貸倒引当金実積立額	987,568	868,685	694,331	715,714
固定以下与信比率	3.05	2.93	4.05	3.40
貸倒引当金積立比率(要積立額対比)	157.33	152.89	136.50	151.29
貸倒引当金積立比率(総与信対比)	3.43	3.32	3.14	3.62
貸倒引当金積立比率(固定以下与信対比)	112.56	113.62	77.54	106.37
延滞率 算定 総債券(管理資産基準)	28,786,853	26,129,595	22,626,291	20,342,341
1ヶ月未満延滞額	96,939	61,746	90,965	53,508
1~3ヶ月延滞額	354,727	190,910	227,060	273,037
3~6ヶ月延滞額	162,962	128,674	161,476	116,022
6ヶ月以上延滞額	506,033	505,943	646,204	668,737
延滞額計(1ヶ月以上)	1,023,722	825,527	1,034,740	1,057,796
延滞債権比率(1ヶ月以上)	3.56	3.16	4.57	5.20
延滞債権比率(1ヶ月以上,対還融資含む)	1.71	1.95	3.18	3.69

出所：金融監督院

7) 割賦金融業

<表2-42> 割賦金融会社要約貸借対照表(資産)　　　　　　　　　　　(単位：百万ウォン,%)

区分	2012年12月末		2011年12月末		2010年12月末	
	金額	構成比	金額	構成比	金額	構成比
資産総計	45,307,445	100.00	43,415,833	100.00	36,308,820	100.00
現金及び預金	2,640,926	5.83	2,740,205	6.31	2,241,710	6.17
現金と現金性資産	2,066,040	4.56	2,189,536	5.04	2,227,911	6.14
預金	574,886	1.27	507,125	1.17	13,799	0.04
有価証券	642,617	1.42	510,250	1.18	3,784,695	10.42
貸付債権	20,504,374	45.26	19,315,622	44.49	13,613,349	37.49
(貸倒引当金など)	578,512	1.28	577,159	1.33	669,046	1.84
コールローン	0	0.00	0	0.00	0	0.00
割引手形	194,995	0.43	323,152	0.74	288,455	0.79
貸付金	21,039,226	46.44	19,564,736	45.06	13,799,043	38.00
その他	58,681	0.13	102,569	0.24	194,897	0.54
カード資産	0	0.00	0	0.00	0	0.00
(貸倒引当金など)	0	0.00	0	0.00	0	0.00
一括払いカード貸給金	0	0.00	0	0.00	0	0.00
割賦カード貸給金	0	0.00	0	0.00	0	0.00
現金サービス	0	0.00	0	0.00	0	0.00
カードローン	0	0.00	0	0.00	0	0.00
その他	0	0.00	0	0.00	0	0.00
割賦金融資産	11,479,870	25.34	10,638,789	24.50	6,949,752	19.14
(貸倒引当金など)	238,698	0.53	326,817	0.75	287,957	0.79
耐久財割賦金融	10,396,596	22.95	9,672,993	22.28	6,148,603	16.93
住宅割賦金融	855,908	1.89	810,902	1.87	673,088	1.85
機械類割賦金融	426,715	0.94	434,108	1.00	394,007	1.09
その他	31,193	0.07	40,933	0.09	22,011	0.06

<続く>

流通・金融業

区分	2012年12月末		2011年12月末		2010年12月末	
	金額	構成比	金額	構成比	金額	構成比
リース資産	8,322,084	18.37	8,199,567	18.89	7,945,861	21.88
(貸倒引当金など)	1,380,257	3.05	1,371,007	3.16	1,772,651	4.88
運用リース資産	4,421,940	9.76	4,381,576	10.09	4,730,459	13.03
金融リース資産	5,511,789	12.17	5,321,418	12.26	4,878,997	13.44
前払リース資産	31,831	0.07	23,678	0.05	24,595	0.07
その他	56,367	0.12	45,830	0.11	84,461	0.23
新技術金融資産	16,643	0.04	9,812	0.02	10,541	0.03
(貸倒引当金など)	0	0.00	0	0.00	0	0.00
投資株式	10,439	0.02	4,566	0.01	4,177	0.01
新技術金融貸付金	0	0.00	0	0.00	0	0.00
その他	6,203	0.01	5,246	0.01	6,364	0.02
有形資産	517,988	1.14	435,939	1.00	412,181	1.14
(減価償却累計額など)	138,420	0.31	133,107	0.31	165,726	0.46
その他の資産	1,344,378	2.97	1,717,170	3.96	1,516,457	4.18
(貸倒引当金など)	23,449	0.05	17,626	0.04	27,170	0.07
投資資産	239,933	0.53	244,490	0.56	228,730	0.63
無形資産	111,862	0.25	93,034	0.21	82,929	0.23
その他	1,044,901	2.31	1,420,039	3.27	1,231,968	3.39

出所：金融監督院

<表2-43> 割賦金融会社営業店舗現況 　　　　　　　　　　　　　　(単位：店)

区分	2012年12月末	2011年12月末	2010年12月末	2009年12月末
国内	248	242	223	266
支店	189	183	181	139
出張所	39	38	28	120
事務所	20	21	14	7
国外	13	11	8	7
支店	1	1	1	1
現地法人	8	5	1	1
事務所	4	5	6	5

出所：金融監督院

<表2-44> 割賦金融会社要約貸借対照表(負債及び資本)　　　　　　　　　　(単位：百万ウォン, %)

区分	2012年12月末 金額	2012年12月末 構成比	2011年12月末 金額	2011年12月末 構成比	2010年12月末 金額	2010年12月末 構成比
負債	39,421,500	87.01	37,915,629	90.03	31,549,537	86.89
借入負債	36,052,087	79.57	34,658,841	82.30	28,096,829	77.38
コールマネー	0	0.00	0	0.00	0	0.00
短期借入金	6,053,405	13.36	5,282,483	12.54	5,712,785	15.73
流動性長期借入金	2,040,611	4.50	1,039,955	2.47	752,061	2.07
長期借入金	4,316,604	9.53	2,648,003	6.29	1,770,509	4.88
社債	23,641,768	52.18	25,688,400	61.00	19,861,474	54.70
その他の負債	3,369,413	7.44	3,256,786	7.73	3,452,708	9.51
資本	5,885,941	12.99	5,500,204	13.06	4,760,195	13.11
資本金	1,913,793	4.22	1,865,781	4.43	1,787,661	4.92
資本剰余金	676,322	1.49	680,284	1.62	670,972	1.85
資本調整	-36,103	-0.08	-967	0.00	-38,826	-0.11
その他の包括損益累計額	60,044	0.13	8,795	0.02	-27,888	-0.08
利益剰余金(欠損金)	3,271,886	7.22	2,944,880	6.99	2,368,276	6.52
負債及び資本総計	45,307,444	100.00	42,114,421	100.00	36,309,732	100.00

出所：金融監督院

<表2-45> 割賦金融会社資本適正性　　　　　　　　　　(単位：百万ウォン, %)

区分	2012年12月末	2011年12月末	2010年12月末	2009年12月末
調整自己資本比率	14.18	13.99	14.97	15.78
調整自己資本	5,997,032	5,632,028	5,188,931	4,981,893
調整総資産	42,298,038	40,265,798	34,659,417	31,577,969
単純自己資本比率	12.41	12.06	13.11	13.65
自己資本	5,583,498	5,217,237	4,759,963	4,489,131
総資産	45,005,071	43,271,666	36,309,213	32,893,908

出所：金融監督院

流通・金融業

<表2-46> 割賦金融会社与信健全性 (単位：百万ウォン,%)

区分	2012年12月末	2011年12月末	2010年12月末	2009年12月末
健全性分類総債券	41,883,126	39,389,349	29,695,552	26,644,405
固定	434,131	300,529	420,994	244,758
回収疑問	1,001,600	712,096	518,865	335,163
推定損失	87,551	92,686	80,283	42,825
固定以下与信	1,523,282	1,105,312	1,020,143	622,746
貸倒引当金要積立額	1,304,522	1,010,226	784,341	530,157
貸倒引当金実積立額	1,406,112	1,204,869	954,734	748,339
固定以下与信比率	3.64	2.81	3.44	2.34
貸倒引当金積立比率(要積立額対比)	107.79	119.27	121.72	141.15
貸倒引当金積立比率(総与信対比)	3.36	3.06	3.22	2.81
貸倒引当金積立比率(固定以下与信対比)	92.31	109.01	93.59	120.17
延滞率算定総債券(管理資産基準)	41,882,432	39,389,273	36,807,654	33,523,338
1ヶ月未満 延滞額	151,289	80,249	89,335	109,539
1~3ヶ月延滞額	439,238	341,654	301,753	252,851
3~6ヶ月延滞額	338,670	280,528	198,363	185,698
6ヶ月以上延滞額	380,381	324,697	389,141	381,701
延滞額計(1ヶ月以上)	1,158,289	946,879	889,257	820,250
延滞債権比率(1ヶ月以上)	2.77	2.40	2.42	2.45
延滞債権比率(1ヶ月以上,対還融資含む)	1.37	2.35	0.61	2.90

出所：金融監督院

8) その他金融業

<表2-47> 新技術金融会社営業店舗現況 (単位:店)

区分	2012年12月末	2011年12月末	2010年12月末	2009年12月末
国内	16	11	11	7
支店	10	9	9	5
出張所	4	0	0	0
事務所	2	2	2	2
国外	0	0	1	2
支店	0	0	0	0
現地法人	0	0	0	0
事務所	0	0	1	2

出所:金融監督院

<表2-48> 相互貯蓄銀行営業店舗現況 (単位:店)

区分	2012年12月末	2011年12月末	2010年12月末	2009年12月末
本店	93	97	105	105
支店	231	203	230	207
出張所	43	44	40	40
合計	367	344	375	352

出所:金融監督院

16 観光・レジャー産業

1. 観光産業

<表1-1> 観光客出入国現況　　　　　　　　　　　　　　　　　　　　　　　（単位：千人, %, 百万ドル）

	入国		出国		観光収入		観光支出	
	人数	増減	人数	増減	人数	増減	人数	増減
2001	5,147	-3.3	6,084	10.5	6,373.2	-6.4	6,547.0	6.0
2002	5,347	3.9	7,123	17.1	5,918.8	-7.1	9,037.9	38.0
2003	4,753	-11.1	7,086	-0.5	5,343.4	-9.7	8,248.1	-8.7
2004	5,818	22.4	8,826	24.5	6,053.1	13.3	9,856.4	19.5
2005	6,022	3.5	10,080	14.2	5,793.0	-4.3	12,025.0	22.0
2006	6,155	2.2	11,610	15.2	5,759.8	-0.6	14,335.9	19.2
2007	6,448	4.8	13,325	14.8	6,093.5	5.8	16,950.0	18.2
2008	6,891	6.9	11,996	-10.0	9,719.1	59.5	14,580.7	-14.0
2009	7,818	13.4	9,494	-20.9	9,782.4	0.7	11,040.4	-24.3
2010	8,798	12.5	12,488	31.5	10,321.4	5.5	14,291.5	29.4
2011	9,795	11.3	12,694	1.6	12,396.9	20.1	15,544.1	8.8
2012	11,140	13.7	13,737	8.2	13,448.1	8.5	16,519.0	6.3

出所：韓国観光公社

<表1-2> 主要国別観光客入国現況　　　　　　　　　　　　　　　　　　　　　　　（単位：人, %）

国	観光客数	増減率	国	観光客数	増減率
日本	3,518,792	7.0	米国	697,866	5.5
中国	2,836,892	27.8	カナダ	128,431	5.1
台湾	548,233	28.0	アメリカ	876,149	5.9
香港	360,027	28.2	ロシア	166,721	7.7
タイ	387,441	25.3	ドイツ	102,262	2.8
フィリピン	331,346	-1.8	イギリス	110,172	5.3
シンガポール	154,073	23.7	フランス	71,140	2.4
マレーシア	178,082	13.9	ヨーロッパ	717,315	5.3
インドネシア	149,247	19.9	オーストラリア	128,812	5.2
ベトナム	106,507	0.9	オセアニア	166,304	6.8
インド	91,700	-0.4	アフリカ	41,236	11.5
中東	74,849	21.5	その他	329,701	0.7
トルコ	19,290	11.5	合計	11,140,028	13.7
アジア	9,009,323	16.0			

注) 2012年現在　　　　　　　　　　　　　　　　　　　　　　　出所：韓国観光公社

<表1-3> 訪韓目的別観光客入国現況　　　　　　　　　　　　　　　　　　　　　　　　　　　　(単位：人, %)

	2012.12	2012.1-12	増減
観光	662,490	8,656,818	20.2
業務	17,558	245,540	-9.3
留学研修	5,607	145,633	-2.7
乗務員	75,014	1,007,031	-8.4
その他	74,323	1,085,006	1.2
計	834,992	11,140,028	13.7

出所：韓国観光公社

<表1-4> 性別/年齢別観光客入国現況　　　　　　　　　　　　　　　　　　　　　　　　　　(単位：人, %)

	2012.12	2012.1-12	増減
観光	662,490	8,656,818	20.2
業務	17,558	245,540	-9.3
留学研修	5,607	145,633	-2.7
乗務員	75,014	1,007,031	-8.4
その他	74,323	1,085,006	1.2
計	834,992	11,140,028	13.7

出所：韓国観光公社

<表1-5> 外国人旅行客入国数現況　　　　　　　　　　　　　　　　　　　　　　　　　　　(単位：人, %)

	2008	2009	2010	2011	2012
入国者数	6,890,841	7,817,533	8,797,658	9,794,796	11,140,028
増加率(%)	6.9	13.4	12.5	11.3	13.7

出所：韓国観光公社

<表1-6> 性別外国人旅行客入国現況　　　　　　　　　　　　　　　　　　　　　　　　　　(単位：人, %)

区分	2010			2011			2012		
	人員	成長率	構成比	人員	成長率	構成比	人員	成長率	構成比
合計	8,797,658	12.5	100	9,794,796	11.3	100	11,140,028	13.7	100.0
男性	3,863,396	12.1	43.91	4,210,946	9.0	42.99	4,700,524	11.6	42.2
女性	3,942,757	13.4	44.82	4,484,798	13.7	45.79	5,432,473	21.1	48.8
乗務員	991,505	11.0	11.27	1,099,052	10.8	11.22	1,007,031	-8.4	9.0

出所：韓国観光公社

観光・レジャー産業

<表1-7> 目的別外国人旅行客入国現況 (単位:人,%)

区分	2010		2011		2012	
	人員	成長率	人員	成長率	人員	成長率
合計	8,797,658	12.5	9,794,796	11.3	11,140,028	13.7
観光	6,366,966	12.0	7,203,093	13.1	8,656,818	20.2
商用	279,066	0.6	243,878	-12.6	215,864	-11.5
公用	32,051	-8.0	26,716	-16.6	29,676	11.1
留学研修	137,896	12.1	149,723	8.6	145,633	-2.7
その他	1,981,679	16.8	2,171,386	9.6	2,092,037	-3.7

出所:韓国観光公社

<表1-8> 主要目的地別韓国人海外観光客出国現況 (単位:人,%)

国		2010		2011		2012	
		出国者	増減	出国者	増減	出国者	増減
アジア	日本	2,439,816	53.8	1,658,127	-32.0	2,044,263	23.3
	中国	4,076,400	27.5	4,185,400	2.7	4,069,800	-2.8
	台湾	216,901	29.4	242,902	12.0	259,089	6.7
	香港	891,970	44.0	1,020,996	14.6	976,133	8.0
	タイ	815,970	32.0	1,014,292	25.9	1,095,096	8.0
	マレーシア	264,052	16.2	263,428	-0.2	220,361	13.9
	シンガポール	360,652	32.6	414,864	15.0	224,006	10.1
	マカオ	331,768	62.0	398,807	20.2	444,773	11.5
	フィリピン	740,622	48.7	925,204	24.9	1,031,155	11.5
	インドネシア	299,336	17.1	320,116	6.9	278,979	1.2
	ベトナム	495,902	36.9	535,700	8.0	700,917	30.7
	トルコ	123,315	38.3	149,943	21.6	159,084	6.1
アメリカ	米国	1,107,518	48.9	1,145,216	3.4	741,343	11.0
	カナダ	169,693	18.1	151,093	-8.0	129,503	-8.1
ヨーロッパ	ドイツ	144,450	15.5	172,839	26.7	-	-
	イギリス	115,000	53.3	140,000	21.7	117,000	-4.9
オセアニア	オーストラリア	215,600	19.7	198,000	-8.2	176,100	-0.7
	ニュージーランド	67,309	27.2	52,787	-21.6	47,216	1.0
	サイパン	115,811	29.9	108,166	-6.6	129,394	20.4

出所:韓国観光公社

<表1-9> 性別韓国人海外旅行客数出国現況 (単位：人, %)

性別	2010			2011			2012		
	人員	成長率	構成比	人員	成長率	構成比	人員	成長率	構成比
合計	12,488,364	31.5	100.0	12,693,733	1.6	100.0	13,736,976	8.2	100.0
男性	6,430,007	28.8	51.49	6564,429	2.1	51.71	6,972,058	6.2	50.7
女性	4,989,224	42.4	39.95	4,995,291	0.1	39.35	5,502,084	10.1	40.1
乗務員	1,069,133	7.1	8.56	1,134,013	6.1	8.93	1,262,834	11.4	9.2

出所：韓国観光公社

<表1-10> 主催機関別MICE開催現況 (単位：件数, 人)

	開催件数	外国人参加者数	韓国人参加者数	総参加者数
公共	9,554	162,140	2,696,862	2,859,002
企業	72,208	363,215	9,738,984	10,102,199
その他	17,669	49,162	2,597,269	2,646,431
政府	5,418	72,781	5,368,045	5,440,826
学会	3,828	160,306	1,286,851	1,447,157
協会	8,024	148,032	4,189,852	4,337,884
総合計	116,701	955,636	25,877,863	26,833,499

注) 2011年度　　　　出所：韓国観光公社

<表1-11> 行事類型別MICE開催現況 (単位：件数, 人)

	開催件数	外国人参加者数	韓国人参加者数	総参加者数
Meeting	109,587	46,369	11,605,737	11,652,106
Incentive	5,024	365,856	0	365,856
Convention	1,537	342,923	872,759	1,215,682
Exhibition	553	200,488	13,399,367	13,599,855
総合計	116,701	955,636	25,877,863	26,833,499

注) 2011年度　　　　出所：韓国観光公社

観光・レジャー産業

<表1-12> 行事主体別MICE開催現況　　　　　　　　　　　　　　　　　　　　（単位：件数, 人）

	開催件数	外国人参加者数	韓国人参加者数	総参加者数
経済/金融	7,906	26,034	1,045,072	1,071,106
科学技術	6,100	66,419	1,630,417	1,696,836
観光/交通	904	29,809	1,500,663	1,530,472
教育	15,302	23,035	2,530,786	2,553,821
防衛/安保	726	55,044	310,309	365,353
企業/経営	55,486	66,291	7,041,064	7,107,355
その他	645	122	111,201	111,323
農水産/食品	943	10,992	1,947,547	1,958,539
文化	1,529	17,837	2,209,257	2,227,094
社会科学	3,361	19,693	882,443	902,136
スポーツ/レジャー	712	5,302	651,228	656,530
メディア	314	3,198	114,812	118,010
歴史	66	23	4,394	4,417
芸術	240	33,593	1,047,607	1,081,200
医学	5,861	113,698	1,444,604	1,558,302
自然科学	997	26,270	473,580	499,850
情報通信	1,821	24,031	573,562	597,593
政治/法律	2,429	3,313	232,789	236,102
宗教	775	5,077	144,440	149,517
住宅/建設	1,634	5,190	619,734	624,924
ファッション/繊維	984	7,758	448,494	456,252
海洋	2,204	29,804	501,058	530,862
環境	738	17,247	412,802	430,049
総合計	111,677	589,780	25,877,863	26,467,643

注）2011年度　　　　　　　　　　　　　　　　　　　　　　　　　　　　　出所：韓国観光公社

<表1-13> 市道別MICE行事開催現況 (単位：件数, 人)

	開催件数	外国人参加者数	韓国人参加者数	総参加者数
ソウル	12,821	163,312	5,881,741	6,045,053
釜山	9,531	113,216	2,676,306	2,789,522
大邱	4,176	31,933	2,030,187	2,062,120
仁川	1,474	12,071	315,069	327,140
光州	966	44,110	1,896,069	1,940,179
大田	1,480	11,741	422,025	433,766
蔚山	318	2,945	60,212	63,157
京畿	4,382	102,780	4,523,542	4,626,322
江原	32,805	30,465	3,196,404	3,226,869
忠北	3,348	5,701	281,552	287,253
忠南	3,015	1,387	188,714	190,101
全北	1,378	2,455	736,793	739,248
全南	2,053	4,219	287,606	291,825
慶北	26,897	17,454	1,976,860	1,994,405
慶南	2,064	9,100	837,597	846,697
済州	4,969	36,800	567,186	603,986
計	111,677	589,780	25,877,863	26,467,643

注) 2011年度　　　　　　　　　　　　　　　　　　　　　出所：韓国観光公社

<表1-14> 施設類型別MICE開催現況 (単位：件数, 人)

	開催件数	外国人参加者数	韓国人参加者数	総参加者数
ホテル/リゾートコンドミニアム	98,417	163,389	10,143,536	10,306,925
コンベンションセンター/専門展示場	13,216	352,083	13,064,800	13,416,883
政府/官公庁	10	0	25,440	25,440
大学/研究機関	5	30	3,680	3,710
その他の施設	29	74,278	2,640,407	2,714,685
総合計	111,677	589,780	25,877,863	26,467,643

注) 2011年度　　　　　　　　　　　　　　　　　　　　　出所：韓国観光公社

観光・レジャー産業

<表1-15> 総参加者規模別MICE開催現況 (単位：件数, 人)

	開催件数	外国人参加者数	韓国人参加者数	総参加者数
250人未満	105,005	305,236	6,253,175	6,558,411
250人以上 ～ 500人未満	7,198	156,778	2,236,915	2,393,693
250人以上 ～ 500人未満	2,490	139,629	1,465,121	1,604,750
250人以上 ～ 500人未満	1,383	68,427	1,812,887	1,881,314
2500人以上	625	285,566	14,109,765	14,395,331
総合計	116,701	955,636	25,877,863	26,833,499

注) 2011年度　　　　　　　　　　　　　　　　　　　　　出所：韓国観光公社

<表1-16> 外国人参加者規模別MICE開催現況 (単位：件数, 人)

	開催件数	外国人参加者数	韓国人参加者数	総参加者数
50人未満	112,963	120,961	17,545,849	17,666,810
50人以上 ～ 100人未満	1,599	108,534	660,934	769,468
100人以上 ～ 250人未満	1,492	223,244	1,276,719	1,499,963
250人以上 ～ 500人未満	412	136,140	1,619,314	1,755,454
500人以上 ～ 1,000人未満	150	125,214	1,034,163	1,159,377
1,000人以上	85	241,543	3,740,884	3,982,427
総合計	116,701	955,636	25,877,863	26,833,499

注) 2011年度　　　　　　　　　　　　　　　　　　　　　出所：韓国観光公社

<表1-17> 予算規模別MICE開催現況 (単位：件数, 人)

	開催件数	外国人参加者数	韓国人参加者数	総参加者数
1千万ウォン未満	69,730	7,832	2,568,844	2,576,676
1千万ウォン以上 ～ 2,500万ウォン未満	31,960	38,330	4,087,590	4,125,920
2,500万ウォン以上 ～ 5千万ウォン未満	5,719	184	2,241,261	2,241,445
5千万ウォン以上 ～ 1億ウォン未満	1,557	20	1,386,039	1,386,259
1億ウォン以上 ～ 5億ウォン未満	2,641	383,289	8,161,550	8,544,839
5億ウォン以上 ～ 10億ウォン未満	58	79,990	3,247,659	3,327,649
10億ウォン以上	12	80,135	4,184,920	4,265,055
総合計	111,677	589,780	25,877,863	26,467,643

注) 2011年度　　　　　　　　　　　　　　　　　　　　　出所：韓国観光公社

2. 観光宿泊業・旅行業

<表2-1> 地域別観光ホテル業現況 (単位：軒)

等級	区分	ソウル	釜山	大邱	仁川	光州	大田	蔚山	京畿
特1等級	企業数	21	6	4	3	2	1	2	2
	客室数	10,366	2,389	999	1,020	325	174	491	506
特2等級	企業数	28	4	2	5	2	2	1	5
	客室数	6,436	659	114	1264	198	409	75	761
1等級	企業数	33	14	2	1	5	4	0	20
	客室数	3,833	1,391	105	94	305	239	0	1,651
2等級	企業数	22	12	0	12	6	4	2	17
	客室数	1,293	535	0	664	291	144	144	916
3等級	企業数	16	11	0	9	1	4	0	17
	客室数	842	1,585	0	387	44	189	0	918
等級未定	企業数	31	3	12	16	3	3	3	30
	客室数	2,940	377	724	681	113	406	108	1,589
小計	**企業数**	**151**	**50**	**20**	**46**	**19**	**18**	**8**	**91**
	客室数	**25,710**	**6,936**	**1,942**	**4,110**	**1,276**	**1,561**	**818**	**6,341**
家族ホテル	企業数	9	1	0	1	0	1	0	1
	客室数	1431	17	0	30	0	80	0	52
伝統的ホテル	企業数	0	0	0	1	0	0	0	0
	客室数	0	0	0	44	0	0	0	0
ホステル	企業数	1	2	0	3	0	1	0	1
	客室数	15	29	0	15	0	31	0	31
休養コンドミニアム	企業数	0	4	0	2	0	0	0	16
	客室数	0	1,385	0	351	0	0	0	3,100
総計	企業数	161	57	20	53	19	20	8	109
	客室数	27,156	8,367	1,942	4,550	1,276	1,672	818	9,524

<続く>

観光・レジャー産業

等級	区分	江原	忠北	忠南	全北	全南	慶北	慶南	済州	合計
特1等級	企業数	7	1	0	1	2	5	2	12	71
	客室数	1,872	328	0	118	667	1,627	487	3,622	24,991
特2等級	企業数	6	1	3	2	1	4	4	4	74
	客室数	1,066	180	467	277	46	656	478	399	13,485
1等級	企業数	13	15	1	5	7	17	12	18	167
	客室数	845	1,070	60	412	474	1,098	1,060	1,655	14,292
2等級	企業数	2	1	7	8	4	10	8	6	121
	客室数	97	30	318	373	173	514	427	370	6,289
3等級	企業数	2	3	1	3	1	9	2	4	83
	客室数	114	103	47	112	53	402	86	228	5,110
等級未定	企業数	7	2	3	5	22	4	13	10	167
	客室数	570	45	144	290	1,206	179	662	536	10,570
小計	**企業数**	**37**	**23**	**15**	**24**	**37**	**49**	**41**	**54**	**683**
	客室数	**4,564**	**1,756**	**1,036**	**1,582**	**2,619**	**4,476**	**3,200**	**6,810**	**74,737**
家族ホテル	企業数	8	1	1	5	6	1	9	26	231
	客室数	674	52	100	2051	238	90	632	1,245	6,692
伝統的ホテル	企業数	0	0	0	0	2	1	0	1	5
	客室数	0	0	0	0	145	16	0	26	231
ホステル	企業数	0	0	1	0	1	0	0	18	28
	客室数	0	0	10	0	4	0	0	414	549
休養コンドミニアム	企業数	59	8	11	6	6	16	8	44	180
	客室数	18,502	,2180	2,001	763	960	2,930	1,338	5,461	38,971
総計	企業数	104	32	28	35	52	67	58	143	966
	客室数	23,740	3,988	3,147	4,396	3,966	7,512	5,170	13,956	121,180

注) 2012年度　　　　　　　　　　　　　　　　出所：韓国観光公社

<表2-2> 観光ホテル業利用実績現況 (単位：人, %)

区分	利用者数 客室					
	外国人		韓国人		計	
	宿泊客数	年間宿泊客数	宿泊客数	年間宿泊客数	宿泊客数	年間宿泊客数
特1等級	3,006,128	7,442,791	3,627,161	7,688,513	6,633,289	15,131,304
特2等級	2,542,426	5,739,221	1,918,420	3,635,573	4,460,846	9,374,794
1等級	1,824,823	3,114,255	1,936,542	3,079,315	3,761,365	6,193,570
2等級	503,139	1,060,115	845,442	1,218,235	1,348,581	2,278,350
3等級	496,740	789,976	763,074	1,010,760	1,259,814	1,800,736
等級未定	276,085	486,204	920,882	1,467,421	1,196,967	1,953,625
小計	8,649,341	18,632,562	10,011,521	18,099,817	18,660,862	36,732,379
家族ホテル	207,182	614,885	1,990,855	4,152,601	2,198,037	4,767,486
伝統ホテル	246	246	20,218	20,464	20,464	3,290
合計	8,856,769	19,247,693	12,022,594	22,272,636	20,879,363	41,520,329

区分	付帯施設			客室利用率(%)
	外国人	韓国人	合計	
特1等級	6,074,772	26,131,218	32,205,990	72.71
特2等級	1,890,531	9,904,540	11,795,071	71.96
1等級	928,492	6,199,642	7,128,134	61.4
2等級	145,778	1,487,918	1,633,696	49.26
3等級	429,854	209,446	2,524,700	59.14
等級未定	65,784	445,370	511,154	52.25
小計	9,535,211	46,263,534	55,798,745	66.00
家族ホテル	91,625	975,632	1,067,247	52.65
伝統ホテル	3,290	36,123	39,413	78.47
合計	9,630,116	47,275,289	56,905,405	65.15

注) 2011年度　　出所：韓国観光公社

観光・レジャー産業

<表2-3> ホテル客室販売及び利用率現況 (単位：客室数, %)

区分	販売可能客室数	販売客室数	利用率(%)	前年比(%)
特1等級	8,860,161	6,335,978	71.7	-1.38
特2等級	4,498,917	3,155,467	70.1	-2.50
1等級	4,715,975	2,890,528	61.3	-0.16
2等級	1,831,467	951,355	51.9	5.27
3等級	1,564,686	885,141	56.6	-2.58
等級未定	1,573,545	945,942	60.1	17.15
小計	23,044,751	15,184,411	65.9	0.15
家族ホテル	1,976,011	1,004,462	50.8	-2.12
伝統ホテル	19,236	11,278	58.6	-25.35
ホステル	5,704	3,457	60.6	-
合計	25,045,702	16,203,608	64.7	-0.31

注) 2012年度　　　　　　　　　　　　　　　　　　　　　出所：韓国観光公社

<表2-4> ホテル宿泊平均日数 (単位：日数)

区分	外国人(人)	韓国人(人)	合計
特1等級	1.95	1.62	1.78
特2等級	1.98	1.61	1.84
1等級	1.58	1.58	1.58
2等級	2.08	1.55	1.77
3等級	1.76	1.33	1.49
等級未定	1.51	1.51	1.51
小計	1.85	1.57	1.71
家族ホテル	2.77	1.78	1.90
伝統ホテル	1.36	1.23	1.23
ホステル	3.66	1.27	1.34
合計	1.88	1.61	1.74

注) 2012年度　　　　　　　　　　　　　　　　　　　　　出所：韓国観光公社

<表2-5> カジノ業現況 (単位：百万ウォン, 人)

市道	店名 (法人名)	運営形態 (等級)	従事者数 (人)	売上高 (百万ウォン)	入場者 (人)	専用店舗 面積(㎡)
ソウル	パラダイスウォーカーヒルカジノ 【(株)パラダイス】	賃貸 (特1)	942	327,756	430,275	3,178.40
	セブンラックカジノソウル江南店 【グランドコリアレジャー(株))】	賃貸 (コンベンション)	1363	266,654	396,832	5,380.01
	セブンラックカジノヒルトンホテル店 【グランドコリアレジャー(株))】	賃貸 (特1)	472	212,823	912,288	2,811.90
釜山	セブンラックカジノ釜山ロッテホテル店 【グランドコリアレジャー(株))】	賃貸 (特1)	262	80,516	207,562	2,234.30
	パラダイスカジノ釜山 【(株)パラダイスグローバル】	直営 (特1)	307	81,173	104,208	2,283.50
仁川	パラダイス仁川カジノ 【(株)パラダイスグローバル】	賃貸 (特1)	343	77,450	44,566	1,311.57
江原	アルペンシアカジノ 【㈱アルペンシアカジノ】	賃貸 (特1)	39	670	9,831	689.51
大邱	ホテルインターブルゴ大邱カジノ 【(株)ゴールデンクラウン】	賃貸 (特1)	203	15,082	51,548	3,473.37
済州	The-K Casino 【㈱NAD映像】	賃貸 (特1)	149	16,385	27,190	2,359.10
	パラダイスグランドカジノ 【(株)パラダイス済州】	賃貸 (特1)	130	37,083	46,748	2,756.70
	マジェスタカジノ 【AKベルーガ(株)】	賃貸 (特1)	109	9,754	18,382	1,953.60
	ロイヤルパレスカジノ 【㈱風化】	賃貸 (特1)	98	15,929	20,319	1,353.18
	パラダイスロッテ済州カジノ 【㈱DOOSUNG】	賃貸 (特1)	148	35,662	35,486	1,205.40
	ザ・ホテルエルベガス済州カジノ 【㈱GNL】	直営 (特1)	158	13,129	37,357	1,026.60
	ハイアットホテルカジノ 【(株)ベルーガオーシャン】	賃貸 (特1)	74	7,626	17,389	803.3
	ゴールデンビーチカジノ 【(株)ゴールデンビーチ】	賃貸 (特1)	131	8,329	23,606	823.9
	16社(外国人対象)	直営:3 賃貸:13	4928	1,251,021	2,383,587	33,644.34
江原	江原ランドカジノ【(株)江原ランド】 (内・外国人対象)	直営 (特1)	1697	1,209,332	3,024,511	7,322.12
	17社(内・外国人対象)	直営:4 賃貸:13	6625	2,460,353	5,408,098	40,966.46

注) 2013年5月末

出所：韓国観光公社

3. レジャー産業

<表3-1> 国内観光地指定現況

市・道	指定箇所	観光地名
釜山	5	太宗台, 荒嶺山, 海雲台, 龍湖シーサイド, 機張陶芸村
仁川	2	西浦里, 摩尼山
京畿	13	大聖, 龍門山, 逍遥山, 神勒寺, 山場, 漢灘江, 山井湖, 孔陵, 壽洞, 長興, 白雲溪谷, 臨津閣, 内里
江原	41	春川湖畔, 高氏洞窟, 武陵溪谷, 望祥海水浴場, 画岩薬水, 孤石亭, 松池湖, 三陟海水浴場, 八峰山, 三浦・文岩, 玉渓, 孟芳海水浴場, 九曲滝, 束草海水浴場, 注文津海水浴場, 三陟海水浴場, 艮峴, 連谷海水浴場, 清平寺, 草堂, 花津浦, 五色, 光徳溪谷, 洪川温泉, 後谷湧水, 石峴, 燈明, 芳東薬水, 龍垈, 寧越温泉, 御踏山, 求門沼, 直湯, アウラジ, 楡峴文化, 東海湫岩, 寧越炭鉱文化、平昌美灘馬河生態, 束草, 尺山温泉, 麟蹄オートテーマパーク, 大関嶺於屹里
忠北	22	泉洞, ダリアン, ソンホ, 無極, 長渓, 漆琴, 忠温温泉, 陵岩温泉, 校里, 温達, 漱玉亭, 綾江, 金月峰, 俗離山レジャー, 桂山, 槐江, 堤川温泉, KBS提川撮影所, 待合広場, 忠州湖体験, 九屏山, フルーツランド
忠南	26	大川海水浴場, クドゥレ, 神井湖, 挿橋湖, 太祖山, 礼唐, 武昌浦, 徳山温泉, コムナル, 龍潭貯水池, 竹島, 安眠島, 牙山温泉, 麻谷温泉, 錦江河口堰, 麻谷寺, 七甲山道林温泉, 天安総合休養, 公州文化, 椿長台海水浴場, 看月島, 蘭芝島, ウェモク村, 南塘, ソドンヨ歴史, 万里浦
全北	21	南原, 銀波, 四仙台, 傍花洞, 金馬, 雲日岩・半日岩, 石井温泉, 錦江湖, 蝟島, 馬耳山回鳳, 母岳山, 内蔵山リゾート, 金堤温泉, 熊浦, モハン, 王宮宝石テーマ, 百済歌謡井邑詞, 弥勒寺址, 獒樹義犬, 碧骨堤, 辺山海水浴場
全南	28	羅州湖, 潭陽湖, 長城湖, 栄山湖, 和順温泉, 右水営, タンクッ, 聖基洞, 回東, 鹿津, 智異山温泉, 道谷温泉, 道林寺, 大光海水浴場, 栗浦海水浴場, 大九陶窯址, 火甲寺, 韓国お茶ソリ文化公園, 馬韓文化公園, 回山レンゲ堤, ホンギルドンテーマパーク, アリランの村, 正南津 于山島-長在島, 薪智鳴沙十里, 海神張保皐, 雲住寺, 霊岩囲碁テーマパーク, サポ
慶北	31	白岩温泉、聖留窟、慶山温泉、吾田湧水、可山山城、擊天台、文蔵台温泉、鬱陵島、長蛇海水浴場、ゴレブル、清道温泉、雉山、陶山温泉、龍岩温泉、塔山温泉、聞慶温泉、順興、虎尾串、豊基温泉、醴泉温泉、ソンパウィ、上理、河回、多徳薬水、浦里、豊基 昌楽、青松周王山、大伽倻 歴史テーマ観光地、浮石寺、清道 神話郎、開拓史
慶南	23	釜谷温泉, 道南, 唐項浦, 表忠寺, 美崇山, 馬金山温泉, 捜勝台, オモッネ, ハプチョンホ, 陜川補助ダム, 中山, 今西, 加祚温泉, 弄月亭, 松亭, 碧渓, 長木, 實安, 山清伝統漢方休養, サドゥン, 河東ムッケ(青鶴洞), 泗川飛兎, 巨加大橋
済州	16	トンネコ, 龍頭, 金寧海水浴場, 咸徳海岸, 挟才海岸, 済州南元, 峰開休養林, 兎山, 猫山峰, 美千窟, 吾羅, 水望, 表善, 今岳, 済州石文化公園, 郭支
計	228	-

注) 2012年12月31日現在　　　　　　　　　　　　　出所：韓国観光公社

〈表3-2〉国内観光特区現況

市・道	特区名	指定地域	面積(km²)	指定時期
ソウル(5)	明洞.南大門.北倉.茶洞・武橋洞	中区、小公洞・会賢洞・明洞・北倉洞・茶洞・武橋洞一円	0.87	2000.03.30. 2012.12.27
	梨泰院	龍山区、梨泰院洞・漢南洞一円	0.38	1997.09.25
	東大門ファッションタウン	中区、光熙洞・乙支路5～7街・新堂1洞一円	0.58	2002.05.23
	鍾路.清渓	鍾路区、鍾路1街～6街・瑞麟洞・貫鉄洞・観水洞・礼智洞一円、昌信洞一部地域(光化門ビルディング～崇仁洞交差点)	0.54	2006.03.22
	蚕室	松坡区、蚕室洞・新川洞・石村洞・松坡洞・芳夷洞	2.31	2012.03.15
釜山(2)	海雲台	海雲台区佑洞・中東・松亭洞・栽松洞一円	6.22	1994.08.31
	龍頭山.南浦洞	中区富平洞.光復洞.南浦洞全地域,中央洞.東光洞.大庁洞.宝水洞一部地域	1.08	2008.05.14
仁川(1)	月尾	中区、新浦洞・沿岸洞・新興洞・北城洞・東仁川洞一円	3	2001.06.26
大田(1)	儒城	儒城区、鳳鳴洞・九岩洞・場垈洞・宮洞・魚隠洞・道龍洞	5.86	1994.08.31
京畿(2)	東豆川	東豆川市、中央洞・保山洞・逍遥洞一円	0.39	1997.01.18
	平沢市、松炭	平沢市、西井洞・新長1.2洞・芝山洞・松北洞一円	0.49	1997.05.30
江原(2)	雪嶽	束草市・固城郡及び襄陽郡一部地域	138.10	1994.08.31
	大関嶺	江陵市・東海市・平昌郡・横城郡一円	428.26	1997.01.18
忠北(3)	水安堡温泉	忠州市水安堡面温泉里・安堡里一円	9.22	1997.01.18
	俗離山	報恩郡内俗離面舎乃里・上板里・中板里・葛目里一円	43.75	1997.01.18
	丹陽	丹陽郡　丹陽邑.梅浦邑一円(2つの町 5つの里)	4.45	2005.12.30
忠南(2)	牙山市温泉	牙山市陰峰面新寿里一円	3.71	1997.01.18
	保寧海水浴場	保寧市新黒洞, 熊川邑独山、冠堂里、藍浦面月田里一円	2.52	1997.01.18
全北(2)	茂朱、九千洞	茂朱郡雪川面・茂豊面	7.61	1997.01.18
	井邑、内蔵山	井邑市内蔵地区・龍山地区	3.45	1997.01.18
全南(2)	求礼	求礼郡、土旨面、馬山面、光義面、新東面の一部	78.02	1997.01.18
	木浦	北項・儒達山・原都心・三鶴島・カッパウィ・平和広場一円(木浦海岸線周辺6個の圏域)	6.89	2007.09.28
慶北(3)	慶州市	慶州市内地区・普門地区・仏国地区	32.65	1994.08.31
	白岩温泉	蔚珍郡温井面蘇台里一円	1.74	1997.01.18
	聞慶	聞慶市、聞慶邑・加恩邑・麻城面・篭岩面一円	1.85	2010.01.18
慶南(2)	釜谷温泉	昌寧郡、釜谷面巨文里・社倉里一円	4.82	1997.01.18
	弥勒島	統営市美修1.2洞・鳳坪洞・道南洞・山陽邑一円	32.90	1997.01.18
済州(1)	済州島	済州島全域(付属島は除外)	1,809.56	1994.08.31
13市・道28ヶ所			2,631.22	

注) 2012年12月31日現在

出所：韓国観光公社

観光・レジャー産業

<表3-3> 保安観光地現況

	観光地名	小計	韓国人	外国人
陸軍	ドラ展望台, 第3トンネル, ヘマル村, 許浚墓地	847,669	314,377	533,292
	第2トンネル、平和展望台	200,309	198,671	1,638
	白馬高地戦跡地	132,289	131,294	995
	鍵展望台	27,674	26,964	710
	上乗展望台	7,859	7,724	135
	勝利展望台	12,365	12,051	314
	乙支展望台	95,547	95,049	498
	第4トンネル	88,725	88,610	115
	七星展望台	6,522	6,508	14
	勝利展望台	25,844	25,844	0
	台風展望台	30,972	30,675	297
	陸軍士官学校	41,708	41,400	308
	古城統一展望台	566,144	560,575	5,569
海軍	海軍士官学校	100,522	100,137	385
	平沢保安公園(2艦隊) （第1・2延坪海戦戦勝）碑, 天安艦、大鷲-357号艇, 西海守護館)	145,911	141,835	4,076
	愛妓峰展望台(2師団)	101,235	100,252	983
	江華島平和展望台(2師団)	226,591	226,591	-
	白翎島OP(6旅団)	9,474	9,433	41
	延坪島砲撃伝承館	-	-	-
	浦項歴史館(1師団)	11,062	10,490	572
空軍	空軍士官学校	31,414	31,330	84
	計	2,709,836	2,159,810	550,026

注) 2012年12月31日現在　　　　　　　　　　出所：韓国観光公社

<表3-4> 文化観光祭り現況

地域	祭り名	入場者数 (単位:人)			経済効果 (単位:百万)
		合計	韓国人	外国人	
釜山	海雲台砂祭り	1,450,994	1,365,994	85,000	49,663
	釜山チャガルチ祭り	1,902,852	1,671,465	231,387	14,300
大邱	大邱薬令市韓方文化祭り	256,828	255,960	868	4,304
仁川	仁川ペンタポート・フェスティバル	129,390	121,850	7,540	9,000
光州	光州7080忠壮祭り	1,240,370	1,229,140	11,230	31,265
	光州キムチ大祝祭	392,994	362,980	30,014	31,067
蔚山	蔚山鯨祭り	681,000	680,000	1,000	4,730
京畿	チャラ島国際ジャズフェスティバル	234,000	225,100	8,900	17,222
	利川米文化祭り	478,367	472,967	5,400	26,717
	水原華城文化祭	740,457	652,649	87,808	75,672
江原	華皮ヤマメ祭り	1,448,100	1,422,379	25,721	99,500
	襄陽松茸祭り	512,210	502,069	10,141	96,297
	春川国際マイムフェスティバル	166,500	164,500	2,000	9,800
	平昌孝石（ヒョソク）文化祭	621,742	621,742	-	44,038
	太白山雪祭り	530,762	528,262	2,500	45,169
忠北	永同蘭渓国楽祝祭	327,000	324,600	2,400	9,501
	槐山唐辛子祭	100,024	98,000	2,024	3,221
忠南	天安興打令祭り	1,348,670	1,318,670	30,000	29,009
	錦山高麗人蔘祭り	756,887	755,844	1,043	94,091
	江景発酵塩辛祭り	504,800	500,000	4,800	31,385
	韓山苧麻文化祭	306,080	300,580	5,500	8,949
	扶余薯童蓮祭り	120,000	118,920	1,080	4,787
全北	金堤地平線祭り	1,059,226	1,048,634	10,592	80,641
	南原春香祭	752,312	747,812	4,500	104,303
	茂朱ホタル祭り	617,297	612,398	4,899	33,495
	淳昌醤類祭り	188,765	182,725	6,040	13,871

<続く>

観光・レジャー産業

地域	祭り名	入場者数 (単位:人)			経済効果 (単位:百万)
		合計	韓国人	外国人	
全南	康津青磁祭り	813,967	797,688	16,279	63,677
	咸平蝶祭り	281,903	273,363	8,540	34,800
	潭陽竹祭り	325,850	310,075	15,775	19,428
	珍島神秘の海割れ祭り	447,000	400,000	47,000	86,600
	霊岩王仁文化祭	515,400	512,900	2,500	54,300
	宝城茶香祭, 緑茶大祭り	501,500	495,177	6,323	33,132
慶北	聞慶伝統茶碗祭り	210,000	205,000	5,000	7,357
	豊基高麗人参祭り	756,887	755,844	1,043	94,091
	高霊大伽倻体験祭り	280,000	278,000	2,000	6,533
	奉化鮎祭り	326,775	325,975	800	15,243
	浦項国際光祭り	1,530,000	1,525,000	5,000	110,861
慶南	晋州南江流灯祭り	2,800,000	2,750,000	50,000	140,000
	河東野生茶文化祭り	453,778	447,182	6,596	35,429
	山清韓方薬草祭り	850,000	842,500	7,500	4,370
	統営閑山大捷祭り	803,500	800,000	3,500	32,600
	カゴパ菊花祭り	1,520,000	1,517,500	2,500	51,100
	咸陽山参祭り	296,400	296,000	400	15,000
済州	済州正月野焼祭り	84,000	79,000	5,000	404
	西帰浦七十里祭り	210,000	197,400	12,600	7,194
	合計	29,874,587	29,093,844	780,743	1,784,116

注) 2012年12月31日現在　　　　　　　　　　　出所：韓国観光公社

<表3-5> 文化施設現況

市道	合計	公共図書館				登録博物館			
		計	自治体	教育庁	私立	小計	国公立	私立	大学
計	2,182	828	576	232	20	740	358	287	95
ソウル	299	116	90	22	4	110	22	64	24
釜山	76	31	15	14	2	16	6	4	6
大邱	61	27	10	12	5	14	6	5	3
仁川	78	36	28	8	-	22	10	11	1
光州	46	17	12	5	-	10	5	2	3
大田	51	22	20	2	-	16	4	6	6
蔚山	29	12	8	4	-	8	6	1	1
世宗	6	1	-	1	-	3	1	2	-
京畿	406	184	167	11	6	127	58	59	10
江原	167	47	24	22	1	74	43	26	5
忠北	111	36	21	15	-	43	26	9	8
忠南	132	50	31	19	-	43	27	13	3
全北	117	49	30	18	1	34	24	6	4
全南	162	59	38	21	-	44	29	12	3
慶北	180	62	33	28	1	63	38	13	12
慶南	160	58	34	24	-	55	37	13	5
済州	101	21	15	6	-	58	16	41	1

市道	登録美術館				文芸会館	地方文化院
	小計	国公立	私立	大学		
計	171	40	124	7	214	229
ソウル	32	2	28	2	16	25
釜山	5	1	3	1	10	14
大邱	3	1	-	2	9	8
仁川	4	2	2	-	8	8
光州	7	1	-	1	7	5
大田	5	2	3	-	3	5
蔚山	-	-	-	-	4	5
世宗	-	-	-	-	1	1
京畿	36	11	24	1	28	31
江原	10	1	9	-	18	18
忠北	7	2	5	-	13	12
忠南	8	-	8	-	15	16
全北	3	1	2	-	17	14
全南	18	4	14	-	19	22
慶北	7	2	5	-	25	23
慶南	8	4	4	-	19	20
済州	18	6	12	-	2	2

注) 2012年12月31日現在　　　　　　　　　　　　　　　　出所：韓国観光公社

観光・レジャー産業

<表3-6> 地域別スキー場現況

地域(ヵ所)		スキー場名	面積 単位:㎡	スロープ (面)	リフト (基)	利用状況(単位:人)	
市道	市郡区					利用者数	前年比増減率(%)
京畿道(7)	抱川市	ベアーズタウン・リゾート	698,181	7	8	256,765	1.2
	広州市	昆池岩リゾート	1,341,179	13	5	414,642	-7.6
	南揚州市	スターヒルリゾート	502,361	4	6	57,910	11.2
	龍仁市	陽智パインリゾート	368,638	8	6	239,726	13.1
	利川市	芝山フォレストリゾート	347,785	7	5	473,692	-10.1
江原道(15)	洪川郡	大明リゾート ビバルディパーク	1,322,380	12	10	845,371	-5.0
	横城郡	ソンウリゾート	1,210,019	18	9	367,615	-15.5
	平昌郡	アルペンシアリゾートスキー場	0	0	0	116,493	5.9
	春川市	エリシア江村	609,674	10	6	328,974	2.7
	太白市	オーツーリゾート	4,799,000	19	6	63,742	-25.0
	平昌郡	龍平リゾート	3,436,877	29	15	533,342	-8.1
	旌善郡	ハイワンスキー場	0	0	0	791,564	-8.0
	原州市	ハンソルオークバレー	797,659	9	3	466,416	-25.2
	平昌郡	フェニックスリゾート	1,637,783	21	9	597,688	-6.2
忠北(2)	忠州市	サジョマウルリゾート	547,225	9	4	20,592	-29.3
全北(1)	茂朱郡	茂朱徳裕山リゾート	4,037,600	34	14	458,739	-12.0
慶南(3)	梁山市	エデンバレーリゾート	1,052,012	7	3	281,073	1.7
合計			22,708,373	207	109	6,314,343	-8.0

注) 2012年12月31日現在

出所：韓国観光公社

<表3-7> 地域別温泉場現況

市・道	計	申告受理	地区指定		
			計	利用中 <利用業者>	開発中
計	452	135	142	69	73
	<548>	<17>	<405>	<399>	<6>
ソウル	10	2	1	1	0
	<9>	<1>	<1>	<1>	<0>
釜山	33	0	3	2	1
	<67>	<0>	<43>	<43>	<0>
大邱	13	1	3	2	1
	<10>	<0>	<2>	<2>	<0>
仁川	16	8	4	0	4
	<1>	<0>	<0>	<0>	<0>
光州	3	0	2	1	1
	<2>	<0>	<1>	<1>	<0>
大田	1	0	1	1	0
	<58>	<0>	<61>	<61>	<0>
蔚山	12	4	4	4	0
	<10>	<2>	<6>	<6>	<0>
世宗	2	1	0	0	0
	<2>	<1>	<0>	<0>	<0>
京畿	50	12	19	6	13
	<22>	<2>	<8>	<6>	<2>
江原	56	22	16	8	8
	<31>	<1>	<19>	<19>	<0>
忠北	20	5	11	5	6
	<39>	<0>	<36>	<34>	<2>
忠南	29	14	12	8	4
	<90>	<0>	<88>	<86>	<2>
全北	27	11	13	2	11
	<9>	<7>	<2>	<2>	<0>
全南	18	6	8	5	3
	<48>	<1>	<45>	<45>	<0>
慶北	95	23	31	18	13
	<86>	<2>	<49>	<49>	<0>
慶南	53	19	11	5	6
	<58>	<0>	<43>	<43>	<0>
済州	14	7	3	1	2
	<3>	<0>	<1>	<1>	<0>

<続く>

観光・レジャー産業

市・道	保護区域指定			開発計画 樹立 (地区)	年間利用 人員 (千人)	指定面積 (千坪)
	計 <利用業者>	利用中	開発中			
計	175 <126>	129 <125>	46 <1>	103 <0>	59,044 <0>	194,127.0 <2,406>
ソウル	7 <7>	7 <7>	0 <0>	0	2,073	150.0 (61.00)
釜山	30 <24>	24 <24>	6 <0>	2	7,222	2,967.0 (260.00)
大邱	9 <8>	9 <8>	0 <0>	3	2,190	1,785.0 (63.00)
仁川	4 <1>	1 <1>	3 <0>	0	47	4,655.0 (80.00)
光州	1 <1>	1 <1>	0 <0>	1	245	950.0 (2.00)
大田	0 <0>	0 <0>	0 <0>	0	2,262	939.0 (0.00)
蔚山	4 <2>	3 <2>	1 <0>	2	1,292	3,818.0 (56.00)
世宗	1 <1>	1 <1>	0 <0>		12	0 (23.00)
京畿	19 <12>	11 <11>	8 <1>	10	3,701	23,418.0 (338.00)
江原	18 <11>	11 <11>	7 <0>	11	2,979	20,972.0 (362.00)
忠北	4 <3>	3 <3>	1 <0>	4	1,970	19,635.0 (25.00)
忠南	3 <2>	2 <2>	1 <0>	8	12,619	11,936.0 (79.00)
全北	3 <0>	0 <0>	3 <0>	7	788	21,757.0 (80.00)
全南	4 <2>	3 <2>	1 <0>	7	1,835	13,017.0 (143.00)
慶北	41 <35>	35 <35>	6 <0>	24	11,694	50,748.0 (419.00)
慶南	23 <15>	16 <15>	7 <0>	5	7,494	12,879.0 (318.00)
済州	4 <2>	2 <2>	2 <0>	1	621	4,501.0 (97.00)

注) < >は利用業者. ( )は温泉孔保護区域である. 2012年12月31日現在

出所：韓国観光公社

<表3-8> 地域別自然公園訪問客数推移

月別　　　　公園別	2009年	2010年	2011年	2012年
合計	38,219,355	42,658,154	40,803,507	40,958,773
智異山	2,744,625	3,043,859	2,627,326	2,672,057
慶州[1]	2,870,006	3,106,903	3,003,517	3,200,221
鶏龍山	1,727,316	1,804,438	1,678,445	1,637,099
閑麗海上	4,232,623	4,245,020	5,634,079	6,077,270
(梧桐島[2])	(1,723,360)	(1,714,509)	(1,807,622)	(2,571,114)
雪岳山	3,537,016	3,791,952	3,756,737	3,539,714
俗離山	1,402,830	1,422,479	1,131,916	1,187,840
漢挐山	988,382	1,141,632	1,089,383	1,134,316
內蔵山	1,654,624	1,875,059	1,678,676	1,704,073
伽耶山	842,212	972,932	1,107,026	885,902
徳裕山	1,742,759	1,822,378	1,589,162	1,607,376
五台山	1,194,247	1,153,085	1,112,061	1,179,450
周王山	1,025,190	1,043,808	1,016,715	1,037,046
泰安海岸	410,655	692,025	860,216	1,153,362
多島海海上	1,320,777	1,003,082	1,095,386	1,338,189
雉岳山	477,915	520,541	518,792	533,771
月岳山	722,090	733,049	730,470	1,047,274
北漢山	8,653,807	8,508,054	8,145,676	7,740,610
小白山	463,287	1,324,482	1,298,947	1,186,589
月出山	446,954	364,949	345,299	410,094
辺山半島	1,762,040	4,088,427	2,383,678	1,686,520

注) 1. 慶州国立公園探訪客数は2009年から国立公園管理公団面接客数調査方法（訪問客主要訪問地域10ヶ所の常時および標本調査の実施）を適用
2. 閑麗海上は梧桐島（自治体管理）が含まれている数字
3. 2012年12月31日現在

出所：韓国観光公社

観光・レジャー産業

<表3-9> 地域別自然休養林現況

市道地域	郡区地域	団地名	ヵ所	造成年度	利用現況	前年比増減率(%)	所有区分
大邱広域市	達城郡	琵瑟山	1	1993	382,936	21.6	郡・私有林
		花園	1	2010	177,856	10.5	郡有林
	計		2		560,792		
大田広域市	東区	萬仞山	1	1991	599,691	-34.0	国有林
	西区	長太山	1	1991	335,863	-1.9	私有林
	計		2		935,554		
蔚山広域市	蔚州郡	神仏山滝	1	1998	188,393	5.9	国有林
	計		1		188,393		
京畿道	南揚州市	祝霊山	1	1991	191,925	-9.8	道有林
	抱川市	国望峰	1	1996	15332	97.0	私有林
		雲岳山	1	2005	64,801	-5.3	国有林
		天宝山	1	2012	22,551	-	市有林
	加平郡	有明山	1	1988	277,450	-2.0	国有林
		清平	1	1993	29,500	20.5	私有林
		カルボン山	1	2005	53,824	50.1	国・公有林
		カンシボン村	1	2011	27,263	89.3	道・郡有林
	楊平郡	山陰	1	1997	110,873	-16.6	国有林
		仲美山	1	1989	63,465	1.1	国有林
		ソルメ峠	1	1995	45,152	16.4	私有林
		龍門山	1	2004	19,832	17.5	国有林
	龍仁市	草芙里	1	2009	218,126	16.7	市有林
	計		13		1,140,094		
江原道	春川市	チプダリ	1	1992	60,400	23.0	道有林
		龍華山	1	2006	75,034	4.4	国有林
		春川の森	1	2008	4,118	-4.8	市有林
	原州市	雉岳山	1	1991	27,139	3.3	郡有林
		黄屯	1	2003	121,392	-0.5	私有林
		白雲山	1	2006	113,258	0.9	国有林
	江陵市	大関嶺	1	1988	102,219	5.9	国有林
	太白市	高原	1	2005	45,802	10.3	市有林
	三陟市	剣鋒山	1	2006	47,805	20.7	国有林
	洪川郡	三峰	1	1991	48,862	35.2	国有林
		加里山	1	1996	50,092	-8.6	郡有林
		トゥルン山	1	1996	125,269	1.1	私有林
	横城郡	青太山	1	1990	164,131	1.4	国有林
		屯内	1	1992	150,066	-4.5	私有林
		注川江川辺	1	1997	9,238	-29.8	私有林
		横城	1	2002	57,984	26.2	私有林
	平昌郡	頭陀山	1	2003	50,190	3.8	国有林
		happy700	1	2012	-	-	郡有林

<続く>

市道地域	郡区地域	団地名	ヵ所	造成年度	利用現況	前年比増減率(%)	所有区分
江原道	旌善郡	可里旺山	1	1992	77,288	-4.6	国有林
		東江展望	1	2013	-	-	郡有林
	鉄原郡	ポッチュサン	1	1998	41,101	-0.1	国有林
	楊口郡	安仁津臨海(クァンチ)	1	2000	19,364	62.4	国・郡有林
		クァンチ	1	2006	16,305	35.2	郡有林
	麟蹄郡	芳台山	1	1995	67,081	23.2	国有林
		龍垈	1	1992	39,993	73.2	国有林
		下楸	1	2006	9,056	18.8	国・公有林
	襄陽郡	米川谷	1	1991	56,713	-0.4	国有林
		松茸谷	1	2012	4,086	-	郡有林
	寧越郡	望京台山	1	2012	3,850	-	郡有林
	計		29		1,587,836		
忠清北道	忠州市	鳳凰	1	1993	77,162	62.3	郡有林
		鶏鳴山	1	1994	67,162	61.0	市有林
		ムンソン	1	2006	65,000	60.8	国・公有林
	提川市	パクダル峠	1	1990	6269	-	国有林
	清原郡	玉花	1	1997	32,225	6.2	郡有林
		山黨山城	1	2012	5,189	-	国有林
	報恩郡	俗離山マルティジェ	1	1997	29,112	-60.8	国有林
		忠北アルプス	1	2010	21,611	35.0	郡有林
	沃川郡	壮霊山	1	1994	123,576	-13.9	郡有林
	永同郡	岷周之山	1	2000	29,975	3.2	郡有林
	槐山郡	鳥嶺山	1	1992	414,981	2.1	道有林
	陰城郡	スレウィ山	1	2004	24,258	-8.1	国・公有林
		白也	1	2011	36,916	58.1	郡有林
	丹陽郡	小仙岩	1	2003	13,777	-3.2	国・郡有林
		黄庭山	1	2005	32,634	-0.3	国有林
	曽坪郡	座亀山	1	2009	52,274	12.7	郡有林
	計		16		1,032,121		
忠清南道	天安市	泰鶴山	1	1998	513,583	80.4	郡有林
	公州市	金剛	1	1994	189,920	5.8	道有林
	保寧市	聖住山	1	1992	89,457	18.5	道有林
		烏棲山	1	1998	96,575	-4.3	国有林
	牙山市	霊仁山	1	1996	304,904	17.6	郡有林
	瑞山市	龍賢	1	2003	95,219	1.0	国有林
	錦山郡	南二	1	1993	88,164	-13.4	郡有林
		鎮山	1	1995	32,629	-19.0	私有林
	扶余郡	万寿山	1	1991	21,738	7.3	道有林
	舒川郡	フィリ山海松	1	1996	109,543	-33.8	国有林

<続く>

観光・レジャー産業

市道地域	郡区地域	団地名	カ所	造成年度	利用現況	前年比増減率(%)	所有区分
忠清南道	青陽郡	七甲山	1	1990	49,984	38.6	国・郡有林
	洪城郡	龍鳳山	1	1992	360,303	8.8	国有林
	礼山郡	鳳首山	1	2004	63,034	-90.1	国・公有林
	泰安郡	安眠島	1	1992	433,714	4.9	道有林
	計		14		2,448,767		
全羅北道	南原市	南原	1	1992	73,017	52.2	私有林
		南原フンブコル	1	1998	28,492	36.0	郡有林
	完州郡	高山	1	1995	160,478	-6.7	郡有林
	鎮安郡	雲長山	1	1998	73,831	3.7	国有林
		テミセム	1	2012	6,987	-	道有林
	茂朱郡	徳裕山	1	1992	71,093	-11.5	国有林
		茂朱	1	2008	14,154	-	公有林
	長水郡	臥龍	1	1991	58,333	11.0	国・郡有林
		傍花洞	1	2001	70,459	-9.3	郡有林
	任実郡	洗心	1	1993	7,298	32.9	郡有林
		聖寿山	1	1995	43,818	-28.9	私有林
	淳昌郡	回文山	1	1992	59,295	10.9	国有林
	計		12		667,255		
全羅南道	順天市	楽安民俗	1	2000	50,751	8.4	国有林
		順天	1	2011	24,539	-	市有林
	光陽市	白雲山	1	1994	87,209	-10.8	郡有林
		ヌレンイコル	1	1997	-	-	私有林
	麗水市	鳳凰산	1	2012	15,944	-	市有林
	高興郡	八影山	1	1993	32,086	-31.7	道有林
	宝城郡	帝岩山	1	1992	152,438	20.2	国有林
	和順郡	白鵝山	1	1990	25,765	-20.3	国有林
		ハンチョン	1	1997	13,254	-66.7	郡有林
		安養山	1	1992	39,511	6.2	私有林
	長興郡	有治	1	1991	17,968	-1.3	国有林
		天冠山	1	1993	18,740	-6.0	国有林
	康津郡	朱雀山	1	2004	97,134	-9.5	国・公有林
	海南郡	駕鶴山	1	1995	66,931	45.3	郡有林
	長城郡	方丈山	1	1998	89,986	5.8	国有林
	計		15		732,256		
慶尚北道	慶州市	吐含山	1	1991	36,703	15.6	郡有林
	安東市	七宝山	1	1992	95,280	-11.0	国有林
		安東湖畔	1	2010	19,310	71.3	道有林
	亀尾市	オッソン	1	2003	46,981	-1.3	国・公有林
	栄州市	オンニョ峰	1	1995	16,892	-2.1	国・私有林
	永川市	雲洲乗馬	1	2009	73,933	-14.1	市有林
	尚州市	鶏鳴山	1	1998	34,371	-117.5	私有林

<続く>

市道地域	郡区地域	団地名	カ所	造成年度	利用現況	前年比増減率(%)	所有区分
慶尚北道	聞慶市	青玉山	1	1990	30,788	20.7	国有林
		大耶山	1	2009	35,745	9.9	国有林
	高霊郡	美崇山	1	2012	476	-	郡有林
	軍威郡	軍威長谷	1	1994	18,925	8.5	郡有林
		払井	1	1992	33,230	10.5	市有林
	義城郡	クムボン	1	2001	18,109	16.8	郡有林
	青松郡	青松	1	1990	33,193	46.4	郡有林
	盈徳郡	コムマサン	1	1995	14,445	-85.9	国有林
	清道郡	雲門山	1	1997	127,901	5.0	国有林
	漆谷郡	松亭	1	2003	57,674	13.9	道有林
	醴泉郡	鶴駕山友来	1	1996	28,665	6.3	私有林
	奉化郡	ソンジュ峰	1	1998	60,537	14.5	市有林
	蔚珍郡	通古山	1	1991	39,293	-0.5	国有林
		九水谷	1	1996	61,970	10.2	国・郡・私
	計		21		884,421		
慶尚南道	巨済市	巨済	1	1991	95,094	-10.9	国有林
	梁山市	ウォン洞	1	1992	7,712	19.9	私有林
		大雲山	1	2007	47,793	13.5	市有林
	南海郡	南海扁柏	1	1996	228,520	5.1	国有林
		中山	1	1994	22,019	0.2	私有林
	咸陽郡	智異山	1	1994	107,405	23.1	国有林
		龍湫	1	1989	33,605	33.7	道・郡有林
		咸陽大峰山	1	2012	6,637	-	郡有林
		咸陽山参	1	2012	16,524	-	郡有林
	居昌郡	金猿山	1	1992	105,754	0.7	道有林
	陜川郡	吾道山	1	1997	29,292	9.0	国・私有林
	計		11				
済州島	済州市	済州チョルムル	1	1993	127,193	-367.0	国有林
	西帰浦市	西帰浦	1	1991	609,148	80.3	国有林
	計		2				
合計			138				

注) 2012年12月31日現在　　　　　　　　　　　出所：韓国観光公社

社名　DACO Industrial Research Institute　(DACO IRI)
創設　１９９３年１０月
所在地　大韓民国ソウル特別市
主な業務　産業調査、消費者調査、産業、教育、出版、
　　　　　DBコンテンツの開発と構築

DACO IRI 編
韓国の産業と市場　２０１４
―産業概況及び市場動向データブック―

２０１５年２月　発行
　発行者　　酒井　洋昌
　発行所　　ビスタ　ピー・エス
　　　〒410-2418
　　　静岡県伊豆市堀切1004-263
　　　Tel: 0558-72-6809　　Fax: 0558-72-6738
　　　E-mail: customer@vistaps.com
　　　http://www.vistaps.com
　取扱所　官報販売所
　印刷　　韓国学術情報㈱

© DACO IRI 2014　　　　　　　　　　〈検印省略〉
Printed in Korea　　ISBN 978-4-907379-01-8　　C3033
落丁・乱丁本はお取替えします。
はカバーに記載されています。　　　　無断転載禁止